◎山东省社科理论重点研究基地齐文化研究基地重大项目

淄博古代文献丛刊
王志民　主编

张笃庆集

（上）

（清）张笃庆　撰
柏秀叶　整理

山东大学出版社
SHANDONG UNIVERSITY PRESS
·济南·

图书在版编目（CIP）数据

张笃庆集 /（清）张笃庆撰；柏秀叶整理. -- 济南：山东大学出版社，2024.1
（淄博古代文献丛刊 / 王志民主编）
ISBN 978-7-5607-7971-3

Ⅰ. ①张… Ⅱ. ①张… ②柏… Ⅲ. ①张笃庆—文集 Ⅳ. ① Z429.49

中国国家版本馆 CIP 数据核字 (2023) 第 203208 号

责任编辑　郭凯迪
封面设计　张　荔

张笃庆集
ZHANGDUQING JI

出版发行　山东大学出版社
社　　址　山东省济南市山大南路 20 号
邮政编码　250100
发行热线　（0531）88363008
经　　销　新华书店
印　　刷　山东蓝海文化科技有限公司
规　　格　710 毫米 ×1000 毫米　1/16
　　　　　69.5 印张　1361 千字
版　　次　2024 年 1 月第 1 版
印　　次　2024 年 1 月第 1 次印刷
定　　价　278.00 元

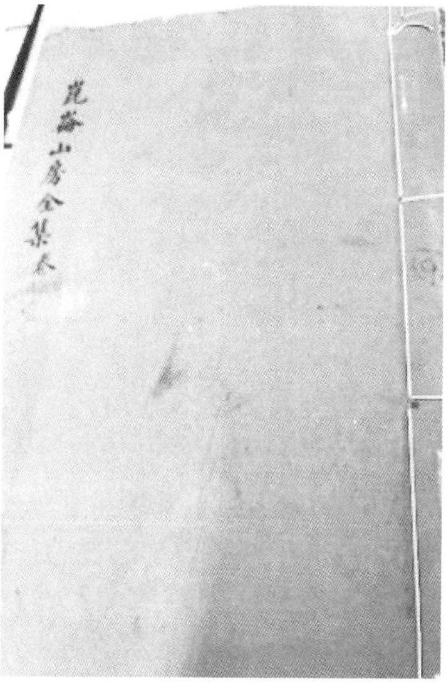

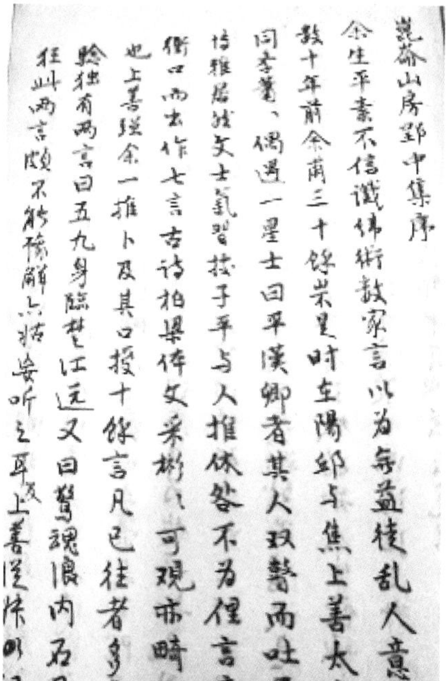
崑崙山房郢中集序

余生平素不信讖緯術數家言以為無益徒乱人意耳數十年前余甫三十餘歲是时在陽郡与焦上善太常同寓舍、偶遇一星士曰平漢卿者其人玖贅而吐屬恬雅居然文士氣習於子平与人推休咎不為俚言率衝口而出作七言古詩柏梁体文采彬彬可觀亦畸人也上善強余一推卜及其口授十餘言凡已往者多奇驗独有兩言曰五九身臨楚江遠又曰驚魂浪內石風狂此兩言頗不能瞭解亦姑妄听之耳及上善從……

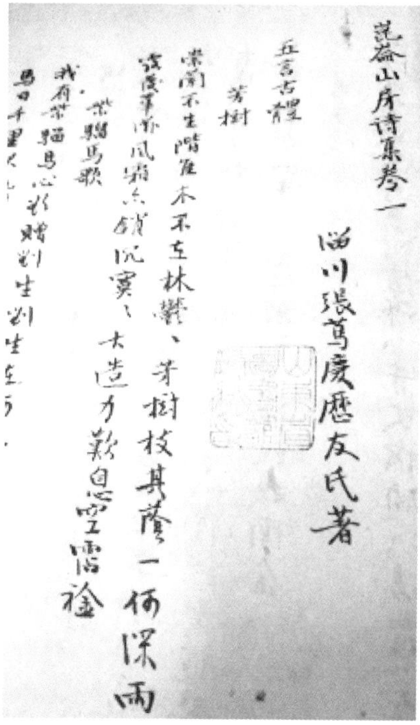
崑崙山房詩集卷一

淄川張篤慶歷友氏著

五言古體

芳樹

叢蘭不生階庭木不在林藪芳樹枝其蔭一何深雨露滋……大造力歎息空靈陰

紫騮馬歌

我有紫騮馬心形贈劉生劉生去……

清抄本《昆仑山房郢中集》三卷、《昆仑山房诗集》十三卷

（山东省图书馆藏）

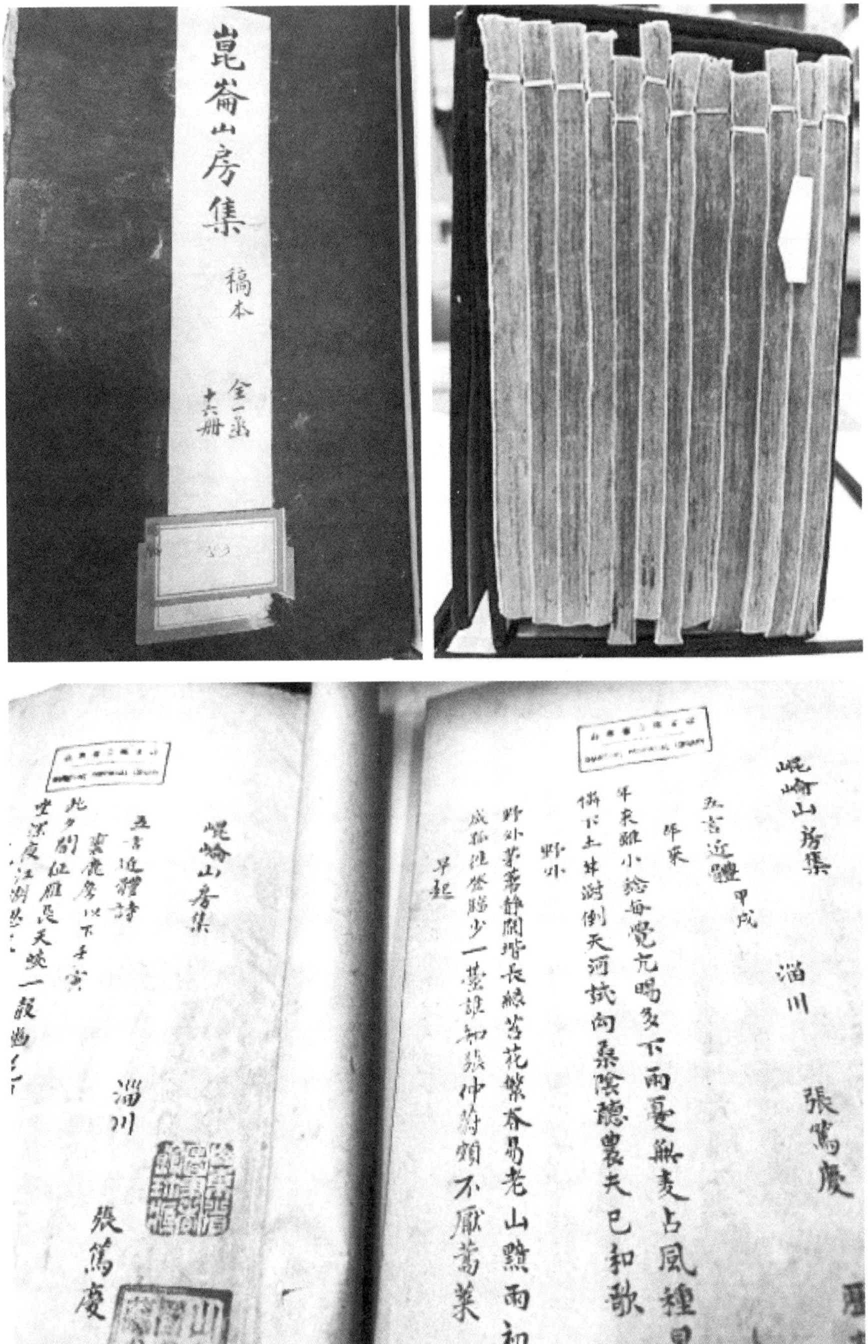

清抄本《昆仑山房集》未定稿十二册不分卷

（山东省图书馆藏）

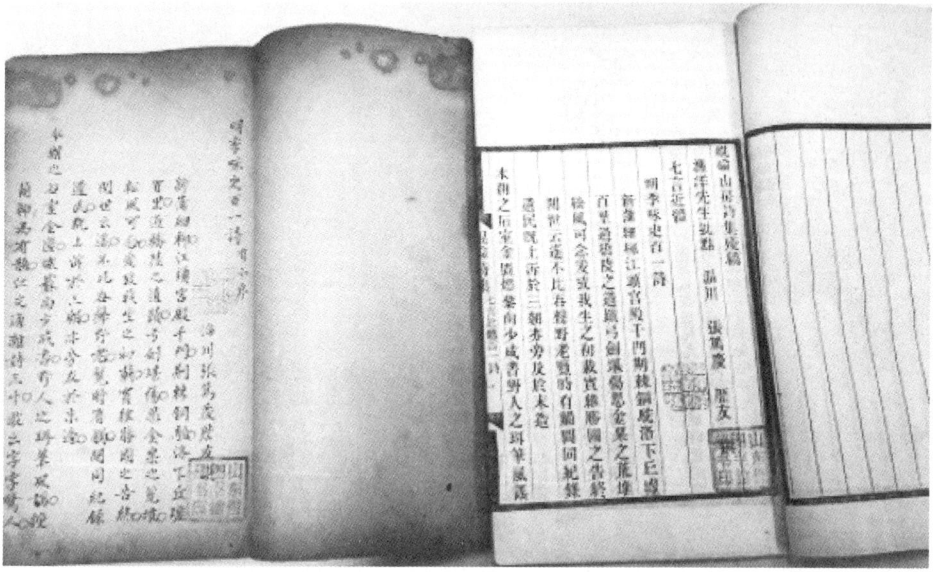

清抄本《明季咏史百一诗》、清刻本《渔洋先生批点昆仑山房诗集残稿》

（山东省图书馆藏）

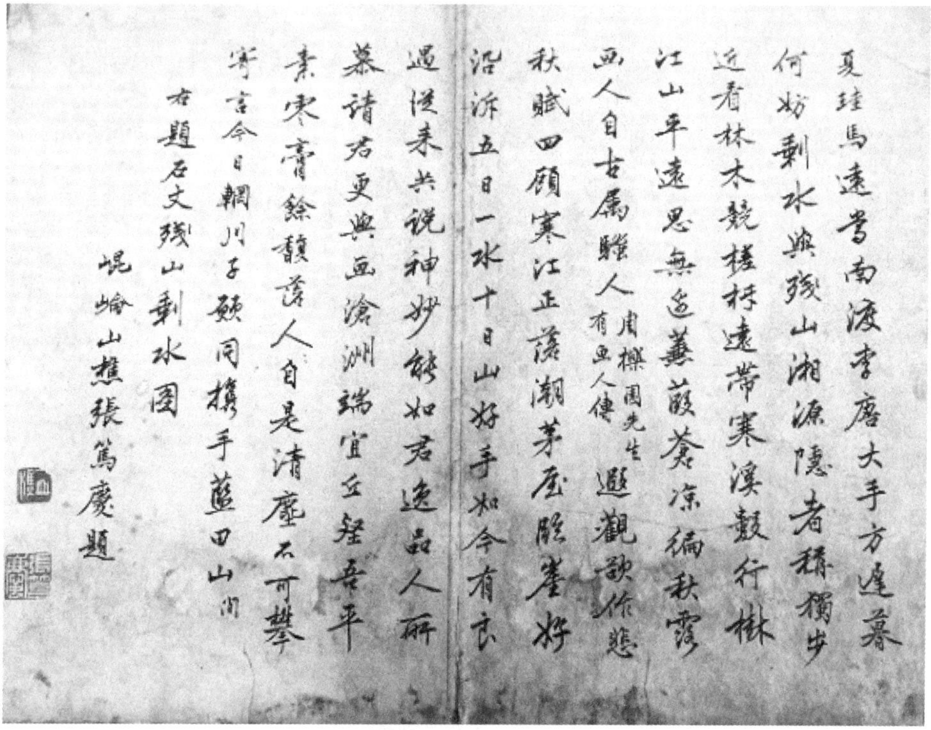

《张历友先生真迹》一卷

（山东省图书馆藏）

山东省淄博市淄川区蒲家庄聊斋园郢中诗社旧址

《淄博古代文献丛刊》编委会

总　序

淄博是齐文化的发祥地，有着源远流长的著述传统。先秦时期，齐地沃土孕育了诸多文化经典，包括我国第一部手工业技术专著《考工记》、齐文化的百科全书《管子》、“无传记之名，实传记之祖”的《晏子春秋》、兵学圣典《孙子兵法》以及《孙膑兵法》《司马法》《六韬》等兵学著作，还有《慎子》《尹文子》《鲁仲连子》等稷下诸子文献。战国秦汉间，齐人在经学方面成就突出，《易》《书》《诗》《春秋》今文经学的传承，均与齐人有密切关系。魏晋以后，淄博文献众多，有史书方志、科技著作、笔记杂著、戏曲小说、诗集文集等，各呈风采。西晋左思《三都赋》曾令洛阳纸贵，北魏崔鸿《十六国春秋》是研究魏晋南北朝历史的重要著作，贾思勰《齐民要术》标志着古代农书的成熟，唐代段成式《酉阳杂俎》和宋代王辟之《渑水燕谈录》是唐宋史料笔记中的代表性作品，元末明初贾仲明的杂剧“骈俪工巧，有非他人之所能及者”[①]。特别需要注意的是，明清时期，淄博文风兴盛，涌现出了众多文化名人，留下了大量的文献著述，其中很多被收入《四库全书》，如毕自严《石隐园藏稿》、薛凤祚《两河清汇》、孙廷铨《颜山杂记》、王士禛《居易录》《池北偶谈》《香祖笔记》《古夫于亭杂录》《分甘余话》《精华录》《渔洋诗话》《衍波词》等，而蒲松龄《聊斋志异》被誉为“短篇小说之王”，成为淄博文化发展史上耀眼的风景。

古籍文献是中华优秀传统文化的重要载体。淄博古代文献不仅是研究淄博地区历史文化的珍贵史料，也是中华优秀传统文化的宝贵遗产。党的十八大以来，传承、弘扬中华优秀传统文化成为国家重大文化战略。2017年1月，中共中央办公厅、国务院办公厅印发《关于实施中华优秀传统文化传承发展工程的意见》，要求“加强中华文化典籍整理编纂出版工作”。2022年4月，中共中央办公厅、国务院办公厅印发了《关于推进新时代古籍工作的意见》，指出：“做好古籍工作，把祖国宝贵的文化遗产保护好、传承好、发展好，对赓续中华文脉、弘扬民族精神、增强国家文化软实力、建设社会主义文化强国具有重要意义。”为发掘保护淄博文献资源，传承弘

① 无名氏：《录鬼簿续编》，《中国古典戏曲论著集成》（二），中国戏剧出版社1959年版，第292页。

扬优秀传统文化，推动中华优秀传统文化创造性转化、创新性发展，助力淄博文化强市建设，山东理工大学和淄博市政协决定联合编辑出版《淄博古代文献丛刊》(以下简称《丛刊》)。山东理工大学党委和行政领导高度重视，给予了多方面的关照与支持。淄博市政协专门召开党组会研究，将《丛刊》列为市政协文史工作重点项目；张延廷主席、朱正林副主席非常关心该项目的实施和进展，提出了许多推动措施和指导意见。山东理工大学齐文化研究院和淄博市政协文化文史和学习委员会具体负责项目实施。

淄博历代文献数量宏富，根据《中国古籍总目》《山东文献书目》《山东文献书目续编》等书目及各类方志资料，今天保存下来的淄博古代文献就有近1000种。《丛刊》的收录原则，一是水平高，具有重要文化、学术价值；二是未经过点校整理，或虽有整理但不够规范系统。根据这两项原则,在充分调查的基础上,《丛刊》选取了淄博古代23位文人著述进行整理，共16册(部分文人著述篇幅较小，进行了合并)，总计700余万字。

《丛刊》项目酝酿于数年前。张宇声教授提出编纂整理《明清淄博文人别集丛刊》的建议被采纳，经过专家研讨，根据实际选目，后改为《淄博古代文献丛刊》。为做好整理工作，我们组建了四个编纂小组，分别由山东理工大学张宇声教授、巩曰国教授、上海交通大学朱丽霞教授、山东师范大学王培峰副教授担任组长，张宇声负责《孙廷铨集》《赵进美集》《张笃庆集》《高珩集》《王培荀集》，巩曰国负责《王象晋集》《王象艮集 王象明集 王与玟集》《王象春集》，朱丽霞负责《王教集 袁藩集》《刘一相集》《刘鸿训集》《毕自严集》，王培峰负责《段氏三代诗文汇编》《杨梦衮集》《何世瑾集 王祖昌集》《张象津集》，延请上海交通大学、中国海洋大学、山东师范大学、重庆师范大学、山东理工大学、西安航空学院、商洛学院等高校相关学者组成了一支水平较高的整理队伍。《丛刊》编纂日常工作由山东理工大学齐文化研究院执行院长巩曰国教授负责。

整理过程中,我们统筹组织,多次召开会议,制定具体措施,严把质量关。各集整理者广泛搜集各种版本，科学选定底本与校本，严格执行整理体例和古籍整理规范。初稿完成后，各组成员之间对书稿进行了互审，各组组长对所负责的书稿进行了通审并提出修改意见，书稿汇总后，王志民、巩曰国、耿振东等又组成终审小组，分别审阅了书稿并对各集的前言进行了统一审稿，逐一提出修改意见。各集整理者根据修改意见对书稿进行了修改完善。2022年8月,《丛刊》书稿交付山东大学出版社。山东大学出版社对《丛刊》的出版非常重视，王贻社总编、刘旭东副社长、刘森文主任统筹协调，精心组织编校，保证了《丛刊》的出版质量。

《丛刊》学术价值主要有以下几个方面：

其一，首次对淄博古代文献特别是明清时期淄博文人著述进行了较大规模的整理，填补了学术空白。文献整理是文化建设的基础工作，历来为人所重视。省一级的文献整理，前有《畿辅丛书》《云南丛书》，今有《齐鲁文库》《荆楚全书》《湖湘文库》《江苏文库》等。近些年来，地市一级的文献整理也不断推出，如《金陵全书》《苏州文献丛书》《金华丛书》等。淄博文化底蕴深厚，文献资源丰富，古代文献虽有整理，如《管子》《晏子春秋》《考工记》等先秦齐文化典籍，左思、王士禛、蒲松龄、赵执信、徐夜等文人的著述以及部分方志，但零散不成系统。《丛刊》作为第一种淄博古代文献整理丛书，弥补了淄博文化建设的这一缺憾。《丛刊》16 册中，有 11 册的全部内容均为尘封数百年后首次整理面世。

其二，注重规范、全面挖掘整理，为淄博地方历史文化研究提供了详实资料。《丛刊》各集，对原著者的各类著述尽可能全面收录，如《张笃庆集》，不仅收录其诗集《昆仑山房郢中集》《昆仑山房诗集》，还收录传记类著作《先相国少保公年谱》《两汉高士赞》以及史评类著作《班范肪截》《五代史肪截》。每一种集子，书前都有前言，介绍作者的生平、著述及贡献，书后附录详列相关传记材料、诗文唱和、诸家评论、著录题跋、诗文辑佚以及作者年谱（年表）。这样一册在手，即可全面了解其生平、著述及各方面贡献。文献作者均为淄博人，他们有关当时历史地理、风土民情、名人掌故、名胜古迹的记述，是研究淄博历史文化的宝贵资料。如《张象津集》中《新城水利四议》包含了小清河、孝妇河、郑潢沟、乌河等河流的诸多信息，是研究淄博历史地理的重要文献。《孙廷铨集》中的《颜山杂记·琉璃志》全面、系统地记述了当时中国北方美术琉璃生产中心颜神镇（今博山）的琉璃生产工艺，包括烧造琉璃的原料、呈色、火候、配色、产品、做工、工具、吹制等，对研究名闻中外的“淄博陶琉”具有重要史料价值。

其三，整理发掘诗文、戏曲创作资料，有补于中国古代文学研究。《丛刊》的文献作者均为富有才情的文人，有很多在诗文、戏曲创作方面卓有建树。如王象春是公认的晚明山左诗坛巨擘，主张“重开诗世界，一洗俗肝肠”，推动了山左诗风的转变以及“济南诗派”在清代的繁荣；张笃庆诗歌创作不拘一格，各体兼擅，《四库全书总目》称其“才藻富有，洋洋洒洒，动辄千言，风发泉涌”；毕自严博通经史，雅好文学，高珩誉其文章可比韩愈和苏轼，《四库全书总目》认为“虽乡曲之言，未免稍溢，而以经济兼文章，则自严要不愧也”；赵进美是明末清初诗坛上由“前后七子”的格调说至王渔洋神韵说之间的一位重要诗人，同时也有《瑶台梦》《立地成佛》等戏曲作品；高珩诗文丰富，其诗“近元、白《长庆集》体”，又有通俗弹词《醒梦戏曲》。《丛刊》各集，全面呈现相关作家的诗文、戏曲创作成果，其中包含了一些稀见的稿本、抄本，为丰富拓展古代文学特别是明清时期山左文坛的研究，提供了重要的文献依据。

需要指出的是，《丛刊》文献的作者多出自文化世家，与国内著名文学家、政治家广泛交游，其活动与当时全国的政治局势、文化创造颇有关联，其意义不局限于淄博一地。像毕自严是关涉明末政局的人物，王象春、高珩、赵进美的文学活动都与明末清初文坛发展有很大关系，段成式家族在唐代全国的地位更具代表性。因此，《丛刊》的出版不仅有益于淄博地方文化建设，对于推动山东乃至全国的文史研究和文化建设，也有积极的学术意义。

整理古代文献，弘扬中华优秀传统文化，是我们的历史使命。《丛刊》首次对淄博古代文献进行较大规模的整理，我们深知责任重大。整理中，我们尽管力求严格学术规范，严把学术质量，但校书如扫落叶，疏误在所难免，且《丛刊》是集体项目，出自众人之手，各卷质量不尽相同，恭请专家读者批评指正。

王志民

2023年10月16日

定稿于山东理工大学齐文化研究院

前　言

张笃庆（1642—1716），字历友，号厚斋，世代居于淄川西南昆仑山下，因而自号昆仑山人。他一生未曾做官，凭借数量颇丰、影响颇大、被海内慕者传抄的诗歌，入《清史稿·文苑传》。

一

张笃庆一生可以用“家世清贵，幼遭离乱；科举不第，长期坐馆；顺天被放，南游襄汉；杜门著述，吟诗自宽”三十二字进行概括。

崇祯十五年（1642）正月二十日，张笃庆出生于山东淄川一个崇尚儒学的清贵之家。这个家族自八世张敬（字尔和，号松石）开始步入仕途。张敬为明万历丁丑进士，精于《左传》《周礼》，曾奉命教习驸马，以严谨著称，官礼部仪制司主事。张氏家族到九世张至发（字圣鹄，号宪松）到达巅峰。张至发为明万历辛丑进士，崇祯十年以少司寇特简入阁典机务，累官太子太保、礼部尚书兼文渊阁大学士，死后赠少保。张至发为官不善机变，但为人清正廉明，《明史》本传说他“颇清强”，高珩所作的《相国清正名臣列传》更是称其“有万石君家法”，“有陶士行、霍子孟之风”，赞扬其为人孝谨及为国精勤尽瘁。张至发的第四子张泰孚官至山西孝义县令，为官清廉，常说“吾不敢玷我祖父清白家声”。张至发的侄子张泰瑞在顺治四年（1647）的谢迁之乱中骂贼而死，其妻子谭氏、次男妇高氏亦皆投缳自尽，号称“一门三烈”。

张笃庆的祖父张泰象是张至发次子，父亲张绂为张至发长孙，母亲则出身本县名门望族韩氏，外祖父韩茂宗、舅父韩理皆曾任松江府推官。张笃庆出生半年以后，他的曾祖父张至发去世。在清顺治四年的谢迁之乱中，张家的家族财产被没收，下一年又因在鹿角山建造的避难之处曾经被起义军屯聚，被人诬以“窝隐剧贼”，叔父张绵及父亲张绂先后被拘，家里只能全力营救，导致“美产冰消，旧业瓦解矣”。从此，张家沦落为空有门楣的普通富户之家。

自张笃庆祖父张泰象起，张家几代人希望通过科举制艺跻身仕途，重现祖先荣光，均未能如愿，张泰象与张绂仅以贡生终身。张笃庆幼年聪颖，六岁即能属对，十六岁参加省里的道试，获得生员资格，以一首《画牛》诗受到施闰章赏识，成为家族科举仕宦的希望，但他却在其后三年一度的山东乡试中屡试不第。自三十岁起直至五十岁，在长达二十年的时间里，张笃庆一直在世交阳丘（今章丘）焦毓瑞家任塾师，与其次子焦舜同一起读书学习，并担任焦舜同二子焦绾祚、焦绥祚的老师。其间虽屡次参加科举考试，均因“数奇不偶，屡踬场屋”。晚年的张笃庆曾经短暂任教于金岭毕剑津家、於陵李侗庵家以及新城县令郎廷槐家。

在张笃庆的一生中，有两次大的转折点。一是在康熙二十六年（1687）。这一年，四十五岁的张笃庆以济南府拔贡生第一名的身份得到了入京参加顺天府乡试的机会，他志在必得，在京城受到了热烈的追捧，“大司成曹峨眉（禾）先生知遇，手其诗篇，逢人说项，海内知名人士，往往先期结纳，与余订交”，当时与其私交甚密的有吴江张尚瑗（弘蘧）、华亭周稚廉（冰持）等。这段经历重新燃起了张笃庆的功名之心，他在给家乡好友蒲松龄、李希梅的《寄蒲留仙李希梅诸同人》一诗中称“驽马自惭过冀北，神鱼终羡奋天东”，自信之情溢于言表。但是因为试卷誊录潦草，依旧没能中式，“都门半载，旅人依然被放矣”，这次科举失利对张笃庆来说是前所未有的打击。二是在康熙三十九年（1700）。这一年，远在湖北钟祥的焦毓瑞之弟焦毓鼎邀请张笃庆为其子之师，于是他从章丘出发，经济南，过泰山，涉汶泗，绝会通，渡黄河，并汴洧，溯汝颍，跨襄汉，历时月余，终于到达钟祥。因南北气候不同，饮食有异，加上年老体弱，不时卧病，仅仅一年时间，张笃庆就离开了郢中。此次南游二千多里，一路上多贤哲古迹，张笃庆作了大量咏史怀古之作，收录在其《昆仑山房郢中集》中，这次入幕经历使他彻底绝迹仕宦。其《忆昔》诗云：“结客少年日，从前浪得名。极知吾有分，难与命相争。老大心逾淡，长贫气亦平。闭关良自悔，经术误浮生。”

晚年时，张笃庆“绿杨阴里课农耕”（《残年》），“犹借豪吟强自宽”（《老人》），以闭门著书、教养子孙为乐。

康熙五十五年（1716），七十五岁的张笃庆逝世于昆仑山下，留下了大量诗文著作，“撰述等身，浩如烟海，不可涯涘”，因家贫均无力授梓。他的诗歌在当时影响很大，文坛领袖王士禛《题历友新诗卷后》曾经评价说：“时世新妆舞七盘，菱歌一曲万人看。谁知绝代婵娟子，翠袖牵萝倚暮寒。”

二

由于生活范围较为狭窄，阅历较为简单，张笃庆的交游多限于本地姻亲。张笃庆的姑姑嫁给新城王士祜（号东亭），张家与当时的文坛领袖王士禛家族为姻亲。顺治十六年（1659），十八岁的张笃庆因为姑父王士祜的关系，得以结交王士禛；康熙二十七年（1688）冬天，张笃庆与早已相识的王士禛在章丘相逢。他们相谈甚欢，相见恨晚，后来张笃庆写给王士禛的《寄阮亭先生，时晋少司马典辛未试》中曾经提及这段经历："前年相遇阳丘路，岁在戊辰秋已暮。绣江云外一停车，流连文酒真良晤。余青园里碧琅玕，徵歌玉树当夜阑。司徒第中乐相乐，谈诗往往霜月残。"康熙四十五年（1706），六十五岁的张笃庆频繁参加王士禛的宴游雅集，《昆仑山房诗集》中收录了《和渔洋先生闻雁寄远》《和渔洋先生石帆亭菊》等酬唱之作。

张笃庆还和著名文学家蒲松龄结下了一生的友谊。两人青年时期志同道合，与同郡王甡（字鹿詹）、李尧臣（字希梅）等人结"郢中社"，后来又俱在科举上屡战屡败，长期在官宦之家担任塾师，并且都曾经到南方短暂地担任过幕宾。蒲松龄在三十六岁时为江苏宝应县令孙蕙帮办文牍，张笃庆五十九岁时到湖北钟祥县令焦毓鼎那里为其子授经。康熙四十年冬，听闻张笃庆自湖北归来，蒲松龄在诗中深情地说："风雨怀人晚尤剧，可堪长在别离中。十年老友晨星散，百岁韶华逆旅同。历尽艰难消壮节，凋残鬓发感秋蓬。何时一话南游快，共放寒灯彻夜红。"蒲、张两人的友谊持续到晚年，康熙四十九年，七十一岁的蒲松龄作《张历友、李希梅为乡饮宾介，仆以老生忝与末座，归作口号》七绝一首，对二人相似的一生作了概括："忆昔狂歌共夕晨，相期矫首跃龙津。谁知一事无成就，共作白头会上人。"古稀之年的蒲松龄、张笃庆和他们的好友李尧臣以年高德著被举为乡饮宾介，回忆起当年的意气风发与力登龙津之志，蒲松龄对自己与挚友的一事无成只能无奈慨叹。

最终张笃庆和蒲松龄因兴趣不同分别走向了诗歌和小说的创作之路。蒲松龄一方面对张笃庆的才能评价甚高，认为"如此才人天下少，由来名士济南多"（《怀历友》），并大加赞扬其《班范肪截》《五代史肪截》《两汉高士赞》等著作，"选政亲操日杜门，穷搜八代溯渊源。一编肪截传名著，高士同教两汉尊"（《赠历友》）；另一方面则在读着好友的诗歌、有时加以唱和的同时忙着搜集奇闻逸事、记录花妖狐媚，"偶录幽奇伸短纸，强拈险韵读长篇"（《答历友》）。张笃庆则专心作诗，对好友专力写作志怪小说持有不同态度，他在七言律诗《题〈聊斋志异〉卷后》中虽然也承认志怪小说有警世意义，"董狐岂独人伦鉴，干宝真传造化功"，但更多的还是力劝蒲松龄走文学正途，"莫向酉阳矜杂俎，还从禹穴问灵威"。如果说这三首律诗还是通过典实进行婉转劝说，那么康熙二十五年（1686）张笃庆的《寄蒲留仙李希梅诸同人》则变成了直言批评："此后还期俱努力，聊斋且莫竞谈空。"当时的张笃庆以拔贡生的身份来到京城参加顺天府乡试，志得意满，劝告挚友还是要专心科举制艺，不要空费精力在小说创作上，而之后又在《寄蒲留仙》和《聊斋蒲柳泉》中重申此观点："说鬼谈空计尚违，惊人遥念谢元晖"，"谈空误入夷坚志，说鬼时参猛虎行"。可以说其对《聊斋志异》的创作一直持反对的态度。

三

卢见曾评价张笃庆"刚正之气节、深醇之经济，一无所表见于时，宜乎唐豹岩叙其诗以不得如杨得意之荐司马相如，为可恨也"。这一说法虽不无溢美之词，但也可以看出时人对张笃庆儒家经世致用思想的认同。

张笃庆有儒家强烈的功名心，但祖父、父亲和自己科举上的失利，使他的内心常常充满着家族没落无能为力的悲哀，"惭愧凋先业，临风掩泪痕"，"爰自乌衣巷，移将石谷村"（《自城中旧居移盆石至乡》），"至今思祖德，怊怅野烟昏"（《忆环青园感旧奉寄四叔》）。在接连两次因病未能入闱之后，二十八岁的张笃庆受到了打击，为了重拾信心，他考稽家乘，并且向父辈请教，完成了五言《述祖德诗》上下两卷，高珩为之作序，以"夫为学而志于圣道，立身而登乎甲科，此大孝养志之鹄，而凡为人子者之所宜孜孜也"，激励他重振家声。张笃庆亦想重拾信心，"家道日以替，诵读安薄劣。仅闻昔时风，清贫余短褐。方忧坠世泽，赐书幸未绝。永言怀先烈，岂复念饥渴。杯棬亦萧条，讵曰矜门阀。蹩躠风尘中，努力赴寥阔"。但接下来的他却屡战屡败，只能将满腹才学专致于诗文著作上。卢见曾说他："使其早登科第，或降心以就鸿博之试，得与渔洋、愚山诸公后先周旋，以争坛坫于康熙十子之间，当与山姜齐驱，余子退舍。"

于是，诗歌成为张笃庆与外界沟通的媒介，他十六岁受知于施闰章，以一诗获入泮，后又因诗得到国子祭酒曹禾的青眼，更与当时文坛领王士禛酬唱赠答。到后来，科举失利，诗歌成为他立名的唯一出路，直至古稀之年仍笔耕不辍。

在诗学观上，张笃庆强调诗歌干预政治的功能，认同其讽谏现实的作用，他继承了扬雄提出的"诗人之赋丽以则"的观点，他说："诗，雅道也，择其言尤雅者为之可耳；而一切涉纤、涉巧、涉浅、涉俚、涉佻、涉诡、涉淫、涉靡者，戒之如避鸩毒可也。然则如之何？曰'丽以则'。""则"即法则，是儒家思想的文学原则，也就是诗歌在追求艺术技巧的同时必须具有讽喻意义。张笃庆在《秋获》诗中称："周官咨保介，汉诏到孤村。……捕蛇虽有说，猛虎总难论。不惜心头肉，终销杖下魂。石壕惊父老，手实遍鸡豚。敢告采风者，封章上九阍。"《飞蝗死》一诗中也说："我欲上书报天子，大有频占烦太史。野人作歌殊不尔，农夫满野飞蝗死。"可以说，他的诗歌对清前期的民族关系、匪贼动乱、天气灾害、赋税徭役等都有翔实的描写。

张笃庆家族在科举制艺之外，亦有隐居山水之传统。其八世祖张敬"天性恬淡"，"生平不问家人生产"。张笃庆的伯曾祖张中发"不好治家人生计，唯日饮酒对客，放怀山水间，题所居曰'回首窝'，自号'回首道人'"（《述伯曾祖硕隐公》其二），入《淄川县志·隐逸传》。他的曾祖父张至发返里之后营建环青园，"性爱石，与米襄阳有同好。暇日每登山选石，慛然忘归，虽风雨寒暑弗辍。此外虽货贝珍玩，意泊如也"（《先相国少保公年谱》）。王士禛在《明经张先生传》中，更是将张笃庆之父张绂比于六朝名士，"古人意气所寄，如祢衡之鼓，嵇康之锻，阮孚之屐，桓伊之筝笛，谢尚之琵琶，柳世隆之马矟，皆有所托而逃焉者也。先生之自晦于酒与羯鼓，亦其类欤"。受此影响，张笃庆亦有山居避世之追求，常以陶渊明自居："谁云谋食甘薇蕨，漫说无衣问薜萝。终是陶公能出世，萧萧白眼眄庭柯"（《半生》），作有《拟陶饮酒诗二十首》，淋漓酣畅，古朴冲澹。晚年更是以作诗为乐，多《春兴》《野兴》《看花》《陋室》《遣兴》之类。

四

张笃庆诗歌体裁不拘一格，各体兼擅。沈德潜《清诗别裁集》卷十四收录张笃庆诗歌二十四首，排在王士禛（四十七首）、施闰章（三十二首）、钱谦益（三十二首）、吴伟业（二十八首）、宋琬（二十六首）、潘耒（二十六首）、尤侗（二十五首）之后，并评价说："诗古今体兼善，宋、元习气不能染其笔端。"《清史稿·文苑传》也说"（笃庆）诗以盛唐为宗"。受到明代后七子王世贞、李攀龙"诗自天宝而下，俱无足观"的影响，张笃庆鄙视宋元以后诗歌。郎廷槐编的《师友诗传录》在论及"学乐府宜宗何人"时，张笃庆回答说："学诗而不熟于汉、魏、六朝者，皆伧父也。何必其有定宗乎？"在《与同社诸子论诗》诗中，他称"宛洛衣冠余顾俊，梁园词赋失邹枚。悲歌九辨骚人怨，大雅千秋邺下才"，"三闾憔悴入湘沅，风雅千秋可共论。作赋未能传洛下，论交聊复向中原"，"建安遗响久沉沦，放眼高歌孝水津"，足见其以继承诗骚风雅、汉魏六朝初盛唐诗歌传注为己任，而与"世之沿袭绮丽，窃玉台、西崑之形似以斗巧争妍者"大相径庭。他的诗歌能够关注社会现实，表达真情实感，又能在怡情山水中忘却家族衰落、科举偃蹇之痛。

师法杜甫、以诗存史是张笃庆诗歌的特色。他在《读赵韫退大参〈清止阁诗〉有赠》中赞扬赵进美继承《诗经》、《古诗十九首》、杜甫诗关注现实的做法，“我读万帙清止诗，神移气夺天晶晶。三百以还十九首，杜陵或可与之并”。康熙六年（1667）、康熙七年山东接连发生蝗灾和地震，张笃庆作《捕蝗谣》《地震纪异杂诗》，其中“波翻海潮立，岱宗亦嵲屼。鬼斧劈洪蒙，云车夹路逵。天门下雷电，地轴飞妖螭。昨闻郯子城，死伤积累累”，描绘了地震时平地迸裂、泉水喷涌以及郯城死伤无数的惨状。其他还有《飓风行》《怪风雨雹行》《飞蝗吟》《钜野水灾行》等，这些诗歌可以大大补充清前期的地方文献与史料。

张笃庆对自己的家庭和经历也进行了详细记录，他创作《述祖德诗》论及始祖至从叔祖张泰瑞的功绩，《悼亡》四十首悼念亡妻高氏，《哭仲女诗六百字》悼念亡妻孙氏、早逝的女儿和儿子，这些作品同杜甫诗歌一样，都是通过家庭生活反映社会的诗史性作品。康熙三十九年（1700），他远赴郢中，作有《逢丘宿老农家》《钜野水灾行》《过宋玉故里》《望大梁怀古》《忆弱孙龙儿》《长至节忆家》等诗，举凡农民生活之苦、登临怀古之感、异乡思家之痛无不落笔，可以说勾画了一幅幅清前期的社会生活画卷。

在各类诗歌题材中，张笃庆尤其擅长咏史怀古之作。可能因为曾祖父张至发的关系，张笃庆对明末事件格外关注，有《明季咏史百一诗》《阅绥寇纪略杂诗》《明正德宫词》《正德内教场歌》等专题之作。《明季咏史百一诗》作于诗人五十三岁时，诗歌时间涵盖神宗朝到南渡以后，专咏明事，分析明代亡国原因，字字沉痛，王士禛评价说“博引曲喻，宛转关生，真冠古之才”。这一百零一首咏史诗将传统的组诗发展成为专题，代表着清代诗歌发展的新趋向。另外，他还有《阅〈三辅黄图〉述古杂诗》《咏古新乐府》等专题作品。

张笃庆倾尽全力作诗，故多长篇巨作，《四库全书总目》评价说：“笃庆才藻富有，洋洋洒洒，动辄千言，风发泉涌，不可节制。”他诗歌中最长的一篇是《修门吟》，又名《辛卯夏五哭大司寇渔洋先生一百五十韵》，诗歌长达一千八百余字，加上前面的序言则长达两千七百余字，可见其淹博之才力。在张笃庆的两千五百余首诗歌中，七言歌行体占到三百多首，不仅数量多，而且质量高。王士禛说：“（笃庆）诗尤以歌行擅场。”这类诗歌在《昆仑山房诗集》中列于“七言古体”，以“歌、行、吟、谣”等命名，内容包含赠答唱和、题画听歌、悼亡忆友、怀古咏史等，往往写得低徊婉曲、反复吟咏，格外动人，如《题邢太保玠征倭所赐尚方剑歌》(《渔洋诗话》作《邢太保赐剑行》)、《宋赵千里〈海天落照图〉》等篇被王士禛评价为“不失空同、大复家法”。在句式方面，张笃庆也勇于创新，不仅有歌行常用的三五七言句，还灵活运用四、五、七言，如《孟冬十三日盲风怪雨志异歌》:“日晕而雨，月晕而风。日晕每无验，月晕信有征。昨宵月晕霜华冷，今宵烈风月无影。冯夷击鼓风伯趋，鬼斧雷硠力深猛。”复沓中有变化，自由而又整饬，颇不寻常。

清人对张笃庆的诗歌风格颇有争议，赵执信《〈两汉高士赞〉序》说他的诗文“渊赡豪纵，不与时流空疏龌龊者伍”，王培荀《乡园忆旧录》也认为其作“磊落雄奇，千人皆废”。而张尚瑗《〈昆仑山房诗集〉序》则认为是“安恬和易，是其本色”。其实正因为博学诸家又兼擅诸体，张笃庆的诗歌风格呈现出多样化特色，正如归允肃在《昆仑山人诗序》所言，“其述祖德则典硕庄重，家乘于是为稽；怀友朋则慷慨历落，气谊为之增重；以至托物赋形、微文见志，莫不有以抒写其性情，发挥其意蕴，非才大而养醇、识高而力厚、情深而致远者，未易得此。”

《师友诗传录》是了解张笃庆诗学观的重要著作，此书一名《诗问》，由时任新城知县的郎廷槐编。该书采用问答方式，由郎廷槐问，王士禛、张笃庆、张实居加以回答，内容涉及才学、《古诗十九首》、乐府与古歌、《文选》、唐五言古、歌行以及向谁学习、如何创作等内容，语言简练平实。

张笃庆在年谱体例上也敢于突破，他在《先相国少保公年谱》中说以前的家谱往往于年岁下一直详书其事，不够清晰明了，于是进行创新，“仿纲目例，年月下撮其要及大事书之，而于注详列其事为目。纲所以识略，目所以识详也，盖经纬之体则然”，还将那些不好归属于具体年份的散见材料附于年谱之后，名曰《摭遗录》。他所作的《先相国少保公年谱》和《厚斋自著年谱》为我们了解明末清初的重要事件和地方家族兴衰提供了重要的文献资料。

值得注意的是，张笃庆的《两汉高士赞》一编，是作者科举不第的幽愤之作，对汉初四皓到东汉末年的管宁等三十三人一一进行了总结概括，纯用四言句，“与遁世独醒者流相求于千古”，“取材奥而遣言古”。最后一篇纯散文体的《龙亭侯传》通过拟人的方式写“竹氏（子）”的家族兴衰，间附以与蔡伦、蔡邕、钟繇、王羲之乃至智永禅师、唐太宗、薛幼洪（应为薛洪度）等的纠葛，实际上是一篇造纸业的发展史，构思与韩愈《毛颖传》有异曲同工之妙。

张笃庆还笃于史评，著有《班范肪截》《五代史肪截》。书名中的“班范”“五代史”分别指东汉班固所作《汉书》、南朝范晔所作《后汉书》及宋欧阳修所作《新五代史》，“肪截”本义是切割的脂肪，喻意精华。《四库全书总目提要》对二书评价皆不高，说《班范肪截》“即两汉史事稍加论断，大抵皆属常谈”，“似史评而非史评，似说部而非说部。殆随笔偶记之书，故漫无体例欤？”说《五代史肪截》“摘取欧史之文，间附己意为论断。与《班范肪截》体例略同，而持论尤多无谓”。其实二书并非毫无价值，张笃庆《五代史肪截自序》有言“畏灏瀚之长编，十行难下；乃就删余之简册，一望皆穷”，明确说明写作的出发点是《汉书》《后汉书》《新五代史》等篇幅过长，不易观看，故而作此简明读本。从体例来看，《班范肪截》按语较为自由随便，但《五代史肪截》每一节后所加“外史氏曰”的赞语则整齐统一，并且通过这些赞评语也可见张笃庆的为人。如评价李从璟之死，“欧阳氏于其死也，低徊唱叹，以为善处父子君臣之间。予亦以为从璟之人，完人也。欧公之文，至文也”，一派真诚倾慕之心旷然可见。同时，此书尤其注重对文辞的评价，如评价《周世宗赐南唐主李璟书》“大有霸气”，说周太祖“尔谓父子为两家可乎”之语“简而尽也！较‘卧榻之前，岂容他人酣睡’之言，更为得体”云云。不可否认的是，这种著述方式的确造成了二书的割裂之憾。

五

张笃庆今传作品有诗歌《述祖德诗》《云高洞游草》《知北游草》《明季咏史百一诗》《昆仑山房郢中集》《昆仑山房诗集》等；诗评一部，即《师友诗传录》；有传记类作品三部，分别是《先相国少保公年谱》《厚斋自著年谱》《两汉高士赞》；史评类作品两部，分别是《班范肪截》《五代史肪截》。

本次《张笃庆集》整理包含诗歌、诗评、传记、史评、附录。

（一）张笃庆的诗歌多以抄本传世，有单行本和诗集两类。单行本有四种，分别是《述祖德诗》《云高洞游草》《知北游草》《明季咏史百一诗》。《述祖德诗》有淄川图书馆影印民国临沂华东铅石印刷局石印本，目前为唯一版本。《云高洞游草》和《知北游草》有山东省博物馆藏清抄本，也是目前唯一版本，但部分诗歌见于《昆仑山房诗集》。《明季咏史百一诗》单行本有山东省图书馆藏清抄本、《昆仑山房诗集残稿》渔洋先生批点《明季咏史百一诗》清刻本（以下简称清刻本）以及上海图书馆藏道光十八年刻本（以下简称道光本）、国家图书馆藏民国五年国学扶轮社《古今说部丛书》铅印本（以下简称民国本）。

张笃庆的诗集主要有以下版本：山东省图书馆藏清抄本《昆仑山房郢

中集》三卷、《昆仑山房诗集》十三卷，山东省图书馆藏清抄本《昆仑山房集》未定稿十二册不分卷（以下简称省图本），中科院国家科学图书馆藏清抄本《昆仑山房集》三卷（以下简称中科院本），国家图书馆藏清刻本《昆仑山房诗集残稿》三卷、《百一诗》二卷（以下简称国图本），山东省博物馆藏清抄本《昆仑山房诗稿》一卷（以下简称省博本）。山东省图书馆藏清抄本《昆仑山房郢中集》三卷、《昆仑山房诗集》十三卷为分体排列，卷首有张笃庆自作《昆仑山房郢中集序》,除《述祖德诗》外,其他单行本全部(《昆仑山房诗集》卷十三即《明季咏史百一诗》）或部分（《云高洞游草》《知北游草》）见于此本，故作为诗集底本。省图本为分体编年排列，不分卷，收录五言近体、五言排律、七言排律、五言古体、七言古体、七言近体、乐府杂诗等不同体裁的诗歌；中科院本为分体排列，收录乐府杂诗、七言近体、七言古体三种诗体；国图本则只收七言近体，分为上中下三卷，也收录了道光本的《昆仑山房明季百一诗》；省博本仅收《题王石丈摹古画册八幅》，全部见于《昆仑山房诗集》。以上所列的省图本、中科院本、国图本、省博本全部作为校本；还参校了山东省博物馆藏淄川孙锡嘏辑《般阳诗钞》（以下简称《般阳诗钞》）所收《昆仑山房诗集》以及哈佛大学汉和图书馆藏《般阳诗萃》柳波馆刻本（以下简称《般阳诗萃》）所收录的张笃庆诗歌。

另外，山东省图书馆还藏有《张历友先生真迹》一卷，收录的八首诗歌均已见于《昆仑山房诗集》十三卷。

本次整理将张笃庆诗歌分为四部分，第一部分为《述祖德诗》，为作者二十八岁时所作；第二部分为《云高洞游草》，为作者四十一岁时所作；第三部分为《知北游草》，为作者四十六岁时所作；以上单行本按照写作时间排列。第四部分为《昆仑山房郢中集》三卷、《昆仑山房诗集》十三卷。《云高洞游草》和《知北游草》中已收录但在《昆仑山房郢中集》三卷、《昆仑山房诗集》十三卷又出现的作品不再重复收录。将底本无、校本有的诗歌顺序插入《云高洞游草》《知北游草》《昆仑山房郢中集》《昆仑山房诗集》中。《明季咏史百一诗》全部收录于《昆仑山房诗集》十三卷，为了保存诗集原貌，不再单独列出，将清刻本、道光本、民国本作为校本。

省图本、中科院本将“乐府杂诗”类单列，这些诗歌有部分被《昆仑山房郢中集》三卷、《昆仑山房诗集》十三卷收录于“五言绝句”“五言古体”“七言古体诗”中，未收录的部分以“乐府杂诗”类全部补充于“昆仑山房诗集卷十三”之后。

（二）诗评《师友诗传录》（一名《诗问》）以《四库全书本》为底本，以民国四年国学扶轮社《古今说部丛书》十集本为校本（以下简称《古今说部丛书》本）。

（三）传记《先相国少保公年谱》所用底本为山东省图书馆藏清康熙淄川张氏刻本。《厚斋自撰年谱》一卷，有山东省图书馆藏路大荒先生手订清稿本、国家图书馆藏民国抄本（以下简称民国抄本），另有山东大学出版社出版的崔国光整理的《厚斋自著年谱》。今以山东省图书馆藏清稿本为底本，以民国抄本为校本，参考了崔国光的整理本。《厚斋自撰年谱》作为附录置于文末。《两汉高士赞》所用底本为《山东文献集成》第二辑影印出版的山东省博物馆藏清淡志轩钞本。

（四）史评类作品《班范肪截》以山东省图书馆藏毕氏聚星堂钞本为底本，《五代史肪截》以江西省图书馆藏清钞本为底本。

（五）附录中的“张笃庆诗文补遗”，一部分为《般阳诗钞》《般阳诗萃》中保存的底本及校本未收录作品，另一部分则收录散见的张笃庆诗文作品。附录还收入了张笃庆的传记材料、来往唱和评论之作、序跋及书目题跋、书目提要。“传记材料”收录关于张笃庆的三篇传记，以及沈德潜、王培荀对其生平、创作的简括之文；往来唱和评价之作收录蒲松龄、王士禛、唐梦赉等人与张笃庆的唱和诗歌，以及张元、王培荀对张笃庆的评价之文；序跋收录《昆仑山房诗集序》、《昆仑山房集未定稿十二册》卷后题记、《般阳诗钞》所收《唐豹岩序》、龚亭煌的《刊明季百一诗跋》、蒋静山的《百一诗跋》；另附《四库全书总目提要》的相关内容。最后附《厚斋自著年谱》。

另外需要说明的是，《四库全书总目提要》说张笃庆有《昆仑山房集》三卷（山东巡抚采进本），且“此集乃有文而无诗，疑编次未竟之本也”，今所见齐鲁书社《四库全书存目丛书补编》影印的《昆仑山房集》三卷附录了此《四库全书总目提要》，但此本仅有诗歌，不含古文，齐鲁书社影印本文不符题。至于《四库全书总目提要》中提到的《昆仑山房集》是不是这个本子，不得而知，且各图书馆均未发现张笃庆的“诗古文集”。如有师友能提供该文集线索，盼望告知。

自对张笃庆作品进行整理以来，受新冠疫情影响，对版本的搜集不免有遗漏之处，加上作者水平所限，可能存在一些问题与讹误，敬请读者批评指正。本书整理过程中，得到了山东省图书馆、国家图书馆、淄川图书馆和师友张宇声教授、焦桂美教授、巩曰国教授、陈玉金老师的支持与帮助，在此一并致谢。

柏秀叶

2023年4月

目　录

述祖德诗

云高洞游草

知北游草

昆仑山房郢中集

昆仑山房诗集

师友诗传录

两汉高士赞

先相国少保公年谱

班范肪截

五代史肪截

附　录

述祖德诗

昆仑山人诗序

古人之学，首重通才，故登高能赋，方为大夫之选，彼其所以擅能当时，岂徒求工于声调字句之间，袭浮靡以见长，侈饾饤为淹雅已哉。盖士之有志当世者，其抱负必弘以远，其寄托必深以厚，其平居所讲习讽诵，皆原本于道德，涵泳乎经史，旁通乎百家，而于山川风俗、天时人事、飞潜动植之微，靡不观览而研究，浩然有会于中。故其形为言也，芬郁芳润，扬扢风雅，含吐性灵，发为和平正大之音，而悉化其嚣凌噍杀之习。及一出，而文章德业卓然表建于天下，铭钟鼎而勒旂常，声施无穷，此通才所以重而其言为可纪也。今余观张子历友之所为古今诗歌而有感焉。张子以原操世胄，累代通显，其曾王父少保公由列卿擢为台辅，文章德业耀[①]炳在人耳目，将来国史书之，非特一家之荣已也。中更事变，旧家或沦落不振，而张氏独以诗礼世其家，人拟之乌衣王谢云。夫以张子之才，承藉先泽，即偶尔游戏翰墨，跌宕文史，亦足以豪矣。而张子则益肆力于学，于书无所不窥，自髫年即喜为诗歌，深造远诣，直登汉魏盛唐人坛坫，其博大深沉之思、顿错卓荦之致可谓无格不工，有美毕备，渟泓涵蓄，峥嵘磅礴，卓然为大家手笔，视世之沿袭绮丽，窃玉台、西崑之形似以斗巧争妍者，不大径庭哉。且其述祖德则典硕庄重，家乘于是为稽；怀友朋则慷慨历落，气谊为之增重；以至托物赋形、微文见志，莫不有以抒写其性情，发挥其义蕴，非才大而养醇、识高而力厚、情深而致远者，未易得此。方之康乐之纪述、少陵之诗史，殆无訾焉。盖张子之先世既以文章德业著称，其尊人孔绣先生尤留意诗文，硕德懋学，著纪不下等身，屡游佳山水、通都大邑，结交皆当世知名之士，而冲怀善下，绝不以门第才望有矜诩之色，盖张子之得于庭训者有素矣。

张子昆季五人，皆亭亭玉立，卓尔不群，倜傥善属文，无忝荀龙谢凤之目，余皆得订交焉。而历友于雁行最长，著述最盛，因叹张氏之一门何多才也。济南古多名公巨卿，自伏生而后，指不胜屈，若田何、公孙丞相辈，皆淄产也。往昔世庙时，沧溟李先生以古文词振兴山左，时吾吴则有弇州先生起而应和之，才名角立，并驱中原，操觚家望祀两先生如泰山北斗，风流弘长，衣被者百有余岁，盖至于今未艾也。今张子大放厥辞，典雅敦厚，可以媲美古人，将来与历下方驾，无足疑者。

余与张子同以壬午生，而张子先余一月。客岁自京师来此，倾盖握手，莫逆于心，因时时而相过从，杯酒论文，两人相得欢甚。独是余少而失学，才质庸下，

① “业耀”二字原漫漶不清，今据清嘉庆十年玉钥堂刻本《归宦詹集》补。

年来东西征逐，困顿于车尘马足之间。老泉所云“饥寒困穷乱其心，而声律记问又从而破坏其体”，盖不能有所讲习讽诵，而精力半已销亡矣，其又何敢望琅琊氏之后尘耶？抑余闻君子之有志当世者，其既遇也，雍容揄扬，铺张盛烈，足以奏清庙而登明堂；其未得志，则涵濡尔雅之林，陶咏诗书之府，优而柔之、餍而饫之，将以求志而达道也。彼夫东山之咏洛生、卧龙之吟梁甫，其意趣令人于千载下仿佛相见，今张子之意岂异是哉。异日者侍从帷幄，奏《子虚》《上林》《甘泉》《羽猎》诸作，定郊庙乐章，嗣少保公文章德业，以鸣国家之盛，将于是乎在。而余得因平日知交之雅，附一言于简末，有厚幸焉。是为序。

时康熙岁次辛亥正月海虞年家同学弟归允肃孝仪氏拜题于般阳书舍。

序

予读历友《先德诗》而怃然三叹也。汪侯一序，名章爚熉，亦既详哉！其言之矣。夫古人述祖德者，何哉？将以绍祖烈也。故或章之诗歌，或被之弦管，岂其以家世之焜煌为荣藉。其谓高曾矩矱，垂范云仍，陟降绍庭，公侯可复，以是为菑畬故也。

吾邑往代钧衡宪松先生，絜轨姚宋矣。而仪部松石先生先以清节鸿文，濬发丰芑，今仪部遗集与李沧溟方驾。海内诸士大夫以文笔鸣者，犹将摄齐前哲之堂，抑首容台之座；而况前武可步，丹臒为矩，高曾之贻谟煌煌有素者乎！先生弼亮功施，此犹历友他年事也。若先生之掌录发悬，其修业也笃矣；事亲之孝，因心之友，其持身也醇矣；求人师于泰岱，游泳圣涯，其志道也深矣。历友高曾之茂德如此，而大父仲开先生、尊君孔绣又皆以行谊文章为般阳弁冕久矣。历友制艺卓冠时髦，邑称孝友，孚众口焉，进贤之冠直须时耳。

虽然学人进德修业，从无过量之虞。“益动而巽，日进无疆”，《易》不云乎？“逊志时敏，厥修乃来”，《书》不云乎？“日就月将，缉熙于光明”，《诗》不云乎？进之而由义，居仁以尚志，存心养性以事天，此亦儒者之庄逵，而先生所服勤于还朴李先生者，尤有进焉。还朴先生《讲余录》，吾四十年前已读之，今岁再读之，而见其所得渊通，不谈二氏而已交摄，知圣人之无二道而不泥其迹者如此。圣鹄先生之早年北面而远侍函丈者，其以此欤？而立志为尤要焉。孔门言志，孟子尚志。夫志者，学之所由成而业之所由广也，幼学壮行，此为垣墉明矣。故士人之有志者，虽蓬蒿累世，犹将奋迹天阶，上光祖考，不以让为恭也。矧世德可接，前徽伊迩，而不轩翥钧衡之绪，绍闻彝鼎之班乎？然则历友三不朽之业，求之祖武而已足，知非止崔卢王谢之以弈世簪笏为豪、以公卿宰相为荣可知也。夫为学而志于圣道，立身而登乎甲科，此大孝养志之鹄，而凡为人子者之所宜孜孜也。吾读《先德诗》而重有望焉。历友其勉之矣。

时康熙二十二年岁次癸亥眷生高珩题。

引

忆吾祖少保公暮年谢政，乘传荣归，方幸绿野优游。俄而左髀抱疴，日夜冀得曾孙，悬盼殷切。闻吾妇有娠，喜形于色，及长男笃庆生，辗然大笑，沉疴顿减。弥月后，恒令乳母抱置膝前，时抚弄之，以为娱乐。虽在孩提，器重实深矣。方四岁，辄识之无遗；六岁，即能属对；迄十余岁，习为文章。吾父每阅其文，大加欣赏。尝记随余读书于内侄韩宁子别墅，偶松窗雪夜，余作《咏雪》近体，笃庆亦勉为和韵，同人见者，佥谓“父子倡咏，真天伦乐事也”。十五岁应童子试，督学施公教条有云，“诸生能诗赋者，许各出所长”，笃庆场中呈卷时，请题为诗，乃作《画牛》绝句。施公见其幼而知韵也，面允收录，亦奇遇矣。入庠以来，专喜吟咏，曾患牙痈，伏枕匝月，得《古乐府》三百首。余以其沉溺于兹，因严切禁戒，嗣后渐废推敲，专务制艺，每试辄受知当事。间与谈及先世清白家风、诗书故业，遂奋然有绍闻继序之思。己酉夏日，作《述祖德诗》七十余章。明府汪公、司寇高先生各为之序，期望奖许未免过厚。呜呼！求世德而振家声，励潜修而副众望，吾子勉乎哉。

时康熙二十二年岁次癸亥小春初吉般湄间题于淡足斋。

上卷[1]

述始祖 一首

按，家谱：始祖讳子中，字失传，当永乐时，淄邑广虚，诏迁冀州枣强民以实之，始祖遂自枣强徙于淄。

吾宗三百年，世业在般阳。粤维文皇初，赤县绝耕桑。诏发三辅众，用以实岩疆。始祖自棘津，间关徙兹乡。占籍但十亩，西郊永相望。高原亦膴膴，实始居穷荒。即今弈叶后，纶亭焕龙章。永怀拓基台，百世安敢忘。

今邑城西郭外祖茔即始祖创基故址。

述二世祖至六世祖 二首

自始祖以下六世皆农隐。

猗欤维列祖，数世但耕凿。屈蠖甘齐民，俯首治钱镈。一丘仅栖翱，漫不厌藜藿。和气播仁里，古道照岩壑。抱朴养其淳，饮食田家乐。树德必务滋，终俶固穷约。灵窟毓金芝，源泉自喷薄。所以百余年，载睹平津阁。自始祖至相国，凡九世。汉公孙丞相亦吾淄人。旷代溯杯棬，弓冶留繁弱。弈世规余风，九原如可作。

其二

宗谱所载：六世祖讳聪者，以能读《论语》，遂得檄入学宫，盖吾邑文章甲第至嘉靖后始盛也。

端居稽家乘，沉叹感今昔。迢迢二百载，回首羡曩迹。往者孝宗朝，榛芜犹未辟。吾淄实山城，道路多荆棘。微闻弦诵声，未沐诗书泽。俊民但躬耕，荒邑缺典册。经传偶一窥，遂隶博士籍。迨乎世宗时，比户皆拱璧。吾家仪部公，入对汉廷策。煌煌明堂彦，黼黻及宗祏。

述七世祖赠光禄公 一首

按，家谱：光禄公讳綦，字□□，号临黉，初以子贵封承德郎、礼部仪制清吏司主事。后以孙贵累赠光禄大夫、太子太保、礼部尚书兼文渊阁大学士。

---

① 下注“己酉作”。

缅昔光禄公，实维仪部考。耆硕重里闾，厚质遵常道。大璞韫无文，含章信能葆。鸠杖与鲐背，古之称遗老。时闻麦舟谊，乐善固其宝。望庐或息争，彦方岂云杳。有子尚书郎，穷年事幽讨。早承过庭训，努力敷文藻。鸾章被荒庐，紫阁行视草。亦越少保公，揆席登凤沼。悠悠溯贻谋，永怀何绵渺。

述高祖仪部公 十首

高祖讳敬，字尔和，号松石。嘉靖戊午举于乡，万历丁丑登南宫，初授中书舍人，升礼部仪制主政，以子贵累赠光禄大夫、太子太保、礼部尚书兼文渊阁大学士。

吾家发长祥，呜呼始仪部。箕裘已百年，曰余高祖父。奋迹淑圣泽，起家自韦素。鸿宝枕中窥，玄亭著书苦。健笔志名山，俯仰重怀古。穷已二酉藏，犹复探石鼓。生业自萧条，担石任环堵。绛幄坐谈经，清寒厌阿睹。及夫登朝后，簉仕图书府。翱翔向凤池，弈世照缨组。雄篇走名都，经术振齐鲁。永言念明德，芳规启元辅。

其二

高祖为仪曹时，以选文行兼优教习驸马。

载考仪部公，通籍明光殿。已逾强仕年，释褐作中翰。载笔掌丝纶，龙绰实涣汗。京洛何煌煌，燕许诚复见。诏选仪曹臣，都尉授经传。宗伯列荐剡，遂荷神宗眷。清班近凤台，支机溯银汉。中朝何平叔，问字常北面。秦楼日侍书，休沐少芳宴。大隐铜马门，脱粟华阳馆。清秩燕宗曹，冰暑亦萧散。下直手一编，冥搜镇不变。汉廷有良吏，清节关西擅。至今海岱侧，高风人所羡。

其三

高祖为诸生时，尝读书上泉庵，后既达，人遂改名为青云寺，寺在邑西南山中。

维昔仪部公，埋迹向岩穴。萧萧古招提，深谷樵路绝。依稀文正公，盐荠安蹇拙。斋房群物静，抱书卧冰雪。恬澹开神识，穷愁砺才杰。阅世多艰虞，所历非一辙。呜呼古达人，往往遭摧折。青云一以去，寺榜自兹揭。至今读书堂，片石悬高碣。空山太古心，寒泉自凛冽。怅怅云水间，余芳可揽撷。

其四

高祖以丁外艰归，遂卒于家。

仪部晚登朝，纵横驰文苑。为郎几何时，读礼归荒县。养疴怀百忧，麻衣泪如霰。犹闻苫枕余，传经向里闬。南郡多生徒，一一金闺彦。如铨部秋澄王公诸人，皆亲受业者。河汾振遗风，皋比未云倦。逝矣竟哀毁，易箦发长叹。

橐中有遗藁，不复言封禅。

其五

高祖卒时，至贫不能葬。

仪部性狷介，抗志世所稀。早年偕计吏，邅迍守初衣。公车二十载，乃始登礼闱。坐索东方米，家人常苦饥。尺素请谒绝，守贞良不违。陆沉向郎署，华发侍紫微。幽忧返东山，白日掩余辉。士林重憔悴，父老为歔欷。呜呼盖棺后，萧条生事微。身虽跻华省，故里惟荆扉。囊空不能葬，诸孤杳无依。清风激百代，可以振芳徽。一经清白吏，千古同所归。

其六

高祖生平博极群书，尤好左氏，凡为文，必雄深奥衍，奇伟幽古，自成一家言。其遗集至曾祖少保公按豫时，乃刊以传世，高祖同年陈禹谟为之序。

仪部有遗文，著述拟前哲。沧溟已沦没，狎主在古薛。纸价贵三都，掇拾厌一切。既抱左氏癖，汲冢亦罗列。谷王纳百川，泰岱俯蚁垤。宝笈护灵威，秘箓载齿缺。呜呼乘白云，未得跻耄耋。名山垂不朽，岂逐爝光灭。相国狩中州，开箧自呜咽。手泽痛仅存，长跪授剞劂。当时陈海虞，感旧为叹绝。遗业在人间，云霄此孤揭。

其七

少保公刻仪部集于中州，关西文公翔凤时为伊阳令，躬雠校之任，作叙，深为推重。

西极文太青，雄才淬霜锷。关陇称龙门，流风启玄钥。于世少所推，作吏向伊洛。是时先少保，绣斧清雕鹗。按部向三川，承家表述作。仪部之文章，文公事扬搉。道丧已千载，元气浩磅礴。明堂藉鼓吹，哲匠劳斤凿。缅维神宗朝，娄东久寂寞。公安抉藩篱，历下日萧索。犁丘有邢侯，矫矫鸡群鹤。仪部最晚出，为郎伤落拓。立朝四五载，谢世厌寥廓。家贫惟弱孤，遗编久零落。干将出丰城，斯世窥丘索。呜呼征国运，文献实参错。

其八

高祖遗诗存者仅三十余首，中多京都酬赠之作，其余零落无存者矣。

闻昔仪部公，生平寡吟咏。耽精在经术，材力何深猛。幽兴寄云水，时一托毫颖。五字有长城，洒落真气静。薄宦客京华，浩歌逸思骋。不自秘琅函，弃掷如断绠。文采流艺林，网罗未能整。今此三十篇，制作垂炳炳。白雪留中声，寂寞云霞冷。天半矗峨嵋，莲花冻玉井。片石悬泰岱，老格异尘境。放失多遗珠，终古思耿耿。

其九

高祖后以少保公贵，始赠奉政大夫，又赠光禄大夫，皆勒石，建恩纶亭于茔侧。

呜呼仪部公，薇省侍从臣。赍志有余恨，清节惊听闻。传家启贤哲，接武凌青云。柏府历黄扉，世德多余芬。中朝颁异数，褒赠翔丹纶。玉笈照泉台，银青郁缤纷。国荣方未艾，家庆正无垠。一晋奉政阶，再锡光禄勋。螭龙护漆灯，宝册光氤氲。奎文灿金石，盛事夸榆枌。至今鼎铉器，照耀般水滨。嗟嗟念绳武，用以诏后昆。

其十

自始祖及七世坟墓皆在西郭外，至高祖乃迁茔城北，遂为少保公赐阡。

粤自棘津城，迢迢徙淄川。传世三百载，负郭居西偏。垄墓实在兹，寿域何绵绵。沔彼孝水流，潆洄亦蜿蜒。两世光禄公，衣冠闷重泉。家声振累叶，岁时洁牲牷。仪部已八世，改卜北原田。呜呼开佳城，相国之赐阡。石马列平芜，华表亦高骞。群岫西南回，襟带俯潺湲。丰碑寿贞珉，玉铉方蝉联。承家未云易，千载思韦贤。

述叔高祖司训公 四首

按，家谱：叔高祖讳敩，字□□，号介石，乃高祖之季弟也。少有俊才，弱冠食芹宫饩，后以明经为金乡训导。

仪部有介弟，曰维金乡公。我之叔高祖，昔时称小冯。依稀郭有道，物望推人宗。凌轹驱今古，轩霍矜才雄。艺苑骋逸步，博物如司空。要眇嫏嬛秘，赤土生青虹。蹩躠走名场，挟瑟术未工。明经赴廷对，图南息长风。秉铎傍东鲁，归耕云外峰。家世渐贵盛，犹子乘桓骢。翛然类野叟，杖策闻孤踪。清风不可诉，叹息何有终。

其二

按吾家宗谱之修，仪部公有志未逮，至少保公为侍御，欲继先志，而司训公乃纂成之，授少保公，其详载司训公宗谱序中。

吾家纂家乘，肇始自金乡。仪部有遗恨，未得谱宗潢。怀忧已云没，相国绍青箱。惠文过里日，斋居检缥缃。再拜曰叔父，先志安敢忘。愿言述世次，锦轴笥中藏。司训实载笔，系牒穷渺茫。悠悠二百载，上溯自枣强。数世历侧微，遗迹等毫芒。呜呼协凤卜，八世终其昌。自始祖至仪部公，凡八世。瓜瓞起农圃，弈叶开冠裳。皇皇列祖德，余泽今方长。

其三

司训公生平为善不厌，乃传两世而竟绝，今惟螟蛉一派，然亦衰落不振。

我闻司训公，天性乐敦睦。郑虔亦冷官，盘空惟苜蓿。长物有青毡，归来驱黄犊。愿独念本支，婚嫁赡宗族。孤儿待成立，营葬恤茕独。以上皆属宗谱内所纪实迹。家乘载遗文，义田一何笃。志慕范希文，高风远可沐。奈何后衰微，嗣裔皆无禄。蜾蠃余孙枝，旧鬼秋原哭。为善安可知，祸福诚倚伏。报施乃如斯，伯道信天戮。我过旧别业，乃在西南麓。叹息拜荒阡，感愤向岩谷。昔日蓬蒿居，风吹草肃肃。

其四

司训公于书无所不窥，旁及九流诸家，皆抉微扬奥，上下千古，为后学津梁，析疑送难，意豁如也。庆盖尝闻之，长山徐元公逸人口述其轶事最切。

於陵有遗老，乃是徐孺后。自言少年时，寄迹般水右。乐闻长者言，日夕念邂逅。吾家司训公，大雅推眉寿。来去贝丘城，驱驴出岩岫。徐生前致辞，长跪讯芳嗽。徒步御李膺，执鞭恣往复。词源沧海流，石鼓桐鱼扣。邺下惊天人，坟典自奔辏。回头五十年，遥遥思耆旧。老泪鬓如丝，又复交华胄。闻此三叹息，悠然念堂构。

述伯曾祖硕隐公 七首

伯曾祖讳中发，字智鹄，号仰松，少保公兄也。与少保早失怙，相勉以德业。及少保公登第，硕隐公以门祚有托，遂弃去经生业，隐居乐志焉。

伊余伯曾祖，是为硕隐公。仪部之冢嗣，相国之哲兄。早岁际家难，戚戚忧虑并。门庭日摇落，在原惟脊鸰。世情一反覆，风波互相撄。上堂奉慈母，下堂事躬耕。负笈苦行迈，挈弟复遥征。常与少保公就学泰安。辘轲向岐路，畏途深屏营。传书幸不坠，少保登承明。维公逃世网，萧然淡浮名。长揖弃经术，不作鲁诸生。麛犊共长林，自兹谢尘缨。呜呼景高节，踟蹰怀古情。

其二

硕隐公不好治家人生计，唯日饮酒对客，放怀山水间，题所居曰“回首窝”，自号“回首道人”。

眷焉思硕隐，念兹遗世情。闲居爱云水，俯仰依柴荆。有弟冠柱后，绣衣飘华缨。维公厌轻肥，雅志冰壶清。敝裘亦萧屑，款段常孤征。竹林托长啸，公府绝逢迎。登临惬幽赏，秋水方澄泓。上客列广坐，北海尊每倾。为园但三径，栖息惟短楹。遐哉回首窝，应垂千载名。

其三

硕隐公以善书名，尤善擘窠大书，今遗墨尚多存者。

右军在山阴，鹅群昔时擅。吾宗闻伯英，草圣复谁见。颠旭重开元，濡发人所羡。亦有西河姿，剑舞光凌乱。侧闻硕隐公，生平事挥翰。落纸飞洪涛，淋漓洒空馆。遗迹在人间，流传沧海畔。秘轴光琳琅，金薤照乡县。昔日临清池，泼墨青玉案。龙鬼惊窅冥，弈弈岩下电。或如登凤阁，明霞落天半。忽疑驾云軿，星光烂银汉。鸣呼启敝箧，茫茫起长叹。

其四

硕隐公遗墨自淄城兵燹后散失凋零，碑版间有一二，今笼水镇城东范文公祠前石刻“山高水长”四大字，为一方巨观。

我闻硕隐公，闲情寄杯斝。浩歌一为适，逸响慕陶谢。硕隐公为诗不求甚工，然时亦绝尘而上。金石繁勒铭，艺林传大雅。声华欧率更，风流李江夏。振笔生云烟，载酒多清暇。对月当华池，兴酣托芳榭。练裙讵自惜，遗墨连城价。鸣呼丧乱后，箧笥毁戎马。至今岩岫间，碑版何潇洒。悠悠五十年，端不随物化。我行范泉西，叹息每税驾。风雨护山灵，千秋照青社。笼水名青社驿。碧藓生荒祠，掩映渔樵舍。哀湍日夜流，鸣玉长桥下。侧身重咨嗟，忧来不可写。

其五

硕隐公尝为一巨公书一大“寿”字寿衡藩，其字长径数尺，非如椽所能胜，乃储墨沈斗余，以手握绵絮濡墨，就地走书之，亦奇迹也。今家藏其副本。

在昔韦仲将，凌云叹憔悴。飞楼百余尺，巨椽亦云异。吾家硕隐公，玉质亭亭峙。大令有傲骨，染翰偶然寄。挥毫若有神，玄针难逼视。闻昔有贵家，乞作大寿字。再拜肯致辞，黾勉徇其志。持以祝亲藩，煌煌鼎彝器。是日开中堂，氍毹置平地。阿阁结绮疏，萧萧起凉吹。芳筵酒数行，濡发惊掉臂。发狂忽大叫，气夺山岳立。吴绫势空阔，纵横飒寒翠。争看龙虎卧，云蒸复川媚。松滋光陆离，欲坠铜仙泪。玉检映芝函，朱邸称奇秘。副墨寄文孙，拂拭发长喟。

其六

硕隐公别号伴鹤翁，与少保公相友爱，共享园池之乐。凡扁联题识多硕隐公笔。

鸣呼伴鹤翁，清吟九皋唳。花萼有遗徽，相国称棠棣。斑衣戏门庭，砌下长兰蕙。题诗宛在亭，环青园中亭名。磨崖镌石碣。山水辉余清，芳园藏薜荔。画阁枕长溪，引领送遥睇。友于闻里闾，依依令兄弟。鸣呼占少微，夜坠般水涘。自兹遘疾疢，华发已云逝。缅怀避世心，流风复谁继。

其七

伯曾祖殁后，少保公总其生平，私谥曰“硕隐”。

吾家有高节，实维伴鹤翁。旷然达者流，泊如处士风。华阳慕贞白，句曲闻逸踪。卢鸿草堂在，高卧嵩云峰。相国偶家食，休沐归山东。维翁就窀穸，哀悼激深衷。私谥曰硕隐，逸气开鸿蒙。物论既不异，月旦亦已同。汾水有遗轨，千古思文中。丰碑志明道，亦有文潞公。二事皆私谥。群望苟允协，吾道岂终穷。嗟彼太常议，博士空梦梦。

下卷

述曾王父相国少保公 三十七首

曾祖讳至发，字圣鹄，号宪松，仪部公季子也。万历丁酉举于乡，辛丑成进士，起家县令，累官光禄大夫、太子太保、礼部尚书兼文渊阁大学士，赠少保。

仪部既谢世，相国少也孤。髫龄遂失怙，形影多艰虞。传家但清德，四壁维绳枢。风波深阅历，夙尚谢华膴。外患既纷错，世路常崎岖。入式慈帏训，出与硕隐俱。履险固能守，所志亮不渝。食贫谋朝夕，抱书向庭隅。鸣呼驷马门，万里方驰驱。

其二

少保公为诸生时，尝与硕隐公诣泰安，从李少崖先生讲理学正宗。少崖别号还朴，其语录曰《还朴心声》。少保既达，为之授梓。少崖尝授少保公四字，曰“孝友承家”，硕隐公大书，榜之于堂。后少崖既卒，少保公厚抚其家，为之改建洗心亭。

伊昔闻少保，弱冠遘颠跆。爰及硕隐公，百里行负笈。东鲁盛文儒，濂洛有遗业。少崖道既尊，泰岱何巀嶪。驾言望奉高，风雨勤跋涉。拜手洗心亭，避地翻缃箧。空山证道宗，还朴传故牒。承家惟孝友，良箴亦云协。青箱业未寒，云衢武终接。世德方联绵，簪笏开累叶。鸣呼天庙器，帝用作舟楫。

其三

少保公为孝廉，犹于南郭教授生徒。及登第，筮仕为玉田令，邑故多水患，为筑堤以收其利，相传为“张公堤”云。以绩著调繁遵化，遵化为蓟抚建节重镇，兵民杂居，冲繁殆甚，少保公廉干精明，恩威参用，事悉办治。

相国登贤书，讲业在南郭。殷勤犹下帷，三载始释褐。作吏向畿甸，单车走大漠。蓟丘下仙凫，讼庭惟鸟雀。犹传张公堤，去思在云壑。再徙令无终，孔道纷绎络。父老安耕桑，儿童识琴鹤。岩邑实重地，转饷见雄略。闾里绝绎骚，戍卒饱馆橐。解绳与钩距，春温带秋鹗。悠悠渔阳绩，清节尚可托。二邑皆古渔阳地，汉张堪治渔阳，有异绩。帝曰试诸艰，鸣呼置盘错。老成重扬历，用绾北门钥。中外三十年，拜首登鸾阁。

其四

少保公作令五年，治绩卓异，两台使交荐，遂内召，初拟升礼部主事，既而考选，授御史。

少保令三辅，五载称循良。鞅掌劳案牍，报最登明堂。征车下丹陛，使者驰皂囊。汉庭重廉吏，玺书何煌煌。银章映青绶，行行朝未央。方拟佐礼曹，旋擢冠南床。惠文识汉仪，切云亦翱翔。清风动柏署，白简生秋霜。西台焚谏草，桓典入鹓行。弹冠承平日，执法临帝旁。

其五

少保公按中州之命甫下，值福藩之国河南，少保公兼程以进，周旋王事，诸大珰帖然，沿途绝绎骚之害。

少保在乌府，五载鸣玉珂。维帝曰侍御，守正良不阿。神庙有守正不阿之特奖。亲藩下天阙，金册来三河。冠盖日相望，使者亦逶迤。伊洛开朱邸，千乘何纷那。相国称代狩，直指方经过。行部嵩少侧，节钺惊巍峨。供亿静不扰，金珰畏见呵。中州有遗黎，棠荫一何多。缅怀绣斧威，感叹其如何。

其六

少保公按中州时，台纲振饬，官吏不敢干以私，贪墨望风解绶去，土豪权贵为民害者皆立置于法。有沈戚熊朝会者，倚势贯盈。少保公按其罪，虽周藩亲为请托，弗恤也。以故得刚正声。旧例，赎锾皆入私橐，少保公檄有司广置义田以赡宗藩之贫困者。又宋儒邵、程二子后裔衰落，少保公为具题奉祀。旧制，按差岁终复命，少保公特任三年，以河南为福藩封国，人咸视为畏途，且难其代故也。还台后巡视通仓，既又有巡按应天之命，未赴任，乞归省，遂反里门。

相君狩豫时，仄注出建章。至尊重廷遣，揽辔如范滂。埋轮都亭下，登车伊洛旁。墨吏饬簠簋，当道扼豺狼。行行识骢马，秋隼凌玄霜。游侠绝睚眦，触邪惊神羊。荐牍畏人知，锾金供天潢。邵程大贤后，赖以守宗尝。公余惟簿书，程石何皇皇。呜呼亦勤敏，三载称巡方。天中屹重镇，维帝简贤良。瓜期复延伫，南服留张纲。洎乎视天庾，平准亦云详。再膺留都命，豸绣归故乡。驾言辞丹阙，闾巷方翱翔。

其七

少保公家居内，升大理寺右寺丞，称疾不赴。

呜呼神宗末，哲士贵知几。显皇亦倦勤，奄忽传光熹。维昔先少保，暂尔予告归。华发侍高堂，门庭灿莱衣。是时太夫人，寿母膺苐祎。逮及处士公，融融奉亲闱。家居晋廷尉，新秩颁垣扉。抗疏频卧疾，青山甘息机。承明讵云厌，谢病干天威。终荷圣朝眷，温纶溢彤墀。子舍有余慕，栖息相因依。

其八

少保公自万历末反里，终熹宗世未出，虽遥晋一官，前后凡四上章，辞疾不赴。及怀宗元年，升大理寺左寺丞，少保公复恳终养，屡疏，乃蒙俞允。迨丁忧服除，崇祯五年，升顺天府丞，乃就职。

熹宗之初载，少保栖岩扉。养疴屡上书，叹息时事非。貂珰凭城社，狐鼠扬其威。噫嘻同文狱，钩党良足悲。清流罹惨变，浮云蔽晴辉。明哲以自保，十载遂初衣。追乎怀宗立，征书下紫微。容基晋左棘，渥露湛琐闱。太母已耄耋，陈情重欷歔。曰维鉴乌鸟，臣志亮不违。田居遂终养，旷恩世所稀。呜呼读礼后，怀忧痛慈帏。中朝需才杰，诏起典燕畿。京兆为佐尹，清风肃郊圻。风云一以会，自兹扬光辉。

其九

少保公辟园于西郭外，枕孝水之旁，颇擅林亭名胜，硕隐公题曰“近郭山林”。

相国迁廷尉，家居谢朝簪。永怀沧洲趣，近郭开山林。为园傍西郊，凿池孝水浔。方亭俯空滩，选石快幽寻。尝自诣西山选石植此园。晴霞拂桐荫，崇冈带遥岑。泠然水竹居，灌木何萧森。内有临水亭，题曰“水竹居”。回廊藏画舫，洞有无声琴，园中有琴石，最奇古。胜地托逸兴，暇日每登临。溜尘既云远，山水多清音。丘壑在城市，十里秋云阴。劳生亦暂息，优游寄冲襟。旷然足幽赏，庶以慰素心。

其十

环青园在邑城北二十里外别墅，范阳溪侧，内有盟鸥泉、枕流亭、环青阁诸胜概，相国与硕隐公及宾从日宴游其中。园内有古柳一株，荫可数丈，旁置小亭，硕隐公题其壁曰“高柳新蝉”，字之大盈丈。

侧闻环青园，相国之所辟。幽性爱云水，沧浪一为适。袍笏拜石丈，不厌南宫癖。少保公生平性最好石。日与硕隐公，芳园共朝夕。洄波出范阳，十里清溪泻。杰阁何崚嶒，掩映溪云碧。古洞厂秋阴，盟鸥寄泉石。磴道尽纡回，长林见归翮。高柳带新蝉，大字犹在壁。鱼鸟共忘机，氛尘亦云释。开轩俯鱼梁，野墅烟霞隔。悠然濠上乐，澄潭百余尺。载酒枕流亭，晴沼露华白。宾从日游宴，幽径珠履迹。呜呼五十年，俯仰感今昔。辋川有遗墟，平泉寻故迹。人怀太傅墩，客问平津宅。

以上两首皆少保公迁廷尉里居日事，志之，一以见山林济胜，生平宴游之迹；一以见清风高节，托兴遥深，不专为问舍求田之计已也。

其十一

少保公与硕隐公早际艰难，极相友爱，里居日推己产与兄。及硕隐公既殁，理其后事，抚其诸孤不异己出。后既拜相，初遇覃恩，先以硕隐公次子为国子生，曰“庶其一以命慰硕隐公于九原也”。

少保与硕隐，友爱固如一。世业本清贫，兄弟共蓬荜。再拜出赐金，奉产瞻家室。奈何岁在辰，硕隐遘危疾。断雁惜分飞，庭闱重萧瑟。硕隐公卒时，太夫人尚在堂。只影多酸辛，脊鸰坐相失。家世渐已腴，逝矣何仓卒。陨涕抚遗孤，营墓深见恤。追乎还朝后，黄扉籍经术。覃恩及犹子，一命慰真逸。呜呼古人风，天志皎如日。用以告云礽，终古遵厚质。

其十二

少保公性至孝，里居日，备极娱悦亲志。尝与硕隐公亲舁篮舆奉太母游于近郭园林。盖自为御史归，迁二官，累征不起，终奉太母于正终。当太母抱病，躬治汤药不解带者三阅月。及襄事日，天气阴晦，少保公洁诚祷焉，旋晴霁，人以为纯孝所格云。

少保敦孝德，孺慕拟前修。仪部既早逝，栾栾多繁忧。艰难奉太母，富贵非所谋。壮岁登柏府，省觐归林丘。乞身在盛年，十载长淹留。琼琚鸣北堂，称觞在上头。彩服方绕膝，中馈罗庶羞。板舆奉母欢，园林信优游。太母晚多病，扶衰向春秋。药裹必自理，晨夕安敢休。陟屺悲衔恤，素韠常含愁。灵辅窀穸日，黯黮重云浮。再拜吁神明，屏翳为一收。呜呼动天心，冥感何悠悠。

其十三

少保公为顺天府丞，未半岁，升光禄寺卿。仕二年，诸大典皆办治，且多节浮费、祛夙弊等事，详载行略中。升刑部右侍郎，未半载，遂膺枚卜。

相国佐内史，卿寺复垂绅。诏谓掌光禄，凤阙传新纶。大官□□□，天厨罗八珍。煌煌斋房内，备物修明禋。载观籍田宴，剑履司彝樽。执事固有恪，司农余万缗。二载典群署，肃肃近紫宸。遂晋少司寇，帝曰吾重臣。圜扉自明允，实始秉国钧。明堂简硕辅，鳌阶表万民。缅怀金瓯兆，道合如有神。

其十四

崇祯乙亥八月，少保公与长洲文湛持同日拜相，宣麻时，端皇帝御中左门，少保公由刑右、文湛持由少詹事，俱蒙特简入内阁。是时海内多事，机务浩繁，阁臣俱寅入夜归，尽瘁殆甚。

怀宗之八载，少保登岩廊。稽首陟鸾台，奋迹自海方。是时文少詹，亦入中书堂。衡轴同简在，薇省资赞勷。临御中左门，白麻烂生光。中原已多故，流氛起郑襄。密勿两府地，夙夜筹岩疆。天子亦旰食，宸虑深彷徨。纶阁方戒旦，晨夕践严霜。忧劳历三载，帝曰咨忠良。呜呼托心膂，一为扶天阊。

其十五

明制：拜相多起家词林，惟薛文清公瑄与先少保起家侍御，盖异数也。是时南北甘陵纷纷相兢兼之，论议虚浮，讫无宁晷。先相国独岸然中立，不苟为诡随，故端皇帝察其忠勤，数加叹异。

粤稽胜国制，纶扉需词垣。少保实外吏，竹符昔时分。中为御史箎，竟尔登金门。维帝协梦卜，阊阖开九阍。玄成推世叶，儒术称公孙。谓公孙弘，亦淄人。紫绶作汉相，遂俪通侯尊。元宰借股肱，坐论意诚殷。是时国步艰，政府亦纷纶。外廷兢水火，联翩封事繁。少保独中立，砥柱常孤骞。丰采九龄度，家法万石君。石庆亦汉相，以沉谨称。以兹结主眷，呜呼维忠勤。

其十六

少保公初拜麻，即寄庭训于家，以戒子姓及仆隶，反覆数千言，大略以检身守礼、勿获戾乡党为念。伯祖孝廉公刊为庭训，秘藏存于家。

相国乐清俭，矢志在平居。洎乎履揆阶，下直承明庐。千里寄庭训，反覆重欷歔。检身戒子姓，厚德在里闾。作堂惟三楹，门庭绝绮疏。依稀但旋马，庶以待悬车。素丝有遗则，岂复飘华裾。日食大官俸，拜赐求玉除。光宠遍三党，匪颁每无余。千秋景平仲，清节其何如。

晏子为齐相，好赒给亲党，寒士待以举火，而自奉则俭约特甚，少保公亦然。

其十七

少保公以刑部右侍郎膺简命，升礼部左侍郎兼东阁大学士。次年，升礼部尚书兼文渊阁大学士，是年冬，以运筹功加太子太保，赐银缎表里，荫一子入监。少保公凡四疏辞，不允。又次年，以云镇捷功推恩加太子太傅，荫子入监，少保公屡疏逊谢，乃准辞新命焉。

少保登台府，黄扉代天工。延宾向东阁，待漏辟铜龙。拜衮始一载，诏与晋秩宗。神州既板荡，万里戒候烽。旁午驰羽檄，夜夜甘泉通。制胜在千里，用酬帷幄功。进直入文渊，太保属青宫。文缯及白粲，帝眷一何隆。抗疏昧死上，再拜达宸聪。郊垒大夫耻，樽俎惭折冲。亦粤云镇捷，借箸赏亦崇。补牍幸辞免，丽日照葵忠。呜呼乱离后，人怀曲江公。

其十八

少保公拜相之三年，遇覃恩，授阶光禄大夫，赐诰命，褒赠三代如其官，遂行焚黄礼。

相国在朝右，虎拜承恩荣。维帝赉元辅，岳降实国桢。晋阶曰光禄，宝册光晶莹。覃锡告文人，休泽逮宗祊。赞书重发祥，四世尽保衡。仪部之祖考，一一兼春卿。珠源溯赤水，槐阴惊玉璜。载稽焚黄典，紫诰辉荒茔。龙辔映汉简，秬鬯荐金罍。翁仲亦罗列，石兽何峥嵘。白日松原丽，灵风燎火明。孝孙奉圭璧，三灌吹玉笙。上尊传内府，宫蜡来神京。旷代膺徽数，呜呼振家声。

其十九

崇祯丁丑，少保公为会试正主考，罗尽名贤，如陈卧子、夏彝仲、包长明辈，知名海内者不可胜计，今曲沃卫文石相国亦此科。是岁，少保公跻位首揆，国事多艰，皆待劈划，又为经筵日讲官兼《玉牒实录》总裁。太子加冠礼成，钦命宣敕戒谕，自以身备东宫保傅，尝上《太子讲学笺》，上温旨褒答。

端皇之十载，明堂张网罗。少保典贡举，金台何嵯峨。饮冰直南宫，选士皆嘉禾。是时陈夏辈，一二宏辞科。后来扶大雅，磊落何其多。圣主得臣颂，烂熳卿云歌。进贤膺上赏，黄发方皤皤。自兹陟端揆，纶阁时鸣珂。乌程去位，乃为首辅。讲筵侍清宴，宣室常经过。玉牒何煌煌，校书掌鸾坡。冠礼赞鹤禁，天街沐恩波。青宫劝学笺，遗墨应不磨。呜呼称尽瘁，老病归岩阿。

其二十

是时，朋党倾轧，牢不可破，兼用人如积薪，朝夕责效，机务丛杂，不堪劳勚。少保公五疏告病，以情词恳恻，乃蒙俞允。

忆昔怀宗朝，四郊正多垒。筑舍庙堂议，王室正如毁。百六值兹时，大厦亦云圮。司农嗟仰屋，疮痍方未起。纷纷元祐碑，累累延恩匦。燕雀方处堂，士气亦骫骳。少保济时艰，埤遗实在此。期共登承平，机务日填委。报称曾几时，卧病辞帝里。累疏达承明，帝眷方毗倚。憔悴乞余生，诏许归般水。恩波正无涯，浩荡自兹始。

其二十一

少保公既以老病固辞谢柄，帝慰留再四，知不可夺，乃敕赐驰驿回籍，钦赐路费、文绮表里，辉映一时，仍谕慎摄以需召用。按少保公为相不满三载，自乙亥八月大拜，丁丑为首辅，至戊寅四月告归。

少保归里日，拜手谢秉衡。朝回辞凤阙，驾言发帝京。维帝念良弼，慰劳资耆英。轸此贤劳志，东山遂幽情。异典载皇泽，诏出中朝惊。金盘下内府，宝镪方纵横。文绮何照耀，负弩扬前旌。安车自兹逝，慢游遵王程。汉廷重遗老，二疏千载名。东门列祖帐，群公尽簪缨。拥传齐鲁郊，呜呼膺国荣。

其二十二

先是少保公念淄城仅一土丘，不足御乱，乃从典揆之暇定为图式，谕孝廉公奉行之，遂倡邑绅士鼎建石城。后守臣以闻，上差官敕奖，有云“岿然雉堞，屹若金汤，价人维藩，朕心嘉悦”等语。嗣又以抚按报称本官倡义增筑敌台，钦赐银币。又建义仓于邑中，以赡贫民，兼资守御，皆为淄人永利。少保公补苴乡士之事，率多类此。

少保典揆时，日夕念桑梓。寇氛方陆梁，处处尽封豕。淄城本荒丘，何以保故垒。蔺石倡良筹，遂使丽谯起。丹楼带层霞，埤垷般水涘。迨乎谢政归，岿然已百雉。守臣达九重，玉音重褒义。特敕下霄汉，龙纶五文紫。诏谓巩维藩，价人有遗轨。复仿同安仓，山城积储峙。万户慰流离，臣门固如市。县吏免搜括，戍卒息庚癸。呜呼重乡土，遗泽方未已。

其二十三

己卯秋，以豫楚捷推恩旧辅，赐银币，荫子入监。

昔在政府日，翼翼统庶僚。缅怀四事谕，献纳当云霄。帝尝秘咨少保公以四事。温室一何秘，灵寿锡中朝。平台时召对，帝曰资贤劳。柄国方三载，卧病归林皋。忠献未云竟，蒲轮常见招。诏书中有“忠献未竟”等语。侧闻豫楚捷，皇华下星轺。庙算怀旧辅，玺书致崇褒。赐衣袭玉筐，弈叶珥汉貂。呜呼圣主惠，恋阙空迢遥。

其二十四

乙卯[1]冬，端皇帝以上圣母徽号礼成，推恩旧辅，遣行人存问，钦赐文绮羊酒，少保公建坊于门，以志圣眷，题曰“天恩存问”。

端皇崇孝德，盛事光八埏。圣母在长信，坤极宁玉璇。再拜上徽称，钜典丽九天。紫宸辉宝册，玉殿闻星軿。因兹念旧辅，叹息方怀贤。华原遣大行，迢迢出幽燕。少保际奇遇，稽首当法筵。旷恩亦稠叠，此事千秋传。睿藻被春温，几案生云烟。已颁鹤衮服，更赐水衡钱。坊表纪宠眷，龙文亦回旋。悠悠托贞铉，庶用留青编。

其二十五

先相国里居时，曾寄奏《民穷势必走险，安民莫先察吏》一疏，帝嘉纳焉，自是征书频下。

相国既谢政，优游海曲乡。缁衣在梓里，清议留庙廊。已传通德门，亦有达尊坊。云藻下天阙，芝检光琳琅。清风翔绿野，黄发卧沧浪。仕宦四十载，昼锦登高堂。端居日蒿目，一疏达帝旁。论列尚慷慨，感时泪涕滂。帝曰汝硕辅，忧国谋方长。家食几何时，丹诏来尚方。谢傅终高卧，苍生何所望。

其二十六

少保公返里后，因积劳所致，左髀抱疴。辛巳春，奉敕谕："国事多艰，亟藉旧辅佐理。旧辅臣张至发，定识沉力，粹品鸿谟，赞襄多劳，忠献未竟，其以原官入阁匡弼。即驰驿来京，以慰伫望至意。"少保公病不能赴阙，凡四疏辞，俱得温旨。一则曰："忠诚端练，夙著弘猷。"再则曰："德才并茂，亟藉赞襄。"三则曰："朕日夜望卿即入，相与筹画中外，弘济艰难，宜仰体求旧之衷，力疾叱驭，以慰朕延伫至意。"最后得俞允曰："时艰亟资干济，朕以卿忠献未竟，特兹召起。乃屡疏，情词恳切，义难固强，特允在籍调理，以俟痊日再召。"按怀宗之于先少保，隆恩异数，终始不替如此。是时，旧辅同被召者，有江夏贺文忠公逢圣、宜兴周挹斋延儒。贺行至青州，闻少保公不起，为之太息。若宜兴再出，卒致大戮，而时事愈不可问矣。后少保公被召之，次年即薨逝，又二年而鼎湖变作。

端皇重求旧，时危赖耆硕。日夕念元臣，侧席咨筹略。中外方艰难，揆府罕可托。太傅退香山，君实在伊洛。殷忧征遗老，手诏颁御幄。少保昔归田，

---

① “乙卯”，疑为“己卯”。

二载栖丘壑。抱疴空感伤，帝眷日优渥。温语下赤霄，使节方绎络。延伫待叱驭，劝驾亦频数。力疾未能起，安得登纶阁。高卧终沧桑，洒涕向寥廓。是时贺江夏，拜命趋幽朔。经过广固城，闻此意萧索。忧时共沾襟，谁能挽天祚。

其二十七

少保公于壬午七月念六日卒。先是蓄一鹤于别墅，距里第数里，突于七夕之朝，转历纡径来翔少保公，于榻前俯仰鸣咽，若以驭鹤之期告焉。未几，少保公又梦一绯衣太守执简相谒，质明，呼书记欲草遗疏，未就稿而卒。忠君忧国之意，生死不忘，无一语及家事。东州之人若丧慈母焉。

端皇十五载，相国忽乘箕。三台晦光彩，襄野风振悲。驯鹤上空阶，延颈当此时。绯衣驾赤虬，典谒惊相随。恭闻考终日，飒飒飘灵旗。筐星坠北阙，微垣黯东陲。犹传易箦际，太息嗟时危。遗疏未能就，国计深踯躅。义形痛激烈，曾不念其私。闾左为罢市，巷哭交路逵。野有谁嗣歌，泪坠岘首碑。峨峨西州门，旧客涕涟洟。帝室当阳九，呜呼泰山颓。

其二十八

少保公既卒，抚臣以黄阁元辅，循例上奏，帝闻讣，震悼，诏赠少保，荫一子中书舍人，其余恤典皆下所司。

相国乘白云，哀音激般湄。守臣达天听，使者亦交驰。辍朝闻震悼，终始荷帝慈。中朝思耆旧，谋断昔所资。哲辅既凋丧，昊天不慭遗。诏与颁后宠，一一下职司。晋位曰少保，煌煌勒钟彝。荫恤载雨露，丝纶登凤池。呜呼亡一鉴，叹息闻彤墀。

其二十九

遗命勿乞恤典。

相国有治命，乃在弥留际。回忆紫宸朝，恋主思献替。顶踵讫莫捐，未得敷弘济。太息臣无状，卧疾深罪戾。骸骨乞汉廷，岂曰归田计。滥竽向华省，时艰失调剂。盛世终余年，衣冠藏里第。讵敢异旷恩，请恤善后裔。清德厌陈乞，莫谓太常例。易箦语后人，正襟已云逝。呜呼见臣节，终邀圣朝惠。

其三十

遣官谕祭。

少保既云殁，临轩帝所悲。呜呼遣奠日，龙衮飞云旗。异数颁宸极，冠盖盛当时。祠官出典物，白日辉金彝。天语陈悲凉，筵几环蛟螭。元臣藉灵宠，玉册光琉璃。使星照闾巷，灵风飘繐帷。夕舂绝相杵，父老为凄其。悠悠纪盛典，感叹良在兹。

其三十一

欣[①]赐谕葬，遣官襄事，敕赐茔田八百亩。

相国营葬日，维帝沛湛恩。匠作司起冢，谒者飞辎轩。赐阡何郁郁，金粟闷高原。遗文留北阙，秘器来东园。汉家重保傅，少府供张尊。博山赐乘舆，牛亭安足论。羽葆藉鼓吹，班剑一何繁。奎章诚焜耀，金紫烂盈门。不作祈连象，讵拟龙骧坟。少保公遗命：冢制不为侈大，亦无享堂，徒俭约以示久可。呜呼怀旧辅，异典逮文孙。嫡长孙承恤荫。丰碑纪纶綍，鹤表列空村。至今冠剑地，修上封树翻。

其三十二

时已下礼部议谥，因循年余，遂遘鼎革，此典竟缺如。

相国既厌世，文剑留几杖。朝堂亦殄瘁，帝念三台长。钦恤思老成，典型世所仰。诏与易名书，宗伯词执掌。博士方视草，议即书未上。呜呼遘乱离，典礼委榛莽。文物弃西京，鼎湖黯无象。竟稽太常典，贤哲亦安仿。悠悠溯先德，夙夜抱遐想。

其三十三

遗命：勿用墓志，勿建庙，勿立主，勿入祀乡贤祠。盖少保公每见邑中诸先达后嗣衰败，非惟世祠残毁，衣冠不守，甚有并祠址亦他售者，以故不立庙主。岁时祭祀，但扫墓行礼。

相国有遗训，用以戒嗣裔。谢绝谀墓文，碑版但纪世。无为尚浮名，片石资毁誉。是非寄来者，勿作贞珉计。愧乏亭毒功，燕公枉清制。噫嘻升祔礼，未许行赐第。止闻谒先茔，竟缺四庙制。常恐后衰微，慢祀滋罪厉。文儒泮宫侧，俎豆亦凌替。荒祠阒无人，况乃重氛翳。耆旧推里门，物论亘亏蔽。何如奉烝尝，佳城岁时祭。呜呼古贤达，亮节渺难继。汤沐在寝丘，阅世良不敝。我思文终侯，俭德诚后惠。

其三十四

相国有厚德，玄成佩弦韦。屏兹田舍计，端居向庭闱。传家尚清白，萧萧谢轻肥。甲第绝广厦，剑舄无珠玑。烟火赡闾里，素心良不违。勤俭有遗训，弈世闻依稀。座有长揖客，门无汉相威。生平薄膏粱，惜福常谨微。呜呼诏来兹，安得守清徽。事业未能继，念此沾裳衣。

其三十五

少保崇俭德，黄扉习贞素。坦直固其常，履荣知止足。重凛持盈戒，犹怀荡覆惧。归田训子孙，提命浃晨暮。耕读自长世，讵可厌农圃。孝友吾家诗，

① “欣”，疑为“钦”。

忠厚防败斁。悠悠列祖德，寤寐起遐慕。善泽自联绵，余风尚可溯。垄墓仰遗轨，春秋走霜露。豚肩在豆登，齐相有懿度。呜呼念弓裘，弈世遵往路。

少保公祀先，仪物俭朴，定为常品。曰："使后世子孙长守吾规足矣。若过丰，恐不能继，废礼由是也。"故其制至今尊焉。

其三十六

先相国平居丰裁及立朝梗概，余小子亦尝侧闻于祖父，得其仿佛，然淄城自丁亥罹兵燹，旧家文献放失无遗，吾家故牒尚存什一于千百。第少保公当时奏草及阁抄亦颇散亡。国史既无成书，家乘又复残缺，小子于此有忧焉。

侧闻少保公，刁勤逮耄耋。神骨何端凝，厚重良不泄。登朝四十年，出入在禁闼。平居憺容与，临事屹莫夺。芳猷动衮冕，谠议劈胶葛。指顾对群公，岸然方正笏。朝端见忠鲠，邑里推先达。呜呼隔代后，遗文半芜没。公议付千秋，高风拟曩哲。家乘亦凋零，追述非一节。悠悠良史笔，愁绝沧海月。

其三十七

余小子生于壬午春，先相国于是秋乃卒，盖犹获奉颜色焉，述之卷终，以志感。

呜呼我生初，壬午春王月。少保在华堂，闻此自怡悦。含饴哺曾孙，一一银屏列。襁褓出幽房，肌肤若冰雪。之无犹未识，枣栗不解啜。一日三见呼，开颜向闺闼。是岁徂孟秋，箕尾逝溟渤。迨余及髫龄，丧乱亦苟活。家道日以替，诵读安薄劣。仅闻昔时风，清贫余短褐。方忧坠世泽，赐书幸未绝。永言怀先烈，岂复念饥渴。杯棬亦萧条，讵曰矜门阀。蹩躠风尘中，努力赴寥阔。日夕凛绍庭，穷途庶云达。

述伯祖孝廉公 一首

伯祖讳泰来，字阶平，号伯开，少保公长子也。万历乙卯举于乡，时少保公方代狩中州。后少保公拜相，孝廉公上奉庭训，教子弟彬彬有礼，家法井然。相国殁后，门户之计赖焉。及伯祖告殂，而吾家日就衰落矣。

相国之家君，家法凛规度。早岁登贤书，天衢骋逸步。是时先少保，按部嵩岳路。世业已华膴，传家但清素。庭训守一编，益切满盈惧。长辔在康庄，时复念羁靮。用以教子孙，芝庭多玉树。迨乎际丧乱，黾勉持门祚。世路惊崄巇，幽忧走风露。耆颐竟未臻，蒿里忽已赴。家声日以微，感慨有余慕。

述王父明经公 六首

王父讳泰象，字□□，号仲开，少保公次子也。为人性恬澹，不好问家人生计，虽家世贵盛，每谢去华饰，生平未尝袭纨袴。为诸生时，藉藉有声，试辄弁其曹，名出孝廉公右，而竟不得志于棘闱。及光宗元年，以恩选贡入太学，自兹遘笃疾三十年，废去举子业，以明经终。至晚年而夙疾顿愈，庚子弃世，与少保公同得年七十云。

呜呼我王父，承家敦素质。载式过庭训，俯首翻缃帙。相国作吏时，室户犹蓬荜，爰及孝廉公，殚精在经术。门庭列戟余，作铭犹陋室。闭户著潜夫，生业非所恤。谢绝绮疏窗，数椽谓永毕。蔽体惟短褐，怀道履贞吉。悠悠念先德，夙夜渺难述。

其二

王父盛年时，蜚声驰艺苑。振笔冠千人，群识明堂彦。未登计吏车，竟乏平原荐。明经对汉廷，贤良昔所善。奈何遘疢疾，自兹谢几砚。遁迹解天弢，避人乐清燕。优游处乡国，壮志亦云倦。迟暮遭乱离，菽食长贫贱。俯仰念遗书，寤寐起长叹。

其三

王父衣冠古茂，伟然先民，生平不喜逐时趋，日以俭朴训后。

王父暮年时，端居向庭际。汉腊终春秋，衣裳无新制。耆硕重里闾，老云甘粗粝。小隐卧蓬蒿，庭草漫不薙。自言昔贵盛，被服绝绮丽。缝掖吾家风，不作华饰计。常恐后式微，门户夷徒隶。呜呼崇俭德，此事良不细。

其四

王父素以善书名，邑铨部秋澄王公祠堂碑，王父笔也，遒劲庄严，论者以为源于石经而伯仲欧柳间云。

王父擅临池，文采相晖映。萧然物外情，与世诚无竞。兰亭夙所谙，载笔称草圣。缅怀秋澄碑，铨部有懿行。我来廊庑下，再拜心怲怲。片碣勒荒祠，气势何端劲。仿佛柳诚悬，依稀率更令。风雨护螭龙，石骨云花净。亦有换鹅经，琅函宝光迸。王父有家藏右军《道德经》，颇为奇秘。摩挲长太息，用以诏子姓。

其五

庆垂髫后，往往侍立于先王父之侧，王父以其将列成人，且有志于称述先德，故宴坐时，数数举少保公嘉言懿迹以诏之，庆退而辑录，不敢忘也。

王父有良箴，切切戒嗣裔。载述趋庭时，千里入燕蓟。相国归纶扉，邸第成小憩。夙夜方在公，间作训后计。传世惟一经，家风庶云继。子孙有令名，何妨守盐荠。富厚悦华旃，无乃重相戾。师俭称世贤，乱世或可济。呜呼达者流，所志诚不替。煌煌告后人，清修相砥砺。

其六

王父素以多病，留意岐黄家言，晚年益精其术，恒施药饵济人。又生平好雅琴，时鼓一再行以自娱乐，冷然善也。

王父昔抱病，依依栖故林。扶衰资药裹，济世劳寸心。酌此上池水，刀匕清烦襟。斋居遂颐养，静坐弹鸣琴。凤轸响灵籁，依稀山水音。悠然聊自得，云卧何萧森。

述叔祖太学公 一首

叔祖讳泰恒，字贞予，少保公第三子也，以恩荫入太学，鼎革后复为诸生。性乐高尚，萧然如处士风，见者不知为贵公子。林亭放达，山水孤清，友朋乐游，襟期闲远，挹其逸致，意泊如也。呜呼贤矣哉！以配硕隐公，不愧竹林二阮。

噫嘻太学公，承家读父书。在昔贵盛日，麈尾飘华裾。性独爱萧散，丰采真扶疏。家道已凌替，混迹依樵渔。清斋何潇洒，竹树环幽居。坐有天下士，门多长者车。放怀沧洲外，天地为蘧庐。有时入城府，往往乘蹇驴。闲亭寄烟水，夜月松云虚。对酒挹山色，留客剪园蔬。幼安皂帽隐，高风千载余。俯仰三叹息，念此劳踟躇。

述从叔祖太学公 一首

从叔祖讳泰瑞，字汝符，硕隐公仲子也。早承家学，亦以善书知名，承少保公恩荫入太学。天性豪迈，仪度修雅，而隽爽之气绰有风概，少保公尝器之。后丁亥淄城遇蛾贼之变，被执不屈，骂贼而死，夫人谭氏及男妇高氏皆投缳殉难，邑学博关西宋君扁其庐曰“一门三义”云。

硕隐有令子，价比双南金。大令见遗迹，落笔如剑镡。翩翩冠浊世，荆山出球琳。相门推群从，从兰嘉树林。嗟哉际未造，潢池遂见侵。山城昔遘难，邑人皆大临。是时太学公，慷慨膺刀砧。百折志不变，碧血飞阴森。仿佛常山舌，岂云嵇生琴。青天鸺鹠哭，风雨蛟龙吟。视死固如饴，浩气空沉沉。一门见三义，照耀般水浔。丈夫重大节，捐生昔所钦。义声满闺壶，烈烈横古今。回思丧乱日，惨惨秋云阴。呜呼扶名教，念此伤我心。

云高洞游草

序①

张子历友于壬戌暮春游云高洞，洞在淄城城东偏，产奇石，可作几案供。张子归，语予曰:“是役也以选石往，得石颇奇，得诗甚富。”予未睹其石何状，顷诵其往来岩洞数十篇，居然皮、陆林屋、毛公诸什，即选石佳可知也。往予览《襄阳志林》，爱其嗜石成癖，及示杨次公三石，至今得传其状。张子岂虑予就手攫去而不一示人邪？然予获诵张子之诗，差胜张子之得石矣。

西湖同学弟吴棻题于画余亭。

① “序”字为整理者所加。

壬戌暮春同诸弟出东郭由凤凰崖入兔峪

褰裳拟选胜，迢递出重关。不睹岩中趣，岂知尘外闲。生平志丘壑，此日遂跻攀。借问同游者，何家大小山。

由石庙幡竿崖至王家峪口

石径何迷离，群峰互蹲沓。峭壁倚天开，万仞青冥合。众山归一门，遥势自回阖。油油意为适，行行歌相答。却望东南隅，悬崖栖怖鸽。峪东有鹁鸽崖。长风时一来，槲叶声飒飒。山花不知名，烟萝纷错杂。磴道何盘纡，吾屐行将蜡。

初至云头山下别业五首

数峰忽转见幽林，茅屋横斜傍碧岑。三十年来城市客，始知云壑系人心。

历历烟岚杖底收，云头山色似丹楼。千岩万壑幽人室，唯少寒泉一带流。山中林峦秀峭，但苦乏水。[①]

振策寒岩汗漫游，盘空石磴最清幽。生平感遇难回首，只合青山老一丘。

当时豺虎乱如麻，此地萧条三两家。四十年来成感慨，避秦曾此住烟霞。明末时，吾家曾避地于此。

云外经行意自闲，群峰如黛锁烟鬟。藤萝一径萧森处，不用黄金更买山。

入石堂峪

杖履未云劳，南望阻岩岫。一峰屡回萦，灵境开其右。想像幽人栖，石堂启云构。磴道纷高低，游踪豁前后。丛灌亦萧疏，云峦竞森秀。峭壁削如掌，山骨[②]淡逾瘦。幽鸟怀好音，旋萝铺绮绣。藉草供高眠，石齿亦堪漱。浩乎多远思，一为涤尘陋。

---

① 上有眉批：唐人声节。

② 上有眉批：有骨有色。

登云高洞 二首

阴洞[1]背寒岩，何年五丁凿。鬼斧劈洪蒙，青冥一为削。洞门坤舆对，眺远凌碧落。万仞高不极，横云如剑阁。龙蛇既潜匿，苍鹰时平掠。我来苦登陟，风磴足盘攫。山农共翼余，一步一骇愕。草深微径滑，怪石淬锋锷。置身白云外，况乃临绝壑。

绝壑既已深，洞口如可仰。千寻跻层峦，云物何苍莽。悬崖碍白日，神骨亦森爽[2]。丹梯不能陟，空作岩栖想。洞中水气寒，石乳结幽赏。阴翳难久停，冥冥走魍魉。篝火精物隐，未得恣孤往。常恐若昌黎，痛哭华岳上。只此穷遥睇，胜地已雄敞。百舌娇春林，众山答清响。阴阴落日斜，吾将曳归杖。

题山居

蓬门临绝壑[3]，幽兴寄茅庐。只此堪终老，何须更卜居。看云闲出入，把酒对清虚。每每成孤往，峰头曳杖余。

自署云高洞隐者

洞门一带气冥冥，雨过阴崖石骨青。自向空岩称大隐，漫劳草檄借山灵。南溪树色迷孤杖，西岭烟霞积翠屏，若问客星何处是，碧云十丈护岩扃。

徘徊东岭下，计欲凿井筑室，盖意园也

此地泉源未易通，结庐只在石林东。他时凿井寒岩下，便作空山一老翁。

东峰

只在东峰上，长歌去复还。片云垂古屋，落日下春山。幽鸟依林静，繁花覆石斑。客心清不极，即此是余闲。

---

① 上有眉批：通篇写寒，寒气逼人。

② 上有眉批：写景幽窈。

③ 上有眉批：清岩。

盘石

爱此盘盘石[1]，登临日几回。樵归山更寂，鸟宿月初来。夜色昏青嶂，春晴少绿苔。中宵恋清景，无语自徘徊。

半亩宫

半亩宫前路，何殊世界宽。道心通寂寞，幽意自盘桓。灌木阴阴合，山云淰淰寒。一声清啸处，孤月上层峦。

山中喜雨

昨日来东山，犹未脱尘坱。暮春行夏令，薰风何荡漾。谁知即两征，云气来丹嶂[2]。霡霂下九天，苍翠非一状。谷鸟避深林，陇麦翻绿浪。微径远樵归，幽意自闲旷。愿言告农夫，庶慰三时望。农夫前致辞，吾田幸无恙。再拜荐樽酒，采薇洁相饷。是山中多薇。把酒对群山，雨中九叠障。犹恨未滂沱，翻盆一震荡。须臾晚凉生，晴云策孤杖。

戏题山中酒

一樽长啸碧云间，雨后林峦拥翠鬟。满酌凭君须尽醉，山中酒不似中山。

雨后由东峪登槲林山顶东望黑鱼沟大漆峪野鸡岭

飞云归故山，微雨落檐际。余霞聚复散，倏忽已明霁。幸不废登临，轻策送遥睇[3]。晴岚入眼青，苍翠真奇丽。譬彼云林墨，淡写工远势。萧萧槲叶林，凌险成幽憩。旷望穷邃闳，胜地偶然济。万壑迥空蒙，众岭莽迢递。十年厌人境，欲作归山计。此地是菟裘，清虚隔尘世。

---

① 上有眉批：冷然幽峭。

② 上有眉批：入画。

③ 上有眉批：幽快。

伽峪口 二首

伽峪岩前石，独坐耽寂寞。微风一时来，衣上山花落。[①]
荒圃片云飞，萧萧客暮归。不愁西日落，一径到柴扉。

山村

十亩山田鸟道斜，傍岩叠石长桑麻。终年老屋邻青巘，落日空林散彩霞。汲水人归天外岭，放衙蜂绕涧前花。[②]云高洞里如相问，便是般阳处士家。

小筑

小筑诚何日[③]，岩边构草亭。花繁春涧紫，鸦集暮林青。只此一峰秀，居然九叠屏。山中樽酒在，吾亦未能醒。

云头山下待月

未归林下宿[④]，清景少人知。夜静瞻天远，山高得月迟。树声何嫈嫈，云气亦弥弥。万籁归澄寂，苍茫有所思。

待月坐大石上 石可数十席，在东岭下

峭壁巉岩面面开，云头峰下坐徘徊。此间亦有千人石，待得空山月影来。

过牛鹿柴下畏其孤峻不果登

丰草长林踏乱莎，一峰忽起郁嵯峨。辋川鹿柴[⑤]应何似，占得云山此处多。

---

① 上有眉批：似辋川绝句。
② 上有眉批：皮陆佳境。
③ 上有眉批：刻秀。
④ 上有眉批：天然妙悟。
⑤ 上有眉批：柴，土迈切，与砦同。

白杨峪选石

选石憺容与，无事相逼迫。如彼物外交，相逢在幽僻。米颠真吾师，生平抱兹癖。凝神恐滥收，冥搜自能择。石骨半沉埋，雨后澄寒碧。或为虎豹蹲，凌临傲岩隙。或为鸾鹄翔，俯仰背山脊。大者苦难致，小者挟两腋。峰峦入怀袖，离此鼪鼯宅。不遇寻幽人，空山但一掷。

题石壁

晴岚风日好，苍翠上人衣。薄暮空岩侧，从容选石归。

王家峪口石壁有天然蝌文数尺奇甚

壁上疑龙篆，斑斑鸟迹行。空山雷雨夜，石破碧天惊。

题后圈钜石，形甚奇，色甚佳，且在道旁，不费幽寻也

芙蓉为袖薜为裳，气色嶙峋古道旁。何必南宫方下拜，卜居吾欲老兹乡。

石骨云花结老藤，翠螺十丈碧层层。便应坐卧寒岩下，何事移家病未能。

露筋石歌

石得之贺家石屋之侧，青质白线，峰峦甚奇，巨观也。

贺家石室阴崖旁，阴崖乱石如琳琅。此石黯淡隐幽谷，空山太古留文章。风铲雨剥见奇骨，坚栗不肯生苔发。室中龙窟蒸晓云，石上藤萝映寒月。我来一瞥如有神，拂拭尘中意所珍。虽然径寸不盈尺，苍苍远势真绝伦。青螺百斛翠欲滴，银钩万道勍无敌。铁干疑作柳诚悬，灵气端不埋砂砾。岩壑常留几案间，自兹俯仰开心颜。携归此石鬼神妒，恨无奇句酬青山。露筋之女贞千古，露筋之石生吾土。一在秦邮一在齐，白日晶晶起风雨。

南岭上南苗峪 是吾村中汲道

登顿亦已劳，石路青崖下。百折蹑崇岗，盘旋袅烟驾。拂衣摘星辰，振步开桑柘。乃陟南山头，遥望渔樵舍。此乡非我里，清泉一泓泻。因思我甸徒，

阻水常悲诧。远汲何迢遥，往往误耕稼。农家赖作苦，食力安可借。太息念污莱，催租伤宾蜡。凿井吾所谋，犹须待婚嫁。

南岭选石

万事各有道，选石安可忽。白眼待碔砆，青眸睇山骨。如相天下士，往往失仓猝。骏马非骊黄，神姿在灭没。无心故常得，可否亦恍惚。奇赏存象表，曾不间毫发。遇合诚有时，空山骄岁月。苍坚蒙雨风，嵌空荫林樾。我来搜扬勤，仰见山突兀。石丈之子孙，多堪具袍笏。登彼几席珍，去此狐兔窟。

由南岭登东峰，是为石堂峪顶，乃群山绝巅 云高洞在其下

南岗既游目，逸兴犹孤骞。驾言陟远岫，复逐飞云奔。牵藤引葛蔓，空萝尤可扪。依微辨樵路，山鸟惊飞翻。凌风尚挥汗，从者无一喧。洎乎跻绝顶，矫首气象尊[①]。东眺王母峰，南望鸥鸮幡。黉麓亦培塿，群山皆儿孙。遥遥长白秀，兹也当其伦。蛇阜带城郭，般阳烟树繁。孝水西蜿蜒，界破青郊痕。天风既震荡，伫立劳精魂。山中落日早，薄暮归孤村。

自石堂峪顶东下憩枫树岭 树大数围

孤村尚云远，荒荒西日微。愧无鲁阳戈，返景安可挥。乘风下丹磴，寒鸟暮争飞[②]。山葩众香国，一一沾我衣。遂尔过枫岭，老树森成围。流脂入九原，花叶间珠玑。花花自相对，叶叶自相依。得无化为鬼，千载空歔欷。岭南枫老化鬼。下有商山芝，上有西山薇。采芝芝不见，采薇薇不肥。叹息无终极，长啸朅来归。

晚自枫树岭循云头山南麓西归山村

江南枫树多，江北枫树少。此树何离奇，车盖冠木杪。崩剥野烧痕，瘿肿亦夭矫[③]。密叶间朱蕊，丹霞类红蓼。枝盘风雨深，色借烟云窈。不辞牛砺角，苍苍覆萝茑。我来息其旁，俯仰恣幽眺。清辉沁人心，逸致复绵藐。低徊循岭

① 上有眉批：英气勃勃，挥斥八极。

② 上有眉批：清沁人骨。

③ 上有眉批：写物苍老。

归[①]，落日寒悄悄。绝壑响崩石，空林延归鸟。还期待重阳，良游未云杳。红叶满秋山，丹枫复缭绕。我亦武陵人，岂复间昏晓。

望搽石坡有感示诸弟

吾家本清贫，生理类南阮。蓝田有别墅，去彼市城远。良由率作疏，荒芜逮町畽。既无桑枣资，漫不事藨蓘。山雨冲平畴，堕石颓空堰。一望鹿豕场，谁复能劝垦。虽有种玉田，何由长芝菌。一岁复一岁，我田迷垄坂。催租不见恤，课额讵能损。愿戒众山农，无乃思其本。黾勉开荆榛，中田加餐饭。

拟登云头山绝巅未果

兹山幽绝处，乃在东南峰。层峦何历落，一一青芙蓉。我来数晨夕，叠嶂寒云封[②]。飞鸟破烟景，樵路迷孤踪。螺髻凌碧汉，黛色一何浓。观山有神解，岂复参尘胸。昨过枫树岭，侧径花蒙茸。已蹑此山麓，中道停孤筇。譬如接偏师，未得当正锋。将无有遗恨，杖策还相从。霜天复来游，秋气增山容。

山中

山中何太朴[③]，寂寂少人行。敲石炊晨饭，冲烟饷晚耕。春蚕避鸟路，夜漏听鸡鸣。此地吾将老，诛椽理数楹。

兔峪漫兴

古道[④]迷离蔓草繁，寻幽往往憩山根。千林碧树容双屐，十里青天见一门。寂寂蓬蒿真作主，寥寥鸡犬自成村。深怜远汲农夫苦，欲向山灵乞水源。

---

① 上有眉批：清绝。

② 上有眉批：清语幽杳。

③ 上有眉批：如古田家乐。

④ 上有眉批：清迥闲远。

再过云高洞下，次前韵二首

灵境无人草树繁，漫携藜杖蹑云根。龙盘薜荔当山口，鸟带烟霞过洞门。幸有胡麻堪一饭，每来樵路失孤村。疏泉筑室他年事，高卧空岩证道源。

长林灌木[①]一何繁，青壁崚嶒露石根。涧外花香通地肺，洞中云气接天门。喜看黄鸟鸣幽谷，只少清溪抱远村。种得碧桃千万树，重来应否似桃源。

笔山石歌 得自白杨峪口

露筋之石吾所癖，小者尤珍笔山石。正面侧面皆有锋，两峰秀出盘蛟龙。正如[②]鸠摩渡江路，端然趺坐双林树。又如嵩少相低昂，翠云叠叠生晶光。俪龙宾兮配虎仆，千年山骨青如沐。冷月幽窗佐著书，安能置尔承明庐。作歌[③]未已山鬼笑，莫以牺牛相照耀。本是白杨峪里尘，愿处空山不见人。

竟归

长啸竟归去[④]，吾庐隔渺冥。山腰无定碧，驴背带遥青。云树留岩户，风尘溷客星。重来看秋色，此路喜曾经。

归途自哂 是役也，以选石往，以选石归

选石遥为四日行，袖中峦岫太分明。归鞍自笑缘何事，携得青山共入城。

---

① 上有眉批：高岸而闲放。

② 上有眉批：虎形神笔。

③ 上有眉批：妙想解人颐。

④ 上有眉批：逼真襄阳。

知北游草

叙

酿倾易水，重游万室千庑。鲫买滦河，再踏五重百隧。帘风吹处，时堆几上之沙。槛雨迷来，难渡枥前之马。更无舞榭，可撅籥而抽琴。并少洪池，足攒蒲而丛桨。笑逃虚之公子，浪述轻华。怪安处之先生，语多谲诞。桃膏腻腭，忆梅子之抽黄。杏酪匀唇，思笋芽之散绿。歌无么字，无非噍杀之音。伎尽丰颐，大类蘧蒢之状。惟有闷守渔筒，愁听梵磬。庾子山之片石，相对巍然。梁伯鸾之五噫，歌而阒若。乃有凫峄文豪，潍淄词客，伴余岑寂，若吴越之遇风；角我风骚，殆尹邢之并座。其人也，相国遗支，侍郎爱婿。门风通显，人传萧育之家。世泽绵延，史载魏谟之笏。而陈宝鸡鸣，翟泉鹅出。陶渊明之三径，松老菊荒。韦元成之一经，虫侵蠹蚀。饥驴蹀躞，嗟哉桓卫之行人。短铗萧条，犹作幽燕之游子。桑干北去，过霸朝断镞之场。束鹿东来，经剧贼沉戈之地。眺其形胜，非徒吐镐饮沣。极厥巍峨，何止跨泾据渭。莫不发为短什，舒以长谣。拟其镗鎝，则蒲牢之吼钟。譬彼鲜妍，亦芙蓉之吐浪。维彼东方，夙生名宿。对惊孔雀，少识兰台大夫荔裳。炙啖牛心，及见新城学士阮亭。颜光禄之冢上，吴相剑悬修来。唐简讨之庭前，蔡邕倒屣岚亭。皇皇钜匠，得子而兼。时则棘门未撤，游辖先脂。甫柏徕松，君将行矣。莼乡蟹舍，余亦归与。敢云皇甫之言，聊当绕朝之策。

时康熙丁卯仲秋云间同学弟周稚濂冰持氏题于长安之华严古刹。

华不注下谒华阳宫

内祀太昊、炎帝、金天、高阳四帝，而不祀轩辕，亦非典也。

西过崇正闸，大野何苍莽。乃谒华阳宫，再拜瞻灵爽。我思古皇功，造化真在掌。鸿蒙既已判，元气生万象。水火自相济，金水亦致养。或为赤熛怒，或作灵威仰。招拒领蓐收，汁光照玄壤。青阳与祝融，一一皆配享。土为万物滋，何以缺歆飨。炎汉重五畤，轩帝同肸蠁。今兹四帝祠，典礼亦云罔。得无枌榆社，村翁自来往。牛首与蛇身，空山走魍魉。殿宇何凄清，荒台赫弘敞。樵路寂无人，松涛出清响。灵风肃然至，幽意恣孤赏。

往来历下有年矣，率皆远望华不注。丁卯二月赴长安，道经其下，才一陟山腰，又以大风未至绝巅也

华山面目今朝见，四十年来此暂过。风伯何缘复相妒，红尘千里客愁多。

万仞芙蓉削翠屏，巉岩迢递上金庭。风尘车马遥回首，依旧云迷十里青。

牛家道口渡大清河①

济阴河畔路，到此恐迷津。寒藻波纹绿，芳洲柳叶新。扬舲方击汰，驻马一停轮。行役时来往，临流②问榜人。

禹城道中大风

今朝广漠风，北海蓬蓬起。大块多噫气，势比帆樯驶。行役不相闻，黄尘暗千里。遥遥大道中，路远行则迩。我马何虺隤，常恐覆车轨。惨淡来惊飙，白狐斗苍兕。康庄即羊肠，谁云平如砥。十步九低徊，飞沙疾于矢。远游长太息，太息远游子。

过平原未及诣董年伯及乾斋年兄，怅然书此

尚忆明湖作醉髡，买丝每欲绣平原。惊心千里红尘道，未得停车问素园。

---

① “河”后，省图本有小字“丁卯，五十一首”。

② “流”，省图本作“风”。

过德水怀宋紫函、田子益、尹哉生、魏宪武四年兄[①]

会通河畔未停轮，应恕狂夫老病身。京兆田郎初待诏，关门尹喜自无尘。信陵执辔思公子，宋玉多情赋美人。好待同沽燕市酒，华阳潦倒醉残春。

游留智庙 庙曾经火，内有新城王大司马碑记

古刹何年建，荒庭亦寂寥。入门多赤壁，登阁上青霄。宝鼎螭文没，轻幡绣带飘。丰碑生感慨，触处尽萧条。

题景州浮图

金掌倚层霄，檐铃动天籁。独立红尘中，静观白云外。

蓚水吊周亚夫

安刘太尉亦忠勤，况复条侯更策勋。共道甘泉停堠火，又闻吴楚净妖氛。酬庸不借筵前箸，坚壁宁同灞上军。千载饿夫真有相，邓通空复得明君。

文皇拊髀识长城，按辔遥临细柳营。得士惊看存剧孟，让兄端不愧玄成。奇谋坐致关东捷，胜策全收洛下兵。请室莫须长太息，汉家久已薄韩彭。

刘伶桥戏题

千载黄垆忆伯伦，竹林回首认前身。便应此是陶家侧，荷插从君问酒人。

单家桥吊古

滚滚红尘驿路长，滹沱河畔解轻装。沿堤秃柳残春绿，旷野浮云落日黄。玉玺沉江终灭没，金川问鼎几回翔。惊心向夕行人少，此地从来古战场。

力削名藩计已穷，北平王气最称雄。论兵漫说姚恭靖，误国谁怜李景隆。战骨沉沙悲落日，愁云折镞起惊风。朝衣自古归东市，覆辙齐黄未许同。

---

① “兄”后，国图本有小字“丁卯，五十首”。

三月三日商家林遇大风短歌

无赖东风何太恶，连朝送我入河朔。惊沙扑面天欲昏，五尺柴车卷秋蓬。六年曾此驻征鞍，遥从日下望长安。红尘憔悴亦良苦，始信人间行路难。

又绝句一首

永和佳节昼冥冥，此日狂飙下北溟。却忆故园般水上，几人修禊似兰亭。

过河间奉怀学宪定山宫老夫子① 时衡文山左

箕裘此地称人杰，三世金张入汉廷。北极风云通帝座，东州人物续沧溟。大明湖上奎文紫，瀛海风前剑气青。惭愧马融门下客，春深回首忆传经。

鄚州堤上

鄚州城北水连天，十里金堤落日边。自是行人看不尽，一行春柳绿如烟。

赵北口舟行

行人浑欲倦，隔浦唤渔舟。霞影明如锦，湖光静②不流。蒹葭迷远近，鸥鹭自沉浮。却望长堤外，征尘起暮愁。

枣林南畔路，从此溯流光。荇带浮春色，兰桡荡夕阳。连天帆影没，十里水云香。何限沧洲意，扁舟亦渺茫。

沧浪吾有愿，此地水云虚。沽酒方移棹，鸣榔尽卖鱼。横塘时拂柳，险道一停车。时以桥坏，下车舟行。赵北燕南地，从谁赋卜居。

尘劳何太苦，桂楫此流连。水气蒸斜日，春光媚远天。鸡鹊飞极浦，粳稻没平田。翻忆明湖上，轻舟在眼前。

① “学宪定山宫老夫子”，国图本作“宫定山夫子”，且无小字“时衡文山左”。

② “静”，省图本作“净”。

宿雄县，重读壁间阮亭先生《柳枝词》

六年为客后，复此驻征轮。酒碗仍浮几，鱼羹细入唇。怀人增别恨，作客已残春。为念王恭柳，留题墨尚新。

过蒲桥

文山吊古处，惊风来大漠。终古结愁云，野田鸣黄雀。广路何悠悠，空陂带长薄。虽无九折阪，旷望真辽廓。在昔探丸地，举足妖氛恶。幽并少年子，鸣镝时为虐。走马群相翔，黄金恣所攫。行役临白沟，惕惕惨不乐。即今太平日，坦步免骇愕。轮蹄日不绝，冠盖无聚柝。千里在户庭，吉日何须度。浩浩征途间，漫不忧寂寞。

白沟河怀古

白沟河上碧波明，百折东流傍北平。曹国庸奴空假节，王门厮隶解谈兵。风沙滩[①]水鱼龙斗，雷雨昆阳虎豹惊。闲数废兴伤往事，幽燕自昔是神京。

宿三角店遣怀

怜我征车似转蓬，驰驱千里向尘中。帝城路近连芳草，旅馆春寒怯晓风。索米生涯何太苦，凌云词翰莫言工。汉家不厌扬雄拙，早晚长杨赋射熊。

望涿州城

客子苦行役，脂车驱艭衲。十日九苦风，万木声飒飒。黄埃大道旁，车马纷错沓。广陌无端倪，川原莽回合。惊沙背人飞，烟光亦杂遝。未抵鹿鸣泽，已见白石塔。督亢旧游地，解囊理陈榻。寄言卖浆徒，行歌或相答。

琉璃河桥上望西山 是日大风

烟鬟翠黛碧嶙峋，重到真如见故人。尚恨封姨施步障，轻尘犹隐洛川神。

---

① “滩”，国图本作“滩”。

良乡道左即事

椎埋郭解亦堪伤，斜日探丸古道旁。幸有中丞于定国，桓东无复少年场。

卢沟河上

春云水上多，此地小黄河。倦马停车辙，行人避橐驼。惊沙迷往路，旷野踏寒莎。咫尺帝城近，豪游竟若何。

拱极城遇高逸趾表兄返里

拱极城边去若飞，我来蓟北尔东归。相逢未寄平安字，为说行人到帝畿。

入都自嘲

驱马东风易水滨，非因脱粟问平津。市中毛薛仍无恙，地下荆高是故人。紫陌谁贻青玉案，缁尘又上白纶巾。长安卿相多年少，笑我江湖老放民。

寓居华严庵

浪迹长安客里情，崔嵬古殿六尘清。怜余愁病萧条甚，未得书声续磬声。

入都之明日即晤孙光禄孝园

燕市相逢意倍亲，共言离别几经春。聊将锦字三年梦，一洗长安十斛尘。击筑华阳同寄傲，谈天碣石日为邻。荆卿若使膺铨叙，我辈先当署酒人。

偶题

旅愁千里外，迢递总伤神。一夜故园梦，不知燕市春。
独有岐途客，间关多苦辛。金台无恙否，谁与问涓人。

报国寺与起元叔话旧

去年湖上别，多病苦相侵。及此来京洛，殷勤过竹林。凭高春色远，登阁暮烟深。搔首长安道，聊从寄楚吟。

慈仁寺同起元叔礼窑变大士像歌

长安客子当暮春，驱驴日日冲风尘。浮生半日何易得，偶来精舍瞻慈仁。吾家大阮导前路，咫尺彼岸非迷津。苾刍膜拜启高阁，宝相具足真①天人。由来浮屠重像教，百千万亿多化身。良工冶铸苦难就，仰藉劫火飞金轮。偏袒右肩无住着，支颐妙想参鸿钧。翠螺旋绕赤霞映，雪山月出光如银。跏趺宛在竹林畔，低眉叹世非无因。我闻八十一变相，道子历历传其真。今之化人无乃是，不与泥土同湮沦。非由抟埴由幻设，智珠照彻如有神。在昔内府称奇秘，移来梵宇为世珍。我行匐匍一投地，回看丽日悬苍旻。净土一尘知不染，卜居缁锡日为邻。

毗卢阁远眺

凭栏极目帝图雄，回眺皇州双阙东。禁柳春晴当御道，楼台日丽辟铜龙。觚棱紫翠浮三殿，瑞霭氤氲下九重。历历长衢车马客，轻尘飞入建章宫。

赵壹遥来向汉京，却从病渴望金茎。莺声早度千门树，佳气春深五凤城。聊复行歌依挽辂，何堪无路入承明。登高徙倚空搔首，寥落风尘稷下生。

赠惑庵光禄

日边春尽杏花飞，曼倩金门正苦饥。自请俸钱偿酒债，每将弱线补朝衣。轻尘未厌长安道，余沥微沾内府归。休沐时吟三妇艳，高堂挟瑟自依依。

旅愁

凤城春色客中过，禁柳青青傍玉河。无限红尘飞不尽，东风一夜旅愁多。

① “真”，省图本作“瞻”。

三月望日入太学过阙

紫禁沉沉象魏尊，黄扉高敞[①]太微垣。九天佳气生鳌阙，十里飞烟下雉门。北极冠裳侵晓入，东华车马若云屯。腐儒释菜当迟暮，翘首金阶纪圣恩。

都门忆韩蓼怀表兄，时作邑奉天之盖平[②]

河阳花发最清芬，荐牍兰台指日闻。马首大夫劳下邑，鱼头参政待[③]神君。风回九陌乡关远，地隔三韩道路分。我亦离家为客日，几回遥望海东云。

长安逢万寿节恭志

北阙嵩呼接御墀，太平人识汉威仪。罘罳云映金芝秀，蓂荚春生玉树枝。九陌喜看仙仗入，千官初散珮声迟。独怜披褐长安道，不是天阶献赋时。

写怀

一入蓟门道，连朝已暮春。鸣鞭过紫陌，怀刺向红尘。何事离丘壑，谁能脱贱贫。故园儿女辈，应念远游人。

次前韵

此地看花落，遥怜故国春。愁心常索醉，乡梦苦难真。渐觉羁栖久，谁知作客贫。迢迢千里外，明月照何人。

三月念一日入成均谒圣庙恭纪

大道在天壤，绝学兹焉寄。盛世崇师儒，斯文犹未坠。瞽宗重声教，明堂藉鼓吹。天子追大雅，宸翰为国瑞。日月丽中天，江河泻平地。五典敕彝伦，

① “敞”，国图本作“敝”。

② “忆韩蓼怀表兄，时作邑奉天之”，《昆仑山房诗集》底本作“怀韩宁子，时为宰”，国图本作“怀古宁子，时为宰”。“平”后，《昆仑山房诗集》底本及国图本有小字：“《左传》，韩固为马首大夫。”

③ “待”，国图本作“侍”。

六经闻正义。众岫宗尼峰，群流汇洙泗。师氏多钜公，蒸作天庙器。前导戒康庄，常恐窃衔辔。发冢陋小儒，安敢求自试。石渠既灿陈，白虎析同异。煌煌登堂彦，鼎脔皆哜胾。齐鲁盛文学，吴越多上驷。诏下采风使，贤良拔其萃。我生渤海隅，夹道常忧惴。黾勉读父书，未铗边生笥。如彼行九衢，焉得辞劳勚。努力阅春秋，迟暮非童稚。慷慨慕西京，为文辨其伪。本无空群姿，蹩躠入幽冀。含毫惭俗下，何以张吾帜。再拜夫子堂，玉戺深以闷。虽非手植桧，松柏郁苍翠。俎豆焕宫墙，礼乐群习肄。丰碑纪先达，历历题名记。俯仰思圣泽，抚躬良自愧。同学多少年，弃我如掉臂。天禄藜火青，轩裳跻高位。念余披褐人，温饱非其志。风尘固未偶，穷途亦憔悴。沧浪一腐儒，聊作答宾戏。

入太学观石鼓

璧雍碧藻映宫墙，石鼓离离列[①]雁行。禹鼎岂终沦泗水，元英端合在华阳。虬松蔽日生苔藓，御道屯云荫画廊。刳臼莫言多缺陷，也从沆瀣酌天浆。

仿佛车攻吉日诗，天王行狩驻云旗。龙螭久护陈仓道，风雨难消籀史词。北阙衣冠瞻太学，西京羽猎想威仪。铭功勒石千年事，不是秦皇峄首碑。

终古骈罗两序旁，龙鬠斑剥自煌煌。久同金掌辞炎汉，岂比铜驼瘗洛阳。剑佩摩挲三叹息，贲镛掩映五文章。等闲莫使桐鱼扣，博物司空亦渺茫。

过柴市

阴霾惨淡接昏朝，丞相英魂怨未消。千古崖山同一恨，孤舟云锁海门潮。

都门喜晤魏介祉、钟圣舆、王圣植、董班若、王祖修、牛愚庵、李子介、李源洙众同年 时多欲南归者[②]

千里遥来近紫宸，凤城相见倍相亲。明湖旧约浑如昨，易水行歌调自真。莫使贫交羞管鲍，肯令胶漆让雷陈。可堪咫尺浮云散，又作东西南北人。

---

① “列”，《昆仑山房诗集》底本、国图本作“立”。

② “魏介祉、钟圣舆、王圣植、董班若、王祖修、牛愚庵、李子介、李源洙众同年”，《昆仑山房诗集》底本作“介祉、圣植、斑若、祖修、愚庵、子介、源洙众同年”，国图本“祉”作“社”，无小字“时多欲南归者”。

赠潍水郭磨青同年 郭之[1]曾祖宫保公与先相国同年

同作吴陵门下士，君如玉树照琼枝。已看孔李传三世，敢谓金张好并驰。兰茝同心思缟带，枌榆相望接淄潍。他时回首长安道，应向天涯感别离。

接老父家字

帝城花落正踟蹰，堤柳三眠叶渐舒。祖道回思当二月，他乡难得是双鱼。开缄浑似闻庭训，长跪还如在敝庐。两字平安真百万，万金谁说抵家书。

归惺崖宫詹枉顾僧舍

忆昔双鱼下日边，故人愁绝卧般川。沧浪结佩三千里，风雨论交二十年。鹤梦无端来帝里，凤池犹喜对神仙。应知旅客多疏放，曲巷回车尺五天。

长安道上曲尘飞，徒步归来落日微。展卷檐铃闻梵呗，应门折简驻骖騑。如君自是皋夔侣，老我依然薜荔衣。太息年来廖落甚，相逢莫问北山薇。

感怀

青骢白马六萌车，共说长安有狭斜。纵使扫门客我辈，何劳夹毂问君家。九衢人望黄梅雨，三月风吹上苑花。沽得一樽燕市酒，羁愁不必向天涯。

偶遇孝园内兄饭后戏占

虎坊桥畔每相过，尽日从君一浩歌。馎饦冷淘俱食尽，大苏争奈少游何。

晤五叔

二年今始见，帝里正残春。久别悲欢集，他乡骨肉亲。殷勤询旧友，絮语问家人。秋晚同归去，般溪把钓纶。

① “郭之”，国图本作“其”。

东阿心友弟见访旅斋

去岁湖头倒玉瓶，芙蓉桥畔醉还醒。故园兄弟时相见，犹记题诗历下亭。

喜看玉树快同车，老我狂夫四十余。惭愧与君同姓字，不知谁是蔺相如。余昔亦字心友。

平生

平生丘壑意，端合老烟霞。空馆恒多病，穷愁更忆家。悲歌时拂剑，徒步出无车。惆怅风尘里，飘零叹落花。

长铗

长铗来燕市，风尘笑岸冠。囊空增旅恨，肺病畏春残。措大生涯拙，穷途道路难。回车方未卜，客意已阑跚。

长安杂诗 八首

浪迹非吾愿，浮沉任所遭。春深堤柳暗，旱久市尘高。闭户心常倦，离家梦亦劳。身为京洛客，只是忆蓬蒿。

曳裾吾所厌，何事竞营谋。蝼蚁争膻骼，巢由拜马头。青天多鬼蜮，暮夜有鸣驺。寂寂扬雄宅，风尘笑蒯缑。

不合时宜者，行行与世违。侏儒争得意，臣朔自言饥。莫漫弹长铗，谁能效短衣。故山薇蕨老，何事未南归。

蓟北繁华地，扬鞭过狭斜。自惭三语掾，不入五侯家。海客愁羁旅，宫莺啄落花。敝裘萧屑甚，尽日畏风沙。

十里章台柳，青青广陌长。尘飞走马路，花隐斗鸡坊。雉尾归宣曲，鸾旂出射堂。低徊怜裋褐，留滞尚他乡。

城南督亢地，烟水画图中。紫陌偏宜雨，黄尘更畏风。王侯多邸第，逆旅叹飘蓬。纵有凌云赋，羞因狗监通。

离家寒食节，春尽未能归。客久诗成帙，囊空醉亦稀。残灯挑冷焰，尘榻拥疏帏。何限羁人恨，还随柳絮飞。

莺花客里过，滞迹苦蹉跎。春晚归尤晚，愁多梦亦多。关心忧赋税，生计隔烟萝。久旱虞无麦，故园今若何。

所见

年少场中出五陵，羽林千骑耀文缯。横塘径仄仍盘马，辇道风高任臂鹰。中垒遥来增气色，射声初拜自飞腾。眼看雀尾堂堂去，笑煞书生弱不胜。

寄蒲留仙李希梅诸同人

清明时节杏花风，有客南来类转蓬。驽马自惭过冀北，神鱼终羡奋天东。故人诗酒迟经岁，海国文章赖数公。此后还期俱努力，聊斋且莫竞谈空。

寄张邑侯石年[1]先生

二月来河朔，般溪正艳阳。恐缘惊鹤梦，未得向琴堂。千里遵长路，三春虑亢旸。野人忧国课，无麦重彷徨。

四门今国博，几杖奉先生。讲业登皋比，谈经近凤城。入门询异政，属籍说难兄。梧掖需才甚，征书下玉京。成均堂师张抑斋先生[2]乃邑侯之兄也。

清河多吏绩，谁似使君清。一入长安道，争传茂宰声。中牟歌下邑，姑射羡山城。早晚邀宸听，银屏纪姓名。

明宰风流甚，弦歌对翠微。隶人高卧稳，父老入城稀。署冷文章富，庭闲鸟雀飞。采风多使者，说项遍燕畿。

寄诸弟

自我来京洛，离家已月余。高堂谁侍膳，小院几翻书。亲老思游子，年荒缺宿储。那能千里道，飞去傍庭除。

生计吾家拙，相将学砚耕。庭空人迹少，云散客心惊。老大俱疏放，萧条更远征。谁能邀一命，黄发慰中情。

糊口同奔走，学书久未成。山田惟数亩，茅屋止三楹。诟谇羞箕帚，鸣鸠念弟兄。庭闱多婉媚，且复胜贻荣。

京国交游少，遥来万事违。常将羁旅梦，一着老莱衣。寄食他乡贱，论文旧业非。春深无去雁，却望白云飞。

---

① “张邑侯石年”，省图本作“邑侯张石年”。

② “堂师张抑斋先生”，省图本作“张抑斋学正”。

送毕诚夫返里

结伴来燕市，君归我未归。方知击筑地，不及钓鱼矶。游子思般水，行人去帝畿。都将离别恨，付与落花飞。

齐伧

任教五隶笑齐伧，海上文章历下生。寄迹他乡惊岁月，论[①]交京国见人情。青门花落迟游骑，紫陌春归听乳莺。何日南回般水外，溪云山雨课秋耕。

寄毕公权[②] 时公权居忧里中

素车未得见容辉，多病何堪卧寝帏。老我风尘羞裋褐，嗟君血泪洒麻衣。北来驿路惊沙隔，东望乡关旅雁稀。京洛故人为寄语，遥怜骨立重欷歔。

寄外父高司寇公

驱车三月到燕关，千里惊沙变旅颜，耆旧逢[③]人怀谢傅，交游太息羡香山。请看宛洛风尘地，何似般溪水石间。载酒堂边秋色老，便应游子亦东还。

寄豹岩先生

志壑堂前柳色新，渭城回首即征[④]尘。故乡千里仍忧旱，客里三春苦耐贫。北极交游相问讯，东山杖履自闲身。西风屈指长安道，燕市南头问酒人。

归惺崖先生[⑤]招饮话旧

旧游十载海东隅，此日龙门愧顾厨。君羡清溪濠上乐，我来皂帽府中趋。

① “论”，《昆仑山房诗集》底本作“经”，国图本作“缔”。

② “寄毕公权”后，《昆仑山房诗集》底本、国图本有“寄毕公权表弟，时居忧里中”。

③ “逢”，《昆仑山房诗集》底本作“有”。

④ “征”，《昆仑山房诗集》底本作“风”。

⑤ “惺崖先生”，国图本、《昆仑山房诗集》底本俱作“孝仪学士”。

旅堂对酒人如梦，燕市论心意不殊。未得西窗同剪烛，天街应避执金吾。

悲歌

悲歌自昔传燕赵，击筑声中冷暮云。矗矗金台思往事，萧萧易水至今闻。西郊烟覆蜘蛛塔，南苑风回蚂蚁坟。漫说有人求骏骨，只今谁识望诸君。

游①天宁寺

广宁门外碧粼粼②，偶到香台问法轮。花雨何人依净土，莲舟谁与渡迷津。檐铃风起闻天籁，螭鼎烟消远市尘。惭愧浮生过永日，暂从缁锡寄闲身。

赠中州王聚五③

嵩岳云深气郁葱，弃繻今又见终童。羡君玉树来河北，愧我蒹葭出海东。禅室同看清夜月，帝城愁对落花风。汉家最重凌云赋，肯使相如叹未逢。

送王聚五归汲郡

燕市南头易水深，同来台下问黄金。风回禁柳萦驰道，春老宫莺出上林。帝里忽惊萍迹恨，太行应系故乡心。他时长啸苏门外，千里遥闻鸾凤音。

长歌述怀赠宫詹归惺崖先生

我昔逢君沧海隅，平津荒阁无门枢。忽看车马落穷巷，尘埃要自惊眉须。征诗击钵频倾倒，作赋往往多欢娱。盟心车笠固穷约，岁在壬午同悬弧。吾家大阮数晨夕，文章共许开榛芜。虞山前辈有遗④迹，努力嗣响钱与瞿。小窗话别忆联榻，我留渤澥君东吴。是时辛亥春欲暮，十年君乃登天衢。广川对策称第一，天颜有喜鸣鸿胪。绿鬓神仙侍金殿，三迁周岁君恩殊。晶荧宝炬出凤沼，

① “游”，国图本、《昆仑山房诗集》底本俱作“过”。

② “粼粼”，国图本、《昆仑山房诗集》底本俱作“邻邻”。

③ “五”后，国图本、《昆仑山房诗集》有“寿康”。

④ “遗”，省图本、中科院本作“懿”。

受赐玉馔来天厨。白麻自昔推端尹，北门学士皆耆儒。鱼书岁岁下般水，交游问讯山泽癯。我卧蓬蒿息机久，迟暮山鬼群揶揄。半生辘轲百不售，譬如鸠莺抢枋榆。荠盐老夫入太学，布衣挽辂多艰虞。怀刺灭没长安陌，扫门何处容微躯。昂藏病骨悲叱嗏，自顾颇厌贫头颅。五侯七贵性所畏，府中冉冉安能趋。有时出语恐触忌，高谈雄辨伧气粗。北阙上书愁未得，南山葺屩仍踟蹰。生平漫不习握算，囊空始悟真穷途。感君高义念游子，芳筵进食罗珍腴。贫交上客夷门监，狂生自谓高阳徒。华堂促席说畴昔，燕市美酒青玉壶。加餐珍重故人意，银灯绛蜡红氍毹。瑶环瑜珥出见客，九苞之翮丹凤雏。肤耀玉雪眉棱紫，那不羡尔千里驹。我来临池窥墨妙，见君钜笔装珊瑚。挥毫对客何潇洒，烟云一往神理俱。遒逸风骨似大令，痴肥不肯同髯苏。乃知心正笔亦正，颜柳之后追君谟。先书长统乐志论，后书靖节桃源图。我构茅堂孝河侧，行将终老藏菰芦。九锡新膺五湖长，颇复摄篆兼樵夫。阆风台畔高万仞，坐招猿鹤盟鸥凫。喜君擘窠作堂额，淋漓飞翰光楣栌。昆仑山房四大字，野云深处悬吾庐。君时拜表乞休沐，贺监暂欲归江湖。天子曰俞朕其允，诏下凤阙黄金铺。丈夫昼锦多气色，况复弩矢当前驱。上东门外衣冠集，红尘紫陌倾醍醐。潞水牙樯戒兰楫，琴川赤鲤迎舳舻。君言苦忆旧游地，北海谒相过临朐。贝丘三径无仲蔚，安得车骑留斯须。渡江南去是珂里，秋风畅好松江鲈。二疏已老君正少，悬车尚早颜犹朱。东山高卧恐未稳，九重翘首归皇都。

送李子英归临川

西江文字推前辈，羡尔新篇满帝畿。振翼图南游子梦，乡心蓟北老莱衣。长江逆浪三千里，短棹乘风五月归。总为庭闱劳远念，征途遥指白云飞。

读青浦王令诒及吴江家弘蘧弟诗，喜为长歌以赠，兼寄太仓吴元朗索其诗

长安陌上谁相过，东吴二子同婆娑。琅琊清河互照耀，水何骀宕山嵯峨。担簦千里豁游目，东南鸿宝来江沱。中原大雅久销歇，珠盘玉敦相荡磨。嘉隆正音亦何罪，黄金白雪争诋诃。公安竟陵等蝉噪，后来反覆无乃苛。云间黄门好制作，康庄非复行盘陀。文章自古推正始，穷源江汉登岷嶓。机云入洛今复见，英姿磊落何其多。会稽竹箭不易得，况乃石砮张新砮。涓人今日正求骏，宁云饥凤寻玉禾。五陵卿相竞识面，长跪避席停鸣珂。安昌丝竹百不就，魏勃魑魅谁能那。长衢夹毂访仲蔚，红尘踏破青锦靴。阮公瞪目不复白，旗亭画壁同蹉跎。

我时索米饥欲死，愁病萧寺参维摩。相看意气两不厌，譬若素女调云和。管辂五行待清酒，元卿二仲披寒莎，两卷携来类冰雪，五丁拥护愁见呵。海客神移欲大叫，翻恐雷雨飞龙梭。手披锦字方未已，飙如妙舞开天魔。螭鼎光怪森万象，我欲退舍乘六骡。君不见黄陵月黑鼓瑶瑟，绿云雨湿悲湘娥。又不见扶桑倒折蔽鳌足，神鱼拨浪翻鲸窠。当年余子那辨此，妄增马瘴惊橐驼。仲宣北渡击桂楫，挂剑台畔深摩挲。关吏何减新安吏，拾遗鳞甲扬其波。令诒《消夏吟中》"关吏"一首，古雅朴老特甚。[1]平子四愁愁欲绝，仿佛山鬼吟女萝。西湖乘月踏灵鹫，清波打桨临鼋鼍。琵琶行续挽船妇，青衫红泪同滂沱。君山潮声在几案，南池一一闻清哦。庭隅快读愁日落，鲁阳霍霍挥长戈。采风谁与献天子，行吟泽畔空逶迤。即今盛世好文雅，侍从多少鸿辞科。风尘寥落虽未偶，羞因粉黛拖长蛾。珊瑚君藉[2]徐陵笔，荠菜我啖希文鹾。长陵小市有吴质，南皮宴上飞叵罗。太仓遗响赖哲嗣，亭亭玉树生乔柯。齐讴琐细不入耳，吴歈请君为我歌。安得同沽燕市酒，相看醉后朱颜酡。双鬟曼声出云表，娇娆十五细马驮。浪游帝里苦未畅，西山群岫排青螺。碧云玉泉几两屐，归来濯足高梁河。风光如此良不恶，局促辕下真辘轲。我虽品藻愧水鉴，诸君要自登鸾坡。贱子驽骀世所弃，逝将归隐沧海涡。眼前马齿吾老矣，太息不久双鬓皤。山田十亩昆仑侧，般溪烟雨披渔蓑。异时临风重怀远，若有人兮山之阿。江东羡尔三株树，稷下狂夫奈若何。

送归惺崖先生请假返里[3]

风流学士下蓬瀛，赐沐恩深出凤城。六传青门夸昼锦，九重紫阁待调羹。文章太仆传江左，家学云司重汉京。疏傅莫言高卧稳，青宫虚左望先生。

十年莲烛傍螭头，驿路南归拥八驺。储相久虚铜鹤禁，拜麻应待凤凰楼。风云潞水初移棹，烟雨琴川暂下钩。不独故人思谢傅，苍生屈指入皇州。

次来韵答豹岩先生[4]

河渠太史著书新，尺素南来迥绝尘。念我谈经聊寄迹，无缘卖赋可医贫。久从壮岁伤沦落，敢冀遭逢到病身。此日太常将卒业，贤良对策愧前人。

---

① "首"，省图本作"篇"；"特甚"，省图本作"为甚"。

② "藉"，省图本、中科院本作"架"。

③ "里"，《昆仑山房诗集》底本、国图本作"虞山"。

④ "次来韵答豹岩先生"，国图本作"答豹岩先生里中来韵"。

得老父家书用前韵

书传蓟北字痕新，故国迢迢隔暗尘。雨足三农堪望岁，麦收十斛未全贫。每怀捧檄平生志，敢惜焚膏客里身。却指白云千里道，经时犹作远游人。

太宰武定李年祖邺园先生招饮恭赋六十韵[①]

盛代推元老，彤廷赞庙谋。山公劳启事，裴令鉴清流。补衮依天阙，崇班近冕旒。明堂真丙魏，物论重韩欧。体国丹心老，传家紫气浮。先朝登柏署，丰采振螭头。威凤翔阿阁，青蒲照彩斿。尚方频借剑，卿寺久鸣驺。已跻鸾台座，仍资方叔猷。公前以少宰出为浙督。旌幢开制府，衮钺领杭州。廷授中朝策，时纾南顾忧。闽疆潜逆孽，瘴海出狂鳅。猥以承平久，翻令烽燧愁。黾蛙喧井底，尺檄走炎陬。气势连三蘖，尘氛蔽十洲。宵衣勤玉陀[②]，物贡阻银镠。下濑凭帷幄，戈船藉运筹。临淮坚壁垒，细柳静貔貅。妖炮侵行首，飞弧贯笠鞡。十年征戍苦，千里阵云稠。铠甲生虮虱，军声遏鹘鸼。元戎躬跗注，上将自兜鍪。转饷千盘岭，筹边百尺楼。降旗来蜃穴，大旆卷龙湫。三捷飞符急，孤烟堠火收。余魂几上肉，竖子釜中游。持挺嗟何及，长缨不可留。无诸终就戮，跃马亦论囚。地轴庶云靖，天戈业已投。仙霞闻鼓吹，锁钥镇咽喉。封事千章秘，忧时两鬓秋。羽林回铁马，荒徼奠金瓯。朱鹭腾天际，鸣铙入蓟丘。勋高虽[③]假节，赏薄未[④]封侯。油幕参兵枋柄，征车下置邮。湖山初过里，羽盖不惊鸥。入洛观司马，还朝赐斗牛。仰瞻三殿曙，重觐五云裘。鱼水邀宸眷，卿云托唱酬。中枢方绾绶，铨叙更承庥。微省台星显，文昌气象幽。澄心签玉笋，却薄辨薰莸。共说百揆序，因知六典修。泰阶平似砥，江汉静如油。拜衮伊朝夕，论功赐鬯卣。宋姚开甲第，燕许毓琳球。贱子来京邸，文孙共燕游。风尘凋裋褐，憔悴着岑牟。翘首觇辰极，迷途傍御沟。中郎收爨尾，伯乐盼骅骝。设醴沾余沥，怜才向道周。龙门惊抗礼，古道竟谁俦。博大真人气，神仙郭泰舟。堂前惟鼎铉，帐后少箜篌。罗雀如廷尉，褒衣类鲁邹。林泉思退息，桑梓话绸缪。上客无珠履，天厨致庶羞。陈荀欣有托，孔李自难侔。长揖辞筵几，回头笑蒯缑。独惭歌下里，一为广齐讴。

① “太宰”，省图本作“冢宰”；“韵”后，有小字“丁卯都中作”。

② “陀”，省图本作“陛”。

③ “虽”，省图本作“爰”。

④ “薄未”，省图本作“渥过”。

长安旅邸赠云间周冰持[1]

同作披裘客，遥来问北溟。风尘秋抱病，萧寺夜谈经。海内矜新调，斯人尚典型。金门知不远，笑我少微星。

太史东山客，莼湖早识君。雄才传贾谊，奇木羡终军。握手旗亭下，惊心易水濆。琳琅今满箧，帐里细论文。[2]

风雅已沦没，吾尝闻大樽。衣冠留白下，幽愤说黄门。文字推前辈，流风赖尔存。司空今不见，谁识陆平原。

我祖人伦鉴，明堂振八纮。当年包[3]夏辈，千古稷门生。感旧沧桑变，怀贤岁月惊。因君问消息，慷慨慰中情。[4]

入洛明堂彦，翩翩满帝京。诸君多沈宋，老我避昆明。病渴瞻霄汉，论交托弟兄。素心车笠约，常忆岁寒盟。

周冰持谈及蒋大鸿先生以丙寅卒于越，赋此志感

不见蒋元卿，年来隔死生。八哀尤未赋，七略竟何成。党锢留余恨，江湖纪姓名。飘零今已矣，太息泪纵横。

武林唐聚占为余书《兰亭》《洛神》赋数种，笔法遒逸，不愧古人，赋二绝句以赠

长安道上夏云蒸，彩笔光生玉井冰。千载兰亭今复出，不须遗恨葬昭陵。

千年大令擅江东，羡尔云烟尺幅中。莫道洛妃今不见，又从纸上盼惊鸿。

偶过王鲁斋中翰小饮

徒步长安道，登堂一解衣。无劳鸡黍约，常得旅人归。碣石金风动，津门玉蟹肥。空庭闻茉莉，疑作省中薇。

---

① “持”后，省图本有小字“时同寓累月”。

② 省图本有小字“豹岩先生曾为余言冰持”。

③ “包”，省图本作“陈”。

④ 省图本有小字“先相国主丁丑试，卧子、彝仲、长明皆是科所得士，又皆云间人”。

长安闻表弟毕公权讣音，遥哭以诗

斯人竟死孝，天道亦茫茫。文字沦东国，廞车怅北堂[①]。士林悲物望，骨肉变沧桑。不独荆州论，元龙重可伤。

寝门相唁日，君已病苫帏。不敢频挥泪，空余抱恨归。半生留玉麈，濒死着麻衣。何限伤心处，真成万事非。

岂有修文事，如何去不回。一门[②]烦鬼伯，三世向泉台。朋旧伤奇惨，天公本忌才。庸庸多令仆，谁与辨沉灰。

尔抱西河恨，相从联榻时。残灯深慰藉，饮泣叹支离。已自伤摇落，谁知更数奇。迢迢千里道，何日哭重帷。

我向燕台日，怀君耿未忘。绖衣频倚杖，鹤骨尚支床。岂意穷秋后，翻为蒿里伤。海邦何殄瘁，郭泰竟沦亡。

海内知名久，文章结古欢。十年随计吏，一日未弹冠。桑梓应憔悴，贫交涕泛澜。长安有耆旧，一一重悲酸。

闻赵月麓征君厌世挽诗六章[③]

疾邪赵元叔，生平抱寸心。买山称大隐，结屋寄空林。潦倒孤云卧，穷途二竖侵。伤哉邓伯道，泉路怨何深。

伊余昔弱冠，父执数征君。选石甘泉谷，临流秋水濆。忘年称老友，携手入寒云。往事闲凭吊，凄凉不可闻。

楚泽豪游日，关河一剑秋。携诗惊谢朓，延誉类曹丘。冷落梨花月，萧条杜若洲。低徊思[④]往迹，肠断借山楼。

二十年前事，重阳过上泉。菊花三径晚，柘影一林烟。南涧题诗处，东篱载酒还，幽人今不见，放鹤渺无缘。

栗里王阿大，东皋李十郎。与君共晨夕，高卧话沧浪。萍梗多离散，人琴更可伤。揖云堂上月，终古照柴桑。

自我来燕市，交游重丧亡。西风凋玉树，南浦缺[⑤]蘅香。后死多悲悼，遗

---

① “堂”后，省图本有“时公权父没，未葬”。

② “门”，省图本作“时”。

③ “厌世挽诗六章”，省图本作“弃世，余在长安，哭以六章”。

④ “思”，省图本作“伤”。

⑤ “缺”，省图本作“萎”。

文尚渺茫。清溪呜咽水，何忍过寒塘。

晓出永定门南归

来时三月渡桑干，今日秋深易水寒。莫怪乡心摇落甚，不堪千里路漫漫。

留①别周冰持

同是天涯客，余今又担簦。愁霖栖曲巷，步月对禅灯。作赋留三辅，驱车下五陵。何时饮醇酒，重与醉曹腾。

宿白沟河和壁间韵

我亦倦游者，难言诗思清。明灯喧马铎，欹枕听鸡声。客里风霜苦，天涯秋气生。何时高卧稳，迢递旅人情。

附原韵 止题维馨氏，不知姓名也

倦极不知晓，愁多梦不清。烟村疑树影，人马乱波声。多难凭天地，无家仗友生。出门忽越月，因忆老亲情。

早行白沟河

千里无寸山，红日出平地。乍疑金盘涌，恍惚变晴翠。云海荡朝霞，波涛翻赑屃。前路方戒途，出没惊魑魅。魂飞走羊肠，顾望敛长辔。譬彼探骊渊，惟冀蛟龙睡。由来行路难，远道良不易。

过雄县 邑西门曰易阳门

漠漠黄尘衰草秋，易阳门外水东流。凭高却向河西望，一片轻帆下白沟。

① “留”前，省图本有“长安”。

河间竹枝词 和韵

燕赵佳人马上多，六萌车畔画青蛾。行人不敢停眸立，奴子平头驾骆驼。
回望燕台尺五天，游人驻马旅堂边。河间姹女传千古，依旧当垆惯数钱。

河间经毛公故里

嬴秦燔六籍，真人起砀砀。渐除挟书律，文字仍无恙。缅怀齐鲁韩，谈《诗》亦云畅。毛公最晚出，免使吾道丧。上继西河传，风雅赖哲匠。四始列儒林，七略辑刘向。自兹启郑笺，千载相证向。我来故里闾，怀古一惆怅。

平原道中遇王剡伯、杭友湘、韩兆文北上

历下相从湖水濆，黄河原上又逢君。南来马首无多语，望断分飞雁几群。

落第后寄京中诸故人

依旧般溪老放民，金台无路问涓人。一千里外归途远，四十年来下第频。雨雪空山成独往，海滨茅屋故常贫。却瞻霄汉多知己，矫首青天理钓纶。

昆仑山房郢中集

昆仑山房郢中集序

余生平素不信谶纬术数家言，以为无益，徒乱人意耳。数十年前，余甫三十余岁，是时在阳丘[①]，与焦上善太常同学萧，萧偶遇一星士曰平汉卿者，其人双瞽，而吐属博雅，居然文士气习。据子平与人推休咎，不为俚言，率冲口而出，作七言古诗柏梁体，文采彬彬可观，亦畸人也。上善强余一推卜，及其口授十余言，凡已往者多奇验，独有两言曰“五九身临楚江远”，又曰“惊魂浪内石风狂”，此两言颇不能豫解，亦姑妄听之耳。

及上善从叔讱庵先生，亦余之孔李世讲也，筮仕湖北安陆郡之钟祥令，盖古郢地。岁在庚辰，讱庵先生以书来，导余南游为其令子授经。余素抱浪游湖海之癖，因尔豪气不除，又甚慕郢中古骚人流风余韵，而讱庵又为生平知己，因往游焉，用以践二十年前车笠旧约，何乐如之！行至中途，忽忆“五九身临楚江远”之句，不觉划然长啸，太息久之。盖是年余正五十九岁，乃有兹役，始知人生饮啄未有非前定者。汉卿之言，殆不啻管公明清酒三升之后矣。

是岁九月十九日抵郢中。其地虽云荒凉凋敝，然以三闾故乡，触目无非香草；七泽旧迹，惊心尽是《离骚》。春雨秋风，易成哀怨；汉江沮水，悉惹乡愁。吟籁遂多，动辄累牍；岁序一更，共得四卷。其至家门以至税驾郢中，曰“适郢集”；既至郢中，吊古兴怀，自秋徂冬，曰“郢门初集”；辛巳春夏以逮深秋，曰“郢门二集”；迨辛巳九月十二日自郢中北旋，历襄汴河曲之交以抵历下，曰“郢归集”。因念余自束发受书，学为有韵之文，与同学诸子结为“郢中社”，虽未敢妄拟《阳春》《白雪》，亦不至甘为《下里》《巴人》。乃天假以年，于垂老之岁月竟踏郢中片土，得以婆娑灵均之故地，讴吟宋玉之遗墟，尚可与唐勒、景差诸贤尚友于千载之下，岂非幸与！则数十年前之以“郢中”名其社，盖天牖其衷矣。

及余自郢归来，重渡襄江，忽遇恶风破浪，赑屃惊涛，扁舟几覆，幸尔获济。因复忆汉卿卦辞所云“惊魂浪内石风狂”，盖石尤风也。呜呼，异矣。术数家言，安可尽废哉。

今春闲居无事，偶取《郢中诗》四卷，分体删录，得诗共九百三十余篇，存之笥中，通命曰《郢中集》。一以示余之不忘旧社，一以志余之于郢中若有殊遭也。

时康熙四十七年，岁在戊子，昆仑山樵张笃庆历友氏，时年六十七岁，自题于昆仑山房。

---

① 本作“邱”，避孔丘讳，今回改，下同，不注。

昆仑山房郢中集卷一

五言古体

长清川路中望群山

群山势回合，万岭皆向东。崇峦与叠嶂，蜿蜒似游龙。造化何以古[①]，乃使朝岱宗。辐辏数百里，一一黛色浓。隤奔何绎络，此事烦神工[②]。终南卫太华，少室参崧峰。名山无羽翼，何以张其雄。我行川路侧，顾盼开尘胸。泰山望匪遥，列岫光熊熊。丹崖带翠巘，拱揖纷来同。如彼万侯国，执玉明光宫。凝然正笏[③]立，或与元气通。山川有定位，艮止无终穷。静言叩[④]元化，悬解留鸿蒙。

行长清崮山下

历下诸名山，拔地多奇峭。东来见嶒华，兹山复排奡。陡起一孤峰，千寻类员峤。单𡾰[⑤]立虎牙，刺天悍以剽。不屑众岭俦，嶙峋聊寄傲。古驿在其傍，突兀临长道。山门陟丹磴，历级展游眺。谁留万仞梯，鸾鹤为先导。满冈被松杉，翠色凝斜照。乱石列层巅，一一蹲虎豹。叒叒长风号，灵区揽众妙。何当向苏门，绝顶一长啸。

阴陵关东望灵岩

南来见雄关，驱马阴陵道。崎岖鸟路深，俯仰入云杪。迢递陟崇冈，沙溪复缭绕。划然一径通，马首穷险奥。历落盼群峰，胜迹何绵邈。夙昔慕灵岩，犹如在蓬岛。嵚崎擅独秀，郁郁出尘表。我闻佛图澄，杖锡临清沼。灵境秘仙源，琳宫辟昏晓。历代名梵林，空山盛文藻。我行依木末，良游阻怀抱。回望玉符山，征途寒峭峭。

---

① “古”，省图本作“故”。

② “工”，省图本作“功”。

③ “笏”，省图本作“岫”。

④ “叩”，本作“扣”，据省图本改。

⑤ “𡾰”，省图本作“椒”。

望岱岳

我生泰岱阴，每作攀跻想。岁月良悠悠，蜡屐著几两。衣食困奔走，驰驱罥尘网。相去二百里，年年空向往。于役郢中游，乃得瞻灵爽。譬若神交人，一往自孤赏。得遂平生欢，冲襟少为荡。纵目万仞冈，况乃五岳长。嵯峨表灵奇，远势赫宏敞。群峰绕出没，蒙蒙迷象罔。一气合烟霄，独立云霞上。七十有二君，封禅在天壤。何时检玉书，一稽云亭响。

岱宗郁崔嵬，苍苍阅人代。青帝司震方，直与勾芒会。云中拥天孙，百灵集苍霭。木德视三公，无乃劳大块。泱泱帝台浆，二气流沆瀣。微茫九点烟，历历青冥外。峦岫互低昂，云霞多变态。八柱扶天根，三观敞尘界。左顾邻蓬莱，海水惊澎湃。右盼阻黄河，一水环如带。风雨群龙趋，名岳流光怪。万化归甄陶，乃识天地大。念余老病身，遥遥正行迈。未得跻层巅，吁嗟甚矣惫。

阴阳无停运，吾将问帝孙。苍龙启青野，此是元化根。灵岳祖群岫，天脊依昆仑。虞渊没崦嵫，扶桑浴朝暾。亏蔽间日月，因知万象尊。蒙蒙白云际，鹤鹳惊飞翻。含元吐灵气，可以清人魂。恨不凌绝磴，八翼飞天门。宫阙郁岧峣，安能叩帝阍。秦碑在何许，薾然鹿豕蹲。石闾与梁甫，罗列皆儿孙。卓哉日观峰，界破青天痕。何当翔碧落，罡风任孤骞。

我闻御幛坪，燔瘗陈交戟。一从轩辕来，累代留玉册。眷言明堂基，乾封亦何益。奔车集万灵，缩茅露三脊。禅草传相如，封峦有遗迹。亭亭五大夫，此是群仙宅。繄彼东王公，明威烂有赫。维神多正直，岂复羡圭璧。吾皇昔登岱，不复理金策。陋彼汉官仪，辑瑞跨群辟。呜呼瞻名岳，气与秋烟碧。呼吸帝座通，恍惚天咫尺。云峰二大字，圣藻鸾文赤。乾坤一普照，想见元气积。念我草莽臣，遥来惮行役。翘首岱麓旁，焉能奋六翮。

望徂徕

跂彼东岳阳，群山若连鳌。巃嵸列万仞，背负青天高。盛气不相下，叠嶂黛色交。顾独宗泰岱，俯首同儿曹。徂徕亦名区，自昔称神皋。我怀六逸辈，玩世如禅逃。悠悠竹溪侧，绿荫澄秋涛。空山秘灵扃，幽壑沦潜蛟。举觞望碧落，薄醉何陶陶。至今千载下，想望栖云巢。高风激清流，下士空嘈嘈。

大汶口

我行太山阳，马首看崻嵲。百泉岱麓来，双汶何澄澈。注此洪河流，挹彼蛟龙穴。东来何浩宕，密藻皎以洁。弥望银沙白，远岸积如雪。叠石为长桥，岁久遭水啮。弥弥流向西，秋水寒凛冽。其中多钜石，虎豹森成列。巉巉欲搏人，熊罴饮漻泬。有时微风来，波纹自回折。名川最宜人，幽兴夙所悦。逝将涤尘襟，聊复停车辙。

初涉泗水

驱马临泗水，风景淡将夕。汤汤阻洪流，税驾吾安适。居人幸前导，河深仅盈尺。水中沙石清，水上秋云碧。名川喜徒涉，况乃亲圣泽。讲业邹鲁郊，岂复苦行役。愿跻金丝堂，拜手瞻六籍。杏坛在重霄，想望隔畴昔。阙里幸伊迩，勉旃思践迹。

金丝堂

汉家数帝胄，河间称最贤。被服既鲜雅，补缀续简编。千金辑周礼，雅乐亦已传。如何鲁恭王，志在修华旃。罔知宝圣泽，乃欲营采椽。竟袭始皇迹，宁思守杯棬。金丝鸣鲁壁，八音忽相宣。圣人不语怪，此事惊千年。固知哲人意，藉以醒愚顽。淹中存漆书，汲冢留鸿篇。造化岂不秘，文字垂八埏。

兖郡城东舟渡泗水

阙里亲圣泽，秘书沾余润。亭午遵周道，严装驱东郡。行行三十里，长路劳登顿。我马踟蹰鸣，虺隤莫能进。顾望见雄城，长河急流迅。泗水自北回，两岸何克轫。驾言登小舟，颇为榜人困。宕桨在中流，彼岸真一瞬。兰桡秋水深，行迈有余恨。下流见虹桥，嗟余何汶汶。

钜野道中

驱车来大野，平畴如广莫。地是古麟州，西狩感所托。绝笔圣者意，千载伤瓠落。阡陌尽白壤，斥卤亦云恶。积水何茫茫，不见秋原涸。长堤本驱道，野潦侵略彴。欲渡劳问津，踌躇屡前却。恐遭田父绐，泥淖或见虐。客子行路难，怅怅惨不乐。未睹雷夏泽，但见鱼龙泊。道远不逢人，秋云阴漠漠。

汝坟桥 属南阳叶县

兴言命夙驾，于迈无停迹。一虹跨长桥，秋水连天碧。茫茫楚泽深，千里远行役。悠悠越洪涛，茇舍安所惜。维昔宣圣徒，行不暖其席。南征厄陈蔡，歌声出金石。缅彼沮溺流，遐举振逸翮。既嘲凤德衰，亦哂麟游迫。翻然寻吾契，抱兹云霞癖。凄凄汝水头，烟景日将夕。斯人不我与，猿鸟适安逝。望望云水间，俯仰感今昔。千载问方城，惆怅青冥客。

子路问津处

呜呼春秋时，天心未厌乱。孔圣亦皇皇，行行越江汉。迢遥黄城山，野水方漫漶。奔流浩无涯，惊风颓古岸。我马踟躇鸣，江云一时散。顾彼遁世人，躬耕阅昏旦。掉头悄无言，回波激湍悍。斯人巢许流，冥鸿矫飞翰。入耳不同心，悠然徂田畔。既忘贤哲劳，徒仅圣者叹。唐虞旷千秋，箕颍何足羡。

玩龙台 楚令尹叶公遗迹①

天壤无真龙，所欲何非假。画龙不点睛，点睛或来下。昔闻豢龙氏，五色飞龙鲊。叶公好画龙，龙象遍樽斝。僧繇非俊物，虎头浪挥洒。天龙降重霄，失声竟何若。岂无蛟蜃辈，每叹识者寡。真龙亦何好，所好非真者。即今玩龙台，无乃非大雅。

白水村光武故里 即贵人乡

椒房扇构祸，移柄始元后。虽非五德运，沙麓雌雉雊。十侯五司马，汉腊空如旧。孺婴既不利，新室几上肉。父母入元堂，四郊多垒堠。翟义搴义旃，皇天不相侑。泉货礼真人，卯金自天授。强华赤伏符，文景留帝胄。谶纬既有归，天人相辐辏。神器非赝鼎，国师冒刘秀。宁知贵人乡，宛叶惊驰骤。更始与盆子，闰位出圭窦。既歼齐武王即伯升，光武兄也，维帝称长厚。艰难战昆阳，滍水蛟龙斗。养晦默自全，河朔赖北狩。天物喜光复，南顿宜有后。至今白水村，真气照岩岫。

① “遗迹”，省图本作“子高遗迹，在旧叶县”。

邓高密故里 即邓氏陂，在南阳瓦店

真人起舂陵，天门见龙跃。迅扫昆阳兵，百万卷秋箨。邓元侯与世祖相见在河北，昆阳以后事也。从龙尽贵臣，仗剑时间作。河北已分军，杖策慎所托。中兴藉英豪，延揽实大略。淮阴早登坛，留侯入帷幄。竹帛未论功，尺寸常自度。上将既专征，关西威稍削。虽无大树勋，亦遂桑榆约。高密重元侯，照耀麒麟阁。弱冠似终童，已儋汉庭爵。余泽逮后昆，椒壁宴长乐。至今邓氏陂，掩映南阳郭。

汉昭烈与徐元直议事台 在新野南门内西偏

汉运既中衰，炎精亦将灭。九域何云扰，卓荦奋材杰。神州与赤县，坐使金瓯缺。许昌鬼域流，迁都昧臣节。共主拥灵器，太阿手自挈。群孤媚老瞒，志士奋激烈。豫州汉帝孙，南来遘蹉跌。元直命世才，委身肝膈热。夫何堕奸谋，挟质遭绊绁。不忍为赵苞，至性一摧折。共济本同心，岂意中道绝。悠悠九回肠，嘿嘿一腔血。纵食首阳薇，良筹宁再设。伏龙与凤雏，荐贤臣力竭。但使张吾军，去去从此诀。汉祚竟中兴，逋臣计匪拙。

王逸故里 在宜城

逸字叔师，汉校书郎，注《楚辞》，后官侍中，作《九思》。

侍中起南郡，骚雅蜚英早。楚材何妙丽，千里策騕褭。灵修有余哀，江山盛风藻。夙志悼左徒，介特伤怀抱。名都仰前哲，嫉世甘枯槁。孤忠既逢尤，遭厄何皎皎。懿彼校书郎，章句传风沼。九思谱离忧，结缗心如捣。沉叹申永怀，颓宕激江表。兰泽扬芳华，南桥留鸿宝。余辉赋灵光，又见王文考。延寿乃逸之子也。

宜城以南往往沿江岸骑行

江路何逶迤，沿堤自相傍。蹩躠三日程，坐见秋涛涨。南来观大川，实使吾神旺。支流既洄洑，洪波亦骀宕。历历沙上鸥，泛泛烟中舫。有时微风起，鱼龙拥浊浪。远岸树屯云，苍翠非一状。荒村偶闻鸡，或接渔人唱。道远行人稀，幽意自闲旷。

坡陀江岸行，风雨波涛壮。连朝快新晴，一洗黄茅瘴。积潦遍沙堤，冲泥无锦障。细路尽悬崖，颓壤侵狂涨。常恐一崩摧，竟与江鱼葬。兢兢持柔辔，我马愁奔放。临渊咫尺途，恍惚云霄上。黾勉告仆夫，此事或非妄。越陌田中行，吾徒庶无恙。雅意羡风帆，一往尘胸荡。

行汉江东山上

于役汉江东，是向郢中道。虎门马首南，南山展游眺。层冈连叠巘，野塘互缭绕。历历水禽啼，白蘋间红蓼。草深泥路滑，石梁半倾倒。言登最高峰，幽径寒萝绕。古树列长坡，烟峦冠云杪。遥瞰众岭低，苍苍出尘表。石子何清员，斑斑五纹好。仿佛齐安江，或似珠玑岛。欲作怪石供，几案留鸿宝。三楚产骚人，余风逮花鸟。江山自清丽，大地流文藻。峰头一振衣，寒江何浩浩。

云杜道上

驱马郢中来，长路何灏渺。荆楚大国风，江山舒怀抱。秋潦积成湖，云水正深窅。幽林间枳柘，古树联柽栲。自昔兰泽区，汀洲被芳草。冈峦尽葱蒨，陂塘湛清沼。粳稻蒸红霞，野篱编绿蓧。真疑入渭川，修竹寒溪绕。只此清人心，安能间昏晓。他日更重来，忘机狎鸥鸟。

福禄酒 悲洛阳也

崇祯十四年，闯贼攻洛阳，叛兵导入。城陷①，福藩与大司马吕维祺并被执。维祺劝王死义，毋自辱。维祺骂贼死。王见贼叩头乞命，终遇害。贼置酒大会，醢王肉，杂鹿肉啖之，号福禄酒。噫，惨矣！

嗟胜国，罹阳九。王纲坠②，纷解纽。群贼炽，亦已久。中州地，尽贼薮。独眼龙，称魁首。窥河洛，镮辕口。贼谍入，亦何有。叛兵迓，城失守。劫亲藩，刈蒲柳。吕尚书，真台斗。气烈烈，雷霆走。劝王顾名义，纵死良不朽。王独爱玉体，见贼惊泥首。畏死安得生，生理岂容苟。汉家北地王，不死敌人手。鼎俎且见烹，摇尾翻成丑。林㮊好食人，杀戮如鸡狗。狐鼠据王宫，争为王上寿。宏演肝，无人剖。愁云结，悲风吼。谁能饮，福禄酒。

---

① “城陷”，省图本、中科院本作“贼遂陷城”。

② 本作“隊”，同“墜（坠）”。

墩子湖 在江夏

贺相国文忠公全家殉难，溺死此湖。详见余所作《贺文忠公殉难记》

明运否，大厦圮。国无人，郊多垒。义士怒，大夫耻。庙堂议，筑舍耳。公归田，楚江沚。寇氛来，郢城毁。戍卒溃，纵封豕。武胜门，走苍兕。公归舍，疾于驶。望北阙，拜天子。告正终，身是委。一门烈，直如矢。夫与妻，父与子，十二人，同日死。凿松舟，泛湖水。沉中流，水弥弥。溯江妃，佩兰芷。入蛟宫，澄清泚。江涛涌，楚山紫。伍胥湖，相因倚。历半载，浮尸起。颜如生，无泥滓。百灵拥，天吴喜。公归神，从此始。亿万年，南国纪。帝震悼，天尺咫。易名书，重褒美。公何在，在止水。谁与俦，江万里。墩子湖，载青史。

赠云间张素哉 名泽履，系瀛海先生曾孙，蓼匪太史之孙

君家曲江公，龙门表阀阅。燕许竞钜丽，三箧属车列。朝天建礼门，青绫纷彩缬。传世逮文孙，卓荦见才[1]杰。宝树天人姿，秋水神澄澈。凤翮凌赤霄，天育早汗血。云衢待长辔，流电飞光掣。贱子愧樗材，孔李叨忝窃。相遇楚江头，羡君吟白雪。流连汉皋亭，挥麈飞玉屑。陈句托兰契，永言盟心结。翘首望清尘，万里行高揭。

述怀寄诸弟

自我涉襄汉，路远心尚迩。饥来驱之去，岂不念桑梓。故人招我游，车笠盟则尔。是时犹宅忧，凄怆辞故里。怀哉逾大祥，陟岵复陟屺。白云悲远心，哀哀向南纪。如彼断行雁，飘飘渡江水。时三弟新逝未久。

江水何弥弥，遥带楚山紫。故人方作宰，汉渚清无比。高谊陈太丘，世讲仿前轨。下榻栖豫章，念我徐孺子。公门脱齐衰，常恐玷素履。时值禫祭后，恻恻痛难弭。他乡释麻衣，饮恨方伊始。不得拜松原，泪下安可止。人生远行游，得已吾将已。

远游讵得已，日夕发长喟。念我两大人，袝葬先陇备。相国有赐阡，赫赫龙骧地。纶亭焕天章，辟邪东园器。华表矗青云，石兽翻赑屃。顾惟遵祖训，谀墓缺铭志。爵里亦须详，丰碑后人志。泐石伏灵芝，用表泷冈记。归与重图维，常恐或失坠。

---

① “才”，省图本作“材”。

失坠良可虞，肯获固其职。兄弟四五人，砚耕各食力。抱恨同终天，违养长太息。黾勉负土心，营墓高曾侧。不然一载间，雁行折其翼。痛哭脊令原，忧伤徒嘿嘿。

嘿嘿亦何念，念我在江国。江国三千里，遥望海天黑。栖迟拥皋比，荒落废学殖。多病卧汉东，琴书寄湘北。老泪思弟昆，安能复努[①]力。衰谢各无成，少壮宜修饬。勉旃绍前业，庶几崇明德。

前业亦宜绍，明德亦宜崇。先人未卒志，肯构何有终。我来南国地，汉渚青蒙蒙。空对佳山水，不见兰蕙丛。作赋吊沉江，怀古悲楚宫。昔人骚雅徒，何处寻遗风。万古熊湘阁，湖光涵太空。此中识元气，振藻何其雄。屈宋与唐景，千秋留数公。是行若有得，遐览托微躬。

病中屡梦双亲，作此志痛

悲哉余鲜民，惨痛结中肠。六载失怙恃，时时梦高堂。言笑宛在侧，眷恋诚无方。岂知千里远，仍如依故乡。意与气俱感，泉路非茫茫。魂来楚天外，神随江水长。亲容每暇豫，欣欣多悦康。胡为尔日来，示我以凄怆。儿衰父所虑，儿病母所伤。衰则艰自立，病则难自强。翼我保身术，诏我弭忧方。醒来涕沾衾，明发何彷徨。焉敢不努力，强饭归旧疆。

病起书怀

行迈来郢中，筋力颇犹壮。六十尚黑头，华发幸无恙。奈何眠食间，偶中黄茅瘴。夙夜忧不细，浃旬殊怏怏。一身浑无聊，憔悴真万状。对食若鸩毒，夫谁扼吾吭。行厨过相爱，空以珍异饷。伏枕自呻吟，中怀何瀁瀁。同心来问疾，絮语频相向。主人勤药裹，实使吾神旺。病余只益衰，偶起欲扶杖。仆本淡宕人，羁栖郁不畅。何日返东山，幽意自闲旷。一洗万斛愁，坐令尘胸荡。

归途樊城阻雨

去岁过樊城，阻雨经连宵。今来更苦雨，行李仍萧条。黾勉告仆夫，且复解金貂。往路二千里，脉脉愁无聊。解鞍倦行役，登顿非一朝。寒霖闭修途，征马惨不骄。广莫少行尘，冲泥正迢遥。客心如落叶，因风自飘飖。

① “努”，本作“弩”，据省图本改。

新叶县北汝坟桥南是子路问津处，余偶坚骑自叹

早发玩龙台，授餐昆阳郭。行行汝坟桥，徘徊感今昨。缅彼圣贤徒，伐檀迹亦削。栖栖陈蔡郊，神龙困尺蠖。道济平生志，迷津何萧索。嗟彼石隐流，一往甘寂寞。天下虽无邦，救世常自度。我行感遗迹，寒沙何漠漠。遵彼大防畔，振策屡前却。惊风起飙尘，我马亦骇愕。痛此衔橛虞，失辔一盘躩。康庄竟多艰，蹉跌如中恶。因思往圣迹，进退竟何若。天道乃如斯，终古慎所托。

汝坟桥怀古 是文王化行南国处

吁嗟慕圣化，千载劳徙倚。江国亦商郊，风流届南鄙。亳都末代孙，王室正如毁。姬伯起西岐，仁声走千里。雍梁及荆豫，教泽如波委。懿彼大防畔，遗俗亦云美。何况当尔时，渐被正孔迩。望望秋云深，奋迹寄汝水。

襄城吊汪中丞乔年 死义襄城者

汪中丞，直如矢。中原盗，乱天纪。梁豫间，名城毁。嗟国步，将已矣。黄巾徒，赤眉子。百万众，疾于驶。飙风飏，流云委。汪中丞，坚壁垒。士无气，鼓声死。守孤城，义则尔。闯贼来，王师圮。三将军，相因倚。鸟兽散，走苍兕。汪中丞，血痕紫。青萍碎，白虹起。亿万年，首山趾。驾苍龙，栖汝水。

颍桥镇之北渡颍水怀古

箕山亦迢递，策马渡清颍。临流何限心，意远相与永。感彼洗耳情，幽意吊孤影。寒波日向东，涓涓去人境。高风不可见，逸韵谁能领。千载发长吟，石齿云花冷。

尉氏县蔡中郎墓 汉时，尉氏属陈留郡

墓在洧川县朱区村之北。

陈留有伟人，千秋景懿躅。振步东都门，高视起遐瞩。石室秘三花，崧云呈灵箓。避仇向江东，探奇饱所欲。六章迈六代，一往涤繁缛。洎乎建安初，汉运当局促。俯首凉州儿，三迁成桎梏。嗟嗟郿坞败，公归咸阳狱。旷世伤逸才，司徒一何酷。遂使迁固后，良史不复续。邦国一殄瘁，哲人竟无禄。我来古墓旁，

再拜寒原曲。停车未能去，感叹及徒仆。浩浩悲风来，秋草凄以绿。

过定陶有怀范少伯 定陶在黄河百里之内

呜呼越大夫，雄霸惊驰骤。缅彼会稽耻，忍辱计终就。遂尔沼强吴，功名垂宇宙。留得计然策，退隐安固陋。商贾用自污，俯首甘利窦。定陶天下中，舟车昔辐辏。咄嗟致千金，素封良不谬。感彼文种徒，乌喙终断脰。我来故里闾，俯仰重怀旧。今兹黄河曲，斥卤土花绣。百里多不毛，颓城乏石甃。望望少人烟，荒荒寒日瘦。

定陶行

定陶古名都，今日何寂寞。沟隍既堙塞，恃陋城已恶。无乃近黄河，冲激或为虐。既乏丽谯观，萧条真示弱。重堤每湮沦，近郊多野泺。尽日不逢人，鸡犬绝鸣跃。林木亦萧槭，阛阓少郛郭。古道何茫茫，淅沥倦秋箨。我来陴堄下，雉堞尽剥落。守土者何人，藩篱竟奚若。王公重设险，三户亦聚柝。奈何万家邑，百废威已削。嗟嗟邑大夫，庶几展雄略。

由钜野城南避水唐林之右至独山店宿

客行麟州道，茫茫走大野。巨浸亦渺然，时见行潦泻。我马踟蹰鸣，迢递每夙驾。断梗带修途，掩映渔樵舍。此乡非我乡，仅仅见桑柘。野老为余言，霪霖逮长夏。种豆委泥途，谁复获穲稏。我行为叹息，挥鞭至深夜，胧胧落月时，小憩青帘下。

晓发独山过枳房经顾镇山下及鸾山侧一带山水甚佳 皆嘉祥境

一峰曰独山，税驾吾所托。早起戒行役，我仆亦欢跃。言遵南武城，迢递入云壑。予本山水人，跋涉性所乐。虽逊灵运豪，颇耽禽向约。及兹远行游，聊复蹑芒屩。崇岩列叠嶂，丹壁一如削。缅彼顾镇山，峦岫良非恶。鸾峰郁嵯峨，南望带林薄。金堤俯长汉，池塘横略彴。佳晨及清秋，灵府如可瀹。行役固云劳，绝胜临广莫。去去循水涯，北指任城郭。自此当近济宁运河。

宁阳北涉汶水

南归溯伊始，轻舟渡汉沔。及兹九月终，客路抵青兖。汤汤汶水流，秋深日清浅。虽然阔百丈，寒濑随流转。亦有褰裳徒，微风泠然善。我马顾之鸣，踟蹰尚屯蹇。舟子纵招招，碧沙良可践。登岸二里余，牛马远亦辨。庶以慰迷津，濡首亮能免。迢迢望奉高，百里排青巘。

北归望岳 用去年南去望岳韵

我从江汉来，日作故山想。行役在三秋，葛屦敝五两。屈指到家园，或可逃世网。于迈过瑕丘，纵目自孤往。翘瞻奉符地，骏极灵威爽。夙昔癖烟霞，山川恣幽赏。况乃临崇峦，云壑尘胸荡。但附六逸徒，不作五湖长。维岳气萧森，阖辟乾坤敞。青郊诞群物，生理安得罔。风雨万灵朝，默运神霄上。鸿蒙大钧力，赤日流黄壤。禅草在人间，终古传遗响。

燔柴谕封峦，七十有二代。其神驾苍龙，静与元运会。青社有遗墟，云光流瑞霭。秦观接泰华，噫气吹大块。溟蒙间青霞，灵路沾玉瀣。依稀日观峰，独立重霄外。飞烟没众岭，百里呈奇态。帝座一炁通，横绝天人界。双汶自澄澄，西下寒涛湃。海雾敝瀛洲，苍茫相映带。金支与翠旗，恍惚走灵怪。爵将三公尊，名与四渎大。俯仰名山旁，靡靡逝将迈。未寻向禽徒，老病吾其惫。

流览丈人峰，真宰寄天孙。混元肇群象，万化互为根。静观本无朕，一派连昆仑。旸谷金轮涌，此是若木暾。南北奠二极，群灵东帝尊。青童众所仰，鹤驾云中翻。况乃蒿里地，肃肃惊心魂。黄金为之阶，白玉为之门。虎豹司灵钥，猰貐闭九阍。我来行彳亍，气夺立且蹲。明堂在当阳，孰与溯羲轩。雷雨下遥岫，归云没无痕。愿携谢朓诗，呼吸同高骞。

吾闻封禅仪，警跸陈棨戟。秦皇与汉武，累代传玉册。苍苍无字碑，顽石竟何益。至今泰岱巅，苔藓倚天脊。譬彼缑氏城，空有大人迹。天外灭三山，宁见神仙宅。维岳降明神，炎炎复赫赫。盛朝崇群祀，咸秩瘗苍璧。久勒磨崖铭，吾皇亲杖策。明堂集八蛮，磴道从群辟。草茅述盛事，正值秋天碧。罡风吹长烟，迢递几千尺。晓日出海峤，远映珊瑚赤。扶桑若可攀，历劫真气积。岩岩亘齐鲁，行子恐遥役。安得凌天门，容与骋逸翮。

忆昔

凉秋八九月，客路何迢递。阴雨复连绵，衔泥苦淹滞。及我来郢中，连朝喜晴霁。白云飞楚山，江天杳无际。初冬行春令，炎方旭日丽。霜叶未见凋，青青郁兰蕙。今晨忽严寒，肃肃北风厉。阴曀云气升，远[1]黯长天势。朔气何凛冽，无乃重为戾。汉水拍天流，停桡难鼓枻。维宜闭松窗，放饮聊幽憩。

七言古体

将适阙里赋此

阴为齐兮阳为鲁，乾坤钟此文章府。万年礼器流蕢鼓，半生踯躅目无睹。煌煌懿迹存终古，执鞭再拜亲廊庑。愿言博带同伛偻，为问当年夔相圃。

至圣手植桧长歌

呜呼至圣天所钟，宣尼既出吾道东。玉书麟角本光怪，况乃圣迹无终穷。生平窃慕手植桧，遥来东鲁寻遗踪。是时残秋已八月，殿前晓日光曈曈。照见此树当门右，雕栏石甃闲云封。亭亭孤标自不朽，宁随凡植摧烈风。铜柯铁质表金石，霜皮溜雨缠蛟龙。天体左旋正复尔，螺纹纠缪烦神工。凛冽穷阴岂见剥，中有华滋元气通。眼底何人见荣落，盛衰应有造化功。此事苍茫竟何在，问天搔首参鸿蒙。商羊萍实有悬解，安知玉树常青葱。升沉倚依几千载，圣心聊用开愚蒙。大树习礼或见伐，杏坛讲习光冲瀜。汉柏紫榆谁复见，泰山朽壤埋秦松。吁嗟老桧挺奇干，身历浩劫排长空。吾将为尔叩真宰，呜呼圣迹无终穷。

太白酒楼放歌 贺知章为任城令，觞李白于此楼[2]

四明狂客无与俦，任城作宰留东州。鉴湖一曲尚未赐，不可一世横千秋。道逢谪仙两莫逆，锦袍千里来沧洲。举觞白眼风尘际，笑[3]解金龟登酒楼。曲车流涎太狡狯，眼花落井百不忧。世上浮名那足问，流浪恨不如庄周。七贤八达解人意，逢场且典千金裘。浮云倏忽过驹隙，百年或恐同蜉蝣。李侯李侯何所求，百篇一斗销穷愁。人生有酒倾金瓯，可儿毕卓眠瓮头。伯伦荷锸良悠悠，

① “远”，省图本作“云”。

② “楼”后，省图本有“任城，今济宁也”。

③ “笑”，省图本作“看”。

陶公浮杯常见留。形骸土木归山丘，自古饮者诚良谋。与尔烂醉真风流，杜陵老子应见收。太白与知章皆饮中八仙。

昆阳行 昆阳在今叶县。光武破王寻、王邑百万兵于此地

沙麓水寒炎天灭，赤帝子孙稍销歇。平林新市下江兵，汉家十世无中绝。郁葱佳气望南阳，真人崛起称萧王。春陵虎旅尽雄杰，颍叶之间皆战场。赤符图谶归长者，收兵北略昆阳野。是时星孛东南行，新室将军来宛下。汉军已夺定陵城，漫说王寻百万兵。崩云压阵光欲堕，行天霹雳惊悲鸣。滍水狂涛溢平地，战士魂迷腾赑屃。宛城子弟不可当，跳荡万夫皆辟易。长安壮儿远遁逃，虎豹股慄愁且号。艰危自识蛟龙斗，王者不死真人豪。倒翻云雨银河泻，灵风屈注如飘瓦。西师星散与云奔，须臾碧血平芜洒。五威上将曰虎牙，兵法空传六十家。渐台袀服执威斗，虞帝匕首徒长嗟。呜呼此地分成败，玄黄龙战流光怪。睢水乘风走汉高，中兴自是彭城派。古来战地风萧骚，寒沙白骨沉河桥。惟有云台列宿在，夜深依旧丽重霄。

鹦鹉洲哀辞寄吊祢正平

祢正平名衡，般县[①]人也，遭时不造，见戕暴。人虽曰命之不辰，抑亦亢以招祸。余游郢州，去江夏仅数百里，友人焦鹤亭往游，余不能偕也，作诗以寄吊祢生。

炎精灭，龙为鼠。群雄嚣，烈士忤。怀刺独行遍九州，谁其识者孔文举。荐士既不成，翻与死为伍。邺下小儿竞学语，许昌庸奴定足数，监厨借面良堪侮。祢生祢生气如虎，渔阳按节三挝鼓。岑牟单绞目无睹，睥睨阿瞒相尔汝。借刀杀人向荆浦，江夏豺狼曰黄祖。当筵落笔赋鹦鹉，生平谩骂膺砧俎。不可一世横千古，乾坤踢蹭归黄土。芳洲何苍苍，衰草何茫茫。为君一招魂，魂兮归故乡。楚国山川兰蕙芳，江声浩宕风悲凉。风悲凉兮芳洲涸，乘白云兮驾黄鹤。嗟嗟百鸷鸟，不如一雕鹗。衰世举足妖氛恶，至今血照晴川阁。

① “般县”，省图本作“吾邑淄川”。

一卮酒 哀襄藩[1]也

崇祯十四年，献贼窥襄阳无备，简二十骑自宜城伪持符，绐破襄阳南门，襄藩被执。贼缚王堂下，与之卮酒，曰："王其努力，尽此一卮酒，吾欲借王头，使督师杨嗣昌以陷王伏法耳。"遂阖门遇害。嗣昌闻之自缢。

献贼来，荆楚挫。虎竹符，居奇货。二十骑，流星过。乘吾猝，窥吾懦。夺城阃，扼锁钥。奄忽间，雄都破。贼如潮，天上落。摄人魂，梦惊愕。席卷势，万夫和。赤眉徒，群绎络。张飞燕，重为虐。凤之雏，伤婉弱。龙准孙，遭系略。缚名藩，婴坎坷。王下堂，贼上坐。两黥徒，置豆挫。一卮酒，双泪落。夹剑铍，淬锋锷。碧血流，头颅锉。天为昏，星欲堕。楚山黯黮走长蛇，汉水倒流出蛟鳄。宫女如云粉黛愁，金床玉几贼奴卧。盐梅上将罪当诛，援师不来妖氛大。生憎不及齐王建，松柏之间仅遭饿。一卮酒，膺惨祸。

萧钟祥殉义行

余阅安陆郡志，载萧公死职甚烈。公名汉，字云涛。江西南丰人，崇祯丁丑进士。先相国少保公为是科总裁所得士也。汉释褐为钟祥令[2],有贤声。闯贼于癸未正月朔围承天，闻令贤，戒其部曰："杀贤令者死。"城垂破，戍卒溃去，汉自燃炮击贼，伤右臂。城陷被执，胁降不屈，囚之寺中，七日不食，自刎死，或曰缢焉。余感其义烈，且志先相国之能知人也，乃作此诗。

当时同城死难者为楚抚宛平宋公一鹤，字鹤峰，巷战力竭自刎；兴都留守沈公寿崇，已去任，亦骂贼死；并萧公谓之三忠。今同祀郢城。

北来妖氛撼城阙，火焚乾坤燎原爇。天狗狺狺口流血，白日无光帝星灭。贼奴饮马洪涛竭，孤城死守臣力折。枉矢射尽无遗铁，楚歌四散何呜噎。蔺石渠答徒空设，鸟骇兽窜戍卒撤。石城崩摧残雉堞，火燃妖炮雷声咽。遂使贤侯遭羁绁，睢阳龂龁常山舌。千秋死义同一辙，七日不食早引决。三尺青萍剑光缺，气吐虹霓表忠烈。留守之麾中丞节，骑龙上天森成列。我来郢中仰前哲，欲荐蘋藻江流洁。下报相国志不涅，师门卓荦真才杰。铮铮上与三光埒，陈夏高名此同揭。江汉东流吊寒月。陈卧子、夏彝仲[3]皆丁丑同榜。

① "藩"，本作"州"，据省图本改。

② "余阅……钟祥令"五十二字，省图本作"公名汉，字云涛。南丰人，崇祯丁丑进士。先相国是科总裁所得士。汉释褐令钟祥"。

③ "仲"后，省图本有"两先生"。

汉江凿冰行

嘉平之月雪皑皑，沿江百尺迷黄埃。洪流冻结良异哉，万夫凿冰冰不开。冰不开，安能系缆寒江隈。流澌如山蔽天来，击碎大艑声如雷。篙师披发号呼哀，公无渡河当其灾。蛟龙磨牙方暴腮，慎勿击楫行徘徊，箜篌之曲令心陨。

后凿冰行

汉江古来冰雪稀，三冬每著白苎衣。今年腊月苦寒甚，天气凛冽凉云飞。狂风拔地层冰裂，弥望江干三尺雪。鱼龙拂郁惨不舒，千里洪波竟凝结。黯然万顷碧琉璃，木兰之楫谁能持。渔父停桡发长叹，敲冰两岸徒尔为。吁嗟敲冰良辛苦，上官昨日来江浒。沿崖赤棒共招呼，江涛冻合连樯舻。樯舻如胶不可行，震天坎坎打冰声。不如引马长堤去，踏雪冲泥过郢城。

郢州西楼吟 和唐人郎士元韵

楚水茫茫自北回，石城门逐汉江开。汉江古岸三千丈，郢树重重尽相向。万古长堤对石城，芳兰薜芷清复清。向晚西楼烟雨里，沙洲无数水禽鸣。

郢中元佑宫行 嘉靖二十年敕建宫，其中三洞阁最高

郢中城南天阙峙，五云楼阁流寒翠。是何象纬干青霄，云是前朝功德寺。前朝鼎建自何年，永陵潜邸楚云天。启祥宫里龙飞早，入承大统归幽燕。幽燕帝里统中绝，孝皇遗泽空呜咽。显陵元子真天人，定陶蠡吾非一辙。两世修玄自献皇，玉清启佑秉乾纲。九五斋头恭默室，集灵台畔紫芝房。元臣召鹤灵符在，香叶轻巾浮瑞霭。法宫天子七霞衣，征人承露流沆瀣。万寿宫中养性真，雷坛礼斗伏文茵。宫保尚书加羽士，青词银榜照麒麟。银榜高悬斋醮处，又辟龙坛郢门树。郢门宫殿奉玄元，岧峣贝阙联云雾。云雾氤氲宝相开，千门万户列琼台。疑从缥缈峰头望，真上瀛洲顶上来。当时宫监司门禁，炙手熏天固难近。名香绎络紫翠盘，宝珠照耀黄金印。今朝寂寥等寻常，客来登览重彷徨。暗梯九折劳登顿，瞥眼如邻帝座旁。凭栏已觉江光入，当轩倏忽万灵集。复道交窗足下云，重楼画槛空中立。樠岭斜连隔绛霄，石城北望郁迢遥。势临梅尉神丹宅，气接松陵银雁桥。游子难忘三洞阁，摘星扪斗真寥廓。清吟长啸汉江秋，百里洪涛天上落。郢门昔是帝王都，睿宗陵寝城东隅。万年旧迹同零落，瑶阙银房莫漫吁。

汉江狂涨行

是岁秦中大旱，汉江上游[1]颇细。九月朔日，楚中久无雨，忽汉江大涨，平地水深丈余。盖汉中郧阳一带大雨，遂成狂澜，襄阳以下水陆皆阻。余登郢城眺望，见巨浸稽天，大有怀襄之势，归期遂不果。为之怃然。

洪涛溢出浮天地，万里崩腾翻赑屃。三秦闻道久无雨，一雨坐使天地[2]坠。倒卷鲸牙飞怒涛，蛟龙骧首如山高。郧西房陵下竹箭，江岸肆坼奔灵鳌。长年舟子迷往路，连天雪浪惊相顾。村村野老尽浮家，谁向云中辨江树。怜我将归东海东，忽看江涨叹途穷。天吴河伯不相藉，陆地变作鼋鼍宫。登城一望家千里，云山杳杳长波驶。安能一举凌九霄，翛然鹤背临般水。

北渡襄[3]江遇风

岘首南来云气昏，襄阳城北争渡喧。秋日欲落方未落，江风震荡寒涛翻。斗大之舟如一芥，中流巨浪惊澎湃。咫尺恐逐鼋鼍游，鱼龙得意流光怪。双双渔子击兰桡，眼看十里汉江皋。沉者自沉浮者浮，须臾性命分鸿毛。人生固有命，生死随所遭。屈原葬江鱼，狂夫能弄潮。仰天长叹登彼岸，且酤斗酒酣松醪。

逢丘[4]宿老农家 在尉氏城南

我行逶迤洧川澳，望门投止田家宿。老屋荒凉八九间，草堂斜带平林木。知尔原非旅店徒，天寒日暮风叟叟。敬邀客子入茅舍，我仆登阶酒初漉。爱君行厨无市味，青刍白饭何其速。两男傍晚田野归，含饴自教诸孙读[5]。竹箨笠子芰荷衣，雄鸡角角向檐隩。一一农器挂壁间，空庭系马老树秃。我欲从君问姓名，避客无言向深竹。古之逸人无乃是，箕山颍水子真谷。老翁夜起天未明，驱车早已鞭黄犊。

---

① “游”，省图本作“流”。

② “地”，省图本作“河”。

③ “襄”，本作“湘”，据省图本改。

④ “丘”，省图本、中科院本作“村”。

⑤ “读”，本作“贤”，据省图本、中科院本改。

渡黄河古意

问津昨在襄江沚，狂飙恶浪惊欲死。今朝挂席喜乘风，片帆飞渡黄河水。黄河喷沫高于山，鱼龙作势波涛驶。东望苍溟接海门，顺流直下三千里。

钜野水灾行

今年野潦水渺渺，水灾四野无寸草。登高一望浩漫漫，泽国连天浸长道。农夫藁桔不得收，三冬何以饲我牛。明春耕田苦无力，却望荒原三叹息。叹息复叹息，寒女当窗织。鲁缟织来三丈余，八口无衣皆菜色。且将鬻绢偿官钱，犹胜逃租窜荆棘。麟州父老为余言，频岁灾伤泪沾臆。泪沾臆，嗟何极。卖良田，买蹇驴，东西南北往求食。人生莫作水乡人，十年九潦伤逼侧。

五言近体

端木子手植楷[①]

老干当年植，亭亭独至今。无人见荣落，何必问升沉。岁月应如故，风雷不敢侵。遥遥孤桧在，终古对乔林。

子贡庐墓室

淹留当日意，杖屦叹何深。六载栖迟地，千秋见此心。琴书余惨淡，剑佩郁萧森。终古犹多感，苍苍守故林。

杏坛

坛坫依然在，苍苍表杏林。唐虞千载后，洙泗百年心。剑舄留函丈，衣冠傍素琴。当时群肄业，讲席慕遗音。

① “楷”后，省图本有小字“庚辰”。

考城怀古

考城，古葵丘地。考城今去黄河十里。

赐胙出成周，冠裳聚上游。天威严咫尺，鲁史纪春秋。牛耳尊盟长，珠[①]盘率列侯。霸图今已矣，千载说葵丘。

此时邻泽国，当日控蛮荆。十里沙为岸，千年水抱城。诸姬环泗上，东海主齐盟。一决澶渊后，洪流万古情。自宋河决，南流考城，始有水患。

仪封怀古

夫子栖栖者，遥来卫水浔。封疆留圣迹，关吏识天心。道德存终古，风尘感至今。万年声教切，三叹寄灵襟。

过汴城东

昨渡黄河水，今朝过汴京。风来玉津圃，吹黯大梁城。烟火千村远，丹楼万堞平。监门何处是，慷慨想侯嬴。

九月初四日大祥，为先君子忌辰，途中志痛 在洧川朱区村

痛哭天涯暮，祥冠事重违。未能浇麦饭，安忍脱麻衣。陟岵悲行役，登高泣落晖。故山松柏路，凄切冷云飞。

颍考叔冢

颍上缘何事[②]，千秋恨寤生。小人犹有母，太叔独无兄。悟主隧中计，销魂许下城。考叔死于伐许蝥弧之役。长思纯孝伯，凭吊一含情。

① “珠”，省图本作“敦”。

② “事”，省图本作“誓”；“缘何事”，《般阳诗钞》作“曾留誓”。

旧叶县光武庙

卖谷伤微①贱，骑牛弱不胜。真人方豹变，诸将已云蒸。白水几千载，炎精复再兴。徘徊汤沐地，回首忆章陵。

吊黄山谷祠 山谷尝作尉于叶县

胜地一驱车，停骖落日余。荒城今已没，仙尉复何如。牢落伤贫贱，高才少定居。黄州看不远，赤壁侣樵渔。

裕州城西经汉廷尉张释之祠墓②下

路出堵阳城，残碑感慨生。汉文真有道，廷尉自持平。执法如山重，祥刑奉诏轻。当年于曼倩，仁恕共垂声。公与于定国皆汉之贤廷尉。

雨中由吕堰驿赴樊城行七十里

驱车憔悴甚，长路感余心。不见秋阳赋，惟愁浃日阴。重云天地惨，积雨汉江深。谁识冲泥苦，征途叹滞淫。

行役难如此，蹉跎汉水滨。江天常作雨，楚泽密屯云。霪潦波无际，泥涂路不分。惟虞遭坎陷，愁思正纷纷。

樊城苦雨

一作南州客，遥来汉水头。郢门迷去路，江雨助残秋。树隐渔梁务，烟含杜若洲。晓风吹不定，未上木兰舟。

迢递至南荆，乡心岁月惊。天高楚山秀，秋老汉江清。听雨悲空馆，伤离念友生。长思鹿门隐，何计遂归耕。

一雨连旬日，穷阴易怆情。郢中愁远道，江路盼新晴。逆旅伤寥落，端居绝送迎。云师应屏黜，海日上蓬瀛。

---

① “微”，省图本作“贫”。

② “祠墓”，省图本作“墓祠”。

汉上杂诗

大堤西曲在，玉柱唱江亭。水似鸭头绿，山如螺髻青。明珠沉汉渚，芳草没兰汀。不识铜鞮路，轻舟且复停。

已踏襄州路，遥遵汉水旁。舟轻过箭疾，帆满似弦张。拍棹看渔舍，鸣榔采蕙纕。凭将千斛酒，一醉枕沧浪。

兰楫带云舟，逍遥楚泽头。棹歌歌宛转，江路路夷犹。汉水连天碧，枫林接地秋。临流吾所羡，泛泛水中鸥。

今岁秋涛甚，襄江接岘西。云垂汉水立，雨黯楚天低。漾漾轻舟急，林林远树齐。鹿滩如可问，欲过旧山栖。

汉皋来问渡，游子暮何之。雨洒飞流急，舟从远岸移。江云无定质，秋气有余悲。屈宋休深怒，风流宛在兹。

望孟襄阳故里

潇洒孟夫子，风流感寸心。襄阳耆旧侣，云梦水烟深。长揖辞明主，驱驴返故林。至今幽隐处，望望鹿门阴。

过宋玉故里 宜城，古鄢地

路出宜城地，骚人有故园。永怀寄鄢地[①]，流恨入湘沅。欲诉巫阳怨，难招屈子魂。千秋贾谊在，幽愤可同论。谊有《吊屈原赋》。

九辩哀吟苦，千年楚客尊。迢迢来郢路，望望隔荆门。写怨如唐景，芳心寄杜荪。大招何限意，终古暮云昏。

忆弱孙龙儿

四旬生汝父，汝父早生儿。雪玉初盈抱，兰荪宛在兹。提携常入梦，孩笑总堪思。何日阶庭畔，含饴好共持。

绣褓方三月，盈盈出画堂。老夫来楚泽，儿女隔他乡。忆尔瑶环质，嗟余道路长。几时如意舞，枣栗哺闲房。

---

① “地”，省图本作“郢”。

送焦鹤亭归里[1]

自我来鄢郢，三秋亦苦辛。何堪为客日，先送故乡人。归路冲风雪，还家及早春。北堂芳宴处，应念汉江滨。

羁客倦游日，常思海曲旁。送君归故里，怜我寄他乡。雨雪江湖远，关山道路长。愁来吟别赋，北望转凄凉。

阻绝楚江边，分飞怅别筵。思家将改岁，送客入新年。萍迹人三叹，归装路几千。还将数行泪，遥寄海云天。

自古伤心处，送人归故山。那堪怀往路，何处是乡关。岁月愁中度，思家梦里还。凭君寄消息，游子滞江湾。

署斋月下闻笛

空斋方独坐[2]，尘迹亦劳劳。郢署闲云散，江天片月高。无心成笛赋，宁忍读离骚。归路何淹滞，终宵梦大刀。

忆故园山村

年来栖隐处，怅望隔江关。摩诘诗中画，桃源水外山。鱼游青草渡，鸥立绿萍湾。迢递三千里，时时梦里还。

题听江楼

独上高楼望，遥连挹汉亭。卷帘江水绿，排闼楚山青。驯鹿当风立，清琴入夜听。河阳花正发，惭愧少微星。

旅望

楚泽风尘隔，春来一望中。水光依岸碧，霞彩映江红。旅况思天北，离心寄汉东。谁知乡信断，愁绝白头翁。

---

① “送焦鹤亭归里”，省图本作“送鹤亭反里”。

② “坐”，省图本作“立”。

听江楼远望

风尘感岁华，春色到天涯。细草初舒叶，寒梅久落花。山容当槛出，江势抱城斜。独立高楼上，谁能不忆家。

旅夜

银汉三更后，疏星照北堂。楚云无定质，江月散清光。入梦家千里，传书雁一行。故乡何必望，烟海正苍茫。

望樠木山 在郢城东里余，楚武王卒处，故亦名武陵

尚忆荆尸举，崇冈隔战尘。谁知王禄尽，竟作武陵窀。天道窥樠木，君心荡汉滨。女中真俊杰，千载邓夫人。

偶题

斋门千里客，回首叹飘零。庭草春深绿，江天雨后青。楚醪容我醉，郢曲①共谁听。放眼湘潭侧，从来忌独醒。

旅情

旅情真瓠落，泛泛大樽匏。乡思悬鸥梦，高斋对燕巢。山云青不断，江树绿初交。借问南来客，何时去郢郊。

南阳城北新店遇雨

旅馆淹征辔，停骖意黯然。青齐劳怅结，白水尚迍邅。屋漏床床雨，村炊树树烟。可怜千里道，望断海云边。

① “曲”，本作“典”，据省图本改。

黄城山吊楚狂沮溺辈

旧是方城地，今来吊楚狂。迷途欲有问，辟迹总堪伤。凤德衰何极，龙潜未可忘。此郊隐君子，往往困津梁。

躬耕虽遁世，道济本吾徒。天意穷陈蔡，群心困鲁儒。奔车皆枳棘，尺水即江湖。叹息斯人辈，还辕方未徂。按黄城山即叶方城。《尸子》云："楚狂接舆耕于方城。"

许州怀颍滨遗老苏文定公

退息思遗老，眉山千载情。西风吹颍水，何处吊栾城。蜀党人如在，宣和禁已平。人言茯苓赋，端不愧难兄。

朱仙镇①

旧是三河地，今来九达衢。舟车联北道，形胜壮东都。汴水萦如带，夷门势可呼。人烟繁浩处，酤酒憩征途。

地近繁台下，河流汴水原。人来大梁驿，不见玉津园。万户潆阊左，千帆集市门。谁过苍颉墓，文字诉真源。墓在汴城北。

此是班师地，踟蹰千载情。输城河朔旅，忠义太行兵。国步嗟难挽，英雄气不平。谁知南渡恨，君相喜行成。

背嵬方战胜，传檄鬼神惊。元宰推长却，将军尚短兵。七陵迷旧路，三郡望前旌。莫问黄龙府，金牌照眼明。

鸡栖吴越地，河北惮长征。但恃三江险，宁知五国城。将军方解甲，父老罢将迎。嗟尔庙堂议，论和计已成。

震地军声动，连天义旅行。敌人惊姓字，丞相厌谈兵。计就阬枢府，魂归哭旧京。眼看四十里，不得扫欃枪。

屈指平南鄙，先声夺汴梁。眼看靖伊洛，讵止奠荆襄。屡诏停征钺，三川竟丧亡。十年规进取，安得到龙荒。

上将回车地，军书入恨赊。六师归帝里，二圣隔天涯。旌旆连朝掩，壶浆几万家。园陵空怅望，幽怨阻龙沙。

① "镇"后，省图本有小字"八首"。

有莘怀古 在陈留境伊尹躬耕处

地近莘城驿，遥连古汴梁。高林缀红叶，地多种柿，老树表空桑。无复阿衡迹，惟余刍牧场。千秋怀一德，俘玉总荒唐。

过兰阳

走马兰阳县，陈留东复东。晓烟销雉堞，古道卷飞蓬。浩穰中州地，平原大国风。连云瞻甲第，城郭若为雄。

过黄河后循北岸东至大寨

南冈遥问渡，击楫去如飞。帆影中流见，河声远岸微。空洲丛宿莽，古坞闭深扉。是处人烟少，荒村旅店稀。

洪流一望中，画舸枕蛟宫。河势没平野，棹歌闻下风。滩空斥卤白，日落水云红。野馆南来后，昏昏路欲穷。

泽畔何迢递，黄沙一望平。路从残渚改，身入断崖行。岸辟[1]渔舟远，芦深雁鹜鸣。天边何处宿，隔浦问[2]柴荆。

大寨旅宿 系河南仪封、山东曹县、北直长垣三界首地

遥遵芦苇岸，曲径亦闲关。青野三交地，黄河百里间。人烟雄朔漠，寒日落西山。茅店鸡鸣后，晨装冻旅颜。

兖豫壤方错，嗟嗟行路难。仆夫多况瘁，驽马亦阑跚。幸不成瓯脱，犹能授旅餐。故乡知非远，酤酒且盘桓。

大寨以东，去黄河稍远，然犹重堤复障以防岁岁水患

渐远黄河岸，重堤路尚赊。牛羊虽蔽野，蛟鳄每磨牙。斥卤三秋苦，人烟一两家。水乡良可叹，常是厄桑麻。

---

① “辟”，省图本作“阔”。

② “问”，省图本作“认”。

定陶城东黄家店旅宿

旅馆嚣尘甚，停骖落日时。已知故乡近，不恨到家迟。饮食偏宜性，流光竟若驰。披衣待明发，屡问夜何其。

不寐听残柝，霜天闻雁飞。旅灯惊犬吠，蓐食卧牛衣。榻冷衾如铁，风寒月入扉。何妨重憔悴，真向故园归。

独山旅夜

客心厌遥役，辗转对孤檠。牛铎惊残梦，商车已早行。月临低牖晚，风入旅床清。此境何频数，能无叹远征。

空馆啜藜羹，凄凄遥夜情。仆夫酣市酿，倦客畏晨征。野坞鸡鸣早，还乡旅梦清。故园虽不远，潦倒寸心惊。

早发济宁过草桥

早发大河口，石梁未放舟。人烟城郭晓，云水荻花[①]秋。东鲁名川阔，南池胜地幽。行行过济北，往路正悠悠。

宿宁阳北郭[②]

地是古城邑，高柴著蟹筐[③]。岳云遥映带，汶水作金汤。城郭亦凋敝，烟村越井疆。悠悠戒前路，襆被笑空囊。

宁阳北初望岱岳时尚百里外

突兀瞻灵岳，含元统下方。黄河绵带砺，苍海接微茫。玉检留群帝，金泥镇八荒。遥来东郡北，凝望一彷徨。

① “花”，省图本作“芦”。

② “宿宁阳北郭”，省图本作“宁阳北郭旅宿”。

③ “筐”，省图本作“匡”。

宿汶阳之下张村

自过汶阳渡，行行倍苦辛。山风遥送马，云气暗随人。驿路前程远，荒村旅况贫。惟余茅店月，幽独伴伤神。

傍晚投孤馆，荆扉稍稍开。瓦灯半明灭，尘榻漫徘徊。黠鼠窥人过，村佣贳酒来。何日故园畔，高枕竹林隈。

宿青杨树田家 在张夏镇南十余里

解装厌旅宿，颇爱向田家。作黍无兼味，清泉自煮茶。盘中惟脱粟，篱下有秋花。况是樽中酒，倾杯醉落霞。

过泰山西南①诸峰下

名岳迎人立，逡巡百里过。峰腰斜日近，水面宿云多。众岭环屏障，诸天拥黛螺。匆匆出山麓，长啸踏烟萝。

崮山驿道中大风雪

南归憔悴客，跋涉已劳劳。雨雪迷行李，冰霜结宝刀。更无东道主，徒见北风号。天地重阴惨，穷途首重搔。

开山②午餐行后逆风阴晦暴雨雪愈甚

旅舍传餐后，黄尘拥疾雷。海云垂地下，山雨接天来。风伯一何怒，惊沙暗③不开。嗟嗟行役苦，揽辔敢迟回。

走马阴陵道，行人亦渐稀。长风随地吼，密雪扑天飞。乱石迷歧路，群山暗四围。寒威真莫敌，久已湿牛④衣。

---

① “南”，省图本作“面”。

② “山”后，省图本有“庙”字。

③ “暗”，省图本作“黯”。

④ “牛”，省图本作“油”。

大雪宿黄山店

百里冲泥至，行行解敝鞯。相看衣尽湿，莫怪突无烟。敢望酣樽酒，惟期蔽数椽。此行良亦惫，计日到林泉。

不谓初冬日，严寒冻旅装。山风来海气，鬓雪上吴霜。马识冲泥苦，人披短褐凉。燎衣争向火，取醉酒垆旁。

雨雪关山道，冲寒逆旅情。到门瞻瓮牖，行酒厌尘羹。倦马方依枥，寒鸡不敢鸣。无眠愁夜永①，明发计归程。

归途过历下

尚忆南游日，残秋白纻衣。今来湖上路，十月塞鸿飞。行役三千里，离家隔岁归。嵣华桥畔望，信宿到山扉。

望江中舟行

不作汉皋客，宁知堤路长。岸随舟远近，天与水低昂。浦树逢秋色，江花淡夕阳。空明如可击，请为溯流光。

五言排律

阙里恭谒至圣庙 一百二十韵②

师道垂天壤，千秋奉素王。海埏瞻阙里，宗国近穷桑。尼阜原凝瑞，昌平尚有乡。金天开帝业，禽父辟周疆。书契宗仓颉，文明肇紫房。箕畴衍九叙，羲画孕三苍。世远风逾古，人存道未亡。图书呈洛汭，坟索接轩黄。六藉扶伦纪，三纲立表坊。洙流何浩浩，泗水亦汤汤。吾党归陶冶，斯人赖就将。群峰朝岱岳，万脉溯银潢。问道稷门士，传经鲁国狂。风谣分变正，雅颂美成康。声教通重译，流光渐八荒。虞弦追搏拊，嶰管截篬筤。列圣咸承统，诸贤尽汪洋。问官详鸟纪，学易首归藏。盛德心弥小，无言行自芳。韦编常断绝，几席每彷徨。澄澈拟江汉，

① “夜永”，省图本作“永夜”。

② “韵”后，省图本有小字“庚辰”。

刚柔叶雨旸。秋阳真皜皜，海若共泱泱。鼓瑟重三叹，援琴一再行。余风传正父，名颂祖成汤。五父歌虞殡，防山痛泪滂。循墙家法在，伛偻礼容臧。歌器箴盈满，金人戒祸殃。犹龙惊柱史，化碧吊周苌。皋夔分今古，禹肩讵颉颃。秋官驯政绩，摄相举台纲。夹谷光尊俎，莱夷付剑铓。岂同曹沫劫，已挫海隅疆。一礼销兵气，三田返汶阳。名都堕郈费，私室入膏肓。比耦公臣少，宗侯国势僵。衮衣登舆诵，归乐舞康庄。陪隶奸蒲圃，葱灵失夏璜。丧家因妇谒，燔肉走抢攘。自惜猗兰秀，谁为幽谷香。龟山嗟蔽鲁，亳社慨亡商。辙迹行将遍，奔车且未遑。杞忧时汲汲，嫠恤日惶惶。龙亢终身悔，鸿飞万仞冈。道穷悲旷野，天祝叹沦丧。过宋罹忧患，如陈绝稻粱。姬公劳梦寐，下蔡重凄凉。虎兕伤何极，风尘正不妨。歌声动金石，剑佩想趋跄。书社阻鄢郢，驱车返豫扬。中邦思教泽，南服问津梁。吾道固常在，及门怀未忘。伐檀厄司马，闻乐向齐姜。白日伤麟角，丹山慨凤凰。春秋尊圣笔，奎璧耀文芒。游夏安能赞，平桓伊可伤。布衣删述定，鲁史是非彰。执耳褒齐晋，排秦斥虎狼。衮章悬煦日，斧钺凛秋霜。西狩关兴废，东周亦渺茫。召陵征祭器，郑鄏藉劻勷。气数千年会，风雷百炼钢。尊亲明大义，予夺警披猖。博物文章府，流风翰墨场。江萍占楚霸，灵雨辨商羊。庄列清尘翳，诗书扫秕糠。中年思用世，鸣犊叹相戕。东昌称遗爱，西京录苞稂。风骚流屈宋，奴仆命班扬。鲁壁金丝响，吴门匹练光。相如难入室，贾谊未升堂。卒岁耽游豫，深衣忆徜徉。川流归渤澥，清浊听沧浪。人事常相厄，天心讵可量。赞修当叔季，悲悯结中肠。梁木歌将殆，龙蛇岁不祥。山陵倾地轴，星斗黯天章。哀诔伤尼父，牲牢奉汉皇。淹中存竹简，汲冢启梁襄。让业推邹鲁，尊经逮晋唐。不缘秦火灭，宁待汉儒昌。昭代崇文治，彝常树大防。上元亲释奠，甲子下天阊。万乘传清跸，三驱备骕骦。虎贲投具欙，豹尾佩银珰。素币焚阶阤，朱提出太仓。镇圭封鲁甸，玉辇降虞庠。驻节勤三灌，尊师荐九觞。斯文岂长夜，如日丽中央。俎豆光千祀，贲镛峙两厢。龙纹天藻密，华盖锦云张。紫殿习绵蕝，黄金饰庙廊。绮疏明画梗，宝册秘青箱。石碣罗庭榭，松杉俨豫樟。罘罳云外出，翚雉槛前翔。螭首镌钟鼎，觚棱映缥缃。飞甍觇矗矗，悬鼓听镗镗。广厦皆轮奂，高居象炜煌。檐牙依玉柱，璧水带宫墙。鸟散三阶上，龙蟠二烝旁。元音惊木铎，余韵美笙簧。大乐协鸣律，宏词勒太常。钟离窥玉璧，制氏纪铿锵。圭瓒颁彝器，瑶舟锡尚方。云雷光灿灿，牺象列将将。秬鬯青金勺，铏羹白玉肪。庶羞香郁馥，罍爵色琳琅。赑屃承龟跗，山尊荐桂浆。当年两楹奠，此日五云裳。梐柢施行马，鸾书照玉床。鵁鶄集雉堞，鹳鸽下林塘。老桧铜柯古，空坛杏荫长。尚公绵带砺，圣裔嗣烝尝。泽被宗邦彦，恩沾著作郎。儒臣归虎观，多士尽龙骧。礼乐威仪肃，声名典律详。六书同寄棘，五教走梯航。宇宙开榛莽，明堂选骏良。泰山终古仰，圣哲永相望。道脉通元会，鸿文应斗刚。宸章悬日月，天地迴苍苍。大成殿之上，悬御书“万世师表”四大字。

昆仑山房郢中集卷二

七言近体

将赴郢中经历下白雪楼 郢中亦有白雪楼[①]

千里遥为郢上游，欲同屈宋赋悲秋。九歌不改阳春曲，两地重登白雪楼。沧海东流波浩浩，汉江南去路悠悠。湘兰沅沚方堪采，无奈风尘上蒯缑。

既渡泗水去圣林不远

年来阙里望悠悠，此日言遵泗水头。村落桑麻今岁月，人家礼乐鲁春秋。天留一带文澜阔，地近孤城教泽流。翘首圣林知不远，苍茫十里暮云浮。

初至曲阜

五日离家问驿程，乍窥圣域转堪惊。千年草没灵光殿，十里云寒曲阜城。讲业竟从邹氏邑，褒衣欲附鲁诸生。今朝亲见先师里，珍重三熏奠两楹。

鲁城遥在彩云端，百尺丹楼画里看。车服未瞻新礼器，讲堂将[②]识旧衣冠。尼峰东望秋烟碧，泗水西来落日寒。此际执鞭真夙愿，幸从大海溯洄澜。

圣林[③]古松 万古长春坊前后松皆两行成列

文津桥畔碧波流，御道青青映画楼。墓门曰"功参造化楼"。千尺虬龙盘鹳鹤，万年风雨护灵丘。霜根夭矫排云上，黛色参差向日浮。惭愧半生空仰止，一亲圣泽慰清游。

---

① "楼"后，国图本有"以下庚辰"。

② "将",《般阳诗钞》作"犹"。

③ "林"后，国图本有"前墓道"。

墓门内洙水桥　三桥东西并列，而中桥直圣墓。旁有碑曰“辇路”

虹桥并峙亦岿然，玉柱雕栏辇路边。赤水元珠迷罔象，清秋紫气照虞渊。神龟游戏留三古，龙马腾骧上九天。濯德纵非江汉侧，飞流直过墓门前。圣墓洙水环其前，相去仅半里，泗水则绕出林后六七里。

恭谒至圣墓八章

海畔栖迟华发侵，神游阙里到于今。源流向往千秋业，诵法生平一片心。隧道阴阴松柏路，禁垣①霭霭凤凰林。林形象凤之前狭后张，且百鸟不巢。今皇玉辇经行处，五色云中气郁森。

入望先登百尺楼，无边嘉树自修修。祖孙道统千年脉②，洙泗渊源二水流。洙水亦泗水支流，如子思之于至圣。鸟散空林尊垄墓，人从辇路识松楸。盛朝屡广先师地，万顷苍茫佳气浮。

洙水长桥瑞气凝，宫墙十里直如绳。寝园莫拟恭王殿，胜地③东连少昊陵。华表秋云生石马，享堂丽日照觚棱。陈牲释奠年年事，争说吾皇奉豆登。

圣主文明自荐牲，上元甲子驻霓旌。四楗簠簋亲三祼④，万乘衣冠拜九京。宗伯隆仪颁内府，太常雅乐奏中声。伤麟叹凤传千古，唐明皇《经鲁祭孔子》诗。幸鲁今看大典成。甲子有《幸鲁大典》一书。

千章珠树走风雷，墓道遥瞻金粟堆。自有六经延圣脉，岂乘五德问兴衰。文河浩宕沧溟阔，龙气蜿蜒岱岳来。长夜一灯终古在，浮云散尽碧天开。

当年启宇伯禽疆，五百昌期继⑤圣王。玉策麟文传绣绂⑥，金天虹气接穷桑。鲁源村近留遗迹，凫绎峰高映夕阳。此去寿陵应不远，遗弓遥在鼎湖旁。曲阜有黄帝寿陵。

高陵蓍草尽葳蕤，瑞气如烟影陆离。一德静随天地老，万年真作帝王师。穹碑共识蛟龙篆，释菜⑦常停日月旂。驻跸亭边传故事，野人犹说汉威仪。驻

---

① “垣”，国图本作“园”。

② “脉”，国图本作“派”。

③ “地”，国图本作“势”。

④ “祼”，国图本作“献”。

⑤ “继”，国图本作“经”。

⑥ “绣绂”，国图本作“黻绣”。

⑦ “菜”，国图本作“奠”。

跸亭在墓侧，甲子幸鲁所建。

乾坤无恙郁岧峣，不逐兴亡劫火烧。久识春秋三统正，非因风雨万灵朝。长桥拔地流洙水，老树参天拂绛霄。一到昔贤庐墓处，深知道德慰萧条。

天书楼 即奎文阁

天门宫阙郁岧峣，今日尊师赖圣朝。宝诰千年留浩劫，飞楼百尺丽重霄。穹碑日照龙纹古，阁道风回玉[①]殿遥。谁向奎文探秘笈，鸾车五色瑞云飘。

照天奎壁敞彤闱，万仞高寒入翠微。碧瓦龙鳞浮瑞霭，雕窗螺甲晃晴晖。九霄门掩金铺暝，两序风[②]高玉粒飞。一为凭虚舒远眺，遥瞻圣域重依依。

济宁道中

名区夹道拥尘埃，五剧三条亦壮哉。芳草有怀烟欲合，夕阳无限鸟飞来。会通河上楼船渡，汶水堤边驿道开。独惜南池坐相失，酒楼未得一衔杯。

考城刘家楼与焦慎思同渡黄河

微风习习入洪波，一叶轻舟水上过。老我半生栖碧海，与君八月渡黄河。问津古岸遵遥渚，击楫中流发棹歌。此去汉江千里道，客心摇落欲如何。

河源闻道出昆仑，浩宕中原日夜奔[③]。北折金城回万里，东来砥柱下三门。非因风雨波涛壮，自识蛟龙气象尊。迩日堤防民力竭，又传竹楗赋淇园。

浩浩吞天万里流，神鱼拂郁隐龙湫。挟来八水分南纪，直下三川控上游。瓠子尚烦茭玉计，宣房时勤庙堂忧。河堤使者休言瘁，白浪如山我亦愁。时闻山左、豫东两抚军将会议河堤事宜。

伊洛山川旧帝京，潼关东下任纵横。河流壅豫波常怒，地入徐扬[④]势渐平。水击三千归海客，龙门一线走奔鲸。安能乞得巨灵手，为筑金堤万里行[⑤]。

---

① “玉”，原脱，据国图本补。

② “风”，国图本作“松”。

③ “夜奔”，国图本作“月昏”。

④ “扬”，国图本作“梁”。

⑤ “金堤万里行”原脱，据国图本补。

渡河遥望迤西荥阳、成皋一带为楚汉战争地杂感

广武山前控上游，遥遥吊古自夷犹。中原形胜归京索，异代兴亡忆项刘。竖子成名凡几辈，英雄割据向千秋。征途冉冉悲歌者，我亦飘零作浪游。

楚歌楚舞黯然收，回首衣冠尽沐猴。五色龙纹销[①]王气，千年霸业割鸿沟。那堪白眼风尘际，不尽黄河日夜流。终古虎牢关下路，乾坤百战使人愁。

横空杀气莽滔滔，隆准归来梦亦劳。旷野秋风回大泽，荒原落日下成皋。军中挟质宁云胜，鼎上烹翁未足豪。回首烽烟多战伐，萧萧故垒长蓬蒿。

陈留张子房庙

万户通侯莫浪加，报韩心事亦堪嗟。桥头秘笈谷城[②]石，梦里金椎博浪沙。遁世赤松谁复见，封留汤沐未云奢。当年不羡萧丞相，剑履[③]珊珊入汉家。

望大梁怀古

雄城烈烈气氤氲，十里尘飞道路分。屠狗欲浇朱亥墓，夷门谁吊信陵君。萧条艮岳[④]逢秋色，寂寞隋堤销暮云。苦忆黄河堙塞处，百年生聚尚纷纭。

过尉氏城是蔡邕、阮籍故里

三亭冈接宋东京，此日荒凉逆旅情。一片黄花开雉堞，几家茅屋对秋城。典型已失中郎将，长啸宁闻阮步兵。太息茫茫衰草地，无边野水浩纵横。

拜汉司隶校尉李元礼墓 在襄城北

英锋奕奕殿炎刘，海内规模此尚留。节比范滂堪并世，人如郭泰始同舟。甘陵水火开钩党，左校刑徒类楚囚。今日九京如可作，龙门谁不仰风流。

---

① “销”，国图本作“成”。

② “城”，本作“成”，据国图本改。

③ “履”，国图本作“佩”。

④ “岳”，本作“狱”，据国图本改。

襄城道中大雾

策马经过湖水西，无边草色意萋萋。人来许下双溪绕，路出襄城七圣迷。大野遥天遮远树，横塘小渡入长堤。茫茫十里飞尘满，雾暗黄埃落日低。

首山南去走羊肠，曾是当年铸鼎场。一片荒冈悲大楚，四围黛色似吾乡。健儿暴客应难辨，刍牧幽人自不妨。此去具茨知未远，谁从问道溯轩黄。四望多山，而首山有黄帝遗迹，在城东南。

旧叶县旅馆听雨

稍解严装古道东，宿云如墨暗长空。旅灯孤照羁人梦，野店凉生破牖风。寒漏又逢秋色里，愁心无奈雨声中。自怜为客恒多难，明日登车似转蓬。

旧叶县山中 醴水在旧城北

昨宵空馆雨冥冥，行子征途未敢停。醴水晴沙弥望白，楚天远岫入云青。登高纵不如邛阪，履险真如下井陉。此是昆阳征战地，沙场惨惨吊寒汀。

裕州城北汉世祖庙

壁间画二十八将，盖云台列宿也。村名扳倒井，相传为光武行军地。①

宛下衣冠此定殊，洛阳曾作执金吾。绮疏画槛②蟠苍桧，露井银床对碧梧。汉室中兴新室灭，帝星高映客星孤。元功无复韩彭叹，不负东京共剖③符。

布衣文叔自宽仁，百战艰难亦苦辛。画壁威仪留剑履，凌烟庙貌写麒麟。一时图谶归真主，万国骍旄赐近臣。终古尚传收五校，鄗南佳气自常新。

迢迢百里接昆阳，兵气全消④日月光。一自龙骊登玉阙，异时茅社隶金汤。云台旧列星辰上，大树曾依帝座旁。自是中兴归圣主，赤心置腹本萧王。

---

① "地"后，国图本有"庙中有老桧古桐"。

② "槛"，国图本作"楹"。

③ "剖"，国图本作"部"。

④ "消"，国图本作"收"。

赭阳道中 即裕州

雄城百雉亦销[①]沉，三户凋残感至今。野径草深齐马腹，荒村泥滑没街心。数家烟火成墟落，十里瓜期[②]息远林。休养年来竟何似，当时戎马重侵寻。

萧条百里迥无邻，一片荒凉倍苦辛。白苇黄茅疑伏虎，陂陀仄径困行人。路逢剑客惊游侠，道遇樵苏敢问津。于役艰难君不见，何如高卧故溪滨。

当年雄胜竟依稀，井邑萧条事已非。旅雁阵冲秋色远，寒鸦影背[③]夕阳飞。才过紫陌看红叶，又向青山入翠微。大野茫茫愁欲绝，喜投空馆解征衣。

博望驿吊张骞 骞封博望侯，即此地

西域迢迢亦壮游，河源曾此溯昆丘。千年封爵传邮驿，万里乘槎犯斗牛。苜蓿携来饲天马，葡萄岂为传[④]凉州。当时汉武真雄略，能识吾家博望侯。

博望屯怀诸葛武侯

诸葛鸿材迥绝伦，子房或者是前身。草庐指顾怀成算，羽扇风流若有神。许下小儿惊咋舌，荆州八及更何人。火攻自尔真长策，试看当年博望屯。

宛下怀古 是光武兴兵处

太平陈圣亦荒唐，厌胜争传夏贺良。白水谶归铜马帝，赤符兆自贵人乡。天教宛叶成丰沛[⑤]，运启文孙奉汉皇。回首舂陵王气在，西京文物属南阳。

雨中行淯河岸上 淯河即白水也。河甚深广，行数百里乃入汉江

绿水洪流欲上潮，十寻高岸俯征桡。雁贪玉粒依香稻，马踏[⑥]银沙度石桥。

---

① “销”，国图本作“消”。

② “期”，国图本作“棚”。

③ “影背”，本作“背影”，据国图本改。

④ “传”，国图本作“博”。

⑤ “沛”，本作“汴”，据国图本改。

⑥ “踏”，国图本作“蹴”。

过岭客衣云外冷，傍河村路[①]雨中遥。乡心忽起悲行役，愁对西风更寂寥。

秋水[②]连天意黯然，飞流百折走蜿蜒。银沙远岸层层雪，碧树长堤处处烟。人过荒村风淅沥，路迷古道草芊绵。无端客里征车滞，惆怅黄门苦雨篇。

望卧龙冈怀武侯

草庐谁说已荒凉，楼观鳞鳞映画堂。志狎孙曹皆鼠辈[③]，人如管乐自龙骧。登坛不让淮阴策，顾命能令汉祚长。当日驰驱劳百战，躬耕安得老南阳。

九州妖孛障乾坤，谁似求贤汉帝孙。龙卧当时栖宛下，雄飞奋迹自荆门。吞吴坐困重江险，伐魏终穷五丈原。自是先生非失计，楼桑龙种太沦惛。

云扰中原王气收，当年抱膝自夷犹。南来要自酬三顾，西去行当跨二州。但使终身存汉腊，何妨一死报炎刘。萧曹究竟称文吏，谁说齐名忠武侯。

新野怀古[④]

昭烈依刘亦霸才，当年小筑古城隈。萧条异代原陵庙，慷慨千秋议事台。百货鳞居白河下，群帆估客汉江来。独怜苦雨如张协，尽日冲泥且未回。

新溵浦舟渡淯河

迢迢远势俯坡陀，有客南来近淯河。红蓼满滩看鹭立，清流一曲宕船过。岸深泥滑人惊渡，水浅风微燕掠波。不及掉头渔父意，卖鱼酤酒且[⑤]狂歌。

入湖广界宿吕堰驿 是襄阳地，在群山中[⑥]

冈连重阜万山中，行尽幽溪又荟[⑦]丛。大泽龙蛇迷远近，荒原草树接空蒙。

---

① “路”，国图本作“落”。

② “水”，国图本作“色”。

③ “辈”，本作“窃”，据国图本改。

④ “古”后，国图本有小字“城内有光武庙及昭烈与徐庶议事台”。

⑤ “且”，国图本作“自”。

⑥ “宿”后，国图本有“襄阳县”；“中”后，国图本有“最荒僻”三字。

⑦ “荟”，国图本作“会”。

马嘶正苦连朝雨，虎穴频惊向晚[1]风。古驿萧条聊寄寓，梦魂凄切楚云东。

初至樊城

人来江上雨冥冥，暂税征车且复停。汉水连天千里碧，楚山拔地一峰青。寻幽欲觅先贤传，高隐曾闻处士星。但使名区估美酒，陶陶终日莫须醒。群山中楚山最高，乐天诗云“楚山插云青”。

冒雨长征雾气浓，西南隐隐见诸峰。客来驿路三千里，天接江云几万重。汉渚高风重司马，荆州物论数元龙。谁闻一曲襄阳乐，旅馆清吟日下舂。

襄樊杂兴 隆中山在襄阳西南，万山在城西

客来滞迹万山东，一望江天便不同。汉上六州雄海内，南阳诸葛隐隆中。云连楚岫常多雨，地近兰台更有风。咫尺习池未相见，接罹何处醉山公。

沅芷汀兰欲断魂，倦游谁复念王孙。波翻汉沔流南纪，地控荆襄壮北门。水国烟云多变态，江天风雨异中原。迢遥自叹驱车者，何日回[2]辕向故园。

荆门策策落丹枫，惨淡秋容[3]四望中。江汉分流千里远，郧襄一带九州通。不劳渔子歌铜斗，自有骚人续楚风。渐近名都郢中地，朝云飞去细腰宫。

梁祖称兵据上游，六朝人物重荆州。长江惊识铜鞮马，少海初开文选楼。建业千年余王气，楚云万里赋悲秋。犹传樊邓当时曲，汉水茫茫天际流。

当日中原胜气收，南来昭烈负深忧。景升儿子真豚犬，孟德欺人似沐猴。尺土有阶留汉社，雄城无计割鸿沟。刘琮何厚刘璋[4]薄，借得荆州胜益州。

江左尝开南雍州，萧梁曾此控东陬。势连宛口群山合，浪接荆门九派流。三顾犹存诸葛宅，一丘谁识仲宣楼。大堤城下寒江水，终古西临杜若洲。

旅愁久未一开颜，今日优游汉水湾。鄢郢遥邻三百里，襄樊对峙两雄关。微茫不辨烟中树，历落平看江上山。惆怅楚云最深处，谁从岘首一跻攀。

襄阳游侠汉皋西，翠袖围香解并栖。浪掷黄金估客乐，惯乘赭白蹋铜蹄。江蓠肆映依兰棹，竹叶千钟上大堤。谁见城南骑马路，高阳池上醉如泥。

---

① “晚”，国图本作“远”。

② “回”，国图本作“还”。

③ “容”，国图本作“客”。

④ “璋”，本作“琮”，据国图本改。

江干赠客

与君相见下江关，指点云峦一解颜。汉曲遥遥三里渡，城阴叠叠九宫山。人依司马忘宾主，地近庞公欲退闲。今日相逢秋色里，真疑耆旧在人间。

望隆中山怀诸葛丞相①

炎火无光寄两斠，先生高枕汉江浔。隆中豫识三分计，梁甫吟成一片心。伊吕勋名堪伯仲，崔黄耆旧半销沉。小桥流水依然在，愁绝西风落叶深。

百战中原亦慨慷，至今二表贯三光。岂将剑阁千寻地，仅博成都八百桑。绵竹有人称令子，永安披发诉先皇。当时不愧中山嗣，烈烈犹传北地王。

鼎足巴江亦孔艰，武侯心力尽征蛮。千秋鱼水真同调，一日风云竟掩关。王业未偿筹笔驿，大星贻恨定军山。当年来往襄阳道，终古清尘不可攀。

樊城三忠祠

祀南宋牛富、张贵、张顺，死义襄江者。对岸城西北隅有望江楼。

当年师相福华编，坐困岩疆已五年。义士挥戈沉水国，危城折脰没虞渊。崔嵬祠庙临江岸，历落英魂聚楚天。今日客来遥问渡，望江楼畔意凄然。

万山潭 襄阳城西杜元凯沉碑处

万山潭下沉碑处，借问何如堕泪碑。浮世升沉俱莫定，人间陵谷总无奇。白云苍狗须臾事，沧海桑田又一时。羊杜功名竟何在，寒江东去不胜悲。

解佩渚 在万山潭下

蘼芜香路碧波通，文甫幽期讵再逢。事去芝田思解佩，人如洛浦盼惊鸿。心悬汉曲明珠赠，望断江干橘柚风。浪②咏云中君见否，楚天漠漠雨蒙蒙。

别渚凭谁驾小舠，凄凄幽怨寄离骚。天涯暝雨悲江浦，客路秋风梦汉皋。楚岫无情明月落，灵妃有恨碧云高。采芝赠佩何年事，欲托微波问暮涛。

---

① “相”后，国图本有小字“山在襄阳西南”。

② “浪”，国图本作“朗”。

汉滨逸态想依稀，照夜珠光素月辉。雨歇巫峰邻楚峡，烟深寒渚步江妃。彩云散尽青山老，玉佩还从白鹤飞。橘绿柚黄君不见，愿将罗袖拂臣衣。

南望

南望江累客子悲，风流宋玉是吾师。雨来楚泽秋多怨，酒近宜城醉不辞。江上未搴兰茝佩，旅中谁折菊花枝。西风萧瑟天涯暮，汉水苍茫有所思。

渡襄江

南望层城慰旅怀，登舟依旧蹋芒鞋。悬罾渔子留深港，近水人家住断崖。一棹乘风遵雉堞，千章伐木下松滩。茫茫烟雨知何处，只在秋江天一涯。

弥弥襄水接长空，万古洪流日向东。双桨波纹千尺缆，半江云物一帆风。城隅委折沿堤路，断岸常依带雨篷。南望群山萧瑟甚，无边秋色入鸿蒙。

汉江舟子报潮生，却下丹崖小艇横。竹屋千家临曲渚，津楼百尺对雄城。烟深水与遥天接，风起船随两岸平。独自停桡趋岘首，扬波莫使旅魂惊。

丽谯隐隐傍江隅，岸下云帆接舳舻。虾菜成群归郡郭，鲸涛终古撼仙[①]都。截江鱼入龙鳞网，列肆香生象眼酥。太息檀溪西畔路，当年跃马府中趋。

襄阳人物坊 载宋玉、王逸、王延寿诸人[②]于上

襄阳人物纪雄都，文采风流幸不孤。秋水无情香草暮，骚人有恨露兰枯。王家父子称能赋，楚国山川痛左徒。我欲问天天不语，江潭放逐竟何辜。

登岘山过羊太傅祠观堕泪碑

古庙阴森结采椽，山门遥接习池边。封章早建平吴策，缓带风流太傅贤。当日荆襄烦北顾，万年江汉控南天。岘山犹有遗音在，不睹丰碑亦黯然。

当年羊陆镇江潭，保障岩疆在[③]不贪。借箸终劳张相国，同心端赖杜征南。三公折臂名犹赫，万里长城事未惭。今日尚传遗爱在，行人洒泪一停骖。

---

① “仙”，国图本作“名”。

② “人”后，国图本有“之属”。

③ “在”，国图本作“竟”。

岘山南麓过习郁池怀古

习池南接凤凰楼，景物萧萧正暮秋。地近东吴多雨湿[①]，人从西晋想风流。一泓绿玉高阳侣，十里清江画鹢舟。山简当年沉醉处，客来不共葛强游。

银塘澄澈蕊珠宫，石子斑斑碧藓中。地脉有灵邻汉水，华池留醉与山公。接䍦倒着人如玉，骑马归来气若虹。但使并州健儿在，豪游应傍大江东。

由习池南过凤凰滩[②]上

凤凰岭上凤凰阁，下俯寒潭百丈清。山半泉流成瀑布，江边人语乱滩声。习池未觉风流尽，褉饮犹传后世情。惆怅名区千载下，楚云袅袅客愁生。

凤凰亭迤西路险甚

凤凰山上凤凰亭，双翼凌空俯浅汀。入楚烟光千里黯，过江山色四围青。泥深大壑停征辔，水落高滩似建瓴。一唱鹧鸪行不得，客心漾漾走浮萍。

岘南道上

悬崖荦角枕蛟宫，百折漩涡仄径通。秋水波澜增壮阔，寒江云气散长空。烟迷雁鹜孤舟[③]路，浪涌鱼龙夹岸风。不敢随流宕舟去，萧萧愁绝楚天东。

岩际鸡栖三两家，天阴楚泽走龙蛇。断崖每改凭高路，绝磴常回避险车。万树芳洲连野坞，孤村篱落隔江沙。旅游憔悴生长叹，坐使风尘阅岁华。

寒鸦栖树暮飞翻，摇落征人惨旅魂。波啮江干成断岸，人依沙麓入孤村。渔蓑带雨归茅舍，樵径当门没水痕。楚客伤离愁欲绝，悠悠往路已黄昏。

红蓼青蘋水上鸥，微茫烟景正残秋。潇潇暝雨迷前浦，黯黯江云结远愁。四望沧洲成浅渚，一湾绿树引归舟。何时息马荆南路，一醉西风慰倦游。

---

① “东吴多雨湿”，国图本作“炎方多雾雨”。

② “滩”后，国图本有“岸”字。

③ “舟”，国图本作“洲”。

江畔

沿堤细路踏寒莎，漠漠秋云水上多。十丈悬崖崩野岸，孤舟唱晚晒渔蓑。道傍枳熟垂金弹，塘畔波纹卷绿罗。莫怨征途行役苦，郢门屈指隔江沱。

汉皋

汉皋东去晚烟浓，江上青青有数峰。渔父沧浪终莫问，郑詹[①]龟策竟何从。湘潭憔悴应如故，秋水蒹葭定几重。颂橘怀沙俱已矣，九歌声里落芙蓉。

望鹿门山

鹿门山下听江声，中有幽人远世情。水鉴千年留品藻，庞公十亩忆躬耕。高风直与秋云白，姓字真同汉水清。犹有孟皮词赋客，纷纷余子尽知名。

林外孤村烟火残，悠悠远树隔云看。秋深雁落渔梁务，天阔风回鸭嘴滩。傍岸一帆人峭峭，平江十里水漫漫。谁知鼓枻歌声杳，惟见轻鸥下急湍。

江干远望

汉上浮云尽日闲，马蹄蹀躞亦云艰。大江歧出沙千叠，枉渚微波玉一湾。密雨重遮苏岭树，寒烟坐失鹿门山。襄阳自古多遗逸，今日何能共往还。

西风何处采江蓠，草木萧条亦变衰。汉水拍天波淼淼，江云如黛雨垂垂。疏村乞火逢人少，歧路停鞭策马迟。晒网渔翁真寄傲，怜余不及弄潮儿。

中流一带绿如罗，欸乃遥闻发棹歌。木落风生云梦泽，天低水折汉江沱。榜人宕桨烟中出，客子怀乡岸上哦。此去黄陵千万里，楚人何事吊湘娥。

冠盖里 汉时自襄阳达宜城，二千石接迹相望，人谓之“冠盖[②]”

南州物论已沉沦，当日群登要路津。岸远风微堪息马，江清沙白最宜人。荆襄文采推前辈，宛洛衣冠逐后尘。百里迢迢寻故事，残碑历落接荒榛。

鸣珂故里塞通津，紫绶金章忆昔人。此日高原余蔓草，当年夹毂走香轮。

---

① “詹”，本作“檐”，据国图本改。

② “盖”后，国图本有“里”字。

襄樊物望称耆旧，庞马遗音半隐沦。我作荆州风土记，欲从石碣考贞珉。

岘西望汉江

灵均憔悴意难平，今日临江见旅情。浪涌风樯天上落，云飞鱼鸟镜中行。群山霭霭村烟白，两岸迢迢汉水清。谁折瑶华将赠远，湘潭无路采香蘅。

东望群峰接翠微，黄尘细雨复霏霏。萧疏岸柳连天远，婀娜江帆帖[①]水飞。人在汉皋遵雁渚，云从村落度渔矶。滂沱无奈长征苦，敢托微波诉宓妃。

由岘西山茇舍至小河店旅宿

岘西山畔旅愁繁，行路之难不可论。马识危桥惊不渡[②]，客来险径自销魂。平临赤涧疑无地，直上青天夹一门。纵使十千沽美酒，羁人潦倒已黄昏。

多少泥涂上客衣，芳洲小渡上危矶。惊沙渚雁冲寒起，背水樯乌带雨飞。山脊人烟询路远，江头渔火送船归。遥天野坞经行尽，旅馆萧条重可欷。

汉黄宪墓 在宜城北十五里，宪著《天禄阁外史》

叔度声高处士名，汝南人物胜袁闳。风尘外史传天禄，公府征书却汉京。人识牛医千顷度，墓邻汉水一潭清。九原此日瞻丘垄，慷慨谁令鄙吝生。

宿宜城 香山有“宜城酒如饧”之句

雾暗南天久未晴，遥遥愁绪若悬旌。客来旅馆风如镞，人道宜城酒如饧。白小江鱼灯下饮，青蓑箬笠雨中情。水深泥滑愁长路，何日停车故郢城。

晓发宜城

秋花岸曲散葳蕤，晓日曈曈欲上时。新霁江云飞片片，乍晴山雨复丝丝。寒塘水涸鱼来少，别渚波深鹭起迟。北指海天千万里，顿令游子不胜悲。

① “帖”，国图本作“贴”。

② “渡”，国图本作“度”。

宜城道中

山郭荒凉人烟[1]稀，郡都今始放晴晖。垂垂岸柳潭中影，淡淡江云霁后飞。曲港停舟闲桂楫，横塘近水闭柴扉。扬鞭走马长堤路，明日兰台振客衣。

喜晴

重阴已久蔽烟霏，今日晨光敞曙晖。水面乍看江雨散，山根喜见岫云归。雁衔芦叶惊人起，鹭上渔梁背日飞。纵使泥涂犹未免，不妨晓露入秋衣。

寄内 余以仲秋之后一日离家

金粟团圞桂树秋，银河烂烂月光浮。卿如徐淑恒多病，侬似秦嘉好浪游。今日飘零来[2]水国，何时风雨共山楼。汉江东去三千里，不寄双鱼到海头。

乾河头渡支江 是晚将宿丰乐驿

北来款段拥征鞍，汉渚茫茫动客叹。歧出支流千尺浪，一篙秋水半江寒。频惊柔橹当风岸，稍喜轻舟过浅滩。此去驿程三十里，便应高卧且加餐。

望金沙滩

万柳阴森映小洲，金沙滩畔宿云收。画船楼阁中流见，丽日鼋鼍出水游。怨入离骚难作客，人来江汉自悲秋。苍茫古驿淹行李，明日轻风到郢州。

丰乐河渡江

丰乐河边宕小舟，客来理楫向中流。一湾绿树移兰桨，十里清江对驿楼。击汰扬舲秋瑟瑟，眠鸥浴鹭晚悠悠。夕阳欲下人争渡，风起杨林古岸头。

① “人烟”，国图本作“烟火”。

② “来”，国图本作“栖”。

尚家塘

小筑幽人托远郊，便应疑作孟城坳。荒江有[1]径多临水，老屋无垣但覆茅。密密编篱环野岸[2]，从从新竹出林稍。故乡十亩为园地，谁向云亭赋解嘲。

虎门冲

鸟道微茫亦[3]阻修，虎门险仄动深愁。骑牛童子当山脊，驱[4]马行人跨涧头。浦树烟飞寒色淡，野塘水满暮云秋。重冈复岭须臾尽，却指江城慰远游。

登南冈 在汉水之左

崔嵬秋嶂插烟霄，登顿何堪百里遥。蹩躄马蹄弹石子，苍苍虎迹印山腰。回风征雁迷前渚，僻路行人畏断桥。翘首石城三十里，兰台南望尚迢迢。

新奠浦

满冈乱石虎狼蹲，幽峭空岩欲断魂。茅屋数椽山作障，竹篱一带涧当门。采余绿盖[5]无莲子，刈尽黄云见稻孙。羁旅谁知行役苦，荒村何处觅盘飧。

郢中秋兴

秋风叶下洞庭波，太乙东皇冠九歌。天入众星连轸翼，云回七泽散江沱。湘累自古才人怨，郢客从来下里多。欲采芙蓉搴木末，茫茫兰芷奈愁何。

凄恻霜前病叶翻，不堪憔悴吊文园。虎牙关近湘云乱，雁齿桥回楚泽昏。郢路秋归梅福宅，汉江风起莫愁村。问天欲作怀沙赋，怅望难招屈子魂[6]。

树连古岸水连空，谁说章华有故宫。地敞兰台宜暮雨，秋高蘋末起雄风。

---

① “有”，国图本作“避”。

② “岸”，国图本作“圃”。

③ “亦”，国图本作“路”。

④ “驱”，原为空格，据国图本补。

⑤ “盖”，国图本作“叶”。

⑥ “魂”后，国图本有小字“内文园喻显”。

骚人词赋留云梦，楚国山川托郢中。咫尺汉江云不见，一天烟雾雨蒙蒙。

千里金风接素秋。万重云树阻归舟。汉江叶落丹枫浦，郢曲人矜白雪楼。宋玉多情能作赋，虞卿到处有穷愁。可怜楚国风霜苦，日日销魂杜若洲。

关山迢递阻征[1]尘，愁绝艰难老病身。七泽秋风悲楚客，三湘明月照离人。蕙纕零落安能佩，兰畹萧条未可纫。惆怅灵修何处是，文狸山鬼日为邻。

楚俗无人唱采莲，秋江牢落木兰船。倚天长剑连云外，拔地奇峰列水边。汉渚微波晴作雨，荆门远树晓如烟。高歌我亦巴人曲，笑折芳馨佩药荃。

琪树西风怨落晖，凭将幽恨诉灵妃。云来巫峡轻千里，雁近衡阳惮数飞。潦倒湘潭兰蕙亩，飘零江浦芰荷衣。无端欲效阳春曲，莫叹从来识者稀。

蹑屩南来万事违，回头冷落旧渔矶。三秋客路悲零雨，十月炎方未授衣。郢中冬气较暖于江北。刻羽安能夸[2]绝调，阳春几见和人稀。惟余寂寞沧江上，北望云从海曲飞。

兴都杂诗

郁葱佳气楚云边，犹说兴藩入断[3]年。朱户曾开新殿宇，沧浪不改旧山川。清宫谁借东牟勇，伐邸人知汉帝贤。今日萧条荆棘里[4]，阳春台畔雨如烟。

水火纷纭遍六曹，石淙先见亦云高。何妨光武尊南顿，宁比哀皇出定陶。议礼贵臣矜峭直，临轩圣主念劬劳。谁知激烈多贻祸，只为先君痛若敖。敬王无嗣，故人多主继统。

矫矫新都气不平，永嘉持论亦纵横。敬皇余泽留清议，兴邸亲藩入旧京。伏阙呼天无乃戆，称宗入庙竟难争。纷纷三易彤廷诏，谁说明伦大典成。

手攀五凤撼天门，二百年来养士恩。濮国无烦英庙嗣，杜陵岂绝史皇孙。但令一日称尊礼，何事他年册大藩。贻恨当时严夏辈，逢迎逾制总难论。

纯德山头气郁芊，松阴十里护云烟。衣冠不只称原庙，郊祭犹闻更配天。逆祀贻讥新鬼大，建言终荷圣恩偏。当时大狩龙飞录，百载[5]遗音意渺然。

当日金舆万里行，卿云宫里瑞烟生。上陵丽日停鸾驭，享殿微风按[6]凤笙。

① “征”，国图本、《般阳诗钞》作“风”。

② “夸”，本作“跨”，据国图本改。

③ “断”，国图本作“继”。

④ “里”，本作“裹”，据国图本改。

⑤ “载”，国图本作“战”。

⑥ “按”，国图本作“暗”。

虎旅千群荆路塞，龙纹五彩汉江清。侍臣竞进南巡颂，汤沐深恩遍郢城。

父老犹传此上京，显陵紫气接天明。故宫无复龙飞殿，行在曾屯豹尾营。千里沛[1]丰频赐复，万年江汉一停旌。更闻御制思恩赋，缱绻犹深过里情。

章圣南来葬显陵，祠官曾隶太常丞。云移凤阁江声静，雨洒鸾旌露气凝。雉扇两行回御仗，羽林千队耀文缯。寝园当日升龙驭，谁见松原射漆灯。

肃皇旧日启祥宫，犹说氤氲御气通。合祀初禋兴献帝，辍朝已悼曲江公。十年议礼烦称制，四海为家咏大风。此日凄凉秋色里，荒烟漠漠郢门东。世宗幸承天时，忽闻张永嘉讣音。

旧邸承天汉水隅，郢州亦是楚王都。松陵有路寒云散，石马无声片月孤。玉匣珠襦留涧壑，金凫银雁冷江湖。惟闻夜夜风雷急，坐使温韬免觊觎。

莫愁乐 变体[2]

莫愁村在郢中石城门外汉江之滨。

莫愁家在汉江头，人说卢家有阿侯。白玉堂前铺结绮，紫鸳帐里听箜篌。流黄断后难成匹，银汉斜时更上楼。若闻莫愁愁欲绝，莫愁应亦似侬愁。

莫愁家在石城头，愁向城西问莫愁。织素银缸悬壁带，采桑碧玉作笼钩。能歌鹦鹉翻新舌，欲折芙蓉上小舟。若见莫愁愁更甚，愁来我亦始言愁。

汉江依旧拍天流，谁说江边有莫愁。四角龙幡持桂楫，五纹丝履入兰舟。伯劳东去栖红稻，燕子西来入画楼。不信莫愁愁不尽，请量海水比侬愁。

石城城外水东流，愁向江边是莫愁。每妒楚山青学黛，惯看江水绿如油。采莲歌歇茱萸浒，弄楫香生杜若洲。但使莫愁愁似我，莫愁何必更深愁。

莫愁常对汉江流，江水何妨送莫愁。十六生儿花底活，青城夫婿岸头侯。娇歌月就云中堕，瑶席人今坐上头。愁见莫愁愁不语，莫愁此日为谁愁。

莫愁乐 新体[3]

中联仿连珠。

江畔孤村动远愁，若耶溪上路悠悠。莫愁不忍临江水，江水曾经照莫愁。

---

① “沛”，本作“汴”，据国图本改。

② “变体”后，国图本有“五首”。

③ “体”后，国图本有“三首”。

若访莫愁贻玉佩[①]，还从江水上莲舟。楚歌楚舞愁何极，谁道愁来竟莫愁。

巫峡云归暮雨收，愁来愁去上江楼。莫愁试向东南望，汉水何常西北流。江上莫愁频洒泪，愁来江水不容舟。洛阳娇女如相问，今日依然字莫愁。

挂镜珊瑚玉作钩，郁金香[②]里太温柔。莫愁有恨经年别，江水无情日夜流。愁到江干歌子夜，江连愁绪为悲秋。莫愁自是卢家妇，何事萦心万斛愁。

安陆临郡城南楼远眺 即阳春门

雉堞平临象纬回，千年形胜亦雄哉。城阴邸舍鳞鳞出，天外江流浩浩来。元佑宫前秋色老，阳春台畔暮云开。居然一览群[③]山秀，绝少当年白雪才。

无边秋色远萧萧，一望高城慰寂寥。近市人烟环郡郭，因山楼阁入云霄。时平陴垸生芳草，岸远清江隔画桡。无奈郢中怀古地，阳阿绝调为谁调。

幸从天路对云霞，放眼凭高玩物华。秋色微寒澄汉水，夕阳倒影照江花。名都自古雄三楚，烟火如今接万家。归去石城城下路，何妨坦步代轻车。

阳春门外望迢迢，泽国阴多蔽绛霄。江雨化烟拖水面，楚云如带系山腰。青蘋风起兰台暮，白雪楼空郢路遥。稍喜南天冬日丽，汉滨十月未萧条。

忆家

十亩山园孝水湄，别来松径杳无期。穷冬作客三千里，终日思家十二时。去国羁[④]人愁不尽，空斋游子暮何之。布衾如铁增离恨，梦里言归也自疑。

郢中读楚词

九河鳞屋带龙堂，五凤云车万仞翔。欲载云旂瞻贝阙，漫将枉矢射天狼。江天风入蘼芜径[⑤]，楚泽香生薜荔房。蕙带荷衣人寂寂，高歌一曲白霓裳。

人来楚水钓神鱼，七泽波光浸太虚。长剑切云歌九辨，灵氛卜日荐三闾。欲从蕙亩搴芳杜，错把辛夷当揭车。为问云中君在否，飙然远举竟何如。

---

① “佩”，国图本作“帛”。

② “香”，国图本作“堂”。

③ “群”，国图本作“郡”。

④ “羁”，国图本作“骚”。

⑤ “径”，国图本作“路”。

白蜺婴茀楚人乡，天问何缘到画堂。不尽悲吟留大泽，却将幽愤寄沉湘。龙蛇四壁图光怪，神物千秋入混茫。独有骚人终古恨，九歌声里痛巫阳。

贾谊当年谪楚臣，长江写愤寄灵均。澧兰沅沚思公子，哀郢怀沙怨美人。海若陵波呈碧水，湘娥鼓瑟拂华鞇[①]。何堪寂寂黄陵庙，月落猿啼倍怆神。

兰叶凋零楚水湄，茫茫何处有江蓠。翠旍共道迎司命，鸾鸟谁云迓宓妃。万仞回风流沆瀣，一天清露湿云旗。湘潭亘古留遗恨，采采芙蓉有所思。

东皋

不向东皋卧薜萝，却来楚水吊湘娥。旅人惯食江鱼鲙，郢曲惟闻下里歌。异地愁来清梦乱，故乡望去白云多。沧洲碧石渔樵路，冷落寒溪旧钓蓑。

郢署梅开，寒阶飞雪，友人焦鹤亭正客江夏，作此奉怀

武昌应有梅如雪，郢地惊看雪似梅。黄鹤楼中千里客，青枫浦上片帆来。兰桡桂楫遥相忆，鄂渚江城且未回。我亦旅愁憔悴甚，何时握手一衔杯。

珠履云裘玉不如，壮游归路太踟蹰。晴川楼阁登临处，大别洪涛入梦余。绣被谁回青雀舫，旅人久厌武昌鱼。朔风江上吹杨柳，萧瑟惊心逼岁除。

不是离忧行路难，经旬谁共劝加餐。清霜铁笛愁中听，断岸银沙雪后看。鹦鹉洲边衰草远，汉阳树里暮江寒。尤怜岁晚梅花发，惆怅怀人正倚阑。

寄题黄鹤楼 余在郢中，焦鹤亭游武昌，作此寄题

西风浩浩下寒洲，独立层霄最上头。黄鹤高飞楚天外，白云低拂汉江流。危楼长笛梅花曲，夹岸晴沙锦树秋。此日幽人耽胜地，烟波亭畔共悠悠。

翠氅仙人下杳冥，驭风万里走群灵。登楼天末江光白，驾鹤云中剑气青。一曲霓裳闻玉笛，九霄风露上金庭。独怜芳草汀洲畔，碧血销沉处士星。

黄鹤仙翁天一涯，高城楼阁俯红霞。凤凰山下舟横渡，鹦鹉洲边雁弄沙。汉口烟沙三澨水，武昌杨柳万人家。何当载酒矶头石，极目晴川落日斜。

黄鹤矶边暮霭收，凭高西望洞庭秋。城隅已合三江水，天际常悬万里流。授简尚传鹦鹉赋，当杯应典鹔鹴裘。他时归客谈游兴，笑解奚囊青翰舟。

① “鞇”，国图本作“茵”。

长至节忆家

中秋犹记出柴荆，长至忽看岁序更。千里记程江路远，五纹弱线旅魂惊。怀乡不共归云去，作客直如落叶轻。玉管葭灰吹不定，阳春台畔雪花明。

愁随一线一阳生，日尽西南落照明。马首何时瞻北道，貂裘今已敝南荆。寒天雪影时侵户，静夜江声暗入城。独有梅花知客意，汉皋开遍慰幽情。

何事

何事飘零傍楚宫，不堪回首海云东。醒时作客仍天畔，愁里还家是梦中。江上青山遮路断，镜中华发叹途穷。故园儿女椒盘会，只少南天一老翁。

明世宗修元诗

赐方士邵元节号“致一真人”,命分献灵坛,为建仙源宫于其家。《郢志》载:世宗为纯一道人再生。

致一真人迥绝伦，灵坛分献奉明禋。仙源自握黄金印，丞相犹冠香叶巾。已见瑞芝来别殿,还求红玉礼群神。更闻祷祀前星耀,玉燕承恩赐近臣。太子生，归功赞元，遂大封赏。

仙都琪树本青葱，问道常依河上公。白鹤绕坛元极殿，红云捧日静轮宫。玉杯岂识垣平诈，蓬岛难从五利通。六十年来真一瞬，桑田沧海变东风。

彤闱下诏掖门松，羽客从来晋秩宗。阶下光浮青玉爵，坛前云护紫泥封。每焚金箓当三殿，道有鸾舆驾六龙。汉武秦皇俱寂寞，漫劳徐市走艨艟。方士邵元节、陶仲文皆加衔礼部尚书。

通天台上望悠悠，胜势常连井干楼。天子鹤衣香在手，公卿羽服月当头。罗峰将顺同王旦，寇准逢时似桂洲。岂有仙人灵药在，文成当日列通侯。邵、陶皆封伯，末句及之。

紫府仙人驾彩虹，雷坛霹雳走丰隆。龙图龟范重华殿，翠羽金芝万寿宫。灵素登阶传秘箓，轩皇问道向崆峒。独怜折槛朱云苦，十载销沉诏狱中。当时谏修元得罪如杨太仆最、杨御史爵，皆长系至死。

五城隐隐彩云端，浪说先天玉粉丸。坐见绥桃来御幄，又传瑞鹿进雕栏。雷霆光动仙人掌，风雨寒生太乙坛。千古茂陵烟草歇，云中依旧下青鸾。先天玉粉丸炼铅为之，方士胡大顺所献，后与蓝田玉同伏诛。

青童只在海云东，谁向南华问大鸿。御辂久停恭默室[①]，天书真降玉清宫。风飘金检丹霄外，雨洒灵坛辇路中。顿有神威清塞曲，推恩先拜赞元功。

景陵白鹊亦逍遥，御苑神龟出海潮。万寿帝君膺宝册，一阳真宰降神霄。迎鸾惯作青阳曲，裂石常鸣碧玉箫。召鹤灵符今尚在，相臣新进紫宸朝。帝自号曰“万灵帝君”，又曰“一阳真人”。严分宜罢相，进召鹤符。

金丹绎络奉宸居，白兔行行入禁庐。紫极仙翁招瑞鹤，神霄高士佩银鱼。三花树里宣真诰，五色云中唱步虚。若使安期今尚在，何妨同驾赤鸾车。帝别号“紫极仙翁”，陶仲文初授“神霄高士”。

禹步星冠对碧空，集灵台上月朦胧。筑坛仿佛祈年观，醮箓遥来永寿宫。楚国金芝光灿灿，显陵甘露夜蒙蒙。君王梦入清虚府，侍女霓裳剑佩同。

郢中杂诗

江干一望远连天，百折洪流叹逝川。下里巴人来郢路，汉皋神女步芝田。泽收菱芡家家市，户有鱼虾处处船。却向石城劳极目，洞庭南去正无边。

肃皇当日幸江湄，昼锦归来玉辇移。过沛大酺天上乐，享陵歌舞郢中儿。岂无猛士留雄镇，雅有期门拥翠旗。今日彩云飞欲尽，万年江汉旧汤池。

承天原是旧丰京，楚国山川久擅名。郢市斑斑青玉笋，汉津细细白鱼羹。山依楼阁通阛阓，树接江干入郢城。却望东南元佑观，苍茫瑶阙隐蓬瀛。

客程九月雨淋零，今日残冬雪满庭。地近瘴乡岚气紫，江浮烟树水痕青。豪游鄢郢双龙剑，清绝乾坤一孟亭。放眼潇湘千里外，萧萧兰蕙萎寒汀。

荆州物论亦嘈嘈，楼上元龙亦足豪。木客为邻迷云泽，神鱼拨浪咽江涛。远游屈子增长恨，别赋江淹怅彩毫。天际真人君不见，还从湖海觅吾曹。

忆约庵

约庵居士老桑麻，怜我羁栖阅岁华。孤客有怀惊落叶，片云无路寄梅花。归与尚隔三江水，去矣终乘万里槎。何日优游东郭外，与君相对卧烟霞。

哀郢诗

石城门外草萧萧，锦树千行木叶凋。属和岂堪同下里，诗成聊复寄山魈。

---

① “室”，国图本作“屋”。

荒台谁见阳春曲，江远人来武定桥。欲续九章哀郢赋，灵修憔悴荐申椒。屈子《九章》内有《哀郢》赋，而明季郢中被流寇祸最惨。

回首名区瑞气凝，兴都一志顾中丞。荒原野火樊姬墓，衰草空山献帝陵。楚国蛾眉工谏猎，毁邦嘉靖兆重兴。我来欲仿湘中记，兀自因循病未能。顾璘、华玉奉诏作《兴都志》。先是正德末《平苗碑》有"嘉靖殷邦"之谶，已而世宗即位。

当日妖氛遍楚天，战场蹂躏野无烟。孤城赤地一千里，三户凋伤六十年。休养渐看元气复，循良端赖有司贤。迩来生聚知多少，尚觉遗黎未息肩。

大将南征尽兽奔，守臣刎颈答君恩。气凌河朔常山舌，死障江淮睢水魂。赖有三忠殉社稷，尚留孤愤塞川[①]原。春兰秋菊常无绝，欲藉椒浆吊郢门。崇祯癸未，楚抚宋一鹤、留守陈寿崇、钟祥令萧汉三人尽节郢城。

国殇读罢九歌终，当日烽烟旧沛丰。万队雕戈抛粤甲，几人长剑带秦弓。遗民郢路悲磷火，山鬼兰台啸烈风。惆怅名都尚萧瑟，村墟落落野原空。

豸绣无灵偃汉旌，陇西门第辱家声。投戈自附潢池派，屈节犹徇郢上城。幸有风雷鸣地轴，免令隧道走长鲸。何如血染中丞面，巷战殒躯宋宛平。时李御史守显陵，先降贼，以与贼同姓，甚自得，往说守郢宋中丞，不从。城破，宋巷战死，如唐之卢中丞憕。

矫首风尘数十年，当时戎马暗南天。燎原堠火黄金队，避寇艨艟下濑船。此地尚余三义传，至今犹说七哀篇。从来荆楚称形胜，昔日兵戈亦可怜。

郢都汤沐带陵波，烈烈英魂不可追。养士百年存大节，同心一死见雄姿。杲卿裹血挥戈日，许远从容就义时。犹有当年沈留守，捐躯报国更无疑。

郢署梅开

尔是孤山玉树丛，湿云如黛夜蒙蒙。江天梅信催霜早，腊月花开细雨中。空忆三千余驿路，已沾二十四番风。陇头况有他乡客，欲折南枝寄海东。

盼家书不至

客心岂是憺忘归，顿觉从前计尽非。双鲤不来愁欲绝，孤云不定欲何依。人来江国怜清汉，梦到家山入翠微。安得凌空骑鹤去，凭高北逐塞鸿飞。

雨雪关山怅未归，行人何日叩柴扉。平安两字书难寄，骨肉情深愿尚违。

---

① "塞川"，国图本作"在中"。

南去衡阳知不远，北来鸣雁自应稀。愿为八翼双黄鹄，海曲终朝自在飞。

浪游

浪游久背故园林，萍迹悠悠付汉阴。客里加餐翻善病，愁来无计可调心。乡关似比楚云远，离梦宁知江水深。惭愧五旬无白发，迩来蓬鬓渐相侵。

旅况

下里詹詹属和迟，看他郢曲了无奇。苦吟每在思乡后，抱恨偏多令节时。班马未从直北路，梅花空折向南枝。殷勤为问云中雁，千里书来好寄谁。

经时不见旧渔矶，家在城南绿树围。梦里关山无险阻，客中肌骨耐寒威。酡颜醉卧梅花帐，霜月初更白苎衣。好待明年春色动，随阳一逐北鸿归。

旅怀

刻羽何能更引商，多情宋玉恼襄王。海隅明月风尘隔，梦里梅花驿路长。力欲破愁常病酒，老能祛悲尚怀乡。九歌歌罢思公子，独立清霄亦断肠。

写怀

曲水池边木叶秋，楚天漠漠晓云浮。清江远隔般溪渚，白雪难同故国楼。借梦还家迷枕畔，驱愁暂去上眉头。荆门郢树知何极，肠断西风画鹢舟。

羁愁

遥来泽国近沧浪，解佩难从天一方。作客漫凭三寸舌，思家欲断九回肠。汉江水涸鱼龙隐，楚岫云昏雨雪凉。非为羁愁诗意懒，郢中绝调久沦亡。

齐伧

自叹齐伧路欲穷，凄迷南北似飘蓬。异乡胜地尤多感，作客愁城未易攻。楚国人烟横碧落，汉江雨雪散空蒙。何堪岁晚萧条甚，却共巴人寄郢中。

江天

江天病叶乱飘飖，愁绝灵均不可招。郢路梅花和雪瘦，兰台朔气助风骄。南来碧汉家逾远，北阻黄河路尚遥。赖有石城千斛酒，老天红晕脸生潮。

旅感

莫道他乡行路难，时从异地劝加餐。炎方日近冬常暖，水国阴多晚易寒。旅况三秋无尺素，梦中两字报平安。凄凄雨雪生离恨，纵欲遄归已岁阑。

羁人

羁人无事可开颜，每逐浮云尽日闲。绿酒强将浇块垒，青山何计到乡关。未能跨鹤凌沧海，谁肯开笼放白鹇。欲作郢中风土记，几回削草已全删。

旅夜

风尘旅况亦劳劳，衰鬓蓬松笑二毛。客里麋丝余枲著，梦回钟漏响蒲牢。檐垂河汉残星落，雪霁梅花片月高。名士风流非我辈，但须痛饮读离骚。

楚树重重望里长，石城城外月苍凉。三冬永夜增离恨，万里愁心是异乡。汉渚梅花当户碧，江楼橘柚带云黄。无端更读文通赋，纵不销魂亦可伤。

静夜思

老我艰难百病身，如何千里试[①]风尘。梦中一瞬归沧海，愁里三更卧汉滨。地近荆州方落拓，人如王粲苦逡巡。行觞拨闷浑无那，肠断灯前郢水春。

长林丰草本狂生，一入樊[②]笼暗自惊。客里年华摧老大，愁中儿女系离情。良宵独对江干月，魂梦常悬海上城。秉烛无聊乡绪乱，灯花剪落又还成。

---

① “试”，国图本作“是”。

② “樊”，本作“藩”，据国图本改。

江介

云黯兰台意怅然，汉皋亭下水如烟。南来江介梅花月，北望沧溟雨雪天。竹叶难倾粳稻酒，画桡苦忆木兰船。客愁已厌残更苦，银箭声高搅夜眠。

积阴

连朝暝色隐[①]长林，郢树萧条落叶深。楚地三冬孤客冷，江天十日九霄阴。泠泠雪意侵幽幌，悄悄梅花淡远心。却望浮云千里外，那堪回首故山岑[②]。

元佑宫诗

正德时，有纯一道人居元妙观，有道行，素与兴献王善。道人既没，王一日忽见其入宫，索之不见，宫中报世子生，盖道人后生也。迨世宗登极后，大建元佑宫于郢中，伟丽特甚。后来世宗四十年中崇尚元修、酷嗜醮箓，亦其夙尚耳。

轩皇曾此驻华胥，绀宇煌煌汉水隅。大内灵坛修五夜，羽人斗服备三孤。绛霄帝座通呼吸，广乐钧天梦有无。四十五年心力竭，乘云知否到元都。

三生石上毓灵奇，纯一仙翁践帝基。玉殿金铺干气象，雨花宝箓散葳蕤。千寻贝阙邻江汉，百里神宫亘地维。当日调元诸相国，瑶坛日日进青词。

送焦鹤亭返里

征车北发已骎骎，羡尔扬鞭返旧林。晓梦关河明月夜，离亭樽酒故人心。楚天橘柚风尘远，陇首梅花雨雪深。若见故乡诸父老，为言憔悴汉江浔。

岁暮感怀

欲向兰台散客襟，旅中愁病苦侵寻。山川异地淹行李，风雪他乡拥素琴。远眺尚迷荆楚望，归途未溯汉江阴。续骚为念严夫子，时命堪哀感寸心。

---

① “隐”，国图本作“阴”。

② “岑”，国图本作“吟”。

远游

远游吟罢对江湖，自古风流羡左徒。老病穷愁栖异地，东西南北愧潜夫。一时怀抱悲荆楚，千里山川吊郢都。欲拟灵均追大雅，输他扬马已前驱。

楚俗民间率皆一两家自为村落故多盗警

闾左人烟不可论，千家谁见接篱藩。太平生聚犹三户，冷落桑麻自一村。萑苇时闻风鹤警，椎埋不照覆盆冤。桓东年少知多少，何限锒铛入郢门。

郢中立春 腊月二十七日

三阳逼岁起繁忧，客向江干滞郢州。春到青归新柳眼，愁来白尽老夫头。楚山叠叠城隅出，汉水茫茫天际流。无赖东风动离恨，二千里外阻归舟。

东郊淑气转青蘋，丽日条风应律新。白雪楼前飘白雪，阳春台畔动阳春。谁知岁晚愁中客，仍作关山梦里人。辛苦他乡成独对，故园儿女隔红尘。

浃旬烈烈北风号，气转东皇象纬劳。南雪易销冬序改，江云欲散楚天高。春来路远迷秦岱，梦里人归去汉皋。自笑飘零张仲蔚，故园三径长蓬蒿。

来时迢递过重关，千里安能计日还。天外浮云遮海国，梦中明月照家山。银幡莫释愁颜苦，彩胜徒增旅鬓斑。无奈春光行且至，东风又度汉江湾。

郢中岁除

一辞故国向荆州，改岁行看动远愁。回首庚寅吾已降，惊心甲子序将周。百年日月风中絮，六十光阴水上沤。岂独伤离悲老大，经时雨露隔松楸。

到来泽国水烟深，不觉年光忽已临。楚地风和天亦雪，江皋岁暮日常阴。人从作客恒多病，梦里还家最系心。无可奈何良已矣，郢中聊复寄微吟。

楚国繁华亦足豪，万家歌舞拨檀槽。年光冉冉惊残腊，蓬鬓星星叹二毛。秋色离家沧海畔，阳春改序汉江皋。石城城下吹长笛，能使羁人梦亦劳。

云梦天低雾四垂，韶光应候发南枝。故国儿女乡心乱，异地风烟客子悲。万事无成惟叹老，一年只觉岁频移。沙堤门外千杨柳，安得遥攀百丈丝。

江国行看碧草芳，楚山排闼送春阳。风尘远隔天涯梦，冰雪惟增旅鬓霜。客久情怀如中酒，岁残寥落况他乡。神伤北望空翘首，不对辛盘亦断肠。

也知冷落旧柴扉，一到天涯愿竟违。五十九年弹指过，二千里外羡人归。

楚江冻合流澌下，郢路风来积雪飞。草草年华何必问，征途早欲换春衣。

寄远

深宵蜻蛚助凄其，梦里秦川五色丝。江国风寒人病久，楚天雪满鹤归迟。陆离琼珮羁愁远，销歇兰芳瑟调悲。漫卜金钱盼行役，剧怜摇落在天涯。

辛巳郢州元旦

春入江城曙色天，辉辉银汉挂檐前。一身浪迹三千里，半世浮沉六十年。手劈黄柑容我醉，吟成白雪几人传。安能马首凌风去，北望岧峣泰岱巅。

萍踪遥寄楚云东，杳杳离愁类断蓬。花甲一终真小劫，年光五夜启鸿蒙。晓看碧落残星外，春到梅花积雪中。何日故园归隐去，数声长啸驾天风。

半载来看汉水流，新年春事石城头。岁时荆楚占风土，云物江干发旅愁。万里黄尘迷北望，一星白发寄南州。安能策蹇东风里，故园逍遥访旧游。

江城人语自喧阗，竹屋幽窗静不眠。郢路迢遥迷故国，旅人憔悴入新年。椒盘会罢孤灯夜，柏叶樽开万里天。苦忆茅堂儿女辈，何时忭舞老夫前。

窗掩萧斋夜气昏，百忧惆怅悄无言。桃符只益离人恨，爆竹偏惊逆旅魂。梦里齐讴成郢曲，愁中海日照荆门。不堪远忆关山路，空对灯前富水春①。

海云渺渺阻风烟，丰乐楼前路几千。岁邸青阳开令序，镜中华发近衰年。愁深竹叶樽前地，人在梅花雪里天。安得便归归故里，春来馌饷上平田②。

赋得人日题诗寄草堂 高常侍句

人日题诗寄草堂，剧怜飘泊滞他乡。故园松径何时见，此地梅花亦断肠。迹似亡羊叹歧路，身非司马漫浮湘。山灵笑我归来晚，宁免移文下海方。

人日题诗寄草堂，岂知书剑阻炎荒。云迷栗里天涯远，路隔桃源梦里长。南浦渔樵劳问讯，北山猿鹤久凄凉。自惭寥落东皋子，楚泽萧萧采蕙纕。

---

①“春”后，国图本有小字“富水春，郢中酒名”。

②“田”后，国图本有小字“郢中有丰乐驿”。

人日后二日偶题

客心摇落汉皋亭，矫首他乡且复停。楚岫带云春寂寂，江天欲雪晓冥冥。已看白雁来湘浦，不少黄柑下洞庭。屈指上元佳节近，银花火树正青荧。

旅夜步月

银河烂烂俯前楹，万里长空夜气清。江月近人才数尺，郢城听漏已三更。汉阴雪岸冰初解，荆国春田草未生。独有羁愁幽绪乱，寒宵伫立不胜情。

观剧

郢上从来绝妙辞，金樽夜夜解酴醾。绮筵舞马行三爵，上客呼卢博六棋。楚蠵芬芳胜海错，江鱼白腻似蛮姬。娇歌艳舞留侬醉，醉看江天有所思。

白石阿郎在上头，曼声逸韵唱梁州。鹍弦羌管随瑶瑟，玉柱清商出画楼。旧曲自能歌子夜，新诗无路问西洲。侬今日日愁中度，不信江边有莫愁。

锦堂

锦堂春酒醉氍毹，何事萦思济水隅。归去难忘神女赋，揭来真羡步兵厨。瑶琴曲里湘江远，玉笛声中海月孤。安得青鸾千万里，一泓回指洞庭湖。

四明徐子犹成龙来楚中，失意将北游都门，作此送之

嗟君失意向京华，握手将离落日斜。共道徐公真最美，也如张俭未还家。囊琴江月人千里，拂[1]剑春风水一涯。却指日边愁远道，剧怜白发促行车。

怜尔凌云卒未逢，飘零入洛竟谁从。登楼一赋同王粲，避地终年如[2]蔡邕。弹铗萧条淹岁月，绨袍冷落历穷冬。遥知万里冲风雪，去度天边若个峰。

落拓穷途叹蒯缑，依刘又复去荆州。秦川公子方憔悴，南国词人亦倦游。江海谁贻青玉案，风尘独拥黑貂裘。五陵自是豪华地，北望浮云起暮愁。

有谁争识陆平原，万里仍非反故园。知己未能逢狗监，仙舟何处托龙门。

---

① “拂”，国图本作“短”。

② “如”，国图本作“类”。

才从违俗常多忤，事到因人欲断魂。交浅情深终一别，怜君歧路旅愁繁。

郢署元夕

上元佳节寄南州，云散遥空[①]宿雨收。千里羁人杯在手[②]，一年春色月当头。纵饶灯火催高宴，只是乡心动远愁。此夜玉绳低不转，银花历乱照江楼。

羽衣初试舞行[③]斜，鼓角声中接万家。爆竹雷鸣飞紫电，星毬云散走金蛇。巴童尽解天魔舞[④]，郢客争看火树花。此日太平无一事，兰台春色拂红霞。

金吾弛禁敞珠栏，队队酣歌去复还。鹤署鱼龙陈百戏，鳌头灯火驾三山。偃师啼笑逢场乐，鲍老蹁跹舞态闲。幸有主人能醉客，旅愁且为一开颜。

微雨初晴向汉津，文梁遗韵绕华茵。画堂银烛开芳宴，翠羽金文[⑤]照眩人。天上石麟来玉阙，云中宝马走香尘。拂翔莫惜杯槃舞，谁奏当筵白纻巾。

郢中初度诗

《离骚经》云“摄提贞于孟陬兮，惟庚寅吾以降”，是屈子生于寅月庚寅也。余亦生于寅月庚寅。薄游楚中，偶值初度，忆灵均览揆，栖江皋故地，而余命宫磨蝎，行年六十，亦将老矣。赋此[⑥]以销旅况。

青阳憔悴入新年，南国春晴泛野烟。皇览初过元夕后，良辰犹在百花前。香蘅隐隐生兰沼，回雁萧萧下楚天。惆怅王孙归去晚，眼看芳草欲芊绵。

去岁高眠碧海天，今年作客傍[⑦]江埏。引觞欲荐三闾庙，烂醉行吟七泽边。扶老正须鸠玉杖，征途将问木兰船。故乡望断不归去，愁对湘云意黯然。

不逐归云向北飞，松棚[⑧]烟锁旧柴扉。故乡道远[⑨]逢初度，楚俗风和换纻衣。遥寄二千余里外，宁知五十九年非。海鸥今识樊笼苦，长忆青溪锦石矶。

---

① “遥空”，国图本作“空天”。

② “杯在手”，国图本、《般阳诗钞》作“家在眼”。

③ “舞行”，本作“白题”，据国图本改。

④ “舞”，国图本作“队”。

⑤ “文”，国图本作“枝”。

⑥ “此”，国图本作“六章”。

⑦ “傍”，国图本作“汉”。

⑧ “棚”，国图本作“风”。

⑨ “远”，国图本作“途”。

晬[1]盘转瞬阅沧桑，六十年来两鬓霜。异地鸡栖方善病，故园儿女忆称觞。江天夜度潇湘雁，郢国春生薜荔墙。一醉且拼清梦稳，主人不惜郁金香。

笑我岩栖处士星，到来屡餍五侯鲭。高歌[2]汉渚无归日，沉醉江潭忌独醒。客久妻孥愁远道，年衰兄弟叹凋零。何堪此际离忧迫，强欲淹留且复停。

已是无因到故林，佳晨良友且相寻。兰陵美酒倾千斛，白雪高歌间一吟。入座寒梅侵梦冷，登楼春树隔江深。汉皋亭下无人问，落日浮云生远心。

咏毛遂

邯郸何必借春申，歃血南来亦苦辛。世上悠悠皆若辈，堂前碌碌总[3]因人。桀孟枉作平原客，珠履贻羞楚国宾。若使囊中无脱颖，当时谁拒虎狼秦。

卖浆屠狗尽呈身，慷慨谁能迥出尘。牛耳未能夸大楚，神锥那复御强邻。平时高宴三千士，妙选难凭十九人。恨杀庸夫皆肉食，章华台畔苦逡巡。

焦鹤亭出游塞上[4]

鹤亭述其昔年出居庸，历上谷、云中至张家口外，盖访其宗人焦辅臣参戎也。予壮之，为赋此诗。

辅臣豪隽士，昔见知于少司马石虹先生，鹤[5]亭伯父也。

北门锁钥久登坛，康乐当年侍谢安。公子翩翩青玉辔，元戎烈烈紫金[6]鞍。千山白草连天远，五月黄云出塞寒。此日长城防万里，与君谈笑说乌桓。

居庸天险接燕然，一剑登临落日边。纵未[7]铭功鸡鹿塞，何妨饮马鹖鹈泉。万年瓯脱关西路，千里金城蓟北天。回首卢龙形胜处，芦笳玉笛净烽烟。

楼烦旧地接无终，遥指天山气若虹。玉辔鸣鞭过上谷，锦裘走马入云中。黄羊五夜供晨爨，碧落千钟醉朔风。慷慨一为歌出塞，青虬紫燕羡豪雄。

---

① “晬”，本作“醉”，据国图本改。

② “高歌”，国图本作“留连”。

③ “总”，国图本作“只”。

④ “上”后，国图本有“诗”。

⑤ “鹤”前，国图本有“先生乃”。

⑥ “金”，国图本作“云”。

⑦ “未”，本作“来”，据国图本改。

郢中春夜大雪 正月二十三日[①]

画堂春雪积阶前，绿酒红炉夜不眠。象蔽弹棋行六博，银筝移柱听繁弦。离骚有恨哀湘浦，吴榜常思渡汉川。尚欲乞灵追屈宋，惊才猎艳万人传。

江城早起换新愁，湖海悠悠悔浪游。夜雪连天无过雁，晓风入户劝披裘。看云对客仍调鹤，拨闷题诗更上楼。春色中人如中酒，何时归泛木兰舟。

江天宿雾[②]久氤氲，寒鸟惊栖静夜闻。绿草含娇愁积雪，苍松排干欲凌云。狂歌郢曲人争和，晏坐炉香手自焚。儿女情长非俊物，弃繻不敢笑终军。

征途欲去尚[③]迷津，隔岁风尘亦苦辛。江面寒鱼惊避雪，沙头宿雁悔乘春。人如叔夜方称懒，气似元龙未是贫。惆怅临渊空有羡，汉皋我欲静垂纶。

春雪夜晴

东风习习片云轻，坐见飞烟散郢城。楚地春来多曀晦，江天雪后喜新晴。疏星影地天街静，微露光中夜气清。银箭漏残浑不寐[④]，铜盘红日照人明。

中和节

回首青山计已非，瑶琴寂寂冷金徽。一身兀自栖南郡，五夜空劳梦北归。坐见梅花如雪落，愁看江鸟带云飞。不堪又度中和节，春色平分换客衣。

中和节后二日移居听江楼

旅榻初移宿雨收，凭高凝望迥生愁。参差郢树千重合，浩渺江烟十里浮。谢朓题诗劳北顾，元龙乘兴寄南州。他时忆远伤心处，应念城隅百尺楼。

梅花落处破新橙，徐稚深居远世情。北枕石城依雉堞，南临汉渚听江声。兰台暮雨烟云绕，楚甸春风夜色清。况近高斋琴鹤侣，更无尘迹到帘旌。

登高不使旅魂惊，竹几绳床相与清。入耳江涛宜静夜，当楼山色爱新晴。绮疏月自窗中见，画栋云从槛外生。尤喜楚中芳草地，一庭花发尽香蘅。

---

① “雪”后，国图本有小字“四首”，无“正月二十三日”。

② “雾”，国图本作“务”。

③ “尚”，本作“向”，据国图本改。

④ “寐”，国图本作“觉”。

听江楼赏梅

回忆南来路几千，春风杨柳渐含烟。愁肠九曲如江汉，魂梦三更入海天。赖有梅花频命酒，未随兰渚泛归船。郢城亦是繁华地，羌笛声中听管弦。

盆梅 枝干古甚，作偃松状

素质何年好护枝[①]，横斜疏影散葳蕤。清芬淡淡罗浮梦，偃盖亭亭玉树姿。霜干欲凌三尺雪，冰心何减万年枝。自惭不是林和靖，错认孤山夜月时。

水仙

七宝妆成世所稀，蕊珠宫里斗芳菲。琼台夜月留天女，洛浦回风羡宓妃。摇落江潭双玉佩，真疑云际六铢衣。汉皋亭下春将暮，曾见惊鸿照影飞[②]。

感赋

非向湘潭赋卜居，野人那不忆吾庐。乡书夜夜思黄耳，旅馆朝朝食白鱼。久客汉江逢社日，故山薇蕨发春余。桑麻栗里应无恙，只是难忘下泽车。

楚中杂诗

愧我沧洲石户农，遥从鄢郢寄萍踪。汉江雨洗黄茅瘴，楚岫云迷紫盖峰。客久林峦啼谢豹，人来湖海卧元龙。豪游南国探奇地，绝少论衡秘蔡邕。

无端远道久踟蹰，不是忘归恋酒垆。精卫飞来终向海，湘江水涸不成湖。灯前镜听烦儿女，汉渚羁留愧老夫。郢树荆门多少恨，不堪夜夜听啼乌。

家在茱萸第几湾，松筠萧瑟掩柴关。一时海客伤留滞，千里江程未议还。路隔郢门金港水，天清楚塞玉泉山。便应命驾桃源去，人世红尘不可攀。

汉上江花已露春，客来惊坐少陈遵。潇湘水远方回雁，山鬼吟成若有人。作客欲求千日酒，思家安得七香轮。腰缠不必论多少，鹤背惟期到海滨。

风尘岁月苦蹉跎，客子空惊两鬓皤。地近鬼方工祝觋，人随巴濮听渝歌。

---

① “枝”，国图本作“持”。

② “飞”，国图本作“归”。

汉津比户繁渔稻，水耨千家谢绮罗。此去长沙千里外，如何卑湿遍江沱。

月夜

徘徊清夜苦吟身，遥忆乡关倍怆神。云覆寒阶方睡鹤，月怜孤馆未眠人。江声入户频惊梦，郢树临风渐放春①。何日东山归旧隐，可怜泽国尚迷津。

郢中春兴

汉皋春日发青蘋，落落雄风动水滨。地接洞庭湖上月，人归沧海梦中身。弄珠堤畔怀仙佩，智井庭前吊楚臣。犹喜江边千亩竹，湘娥泪尽染湘筠。

微寒不耐晓风吹，身似蓬科任转移。异地人情看自别，他乡饮食渐相宜。由来兰泽多芳草，自昔风流寄采芝。莫笑巴人兼下里，如今遍是郢中儿。

散绮余霞照眼红，谢家赋物最能工。飘零改岁栖湖北，老病逢春忆海东。芳草芊绵梅尉宅，愁云来去楚王宫。君山只在长沙外，遥指湘云积水中。

谁从沅浦问湘灵，聊寄清吟白雪亭。汉水鸭头千顷绿，楚山螺髻四围青。云中宾燕来衡麓，天外鲸涛接洞庭。自到南州乡信断，不堪回首望沧溟。

登郢城

红尘道路浩茫茫，客子凭高忆故乡。云梦春风回楚泽，湖天落日照熊湘。濯缨愧我从渔父，对酒从人唤渴羌。独有旅魂招不得，梦中夜夜到扶桑。

郢中五色石

射堂石子玉无瑕，似共铅松出海涯。怪石供中依定水，齐安江上露晴沙。晶晶丽色流文藻，烂烂云光炫②彩霞。满目珠玑看不尽，真疑琼岛列仙家。

---

① “春”，本作“香”，据国图本改。

② “炫”，国图本作“红”。

昆仑山房郢中集卷三

七言近体

用楚辞起句

悲莫悲兮生别离，关心儿女隔年期。故园松菊多寥落，异地风烟尚逶迤。花竹经纶原不恶，江湖波浪总凄其。那堪惆怅南云外，欲理归装恨已迟。

有寄

乡关千里镇依依，肠断流黄织锦机。郢国三更惊夜漏，汉江二月试春衣。思家不为空怀土，望远安能即当归。无限离愁谁与寄，满空寒雁不停飞。

郢门春思

齐客淹留且未还，郢中形胜一开颜。天回襟带雄江表，地控蛮荆接楚关。涢口千年黄石洞，汉江百里翠屏山。怪来不得乘风去，五客堂中有白鹇。

地近巫山晓梦通，淡云疏雨湿兰丛。九回肠断思河北，千折江流傍汉东。神女赋成香旖旎，瑶筝柱列玉玲珑。细腰长鬣传终古，谁见章华有故宫。

探奇昨岁下沧溟，千里遥来验水经。泽畔采芝寻玉佩，云中鼓瑟问湘灵。长江动地浮烟霭，远树连天入杳冥。今日渐于南岳近，依稀望断九嶷青。

汉江千里下襄樊，寄迹名都采杜荪。入郢尚传三北怨，吴与楚战于柏举，楚师三北，吴遂入郢。沅湘遗恨两东门。屈子《哀郢赋》云："孰两门之可娱。"今郢城仍有大东门、小东门。雨云莫赋楚王梦，兰菊难招屈子魂。今日山川重萧瑟，惟余芳草忆王孙。

旅馆萧萧鬓渐皤，炎方二月正阳和。楚风自昔流文采，郢曲从来掼和歌。卢橘当筵消病渴，箨龙佐酒醉颜酡。南州应是繁华地，此日风尘可奈何。

揭来何事恋江城，临水登山一怆情。愁病萧条人易老，倦游坎壈志难平。天涯晓梦迷乡国，羁旅雄谈仗友生。赖有汉滨芳草路，年年依旧长香蘅。

旅客凄凄寄汉津，眼看淑气转青蘋。东风入夜来惊梦，春雨微寒欲中人。

水国天阴喜[①]见日，江乡地湿静无尘。聊将一醉消离恨，不厌深杯酒入唇。

久别西溪薜荔裳，却来南国佩兰芳。绝怜入馔江鱼美，雅有和羹楚酪香。华烛金堂行象蔽，哀丝瑶瑟定空桑。生涯烂醉真长策，聊复清酣卧竹房。

南国

南国佳人清且妍，莫愁不见意凄然。波连湘水一千里，雁落云和五十弦。春草萋萋迷郢路，雄风飒飒下江天。袁宏欲作西征赋，无奈离愁自去年。

江城春望

谁于天外问昭丘，行李淹留滞郢州。瀛海人迷千里道，石城花发隔年愁。江从树杪烟中见，云向山腰洞里收。啼鸟亦知春色好，声声杜宇唤归舟。

汉东形胜亦雄州，白雪销沉百尺楼。日落湖心当夏口，江从楚尾下吴头。游人未结幽兰佩，芳草空生杜若洲。欲赋小山销旅况，不堪猿啸使人愁。

东风无处折兰薰，愁里啼猿不可闻。江路断云来楚峡，湖天鼓瑟隐湘君。波回汉水思鱼素，日落巴陵过雁群[②]。惭愧仲宣萧摵[③]甚，难将书剑赋从军。

天阴曲渚走龙蛇，湖[④]泊森森万柳斜。沔水东流通七泽，夷陵西去控三巴。云中丹鼎梅仙宅，汉上茅堂仲尉家。无奈旅愁难自遣，春来沿岸弄江花。

吾家遥在太行东，万里明霞一望中。江上远峰青不断，天涯芳草绿无穷。鹧鸪声里悲春色，鸲鹆飞来啸晚风。欲写离情成别赋，难将彩笔拟文通。

兰台

风流文采忆雄才，从岵峰头一望开。山接石城张楚国，天留暇日上兰台。阳春烟景连云幻，侵晓江风动地来。自昔骚人游乐处，漫从七发拟邹枚。

① “喜”，国图本作“稀”。

② “群”，本作“峰”，据国图本、《般阳诗钞》改。

③ “萧摵”，国图本作“萧瑟”。

④ “湖”，国图本作“湘”。

楚中春兴

江国青山碧四围，春来群卉竞芳菲。洞庭湖外波东注，衡岳峰头雁北飞。迁客悲歌鹏鸟赋，楚人风俗薜萝衣。遥连三径荒芜甚，松菊陶家事尽非。

水如罗绮草如烟，郢树临风最可怜。仙侣弄珠传汉曲，洞庭广乐忆钧天。红桃花发江梅后，白雁春归海客前。遥想美人迟暮日，谁攀逸驾步芝田。

暮暮朝朝入梦思，谁知宋玉托微词。天连汉沔通三楚，路入潇湘近九嶷。白雪歌成难属和，兰台风起辨雄雌。谗夫自古如鸩鸟，唐勒青蝇又一时。

江枫乌桕蔽征舻，摇落怀人对井梧。巫峡片云迷楚岫，湘潭细雨长蘼芜。鹧鸪叫月黄陵庙，蛟鳄乘春青草湖。自笑海边鸥鸟伴，尚能冉冉府中趋。

春忆

远游不觉滞江湄，漫向红尘感路歧。坐对楚山云入画，渐看春日柳如丝。愁来亦复寻残梦，客里无聊改[①]旧诗。最是旅人寥落处，山中薇蕨定应肥。

无端乡思寄[②]天东，万里黄尘路未通。楚国鹍弦萦夜梦，江干兰棹待春风。烟沙莫释湘累怨，蔓草烟[③]沉帝子宫。落尽杏花朝雨后，惊心香雾远蒙蒙。

自从命驾出云峦，隔岁豪游兴已阑。丽日辉辉萦碧草，光风习习泛红兰。经[④]年楚俗逢春色，十里江云送晓寒。回忆故园农事动，关心八口腐儒餐。

非向桃源[⑤]觅落花，幽人端合老桑麻。木奴未种千头橘，野墅谁浇五色瓜。荆楚纵然称乐国，江湖不忍当浮家。春来更使思归急，苦忆城南万柳斜。

汉水津头去路遥，故乡弥望黯魂销。鼋鼍向夕横生浪，樯橹乘春欲趁潮。泽国风寒烟漠漠，楚天云暗雨萧萧。独怜憔悴江潭者，不得行归怨寂寥。

郢中漫兴

千年郢树长烟梢，老屋鳞鳞但覆茅。地折江流存禹迹，天回雁字写羲爻。懒云出岫仍归洞，倦鸟投林似恋巢。物理静观皆若此，旅人何事滞江郊。

---

① “改”，本作“故”，据国图本改。

② “寄”，国图本作“系”。

③ “烟”，国图本作“湮”。

④ “经”，国图本作“一”。

⑤ “源”，国图本作“园”。

岁华冉冉忆征途，久别高阳旧酒徒。湖近郎官思李白，人逢歧路泣杨朱。烟迷汉渚空洲远，花落江城片月孤。屈指春光能几度，野人常是念枌榆。郎官湖在沔阳，去郢中二百余里。

晴春万里一登台，惟念沅湘作赋才。出塞宾鸿犹北度，营巢海燕自东来。郢中最厌巴人唱，江上谁怜庾信哀。花落花开俱是恨，故园尺素几时回。

琼树安能解渴饥，今年不采北山薇。露桃片片当阶落，春燕盈盈贴水飞。拨闷自倾郢水酒，余寒犹著故园衣。也知梦里归无益，犹胜朝来竟不归。

登山临水送将归，说到将归愿又违。异地风烟心不耐，故园卜筑计全非。愁眉江汉东流去，难逐征鸿北道飞。鹤怨猿惊今日事，山中久废芰荷衣。

斜日楼台起暮烟，客心瀁瀁转凄然。九回肠断非今日，千里人来已隔年。绝少鱼书传栗里，更无琼佩请芝田。何时行色匆匆去，一棹轻风渡[①]汉川。

登郢城

郢中暇日一徘徊，阅武门边踏碧苔。郡郭万家依岭畔，江光一带抱城隈。楼台高下因岩势，雉堞参差半草莱。北望平原正无际，依稀驿路此中来。

高低十里见雄城，设险因山旧帝京。楚地风和春草绿，郢郊天阔野烟横。岧峣峦岫云中出，襟带江流树里明。遥对荆门称重镇，上游久练水犀兵。

共上高城一望开，江风拂地亦[②]雄哉。兰台左顾双龙绕，襄汉南流千里来。颂橘吟成湘客怨，离骚赋就楚臣哀。独怜春雨关山道，北望家乡首重回。

千尺谯楼带夕岚，东风丽日柳毵毵。家山迢递迷天北，烟水空蒙接汉南。岂为和歌来郢里，深怜屈宋吊湘潭。春光又老江城畔，只是离愁百不堪。

三闾庙

当日三闾怨正繁，左徒失职寄湘沅。封狐掉尾惊千里，虎豹扬威隔九阍。帝命巫阳招下土，魂依宋玉入修门。楚天兰芷知多少，采采江头落日昏。

写忧

繁忧缭悷正无方，山泽彷徨耿未忘。猿狖三声乡梦断，蝮蛇歧首旅人伤。

---

① “渡”，国图本作“泝（溯）”。

② “亦”，国图本作“一”。

月明倍觉江天[1]远，离恨空随楚水长。落拓迩来憔悴甚，含愁兀自寄炎荒。

咏怀古迹

楚王游乐拥蛮姬，梅尉飞仙出世姿。御舸犹传龙凤港，神丹已炼鹤龟池。香风久逐江流去，金鼎宁同岁月移。徒使旅人增[2]感慨，春风又上万年枝。

武庄两世赖闺帷，王后皆传间世姿。胸有成谋推邓曼，人从谏猎想樊姬。乾坤隽气留巾帼，荆楚英华聚黛眉。斗比虞丘俱碌碌，相形终是逊雄奇。

谁访灵妃向大川，洪流曲曲自回旋。江花两岸留渔父，郢树千林哭杜鹃。鲛室走盘珠是泪，荆山剖石玉含烟。九歌终古传哀怨，魂梦难忘带药荃。

赋就高唐此定殊，阳春台畔近夔巫。多情漫笑登徒子，孤愤谁怜屈大夫。云梦烟深生杳霭，潇湘天阔入虚无。玉钗罗袖千秋艳，赢得风流说郢都。

石城山起石城东，龙势盘旋入郢中。一派群峰看不断，双鸾对峙若为雄。层台云锁留江国，旧邸烟消没楚宫。往迹闲凭增太息，夕阳千里起悲风。

旅人摇落吊沅湘，终古销魂杜若香。江汉蜿蜒三澨水，峰峦回合九龙冈。松林已散真人气，陵墓翻为刍牧场。间数废兴伤往事，寒鸦点点下斜阳。

武帝巡游万里空，神尧十五继兄终。枌榆故国留江汉，汤沐新恩逮沛丰。石上三生元妙观，天边五凤启祥宫。威加海内归来日，云气飞扬咏大风。武帝指明武宗，神尧指世宗，世宗前身为元妙观道人，生于兴邸之启祥宫。

飞龙殿在石城中，碧瓦销沉感旧宫。从岵山头鸾辂去，阳春台下凤楼空。犹传万乘回仙驭，无复千官侍射熊。惟有兰台凭吊处，楚天依旧见雄风。

春雨

春雨潇潇入竹窗，客来淹滞在南邦。楚天一鹤翔千仞，汉渚双鱼下九江。授简未逢苍水使，归途难问木兰艭。风尘万事空回首，只是愁心未易降。

题听江[3]楼

东风久已到江楼，芳草王孙尚滞留。旅馆柝惊千里梦，郢城钟送五更愁。

---

① “天”，国图本作“乡”。

② “增”，本作“憎”，据国图本改。

③ “江”，本作“雨”，据国图本、《般阳诗钞》改。

雁书望断天涯隔，鱼素难凭汉水流。遥想故园今夜月，灯前儿女说南州。

排闷

羁栖隔岁未能还，屈宋风流不可攀。人比江云心共远，兰生楚泽态常闲。阳春既已开烟景，叔夜何妨倒玉山。尤幸醉中千里月，独寻残梦到[①]乡关。

离居

离居苦忆四松斋，老屋萧萧孝水崖。楚客兰荪宜佩带，晋人土木作形骸。深愁异地春如海，稍喜江乡酒似淮。皂帽青鞋归去好，鹿门妻子隐能偕。

郢城闲眺

习习东风万里回，登高长啸一徘徊。楚云黯淡无朝暮，江水横冲自去来。郢曲数人而已矣，灵均千载尚悲哉。谁怜王粲飘零苦，慷慨犹能赋七哀。

一上高城自解颜，凭虚百里眺雄关。春云漾水银沙白，晓雨清尘锦石班。郢树临江施画障，楚山如黛锁烟鬟。微吟雅有登临兴，滞迹名都久未还。

汉皋百折碧流斜，安得乘波上小槎。岸远荆门迷楚甸，人从郢路渡江沙。林端山色通诸岭，郭外村烟接万家。千里欲归归不得，始知天末隔云霞。

登高时向石城坳，曲巷苍苍碧藓交。云锁幽林盘鹳鹤，风回大壑舞潜蛟。先贤历历传荆楚，胜地人人说[②]郢郊。每见岁时勤社鼓，纷纭野老走灵旓。

彭泽仙人未放衙，闲随鹤步女墙斜。江从树里明如练，山接城中曲似蛇。带雨烟光连十里，微寒树色冷千家。东风尽日催归雁，叫落青天起浅沙。

悔游

闭关老矣旧王符，惭愧林皋山泽癯。千里羁愁思渤海[③]，五更春梦落江湖。淡烟北渚生兰杜，芳草东风听鹧鸪。明月一轮天似水，愿随鹤羽赴齐都[④]。

---

① “到”，国图本作“出”。

② “说”，国图本作“托”。

③ “海”，国图本作“澥”。

④ “都”，本作“州”，据国图本改。

离骚曲六首 以下二十首皆贻楚人，使歌以祀屈宋，用继大招

莫问灵修上玉阶，当年姱节久沉埋。续骚刘向闻三叹，入楚王褒赋九怀。兰芷芳洲依汉渚，蘼芜春路入江崖。争光日月千秋事，怊怅椒丘水一涯。

九畹华滋不易寻，彭咸哀怨有遗音。蛾眉自古工谣诼，戆[①]烈从来竟陆沉。雅有清芬悲橘颂，自将幽洁配兰心。东风飒飒神灵雨，恨逐湘江百尺[②]深。

楚地山川气郁森，投波片石感雄心。天边芳草连湘浦，湖上愁云接汉阴。南国骚人增怅结，东皇太乙奏哀音。贾生兀自能前席，不道怀沙怨更深。

到来大楚见遗民，天问何妨辨假真。不分[③]郢人歌下里，难[④]从宋玉赋东邻。灵衣自昔尊司命，上帝从来忌逐臣。琼佩缤纷终古怨，招魂旧恨莫重陈。

千载巫阳郁不伸，九歌九辨苦沉沦。到来风物悲荆楚，雅有雄词寄汉滨。不见灵均多少恨，欲援宋玉暂为邻。青青芳草江皋暮，兰叶萌生未可纫。

兰菊年年重礼魂，文狸赤豹降鱼轩。九章作赋才人怨，千古登坛楚客尊。云梦赐田余蔓草，汨罗寒浪泣湘源。长歌我亦思公子，只是踟蹰未敢言。兰菊礼魂见《九歌》末章。宋玉作《小言赋》，楚王赐以云梦[⑤]之田。

离骚迎神曲

涔阳江上问烟波，滚滚香尘奈若何。风马云车湘女下，瑶琴羌笛楚人歌。渴龙但得餐灵瀣，饥凤何难觅玉禾。明月一天清露冷，碧鸡晓唱落银河。

虎豹狺狺帝阙虓，飞烟蔽日隔灵旓。凤凰争食同鸡鹜，兰茝无香覆草茅。贝锦诪张移楚社，灵均憔悴步江郊。若英结佩思延伫，愿得郢中荐蕙肴。

苍梧碧汉接长空，江水沉沉上有枫。屈左徒来风惨淡，湘夫人去月朦胧。云封苦竹斑斑泪，花染啼鹃片片红。矫首风尘天地老，灵修娩倩谁通。

汨罗终古恨难消，江上悲风赋大招。悬圃琼糜仙液注，瑶池仙管凤凰调。神芝奕奕生三秀，善睐亭亭羡二姚。想像余魂归郢日，秦篝郑络总逍遥。

灵修来止气氤氲，车似清风马似云。小雅声多终有怨，大言赋就浩无垠。一歌哀郢传幽愤，长剑摩天挂碧雯。帝子终然来北渚，春兰秋菊献清芬。

---

① “戆”，国图本作“壮”。

② “尺”，国图本作“丈”。

③ “分”，《般阳诗钞》作“道”。

④ “难”，《般阳诗钞》作“谁”。

⑤ “云梦”，本作“云楚梦”，据国图本改。

炎方水藻荐清蘋，憔悴江干忆楚臣。龟策何须烦太卜，醉醒不必问渔人。湘娥翠袖方来去[①]，山鬼萝衣愿结邻。灵保殷勤修岁祀，芳洲清淡[②]水粼粼。

离骚送神曲

繁会遗音续九歌，乐神郢上共婆娑。湘灵隐隐弹瑶瑟，山鬼呜呜带女萝。楚国春和行雨早，兰台地敞受风多。请君莫笑巴人曲，下里詹詹可奈何。

虞渊日月走双丸，侘傺江皋[③]觅蕙兰。容与回车鸣玉驷，陆离长铗切云冠。振衣万仞悲风急，濯足三湘落照寒。只有旅魂招不得，汀洲要渺且盘桓。

漫向江潭赋卜居，天门有路渺愁予。已招鸾凤为前导，更饬丰隆戒后居。梦入阆风寻逸驾，手攀若木钓神鱼。沧洲白石归来晚，又傍兰皋佩玉裾。

泽畔行吟水一方，谁将清浊问沧浪。黄陵月黑江妃泣，碧汉波深海若藏。郢国大招哀楚些，巫阳写怨中清商。惟余千古湘潭侧，缓节安歌荐桂浆。

若有人兮被石兰，芙蓉为佩玉珊珊。楚天有恨留残雨，江水无波起暮寒。河伯共游朱贝阙，湘娥笑倚碧琅玕。天门咫尺排阊阖，拟驾飞龙振羽翰。

桂糈椒浆楚水滨，筵篿吉日卜灵氛。愁听春雨啼黄鸟，坐见江天起白云。玉剑琳琅歌太乙，兰旌容与礼湘君。寒风入暮哀歌散，嗷嗷猿鸣不可闻。

离骚远游曲

连蜷仙佩芰荷裳，鶗鴂先鸣百草芳。自到西崑乘騄駬，手援北斗酌琼浆。洧盘动地鱼龙变，汤谷无波日月长[④]。搔首问天天不语，何时继马向扶桑。

南冠岌岌带江蓠，披发行吟又一时。罢钓灵鳌过弱水，惯[⑤]骑天马到咸池。巫阳下召称齐缕，穆满归来葬盛姬。笑折疏麻云外立，鸾车琼珮自逶迤。

---

① "去"，国图本作"下"。

② "清淡"，国图本作"淡淡"。

③ "皋"，国图本作"干"。

④ "长"，本作"多"，据国图本改。

⑤ "惯"，本作"掼"，据国图本改。

郢中[1]春望

遥从九点辨齐州，浪迹飘零郢上游。云散楚天青似黛，风微[2]江水绿如油。南来大泽依龙窟，北指乡山接蜃楼。安得翛然千里去，乘飙直到海西头。

樠木山头古战场，名都形胜郁苍茫。群峰黛色趋云杜，千里江声下汉阳。天外晓烟遮郢树，城隅曲水护银塘。遥连纯德山前路，野鸟飞飞出苑墙。

当日亲藩入帝京，百年宫阙失峥嵘。兰台春满王孙草，雉堞烟寒太傅城。画鹢牙樯沿岸下，青蘋白芷隔江生。汉阴亦有忘机者，抱瓮由来远世情。[3]

沙洋形胜楚江堤，两岸千行锦树齐。诸道星罗荆上下，群峰列笏汉东西。江枫宕漾飞云薄，山霭空蒙落日低。几曲巴人听不得，胥台荒草更凄迷。荆郢为上荆南道，郧襄为下荆南道。

偶呈讱庵先生

陈蕃下榻在南荆，徐稚遥来江上行。湘竹簩龙青玉版，鸾刀缕鲙白鱼羹。金花滩隐孤舟远，蛇阜城连万堞平。共醉君家冰署里，阶前海鹤向人鸣。

城头孤射是名都，四世交游道不孤。莫负鸣鸠催布谷，喜从幽鸟劝提壶。折腰不必矜三异，束带何妨长五湖。彭泽萧萧真傲吏，故园松径久荒芜。

出郢城

昨夜刀环梦里萦，鸡栖冷署郁中情。晓风拂袂来江郭，久客惊心出郢城。野坞花开增旅况，智湖水涸见春荆。遥思故国山堂畔，何日高原陌上行。

过青莲庵

偶尔香积涤尘氛，静里青莲不可闻。花信将开三径雪，竹光欲散一溪云。巢乌影自烟中下，清磬声从殿外分。半日浮生那得住，闲随马足蹋晴曛。

---

① “郢中”，国图本、《般阳诗钞》作“郢城”。

② “微”，《般阳诗钞》作“催”。

③ “情”后，国图本有小字“相传城乃羊太傅所筑”。

纯德山谒显陵 十六首

时康熙辛巳二十二日也[①]，有游记在别编。

当日分桐本大藩，松林山下葬高原。河间文雅天潢近，献皇帝能诗赋[②]，且与河间王同谥。骠骑园陵叔父尊，骠骑，东平王官号，汉章帝葬其叔父东平，备极典礼，明武宗之葬兴献也亦如之。列嶂四围真帝宅，三阶九级照龙门。惟余石鼎罗丘垄，犹识坛前旧象尊。

鱼灯终古闭珠衣，荐豆陈禋事已非。金锢骊山炎火灭，鼎移汉腊赤龙飞。明末壬午六月，献皇帝忌辰，百官方祭，忽大雷雨，见一龙自员池中飞去。冬青一树无须植，蜀魄[③]千年竟不归。祔葬玉舆来万里，奈花声里想依微。古者皇后之丧歌奈花，谓章圣太后南来祔葬也。

百尺天阶仰面看，石栏历历碧琅玕。岁时想像千官入，松柏依稀五粒寒。玉阙焚余惟赤壁，牧童拾级上黄坛。显陵甘露当年瑞，嘉靖末年，守陵大珰奏甘露降于显陵松柏，遂告郊庙。万木凋零尽已残。

攲斜断碣字朦胧，仿佛龙章炫彩虹。金粟荒堆当落日，灵衣缌帐卷悲风。神归隧道重城闭，草覆斋房辇路空。独有苑中千亩竹，行人来驻玉虚宫。禁城内员池东逝年置一玉皇宫，内多花竹，想改斋房而为之者。有全真在内代陵户矣。

华表千寻倚碧霄，层层瑶阙付渔樵。禁垣高下依山阜，野水潺湲入洞桥。此日松楸归爨燎，故宫禾黍长新苗。剧怜三尺金城柳，拂水和烟伴寂寥。

天子冈头出远林，天子冈在纯德山西南。寝园柱础拟球琳。陵前一切俱用白玉石，琢磨最工。桥陵弓剑千年在，壁水蛟龙百尺深。享殿前绝大，员池最为深广，内有自然泉，时时有[④]龙吟。复道凤楼春寂寂，穹碑螭篆昼阴阴。艰难七叶神龙祀，此地曾闻奏玉音。

园陵一带接荒芜，剑佩神游定有无。坏道哀湍鸣残濑，颓墙败瓦走鼪鼯，空余龟趺依翁仲，谁向龙髯识鼎湖。当日松林摇落尽，三泉何处问金铺。

白云漾漾覆菁茅，终古荒陵托郢郊。今日野烟消紫炁，当年霹雳走黄巢。闯贼欲掘显陵，忽雷雨大作，击死贼数人，乃止。呜呼，异矣！清宵夜月龙吟苦，芳草寒林鹿迹交。遥想江天人立[⑤]后，冷风萧飒降灵旓。

---

① “辛巳”后，国图本有“二月”二字，“二十”前衍一“二”字。

② “诗赋”，国图本作“赋诗”。

③ “魄”，国图本作“帝”。

④ “有”，国图本作“闻”。

⑤ “立”，国图本作“去”。

东平文采冠崇班，地下追遵慰御颜。金虎不闻腾冢上，玉鱼谁见出人间。烟霞肆映江湖远，天棘常留日月间。野火高原寥落甚，至今遥接九龙山。

黄狐苍兕走云峦，路马犹从御道看。享殿已随荒草没，祠官无复玉珂寒。春留云影遮天禄，天禄，石兽名。落日回风扫石坛。不及孝陵钟阜地，兴朝异数降鸣銮。今上甲子南巡时，躬祭明太祖高皇帝孝陵，真异数也。

凤入燕山炫彩霞，茂陵帝胄本天家。献帝乃纯皇帝次子。银池谁识金凫雁，辇路空存玉辟邪。辟邪，亦石兽名。刍牧不遗寒苑树，野棠犹发寝园花。中都天寿皆如此，回首松陵莫漫嗟。纯德山，原名松陵山。

当年宝册奉明堂，三易龙纶大典光。按：嘉靖初年议礼，凡三易，诏书曰《明伦大典》。睿藻尚传江汉赋，风流不数竟陵王。献皇尝作《江汉赋》，甚工丽。南齐竟陵王萧子良有文名，亦封于郢之竟陵。铜驼寂寞埋幽壑，玉柱峥嵘被薜裳。赖有罗峰张相国，犹从奕世焕云章。

当年圣母显陵归，寝殿萧条葬副袆。蒿里金蚕迷野烧，石泉玉碗护灵衣。已无龙驭传清跸，谁复熊罴守翠微。落日荒郊人去尽，闲云冉冉不停飞。

寒泉怪石枕山腰，湖泊当门去路遥。三户遗民双涕泪，群峰雷雨百灵朝。鬼车杜宇啼幽树，白月青磷照绛霄。原庙衣冠何处是，不堪极目莽萧萧。

南冈立马最销魂，纯德山头望寝园。环拱九霄连象纬，蜿蜒两翼似儿孙。香炉岁月留幽壑，陵户年来散远村。惟有寒泉流不尽，春来瀰瀰出颓垣。

长陵抔土尚峥嵘，火入荒原震九京。丘垄渐成狐兔穴，沧桑应使鬼神惊。百年旧迹遗黎见，十里归来御道平。当日设防烦柱史，贼庭舞蹈丐余生。闯贼陷郢城，巡按李振声职在护陵寝，贼至而降之，且与通谱。

自纯德山归登东冈西望汉江

楚云宕漾照江清，终古洪波对郢城。绿水临风如练白，银沙晃日接天明。长空烟树微微辨，远岸帆樯叶叶轻。回首何堪西北望，迩来归路阻长征。

郢郊即景

石城城外气氤氲，傍水寻幽远世氛。竹叶一林摇碧玉，菜花千顷散黄云。风吹人面春光暮，马走山腰驿路分。此日徘徊郊郢外，汉家丰沛接榆枌。

自樠木山归入阅武门 郢之大东门也

樠木山头归路赊，楚王古庙起长嗟。江村一带遥临水，郢树千重尽放花。近郭迎风驱细马，投林背日见寒鸦。归来烟火通阛阓，阅武门前落照斜。

东望群峰百里横，繁花照眼近清明。野塘水满春多雨，山郭人归暮入城。南浦风回来汉渚，北邙日落起松声。邵陵曲水今犹在，苦忆流觞万古情。

思家

庭际苍苍长绿苔，思家不敢数登台。天连楚泽春风远，云起江楼暮雨来。三尺蒯缑容我傲，数行旅雁向人哀。此身痛饮不归去，一任年华客里催。

听江楼见春燕来营旧巢

社日春深已浃旬，喜看双燕舞香尘。江楼旧垒应怜汝，海峤初归不避人。哺子呢喃他日事，衔泥来去此时频。合欢白玉堂前地，不负营巢最苦辛。

忆郢郊旧游

回首清游系远心，郢郊沙路净无尘。一林幽竹清舒荫，十丈春潭绿照人。孟襄阳《汉水》诗有"春潭十丈绿"之句。石子迸珠弹马足，古乐府有"石子弹马蹄"之句。蘼芜如绣当文鞇。江山平远真难画，谁写芳原淡淡皴。

郢中上巳阻雨不得出游

每逢令节易沾裳，才过清明耿未忘。天为东风生夜雨，人从曲水忆流觞。东郭外有曲水池，梁邵陵王修褉地也。地邻溱洧吟红叶，路隔湘沅采蕙纕。今日兰亭虚上巳，风流谁继邵陵王。

祓除此日阻游遨，苦雨来侵范叔袍。修褉纵然宜水国，采兰安得步江皋。永和旧事传千载，少长相看叹二毛。修竹茂林知不少，独怜旅病自萧条。

汉江春夜大风，旅舟恐不免飘溺之患，诗以叹之

风起南溟徙大鹏，洪涛白浪若云崩。楚山猿鸟增凄切，汉渚蛟龙尽沸腾。

天际群帆呼水伯，滩头百里断渔灯。谁知此日波臣怒，泽国惊魂自不胜。

昨夜黄云障碧虚，兰台凉飔袭人裾。惊心桂棹三千里，渐水篷窗五丈余。无奈冯夷斗风伯，恐随屈子葬江鱼。鲸涛鲛室公无渡，何似安驱下泽车。

苦雨

无边草色远凄凄，不得归与过大堤。树里莺声穿柳叶，梁间燕垒落香泥。此时苦雨闲凭几，何日还山自杖藜。共道石城行乐地，争如高卧海云西。

旅怀

吾家万里接蓬瀛，楚泽扁舟一叶轻。放浪江湖称漫叟，侧身天地亦狂生。短衣落拓心犹壮，长铗飘零气不平。甫野散人今在否，酒床诗卷愿将迎。

来时江上每迷津，零雨凄凄渡汉滨。客久土风行渐熟，愁多乡梦苦难真。倦游萧瑟同愚叟，烂醉生涯老放民。自笑迩来安旅况，星星短鬓半如银。

青枫浦上郁萧森，去路苍凉不可寻。楚岫若将归梦远，汉皋宁比客愁深。长卿既已伤游倦，盛览谁云有赋心。江上数峰青未了，湘灵鼓瑟寄余音。

郢中春暮

千里迢迢去路赊，故园无恙隔烟霞。天涯梦断三巴水，郢上人愁二月花。老病经春仍作客，江湖虽乐不如家。何当一瞬归河朔，便逐渔樵醉浅沙。

闲顾风光楚水湄，辉辉丽日照南枝。衡峰九曲随湘转，斑竹双娥入暮悲。回雁声稀江雨细，杜鹃花老客归迟。无端此地逢春晚，芳草青青怨别离。

凉云不散旅人愁，汉曲花枝慰倦游。白白鱼苗浮水面，青青蘋叶上船头。客来郢国三湘接，波下浔阳九派流。便欲北归春又晚，几回晚梦去江楼。

寄迹萧萧旧郢中，眼看玉树尽青葱。长堤春涨桃花水，南陌晴翻柳絮风。湘浦月沉兰露湿，汉滨云散楚天空。不堪北望时翘首，愁绝匡山泺水东。

闲从镜里叹霜毛，斗酒千钟供老饕。雨后天寒花事尽，风回云散雁行高。归心镇日留江浦，春草无情遍汉皋。我欲临流问渔父，沧浪歌罢泛轻舠。

石城一望碧琉璃，联臂行歌忆昔时。江介晚风人病后，洞庭春雨雁归迟。喜看芳草青袍色，安见杨枝绿黛垂。汉上风流真可羡，漫遵虹渚采金芝。

万里遥来白板车，栖迟日日惜年华。汉江三月惊飞絮，郢路千门叹落花。芳草未衰人病酒，子规啼罢客思家。不堪又对文园令，消渴同怀五色瓜。谓切庵先生。

客子常从岁月惊，名区吊古寄闲情。石城零落思羊祜，江汉清游愧马卿。故国云深迷驿骑，他乡春老听啼莺。安能鼓枻湘潭侧，落日临风一濯缨。

楚中杂兴

自到名都百感生，龙飞邸第旧陪京。北连随国峰峦峻，西枕荆门驿路平。新柳和烟眉黛绿，澄江如练縠纹明。纵然胜地堪游乐，只是心悬海右城。

云梦天低气郁蒸，郢郊凭吊楚诸陵。旅人梦觉闻啼鸟，渔父春深理断罾。碧草沿堤烟漠漠，清江一带水澄澄。莫愁家在城西路，欲访孤村病未能。

云中长剑自孤搴，楚客何劳赋大言。江势东流归夏汭，山形西折赴夔门。卜居詹尹终无策，生长明妃不记村。采采香蓠何处是，兰桡一叶碧云昏。

郢中春雨

苦忆家山路欲穷，岂无细马绣缠鬃。兰孙绿后天多雨，杏子青时夜有风。楚岫草深增黛色，汉江水长下艨艟。愿随海上云归去，却向朐原东复东。

独倚高楼楚泽东，杜鹃花谢怨残红。客心厌听连宵雨，江面时惊五雨风。野兴日思鸥鹭侣，华滋春满蕙兰丛。也知乡路三千里，不得高飞逐去鸿。

白鹇每忆旧云林，玉粒雕笼怨正深。雁度江天春欲晚，雨来楚峡昼常阴。飘零自识穷途苦，踯躅谁怜去住心。安得罡风千万里，片时已到故山岑。

楚云如黛碧重重，兰露凝香槛外封。雨积阶前方薄暮，春寒江上似残冬。斋居浑拟王摩诘，长啸谁知阮嗣宗。欲买扁舟竟归去，汉滨恶浪涨鱼龙。

高斋镇日雨蒙蒙，太息人今滞郢中。久客心惊寒食节，连朝门闭落花风。亭无白雪留遗迹，楼枕青山对旧宫。一自壮游淹岁月，三春愁病汉江东。

郢树常遮万里行，端居吊古负深情。沉湘人有千年怨，行雨天无二日情。春老花残闻燕语，夜深风起听江声。客心空叹羁留苦，肠断悠悠海上城。

楚吟

经年不到笼溪浔，齐客飘零作楚吟。云白山青春色老，蘋香水绿旅愁深。声传谢豹啼清昼，花落来禽下远林。惆怅东风动离恨，兰台未敢一披襟。

旅人何事采江蓠，隔岁风烟感别离。雄楚门东云似絮，阳春亭畔雨如丝。欲因鸾凤邀仙佩，莫认蘅芜作菉賫。惆怅美人迟暮后，从谁天外拂云旗。

春晚

到处香生杜若洲，兰汀芝渚不胜愁。楚天雨过青枫浦，野岸风微绿水流。千里故园依海澨，三春离梦在江楼。竹林把臂谁相问，冷落清狂王子猷。

暮春

绿树阴森众鸟飞，楚天云散影微微。时从博簺消清昼，每向江楼盼落晖。春尽缘何愁未尽，人归不似梦先归。流黄机上银河月，屈指兰堂换旅衣。

郢中千叶绛桃

丹霞城畔散葳蕤，绯赐君王梦里时。绛蜡飞烟凝玳瑁，赤霄微雨湿胭脂。杜鹃花老声声血，安石榴开故故疑。万里红云何处是，绥山染尽向南枝。

闻川蜀炉蛮就平 其地曰“打箭炉”

闻道成都羽檄驰，炉蛮小丑抗王师。军书幸已停三峡，旅梦何堪近九嶷。万里秦关传堠火，十年楚国罢旌旗。艰难天地多戎马，北地遄归未有期。

听江楼杂兴

独上高楼有所思，轩车归去一何迟。天涯病肺怜怆父，梁畔香泥羡燕儿。江国三春烟袅袅，画帘终日雨丝丝。草堂应有移文至，猿鸟钟山怨阿谁。

峭峭春寒只自知，一庭香草绿离披。竹楼仿佛黄州记，郢客依稀白雪词。旅馆花时闻玉笛，江天雨夜解酴醾。从教醉后还乡梦，犹胜醒来结暗悲。

无端计日数归期，九十春光足别离。绿竹和烟鸣玉叶，绛花经雨湿金芝。美人南园悲芳草，江介东风叫子规。班马何时趋北道，旅中估酒趁青旗。

戏赠四明王子

马粪王家此定殊，烧残麈尾府中趋。越吟哑哑调新曲，齐客鬑鬑颇有须。愧我思乡来北海，凭君归路问西湖。相看纵博粗豪甚，不是风流白项乌。

四明仙客客江湄，羡尔王乔玉树枝。君向牖中窥皓月，我从袖里运神锤。

手援五木呼卢雉，目送双鸿抚素丝。一掷千金谁得似，袁郎脱帽见雄奇。

来时

来时湖上有黄柑，今日垂杨拂汉南。春雨尘纤飘楚峡，客心摇落傍江潭。步兵法酝人争羡，桑苎名泉我自甘。濯足沧浪无限意，醉醒何处寄余酣。

闲愁

困顿何堪问郑詹，闲愁镇日步虚檐。高唐神女朝朝雨，乐府新声昔昔盐。未必毛锥盟楚客，敢云彩笔似江淹。堂前燕子营巢急，常恨朝来不卷帘。

春尽

春尽枝头杏子肥，无端柳絮扑天飞。岂敢倚马青油幕，已办征途白苎衣。绝少锦衾贻洛浦，漫言杂佩请江妃。负他杜宇催归去，无奈羁人不得归。

二毛

二毛冉冉到眉须，齐客从来善鼓竽。今日临江歌九辨，生平闭户赋三都。郢中谁和阳春曲，楚俗人怜屈大夫。南望潇湘何限路，水天一色洞庭湖。

旅中漫兴

放眼江湖到处家，为怜楚客赋怀沙。未倾管辂三升酒，自爱卢仝七碗茶。清白难忘黄齑饭，浪谈莫类碧云瑕。不如归去齐山隐，夜雨青门好种瓜。

唐景风流今在兹，楚骚文采自吾师。驾车叔夜来千里，越国梁鸿唱五噫。投辖留宾方未厌，思家游子暮何之。炊金馔玉无须设，何以还乡共哺糜。

郢州寄怀高仲治士季昆弟

楚天万里草萋萋，迢递关山隔故溪。摇落正逢江雨后，飘零空忆海云西。汉津双鲤书难寄，郢树千门鸟乱啼。为念君家兄弟好，池塘春柳几枝低。

倦游

仆本清狂不慧人，倦游谁与泛通津。柳丝细雨方含泪，兰叶香风欲送春。画鹢轻移天似镜，微波不动水如银。生平只此耽疏懒，拟向江干理钓纶。

久客

久客春深敝黑貂，仰看天宇亦寥寥。茨菰雨急思移棹，菱叶风微欲上潮。砌草当阶生石决，江鱼入馔美银鲦。故园天末家千里，翘首关河路尚遥。

江楼

江楼社燕语呢喃，恶草侵阶雨后芟。异地尘劳凋短褐，故山薇蕨待长镵。望穷北地一双鲤，未试南风百尺帆。客里不知时序换，也随朋辈易春衫。

江乡

江乡云物变通津，异地风华迥绝伦。孤叶空山吟木客，万年老树化枫人。芹香玉叶晴光动，稻长银塘翠色匀。只有思家情莫慰，挽车安得走嵬嵬。

登高

强欲登高望汉滨，暂时清景伴闲身。云移城郭江吞树，舟近沙滩鹭避人。无际碧天连岸草，几湾绿玉接湘筠。如何客里伤留滞，屈指韶光已暮春。

微吟

拥鼻微吟老谢安，如今寄食乞猪肝。江枫花落春归早，楚雨天昏客意寒。每向射堂寻怪石，绝怜小院长崇兰。遥知三径荒芜甚，何日东篱问药栏。

志郢中两异事

其一，汉滨渔人举网得一石，尺余，如断椽，乃群蛤结成，抉其一端得《金刚经》一卷，盖天宝中比阳令朱均所造，字甚奇古，略无沾濡。居民李孝源宝藏之，乃捐资写经，一藏于兴阳寺。

其一，楚人江同祖过京山，晚抵驿。驿人言群鹿在前结寨，因远观之，弥望数里，巨鹿可数万，四环成围，以角向外凡数十重。两麑鹿处其中，勃跳嬉戏。猎人云："必不可近，近则触人立死。"明旦引去。想古兵法中密布木鹿角应仿此。

郢中异迹著南荆，谁与探奇问墨卿。汉水金经蛤作箧，楚郊角寨鹿为营。齐谐志怪何曾有，蒙吏卮言莫浪惊。纵使子虚姑妄听，犹胜说鬼坐残更。

赋得客心何事转凄然

客心何事转凄然，又阻归程似去年。幽树晴光摇夕照，飞萝疏影荡春烟。懒寻芳草扶残醉，落尽闲花只独眠。瑟瑟江风寒食后，愁怀遥寄楚云边。

愁

多时不见木兰船，北望安能到海天。江上送春忽已晚，荆门见月几回圆。书沉雁足潇湘路，客寄离心郢树烟。平子闲愁愁不尽，旅怀岂只四愁篇。

南来

南来悔作稻粱谋，浪迹何堪尚滞留。病为愁深哀郢赋，人随春老听江楼。衡阳天阔无鸿雁，汉渚云闲有白鸥。欲买兰舟千里去，东风吹遍绿蘋洲。

春晴

凄清旅馆自伤离，稍喜新晴及此时。红药叶翻临砌影，碧桃花飐隔墙枝。空街玉笛谁三弄，走马长楸臣四骊。惆怅此身无所系，楚天云尽独吟诗。

漫兴

孔翠雕笼意不舒，何烦钟鼓祀爰居。郢门玉粒炊香稻，汉水银鳞炙白鱼。强欲加餐思努力，始知风俗当园蔬。故山松径多时隔，安得花畦手自锄。

荆王宫殿已成灰，暇日登临上古台。汉水远浮鄢郢外，湘云常自洞庭来。美人在昔逢摇落，芳草如今幸未衰。莫拟楚歌愁屈子，离骚天赋不凡才。

泽国风烟对泬漻，无端郢路隔迢遥。玉泉露滴仙人掌，巫峡春怜楚女腰。

岸草多情侵蕙亩，江云无定逐兰桡。旅魂惟恐逢摇落，谁向修门赋大招。

天连南极对潇湘，海上人来住水乡。楚望遗文传李峤，唐李峤有《楚望赋》。汉津有赋愧中郎。汉蔡邕有《汉津赋》。云横碧落思乡远，月照银河入梦长。咫尺清猿听不得，纵飞三峡亦沾裳。

赋得三月正当三十日 贾阆仙句

三月正当三十日，苦吟贾岛起烦忧。春风春雨增离恨，江草江花尚滞留。旅馆残灯孤客梦，异乡景物隔年愁。谁知沧海飘零者，多病人今悔浪游。

送鹤田返里 时四月九日

犹记来时入郢州，三秋长路亦豪游。与君同渡黄河水，怜我仍留白雪楼。六十年来初作客，二千里外滞归舟。眼看征马堂堂去，那不令人起别愁。

风烟回首旧齐州，怜我无端作倦游。公子翩翩大堤曲，羁人寂寂听江楼。难将离绪淹行李，徒有乡心付去舟。此际文通能赋否，黯然千里总生愁。

楚中端阳节吊屈子

英魂烈烈葬江鱼，魂断当时宪令书。一日沉江悲正则，万年抱石类申屠。神鸦社鼓逸民怨，竞渡飞桡落日余。兰籍蕙裯君不见，巫咸为我驻云车。

辟芷葌茅宛在兹，鸣桡伐鼓降云旗。九章莫写沉江恨，五日空悬续命丝。游目清波空浩渺，惊心反照没崦嵫。愁来蹇产谁能释，桂楫兰旌空尔思。

终古离骚说楚都，我来隔岁郢中趋。却逢五日天中节，用吊三闾屈大夫。零雨寒桨浮桂楫，片云弭节冷江湖，大招应有迎神曲，犹幸阳春调未孤。

上官谣诼子兰狂，谁说灵均不可伤。天地无情留七泽，古今有愤寄三湘。榴花尚自流红泪，兰叶从伊荐紫房。安得千寻长命缕，为君海外系扶桑。

湘浦长风卷白波，瑶琴野祭谱云和。哀吟故国余三户，慷慨骚人续九歌。角黍沉江愁傺侘，龙舟击水漫婆娑。请看自古论风雅，那不流连吊汨罗。

漫说巴陵瑟调悲，薰风处处长香蓠。石沉沅沚三江水，怨结湘垒五色丝。下召巫阳歌楚些，招魂宋玉托微词。无端泪洒端阳节，万里愁云有所思。

夏日

萍迹无因到汉东，杜鹃红尽石榴红。经年愁作江头客，五月寒生水面风。鹍鸠声中阴气动，黄鹂枝上夏云空。眼看溽暑来相逼，肯使骊歌唱郢中。

梦先叔孝廉公

公少与予同学，化去三十余年矣，忽尔见梦，怅然生感。

风雨离魂久未逢，鸡窗总角忆三冬。清谈仿佛挥瑶麈，盘马曾经就蚁封。得叔敢同王武子，入林且叹阮家容。梦中三十年前事，肠断江天五夜钟。

弱冠登车紫气重，河东父子继前踪。先叔与先叔祖连科计偕，年仅三十二而卒。相门人惜深埋玉，神剑谁虞竟折锋。三十年来怜我老，二千里外梦相从。那知今夜湖天外，犹识当时阮嗣宗。

郢中忧旱

湖云漠漠散银沙，两月骄阳起叹嗟。极目江连天影动，何时风送雨行斜。山头翠黛浮晴日，汉上青蘋尽落花。翻恐秋来霪潦甚，长途千里客还家。

六月六日苦热，和杜工部拗体韵

六月六日炎轮蒸，青林摇扇浑未能。蜈蚣满地畏辛螫，粳稻一盂常集蝇。楚峡片云复远去，江汉溽暑何频仍。安得乘风华顶上，赤身高卧玉壶冰。

郢令焦讱庵先生祷雨辄应

神君呼吁亦精诚，拜手郊坛日日行。屏翳障天迷野岸，轻雷挟雨下山城。银塘积水惊涛溢，巫峡飞云散绮横。喜雨亭边欣忭舞，随车真见起欢声。

千门遥望碧云浮，繁露遗文此尚留。坐使丰隆归郢路，笑看灵雨过江楼。湖中潮涨鱼龙窟，沮水波通汉沔流。巷舞衢歌人共乐，三农屈指盼西畴。

六月十九日始得家字

回忆征车孝水流，离家冉冉过中秋。隔年为客思沧海，今日传书到郢中。

溽暑正逢方卧病，开缄含笑顿忘愁。遥连故国诸儿女，应念尔翁渐白头。

先君子三十年前曾客湖南，予小子今客湖北，怅然生感

遗踪曾寄五湖旁，三十年来事渺茫。今日片云过楚泽，当时孤棹下潇湘。天涯旧恨风尘远，游子销魂驿路长。极目黄陵秋色里，猿啼月落断人肠。

旅人憔悴对江花，客况凄凉倍忆家。万里遥来悲屈子，百年依旧吊长沙。洞庭橘柚逢秋色，郢路风烟阅岁华。沅芷澧兰多少恨，故乡回首海云遮。

宋玉井 在郢学宫泮池侧，相传为宋大夫故第

南国风骚说郢都，衙官谁敢拟庸奴。朝云不入荆王梦，秋气深愁宋大夫。芹藻荒凉迷第宅，银床凄切冷江湖。修门尚有招魂赋，终古常思楚左徒。

赐田云梦长琅玕，露井澄澄傍杏坛。南国千年留客恨，东邻双玉挂臣冠。郢门屡和阳春少，楚地山川暮雨寒。当日骚人遗邸第，至今文藻被雕栏。

忆约庵

回首幽人离恨长，经年不见薜萝房。一庭图书千株树，三径烟霞五尺床。近市岂闻尘迹到，避人独住水云乡。知君满壁齐都赋，好待成时付洛阳。

闻圣驾避暑张家口外恭赋四首 在索尔济地方，一云索尔哈济吉

避暑迢遥向北庭，云中关外凤舆停。铜盘露滴仙人掌，银汉风高少女星。地拥边城芳草白，天回绝塞乱峰青。宸游端为行时令，九伐先声寄上陉。

今年溽暑气隆隆，警跸从军尽上公。六月遄临千里道，三驱先入九成宫。銮舆下诏勤西狩，御帐屯营快朔风。自是盛朝无废事，邮符日夜走青骢。

圣皇新政示彤庭，黄竹回銮且复停。朔漠风回蒲类海，寒垣晴照太微星。奉常五色龙纹紫，宣曲千群豹尾青。多少侍臣争获跸，应从仗外想金茎。

泰阶定位郁崔嵬，玉辇时巡象闱开。上古红云连北极，居庸紫翠自东来。薰风冻解长城窟，御道书传百尺台。此日词臣应献赋，有谁不愧长卿才。

圣辇幸北边，有喇里达番喇人进献能擒虎鹞鸾及擒乌青翅蝴蝶

穹谷山中远献探，金莲川畔碧云深。灵禽不惜来殊域，异物何妨隶上林。陛楯喜闻停翠幄，天恩特诏赐黄金。迩来属国宣威远，雕辇前头拜玉音。

呼韩稽首出遥岑，蹋顿来庭会蹛林。逐队期门方警跸，前驱天仗已平临。翠华远映重关色，行在常悬万国心。四十八旂皆下拜，赐筵惟戴主恩深。

圣驾于八月幸围边地，遇一马熊，狰狞甚恶，为左右从臣所毙。又幸噶喇喀尔崑，地方有番目进献梨花枪及花面弓，异甚。上命此番自舞梨花枪，颇尽其技。遂厚赉焉

八月合围辇路中，长杨羽猎掼当熊。绿沉枪映梨花月，雕画弓开柳叶风。肃慎国工传楛矢，柔然石砮耀流红。共知八校群心奋，况复来朝万国同。

闻大将军费扬古随驾口外病殂于环卫之列，上甚震悼，屡被异数

当年尽护羽林儿，回首旂门大出师。鸣剑伊吾清北道，勒铭盐泽靖西陲。征噶尔丹之役，费大将军领西路兵立大功。焉支壁垒连营震，骠骑勋名四海知。今日前驱惊殒彩，辍朝异典被皇慈。

曾闻侍从玉门东，环卫当年旧沛丰。万骑场中亲搏虎，九重辇下自当熊。云台久著胶东像，麟阁终传博陆功。孰意太平叨护跸，未随雉尾向回中。

伏波瞿铄尚便旋，拨里清班鹊印悬。岂曰裹尸同马革，犹堪作冢像祁连。牙旂遮掩云中路，繐帐驰归蓟北天。万里长城真可惜，皇心震悼朔云边。

曾随天骑斗龙媒，八阵云屯黯不开。圣主心悬光禄塞，将军名在赫连台。金戈护从旄头落，玉帐翻营列校哀。落雁声中悲猛士，谁从翠辇上之回。

护军烈焰走风霆，曾侍銮舆向北溟。鹿塞擒生趋绝漠，龙沙捧日振边庭。元戎小队无传箭，枥马前营落大星。坐使皇情深轸恤，东园秘器赐彤廷。

客况

听江楼上一灯青，消渴文园谢醁醽。愁里欲量东海水，归时应愧北堂灵。

年来不作行云梦，岁远难寻解佩亭。长啸数声人不见，几时骑鹤到沧溟。

兴都旧邸 旧邸在阳春台东，从岵山西。世宗登极十余年后又南幸承天

地在荆门东复东，神孙当日继皇风。蠡吾入嗣依崧洛，亭长归来宴沛丰。一带荒冈承运殿，百年秋雨启祥宫。至今寂寞双峰下，故园凄凉吊郢中。

郢中忆家

炎暑无端客欲狂，西风荐爽中清商。薜萝迟暮衣堪制，菡萏经秋蕊更香。江上倦游鄢郢路，天涯病渴水云乡。陶家屈指茱萸节，不得归来菊径荒。

题桂花

招隐淮南作赋才，小山丛里漫徘徊。维摩天女空花散，金粟如来宝相开。月殿无人修玉斧，琐窗有路入丹台。何妨夜到清虚府，领取寒香日百回。

送庄省堂云任粤西迁江

汉家扬历重循吏，百粤分符下建章。彩服此时趋鄂渚，褰帷计日过熊湘。洞庭波静兰桡渡，桂岭云轻驿路长。丹陛自承宣宝召，征车不久到炎方。

独不见

多时不见太常妻，岂为清斋谢并栖。一带楚山遮紫盖，数行江柳梦清溪。芳兰留客还萦佩，杜宇怜人着意啼。安得故园同馌饷，幽林高卧海云西。

送绣园有事荆州

无端此日发征舻，百里荆门旧楚都。山带朝云迷郢树，江连暮雨宿樯乌。蛮姬休赠金条脱，公子常悬玉鹿卢。客里漫嗟闻旅雁，渚宫南望洞庭湖。

八月初八再得家字

万里茫茫忆故丘，海烟明灭认齐州。楚山如带朝云卷，汉水拖蓝暮雨愁。赖有平安传两字，免教寂寞度三秋。痴儿亦解思昂父，几度鱼书到陇头。

郢中赠云间张素哉 素哉乃瀛海先生之孙

万仞云霄不可攀，仙仙霜鹤下人间。江郎笔底花如锦，郢曲风前调自闲。瑶席赠遗青玉案，青箱家世紫宸班。燕公旧业行将大，岂独雄文动楚关。

濯秀吴淞江水滨，西来真见和阳春。松间闻礼蓝田久，竹里交游阮氏贫。千首新诗谁得似，九龄风度美无伦。君家金马门前路，又见宫袍第一人。

七言近体

郢门秋兴

郢门形胜郁崚嶒，欲试探奇病未能。夔府势连山万叠，渚宫水绕楚诸陵。天低云楚和烟暗，日落湖光带雨蒸。常爱鹿门孟夫子，岳阳楼上气飞腾。

岷峨悬瀑壮乾坤，直下西陵气象尊。江草江花连汉沔，秋风秋雨吊湘沅。竟陵万派通三澨，大别群流汇一门。若到武昌城外望，鲸涛从此撼天根。

郑褎樊姬俱寂寞，美人南国怨香消。章华别苑雄千古，巫峡行云非一朝。词客赋传神女梦，汉津柳学楚宫腰。至今犹唱西州曲，帘卷江天夜上潮。

豹舄君王晓梦通，蛮娥楚舞月朦胧。兰荪夜露连平苑，禾黍秋云满旧宫。别馆萧条悲暮雨，侍臣零落赋雄风。何劳更吊襄城子，玉剑凄凉汝水东。

穷秋客子久徘徊，寥落真成庾信哀。江雨连朝云欲散，海天万里雁飞来。漫矜郢曲千人和，愁绝阳春八尺台。便欲冲泥怀往路，银鞍锦障几时回。

千秋烈烈大王风，争长江淮出郢东。北客摜惊长鬣相，南冠喜说细腰宫。云连楚岫香尘里，秋入兰丛夜雨中。此日荒城寒草遍，莫从当璧问豪雄。

谁向石城续侠游，上声促节古荆州。芝田解佩江皋路，玉楫鸣桡杜若洲。神女高唐来暮雨，君王翠被泛中流。楚宫红袖知多少，何必香车召莫愁。

郢中欲去苦逡巡，汉水茫茫莫问津。诗思荒芜真下里，酒怀销阻怕陈遵。夜深鼯鼠平欺客，秋色蜈蚣渐避人。若到故乡桑落日，何妨一醉倒纶巾。

旅况

不堪长啸向天涯，旅况萧条只自知。客里秋风人病后，愁中明月雁来时。银床叶落梧桐井，金粟香生桂树枝。安得西溪寻野叟，醉眠芳草对□□。

欲归

归期方卜石城隈，迁次无端更几回。幸有塞鸿传信至，不堪江鸟带愁来。题诗又遇三秋节，望远难登百尺台。八翼天门应咫尺，何时税驾向蒿莱。

将归

金壶银箭听无聊，旅况凄清坐永宵。四壁蛩声秋唧唧，一江雁唳雨萧萧。王孙寒食弹长铗，季子将归拥敝貂。安得角弓珠勒马，红尘千里朔风骄。

留别郢署诸同人

青骊夙驾到斜晖，游子伤离泪满衣。把袂当风怀往路，登山临水送将归。他乡久住终为客，异地交深岂愿违。我有延津双剑在，满天风雨入云飞。

穷途阮籍与为邻，略整归装傍汉津。极目乡关遮远树，弥天秋色送行尘。两年驿路五千里，半世蹉跎六十春。嘱咐西风好相待，暂留红叶伴归人。

郢中留别

遥来郢路下中原，两岁风尘不可论。汉沔东西雄楚郡，湖湘南北控荆门。骊驹在户歌三叠，醴酒当筵醉一樽。莫使行人叹歧路，由来离别易销魂。

谁写愁心日百回，汉江千折水潆洄。雁声又过潇湘去，云气深从巫峡来。久客正逢秋欲暮，伤离难尽酒盈杯。相看去住天涯路，何日同登海上台。

登郢城望汉江潮落喜北归有日

汉水茫茫阻去舟，连天巨浸使人愁。关心一望黄茅瘴，极目仍归白雪楼。橘柚风高巫峡晓，鱼龙潮落楚天秋。琴书不久淹行李，便向江干理敝裘。

九月十二日出郢州石城门北归

人来郊郢寄南州，东北浮云蔽郁洲。楚岫常随天地老，汉江流尽古今愁。阳春漫许千人和，归客终乘一叶舟。惆怅三秋行役苦，无边往路任悠悠。

郢中连岁苦淹留，此际归与向贝丘。千里荆襄人北去，万年江汉水东流。揭来班马鸣斜照，依旧轻装对暮秋。到日篱边花尚在，拼将一醉慰离愁。

大音庵留别

游子归与道路赊，追风何用七香车。马嘶广陌惊衰草，人去空江落浅沙。一曲茅庵分客袂，数行杨柳旁渔家。阳关去后无相忆，到日应逢驿使花。

郢郊归途

郢中秋老拂征衣，回望荆门隐翠微。楚雨西来人北去，汉江东下雁南飞。遥看驿路如殊域，渐远他乡可当归。安得明驼千里足，关河一瞬扣柴扉。

寂寞江天一客星，遥遥隔岁忆沧溟。洞庭天限湖南北，汉渚人归路渺冥。郢树临风千里碧，楚云入岫数峰青。漫将便面频驱马，空羡沙滩鹭晒翎。

归鞭

归鞭容与汉江滨，千里何须畏苦辛。风雨常随遥度马，关河应笑倦游人。愁中不识来时路，望里仍迷陌上尘。此去题诗知不少，回看犹作客中身。

丰泺河早渡汉江

桨声咿哑乱滩声，此是归装自在行。似雨晓烟鱼乍上，如弦秋月雁频惊。愁中海客闻猿狖，去矣江皋采杜蘅。纵使遥遥千里路，双山不久见般城。

将至宜城

遥看汉水浩漫漫，鄢郢名区势郁盘。驿路马嘶枫树浦，江皋鹭起蓼花滩。云中落日孤城远，客路秋风一剑寒。但使十年沽百斛，杜康台下酒杯宽。

鄀都怀古

当璧家风气势殊，熊渠胜概控江湖。艰难令尹方持法，多难君王去旧都。三户自能张大楚，诸军何事衅勾吴。遗民当日归鄢郢，四塞雄图尚不孤。

强吴封豕势方骄，血战何堪殪邓廖。组甲三千沉夏汭，荆尸十万葬江潮。天边赤鸟依云日，水上青萍象斗杓。当日中兴真谊主，茫茫天道极重霄。

宜城询宋玉宅无知者

故里荒凉不可闻，都中衰草吊夫君。高唐明月来神女，巫峡青天对暮云。九辨哀歌搴杜若，三湘暝色采兰薰。不堪重忆悲秋赋，江上芙蓉落雁群。

卧虎崖

悬崖迥出大江西，绝壑平临细路迷。百尺危岩疑伏虎，千寻石磴俯虹霓。星辰仰摘天门近，马足盘空野坞低。不是经过嗟险绝，人间谁识有丹梯。

转头山

连山竦翠郁崔嵬，岘首西南此溯洄。江势九回千岭合，峰腰四面五丁开。回头忽觉丹楼闭，纵目疑从剑阁来。共说鄀都雄楚国，宜城东去上层台。

望襄阳鹿门山

汉季兵戈大地昏，一时高卧向丘园。妻孥岁月邻苏岭，鸡犬桑麻隐鹿门。地类仇池风景好，人如谷口性情真。昨来郢路梅仙宅，此地寻幽可共论。

千秋大隐汉江源，共说襄阳古道存。宾主莫分鸡黍具，渔梁有路水烟昏。羲皇人物传千载，栗里云霞谷一村。庞马此中呼欲出，荻花洲畔暮涛奔。

习池怀古二首 池在岘山南麓

巨源儿子此盘桓，纵饮千场不正冠。往迹万年留地肺，清池百折落江滩。有怀旧事风流甚，无恙空山水石寒。惆怅当时骑马路，依稀犹作醉中看。

山公游处路依稀，白石清泉傍翠微。醉客几人曾坠马，健儿不为着戎衣。

良晨茗苧城何异，落日连翩倒载归。今日接䍦巾在否，千秋胜事重歔欷。

凤凰滩上

凤凰滩傍岘山头，路转危矶结暗愁。有恨羁人伤远道，无边寒雨入残秋。鹿门远接烟中树，襄水横冲岸上舟。搔首习池池畔路，暗溪飞落大荒流。

襄阳怀古

羊杜当年宛在兹，姓名久已勒钟彝。登高如见镇西府，堕泪常存太傅祠。岘岭平临云壑美，襄流东去古今悲。雍州侨寓称形胜，半壑南天控北陲。

羊祜祠怀古

勋高襄郡在南州，六代湮沉万古愁。岂有鸩人羊仆射，惟闻缓带钜平侯。汉江百折流千里，岘首孤峰土一丘。王濬楼船功不细，谁知太傅已深谋。

登床子反岂相疑，羊陆推诚更不欺。铃阁公余安楚俗，药笼谈笑镇吴儿。曾无谏草留缃箧，雅有清风类素丝。端赖襄阳从事在，高名千载纪南陲。

司马家儿少令名，武皇何必更东征。军储十载屯襄汉，铁锁千寻断石城。牧马自安荆路塞，轻裘谁识□江兵。遗民尚望残碑在，洒泪犹存终古情。

伐吴当日战疆场，奏凯归来入洛阳。锡爵尚辞关内伯，推恩先赐蔡中郎。羊公以伐吴功上表辞封，推恩于外祖蔡邕之孙蔡袭，封关内侯，祜亦羊皇后之甥也。外孙宅相闻当陛，戚畹论勋隶太常。长厚至今称盛德，岂惟遗爱在江乡。

岘首亭

襄阳幕府已销沉，此地苍茫尚可寻。百雉雄城邻岘首，千峰落照入江心。云中亭子依山郭，天畔烟岚傍汉阴。不为羊公游览地，名区何得到于今。

襄阳仲宣楼

蔡邕倒屣本风流，千古伤心百尺楼。去国有情留汉渚，劝降无故失荆州。从军北道称功德，献佞南皮侍燕游。莫笑仲宣真下策，成都他日有谯周。

三世名高冠上台，秦川公子胜邹枚。依刘亦是穷途客，避乱无妨作赋才。

当日流离江畔去，异时公宴郱中开。伤心独对高楼上，回首西京见七哀。

献贼之蹂躏襄阳，始于熊文灿之纳降，继以钱中选之纵寇，诗以伤之

剧贼无端诈受降，平铺襄汉急流泷。百年烽燧余三户，万里艨艟下九江。荆府邀功青绮幕，将军纵寇碧油幢。回思当日沦兵燹，休养何人念列邦。

襄樊吊宋元间战池

鄂渚屯兵楚塞东，敌人卷旆阵云空。元戎不救孤城难，先是贾秋壑引兵援鄂，元人以有内难退师，贾遂自矜以大捷闻，而襄阳由是不救矣。丞相还矜再造功。纳币军前宁上策，铙歌戏下示雄风。归来汉水澄清日，朱鹭声中气若虹。

当年葛岭隔岩疆，蟋蟀盆中亦可伤。相国自登多宝阁，军书不到半闲堂。金城坐困无坚垒，玉带归来立摧场。制置荆湖千载事，有谁还继孟忠襄。

襄樊百战亦纵横，浪子西湖灯火明。戎马千寻过岘首，危谯几载听江声。烽烟直接万山阵，饷道难通一字城。回首鹿门栖隐地，渔樵何处寄余生。

师相当年惜救兵，眼看江汉委欃枪。军声已堕赤滩圃，失计真从白鹤城。壮士捐躯心未死，将军擐甲怒如生。襄樊拱手归河朔，玉帐遂令偃旆旌。

灌子滩头水一湾，襄流南去战场间。济江不见千钟粟，敌垒全包百丈山。坐使檀槐侵内地，谁令虎豹守重关。郢门援绝将军死，血战当年草色殷。

北来万队翔风骄，积草无端荡画桡。龙尾洲中人吊月，鹿门山下水平潮。截江一战归无路，蹈火孤魂怨未消。他日厓门舟覆后，应随张陆驾灵飙。

由樊城入吕堰驿，将近中州界

连天烟雾大堤平，驿路荒凉旅思惊。山鸟迎风天外去，楚云如梦雨中行。伤心荆豫千年事，尚忆中原五校兵。百里榛云今尚尔，何人卖剑学深耕。

吕堰驿道中

剑客从来说楚伧，崎岖九折意屏营。幽溪狐鼠冲人过，大泽龙蛇满路惊。直北关河方壮阔，桓东年少漫纵横。几时杖策归般左，饭罢南原陌上行。

新野昭烈帝庙

彭城一派识龙颜，百战流离亦已艰。并起群雄涿鹿野，同符高祖汉江湾。楼桑晚就三分业，剑阁重开百二关。太息当年闻乐对，天教贤哲嗣中山。

新野南临淯水头，刘表居昭烈于新野，兴兵据曹操。阿瞒汉贼苦相仇。中原已失余三顾，正统居然系一州。遗诏未能忘嗣子，偏安终是续炎刘。可怜四十余年事，憔悴南阳忠武侯。

荆州四战地雄图，久假安能保令终。取蜀无名侵剑外，窥吴遗恨下巴东。猇亭坐失连营策，陆逊由来善火攻。潦倒帝星三载后，惟余赍志永安营。

豫州作牧奉祚京，恻恻当年报国情。髀肉全消悲往事，结髦无赖是平生。盟心不失桃园义，王气全消白帝城。孝直纵然参幕府，刘璋遗恨亦难平。

白水村光武故里

十世龙兴淯水源，翩翩凤翼早腾骞。自然刘秀膺图谶，谁许王郎冒帝孙。新市先声开汉室，宛陵形胜控中原。一过故里生长叹，争羡云台列宿尊。

南阳卖谷亦频仍，高帝文孙信有征。当日赤蛇劳一剑，异时白水兆重兴。骑牛新野无军礼，驻马滹沱结暗冰。今日萧条来故里，郁葱佳气接原陵。

河朔分兵振羽翰，真人一举靖邯郸。渐台传首诛新莽，洛邑威仪识汉宫。五校平时初列土，千秋亭上久登坛。即今白水村中路，惆怅天风起暮寒。

邓元侯故里

当年汤沐此幽栖，戚里荒凉认故溪。杖策前劳方弱冠，桑榆后效锡封圭。列侯不藉椒房宠，茅土新颁大树齐。一代元功谁与并，至今犹说邓征西。

中兴大将数儒臣，裋褐军门早致身。诸葛风流谁第一，子房道貌美无伦。云台迥出重霄上，朝请常辞要路津。若校当年祭征虏，投壶雅调与为邻。

卧龙冈

躬耕久已避南阳，南阳南郭外西偏有武侯祠。回首中原尽战场。八阵图存鱼腹浦，三分计就卧龙冈。志窥泾渭通秦凤，先靖姚泸控益梁。若使皇天存汉室，宁教丞相早沦亡。

梁甫吟成志未灰，心期管乐亦雄哉。明刑要自平新国，上赏端由奖异才。

北伐中原三辅动，南征幕府百蛮开。人言诸葛真名士，不负隆中应聘来。

当年水鉴荐豪雄，龙卧南阳计未终。羽扇纶巾娴将略，木牛流马类神工。能令敌帅甘巾帼，坐使群才拥汉宫。叹息渭源勋未就，大星已落剑门东。

博望驿早行

当日封侯绝塞还，万年旧迹闭重关。长桥中渡闻流水，古驿凭高入乱山。客子早行星露下，危途魂断岭云间。可怜处处皆榛莽，博望遗墟惨旅颜。

博望驿吊博望侯

客来南国吊孤村，尚忆将军下塞垣。白水千年潆古驿，黄河万里溯昆仑。凿空自尔开荒徼，绝域从教入玉门。博得通侯封万户，谁令民力弊中原。

独树村

当年戎马战尘红，此日萧条闾井空。野暗千山疑作雨，天寒独树静摇风。数家篱落鸡豚少，百里榛芜虎豹丛。正是客心厌行役，忧心惕惕赭阳东。

昆阳吊古 昆阳城即今之新叶县，在旧叶县北三十里

龙准文孙此定殊，虎牙兵向宛中趋。黄金威斗苍龙剑，白水真人赤伏符。故国河山秋度雁，战场风雨夜啼乌。天教破竹成王业，一举先声定两都。

王邑西来千里行，汉兵初下定陵城。天河雨急雷霆怒，地轴波翻虎豹惊。沙麓崩时炎火炽，舂陵佳处阵云横。从来帝胄中兴易，一瞬平铺百万兵。

昆陵旧是古神皋，新室军声虎兕嗥。滍水狂澜平地起，渐台波浪接天高。五威上将皆无策，三辅雄儿远遁逃。翟义二旗终莫就，长沙帝裔本雄豪。

当年战地野云斜，宛叶名区道路赊。北部未徇河朔地，南阳已作帝王家。八千子弟惊龙斗，万队貔貅化鹤沙。胜负须臾天道在，何劳图谶问强华。

高密元侯尚未闻，惊心压阵有崩云。昆城岂作笼中鸟，宛口初回水上军。新室元戎皆辟易，章陵王气久氤氲。严光陈茂皆名将，天意难容王巨君。

谶成火德定乾坤，共识当年赤帝孙。不少风云来旷野，谁教雷电下天门。玄黄龙战归真主，成败鸿毛若转圜。即位鄗南他日事，蛙声更始与刘盆。

过汉司隶李元礼墓道下 在襄县北

襄城古墓亦萧条，五尺高原恨未消。配德三君陈仲举，齐名司隶盖宽饶。冠裳竟尔沦中洛，假节谁能击左貂。公是青州真刺史，高风千载丽重霄。

乾坤无恙一荒丘，汝颍先贤万古留。三木囊头皆若辈，八厨娇首想清流。惊心常侍称阿父，鬻爵蠡吾是故侯。辛苦当年陈太尉，同心殉国负深忧。

伊洛千秋说党人，一时好友尽陈荀。西园例在谁能诤，南部名高竟累身。乱后衣冠悲俊杰，刑余刀锯是忠臣。清刚终数河南尹，破柱英风迥绝伦。

东京末造总难论，事到桓灵汉运屯。奴视金珰皆鼠辈，人从党锢仰龙门。司空在校输城旦，请宝银铛隔覆盆。自古杀机归烈士，千秋定论亦销魂。

浮云惨淡洛尘昏，虎豹当关隔帝阍。烈似杨球遭反噬，人非季布亦钳髡。孤忠不畏奸谀陷，傲骨焉知狱吏尊。万死苌弘飞碧血，呼天遗恨小黄门。

无上将军国祚沦,汉灵帝自称无上将军,至今襄郢吊通人。陈蕃空据三公府，遭节先凭要路津。名在东朝心未死，魂归北寺气常伸。江湖党籍余风在，蜀洛千秋继后尘。

许下杂感

西京无象乱中原，豺虎纵横战气昏。群小自趋丞相府，百官谁戴汉皇恩。狐雏窃柄营三窟，猰貐扬威隔九阍。昔日满朝求禅草，繁阳坛坫不堪论。

阿瞒亦是董袁徒，献帝东来势益孤。当日迁都移汉室，何年破邺为庸奴。屯田只作强兵计，荡寇终成窃国谋。千古许昌城下水，至今流恨满西湖。

四百年来王气残，当途遗谶亦登坛。惟余虚位留炎历，传得空名纪建安。三马同槽先有兆,五官受禅太无端。当时汉帝樊笼苦，谁翼飞龙振羽翰。

西园八校势纷纭，割剧中原万里分。谁见读书谯国舍，莫言题墓汉将军。彤弓朱户今何在，卖履分香不可闻。当日匆匆加九锡，铜台歌吹起寒云。

陈留何似旧弘农，谁说扶天翼汉宗。洛下衣冠归许下，侯封稠叠复王封。百僚劝进登双阙，九锡薰天御六龙。幕下子房终乏策，闲从千载吊遗踪。

许州高阳里 即荀氏八龙故里

高阳才子旷千秋，又见荀家配太丘。许下音徽留百里，朗陵遗迹在南州。慈明坐得无双誉，汝颍犹传第一流。莫拟河东三凤侣，八龙名字本无俦。

许州德星亭

许昌城下水澄清，路绕西湖一片明。客子今来趋北道，真人当日奏东行。陈、荀作宾主处，太史奏曰“德星聚”，又曰“真人东行”。德门佳气干乾象，太史占星纪姓名。千载主宾良会日，依稀庞马似幽情。

许州在明季为督师阁部杨嗣昌驻节处，诗以叹之

扫径登坛自北来，禁军授钺向平台。盐梅上将终何济，板荡中原亦可哀。戏下龙骧今已散，腰间鹊印总成灰。督师未捷身先殒，凯奏何曾日下回。

献贼西行百万余，败归数百若逃虚。阴谋劲旅依陵寝，谁敢轻兵事剪除。剧寇已成几上肉，总戎竟纵釜中鱼。可怜蚁穴滔天势，回首襄樊计已疏。武陵相既破献贼于蜀，贼余数百骑，东奔夔府。武陵檄郢镇钱弁截杀，钱畏懦不前，贿守陵大珰，托言护陵，不遣一骑。贼竟出险，势复振，遂绐破襄阳。襄藩阖府被害，武陵惧罪自缢。

藉宠皇灵出琐闱，军书照耀五云飞。夔门一战初乘势，楚寇余魂竟坠归。坐使亲藩悲饮刃，漫劳丞相总戎机。至今驻节中州地，旅客伤心吊落晖。

两世从戎尽可伤，王离将继失岩疆。武陵之父杨鹤，先是亦以总制失机抵罪。论兵空自推晁错，赐剑徒闻出上方。列郡狼烽连汉沔，六师鸟散下瞿塘。孤忠不及孙经略，谓孙传庭。犹得金戈死战场。

蔡伯喈墓再赋二律

浪迹东吴江上回，文章冠世亦雄哉。鸿都泥帚惊神笔，宝帐论衡爱异才。若使中郎成汉史，漫劳范晔续兰台。陈留风俗先贤传，圈称有《陈留风俗传》。桑梓遗墟此地哀。

陈留名士冠中原，旷世惊才迥绝伦。焦尾虽传琴韵歇，虎贲谁说典型存。遗书女子遵丞相，让爵羊公念嗣孙。周岁三台恩不息，看来终是感私恩。

尉氏县阮嗣宗墓

阮公沉醉解天弢，至慎谁知识自高。诗到咏怀真烂熳，文成劝进浪挥毫。苏门鸾凤真同调，竹里清狂亦足豪。安得一杯浇墓草，穷途痛哭本吾曹。

先生逸韵渺无伦，埋照时时赋大人。白眼问天聊啸傲，红尘玩世自嶙峋。

步兵厨里寻常醉，南阮家中未是贫。千载山阳邻笛后，黄垆风雨久伤神。

大梁城东南吊信陵君墓

邯郸应与赋同袍，公子翩翩气自豪。不少衣冠归赵胜，谁将金甲走蒙骜。大梁上客挥孤剑，卧内兵符胜六韬。今日九京良可作，愧无杯酒奠蓬蒿。

平原计日盼前旌，赴敌何劳千里行。未见孤军临赵地，已从虚左破秦兵。侯嬴老去心犹壮，晋鄙魂归气未平。地下若询朱烈士，金椎亦觉太纵横。

美人醇酒共消魂，遥望寒莽草色昏。南国至今悲垄墓，西风何处吊夷门。几多宾客终无策，赖有如姬解报恩。若少市中毛薛在，恐教公子葬平原。

安鳌惟惧虎狼群，有弟丛台隔暮云。当日破秦虽约从，谁言救赵是奇勋。遄归不愧先王墓，驱敌终偿晋鄙军。战国煌煌四公子，至今惟说信陵君。

陈留文成侯张子房祠

文成家世本雄姿，破产常思报怨时。沧海竟能求壮士，乾坤何处着金椎。祖龙未死沙丘道，奠璧终贻滈水羞。大索普天空碌碌，神仙遁世自雄奇。

窈窕仙人玉雪容，高皇帷幄久相从。授书早已师黄石，未老常思伴赤松。韩相数传终未报，汉家万户亦辞封。尚余四皓安刘策，犹为储君定大宗。

三杰同时佐汉皇，久知鸟尽已弓藏。贪功自尔非长策，辟谷宁缘不死方。械系上林虽暂释，伪游云梦暗相戕。更怜计就诛钟室，赚得英雄入未央。

陈留怀申屠蟠

陈留汉季数人宗，处士应推申子龙。遁世尚传因树屋，养高真作力田农。屡辞征辟羞荀爽，叹息高风有蔡邕。若续东都人物论，先生烈烈是孤踪。

将北渡黄河

犹忆兰桡水上浮，当时桂楫过葵丘。隔年又到黄河渡，千里重逢白雁秋。旅望还家频北顾，洪波拍岸日东流。西凉闻道方忧旱，依旧滔天下豫州。

青龙冈渡黄河 冈在仪封县北五里

百泓星宿浩漫漫，远入中原散急湍。蛟沫涛翻河伯怒，鲤鱼风起水云寒。东南直下千帆急，兖豫中分两界宽。击汰扬舲更何虑，圣朝名渎久安澜。

滔滔浊浪拍天浮，泽国阴多结暗愁。一曲自滎千里远，万年不入九河流。榜人竞散神鸦饭，贾客频惊舴艋舟。今日长风真破浪，顿令转瞬过龙湫。

归心瀁瀁暮云空，叹息黄河日向东。龙窟怒冲千尺浪，牙樯高挂一帆风。登舻回指征尘暗，拥楫中流落照红。此际北来长啸处，江湖不复逐飘蓬。

汶水北岸龙女祠

古庙杉松映夕晖，大川真见彩云飞。每随神女游江渚，共见惊鸿拟洛妃。雾縠明霞裁锦帐，鲛绡夜月晃天衣。敢同柳毅窥仙佩，他日珠宫拜绣帏。

贵主云軿驾彩鸾，星眸雾鬓俯晴川。烟波环佩凌霄汉，风雨鼋鼍绕画栏。凤胫灯昏珠阙冷，虾须帘卷水晶寒。不须更奏还宫乐，万里灵飙降翠峦。

望岳近体

客程迢递阅昏朝，马下遥看慰寂寥。绝顶回风临水面，归云携雨下山腰。群风灭没凌青汉，众壑阴晴隔绛霄。自是向平缘尚早，未从名岳一逍遥。

瑶阙何年祀帝孙，灵光普照遍乾坤。天根下注银河水，岳顶惊翻玉女盆。未向云峰攀日观，谁传禅草病文园。安能策杖千岩上，一陟崧高问九阍。

未得攀跻首重回，天门悬瀑想如雷。千峰积气烟霞变，万叠浮云象纬闲。海岛波光烦左顾，吴阊练影自南来。眼看缥缈层峦上，愧乏登高作赋才。

青天削出众芙蓉，柴望从来首岱宗。当日烟云藏汉简，何年雷雨灭秦松。灵风飘缈盘三观，辇道榛芜忆六龙。何处一登探海石，仙人杖底漫相从。

上元甲子旷千秋，尚忆东巡驾彩斿。禹贡尚捐三壤赋，汉仪想像五云裘。翠微风静屯华盖，御帐烟消却紫骝。七十二君封禅后，盛朝警跸一来游。

固山

苍苍独秀见孤岑，风雨飘萧野水浔。缥缈峰头凌汉远，崚嶒石齿入云深。征途北指平陵道，绝壑南回岱岳阴。一望丹梯增气色，万松林里郁森森。

五言绝句

望见襄樊诸山

迢递二千里，来游江上山。鹿门多隐者，知否在人间。

汉滨梅和唐人王适韵

今岁春光早，梅花放汉滨。不堪孤客恨，难寄陇头人。

江城三首 次刘随州韵

寒江霜落日，回首故园秋。徙倚梅花月，何时去郢州。
秋雨襄阳里，江流百尺深。今来石城下，夜夜听寒砧。
离骚千古恨，憔悴落江潭。屈指春光到，东风过汉南。

登郢城望汉江潮落喜北归有日 二首

客子欲言归，无奈风浪恶。昨夜渡头喧，江潮十丈落。
日日归无路，从人问早潮。石城城上望，真见汉江消。

七言绝句

兖州吊古

不见灵光泗水滨，南楼纵目亦伤神。秦碑鲁殿俱零落，千载谁为作赋人。
杜陵老子亦豪游，为客当年滞此州。谁识高城千载后，秋风寂寂岳云楼。

任城吊陈思王

当时子建赋雄才，迁国频移亦可哀。曾移封任城，迁国数四，盖子桓嫉之也。不及应刘诸上客，犹从邺下共徘徊。

豆萁同气不相容，斗粟从来尚可舂。当日南皮芳宴罢，剪桐初赐又移封。

济南遇回空漕艘过闸

大通桥下放舟回，汶济河边过闸来。衔尾艨艟三百只，兰篙八尺碧波开。
画船楼阁入烟霄，少女当窗露翠翘。学得吴歌歌未绝，一湾秋水木兰桡。
吴姬二八画青娥，镜里芙蓉水上过。安得堤边杨柳树，楼船系缆托微波。

济宁至嘉祥道傍多野水湖泊

一望漫漫积水明，秋深野泊浩纵横。那堪百里长堤路，尽日扬鞭陌上行。

过钜野不得见魏元美

历下云山定几层，伤离愁绪坐相仍。大梁公子归来久，不得回鞭过信陵。

定陶道中是戚姬故里感赋

楚歌楚舞不胜悲，排闼高皇卧病时。但使当前拼一死，戚姬何必让虞姬。
商山四皓假衣裳，不为私恩立赵王。自是留侯窥大计，非将奇策动高皇。
舂歌薄暮寄深愁，为鼠为猫不解仇。奇祸谁怜人彘惨，淮南一击辟阳侯。
射雉归来爱弟亡，何须强[①]项有周昌。莫言相去二千里，尺一书来死未央。
如意当年重可伤，漫言羽翼定储皇。戚姬已死谁称制，产禄真成异姓王。

曹县道中

曹南风景富桑麻，城郭人烟接万家。过尽长堤堤畔路，黄河岸上走寒沙。

朱仙镇

太师和议定天阶，少保雄心亦已乖。痛饮黄龙真已矣，那堪一十二金牌。

① 本作“疆”，同“彊”。

汴河曲

当日开河向汴堤，锦帆十里翠云低。至今杨柳风前月，夜夜神鸦不住啼。

萤苑萧萧动晚风，千群凤舸傍离宫。不堪重读开河记，殿脚如云汴水东。

宫女停桡唱落梅，东流汴水自潆洄。江淮千里长堤路，今日轻帆估客来。

洧川河上

迤逦南来一水寒，洧渊龙斗几时看。《左传》：龙斗于时门之外洧渊。谁知祓禊传千载，此地曾经唱采兰。

许昌谒关帝庙于城中 宫阙甚壮丽

雄心烈烈佐炎刘，千载垂衣拜冕旒。今日阿瞒无尺土，许昌惟祀寿亭侯。

许下吊古

许下屯田计已深，阴移汉祚逞雄心。典农既有中郎将，校尉何须□摸金。

战场官渡结愁云，并建名都邺下闻。指日繁阳传禅诏，墓门谁署汉将军。

建安王气已荒凉，魏武风流重可伤。今日萧条余败瓦，无人卖履更分香。

芳宴南皮斗艳歌，芙蓉池上更如何。空余千顷西湖水，许州城外有西湖。莲叶菱花照绿波。

西陵歌吹为谁来，缚帐风前化劫灰。一上荒城直北望，漳河河畔有铜台。

常笑生儿似景升，阿瞒回首未堪矜。曹芳已废曹髦杀，献帝从容葬禅陵。

过颍水 属襄阳县

汝南名士擅中州，颍上高风万古留。今日独来驱马处，夕阳西下水东流。

汝颍清流气不平，东京钩党日纵横。奖成乱世奸雄祸，只为当年月旦评。

汝水桥 是庄辛遇襄城君处，桥在襄城南关

越人绣被愿同舟，玉手纤纤汝水头。为问襄城君在否，欲从徙倚向中流。

绝代风流汝水西，兰桡青翰解双栖。翠衣玉剑今何处，谁复萦心楚执珪。

望兰香岩

智琼为姊驭鸾凰，千载寒岩忆紫房。但使吾家阿硕在，临风欲礼杜兰香。

重阳雨中过南阳东

楚天漠漠树苍苍，白水河边驿路长。不是重阳逢骤雨，登高欲上卧龙冈。

不折茱萸已断肠，萧萧微雨过南阳。淯河岸上西风起，何处凭高一望乡。

淯水

秋山到处迥苍凉，雨洒行尘古道旁。淯水北来流不尽，相随南过贵人乡。连日行数百里，皆循淯河东岸。

过乐广故里

乐令清言久擅场，萧萧故里重凄凉。当时玉树人何在，洗马临江更可伤。

玉麈当年迥绝尘，过江人物美无论。中朝一失何平叔，彦辅元谈更几人。

花陂 阴丽华故居，在新野城南

宋弘重义亦堪嘉，郭后销沉宠丽华。今日故园萧瑟甚，宋陂花发野人家。

易嫡当年亦可伤，总缘光烈擅椒房。谁知母道犹能尽，恩礼频加东海王。

循循戚里数阴乡，纵烈通侯让未遑。独有少君祠灶术，黄金百万炙黄羊。后弟阴识封阴乡侯，力崇退让，然能以黄羊祠灶致富。

渡淯河 即白河

客子萧条旅恨多，青山隐隐带愁过。征车屈指二千里，已过黄河又白河。

客程迢递楚云秋，度岭沿溪动远愁。辛苦淯河三百里，送人直到汉江头。

旅馆见菊花有感

黄花已绽淯河滨，秋色行看变白蘋。遥想故园三径里，东篱开尽悄无人。

樊城阻雨

客舍愁心对玉缸，旅灯黯淡影幢幢。今宵又听潇潇雨，明日行人不过江。

旅馆凄凉旅恨生，楚天二月不曾晴。如何咫尺襄阳路，夜夜江声带雨声。

寒雨终朝夜有风，楚云不散晓冥蒙。襄江尽日东流去，不共愁人入郢中。

黄昏漠漠水漫空，红蓼花间蘋叶风。江上寒涛窗外雨，一时并入客愁中。

彻夜霪霖旅客惊，早潮方落暮潮生。滔滔赤岸奔流急，没尽梅根不可行。

桂棹停桡尽日闲，清秋恶浪阻江关。打篷渔子孤舟雨，汉上愁云万叠山。

寒风细雨久徘徊，输石长篙不敢开。却望临江沽酒处，高阳池上几时来。

龙子环环四角幡，未能鼓枻下江门。谁知旅馆销魂处，白浪如山汉水浑。

食汉江鱼

昨日征车汉水来，银鳞盈尺佐衔杯。橙虀细作江鱼鲙，不让鲈鱼有四腮。

汉曲吾怜孟夫子，烹鱼沽酒大江边。襄阳今日能无醉，新得槎头缩项鳊。汉江鳊鱼最多而美。

雨中

萧萧寒雨楚云昏，齐俗艰难未可论。不及牧童牛背稳，青蓑绿笠向江村。

望鹿门滩舟行

鲤鱼风急浪花寒，咿哑中流下急湍。莫怪一帆三百里，轻舟已过鹿门滩。

点点寒鸦树里回，苍茫十里水烟开。鹿门深处沧江远，惟见轻舟自去来。

宜城有杜康井而殊无佳酿

客来自有杖头钱，不得清樽一醉眠。翻忆吾宗济水上，酒旂飘漾杜康泉。

宜城喜晴

梦中父老交相语，两月江天不肯晴。今日西风催晓色，一轮红日照宜城。

望池河滩

风起江深落日悬，逆流紧缆正须牵。池河滩里滩声急，上水船如上九天。

食江鱼甚美

嘉鱼近出汉江滨，下箸何妨细入唇。自笑老饕饕餮甚，胸中三十六文鳞。

过河陨泣亦良疏，鲂鲌何劳与作书。尝笑冯驩弹剑铗，狂歌莫叹食无鱼。

丙穴由来信不虚，汉皋日食楚江鱼。呼童借问鸾刀下，或恐中藏尺素书。

石城乐

刘宋时竟陵守臧质所作五言，七解，今变为七绝。郢州即古竟陵也。

昨来相送楚山头，打桨从来数莫愁。江水东流留不住，问欢何日下扬州。

莫愁歌舞汉江清，一曲流传满石城。惆怅风吹黄檗叶，黄檗，苦梨也。音叶苦离。方山亭畔苦离声。

阳春曲

绝调千秋已久亡，郢中属和亦荒唐。并无白雪阳春曲，宋玉原来诳楚王。

阳春台下阳春曲，终古风流推宋玉。湘云一带楚山青，郢树千行江水绿。

汉上吟

征鸿常共楚云飞，汉曲阴风上客衣。何事江流三百里，南来不送旅人归。

岁杪得四叔寓定州家报 定州，古中山地

飘蓬南北各凄然，此日鱼书下楚天。安得中山千日酒，陶然共醉竹林边。

一从仲蔚出蓬蒿，南阮家贫梦亦劳。今日陇头逢驿使，梅花开遍汉江皋。

韩定州檝依寓书见讯

风流谁不识荆州，岂独诗轻万户侯。赵北燕南相忆处，楚云如梦路悠悠。

楚中人日偶题

人日去年栖故国，今年人日卧江城。雁归不共人归去，愁绝天涯薛道衡。
改岁羁人阻去程，入春七日惨离情。江城亦有王孙草，却向愁时处处生。
纸窗古屋倍凄凉，人日题诗在异乡。遥想故园春雪后，空梁冷落燕泥香。

元宵前二夕郢署观剧

高头子弟倚雕栏，银烛光摇玉漏残。看舞霓裳犹未罢，听江楼畔雨声寒。
江北年光雪竟多，汉南春色已融和。试听五夜潇潇雨，昨日寒江涨碧波。

郢中回雁诗

烟水何须恋稻粱，江湖终是在他乡。遥怜故国痴儿女，望断南天雁几行。
系足何堪对夕晖，客心摇落未能归。云中嘹唳衡阳雁，又早衔莼向北飞。
随阳不复住炎方，叫月含烟汉水旁。回雁峰头春色早，惊飞阵阵起潇湘。
夜来雁语落平沙，侵晓冲寒锦翼斜。又听楚云最深处，声声似道早还家。
云水空蒙覆浅汀，翻飞遥傍九嶷青。宾鸿也有思归意，不为衔鱼恋洞庭。
白草黄云锦石矶，苍茫拂曙又群飞。应知黍谷寒初变，万里遥遵瀚海归。

自笑

高斋兰烛影幢幢，孤客无心醉玉缸，自笑还家千里梦，不劳舟楫渡长江。

寒食不得在家展先垄，作此志痛

禁烟寒食总堪伤，榆火新晴碧草芳。孝水西边松柏路，天涯游子涕沾裳。
可怜天末倦游人，未得松楸痛老亲。憔悴东风双泪落，犹余洒向汉江滨。

忆诸弟 时寒食节

南北迢迢万里天，雁行中断意凄然。余出游时三弟新逝未久。凋零已自堪肠断，江海分飞更可怜。

惨惨麻衣出里闽，岁时麦饭隔兹辰。应知垄上椒浆奠，痛哭寒原少一人。

遣怀

江天北去片云飞，马首何时一振衣。枝上杜鹃应有恨，声声每道不如归。
故山只在海云西，搔首江干落日低。谁念欲归归不得，雁声又向耳边啼。

久客

炎方久客意凄迷，郢路迢遥隔故溪。忽听一声行不得，汉江堤上鹧鸪飞。
楚云犹自隔江飞，何事还辕计尚违。知己相看惟杜宇，春深常自唤人归。

郢中古迹绝句十八首

汉皋亭 在城西汉滨解佩亭侧

寒沙浅渚汉皋亭，解佩归来一水青。明月满空君不见，弄珠人去水冥冥。

莫愁村 在城南汉滨二里

汉水东流杜若香，石城一曲断人肠。楚歌楚舞知何处，不见卢家白玉堂。

樊姬墓 在城南

悟主从容胜引裾，不将红袖佐田车。君王云梦豪游罢，何用相如谏猎书。

兰台

鸳瓦沉埋旧楚宫，当年蘋末赋雄风。寒烟衰草千秋恨，尽在荒台夕照中。

宋玉井 在学宫泮池侧，系宋大夫故里

雕栏金井碧琉璃，文采风华宛在兹。万里沅湘流不尽，一泓清影照须眉。

白雪楼 原石城西，临汉江，后移府治内，名“白雪亭”

下里巴人更有谁，千秋莫问郢中儿。至今白雪楼前月，留得渔歌激楚辞。

阳春台 在旧邸之西高冈上，烟云竹树，城中佛观也。明睿宗登之，作《北望赋》，又作《阳台赋》 以自警，遂不复登

阳春亭傍石城边，草树烟云断复连。自是曲高应穷和，古来绝调几人传。

楚王放鹰台 在邑南薮泽中

羽衣翠被彻明开，轸猎车从楚泽来。为有樊姬羞鼎俎，君王新筑放鹰台。

鞭尸滩 在县北五十里

覆宗灭国已凄然，玉匣何堪更著鞭。纵使复仇幽愤在，君亲一体古今传。

梅福井 梅尉炼丹处，在青泥地上，鹤龟池、升仙桥皆其故迹也。在邑东南郭内

仙尉高骞汉运屯，青泥池畔野云昏。姑苏市隐归何处，不寄吴门寄郢门。

羊公石城 因山为城之东北西三面，盖羊叔子所筑也

遗爱羊公百雉楼，踏歌无复少年游。石城双峙雄千里，不是昇州即郢州。金陵亦有石城，即古昇州也。

竟陵城 南齐萧子良封国，与范云等寄情诗酒。按：南齐郢州称竟陵

名藩帝子守江乡，胜友如云泛羽觞。邺下千年芳宴罢，西园又数竟陵王。

曲水池 梁邵陵王萧纶，武帝子也，守郢时仿兰亭故事流觞于此池，在城东一里之外焉

过江文物永和年，曲水频移载酒船。赖有风流贤帝子，春风祓禊汉江边。

孟亭 王右丞画浩然像于郢中，皮日休每以名亭，在白雪亭侧

摩诘当年老画师，鹿门居士本仙姿。写生天际真人想，疏雨微云有所思。

从岵山 在郢城内北门之东，连冈横亘里余

拱辰门内闭江关，蛇阜崇冈曲曲湾。千载郢城闲眺处，便如立马向吴山。

挹汉亭 在从岵山北，郢州眺望莫胜于此

山色粼粼碧四围，翠屏千仞映霏微。遥看一水横千里，如带江流匹练飞。

五客堂 宋李昉守郢时绘五禽于壁，鹤曰“仙客”，孔雀曰“南客”，鹦鹉曰“西客”，鹭鸶曰“雪客”，白鹇曰“闲客”

白雪堂前绘五禽，千年图画系人心。风流太守今何在，断壁凋零不可寻。

三洞阁 在元佑宫，嘉靖二十年建，世宗自号“紫极仙翁”。此阁去汉江不远，最宜眺望登临

崚嶒杰阁倚云高，百尺丹霞绚彩毫。紫极仙翁何处去，千年孤峙汉江皋。

莫愁曲

莫愁村在汉江西二里。卢氏女子善歌舞，后入楚王宫。《石城乐》亦及莫愁，则是郢城非金陵之石城。

卢家少妇美无伦，金屋妆成欲断魂。千古愁人愁不尽，何须重问莫愁村。
十六生儿似阿侯，珊瑚镜里钿箜篌。莫愁当日年方少，说着愁时竟莫愁。
汉江碧水向东流，千载人传有莫愁。若到当年歌舞处，莫愁那不使人愁。
莫愁生长汉江滨，愁向王门充下陈。肠断楚宫歌舞地，愁来真作细腰人。
当日凝妆玳瑁楼，六宫粉黛尽含羞。乍离白玉堂前地，不信朝朝竟莫愁。
楚女风流寄郢州，月明人梦汉江楼。石城年少多游冶，谁向孤村识莫愁。
为雨为云楚水头，高堂有梦寄芳洲。深宫一入愁何限，翻悔从前字莫愁。
艳舞娇歌感至今，当年憔悴怨沉沉。莫愁若道愁中苦，更比寒江百尺深。
水碧沙明十里流，莫愁村里上兰舟。楚歌楚舞寻常见，今日当筵且莫愁。
欲问芳魂杜若洲，罗衣化尽彩云收。莫愁村里愁无限，多少愁人吊莫愁。

石城曲

石城城在汉江隈，汉水东流去不回。雨桨打时回艇子，风前真见莫愁来。

寄怀任躬姑丈

犹忆南来正暮秋，谁期隔岁怅离忧。画余亭畔梧桐月，何月临风话远游。
汉皋有客叹羁栖，常望江天落日低。志壑堂中三亩竹，青青想过短墙西。
离群苦忆海云西，汉水东流傍大堤。回首春风花落尽，楚天又听子规啼。

郢中四月初榴花已盛开

故乡五月榴花放，四月江干扫落红。物候惊心何太早，羁人愁绝汉皋东。

偶食故乡鲭鱼有感

久客愁肠日九回，尺书不见使人哀。虽然不得传乡信，却见双鱼海上来。

孟夏与赞卿、鹤亭登石城北眺，因下憩梵刹

江天晴日照红霞，埤堄遥临曲径斜。却望城隅新柳色，一溪绿水万人家。
此间城市有山林，梵宇幽寻草木深。旅客惊心春易尽，不知绿树已成阴。
为爱卢仝玉碗茶，浮生半日踏阛阇。人家多在青溪外，画出江村万柳斜。

城上望阳春台

绿树重重十里回，隔江云物共潆洄。城头试向西南望，惟见阳春百尺台。

旧雄楚门南望兴邸启祥宫遗址

朱门碧瓦付悲风，异代消沉向此中。一片荒原禾黍地，路人犹说启祥宫。
从岵山西对古台，双峰环绕禁城隈。如今草没飞龙殿，谁见銮舆此地回。
凤辇萧条事已乖，九区曾此划天街。可怜采稆无家者，犹望耕余拾燕钗。
世变升沉莫漫嗟，沧桑回首尽空花。请看千古兰台胜，化作寻常百姓家。

星星泡影走金蛇，苍狗浮云未足夸。一样寒烟衰草地，楚宫何处问章华。
当年警跸出宫城，夹道群呼雉尾迎。今日农夫原上立，犹嫌柱础碍深耕。

是日清明城上望汉江甚快

每苦江干望杳蒙，今朝苍霭散长空。飞流历历帆樯见，鱼鸟连天入镜中。
汉皋千折水悠悠，万里鲸涛此上游。今日晓烟飞欲尽，大江真见向东流。
襄水遥来涨碧澜，鱼龙潮落下高滩。北人不识南中景，城外江流城里看。

汉江五月七日逢先慈忌辰，作此志痛。予小子久病月余，是日小愈

迩来抱病汉江滨，忆昔天崩痛此辰。慈母却令今日愈，怜儿尚作远游人。
青齐遥望隔榆枌，海树江涛道路分。麦饭一盂千里远，楚天洒泪哭慈云。
闻雷绕墓泪如麻，一别松楸感岁华。此日正逢多病后，风尘游子未还家。
痛绝先人旧寝丘，墓门萧瑟迴含愁。故园兄弟攀松柏，应念羁人泪尽流。

郢中三憾诗

余客郢中将几一载，东去武昌黄鹤楼只四百里，不得登，一憾也；西去当阳玉泉山只二百余里，不获游，二憾也；西北去太和山六七百里，未能寓目，三憾也。是三处皆宇内名胜，作《三憾诗》。

谁说遥遥鹦鹉洲，汉阳门下水东流。安能拍棹凌风去，一上横江黄鹤楼。

大刀神王功德寺，千秋遗迹覆舟山。青溪紫盖皆寥落，谁向空岩一往还。玉泉寺为关帝神力所建，与青溪、紫盖二山相连，皆荆楚胜地。

嵾岭参天一气通，嵯峨玉柱接长空。也知玄岳齐衡岳，太和山一名武当，一名玄岳，一名泰岳，与衡岳皆荆楚名山。谁访当年净乐宫。玄帝本净乐国王太子，得道于此，故山中有净乐宫也。

九日登郢城阳春台

去年寒雨卧龙冈，回首登高一望乡。今日正逢秋色暮，郢城此际又重阳。
楚天霜露入秋衣，衰柳微黄叶已稀。试向阳春台上望，汉江历历片帆飞。

留别绣园

昨岁君将去汉滨，满天风雪罢征轮。今朝送我沧江上，却羡先归故里人。
他乡分手各悲辛，况是征途向海滨。五里红亭千里道，一天秋色送归人。

留别亮斋

君家昆季共怜予，四世交情谊不疏。当日陈荀诸子弟，德星相聚复何如。
听江楼下共依依，风雨谈经愿尚违。独恨客中人病久，倦游先向故园归。

留别矩斋

怜予抱病汉江滨，异姓真如骨肉亲。惭愧草堂猿鹤梦，故园松菊待游人。
异时奏绩奉亲闱，万里香车去似飞。若访般溪栖隐处，与君携手钓鱼矶。

四明王赞卿及余同里焦氏昆弟送余至直河，待余渡江，乃归郢门

河桥衰柳已毵毵，此日离情最不堪。驱马寒郊相送远，却从江北望江南。
去年八月指荆州，再过重阳赋倦游。人去人来秋色里，汉江依旧水东流。
萧条驿路叹斜晖，怨别匆匆泪满衣。相对共为湖海客，大江只送一人归。
二年为客见交亲，春雨秋风远俗尘。此后相思明月夜，听江楼畔忆离人。
岸柝沙崩细路遥，不堪归去正迢迢。堤边分手舟中别，极目寒江正落潮。

丰乐河早渡汉江

千寻高岸急流泷，丰乐河西入汉江。昨夜寒潮月中落，晴沙晓渡木兰艭。

王逸王延寿故里

王家父子重襄阳，文采风流世擅场。今日萧条寒雨里，千秋谁赋鲁灵光。

吾庐

吾庐只在海西头，无奈行行路阻修。今日才过江北岸，梦魂夜夜到齐州。

新溵浦晓渡淯河

一篙北指渡头斜，侵晓舟移红蓼花。烟水茫茫最深处，数行惊雁起晴沙。

裕州城外书所见有戒心焉

桓东无赖少年场，剑客椎埋古道旁。今日藁街悬首处，阴风习习野云黄。

襄城南郭酤得美酿

消渴文园爱酒泉，谁知口燥与唇干。古乐府云“来日大难，口燥唇干”。青帘却在桥西畔，汝水南头一醉眠。

许昌西郊湖上

许昌陈迹吊斜晖，谁见临淄赋洛妃。今日残秋湖上路，西风零乱芰荷衣。

又赠逄翁田翁

相将鸡黍对牛衣，早起征尘晓露晞。若续陈留风俗传，如君名字亦应稀。

定陶有范蠡湖，是陶朱公养鱼处，亦致富一术也

当年少伯入句吴，秋祭犹闻在五湖。今日迹荒寒水涸，何人传得种鱼图。
扁舟当日浮家处，散尽黄金又积居。不是种鱼三万顷，五湖安用计然书。
五牸曾传猗顿资，至今留得种鱼池。玉门妖祸缘何事，安用黄金铸范蠡。
眼看麋鹿走姑苏，苦竹城边漫剖符。种得锦鳞三百万，千秋争羡效陶朱。
莼苇萧萧覆浅汀，银塘自有种鱼经。九洲只在清池畔，此地犹传小洞庭。
天地为塘海作池，异人名字说鸱夷。五湖烟水同惆怅，不记兰陵卖药时。

自枳房至河长口

行尽长堤复短堤，眼看堤尽俯清溪。挥鞭一到长河口，处处青帘落日低。
湖光遥映绿荷衣，秋老渔罾亦渐稀。行尽金堤三十里，寒流一碧送人归。

自安居至济宁

济上风光俯大河，楼船衔尾荡青波。纵饶沽得任城酒，不到南池意若何。

会通河杂兴

漕挽千年接帝畿，运河一水远微微。江船百万回空后，电激星流去若飞。
南国艨艟下御河，吴姬越艳画青螺。柁楼一带推窗坐，脉脉销魂对碧波。
一色晴窗映碧纱，画桡水底宕红霞。落帆闸口经行处，卖尽楼船茉莉花。
处处停帆近下舂，琵琶声里认吴侬。纤纤玉手初移柁，又唤沿堤卖菜佣。
北下天津接水烟，计程一月到江天。渔舟到处惊相避，惟让龙衣上水船。

滋阳道上大风沙

黄沙滚滚接天飞，宿雾蒙蒙蔽翠微。若到碧山栖隐处，缁尘宁上薜萝衣。

问汶水

泰山山下水潆洄，翠縠晴沙百里回。双汶岂能逃禹力，如何西去自东来？

代汶水答

会通遥在水西头，从此分流入御沟。却共黄河入淮泗，海门依旧向东流。

泰山下孤村一绝

去年为客过孤村，却望崚嶒岳势尊。今日归途驱马处，飞云如黛下天门。

昆仑山房诗集

昆仑山房诗集卷一

五言古体

芳树

崇兰不生阶，佳木不在林。郁郁芳树枝，其荫一何深。雨露发华滋，风霜亦销沉。寞寞大造力，叹息空沾襟。

紫骝马歌

我有紫骝马，心欲赠刘生。刘生在何处，远在平安东。
驰马日千里，报仇宁畏死。昨日到咸阳，酤酒新丰市。
系马酒家垆，听我紫骝歌。前驱发大梁，后队渡黄河。
道逢少年子，驰彼双鸣驺。蒲梢虽天马，得似紫骝不。
走马入渭城，走马出渭城。五陵游侠儿，意气风云生。

雨雪

北风雨雪凉，树木何修修。远道无行客，江水无停舟。我有洛浦绮，为郎裁锦衾。尚有三尺余，奉以覆瑶琴。瑶琴多哀音，锦衾知素心。感子殷勤意，愧比双南金。

君子行

君子安贫贱，苦节良所宜。亭亭千丈松，矫矫凌霜姿。严冬物华变，摇落方在兹。兰芷生潇湘，瑟瑟秋江湄。振衣复濯足，渔父沧浪辞。脂韦如妇人，但为世所嗤。

东门行

秣马发东门，拔剑游三河。三河少年子，意气良自多。驱马洛阳市，敖游日千里。丈夫志四方，谁复念妻子。五陵豪侠尽，七贵不好客。长歌出东门，仰视浮云白。

放歌行

容华荡情志，岁月伤精魂。愿言驾螭龙，万里游昆仑。振步太华顶，三峰矗云根。柯坪闭灵扃，箭括通天门。浩歌周八极，延眺方无垠。

拟魏文帝棹歌行

六军临大江，泛舟向吴水。投鞭万里流，旌旗蔽千里。烽火接天红，临戎双阙东。舟师三十万，八月飞艨艟。桓桓武臣力，被练勍如虎。天堑限东南，蛮荆隔前浦。观兵指越山，天子在江关。棹头声发处，铙歌犹未还。

种葛篇

种葛不种瓜，瓜熟子离离。虽则子离离，君衣将何为。瓜生自累累，葛生自有丝。缘以结缠绵，盛夏将见治。寄言中谷[①]妇，采葛当及时。

采葛篇

采葛南山下，葛生一何长。东风葛初绿，南风葛初黄。辛苦自不惜，制作君衣裳。葛叶日以盛，葛蔓日相寻。将刀断葛蔓，谁知侬苦心。

盘石篇

盘石何宛宛，流水何清浅。车轮在心中，思君不能转。辗转当告谁，贱妾心自知。车轮尚可推，盘石安可移。

东海有孝妇行

太守行部督赋严急，有东海儒家子鬻其新妇以供税，其妇遂投缳死。张子伤之，作歌告哀。

① “中谷”，省图本、中科院本作“谷生”。

嗟嗟孝妇行，家是老儒生。负租无一钱，来死太守前。一解
有田不能售，辗转将何堪？贱土黄金少，穷老惟孤男。二解
孤男娶新妇，入门始三日。未识姑舅面，盈盈方在室。三解
阿翁无缇萦，性命良在兹。何以救父命[①]，新妇当乖离。四解
结发良宜重，救父安可违。双双比翼鸟，各自东西飞。五解
新妇前致辞，欲语仍凄凄。郎非庐江吏，妾岂仲卿妻。六解
新妇出门去，慷慨以彷徨。悬帛延颈死，不复求其凰。七解
妇心比金石，日月同晶光。使君五马来，感此应叹伤。八解
骨肉不相聚，发声行复吞。问此谁为者，含怨不敢言。九解
东海孝妇冤，六月飞霜雪。谁为采风者，请续捕蛇说。十解

哀流民

莫陈监民图，莫下衷中泪。举目哀流民，忧心正如醉。一解
我生逢凋伤，岁岁忧亢阳。赤地接千里，哀鸿无稻粱。二解
鬻宅复鬻子，食尽劳徙倚。仰天出门去，怅怅安所止。三解
肠中转车轮，负甑良苦辛。鸠形与鹄面，镇日冲风尘。四解
行行寄檐宇，里正一何怒。官家有白牌，保甲清簿伍。五解
贸贸尔何人，持钵来空村。行矣难久留，含泪空烦冤。六解
去国莫辞贫，离家由来贱。白骨转黄沙，沟壑无人见。七解
人言异乡乐，宁知异乡苦。眼前无六亲，信美非吾土。八解
流民竟何如，逃税复逃租。虽期逃税租，无食乞为奴。九解
不如早旋归，莫使空琐尾。生为故乡人，死为故乡鬼。十解

辛卯七秩述怀古意[②]

呜呼我生年，壬午正月吉。少保坐华堂，曾大父相国公。眷我冰雪质。含饴哺曾孙，抚抱或加膝。是时小子辈，不肖忝首出。相君既乘箕，家门渐萧瑟。是为曾王父，纪岁秩凡七。我祖婴多艰，中年抱疢疾。及乎杖国年，暮景亦永毕。两世皆年七旬。我父秉家政，康强戒安佚。谓可跻期颐，神气固充实。长年方矍铄，不假待芝术。如何不慭遗，三月惊怵惕。未及登耄耋，奄忽弃蓬荜。父

① “父命”，省图本作“父兄”，中科院本作“父死”。
② 底本无，据省图本补。

年仅七十有九，去八旬欠三阅月耳，伤哉。小子受父书，夙昔守贞一。愚顿性所成，学海空荡滴。博涉事浮名，前路黯如漆。老马竟迷途，羊肠困棘蒺。虽复至古稀，银床伤短绣。儿孙满庭除，书香振无术。耕读昧生理，拙业难再述。家人故嘻嗃，春至催种秫。岁俭少园丁，况无千头橘。汲多井水浑，户外山葎崒。晚景亦萧条，颓唐付诗笔。

修门吟 辛卯夏五哭大司寇渔洋先生一百五十韵

司寇公一代宗臣，千秋风雅。早年甲第，绳武亦世之尚书。壮岁弟晜，接迹联床之簪笏。齐名四皇甫，人惊宝树瑶林。画省两台郎，世慕含香粉署。声流寰海，辟霍霍之榛芜。誉上丹宸，赉煌煌之御览。仙曹浃岁，移莲烛于金门。国子群英，听贲镛于石鼓。云捧乾清，高宴柏梁，藉润色于司成。风回南院，侍书宸藻，待披香于博士。典型过中郎远甚，十年乃周历三台。清标出巨源上流，九重见使旌频锡。西征纪盛，秦蜀之益部重来。南海秉轺，庾岭之皇华考异。纵横数万里，輶轩之副载五车。上下几千年，览盛之余探二酉。既历诸卿之佐，翱翔凤阁鸾台。屡参法从之班，终陟乌台秋宪。文章命世，清流之尊奉攸同。师席开天，继起之源流有主。后堂丝竹，不薄彭宣。绛帐生徒，如闻高密。著书擅金匮石渠之富，无非悬圃夜光。杀青积汗牛充栋之奇，何减灵威秘箓。官居令仆，汲引韦素于清门。望重斗山，奖藉声华于后进。一言之善，不失然明片语之褒，岂遗子野琼函。邺架赐书，尽带烟霞画栋雕题，宸翰常悬日月。一时高卧，何殊倦翮依林。千里归来，不异闲云入岫。石帆亭畔，依稀彭泽黄花。华子冈头，仿佛吴枫红叶。征诗击钵，常怀竹露临风。送客留髡，每忆松间落雪。（以上二联皆先生见招雅集事。）

投闲七载，幸宣室之重开。诏下三天，竟赐环于一旦。立朝数十寒暑，冰署之清德如新。居平枕藉丘坟，江左之流风未远。传书过万卷，久矣户诵家弦。耆耋近八旬，自是熙朝尊宿。一诚结主，终邀异典于耄年。大德回天，遂荷湛恩于盛世。乃者星惊枥马，忽使人痛乘箕。生荣殁哀，咸惜灵光硕果。停春辍相，共钦宇宙完人。乘云帝乡，不必大招乎四国。蒙恩魏阙，岂同憔悴于三闾。楚些陈词，无事秦篝郑络。齐缕写怨，莫询詹尹巫咸。绛节星幢，已辟封狐土伯。龙坐鳞居，犹歌赤豹文狸。去属纩其几何，烈妇风徽传枕上。先生将弥留数日前，尚于枕上作《扬州居烈妇传》，盖绝笔也。迨玉棺之既降，松园苗裔哭柩前。先生尝刻程孟阳遗诗，其裔孙千里徒步来谢。先生已辞世，乃痛哭而去。青山泣太傅之墩，梦断生存华屋。白月照平泉之石，心伤冷落山丘。马策扣西州，岂堪重过。睹墅思命驾，只益深悲。沾洒千行，莫罄感恩之泪。衔哀五夜，郁为感旧之篇。

呜呼泰山颓，大雅竟销铄。列星晦光晶，文昌象萧索。微垣掩上台，泰阶就倾濩。风诗欲沦丧，元音竟安托。缅惟公初载，贞元会阊阖。实始间气钟，乾坤几回斡。乃毓兹哲人，笃生降灵岳。扶舆出震方，海岱森磅礴。三凤河东来，二华云中削。公实植德门，宝菌金芝擢。英风天人姿，早岁灵前瀹。诗辩齐鲁韩，家受青箱学。雄风启甲帐，惩怪黜支诺。册府猎西崑，黎丘谨芸获。挥毫风霆迅，倒峡鱼龙涸。东国仰高阁，槐庭占瑞鹊。冠盖世缤纷，簪笏时绎络。隐囊陋乌衣，芳径吟红药。看花曲江池，昼锦入云壑。笑读十乘书，志不计龙蠖。尚友溯千祀，探讨穷七略。黄门振鼓吹，明堂藉黝垩。帝简士师属，平刑敛锋锷。李官重维扬，钦恤意宽绰。公余崇雅道，文采亦濯濯。鹤氅想王恭，红桥牵蕙药。江东诸遗老，共凛坛坫约。虞山与娄江，耆旧同斟酌。遂令异喙徒，敛手奉矩矱。玉帛来南州，声光走幽朔。祓禊水绘庵，胜友粲酬酢。题名燕子矶，纵目江潮落。载酒雨花台，挂席金陵郭。残碑起蜀冈，古鼎吟江阁。依稀元与白，鸡林尊斗杓。日月出榑桑，大地息萤爝。含香入容台，粉署恣扬搉。海内称二王，机云入京洛。公为谕蜀游，秉衡向天末。一身凌大荒，雄文淬千镆。八翼飞天门，新诗动寥廓。考异载犎牛，志怪稽邛筰。扁舟下夔巫，三峡云帆掠。幽忧返家山，读礼慎所托。洎乎管计部，度支劈鏐镐。帝曰汝鸿材，玉几参讲幄。韩翃知制诰，清切近帷幙。南院勤僳直，出入中门闼。往往懋勤殿，儒臣相犄捔。煌煌登凤池，经筵亦频数。詹事领率更，南海供祀禴。扬旌扶胥口，龙旂净蛟鳄。穹龟与长鱼，濡沫共瀺灂。海邦屈陈辈，加额秉斤凿。北归庐岳旁，精舍饶题跋。皇华多异闻，三志何磊落。遂晋佐中枢，仆区察瓯脱。岳岷重被命，秦蜀如略彴。人生天壤间，何事非饮啄。六传西南行，戒道望恒霍。陇右奉简书，金天通箭筈。信宿万寿宫，华麓驰朱襮。韦杜燕城南，绣岭驱四骆。谁云蜀道难，邛崃纷卓荦。驿程纪后先，万里入使橐。青城揖宁封，山川考踳驳。计相跻都宪，三台屡陟爵。秋官拟仆射，谠议最诚确。荐士不祈知，公忠见披豁。平冤于曼倩，进贤荀文若。失出古庭坚，纳麓帝咨度。东山草堂在，沧海耽寂寞。投老带经堂，明农锦湖泊。柴桑快情话，赐金供燕乐。盛世沐余闲，免为尘缨缚。虽非独乐园，平泉带长薄。休夏信古斋，亦御书堂名也。芳林友松偓。寓书来郑庄，群玉待追琢。弟子八千人，拜手归郢斫。庆也真散木，瘿瘇如栎柞。生平荫余辉，自顾叹硗确。维昔岁丙戌，琼树慰饥渴。高宴石帆亭，良会通契阔。自兹时过从，华堂厕短褐。笙鹤仰通明，杨柳吟萧瑟。贱子荷陶甄，孔融每荐鹗。祢生未云狂，感此恒抱璞。终身念故知，见诏伤落拓。南山有敝庐，荒鸡伴咿喔。客岁腊嘉平，异数传海角。圣主怀旧臣，云中飞鸑鷟。丹诏下九霄，赐环礼仪卓。天眷何缠绵，鱼水情未薄。始知浮云散，皎日方照灼。凤凰归丹穴，六翮自盘躩。依旧升高冈，红云飞袅娜。维公戴厚泽，高卧安耕镈。敕下万人欢，来复岂终剥。方谓邀殊荣，期颐寿松鹤。胡天不憖遗，一老遽见夺。鉴亡悲魏公，箕尾归溟渤。千里动哀音，士林重骇愕。巷哭痛司马，回首感今昨。斯文重憔悴，吾道诚降割。小子胥迷途，哲匠罢斧斫。终古传绝业，雅音赖金铎。闻公有遗疏，伏枕如搢笏。表曰昧死上，臣病衰以弱。生成未及酬，犬马恋丹臒。痌瘝思厚恩，笃老旦夕活。生为侍从臣，没亦帷盖渥。於戏见忠鲠，望阙德音适。本朝八十年，文柄公在握。著述遍海隅，皈依非恫喝。不胫驰穷荒，钟律应笙籥。公实承泰运，淳古留淡泊。始焉尚神韵，终亦归淡漠。渔洋与蚕尾，千年见衣钵。此是三神山，公归自矜踔。如彼大将旂，不复竞马槊。醇醴佐铏羹，亦不贵糟粕。唐音归融铸，中声崇大朴。三昧开宝诗，不涉元和脚。百家入网罗，高深任鸣跃。名教树千城，谨防如聚柝。此道有严关，北门司锁钥。逸足蹶衔勒，不如守绵蕞。与为鸷鸟击，何如学山鹳。始知大海水，安用测蠡勺。维公三不朽，辩者废龀腭。五绝虞永兴，忌者如鸠鸴。羊昙哭西州，弥年应辍乐。我病隔里门[①]，鸡絮伤前却。生刍欲断魂，意绪如中恶。岂为枌榆悲，衔哀焉能遏。老眼字如花，兰菊尚可捋。聊用放九歌，斟雉蹑芒屩。中道病回车，霑霂如泪落。彤廷失斯人，廊庙少榱桷。清流失斯人，良弓缺繁弱。何为轶世尘，去如卷秋萚。怜余赋八哀，知公厌五浊。如公人伦鉴，不作槃与籥。如公天马徕，不作盐车却。如公点睛手，不作怪石恪。千秋有定论，盖棺方大觉。文章归正宗，西山善省括。海内尊大师，神力莽清廓。凤洲与桓台，名位相参错。琅邪两司寇，九原如可作。

辛卯后悼亡[②]

汝家多难日，弱岁筮来归。妇德及妇容，静好无我违。堂上有尊章，门内礼无睽。甘旨具滫瀡，井臼良依依。还我椎髻服，弃君嫁时衣。我昔甘贫贱，砚耕去空帏。岁时返闾里，梦想见容辉。及尔同衰暮，白首以为期。孰知薤上露，转瞬亦已晞。宁知双黄鹄，奋翅起高飞。

在日贪为善，妇职良所宜。黾勉幸同心，燕婉良在兹。我昔育子晚，愁思当告谁。及尔同积行，切切遂所思。四十举两雏，神明自见贻。成立家室完，弄孙方含饴。有子万事足，偕隐亮不迟。大命忽近止，摇落华叶衰。白头有佚老，痛苦仰天悲。

为善安有终，已矣勿复道。生平计功过，念可质大造。尺寸怕自度，修德固其宝。惜福维俭勤，时自安綦缟。桁有屡浣衣，儿无文绣褓。仁恩及六亲，

---

① “我病隔里门”，本作“我而病隔里”，据省图本改。

② 本在《修门吟》前，据省图本改。原收八首，无《为善安有终》《自汝作新妇》《维昔与余言》《沾裳不自惜》四首，今据省图本补。

不自图温饱。有无恤邻里，被泽各言好。眷言念斯人，不得长寿考。忧心怆中情，惄焉固如捣。弃置勿重陈，天道忌善人。

尔年六十四，遂与人世辞。吾年七十一，尚荷皇天慈。㟼嵫亮不久，下泉能几时。所痛汝抱病，家贫无良医。淹沉竟三载，岁月忽如驰。棺衾亦草草，谁知我心悲。生前亦寥落，殁后葬礼迟。哀哉复哀哉，痛此长别离。

十月中旬后，剪纸招汝魂。属纩寂无言，丧具列寝门。家人尽一哭，发声莫能吞。儿女共悲号，痛切追幼孙。下及臧获辈，涕泪浃晨昏。邻里亦惨痛，如或负烦冤。独惑形家言，不得治穸窀。含悲待及时，物故不可论。

自汝作新妇，壮岁甘食贫。百年厌粗粝，薇藿同齐民。行庖洁中厨，上者荐二人。次亦肃初筵，精腆羞嘉宾。再次颁童稚，鸾刀何纷纶。以兹朋侪辈，饱德如饮醇。自汝抱疾疢，客至诚逡巡。中忧宾祭缺，非为儿女仁。内顾重怀伤，衰谢多酸辛。

出亦复踟蹰，入亦复踟蹰。踟蹰出入间，三叹长欷歔。生为同衾裯，死不同车归。忆昔高堂上，儿女欢燕如。谁知汝灵去，志气惨不舒。昔时馌饷人，冀缺归无庐。天严衣带断，缊枲寒无袽。形声亦窣窣，空堂愁广虚。仰视皇天悲，悲心渺愁予。

维昔与余言，誓拟同生死。不愿同日生，但愿同日死。嗟我同心人，死生亦大矣。蒿里谁家地，贤愚同徙倚。生同死不同，此亦偶然耳。但存盟约在，泉路从兹始。人寿能几何，河清尚可俟。日月如电光，更比骅骝驶。

自汝未病时，家政忧旦暮。敕断两儿家，析箸非无故。童幼各自养，耕凿各为赴。二老亦养安，取足听生聚。一朝汝卧疾，衣食随所寓。两儿当大事，安知非平素。吾免营朝夕，一一循故步。伤哉汝病深，致叹病已痼。所嗟吾家贫，黾勉遵往路。

家贫无大寝，殡汝在西堂。嚣尘亦湫隘，志气怀惨伤。嗟嗟未沐棺，况乃营玄堂。夙夜思往事，引领安可忘。中宵寤不寐，所事诚惶惶。午夜屡见梦，笑言见容光。握手重欢晏，含意永相望。忽忽晨鸡唱，梦觉泪沾裳[①]。

沾裳不自惜，梦寐倘见之。愧无少君术，蘅芜安可追。入梦亦有因，逝者固如斯。鹍鸡持作弦，弹之声正悲。一弹再三唱，我心惄如饥。惓言灵之来，五夜此何时。灵兮怅焉归，去去从此辞。永念多辛艰，常思欢娱时。

大庭与广众，无以解我忧。凄凄方独对，独对常[②]含愁。忆昔同心人，谈笑多唱酬。出门所闻见，归来述卧游。一唱再三叹，抵掌悬河流。奇闻与异见，

---

① “泪沾裳”，省图本作“沾衣裳”。

② “常”，省图本作“方”。

高视风飕飗。今归何寂寂，默默如楚囚。悠悠对童稚，酣枕且复休。明月照屋梁，促织鸣清秋。

孙光禄宝仍挽歌辞①

时绎兮华堂，师俭兮文终。苏瓌兮有子，赞皇兮绍庭。文笔兮命世，揽华兮若英。赐书兮餍饫，清节兮高风。闲曹兮散处，陆沉兮岁星。遗世兮羽化，税驾兮海东。三山兮翱翔，长啸兮洪蒙。修门兮大招，来下兮云中。

哭安丘宗叔杞园先生八十韵② 壬辰

俯仰天地间，前辈日已往。落落江河流，逝者自游漾。日月荡精魄，乾坤几震荡。遂使贤哲徒，沦胥当时望。吾宗多神秀，叔氏产蓬阆。德门出名家，棱棱方露爽。博雅贯诸刘，吕列山涛上。英英四本论，岳岳五鹿畅。肮脏四海人，磊落五湖长。积书富百城，朅来相证响。糟粕陋秦余，藜火薄刘向。两汉遭鞭棰，奇文发高唱。鄙视注疏家，蔑尔绛纱帐。扶轮大雅流，蚁垤小山状。浩瀚马卿文，古调自雄鬯。碑版照遐荒，金石何清壮。李邕健笔锐，皇甫声华让。骅骝珊瑚钩，并进随几杖。东园赖主章，将作资大匠。明堂藉斧斤，轮扁恣奇创。遂有千黄金，挥毫自摇漾。萧萧羡门石，乃使尘胸荡。烟云五色流，笔澜何跌宕。坐令文誉驰，遂使吾神王。追琢山岳峻，文狸翻翠浪。王褒揖后尘，扬雄难辈行。蔡邕有遗惭，郭泰碑惆怅。风流嵇生锻，藉甚王恭氅。胜情涤繁襟，幽意自闲旷。粤维汉庭对，三策当天仗。经术继广川，旗鼓出大将。野鹤当鸡群，隽逸复宏放。仿佛文衡山，庶几何元朗。瞻言翰墨林，夙夜托遐想。金匮石室藏，弹琴视天壤。八砖君所怀，岂曰臣无状。努力践清华，风尘厌鞅掌。陆沉金马门，大隐何荡飏。徙倚慕凤池，夙昔秉微尚。豪游江海间，寄兴在湖舫。鹿车出里闬，牛腰每兼两。清游凤凰台，冥雨寒江涨。题诗海岳庵，清吟对石丈。翱翔十竹斋，放歌绝尘鞅。结纳尽良朋，白门慊幽赏。郑簠亦名流，樊高同俯仰。金石证三苍，错刀慰冥贶。维扬亦薄游，琼花倾露酿。金尽一归来，烟艇理孤榜。暇即赴金台，燕市寻督亢。南头问酒人，易水翻晴浪。击筑侣荆高，羽声自慨慷。长歌奋激烈，绝塞方乘障。玉帛会九州，雄长一相抗。当其适意时，造物无尽藏。及夫不平鸣，中怀犹怏怏。迨乎激壮情，豪迈复惆怅。遨游上东门，公卿时供张。谈天碣石宫，载酒西山嶂。尘中访异书，

① 底本无，据省图本补。

② 底本无，据省图本补。

不释卢敖杖。言追历下游，撰屦仍无恙。何期太山颓，寥落吾安仿。东望悲海云，青天何漭沆。阮亭先后逝，哲人同徂丧。稽首人天师，西归御龙象。道山一回首，皈依栴檀相。如如既不异，万影沉江上。拜首羯磨天，的皪珠光漾。杖履赴三山，蓬瀛重悲怆。令子嗣吴良，方正推吾党。师门托深契，清河谬称长。腹笥慕便便，颉籀探象罔。虫篆群玉山，兰亭浙江桨。诸孙继书香，风气日遒上。华冢文翩翩，墨池露瀼瀼。邢台好兄弟，竹箭异涤荡。我观老太丘，三世公惭长。衔悲痛叔氏，后死吾安仗。校雠念遗文，抚今徒怀曩。思执末婢手，泪洒流泉壤。

癸巳三月哭二弟云友[①] 四首

古人有懿言，为长心易忧。我生胡不辰，命也夫何尤。言念同怀子，揽辔遵道周。恂恂五丈夫，忠厚自夷犹。为善日不足，诗书效前修。耕读既长世，耕耘亦良谋。仲氏良抱璞，终身病穷愁。晚年愈疾疢，百虑煎不瘳。呜呼若敖馁，天实穷邓攸。

邓攸未云馁，余季良不忍。乃兄目不瞑，爱子移宝菌。怀抱所娇儿，任重方接轸。英英灵芝秀，为善天所悯。引此万里程，长辔寄鞿靷。勿忘兄弟情，天显夙所允。

呜呼余仲氏，天性良温厚。伊昔少年时，植德宜有后。蝉联产佳儿，一一金芝秀。童乌八九龄，往往抱殃咎。暨乎近古稀，兰茁乃天授。伸眉向九原，庶以巩堂构。

维昔违养后，昆季遂分飞。各占村落居，桑柘亦云稀。岁时与伏腊，聚首良依依。维我与仲氏，殷勤过柴扉。及汝将弃世，惊闻增欷歔。徒步往讯之，太息薤露晞。俯仰念生平，泪下不可挥。

甲午春日哭八弟善庵[②] 四首

呜呼我生初，商家五丈夫。忆昔亲在堂，冉冉府中趋。中馈罗庶羞，称觞色敷腴。双亲微不足，仲叔少凤雏。每每生感叹，中座多长吁。及乎亲逝后，未久叔也徂。荏苒十年余，仲复归华胥。俯仰折雁行，零落悲穷途。幸赖季也少，万里骋騊駼。谁知方壮年，中道折锟铻。嗟余七十翁，哭尔千金驹。呜呼如可赎，宁复惜微躯。脊令原上泪，沾洒向平芜。

---

① 底本无，据省图本补。

② 底本无，据省图本补。

樗栎终天年，名材受斤斧。菌蠢造物怜，才人每薄祜。天道良亦然，人事自终古。多材事鬼神，庸庸守环堵。吾衰际古稀，蹩躠亦良苦。呜呼老不死，嗟汝入黄土。有子二三人，婴孺今无主。耕读怅从谁，况乃立门户。抚兹仰天叹，若辈将何怙。拊膺断肝肠，无计孵弱羽。

季也实多才，旁究青囊书。搜讨天人际，管辂衍三车。八法窥枕秘，作书拟琼琚。载观程邈篆，钑镂重璠玙。兼习婴弱经，尤工痘疹医。精思穷冥缅，游刃于太虚。一匕多奇验，济物逮穹庐。研究元化理，探索及堪舆。殚精洞阴阳，豹变兼龙攎。今兹驾赤虬，众志空欷歔。吾家门户计，涂塈将焉如。俯仰念尔才，泪下沾襟裾。

忆汝仲兄殁，膝下无人继。怅然攫肺肝，爰及立后裔。吾弟忾焉叹，有子移兰蕙。六岁亦孤儿，为兄存世系。嗟尔仁孝心，宗嗣忧不细。伤心己午间，谁意相继逝。幼子竟见背，人命一危脆。为善安可知，盛年遘疾疠。伶仃诸弱孤，临流欲谁济。衣食自艰难，矧复办租税。幸尔德在人，群从好兄弟。葬汝在先茔，敛钱助丧计。厚德同姓敦，感慨沾衣袂。

八哀[①]诗

盖闻黄琼会葬，执绋万人；陈寔归窀，素车千两。其或妄托声气[②]，吾恶夫陨涕之无从。若乃粤在交游，抑亦诚无远之弗痛。垒垒赵州黄土，杯酒宜浇。营营虞子青蝇，寒郊可吊。虽壤分异地，固磨镜之能将。而情切昔贤，亦巫咸之莫慰。孺子下泪，此必南州。伊人生刍，何辞空谷。维益都孙文定公父子，与清止赵公，及新城东亭王公，皆邻邑周亲也；远洎江左三公，盖宣城夫子，溯师谊也，大鸿侍御，愠崖宫詹，敦友道也；终于柏陵焦司徒，通家长者也。伤哉！

益都相国沚亭孙文定公 廷铨

北海溯典型，一时两稷契。文定与文毅，先后登禁闼。文定起颜山，名世信英杰。艺林久掞藻，百氏纷揽撷。体含鼎钟器，色与敦彝列。淳古正始有[③]，元气自盘缬。呜呼启祯后，遗响逊曩哲。往者陈吴辈，六艺恣[④]剽窃。公起大振救，先正犹未绝。往往三伐毛，坐见一泓洁。联翩入金门，天步已销歇。结

① “哀”，本作“音”，据省图本改。

② “其或妄托声气”，本作“故或妄托”，据省图本改。

③ “有”，省图本作“音”。

④ “恣”，省图本作“自”。

绥赴兴朝，贡禹出岩穴。洊历卿贰佐，云霄已高揭。奉使指会稽，禹陵爇背血。再探扶胥口，南征下瓯粤。兰灯焚九微，箫韶奏三阕。风清梅梁现，海晏鲸波掣。[1]奇文陆大夫，新语镂金屑，公有《南征纪略》。缅思世祖朝，鱼水主知结。公及诸元老，入直互更迭。南苑朝行宫，瀛台侍清切。温室秘天言，造膝无漏泄。卿云散光华，左右远屈轶。鼎湖堕遗弓，乌号悲激越。今上应飞龙，总已表懿烈。公有《哭世祖皇帝》诗，是时为冢宰。九龄想风度，十事关要说。魏相谙朝典，山甫补衮缺。拜麻二载余，悬车入林樾。苍生望东山，僚友思北阙。相公尚黑头，投老乞骸骨。侍养逭双亲，今古无与埒。八座自起居，彩服耀庭阒。臣门雀可罗，臣心水同澈。谁识三公闾，萧萧无绰楔。偃仰山雨楼，睿藻悬日月。生平惟嗜书，芸编无暂辍。纷纷九经辩，岳岳五鹿折。补缀东西京，袁宏与荀悦。襄阳耆旧传，荆楚岁时别。公著《汉史亿》及《颜山杂记》。持此藏名山，菁华犹未竭。伊余愧右军，郗公幸提携。瞻彼丈人峰，岩岩高巀嶪。端居侍清宴，醴酒固常设。文章窥源流，正变劳扬抉。追公乘箕后，午桥几悲啜。惨惨西州门，羊昙泣呜咽。

益都文学孙仲愚 宝侗

感慨数千载，才士多邅迍。况乃韦平嗣，岂缘骨相屯。仲愚生浊世，翩翩如有神。文定既登朝，搢笏常垂绅。仲也侍朱邸，子舍何恂恂。参互庙堂议，经术窥其淳。英俊李文饶，跌宕周伯仁。任子有旧典，掉头避恩纶。独返诸生服，横经每逡巡。贯穿甲乙部，出入规先民。英流避十舍，余子走踆踆。海涵既自负，愿作观国宾。[2]拜手赐书楼，黾勉行荷薪。屡试不得意，壮气浩无垠。豪游客吴越，玉树高嶙峋。长揖天下士，矫首当风尘。抗礼接名卿，握手交贱贫。留宾五花簟，谢客双朱轮。裘马薄七贵，缟带轻千纯。西陵翠烛冷，北里青蛾颦。短箫声悄悄，画鹢波粼粼。鹍弦排雁柱，凤轸调龙唇。顾曲似公瑾，亦复如饮醇。繄余清河生，同心如一身。初与汝相亲，后与汝为姻。仿佛秦与苏，淮海及颍滨。碧梧与翠竹，谈谑接华茵。往昔共欢宴，漱石笼水滨。君诗如莫邪，光气凌秋旻。夏声本雄健，华岳飞金轮。持此万人敌，坐使顽俗瞋。相国既厌世，余泽未湮沦。苏瓌固有子，小许非等伦。乞恤走千里，冰雪皮肉皴。万字惊朝士，一疏达枫宸。天子乃曰俞，悼此鼎铉臣。东园赐秘器，大官供八珍。谒者飞鱼轩，少府降玉珉。孤儿伏阙谢，丰碑勒鲛鳞。奈何遘危疾，君亦岁在辰。乾坤罥罗网，谁复逃凤麟。上帝亦多事，玉楼记何频。般倕困斧凿，才子挥珠玭。不如罢土木，成例何劳循[3]。我欲竟此

---

① “风清梅梁现，海晏鲸波掣”，省图本作“风清海波晏，日丽鲸波掣”。

② “海涵既自负，愿作观国宾”十字原脱，据省图本、《般阳诗钞》补。

③ “不如罢土木，成例何劳循”十字原脱，据省图本、《般阳诗钞》补。

曲，此曲多悲辛。庸庸厚福者，无乃寿大椿。[①]

益都赵廉宪韫退先生 进美

人生苦难兼，夙慧与耆寿。我怀清止公，奕奕生民秀。岱岳实峰精，北海灵气厚。白傅识之无，邺侯亦天授。[②]千里飞龙媒，万仞翔凤咮。垂髫冠东邦，所业已大就。先生为垂髫解元。是时凌忠清，衡文涤凡陋。得公如天球，坐使连城售。元音浩纵横，按节自辐辏。公车一再上，天育惊驰骤。蹴踏曲江花，国步渐非旧。阃多白面帅，野有黄巾寇。贼骑莽西来，天王阻南狩。五马浮渡江，一马飞天厩。紫盖黯金陵，黄屋空玉甃。天子号无愁，平章亦昏瞀。元凶既有年，老马飞食肉。燕子劈瑶笺，才人选红袖。内晏舞天魔，宫花开豆蔻。清溪自徵歌，甘陵复狂诟。舆台关内侯，厕隶北军候。上游桓宣武，邀节王庭凑。公时过江东，追随周戴后。东南王气收，国势已莫救。力尽覆舟山，烽偃台城堠。荆棘没铜驼，钟山泣石兽。御榻羽书藏，景阳晚钟吼。祚去长城公，天厌代王侑。擒虎入建康，谁见蛟龙斗。铁锁已横开，楼船莫遛逗[③]。乾坤一反正，世祖清宇宙。公乃返初服，改辙复北首。梁震前进士，黄门仍待漏。梧掖几何时，抗疏青蒲奏。持节监诸道，陇西暨江右。公为监司，凡历四道。八闽作观察，秋风悲橘柚。适遘西河哀，肠断同猿狖。从此挂冠归，翛翛入岩岫。万轶清止诗，当代推老宿。文同秋水洁，腹厌边生富。小庾标清新，大陆黜繁缛。晚节秃江花，无由讯芳树。公晚年戒诗，恐其颓唐也。太息念平原，庶几买丝绣。

新城王东亭先生 士祜

郁郁桓公台，为君稽家世。琅邪出临沂，迥别太原系。双戟粲中朝，三槐植庭际。尚书登台阶，列卿好门第。簪笏满华堂，谢庭长兰蕙。先生叔仲间，慈明有余慧。西樵难为兄，渔洋难为弟。河东三凤鸣，翙翙当风飏。俯首翻缃编，先哲有遗制。朗朗玉山行，文章握关捩。风随春水温，气与秋山锐。太羹味自平，禁脔时一哜。吾家老郗监，坦腹君来憩。驰驱百里中，清言如乐卫。昆季骧皇途，君乃随上计。贤良本广川，承明方谒帝。通籍登金台，需次依典例。一门既显烁，海内多兰契。河北走征车，淮南问丛桂。时下焦山腰，言寻瘗鹤碣。云水共苍茫，烟花莽迢递。江风吹三山，海门不可税。遐举济仙舟，横绝千里势。击钵尽名流，

---

① “椿”后,《般阳诗萃》有小字:“卢雅雨曰:秦与苏《年谱》及本传无为姻之事,唯元林坤撰《诚斋杂记》一编中有小妹与其兄子瞻相嘲语，亦不言小妹配秦淮海。若三苏文集及宋人记载，则并无小妹之说。先生诗援秦、苏为姻，未知何据。谨识之，以俟考。”

② “白傅识之无，邺侯亦天授”十字原脱，据省图本补。

③ “遛逗”,《般阳诗萃》作“逗留”。

雄篇富新制。桃叶或停桡，兰亭共修禊。柳恽唱高言，任昉亦清丽。承盖争[1]扶轮，含毫羞饿隶。白下美山川，乌衣旧庭砌。玉尘散寒星，宝马横兽罽。巨笔装珊瑚，秋台悬薜荔。鸡林词远播，牛耳酒先祭。四渎虽争雄，北条首河济。万卷独横披，千秋一睥睨。艳歌亦幺头，雄剑五金齐。褰裳万里归，谒选十年迟[2]。俊翮未摩空，龙蛇已伤逝。萧条脊[3]令原，季方悲掩袂。余亦念平生，纵横重流涕。濯濯王恭柳，渺然浮云蔽。造物既生才，胡乃反为戾。大雅竟沦亡，吾道忧不细。

宣城施侍讲愚山夫子 闰章

怅焉感今昔，大雅不可作。风诗久湮沦，正声日已削。我怀宣城公，哲匠启灵钥。维公少孤危，早岁敛锋锷。报刘李少伯，艰虞供藜藿。故里遘乱离，寝食穷七略。万苦出重坎，双桥伸尺蠖。驾言辞敬亭，载笔入京洛。画省久含香，清言续向郭。江练咏玄晖，金石响孙绰。粉黛六宫羞，青冥五丁凿。怜才雅好文，修名戒争攫。[4]维帝简文衡，三齐秉金铎。霸气改余风，轻华归淡泊。人文观正变，天弢解纠缚。扶衰似昌黎，元音浩磅礴。丰碑志沧溟，白雪宁寂寞。海烟荡胸期，落纸蛟龙涸。仿佛苏端明，蜃气动寥廓。南登吴观峰，天门一盘躩。荦道叹荒芜，民力悲萧索。公《登岱》诗云“荦道荒芜民力尽，相如禅草且从容”。纷纷请封禅，不足当一噱。庆也甫垂髫，一顾惊伯乐。文苑侍微吟，泮水随鱼跃。先生以庆一诗取入泮。终身念旧恩，感遇伤贫弱。吾师去东国，分监湖西泊。讲学白鹭洲，鹿洞遵旧约。空囊按部归，欲行且复却。我读卖船行，高风良不恶。迟暮入禁林，遭遇非落拓。拜手登凤池，然藜天禄阁。是时王沈辈，数子共槃薄。谓阮亭、绎堂诸先生也。鼓吹开明堂，希声鄙糟粕。中原奉坛坫，异说咋断腭。天下归模楷，九州走绎络。既伤玉川诡，又哂司空博。何如礼饮时，法酒止三爵。生平卫道力，尺寸常自度。一字必先民，别裁自摈落。虽抱方朔饥，不与侏儒谑。索米长安城，晨昏忧落莫。著书亦终穷，含笑归冥漠。蓟门五尺旐，萧萧返云壑。郭泰忆登龙，祢衡怀荐鹗。如彼紫海澜，仅乃窥一勺。所业幸少就，未及受斤斫。五夜抚遗编，余音固如昨。

云间蒋侍御大鸿先生 雯阶

永言念西京，杜陵有遗老。蒋诩开三径，高风何绵渺。维昔陈大樽，崛起坛坫早。斯道宗济南，宋李共搜讨。先生羽翼之，元气诚浑灏。大音笑皇夸，纤赜绝人巧。神州既板荡，赤县惊云扰。更始号圣公，盆子登大宝。可怜牧竖才，

---

① “争”，原为空格，据省图本补。

② “迟”，省图本作“滞”。

③ “脊”，本作“花”，据省图本改。

④ “怜才雅好文，修名戒争攫”十字原脱，据省图本补。

刮席拥左纛。宰相领扬州，王敦下江表。是时明堂议，结果何草草。将军甲第高，王谢衣冠邈。号令变朝昏，水火互缭绕。玉树歌后庭，狎客陪风沼。临轩册贵嫔，宝玺烟花绕。法部尽高头，列邸纷羽葆。悠悠后湖路，历历秦淮棹。淮南脱甲降，冶城方醉饱。火照白门乌，酣眠失清晓。临江万马驰，紫盖黄旗扫。苏峻空拔扈，袁粲涂肝脑。有客栖艅艎，厓门寄洲岛。安东虽假节，航海实未造。信国既北归，叠山忧悄悄。惟余老薛方，采蕨真潦倒。十载卧首阳，党锢余风杳。回思骑骢马，丰采一何皎。天边旧客星，落落留文藻。放浪江湖间，馘黄顶枯槁。中原有数公，相与通绮缟。下榻毕崇川，古道今人少。余亦忝追随，长吟各言好。订盟还大雅，运思入深窅。颇采子夜歌，稍厌西崑调。遥指岱云低，起视海月小。吾党二三子，东郭同属橐。时从二仲游，送君伤怀抱。江介尺素来，往往烦青鸟。隔绝三十年，忧心惄如捣。矫矫华亭鹤，蜕羽山阴道。埋骨向兰亭，长眠无懊恼。囊中有放言，依稀见鸿爪。《放言》一卷，先生论诗之文。

虞山宫詹学士归惺崖先生 允肃

胜国两大家，归胡昔共驰。震川与思泉，浩气骖龙螭。惺崖贤哲裔，嗣出当清时，少孤历坎壈，奋志穷宛委。弱冠偕计吏，浪迹般水湄。吾家竹林下，眉宇瞻紫芝。谈诗好风格，朝夕同析疑。悬瓠俱壬午，问年无参差。三百六十日，往往同探奇。追君赴日下，余遵绣江陂。往路人千里，风沙天一涯。年年下双鲤，尺素频来遗。及夫对大廷，君乃如韩琦。天边五云现，胪唱光陆离。雅意厌温饱，科名光玉墀。已邀宫锦赐，颇有飞龙骑。十年跻端尹，探策恒拂龟。粤岁在辛酉，衡文向京畿。慧珠秉遐鉴，私窦绝旁窥。志薄众桃李，力却千熊罴。公问尽寒隽，万口同一词。斯文有深幸，感激伤心脾。遗直魏寒松，长跪再拜之。我来长安道，潦倒方守雌。黄尘跨蹇卫，皂帽独铺縻。仰视达官辈，不惯攀旌麾。君顾忘贫贱，戴笠不吾欺。招我紫霞笺，饮我红酴醾。赠我珊瑚笔，示我白雪诗。每来必倒屣，命驾无前期。周皇海上客，促膝倾金卮。见君丹凤雏，皎皎宁馨儿。临池每暇日，相与披素帷。笔床淡潇洒，砚匣辉琉璃。风流蕺山扇，瑶华常见贻。五陵裘马地，雅道乃如斯。君时赐休沐，昼锦归南陆。琴高驾赤鲤，潞水清弥弥。寻师赴二学，谒相过临淄。余时落孙山，卧病愁东篱。谁知此别后，雍门终古悲。怜君三岁孤，门祚真崄巇。何地起楼台，赁舂皆凄其。虽云官禁近，绝少中人赀。不如田舍翁，容身有茅茨。呜呼告来者，清风良在兹。

阳丘焦司徒石虹先生 毓瑞

司徒天庙器，开府之文孙。西汉埒金张，东京类杨袁。早年腾隽誉，溟澥无留鲲[①]。丹穴归昌翼，玉沙天马喷。一振万里翮，矫首榑桑暾。所以弱冠岁，

① “无”，原为空格，据《般阳诗萃》补；“鲲”，本作“风”，据《般阳诗萃》改。

拜手登金门。亭亭玉山映①，诏与归词垣。如彼上苑花，堂堂异山矾。如彼于阗石，晶晶美瑶璠。侧身骑骢马，霜斧飞云奔。公以庶常改西台。盐荚傲刘晏，一一清牢盆。不挟豸绣势，道气如春温。谨厚过石奋，英略如马援。十年依子舍，丽日辉金萱。宾客璨邸第，命驾游西园。三千跻卿贰，圣主时临轩。特简佐枢府，九伐皇灵伸。是时三镇叛，讨逆方南辕。羽林坐授甲，佽飞欻高骞。八校出丰沛，中垒属櫜鞬。甘泉羽檄达，细柳飞云屯。靖乱赖温峤，起舞烦刘琨。天王正旰食，司马忘朝飧。悖恩歼祖约，天殛诛王敦。九重赞石画，六师平逆藩。迨乎廓清后，露布传湘沅。浑疑挽天河，一洗瘴疠昏。明堂破阵乐，凯奏归云旛。功成升平宴，鸾章被王言。法酒供雌彝，禁脔颁熊蹯。时维岁壬戌，甲子近上元。百神禋祀举，六宗典礼存。维公持玉节，内府赍上樽。宛丘指千里，龙旂绣双鹓。湛湛淇泉溢，莽莽河流浑。前驱盛箙矢，负弩多朱轓。南登太昊陵，神蓍景翩反。玉笙礼三灌，寂寂无一喧。使旌返珂里，故旧通寒暄。还朝晋计相，异数一何繁。屹如山岳立，搢笏气象尊。年来策兵饷，大农亦纷纶。臣力日已竭，食少事则烦。堕星惊枥马，箕尾归忠魂。维帝实震悼，敕使颁玙璠。羽葆走甲士，班剑来孤村。枌榆何照耀，此事留乾坤。父老绝相杵，石马罗松原。我同徐孺子，下榻思陈蕃。俯仰东山下，长怀谢傅墩。中郎亦已没，谁复如虎贲。②

同邑八③哀诗

颜特进之五咏，感旧怀人。王侍中之七哀，抚时纪事。虽在一邑，厥有先民。回忆生平，化为异物。中郎既没，典型安得老兵。孙叔云亡，谈笑谁为优孟。首玉琴先生，悲耆宿也。次银台王公、司李高公、刺史毕公，悼前哲也。又次月麓、松篱，叹父执也。又次笠阳给谏、公权孝廉，伤同学也。终以司寇、太史两公，慨我生之不辰而先型尽殒也。哀而有十，溢数也。久居斯世，悲羊昙之有余痛也。盖至是而余亦将老矣。悲夫！

文学王玉琴先生 启叡

我登日观峰，遥见三珠树。寂寞问山亭，哲人失良晤。云门郁岧峣，东望起遐慕。泠泠水弦楼，遗响自奔赴。先生与新城王季木、北海王带如两公号“日观三珠树”。水弦楼，先生楼名也。日暖玉含烟，蓝田有逸步。沧海无留奇，惊飙坐驰骛。笔锋万仞高，文澜千顷注。长竿阮仲容，短簿王法护。枕藉六朝余，

① “映”，原脱，据《般阳诗萃》补。

② “贲”后，《般阳诗萃》有“典型不可及，老成难具论”十字。

③ “八”，《般阳诗钞》作“十”。

餍饫三都赋。善读古人书，不使灵襟锢。时悟逍遥篇，每薄常侍注。四部准娄江，繁音奏朱鹭。先生著有《四部古乐府》。自探颔下珠，那免庸夫恶。拟古西园诗，惊人北楼句。丽藻散晴虹，神马脱金綮。既好秉烛游，常深崦嵫惧。生平交延陵，爱石趋如骛。豪雄吴开府，风流自相属。吴平子阿衡昔为蓟辽督。北指蓟丘东，戟门飞露布。上马如健儿，杀尽山中兔。戏下数袁宏，燕山待班固。旄头陨大旗，惊看严武仆。少陵去夔巫，偃蹇伤岁暮。放浪江湖间，关河莽回互。梦断景阳楼，神伤桃叶渡。挩赠玉步摇，流连金屈戌。结客少年场，挥毫狭斜路。平原买丝绣，少伯黄金铸。载酒明圣湖，十旬日沿溯。几卷南屏诗，一枕孤山寓。留宾写纱裓，法书涤寒具。米颠袖有石，康伯妇无绔。当其快意时，千金买豪素。裴回索靖碑，神醉郭忠恕。先生生平以书画为性命。安能媚达官，朱门腆颜附。锦袍醉青莲，朗月想元度。华发归般阳，似为红颜误。投老古溪湾，林泉复其故。谁为蔡中郎，一志林宗墓。

银台王公子下先生 樛，故大司农王公鳌永之子

呜呼王尚书，草昧玄黄战。诏谕临青齐，殒首遭逆弁。李绛殁河中，元衡丧海甸。羽林有孤儿，异数颁金殿。千牛亦备身，黑衣良不贱。公袭难荫，得世职。通籍丰沛中，玉铃属卫监。俶傥李赞皇，精明于曼倩。谁隶建章营，允作明堂彦。《汉书·公卿表》有建章营骑。汉廷有终贾，志已薄绛灌。煌煌斋房芝，奕奕岩下电。饱餍五侯鲭，不愧三语掾。下马草军书，上马被组练。清言玉麈尾，绮语桃花片。鹤氅来雪中，明霞落天半。左卫远从征，千里走飞翰。时从征大同有功。离扃搴绣旂，拔蝥登赤岸。已勒鸡鹿铭，复定天山箭。帝谓汝能文，诏进集贤院。译字通九宾，兼长备三善，先生满汉书皆擅长。天子重怜才，微臣纾袜线。纵谈三辅事，浩落如马援。扬历登奉常，郊庙修盥荐。帝庸作纳言，夔龙人所羡。北斗司喉舌，西苑赐芳宴。休沐归故乡，昼锦何葱蒨。置酒寓公园，上客恣游衍。遐观翠濑亭，流波淡洄旋。诗逼王右丞，人如嵇中散。良游白练裙，细字青团扇。网罗包众奇，著作当一面。吾家竹林中，赠我锦绣段。公唱紫骝马，我歌白石烂。洎乎还朝后，不复接欢晏。心怆井里游，五陵亦云倦。人日悲道衡，天涯痛薄宦。时参贝叶禅，频悟泡景幻。我读息轩草，风格固数变。美人握香兰，丰姿何婉娈。白傅叹无儿，琴书有余恋。归葬终首丘，枌榆泪如霰。畏垒祝庚桑，藏橐无封禅。先生没后，邑人公议奉祀乡贤，后格于部议。焉知千载后，不入文苑传。

河间司李绳东高公 玮

司李出渤海，柳溪启前辙。清门通德乡，中丞开世业。顾陆擅江东，崔卢盛幽碣。维公袭汉貂，簪缨绍累叶。雄文标竹箭，采笔霏玉屑。谁云命世姿，而不生阀阅。孟阳信大雅，元方亦贤哲。物望飞云驰，风华流电掣。双凤凌紫霄，

桂蕊首攀撷。公以解头与弟司寇公并举。海内走明珠，天机纷彩缬。迨乎兴朝初，对策离澳渫。释褐作李官，贯索互明灭。是时丧乱余，妖氛缠嵲嵲。瀛鄚起飞尘，列郡滋苞蘖。易京数百里，坐使武备撤。那知鸣镝徒，乃复聚城阙。赤白竞探丸，烽烟昼不辍。维公厄遭逢，偃蹇归古薛。长剑掷天外，初衣隐岩穴。蔡邕走江湖，难冀赐环玦。浪迹游东吴，论衡自兹揭。吊古赋芜城，兴酣中肠热。言登第一楼，千载为公设。公《登维扬第一楼》诗云"碧天明月春如海，第一人登第一楼"，时传为佳话焉。苍茫九点烟，指顾尽蠓蠛。回看泰岱松，杳杳同蚁蛭。规摹陆务观，异响赴幽节。草阁仅数椽，怡情聊自悦。追踪荀朗陵，八龙飞忝窃。公有丈夫子八人。五岳待向期，婚嫁如马绁。长辔摧康庄，幽怀多蕴结。磊块良不平，寄傲赖秫糵。黄垆销壮心，清溪有余洁。年来丈人行，惆怅琴书没。如何但二毛，不复登大耋。酒星固熠耀，酒泉亦凛冽。人生天地间，难与曲生绝。再拜浇桂浆，九歌伤激烈。

南通州刺史存吾毕公 际有

姑射有仙人，远自丹丘谪。三山凤九苞，五城鹤一只。翱翔碧落间，钟秀尚书宅。是时公始生，华屋展绮席。神骏银川监，汗血赤岸泽。早年遭家难，司农谢宾客。髻龀气挥霍，倒挹黄河泻。虽复际时艰，赤手门户扼。猰㺄声狺狺，反走皆褫魄。亮哉绍述力，杯棬无一掷。剞劂传父书，手泽动盈尺。惊才摩苍隼，丽藻流玉液。风华映四座，玄箸超群籍。德裕藉世资，牧丘应万古。及乎改步后，仍抱陵阳璧。盐铁议不群，桓宽擅奇策。遂捧毛义檄，稷山征吏迹。人来平水阳，地近天下省。邑有醴泉歌，囊无郁林石。一麾刺五琅，海氛尚充斥。崇川实上游，控御无遗隙。气折岸头侯，掉鞅方振策。谁知神仙吏，亦作文章伯。开颜玉山颓，谈笑春云坼。对酒命秦青，贳裘觞李白。蜡屐醉湖山，诗筒盟玉帛。清游人入画，胜地车行炙。弹琴复徵歌，婆娑妙风格。长啸解组归，不受腐鼠吓。柴门饶经济，趋使树鸡栅。偃仰旧平泉，怪石倚青壁。时开北海樽，每设西园席。秋竹美琅玕，春酒凝琥珀。元礼物望尊，龙门走缝掖。庆也时过从，相对数晨夕。朝饷银丝羹，晚倾玉壶赤。铜槃五夜阑，鸠杖一时释。名教有乐地，不觉乾坤窄。著书盛芸编，稽古深劈画。乃知冰心肠，灵府与人隔。岁时纪荆楚，踳驳辨往牒。老作羽陵蠹，开卷诚多益。地下亦修文，蒿里何相迫。

赵征君月麓先生 金人

平原逸世姿，七尺见肮脏。摆落天马羁，掉臂出尘鞅。汉阳赵元叔，嫉邪同慨慷。车前杨京兆，谈笑每神王。弘农皇甫规，主簿谢无状。千载类斯人，盛气一何壮。豪雄非游侠，孤高仍跌荡[①]。早年腾墨林，磨蝎遭疑谤。未甚祢生狂，

① "荡"，本作"踼"，据《般阳诗萃》改。

微少山公量。论心豁城府，握手见肺脏。扬扬贵人子，分庭辄与抗。一语稍拂机，悬河不相让。藉甚公卿间，清吟发高唱。幽怪胜卢仝，险峭压顾况。镂词与匠意，惨淡多奇创。当其入风云，坐使尘胸荡。订交善求点，寻山爱禽向。种树白云中，栽花幔坡上。悬萝借山楼，木杪岩栖像。桔槔甘泉阴，征车薄种放。南涧选石归，嶂岩倚丹嶂。辋谷溯沦涟，鹰峰扶孤杖。松扉梦落花，芝田修晚饷。鸥群狎烟波，鹤唳引幽吭。间一画沧洲，前辈空倚傍。龙眠及营丘，落落写屏幛。波涛腕底飞，天半来蓬阆。五岳起方寸，山鬼无伎俩。至今烟江图，夙昔忆相觋。当日秦川游，绝塞方乘障。追随孟参军，莲幕恣豪宕。白鸟千里风，袨服五花韔。二月走平凉，黄河亦莽沆。改辙向荆襄，方舟浮沔漾。一食武昌鱼，秋江骇奔浪。长啸黄鹄矶，归来幸无恙。怀中数卷诗，郊岛逊青旷。晚岁遘疾疢，伏枕何悒怏。伯道摧肺肠，西河抱凄怆。直谅余所钦，礼绝父执行。忘年呼小友，谈诗托微尚。忆余客长安，闻君已属纩。遥哭[①]陈仲弓，未得一会葬。如何倜傥人，反以恶疾丧。韩陵一片石，松门见遗圹。谁题有道碑，千秋思哲匠。[②]

孝廉袁松篱先生 藩

汝南世三公，京洛每交戟。云孙有袁宏，乃作清流客。高风千载余，苗裔恍如昔。松篱士人子，神驹出渥泽。玉树映秋潭，金芝产绮陌。洗马独临江，夏侯愧双璧。果尽洛阳园，不向潘生掷。灵和殿中柳，张绪应辟易。岸然遗世尘，焚香茅斋僻。以此如玉姿，早年考坟索。字坛侯巴奇，议夺戴冯席。冰心具沈力，七略无留迹。欧阳嗜集古，明诚录金石。落纸郇云飞，敷词河源泻。九歌辨风骚，八极频挥斥。掞藻追徐陵，放达慕阮籍。绪论薄饾饤，灵气生肘腋。折衷诸家言，不使元理隔。出交海内贤，藉藉郑公驿。贤良贡成均，上计奋六翮。未得捷南宫，惆怅天人策。自兹越江湖，采真随所适。出门千里途，平生几两屐。到处有逢迎，长揖二千石。高吟洞庭畔，宛见东南坼。二酉已津逮，五车慰痂癖。吴兴有韦老，相对常啧啧。谓武康韦六象先生。手出青绫缥，秘函勒竹帛。囊括前代事，凡例劳劈绩。名山抱遗书，灵威出丹液。先生再拜授，洛诵不忍释。自写琅嬛文，丽笔珊瑚赤。持此寄来者，庶以永朝夕。潦倒布帆归，短褐仍落魄。故里遭洪涛，几作蛟龙宅。金题与玉躞，泥途没盈尺。万轴付波臣，三径乃重辟。俯仰天地间，此日深跼蹐。幕府强作宾，伤哉袁彦伯。独挟秦时镜，逢人照肝膈。海内竟无人，

---

① “哭”，原脱，据《般阳诗萃》补。

② “匠”后，《般阳诗萃》有按语：“《仪礼·丧服传》云：‘其夫属乎父道者，妻皆母道也。’康成注云：‘道，犹行也。’陆德明《释文》云：‘行，户郎反。’《汉书》列传六十四卷‘丈人行’，师古注云：‘丈人，尊老之称。行，音胡浪反。’则辈行之行。元有《两读少陵送大夫赴广州》诗云‘王孙丈人行，坐老见飘零’，与先生诗‘礼绝父执行’，俱读行为，去声，皆用《汉书》音也。”

苍苍岱云白。紫府作押衙，长啸倚天脊。缑岭坐吹笙，回头海烟碧。

给谏孙君笠阳 蕙

万仞芙蓉斋，千秋此华屋。十寻逸峰阁，几人展书读。黄门起布衣，昔住心松谷。隆寒足无袜，一褐历寒燠。萧萧槲叶林，圭山驱黄犊。顾独抱异才，冰雪媚幽独。藻思傅清泉，绮丽颜光禄。振笔走千言，泉源来万斛。王弼畅元风，终军对奇木。浙西戴[①]廷尉，一顾空群目。遂登计吏车，曲江花簌簌。清谈刘真长，风流苏伯玉。采采纫湘兰，怀之动盈菊。余亦忝同游，方陈操夏箙。旗鼓竞中原，鄢陵与城濮。一行君作吏，琴鹤伴书簏。淮南丛桂繁，江介幽花馥。吴楚走诗老，讼庭清案牍。咳唾散珠玑，宫锦让华缛。十年五湖长，雄霸无停毂。异绩达枫宸，梧垣下征轴。遂登青琐闼，坐食大官肉。麻衣返故林，幽忧自相属。渐衰沈要瘦，未老红花秃。怪君素清贫，颇餍膏粱福。金粉黛螺丛，狼藉方空縠。《后汉书》有“方空縠”，巧纱也。娆娇一十二，伐性亦何蹙[②]。如彼蠹食桂，中虚何能淑。弦急多悲哀，上声知柱促。雕栏映画梁，飞甍照林麓。广厦千万间，曾不一伸足。何曾下箸稀，一饱惟啖粥。鼹鼠饮长河，不过满其腹。一朝归山丘，平生空碌碌。我来过空堂，依旧山如沐。秋溪不见人，落叶风肃肃。燕飞燕子楼，笼开笼水澳。翠袖避天寒，无复倚修竹。春随樊素归，人伴杨枝宿。散尽北海宾，谁作西州哭。大梦转毂间，黄粱犹未熟。

毕解元公权 世持

经学久沉[③]沦，斯文无定式。展转迷津梁，作者良自惑。静溯开国初，群公多蛰力。牛鬼与蛇神，仰视云默默。错采更镂金，迥异天孙织。纵横涉怪诞，大雅亦云熄。洎乎稍廓清，无复兼声实。谙计固不和，味淡亦难食。流为训诂体，弃之如鸡肋。国华亦何在。清流视兴革。东吴韩宗伯，崛起行修饬。譬彼凌云台，良工自抟埴。浩浩归六经，神巧非雕刻。真扶八代衰，挥汗流籍湜。何有俗下儿，群吠惊唧唧。亦粤翁司空，相将为羽翼。博大真人姿，奕奕照颜色。昭然揭日月，妖晕讵得蚀。维昔岁戊午，司空奉明敕。是时官禁近，校士趋东国。今之九方皋，相马具深识。毕子礼冰鉴，去以六月息。齐鲁无其伦，允矣万夫特。其文走江湖，耆宿垂头塞。煌煌照乘珠，青天无鬼蜮。琪树映瑶林，宁向尘中植。万里飞流沙，天马徕西极。绝怜英俊物，跳荡不可测。夫何困公车，三战乃三北。刘蕡悲落拓，温宪伤逼仄。憔悴著麻衣，呼吁云天黑。嗟哉竟死孝，伟元固名德。与君为中表，鸠车时见忆。兄事君相庄，弟畜我非饰。西郊五尺坟，遥睇怆行役。车过每三步，

---

① “戴”，《般阳诗萃》作“走”。

② “蹙”，《般阳诗萃》作“速”。

③ “沉”，《般阳诗萃》作“湮”。

腹痛情何亟。倒箧披遗诗，琅琅如可即。虬龙虽片甲，应使千金直。四世聚泉台，鬼伯忍相逼。公权父子祖孙一时俱逝。想应蒿里乐，一笑归寿域。千秋索解人，黯黮安能得。

紫霞道人外父高司寇公念东先生 珩

崔嵬丈人峰，万仞峨眉月。我怀紫霞公，俯首视一切。中丞有文孙，海岱表阀阅。宅相启桓台，太归毓丹穴。公为王大司马外孙。早登蕊珠宫，二难森成列。联翩入紫房，东观应绅笏。是时国步艰，太乙藜遂撤。乾坤几震荡，神器亦杌陧。洎乎奠鼎初，弹冠归魏阙。强仕佐天官，亚相非忝窃。顾独淡荣禄，夙昔秉孤孑。既昧逢世术，康庄时一蹶。左秩亦偶然，一笑安蹇拙。碑服照遐方，雄篇郁溟渤。文如万斛珠，笔似澄江澈。佳句弃空囊，漫不授剞劂。九列三浣衣，千偈广长舌。门无纨绮奴，宅远金穴窟。一饭饱烝瓠，志不在饕餮。羊曼固真率，礼非为我设。君平亦弃世，还山卧林樾。依依入岫云，长与尘世绝。有时阅金经，逃禅谢请谒。陶公三层楼，松声自清冽。白驴凌紫烟，溪山封漻泬。垂垂青萝洞，孤踪邈幽洁。亦粤海山门，高桐虬枝折。草阁久栖云，了了自怡悦。青萝洞、海山门及栖云阁，皆公所筑。翻嫌魏寒松环溪，荐贤班夔契。譬若华阳逸，金笼遭羁绁。闻公懋勤殿，应制纷彩缬。落笔御座惊，主知自兹结。一岁乃再迁，天颜眷黄发。兰台与秋宪，崇阶亦稠叠。无那远世荣，宦情坐消歇。归来载酒堂，海天莽超忽。清游亦何在，或在吴与越。西湖盛文藻，探梅对冰雪。长啸归齐州，百钱杖头竭。乡衮人所望，桑梓肝膈热。居恒无长物，清贫逮耄耋。生平贻宕意，堪为达人说。前身谪方壶，萧萧见鹤骨。乐天与眉山，千古成三杰。遗文赖后死，甥馆余悲咽。安得皇甫公，三都永不灭。

唐太史豹岩先生 梦赉

太史金门彦，良璧无留璞。爰当弱冠岁，六翮已鸣跃。冀野骋骅骝，丹山来鸑鷟。遂登石渠观，乃折五鹿角。不译非圣书，风期何岳岳。虽非黄门职，抗章陋惟诺。四谏慕昔贤，一凤鸣河朔。矢心答圣明，磨励淬锋锷。补衮本嫉邪，青天掣雕鹗。浮云蔽重霄，弩力莽清廓。盛世重敢言，当陛诚谔谔。从兹返初服，志士在丘壑。公额其居曰"志壑堂"。海西五亩园，澹澹安蓬藿。高名如山重，清流共扬搉。酤酒听渔歌，英州良不恶，九州仰龙门，著书盛述作。千里来郑庄，问字勤剥啄。有时达浮湘，名岳走芒屩。吴越好湖山，胜地屡盘礴。怀中故人书，赫蹄久斑驳。酬唱尽东南，鸿宝罗纷错。是时曹王徒，秋岳、迈人。绮丽共追琢。齐盟狎牛耳，轨辙无踳驳。畸人共坛坫，先民有矩矱。岿然鲁灵光，朗月照寒爝。蛙声与蛩籁，驱如卷秋箨。生平禽向辈，游迹遍庐霍。归来三径中，羊求岁寒约。茧室近松关，亦不厌萧索。硕果在人间，隐几拟南郭。维昔帝时巡，迎銮趋御幄。圣主怀旧人，温语亦频数。虽复隐青山，云卧非落魄。报国赖鸿文，石画浩滂薄。

贾谊书竞传，王珪论仍确。爰及紫霞公，二老同栖托。矫矫出世心，取欢仁智乐。山水多清音，幽迹真荦确。缅彼放生矶，不使波臣涸。濠濮寓遐观，兰舟鹤羽掠。庄山读书处，长夏桐花落。幽人递探奇，良辰公斟酌。昆仑吾山房，吟诗亦糟粕。感公皇甫序，绝笔封灵钥。公为余作《昆仑山房诗序》，遂为公之绝笔。呜呼考遗文，枕藉寒泉阁。公未成之阁名。千秋借鸽楼，子云宁寂寞。

宗谱颂[①] 四言一首附

癸酉岁，家大人与嗣宗叔同修宗谱告成，小子感而作颂，以志其后。

吾家长祥，自棘津城。八世以昌，仪部载兴。相国继起，有烂其明。自兹聿振，组绶纵横。创始谱牒，肇金乡公。少保退食，共朔宗潢。八十余祀，子孙绳绳。我父端居，念此屏营。逮及叔氏，载笔兢兢。以似以续，用纪宗祊。呜呼小子，再拜勒铭。谱以联系，礼以维风。厥系莫奠，厥礼宜崇。义田义学，先正有程。惇睦族姓，责在云礽。凛遵庭训，庶保家声。家声不坠，益固宗盟。或耕或读，无忝所生。若即匪彝，神其怨恫。

秋旱喜雨吟

齐鲁十年来，浩穰被丰美。岁星想在兹，用慰田家子。今年曰癸酉，盛德宜在水。方春得深耕，沾溉何弥弥。洎乎当麦秋，霪霖接天起。来牟或漂没，糜烂如稗秕。虽复仅登场，不堪供一匕。离离原上苗，水国流波委。吾村幸硗确，石田获糠秕。早禾既薄收，忧旱从兹始。种豆东皋下，草盛半枯死。秋杪复炎烝，造化亦屯否。积阴既沉冥，骄阳相伏倚。伫视片云生，冉冉下山觜。飙风与之俱，赤日流光紫。我田岂怀新，生理将已矣。重畏索租吏，敲扑及骨髓。鬻田田不售，斥卖到鸡豕。何意灵雨来，蒙蒙忽沾被。遂止万家哭，变作三农喜。嬴收十斛粮，讴吟出闾里。早起鞭黄牛，耕田白云里。

后苦雨吟

今年岁功奇，苦雨复忧旱。忧旱更苦雨，天道何殽变。阴阳每愆伏，气与玄黄战。造物讵不仁，农事多忧患。既虑金石流，又起伤霖叹。反覆咎化工，莫慰田夫怨。百谷既登场，玉粒恐浥烂。安得谴云师，皎皎见星汉。雨旸系人事，

---

① 底本无，据省图本补。

太息五行传。

地震纪异[1]

甲申秋月屡震，八月廿一日尤甚。

回忆戊申年，地震遍渤海。及令逮甲申，三十有六载。震荡又复尔，此理难悬解。坤德固主静，胡然危以殆。再拜问天工，谁能叩真宰。荧惑昔守心，退舍理安在。维皇监下民，蚩蚩诚何罪。宁极反其常，实使我心痗。悠悠念彼苍，寒日无光彩。

惇儿病愈，诗以志幸，兼以勉之[2]

吾年四十余，得尔已为幸。洎乎总角后，读书才力猛。期尔绳祖武，长辔相与骋。为文颇清丽，汲古得修绠。虽非千里驹，肄业发深省。奈何遘疾疢，俾余忧炳炳。老泪复无端，独立嗟形影。眠食失其常，似不在人境。即尔渐有瘳，重负释项领。无乃天地仁，恍如脱陷阱。望尔加餐饭，努力常自警。爱身兼爱亲，旧业或重整。将无念箕裘，一举冀脱颖。

捐租行

甲申捐租。岁之十月，复下诏免明年乙酉田赋。作此志喜。

客从日下来，向我颜色喜。一自发长安，十日归故里。开言未及半，含笑粲玉齿。连年苦饥旱，切切念桑梓。甲申免田赋，已见清诏使。朱提出太仓，玉粒良云美。灾厉亦频仍，天行正无已。抚军昨上书，疮痍犹未起。皇帝念海邦，穷黎啮糠秕。食之不下咽，蹙额聊复尔。况乃兼蝗蝻，村村无耘耔。里正督捕蝗，扰扰不能止。左辅齐鲁郊，孑遗走苍兕。流离无家别，清贫到骨髓。饿殍随风飏，八口竟何恃。野鬼瞰幽室，椎埋攫行李。贸贸蒙袂徒，踵决将已矣。褐父睆旨酒，戍卒怨庚癸。惟余磷火青，无复炊烟紫。涸鲋满海堧，莫挹西江水。宸衷哀下民，灾沴安可弭。更沛雨露恩，黄麻正伊迩。千秋汉文帝，捐租载青史。吾皇尤浩宕，比岁颁俞旨。异数被溟渤，金鸡疾于矢。欢声连万家，感激到棘棘。煌煌大泽流，立拯沟渠死。搏捖在人事，天地不终否。灵雨感苍穹，甘澍如彼委。庶免大无麦，

---

① 底本无，据省图本补。

② 底本无，据省图本补。

有年将在此。佩璲及酒浆，怜此东人子。来春遍乐土，流亡少迁徙。臣作捐租行，尺一走千里。

送李颂将归杭州

鸿鹄游四海，矫矫求其群。饥风愁无聊，竹实离哉纷。戢翼无由奋，悲鸣互长云。况我同心友，结交佩兰薰。临歧情默默，长路浩无垠。千里一为别，何缘寄殷勤。

殷勤复何道，永言念明德。吾衰易伤离，况在新相识。悠悠涉长道，风尘去不息。怜君太瘦生，羁旅慎眠食。何用赠贻君，加餐宜努力。翘首双鲤鱼，江南寄江北。

江北何匆匆，三春辕固里。地近桓公台，明月同徙倚。析疑订千载，谈天注秋水。悲歌送将归，仰视浮云起。浮云东南征，日夕念游子。税驾向西游，往路从兹始。

庚寅初夏，梅溪郎令君擢蜀郡通守，赋赠五十韵奉别[①]

使君摄篆诸邑，棠荫遍海国晴郊；卧治锦湖，雉雊闻岱阴翠甸。寸心抚字，人奉神君；六郡循良，家怀杜母。况士林依夫坛坫十余年，玉帛攸归；清流接其芳型二千里，义声载路。既缓台垣之召，远分别驾之旌。伫发渭城，浥轻尘于朝雨；难攀岐路，实踯躅于晨风。录别联篇，虽曰河梁摅臆；阳关三叠，实与卧辙微乖。念黄鹄之翻飞，永怀祖道；忆吟坛之酬唱，竟托骊歌。虽无零雨之章，载扬糠秕；敢泻文通之赋，庶引琼瑶。非父老之三觞，助蹇帷之一笑云尔。

辑瑞当阳日，明堂课绩专。敷言已昨岁，明陟又今年。询考咨方岳，清班任众贤。山公劳启事，裴楷重陶甄。拾补朝阳凤，台垣地上仙。平衡三尺鉴，相马九方歅。玉笋官联重，彤墀鹭序迁。既能孚物望，乃克称先鞭。薪积逾三载，年劳副十铨。清时恤淹滞，计典戒风愆。岂是停年法，非同执簿编。圣书方按叙，循格类迍邅。九品归中正，群材误梓楩。拔茅连茹进，趋步逐蝇膻。东国推循卓，中洲采蕙荃。起家邻白岳，长物有青毡。金铎来花县，冰心映玉渊。戟门承世业，昆季正联翩。文雅传经术，清风佩韦弦。论诗分正变，汲古重洄沿。抚字劳心力，勘灾辨北田。坦怀忘宠辱，淡定绝夤缘。下考催科拙，中情货利捐。士林尊大旆，牛耳执芳筵。制锦心弥抑，尊师礼更虔。琅邪今永叔，溟海古成连。奏赋悬居洞，

① “别”后，省图本有小字“庚寅，有小序”。

题名小善卷。问天千古事，著述万人传。台使剡章上，思勋载笔传[①]。水清鱼不饵，天远凤仍旋。姑示量[②]移地，荣[③]分通守权。吕虔刀可赠，别驾职幽偏。夙昔慕诗史，今朝喜叩舷。浣花寻杜老，濯锦擘[④]蛮笺。鹃鸟鸣春昼，江鱼入钓船。芙蓉三十里，城郭一溪烟。照暴峨眉月，吟诗锦水漩。一麾骖五马，半刺兆三鳣。侑酒巴渝曲，调心蜀国弦。但须倾白堕，莫畏上青天。筇杖宜扶老，云亭善草玄。青城尊五岳，岷水冠诸川。玉垒桐花凤，郫筒酿酒泉。使星新益部，子弟旧雄边。地拥双流合，天开一发悬。成都茅屋在，江槛往来便。此后夔门作，应多入峡篇。郑庄烦驿使，金石可常镌。他日还开府，重来向海埏[⑤]。古人翘白首，希望几迁延。

题周伯迁云留集五十韵兼写别怀[⑥]

伯迁先生，三吴祭酒，两浙耆英。金芝毓蕊于濂溪，凝然大贤之后。醴泉浚源于溢浦，卓尔命世之才。弱冠腾声，气壮钱塘潮汐。中年豪宕，风回紫海波澜。足迹遍九点之烟，置九州于掌上。游草研于千山之露，吊千古于寰中。乃者薄游岱阴，郎使君交欢五载；流连䣎水，张仲蔚结纳同心。文酒欣秉烛之游，忆我山中雨雪。邮筒续和歌之雅，羡君天际真人。岂意聚散有期，若浮云之靡定。去留多感，似萍迹之无端。适际郎使君晋秩西迁，因念周先生南归返棹。瑶编数卷，喜授梓之告成。作序一编，惭士安之莫逮。分手怅河梁在迩，行吟知阳关非遥。因序成诗，自我作古。以诗代序，我则愧君。

斯道存终古，濂溪宋钜儒。六法传绝学，万世开[⑦]榛芜。人识舂陵老，天开太极图。洙流延道脉，心经启程朱。寄迹莲花屿，临流溢浦濆。孔颜寻乐处，关洛赖前驱。忠孝承家远，簪缨奕叶俱。世祠陈八簋，宗派衍三吴。子弟骏奔走[⑧]，群司庀醴醽。春秋勤祀典，霜露肃冠襦。泥马依南渡，才人盛左徒。英贤随世出，神骏挺生殊。有美钱江子，真成旷代姝。青虹流紫电，鸿宝俪苍瑚。浪迹时弹铗，豪游每弃繻。雄风驰騄駬，纤月照锟铻。足踏金鳌背，腰悬玉鹿卢。

① “传”，省图本作“前”。

② “量”，本作“粮”，据省图本改。

③ “荣”，省图本作“茔”。

④ “擘”，省图本作“劈”。

⑤ “埏”，省图本作“壖”。

⑥ “题周伯迁”，省图本作“以诗代序序周伯迁”；“怀”后，有小字“庚寅，有小序”。

⑦ “开”，省图本作“辟”。

⑧ “走”，省图本作“奏”。

陈琳方草檄，袁虎亦操觚。不合时宜甚，空令道气腴。龙山曾落帽，油幕或撚须。燕市行沽酒，渔阳[①]赋大酺。关山回帝里，风雨问金铺。抗礼依贤主，狂歌非畏途。解衣磐礴裸，蹀马纵欢娱。我亦垂纶叟，相将向海隅。桓台数晨夕，逸兴捧椠盂。乐莫斯时快[②]，闲情今则无。南山余卧病，北海尔欹吁。歃血稀盟约，怀人对井梧。当时劳驿路[③]，元礼隔门枢。文酒徒长忆，风尘尚未阻。移官君胄去，蓬径野人孤。凤翮留三岛，龙鳞跃九衢。思君如沈宋，怜我愧曹邾。蜀道瞻天末，临邛问酒垆。锦湖空百里，海树少三株。愧尔岁寒约，嗟余山泽癯。苍茫询祖帐，别酒缺青蚨。离绪珊瑚玦，冰心白玉壶。锦城桥万里，剑阁赋三都。白帝滩声壮，黄牛暝色趋。猿鸣移石壁，江转走鱼凫。寄恨河梁道，难倾阮籍厨。清言殊娓娓，托兴仅区区。旅客暂羁旅，吾今非故吾。遐征指巫峡，过里访林逋。长啸依天竺，披襟对圣湖。君还余壮发，我久类潜夫。黄鹄惊高逝，青云事已纡。新诗一千首，字字泻骊珠。

壬戌忧旱四百字[④]

浃岁忧亢旸，厄运逢百六。上元甲子近，翻使生理促。前岁大无年，几不绝饘粥。流离遍荒村，灾伤逮万族。剥尽榆柳皮，坐使老树秃。残息方稍定，降割重反覆。去岁豆苗枯，穅秕未能熟。今年又无麦，那得收十斛。吾家固清贫，志不餍粱肉。竭蹶腐儒餐，所恃惟耕读。文章既不售，依依常碌碌。荒芜东山田，谁为鞭黄犊。三春既无雨，农夫嗟仰屋。昨来阳丘城，五月未布谷。炎炎金石流，短草萎林麓。赤日映赤地，焦灼遍平陆。村村祈神祠，灵旂走巫祝。暴巫更暴尪，空复骇人目。我田无寸苗，何以果我腹。忧端齐阊阖，勉就朱门塾。八口乏长策，薄田苦难鬻。丰岁困输租，矧乃无半菽。我行昧前途，愁思如转毂。仰天起三叹，长空净如沐。屏翳不可留，丰隆折轮轴。山川出云气，动为苍生福。忍使靡孑遗，千家纷野哭。冥冥造化力，杀机相倚伏。戎马喑南国，十载遭屠戮。玉石焚昆冈，凶猿祸林木。红颜伴厮养，白骨枕金镞。河北供征缮，仅乃受鞭扑。盈亏固有时，人事互往复。焉知天地仁，否泰安可卜。迩来风俗靡，饕餮竞相逐。骄奢逆帝心，无乃减司禄。端居叹无禾，修省在幽独。呜呼动天志，冥感一何速。眼见云师来，滂沱沛穷谷。庶以惠残黎，桑麻愿耕牧。

---

① “阳”，本作“洋”，据省图本改。

② “快”，省图本作“乐”。

③ “路”，省图本作“骑”。

④ 底本无，据省图本补。

秋夜效皮袭美平字体①

披襟乘微凉，寒阶鸣秋虫。宾鸿惊南翔，晴云飞长空。霜华临前除，银床飘梧桐。高歌愁思繁，萧条来悲风。

壬戌季秋同焦讱庵、巽甫、上善及张观四同游长白②

我怀白虎公，十载尚蕴结。向禽为雅游，俯首愧曩哲。幸及力未衰，常恐逮耄耋。言念同心人，携手问漻泬。拂衣遂晨征，所志不可辍。清秋群物净，众情各奔悦。裹粮导我前，酒醴为我设。回溪带城郭，远村午烟灭。崩崖来径纡，鸟路往迹绝。文石焕奇彩，寒泉亦凛冽。浩乎吾有行，幽兴岂云竭。

题石龙窝③ 在长白西麓阳丘，每于此处祷雨

兹山维副岳，千里荒大东。岱宗西南来，蜿蜒亘长虹。山川递出云，苍茫元气通。润物遍海国，遐哉造化功。石势飞霹雳，振鬣何其雄。苔藓留太古，鳞甲纷巃嵸。古井澄寒藻，金碧盘蛟宫。窈冥幻景色，歆鬼开洪蒙。因思昆明池，神鱼将勿同。迩来忧亢旱，巫祝亦云崇。灵旗走千社，岁岁来村翁。何事地泽竭，丰年卒未逢。愿言告水伯，叹息何有终。

由石龙庵南过神山院④

游事自终古，况乃当高秋。群籁娱耳目，萧瑟神为谋。悠然发长啸，复恐惊潜虬。怪石俨怒猊，一一罗山陬。马上眺斜日，万顷临平畴。阳乌亦云逝，哀壑风飕飗。鹫峰昔飞来，梵刹当前头。雕栏余败瓦，犹见金轮浮。东林无慧远，白社安可留。禅房何晰历，祇树空修修。苍茫起遐思，徙倚烟雾收。空村托遐想，揽辔遵道周。

---

① 底本无，据省图本补。

② 底本无，据省图本补。

③ 底本无，据省图本补。

④ 底本无，据省图本补。

至术孟霖山村①

人生无良游，端只随物化。抚镜易为适，何须待婚嫁。缅思岩中人，幽栖栗桑柘。林扃带庭户，掩映渔樵舍。清景惬素心，徒侣亦云暇。倦马踏寒莎，携手蓬门下。山高昔日微，余情寄樽斝。

饮东涧中看红叶，时巽甫携歌童侑觞②

寻幽出东涧，振策开烟萝。霜草被林壑，曲径亦委蛇。遥指摩诃峰，群山郁嵯峨。千林间红叶，蜀锦缀乔柯。十里连赤城，明霞烂岩阿。此时豪游人，藉草拔寒莎。凭高共樽酒，放饮金叵罗。谢客盛丝竹，东山逸兴多。宛宛圣郎曲，惊尘起流波。山水助清音，白云凝纤歌。今者不为乐，忧思将如何。

薄暮自东涧返山村示诸同游③

长啸憺忘归，似不在人境。由来丘壑姿，每每怀箕颍。寄畅山水间，烦虑亦已屏。万象有余清，静者自能领。浮生多暇豫，岂得谓非幸。中情各有适，逸兴相与永。牛羊下平陂，日落山倒影。不畏樵路迷，但觉纻衣冷。须臾星汉明，暝色隐诸岭。冥然契道心，徘徊恋烟景。

诸同游夜饮孟霖山堂听歌见度曲④

寂寂幽人居，闲云覆石室。为乐安有期，肯使清景失。素心相尔汝，欢宴情未毕。人生百年内，谁得驻颜术。来日亦大难，奄忽已昨日。即令三五人，岂易言促膝。对酒不慷慨，良会诚莫必。按拍闻清歌，弹筝复调瑟。丝竹令人哀，哀音渺难述。返景没崦嵫，乃自扶桑出。朝露良亦晞，岁月一何疾。寄言达者流，烂醉应莫恤。

---

① 底本无，据省图本补。

② 底本无，据省图本补。

③ 底本无，据省图本补。

④ 底本无，据省图本补。

拟次日登摩诃峰，以大风不果①

胜侣岂云劳，侵晨理芒屩。言登摩诃峰，杖策穷万壑。北瞰澄湘流，东眺梁邹郭。挥手斥八极，凌空招黄鹤。山灵想见妒，狂飙忽为虐。卷地万里来，惊尘扫秋箨。风伯尔胡为，无乃重骇愕。振衣百踟蹰，长烟何漠漠。咫尺不相见，况乃临碧落。愧无山水缘，人事有参错。悄然结中情，得无惭康乐。

题柿岩②

山山缀秋实，露气渐萧瑟。知尔非木奴，疑作千头橘。丹林灿晓霞，赤熛耀白日。亮哉岁寒心，媲彼凌霜质。不敢爱春草，摇落恐相失。

遥望狮子崖③

平生山水人，漫不顾重趼。百年几两屐，逸兴亦难遣。济胜吾所优，宁肯嗟偃蹇。何家大小山，兹言庶云践。遥睇万仞冈，苍凉远可辨。翔禽掠丹崖，山光翠欲泫。其下临绝壑，谁复测深浅。遥势隔青冥，空村闻鸡犬。未得穷险奇，幽意安能展。如彼列鼎前，染指但一脔。如彼粉黛丛，烟鬟虿螺卷。风磴迥莫攀，神伤九回转。

望圣水峪④

寄迹天地间，人事每羁縶。放浪山水情，多为俗缘误。兹游虽云适，胜地失良晤。端居思豪游，出门淹杖屦。旷望圣水溪，迢递起遐慕。仓猝返城闉，仆夫未能驻。远景淡余晖，怅怅寒日暮。梭山一带青，啸园时左顾。峪近康侯先生啸园。不得暂停骖，微茫辨烟雾。登临偿夙因，岂曰非平素。落寞自归来，迷离绣江树。

---

① 底本无，据省图本补。

② 底本无，据省图本补。

③ 底本无，据省图本补。

④ 底本无，据省图本补。

夹谷怀古①

呜呼春秋世，玉帛纷会同。三齐尚诈力，泱泱沧海东。一朝莅兹土，坛坫良云崇。冠裳照白日，剑履来清风。宗鲁秉周礼，况乃大圣功。折冲向樽俎，正气摩苍穹。侏儒既已黜，指顾挥兵戎。汶阳一以返，望国声隆隆。岂闻曹沫劫，匕首相争雄。至今寻盟地，坐控千里中。荒台余瓦砾，山色开洪蒙。历阶有遗迹，春草生芳丛。俯仰重怀古，太息何有终。

阅陈名卿宫谕所著《皇明世法录》② 共九十二卷

龙门既已没，兰台有遗美。虎观逮石渠，千秋竟谁是。太史贤者流，经术仰前规。早窥中秘书，仿佛刘中垒。天禄藜火青，彩笔龙纹紫。著作盛芸编，革赡非稗珥。世本何煌煌，七略亦尔尔。弇州与方山，庶几三君子。弇州有《史料》，方山有《献征录》，皆纪明事也。

题寿光安青士录参庵诗卷后，兼寄尊君静子先生③

青士名箕，静子先生仲子，雪园太史弟也。

风诗昔沦丧，典型安可追。西京既云邈，六代纷葳蕤。雕虫亦小技，但为世所嗤。我怀白雪楼，正始良在兹。嘉隆振大雅，坛坫交路逵。建安及黄初，高宴如南皮。中原奉旗鼓，盛气一以麾。百年坐销歇，金石留宗彝。公安与竟陵，戟手方见訾。蛙鸣及蝉噪，吠日将何为。吾党二三子，正音聊自指。信道亦云笃，不为群儿欺。煌煌北海彦，夙昔推安期。交游自历下，旗亭风雪时。大儿孔文学，丝纶登凤池。小儿杨德祖，手搴珊瑚枝。高吟动若木，彩笔蟠蛟螭。文通拟作者，千秋黄绢词。百里盛邮筒，寄我寒溪诗。风流赋滕阁，神骏真权奇。由来大制作，或作明堂基。不朽在终古，屈宋真吾师。蛩吟但应候，千载知者谁。愿言溯前哲，勿使元音漓。和鸣应钟律，丹山一来仪。

---

① 底本无，据省图本补。

② 底本无，据省图本补。

③ 底本无，据省图本补。

行长白之北麓①

我行浒山埠，回首青阳道。烟水何茫茫，寒山尽衰草。旷望群木颠，绝壁何飘渺。虽云足力疲，言登翠微杪。下视凌飞云，俯瞰指归鸟。振衣千仞峰，悲歌何浩浩。

述怀寄钟衡庵②

去年客长安，裋褐真落拓。与子共行歌，游戏同宛洛。待诏司马门，盛气互盘礴。挟策游太学，窃比贾与郭。为文慕西京，淳古留淡泊。作赋陋三都，自拟过沈约。掉鞅翰墨场，幽关启灵钥。风尘虽未偶，宁使常情度。胜友固如云，浮名非所掠。委巷抱膝吟，不入王侯幕。扫门羞魑魅，索米胜乳酪。或时遇荆高，酒人聊斟酌。溽暑栖禅房，淫霖恣为虐。冲泥无银鞍，蛙蚓行莞蒻。笑看少年场，香车出珠箔。长衢带夹巷，燕姬纷袅娜。裘马来五陵，冠盖宴长乐。吾党二三子，避俗敛锋锷。结交崔魏徒，绝迹平津阁。以兹遭按剑，隋珠空弹雀。上书百不售，铩羽悴霜鹗。三十六州铁，不铸文字错。出自蓟北门，长啸返丘壑。浩若归山云，迅比卷秋箨。海上狎鹭鸥，林中慰猿鹤。吾舌幸尚存，端居甘瓠落。田园秋稼成，穷冬耽寂寞。缅怀历下生，离忧近若何。双鱼下清河，愁心一为瀹。相期更下帷，求伸如屈蠖。贱子已穷途，常恐难鸣跃。寄言谢故人，长跪足盘躩。明湖春草芳，旧游想如昨。何日话西窗，剪烛听残柝。

野兴③

幽居当谷口，骋望何悠悠。有时微雨来，长啸风满楼。念我石户农，散发栖一丘。努力事耕稼，喜悦良田畴。黾勉办王税，陇畔堪行休。斗酒自斟酌，此外非所求。缅彼枌榆社，可以恣遨游。坦步碧岩下，濯缨清川流。寤歌向千载，淡荡销烦忧。

① 底本无，据省图本补。

② 底本无，据省图本补。

③ 底本无，据省图本补。

遣怀[①]

人生百年中，鼎鼎何局促。昼夜频代谢，良游当秉烛。无为若不乐，日暮悲踯躅。醽醁泛清尊，琥珀凝红玉。把臂高阳徒，长歌太平曲。酒阑鸟声寂，雨过苔痕绿。旷怀绝纷翳，达士贵止足。翻然千载上，寤寐起遐瞩。

宋家坊山中[②]

涉溪溯笼水，樵路入榛梗。登顿失平陂，拔地出众岭。石子弹马蹄，柔辔安得骋。苍崖结垂萝，古木悬文瘿。山光呈兰翠，迎接纷所领。绝壑望未穷，鸟道相与永。泠然松风至，飞云无留影。寒泉解溽暑，童子汲修绠。秉耒赴东皋，山农在人境。缅彼沮溺情，浩然怀箕颍。

大风[③]

长风吹北林，万树声怒号。猛厉振广莫，天地为萧骚。风伯动噫气，大块无乃劳。潜鳞归重渊，林鸟戢羽毛。终窍互喁于，而不在松涛。辟如昆阳战，雷鼓声嘈嘈。咫尺虎豹惊，霹雳青天高。呜呼造化力，使我心忉忉。

余青园[④]

芳园日夕佳，徙倚尘襟涤。垂萝附乔木，怪石枕青壁。药栏阴蓊薱，菡萏晴的皪。清星生远心，逸兴饱所历。平子赠琅玕，马融赋长笛。月出群籁静，鸟散空林寂。长啸向松关，清商自相激。

述怀五百字寄表兄韩蓼怀，时作令奉天之盖平[⑤]

俯仰忆平生，琐细难具述。回思未垂髫，竹马欢胶漆。洎乎总角时，执经

① 底本无，据省图本补。

② 底本无，据省图本补。

③ 底本无，据省图本补。

④ 底本无，据省图本补。

⑤ 底本无，据省图本补。

共缃帙。君才如干将，汲古得修繘。洛阳推贾谊，荆州举王密。计偕二十年，乃得沾微秩。君如鞲上鹰，我作裈中虱。辽阳令沛丰，霍霍理人术。作吏忧不细，旦夕畏砧锧。昨闻诏屯田，有司贝铫铚。黾勉命甸徒，风雨戒甲卒。翻恐变污莱，未得遂腰挃。拜首歌有年，臣罪免惕慄。八口恒朝饥，鱼自釜中出。君有两男儿，被命归蓬荜。努力事躬耕，莫作轻肥质。遥遥附双鱼，远道情愈悉。长跪读素书，欢言如促膝。竟分廉吏资，惠我句骊笔。新诗最老健，气象复俊逸。苦死只欲归，长忆幽人室。即今崇吏治，早晚荐京邑。鸣凤翙朝阳，无使坐相失。呜呼我舅氏，先业君所恤。金虎剑气腾，遗恨未永毕。台垣跻中朝，庶以戬子职。嗟余驽劣姿，半世常见黜。去年游太学，上策意所绌。远眺海东云，千里山嵂崒。出关复入关，无由展亲昵。锦字未相闻，秋风何飕飕。依旧徒步归，入宫蛾眉嫉。披褐自行吟，意气转萧瑟。甘作下农夫，迟暮寒凛凓。输租待秋稼，西堂听蟋蟀。校雨复量晴，寒郊占础磌。自兹谢浮名，浑如托梏桎。桑麻但长成，织素日一匹。课奴诛白茅，塞牖仍穹室。中妇自行厨，稚子觅枣栗。弹琴三径竹，拟树千头橘。老母病幸瘳，奉觞喜盈溢。南阮固常贫，愁多未为疾。抱书寒檐下，何必燃太乙。薄田惟种秫，春酒甘如蜜。兄弟共承颜，高堂庆康吉。吾母犹若母，远近情如一。愧非管纫安，皂帽称遗佚。作歌绣水畔，秋虫声唧唧。沧洲东复东，翘首望海日。

望女郎山①

步出北郭门，遥望郭北墓。杨叶何萧萧，杨花落无路。北邙信乐郊，千载争相赴。如何去不还，杳杳即长路。魂魄此中藏，英灵此中寓。无贤亦无愚，回首花上露。叹逝悲昔人，俯仰即平素。黄石与赤松，浩浩安能遇。惓此万古宅，得无蒿里惧。大椿一以萎，芳兰失其故。亮无羽人驾，朱颜谁为驻。今日乐相乐，莫怨年岁暮。

忆山居②

客子苦不乐，徘徊忆山居。山居复如何，夜月松窗虚。秋来入场圃，牛羊下里闾。虽无良田畴，努力带经锄。拮据纳租税，岂复营峙储。及此农力闲，或可修茅庐。砚耕三寸舌，百事皆为虚。有子宜就傅，坐令玩居诸。荒径苦不剪，蓬蒿没阶除。逝将事桔槔，灌园植嘉蔬。怀哉田家乐，永言赋归欤。

① 底本无，据省图本补。
② 底本无，据省图本补。

与及门焦汉臣、介眉兄弟论文[1]

自古重立言，不朽寓简牍。文字流德声，六经信粱肉。辟如浚百川，浩浩宗四渎。呜呼名山业，致养在渟蓄。古之达者流，志不悦俗目。独立千仞峰，岂伊常情逐。元气灏无垠，予怀自杼轴。黄钟及大吕，那不本嶰谷。淳意发高文，幽光贵深穆。吹气固胜兰，微言淡如菊。雅郑早已分，家鸡与野鹜。当门刈崇兰，乃以植嘉谷。昌黎善论文，李翊与冯宿。波澜无定姿，秋水澄绮縠。雕镂方颜谢，江海拟潘陆。神丹贵九转，而不在迟速。未成一家言，因人空碌碌。翻恐下士笑，无以媚幽独。嗟彼帖括业，毋乃厌迂熟。苦无惊人句，坐使霜颖突。辘轳转不休，哇吹空反覆。文章无源流，佣书类乡塾。割剥盗先正，曾不润枵腹。若彼椎埋儿，晓夜袭华服。不尔争好奇，茁轧苦难护。亦有赋小言，詹詹伤局促。百家竞腾跃，安得驱长毂。得失在个中，莫漫冀庸福。匡衡凿虚壁，终军对奇木。永怀希世音，穷年栖老屋。勿使抱玉还，仍向荆山哭。

秋夜独坐，忽忆十彰禅师示寂已数年，萧然述此[2]

此际闻商声，忽忆毗卢客。双林五夜灯，已掩秋山石。贝叶何晶莹，照我寒月夕。大地一蘧庐，何处寻遗迹。

过灵武观，用少陵玉华宫韵[3]

松声下寒山，苍苔湿颓瓦。琳宫何萧条，荒陂古城下。虚廊人迹断，秋阴石泉泻。虚无天女来，花雨蒙蒙洒。龙蛇争吸习，土木俨非假。铜仙既辞汉，风伯还驱马。屈指五千年，浩劫动盈把。吾将问真宰，灵威寄来者。

寄韩蓼怀于辽左[4]

商飙变金素，海色朝来晴。亲爱在离居，安得千里行。我犹碧山隐，子有青绶荣。剖符四五载，飞辔邻上京。种花自有荫，课吏自有程。天衢即长路，

---

① 底本无，据省图本补。

② 底本无，据省图本补。

③ 底本无，据省图本补。

④ 底本无，据省图本补。

无为惮遐征。溟渤控三韩，岩邑实雄城。但余辽海水，务使贪泉清。朝恤劳吏结，结袜待王生。

重阳和陶九日闲居诗①

端居更岁序，怅然念友生。秋英被篱落，晚节实令名。琅琅露华薄，晶晶天宇明。园林澄爽籁，群动变商声。因思迟暮士，摇落悲余龄。那得此时节，杯酒不为倾。龙山嘲狂客，彭泽薄世荣。俯仰千载下，浩浩移我情。人生贵为乐，劳劳竟何成。

和陶九日诗②

凉飙起天末，无复绿荫交。病叶何飒飒，霜深林木凋。青天渺无际，碧落万仞高。仰听塞雁鸣，呖呖当九霄。人生百年内，形役无乃劳。安得驾长风，乘鹤入沃焦。浮丘与洪崖，把袂乐陶陶。掉臂遗万化，无为负今朝。

题枕碧亭③

我思谪仙人，啸傲碧霞里。君子贵游息，所志谢尘累。叠石得层峦，高轩时徙倚。仰见摩诃峰，俯听绣江水。虚廊亦清旷，幽意据梧几。淡然生道心，焉知在城市。寄言劳生者，何弗砺其齿。吾亦将结庐，诛茅而已矣。

忆百脉泉旧游寄怀陈雪岑④

昔寻绣江水，藜杖每孤往。路人古招提，一径开榛莽。翠浪泳天吴，碧沼何深广。万顷浸寒光，沧池自沆漭。眷言宝珠慧，兰若参龙象。太液动石鲸，曲江排银榜。白日天晶莹，赤水气森爽。澄波出净土，冥悟超象罔。鉴彼白毫光，禅灯映佛幌。肌肤生微凉，高阁凭虚上。青蘋漾金堤，紫荇飘黄壤。冰壶翻赑屃，古殿走魍魉。龙湫十丈清，对酒平如掌。豪游二十年，此地逃尘网。吴越多佳人，

① 底本无，据省图本补。

② 底本无，据省图本补。

③ 底本无，据省图本补。

④ 底本无，据省图本补。

清吟同俯仰。既枉瑶草篇，金石天台响。嗟余望天际，时作真人想。元龙百尺楼，湖海何倜傥。把臂期入林，大雅推吾党。何时一来游，胜地同幽赏。

题归惺崖学士所书和陶诗卷末①

繄昔岁丁卯，贱子游京洛。与君续古欢，把酒重相乐。游戏燕市间，解衣每盘礴。君时正乞休，所思在云壑。长啸赋归田，栗里耽寂寞。赠我紫绮编，上有柴桑作。授毫大令畤，遒劲复袅娜。又如颜平原，往往露锋锷。藏之置怀袖，五载扃灵钥。缅怀琴亡叹，遗迹忍零落。寒月照青林，霜气卷秋箨。悲哉思故人，岁暮蛟龙涸。

癸酉早春送三弟读书德州②

吾家有微尚，砚耕何碌碌。既荒负郭田，非厌诛茅屋。总为饥寒驱，乃去子真谷。尔往稽青编，我留鞭黄犊。驾言千里道，遥指卫水隩。早春寒无雪，惨淡凉云族。明发遵修途，匹马出林麓。念彼鸣鸠诗，凄恻难重读。

凄恻亦何念，兄弟情依依。双亲在北堂，再拜辞庭闱。鹤发日倚闾，游子何时归。努力当及时，鹏翮翻高飞。吾衰缠疾疢，亮使素心违。勉旃嗟予季，庶使战胜肥。揣摩待知己，毋云识者希。

游燕草

宿历下晓行黄冈道中

脂车方戒道，云黯星光黑。晓露沾我衣，微茫见曙色。修途带城郭，望望频登陟。乱石似伏虎，匼颓当路侧。崎岖仆夫瘁，古道多倾仄。朝暾渐已升，寒鸟整飞翼。行行览物化，人事良可识。丈夫志四方，宁复恋乡国。驾言千里途，黾勉自修饬。人生各有役，群动皆食力。往路如可怀，悠悠去不息。

---

① 底本无，据省图本补。

② 底本无，据省图本补。

丘家岸渡大清河

匡山屡回首，鹊华亦逶迤。驱车戒前路，广陌欣载驰。虽无登顿苦，颇为尘埃欺。惊飙黯晴昼，芳草初离披。古岸未云远，春水何弥弥。杨林东渡头，万柳齐作丝。银沙弥望白，密藻舞沦漪。优游戒榜人，问渡无前期。理兹木兰楫，啸傲清河湄。悠然在中流，咏彼沧浪①辞。

平屋②

渐车清河北，一带多平屋。低徊望广原，远村隐林木。岂无抟埴工，率以诛茅茨。青泥何粼粼，终年静如盝。遥睇似平畴，亦足安耕牧。自兹数百里，此法传版筑。良田土理密，不受淫霖沐。况乃广莫乡，猛风来大陆。苦无崇岩障，常使数椽伏。此地非邠岐，取义类陶复。土俗实使然，恬熙堪聚族。

平原道上早行，不及晤云庵宗兄

鸡鸣高树巅，客子已晨沐。黾勉夜中饭，仓皇命徒仆。长堤隔颊川，修辙遵大陆。萧萧北风鸣，辗转无停毂。广原接遥天，幽林间丛木。草草度城郭，间关亦何速。渺然念之子，挺秀清河族。吾宗多大雅，独得轶群目。十年结雁行，谈艺数往复。昨岁历下亭，湖上快征逐。邪子读书堂，相看对修竹。怜君不得意，归著麻衣哭。我行趋燕台，未及就君宿。怅焉怀百忧，因人空碌碌。

广川董子故里

列国尚纵横，正学郁不伸。洪流溢经术，燔灼悲嬴秦。炎汉书稍出，圣迹犹未振。洎乎孝武世，贤良对天人。烂然见道腴，亦复歠其醇。三策冠今古，六艺与为邻。道丧数百载，之子传乃真。在昔册文学，家令逮平津。峭直与缘饰，一一非其伦。奈何相骄王，不得常垂伸。江都及胶西，朱门迁徙频。汉廷弃一士，於越无三仁。玉杯与繁露，春秋羽翼新。煌煌明堂议，终古多沉沦。缅思下帷地，故里犹未湮。弗及拜荒祠，椒浆一重陈。怀贤重感旧，叹息劳我神。

宿阜城

是日大风雪，寒甚如隆冬。

朝发会通河，暮宿宅阳城。循彼衡漳道，野岸浩纵横。黄沙扑长辔，我马踌躇鸣。劲飙时一来，一步一欹倾。旷野何震荡，坐使徒御惊。春寒无重裘，冻雪如练明。冰花结眉须，朔气饱所更。城郭亦荒凉，聊复停西征。解带理陈榻，旅馆明孤檠。劳思繁永夜，欲续苦寒行。

阜城华阳亭，世传为嵇叔夜学琴处

中散物外情，不为尘鞅鞯。朗朗玉山行，萧萧柳下锻。华阳逢异人，曾传

---

① “沧浪”，省图本作“濯缨”。

② 底本无，据省图本补。

广陵散。人琴虽俱亡，千古同昏旦。矫如云中鹤，竹林富篇翰。我来吊遗墟，寤寐劳永叹。望望沙丘城，惊风颓断岸。无复山水音，孤鸿唳云汉。裴回激深衷，长夜何漫漫。海上有成连，千载无人见。

望督亢陂

走马鹿鸣泽，大野多坟壤。出没望高原，游目亦已广。眷兹督亢陂，名区夙所仰。沃饶甲天下，秦帝托遐想。绘图烦丹青，大国风沆漭。呜呼千年后，什不一丰穰。斥卤多不毛，无复异榛莽。虽有枣栗富，未见桑麻长。物力有盛衰，司牧在循[①]养。我来三叹息，古道平如掌。

涿州河外沙滩甚阔而奇[②]

一出通会楼，西辕未能驻。行役临大河，日出晞晨露。遥遥督亢亭，历历范阳树。长桥偃颓波，钜木横浅渡。洪涛亦弥漫，得无漂流惧。极目银沙明，灿然若积素。万叠堆玉山，清辉时左顾。依稀八阵图，奇情忽奔赴。一起复一伏，波委留云度。旷望渺无垠，芳洲起白鹭。行行车轮转，客子怀往路。

过卢沟桥，恨不得登西山，作此志感

自我尚童稚，耳畔闻西山。今兹游帝里，远眺开心颜。奥区饱所慕，未得穷跻攀。人事忽纷错，尘迹岂云闲。遥遥盼群峰，积翠如烟鬟。咫尺阻登陟，无乃缘实悭。譬彼怀异人，命驾千里间。抵面成掉臂，何事劳闲关。相见不见识，永念多辛艰。望望已超越，河水空潺湲。

后易水行

策马渡易水，易水何弥弥。北眺华阳馆，南瞻[③]督亢陂。嬴帝驱六合，彪视枭雄姿。旦夕下燕蓟，指顾东北陲。区区舆地图，焉足縻秦师。嗟哉庆卿辈，枉杀樊子期。白衣贯白虹，白日为之悲。羽声一长啸，亦有高渐离。匕首已无幸，击筑将何为。异时感风烈，博浪挥金椎。人生念君父，大义安可辞。刺秦与报韩，岂复论成亏。所以千载后，气激幽州儿。

赵北口早行观日出

侵晓发雄州，车轮亦何疾。赵北与燕南，大泽浑为一。浩浩瀛海间，远势渺难述。星光既渐稀，晨风何飕飕。万道走金蛇，仿佛海日出。岛屿拥晴轮，明霞灿鲛室。回波一震宕，光采动洋溢。真疑陟蓬莱，但少山崒嵂。匹练横秋江，未竟丹青笔。望彼蛟龙宅，平临何惕慄。老树欲搏人，森然莽萧瑟。角角晨鸡鸣，遥遥出蓬荜。驱马度长堤，清辉坐相失。

---

① “循”，省图本作“致”。

② 底本无，据省图本补。

③ “瞻”，中科院本作“眺”。

赵北口

我闻父老言，前岁南巡事。翠华临雄州，观鱼来此地。有司聚渔人，往往先时萃。锦鳞数百万，楚藿随所致。汉家猎长杨，积禽待举紫。爱物天子仁，无乃盛德累。矢鱼载春秋，诚恐恣其志。兹游三百里，难窥圣皇意。太平重游豫，网罟无遗利。金盘列霜刀，作鲙仍颁赐。纵有山泽游，不废庙堂议。眷言草莽臣，来此发长喟。水势连六极，波光有余媚。泛泛两渔舟，远自天际至。何日更重游，中流采菱芰。

平原怀古

振策马颊河，临风起遥喟。人传赵胜邑，朝宿君所赐。买丝绣平原，千载了不异。疆域隔邯郸，食采安所致。煌煌赵公子，如何据齐地。临淄远结欢，沃土良非易。从台即分符，何得越并冀。载考汉列郡，废置一一备。千乘与渤海，兰台有遗志。此地亦雄都，用建千石吏。由来良史笔，文字有疑义。朱建亦平原，采邑昧所自。安知非斯人，汤沐兹焉寄。访旧询路人，引经反遭谇。附会多雷同，父老用自媚。后不见来者，终沦昔人意。

咏古

侯嬴

结客无须多，旅进列广筵。不见魏无忌，珠履盈三千。居则鸣钟食，行则车骑联。一朝秦兵急，救赵无一前。魏王畏虎狼，不敢兴戎旃。公子顾婚姻，游说空百端。诸客皆结舌，相对缩骈肩。公子重名义，誓死从台边。结束邯郸行，赴难岂自全。多谢众宾客，夷门非徒然。刎颈送公子，功成名亦传。千秋与田光，义烈薄云天。

信陵

战国竞养士，无如信陵君。王侯有介弟，好义无其伦。以贵能下贱，执辔良殷勤。黾勉奉褐夫，过市众所钦。高堂列广坐，虚左意气真。终得侯生力，窃符诚艰辛。壮士挥金椎，遂夺晋鄙军。行间行仁义，盛气敌已吞。破秦邯郸旁，救赵非无因。卖浆与屠狗，从台罗众宾。言归急家难，忠孝成完人。自非毛薛计，何云社稷臣。惜哉骨肉间，怀疑志不伸。以兹郁怀抱，酣饮亡其身。至今大梁地，志士慕清尘。

伯乐

良马不蹄啮，八骏多殊形。龙驹产渥洼，汗血星降精。世无九方皋，天驷为虚生。吾观冀北野，空群时一鸣。骊黄与牝牡，灭没天机呈。孙杨不出世，云雾为窈冥。以彼凡马质，况此蛟龙行。骐骥驾鼓车，驽骀入王庭。嗟哉十二闲，骅骝彼珞璎。千里非常材，羁靮壮志惊。一顾遂增价，千金良所轻。

卞和

美玉不外耀，良璞无精浮。贤哲尚韫采，华士工营求。缅昔卞和氏，获璧荆山陬。审知大国宝，匹夫宁见收。怀之媚君王，良珍遂暗投。无媒献明堂，左右争啾啁。庸庸多陋识，燕石乃见仇。蔑兹照乘质，翻作连城羞。一一上见刖，徒令双泪流。三献誓不顾，天地将为酬。和璧留终古，盛世称琳球。世多抱璞徒，翻足为身忧。英雄俱陨涕，岂独陵阳侯。

王蠋

五国竞伐齐，主之在燕市。是时望诸君，举义仗马棰。东走历下军，一往无坚垒。济西既战胜，列邑俱风靡。招降縻群心，前驱下画里。良云王蠋贤，欲致彼君子。挥手谢不往，洒涕在国耻。养士数百年，安得愧青史。皎皎金石贞，何惜蹈难死。烈烈守固穷，断脰自兹始。国亡无改节，臣心清如水。谁知七十城，不如一素士。

田单

湣王胜楚骄，鼓里天所殛。吁嗟昌国君，复仇亦臣职。东海无胜兵，三齐几中熄。诸田有安平，铁笼具深识。二城莒即墨，誓死共匡饬。兵行如鬼蜮，神师安可测。鼓角鸣地中，火牛灿五色。骑劫真驽骀，敌人一回惑。三鼓覆燕师，一举靖反侧。翻掌复全齐，强寇竟奔北。功成反见疑，木阁忘旧德。岩下有贯珠，微言消谗慝。

田文

秦皇制六国，所恃非一长。或为虎狼战，或作蛟龙翔。远交与近攻，捭阖尽翕张。垂头向东海，欲使谋臣亡。愿及贵公子，结欢邀孟尝。质以泾阳君，相印生辉光。齐廷岂不喻，畏威朝咸阳。一入不复返，几作荆怀王。是时众宾客，结舌向秦庭。爰有二丈夫，嵬琐抗前旌。或盗狐白裘，或作晨鸡鸣。言之羞士林，公子遂东行。嗟嗟结客力，此辈扬其声。寄言冯谖等，市义终何成。

蔺相如

吾观蔺相如，精悍山岳锐。弱赵与强秦，一发千钧势。当时海内雄，六国奉西帝。邯郸亦孤雏，常山如甘脆。而况扼虎狼，旦夕伤国计。纵横反手间，社稷忧不细。傥使国无人，厌厌日凋弊。相如上大夫，颇有衡秦气。怀璧西入关，完璧事以济。再维渑池会，不使国盟替。誓死尊俎间，鼓缶竟相俪。廷咤削秦威，盛气率以厉。贤哉赵干城，廉蔺相与剂。嗟嗟二虎臣，矫矫为国器。

范雎

士有不得志，何妨守穷谷。敖游公卿间，所遇多不淑。范雎初干时，挟策不见录。常从须大夫，奉使三齐澳。归魏而见疑，横罹百困辱。折胁与拉齿，濒死一转毂。奇人尚有救，秦使剥终复。抱恨向函关，入境称张禄。开口取卿相，所志在报复。贾也再入秦，兴废昧机局。丞相未发蒙，微服就使轴。须乃念故人，绨袍怜范叔。执御谒相君，孰知几为戮。夹食两黥徒，莝豆衹毂觫。生死须臾间，荣辱相倚伏。

毛遂

秦兵围邯郸，赵亡若一线。韩魏救秦威，三齐隔邦甸。惟有大楚雄，尚足为秦患。约从久不闻，请兵无胜算。是时平原君，扼腕空长叹。安得二十人，盟楚靖国难。攘臂争来前，毛君为后殿。谁知鄢郢行，衹辱章华燕。碌碌皆无奇，缩首颜色变。赖有脱颖翁，指挥当一面。为楚非为赵，制胜因舌战。手招堂下人，歃血光如电。成事多所因，随人人所贱。休矣从台宾，车骑徒葱蒨。

蔡泽

蔡泽穷约时，蹑屩来蓟丘。早从唐举相，富贵真所求。四十三年中，乘坚被轻裘。其人最多智，俶傥怀良筹。燕赵尚慷慨，夫也当其俦。仗剑入函谷，英雄真壮游。扬言取秦相，恫喝范应侯。应侯势将衰，主眷亦浮游。泽也乘其机，长揖能伐谋。上下数千言，悬河风飕飗。投间复抵隙，耸身扼咽喉。天道与人事，成功亦云休。竟使百炼钢，化为绕指柔。气夺秦相威，俯首归田畴。荐士归相印，两贤共千秋。吁嗟纲成君，岂曰纵横流。

吕不韦

阳翟有大贾，挟术曳长裾。非射白圭利，非徇计然书。是名曰盗国，贸迁有权舆。突见秦异人，为质邯郸庐。嬴秦虽虎视，公子实贱躯。委身赵国中，无援一褐夫。不韦前致辞，神龙困洳沮。王孙贵人子，善保千金躯。请为西游秦，馈献图立储。不惜竭金贝，华阳为要枢。纳贿尽诚孝，努力遵前途。愿言备下陈，庶用托区区。生子为帝王，嬴祚将暗移。再世作秦相，威福何赫熺。悬金著吕览，仲父蓄祸机。宠衰更徙蜀，凶终竟何如。阴谋有时泄，免死法网疏。噫嘻文信侯，奇货安可居。

昆仑山房诗集卷二

五言古体

送邱行素游晋中 王寅

达人尚远游，君子重明德。与君结交知，金石盟胸臆。斯世多浮沉，东流终安极。碔砆诚所贵，珠玉焉可识。翻手为雨云，风波亮难测。君此游晋中，清修宜努力。谁共李膺舟，风流照颜色。太行山容青，漳河落日黑。凄凄念友生，携手常相忆。愧无双南金，别离空恻恻。

君昔处豹峰，避人向深谷。上书再见刖，归向荆山哭。买丝绣平原，醉取离骚读。山月照石床，弹琴媚幽独。寸心湛秋水，清贫厌粱肉。君家有神君，远隔晋山麓。讼庭调驯鹤，彭泽静案牍。君今趋冷衙，及此黄梅熟。夏日野云深，落月荒郊宿。行素叔父荆石先生，时宰沁水。

念子出门去，行行韩赵野。黄河当其前，春水从天泻。浩宕有余思，骑鲸赤崖下。得无河汉文，振笔为一写。莫叹知音希，阳春和应寡。正始久沉沦，吾党扶大雅。君到广宁时，松柏荫长夏。为我观龙门，河源竟何若。凭高溯昆仑[1]，一问支机者。九曲偃[2]飞龙，千里如乘马。归来涤尘襟，同续白莲社。

古意

猛虎据深山，乘风扬其威。鸿鹄罹罗网，安得[3]凌天飞。贫贱婴世网，志士常渴饥。所以首阳人，甘守西山薇。

王孙久未归，春色遍芳草。栖迟五侯宅，卧病苦潦倒。消渴思金茎，裴回令人老。鲲鹏奋天池，雄飞苦不早。渺渺黄金台，悠悠蓟门道。长歌白石吟，仰天悲浩浩。

干将遇赤土，乃以发其锷。当其埋丰城，剑气常喷薄。世无张茂先，延平亦何若。神物自有时，无须悲瓠落。

独居惨不怿，驾言登泰岱。玉简封明堂，白云为叆叇。秦松五大夫，苍苍

① “仑”，原脱，据省图本补。

② “偃”，省图本作“像”。

③ “得”，省图本作“能”。

阅千载。左顾指蓬丘，海水环穷塞。蟾蜍不可留，烛龙岂常在。百年竟何为，悲歌以慷慨。

白首闭蓬庐，丹砂聚大药。劳生何役役，繁华宁足乐。辛苦百岁中，富贵安所托。一朝去蒿里，薤露纷寂寞。何不驰白驹，系以黄金络。朝游群玉巅，暮以穷碧落。控此双飞龙，招此青田鹤。无为陷红尘，冥冥葬丘壑。

努力事诗书，行藏苦偃蹇。岁月复无情，春色忽已晚。跱躇君子堂，美人何清婉。九歌一以唱，何人栖兰畹。独鸟东西翔，落日浮云远[①]。酌酒赋大人，吾将齐嵇阮。

眷焉顾太虚，白首[②]扬清辉。浑沌既已凿，万物丽芳菲。我生东海隅，上书心久违。顾盼宛与洛，高阙何巍巍。谁能死田间，逡巡守初衣。柴门常俯仰，愁思良依依。

仰视河汉光，烂烂横北阁。明月清夜长，依微见星杓。感此百岁心，少壮无著作。萧萧白杨风，淹忽归北郭。何用慰我忧，美酒聊斟酌。飞飞啄禾黍，野田多黄雀。

拟陶饮酒诗二十首

用原韵。古今之效陶体者无虑数百家，或得其貌，或得其声，或得其气，未有兼是数长而以古朴行其冲澹者，独韦苏州颇为神合。其视江文通烟火、檐隙之句，不啻过之。夫元亮之诗，诗即为酒，元亮之酒，酒即为诗，而二十首尤为淋漓酣畅。昭明称其奇酒为迹，知言哉！暇日每欲一摹为之，恒苦其格，格不能合。乃酒酣兴狂[③]，不禁捉笔，庶[④]犹愈于读《闲情》耳。

人生如朝露，营营将安之。百年苦行役，常思欢娱时。田园岁已暮，为乐良在兹。寿命非金石，蟪蛄何足疑。一盂聊共饮，去日难再持。

林扃日明霁，出门望西山。农夫荷锄去，对此默[⑤]无言。比邻盈觞酒，可以消长年。高吟向岩壑，兹意谁能传。

中散疏懒士，颓荡契我情。竹林但一醉，不希身后名。及时暂行乐，无为负平生。倏忽发垂白，岁月令人惊。殷忧徒自苦，蹉跎何所成。

---

① “远”，省图本作“晚”。

② “首”，省图本作“日”。

③ “兴狂”，省图本作“狂逞”。

④ “庶”前，省图本有“以为”。

⑤ “默”，省图本作“心”。

远岫草木茂，众鸟东南飞。端居览物化，中心有余悲。孤云天际出，微景独依依。稚子收芋栗，日暮循岭归。常恐商飙发，摇落华叶衰。床头春酒熟，素心宁久违。

群峰雨余浮，日落鸟雀喧。柴桑一老叟，茅屋临江偏。春草遍荒径，飞云出前山。松菊自清赏，渔樵相往还。高秋虎溪曲，振锡闻亢言。

喻指与喻马，无非宁有是。世人趋利名，骨销于积毁。山中学道人，胡为心尚尔。惟宜明月前，对酒弹绿绮。

秋芳凌劲节，春华凋翠英。物变一何速，深兹千古情。东皋逞逸志，杯酒不惜倾。白露堕凉月，独鹤林中鸣。蒙庄论齐物，放浪称达生。

秋光日向夕，篱菊结寒姿。清霜被丘陇，落叶辞故枝。嗟彼经术客，著述无一奇。经年苦研索，皓首徒尔为。人生贵为乐，勿使樊笼羁。

天气敞秋宇，平畴野色开。故人一尊酒，慰此达士怀。达士自高寄，久与尘情乖。草木有清荫，鸡犬皆幽栖。长歌渔父辞，岂共沦于泥。麟凤或见困，君子每穷谐。归来理三径，彭泽讵久迷。太息嗟杨子，路岐乃始回。

彭蠡春水阔，我生七泽隅。解组方就暇，入门辞征途。百年亦何许，劳我以驰驱。酌酒且自乐，此生闲有余。桑麻课[①]童仆，四十归田居。

谋身蓄妻子，为禄涉长道。折腰事长吏，不念身将老。怆然百虑并，无乃形渐稿。劳心岂云乐，荣名岂云好。达人齐彭殇，大椿宁足宝。不见林端鹤，飞飞翔云表。

芳树自荣落，物理各有时。吾生安贫贱，与世从此辞。有怀鹿门隐，感叹方自兹。诛茅种幽兰，力食夫乃[②]疑。束发事功名，或为斯世欺。惟宜策扶老，振衣随所之。

寒山多雨露，清肃异尘境。中有醉歌人，日日常不醒。寄傲沉醉中，醒者岂能领。高风千载余，令人怀箕颍。缅彼巢与由，逸行自炳炳。

广陌野云深，嘉树微风至。田翁偶对饮，陶然亦复醉。醉即啜菊英，纵横卧篱次。贫贱解我忧，何劳谋富贵。酒泉与酒星，此中有真味。

浔阳有故里，其下五柳宅。蓬门松径深，花落无尘迹。老夫叹何为，人生不满百。感此醉中吟，起视秋云白。良辰更穷营，索居诚足惜。

闲居浮世外，独观山海经。悠悠百年内，老去将何成。杜康乃深契，沉醉时序更。有时歌停云，采菊来荒庭。冥烟动晴野，东风春禽鸣。怅然思沮溺，徘徊千载情。

---

① “课”，原为空格，据省图本补。

② “乃”，省图本作“何”。

深秋寒气变，万里生悲风。江头见衰柳，菊开芜径中。白衣来何处，偶与尘世通。却羡冥鸿去，无劳弋弱弓。

日夕不出门，杯酒安可得。酒德颂伯伦，放达诚非惑。豪人计醉醒，曲士论通塞。因兹谢案牍，悠游处乡国。夜月坐空山，萧条独默默。

在昔尝乞食，故人迫我仕。小邑偶放衙，俗吏无知己。虽为饥寒驱，寸心终抱耻。拂衣遂挂冠，长啸归栗里。山中云冥冥，岁月不可纪。孤舟泛清溪，日暮或自止。南窗倚颓颜，清贫良足恃。

我行思太古，性情识其真。风波满天地，斯世丧其淳。躬耕聊自适，爱此良苗新。湛湛桃花水，武陵避嬴秦。桑竹荫阡陌，寂寞绝红尘。因思市朝客，努力良辛勤。何如斗酒会，泛此情所亲。颓然一舒啸，潦倒浔阳津。一遍时泛览，往往乌角巾。采芝从四皓，吾亦羲皇人。

游青云寺，同月麓元子及两弟

佳晨理轻策，言登青云隈。及兹清秋日，求点同徘徊。南望云木秀，鹰峰郁崔嵬。清霁湛澄景，倏忽烟雾开。辋川何迢递，古道生苍苔。树石自凌乱，高岸纷崩摧。遂造支公宅，净室绝尘埃。疏林积落叶，石梁横古槐。偃仰空山里，兹游良快哉。

平生耽游兴，探奇欲穷源。寂寞幽岩下，清泠给孤园。磬声自清越，为我涤尘烦。游人爱坦步，不令车马喧。振衣出高岭，洗耳闻潺湲。烟萝附绝壁，崩石落高原。清秋寒泉净，日暮飞云奔。会当起静悟，逃禅竟何言。

侵晓入云壑，苍茫见朝暾。亭午兴未阑，迢迢出山门。纷披菊香淡，蚴蟉藤蔓繁。龙窟隐涧底，云洞依山根。清泉石上落，暝色烟中昏。沾沾五岳游，向子安足论。因忆龙山客，风流重九尊。落帽有何异，此事留乾坤。伊余蓬蒿客，登临饶弟昆。焉知千载后，不念张昆仑。时重九前一日。

夙昔髫年日，怀抱时飞扬。十洲游卧遍，吟咏空沧浪。此地劳清梦，无由一相将。遥讯月山客，题诗寄草堂。兹焉乐游历，怀古情弥长。猗与我烈祖，起家实兹乡。三冬坐空山，著书栖禅房。青云一以去，百岁深彷徨。山中空云水，人世留文章。重忧堕前业，贻谋安敢忘。先高王父仪部公未第时尝读书此寺，故有青云之目。

苍苍南冈树，历落何其多。言念江海人，遐举共婆娑。徘徊坐石磴，藉草披烟莎。观山静处得，莫须徒经过。深秋草木变，晴峰尽嵯峨。轻云淡山色，薄寒出石萝。坐中旧游客，太息双鬓皤。知交每零落，感叹东逝波。今者不为乐，忧思将如何。

日晚动鱼钵，千林归夕阳。经声清道心，钟鸣东西厢。山樵下鸟路，秋月流清光。夜寒山更寂，星稀云正苍。层崖隐深穴，疏木生新凉。此时静者意，飘渺凌八荒。举杯向幽岩，凭高飞羽觞。挥手招孟嘉，迷离醉云冈。明日孤村去，云水何茫茫。

由青云寺入水峪道中

游人恋石室，凌晨更攀跻。禅房鸣堕叶，众壑穷遥睇。驾言出绝涧，迢递登丹梯。崇冈带远树，衰草连长堤。探幽者谁子，裹粮还杖藜。山水互合沓，冥茫无端倪。白露皓野色，秋气率已凄。感时念佳节，行行石路迷。

拟古

太息怨何长，悠悠望故乡。故乡迷远道，蟋蟀鸣西堂。仰见明星列，秋月生清霜。余生逢坎壈，惆怅何所将。聊为一结軨，中心徒悲伤。

题揖云堂赠月麓隐君

造物恒忌盈，俯仰随所遇。维兹幽人居，可以历寒燠。数椽诛草莱，重茅蔽风雨。开窗盼南山，来去层岚度。天清岩宇旷，平野风景莫。举目望林端，迢递见樵路。出门即丘壑，岂谓非平素。

手辟千亩园，逶迤临前圃。萝薜缘短墙，历落岩中树。飞飞归鸟还，野墅连古渡。药畦锄晓云，山果摘晨露。时见素心人，往往一相聚。徘徊恋尊酒，寻幽共坦步。醉歌田家乐，无为羡荣遇。一鹤唳晴空，萧然何所慕。

题月麓斗室

斗室可栖息，聊以淹杖屦。譬彼万有情，美丽将见妒。既已叹木妖，复尔感大瓠。无为壮华栋，翻致焚林惧。生平山水人，安贫计常足，但复乐岁华，朱颜不能驻。云卧向空岩，因兹得玄悟。

历下赠寿光张

太息亦何为，交道今已矣。风波指掌间，反覆安可恃。管鲍不复见，陈雷今已死。金尽如路人，鬼蜮飞霜匕。泜水到颈交，空怜血痕紫。飓母吹雨沙，气尽发上指。哀鹤鸣风林，黄狐斗苍兕。湖海未逢人，交游望吾子。

述怀赠顾然当如

斯文竟长夜，大雅谁复起。绝业振沧溟，弇州如岳峙。我读隐秀轩，钟伯敬诗集，大笑方未已。公安矫时弊，蚓响胡为尔。坚白异同辩，千秋竟谁是。十年抱此心，今日逢吾子。吾子西园彦，登坛久念此。吾党在中原，黾勉存正始。悠悠白雪楼，阳春尚伊迩。遗音亦何在，请听蜡湖水。

寄怀寿光张兰修

我昔在历下，遇子明湖侧。同作上书人，拟试扶摇翼。野马凌天池，图南六月息。痛哭似刘蕡，四海无人识。严君肮脏人，浩气动颜色。龙门百尺桐，孤高不可逼。采凤杂玄枭，幽兰出荆棘。吾宗多神秀，如子岂易得。把袂湖水傍，雄谈渺难测。隔岁惨离心，思君泪横臆。

我欲海上游，麟洲凿石髓。蓬岛万余仞，路远心尚迩。仙阙依青童，商山笑黄绮。璚芝生九光，瑶华迸玉蕊。已闻轩皇老，更道浑沌死，祖龙尔何人，鞭石石不起。三山吹不尽，盈盈一杯水。黄鹤夜鸣云，振羽三千里。嗟余昆仑客，行将谢尘累。

天涯信良晤，风尘得知己。与子对明湖，怅望秋云里。座中江海人，阮氏与栗里。泛舟湖上游，高唱湖中水。蒹葭风泠泠，莲房落红蕊。秋色何青冥，无由采兰芷。云动沙屿昏，日落千山紫。苦忆此时晴，依依别列子。今年春已暮，何时下双鲤。

我曹天下士，湖海同寄迹。清狂遗世人，未有干时策。不惭季子裘，宁羡虞卿璧。白眼自生平，千金堪一掷。醉卧黄公垆，诗投郑庄驿。侠气凌九霄，长啸惊人魄。剑光天外青，霞采云中赤。飞扬何渺渺，八翼天门隔。舌上青莲生，灵风吹两腋。玉骨湛秋水，神气忽森寂。黯然别我去，离思坐萧瑟。

余时来齐州，拟登华不注。东寻白云楼，西望泺河树。庶慰临眺情，一惬沧洲趣。轗轲不逢时，抱璧感所遇。悠悠返故里，湖山失良晤。闻君涉华峤，丹梯凌晨渡。海日方冥冥，星光浥晓露。怪石郁嵯峨，英灵此中聚。晨晖倏明灭，山原莽洄互。绝磴凌罡风，翛翛化鹤羽。枯藤远可攀，清霜落如雨。河汉方西流，沧溟时左顾，此时江海心，张子知其故。

我行返贝丘，驰驱平陵道。古驿再逢君。握手萦怀抱。忆昔湖上别，离思空缭绕。羁旅对故人，歧路复渺渺。为念倾盖欢，相知苦不早。追随恨未能，湖山空文藻。努力待他年，明光推起草。男儿重名义，青云固其宝。

怜余不见君，道路漫浩浩。铩羽卧茅庐，寥落交游少。痛哭阮步兵，江潭重枯槁。贫居栖穷巷，多病何潦倒。秋声来平楚，霜气动林表。绿酒慰愁心，黄花淡昏晓。锦字苦未闻，鸿飞亦云杳。对雪忆仙姿，明月何皎皎。吕安千里驾，何当下云杪。

别离一何久，梅花历冬春。何堪寒食后，病中怀故人。嵯峨梓橦岫，潋滟般水津。驾言涉远道，欲往路无因。桃花照深牖，嘉树拂华茵。所思终不见，寂寞嗟芳辰。春江发兰茁，踌躇未可纫。江东与渭北，魂梦常苦辛。人生无知己，何以慰贱贫。

月麓见招游山

折简来城市，邀我南山头。病起厌岑寂，所志在远游。一蹇出深巷，循彼笼水流。及兹陟风磴，竟尔销繁忧。凉飙何肃肃，树木何修修。夕阳复西下，萧瑟如清秋。夏云飞晴霭，余霞散复收。长路不觉远，夕鸟鸣芳洲。中情一为适，怀哉何所求。

东皋社集同云间蒋左箴、梁溪顾当如

新秋散余暑，云气深苍凉。海国采麟芝，愿言奉紫皇。矫首万里外，江天杜蘅香。吴楚多佳人，之子来沧浪。既申瑶华赠，还吟彼美章。渔钓自清旷，兰茝怀芬芳。浩歌向千载，河流何汤汤。

送梁溪顾当如

念子胡不归，鸣剑远行游。江南万里地，道路何悠悠。朔风号北林，沧海寒波流。游子尚无衣，令我怀百忧。离觞惨不御，黄鹄飞沙洲。登车即长道，何以慰我愁。愿子崇明德，及时还故丘。

晨风振羽翼，衰草何漫漫。言念同怀子，送别般水干。修途渺何许，去住良独难。参商各千里，不复同结欢。长歌有余哀，赠尔青琅玕。新知复别离，慷慨劝加餐。得无儿女仁，怅焉摧肺肝。安得共白首，歧路方阑珊。凄凄一尊酒，河梁昔所叹。

悼亡古意

繐帐凄以清，明月含素辉。高堂夜中叹，幼女当我啼。肝肠亦已断，愁思当告谁。凄凄孤鹤吟，安知我心悲。眄睐宁可见，魂兮杳不归。念我同衾裯，倏忽与我违。俯仰平生欢，泪下沾裳衣。

不惜沾裳衣，但惜长不归。孤坟在西郭，永言长相思。生为双黄鹄，不得同高飞。结褵方九载，弃我忽如遗。庭户寂无人，恻恻令心悲。

心悲孤鸾景，安得同翱翔。凛洌岁已暮，嗟我寒无衣。雨雪在庭户，愁心惨不扬。空帷杳无依，鹤鸣东西厢。离别竟终古，抚膺良自伤。

咏古

公孙涉沧海，服食求灵药。海上多神仙，乘云驾黄鹤。苍狗询巨公，□呼降维岳。既瞻大人迹，矧乃栖居乐。马肝自不死，长生亦可托。神君时一来，清风动帷幕。

述怀寄倪天章

倪，山左人，寄居淮上，原籍临清，与茂秦同里。

维昔历下客，白雪传遗音。四溟老布衣，振步唱高吟。中原有数公，正始未销沉。倪君名家子，擢秀清水浔。过江拟周颉，廿载栖淮阴。结客遍南国，一诺轻千金。嗟余经术客，穷年守故林。未得远行迈，愁行故难任。藐忧向丘壑，萧条独至今。矫首望南纪，黄河春水深。

老父客淮上，羁栖未返辕。岐路少知己，含情无一言。感君天下士，复此哀王孙。啸歌向江海，相逢如弟昆。肝胆映冰雪，高谊古所敦。瀼西草堂在，花落开蓬门。淮南秋雨夕，离离丛桂繁。论诗过曲巷，把酒话西轩。一棹归般水，怀君劳梦魂。贱子托孔李，终身思旧恩。欲往从君游，浮云蔽中原。乙巳家大人滞迹于淮数月，与天章为莫逆交。

读倪天章《北道诗》有感

倪之先人为前朝总戎，镇下邳马陵间，故天章有《北道杂诗》。

我读北道诗，忧来不能遣。呜呼倪将军，束发事百战。流氛宕中原，淮海无传箭。洎乎渡江左，壮士焚铁练[1]。贺兰拥重镇，逍遥不为援。兵散霍丘旁，火照清淮甸。中都无遗墟，凄凉闭春殿。帝里濠泗乡，戎马如流电。将军扼河冲，赤手障江县。轻裘佩牙璋，百折志不变。白首未封侯，长揖甘贫贱。负郭老淮阳，壮游亦云倦。醉尉从见呵，东陵人所羡。有子能负薪，人识清源彦。痛哭马陵山，哀歌泪如霰。下邳空残垒，留侯不可见。

题倪之煌客苦吟卷后 中皆游东海之作

倪君北征日，流观沧海东。怀抱凌苍昊，放眼开洪蒙。清秋自明霁，日射蓬莱宫。风雨群灵会，绿云翔太空。龙蜃互隐见，流波互长虹。鲸涛翻赑屃，或与玄州通。凭高狎海若，挥手招青童。经行孝水畔，骏马高缠鬃。结客齐门士，银鞍明月弓。袁宏方作赋，王粲未从戎。吊古临广固，题诗过沛丰。湖海飞扬意，拔扈将无同。

书钝道人《登岱》诗后

我生泰岳阴，翘首天门隔。倪君江海人，拔剑远行役。篮舆陟丹磴，灵气生两腋。苍苍五大夫，何处寻汉柏。金简已成云，烟雾散玉册。高歌日观峰，耳畔闻潮汐。若木浩茫茫，远映珊瑚赤。东牟海岸浮，知是旧游迹。黄河渺如带，碧落振六翮。摩挲无字碑，色与长天碧。秋空沆瀣流，岳容见虚白。焉能辨九州，一气故常积。呼吸帝座通，奇句惊人魄。乍疑岣嵝文，或作秦相石。明堂未封禅，清制良足惜。迩来卧楚州，寥落郑庄驿。何日远行路，惆怅沧浪客。

有感

我闻大农藏，黄符日督赋。又闻少府丞，金钱方下布。都尉勤搜粟，使者冒霜露。万里饷昆明，瘴海楼船渡。不惜刍挽苦，远置庄滇戍。丁男辍耰锄，老马疲灌输。公家白牌来，日夜塞广路。惊飙撼微羽，急轮无停步。所以弃朱崖，千载有余慕。

我生沧海隅，坎坷感所遇。贫贱耻谋生，怅怅年岁暮。乞食类陶公，安知非平素。骧首望江湖，浮沉畏岐路。再拜漆园生，为我脱羁絷。美人亦凋零，沅湘不可溯。

① “练”，《般阳诗钞》作“炼”。

家君将远游吴楚，送至瓮口道写怀

脂车驾言迈，遵彼孝水渍。悠悠去桑梓，修途浩无垠。褰裳涉洪涛，吴楚观人文。轻舟济大江，兰芷扬华芬。老亲已白发，岐路川原分。朱夏维四月，晴霭何氤氲。为念万里道，殷忧正如焚。晨昏一间隔，何时望归云。

瓮口道上杂述

余本丘壑人，所志在岩穴。今朝出青社，送远当离别。行行西南峰，微径苦纡折。谷静不逢人，深溪留夏雪。浅濑细流断，远村午烟灭。山容倏万变，空林啼百舌。云气渐已微，峡势忽欲闭。真疑山阴道，应接纷所悦。绿树拂征衣，幽芳可揽撷。居者望行尘，去者无停辙。

经过笼水源，云壑正深广。数里入空山，一径开榛莽。奇石屡崩奔，悬崖赫宏敞。回合龙吸习，幽峭气森爽。山花缀芳林，晚樵出清响。孤嶂远莫攀，崇岗削如掌。行役临大壑，息肩自来往。丹葩耀朝日，红术生黄壤。愧我蓬蒿人，日作岩栖想。

我行瓮口道，曲径屡回首。静听山水音，遥爱云水秀。野鸟自去来，千峰转前后。空谷振幽响，炎轮变晴候。值此南重时，飙尘暗晴昼。削壁倚青冥，烟光淡群岫。怪石当路衢，寒萝纷错绣。仿佛岩中人，诛茅理云构。为念远游者，落日孤村宿。

青石关

驾言出笼水，登此西南疆。行役方戒道，仆夫严晨装。嵯峨石磴仄，振策万仞冈。天尽水穷处，绝壑森开张。路迷九折坂，徒御惊羊肠。我行依木末，眺远心飞扬。雄关屹重镇，锁钥扼海方。轮蹄虽不绝，登顿愁彷徨。行者为叹息，下担劳相望。

我闻函谷关，终古障秦疆。金城何巀嶪，千里控咸阳。一丸可扼吭，虎视气莫当。东秦一十二，此关重堤防。左顾临溟渤，回眸盼穷桑。横云如剑阁，绝壁凌天阊。南通江淮甸，北走开大荒。万夫俱辟易，不须开沟隍。王公设险意，千载何茫茫。

忆昔鼎迁日，寇盗满穷乡。兵甲方未靖，齐鲁亦战场。此关虽雄镇，无人守岩疆。抚肩一夫力，形势竟仓皇。赤眉既转掠，黄巾复翱翔。荒野罹兵燹，白骨清川旁。迨乎平贼岁，征发六郡良。魑魅既潜迹，将军飞龙骧。农夫识汉仪，壮士铁裲裆。太平重文物，烟火郁相望。戈戟变桑柘，古道成康庄。守险方在德，脉脉思难望。

豹岩太史与乃弟凉武入长白山寺读书，时邀余同往，先有此寄，兼讯祖珍上人

踯躅百里中，日夕望长白。绿嶂疑永□，气与秋烟碧。如何户庭间，竟与云林隔。太史寻幽人，遁世每埋迹。匡庐结莲社，东林忆挂席。兹游惬幽意，楗户考坟籍。何家大小山，烟月数晨夕。范公读书堂，樵路风榛寂。长白有文正公遗迹。遥想栖息时，长吟对青壁。鸟声依暮钟，云气下香积。余亦将避人，裹粮惮行役。安得从君游，杖履慊所适。寄书讯远公，念我沧海客。性颇甘盐虀，穷巷无担石。翻恐谢尊罍，愁绝陶彭泽。闲居爱云水，于世穷所择。但愿向岩扉，襬襶复岸帻。绿篠媚幽丛，晚霞意萧槭。仰见摩诃峰，俯听醴泉泻。清景参道心，长廊荫松柏。山鬼纷窈冥，日月荡精魄。侧身风尘际，天地何跼蹐。经术羡广川，下帷未云易。太息治安书，贾傅伤逼侧。荆山涕滂沱，悲甚陵阳璧。山楼守赐书，幽忧岁月逼。世业惭玄成，戚戚多所迫。我观豹岩公，高文灿金册。庶以赐指南，永言佩明德。斯文岂长夜，一使荒芜辟。

豹岩太史次余前韵见酬，时余入山之约未果，因复拈前韵奉寄

敬亭成独立，千古思太白。新秋群物净，山容淡逾碧。我怀白兔翁，怅望云岚隔。杳如莫釐峰，不见林屋迹。何人对香炉，匡阜扬片席。藏书向名山，岂必承明籍。迢迢贝丘城，遥忆风雨夕。柴桑故里闾，门巷正岑寂。闻道柳庵旁，瀑布下丹壁。回眺锦秋湖，澄泓一水积。良辰更穷营，怜我劳物役。日伍石壕吏，凄凄竟安适。空余尺素书，远慰林泉客。忆昨双松轩，留髡醉一石。奄忽桐叶落，塞鸿归笠泽。穷途每长叹，歧路竟何择。课农南山巅，散步远林帻。落日山气凉，川原自骚槭。般湄晚涨时，十里银涛泻。滟滪奔瞿塘，淮源下桐柏。中有放歌人，短褐仍落魄。渔钓命俦侣，怀人方踧蹐。陶公别来久，武陵岁时易。仿佛桃源诗，寄我寒溪侧。千载托羲皇，宁羡虞卿璧。小谢梦池塘，火攻何太逼。山静天为徒，悠悠何所迫。双林五夜灯，兰若翻贝册。拜手古先生，洗钵依妙德。何当对祇园，一见抝山辟。

地震纪异杂诗

康熙戊申六月十七日之夕时，余在长山。

皇帝之七载，烈烈南熏时。呜呼动天心，异变乃告危。繄彼大造力，冥冥不可推。空水相荡漾，鳌极惊崄巇。浮云藏浩劫，元会安得知。岂无圭璧荐，灵风震坛壝。厚载同带德，胡为撼嵎峡。嗟此阳九运，我生逢百罹。忧心渺何许，感彼繁霜诗。

于役於陵西，李子读书堂。长白之东麓，万壑隐山房。是时苦淫潦，入门见夕阳。芳筵列广坐，宾御罗众觞。开轩秉华烛，披襟纳微凉。中座忽惊散，浑如摆雷硠。乾坤一崩划，黯黮惊八荒。妖虹竞隐见，形势合玄黄。主人走且避，客子亦彷徨。噫嘻天步艰，悠悠令人伤。

黑云如车盖，惨淡古城头。星辰黯无象，仰视明河愁。真疑天柱坼，高岸鱼龙浮。野哭俨千家，山鬼声啾啾。雕窗余败瓦，茅屋成荒丘。排墙死夷甫，惊奔著岑牟。魂飞川谷裂，溪水为逆流。连甍风樯涌，一瞬生百忧。患难重怀土，避地岂良谋。此郊非我乡，驾言返淄州。安能待明发，揽辔遵道周。凄凄夜归客，长路空夷犹。

遘患长白侧，遄归般水滨。时危忆父母，所虑非一身。老父客京华，薄游尚风尘。迢迢千里外，欲往路无因。我母栖敝庐，震圮惊心神。入门惨颜色，慰劳仍逡巡。不敢傍庭户，露宿变华茵。雨地共艰虞，危苦难重陈。慈帏念游子，中夜多酸辛。幼女喜我归，牵衣情更亲。家室幸无恙，三物洁诚禋。灾变永相保，岂复贫贱□。

我行淄城北，月下急驱车。道左逢父老，一一重欷歔。里门为罢市，百雉倾碎礫。复见丽谯坼，沟隍坏储胥。丹楼昔如霞，于今竟何如。遥闻县令来，勘灾一登陴。仓皇到闾巷，积垣复庭除。入门亦踌躇，出门亦踌躇。我生际屯晦，志气惨不舒。仰天长太息，太息安所居。

皇皇维后土，镇静固其宜。山冢闻崒崩，心伤十月诗。句芒敷疾威，陵谷应转移。今兹一震宕，齐鲁无宁居。波翻海潮立，岱宗亦嵲峗。鬼斧劈洪蒙，云车夹路逵。天门下雷电，地轴飞妖螭。昨闻郯子城，死伤积累累。客从东方来，余灾到莱潍。愁心齐阊阖，谁与达枫墀。

忆昨四年春，震动自京师。宫阙亦懔慄，畿辅纷崩摧。彗孛敛寒雾，经天光陆离。我皇承天戒，肆赦出彤闱。金鸡发十道，雨露到茅茨。方泽闻肸蠁，五峙传亲祠。乾坤一捖挽，万福终相随。猗与阴道乖，复尔值兹时。汉廷相丙吉，调剂安得辞。

廿载乐清晏，齐鲁壮东陲。升平渐有象，且复归流离。前年旱频仍，翻恐靡孑遗。无麦太史笔，蠲租汉帝慈。今年雨滂沱，万户欣在兹。谁知神明意，震宕惊患蚩。摧颓乱天纪，崩豁倾地仪。屏翳生旷野，丰隆掉前麾。倒翻沧海涛，回罥榑桑枝。嗟嗟敬天怒，燮理将焉施。

客从阳丘来，目击柏陵城。绣江既狂涨，湿水鼋鼍鸣。人畜葬鱼腹，白浪千人惊。有如决汾绛，三版晋阳平。可怜百里内，庐舍没纵横。矧兹坤极震，墟里尽欹倾。妻孥惊未已，鸡犬亦不宁。中厨讵暇理，移榻傍前楹。四邻竞相问，栖息保余生。是月十二日章丘大水。

在昔纪灾沴，春秋圣言垂。缅惟造化理，岂得无盈亏。宋都惊六鹢，陨石良足疑。劫灰谁复见，兴说昆明池。铜山一以崩，长乐钟鸣悲。我怀刘中垒，洪范极精思。五行穷元化，秘蕴真吾师。氛祲自人事，六极乃如斯。嗟哉京翼辈，推测同一辞。侧身仿前哲，庶荷皇天慈。

迩来忧云汉，宣室方祝釐。金城及张掖，使者亦交驰。玉粒下天庾，朱提发彤墀。奈何海岱侧，穷黎犹苦饥。杼轴劳东国，酒浆歌南箕。黄符自旁午，督赋到疮痍。大吏奉军帖，小吏尽茧丝。得勿怨叹声，冥感震坤维。天变良可畏，蒿目方在兹。我歌雨无正，愁思当告谁。

震动虽少息，一夕犹九惊。如闻风鹤警，狼狈庭前行。揽衣卧砌间，夜露皓以盈。荧惑为小儿，童谣日纵横。太白或昼见，惨淡生光晶。微霜繁永夜，群动变商磬。谷永诚愚戆，感时忧愤并。维皇监下民，无家正哀鸣。天谴动宸听，一一达承明。地纪庶云静，怀哉终古情。

送孙心谷之官宝应 己酉

汉廷重循吏，灿灿列宿垂。归昌振羽翼，千秋一来仪。铜鱼下天阙，青绶颁彤墀。我友名都彦，之官大江湄。百里屈士元，簿书亦委蛇。驾言千里途，揽辔方朝曦。江干自孔道，冠盖日交驰。王程分绎络，民力多疮痍。保障赖公等，薄俗还浇漓。亲民易为德，政拙良在兹。心闲物自闲，昔人有懿规。愿言神明宰，庶作众母慈。黾勉事上官，磬折安得辞。夙负济时具，况值登车时。古之春陵行，抚字真吾师。东南盛文翰，琴鹤相追随。治成见神雀，用慰沧浪期。

将之柏陵读书留示诸弟

束发方待旦，于役将西行。远违堂上欢，惄焉忧中情。似为饥寒驱，乞食深屏营。出门戒诸弟，黾勉继家声。诵读安蹇拙，庶以扬前旌。一辞贤哲劳，何能事躬耕。永怀捧檄志，岂必薄世荣。煌煌列祖德，安敢隳令名。愿言念明发，再拜咏迈征。

将之阳丘留别归孝仪，时孝仪亦将南旋琴川

兰泽多芳草，吴楚多佳人。之子江东彦，谒帝金马门。上书不得意，浪迹东海滨。与君结绸缪，欢乐难具陈。文章重知己，道合交有神。永言敦素质，知希良为珍。日夕念携手，去住仍逡巡。贱子远行役，百里驱征轮。阳春二三月，迢迢望行尘。既无瑶华赠，含意何能伸。出门怀往路，慷慨多苦辛。丈夫志四方，万里犹比邻。努力崇明德，慰此平生亲。

挽长山少参刘公药生五百字①

於陵有伟人，相国之家嗣。早勤过庭学，总角为国瑞。相国登鳌扉，晨昏京邸侍。尽交海内贤，纵观明堂议。杰气惊喷薄，郁作天庙器。中岁际艰难，家变殷憔悴。天门郁岧峣，九阍一何閟。痛哭陈精诚，血尽孤儿泪。一疏竟回天，归葬邀恩赐。倪公昔大贤，哀诔徇其志。家法万石君，常恐或失坠。才过王安丰，人如谢车骑。击楫济大江，石城遥避地。新亭一悲吟，故乡发长喟。江东入版图，黾勉求自试。丝纶掌凤池，拜手趋燕冀。帝出侍从臣，用作千石吏。双旌指海陵，熊轓初卧治。手辟荆棘丛，召杜诚不愧。载观吴陵社，仁风蒸善类。藻鉴拟德操，辨别澄智慧。巷有五袴淫，阃有戢兵帅。饰治盛文儒，多士争习肄。述作重家传，玉海称奇秘。棠荫覆四郊，桃李亦已植。尺一下彤廷，持宪临淮泗。颍阴乱离后，千里劳涂塈。诸路归经营，登车方揽辔。远近稍息肩，忽遘当途忌。反噬恣豹狼，白日走魑魅。公遂反初服，挂冠渺如寄。长啸倦飞楼，彭泽有逸致。伊洛推耆英，香山敦素质。巾角共弹棋，登临淡无累。生平丘壑人，所志亦云遂。金石陈鼎彝，更饫边生笥。片语重鸡林，泼墨陶然醉。王家擅临池，鹅群有真嗜。平泉隐芳林，午桥藏薜荔。披辖每留宾，亭亭好昆季。南皮良夜游，东山丝竹伎。晴窗倚颓颜，长白回深翠。顾曲向华筵，挥毫答宾戏。膝下两佳儿，牵衣问奇字。呜呼古达人，夙尚杳难跂。漆园有蒙庄，万物同一视。盖棺事则尔，何用勤帽襚。维公留治命，乃出维世意。裸葬贤哲风，还淳自兹始。俭德崇相门，此事良不易。

① “字”后，省图本有小字“癸丑”。

伤逝[①]古诗十九首次元韵 癸丑

怀哉念终古，痛此长别离。浮世诚大梦，吾生亦有涯。咫尺不复见，造物安可知。隙驹耀白日，落叶辞寒枝。魂兮虽已远，思君不能缓。愧无少君术，去去不复返。黯然摧中肠，谁能加餐饭。

淑质本谢庭，高唱风前柳。太傅谓汝贤，发艳惊户牖。亡妻为孙文定公侄女。结缡正及时，日夕念携手。德曜逊容华，归为伯鸾妇。鬼伯何不仁，不使常相守。

望断蘅芜香，恨无潜英石。飒飒灵之来，慰此怀忧客。忆昔方娱乐，深情不为薄。余亦富年华，翩翩期入洛。蹉跎数载余，志气日萧索。何意同室人，归此万古宅。松风吹北邙，宿草不盈尺。逝者安可留，岁月一何迫。

伤哉勿复念，凄凄勿重陈。于归方八载，回忆惊心神。黾勉期共济，偕隐全其真。椎髻向灞陵，含情方未伸。蝉脱亦何速，奄忽遗世尘。嗟余滞人境，栖栖尚迷津。惨伤摧肺肝，旦夕潜悲辛。

愁心杳何处，直与浮云齐。怅焉念畴昔，踌躇下空阶。幽闺风泠泠，蟋蟀声鸣悲。振衣[②]复假寐，忆我鹿门妻。弦摧心断绝，激楚正裴回。谁为离鸾曲，听此令心哀。知己如兄弟，太息世所稀。黄鹄一以去，安得同翻飞。

荒冢寄寒原，茫茫隐衰草。魂兮杳无依，松门瞰古道。泉路何冥冥，阴阳何浩浩。无术驻朱颜，沉叹将衰老。

余本丘壑人，弢光在东壁。穷年类虫鱼，探讨深阅历。幸无内顾忧，作配良不易。生平少违言，唱酬亦云适。勖我穷一编，冀我奋六翮。酒食诚多仪，织纫有懿迹。嗟我困盐车，驽马犹负轭。幽芳一以凋，尘劳复何益。

郁郁丛桂姿，结根向岩阿。束发偕伉俪，乔松罥茑萝。谢绝华饰计，荆布良所宜。出门汲修绠，鹿车挽空陂。高堂谓新妇，淑德来何迟。四座皆言好，女职诚光辉。白头空有愿，春华今以萎。椒浆奠中野，凄恻徒尔为。

阳春草木变，万物生荣滋。独我抱幽恨，恻恻有所思。入门失良俦，怅望将安之。鼎鼎百年内，言欢宁几时。

哀哉我所思，中陵罗淑女。明月照流黄，素手弄机杼。感旧不成眠，泣涕零如雨。新愁海水深，悠悠渺何许。强颜对众人，忧来共谁语。

为善安有终，已矣勿复道。造化恒忌盈，轻尘栖弱草。女则素所娴，与子期偕老。呜呼兰茝芳，抑折一何早。如君清妍姿，岂复能寿考。壶德贻六亲，芳名固其宝。

---

① “伤逝”，省图本作“悼亡”。

② “衣”，本作“夜”，据省图本改。

藐尔两幼女，执手自相属。言归自笼源，平楚接天绿。长夏返重泉，物变一何速。孤芳易为陨，良时何次促。追忆平生言，同心共结束。药石相劝规，温温复如玉。三叹思德音，徒为乱心曲。嗟我穷途人，辕下伤局促。回首负良箴，悲吟空踯躅。夙昔万里心，萧骚隐茅屋。

德配古所难，营斋复营墓。女范亮无亏，幽光照泉路。自古齐彭殇，百年如旦暮。谁怜孙子荆，悲悼方独寤。浮沤亦须臾，曙色晞晨露。人生有令名，所贵履贞固。穿墉识才杰，山公美无度。中馈罗庶馐，内职百不误。俯仰劳我心，怅然感平素。

端居苦不乐，忆此平生亲。安仁诚夙孽，洒涕悲双坟。与结发高氏同葬西郊，而又皆从余九年。夜台傍西郭，宿莽摧为薪。麦饭竟何寄，痛此泉下人。安得怀梦草，招魂怅无因。

浮生亦有命，往往多繁忧。痛此百结肠，安得从君游。十年已憔悴，况复值今兹。深情悲奉倩，恐为庄生嗤。愿言结遥想，长思欢娱时。

静言念昔时，郁郁空含悲。曳履步幽闼，见君嫁时衣。倏焉随物化，悠悠与我违。缌帐凄以切，明月凝寒辉。感彼《车辇》诗，闲关忆前绥。夭夭方盛年，十六初来归。两心互相慰，婉娈处房帏。呜呼铩鸾翮，只影翻高飞。蒿里宁几许，薤露良易晞。永言长相思，凄凄掩重扉。

岁序惊推移，严冬何肃慄。生平儿女情，一一衮裯列。人生不相见，天地应有缺。蓬山路万重，安得托微札。德音不相违，奈何死离别。魂魄犹恋此，兰焰忽已灭。抱此区区心，惆怅谁能察。

商陵有余悲，对月调绿绮。俯仰平生欢，怅怅何能尔。宝箧勿复陈，空余文鸳被。所思无终极，缠绵安得解。敛眉向幽房，谁复能遣此。

寒宵不能寐，落叶依孤帏。悲凉吊形影，中夜起徘徊。念我同心人，千载长不归。幽忧弹别鹤，借问知者谁。已矣勿复言，涕泗沾我衣。

读书焦奉常余清园 乙卯

驰驱百里中，西园欣税驾。主人林塘幽，相将度长夏。养疴向南窗，徙倚凭芳榭。红药当空阶，微吟忆三谢。高斋盛文儒，余情寄杯斝。岁月忽已移，闲居观物化。灌木何阴阴，搔首长松下。缅彼白石吟，浩歌起中夜。

我闻中丞公，中丞公，奉常[1]之王父也。命世信才杰。为园已百年，乔木千章列。四世堂构贤，蕉莪意良切。纵目双芝亭，百卉纷彩缬。修篁疑渭川，

① “奉常”后，省图本有“先生”二字。

风雨闻啼鴂。晴沼间回廊，寒藻何洌洌。茅堂弄柔翰，曲径人迹绝。披襟向兰台，礼岂为我设。

芳园弃人事，夙夜托遐想。灵境闷仙源，此地逃尘网。长啸怀古人，情深但一往。平居敷文藻，寂寂穷深赏。大雅亦云稀，古道推吾党。空庭展书读，天籁答清响。松花点石床，竹露滴幽幌。闲居性所耽，怡情对林莽。

泠泠寒碧轩，青青嘉树林。晏坐不知暑，片云结层阴。游目眺平野，散发来行吟。永怀幽人迹，悠悠寄冲襟。潜鳞依密藻，百舌多清音。雨过苔径湿，云叶何萧森。羲皇自不远，无人知素心。

感怀

夙昔方盛年，翘首视一切。智慧不再来，壮岁屡遭折。兀兀尚穷经，陈编日盗窃。振翮凌紫霄，坎壈愧曩哲。违性受帖括，努力遵前辙。嗟嗟经术客，了无一可悦。何如脱尘鞅，众芳恣揽撷。

邑广文孙景夏先生修学宫成志喜

吾师青云姿，壮岁振六翮。寒毡海国来，下邑开讲席。安定有良规，鹿洞思践迹。扬徽博士堂，遂作文章伯。贝丘兵燹余，万事俱萧瑟。胶庠兴贤地，弥望荆榛积。荒凉大成殿，榱桷已云坼。败瓦没廊庑，苍鼯走檐隙。吾师甫登堂，踯躅浃晨夕。遂作堂构基，坐使荒芜辟。再拜烦梓人，黾勉营兹役。薪刍亦无余，微禄良不惜。宫墙何巍峨，俎豆烂有赫。煌煌典礼场，多士瞻鲁壁。门下游杨徒，立雪动盈尺。长跪前致辞，芹香流泮璧。吾师进一觞，终古思圣泽。

书宗谱后①

悠悠稽世系，弓正出轩皇。翳维彤鱼氏，弧矢烂生光。载咏六月诗，孝友传芬芳。留侯佐汉业，安世登明堂。曲江文献公，实始显有唐。清河与邢台，两郡分宗祊。呜呼穷水木，苗裔真茫茫。龙门始重黎，灵均祖高阳。玄元启幽宫，矫诬荐馨香。梁公无须附，卓哉狄武襄。辨族援往牒，视远安得详。何如溯近宗，世以守蒸尝。

---

① 底本无，据省图本补。

夏木息阴[①]

揽辔大道间，车马何骎骎。紫陌多黄埃，长路故难任。望望欲投止，苍苍嘉树林。白日不到地，灌木何阴森。解尘成小憩，不为名迹侵。黄鸟从东来，交交怀好音。乔柯间密叶，夏云弥遥岑。仿佛兰台侧，襬襶销繁襟。荷锄者谁子，散发来行吟。共道桑麻长，箕踞意所欣。微飙动地至，斜影澹沉沉。

庚申归自历下，述怀寄云庵兄、肖岩弟古诗十九首[②]

凤凰起丹崖，展彩惊陆离。灵云九苞翮，翙翙来天涯。吾宗多贤哲，道合结交知。清河本同源，矫矫扶桑枝。风尘未云远，振策讵能缓。望望长路间，停车忍言返。念哉各努力，黾勉加餐饭。

人生苦蹉跎，悲叹金城柳。怀君青云姿，胡乃淹蓬牖。余亦摇落人，歧途共分手。萧条季子裘，负愧机中妇。经术竟何为，数卷常相守。

浩歌天地间，商声变金石。固气固相求，一一穷途客。名都共燕乐，壮气互喷薄。安得同归来，夏侯方入洛。岂曰甘贱贫，回首愧萧索。稷下盛游侠，烈烈王侯宅。嗟哉挽辂士，韦杜天咫尺。素心倘勿变，容与安所迫。

吾生慕高义，念彼雷与陈。相期结胶漆，自昔交有神。岁月敦古处，莫使漓其真。采芝湘江头，瑶草犹未申。六月一以息，万里悲风尘。弭楫狎巨浪，临流问通津。仰天悲坎壈，搔首同苦辛。

仆本岩栖士，挟策游三齐。天门郁岧峣，遥睇当重阶。鼓瑟不见收，骧首空鸣悲。羞彼纨绔子，怅此扊扅妻。进退亦维谷，怀古重迟徊。谁为陵阳曲，恻恻令人哀。维念彼君子，知音世所稀。怀哉鸿鹄志，万里凌天飞。

齐鲁多文儒，风阁行视乎。吾宗风雅流，相将维古道。正音发高文，元气何浩浩。飞扬自有时，勿使空衰老。

仲蔚卧蓬蒿，清贫惟四壁。白眼从见呵，于世寡所历。百折困羊肠，矢志诚不易。湖海未逢人，落落竟安适。言念同心人，共奋图南翮。何为风尘中，铩羽仍寄迹。眄彼牵牛星，引颈常负轭。壮志徒尔为，皓首亦何益。

北瞰华不注，南眺鲍山阿。沧溟有故里，黯黮埋烟萝。鸣呼古贤达，鸣世良所宜。脂车游历下，明湖怅空陂。婉婉二三子，邂逅一何迟。岂独重然诺，文彩流清辉。勖哉严寒节，不与春草萎。幽尚屡贞吉，意气将何为。

---

① 底本无，据省图本补。

② 底本无，据省图本补。

朝登平陵城，湖畔多芳滋。采莲欲有赠，聊以贞素思。美人隔秋水，岁暮怅何之。行矣慎自爱，致身当及时。

拔剑歌东门，喁喁怨儿女。丈夫志四方，何为恋机杼。伏枥感壮心，鸡鸣历风雨。埋忧天地间，愁思亦何许。新知苦离别，凄凄独无语。

十载来齐州，驱马历长道。俯仰怀昔人，陈迹半秋草。华泉既已湮，谁复见遗老。吾家有凤毛，相知苦不早。吊古赋灵光，宁逊王文考。引领遵修途，贞信固其宝。

渺渺白雪楼，遗址远相属。凭眺峼华间，湖光接寒采。缅思登坛客，物化何其速。奄忽百年内，岁月亦迁促。放达古人风，胡为就羁束。吾贤振大雅，芳兰间珠玉。绝调厌繁响，理此阳春曲。有时歌上声，玉柱弦中促。斗酒会众宾，何事翻踯躅。长啸归去来，青萝覆茅屋。

独持一尊酒，遥奠沧溟墓。长夜留曦轮，照此泉下路。知音良亦稀，千载浃晨暮。九原宁可作，俗尚渺难寤。太息念斯人，苍凉泣烟露。三尺寄来者，庶以守贞固。吾徒共扶轮，雅道有懿度。勉旃崇正学，莫为凡音误。古人不我欺，探讨在平素。

买丝绣平原，肺腑结交亲。咏彼征迈诗，静言乐典坟。相将念堂构，与子行负薪。悠悠慨薄俗，所志在古人。著述良非易，旦夕渺无因。

我行尚无成，能不怀百忧。在远念离群，贞心托交游。索居亮难遣，感叹方在兹。荣名苦不立，惧为浮世嗤。勉思千载业，无为负良时。

驾言返故里，秋声风振悲。静观草木变，九月方授衣。迢递念君子，远道与我违。屋梁结寒梦，落月凝素辉。遥遥百里余，安得策前绥。翻忆结交初，携手同车归。青云托遐想，所志自虎闱。翩翩河东秀，三凤同高飞。岁月若流电，桂魄朝露晞。珍重登堂约，鸡黍候荆扉。

历下多作者，怀古重凛冽。往者殷许辈，一一纷成列。胡为百年间，坐使清流缺。大音寄海隅，白雪有遗札。引商与刻羽，知音故离别。天地存中声，千载求不灭。前继边司徒，后追李观察。

陈隋汩齐梁，密藻纷缛绮。卓彼建安才，大雅胡为尔。高宴向南皮，文采远可被。自古骚人风，曲士安得解。吾党共千秋，抗怀应在此。

夙昔慕广川，俯首空下帷。吾家二三子，慷慨共徘徊。束发久授书，往路应同归。悲歌怀古调，举世知者谁。永言崇明德，采兰纫初衣。

秋日述怀寄视旋弟

吾家固长贫，每每嗟无食。我行阳丘道，忧旱长太息。顾维生计拙，努力勤稼穑。寒月督妇功，赖此耕与织。区区负郭田，乃在东山侧。秉耒病未能，得勿多荆棘。零雨既有期，天意渺难测。荒原下牛羊，良耜宜修饬。不敢爱春华，庶几盼秋实。愧非贤达姿，黾勉当食力。出门戒仆夫，上堂奉颜色。种麦尚及时，课农固其职。勖哉慎自爱，岁月忽相逼。进取会有役，优游安可得。望望绣江云，繁忧正横臆。

忧旱呈邑明府汪健川夫子

迩来忧云汉，宣室方受釐。皇皇桑林祷，感叹行[①]自兹。赤地千万里，何以慰残黎。比户长太息，十室九流离。折骨复鬻子，耕获徒尔为。维皇痛下民，雨露来天池。庶几播广陌，南浦发华滋。胡为变晴曛，屏翳为之麾。轻阴一以散，垄麦枯陵陂。黄符绎络至，军书征海隅。黾勉谓督邮，鞭扑安得辞。将无沴戾气，阳九逢百罹。我歌用告哀，行荷众母慈。愿言神明宰，吁天拯孑遗。永言佩明德，又复歌两歧。政成跻北阙，异数颁彤墀。

题毕公权栗里池上山楼

驰驱百里中，山楼时左顾。崇冈带广原，回飙黯长路。我仆亦已劳，我马未能驻。今兹成小憩，解尘得良晤。言念同心人，悠然惬平素。闲居爱云水，迷离隔烟树。万象森空蒙，大野浮岚度。眄彼东陵瓜，寒塘立秋鹭。粳稻绿云香，红叶落无数。长啸憺忘归，苍苍远山暮。

吾贤大雅流，性本爱云壑。手辟十亩园，静对耽寂莫。出门纵遥睇，幽意自盘礴。平野即蘧庐，危楼偶然作。疏篱漫不设，坦步良非恶。意匠归经营，指点动寥廓。种竹盼清阴，疏泉出林薄。端居话桑麻，宁为尘情缚。仆本富地昆，池塘愧康乐。俯仰念生平，裋褐仍落魄。怅怅怀百忧，往路竟何若。驱车远行游，清辉固如昨。

和李希梅题汉隶曹景完碑刻后

鹅群戏清池，右军书道德。亦粤虞永兴，残戈竟开国。兰亭葬照陵，终古沦盗贼。今之景完碑，奕奕照颜色。胜迹阅千年，幽窗见遗刻。我友古为徒，百城拥翰墨。爰历与凡将，诘屈讵云直。凤阁灿朝霞，云烟亮难测。艺苑惜良珍，

---

① “行”，省图本作“方”。

银钩传劲力。依稀颉籀文，流览开神识。象形并日月，宁复忧薄食。

秋杪陪少宰公及诸客饮孙孟滋山庄和袁松篱韵

相国之别墅，辋川未云远。公子罗众宾，幽意滋兰畹。东山太傅贤，杖履过陇坂。盛事继西园，芳筵临翠巘。银甲坐调筝，何戡殊婉婉。纵目倚高楼，秋水澄空堰。放饮杜亭东，欲去复推挽。仆本寥落人，清贫类南阮。长跪奉长者，庶以申缱绻。重阳几何时，坐使芳草偃。青青西山冈，白日忽已晚。流连袁绍杯，河朔车辙返。斗酒尚留髡，谁能策疲蹇。

哭仲女诗六百字①

呜呼商南痛，援笔重悲切。俯仰忆畴昔，幽愤非一节。汝生以丁未，汝母禢有结。吾时富春秋，生理日蹇拙。马足浑不谙，盐米伤屡缺。肮脏七尺躯，砚耕三寸舌。驰驱百里外，岁时无停辙。归来抚弱女，绣褓聊可悦。牵衣索枣梨，肌肤若冰雪。太冲与义山，娇女诗如揭。家难方未弭，汝母又永诀。吾已再悼亡，长恨空呜咽。憔悴潘安仁，蓬鬓嗟孤孑。譬如食蓼虫，所遇皆黄檗。汝时方易龀，粗粝幸能啜。汝妹在怀抱，酸心正愁绝。高堂夜中叹，含饴费据拮。吾复娶天水，勉为家室设。四十尚无儿，繁忧向谁说。洎乎汝弟生，汝喜常提挈。吾意亦已足，谓可保兰茁。四岁殇吾儿，悲哉眼中血。何殊邓伯道，造物赐嗟跌。百苦毒我肠，风雨闻啼鴂。向平计婚嫁，草草趁薄劣。汝姊赋于归，汝亦将成列。愧我为人父，家道每耗竭。汝不厌藜藿，婉瘱神澄澈。况复值凶年，糠秕亦时啮。裋褐补缀多，布衾寒似铁。喜汝习清贫，女红良不辍。幽窗理弱线，五纹添彩缬。紫凤带双鸳，拂拭文绮洁。问名字陇西，清门表华阀。相攸吾所娱，弱冠识才杰。桃榛行在即，汝病忽摧折。吾方远行役，秣马去古薛。饥来迫我行，往路何蹩躠。振策千里余，与汝远离别。牢落客京华，有如遭绊绁。北道多黄尘，辛苦寒凛冽。虽为无食计，世路亦杌陧。萧条不得意，裘敝伤疲薾。弹铗赋东归，羁旅忧思惙。乞食走四方，不足当一吷。辗转忧汝病②，坐使奔车偈。入门望繐帐，惊心忽一瞥。遥忆出门时，送我立闺闑。何意我来归，凄凉吊金玦。抚柩一长号，悲极气转噎。闻汝疾革时，盼我望遂觖。絮语问生前，泪下湿襟褹。惨惨肠九回，崩摧肝肺热。平生

① “字”后，省图本有小字“壬戌”。

② “病”，省图本作“疾”。

骨肉欢，萧瑟遂[1]烟灭。葬汝在西原，黾勉从桃茢。地下见汝母，魂魄聚幽穴。十六方盛年，松门终古闭。无儿更哭女，寸心如焚爇。缅思层峰驿，孤冢在嵽嵲。永怀女拏铭，怆悼同前哲。

喜梅耦长枉过小饮次韵奉赠

良会古所稀，未得张华烛。怀君二十年，把臂入修竹。所愧腐儒餐，茶铛犹未熟。携得敬亭云，荫我寒萝屋。

贾谊伤摇落，不作长安客。东指海岱阴，挽辂何咫尺。文章交有神，慰此风雨夕。萧条仲蔚居，门巷留辙迹。

宣城发高唱，海内风雅变。真人又东行，奕奕岩下电。举世绕指柔，欧冶为谁炼。人生贵意气，岂复伤贫贱。

再次前韵赠梅耦长[2]

相见若不早，欲剪西窗烛。蓬蒿三径开，寂寂惟松竹。命驾千里余，倾盖情已熟。眷言瑶草赠，照乘辉茅屋。

放浪齐鲁间，忆昔杜陵客，谓蒋大鸿。双鱼下双桥，尺素不盈尺。寄我惊人诗，为念寒日夕。惬此平生欢，庶□幽人迹。先是廿年前蒋大鸿曾见寄宛陵唱和诗。

云林与黄鹤，绢素法百变。雪坪最晚出，名若飞云电。为我画沧洲，惨淡劳锤炼。蓝田老右丞，前车讵云贱。

长歌行[3]

羲和乱天纪，日驭不可回。桂轮蟾兔缺，天柱纷崩摧。鲁阳何人斯，挥戈亦雄哉。邓林有夸父，崦嵫黯不开。洧盘接蒙汜，万里劳徘徊。鳌极一以奠，襄陵亦可哀。

---

① “遂”，省图本作“随”。

② 底本无，据省图本补。

③ 底本无，据省图本补。

泰山梁甫吟①

玉简禅梁甫，金泥封泰山。青霞夹驰道，风雨何时还。不见汉天子，秦松尚可攀。御道皆荒草，明堂终古闲。

雀乳空井中②

不见吴宫燕，栋折巢亦焚。冥鸿罹罾缴，毛羽空缤纷。鷦鷯栖一枝，安得悲离群。脱身昧先几，指顾鸾枭分。但得乳空井，展翼当凌云。嗟哉处堂宴，忧思方殷殷。

雉带箭③

鸹鸧参天飞，鸣雁失其群。犹胜雉带箭，堕地离哉纷。虽则离哉纷，彩翼光成文。愿言登鼎俎，持以谒圣君。

义鼠行④

莫吟黄鹄歌，不唱猛虎行。请为歌义鼠，义鼠令人惊！今年禾未熟，野田多鼯鼪。荒村无余□，物微亦惜生。一鼠方觅食，避人草间行。饥蛇从东来，巨颡资以盈。鼠肝一以尽，蛇腹胀膨亨。行者为叹息，徘徊激深情。何期来义鼠，见此大义明。意气一为动，勇力忽交并。狐兔悲同类，奋身起斗争。螳臂当车轮，怒蛙亦峥嵘。此鼠义且黠，捐躯在所轻。蝮蛇入石窟，婉蜒正纵横。此鼠啮其尾，掉击互訇訇。观者塞路隅，移时力犹劻。蝮蛇不得志，窜伏水苴中。义鼠自兹逝，垂此壮烈声。月麓为余言，令我心怦怦。因思壮士怀，赴义固难平。睚眦但小忿，报恩何足称。汉祖斩白蛇，尚欲分杯羹。田横五百人，海上终何成。丈夫重名义，五鼎当就烹。左儒死杜伯，杵臼感程婴。人事尚如此，物理亦应同。城社多狐鼠，安得此令名。张汤府小吏，磔鼠称平亭。五色耀天禄，干戚舞天刑。不如歌义鼠，义鼠令人惊。

---

① 底本无，据省图本补。

② 底本无，据省图本补。

③ 底本无，据省图本补。

④ 底本无，据省图本补。

题黄陶庵诗文后志感

宇宙莽萧条，百六天地闭音鳖。志士恤国艰，发指肝肠热。大官去若遗，下士中蕴结。一命亦死绥，虹气补天缺。未甚跻要津，忠愤固所切。雄文走四方，劲气纷彩缬。异采擅彪炳，青岳森成列。癸未，公与吴青岳齐名。云车驰[①]风霆，仙人下瑶阙。五马浮渡江，建业国杌陧。身非袁司徒，亦矢固穷节。嗟嗟百炼铜[②]，铸此一鼓铁。至今寒江上，鬼雄泣呜咽。死同袁履谦，不愧常山舌。临江有节士，名与光岳埒。我观陶庵公，雄奇复宕跌。畸人与畸文，卓荦信才杰。筮仕即为郎，含香羁琐闼。吾读释褐诗，繁忧何惙惙。再讽北客行，世变已横没[③]。国事竟如斯,坐见妖氛掣。岂惟清流遁,何限衣冠蔑。公及金吴辈正稀、次尾，授首臣力竭。愿随卢杨徒，幼哲[④]、维斗、伯祥，濯魄江流洁。江南赵氏士，洒此一腔血。不作褚渊生,掩面羞曩哲。石斋如父兄,俱随社稷灭。白首同所归，良史互昭揭。

九日与二弟坐小园看菊，遂游南山之九曲溪

昨日近重阳，萧萧风雨夕。今朝日明霁，霜落秋风白。兄弟拟登高，柴桑坐檐隙。晶晶天宇清，潇洒园林客。黄花满东篱，引觞聊岸帻。虽非良宴会，斗酒罗骰核。乐哉茱萸节,俯仰相与适。颓然已薄醉,秋阴落霞碧。人世几沧桑，佳晨勿轻掷。斜日盻南冈,言笑同哑哑。杖履信步行,樵路寻幽迹。空山杳无人，俗累果冰释。

商气入秋深，爱此重阳节。野菊纷陆离，远村午烟灭。童冠适咏游，南溪夙所悦。兴言出遥畽，鸟路行纡折。衰草连陂陀，秋溪亦澄澈。远闻泉声合，悬瀑入漻泬。水共云俱驰,境与心争洁。浩歌出林表,良游信清绝。乃知山水音，端为幽人设。寻源不可穷，胜侣情未竭。策杖莫归来，少长相提挈。

---

① “驰”，省图本作“霹”。

② “铜”,《般阳诗钞》作“钢”。

③ “没”,《般阳诗钞》作“决”。

④ “哲”，本作“习”，据《般阳诗钞》改。

饥民叹①

去年方六月，霪雨何蒙蒙。浃旬尚不息，良农亦无功。日日驱霹雳，鞭挞烦丰隆。高田乃积水，沟塍复交通。三秋大无禾，无乃伤列农。穷冬又无雪，况乃②多盲风。经春重阴惨，非雨仍非晴。粒米贵如珠，使我悲途穷。垄麦方干枯，何计能输供。石壕有悍吏，捉我良亦凶。握粟竞出卜，安知我所终。

凄凄去故乡，悠悠遵长道。嗟哉彼长道，伤哉萦怀抱。纵谓他人父，不如索一饱。寒风何烈烈，饥肠饥欲裂。鸠面衣鹑衣，行行常百结。割爱鬻儿女，中心惨以切。旦夕虽苟活，骨肉安忍诀。不如填沟壑，早与尘世绝。丁此阳九运，人命轻摧折。贫者先罗殃，天道安可说。行及富贵家，灾旱何时辍。

观奚林禅人所著《岱游草》③

岱宗万仞高，独步祇园客。想其落笔时，云英化为石。数行冰雪文，慰我烟月夕。何时日观峰，携手寻遗迹。

跋武林李颂将所著《巾箱笔记》后④

为文与制军，道殊理则一。贯穿百万家，出入由咫尺。三复少陵诗，著述良非易。古之贤圣徒，原本归六籍。冥搜数十载，枕藉酣史册。元气帝台浆，沆瀣生玉液。浩浩江河流，昆仑倚天脊。经国征大业，遂作文章伯。亦越风雅辈，方珪与圆璧。风华映艺林，隽永玩幽赜。虞初逮齐谐，志怪竞何益。琅环竞博物，钜丽灿金石。秘箓出灵威，绿字鸾文赤。嗟哉唐述窟，津逮惊奇迹。未睹翼圣功，卫道亦无力。纷纷有家言，徒作痂嗜癖。我友陇西君，早岁探石室。函丈师毛公，谓毛稚黄先生也。经术有懿迹。结庐吴山下，人识子云宅。生平美清游，万里时挂席。粤峤传新书，湘兰佩两掖。遥攀泰岱松，茫茫海月白。行縢秘缥缃，太室三花坼。采笔装珊瑚，徐庾好风格。秋水及马蹄，灵府与尘隔。辨难若悬河，万斛珠源泻。踳驳亦复佳，妙绪无留隙。往往动引经，不类谈天客。麈尾拂隐囊，

---

① “叹”后，省图本有小字“丁丑”。

② “况乃”，省图本作“矧且”。

③ 底本无，据省图本补。

④ “跋武林李颂将所著《巾箱笔记》”，省图本作“跋《巾箱笔记》”，后有小字“武林李颂将延泽所著也”。

冰壶濯素魄。著书瀹冲襟，玉雪藐姑射。余子逊骊珠，八极频挥斥。宁同酉阳俎，授简在行役。石破与天惊，岂曰非创获。高明耀云烟，坦易陈菽帛。如彼耕蕙亩，芝田种绮陌。如彼罥榑桑，明霞映朝日。谁为四本论，对此堪一掷。清言超玄箸，安得数晨夕。他时琴名山，愿借郑庄驿。异书贻故人，长望湖云碧。

西城别墅诗[①]

石帆亭

布帆尚无恙，况乃峭以石。石立帆不动，焚香展瑶席。何用挂秋帆，悠悠小姑射。

小善卷洞

鸿蒙问云将，掉头自归去。长风吹蒲衣，青霞落何处。此地即崆峒，超超见玄箸。

春草池

谢庭兰蕙滋，池塘自摇漾。朱华映绿莎，白蘋对青嶂。已闻夏禽鸣，更发小海唱。

石丈

岧峣丈人峰，泰岱有遗迹。飞来城市中，对此山林客。自应具袍笏，拜首烟月夕。

半倡阁

如雨落天花，群籁此萧瑟。玉磬何泠泠，似是维摩室。静里万缘空，坐见海日出。

双松书坞 高明楼故址

昔日高明楼，劫余作书坞。著述傍长松，日照龙鳞古。犹存四库书，展卷向檐宇。

樵唱轩

鸟路何营纡，负薪下青壁。丁丁出云林，逸响何历历。行歌自远闻，坐见风榛寂。

小华子岗

仄径临清池，似向欹湖道。嘉树被陂陀，奇石各奔峭。何须入辋川，犬吠声如豹。

---

① “西”前，省图本有“和”。底本收六首，无《石丈》《半倡阁》《双松书坞》《樵唱轩》《小华子岗》《啸台》《三峰》七首，今据省图本补。

竹径

千亩入渭滨，三径俯晴沼。修竹翠微深，绿荫山月小。时闻裴蜀州，来往入林杪。

大椿轩

浩劫八千岁，灵椿逍遥游。中有沧[①]桑人，几阅清浅流。蜉蝣与蟪蛄，焉知大春秋。

啸台

缥缈鸾凤吟，人间见逸调。如闻高柳蝉，天籁发清妙。苏门有神仙，驭鹤下云峤。《啸旨》有高柳蝉。

三峰

海外忽飞来，缥缈带林壑。中有神仙人，丰姿何绰约。人世即蓬瀛，青冥一为削。

绿萝书屋

吾闻津逮岩，万帙自充陈。亦有三十车，或在琅环洞。苍苍薜荔房，天风入清梦。

新城怀古[②]

戏马台

周室既板荡，王灵亦云削。五霸始齐桓，赐履固辽扩。泱泱大国风，表海莽清廓。树威四十年，仲父赞雄略。狎主牛耳坛，中原皆绎络。珠盘与玉敦，乃假共主约。晋霸将争盟，山戎归纠缚。南海马牛风，包匦惩不恪。方物贡营丘，用藉天王爵。章华尚未兴，铜鞮亦何若。遄台及琅邪，所至皆寂寞。瞻言国西疆，群牧纷鸣跃。既欲壮国威，且曰伸龙蠖。至今台榭地，遗迹颓阳落。何处吊荒丘，万乘埋丘壑。赤岸银川监，长烟卷秋葬。爽鸠亦杳然，佽佽无与乐。

颜斶墓

皎皎颜先生，陋巷固穷节。灏灏凌侯王，志不甘一切。踔厉万乘前，神骏无绊绁。目睨五位尊，心泻三寸舌。处士何岩岩，岂复惊典谒。大笑方绝缨，礼非为我设。不同稷下士，仅附谈天列。进则渭滨师，退亦首阳蕨。反璞善归真，所尚在岩穴。神全形亦安，宝玉焉可缺。知足复知止，余芳留溟渤。至今三齐士，名与二疏埒。高义激颓风，悠悠仰前哲。搔首清凉台，遗墟自兹揭。

---

① “沧”，省图本作“柴”。

② “古”后，省图本有小字“齐桓公故址”。

鲁连陂

仲连天下士，去来固无迹。飘然湖海游，淡宕何所迫。解纷复排难，倜傥妙风格。武安阬长平，赵氏亦云厄。况乃围邯郸，倾危在朝夕。平原与信陵，束手无遗策。谈笑却虎狼，玉貌神仙客。秦兵三十万，无复声威赫。理壮气则昌，函关皆辟易。自非尊俎战，西师何由斥。一矢胜六军，烈烈聊城役。功成去人国，浩浩无德色。蹈海亦不辞，帝秦安可得。长啸宇宙间，遐举振六翮。弃置千黄金，千相堪一掷。肆志山水中，贫贱随所适。俯仰故里闾，荒陂三叹息。蒙蒙烟雨空，怅怅云涛黑。

渔洋云："谈笑虎狼"[①]二句写照可抵太史公一传。

辕固里

吾观齐鲁韩，称诗皆卓荦。懿哉辕固生，博士汉廷爵。拥席作经师，解诂良真确。抗论向中朝，未折黄生角。正议尊武汤，其言殊岳岳。知味废马肝，纷论恣踳驳。陋彼长乐宫，黄老起谣诼。司空城旦书，庄士遭蹇剥。嗟嗟清河傅，自兹去帷幄。牧豕平津侯，贤良恩泽渥。一朝太常征，儒术饰诚悫。乃闻父老言，阿世非正学。后来石渠彦，谈经亦频数。彬彬尽生徒，如栋有榱桷。齐郡两钜儒，伏辕此先觉。接迹百里间[②]，圣泽赖雕琢[③]。

怀鹿皮翁[④]

我怀鹿皮翁，寄迹淄水滨。二十府小吏，雅志在云岑。神解既绝世，乃擅离朱伦。世无公输子，翁乃挥轮斤。再拜白府主，运机升层云。悬阁九霄上，飞空礴微尘。茹芝栖檐宇，神瀵全其真。丹成驾白鹿，挥手谢时人。至今故里闾，竟与松乔邻。

杂诗[⑤]

吾嗟颜处士，当肉须晚食。生平藜藿性，本自安悃愊。志不羡膏粱，恬淡理亦得。行歌怀采薇，茅茨寡修饬。有时巾柴车，急输伤逼侧。乃知幽士怀，

① "谈笑虎狼"，省图本作"谈笑却虎狼，玉貌神仙客"。

② "间"，省图本作"中"。

③ "琢"后，省图本有小字"伏生，梁邹人，相去仅五十里耳"。

④ 底本无，据省图本补。

⑤ 底本无，据省图本补。

一丘足栖息。

秋声①

秋声不在山，亦不在人境。一闻寒蝉鸣，爽气催短景。余本岩穴士，羁栖愧蓬梗。闲云不归岫，白鹇罥清影。惓怀鸥鹭群，逸志焉得骋②。何日归故溪，中心徒耿耿。

丙戌重阳渔洋先生招饮于石帆亭登高命赋③

人生天地间，寒食与重九。春秋两佳辰④，虚度无乃负。先生达者流，雅志在林薮。续彼兰亭⑤会，招饮及胜⑥友。裙屐诸⑦少年，撰杖共奔走。高宴石帆亭，爽气生户牖。松间白云流，竹里苍苔厚。今秋行夏令，纨扇不离手。浩浩天宇旷，淡淡黄花瘦。片月挂西城，清光映槐柳。缅怀彭泽公，东篱将进酒。鼎鼎千载余，高风继其后。

南村八咏为王海重作⑧ 海重名兆润，清远之犹子也

万树庄

千崖带秋气，万树鸣寒条。中有元真子，遁迹非一朝。朗咏梁父吟，曳杖行逍遥。

半园

汉阴有丈人，为园清江皋。抱瓮不知疲，安能事桔槔。君亦忘机者，挥锄向蓬蒿。

---

① “秋声”，省图本作“杂诗其二”。

② “骋”，本作“聘”，据省图本改。

③ “阳”，省图本作“九”；“命赋”，省图本作“宴饮”。

④ “辰”，省图本作“晨”。

⑤ “兰亭”，省图本作“龙山”。

⑥ “胜”，省图本作“宾”。

⑦ “裙屐诸”，省图本作“玉麈群”。

⑧ 底本收六首，无《半园》《凤毛泉》二首，今据省图本补。

桐雨斋

又见孟夫子，清吟继终古。手抚百尺桐，九霄凤翔舞。河汉有微云，伫听潇潇雨。

意中亭

生平山水人，端宜在丘壑。意匠惨淡时，经营此亭阁。谁构戴公宅，剡中招猿鹤。

桃叶[①]堰

寻源不知劳，日暮渡溪水。家在桃花岸，正对柴桑里。多谢武陵人，溟蒙白云里。

凤毛泉

有凤衔灵书，徘徊恋水碧。水碧、金膏皆仙人服食。况有珠泽泉，珠泽，瑶池水名。摇漾青鸾尾。君是谪仙人，暂作烟霞客。

藕花居

爱此水云乡，横塘何历乱。十里闻幽香，红霞接天半。何日采莲舟，一棹青蘋岸。

秋水池

闲居浮世外，白云飏青岑。廖廖天宇空，寒鸟戢暮林。一编对秋水，无人知素心。

腊月朔日，大司寇公招饮存诚堂“存诚”二字乃御笔赐书。看松雪，同萧亭叔、司允弟及珂来、瑞趾诸君、清遂昆季、海重同赋[②]

频年忧云汉，天泽三冬涸。今岁叶雨旸，深耕麦苗硕。况值一阳生，元冥启灵钥。漾漾白云流，知是雪初落。飘洒帝台浆，大地灏磅礴。海气结重阴，雪山起龙蠖。遗蝗沉九泉，尧年冻玄鹤。高燕御书堂，侍饮无算爵。郢曲有遗音，授简共斟酌。邹枚仆未能，用待梁园作。

穷冬宜冱寒，重阴催短景。矧乃积雪后，燕笑逸怀骋。虽非高阳徒，素心托豪颖。嘉会及良辰，是日转清迥。高轩列四座，玄云淡无景。风回竹坞深，气逼松云冷。美酒罗众宾，寒日若为永。置身瑶林中，似不在人境。乐酒娱今夕，萝径烟扉暝。

① “叶”，省图本作“花”。

② 底本收二首，无《大雪天地闭》一首，今据省图本补。

大雪天地闭，起用韦句。千山尽璀璨。置酒上高堂，晚风泠然善。纵无丝竹音，庭柯正堪眄。晴雪落长松，隆冬断来雁。拂拭寒碧琴，子由之琴名。投赠青玉案。贱子亦何知，微躬承盛饯。寒雀啄檐牙，鸿篇锡来翰。诘屈亦几穷，敢云矜白战。欧阳公立诗格，以不用故事物色者为“白战”。太傅贤哲流，深情寄谈宴。转毂羊胛熟，向夕车马散。人生流电惊，辟若雪与霰。不如饮醇酒，游戏乐文苑。吾观山中人，扫径不可见，谓如袁安。瓮牖歌金石，竟入高士传。

渔洋先生为先君立传告成见示恭赋五十韵谢，时丙戌冬杪①

古今良史才，寥寥不恒见。龙门与扶风，钜手丽云汉。蔚宗已浮靡，余子更流湎。沿洄逮六朝，锦缬空绚烂。昌黎良起衰，卓为有唐冠。非无组练功，衍袭铲旧观。陋态洗梁陈，雄风扫顽艳。矜重避作史，将用杜后患。偶尔露此隙，柳州乃讥讪。欧阳谨洁极，力弱格未变。鸿笔大如椽，千秋竟谁擅。此道在天壤，递作明堂彦。我观渔洋公，廓清神力健。绝尘继马班，雄深更精练。浩浩江河流，不类波漫漶。当代仰金石，声华走篇翰。别裁惩伪体，元气淳古淡。虽非徇众情，亦各满深愿。少陵诗云“各满深望还”。旷世多清流，间入文苑传。史笔慎所予，逸构泠然善。呜呼先君子，夙昔接里闬。裴迪附辋川，清暇共谈宴。载忆芜城游，论诗相送难。晏坐廲提阁，投赠锦绣段。风尘五十年，贱子荷缱绻。回首痛杯棬，十载泪如霰。长跪父执前，再拜愿请间。丐兹不朽谋，兰台树成案。愧乏北海绮，宁有皇甫缣。孔李忝通门，先生施不倦。是时三尺雪，冻云亦零乱。梅花绽阶除，寒雀噪庭院。天风入绮窗，坚冰乱几砚。落纸生云烟，琉璃光一片。旌能及亡友，用作贤哲劝。追维平生交，深心传顾盼。三毫如写真，传神亮非幻。追琢见鸿篇，明霞丽天半。风雨一时集，阊阖下雷电。吁嗟太史公，列传人所羡。余波耀华星，旁出为论赞。燕许逊请制，特进惭结撰。特进，谓颜延之也。庶几汉中郎，郭泰碑乃缮。授我带经堂，先生之御书堂也。稽首涕泗泫。加额念先人，瞑目松原畔。感激动幽明，南丰香一瓣。声高独行编，光生凤池撰。有道而能文，昔贤起长叹。“负道德而能文章”，此曾子固谢欧阳公表章其先人也。永怀仁人恩，琬琰九京荐。

① 底本无，据省图本补。

岁暮感怀[①]

鷦鷯西北飞，动与虞罗婴。樊笼乃成困[②]，纷纷世网并。戢翼珠树旁，爱此灵凤鸣。引吭纵弗类，天籁传孤清。珍禽顾见怜，扬采扬和声。钟律有逸响，大音流光晶。凡羽虽细微，亦复被文明。吁嗟凤凰德，鸺鹠翻见憎。

栎社有奇树，轮菌固其质。愿以不材终，郢斫安可必。一朝出深岩，匠石施斧锧。虽非中栋梁，榱桷岂见轶。迂疏蓬门士，数椽谓永毕。奈何远行游，绊绁逃无术。侧身风尘际，如裈有虮虱。醴酒既不终，髡钳幸未及。大笑出门去，南山何崒嵂。走脱黄金羁，下士羡奔逸。

寒蛩唧唧吟，不知猛虎啸。瓦缶坎坎声，不知钧天乐。蝼蝈泉下鸣，不知天鸡叫。凡子局耳目，黾勉循众好。鞭心慕贤哲，谁知非同调。临邛谬为恭，亦只在形貌。讵识天下士，灵麐安可钓。况乃缚天弢，反咎道骨傲。卿自用卿法，无言余孤峭。多谢尘中人，天风漫浩浩。

古意与司允话别[③]

我生般水湄，子产笼水澳。我老一绳枢，子骋千里足。清河同一源，家有赐书读。子暂滞曲江，骐骥空群目。我已谢盐车，不向荆山哭。共勖千秋业，不作巴人曲。子奉堂上欢，雄飞勿雌伏。我志涧中栖，驱驴子真谷。相去四十里，寒山接茅屋。城南落叶村，庭树何肃肃。驻马问樵夫，或就幽人宿。

汇清园遗址感旧

汇清园，一名丽泉园，为先伯祖孝廉公所辟，在余村东南里许。余幼时犹及见其盛，三十年来尽圮废无余矣。意中犹仿佛其大概，山水、亭台、林池、楼阁，如辋川、蓝田之梦想间也。书此以示后人[④]，不啻李格非之志洛阳名园矣。

呜呼汇清园，伊余伯祖氏。实维孝廉公，为园类丰芑。兹焉久辟疆，百载阅星纪。维昔贵盛日，堂构亦云美。相君之余荫，清华冠桑梓。平泉与午桥，绿野隆隆起。况值承平时，物力斗雄侈。邸第富楼台，经过皆赵李。近郭与环青，

---

① 底本收两首，无《寒蛩唧唧吟》，今据省图本补。

② “困”，本作“因”，据省图本改。

③ 底本无，据省图本补。

④ “书此以示后人”，省图本作“尽此以志其盛”。

皆先相国园亭名也。丽泉相鼎峙。山鬼亦窈窕，地灵呈荟萃。王谢本风流，兰亭美清泚。虽无艮岳豪，怪石亦诡丽。杰阁跨长溪，灵虹宛新霁。拾级跻层巅，栋宇流云委。既擅辋川奇，讵袭金谷秽。飞流时荡舟，乃在洞阴里。楼下俯丹梯，白石何齿齿。其南临华池，绿荷映文鲤。旁列千亩竹，深碧正尔尔。西为三里湖，湖心起亭子。小艇渺然去，芙蕖落红蕊。乱石蹲崇崖，离立如徙倚。杂树被平冈，众鸟栖桎梓。迤东为孤亭，瀑泉急流驶。时复见激湍，沙屿五纹紫。亦有文杏馆，高轩枕山趾。碧沼方亩余，澄波无泥滓。渔钓濠濮乐，泛觞曲水沚。销夏有银湾，幽意去天咫。沧桑既变迁，人代有成毁。城郭且湮沦，园亭亦屯否。俯仰我生初，此地未全圮。高阁尚游历，无改沧海水。再世弗克荷，杰构颓如砥。林池尽荒凉，荆榛走苍兕。化为樵牧场，胜地遂已矣。遗墟售他族，谁复念终始。园林递主客，一彼仍一此。回头五十年，繁华宁足恃。尊酒吊荒台，梓泽徒然耳。夕日正衔山，牛羊下山坲。

腊月次旧韵寄清远[1]

五腊既已终，复此嘉平节。鹤唳云中巢，鸟惊松上雪。维仆本恨人，黯然去年别。回首忆梁园，御书堂上月。

酬高仲治见梦之作[2]

吾闻聘王梦，献吉或在昔。为因亦为噩，道存气莫逆。谅哉古人言，感至理弗隔。谢家梦池塘，一一文章伯。彼羡渤海君，吟诗好风格。贻余见梦篇，恍惚投尺璧。与子如弟昆，寤寐近瑶席。春草变鸣禽，至情动洋溢。佳话传士林，觊我烟霞客。握手阻笑言，屋梁月华白。光阴流电惊，时序忽复易。嗟余隐山林，卧病怕避迹。何日快班荆，剧谈永朝夕。

挽老仆王辅材 甲戌五月八日

余愧萧颖士，恋主尔何久。逮事及三世，艰难常相守。我祖耄期时，尔作牛马走。中更随叔氏，嗣宗复不寿。晚归余山村，质似柴桑叟。竭蹶百不辞，力可助终亩。良苗治平畴，清晨登陇首。编篱驱鸟雀，树栅驯鸡狗。补屋更牵萝，

① 底本无，据省图本补。

② 底本无，据省图本补。

艺菊仍插柳。凿井黄崖旁，客至翦春韭。夏畦无停槔，兰畹少稂莠。枣花何纂纂，东陵瓜如斗。庶以养老饕，携尊每沽酒。橐驼善种树，行信决水口。入山斩阴木，当户理阳牖。短小颇勤悴，日日在林薮。既擅梓人长，操镘不离手。天寒脚不袜，往往露双肘。年衰左耳聋，鹑衣集尘垢。昨岁构北堂，尔病已非偶。葺茅升屋巅，黾勉缮丰蔀。自兹遘疾疢，二竖苦纷纠。匹夫忠且诚，嗟尔竟无后。哀哀老穷妻，痛哭晨到酉。未得登大耋，百年亦何有。柳子掩役夫，帷盖亦云厚。葬尔在东皋，义骨良不朽。吾柳未易得，千金享敝帚。长吟代挽歌，尔目当瞑否。

独游古明湖上① 乙亥

独游日亭午，言遵湖水浔。湖水自不远，湖光清我心。田田秋荷露，历历秋云阴。微黄变衰柳，万树同萧森。言登古城畔，宫阙相凌临。天门起凉飙，旷望带遥岑。俨如芙蓉城，寂历清尘襟。方知浮云外，不为烦虑侵。游鳞泛寒藻，晴堤浴文禽。俯仰观物化，斜日天沉沉。续彼塘上篇，适兹湖中吟。不羡沙棠舟，徵歌激繁音。明朝还独游，宁知此路深。

征徂西② 丙子

我征曰徂西，战士何滔滔。我西曰徂征，驱车何遥遥。带甲三百万，豹旅兼龙韬。转饷既如云，骏马腾于槽。用兹殄戎丑，休屠远遁逃。为汉患者谁，殪彼双射雕。言封狼居胥，奏凯来游敖。锵锵朱鹭曲，鼙鼓兼灵铙。荡彼置颜山，覆彼鸱枭巢。永清及瀚海，庶以奠狂澜。铭勋向大漠，月白霜天高。

题文徵明③《夜霁竹树图》

衡山先生自题云“茗杯画卷意萧然，灯火微茫夜不眠。竹树雨收残月出，清声疏景满窗前”，可谓意境双清矣。

我怀文衡山，俯仰感今昔。尺幅走天涯，绢素多尘迹。赫蹄在人间，断纨如拱璧。今兹竹树图，得自霁月夕。疏景何萧萧，凉声润几席。徘徊恋清景，仿佛幽人宅。三径自神仙，半亩烟霞碧。写此良亦难，掩卷吾安适。神品古所稀，况乃臻逸极。

① 底本无，据省图本补。

② 底本无，据省图本补。

③ “文徵明”，省图本作“文待诏”。

倪云林《山斋图》

元镇先生自题云："暮投斋馆静，城郭似幽林。落月半床影，凉风鸣鹤音。汀云凝远梦，桐露湿清琴。卑喧净尘虑，萧爽集冲襟。"此诚诗中画、画中诗也。

倪迂迂更迂，此幅颇森肃。嗟我怀其人，其人淡如菊。上下千百年，此士真逃俗。想当跻山斋，爱此读书屋。烟霞出世心，可以媚幽独。岩壑远市尘，依依隐林麓。竹树何萧疏，溪流响寒玉。乘兴作此图，知在桃源曲。依稀天籁阁，项氏有遗躅。我亦结同心，归去子真谷。谁为画沧洲，侯将寻顾陆。

昆仑山房诗集卷三

五言近体

禹庙[①] 戊辰，二十六首

终古淄潍道，神功难具论。安流回渤海，远势接昆仑。邑城南亦有昆仑山。苍水重渊阁，梅梁万象尊。悠悠探玉简，此地问灵源。

望三台山[②]

三峰何矗矗，列岫彩云端。玉铉留彝鼎，瀛洲冠碧峦。天风吹不去，海气近常寒。北固金焦外，偏宜此地看。

暑甚[③]

毒热云安甚，云安似此不。掠波输海燕，喘月类吴牛。纨扇时时御，桃笙夜夜愁。何当玉井畔，赤脚万峰头。

赠余青园主人[④]

林亭何太古，隐隐乱云屯。老桧青铜甲，芳兰碧玉荪。一庭生桂栗，千亩长龙孙。何减西园宴，应从邺下论。

微雨[⑤]

微雨晓霏霏，透迤过竹扉。静闻松子落，闲爱燕儿飞。小隐筼筜谷，新裁

① 底本无，据省图本补。
② 底本无，据省图本补。
③ 底本无，据省图本补。
④ 底本无，据省图本补。
⑤ 底本无，据省图本补。

薜荔衣。故山山有信，只是憺忘归。

雨后①

雨师何太数，日日碧云屯。松堕铜仙泪，荷翻玉女盆。平地三尺满，落月一庭昏。幸有故人酒，同开子夜樽。

余青园杂兴②

市城虽不远，遥隔锦溪湾。树色隐平野，夕阳归远山。幽人通竹径，奇石敞松关。借问风尘客，何如此地闲。

西园聊寄傲，杖履每相从。深树停斜日，空山起暮钟。昏鸦争社饭，水鹤上云松。野外甘疏放，人传邴曼容。

萧萧曲径幽，嵇阮共优游。雨过云移月，风来夏亦秋。疏松当户外，新竹过墙头。万籁一时静，吾生何所求。

回眺东皋下，无人意悄然。乱云归远岫，独鸟入长天。荷泻池中水，风摇竹外烟。芳园频徙倚，此地是平泉。

薜萝三亩地，晴沼俯平桥。鱼戏荷花落，蝉鸣柳带飘。天高斜日迥，风急晚烟消。独客真无那，松窗夜寂寥。

胜地真幽绝，苍苔绕砌生。虚堂留鸟迹，落日听琴声。梧叶银床下，莲房玉露清。端居观物化，徒使客心惊。

拟访张南双于大屿崖先有此寄③

结屋青崖畔，不为名迹侵。观鱼时对酒，放鹤自鸣琴。心共碧山远，门临秋水深。肯容羊仲侣，早晚一相寻。

---

① 底本无，据省图本补。

② 底本无，据省图本补。

③ 底本无，据省图本补。

余青园野兴[1]

野人方结屋，补苴掩重茅。粳稻分鱼俸，芹泥护燕巢。溪云封小径，山雨下晴郊。褦襶寻常事，无将熟客嘲。

人传斤竹岭，此地小桃源。果熟儿童喜，林深鸟雀喧。回廊通画阁，阴洞隔层轩。只少青溪水，潆洄傍短垣。

闲吟水上亭，忽漫阅金经。虚室留云白，遥山过雨青。高梧风瑟瑟，深竹夜泠泠。独坐耽岑寂，何妨醉不醒。

懒慢沧浪客，无心问郑詹。宁怀金掌露，且饱水晶盐。高阁时扶杖，薰风日下帘。清言惊玉屑，只是愧刘惔。

秋夜[2]

嘉树晚修修，风鸣近水楼。藤萝三径寂，砧杵万家秋。静夜瞻河汉，闲阶望女牛。哀蝉将落叶，俱是客中愁。

偶题[3]

人迹一何远，依稀太古心。寒花留素质，落叶变商音。雨携溪声入，林随暝色深。兰台风起处，不敢更披襟。

次蓼怀来韵[4]

辽左推强项，银屏字灿然。一官心似水，千里海连天。督稼兼田畯，悬鱼割小鲜。故山憔悴客，东望迥相怜。

捧檄平生志，如今竟渺然。披裘沧海月，抱玉蓟门天。秋水重纶远，荒庐醉墨鲜。纵饶吾丧我，端不受人怜。

---

① 底本无，据省图本补。

② 底本无，据省图本补。

③ 底本无，据省图本补。

④ 底本无，据省图本补。

余青园[①]

武陵人境外，此地足烟霞。水落芙蓉沼，香生茉莉花。晚云开罨画，秋竹走龙蛇。对此心无系，长歌落日斜。

避世翻成拙，惟于养性宜。秋云淡如水，晚雨细成丝。幽鸟依深树，残花恋故枝。近寻陶处士，载酒向东篱。

偶书[②]

岁月每相逼，何时反旧林。清秋松径寂，落日竹园深。碧水淡尘虑，青山生远心。寥寥千载后，怀古见知音。

闻雁[③]

空馆何岑寂，嘹嘹听雁臣。不堪秋夜月，况是异乡人。望断潇湘浦，遥来瀚海滨。年年此时节，摇落欲沾襟。

与阮亭先生约游余青园，予以事不果[④]

先生旧游地，杖履总关情。遥想高轩过，空闻落叶声。闲亭劳徙倚，深竹自孤清。未得随车骑，红尘隔市城。

圣驾南巡恭纪[⑤] 己巳。二十七首

五载时巡日，重过历下亭。翠华临泰岱，紫气照沧溟。六郡捐租税，三齐仰岁星。山东诸父老，雨露久曾经。

圣主嗟昏垫，频年念海方。不缘勤羽辂，何以塞宣防。千里桃花水，三天玉币香。更闻歌瓠子，河伯奠金汤。

---

① 底本无，据省图本补。

② 底本无，据省图本补。

③ 底本无，据省图本补。

④ 底本无，据省图本补。

⑤ 底本无，据省图本补。

天堑平临日，长江望幸时。三驱何整肃，八校自逶迤。岂为山阴道，遥来玉辇移。禹陵松柏路，犹有祝釐辞。由江南祭禹陵。

答雪崖子[1]

山中人老矣，格律胜当时。方信杜陵叟，能吟谢朓诗。生平惟尔许，此事有谁知。楚调真幽绝，长歌寄芷蓠。

南山最深处，折简问潜夫。老去真徐稚，狂来似阮孚。笔床书自圣，藜杖影常孤。却望柴桑社，迢迢隔绿芜。

浣石斋头客，苍茫不可寻。朐原诸岭秀，云气万重深。丹嶂埋名迹，青萝证道心。何时见征士，寂寂忆空林。

余亦将归隐，红尘力不胜。买山徒抱恨，结伴少良朋。怅别三春树，怀人五夜灯。雪崖南畔路，愁思坐相仍。

寄浣石老人[2]

平原今仲叔，空谷古桃椎。老得诗中趣，贫于世外宜。猪肝聊自奉，鹤发使人思。去去青山暮，瑶华倘见遗。

百脉泉和朱瑨公朱素存韵[3]

仙源人境外，只此是方壶。远派分王屋，伏流下峼湖。波平天籁静，日落水禽呼。不减栖贤客，谁传白社图。

胜地真幽僻，鲸涛落彩虹。珠光争出水，花雨暗浮空。潭印千江雪，波寒五月风。年来杖履处，佳兴与谁同。

飞阁临无地，桃花别有源。鱼龙潮梵呗，钟磬涤尘繁。八水依三川，群流汇一门。良游宁易得，长忆听潺湲。

---

① 底本无，据省图本补。

② 底本无，据省图本补。

③ 底本无，据省图本补。

访张南双水村留题①

雨过江村静，冲泥向竹关。寻幽文杏馆，载酒绿杨湾。自愧羊求侣，难忘大小山。接䍦真潦倒，落日未能还。

为爱张公子，吾宗觉汝贤。卜居平野外，小筑绣江边。避俗吟秋水，诛茅旁晚烟。结邻知未得，聊复醉林泉。

绿树疑无地，苍涯别有天。为园三亩竹，闲坐一溪烟。潮落渔梁阔，江深鹤径偏。胡林幽意好，重约武陵船。

庞公城市远，此地少尘埃。临水频移几，看山欲筑台。观鱼濠上乐，留客掌中杯。何减习池兴，高阳几许来。

次雪崖韵②

东篱花定好，杯酒共谁持。吟苦同猿啸，诗成有鹤窥。风鸣叶落后，云散月来时。寂寞缁尘拂，徘徊空尔思。

乾坤无住着，羡尔久投闲。黄叶村中路，白云岭上山。晓烟扶杖立，暮雨荷锄还。笑问家何处，茱萸第几湾。

旧日黄垆畔，豪游礼法疏。怀人三径竹，贫病一床书。旅食休弹铗，临流罢羡鱼。襄阳耆旧在，怅别每踟蹰。

称诗般水上，夫也最先鸣。遁迹无人见，吟编几日成。问天知有恨，何地可逃名。为谢繁华子，悠悠世上情。

端居思往事，忆尔画中诗。泼墨为长干，挥毫类大痴。南宗知未绝，风雅岂容私。安得鹅溪绢，常悬向素帷。

举尔皆充隐，商山有老翁。少微应自许，皂帽与谁同。杞菊家贫味，荷衣处士风。新诗坚壁垒，吾病未能攻。

再和浣石斋叟③

竟陵訾历下，此论有谁持。白雪虽沦没，黄钟未易窥。中兴无哲匠，旗鼓愧当时。我辈空怀古，苍茫有所思。

---

① 底本无，据省图本补。

② 底本无，据省图本补。

③ 底本无，据省图本补。

昨日来城市，逢君半日闲。岫云归远树，萝带入寒山。杯酒不能共，骑驴空自还。长吟在何处，遥隔绣江湾。

自笑谋生拙，难辞阅世疏。极知空感遇，只是守残书。回首成蕉鹿，前身定蠹鱼。生涯须烂醉，白眼费踌躇。

昨岁来燕市，难随八骏鸣。蹉跎伤老大，偃蹇竟何成。已识尘中味，宁争世上名。因思陶处士，潇洒赋闲情。

知尔半生癖，时时爱咏诗。怀人挥健笔，忆别有情痴。天意怜吾党，风尘聚所私。经时相见少，那得不窥帷。

君衰犹强饭，吾病渐成翁。交道因风雅，论文少异同。沧溟多霸气，海国沐余风。下策吾岂敢，无劳用火攻。

五十初度① 辛未

五十忽然到，阳戈不可挥。百年今已半，此日想知非。儿女催人老，浮名与世违。惟宜澄万虑，去着薜荔衣。

绣江道中②

迢递春江路，扬鞭过短桥。人烟浮近郭，柳色接东皋。沙暖鸥眠稳，天空雁影高。剧怜百里道，尘梦尚劳劳。

人日偶检箧中归孝仪学士庚戌人日见和之作，感而赋此③

见君人日作，俯仰痛残编。终古已长逝，遗文谁与传。道衡思海上，庾信老江边。那不感今昔，回头二十年。

① 底本无，据省图本补。

② 底本无，据省图本补。

③ 底本无，据省图本补。

与陵县于徙溟同饮豹岩太史梅花书屋①

客来真不速，酒到即为家。人在众香国，春浮二月花。琐窗何历落，疏影自横斜。行役明朝事，遥遥促去车。

浮山道上②

来往浮山道，迢迢逐去程。幽禽林外落，匹马涧中行。浅濑细流断，阴崖芳草生。一为观物化，徒使客心惊。

寄怀确山何鲁田八首③

湖上逢君日，相过日几回。那知萍迹散，不见故人来。憔悴休文病，萧条庾信哀。澺源堂上客，怀抱几时开。

难忘任城路，涓涓汶水流。销魂光禄赋，入梦李膺舟。痛哭无家别，飘零去国愁。何时樽酒会，犹傍峭山头。

何晏年方少，亭亭见璧人。移家增别恨，入洛畏长贫。华表三更月，京华十丈尘。梁鸿伤徙倚，应否是前身。

挽辂幽州地，栖迟任所遭。空怜三亩宅，去逐五陵豪。乡国驱车苦，松楸系梦劳。因思分手处，华峤一峰高。

相去又千里，怜君未定家。端居思水部，无语对梅花。文酒停游宴，风尘老岁华。湖头杨柳树，寂寞九行斜。

闻道玉铃卫，孤儿属子侯。期门皆妙选，控鹤想风流。莫漫悲秦法，何须怨楚囚。曲江池上路，看尔上瀛洲。

孤愤何为者，惊心广柳车。避人同季布，结客识朱家。鲁田与朱素存为莫逆交。寥落思公子，悲秋击莫邪。知君在歧路，天问莫长嗟。

元叔东京客，疾邪有是非。尺书天外断，游子沛中归。春去繁花落，愁来旅雁飞。当时纨扇在，吟望泪沾衣。

---

① 底本无，据省图本补。

② 底本无，据省图本补。

③ 底本无，据省图本补。

挽袁秋纷先生八首①

世载栖林壑，萧然陋室铭。法言闻艺苑，遗训寄芝庭。白首遵三礼，青毡老一经。寥寥黉麓畔，犹有草玄亭。

正学千秋事，先生证道源。玄珠寻赤水，白日照虞渊。园绮衣冠古，程朱气象尊。永怀薄葬意，不是慕王孙。

大梦真先觉，宁悲蒿里行。全归非旷达，乐道见生平。易箦浑如故，留题静不惊。莲花闻妙理，挥手芙蓉城。

遥闻属纩日，语语见天心。无复离形苦，因知定力深。遗文谁与校，耆硕渺难寻。明道宜私谥，丰碑志故林。

垂老编宗谱，濒危细讨论。盖棺留定论，义塾念诸孙。皂帽传龙首，清风纪鹿门。汝南家法在，韦佩可常存。

典型今已矣，大雅竟沦亡。物论悲陈寔，乡闾忆彦方。高风激末俗，绝笔罥空堂。孤洁平生志，惟宜奠桂浆。

西山谈道处，谁绘颍川图。宗炳有《颍川先贤图》。神气湛虚寂，空玉辨有无。月明参鹿洞，秋水印鹅湖。门下游扬辈，应悲调已孤。

不必更招魂，修文地下尊。传书留戴圣，禅草薄文园。白马来乡县，青刍哭寝门。应同吴季子，十字表人伦。

村居五首②

幽居聊养拙，人境此中闲。鸟雀隐深树，牛羊归远山。萧萧梳鹤发，落落敞松关。不必烦招隐，名心已尽删。

尘中何处客，匹马叩柴荆。鸡黍山中味，烟霞世外情。移床非谢瀹，行酒有慈明。此地良幽绝，将无畏远征。

十载营茅舍，萧然远市尘。疏狂聊玩世，粗粝不知贫。绿水邻渔父，青山作主人。今年多种秫，醉倒白纶巾。

为厌风尘地，移居野墅边。闲情客啸傲，敛性就幽偏。牧犊临芳草，寻溪出暝烟。桃源最深处，笑指落花天。

半亩宫前地，松窗照眼明。课儿陈棐几，对客荐藜羹。花木经年种，垣篱计日成。诛茅良不易，辛苦慰平生。

---

① 底本无，据省图本补。

② 底本无，据省图本补。

过华阳寺[1]

偶来香积寺，火宅顿清凉。古殿春云白，虚檐落日黄。龙蛇蟠老桧，鼯鼠走禅房。花雨诸天净，浮生空自忙。

见杏花[2]

客里逢寒食，烟中见杏花。暗香临水淡，疏影隔林斜。不入姬人梦，偏宜处士家。却愁风雨夜，憔悴葬秾华。

策马[3]

策马出郊坰，平沙接浅汀。云归山蔼蔼，雨过雾冥冥。近水杨柳绿，沿流荇带青。年年寒食节，过尽短长亭。

暂息[4]

暂息劳生驾，柴桑鸟路斜。林烟青不断，陇麦绿交加。南浦连孤屿，东篱定几家。晚来课农父，且复种胡麻。

所见[5]

不知春日晚，憔悴惜芳华。绝涧鱼依藻，空洲雁弄沙。霞蒸黄菜甲，玉碾碧桃花。仿佛浣纱女，门前是若耶。

---

① 底本无，据省图本补。

② 底本无，据省图本补。

③ 底本无，据省图本补。

④ 底本无，据省图本补。

⑤ 底本无，据省图本补。

空斋①

矫首空斋里，登台望翠微。春云无定质，落日有余晖。烟柳自轻漾，风花相与飞。客心憺将夕，幽意满松扉。

村居杂兴②

世羡陶元亮，吾宁邴曼容。幽居常晏起，缓步已高舂。岁俭忧王税，田荒愧老农。邻家新种树，分得两株松。

怀葛是何世，此中别有天。露葵供晚饷，风叶警朝眠。辟地惭康伯，谈经愧杜田。新诗儿辈诵，吾意已陶然。

掉臂栖岩岫，无人共往还。贫犹沽白堕，老愈爱青山。萝径偏宜曲，风窗静不关。朝来课僮竖，莳菊未能闲。

花木饶经济，年来计未非。种蔬方艺圃，插柳渐成围。但得溪山趣，无嫌萝薜衣。桔槔吾有愿，此事久忘机。

百岁如流电，吾今已二毛。蘧庐供啸傲，幽径任蓬蒿。折简邀邻父，倾壶伴老饕。平生能几醉，那不劈霜螯。

借山楼感旧③ 赵慎庵故居

息驾岩阿畔，悲心谁与传。荒原迷宿莽，寒日堕虞渊。恨逐青山暮，魂归白鹤前。山阳思旧赋，邻留一凄然。

范阳村吊徐淡园先生故居④

忆昔穿林薄，遥来访淡园。寻幽征士宅，取醉菊花村。石壁峭无路，寒流别有源。沧桑今古事，遗老几人存。

---

① 底本无，据省图本补。

② “兴”后，省图本有小字“壬申”。底本收二首，无《世羡陶元亮》《花木饶经济》《百岁如流电》三首，今据省图本补。

③ 底本无，据省图本补。

④ 底本无，据省图本补。

过三台山麓未及访王千子先辈①

翠雨斋头客，高眠范水村。桑麻安岁月，耕织课儿孙。酿黍能留客，诛茅更负暄。因风为寄语，未得问桃源。

仲治数过我谈诗②

老我青山暮，君能数往来。新诗追鲍谢，绮语艳邹枚。长啸云鸾下，高歌天马徕。论文如不厌，三径待迟徊。

苦雨③

天上来淫潦，人间失麦秋。十旬惟浩叹，三版动深忧。日逼鱼龙气，长怜鸟雀愁。西溪千尺浪，滚滚拍天浮。

此日愁霖叹，谁知甚去年。新苗沉水国，怒涨没平田。不见秋阳赋，唯闻积雨篇。米珠薪桂日，屋漏少酣眠。

天道良难测，霪霖竟若斯。寸云生水母，尺泽长鱼儿。石骨淋青壁，苔衣漾绿池。鸣蛙方得意，两部乱公私。

焦久公来共话草堂④

田家方获麦，有客过山房。以我酴醾酒，沾君薜荔裳。烟霞封谷口，鸡黍愧襄阳。况是青刍贱，骑驴也不妨。

我已避人世，君犹问字频。遗珠沉海曲，宝剑滞风尘。握手一长叹，论交更几春。绣江南陌上，念别每伤神。

昔日阳丘地，雄谈坐夜分。论文当石径，把酒对松云。皎皎琼枝树，翛翛野鹤群。城南相送处，烟际望夫君。

衡宇遥相望，迢迢间梓橦。几年行役倦，十里暮云空。怜尔青毡客，嗟余白发翁。他时歌偕隐，来访鹿门东。

---

① 底本无，据省图本补。

② 底本无，据省图本补。

③ 底本收二首，无《此日愁霖叹》一首，今据省图本补。

④ 底本收三首，无《我已避人世》一首，今据省图本补。

寄伯纯①

岐路悲零雨，年来苦忆君。如何暂相遇，仍作久离群。落叶吟秋树，长河隔暮云。维摩憔悴甚，莫更似休文。

孟滋于山村见招②

不见兴公久，令人意悄然。结邻连野墅，匹马向林泉。宛宛西塘路，苍苍北渚烟。辋川真可溯，此地是蓝田。

岂曰称诗伯，随人翰墨场。名心吾亦③淡，格律尔尤苍。旖旎庾开府，风流李赞皇。清酣谈往事，耿耿未能忘。

长啸忽然至，同倾老瓦盆。君来开竹垞④，吾久住昆仑。榆柳通三里⑤，风烟接一村。西楼明月下，相送复柴门。

君是明堂彦，吾今山泽癯。相逢一斗酒，况有四鳃鲈。玩世追嵇阮，凭人议顾厨。闭关真已矣，且欲著⑥潜夫。

此客可常到，新诗细细传。吾衰今愈甚，相见各茫然。上下几千载，交游四十年。生涯何所寄，取醉白云边。

若母犹吾母，相逢问起居。恩波频洗沐，彩服傍庭除。子舍君多恋，登堂我尚疏。漫须怀捧檄，且复奉潘舆。时孝堪以给假居里中。

喜希梅见过村中赋得不见李生久⑦

不见李生久，今来访菊园。琴书增气色，鸡黍具盘飧。柳市疑无路，桃源自有村。应知耽野况，且复倒残樽。

百年今已半，相顾叹蹉跎。大雅如君少，论诗奈若何。闲情爱烟水，生事

---

① “伯纯”，省图本作“孙伯纯”。

② “孟滋于山村见招”，省图本作“孙孝堪于溯辋山村见招六首”，多《若母犹吾母》一首，据此补。

③ “亦”，省图本作“已”。

④ “垞”，省图本作“坞”。

⑤ “里”，省图本作“径”。

⑥ “著”，本作“箸”，据省图本改。

⑦ 底本收四首，无《不见李生久》，今据省图本补。

寄渔蓑。落落吾徒在，南窗共浩歌。

君家堂背郭，不厌往来频。我亦除荒圃，相将共隐沦。庞公忘主客，蒋径有松筠。恋恋称知己，年来复几人。

云壑来幽客，翛然类阮咸。解鞍淹杖屦，排闼入松杉。落日黄精饭，新秋白苎衫。相过殊未远，千里共林峦。

长啸驱驴返，君其郑子真。手披黄绮传，倒著白纶巾。渺矣称天逸，归与署道民。菊花时节近，重到莫迷津。

偶书

深嗟农力倦，陇上每徘徊。近水野烟断，当楼山雨来。菊荒苔藓长，草盛豆苗衰。稍喜秋田熟，明年有旧醅。

田居

已知贫不厌，只是怯躬耕。负郭无长策，摊书傍短檠。爱闲宜市远，贪睡恶窗明。一任花开落，陶庐醉复醒。

贫家多上客，客到即论文。时有清风至，相将坐夜分。烝壶惟说饼，对酒且停云。君看红尘外，萧萧远世氛。

迩来容我傲，白眼向尘中。习静心逾懒，常贫梦亦清。田家原自乐，世法转堪惊。翻笑穷途哭，何须效步兵。

入云三四里，卜筑近山椒。去郭未云远，幽栖安可招。种花嫌院小，移竹畏泉遥。芳草长林外，闲行过野桥。

半亩宫中事，悠然万虑无。灌花呼倦仆，刈黍劝农夫。晚菊含风蕊，晨松滴露珠。此中饶静味，咫尺即江湖。

催租

此日神明宰，催租未肯迟。诛求贪到骨，卷橐地无皮。自命诚三异，人言愧四知。口碑真啧啧，比户有疮痍。

题大叔考槃亭[①]

近郭吾家地，名园含旧观。百年亭榭废，一带水云寒。场圃农桑盛，经纶草树繁。数椽真已定[②]，结屋自盘桓。

城市山林盛，沧桑忆往年。堂开仍背郭，地辟旧平泉。种树环秋圃，诛茅拂野[③]烟。南山青万叠，临眺意悠然。

杜老堂成后，编篱覆薜萝。下帘尘不到，把酒客频过。山色当窗尽，溪声入梦多。斋居方十载，人识病维摩。

庞公真大隐，逸客每相从。溪鸟数声远，山云一径封。攀条垂碧柳，偃盖抚青松。南阮同贫病，将无念仲容。

学道一何久，端居自炼形。十年栖辋水，五夜肄熊经。绛雪飞丹鼎，青童下紫庭。君平都市隐，不愧少微星。

药里随丹灶，荷衣问贝编。呼童开竹径，牧鹤近芝田。市识韩康伯，人称葛稚川。床头尘积处，留得杖头钱。

晓起劝耕

农事关心绪，披衣课督勤。百虫侵晓息，歧陌隔川分。青嶂拥朝日，碧天无片云。此时幽意寂，樵唱已先闻。

田居真野老，手足渐能勤。曙色长河淡，秋原细路分。豆花垂晓露，林叶动凉云。雨足深耕好，农歌隔垄闻。

题菊径

自栽三径菊，培护意悠哉。雨压风枝折，霜深露蕊开。群芳俱寂寞，孤韵独徘徊。为语应门者，白衣若个来。

野客

迩来成野客，稍稍识农功。晚饷高原外，深耕细雨中。一鞭黄犊健，十里

① 底本收四首，无《学道一何久》《药里随丹灶》二首，今据省图本补。

② “定”，省图本作“足”。

③ “野”，省图本作“晓”。

碧畦通。种麦三秋毕，还期待屡丰。

积雨吟[①]

黯黯同昏旦，重阴万象迷。愁云屯碧落，积雨掩虹霓。草色覆长陌，泉流涨暗溪。老农方叹息，种麦畏冲泥。

幽情

芳径依兰畹，幽情迥绝伦。暮鸦归树早，秋雨灌花频。山水开青眼，行藏依[②]绿筠。闭关吾倦矣，只是远红尘。

西风

何处西风起，秋声不可闻。客心悲落叶，鸟语出寒云。冒雨青蓑笠，临流白鹭群。徘徊清景寂，搔首对高雯。

赠王万子隐君

拄杖入城市，庞公近若何。秋深眠食健，老去子孙多。心事关松菊，闲情寄薜萝。荣期方带索，日日自行歌。

赋得独子园最古赠希梅

卜筑爱云水，闲园久辟疆。莳花惟适意，种树忌成行。一望莓苔径，三寻薜荔墙。此中容二仲，来往话柴桑[③]。

萧萧处士风，城市有冥鸿。把酒餐秋菊，留宾荐晚菘。耽精金石录，结佩蕙兰丛。拄杖青山下，居然甪里翁。

---

① 底本无，据省图本补。

② “依”，省图本作“倚”。

③ “柴桑”，本作“桑麻”，据省图本改。

汇清园故址感旧

不见临溪阁，惟余土一丘。荒台罗怪石，宿草蔽[①]空洲。举目悲兴废，关心是旧游。寒泉呜咽甚，犹逐冻云流。

四十年前事，林泉逸兴长。寒天来鸟雀，落日散牛羊。无复池塘迹，空余杜若香。乾坤真逆旅，何必叹兴亡。

忆余青园[②]

长忆临皋阁，凭高杳霭间。穿林垂绿竹，排闼入青山。月下箫声起，春来酒态闲。那能百里道，飞去叩松关。

方亭亭畔路，一碧带芙蓉。风起三眠柳，云藏九鬣松。藻横波滟滟，鱼戏月溶溶。几载竹林客，真成阮嗣宗。

绿荫藤棚下，萧然坐石床。棋声泛朱李，琴韵冷寒浆。曲水环幽砌，高林俯画廊。兰亭真不忝，每为一流觞。

水车幽绝处，遗制本西洋。坐使飞轮激[③]，争[④]看匹练光。龙涛翻玉戽[⑤]，鲸尾掉银塘。闲杀园丁辈，秋高午梦长。

石几南头路，苍苍近竹林。人踪长夏少，苔藓雨余深。老树阴千亩，披襟时一吟。闲关尘虑息，偏称理瑶琴。

九鸶桥下望，石路接松阴。碧水清堪挹，文鱼静不沉。丁香春雨细，风竹夜堂深。徙倚阑干曲，时聆[⑥]空外音。

结宇何清胜，茅庵柏作梁。每从辋川客，坦步碧云坊。菡萏冲波出，蔷薇隔院香。朝朝闻百舌，睍睆奏笙簧。

众香国里坐，淡淡写幽芳。百亩依兰畹，孤怀采蕙纕。雕栏留绮席，屐齿入回廊。何限潇湘竹，凭君话夕阳。

---

① “蔽”，省图本作“闭”。

② “忆”，省图本作“意”；“园”后，省本图有小字“十五首。园为焦石虹先生世业，余读书其中数年”。底本收八首，无《结宇何清胜》《众香国里坐》《石丈堪袍笏》《玩月桐阴下》《犹忆竹关下》《双芝亭上月》《每爱名园胜》七首，今据省图本补。

③ “激”，省图本作“击”。

④ “争”，省图本作“惊”。

⑤ “戽”，省图本作“斗”。

⑥ “聆”，本作“耽”，据省图本改。

石丈堪袍笏，当门净少尘。竹欹摇凤毛，松老作龙鳞。倒罥青萝馆，平铺碧草茵。何时重把臂，三径待游人。

玩月桐阴下，清闲自我曹。墙低觇野阔，云散觉天高。竹坞栖寒鸟，松声起夜涛。入林何日事，逸兴自萧骚。

中丞园最古，银榜冠幽栖。老桧参天起，修篁夹路迷。鱼梭穿碧沼，鹤步上丹梯。百折长廊下，徘徊落日低。

白兔神仙客，留题[①]万竹西。沉沉秋水满，历历翠云低。鹿柴通鸥梦，鱼粮入燕泥。经纶花木性，方法到山栖。园中双芝亭一匾乃白兔山人张忠定公所题。[②]

犹忆竹关下，抛书对短篱。庭空落松子，水暖长鱼儿。谢客吟红药，山公倒接䍦。豪游更相续，取醉习家池。

双芝亭上月，犹记照松窗。卢橘垂金弹，奇锋出锦江。披云秋浛浛，秉烛夜幢幢。一返鹿门后，何人念老庞。

每爱名园胜，留连意未厌。夏云峰矗矗，春笋玉纤纤。袅篆初移鼎，清风自下帘。谢家群从在，高会擘霜柑。

山楼晚眺

独上高楼望，凭栏向赤霄。残霞横日角，惊鸟入山腰。暝色一林合，溪声十里遥。客心摇落甚，木叶日萧萧。

岁暮[③]

凛凛岁云暮，凄凄风振悲。留宾惯赊酒，遣兴赖吟诗。日落牛羊下，庭空鸟雀饥。客心伤老大，华发渐应衰。

年来[④]

年来虽小稔，每觉亢旸多。下雨忧无麦，占风种早禾。帝心怜下土，甘澍

① “题”，省图本作“神”。

② “园中……所题”十八字，底本无，据省图本补。

③ 底本无，据省图本补。

④ 底本无，据省图本补。

倒天河。试向桑阴听，农夫已和歌。

野外①

野外茅檐静，闲阶长绿苔。花繁春易老，山黯雨初来。振策成孤往，登临少一台。谁知张仲蔚，颇不厌蒿莱。

早起

为乘残月影，不觉晓参横。浥浥露光湿，蒙蒙曙色明。卷帘从燕入，改径避花生。何限幽人事，编篱取次成。

村居

村居带远水，一径入荒遐。老鹳盘高树，轻鸥出浅沙。桃椎方织屦，梅福久移家。欲识春深候，青门已种瓜。

客来

端居无俗韵，上客爱贫家。幽折寒塘路，延留长者车。春盘无市味，脱粟当胡麻。不厌东篱下，重来看菊花。

莫笑痴顽老，蓬门少杂宾。啸歌贫不废，交道峻偏真。鸡黍家仍缺，村醪味岂醇。诸君何以故，只爱武陵人。

漫兴

称诗吾所好，颂酒自言尊。衣食无长策，穷愁但闭门。草侵春水岸，花落夕阳村。拄杖柴桑路，悠悠谁与论。

偶题

一冠频阅岁，七尺笑为人。避迹已将隐，藏书未是贫。名花同好友，芳草

① “野外”，本作“野水”，据省图本改。

当文茵。太息达生者，无如叔夜真。

饮酒

汲古寻修绠，吟诗补楚风。绿肥新菜甲，苔长旧兰丛。对影频浮白，庭空掩落红。可儿孔北海，不遣酒樽空。

田家杂兴

齐民多要术，往往讯村翁。欲种千头橘，其如半亩宫。松涛晴作雨，麦浪晓翻风。儿女关心事，桑麻计未穷。

赠约庵

之子虽城市，如余居一丘。相看俱老大，总角念交游。谈剧同扪虱，悲歌忆饭牛。林塘十里外，望望阻沧洲。

遣兴

醉因狂更甚，闲与懒相投。碧树宜梅雨，黄云正麦秋。登山随鹿迹，临水羡鱼游。落落闲[1]居者，心如不系舟。

阅赵慎庵先生遗诗有感 中多秦楚之作

掩卷悲遗集，回头阅岁华。庚寅吾以降，辰巳尔堪嗟。余以庚寅日生，与灵均同。楚泽怀芳草，秦城泣暮笳。甘泉溪畔[2]路，不复梦梨花。先生[3]为园于甘泉之侧，梨花甚盛。

---

① “闲”，省图本作“幽”。

② “畔”，省图本作“半”。

③ “先生”，省图本作“君”。

杂诗

选石向青厓，移花偏小斋。苍松当户牖，碧草上庭阶。晏坐无何有，清言亦复佳。长溪烟雨散，去去踏芒鞋。

清溪

几载倦游归，清溪有钓矶。蘋花浮水面，柳絮上人衣。野色分苍霭，樵声出翠微。海鸥吾羡尔，安稳莫惊飞。

客至

非是来招隐，寻幽此定殊。青刍饲[①]骏马，白饭饱奚奴。行酒花三径，盟心水一盂。草堂今夜梦，不使客星孤。

漫题

古道在吾徒，红尘尽畏途。授书怜稚子，归隐号潜夫。客到少兼味，厨寒蒸一瓠。从他风浪恶，门外付江湖。

杂兴

闲披高士传，深愧郭林宗。岁俭恒疏食，田荒署下农。溪流冲断岸，云出没高峰。为任来游者，桃花间一逢。

先生惟好好，遁迹莫迟迟。细雨锄花坞，晴溪理钓丝。风来时解带，酒尽或攒眉。寄傲南窗下，千秋更有谁。

寄怀鹿詹[②]

忆到柴桑舍，疲驴踏乱烟。相违无百里，离别动经年。著述人将老，幽居地自偏。更闻开绛幄，舌敝总堪怜。

---

① “饲”，本作“嘶”，据省图本改。

② 底本收二首，无《去岁西州路》一首，今据省图本补。

与子期千古，当年庆得朋。微名更何益，时论本难凭。朗月思元度，雄辞忆彦升。只今共迟暮，愁思坐相仍。

去岁西州路，羊昙泪涕零。鹿门劳帐结，栗里望屏营。埋迹思徐稚，挥锄忆管宁。当时知己辈，落落叹晨星。去年吊毕刺史，未晤鹿詹。

与希梅

折臂吾多病，苍髯尔未衰。渔竿同啸傲，社酒每徘徊。阮籍虽狂废，刘蕡岂不才。乾坤从位置，此意竟悠哉。

老去

老去名心尽，躬耕更不疑。次公狂是癖，中散懒谁医。谷口幽居惯，襄阳遁世宜。无端长啸处，人说解吟诗。

吾庐

吾庐真垫隘，小圃亦荒凉。花木丛三径，琴书共一床。翠微遥入座，虚白暗浮光。岂是扬雄宅，云亭未可方。

云林

岂云充隐者，庶几卧云林。观物游濠上，忘机息汉阴。琴樽田舍乐，松菊野人心。只此清尘虑，烟霞不可寻。

散步

散步晴郊外，芊绵碧草芳。回流溪曲折，古岸路微茫。白鹭衔红蓼，银沙近绿杨。小舟如斗大，吾欲泛沧浪。

幽居

何许藏名地，幽居静不惊。顾厨羞品藻，渔钓足生平。松径少人迹，云房惟鸟声。昆仑千万里，有路采香蘅。

晴

鸟雀喜新晴，啾啾绕舍鸣。花光滋玉露，爽气入桃笙。斜日辉辉映，归云片片轻。南溪沾[1]瀑水，应与断崖平。

荒村

城市余终厌，荒村此定居。呼儿树鸡栅，课仆入柴车。蔬圃时勤灌，瓜田手自锄。桃源何足羡，人道是秦余。

长夏

长夏浑无事，斋居静掩扉。移花常绕舍，种树已成围。碧藻鱼儿长，青林杏子肥。此中堪永日，新制薜萝衣。

斗酒

斗酒听黄鹂，幽窗日欲西。山蜂衔落蕊，海燕啄香泥。曲径微云入，空庭杂树低。闭关吾醉矣，谁到鹿门栖。

余生

余生三亩宅，容膝更何求。世法非吾愿，烟波可自由。群峰环石谷，疏柳抱山楼。为谢巢由辈，予今亦枕流。

陋室

何年成陋室，一笑自为铭。日落树逾碧，雨余山更青。花光淡虚牖，鸟影度寒汀。为羡东皋子，沉沉醉不醒。

---

① “沾”，省图本作“添”。

蹉跎

五十年来事，蹉跎感倍增。穷途归淡漠，老马忌飞腾。憔悴愁詹尹，行藏问定僧。青山吾意在，云壑碧层层。

早起 ①

早起无多事，沿阶自灌花。呼童牵素绠，绕屋种胡麻。菊径从欹仄，松篱自袅斜。此生聊复尔，随意老烟霞。

孙孟滋见招，阻雨未赴

天际怀孙楚，临风每黯然。应门来折简，匹马隔林泉。飒飒悲零雨，迢迢忆辋川。西楼今夜梦，愁绝听鹍弦。孟滋别业一名溯辋，每雅集西楼听筝者屡矣。

幽人

不识幽人兴，群峰拥碧岩。云霞余短褐，薇蕨托长镵。弱柳风前漾，丛花雨后芟。此间唐述窟，津逮问层岩。

栽菊

三春频觉早，一雨便栽花。珍重寒香伴，移来处士家。编篱供采掇，绕径恣 ② 横斜。种黍今年盛，衔杯醉落霞。

灌园

几年成老圃，眠食寄蓬蒿。行水烦阿段，为园赖桔槔。金萱抽玉笋，碧韭胜溪毛。抱瓮虽云悴，心清未觉劳。

---

① 底本无，据省图本补。

② “恣”，省图本作“自”。

示两儿

耕读寻常事，传书未足多。吾衰真已甚，汝懒欲如何。莫使髫龀日，空令岁月过。相看不努力，终悔鲁阳戈。

忆昔

结客少年日，从前浪得名。极知吾有分，难与命相争。老大心逾淡，长贫气亦平。闭关良自悔，经术误浮生。

偶题示客

数椽堪促膝，五字岂惊人。烟水离城郭，衣冠远世尘。论文频吊古，贳酒未为贫。君是庞家客，无劳辨主宾。

野老

华阳有真逸，彭泽爱闲居。孤馆常高枕，双鱼懒报书。田家风味朴，野老性情疏。若较竹林辈，清狂定不如。

闲居漫兴①

一望青山色，因知静者心。猪肝羞一片，狗监却千金。考古尊诗细，观爻玩易林。萧萧云壑里，流水寄清音。

醉醒皆适意，吾亦久沉沦。钓石临沙嘴，莎茵傍涧滣。元龙湖海士，司马倦游人。莫漫憎蓬户，乾坤寄以身。

不知幽僻性，何故爱樵渔。衰岂关忧世，穷缘好著书。漫矜能作赋，常是出无车。纵有计然术，谁能竟似渠。

放眼乾坤内，狂歌气若虹。揶揄招鬼忌，丽藻赖穷工。奴仆骚人赋，文章霸国风。江河流万里，终古向天东。

---

① 底本收二首，无《醉醒皆适意》《放眼乾坤内》二首，今据省图本补。

穷巷

穷巷少来迹，阴森古道斜。石衣生菌藓，萝径走龙蛇。返照催归鸟，轻风扫落花。此心无住着，日日看云霞。

深居

深居观物化，危坐思悠悠。孤坞通双渚，群山夹一楼。狂奴如故态，老酒破新愁。爱竹真成癖，吾其羡子猷。

长啸

苏门一长啸，嵇阮愧吾俦。放鹤孤山外，骑驴灞水头。常为云壑隐，新署醉乡侯。颇笑张平子，无端咏四愁。

大隐

何年称大隐，心已远红尘。柳色才通径，桃花别有津。衣裳无汉制，农圃半秦人。愿结商山侣，将无不见嗔。

西溪

偶过西溪畔，谁云去路遥。凫沙明浅濑，雁齿列平桥。波动全成縠，风回欲上潮。振衣堤上[①]柳，攀折最长条。

办赋

办赋粜新谷，中宵发浩叹。家贫堪揖盗，敛急早输官。屈指追秋税，愁心减暮餐。石壕生虎翼，旦晚更弹冠。

① “上”，省图本作“畔”。

即景

烟草杳无际，平芜望里遥。天空云易散，虹挂雨初消。怀古吟梁甫，骑驴渡小桥。不如农圃隐，南陌盼[①]良苗。

忧蝗

忧蝗千里内，蠢蠢遍郊坰。荧惑传儿语，齐民祝岁星。火攻非下策，蕣瘗走群灵。辛苦姚丞相，回天岂杳冥。

空谷

鸟声空谷里，野客最先闻。临砌芟朝槿，登楼望夏云。幽花新霁艳，仄径夕阳分。畅好谋栽竹，吾将对此君。

卜筑

卜筑东山下，村边涧水深。雨来添浊[②]浪，雾暗失青林。幽鸟如人意，闲云出世心。门前新种树，嫩绿已成阴。

东岭

东岭沟塍下，深耕到沮洳。天晴迟落日，人老更耽书。馌饷同田叟，登山下蹇驴。萧然幽壑里，那不爱吾庐。

清梦

浮世容吾[③]傲，名场意已阑。黑甜飞蛱蝶，清梦落邯郸。谁作眉间斗，难从壁上观。百年方一瞬，日月走双丸。

---

① “盼”，省图本作“羡”。

② “浊”，本作“独”，据省图本改。

③ “吾”，省图本作“我”。

掩关

计拙无余务，经年但掩关。自怜将白首，幸不负青山。斗酒一时尽，停云竟日闲。方知养生者，秘术在愚顽。

城南

韦杜城南地，孤村尺五天。鸟鸣深谷树，人语隔溪烟。西墅焚莱野，东菑治蔓田。长歌渔父在，濯足此晴川。

南溪

南溪知不远，流水日潺潺。扫径锄凡卉，开窗纳远山。奇文堪独赏，绮语未全删。日暮千峰下，闲云共往还。

清斋

憔悴如孤鹤，清斋自杖藜。庭无修竹地，村似浣花溪。燕尾临书幌，蜂须入药畦。藤梢兼橘刺，咫尺使人迷。

避世

来往寄人间，风尘苦未闲。苍头拾橡栗，青眼对溪山。避世无如隐，医贫只是悭。西畴新雨后，幽绝绿杨湾。

长日

长日隔虞渊，云迷十里天。楼高宜对雨，树远易浮烟。机息眠鸥侧，人归在鹤前。辋川游侣在，来去上平田。

日暮

薄暮牛羊下，行歌南陌头。山衔红日落，水带绿蘋流。烟鸟方栖息，溪云自去留。悠然群籁静，清啸自夷犹[①]。

牧童

迢遥盼落晖，吹笛近柴扉。远岫风榛寂，孤村猎火稀。山腰披草卧，牛背带云归。向夕昏鸦散，萧萧薜荔衣。

赋得夏云多奇峰

华阳真逸客，岭上每开颜。变灭随泡影，惊飞皃翠鬟。何殊诗里画，拟学海中山。仿佛蜃楼相，清虚不可攀。

动静皆无意，翩翩出岫云。青红衡岳气，昌黎诗云“鬼物图画填青红”，东坡《昌黎庙碑》所云“能开衡岳之云也”。金碧李将军。芝菌凝悬圃，龙鸾袅篆纹。故山无远近，一往任氤氲。

幽人堪共隐，怡悦向天东。万象一时列，孤飞千里中。浮沉时蔽日，来去不因风。羡尔归岩穴，曾无恋碧空。

长啸

长啸向林壑，谋生漫自嗟。晚年耽种药，阴雨爱移花。醉卧中山酒，时乘下泽车。浪谈吾岂敢，莫问碧云騢。梅都官作《碧云騢》以刺时。

长夏

长夏幽房里，萧闲穷所思。花径新雨艳，云度夕阳迟。谢客吟红药，商山忆紫芝。故人一樽酒，林下莫相[②]期。

适兴

圃中紫茎菜，溪上白鱼羹。二物尔何贵，一餐余饱行。静闻松雨滴，闲

① “自夷犹”，省图本作“满林秋”。

② “相”，省图本作“前”。

爱[1]柳风轻。莫笑疏狂甚，人称阮步兵。

野人

野人疏懒惯，门巷废将迎。骤雨溪声近，新晴树色明。牛羊识村路，鸡犬傍柴荆。除却催租吏，寻常莫浪惊。

天问

天问何须问，安居莫卜居。小庭花渐密，老树影多疏。欲识桑麻性，频抄种植书。烟波钓徒在，吾亦狎樵渔。

夏日

十里夏云明，层霞紫翠横。远山西日黯，疏树晚凉生。投老吾将隐，还丹计未成。惟宜沉醉后，一枕到蓬瀛。

幽居

自是幽居僻，青萝定几重。断崖回绝壑，仄径转长松。斜日去孤鸟，闲云冒众峰。吾生观物化，垂老更疏慵。

夏夜独坐

入夜闲阶寂，长天月正中。栖禽初敛翼，庭树静摇风。露气下河汉，星光湛碧空。亭前有芳草，香雾远蒙蒙。

雨余天似水，夜静夏如秋。明月出东岭，银河挂北楼。繁花三径湿，芳树一庭幽。团扇微风发，盈盈望女牛。

碧山

长揖碧山去，清溪荫绿萝。垂纶伴渔父，闲卧病维摩。独往清吟苦，有时

① “爱”，省图本作“看”。

逸兴多。生平不谐俗，无计奈余何。

乳燕

年年来哺乳，社日到如今。梅雨冲风急，芹泥入圃[①]深。雕梁生紫颔，黄口耀红襟。屈指呢喃语，飞飞出远林。

浮生

浮生皆梦幻，且为破愁颜。隔舍开新圃，当门望远山。余心同菊淡，鸟语入松间。落落交游少，如何不掩关。

山中杂兴[②]

日落群山暝，长歌去不还。鸟飞青嶂下，人在翠微间。薇蕨何曾老，云霞不可攀。尘劳空碌碌，难得是余闲。

我已策扶老，遐观十里天。山樵归远岫，邻叟饷平田。疏树明斜日，飞萝出暝烟。悠悠群物静，吾意在临泉。

村树接榆枌，林昏路不分。长空斜度鸟，落日淡留云。即此溪山下，常依鸥鹭群。寥寥人境外，差可远尘氛。

望三台山因忆旧游

世外有丹丘，青青海上浮。云从深洞出，水绕断崖流。岐足疑神鼎，三峰蔽郁洲。巨灵吾羡汝，鬼斧几时修。

三十年前事，攀萝度翠屏。因风寄林叟，何日问山灵。溪水摇空碧，岚光拥黛青。天台石桥路，早晚向金庭。

---

① “圃”，省图本作“浦”。

② 底本收二首，无《我已策扶老》一首，今据省图本补。

城南

城南隐栖处，只在孝河东。山近常多雨，楼虚易受风。夕阳千树黯，夏潦众溪通。日暮长歌返，闲眠半亩宫。

六月十七日立秋[①]

今年闰夏五，溽暑忽将回。不觉西风至，惊看秋色来。时随双鬓改，愁逐百虫哀。宋玉逢摇落，何心赋快哉。

重阳未得赴仲治登梓潼山之约，和来韵[②]

秋原争选胜，独少一人过。白日虚佳节，黄花阻放歌。无因陟嶻岫，有路隔烟萝。不是龙山客，悠悠守钓蓑。

胜侣遥相慕，良辰孟浪过。山中将落日，篱下自行歌。十里迷青□，孤烟覆碧萝。生平几两屐，非是恋寒蓑。

过罗纹寺因忆高鲁坛[③]

不到琳宫久，南瞻桑柘稀。花从室阴散，龙入钵中微。古刹萧条甚，闲云高下飞。更思林处士，曾此寄禅扉。

过庞涓墓[④]

往迹闲凭吊，孙庞衅久成。如何马陵道，已阻大梁兵。万弩阴风动，孤军野火明。将军竟函首，终古对空城。

---

① 底本无，据省图本补。

② 底本无，据省图本补。

③ 底本无，据省图本补。

④ 底本无，据省图本补。

冬日得雨①

迩来方苦旱，何意雨翻盆。冬日行秋令，甘霖遍广原。三农征岁稔，二麦护霜根。酒熟陶家后，新开玉露春。

访约庵不遇②

几日不相见，门前木叶深。遥来问三径，寂寞自孤吟。风急秋城晚，云寒落日深。伊人何处觅，古屋亦萧森。

衔恤诗③ 二十首。丁丑

先慈以去岁丙子五月之七日弃不肖辈。阅岁丁丑小祥之后，不孝笃庆精魂少定，稍近笔墨，乃得和泪写忧，以纪往事，乃命曰《衔恤诗》。

哀哉终古恨，陨涕泣皋鱼。游子归来晚，慈亲抱病余。仓皇抛药裹，惊怛走庭除。摧裂呼天处，犹如见倚闾。

年来摇落甚，兄弟各西东。糊口惊星散，瞻云叹路穷。蒲觞忽一掷，风木已成空。母以端阳后一日得疾。九死真无补，衔悲涕泪中。

亲劳恒多病，伤心阅异时。家贫驱乞食，计拙苦支离。宁识慈云坠，俄惊萱草萎。昊天崩坼后，谁覆五男儿。

双亲同白首，陟屺痛云天。老父频伤逝，诸儿倍可怜。登堂愁出入，括发泪潺湲。献寿中庭宴，回头益惨然。我母忌日去父寿日未及一月。

为长恒多难，凄凄倍苦辛。总缘家道啬，谁说性情真。礼以年从俭，是岁凶荒，杀礼。贫令气不伸。所嗟集蓼地，百病亦丛身。

有妹殊乡县，艰虞病不归。遂成终古别，坐使寸心违。存殁皆长恨，幽魂共落晖。哀哀不肖子，肠断哭亲闱。二妹适益都崔氏者，以病累年不归宁，此我母伤心事也。及母卒两月，妹亦卒。

母病缘家计，颠危忽不支。爱孙思授室，母两年来每欲为本惇完婚，而此愿讫未遂也，伤哉！濒劳转怜儿。乘化须臾去，飞云万里驰。纵然辞众苦，何以慰长悲。

---

① 底本无，据省图本补。

② 底本无，据省图本补。

③ 底本无，据省图本补。

世传耕读业，母训亦勤劬。滴滴和熊泪，年年望眼枯。盐车伤蹇劣，反哺愧慈乌。天地难容我，商家五丈夫。

数口伤无食，为农傍近村。悠悠疏盥栉，每每隔晨昏。妇子惊含敛，长号向寝门。弥留无一语，哀怨总难论。

年年督麦政，我母出山城。饮食田家乐，逍遥野外行。终天忽见弃，抢地不胜情。视息人间世，崩云惨淡倾。

食指纷繁日，惊心析箸年。一堂艰视膳，十亩各归田。朝夕违牏厕，离居阻市廛。只今遗恨在，长痛哭霜天。

多男多累甚，婚嫁每忉忉。复有无家者，经营亦倍劳。余兄弟多鼓盆者，盖劳吾母再完室家。含饴逢诟谇，索哺得烦嚣。力竭心荼苦，艰难为我曹。

天亦伤吾母，秋霖每浃旬。重檐垂瀑布，画翣湿鞶巾。雷电增哀慕，泥涂叹鲜民。感云苫枕苦，礼缺感家贫。先慈五七内恒多雨。

岁华惊荏苒，奉讳已经时。易箦伤余阁，流尘积繐帷。灵衣沾血泪，素韠重凄其。罔极千秋恨，哀吟不可追。

母德留终古，儿愆积日多。劬劳思治命，守礼只蹉跎。莫解棘人怨，空令岁月过。板舆当日事，回首痛如何。

尚忆寝庭奠，新晴霁后天。惟期倾血泪，敢谓洁牲牷。上客来观礼，冥衣肃几筵。衔哀悲鞠育，久废蓼莪篇。先慈五七设祭，幸值晴霁，得以成礼。

再拜辞帷帐，摽心泪万行。无如家室累，讵惜砚田荒。夕奠真如梦，中门去倍伤。闻雷应惕息，魂气亦彷徨。我母素惧闻雷。

吾年昔四十，举子已云迟。绣褓欢吾母，悬弧谓可儿。如今方授室，忆旧总成悲。他日孙曾继，慈云好护持。我母小祥后，我父为本惇主婚娶妇，以终我母之志。及大襄，孙妇与执绋焉。

岂是伤衰谢，行年五十余。半生依母德，一旦激哀音。泪逐麻衣落，风悲谢院阴。永言念明发，高厚万重深。

不敢怨贫病，嗟余无母人。倚庐伤惨恻，挽辂走风尘。怀橘归无所，攀帷涕自频。九京殊未远，不复奉慈亲。

为先慈营墓[1]

营葬嗟无力，因损负郭田。但期封马鬣，非谓觊牛眠。冢傍先人宅，魂依京兆阡，墓在先相国赐阡之侧。归真今有日，血泪洒穷泉。

---

[1] 底本无，据省图本补。

葬礼余犹缓，经营重墓田。佳城开此日，真宅卜他年。终古漆灯秘，千秋壶德传。永怀安体魄，岂曰锢三泉。

八月十六夜雨霁毕芥亭集同人玩月，和芥亭韵①

已是仲秋过，依然此际看。云归仙掌近，霜重玉楼寒。雅集欣同掌，清吟夜未阑。何须劳秉烛，素月伴追欢。

望圣水沟古刹

灵境真幽绝，萧然大壑中。名泉通地肺，老树驾天风。水浅寒流碧，霜高落叶红。未能过竹院，归去太匆匆。

为齐东张氏两节妇赋

鹊瑞吾宗盛，孤贞此尚留。一门标六阙，双烈照千秋。彤管登瑶史，青编俪柏舟。圣朝颁异数，槐柳列乌头。

纳纳乾坤内，相扶正气同。贞心传海左，婺宿隐河东。黄鹄戢丹翮，秋霜起烈风。高门双绰楔，终古照鸿蒙。

过仙洲园 韩中丞废圃②也

胜地余荒圃，悲凉感旧游。青枫留岁月，碧草自春秋。楼阁迷三径，烟霞忆十洲。依云亭上望，寒水自西流。

赠青州张太守③

营丘新赐履，盛世重龚黄。凤翥来神爵，熊轓驾骕骦。一樽倾北海，千骑岭东方。玉玺频增秩，行看入建章。

---

① 底本无，据省图本补。

② “圃”，省图本作“园”。

③ 底本无，据省图本补。

题邢氏母子节孝传后[1] 临邑人

太仆家声远，文章风义高。一堂传节孝，双阙照蓬蒿。纶綍褒龙篆，芝兰毓凤毛。海邦瞻盛事，银管记吾曹。

漫嗟黄鹄翼，终古一徘徊。宝树生庭榭，流光照夜台。乌头镳曲卷，紫诰贲三台。通德门闾在，商陵瑟调哀。

闻道陶婴妇，清门冠古今。贞松留劲节，芳蕙映冰心。瑶圃祥鸾影，泉台孤鹤吟。伟元真孝子，名德感人深。

忆南中旧游[2]

两载栖迟地，当时苦滞留。楚云遮郢树，人梦在江楼。海客淹行李，天涯忆故丘。谁知离别恨，沔水正悠悠。

生平思胜地，襄汉愧漂蓬。望断遗珠路，空怀解佩亭。天留习池碧，云隔楚山青。千里归来后，名区岂再经。

千秋思宛业，雄盛数昆阳。雷雨惊龙战，风云接混茫。消沉天子气，冷落贵人乡。帝业传铜马，谁知借大枪。光武并赤眉、大枪、铜马诸部，乃成帝业，故世谓之铜马第。

谁识郢中游，茫茫汉水浮。烟迷云梦泽，天接洞庭秋。千载骚人恨，终年逆旅愁。山川频吊古，屈宋怨灵修。

登楼

雨余新霁色，风物自修修。叠嶂青螺出，长溪碧玉流。鸟飞芳草渡，人倚夕阳楼。只此清如许，登临豁远眸。

得讱庵先生汉江讣音，诗以哭之[3]

天不伤劳吏，翻令二竖侵。部民输义饷，大吏索兼金。怨气留三楚，空囊

---

① 底本无，据省图本补。

② 底本无，据省图本补。

③ “之”后，省图本有小字“五首癸未”。底本收三首，无《休文多病久》《谤书盈箧日》二首，今据省图本补。

剩一琴。食贫归未得，造化尔何心。

休文多病久，憔悴不胜衣。万里归无路，一官伏杀机。葱灵寒月苦，丹旐冷云飞。化鹤他年事，谁怜丁令威。

谤书盈箧日，况复重摧残。羁旅销归橐，余生付盖棺。西河悲少子，公季子先卒。南国刈崇兰。何限羊昙泪，临风正泛澜。

昔与君为别，荆门落日浮。六年伤五斗，八口寄孤舟。郢路楚云远，江天枫叶愁。何时闻广柳，北过岘山头。

折腰今已矣，旅榇万人怜。廉吏终如此，伤心一点[①]然。乡关迷海峤，妻子阻江天。旧客悲凉甚，升沉叹昔年。

花朝和刘二如韵[②]

东风能几日，不觉到花朝。弱柳金堤远，含桃玉蕊娇。平分向春色，留醉与中宵。共爱香山老，题诗慰寂寥。

晴春方二月，人道已花朝。细柳三眠早，流莺百啭娇。无缘将进酒，虚掷可怜宵。明月何劳上，偏来照寂寥。

勒花天气近，暮暮复朝朝。南浦莎茵薄，东风柳带娇。人归盼寒食，谁与坐春宵。支枕浑无寐，残灯伴寂寥。

中和移令节，迁次又今朝。带雨千秋静，啼花百舌娇。羁人多远恨，寒柝乱深宵。此际古城畔，高斋倍寂寥。

美景常虚度，良辰已昨朝。寒鱼浮水怯，春鸟背风娇。微雨惊散梦，他乡怅此宵。桃源归故里，一犬吠寥寥。

连岁苦旱，甲申十月念一日大雨终夜，明年麦秋有望矣[③]

终夜雨潇潇，年来见此宵。檐声闻静室，云气暗重霄。米减江东价，溪添岸上潮。农夫行忭舞，陇麦长新苗。乙酉，麦果大熟。

---

① “点”，省图本作“黯”。

② “韵”后，省图本有小字“甲申”。底本收二首，无《勒花天气近》《中和移令节》《美景常虚度》，今据省图本补。

③ 底本无，据省图本补。

清明南归[1] 乙酉

垂老蹉跎客，清斋去复回。言归寒食节，正及杏花开。山水容人懒，妻孥喜我来。何时高卧稳，仲蔚本蒿莱。

明山道中[2]

迢递荒原道，萧条客子颜。乱花开古涧，匹马入空山。天与孤云远，人随众鸟还。长溪幽绝处，多在绿杨湾。

去去高原路，行行渺翠微。幽陆双鹭立，古寺一僧归。春晚花初放，林深鸟不飞。徘徊恋清景，吟眺独依违。

循孝水抵里门[3]

积雨浓阴久，云飞晚日暄。双溪过柳市，一犬吠桃源。深树疑无路，空山独闭门。吾庐幽意好，绕膝有儿孙。

归来真郑谷，流水绕孤村。野老来争席，诸孙尽候门。斫松供晚爨，剪韭佐晨飧。莫谓荒三径，陶家菊尚存。

和渔洋先生赠慢亭登蓬莱阁[4]

瀛洲不可见，仿佛御飞轮。海色迷苍屿，天风驾[5]紫澜。六鳌蟠四极，一蜃蔽三韩。尽入归装底，时从梦里看。

羡尔青鸾背，逍遥驾彩翰。天吴朝画阁，若木映回澜。潮夕吞平壤，楼台没弁韩。争如登日观，千里拂云看。

附王渔洋先生原唱

蓬壶万里外，骑鹤振霜翰。日月浮青霭，鱼龙漾碧澜。风墙回竹岛，地轴

---

① 底本无，据省图本补。

② 底本无，据省图本补。

③ 底本无，据省图本补。

④ 此诗前，省图本有“五言近体”及小字“以下丙戌”。底本收二首，无《羡尔青鸾背》一首，今据省图本补。

⑤ “驾”，省图本作“惊”。

宕辰韩。安得虎头笔，沧洲壁上看。

偶书赠梅溪令君①

为询稚川子，勾漏亦何云。百里见山翠，万家连水云。琴堂清午梦，鹤唳入秋雯。吏散鸦啼后，钟声静夜闻。

忆去年冬杪行大奎山中有怀笠阳、玉琴两先生②

大奎山，笠阳发祥地，其东即般水，玉琴故居也。

不见心松谷，笠阳之谷名，遥来此日情。溪回寒濑浅，叶落远林清。斜日众山暮，空岩一鸟鸣。徘徊吟眺处，幽意自屏营。

黄山③归隐处，此地近松扉。野烧隔溪尽，寒云出岫稀。枣林迷古道，天棘罥征衣。回望岩西路，山禽高下飞。

遥指般溪外，真看万壑幽。飞烟萦马足，枯树卧山头。未得辞群役，何时老一丘。瞻言念耆旧，已没水弦楼。水弦，王玉琴先生楼名，即以名其集。

给谏风流甚，当年老岁星。山容际天碧，石骨带云青。径转回奔峭，岩深入渺冥。回思酬唱日，长啸向林扃。

万仞芙蓉阁，山中云气封。远林传众响，细路转孤峰。此山一峰名转头山。古木杳无际，樵人间一逢。何时谢尘鞅，常此曳幽筇。

东南幽绝处，群岫亦纵横。仄径游人少，荒原匹马惊。飞梁盘崆渡，空谷拂云行。半世经过地，登临慊夙情。

笠阳南畔路，迢递一跻攀。野草堪趺坐，幽禽任性还。溪连左阜水，即般水别名。云没大奎山。此意将谁语，行归自掩关。

策策长林下，行行落日低。马迟登峻阪，烟暝失来溪。翠黛万山岭，奎山西南曰万山。蜿蜒百丈溪。武陵知不远，只在数峰西。④

老去⑤耽幽赏，年年味道心。云霞多变态，山水足清音。煤井人烟密，溪湾槲叶深。春来续游迹，有路入花林。

---

① 底本无，据省图本补。

② “奎”，省图本作“堆”。底本收八首，无《东南幽绝处》《笠阳南畔路》二首，今据省图本补。

③ “山”，省图本作“门”。

④ “西”后，省图本有小字“逸峰阁在众山之西”。

⑤ “去”，省图本作“曲”。

溪流真罨画，岩势回嵯峨。怪石临智井，悬崖覆女萝。鸟声下山远，樵唱入云多。要自恋清景，宁云此暂过。

闻仲游姑丈公车旋里[①]

千里长安道，归来松下眠。寂寥廷尉宅，落莫孝廉船。犹忆一樽酒，遥看尺五天。奔车多计吏，谁荐贾生贤。

与孙伯纯话旧于西河斋中

不见兴公久，十年隔往还。相看同白发，只是负青山。谈笑惊难得，清尘未易攀。莫言偿契阔，怅别又松关。

此地共招寻，寒山不厌深。君将归旧隐，吾亦爱幽林。五夜故人酒，生平一片心。剧谈鸡唱晓，犹续短长吟。

入云三十里，真见此岩幽。牢落增离恨，蹉跎感旧游。竹林一回首，萍迹几年愁。莫问升沉事，君平且自由。

当日高阳侣，相思志久违。荒山寒日短，野墅宿云飞。分手空林际，扬鞭倦马归。那能十日饮，怊怅独依依。

凤岭昔游邈[②]，同怜两鬓斑。岁寒思笼水，夜雨话巴山。万事皆成梦，浮生那得闲。旃亭休画壁，不信有双鬟。

深柳堂前宴，年来未得同。西河授经老，东野为诗穷。岁晚班荆处，寒山落木中。主人高谊在，不遣绿尊空。

斋中夜雨二首[③]

渐近愁霖候，何曾檐溜干。单衾中夜薄，孤客五更寒。入户云常湿，思家梦亦难。潇潇三径竹，披拂向栏杆。

十日九阴晦，霪霖莫问天。檐声方淅沥，云气自回旋。欲作秋阳赋，愁吟积雨篇。小窗独不寐，终夜听潺潺。

---

① 底本无，据省图本补。

② “邈”，省图本作“杳”。

③ 底本无，据省图本补。

秋日将还里[1]

不远平原道，驰驱百里情。山高众峰秀，水落一潭清。秋色自平远，乡心念弟兄。还家行在即，馌饷课深耕。

丙戌重阳渔洋先生招饮于石帆亭登高命赋

重九陶家节，招寻向竹篱。登临皆胜地，谈笑即良时。片月为谁好，少陵诗云“不知明月为谁好”。一杯聊共持。深秋余暑在，落帽也相宜。

平泉秋色晚，池馆水云隈。露顶王公侧，登楼绮席开，幽篁迷曲榭，明月上疏槐。归去听残漏，满城风雨来。是夜逮晓大风雨。

庭前秋水绿，偏称绕松筠。黄菊过重九，青林见一人。但须浇块垒，早已远风尘。杖屦来相适[2]，题诗未厌频。

亭皋下木叶，石磴对松扉。莎掩青萝径，霜侵白苎衣。水寒鱼静隐，人语鸟惊飞。只此高轩会，何殊上翠微。

曲江尽伧父，滕阁亦繁辞。两地皆九日会。何似西城宴[3]，清流宛在兹。菊开花覆槛，荷尽水平池。别墅幽人在，东山自逶迤。

和渔洋先生九日寄怀萧亭山中

重九登临处，清尊览[4]物华。悠悠寄白岳，采采恋黄花。霜落秋潭水，云停野客家。采芝堂畔路，烟雨隔嵱岈。采芝山堂，萧亭先生堂名。

附王渔洋先生原唱

晚序逢重九，衰年感岁华。那无一尊酒，空负满篱花。白兔仙翁宅，青山宝志家。登临随处好，西望阻嵱岈。

九日集石帆亭闻雁和渔洋先生韵

洞庭千万里，肃肃更随阳。结阵冲风雨，遥征计稻粱。哀吟当九日，远梦

---

① 底本无，据省图本补。

② “适”，省图本作“奉”。

③ “宴”，省图本作“燕”。

④ “览”，省图本作“揽”。

落三湘。谁作宾鸿赋，声驰翰墨场。

附王渔洋先生原唱

来从高柳北，几日向衡阳。只畏繁缯缴，宁因慕稻粱。故人皆屈宋，秋意似潇湘。梁苑池犹在，何人赋擅场。

和渔洋先生闻雁寄远

振羽方为客，嘹嘹度九秋。未栖彭蠡泽，已过岳云楼。去逐江天远，来从瀚海流。何因传帛信，一寄白蘋洲。

附王渔洋先生原唱

青山与红树，千里共悲秋。复此霜前雁，来过池上楼。重云迷楚塞，片月下湘流。亦有怀人梦，劳君芳杜洲。

和渔洋先生石帆亭菊

谢傅栖三径，萧然逸士家。老来耽啸咏[①]，一倍惜年华。白岳新题句，黄州未落花。菊惟黄州落花。夜长犹秉烛，绛蜡影横斜。

附王渔洋先生原唱

园林正摇落，菊放楚臣家。色偶蒙金紫，名非斗丽华。禅心通般若，老境悟空花。复有枫香树，留人到日斜。

和秋夜梦友人晓起写怀

九歌摇落甚，晓露自凝寒。秋气增离恨，枫江入梦看。怀人正愁绝，行路亦良难。命驾劳千里，谁能效吕安。

咏枫叶

自愧无仙分，如何绛节迎。三山朱阙近，一径落霞明。莫叹吴江冷，深怜楚客情。何须念摇落，已到芙蓉城。

① “咏”，省图本作“吟”。

忆郢中旧游兼寄怀焦鹤亭，时鹤亭自郢中反里已久，以诗代简寄之[①]

尚忆南游日，艰难到郢门。风尘二千里，憔悴几销魂。已下陈蕃榻，频开楚水樽。栖迟当岁暮，芳草恋王孙。

楚客悲吟地，宁无白雪歌。兰台怀郢曲，秋水散江沱。坦步城隅望，寒郊马上歌。别来常忆此，衰鬓已双皤。

从岵山头望，行吟日几回。醉余常选石，病后强登台。山自高城断，云从废苑来。当时频吊古，回首不胜哀。

舍盖堂中宴，张筵阅岁华。湘兰萦晚佩，郢路泛流霞。堤畔江千折，风前树万家。荆门形胜地，搔首一长嗟。

苦忆石城游，石城吊莫愁。满庭龙爪草，弥望玉沙洲。汉[②]江石最圆润。横岭通云梦，横岭在郢城外楚武王卒处。鹤池舣桂舟。回看[③]千万里，魂断听江楼。听江，署中楼名；鹤池，梅仙古迹。

君亦思乡国，言归未得归。江云随地起，楚雪扑天飞。改辙旋行李，坚冰冻客衣。此时余差乐，岁晚且相依。

二月松陵道，龙冈细草繁。四围蟠[④]地轴，百丈控天门。路出青莲岸，人归绿树村。千年园寝地，回望野云昏。

学古堂前院，时从结夏游。旅人多散发，良夜每登楼。博簺呼枭雉，弹棋佐酒筹。为欢须纵饮，岁月未深忧。

岂不恋良友，乡思郁不开。二年为客后，九月渡江来。聚久难分袂，骊歌总易哀。沙头伫立处，斜日更徘徊。

送我荆城道，深惭缟纻心。临岐脱相赠，解珮意何深。余亦悲长路，君应念故林。堤边折杨柳，徙倚汉江阴。

君家好兄弟，玉树折南州。雁序忽中断，鸰原生百忧。翻令老宾客，泪向故园流。肠断三千里，谁知徐稚愁。

尔有竹林痛，惊传大阮亡。风波念摇落，宦海一沧桑。廉吏伤天道，穷途更异乡。漂零三十口，几载隔烟霜。

---

① 底本收十一首，无《尚忆南游日》《楚客悲吟地》《学古堂前院》《岂不恋良友》《知尔归林久》五首，今据省图本补。

② “汉”，省图本作“溪”。

③ “看”，省图本作“首”。

④ “蟠”，省图本作“磐”。

怜君羁郢地，不忍竟先归。裘敝复金尽，愁深与愿违。依人莲幕下，为客雁书稀。知尔千行泪，时沾逆旅衣。

闻尔言归日，蹉跎扶榇行。艰虞存古道，大义见深情。反覆丛恩怨，江湖寄死生。何时一夜话，重与说南荆。

知尔归林久，相思托渺茫。嗟余方乞食，糊口每他乡。把臂成虚语，交游竟望洋。绣江千尺水，魂梦独彷徨。

岂是惮行役，非缘辍远征。[①] 频年无一语，尺素隔孤城。老病增疏懒，贫交谅[②]扑诚。绣江千尺水，难况此中情。

和渔洋先生、石丈、开直游西山看红叶归，以诗问之

闻说青藤杖，寻幽万树红。应知白岳麓，不减楚江枫。采菊村皆遍，看山路未穷。萧萧寒雨里，归向碧云中。

附王渔洋先生原唱

尔向西山去，山山秋叶红。人烟明绿嶂，晓色霁丹枫。单复峰皆好，阴晴态不穷。归来看盘礴，丘壑满胸中。

和渔洋先生爱妾换马效玉台体

薄命君无惜，斑骓此定殊。藁砧忘旧约，渥泽恋神驹。朔气驰青塞，春闺[③]怨绿芜。寒沙沉马骨，愁绝是征夫。

附王渔洋先生原唱

螺黛承恩久，龙媒要驾殊。一朝移旧宠，千里换名驹。怀风栽苜蓿，落日采蘼芜。傥遇长楸道，无劳问故夫。

读陈思王集敬志

窈窕诗家彦，词源屈宋来。自然超邺下，独立向铜台。六代无伦匹，千秋一霸才。天人吾亦叹，八斗莫疑猜。

---

① “岂是”“非缘”，省图本作“非是”“岂缘”。

② “谅”，省图本作“亮”。

③ “闺”，省图本作“归”。

就国频迁徙，文帝忌之，徙[①]封再四，使之疲于奔走经营。艰难生百忧。雄风存汉魏，文采失应刘。白马思公子，黄初忆故侯。子建有《赠白马王彪》诗，黄初中曾贬侯爵。哀吟文帝诛，何必妒风流。

自试谈兵久。时时赋宝刀。子建有《求自试表》三通，又[②]作《宝刀赋》。思随铜雀起，铭与露盘高。尝应诏作《承露盘铭》。慷慨五行论，文章一凤毛。千秋留大雅，三祖纪三曹。诗家以其父子为三祖。

之子真佳士，流声漳水东。西园传绣虎，南浦盼惊鸿。七步吟箕豆，长言赋桂丛。君家名父子，老将亦沉雄。昔人评孟德诗“如幽燕老将，气韵沉雄”。

奉和大司寇公仲冬廿九夜大雪晓起柬萧亭、历友、司允、珂来原韵[③]

奉和长至后，蕴积冻云深。气冱松由雪，天低鹤在林。因知君子操，无恙岁寒心。兔苑谁能赋，阳春试一吟。

悔不在丘壑，斯时三尺深。空山多积雪，独立悟寒林。静睇松筠色，真同迟暮心。袁安高卧稳，不废短长吟。

带经堂畔望，积雪一庭深。梅坞花千树，瑶台月一林。灞桥寄驴背，鹫岭印禅心，鹫岭即雪岭。芳宴惭多幸，先聆谢傅吟。

附王渔洋先生原唱

昨夜西斋宿，萧萧雪气深。岁寒忆松竹，拂晓过园林。梁苑有高会，惠连多赋心。此时望三益，击钵待清吟。

南归留别渔洋先生[④]

长句崆峒子，忠宣旧草堂。李献吉有《赠刘尚书归东山草堂歌》。带经今嗣美，秉耒继孤芳。东山大司马田居，每躬耕，与先生带经而锄，同一高躅。高卧晴湖侧，投纶碧海旁。清风久亲炙，归去话柴桑。

庭馆此间胜，留宾坐竹房。余霞沾屐齿，芳榭荫池塘。淡宕茱萸会，萧闲

---

① “徙”，省图本作“移”。

② “又”后，省图本有“尝”字。

③ “大司寇公仲冬廿九夜大雪晓起柬萧亭、历友、司允、珂来原韵”，省图本作“渔洋先生仲冬念九夜大雪晓起柬萧亭、历友原韵”，多《奉和长至后》一首，据此补。

④ 底本收三首，无《庭馆此间胜》《兰亭冠会稽》《常笑平泉苑》三首，今据省图本补。

薜荔裳。东山良燕处，此乐莫应忘。

兰亭冠会稽，游迹上丹梯。命酒开桑落，论诗走赫蹄。名园书库北，别墅水云西。稍待东风后，明年更杖藜。

常笑平泉苑，繁华未足论。何如太傅墅，城市即山林。百尺柯亭古，三寻石笏尊。他年烟月梦，那不忆西园。

良游每秉烛，冉冉府中趋。石立一帆远，台高片月孤。酒徒坐沙岛，元道州诗中语。诗老寄江湖。问字重来日，清言亮不殊。

岂不念良晤，萧条岁已残。言归思白傅，此去卧袁安。绿酒经年会，青山一路寒。谢家群从好，竟体尽芳兰。

留别周阳兄昆季[①]

羡尔名山业，优游翰墨场。偶来文杏馆，每到赐书堂。珍画容题句，豪吟附下床。迟迟漫归去，应恋午桥庄。

楚客思公子，踟蹰未敢言。群山多积雪，孤客戒行轩。樽酒正言别，骊驹已在门。羡君名父子，此外不堪论。周阳兄待[②]渔洋先生家庭酬倡，一时传为盛事。

诗笔兼图画，余波及老夫。烟云工点染，绢素写江湖。宝树邻兰室，冰心托玉壶。异时林下梦，遏末与封胡。

庞马余风在，谁能计主宾。君家无此客，我亦爱留髡。细酌非狂士，元谈类晋人。般溪烟雨里，此别莫深论。

接迹到闲庭，想过老管宁。余惭三语掾，君设五侯鲭。冰雪频来往，襜褕且复亭。淹留良不惜，终恐负山灵。

谁言小丘壑，此是大椿轩。一派清河客，谓萧亭叔及珂来、司允与予也。频倾辋水樽。庭中云木秀，城角水烟昏。更约桃花月，重游仔细论。

夜梦与故邑侯汪健川先生对弈，并忆施愚山夫子，皆作古人[③]

今宵忽角弈，昔日共论文。茂宰神仙侣，清风野鹤群。魂来枫树路，梦断

---

① “周阳兄”，省图本作“清远”。底本收二首，无《羡尔名山业》《诗笔兼图画》《接迹到闲庭》《谁言小丘壑》四首，今据省图本补。

② “待”，省图本作“侍”。

③ 底本无，据省图本补。

敬亭云。更念愚山老，师门旷代分。愚山、健川两先生皆宣城人。

岁暮

百里未云远，如何久不归。风尘异乡县，雨雪隔岩扉。梦逐渔樵路，天寒羁旅衣。故山尚迢递，岁晏独[1]依依。

奉和渔洋先生腊月十六日复大雪晓起见寄索和之作，时余将南归般水，又辱赐饯

城郭日罨霭，重阴岁寒节。千山蒸湖云，黯然将赋别。良会池上楼，复此松下雪。行矣忆清游，澹宕嘉平月。

天低密屯云，凝霰霁晚节。虽传寒梅信，行与先生别。日夕见荒山，道路多积雪。芳宴慰离心，锦堂醉凉月。

附王渔洋先生原唱

密霰生晓寒，迅飙惊暮节。已嗟芳岁阑，况闻故人别。池北咏枫林，西堂赋松雪。他日会相思，谁共陶嘉月。

再用前韵赠别周阳兄[2]

辋川离世姿，历落青松节。昨为篱下饮，今作林中别。居者岭头云，去者蓝关雪。异时扣重扉，著书经岁月。

君习贤哲风，予甘固穷节。所志励千秋，勿作凄凄别。云霞结幽姿，松筠傲冰雪。元度吾所思，山中共寒月。

奉和渔洋先生大雪后同人集西堂

积雪无行径，松门傍晚开。冻禽依槛啄，老鹤拂云回。共此一尊酒，无嫌二仲来。冲襟羡潇洒，乐圣每衔杯。

不是敬容客，偏来廷尉门。林塘阴坞冷，城郭暮云昏。乐此高堂宴，何辞笑语喧。明朝檐溜下，玉女洗头盆。

① “独”，本作“尚”，据省图本改。

② “周阳兄”，省图本作“清远”。

附王渔洋先生原唱

长松带丛竹，门巷雪中开。麈尾温经罢，麕床出定回。青云残客散，白社故人来。品字柴头火，残年复此杯。

霏霏残腊雪，三度下柴门。孤阁林端望，寒烟竹外昏。归樵微有径，冻雀不闻喧。且拨通红火，田家共瓦盆。

和咏黄杨

妙绝黄杨质，何辜值闰年。露条仍矗矗，璧叶更娟娟。瓜子者叶圆，尤为可爱。藕节何偏益，闰岁，藕反益节，而黄杨缩一寸。筠肤可并坚。蕉林殊不尔，风雨搅愁眠。

附王渔洋先生原唱

太息黄杨树，由来厄闰年。那知冰雪里，相对益嫚娟。翠竹原同操，青松欲比坚。羞他汉宫柳，三起复三眠。

二月二日山中大雪，次去年腊月渔洋先生招集存诚堂赏松雪原韵寄王清远①

尚忆嘉年腊，复此中和节。故人共梁园，已作经年别。回首未忘情，谢庭赋松雪。山中开晚晴，乐兹艳阳月。

春日漫兴②

环村回曲水，或说是斜川。适意抽残帙，深心订古贤。酒从邻叟饮，诗赖雅人传。兀兀春将老，花溪又一年。

生性非耽饮，迩来迥不然。凌晨时一酌，老懒吸长川。半醉登山径，微吟羡酒泉。方春须种秫，准拟瓮头眠。

稍觉东风息，溪行学钓鱼。老怀思故友，陋习爱新书。亦有桓谭论，时停陆贾车。近山数十里，恨未遍篮舆。

百亩未能粪，谋生事太疏。种花常满径，课子愧三余。结夏思栽竹，长贫有敝庐。渐愁催租近，不习计然书。

---

① “二月”前，省图本有“丁亥”。

② “兴”后，省图本有小字“八首。以下丁亥”。

迩日重钱刀，征输下计曹。邓通今得意，严道自煎熬。圜府传东海，钱神叹鲁褒。经生真乏策，握粟出蓬蒿。时变钱法。

柴门常坦步，岁事一朝新。麦浪翻风阔，良畴映日匀。三冬欣积雪，一雨更宜春。应念东皇意，农祥慰道民。

去年多种麦，新绿涨连天。榆火通阡陌，桃花间柳绵。村村闻社鼓，处处唱神弦。自是升平兆，还期乐有年。

去海尚千里，如何多飓风。重茅皆尽卷，老屋已成空。噫气三春日，《南华经》是谓“大块之噫气，其名为风”。狂飙半亩宫。索绹真计拙，衡宇叹衰翁。

卜居①

卜居远阛阓，斗室似扁舟。溪水淡尘虑，莎茵息倦游。人依因树屋，风入近山楼。但使樽中满，余生何所求。

郊游

何处韶光好，青蘋贴水滨。欲从桃李岸，一问武陵人。西崦生芳草，东风漾曲尘。梨花零落尽，最惜是残春。

爱此临溪者，时来共息机。闲从渔父钓，一系薜萝衣。白白鱼儿出，青青荇带肥。此间无住著，真逐片云飞。

不远到鸡栖，寻幽野坞西。渔蓑留白石，鸟影度清溪。居或同盘谷，山疑入会稽。无将避秦客，咫尺使人迷。

吾衰今已甚，短发已鬅鬙。白纻风前换，青山雨后登。古原耕宿莽，兰若出禅灯。游事迟迟好，归来片月升。

晴郊宜远眺，芳草渐萋萋。一水孤村外，残霞万岭西。晚春云木秀，落日野禽啼。邻叟来相讯，相将好杖藜。

去住杳无定，柴门亦不关。溪回流水淡，山静宿云闲。长啸凌风去，黄昏采蕨还。振衣闲坐处，多在绿杨湾。

蓬蒿真满院，人拟蒋元卿。岂是希通隐，经时不入城。天高残雨没，云霁断虹明。此际长吟者，芳郊曳杖行。

幽人期未远，徙倚片时闲。鹤迹窥萝径，禽声噪竹关。松风当落日，人影下春山。隐几同南郭，科头废白纶。

① 底本无，据省图本补。

闲居[①]

深愧商山老，宁为邴曼容。座无尘俗客，人有上皇风。当户一拳石，留云九鬣松。种花兼莳菊，野老日相从。

乾坤泛水沤，身世一虚舟。谷雨滋兰畹，松风撼石楼。溪流时瀌瀌，林木已修修。吾意亦云慰，长贫漫不愁。

幽居二十载，小筑在空林。心远形无扰，名忘俗不侵。溪声依岸阔，岚气入山深。只为冥鸿隐，虞罗岂见寻。

戢羽海天外，栖迟良在兹。山邻苏相冢，地近禹王祠。大隐吾岂敢，埋名世或遗。著书聊自慰，持此对交知。

半世浮沉客，谁知心所安。桃椎寄屦屩，仲叔谢猪肝。自不因人热，方知行路难。脊梁须硬竖，宁复去云峦。

扰扰红尘外，年来万事慵。孤村回断岭，小院覆长松。恬淡王摩诘，疏狂阮嗣宗。闭关吾已倦，欲藉野云封。

三径

三径萧萧处，幽居近泬寥。青山容我傲，白眼向人骄。废圃邻寒涧，荒榛入断桥。避人非学道，高卧隔烟霄。

田事

萦心在农圃，田事耿难忘。野老商春稼，山樵话夕阳。桑园通鸟路，沙屿近鱼梁。今岁雨旸叶，人占九谷芳。

入邑

阛阓时一至，沙路隔长堤。近郭千章柳，沿城百丈溪。灵虹官渡外，般水桥名灵虹。尊胜石幢西。龙兴古刹有大石幢。少日追游地，回头[②]路未迷。

旧是栖迟处，回思感岁华。楼台环百雉，杨柳映千家。山郭回斜照，春流漾落花。庞公暂来此，俯仰一停车。

---

① 底本收四首，无《戢羽海天外》《半世浮沉客》二首，今据省图本补。

② “头”，省图本作“看”。

由城归山村

出郭未云远，疲驴已到门。千峰邻大野，一径转幽轩。高下云藏树，潆洄水抱村[①]。子真栖谷口，十亩有荒园。

忆王清远[②]

高宴芙蓉国，题诗薜荔房。思君不可见，引领若为伤。幽谷鸟声远，空山秋兴长。石帆亭上月，两地各苍茫。

草堂[③]

偃蹇吾将老，栖迟卧草堂。松杉遮小径，薜荔覆闲房。绿水琴心远，青山鹤梦长。床头一樽酒，自是醒能狂。

一壑[④]

一壑客栖遁，茅檐不厌低。樵声传碧嶂，鸥梦恋清溪。穷巷无车辙，荒山独杖藜。登临殊未倦，百尺上丹梯。

次王清远见怀韵[⑤]

去日亦何疾，怀人感倍增。闲同将病鹤，老似罢参僧。辛苦半林月，同吟五夜灯。近来诗派杂，何法继南能。

---

① “村”，本作“城”，据省图本改。

② “清远”，省图本作“逸圃”。

③ 底本无，据省图本补。

④ 底本无，据省图本补。

⑤ 底本无，据省图本补。

郭南村社[1]

郭南五六里，人说辋川庄。茅舍依松径，山楼带草堂。芳林娇鸟媚，流水落花香。吐纳风流甚，闲居意味长。

郊墅杂诗和高季迪韵十六首[2]

寄迹海天东，蹉跎一病翁。入林成老懒，献赋悔求通。寥落悲秋恨，萧条迟暮风。庞公真大隐，不入市城中。

侘傺闲愁积，衰迟酒债增。心空万缘劫，诗似六朝僧。梦入秋潭月，朋来夜雨灯。消除吟事外，终是百无能。

奇句莫须夸，清吟对碧沙。长林遥问竹，曲坞偏移花。晚食鸟争下，风帘燕认家。幽人重萧摵，何处着繁华。

老子青林路，时因行药行。乐天忘俗累，观物遂幽情。谋食凭妻子，传书待友声。始知身世外，无益是浮名。

埋迹孝河滨，时于鸥鹭亲。心闲忘世法，客到任家贫。栗里羲皇上，桃源我辈人。乾坤何纳纳，一壑足容身。

常笑灵均子，栖栖漫卜居。浮生真大梦，身世总无余。碧落度鸿雁，清潭走白鱼。我心正如此，俯仰一茅庐。

云物澄清后，虫吟应候时。秋禾登野墅，陇麦种陵陂。雨后飞尘净，天空度鸟迟。此时静者意，应是少人知。

溪潮下急湍，渔父罢纶竿。骤雨蜗涎湿，微霜燕麦干。山容入秋变，云气爱朝看。皂帽吾将隐，人称管幼安。

三台峰鼎立，不断接天青。何日移莲岳，吾将问巨灵。山云孤洞入，海气六鳌腥。此地沧洲叟，佯狂爱独醒。吾村去三台山近在二十里内，小楼终日坐对不厌。

少微有处士，不傍太微垣。济世无三策，陈书少万言。岩扉固常寂，车马不闻喧。老作於陵叟，清溪独灌园。

暝雨秋溪涨，微微增绿波。草深刍牧便，市近醉人多。花外寻源至，山边选石过。及时但行乐，莫恃鲁阳戈。

幽人耽寂寞，坦步在林塘。云白半床月，枫红五夜霜。奚童支鹤俸，静侣

---

① 底本无，据省图本补。

② 底本无，据省图本补。

问丹方。那复思微禄，年来似已忘。

近城总七里，入谷已云遥。秋老初收稼，天阴正纬萧。清贫惟静摄，拙计问渔樵。去去东原路，沟塍叠石桥。

溪上漫徘徊，盈盈一水隈。官租常早纳，壕吏漫相催。未种千头橘，时寻十里梅。隔篱呼野老，樽酒好追陪。

暑退好行游，山坳与水头。谁能三万日，并作一生愁。篱菊行将放，村醪不外求。樽中犹幸满，一醉卧沧洲。

我友时相访，陶家赖秫田。共来花下饮，不用杖头钱。地僻无尘客，山深似小年。重来问三径，知在乱云边。

何事[①]

何事散襟怀，清斋事事佳。苍苔遍幽坞，黄叶下空阶。秋树云三径，长溪水一涯。浮生聊尔尔，不必费安排。

寄蒲留仙

好在蒲衣子，年来相见稀。柳泉疏把臂，山郭亦多违。白雪尔音少，青山我自归。郢中同舍客，天外各蓬飞。

自城中旧居移盆石至乡[②]

贫家无长物[③]，累代表清门。穷巷绝车马，躬耕托弟昆。市廛吾已鬻，片石尔犹存。惭愧凋先业，临风掩泪痕。

爱自乌衣巷，移将石谷村。已无三径竹，来就四松轩。洞穴蜿蜒势，峰峦虎豹蹲。真堪置袍笏，下拜复何言。

一峰忽尔至，来植米家园。雪浪三千劫，芙蓉丈八盆。云根移海峤，鸾翮下天门。异数宁相靳，安车汝亦尊。时以车载石至村。

海岳庵中物，襄阳袖里峰。吾颠真有愧，阿丈复相从。卜宅邻幽涧，神鞭起蛰龙。松边有驯鹤，飞舞幸重逢。

---

① 底本无，据省图本补。

② 底本收三首，无《爱自乌衣巷》一首，今据省图本补。

③ “物”后，省图本有小字“长音丈”。

忆环青园感旧奉寄四叔

相君归隐处，洞壑寄人间。虚阁闻流水，高轩对远山。微风回柳岸，长日掩松关。旧日翱翔地，萧然世外闲。

忆昔垂髫日，读书向水村。临流依雁渚，登阁践苔痕。醒酒平泉石，常怀独乐园。至今思祖德，怊怅野烟昏。

想像当全[①]盛，名园曲径迷。虹[②]桥通海屋，云栋俯沙堤。鸥鹭迎人浴，鸡鹊隔水啼。荒凉增旧恨，愁绝暮云西。

栽花兼种竹，无复老园丁。交汇双溪碧，环山四面青。鸣蝉移古树，白鸟下寒汀。更有探幽地，中流宛在亭。宛在，园中亭名。

濠濮人间世，为园百载余。虚廊幽绝处，胜地水云居。近沼芙蕖艳，参天柳叶疏。当时高卧客，冥憩暮观鱼。

烟景尘中远，云林野色闲。鲸涛飞瀑穴，龙窟石钟山。高下沿丹磴，澄寒俯碧湾，荒村真谷口，浑不厌跻攀。

兼葭自一方，菱叶满银塘。幽壑无尘迹，芳园久辟疆。琴床留古洞，石丈列回廊。水月莲花地，蓬丘是此乡。

范阳河上路，芳圃阅年华。硕隐栖迟地，清贫处士家。题名留涧壑，满壁走龙蛇。努力承先泽，犹存三径花。园中石壁上硕隐公大书，如“水月”“莲花”“高柳”“新蝉”等字最多。

浩劫艰难后，名区范水头。依然存绿野，即此是丹丘。草没平津阁，花香杜若洲。回思洛阳记，犹有旧风流。李格非有《洛阳名园记》。

杯棬今日泽，卜筑昔人心。杰阁依山建，长溪入沼深。古苔盘石径，老树峙杨林。欲溯磨崖迹，苍凉尚可寻。

近郭山林怀旧

孝水南[③]流去，林郭却众嚣。栽花沿径满，种柳似楼高。近市忘机械，为园陋桔槔。丈人汉阴叟，此地即蓬蒿。

闲居惬素心，不受利名侵。积石成山岳，开花似杏林。幽溪天寂寂，院落夜沉沉。此是逃名地，萧斋不可寻。

---

① “全”，本作“金”，据省图本改。

② “虹”，省图本作“横”。

③ “南”，省图本作“北”。

山林知不远，到处杜蘅香。松作虬龙甲，云生薜荔房。药苗侵曲径，虚阁纳微凉。宛似嵩山下，卢鸿旧草堂。

长忆曾王父，名园孝水滨。松房留想像，石丈郁嶙峋。非复平林①旧，空余草树新。端居怀祖德，幽独每伤神。

相国为园日，艰难贻后人。万夫遥载石，双楫渡通津。入袖南宫癖，开樽北海邻。到今传胜概，城市少风尘。

幽林气郁森，晴沼露华深。垒石才成洞，无弦亦是琴。长廊临积水，芳榭对遥岑。日暮云飞尽，交交听水禽。

秋暮

才到重阳后，萧萧气郁森。黄花缘径满，红叶入林深。暝色千山雨，秋声万户砧。老夫耽寂寞，小院梦沉沉。

闲步②

闭步大溪西，看云独杖藜。风寒花未放，日暮鸟争栖。烟暝千山远，林深万树低。渔樵归路晚，野色草萋萋。

折杨柳

目极章台柳，微茫接远条。青青大堤曲，袅袅楚宫腰。有路通秦塞，无因上灞桥。惊心更何处，攀折意迢迢。

春暮

屈指春将暮，孤村小径迷。开帘通燕垒，就树听莺啼。日落高峰下，人归野渡西。无须惊物化，翻使道心凄。

① “林”，省图本作“泉”。

② “步”后，省图本有小字“以下辛卯”。

终风

终风连永夜，春色变林端。万壑树声急，孤亭花气寒。长烟开远岫，斜月下阑干。柳外闻啼鸟，幽人带笑看。

万寿节恭赋[①]

万寿天家节，沾恩及八埏。冠裳朝帝阙，玉历纪尧年。尧游于康衢正五十年也。租赋捐[②]寰海，讴歌遍野田。何殊汉文世，常愿日中天。

此时薄海内，翘首望天门。万国图王会，千秋际上元。儿童忘[③]帝力，父老酌衢樽。独有文儒贱，犹知戴圣恩。

五十年中事，含灵遍九州。康衢今岁月，击壤古春秋。大造方无际，群生漫不愁。每看丹凤诏，常到杏花沟。

常比贞元会，逍遥帝世天。崇文修礼乐，神武奠山川。天子登三五，群公佐万年。南山持献寿，恭述九如篇。

重九与五弟及儿孙辈携酒游山溪

回溪流日夜，僻绝遂幽探。潦尽龙蛇窟，霜清钴鉧潭。何年留胜地，重九入云岚。惟少丹崖上，诛茆一小庵。

何处凭高地，寻溪快一登。寒泉疑辋谷，风物似零陵。碧涧真千折，凉云定几层。幽偏余意惬，石骨瘦崚嶒。

催租不到处，云气护岩扃。白石临清岸，黄花隐翠屏。重阳萸佩紫，落日笠峰青。回望三台岫，迢遥隔杳冥。

游燕草

至古黄河崖[④]

大陆春云薄，黄河古垒荒。金堤迷九曲，岸柳列千行。无复蛟龙窟，空余刍牧场。万年陵谷变，天地迥沧桑。

---

① “赋”后，省图本有小字“四章”，多《常比贞元会》一首，据此补。

② “捐”，省图本作“沾”。

③ “忘”，省图本作“望”。

④ 底本无，据省图本补。

雄县西郭外见一园亭佳甚[①]

白沟河畔路，此处少嚣尘。丽日园林好，晴郊草树新。征轮停胜地，短榭隔游人。解憩未能遂，间关多苦辛。

新城[②]郭外

百雉何雄秀，丹楼在目前。渐看三辅地，已近五陵边。柳色侵行李，花光媚远天。苍茫直北望，屈指到幽燕。

良乡道中[③]

五日长安客，揭鞭去若飞。东风乡思远，北极旅人归。旷望连畿辅，苍茫对翠微。倦游何限意，万事与心违。

次良乡壁间韵

风烟千里道，匹马五陵游。紫陌连平野，清溪对驿楼。乡心方浩渺，客梦自沉浮，叹息劳生者，驰驱何所求。

涿州渡河

范阳河上路，胜势傍京华。车马连三辅，人烟接万家。浊流萦鹿泽，白日照凫沙。沽酒停骖路[④]，羁愁莫漫嗟。

宿雄县同焦讱庵小饮

雄州[⑤]名胜地，驻马一停辕。城郭连河朔，川原控蓟门。白鱼肥入馔，绿酒美盈樽。烂醉天涯夜，相将慰旅魂。

石龙庵闲眺[⑥]

禅室一峰上，空堂象外幽。虎溪无俗径，龙窟闭寒流。石气常含雨，山客静得秋。但能逃世网，吾意更何求。

疏泉[⑦]

疏泉出绝涧，石响暗流分。落日已将暮，秋声向远闻。鸟翻将病叶，樵度

---

① 底本无，据省图本补。
② “新城”，省图本作“北新城”。
③ 底本无，据省图本补。
④ “路”，省图本作“处”。
⑤ “雄州”，省图本作“易京”。
⑥ 底本无，据省图本补。
⑦ 底本无，据省图本补。

欲归云。临水不能去，狂歌酒易醺。

南冈野望 ①

旷望渺何极，翛然客虑清。碧岚千嶂合，红叶一林明。山鸟幽闲意，秋虫断续声。桃源何处是，即此慰平生。

浒山埠 ②

湖上风光好，渔舟入浦深。山腰沉雨脚，鹭足入波心。芦叶孤村暗，杨花十里阴。到来清兴极，旷望一长吟。

和雪崖子 ③

雪崖词赋客，华发卧胡原。盛世空招隐，庞公不出门。松云时入座，菊雨自开樽。忆别千峰外，相将有梦魂。

寥落怀人意，萧然江海秋。栖迟伤旅鬓，卧病念交游。感遇文章贱，长贫岁月愁。五陵多气色，羞杀黑貂裘。

般城风雪里，龙窟浪花枯。烂醉吾徒在，清狂举世无。论交千古事，大雅几人扶。落落晨星在，秋堂梦亦孤。

绣水城南路，相携过旅斋。平地泉似海，古殿酒如淮。蹀躞寻芳草，秋千逐翠钗。浪游昔日事，回首见吾侪。

村居漫兴 ④

郭外幽居僻，秋云入座寒。长贫增懒慢，久病废衣冠。谢客无悬榻，为园辟药栏。苍苍众山色，常得倚楼看。

山城遥望处，篱落隔人烟。未种当轩竹，犹存负郭田。终南岂捷径，砚北自神仙。只此桃源外，渔歌已渺然。

---

① 底本无，据省图本补。

② 底本无，据省图本补。

③ 底本无，据省图本补。

④ 底本无，据省图本补。

长啸自兹去，秋原静掩关。已将生白发，今始买青山。久被尘中误，方知世外闲。请看暮归鸟，倦翮亦飞还。

入林方数里，云气已冥冥。水绕前溪碧，山围四座青。诛茅营陋室，开径敞空庭。皂帽吾将隐，人言似管宁。

十里入烟霞，孤村鸟道斜。埋名非避俗，养拙暂移家。为爱沿溪水，时寻曲涧花。垂纶聊复尔，吾意在桑麻。

秋日访李希梅①

闲居无与适，坦步到君家。入户藤梢密，当窗桧影斜。露垂元亮菊，秋老邵平瓜。未遂结邻愿，清谈对落霞。

村居杂诗②

南望昆仑岫，青青百丈岩。幽花霜后艳，寒草雨余芟。胜侣思羊仲，闲情爱阮咸。永怀空谷里，生事托长镵。

小筑知何日，颓垣隐白茅。敢言文杏馆，颇近孟城坳。指顾开鱼沼，经营类燕巢。浮尘天地内，应是大樽匏。

丘壑真吾愿，闲居性所耽。岚光依古屋，霜气净澄潭。病客终年卧，穷愁百不堪。惟应千斛酒，潦倒醉双柑。

青阳道中③

青阳留古道，游子暮何之。日落群鸦集，天寒匹马迟。蒹葭迷野渡，衰柳冻寒枝。行役无深怨，苍茫有所思。

西山道上④

策马唤岩侧，风尘百里还。泉流侵乱石，鸟路入空山。久客行应疾，浮云意自闲。遥思三径里，稚子候柴关。

---

① 底本无，据省图本补。

② 底本无，据省图本补。

③ 底本无，据省图本补。

④ 底本无，据省图本补。

怀鹿詹① 以下壬寅

此夕闻征雁，长天唳一声。幽花明小院，戍鼓动荒城。烟月坐深夜，江湖思友生。所知终不见，徙倚迥含情。

笼水思家②

芳草未还家，风尘百里赊。梁间闻燕语，虚馆落桐花。尊酒停云晚，长林返照斜。栖迟为客日，能不忆烟霞。

羁人还独坐，愁思满烟萝。无那青阳变，其如衰柳何。堂空凉雨散，林隔夏云多。花鸟清如许，迢迢般水波。

静室仍尘境，门临孝水流。谁知望乡处，明月满山楼。鸟度青林树，云深红蓼洲。闭关无一语，我亦始言愁。

寄月麓③

已铩神鹏翮，何能万里征。独将处士服，远慰故人情。落魄怀杨意，穷途哭步兵。渔樵满天地，何处寄余生。

与鹿詹定重九游青云寺之约④

风雨过重阳，前期到上方。虽忘黄菊佩，为度赤城梁。遥想陶彭泽，应随费长房。无辞莲社去，秋色正苍苍。

甘泉道中访月麓，共赴青云寺⑤

迢递来幽谷，桃源世外心。登堂寻旧约，问字尚知音。十里青溪水，三秋赤叶林。东篱有处士，明日慰登临。

---

① 底本无，据省图本补

② 底本无，据省图本补。

③ 底本无，据省图本补。

④ 底本无，据省图本补。

⑤ 底本无，据省图本补。

途经南冈与月麓分韵得欹字，是日月麓负约 ①

霜树空岩晚，危桥古石欹。为缘爱山色，翻令度林迟。绛叶高秋气，寒云九月时。却疑陶处士，寂寞在东篱。

幽岩尘迹绝，登眺及良辰。鸡犬原非汉，云林不入秦。黄花依涧石，红树映莎茵。放眼桃源地，来游能几人。

先高祖仪部公尝读书青云寺，余过故处感怀 ②

余祖读书处，荒凉难具陈。青山犹似昔，精舍已成尘。不见荠盐苦，惟余缁锡邻。传家方未易，经术愧前人。

滴水泉和鲁坛旧日留题韵 ③

十年栖隐志，犹与故心违。彭泽菊方采，商山芝正肥。龙蛇深不见，松柏翠成围。泉水清人骨，声声送客归。

东望三台渺，怀人意不禁。犹余一片石，待我入山心。白草秋客淡，清潭水气深。更思王栗里，遗恨此登临。

松壑眠云客，翛然寡所求。交游何落落，湖海共悠悠。酩酊黄花节，凄凉白雁秋。浮生劳物役，身外即沧洲。

闻云椒、月麓、鹿詹、宁子同叔氏游上泉庵，余旧游处也，赋此志怀 ④

夙昔经过日，泠然众壑秋。正思莲社侣，谁共竹林游。霜冷鹰峰翠，风回范水流。故人相忆否，落日碧天愁。

不断游人梦，寒云日日闲。常思醉吟处，落叶下秋山。荏苒沧洲外，依稀水石间。新诗能慰我，应逐暮鸟还。

南阳旧侣在，独少一人过。草树昔游迹，烟霞今若何。陆离黄菊满，历落碧云多。幽谷留题遍，谁传白雪歌。

---

① 底本无，据省图本补。

② 底本无，据省图本补。

③ 底本无，据省图本补。

④ 底本无，据省图本补。

晚眺①

晚色坐氤氲，青霞散碧旻。一溪秋水涸，万岭夕阳分。极目空衰草，愁心托暮云。陇头樵唱起，历历隔山闻。

过汇清园感旧八首②

汇清园为伯祖孝廉公所手辟，在笠山之阴，昆岭之左，孝水之右。数年前风景修美，颇擅泉亭之胜。至今荒颓毁败，殆不忍言。偶与弟视旋过之，不胜呜咽，各赋短章，以代长痛云。

年年游侣到，此路更相寻。胜地复何在，荒台独至今。庭柯黄叶下，涧水碧苔深。往事劳回首，依依感寸心。

亭树一时尽，荒凉复此过。冻云斜日暗，残柳晚风多。掩涕看山水，伤心寄薜萝。平泉还一眺，凄切更如何。

遥思佳胜日，高阁枕昆仑。秋水自清丽，游人合断魂。烟波迷大麓，云树黯孤村。惟有寒潭石，萧条独尔存。

陵谷百年事，登临忆昔游。远汀生密藻，废院锁荒丘。云动松间坞，波侵竹外楼。晚来秋欲绝，风雨一庭秋。

霜气上空天，秋阴静可怜。谁知今日恨，困顿走风烟。野色埋危石，溪声咽暗泉。当年千亩竹，刈尽水云边。

败垣秋树里，仿佛隐龙蛇。寂历空山静，苍茫野日斜。寒鱼乾③废沼，惊雁起晴沙。莫问沧桑事，渔樵老岁华。

寒溪流日夜，客思正蹉跎。碧石犹含恨，青山独奈何。王孙愁不尽，芳草至今多。试上凌歊望，千秋一浩歌。

杖履来何暮，荒亭四望开。虹桥迷草树，龙窟断莓苔。晴翠千峰合，秋风万里来。不堪追忆处，流水寄余哀。

寄河间李司理④

此日龙门侧，人传御李膺。未登金马署，共识玉壶冰。执法高三辅，行春

① 底本无，据省图本补。

② 底本无，据省图本补。

③ “乾”，疑为“潜”。

④ 底本无，据省图本补。

近五陵。汉家廷尉重，驷马待持平。

济南怀古[①]

风回起暗尘，莺语正愁人。文物悲千古，繁华吊晚春。垂云迷绿树，落月隐青磷。惟有明湖水，迢迢接泺滨。

和维扬怀古[②]

桥畔箫声断，风流竟若何。倾城红袖艳，动地锦帆多。香冷琼花观，春生邗水波。迷楼同感慨，烟月起吴歌。

龙舟来汴水，魂断怨如何。锦缆游春遍，神鸦傍晚多。微风吹落叶，暝雨涨寒波。别苑黄昏夜，从谁问艳歌。

送鹿詹[③]

河梁方握手，游子发征鞍。落日烟波远，春城流水寒。贫交离别苦，多病去留多。送子情何限，高飞振羽翰。

游古寺[④]

禅室续清游，钟声象外幽。每来祇树下，时过虎溪头。洗钵檐铃寂，传灯梵籁秋。远公飞锡去，静里法轮浮。

和徐莪臣忆艺园旧游[⑤]

回首芳园侧，同游忆去年。主人怀旧隐，上客爱清眠。淇水千竿雨，湘云万里天。别来惆怅处，谁识到平泉。

---

① 底本无，据省图本补。

② 底本无，据省图本补。

③ 底本无，据省图本补。

④ 底本无，据省图本补。

⑤ 底本无，据省图本补。

芑园西畔路，春色忆当年。东阁绕幽兴，南窗足昼眠。依稀明月夜，咫尺落花天。何日清樽约，濯缨向涧泉。

赠羽士①

凌云爱远游，历历阅春秋。花暗三千界，鹤飞十二楼。既能还紫府，有路入丹丘。为谢尘中客，方壶未可求。

春兴②

荒庐一榻横，高枕听莺声。敢谓隆中隐，尝思洛下生。柳烟迷广陌，花雨暗春城。倦客长贫病，年年类长卿。

王孙草草生，春尽客心惊。愤世刘中垒，怀人阮步兵。有时招隐士，无路问承明。暝雨闭关卧，高楼万里情。

吊王肩望③

茧室掩重关，名高齐鲁间。洞中经岁老，海上几时还。梦断梓橦里，人归华表山。筹边空有策，击剑泪潸潸。

柿岩访孙禹年前辈④

长夏访丹梯，山房落照低。来寻文杏馆，一醉浣花溪。高壑流云度，千林倦鸟啼。静中心不竞，长啸大溪西。

幽兴属吾曹，何须感二毛。陶潜栖栗里，仲蔚爱蓬蒿。湖海鸥群适，泉亭鸟路高。渔樵同梦隐，遁迹学卢敖。

曲径碧流通，依微入望中。东皋孤鹤唳，北海一樽空。古洞生秋色，阴崖动晚风。白云谁可赠，长忆鹿皮翁。

鸟道入云斜，虚林结薜花。探奇来谢兹，博物愧张华。绝壑消长日，空山

① 底本无，据省图本补。

② 底本无，据省图本补。

③ 底本无，据省图本补。

④ 底本无，据省图本补。

弄晓霞。庞公栖隐处，薄暮饭胡麻。

西溪[①]

亭午寻溪处，萧萧白日寒。姜黄杨柳黯，惨淡蓼花干。云老苍苔岸，波翻碧石滩。可怜临水者，秋色共谁看。

溪曲抱晴光，悠悠接大荒。潜鳞依怪石，寒鸟下枯桑。旷野浮云远，秋天水色长。独寻渔父侣，高咏寄沧浪。

野色日萧条，悲秋恨未消。鸥群狎远浪，人影落长桥。水曲千山转，霜深万木凋。羡鱼徒有意，桂楫望迢遥。

有怀月麓隐居君[②]

何日共论文，鱼书久未闻。月明看过雁，风雨忆清樽。哀蛩鸣残叶，长天隔暮云。甘泉最深处，石上忆逢君。

罗纹寺访松壑隐君不遇[③]

萧瑟君何往，霜前怅我情。断云低暝色，落叶散秋声。古刹群龙隐，空天一雁鸣。坐来清百虑，晰晰晚凉生。

犹是论诗处，苍苍烟水深。三秋云叶色，十载故人心。落日天花室，西风祇树林。归来重忆尔，莫问伯牙琴。

闻雁[④]

为问上林雁，传书亦渺茫。风沙连漠北，芦荻老衡阳。万里秋横碧，千峰夜度霜。飞飞云汉上，缯缴莫须防。

将入城留题村居[⑤]

几日栖云壑，萧然三径中。垂纶当薄暮，倚剑钓秋风。荒圃云花黯，闲庭

---

① 底本无，据省图本补。

② 底本无，据省图本补。

③ 底本无，据省图本补。

④ 底本无，据省图本补。

⑤ 底本无，据省图本补。

霜树空。翻嗟城府去，潦倒愧庞公。

城市红尘满，何堪薜荔衣。青山从此去，白社几时归。风土怜人别，渔樵与病违。烟霜嗟去住，孤鹤傍云飞。

山楼一纵目，放饮赋离骚。遁迹情如故，浮沉计已劳。清宵闻朔雁，明月步东皋。野老来相送，幽居羡尔曹。

爱此荒林路，依依麋鹿群。野人汲涧水，山鸟入松云。积翠村前路，晴烟谷口分。应知清景好，车马去纷纷。

寄云椒[1]

华发君将老，犹能事远游。短衣歌楚调，长啸解吴钩。丛桂江湖晚，芙蓉夜月秋。何时斗酒会，高话向昆丘。

南北驱车暮，纵横泣步兵。乾坤俱浪迹，岁月老诗名。紫电前人废，黄尘终古情。归来沧浪卧，莫使旅魂惊。

送石发归曌山[2] 癸卯

爱尔雪崖草，阳春天下稀。几年离别意，重与故人违。世路谁相许，风尘抱病归。生平江海客，无用惜分飞。

答孙孝堪见怀之作[3] 以下甲辰

元龙天下士，慷慨本无俦。爱尔双鱼素，遥来孝水流。梅花明月梦，雨雪故人愁。长啸向天末，迢遥望陇头。

风尘数千里，不见动经旬。大雅今谁寄，含情俱未伸。天台应有赋，蒿径故常贫。白雪楼还在，阳春能几人。

君才雄一代，侘傺走群灵。遥忆苏门啸，无惭洛下生。文章留正始，经术重玄成。何事经年别，王孙草复生。

① 底本无，据省图本补。

② 底本无，据省图本补。

③ 底本无，据省图本补。

再次前韵答孝堪[①]

长剑倚天外，翩翩未有俦。机云增气色，王谢想风流。湖海常悬榻，乾坤暗寄愁。故人双白眼，长日自科头。

不见子荆久，春阴复浃旬。浪歌余破涕，逸气尔能伸。白石吟难遇，青山计尚贫。何当千载后，一继草玄人。

赤土吾家物，何时剑气灵。已为垂钓客，宁问弃繻生。鹏翮秋仍铩，荷衣今始成。春来多雨雪，辛苦是平生。

赠赵斋如[②]

共以百年内，翻怜有此身。欲从长笛曲，一问倚楼人。天地谁清梦，交知托酒尊。春光如可惜，莫漫滞风尘。

每为苦吟瘦，艰难病里身。浪游多济胜，挥手谢时人。幸以故人意，留连五夜尊。年来知己少，爱尔出风尘。

送鹤盟公车[③]

帝城春色近，怀策一驱车。台重千金骨，人看二月花。蓟门遥问渡，宫柳欲栖鸦。旧日平津阁，重来望不赊。

走马长安陌，行看佩玉珂。云花生碣石，春水满滹沱。破浪长风远，凌云气色多。悬知曲江畔，乘兴好经过。

汉庭经术客，羡尔亦峥嵘。帝里生春水，天边动早莺。鸣鞭趋紫禁，接武正蓬瀛。鹤盟尊君登丁亥第。故人望霄汉，千里晓云轻。

喜石发见访[④]

胡山留不住，紫气又东行。十里梅花落，千峰积雪明。聊将今夜酒，共话别离情。莫漫赋归去，题诗古薛城。

---

① 底本无，据省图本补。

② 底本无，据省图本补。

③ 底本无，据省图本补。

④ 底本无，据省图本补。

示雪崖①

念子飘零客，蹉跎十载余。曳裾虽有赋，弹铗亦无鱼。七贵今疏客，五侯不读书。何如归去好，高卧子云居。

春日病中杂诗②

病里过寒食，寥寥正掩扉。不堪芳草恨，愁逐落花飞。春色已将暮，故人相见稀。徘徊吟望处，犹自不胜衣。

残柳梦依依，春光一夜归。经旬疏对客，何事懒披衣。幽兴缘愁减，新诗与病违。东风不相借，空自惜芳菲。

憔悴因多病，惟看癯骨存。苦吟何太瘦，消渴寄余魂。药囊常随灶，穷愁日闭门。无情春色暮，风雨易黄昏。

花落当阶积，连朝不出门。梦中凌碧海，病里废清樽。半榻孤衾冷，虚堂众鸟喧。何时对知己，辛苦与谁论。

病久情逾寂，神清心始闲。绳床劳伏枕，明镜识愁颜。红雨花前泣，青山梦里还。旧游良可忆，多在乱云间。

故人怜我病，锦字劝加餐。太息奈何许，长吟独倚栏。三春杨柳变，一夜落花寒。惆怅王孙草，青青不忍看。

幽窗夜夜虚，独坐意如何。病后衣冠废，狂来礼法疏。离披三径竹，零落一床书。短发萧萧乱，年来不复梳。

穷巷无车马，端居竹坞西。野花随意落，幽鸟背人啼。晓雨凝寒薄，春烟拂曙低。愁心千里外，南浦远凄凄。

卧疾一何久，艰难悲此身。养生空有论，扶病每依人。柳色不忍见，桃花何处新。因思芳草路，欲去苦逡巡。

春尽不知春，春归亦怆神。诗魂犹老健，病骨尚嶙峋。欹枕来清梦，看花忆远人。城南载酒处，辜负柳条新。

拟送宫人入道③

琼佩珊珊坠，霞衣冉冉轻。初辞长信殿，来礼芙蓉城。无复鸣筝调，惟闻

① 底本无，据省图本补。
② 底本无，据省图本补。
③ 底本无，据省图本补。

击磬声。长辞金屋伴，去逐董奴成。

拟汉武帝宴西王母①

花暗三天夜，香焚太乙坛。珠幢飞玉女，云峤下青鸾。宫树千行直，星桥一路寒。飞琼何处是，应有大还丹。

答蒲柳泉来韵②

迩来将遁世，闭户绝交知。君自神仙客，吾岂帝者师。来诗谬以子房相况。惊人怀谢朓，流水识钟期。不厌狂夫态，披襟共咏诗。

怀鹿詹时余病初起③

经春人卧病，又早忧云明。鹤骨怜形影，花时别友生。征输三楚苦，寇盗二东横。何限哀时恨，悠悠伤我情。

怀雪崖④

南去柿岩日，归期杳未闻。从兹余卧病，不独尔离群。梦断绣江水，心悬白岳云。迢迢百里道，怅望野烟分。

游三台山⑤

为向山灵问，何如坐敬亭。溪光蒸雨气，石骨淡云屏。落日三山紫，飞烟万树青。天台从此去，迢递上金庭。

绝磴扪萝上，千盘鸟路回。海风吹不去，鳌背涌还来。绀宇何年建，龙宫尽日开。来游同野老，长啸倚崔嵬。

① 底本无，据省图本补。

② 底本无，据省图本补。

③ 底本无，据省图本补。

④ 底本无，据省图本补。

⑤ 底本无，据省图本补。

访黄山居士徐淡园先生①

谷口幽居地，为寻郑子真。岩阿推旧隐，古道出风尘。耕织余秋圃，衣冠似古人。桃源知不远，吾亦欲逃秦。

秋兴同江左顾当如、蒋左箴及同社诸子②

苍茫平楚远，寂寞桂丛秋。鹦鹉余狂客，平津忆故侯。岱宗含雨黯，海气抱云流。岁岁垂纶客，沧江隐钓舟。

楚客伤摇落，潇湘万里秋。中原多战伐，关内几封侯。溟渤昏残雨，沧洲急暝流。西风魂断处，不见木兰舟。

题圣游别墅③

别业昆仑下，萧然一径斜。虚堂移返照，野坞散晴霞。桑柘方交影，梧桐已落花。到来幽绝处，放饮未还家。

希梅、留仙自明湖归，与顾当如社集同赋④

海上碧云起，龙沙朔雁飞。黄花元亮径，绿水子陵矶。羁客江南梦，游人湖外归。放歌临埤垷，山翠湿人衣。

闻当如欲归先有此寄⑤

惊说言归信，居人欲断肠。离歌怀远道，行役尚他乡。白雁秋兰瑟，黄尘路渺茫。明朝期握手，送尔上河梁。

东郭即事示醒轩⑥ 以下丙午

寻幽向柳市，藉草共题诗。荒圃秋阴满，高城落日迟。青山遥对酒，碧水

---

① 底本无，据省图本补。

② 底本无，据省图本补。

③ 底本无，据省图本补。

④ 底本无，据省图本补。

⑤ 底本无，据省图本补。

⑥ 底本无，据省图本补。

细通池。怅望月峰客，无因寄所思。谓古言。

柳色通三径，萧然般水头。几年思濠濮，此地即沧洲。金谷谁同饮，兰亭尚可求。山公骑马路，犹有葛强游。

答云间蒋左箴①

征帆万里开，何日故人来。愧我齐门士，怜君楚客才。江云过塞雁，海日照楼台。遥忆远游子，悲歌首重回。

当时临祖帐，送尔百忧生。摇落经年别，踟蹰终古情。南天来尺素，东国问紫荆。珍重加餐意，江湖有弟兄。

余应试历下，与当如不相值，余亦以应不得与试旋里，后作此志怀②

君过淄水日，怜我在穷途。卧病明湖侧，怀人渤海隅。平陵秋色晚，华峤客心孤。咫尺不相见，何因托贱躯。

湖畔君行处，鱼龙入夜秋。振衣千佛岭，长啸百花洲。射策竟何事，披裘羡独游。归来高卧后，烟水迴生愁。

不敢怨贫病，依然倦客还。世难容我法，天与读书年。苦忆江南客，栖迟沧海边。谁知离别恨，百里望风烟。

晨风集北林，词客意萧森。惆怅同游迹，苍茫不可寻。凄凄湖上月，渺渺故人心。魂断鲍山远，为君作楚吟。

寄柳泉希梅六首③

历下归来后，松关尽日虚。黄花秋已过，雨雪岁将除。病里依耽酒，愁中罢著书。故人寄尺素，长跪竟踟蹰。

每忆昔游日，披襟羡尔豪。缄书歌下里，魂梦在东皋。聚散同回首，浮沉自我曹。知音寥落甚，白雪向谁操。

萧瑟栖穷巷，行吟孝水津。世情方贱士，吾道固长贫。白石悲长夜，青灯

① 底本无，据省图本补。

② 底本无，据省图本补。

③ 底本无，据省图本补。

痛古人。闭关吾有作，为尔苦重陈。

非是甘丘壑，青云计未成。论文留古道，阅世见人情。困顿每贫病，艰难重友生。古人今尚尔，相望隔柴荆。

极目思悠悠，城边百尺楼。荒亭今已没，流水迥生愁。碧柳曾攀折，黄昏自去留。皇姑庵畔望，肠断菊花秋。

东郭同游地，回首倍寂寥。流觞临曲水，剪烛话深宵。别恨同明月，悲秋问沉漻。愁心与落叶，中夜乱飘飘。

与月麓联榻话旧①

忆在明湖侧，蹉跎射策时。怜余卧病久，翻恨买山迟。惆怅更何事，佯狂有所思。西窗同剪烛，此夕慰交知。

削迹共艰虞，相怜在畏途。斯文真绝响，古道在吾徒。著述玄亭畔，栖迟碧海隅。闭关守寂寞，风雨壮心孤。

君来初下榻，明月上窗帘。敢谓德星聚，无烦太史占。黄昏过曲巷，徙倚步虚檐。促膝长吟处，高城鼓角严。

银台王子下先生挽歌②

贾傅年方少，先皇擢侍臣。九原不可作，往事苦重陈。大梦回沧海，余魂恋紫宸。乾坤多难日，能不忆斯人。

铁马驰驱后，金门侍从年。圣朝多异数，故里得回旋。先生以世职隶旗下，而屡蒙恩，休沐返里。白鹤归华表，丰碑纪墓田。如云宾客在，谁与吊平泉。

已失人伦鉴，空悲燕市尘。艰难酬圣主，憔悴痛孤臣。海曲衣冠废，园林草树新。不堪回首处，吾道委荆榛。

十载病文园，丹旌下蓟门。士林悲旧德，父老泣荒村。东国留余恨，西洲倍怆魂。问天长太息，寒日下高原。

荒亭般水曲，零落不堪论。客有琴亡叹，余虚国士恩。心伤燕路迥，肠断海云昏。伯道千秋恨，谁从问帝阍。先生乏嗣。

酒垆寻旧迹，今已邈山河。石马依翁仲，银沙葬玉珂。万家悲相杵，一剑逐惊波。无限羊昙泪，凄凉可若何。

---

① 底本无，据省图本补。

② 底本无，据省图本补。

汉室重酬勋，麟府弈世分。先生起家难荫。国人空望岁，地下已修文。不复青蝇吊，惟余白练裙。首丘徒有意，恨结海东云。

犹有八哀咏，凄其思不禁。每来华屋处，常作雍门吟。绣佛悲苏晋，青山负向禽。故乡遗爱在，岘首泪痕深。

纳言方绾绶，岁已在龙蛇。冷落帝城月，飘零上苑花。趋朝犹下直，旅病复无家。先生病中悼亡。终古伤心处，故园天一涯。

楚泽远萧萧，哀吟赋大招。岱宗垂暝雨，沧海咽寒潮。有客悲蒿里，何人珥汉貂。明禋霜露里，野老亦圜桥。先生入祀乡贤，颇协群议，后以部议中格。

白马来千里，伤心已岁阑。寓园一以眺，凄切海风寒。吾党推先进，余生付盖棺。谢安门下客，犹作去年看。先生自名所居曰“寓园”。

家相乘箕后，淄民力未纾。维公重乡土，补苴竟谁如。邑乘推耆旧，时艰慰里闾。草茅犹有恨，未见易名书。

司农家世远，故宅枕东山。先生之父中丞赠尚书，涧溯公也。江左乌衣巷，中朝法从班。辋川闻啸咏，公好摩诘诗。般水自潺湲。犹有仙舟作，清尘不可攀。余尚存先生《潞河舟中诗十九首》。

澄清方未竟，誓水几时回。造物但多忌，贤愚同夜台。君家真不朽，谁复解怜才。独有在原者，胸领生暮哀。谓雪因先生。

赠十彰大师兼呈豹岩先生①

一钵无常住，因知净理心。偶来参妙谛，犹得共登临。行踏千峰雪，神栖双树林。远公漫归去，庐岳万里深。师中都人，名太惺。

太史归田久，白莲续虎溪。师来方挂席，余亦忝追随。孝水寒波急，般城落日迟。相看成一笑，应有石林诗。

渺渺乘杯客，曹溪悟已微。因观莲叶渡，一识水田衣。海月照禅定，江云对息机。生公石尚在，法雨落霏霏。

闻尔登临处，招提杖履行。薜萝三径晚，钟鼓六时晴。静侣多求点，磨崖纪姓名。怜余城市客，潦倒罢将迎。

雨花泉畔落，古木映岩扉。寻我旧游迹，从人选石归。维摩缘觉静，天女佩环稀。薄暮长吟处，空潭对落晖。

欲寻般水曲，共尔听潺湲。野岸未云远，风尘自不闲。薄游方滞迹，怀古更跻攀。何事陶元亮，经时但掩关。

① 底本无，据省图本补。

忆旧游寄当如兼怀大鸿左箴父子[①] 以下丁未

之子梁溪秀，蹉跎亦可怜。频年留鲁甸，昨日下幽燕。愁病黄垆侧，凄凉白雁前。竹林旧游在，回首意萧然。

尚忆河梁别，郊原送尔行。夏云过孝水，微雨度般城。白社人何在，青门酒易醒。山楼长啸处，仿佛按歌声。

江左顾长康，风流翰墨场。壮游穷海峤，客路上秋霜。与汝真同调，别来竟渺茫。东皋尊酒会，往事重凄凉。

怜尔弹长铗，飘零不可闻。故园归未得，知己复离群。望断天边雁，相思海上云。蛟龙波浪阔，梦里未逢君。

年来知己少，不见杜陵生。赖尔能吴语，萧条更远征。海风行李倦，山郭水烟清。雨雪天涯夜，将无忆此情。

平津多上客，星散各浮沉。为念远游子，因思畏垒吟。左箴有《远游草》及《畏垒吟》。云迷沧海阔，梦逐大江深。我辈俱寥落，穷年叹滞淫。

哭老友李兆吉[②]

先生真达者，遁迹寄渔樵。湖海空贫病，桑麻慰寂寥。开元留故老，绣岭说前朝。尚有椒浆奠，巫阳赋大招。

与我忘年友，时时坐永宵。冰壶濯素魄，老鹤唳云霄。愤世愁仍剧，悲秋恨未消。惟余松菊在，肠断故山椒。

独居已十载，卧病老岩扉。城市红尘远，穷愁白发稀。买田方授子，对客亦忘机。何事先朝露，泉台竟不归。

尚忆清斋里，晨昏竹石轩。佳晨过孝水，长日掩蓬门。采菊来三径，看云寄一尊。萧条思往事，九辨为招魂。

君向蓬蒿日，仓忙弃我归。谁知离别恨，长与故人违。太息十年梦，空令万事非。贫交零落甚，古道竟依稀。

长笑竟终古，衣冠遂渺然。闻先生临属纩时竟大笑辞世。凄凉蒿里地，冷落上留田。魂断青山外，心依白鹤前。夜台逢纪叟，烂醉向重泉。

---

① 底本无，据省图本补。

② 底本无，据省图本补。

圣游新斋初成[①]

堂成背画阁，碧沼枕庭阴。人识乌衣巷，君歌白雪音。移花添竹径，叠石构云林。静里焚香处，萧然处士心。

临池成小筑，杨柳静依依。乱竹斜侵幕，余花暗入衣。茶烟浮几席，春燕下帘帷。相对忘机客，时时月下归。

何事传金谷，新成陋室铭。桐阴云气碧，草色雨痕青。君有叠翠兴，谁过问字亭。池塘春正好，谱得种鱼经。

居然城市里，卜筑类岩阿。芳草侵阶满，春云拂径多。当樽聊寄傲，看竹自行歌。为问高常侍，新诗竟若何。

再过圣游新斋[②]

清斋人不到，野客日经过。幽榭初通径，华池复种荷。烟萝依石砌，山鸟下庭柯。翻恐微言下，长安动玉珂。时圣游将谒选。

曲巷回车马，初开北海樽。科头常谢客，握手但留髡。帘外青霞映，阶前红药翻。到来梅信早，剥啄向松门。

羊仲来三径，萧然戴竹冠。当杯浮绿蚁，经雨采红兰。云散丁香梦，春归芍药栏。平原多上客，十日重为欢。

念尔承明客，栖迟尚掩关。上书忘北阙，结屋对南山。烟月清宵梦，松花尽日闲。及时行乐处，大药驻红颜。

闻古言入秦赴孟太守幕，作以奉怀[③]

绝塞方乘障，怜君更远行。孤云离海峤，匹马入秦城。感遇愁何似，怀人气不平。浪游千万里，谁识弃繻生。

闻道西征去，骊驹已出门。丈夫不得志，长路黯销魂。鱼钓失俦侣，桑麻弃故园。孟尝应好士，争识赵平原。

登车长啸处，揽辔出蓬蒿。云壑留庭户，天风驾海涛。参军新作赋，记室更横刀。应不弹长铗，清贫自我曹。

---

① 底本无，据省图本补。

② 底本无，据省图本补。

③ 底本无，据省图本补。

君向秦中去，家乡正采兰。入关周柱史，吊古汉长安。听曲吹杨柳，怀人倚井干。别离安可道，尺素劝加餐。

长城万里道，二月下平凉。亦念远游子，其如关塞长。振衣临太华，鸣剑过咸阳。倘见黄河水，宁无忆故乡。

蒿里向皋兰，秦川路渺漫。元卿三径寂，范叔一袍寒。鸟鼠连天远，崆峒倚剑看。陇山见鹦鹉，好为报平安。

临洮征战后，有客府中趋。重镇悬天外，离心寄海隅。每从千里道，一望九边图。况复荆门路，风尘岁月徂。闻其由秦至楚。

驱马大河渍，关山道路分。几时临祖道，怜我久离群。征路迷秦岭，愁心梦楚云。故人猿鹤侣，翘首待夫君。

闻孝堪自都门谒选归[①]

蓟门千里外，有客赋归欤。未结王阳绶，宁同赵壹车。圣书今已久，启事近何如。莫漫悲淹滞，青云计未疏。

戏简孝堪[②]

公子游京洛，长歌大道王。金堤盘骏马，锦字寄横塘。帘外调鹦鹉，花前解鹔鹴。金钱良会日，烂醉莫愁旁。

五陵狭斜地，中妇上高堂。新谱钗头凤，争歌陌上桑。遥知词赋客，还入少年场。一曲前溪水，春生白玉床。

油壁车中路，西陵金缕长。留宾多绛灌，结客过金张。风雪旗亭酒，莺花胜业坊。不知歌子夜，曾否嫁王昌。

上客风流甚，章台春可怜。遗珠逢汉曲，秣马散芝田。十里金钱埒，双行锦带躔。鸣鞭还袪服，横过社堂前。

寄题倪天章淮上之一草亭[③] 倪本山左人

少陵逢世难，结屋似山家。槛曲常垂钓，堂成近浣花。四松移岁序，三径

---

① 底本无，据省图本补。

② 底本无，据省图本补。

③ 底本无，据省图本补。

绕桑麻。千里清淮月，遥连海上霞。

木落淮南夜，何由问八公。枕中秘鸿宝，帐里识王充。旧是齐门客，能歌大国风。小山招隐处，凌乱桂花丛。

论文常对酒，薜荔晚苍苍。楚雨昏庭色，江花淡夕阳。天涯栖旅舍，故国竟他乡。惭愧高常侍，题诗寄草堂。

淮上如云彦，相过问字余。十年天下士，千里故人车。琴酒方栖息，江湖此卜居。草玄终古事，今日复何如。

王子东溟客，相依向楚州。齐风今已盛，吾道复何求。南国生春草，中原起暮愁。故园千里道，有梦到蓬丘。兼寄王子任公。

与友人期以重九登长白不果，时以阻雨① 戊申

佳节登临兴，长房未许同。客心风雨夜，秋色有无中。矫首青山麓，常怀白兔公。浔阳谁载酒，一醉菊花丛。

历下佛下禅院访十彰大师② 以下乙酉

柳市城南路，招提快一登。谁知兰若地，得遇虎溪僧。留客伊蒲供，安禅贝叶灯。坐看千佛岭，云气碧层层。

题趵突泉，泉在吕仙祠下③

寻幽人境外，长啸暮云天。黄鹤空飞去，清波亦渺然。三星来宿海，万斛涨平泉。濯魄冰壶里，重游忆往年。

历下新霁④

积雨烟光暝，悠然见晚晴。浮阴开郡郭，落照下层城。十里暮云散，千峰霁月明。黑貂今欲敝，惆怅旅人情。

---

① 底本无，据省图本补。

② 底本无，据省图本补。

③ 底本无，据省图本补。

④ 底本无，据省图本补。

与彬然上人话旧[①]

犹忆三春日，逢师南郭隈。振衣闻妙谛，扫石坐莓苔。及我重游处，经时梅雨开。玉函山下别，云外独归来。

游余青园[②]

载酒重游日，寻幽兴未央。华池夕照满，高阁夏云凉。十亩琅玕雨，三寻薜荔墙。习家风景好，此地是高阳。

赠师补斋中翰[③] 壬子

清班劳侍从，芝宇丽明霞。日下红云近，螭头彩仗斜。宸游趋紫禁，天语染黄麻。为念驱车者，途瞻上苑花。

披褐长安道，相逢一问奇。华阳寻旧迹，碣石听新词。彩笔归鸾掖，丝纶入凤池。圣朝多异政，独许侍臣知。

五柳庵侧闲眺同留仙希梅[④] 以下癸丑

矫首风尘际，浮生徒尔为。追随空感旧，吟眺几何时。绝壑清阴迥，高原落日迟。归来城市里，闲坐忆茅茨。

同希梅饮柳泉斋头[⑤]

握手清斋里，论心又一时。为寻高隐伴，翻致远归迟。薄暮过林莽，黄昏出竹篱。襄阳多野兴，作黍自山居。

---

① 底本无，据省图本补。

② 底本无，据省图本补。

③ 底本无，据省图本补。

④ 底本无，据省图本补。

⑤ 底本无，据省图本补。

自柳泉斋中晚归[①]

仆夫方戒道，鸣辔出前林。半岭残霞落，空城暮霭深。歧途摇落意，十载故人心。不敢悲贫病，穷愁自古今。

招石发[②] 以下乙丑

我欲歌招隐，为寻郑子真。南皮期不远，北海酒重陈。雪霁朐山麓，风寒绣水滨。应刘莫相弃，邺下有天人。

寄怀雪崖子[③]

闻汝常欹枕，凄凄重可怜。蹉跎应老病，憔悴入穷年。采蕨供晨爨，诛茅带晚烟。何时良燕会，抵掌一尊前。

我亦萧条客，穷途铩羽回。心伤稷下梦，泪落楚人哀。郢曲岂难和，刘蕡自不才。故人寥落甚，怀抱向谁开。

尚忆般城会，清狂自我曹。新诗追北地，离梦满东皋。余亦悲三刖，君还叹二毛。柏陵知不远，安得出蓬蒿。

大隐庞公在，经时不入城。白云岩下宿，红叶涧前明。养拙数椽足，常贫万虑清。悠悠人境外，应使道心生。

雪崖崖下客，衰鬓想凋零。此日称遗老，前身是岁星。草亭何寂寂，鸿羽自冥冥。皂帽成今古，乾坤一管宁。

送焦上善人入都省侍[④] 以下丙辰

入洛年方少，宁亲愿不违。此时千里道，何日五陵归。芳草惊心别，杨花扑面飞。甘泉烽火急，天子正宵衣。

远道趋庭日，亲帷在帝乡。鸣鞭过蓟北，彩服下渔阳。禁柳眠新绿，宫莺啭旧簧。圣朝多善政，早晚报柴桑。

---

① 底本无，据省图本补。

② 底本无，据省图本补。

③ 底本无，据省图本补。

④ 底本无，据省图本补。

中秋后一夜[①]

桂叶犹含露，良宵更若何。为欢宁易足，清景岂云多。秋气增寒漏，余光照绛河。不愁蟾兔缺，重与对姮娥。

深柳堂与伯纯子敬话旧有感[②] 以下丁巳。深柳堂，先外祖父太学公堂名

玄言乐彦辅，澄澈玉壶清。寂寞千秋恨，踟蹰此夕情。寒流经小圃，疏柳傍空城。幸与阿戎对，雄谈听雨声。

余青园偶题[③]

不到西园久，移情玩众芳。华池临水榭，高阁纳山光。薜荔春云湿，蔷薇晓露香。旧游良可恋，惆怅读书堂。

饮王克三山斋[④]

爱尔幽居好，相携过远岑。一庭花鸟寂，三径薜萝深。对酒看山色，忘机证道心。庞公鸡黍约，沉醉谢知音。

挽蒋左箴兼寄慰大鸿侍御[⑤] 以下戊午

来往明湖畔，双鱼忆昔年。魂迷沧海月，怨入楚云天。千里停归榇，三春哭杜鹃。遥怜骢马客，老泪洒江边。

依刘东郡日，王粲久从军。亲老家仍远，魂归路又分。那堪成死别，非复叹离群。惆怅华亭鹤，凄凉不可闻。左箴，云间人，竟死于客。

齐鲁旧游地，飘零终古愁。旅魂天北极，残梦水东流。遗恨沉江浦，余生付首丘。故乡归未得，何处是南州。

---

① 底本无，据省图本补。

② 底本无，据省图本补。

③ 底本无，据省图本补。

④ 底本无，据省图本补。

⑤ 底本无，据省图本补。

伯道应怜汝，西河血泪纷。招魂来海曲，移骨向江濆。白月愁长夜，青磷泣暮云。故人空陨涕，谁与问遗文。

闻顾当如客死凉州，诗以哭之①

怜尔穷途客，谁知薤露晞。魂来关塞黯，恨结海云飞。十载无家别，千山有梦归。黄垆荷锸处，埋骨欲何依。

汉宫仙掌露，不救病文园。万里他乡客，十年荡子魂。南冠悲楚些，旅榇隔吴门。望河河西路，无端积泪痕。

袁宏能作赋，油幕久知名。无复从军乐，惟余蒿里行。葡萄浇缌帐，明月泣龙城。示笛关山曲，凄其此日情。

回首般城会，题诗慰倦游。九原空有恨，千里罢登楼。紫塞秦关远，黄河叹月流。故人生死别，昨夜梦凉州。

元叹真佳士，飘零天一涯。夜台长已矣，游子暮何之。绝塞深怜汝，遗文当告谁。伯鸾真客死，曾否傍要离。

犹念东皋路，骅骝去若飞。几年萦别恨，万事与心违。感旧愁如海，题诗泪满衣。枫林青不断，魂魄是耶非。

寻绣江源② 己未

此地真幽绝，空岩俯逝湍。人来青涧底，鸟度碧林端。山骨云花冷，泉流石气寒。赏心归去晚，静侣共盘桓。

上邑侯健川汪明府③ 庚申。侯，宣城人

夫子文章伯，鸾栖孝水滨。时艰劳龚遂，中正待陈群。花落琴堂静，鸦啼袅篆芬。囊中金石赋，犹带敬亭云。

冰雪来姑射，随车暮雨屯。谁知仙令尹，常念病文园。薄俗初更化，新诗许共论。河阳千万树，今日在公门。

东国神明宰，北楼千载情。即看般水碧，争似使君清。岁俭邀皇泽，心闲

① 底本无，据省图本补。

② 底本无，据省图本补。

③ 底本无，据省图本补。

识政平。惊人佳句在，为问谢宣城。

内兄高圣游自黔中平越反里，诗以慰之[1] 次少宰公韵

天末初为吏，飘零西复东。人归三岛畔，泪尽百蛮中。长忆羁殊域，哀吟纪土风。皋鱼终古恨，阻绝未能通。时其太夫人已逝。

岂因忘汉大，困顿夜郎东。阅尽烟尘际，端宜丘壑中。葵心终向日，鹤唳久惊风。快见王师入，穷荒已复通。

迢递白云远，思亲日向东。枫林关塞外，瘴疠梦魂中。赠策归汾水，登楼怅楚风。十年今故国，薄宦悔求通。

他乡千万里，愁绝海天东。烽火艰难日，妻孥转徙中。鲸牙方吮血，虎穴畏闻风。庾信无深怨，江湖路已通。

自识尉佗妄，愁心寄二东。宫槐悲洛下，橡栗客秦中。万死豺狼地，三声猿狖风。故园知己在，别恨说文通。

喜见洞庭险，归途东复东。妖氛清剑外，兵气净黔中。七载留荒徼，孤臣忆汉风。乾坤多难日，邛莋几时通。

仲宣真国士，拂袖过巴东。六诏蛮烟地，三湘夜雨中。赐环知圣德，归隐沐皇风。深喜杨开府，牂牁驿道通。谓自西中丞与圣游同年左右之归。

归心如汉水，日夜向天东。辛苦盘江路，艰虞僰道中。箐林冲纛雾，龙窟避腥风。裘敝黄金尽，惟余三径通。

岂不念艰险，家山远在东。一官蓬绠后，八口瘴云中。乞食他乡客，无衣岁暮风。遥怜歧路日，怀刺向谁通。

温峤伤无母，攀林孝水东。感时生死际，阅世乱离中。华表悲迟暮，金城泣晚风。为君长太息，絮语意难通。

---

① 底本无，据省图本补。

昆仑山房诗集卷四

五言排律

送外舅高少宰还朝候补宗人府丞

时卧家[①]者数载。甲辰。

汉室重天潢，芝函玉牒长。几年劳启事[②]，此日入明光。久属苍生望，重沾紫殿香。中朝思老健，高卧隔沧浪。旌拂渔阳野，纶收海曲乡。岱宗瞻棨戟，潞水动牙樯。乐卫清言日，班扬翰墨场。幽燕何渺渺，京洛亦煌煌。大药留溟渤，官钱请尚方。鳌扉相待久，莫恋五湖旁。

上学宪王大愚先生 孟津人，觉斯先生弟也。丙午

八代扶衰日，龙门起洛城。嵩云横地轴，岳降入承明。盛世推文献，中原望主盟。黄河劳砥柱，伊阙亦峥嵘。二室初呈瑞，三花复擢英。明堂藉鼓吹，艺苑识纵横。慷慨大人赋，悲歌君子行。青箱留绝调，白雪继中声。奇字玄亭擅，凌云帝座惊。乌衣高物望，红药重时名。宗伯乘箕尾，时文安公已物故。仙曹入汉京。池塘春草变，粉署玉壶清。维帝念东国，云司出北平。庐陵原秉鉴，濂洛待持衡。问道齐门士，传经鲁国生。岱云晴叆叇，海气黯渟泓。正始千年会，元音万古情。榛芜今已辟，门下有康成。

赠梁溪钱础日六十韵[③]

仲文天下士，风雅万人传。笈秘灵威箓，珠探罔象渊。玄亭方著述，紫气动星躔。北阙书应发，东山卧正坚。真人栖汝颍，石鼓出琅嬛。大隐推宏景，词源拟孝先。元音存正始，遗响续天泉。先生与门人唱和诗曰《天泉唱和集》。遁迹五湖侧，传经二十年。河汾多旧业，绛幄契真诠。兰泽思常远，荷裳意欲褰。姓名高顾俊，弟子每联翩。长日惟开卷，中流自扣舷。溪山游屐遍，江汉客星悬。

① “卧家”，省图本作“林卧”。

② “事”后，省图本有“前此为少宰者数年”。

③ “韵”后，省图本有小字“乙酉”。

玄箸追夷甫，清吟类郑虔。论文千载后，抵掌一尊前。逋客宜萝带，骚人佩药荃。风流歌楚调，长物有青毡。东汉余钩党，西园首仲宣。结庐梅李畔，埋照竹林边。每切维摩病，时逃苏晋禅。清流澄若鉴，吾道直如弦。浪迹豪游处，栖迟且未还。探奇过越峤，慷慨下幽燕。献赋羞杨意，浮湘羡马迁。高文传洛下，乡梦寄桑干。结客稷门士，题诗海国天。欧阳凭玉尺，李郭自神仙。时在学宪幕中。经术参油幕，雄谈对绮筵。平原十日酒，相士九方歅。邹鲁瞻冠剑，青齐问诵弦。洙流方漫漶，桧影自蜿蜒。圣泽依绵蕞，鸿词纪豆笾。础日有《阙里谒圣林圣庙》诸作。岱宗穷览眺，列嶂美连娟。汉柏常含雨，秦松欲化烟。登临欣济胜，吊古重怀贤。禅草今应就，螭文手自编。础日有《泰山诗选》。方壶遥寄兴，蓬阁屡回旋。走马营丘郡，观澜沧海田。沃洲望不尽，珠树若为妍。怪石归清供，蜃楼没锦軿。息机狎海鸟，静悟接成连。历下千峰翠，湖流万顷漩。玉函晴度鸟，画桨水移船。风起回塘岸，城连隔港川。寒鱼沉碧藻，兰棹采红莲。有客来岐路，风尘正黯然。识君三语掾，愧我四愁篇。老父耽文翰，相将幸执鞭。空山[①]嗟偃蹇，弱弟荷陶甄。宪府承颜色，归途只自怜。十年伤瓠落，万里复迍邅。衰草含愁远，幽居僻地偏。长天云渺渺，远道恨绵绵。折柳悲孤馆，诛茅傍数椽。心悬济水曲，目断峼山巅。惆怅花三径，空怀斗十千。姬公留衮绣，潘岳去淮壖。时周父宗尚留山左，潘大也已返淮上。白雪传清籁，沧洲正稳眠。高秋看雁影，尺素托鱼笺。来鹤桥头月，相思几度圆。

寄少宰公十四韵，时膺召对异典兼应制赋诗复进讲《乾》卦，旋自副宪晋少司寇 辛亥

汉阙三台迥，虞廷庶事康。谈经开虎观，问道仰轩黄。秘语天颜喜，深心庙略长。日高方下殿，云近独含香。异数颁枫陛，中声续柏梁。曲江想风度，许国见文章。自补衮龙职，岂云翰墨场。尚方趋剑履，温室得回翔。执法中丞署，平亭帝座旁。新纶当列棘，钜笔丽长杨。闻说明良会，偏宜云水庄。时沈太史绎堂先后承召对。沈，少宰门人。恩波连太液，河洛溯羲皇。霄汉承金掌，龙彨兆玉璜。遗徽继摄相，千载有辉光。

挽於陵刘少参峄巃五十韵 公故相国青岳先生冢子，起家官荫。癸丑

列戟家声远，高门世泽长。乌衣推物望，藜阁有辉光。丰采韩忠彦，轶群

① “空山”，省图本作“伊余”。

李赞皇。流风闻艺苑，芳草满池塘。早岁承家学，趋庭到冀方。黄麻初拜衮，紫殿正含芳。入侍窥筹略，承颜近庙廊。芝兰生谢院，经术继平当。相国罹阳九，孤臣痛丧亡。吁天通帝座，饮血诉巫阳。终遂首丘愿，言归渤澥旁。表章传玉海，作冢拟龙骧。板宕中原日，驰驱枳棘场。赐书忧放失，门祚重凄凉。寄迹青溪畔，高春朱雀桁。伯鸾应太息，洗马黯神伤。憔悴经多难，江湖亦渺茫。王师初定鼎，丹诏采遗良。太乙登天禄，丝纶拂御香。孝威参侍从，中垒见文章。帝念南疆索，符分北阙璋。一麾遥出牧，五马自回翔。筚路开榛莽，哀鸿啄稻粱。士林披史液，邑里祝庚桑。《玉海》《史液》，皆少参所著书。校艺吴陵社，题诗捧日堂。文翁能化俗，召伯已留棠。殷富来神雀，功成纪凤凰。玺书临颍水，秉宪理岩疆。江介仍萧瑟，中都复[①]蹶张。军民勤慰藉，形势尚仓皇。扬历干掫计，潜销赤白囊。摄符兼四道，摘伏类三王。组练明江表，萑苻净水乡。含沙吹鬼蜮，猰狗啮天阊。解绶归桑梓，悬车制荔裳。青山邀杖屦，华发卧沧浪。西洛耆英会，东莱通德坊。兰亭晴对客，金谷夜传觞。松菊花三径，芳筵酒数行。新声腾北部，鸣鹤列东厢。但坐调鹦鹉，无劳解鹔鹴。摊书浮白堕，顾曲引清商。曼绿巢阿阁，秦青出画梁。倦飞山鸟集，机息海鸥忘。公所居有倦飞楼。濡发张颠旭，凌云韦仲将。图书探秘箓，碑版照遐荒。公以善书名世。蒿里回残梦，山阳欲断肠。典型今委[②]谢，吾道已沦丧。薤露歌堪痛，龙蛇岁不祥。王孙薄葬意，千古问行藏。公遗命薄葬，有杨王孙之志。

赠庐墓高孝子二十韵 乙卯

孝子，章丘人，名颐，字子纯。弱冠能诗，累应童子试，未遇，遂弃帖括业，游心画苑，资丹青以养其亲。然其为人恂恂笃行，君子也。及其父殁，自伤葬祭不如礼，庐于墓侧三岁[③]，未尝一息离。余尝亲造其庐[④]。

斯意竟终古，天常讵可诬。昔人遂复见，念子重踟蹰。名教今相寄，麻衣怨未徂。蓼莪深眷恋，苫枕困泥途。素韠依丘垄，哀容类泽癯。我来瞻古道，徒步奠生刍。俯仰人三叹，晨昏饭一盂。布衾栖草露，蓬户缺绳枢。雷雨闻号泣，冰霜裂寸肤。荒原无辙迹，平野黯菰芦。虆土为堂斧，孝子日躬负土，增其父冢。攀条折朽株。孤芳传里党，真意感妻孥。岁月风尘满，春秋血泪枯。家传留澹泊，

① “复”，省图本作“甫”。

② “委”，省图本作“遗”。

③ “岁”后，省图本有“朝夕栾栾，然”五字。

④ “庐”后，省图本有“作此赠之”四字。

天性胜文儒。绝德寻常事，宁知举世无。对君长太息，顾影立斯须。哀慕方无极，生平亮不渝。伟元真孝子，盛事纪吾徒。明发怀遗恨，终天自茹荼。墓门松柏路，夜夜泣慈乌。

寄上曲沃相公卫文石先生

盛代崇耆旧，还期共济川。勋留霄汉上，望著紫宸边。帝念元臣重，人怀太傅贤。逍遥栖画锦，赐沐向平泉。北极含公鼎，东山盛管弦。奎文三象丽，贝阙五云悬。海内思丰采，黔黎待息肩。蒲轮属望切，高卧莫须坚。

学博房夫子招集诸生会文斋廊，赋此纪盛 房，青州人[1]

盛世崇师席，斯文古道存。传经来贝麓，秉铎下云门。正始今犹见，清谈自不烦。壮怀开宿莽，卓荦废群言。已著西清望，还开北海尊。高堂罗剑舄，多士美玙璠。渥浪腾神骏，沧溟待化鲲。黉峰连峄岫，孝水接洙源。既重柯亭盼，还膺爨下恩。虚廊龙篆隐，彩笔凤毛骞。帐卷无声伎，盘空足菜根。人人依夏屋，一一被春温。大雅岂云没，狂澜静不翻。永怀冀北顾，真作指南辕。讲业康成事，千秋可共论[2]。

哭益都相国孙文定公六十韵 乙卯

盛世推元老，十年寄草堂。微垣归辅弼，台鼎堕文芒。海内怀霖雨，中朝失栋梁。乘风真岳降，捧日下天阊。早识琅环秘，蜚声翰墨场。佩绅当玉陛，草奏出明光。先帝垂龙衮，元臣重庙廊。彤庭尊计相，枢府密牙璋。公为大司农、大司马时，最受世祖知遇。一德邀天眷，英谋近御床。山公频启事，荀令日含香。简要称江左，端勤锡尚方。世祖奖公以四字，曰“端慎练勤”。鼎湖龙驭远，总已庙谟详。先帝升遐时，公为冢宰。椽笔颁新册，遗弓泣未央。公《哭孝陵》诗四篇，传诵海内。斧扆闻顾命，凤阙佐垂裳。今上传龙纪，惟公冠鹭行。卜瓯膺特简，揆席庆明良。紫绶归鸾掖，金章拜汉皇。擎天心向日，忧国鬓成霜。钜典崇燕许，鸿猷类杜房。三台明象纬，一代见文章。秘策云霄上，扶轮帝座旁。宰衡调玉烛，兵气净扶桑。亭毒参元化，宸居赖赞襄。委裘方倚毗，谢政已翱翔。

---

① “人”后，省图本有小字“丙辰”。

② “可共论”三字原脱，据省图本补。

绿野明朝日，平泉纳晚凉。公居第擅林泉之胜。文终传俭德，公日以俭朴训后人。太傅足徜徉。云水午桥胜，衣冠昼锦芳。沚园开灌莽，孝水对沧浪。著述图书府，栖迟旋马堂。岁时纪土俗，耆旧载襄阳。公所著有《颜山杂记》等书[①]。里有赐书第，门依通德坊。传经拟韦相，薄俗厌金张。自爱东皋隐，岂甘吏部狂。公晚年有《与曲生绝交》诗。典型贻后进，绝响中归昌。家居好以文事奖藉后生。岳立诚难跂，渊涵未可量。抽簪初华发，长物有青箱。山雨开图画，公有《山雨楼图》，诸名公题跋成卷。溪光隐玉璜。奎文悬秘室，宸翰映缥缃。公有世祖所赐御笔书画[②]。紫阁空相待，青山耿未忘。一庭环宝树，绕砌富琳琅。野墅高眠稳，苍生矫首望。昊天胡不慭，遗老竟沦亡。巷哭人三叹，春声泪万行。孤儿伏北阙，天子眷东方。箕尾腾霄汉，星辉黯戴筐。辍朝闻震悼，彻乐重彷徨。议谥归宗伯，丰功勒太常。温纶天语厚，优恤圣恩长。少府供张盛，东园秘器藏。龙樽纷照耀，班剑走趋跄。紫极干天象，白云入帝乡。枫墀亡一鉴，文彩俪三杨。讵曰归蒿里，翻然下大荒。士林皆陨涕，大雅已凋丧。遗爱留东国，巫阳痛北邙。伊余愧驽劣，顾盼忆孙阳。文定公为先外父太学公之长兄，故余受知于文定公最深。曾与西园宴，叨陪北海觞。忆去岁公觞余于沚亭，犹如昨日事。传书何灿灿，表海自泱泱。安石千秋恨，羊昙百结肠。西州门下路，马策黯神伤。

丁巳九日与阳丘诸同人登女郎山五十韵[③]

胜地逢佳节，凭高慊旅情。招寻多胜侣，散步出林坰。丘壑真吾愿，良辰更穷营。浔阳谁载酒，彭泽快班荆。骋望千山远，遥临万堞平。绣江云物美，白岳翠微晴。秋老岚光淡，霜高日气晶。到来疑贝阙，此处即蓬瀛。星斗悬琼室，天风下玉京。人依魏南岳，地是许飞琼。四野人烟绕，诸天象纬萦。山中方采菊，云外坐调笙。萝薜瑶坛静，葡萄玉碗盛。骚人褰蕙带，上客荐莼羹。盛事传滕阁，狂歌类楚伧。葛陂欣结伴，栗里共将迎。白草承趺坐，青藜耐远行。玄言挥麈尾，放饮似长鲸。山鸟依香积，苔花覆石枰。幽怀追靖节，沉醉胜公荣。兰茝伤迟暮，茱萸忆弟兄。未归三亩宅，久餍五侯鲭。逸兴耽吟咏，登临忘[④]友生。一尊同吊古，十石解余酲。松径来羊仲，苏门有步兵。千村方薄暮，万壑尽秋声。遐瞩欢相接，尘情幸未撄。平原千里阔，潦水一潭清。西陆沉寒景，东篱见落英。

---

① “书”后，省图本有“传世”二字。

② “画”，本作“书”，今据省图本改。

③ “韵”后，省图本有小字“丁巳”。

④ “忘”，省图本作“忆”。

望乡知不远，闻雁亦堪惊。洞里烟霞古，峰头鸾鹤鸣。黄花当满座，红叶隔林明。清磬烟中出，闲云岭外横。已看四美具，喜与二难并。迟客临芳榭，呼卢傍短楹。霜螯开紫蟹，露酯倒金罂。万事惟杯酒，千秋博饮名。白衣传太守，蒿径有元卿。不厌几回醉，何妨四韵成。乾坤未息战，湖海亦长征。群吏催租税，三农弃稻粳。何时方解甲，此日正呼庚。东国人殊乐，南天梦不宁。初停闽缴侯，久废沔阳耕。我辈称狂客，雄谈每绝缨。十年叹偃蹇，万里未峥嵘。良会襟期旷，交游意气轻。萧条悲玉露，病渴想金茎。落日霞千顷，长天水一泓。大观楼下路，片月照秋城。大观楼在此山绝顶，山在章丘北郭外半里许。

哭讨儿五十韵 己未

吾衰行四十，乃始诞阿郎。汝祖愁方慰，高堂忭欲狂。悬弧初灿灿，呱泣正喤喤。仁义真成性，清芬若异香。贫家无乳媪，阿母弄圭璋。骨带明霞润，神凝秋水光。之无始解识，头角渐昂藏。教语临书幌，提携出画堂。让梨茅屋畔，索饭筚门傍。稚子供鸡粟，家人断鹤粮。鹑衣艰百衲，败絮偃空床。瞻视良非偶，英姿自不常。娇痴情婉昵，怀抱意飞扬。吹笛环幽树，栽花绕曲塘。经时无枣栗，入户缺膏粱。萝女攀名族，苏门托凤凰。一枝栖弱翮，千里盼腾骧。怜我穷途客，蹉跎翰墨场。传经方未教，绳武更难忘。奔走空南北，归来亦徜徉。牵衣何刺促，跳掷问行装。父子诚天性，情亲即乐方。以兹冰雪质，长望蕙兰芳。冷落石麟气，凄凉宝树霜。嗟余真不德，怜尔中余殃。白日奄长夜，青春废药囊。摧膺浑断绝，痛哭正仓皇。濒死犹呼母，重泉未下殇。晓风凋桂蕊，夜月间芝房。弱体归黄土，余魂寄白杨。问年方四岁，陨涕洒千行。造化亮难测，佳儿竟已亡。延陵应饮泣，郗监重悲凉。虎豹虽云劣，龙蛇果不祥。儿以辰岁生，以建巳月死。那须烦鬼伯，何处觅巫阳。皇览嗟三度，招魂怨九章。商瞿惊壮岁，伯道亦彷徨。往事增多感，哀吟且未央。神驹遂委顿，凤羽反摧戕。薤露晞中夜，愁云下大荒。孔融伤爱子，王绥早沦丧。嬴博千秋恨，安丰万泪长。鸠车停小砌，铜马弃空廊。泉路依城郭，荒坟列豆觞。梦中频绕膝，愁里九回肠。遗器难重展，生平未忍详。可怜焚素褓，谁复寄青箱。不敢从人说，翻成对客伤。秋霜催病叶，暝雨泣寒螿。终古西河泪，天公信渺茫。

送外舅高司寇应召还朝 时以魏总宪荐起

虞廷歌拜日，岳牧让能时。下诏征耆硕，弹冠自委蛇。荐贤劳魏相，捧日待韩琦。丹陛新龙衮，金门旧凤池。沧洲年未暮，宣室夜何其。六传驱皇路，三天覲玉墀。谢安推物望，伯起畏人知。筹国猷方壮，忧时鬓有丝。鸣珂趋北极，揽辔顾东陲。赤地多荆棘，苍生少肉糜。千家悲转恤，万户正流离。谁发汲生粟，空吟聂子诗。汉廷蠲赋税，海国尚疮痍。紫殿传封事，黄麻勒鼎彝。绘图达圣主，霖雨慰残黎。三叠阳关曲，何须感路歧。

秋获

鸾旂来绣甸，省敛向西原。粳稻流云气，桑麻过雨痕。周官咨保介，汉诏到孤村。大野牛羊下，寒郊鸟雀喧。金风占岁德，玉粒识君恩。茅屋霜威逼，荒林烟火昏。三秋劳妇子，十斛长儿孙。刈禾山当户，催租吏在门。捕蛇虽有说，猛虎总难论。不惜心头肉，终销杖下魂。石壕惊父老，手实遍鸡豚。敢告采风者，封章上九阍。

赋得以文常会友 邑侯汪健川夫子试题

师也江东彦，银章向海隅。风流调梦鹤，云气散飞凫。仙吏传河上，神君出藐姑。分符虽百里，作赋久三都。讲业邻邹鲁，驰声类顾厨。晴郊歌麦秀，夜月静萑苻。地僻容高枕，官闲复减租。讼庭驯野鸟，社酒下神乌。问字客常满，谈诗气未孤。心劳勤抚字，政拙爱文儒。高义驱千古，即官寄五湖。龙门集玉帛，鸡社走盘盂。日丽三株树，天垂五岳图。惊人同谢朓，著论有潜夫。哲匠方移凿，雄文自据梧。琅琅鸣玉斧，霍霍辟榛芜。北海尊犹在，西园宴不殊。奎光凌璧月，剑气照锟铻。桃李芳初植，芝兰静可娱。骊珠颔下得，彩笔府中趋。砥柱推文苑，传经见道腴。班扬真仆隶，屈宋本庸奴。司马悬明鉴，中郎识朽株。几人登几席，怜我在穷途。久抱陵阳璧，空迷赤水珠。飘零悲李白，歧路泣杨朱。寄食伤摇落，愁心转辘轳。西征方避迹，南郡少生徒。未得帐中秘，其如辕下驹。云山催染翰，风雨问操觚。迢递思双鲤，浮沉感大瓠。微吟凭尺素，远道忆绳枢。骇浪惊千里，长风隔九衢。盐车频踯躅，驽马重崎岖。无路通阊阖，从教碎唾壶。十年嗟偃蹇，咫尺困枋榆。望断天涯暮，魂销岁月徂。端居常自笑，壮志一何愚。夫子真知己，文章托贱躯。桃花潭下水，翘首百踟蹰。

读平滇诏书志喜 辛酉

烽火十年事，铙歌慰圣颜。烟消六诏地，风静九隆山。雨露金茎下，龙鸾玉殿颁。皇心悲转恤，温语念时艰。课税停三辅，军书净百蛮。期门征候息，越骑阵云闲。父老欣扶杖，逋臣尽赐环。篙林通累译，僰道敞重关。莋马来荒徼，龙媒贡御闲。殊恩宣曲队，异数紫宸班。朱鹭一时奏，霓旌计日还。太平方偃武，不复事台湾。

游女郎山次壁间李中麓先生韵 壬戌

城市红尘地，凭高赖此山。春游人尽醉，日暮鸟飞还。万堞遥临处，三峰飘渺间。太平新有象，幕府罢征蛮。神女传丘垄，天风隐佩环。但须浮绿蚁，何术驻红[①]颜。铃铎云中动，琳宫世外闲。龙蛇一以静，星斗若为攀。阴洞寒萝绣，幽房锦石斑。山河形胜地，曾此守重关。

游女郎山再次中麓先生韵

大观楼上望，终古女郎山。铁墓[②]依然在，云軿去不还。诸峰朝槛外，仙迹寄人间。对酒酣金谷，当歌忆小蛮。短莎铺绣簟，古洞琐烟环。胜地宜登眺，浮生亦解颜。日长归路缓，风静羽衣闲。帝座真如接，天门若可攀。斜阳千涧紫，怪石七星斑。翻愧劳劳者，经时自掩关。

送焦少司马石虹年伯奉使中州祭太昊陵

圣主平滇日，烽烟万里销。九重修祀典，二月发征轺。玉帛云旂出，风尘剑佩遥。尚方仪灿灿，古驿草萧萧。绣甸乘春色，黄河落晚潮。缙云颁宝册，枢府佩银貂。六传连青野，双旌下碧霄。前驱纷入目，负弩正横腰。胜地荣光现，高原绛节飘。宛丘时左顾，汴水接南条。牺画留河洛，龙师冠似姚。园陵如可仰，神马若为招。符玺来三殿，衣冠肃百僚。皇心歆右享，云气护中宵。燎火通幽渺，香灯照寂寥。祠官供郁鬯，法服走冰绡。荐璧依丹幄，灵蓍长绿苗。九京焚瘗举，五夜鬼神朝。玉几升龙勺，瑶坛按凤箫。霞衣惊叆叇，翠羽自飘飘。一炁开群帝，钧天奏九韶。山川风物美，氛祲太平消。终古金支秀，千秋玉烛调。明禋回爵弁，归骑缓鸾镳。弱柳萦长路，繁花拂短桥。使星应过里，遥望木兰桡。

---

① “红”，省图本作“朱”。

② “墓”，本作“暮”，据省图本改。

游景州开福寺观浮图[①]

塔名乐善，隋文帝时所创，高十三级，约二十余丈。遥望城堞，仅遮其下三级耳。

去高城下路，翘首石幢前。乐善留残碣，开皇见记年。孤标冲碧落，远势破青天。坤轴连瀛海，金轮出广川。景州，古广川地。萧森空百虑，旷望静群缘。幡影迷花界，珠光漾大千。遥遥浮世外，矗矗海潮边。涌地鹫峰起，弥天象纬连。空蒙瞻气色，隐约傍星躔。冲汉凌千仞，披云饱一拳。郊原控齐赵，城郭带幽燕。多宝传终古，慈恩眺九埏。篆香翔怖鸽，铃铎下飞鸢。法雨沾祇树，清晖逼市廛。胜因留妙果，净业契真诠。丽日天中现，峨眉云际悬。绛霄贞洁劫，紫气俯人烟。面面虚窗起，层层慧照圆。十三劳历级，百里见高搴。自叹浮生客，来窥贝叶编。梵宫何阒寂，蓚水自潺湲。古佛伏龙象，阇黎被水田。未能参了悟，长此礼金仙。

历下寒食雨中游孙少司马忭庭先生之芙蓉园[②] 癸亥

今日香山老，前身定乐天。高风闻洛下，幽兴寄林边。留客频挥麈，衔杯且避贤。四明称贺监，二疏拟神仙。云壑分遐瞩，沧洲正稳眠。东山耽笑傲，别馆附潺湲。绿野联珠履，芳园盛管弦。耆英千古擅，风雅万人传。贞白方调鹤，成连欲刺船。南皮高宴会，中垒著鸿篇。作赋成金石，焚香伴偓佺。有堂堪醉白，无日不谈玄。桂树争承盖，华池自扣舷。高轩何历落，曲沼亦蜿蜒。历下亭原古，湖头地自偏。追游工部迹，祓禊永和年。济上逢寒食，人间正禁烟。自怜三语掾，未遇九方歅。背阁南山见，当楼北渚连。兰亭闻笑语，金谷屡回旋。胜地春光好，连天暮雨悬。龙门知不远，长啸向平泉。

上施泰岩方伯时以入觐自都返山左[③]

朝天勋伐著，分陕地图雄。抚字传三殿，劳心遍二东。治平称汉室，茂绩数吴公。渤海方驱犊，扶桑久挂弓。颁金平乐观，增秩建章宫。玉陛闻天语，龙楼拂晓虹。念年依绣绂，千里辑哀鸿。凤阁褒黄霸，鸾台待郑崇。封章胜禁籞，民隐达宸聪。借寇留沧海，鸣铙下碧空。朱轮何淡荡，翘首五云中。

---

① 底本无，据省图本补。

② 底本无，据省图本补。

③ 底本无，据省图本补。

夹谷台怀古[1] 甲子

胜地传终古，登临动远情。遥天开鲁甸，落日眺齐城。玉帛行修好，盘盂供莅盟。历阶勤相职，掌礼问秋卿。盛事冠裳肃，高原剑佩横。庙谟张武备，谈笑却莱兵。野飨停牺象，司彝罢玉罍。无劳长勺战，坐复汶阳耕。旷代思遐瞩，端居托圣明。荒台频怅望，远岫亦峥嵘。不见石坛迹，惟余山鸟鸣。一溪春草碧，十里暮林清。翁仲埋深涧，侏儒息曼声。野人思礼乐，坏道走鼯鼪。缅想洙源泽，惭为稷下生。祝其凭吊处，范水自澄泓。夹谷，一名祝其山。

题钟宪副年伯传后四十韵[2] 丙寅。四首

旷代思耆旧，悲歌念国祯。青云生北地，紫气每东行。岳降当三辅，雄文俪两京。传经依虎观，通籍入承明。贯索昏芒角，容台待漏声。含香栖画省，典礼佐春卿。制作明堂议，谈天洛下宏。嵩云称得士，汴水聚群英。玉尺来沧海，冰壶托鉴衡。枕中看秘录，帐下有康成。问道齐门士，褒衣鲁国生。狂澜回八代，奎璧引双旌。棠荫移曹濮，金堤奠玉缨。孤臣旋去国，万里尚谈兵。吊古蚕丛路，题诗玉垒营。浣花寻杜老，蜀市问君平。赤甲惊峰变，黄牛晓日晴。筹边生白发，叱驭走长鲸。东郡回翔数，湓城岁月惊。一时薄画戟，千里忆莼羹。白傅思终老，沧洲念旧盟。海鸥相待久，江国罢将迎。抗疏十年隐，归帆一叶轻。皋庑堪寄迹，陶径欲归耕。未及悬车岁，偏遗浮世荣。元常留翰墨，记室老诗名。边李风流在，湖山云物清。循良龚渤海，文采谢宣城。京兆松楸古，桐乡俎豆诚。凄风凋玉树，斜日荐香蘅。主器虽摇落，遗文幸未倾。栾城真宝菌，司马望金茎。摇笔花千树，临池玉一泓。父书应不忝，家学久偏明。献策千人废，腾骧八骏鸣。承先绵世业，接武上蓬瀛。贱子穷途客，盐车困远征。迷津劳顾盼，联辔愧屏营。孔李交情固，陈荀意气并。轶编勤拂拭，太息泪纵横。

恭呈学宪定山老夫子[3]

先生泰州人，静海籍，起家会元，庶常改授侍御，外补中州湖北盐司，特简山左提学。时特行选拔旷典。庆以不才受知不次。

---

① 底本无，据省图本补。

② 底本无，据省图本补。

③ 底本无，据省图本补。

经术承家远，师门世泽长。吴陵传甲第，瀛海毓冠裳。绳武推方岳，扬镳翰墨场。乌台颁玉斧，柏署动神羊。扬历勤中外，分符自尚方。嵩云尝入洛，楚泽亦浮湘。贝阙来丹诏，征书下紫房。三齐烦秉鉴，六郡待平章。马帐笙歌沸，缨湖碧草芳。春风吹济水，化雨润扶桑。邹鲁从陶冶，球琳贡庙廊。楼台真四照，桃李列千行。问道程门士，传经陆氏庄。渊源归学海，沆瀣酌天浆。阿阁巢神雀，丹山育凤凰，时先生举二子。五云最深处，拜手共翱翔。

答术石发隐君二十韵①

千年推李杜，此日重韩苏。大雅几人在，流风赖尔扶。萧闲陶处士，谈笑酒家胡。遁迹身将老，临流兴未孤。南园拾橡栗，东海覆珊瑚。自煮青泥饭，时寻碧玉菰。潜鳞忘结网，幽鸟劝提壶。康伯今如故，桃椎亮不殊。久耽濠上乐，每薄府中趋。与汝真同调，怜余在畏途。经年无尺素，一别感斯须。大泽鱼龙隐，秋江雁鹜呼。但能全楚璞，何必效齐竽。绝俗人争羡，论心世所无。问天长太息，怀刺半模糊。岂望尘头拜，甘为辕下驹。侧身藏洞壑，随处即江湖。避世何妨懒，埋名莫厌迂。长镵攻草木，仄径免荒芜。落落乾坤内，柴桑一老夫。

济南圣庙雅乐新成，恭遇学宪宫定山夫子行释菜礼，因大合乐，喜赋四十韵②

圣代崇文日，名都议礼时。衣冠来六郡，典乐问诸司。帝简儒臣重，天教象纬垂。欧阳凭玉尺，沧海采金芝。释菜风初见，登歌节不衰。桑林留澹泊，嶰谷溯轩羲。仿佛聆韶濩，依稀配鼎寻。元音追太始，大雅尚如斯。海岱推文献，贲镛见古遗。伶伦周制作，绵蕞汉威仪。伫听三终奏，宁同五畤祠。云门真广乐，旌夏亦逶迤。剑佩承瑶爵，缥裳荐玉卮。雉翚双节拥，鹭羽五云移。静气澄除圮，流光映璧池。鸾笙叶抗坠，虎圉应埙篪。法曲通灵籁，明堂藉鼓吹。泗滨浮玉磬，天际落葳蕤。邈矣思尼阜，悠然念后夔。稷门皆博带，鲁壁响金丝。非复龟兹部，宁云赤雁词。总干堂下士，妙选沛中儿。八变风绵邈，三阶影陆离。云和归太乙，大吕泻淳熙。肄业邻矍圃，合容谱勺诗。瑞烟凝画杭，绛雪下罘罳。殿角飞文藻，芹香漾绿漪。宫悬何灿灿，珠贯亦累累。疏越闻三叹，钧天许共窥。圜桥无具垒，供帐有皋比。叶律三辰正，函钟万汇滋。升馨樊素币，帗舞卷龙旗。教胄应如昔，

① 底本无，据省图本补。

② 底本无，据省图本补。

鸣球俨在兹。铿锵存制氏，锦绣被文牺。观乐延陵在，歌风海国宜。希声群动寂，卒奏百夫驰。饮福传凫鹥，归神唱祝鼗。巢和停凤管，复队列鱼丽。吾道诚攸赖，斯文幸未漓。宸章翘首处，万世仰人师。时钦定御书“万世师表”四字，颁于学宫。

焦简庵淮垣阁新成，叠山浚池，一时告竣，赋此志盛[①]

戊辰

芳阁真幽胜，凭高迥绝伦。双峰呈远翠，曲槛俯前轩。亦是探奇地，宁云独乐园。画栏雕玉叶，闲砌长兰荪。滴沥冰泉响，巑岏虎豹蹲。灵檐凭杖履，叠嶂似儿孙。别院隐三径，群山归一门。星辰通帝座，石骨动云根。户外丹梯近，阶前红药翻。晓烟时叆叇，暗水自潺湲。嘉树环庭立，寒萝作带扪。兰亭拟王谢，蕙亩纫湘沅。禽向时来往，羊求有弟昆。回廊迟见日，阴洞细倾樽。七碗卢仝喜，三杯草圣存。江蓠歌楚调，珠履问平原。但有琴书乐，宁闻鸟雀喧。高桐清欲绝，丛桂一何繁。种竹青冥口，移花黄叶村。涔蹄成溟涬，拳石下昆仑。梧几晨光暝，萧斋露气昏。焚香尘不到，习静悄无言。自是幽人宅，无须老瓦盆。风来澄水色，雨过长苔痕。欲续闲居赋，真销羁旅魂。人疑向柳市，我亦梦桃源。杜老栖迟久，刘桢骨相屯。扶轮传大雅，良会到盘飧。徐稚无悬榻，陶潜欲返辕。层台宜醉月，五斗尚留髡。广厦客高卧，闲庭且负暄。淮南宾客在，聊复自言尊。

步石发原韵[②] 己巳。二首

潦倒经年别，愁心郁未纾。故人不可见，近日竟何如。萝薜难招隐，江湖笑卜居。渐于天路近，久与世情疏。草长从埋径，名高懒著书。编篱栽五柳，种蕙效三闾。有酒同孙楚，无心赋子虚。南窗存故我，北渚重愁予。老去文章□。歌残意气舒。朱门无问讯，白首弃长裾。寂寞空山里，石田带雨锄。

济南上卫方伯尔锡先生[③]

先生起家中秘，左迁州别驾，而特简东辖，真异数也。

---

① 底本无，据省图本补。

② 底本无，据省图本补。

③ 底本无，据省图本补。

盛世推周召，衮衣千古情。枫宸思侍从，牧伯简蓬瀛。莲烛回金马，彤墀拜玉羹。赐环方入觐，分陕已扬旌。行省紫薇署，元音白雪声。汉廷资计相，魏阙待钧衡。八代宗韩愈，三诗逊卫宏。龙门悬泰岱，虎观隔承明。绝学留汾水，遗文继洛城。泉刀虽管榷，缝掖喜将迎。绵蕞稷门士，褒义鲁国生。冠裳瞻北斗，同异辨西京。租税平犹缓，桑麻静不惊。三齐沾化雨，千里劝春耕。问字趋珠履，谈经谢玉笙。甘棠初展荫，桃李若为荣。猥以文章贱，独怜处士名。惊人非谢朓，健笔愧刘桢。感遇长贫贱，萧条畏远征。不堪三语掾，讵厌五侯鲭。谬得孙阳顾，难从历下鸣。穷途凋玉叶，病渴想金茎。太息大人赋，悲歌君子行。赐书瀹紫阁，知己感黄琼。华峤时驱马，明湖一濯缨。扶风多上客，知否念康成。

和韩致尧无题诗[1] 五排

不得三山信，愁飞十里尘。月明劳永夕，风露下萧晨。既怵枫江晚，旋惊榆火新。倏来何冉冉，归去唤真真。微怒终成笑，情深不厌颦。长衢期宝马，短草碾香轮。系足烦鸿雁，传书托素鳞。东风三月暮，南浦几回春。解佩谁临汉，回文莫寄秦。落花相与恨，流水怅迷津。暝雨连巫峡，名香负洛珍。龙琴依轸静，鲛泪湿绡匀。肠断吹箫侣，心悬翳凤人。城南有双玉，何日近东邻。

雕窗临皓月，玉户荡流尘。风叶疑残雨，霜钟夙戒晨。鸣机工织素，改序畏尝新。睡怯情逾倦，愁多梦不真。鸦黄宜点额，螺黛似常颦。碧海无灵药，青山有月轮。一千余道路，三十六文鳞。望断萧关戍，空怜汉苑春。锦衾遗上洛，瑶瑟本西秦。征雁来榆塞，牵牛隔汉津。怀中书欲灭，掌上舞谁珍。香艳歌初发，红潮泪未匀。掷钗占远道，听镜卜何人。万里阳台路，谁云宋玉邻。

常念送征马，看君陌上尘。人间思卫玠，天路忆刘晨。江海风波远，沧桑接待新。关山徒有恨，卜筮总难真。郑褒谁相妒，夷光不厌颦。猊炉增兽炭，冰簟怯炎轮。南浦惊飞燕，西洲怅锦鳞。鸦啼金屋曙，鹦语画楼春。艳舞声归楚，银筝调入秦。珠遗交甫渚，云隔武陵津。龙耳迷洲屿，牛心厌脍珍。七萌车未驾，十斛黛谁匀。玉轸琴中曲，金微梦里人。青梅绕床日，悔与汝相邻。[2]

瑶姬朝有梦，楚峡日为邻。扶荔宫中草，灵和殿里人。流苏香气散，璧带砑光匀。龙脔贻三岛，驼峰列八珍。前溪愁不渡，斜汉苦无津。宝玉传葱岭，明珠出大秦。蛾眉羞远黛，眠柳妒晴春。久绝金钱会，遥思尺素鳞。衔悲生石阙，忆旧转车轮。北里初停曲，东施漫效颦。阳云惊入望，暮雨定非真。拂袖鸾钗堕，

---

① “和韩致尧无题诗”，省图本作“无题诗和弘蘧太史所用韩致尧韵”。

② “相”，省图本作“为”；“邻”后，省图本有小字“李太白诗‘绕床弄青梅’”。

明灯玉佩新。鹊桥填露夕，龙脑热霜晨。一别三千里，青闺起黯尘。此篇原唱亦逆叠前韵。

飞絮[①] 十六韵

白下门何处，青溪路已非。梨花寒食后，衰柳素心违。谢苑因风起，隋堤带雨稀。夏霜侵径暖，晴雪入帘飞。花散来天女，鸿惊忆洛妃。葳蕤何荡漾，葭琯谢芳菲。每逐香车幰，时停织锦机。三眠闻玉笛，万里去金微。匝地随流水，漫天搅落晖。乍辞莺羽伴，行拂燕泥归。拂拂青团扇，盈盈碧石矶。有情窥几席，无力上征衣。欲破愁千结，空悲柳十围。轻云疑片片，香雾静霏霏。板渚何年恨，池塘入梦稀。晓风与残月，哀怨镇依依。

闻渔洋先生迎驾德水，蒙圣眷异数频颁，因赋纪事二十韵奉寄[②] 丁亥

圣主时巡日，元僚拜衮宸。遥从銮辂侧，凝望属车尘。七萃来瀛鄚，三驱下潞津。皇仁频肆赦，洪泽浩无垠。清问过溟渤，红云出紫宸。锦帆波滟滟，羽骑肃骁骁。剑履趋堤岸，萝衣伏组紃。崆峒探道妙，巢许岂沉沦。帝谓东山傅，中朝老大臣。几年辞魏阙，永日恋鲈莼。鱼水岩廊旧，沧洲著述新。人犹鸾阁侣，地近渭川滨。一德思舟楫，三山隐钓缗。恩膏颁御幄，异数逮臣邻。凤舸连千里，龙楼赐八珍。上尊浮玉酪，瑶爵饰珠玭。子弟邀零落，离宫荷大钧。天厨尝禁脔，鹤发被温纶。行在传恩眷，班联领鳌绅。赐环知不远，饱德已如醇。

题益都赠光禄大夫户部尚书孙太公及相国文定公两世崇祀录后[③]

海岳伟人出，猗兰奕叶长。肇基始光禄，名德起冠裳。文学传邹鲁，门闾兆览祥。岱阴钟素士，笼水毓鸿章。绝学宗濂洛，摛辞富马扬。呈材征杞梓，特达擅圭璋。士有不遇赋，蜚英安可常。文翁能化蜀，盛世重虞庠。庭有贤良对，声流类璧香。濮阳金驿响，潍水蓿盘芳。七叶金张启，三传燕许昌。先声蜚紫电，

---

① 底本无，据省图本补。

② 底本无，据省图本补。

③ 底本无，据省图本补。

家学振青箱。相国能绳武，乘云入庙廊。山公劳启事，裴楷尚为郎。宠锡应枢府，中权靖寇防。汉廷尊计相，平准领金章。望重三司使，遂登冢宰堂。青宫加太保，鹭叙冠旂常。晋位统均地，深心庙略长。升遐悲世祖，总己听平章。风度曲江似，匡时魏相良。擎天资八柱，惇典藉三苍。一德君臣契，新朝喜起彰。论恩登上宰，辅弼正当阳。密勿艰虞甚，勤瘁未可忘。思亲生白发，病苦怨青阳。北阙乞休沐，东山恣徜徉。三公仍具庆，莱服侍高堂。十载终荣养，一门多宠光。沚园乐山水，高卧枕沧浪。箧有赐书富，庭栖履道坊。考终膺五福，大葬善归藏。维帝时震悼，殊恩锡未央。九阍传异数，一鉴痛沦亡。谒者劝襄事，黄肠锡尚方。东园颁秘器，作冢拟龙骧。羽葆轻车赍，鱼轩绣被张。松原何灿灿，钜典亦煌煌。班剑方罗列，牛亭自炜煌。文贞铭鲁国，唐相宋璟文贞薨逝，诏命颜鲁公书其碑。赐谥下天阊。遗爱清淄地，讴吟碧海旁。人思祝畏垒，户欲奠维桑。追远思光禄，同沾璧水肪。群情方上吁，荐豆向宫墙。铏鼎同修洁，衣冠共济跄。怀贤仍念旧，春露与秋霜。一日暬宗祀，千年通德乡。棠荫南国树，泪堕岘山阳。俎豆庚桑楚，清评许子将。盐梅跻公鼎，廊庑奉烝尝。荔子登蕉叶，牲牷荐大房。立功兼立德，崇祀日琅琅。

七言排律

赠云间蒋大鸿四十韵 甲辰

清时词客蒋元卿，老去文章旧有名。风雅人宗留北海，明堂鼓吹本西京。蓬莱重睹金徽操，雷雨何来清角声。久向艺林闻正始，竟从邺下识刘桢。纵横已作大人赋，慷慨还为君子行。吊古有[①]年时饮恨，著书一壑足生平。林宗自是人伦鉴，许劭由来月旦评。海上一龙应作腹，天边八骏已先鸣。迩来更遂披裘志[②]，乱后惟余蹈海情。避世商山同角里，挂冠京洛羡逢萌。鲸涛溟海无传箭，龙战乾坤稍息兵。玉殿久虚燕许笔，金门不见岁星精。每因采蕨青山侧，尚忆悲歌朱雀桁。共说谢安推物望，如何庄助厌承明。青云事业谁相问，皂帽栖迟计已成。柱下久令瞻紫气，汉宫原不望金茎。狂吟岁暮思琼树，华发江天佩若英。玉麈捉时玄箸远，唾壶击处壮心惊。梦悬海岳求灵液，肠断潇湘采杜蘅。丹粒携来羡门子，红泉已就葛长庚。采芝青鸟霞光淡，炼药元关海气清。太室三花千树老，崆峒一剑片云轻。白鸦金虎开华钥，瑶水鸿天近赤城。偶向沧洲初问渡，

① “有”，省图本作“百”。

② “遂披裘志”，省图本作“逐披裘客”。

忽疑缑岭坐吹笙。三秋遥理桂兰楫，长日同寻鸥鹭盟。龙蜃浮空当渤澥，神鱼拨浪下蓬瀛。迢遥日观群峰碧，怅望方诸一水横。海峤楚云时隐现，岱宗秦树黯峥嵘。天鸡晓唱随鸾羽，旸谷晴曛曳凤旌。倾盖岂堪劳命驾，传觞犹喜快班荆。通家累世来湖海，小友忘年托弟兄。寒雨一樽浮竹叶，秋风千里荐莼羹。惊人固尔频搔首，调笑何妨每绝缨。念我登楼新作赋，愧君倒屣日将迎。调丝自制神弦曲，拥鼻皆为洛下生。燕市和歌寻屠狗，旗亭画壁佐鸣筝。黄垆痛饮风流在，白马雄谈意气并。客子高吟三妇艳，主人自愧五侯鲭。六朝江左乌衣巷，千古云间陆士衡[1]。闻道秋深游帝里，渔阳渺渺复长征。

① “衡”，省图本作“龙”。

昆仑山房诗集卷五

五言绝句

平陵东

走马平陵东，两马直万钱。不如买黄犊，归耕西山田。①

咏蝶

有花始有蝶，花间蝶争聚。不知花落时，蝶归向何处。

清明偶书三绝

桃李溪边路，五言也自红。莫惊花信早，二十四番风。
不雨三春过，东风取次生。花朝才七日，人说已清明。
愁绝芳林鸟，啼残向落红。人归寒食后，日日怨东风。

题王岐远晚香卷

卉之有菊，犹木之有筠也。顾竹发荣于兰亭，为王氏世玩，故子猷号曰“此君”，始受封矣。而文湖州以墨像君之形，抚作“墨君堂”以居之，盖又受采焉。而菊则以彭泽得名，有隐逸高致。今岐远赏其晚香，偶貌以墨，萧疏淡远，有篱下风味，故竹曰“墨君”，菊亦可曰“墨隐”。则龙宾写照不异《九章》，得勿攘柴桑尘外交乎。彼袜材之美，或亦分惠于彭城；而鹅溪之长，更欲乞灵于管氏。以为晚香别馆可乎？诗以讽之。

不分丹青笔，边鸾□□昌。何如柳谷子，淡淡写浔阳。
此处有真逸，为近五株柳。何缘浅淡妆，满城风雨后。
画中有逸品，偏称在陶家。翻笑徐崇雅，甘为没骨华。
东篱知不远，只此为传神。隐逸诚佳士，如何不写真。
一枝传九锡，秋香入三昧。怪得清人心，悠然南山外。

① “耕”后，省图本有“蒋大鸿曰：笔力声调，绝似嘉州”。

逸韵超神州，清冷晚香国。方悟征君诗，秋菊有佳色。

偶雨

麦秋成溽暑，怀抱几时开。一雨失长夏，萧然爽气来。

祁水署斋偶题

白岳连诸邑，烟螺袅翠鬟。桓台无旧址，何处望西山。
湖泊年来涸，渔罾少快游。锦秋衣带水，何日泛轻舟。
鲁陂旧泽国，水长岸头痕。昨日黄梅雨，鱼虾入市门。

七夕

天上双星夜，人间七夕秋。无将两行泪，并入绛河流。
此夕长生殿，凭栏结暗愁。千秋遗恨在，何必笑牵牛。
西母瑶池会，群仙尽画衣。如何天帝子，犹自织璇机。
河汉东南指，招摇西北横。支机宁有石，何事问君平。
一炁神女在，千秋璿室中。河边石鲸在，鳞甲又西风。

和王玉斧石桥村墅

郑潢沟

北阳鱼龙湾，锦湖三十里。百川灌河时，盈盈下秋水。

石桥

跨海飞鞭石，晴虹映夕阳。天台仙路在，疑是赤城梁。

文杏园

密叶屯闲院，朱华照翠茵。辋川文杏馆，知有卧云人。

莲溪

不折菡萏花，蒙蒙水云冷。鱼戏莲叶南，风荡兰舟影。

桃花岸

石壁青茫茫，微径断溪口。不是桃源人，迷津一回首。

聚山楼

华阳三层楼，少文众山响。由来丘壑人，日作岩栖想。

采山草堂

芝术烂云霞，薇蕨供朝夕。不见采真人，微闻采真迹。

一亩石

山雨欲来时，苍苍溪云碧。溪云何处生，冥蒙涧中石。

研池

一滴大海水，润此下岩质。谁为赋大言，龙宾掞天笔。

铁山 一名鹊山，昔王从斯先生有《鹊岩诗集》

昔日鹊岩叟，长吟于此山。逸客登临处，天风鸣珮环。

马跑泉

济水群流胜，无非大小清。何须侈灵应，幽绝听泉声。

问水亭 君家考功先生已有“问山亭”

近山足岩岫，近水足云沙。问山兼问水，清绝是君家。

学稼轩

向平欲寻山，固必待婚嫁。何如庞德公，鹿门事耕稼。

晓月山房

田功霜落时，将晓百虫发。早起课秋耕，沉沉望残月。

梅花书屋

闲庭皆种梅，几树环古屋。寒蕊散天香，花前展书读。

奉和渔洋先生山居

玉版书屋

来参玉版师，静得禅悦味。竹香沁人心，闲馆流云气。

长廊

曲榭回廊外，清风抱翠澜。时侵竹里馆，知是小琅玕。

清净退

莲花不染心，翰墨成元对。涤去千斛愁，坐得大无碍。

沤舫

天地亦浮泡，一芥持作舫。何如海凫毛，摇漾洧槃上。

悬居

仙人好楼居，驾海自来往。临水一由旬，亦是五湖长。

望舒台

石台接曲溪，遥隔梧桐井。鹤归落日昏，月出天风冷。

小罨画溪

幽溪漉漉流，沙石自回薄。尺幅苕霅间，居然濠上乐。

松风岩

怪石郁岩峣，中有华阳洞。何必三层楼，微飙唤尘梦。

南溪杂咏

九曲溪

山溪不厌曲，曲曲清流远。寻源不知劳，穷幽未能返。

黑鄱湾

柳州奇山水，与此两幽绝。碧水淡沉沉，秋风澄漻泬。

白石滩

辋水白石滩，此地亦复尔。临流意逌然，潭影露清泚。

黄菊崖

不是陶家篱，如是锦成片。秋色满岩中，香风回断岸。

石瓮潭

吾闻钴鉧潭，百粤称异境。此间小石城，一泓照清影。

云头石

秋风日暮来，烟水了无迹。仙人已蝉蜕，此是乘云迹。

龙门峡

石濑何潺湲，縠纹映深碧。天然小龙门，峡束积涛白。

闻琴峡

秋潦既已澄，寒流白云里。泉声响空山，琮琤洗吾耳。

白水池

幽人往来处，鸟道度清渠。溪水涓涓静，萧然二寸鱼。

搏貍石

钜石蹲奇形，森然罗虎豹。空岩寂无人，万木号众窍。

飞云洞

肤寸飞云洞，为霖遍烟海。不堪持赠人，吾将问真宰。

白龙潭

碧薜周四围，文石何齿齿。不见白龙孙，惟见寒潭水。

过故居

故里荒凉甚，今来复此时。秋风秋雨里，烟草正离离。
昔日鸣珂路，无人鸟自飞。当时王谢巷，非复旧乌衣。

巴陵曲

送别江头水，湘潭共采菱。采菱人去后，何日下巴陵。
吴榜一千里，人行十二秋。作书问游子，何日唤归舟。
堤边送别处，载酒木兰艭。烟浪三千里，人今去楚江。

秋闺怨

去逐杨花落，来从病叶飞。妾心与秋色，憔悴想同归。

访隐不遇

遥访山中隐，迷却山中路。借问山中人，尚隔山中树。

送人之豫章

庐岳半江寒，霜枫雨后丹。滕王高阁上，犹得卷帘看。

萝筳斋夏夜闻雨

种竹未成丛，三径自闲旷。潇潇夜雨声，多在葡萄上。

昆仑山房诗集卷六

七言古体

甘泉谷大石歌赠月麓[①]

甘泉怪石眠云房，依稀天地同青苍。古来神物有时见，陵谷迁变如沧桑。灵鹫之峰留不住，飞来淄水西南疆。峭削芙蓉滋雨露，巑岏玉笋生藓裳。大者千寻皆偃卧，若为屹立形昂藏。锋锷嵌空势飞动，铜仙辞汉来云冈。夭矫真看万灵伏，犹如大海群龙翔。霞烝万丈足孤秀，嶙峋四面多剑铓。其余乱石俱奇绝，仙人杖底留群羊。斧凿离奇遥峙列，烟云烂烂五文章。吁嗟此石世所重，胡为乃在山之阳。登嵩丘兮临太行，选石未有如兹乡。长揖问石石无语，坐卧劳我留彷徨。月麓主人甘泉客，岩栖野墅时相望。我来摩挲三叹息，俯仰空山秋兴长。由来才大难为用，年年埋没狐鼠场。呜呼此石无人识，绝涧深藏太古色。太古色，委荆棘。三台西，甘泉侧。长歌一曲对此石，秋山日落青天黑。

滴水泉歌

县西二十八里，一名晴雨泉，为邑中胜地。

碧山背拂青天高，龙腾虎卧何苕荛。气势雄敞如云巢，守以龙伯负以鳌。日南使者诛求饶。鲛人涕泗衣冰绡，海若默默愁无聊。元夷苍水不可招，千寻石罅苔藓交。噌吰镗鞳如怒哮。又如银汉泻洪涛。玉女盆翻声漻漻。上有木客名山魈，飞奔绝壁欺猿猱。下有澄潭清不淆，湛湛明鉴窥眉豪。秋风九月狐兔骄，草衰木落山萧条。呜呼！自古胜地多寂寥，何人杖履来迢遥。安得幽兴如我曹，坐令此地属渔樵。

笼水斋中作

昆仑客子离云岑，箕踞拥鼻多苦吟。愁听荆山独鹤唳，忽忆般水孤烟深。长歌短歌意未已，欲睡不睡弹鸣琴。满庭积雪人迹绝，清漏丁丁寒夜心。

---

① “麓”后，省图本有“隐君”及小字“以下壬寅”。

尘中何处觅元[①]洲，侧身东望良悠悠。前年上书不得意，此日抱病犹含愁。即看雨雪已岁暮，不复诗酒当高秋。观山临水空长叹，独上陈登百尺楼。

狂歌赠阳丘柴彤山[②]

长白春风下黉麓，杜鹃夜夜山中哭。有客翛然入我门，昆仑山人展书读。绣江落日念携手，蹉跎湖海犹初服。掀髯一笑碧天高，陶家浊酒聊共漉。青眼高歌斗室间，太息时危辄赋鹏。十年飘荡困风尘，致身终拟登天禄。孙阳应不顾驽骀，灵均岂可争鸡鹜。登日观兮拂秦松，采瑶华兮掇若木。念尔昂藏江海人，清贫不屑膏粱福。丈夫岂惧无儋石，驱驴归去子真谷。

短歌赠赵元子

拂云堂中拂素纸，霜天冽冽金风起。山鬼要窅正窥人，蒯缑一淬龙文紫。豪雄意气不可当，衔杯欲汲沧溟水。英风奕奕凌蓬瀛，海天万里波涛驶。莫须悲悼击琅玕，会向昆丘驰騄駬。丈夫富贵自有时，薾然跼促胡为尔。拔剑瞪目时一看，吁嗟赵子天下士。

淮阳一老行

淮阳一老声呜咽，泣向江边泪成血。乱离南北走天涯，骨肉飘零心断绝。当时苦为饥寒驱，伶仃幼女无家[③]别。老妻野哭摧肺肝，心伤不敢从人说。寸肠欲断楚猿哀，携家辛苦来古薛。遥辞故里向他乡，身上鹑衣怜百结。艰难万里尚飘泊，痴儿何计相提挈。长男餬口走四方，霜天赤脚行冰雪。羁旅何时逢故人，囊中羞涩贫计拙。世乱何敢言文儒，一家父子同摧折。何意王君湖海人，见之激发增凄切。倾囊不惜持赠君，凌云义气肝肠热。古道犹存衰俗间，千金一诺真豪杰。竟尔珠从合浦还，自兹不复离金玦。为谢悠悠世上儿，朱家千载良不灭。

① “觅元”，中科院本作“寻沃”。

② “山”，省图本、中科院本作“仙”，又后有小字“以下癸卯”。

③ “家”，本作“年”，据省图本、中科院本改。

阅树柏南游诗有赠

我生局促犹有守，五湖浪迹尔何有。孙子由来江海人，入洛浮湘应不负。生平不作近世诗，黄钟争肯同瓦缶。迩来欲貌李崆峒，远者惟追杜陵叟。泰岱秦碑万古青，俯视群山皆附娄。南渡黄河击桂桨，一棹夷犹入京口。海门天风两腋翻，雷塘欲哭隋堤柳。狂歌长啸向东南，无辞十石秦淮酒。武林梅花犹在眼，西湖黛色重回首。江南作者皆惆怅，共捧琅玕推大手。春潮高挂片帆归，诗卷携来倾二酉。高吟逸唱感鬼神，江灵脉脉君知否。吁嗟此道竟寥寥，大雅遗音留吾友。栗里王子号能诗，博奥未出雪崖右。历下曾闻白雪楼，千秋吾党良不休①。

初春笼水道中访赵斋如夜饮醉歌②

人日已过春光迫，薄寒春雪千山积。远树浮烟晓日明，初试登山康乐屐。一溪般水宕微波，柳枝欲拂春雪白。深山雪满狐兔饥，猎骑千群回大泽。我来远眺披晴霞，振衣独上昆仑石。徘徊欲棹剡溪舟，忽忆故人青社驿。盟心当日能几人，平原公子豪侠客。新诗不学拥鼻吟，玉壶春酒凝琥珀。酣歌莫须千金裘，华屋掩映珊瑚赤。春花满目君不醉，年华自古达人惜。老死一丘谁见知，百年岁月真萧索。龙剑终随雷雨飞，长啸海天奋六翮。混沌已死泰岱高，日月轮环扶桑坼。大笑归来无不可，倾尊且复歌今夕。

天台山歌寄台州朱元翀

我闻天台四万八千丈，崒嵂可以当昆仑。赤城之霞何烂缦，日夜照耀金庭门。金庭仙客巾赤巾，乘飙天外从东宾。八景灵舆飞锦轮，南岳不数魏夫人。中有华盖兼青裙，骑鹤太清蹋紫氛。虎为旗兮幡为云，登高丘而望远海，下见旸谷归晴曛。彼何人哉刘与阮，采药行行不复返。待我胡麻三百秋，洞天寂寂春欲晚。我将拟向紫霄城，云軿倏忽翔风轻。元井夜夜灵萧鸣，红兰翠林邻玉京。亦有仙人过桐柏，迢迢万仞峰峦碧。天鸡远唱不闻其声，但见茫茫海月千里白。仰面不能望天姥，世人遇此惊心魄。龙之游兮飞兰沙，中有泛泛石蓝花。朱君结庐在何处，海门波浪茫无涯。蝮蛇当道、乳彪磨牙，我欲从子水云外，安能驾

---

① “休”，省图本、中科院本作“朽”。

② “歌”后，省图本、中科院本后有小字“以下甲辰”。

雾乘龙车。所思不可见，令我徒长嗟。咨嗟复呜咽，大江不可越。年年浙水东南流，梦魂飞傍天台月。

忆石发

去年历下同西辕，别来偃蹇空销魂。念子飘零在岐路，潦倒湖上哀王孙。我生与子忘年友，依依湖海如弟昆。褐衣箬笠隐穷谷，相望百里风尘昏。般水潺潺留别恨，绣江日暮飞云奔。侧闻吾子日抱病，憔悴为尔思文园。何时把酒对秋月，共醉吾家竹石轩。

拙道人凿石洞歌①

拙道人不知何许人，爱三台中峰之秀削，于山腰凿一石洞，垂三十年乃成。幽邃窅冥，出入云壑。其为此也，风雨弗辍，皆一身荷锸斧凿，力亦良苦矣。道人不事焚诵，不饰衣履，不与人作香火缘，诚拙矣哉。余时来游三台，歌以记之。

三台遥望修连娟，中有道人袒双肩。卧云餐霞三十年，爱此峭壁苍崖悬。凿石为洞当山前，仰面似破青冥天。藤萝绿岫生秋烟，道人对月石底眠。晓来自耕山下田，洞中云气相回旋。我观道人自匪拙，埋形未②必非神仙。问之不笑亦不语，舌上未肯生青莲。掉臂不修羽人服，抱瓮常汲南涧泉。衣为薜荔脚无履，静中似欲忘真诠。谷城谁复见黄石，餐松或可追偓佺。念尔苦行有奇迹，山中未赋归来篇。

姑苏台歌赠吴门王既远

君不见姑苏之山姑苏台，长江万派相潆洄。登台下瞰几千里，但见震泽巨浪排天开。林屋仙人不可见，生公说法安在哉。古来遗迹尽芜没，梅里鹤市皆蒿莱。白虎雄蹲阖闾墓，三千玉凫纷崩摧。慷慨吊古者谁子，姑苏王子真奇才。拔剑悲歌人所羡，乘兴遥来东海畔。酒酣直欲拂秦松，泰岱峰头望吴观。文章往往薄古人，意气由来羞绛灌。子野闻歌莫浪悲，玉笛梅花自凌乱。既远擅桓伊之长。竹林或与阿戎游，柳下每从嵇生锻，既远好丹术。长啸怀人天地间，

① “拙道人凿石洞歌”，省图本、中科院本作“三台山拙道人凿石洞歌”。

② “未”，省图本作“岂”。

临风赠我青玉案。窃愧张衡咏四愁，何用遗君锦绣段。携手沧溟听海潮，长天秋夜闻鹤鹳。念子久别吴枫霜[1]，落日江云一时散。酌君酒，为君歌，鸲鹆之舞何婆娑，思故乡兮莫蹉跎。阊门花老吴姬泣，红颜的的娇越罗，齐讴琐琐不入耳。君不归兮寻苎萝，琴台遥接锦帆湿。何人鼓兰棹于中流，采芳洲之芰荷。君吟白雪，我唱阳阿。依依兄弟，乐且云多。太湖橘柚今已晚，客子不归将奈何。呜呼！姑苏台下生寒波。

答晋陵顾当如长歌

我闻大江之南，龙涛骉屃日夜冲激夫椒山。晋陵渺然一抔土，乃在具区长波间。顾子狂歌向何处，避仇十载来江关。痛哭西风天地老，金台已坼朽騕褭。欲寻燕市和歌人，碣石华阳半秋草。东秦十二拥山河，惆怅桓伊唤奈何。齐门狂夫不自工鼓瑟，请君为我楚舞行复歌。年来健儿出幽朔，回看钟阜城宛洛。平津故里日萧条，海潮日撼蓬莱阁。谁怜仲蔚卧蓬蒿，延平龙剑空萧骚。我曹自是忧时客，太息摩挲五尺刀。

长歌赠云间蒋左箴

时左箴从其大人自丹阳来吾淄，且将赴都。

江风吹三山，海门暮潮落。有客来南徐，凌风驾黄鹤。自是机云入洛滨，十年寥落向风尘。三泖烟波留不住，一棹来往云阳津。迩来青齐探溟渤，放眼沧浪忽迢越。挥手便欲招青童，苍苍万里对海月。念我岱麓之山樵，阊门白马空[2]迢遥。湖海知交常落落，爱尔远下吴江潮。君家父子俱作者，艺林数公称大雅。六月题诗古薛城，一曲阳春和应寡。云间词客陈大樽，登坛昔日拟龙门。吾子矫矫能继迹，长剑倚天赋大言。我将同子登日观，海波千里何漫漶。扶桑若木时一攀，见此茫茫起长叹。拔剑为子刈萧兰，东寻巢父把钓竿。闻君欲向长安道，莫漫悲歌易水寒。

---

① “霜”，省图本、中科院本作“桥”。

② “空”，省图本、中科院本作“望”。

登般阳城放歌，同华亭蒋左箴、梁溪顾当如、同邑王粟里

海国烟波何浩浩，高城下见千里道。此日登临江海人，怅望群山尽衰草。衰草寒烟淡夕阳，万家秋树空苍苍。惨淡飞云下平野，哑哑饥鸟啼女墙。当时甲第连云起，飞楼绮观临般水。乱后兵戈二十年，荒凉谁问平津里。城中日夕罢歌钟，雕窗不见金盘龙。冷落惟余梓橦岫，一峰削出青芙蓉。忆昔繁华雄海岱，南陌香车竟何在。金钿宝马散如烟，侠客悲歌日慷慨。可怜北阁风萧萧，白杨万树鸣寒条。谁家蘘里金蚕出，红尘不见迎仙桥。北郭外，桥名“迎仙”。城头古殿秋阴碧，萧瑟长松几千尺。城上有北桥庙。笼水汤汤入海流，举足欲蹋鼋鼍宅。吾曹狂客何其多，干将一击同高歌。乾坤万里正愁绝，回首风尘可奈何。

忆远曲戏赠顾当如

晓露幽兰湿，褰帘愁伫立。木叶下梧桐，栖鸟翻飞急。夜来魂梦到江干，晓起山城海气寒。临风应念闺中秀[①]，憔悴西风倚画栏。

读丁四生诗有感奉寄

我闻东海词人丁紫阳，弃官长啸东海旁。作诗海内流传久，三都赋就闻洛阳。我从邮筒佩明德，读君诗兮未相识。悠悠东望超然台，恨我翻飞无羽翼。尚忆十年前，闻君曾来淄水边。我时尚童稚，未能交结当时贤。私心日念丁野鹤，因兹翰墨时间作。思君不见望海云，海云飞去何寂寞。广文先生昔冷官，萧萧短鬓秋霜寒。今君已老幸未死，安得握手倾肺肝。吁嗟乎！东武城边几千里，琅琊渺渺临海水。华表千年自一归，他日蓬山见吾子。

奉怀宁波沈次如夫子

三年不见沈夫子，搔首南天心恻恻。濂洛文章异昔时，令我悠然感胸臆。忆昔北来古薛城，春风雪夜怀明德。一从归帆去甬东，鄞江万里风涛隔。高卧扁舟入会稽，七十二溪秋一色。江楼应念旧从游，侧身遥望湖天黑。金峨赤堇远苍茫，越树吴山杳何极。

① “秀”，省图本、中科院本作“妇”。

放歌寄怀顾当如

樊香道人客齐鲁，生平著书良亦苦。飘零异地自年年，薄游江海谁为主。久怀入洛陆平原，谁见清谈乐彦辅。迩来踪迹不相知，仿佛伊人在江浦。长烟万里望不尽，似见晴云绕兰杜。碧落渺渺五湖阔，安得从君捉瑶麈。我上昆丘拾紫芝，长啸云边倚天柱。金庭花老玉含烟，星宿源枯吊神禹。便欲褰裳瀛海流，员峤茫茫隔尘土。八骏乘风化作龙，騕褭得势勍如虎。念别何由一见君，愿得天风驾鹤羽。鹤羽翛翛沧海滨，思君不见浩无垠。蛟龙赑屃竞出没，猿猱猰㺄非我邻。片帆期尔下岱麓，相将一叙平生亲。前年见子般阳道，山楼春晓梅花新。千秋绝业心相许，赖子肆力为一振。曹刘颜谢不复遇，宁使雅道终湮沦。我行四海觅知己，吾子才调真绝伦。挟书帝里醉燕市，和歌久已狎酒人。鸡鸣峰下几时到，每思放失多旧闻。驱车渺渺长太息，关山游子良苦辛。丈夫华发不得意，狂歌浩气空嶙峋。青萍三尺袖中泣，康庄九折同邅迍。黄河汤汤谁问津，斜阳驿路冲风尘。湘江之兰远莫纫，鸲鹆之歌不可陈。但当左手持蟹螯，右手倾金尊。有时高吟大泽畔，作赋或可招灵均。不然即披①羊裘持钓纶，桐江烟水连富春。作歌寄尔望南雁，知君何日来东秦。

峄阳孤桐歌②

张伟绪策者，淄川学博茂实先生子也。先生没于淄，伟绪自峄来迎其丧，余因得交焉。今归邹六年矣。今昔别离之感，情见乎辞，因歌以寄之。

我所思兮乃在凫山之侧，峄山之阳。孤桐直上三千丈，老柯拂云何苍苍。龙门之干远莫致，前有鸑鷟后凤凰。托根丹崖几千载，匠石过此空彷徨。清阴浓翳三百里，秦碑螭篆当其旁。忆昔秦皇有遗迹，此桐亭亭长百尺。何为不及五大夫，玉简金泥铭片石。一朝见伐斤斧余，爨下焦尾无人惜③。我愿得此桐，凿为绿绮形。螺徽瑶柱未终曲，朱弦历历皆分明。何人持此献天庙，令我绝缨忽大笑。齐王好竽不好瑟，豺狼近日多当道。携之归去南山阴，寂寂成连海上心。抱琴抑郁不得志，穷途岁暮无知音。吾师吾师似钟子，自识高山与流水。题诗吾家竹石轩，鹅湖弟子称知己。岂意人占处士星，少微夜堕般阳涘。玉轸从兹不复弹，子敬人琴俱已矣。屈平流恨入湘沅，宋玉招魂归故里。为询张伟

---

① “披”，本作“持”，据省图本、中科院本改。

② “歌”后，省图本、中科院本有小字“寄峄山张策”。

③ “惜”，中科院本作“识”。

绪，近日平安不。吾师之后赖有汝，期汝慎勿忘前修。君家父子诗，犹存在笥簏。死者不见生别离，不忍开箧还一读。为君歌孤桐，孤桐哀怨多离声。题诗寄汝正长夏，门外桐花伤我情。

寄阳信张吉人

张匡渤海名家子，锦裘如云跋珠履。玉树皎皎真绝尘，况复临风照秋水。击剑射猎广武城，前有绝影后騄駬。锦带翩翩公子乐，有酒即携东山妓。不惜结客倾黄金，玉碗银屏传堕珥。每怜美女哭兵家，宋玉墙东时徙倚。俊才凌轹向千秋，天马腾骧疾于驶。金鞍玉勒五尺刀，摩挲思逐风云起。慷慨不见平原君，世上谁复称知己。卖浆屠狗皆吾曹，宁辞取醉新丰里。涓人不解求马骨，黄金台毁骅骝死。邯郸姜女颜如花，十五当垆在燕市。含情解赠玉步摇，回身一窥金凤嘴。如此豪游二十年，老去垂头栖故里。螭鼎名香慰寂寥，绳床棐几从兹始。前年遇子来柏陵，握手红亭绣江涘。昨从历下再逢君，匆匆岐路情何似。大明湖上酒如渑，未得徽歌浮绿蚁。千乘古垒何迢遥，尺书不见胡为尔。北海茫茫春浪高，风波千里惊宛委。期君同上秦皇台，钓鳌一学任公子。

韩长公舅氏画竹歌

舅氏善墨竹，冠绝一时。及司李云间殁于姑苏之虎丘十年余矣，墨迹寥寥，只存片幅，对之不胜渭阳之感。

韩侯韩侯余舅氏，一时写竹真无比。水云翛翛若有神，烟光飞向丹青里。潇湘万竿虚映空。渭川千亩生胸中，江灵不语绿云泣。苍梧或与精神通，应是虚心多傲骨。酒酣淋漓洒石发，仿佛坐我兰亭间。绿玉满眼凉飔发，筼筜偃竹世不传。文同已死今杳然。彭城一派亦何在，蜩腹蛇蚹空千年。韩侯写此有奇迹，挂我高堂在东壁。半幅吴绫势未完，气色凌临几千尺。肃肃修篁翠不流，洞庭深碧如清秋。风枝雨叶何萧瑟，经营惨淡神气幽。虎头见此应阻丧，墨所未到亭亭上。摩霄干下两龙孙，依稀晴空自摇漾。嗟乎哉，生公石畔玉山摧，物在人亡生我哀。客死天涯安可问，感此怀抱郁难开。至今遗恨留江浦，阖闾墓上腾金虎。玉匣深藏万竹图，白日冥冥起风雨。

读赵韫退大参《清止阁诗》有赠

宋元以来沦大雅，寥寥不复闻正声。大复崆峒同建帜，一时制作千人惊。黄河中流见砥柱，二子力复追咸京。龙门禹迹高万仞，风雅之任何多争。齐梁蝉噪亦何有，词气落笔纷纵横。尔时历下边廷实，吾东作者称先鸣。典丽未在开元下，气色直可开沧溟。白雪楼高照泰岱，横吞海色鞭长鲸。弇州司寇并驱者，当时燕许何峥嵘。济南余响久寂寞，感此踯躅千古情。清止主人登坛客，年少通籍归承明。迩来十载入湖海，浮湘太史心迹同。我读万帙清止诗，神移气夺天晶晶。三百以还十九首，杜陵或可与之并。胸中元化故如此，笔下应有蛟龙精。悲歌燕赵亦慷慨，呼将越女鸣秦筝。江潭水深波浪阔，美人渺渺采香蘅。诗人那得即仙骨，应知此是天地英。中郎亦念登楼客，倒屣烦吾一送迎。

栗里王子古篆歌

王子奇才天下无，墨池笔冢美且都。偶作篆书书亦香，尔何神解吾何愚。镌石皆为人爱惜，宛如禹穴来金册。玉花缭绕划错刀，真疑苍颉留遗迹。嵩丘隐隐开文芒，元针之角生辉光。谁寻三花入洞室，悠悠千载称中郎。君从何处得石鼓，力追六书心独苦。君家右军无乃疏，娜嬛奇字文章府。吁嗟乎，岣嵝碑，玉牒辞，此事终古令人思。思之不见中心悲，乃知王子真好奇。我携白璧不盈尺，何人视此为燕石。王子赠我籀史章，绿字晶莹映秋碧。神物由来不妄传，顿觉几案生云烟。古气直与元气会，笔势石骨何仙仙。怜余对此不能读，宝贮箧笥媚幽[1]独。蛟龙盘拏芝检中，天阴往往闻鬼哭。之罘徒悬片石青，琅琊碣石同冥冥。翠华东巡不复返，斯也颂德当云亭。至今顽石泰岱侧，苔藓空留太古色。王子何人乃能此，赤文炳炳无人识。世上如君良亦稀，握毫不动观天机。张旭草书含剑气，郇公五雷风雨飞。念君绝技生感慨，虎观石渠应际会。请君闭户书六经，我欲镌之国门外。

阮亭先生自广陵以《渔洋山人集》见惠，赋此寄酬

我读渔洋山人万卷之缥缃，浩气奕奕神飞扬。峻骨矻立崧岳峙，天孙机上云锦张。元声千载今复见，黄门鼓吹登明堂。雅歌可以被琴瑟，吴声西曲流清商。壮如椢鼓鸷鸟击，灵夔一吼天风长。丽如月窟桂华落，天女妙舞披霓裳。骏马

① “幽”，本作“由”，据省图本、中科院本改。

常嘶万里道，快鹘健翮腾大荒。吟朱干兮歌皙阳，流风激楚音锵锵。不须唱皇夸，请为罢折杨。扬州法曹似何逊，观海东阁兴未央。红桥新词满江表，从事日醉平山堂。迷楼秋声下隋苑，慷慨吊古应彷徨。广陵八月涛声发，闻君一棹游朱方。三山蹑屐上绝隥，海门长啸怀感伤。手招刘寄奴，散发披裲裆。六朝烟雨里，江水何茫茫。兰陵美酒饮千石，得句往往投郑庄。月照携杖戴公宅，楚天漠漠高云凉。南下姑苏探邓尉，玄墓历历梅花香。渔洋栖隐有奇迹，卜居将勿择兹乡。又闻峭帆建业水，豪游日日清溪旁。秦淮明月照颜色，题诗应遍朱雀桁。南天道路何渺渺，怜余千里遥相望。楚云翘首思何极，一为因风寄蜀冈。

雪崖子画《山水图》歌

千年以来写山水，纷纷丹青何可量。启南征仲不可得，蓝瑛妙手时飞扬。近者孟津王宗伯，落纸天地生晶光。弟子独传雪崖子，亦能下笔图沧浪。噫嘻雪崖自奇士，作诗老健气莫当。虎头前身将无似，郑虔三绝应颉颃。酒阑耳热纵横甚，吴绫半幅当胡床。不知云岩在胸臆，兴酣挥手如飞翔。北堂顷刻多变态，翠微倒映青山长。千寻峭壁生腕下，鹫峰飞来当我旁。山之阴兮置林麓，参天万木披风霜。茅屋掩映出广陌，若有人兮栖云房。深谷暗不见日月，芙蓉屹立天中央。其下平临大河水，长波淼淼如江乡。何人江边构水阁，心知此是术生狂。侧为小溪细流绝，水面隐隐开石梁。雪崖无乃多远思，卧游令我当潇湘。野夫闭门少尘事，岚光水气生微凉。恨不买山图画里，冥冥烟雨留孤航。

揖云堂石发画《大石》歌①

石发东来甘泉谷，是日长风吹茅屋。飞沙仰面天为昏，一蹇山中寻月麓。入门寂历不逢人，解衣聊复避风尘。竹林不见阮老子，仲容对客何嶙峋。须臾狂飙满檐栋，万树怒号松雨冻。猛虎昨日南山来，风撼茅堂堂欲动。潜蛟无声溪不流，哀壑拔木何飕飗。雨师风伯不相借，一时顿觉天为秋。此夕狂夫雪崖子，手挹霜毫拂霜纸。揖云堂中图巨石，嵚岑已如五岳峙。海风吹来瀛海间，屹立堂上疑蓬山。术君写此岂无意，使我见此开心颜。我将拟住昆仑侧，烦君为写青山色。金芝瑶草亦须多，莫使鹤鸾归不得。反复看君大石图，思君不见空踟蹰。何时掉臂买山去，与尔长歌下五湖。

① 底本无，据省图本、中科院本补。

游三台山赠同游孙䌹溪[①]

孙子跅跎谈天客，抱云高卧三台石。狂奴故态聊复尔，大言自是奇人迹。滑稽不数淳于髡，优孟谈笑何翩翻。三山之巅留不住，乘兴欲逐飞云奔。挥手云边招黄鹤，灵风习习吹碧落。我来共坐石林前，指点云山动寥廓。尔何人斯阮步兵，穷途洒涕悲中情。当筵雄辩有如此，兴酣长啸吹玉笙。我行为子长太息，须臾落照千山黑。锥出囊中应有时，捉刀自是英雄色。

三台山冯叟行[②]

白头冯叟三台隐，七十穷老无儿孙。逢人但道前朝事，涕泗发声行复吞。自言畴昔少年日，黄金结客无一言。三十曾为府小吏，六博场中难具论。老去遂同邓伯道，日夜哀怨伤精魂。放饮蒲樗谁复见，布袍归卧南山村。壮心成灰亦慷慨，论交空复思平原。年来躬耕住云壑，驱牛日暮还蓬门。我来登临陟绝磴，乘兴落笔三山根。此老生平好奇者，闻风欲识张昆仑。闲随夜客策藜杖，一见为我罗盘飧。尔曹自是烟霞侣，桑麻鸡犬真桃源。长吟赠尔一为别，青山十里云气昏。

山公舅氏宅观月麓画《云山烟江图》[③]

甲辰之夏六月中，乘兴再过山公宅。是时亢旱久不雨，万里无云午日赤。苦暑何处避炎蒸，大叫发狂空岸帻。披襟长松方未已，桐阴恨不广千尺。昨朝来自三台山，云气隐隐留两腋。未能结屋山之巅，却使村翁嘲热客。座中褦襶更何人，虬髯淮海张君锡。我持秃笔方苦吟，火云烈烈檐前入。月麓为画云山图，便觉空堂顿萧瑟。笔势真居元化先，潇洒自识丹青力。须臾几案翠岚出，叠叠云峦漾秋碧。深处疑有飞龙蟠，山光黯淡不可测。一峰忽起欲接天，众岭参差望何极。茅屋遥在长林外，万木阴阴片霞隔。何不画我置此间，拄杖悠然蹑双屐。山回谷转出长江，若为江水怒相激。寒涛澎湃片纸中，空庭不辨海天色。倏忽已在五湖旁，耳畔似是闻潮汐。咫尺未谙千里远，但见沧茫落潮白。手腕零乱如有神，风雨争飞苦雾集。石齿涴涴阴崖寒，百道飞泉一时泻。野人从未识此画，

---

① 底本无，据省图本、中科院本补。

② 底本无，据省图本、中科院本补。

③ 底本无，据省图本、中科院本补。

见此为之久伫立。便欲振步林麓际，或向寒江泛孤舶。神移坐对心茫然，短衣飘萧竟安适。冥冥烟江未敢近[1]，复恐波涛或相逼。丘壑满目空依依，坐久翻令三叹息。不知身在酷暑时，尚畏堂中晚风急。此图持欲赠何人，明日云烟晓无迹。

赠闽人张希圣[2]

张子万里来七闽，矫如野鹤离清尘。久客愁看沧海月，故园橘柚来江滨。乡心日夜风波翮，幔亭云气渺无迹。何时一望武夷山，三十六峰同一碧。

观打鱼歌[3]

晒网潭边两枯柳，小鱼跳波大鱼走。锦鳞一拥数百万，渔人横截清溪口。洛水赤鲤沉九渊，北溟之鲲飞上天。潜虬不动风涛息，自抱骊珠颔下眠。长安城中展瑶席，金盘玉鲙迎上客。枯鱼过河莫须泣，君不见，白龙翻为豫且得。

济南赠戴比部[4]

驱车寂寂平陵渡，泣涕荆山叹迟暮。太行九折困盐车，长鸣谁复孙阳顾。年来上策不见收，此日抱病犹含愁。玄成经术萧条甚，平津高阁余荒丘。交游寥落少知己，昂藏四海无人识。黄金散尽黑裘敝，搔首齐门长太息。使君高义驱浮云，怜余丞相之文孙。高车驷马落穷巷，市中毛薛惊平原。闻道锋车出左掖，功成长揖二千石。倒屣城南皇甫规，雁门太守逊缝腋。贱子深怀国士恩，祢衡一鹗敢同论。十年怀刺半磨灭，穷途痛哭伤精魂。生平宁羡虞卿璧，饭牛歌歇湖云白。司空龙剑已销沉，独有传书向黄石。汉廷计日羡持平，贯索星昏秋月明。云司草奏今相待，早晚飞凫上玉京。

① “近”，中科院本作“返”。

② 底本无，据省图本、中科院本补。

③ 底本无，据省图本、中科院本补。

④ 底本无，据省图本、中科院本补。

寄崇川秋水大师[①] 丁未

海门寒涛积烟雾，中有双林隐石渚。五琅山下梵磬沉，维摩乱落天花树。今日弥天有道安，芊火禅灯碧石坛。人间甲子须臾事，渡江一叶青芦寒。祇树阴阴雪山映，潮音振海孤光动。面壁朝朝闻妙香，江月年年照禅定。宗雷一派寄济东，卓锡买山白岳中。南天翘首虚无里，杖策何当礼远公。

为外舅高少宰题《大衡山雪景图》[②]

黄鹤山人无与俦，岱宗密雪传千秋。自兹以来振大雅，谁其继者文长洲。意匠惨淡埋山骨，灞桥诗思梅花发。萧森欲落苍梧云，微茫忽忆剡溪月。驴背冲寒踏野烟，疑是襄阳孟浩然。列嶂群峰欺玉树，茅亭仿佛当山前。公瑕文笔小谢赋，词人自昔留毫素。待诏丹青被九州，是何潇洒推独步。我公何处得此图，携归万里来湘湖。使节迢迢过桑梓，披图落日临庭隅。艺林数公争染翰，金薤琳琅照几研。是时冰雪满前除，画里青山今复见。东风昨日下荒城，又闻早晚入承明。持向凤凰池上去，西园东观旧驰声。

秋日与阳丘诸友人饮女郎山之大观楼次壁间施愚山先生韵[③]

女郎山下流云度，寒烟衰草迷樵路。夕阳漠漠起黄尘，十里空天绣江树。高楼凭眺发长歌，樽中琥珀凝红玉。晰晰白杨吹北邙，归骑萧萧向城曲。

余青园水车歌[④] 以下乙卯

石甃作井银作床，水车反覆当中央。飞轮无端杳难测，神龙喷沫欻回翔。妙想如环出甑瓯，覆以茅亭藓花碧。沧海倾翻万顷波，银河倒挂三千尺。汉阴丈人悲桔槔，不尔抱瓮亦徒劳。何如此地两不设，鸣金泻玉飞寒涛。芳园寥落异尘境，池塘照见莲花影。高眠闲煞老园丁，汲水无须牵素绠。长夏阴阴薜荔门，十围老树飞云屯。君看披褐於陵子，憔悴晴郊方灌园。

---

① 底本无，据省图本、中科院本补。

② 底本无，据省图本、中科院本补。

③ 底本无，据省图本、中科院本补。

④ 底本无，据省图本、中科院本补。

益都相国孙文定公墓铭乃同邑冯相国撰述，而书丹则文定公犹子伯纯笔也。书法遒劲，不愧古人。阅次之余，怅然生感。赋此以寄伯纯，兼索其所书赵朝议公墓石[①]

君不见姚公后事寄燕公，煌煌钜笔丰碑崇。文章勋业两无憾，千秋此事将无同。君家少保真作者，先帝元臣推大雅。玄成经述称世贤，曲江风度何潇洒。一从箕尾去人间，典型衰谢不可攀。犹子能书丽牲碣，念此使我开心颜。盘龙宝螭萦其侧，墨光浮动好颜色。遥思落笔生云烟，观者应为三叹息。相国之垄相国文，阿大中郎白练裙。第视率更奴仲郢，气势终欲凌右军。又闻朝议松门宅，曾写韩陵一片石。鹅群更索五千言，作歌为寄山阴客。

题朱璧《揭钵图》后

渔洋先生《池北偶谈》载此图颠末甚详，先生作为长歌。盖此图初为大师霁宇公宝玩，后归季木考功以及徐征君东痴先生。长歌殆为东痴作也。后数年东痴以赠清远，清远坚索余诗以记征君高谊。至其词之不文，以视渔洋先生作瞠乎续貂矣。

依古以来画禅迹，顾陆僧繇冠今昔。近时笔墨数神奇，前有朱繇后朱璧。繇乎帝释擅隋唐，璧也全规武静藏。后来善图鬼子母，解倩周昉真擅场。亦闻侯翼穷奇状，险谲殊常多变相。今之魔母天人姿，千秋绝技何雄放。惨淡经营虹月楼，振鹏弟子追虎头。朱璧界画得自王振鹏。虹月，其楼名。大千照耀维摩象，山魈木客空啾啾。神光映彻金沙界，青天一烎销狂怪。思白虔书宝积经，《宝积经》是九子母出处，董书甚精楷。想像灵威落天外。身毒国中般若陀，儿盈万数宾伽罗。杀人为粮播淫虐，金粟如来将奈何。眼看浩劫如反掌，羯肌九女真魍魉。世尊谈笑作津梁，钵底藏身诚幻想。水晶世界覆青莲，觉路微茫遍九埏。一尘顿隔阎浮地，缥缈如游忉利天。天女魔王骋神力，搜山倒海无终极。飞廉罗魖何纷纭，魁魑物彪来相逼。灵夔金蛇掣电惊，雷硠鬼斧蜚砰訇。魈颐露犽竞林立，帝江龙伯酣斗争。魌魌百怪亦何有，慈氏低眉常俯首。如如不动妖焰倾，枉教八极狂奔走。火宅丛中伏毒龙，神鳌驾海浩呼汹。拔山力尽竟销歇，山鬼伎俩慈云封。三皈五戒终垂手，何用雷音狮子吼。琉璃钵下印禅心，婴儿自在莲台右。翻身便是铁围山，黄婆气尽阻重关。乃知法轮固常转，广大智慧非等闲。胡环画笔何颤掣，狼豪纤健飞烟灭。留得神威蓍蓄林，传来绝艺香台揭。我披

① 底本无，此据省图本补。

此卷大椿轩，逸圃主人为余言。吾家大师昔世界宝，什袭珍异无其伦。司马府中撤瑟后，问山亭畔收玙璠。流转徐陵玉台侧，宝光自此生颜色。此是清门老嵇庵，公侯复始非人力。孽鬼传神吴道玄，天龙仿佛展子虔。神观欻然冯物怪，笔阵直欲凌紫烟。丹青古雅堪檕礴，南宋曾登多宝阁。画力千年定不虚，题跋犹存贾秋壑。神物终当自有归，为君太息对斜晖。文矩剑图归秘府，龙眠应真相见稀。慎持千画千金直，宝箧宁随风雨飞。

《池北偶谈》云：先太师有伯时摹道子《十六应真》及《周文矩庄子说剑图》并此《揭钵图》最为珍异，后伯时[1]《应真》不知去向，《说剑图》余上之内府，所存于代间者独此图耳。

忆似懒园听尹尔弢弹琴长歌

尔弢，会稽人，明怀宗时以善雅琴待诏中书，与吾邑孙禹年先生友善。予少时随先君过先生之似懒园，得闻其奏琴曲，妙擅古今。当时尔弢索余长歌，应之而未暇。四十年来尹与孙皆谢世，先君亦久奉讳。偶尔念及，恻然有作。

似懒园中花雨湿，凉飙万树秋声急。八月天气生微寒，有客褰裳排闼入。兴公执手延故人，高宴开尊脱车笠。芳园万竹何萧萧，中有南冠人伫立。南冠伫立伊何人，七尺亭亭上阶级。分庭抗礼曼声长，话旧中间万感集。经事先帝玉熙宫，七条弦子称第一。御制鸣琴五百床，於变时雍声吸习。怀宗最好琴，制五百，作《时雍於变曲》。有时应律歌南风，卿云烂烂天北极。是时琴士三百人，尹君称旨增高秩。雷家蛇蚹断纹深，内中宝器争什袭。段师琵琶不敢先，善才阮咸空默默。翻调不学安公子，筚篥无声众乐戢。惟闻玉轸风雷鸣，霹雳空天困龙蛰。天阶夜静时一弹，万籁翛翛秋露浥。至尊解颐时赏音，召赐文绮兼酒汁。广陵云散更何年，商声惨淡倾王室。黄巾扰扰乱中原，天子宵衣六宫泣。后来侍从尽流离，抱琴萧索辞京邑。谁怜流落在江湖，戎马场中从袴褶。子昂不惜碎金徽，曲中贺若无人识。朗月清风又一时，高山流水何嗟及。风尘四海几知音，感旧鸣弦重呜悒。谁作春坊正字歌，愁长节短声岌岌。座中主客尽凋零，五十年来泪横臆。茫茫大海伯雅琴，黯淡天风坐相失。

伯曾祖硕隐公墨迹长歌

端居长忆硕隐公，生平翰墨有遗迹。仪部冢君相国兄，千秋高逸感今昔。

---

① “后伯时”，省图本、中科院本作“龙眠”。

当时仪部通籍迟，作宦未久捐宾客。公及相国最伶仃，门户之计良云厄。弟昆负笈远从师，孝友承家守先泽。相国联蜚弱冠时，一行作吏声辉赫。公云有弟大吾家，余之重负从兹释。逍遥自署伴鹤翁，脱迹林泉辞六籍。放情诗酒浪漫游，长啸云边倚天眷。家世贵盛来嘉宾，徙倚园亭妙风格。掉臂溪山肆冥搜，冰雪为姿藐姑射。宴游端不误良辰，开樽每使凝琥珀。逸气往往凌九霄，灵风几欲翻六翮。归休胜地云满山，出入寥天鹤一只。顾独结习擘窠书，生平痂嗜真成癖。张颠濡发是前身，高闲上人作臧获。大书结体每寻文，气色凌临几千尺。有时纵笔当中堂，鸾飞凤舞惊人魄。墨光势夺山岳立，蜿蜒逸气春云坼。龙跳天门亦偶然，四顾八极频挥斥。华阳仙吏卧松风，千古银鹰陶贞白。神行官止如奏刀，岩下电掣何奕奕。亚栖周越皆凡儿，此事端属文章伯。书之仙品惟雪蓑，我公与之同辙迹。中有神骨人不知。妙笔不在肥与瘠。间如潜虬媚幽姿，宛若蝌蚪翻玉册。亦或晴雪落长松，枯木寒鸦散林碛。时时天外挂长剑，颇无美女簪花格。兴酣笔落亦无时，贵人不敢相逼索。或从醒后自神奇，醒墨淋漓安可得。山巅水际多留题，游戏[1]人间随所适。零纨断素世所珍，硬黄临榻如连璧。林泉遗额竟流传，摹划失真亦堪惜。吁嗟手泽传子孙，野鹜家鸡慎别择。辨才亦是守兰亭，却向黄衫轻一掷。

颜平原书宋文贞公碑，玉斧王子见贻，余以贶希梅李子[2]，因作此歌

学书人学颜平原，麻姑山畔仙坛记。蝇头小楷为世珍，何以广平碑版志。圣唐贤相苦无多，房杜宋姚皆备位。就中方正数文贞，白雨犹传羯鼓戏。梅花一赋到今传，铁石为心自天植。开元之世称直臣，退居洛下全终始。生平仿佛曲江公，羽扇飘零重憔悴。一朝朝露弃宾客，黄肠题凑东园赐。真卿奉诏撰金石，万言纪实良不易。三苍钟鼎勒龙彝，非复俗书趁姿媚。字大如掌铁线文，整峻之中见奇肆。庄严出入浯溪碑，雄丽依稀争座次。负以灵鳌盘以螭，十丈桓碑留赑屃。北海云麾未敢先，率更险劲还相避。千年苔藓凤尾翘，五夜漆灯龙虎睡。垂之册府永不磨，健翮奇毛刷鹰鸷。王子物色来见贻，使我神移竟夺气。好奇忽忆我同人，陇西李子有深嗜。持以赠之相视笑，何从得此古懿器。中有浩气泣鬼神，似与颉籀争奇秘。何似燕公姚相碑，百宝横陈殉货利。

① “戏”，本作“闲”，据省图本、中科院本改。

② “玉斧……李子”，省图本作小字“王玉斧见贻，余以转赠希梅李子”。

历下濯缨湖题愚山夫子石碣诗后

宣城夫子文章伯，衡文齐鲁横玉尺。闲从泰岱凌海涛，传经多士明湖侧。庆也垂髫入泮[1]池，绛帐扶风多异格。一从轺传去天东，按部庐山开讲席。鹿洞翻书大有人，宪府高临水云白。圣朝初辟鸿词科，先生首应明堂辟。临轩天子策贤良，凌云辞翰声喧赫。璇玑一赋走昆池，不数长杨耀金碧。忽赉清班侍从臣，凤凰诏下登鸾掖。外臣特简跻讲筵，异数恩深争啧啧。海内久识愚山诗，宛陵声价烦缃绩。陆沈金马践清华，宦况萧条仍落魄。长安索米几何时，蓟门丹旐来南陌。此地湖天忆旧游，濯缨桥畔感今昔。咫尺湖心历下亭，四照楼空重萧瑟。

李白乘舟图

恶风白浪猿狖号，江豚石燕声飕飕。云中不复辨江树，空洲谁见飞鱼舠。须臾清霁鬼神入，江空月皎青天高。中有一人宫锦袍，沙棠舟上回兰桡。十丈输石为长篙，自称臣是饮中豪。拍浮酒池劈双螯，手援湘妃鼓云璈。尘坋脱去空天弢，作使风伯驱洪涛。笑傲怒蹋双神鳌，更捉蟾蜍付脽尻。天吴紫凤不敢鳌，曹蜍李志真儿曹。厌厌泉下无乃劳，丈夫醉即为禅逃。作赋跌宕凌雄褒，不尔终当捽采豪。古今天地惟浊醪，刘伶阮籍同酕醄。得全于天乐陶陶，回看下士空忉忉。何如老子哺醨糟，江天万里飞鲸要。

王叔明《小幅江景图》先君以赠学使周霖公先生

至元以来王叔明，黄吴倪夏同纵横。内中山樵更特出，绢素尺寸千人惊，千年上下写山水，荆关董巨蜚英声。夫也非惟造神妙，证入逸品谁能争。吾家此幅传世久，烟起咫尺生光晶。草树云岚无定质，湖天平远千里情。疑作清秋写江阁，落帆远浦幽人行。描摹若似吴兴笔，从来似舅称贤甥。唐人云似舅即贤甥，叔明盖赵吴兴之甥。神物由来端有主，谁其识者周霖公。江天万里不知处，画中烟雨空蒙蒙。

① “泮”，本作“璧”，据省图本、中科院本改。

柴窑古鼎歌

流云浮翠鼎三脚，云是显德年中作。端居仰溯建隆前，五朝改玉何频数。邙山洛水东西京，花项天子身姓郭。螟蛉谁继郭雀儿，世宗正位居伊洛。江淮半壁入版图，七姓十君推大略。六年扰扰戎马间，指日中原莽清廓。闲居玩物时一闻，柴窑遗制良不恶。抟埴之精古所无，翡翠成斑使人愕。天机入妙出灵怪，宝光夺目玉难斫。飞烟一碧泻秋天，仰藉金火同销铄。千载良工制不传，汝哥官定同磊落。世间真赝不偶然，伪者翻登多宝阁。吾家柴鼎久留贻，三世珍如宣父爵。沉烟灰冷袅篆余，斗室清斋失扃钥。不知何物空空儿，祛箧金椎竟飞跃。至今神气尚消阻，怅望空堂意萧索。谁将三十六州铁，难铸今朝一时错。

黄山谷小磨崖碑赠司允弟，并纪以长歌

元词颜笔传零陵，浯溪之水何澄澄。太唐太子趋灵武，惭德焉可称中兴。涪翁迁客何雄放，迢迢浪迹荆江上。兴酣吊古自神旺，长歌气势增骀宕。诛意之论诚非妄，回首彭衙事惆怅。南内旧恨铲叠嶂，千秋青壁留凄怆。风雷苔藓终无恙。吾弟司允好奇者，见此为之久倾泻。志在金石诚非假，恍如置身磨崖下。吁嗟乎巨原巨笔垂楷模，形如鸾凤翔天衢。乾坤鸿宝陈苍瑚，悬厓千丈同盘盂。守以鬼母驱天吴，日月照耀如双珠。丹梯夬字悬灵符，山谷太史遵前途。来游泼墨湘水隅，银钩铁线凌锟铻。上配鲁公良不孤，映带石镜光有无。女萝山鬼啼呜呜，妖蛟波臣惊瞿瞿。牛渚燃犀将无殊，千年名迹岁月徂。行与太师游清都。

王石丈见贻所画《双松仿元人笔意》，余转赠蒋静山，并和少陵《韦鷗双松图歌原韵》以寄静山

海内交游多老苍，杜陵蒋子年方少。吾东亦有王湘原，善写长松入神妙。高柯偃蹇苍龙皮，铜斑铁骨青虬枝。海气西来怒涛拥，岱阴千尺浓云垂。萧萧五鬣交冥寞，长风不使纤尘著。吾家赤松赤双脚，血凝琥珀霜根落。他日天台桥上见，挥豪赖此鹅溪绢。赤城公案添一段，黄鹤山人意撩乱，为谁泼墨排双干。

题蒋杜陵手定书目后长歌

杜陵[①]老子文章府，生平著书心荼苦。早年陈夏作前茅，复社追随寄廊庑。羽翼骚坛订雅宗，白牛论道寒江浒。炎精销歇汉运倾，义士冬青吊陵麓。公子从亡但五人，王孙张楚存三户。一龙一蛇钱江头，柱后惠文称绣斧。厓门舟覆晚潮翻，群乌星散惊飞羽。望门张俭不还家，去国赵岐离故土。雁宕天台稳寄身，或著羊裘客齐鲁。惟余述作未忘情，力讨琅环探石鼓。俯仰千秋正变风，譬如名岳撑天柱。金石之迹追三苍，甲乙帐中罗四部。依稀清庙陈贲镛，宝器琮璜列驵琥。既追玉屑刘真长，雅有清谈乐彦辅。幸存录在见瑶编，支机集成袅金缕。[②]冥观博采留宪章，搜岩扬穴搴芳杜。如入当年津逮岩，唐述堀中多累牍。还从勾漏觅丹砂，白雪黄芽问天姥。九还指日赴神都，笑拍洪厓捉玄麈。先生生平好丹道内景玄宗之书。狂来自奏鲻乌跃，醉余按节鸲鹆舞。校书七略三十年，空饱人间羽陵蠹。借问草玄何日成，不将名字加财虏。老病云亭意所甘，山魈木客同环堵。晚寻大药向兰亭，灵威丈人共宾主。金堂瑶室七十二，洞庭包山带林屋。西台有泪洒谢翱，手挥如意江天哭。埋骨山阴禹穴间，千岩万壑留终古。杜陵先生竟客死于会稽。

蒋大鸿侍御《放言》长歌 《放言》一册乃先生论诗之书

隆万以来诗道衰，公安竟陵日反覆。纵横怪谲皆织儿，譬如仄轮多转毂。骚人余响未能寻，弇州历下伤局促。云间崛起陈大樽，诗家正变元音复。杜陵蒋公羽翼之，康庄千里遵平陆。廓清亦有再造功，龙纹之鼎扛万斛。芟除稂莠植芳兰，鼓吹中和黜桑濮。五岳森森方寸中，万里江河归四渎。几社人称大雅流，华亭鹤唳秋空肃。中声一动万籁从，不比哀丝与豪竹。竟从开宝作鸿沟，中晚以下为脱辐。长吉义山乃鸩毒，卢仝马异为枭鹏。先生放言自不放，六御调节鸣轮轴。不学江东铁绰板，不厌家鸡耽野鹜。自有佳人绝代姿，何须龋齿兼眩[③]服。漫言远树明如荠，岂若千寻邓林木。肃慎休夸楛矢威，倚天长剑兼夏箙。自古中原有正声，宁夸促节清商录。愿从宋玉赋大言，莫随夸父群奔逐。六鳌断绝四极宁，天鸡夜就扶桑宿。小言从此戒詹詹，雅道经天悚群目。

---

① “杜陵”，中科院本作“大鸿”。

② “缕”后，中科院本有小字“《幸存录》，夏公遗文；《支机集》，先生词名”。

③ “眩”，中科院本作“袨”。

沈遗民先生著书歌

先生云间高人，所著有《野钞宝[1]录》及《嘉靖以来辅臣年表、列卿年表》之属。

吾闻逸客逃风尘，两汉高士真其人。埋形或著潜夫论，不使世目为凤麟。蜀严沉冥惟卖卜，仲长乐志甘湮沦。如斯人者不可见，鸿飞冥冥安得驯。胜国钜儒谁遁迹，躬耕述作惟遗民。遗民不只徒避世，著书万卷无其伦。先朝掌故亦仅见，兰台令史良后身。甲乙之部拟武库，亭伯断不称四巡。艰难董狐纪轶事，野钞实录冻手龟。弇州后史有时续，终身汉腊惟孤臣。五朝辅臣列卿辈，俨如迁固胪其真。世宗以来大制作，贤奸并列多纷纶。嘉隆旧绩辨微眇，流传石室为世珍。此是东林布衣老，杜陵蒋子为扶轮。沈先生著书，得其甥蒋大鸿为校正。无忌似舅今已矣，遗书何在愁终湮。侯巴奇字世须有，大翮山头将问津。我续南州高隐传，先生不愧冠陈荀。

蒋道州方虞先生直节歌

方虞者，大鸿之伯也，大鸿索余作此。

君不见东汉奄竖当龙楼，炀蔽阊阖浮云愁。直者如弦死道周，曲者如钩尽封侯。方正骈首都市头，钩党禁锢同楚囚。三君八顾为国忧，高风烈烈推阳球。谁其继者蒋道州。道州偕计神熹世，魏珰正有熏天势。权奸正招手，附我获高位。不然尔翁祸立至，孰知强项正如山，掉头不往气横厉。台卿不肯入奄门，一麾出守甘淹滞。千古同官有漫郎，贼退犹闻示官吏。元道州结官道州时有《贼退示官吏》诗，方虞先生官道州亦尝为贼所困，已而解去，事相类，人以为盛德之报。

书夏奇童遗集后

蒋杜陵所手定也。奇童名完淳，字存古，彝仲考功之子，相继死义。奇童亦杜陵之门人。

三十六方塞天地，黄巾云扰炎刘季。伤神洛社已丘墟，汉腊冬青尽憔悴。卞壶儿，袁粲儿，千秋又见考功儿。考功儿子甫髫龀，内顾阿父方殒身。止水已沉江万里，考功亦沉水而死。义士继起殷顽民。枕戈莫写同袍恨，三户徒为

① “宝”，中科院本作“实”。

楚国人。寻仇欲附孤儿队，汉时有羽林孤儿，皆忠臣之后裔。插血难回汉运屯。韩亡共说子房愤[1]，万死金椎多苦辛[2]。空余蹈海填精卫，千里胥潮气尚嗔。有是父乃有是子，人生在三义所敦。遗文犹在表英烈，化作斑斑侍中血。借问当年陆秀夫，遗编谁向厓门揭。

题赵魏公画马用少陵韦讽录事宅观曹将军画马图元韵

唐家画马韦无忝，后来更数东丹王。世间伯乐亦已往，风尘不辨骊与黄。骍骝騄駬连钱白，飞出天街生霹雳。雄姿刷雾更流虹，一道飞烟气萧索。渥洼千里自西归，同扶日毂天边飞。观者动色叹神骏，不知画笔流清辉。一一生来白鼻騧，晦冥降精成五花。天驷房星下人代，若灭若没堪咨嗟。贰师自刈天山草，天子骑归万里沙。魏公逸笔今古绝，天厩千群傲霜雪。何处騊駼十二闲，圉人桐马纷罗列。疑是瑶池回八骏，银川监牧攻驹稳。赤岸泽中蹋雪驰，青海洲边御风遁。苜蓿栽遍温泉宫，玉禾移自雪山东。双耳竹批矜骏利，肥肠宁与凡马同。想当前身作冏伯，飞虬写出云衢中。应知此是真龙种，黄泽终乘大漠风。

丹青引用少陵丹青引元韵赠王石丈 一字湘原，渔洋先生小阮也

先生琅琊之文孙，清标远出通德门。风流潇洒妙一世，右丞风骨今犹存。看君不似代间人，飞如金碧李将军。居平丘壑自盘辟，意匠惨淡生风云。曾在嘉陵江上见，吴李图成大同殿。右丞小簇超其群，摩诘于吴李画外别写绢素为小簇。萧疏逸品当一面。蜀国山川三百里，挥毫电激如流箭。借问流传谁后来，湘原隐者酣墨战。不学韩幹写花骢，笔底峰峦自不同。烟云供养在朝夕，五岳坟起排雄风。黄吴倪夏作四友，太华铁屋蟠胸中。古之作者任驱驾，一洒凡子归虚空。置身却在荆关上，北苑巨然相证向。区区诸家尽下陈，焚豪阁笔皆怊怅。闲摹韦鶠画双松，老干铜柯具奇相。不惟王宰拜后尘，要相毕宏仍阻丧。呜呼君笔良入神，安得绢素传吾真。颊上三毛余自愧，幸与君为同世人。君不鄙夷我穷陋，我亦多君能贱贫。相将诗画共陶咏，放浪山水皆闲身。

---

① “插血难回汉运屯。韩亡共说子房愤”十四字原脱，据省图本、中科院本补。

② “苦辛”，本作“辛苦”，据省图本、中科院本改。

李唐《长松渔岸图》[1]

河阳遗墨人所羡，当年待诏宣和殿。建炎寄迹向江东，白发丹青承帝眷。今之长松渔岸图，不与绢素同模糊。流落人间五百载，神品自与凡笔殊。高斋素壁一相向，双松夭矫千云上。想其落笔长风生，千尺盘拏势初放。松根似有虬龙蟠，空堂嫛嫛生暮寒。恍疑此身入洪谷，藤萝百丈交潆旋。其上一峰凌碧落，俯瞰松梢如剑阁。山巅密林似范宽，解衣画史应槃礴。其下渔舟两两来，卖鱼酤酒秋江隈。此中别有一天地，何不画我同浮杯。手招芥亭结长夏，科头此地真潇洒。准拟人呼阮嗣宗，何妨箕踞长松下。

刘松年《松林水阁图》

南渡以还刘待诏，画品由来入神妙。进御曾传耕织图，不数李嵩与萧照。此图清绝世无伦，长松万尺当水滨。五鬣盘空自蚴蟉，江头草阁无纤尘。凭栏临水者谁子，微波两岸西风起。淼淼孤舟媚远天，待诏丹青聊复尔。注目寒江理钓丝，群峰叠翠映涟漪。无边秋色杳然去，此意还应问画师。

钱舜举《洛妃图》

天苍苍，水茫茫，神妃游戏波中央。波中央，渺何极，雾鬓风鬟天一色。惊涛不定云如墨，游龙夭矫诚难测。六铢群飞双凤翼，翱翔洛浦无人识。画工惨淡经营力，能使惊鸿在吾侧。此身不是汉皋客，翠羽明珰安可得。

马远《秋山叠翠图》

马远由来似北宗，秋山一一青芙蓉。烟岚密丽见神笔，紫翠万状难为容。迷离林际隐村坞，松花茅屋闲云封。鸟道纡回向山麓，迂伧怪叟时相逢。嵚岑巨石发奇树，巉岩仄径披蒙茸。古寺微茫出烟外，千寻灭没天边峰。长桥坦步见逸客，水轩迤逦波溶溶。寻源瀑布几万仞，画图隐约如关仝。乃知妙手夺造化，樵路欲绝风云通。君不见苍岩欲滴螺黛浓[2]，悬崖薜荔多髗鬑。忽疑李思训，不

---

① “图”后，中科院本有小字“以下丁丑”。

② “浓”，中科院本作“丛”。

类米南宫。呜呼马远由来是[①]北宗。

马远《松云水榭图》

唐之二李宋五马，画史以来称大雅。二李谓大小将军，五马谓兴祖生公显及世荣，而世荣生逵及远也。传家绝艺擅丹青，风流气运真作者。当年写此松云图，山边架阁临水隅。巑岏巨石罗虎豹，纡余略彴通平湖。奇峰削出碧天外，仿佛松风起灵籁。晓云如絮浩漫漫，不止团栾如车盖。幔亭三十六峰秋，不尔疑作潇湘游。此中自有幽人在，迅扫烟岚在上头。

王蒙《春山烟水图》

黄鹤山人画入神，元明之际无与伦。夏珪吴镇不足数，巨然遗法传其真。岕亭何处得此幅，神气散淡清人目。云霞变灭不可方，春柳萧疏带平陆。林下茅屋处士家，开门平眺望凫沙。迢迢野客长桥外，矗矗孤帆落日斜。十日一山五日水，烟光飞向丹青里。此卷常留天地间，荆浩关仝应不死。

王叔明《残雪野渡图》

吴兴画史推文敏，蒙也似舅堪接轸。萧散欲追王右丞，神奇王数崔青蚓。吾家昔有秋山图，风飘云散归江湖。对此恍如逢故友，神移气夺三踟蹰。孤城远隔寒溪路，苍凉残雪岩中树。野客骑驴过小桥，仿佛梅花寒日暮。叔明遗墨落人间，零纨断素非莼闲。我生好奇每成癖，见此鸿宝常开颜。此虽尺幅真清玩，重之不减鹅溪绢。何为剪削作团扇，藏之箧笥无人见，不如常近班姬面。

刘松年《秋林水亭图》

钱塘画史刘暗门，至今妙迹留乾坤。片幅经营寓神采，零膏剩馥同玙璠。展卷幽情出几案，墨汁黯淡光零乱。纵观咫尺千万里，对此茫茫似江汉。秋云宕漾遍秋山，岚气萦洄杳霭间。乱峰古寺互掩映，水亭一曲开银湾。阴阴灌木凝深碧，中有幽人方对弈。回头清影入波心，谁知乃是丹青笔。

---

① “是”，中科院本作“似”。

董思白《烟江叠嶂图》仿米南宫。有自题叙及陈眉[1]公跋

云间宗伯留文藻，手追神醉襄阳老。写作烟江叠嶂图，江水无声楚山晓。尔时亦有文长洲，齐名当日称沈周。同作此图拟宋本，工力悉敌真名流。就中思白擅绝笔，烟云变幻无与匹。咫尺万里如潇湘，水村沙际山崒嵂。谁云未过王晋卿，但恨不遇苏端明。泖湖处士有神赏，晚香堂畔良移情。睇观错道巫山麓，十二峰前秋水绿。千载云英化为石，层峦驾壑堆寒玉。疑是匡庐九叠屏，又疑湖外君山青。永嘉绿嶂或如此，不尔何以云冥冥。飘萧万竹西风急，翠岚香雾蒙蒙湿。蘋洲蓼岸远迷离。画里无端鬼神入，指点虚无江上山[2]，苍凉满目罗烟鬟。含毫渺渺正无际，武陵不远非人间。譬如名士来江表，乱头粗服皆言好。墨汁云光两不分，转觉神清心悄悄。我亦端宜丘壑流，对此舒颜销百忧。回头试向芥亭语，爱尔沧洲顾虎头。

赵待制仲穆《石溪秋竹图》名雍，松雪先生子也

海岳从来称画史，元章之后元晖起。笔锋扛鼎真虎儿，敷文阁里传学士。赵家承旨神骏姿，吴兴世业生权奇。王孙龙种出天水，风流文采良在兹。遥想遗徽数百载，于今翰墨依然在。玉堂金马盛当时，丹青绝笔留沧海。擅场父子各名家，貌得神驹腾渥洼。房星天育有余技，渭川万竹纷交加。石溪掩映秋云碧，豪素犹存太古色。空蒙烟景写新篁，寒玉森森几千尺。不同俗艳斗霏微，瘦骨泠泠未肯肥。即今断素已刓缺，中有神气观天机。春来不是筼筜谷，黯黮幽光泻寒绿。湖州老可疑前身，髯苏醉墨留茅屋。老树平临锦石斑，溪畔仿佛闻潺湲。墨君堂上添幽兴，绝胜龙媒十二闲。

题芥亭[3]《集古帖》后

自昔翰墨留遗迹，锦褾掩映珊瑚赤。既闻欧阳好集古，亦有明诚录金石。从来虞褚善临摹，硬黄秘本良不易。太清淳化争骈罗，戏鸿来禽亦陈迹。良工镌刻多失真，金题玉躞究何益。古云瘦劲方通神，肥皮厚肉堪一掷。天门龙跳

---

① “眉”，本作“麋”，据省图本、中科院本改。

② “山”，中科院本作“出”。

③ “芥亭”，中科院本作“毕芥亭”。

竟何人，凤翥鸾骞辉玉册。芥亭好古择[1]其尤，日夕焚香展瑶席。具眼平临翰墨场，目穷奇字考坟索。临池久已失真意，管城受策文章伯。银钩铁画屋漏痕，书仙圣草归绳格。钟王以往隶坛下，居然相士横玉尺。秋蛇春蚓尽弃捐，冰壶绛雪留丹液。譬如采玉向昆丘，剖石坐得连城璧。又如缉缀宫锦袍，天吴紫凤波涛拆。仿佛明窗馆墨卿，案头袅袅云烟碧。琅函珍重付名山，光气熊熊倚天眷。莫将容易换群鹅，至今遗恨兰亭客。

赵松雪草书陶令归田诗 剑津家藏真迹

文敏亦是宋王孙，譬如曹霸真清门。翩翩文笔映当代，遗墨片幅为世珍。不使妍皮裹痴骨，玉山朗朗如秋月。一往遒隽气有余，龙鸾结体穷毫发。珊珊晴雪飞长松，珠玑迸落黛色浓。惊鸿振翮向洛浦，笔势奕奕多藏锋。柴桑老子真高蹈，水晶道人传墨妙。并留逸气在人间，千载风流见同调。征君长揖归田居，学士挥翰承明庐。由来出处各不同，无将解组嘲焚鱼。

元盛子昭《山阴访戴雪景图》

北风萧萧江上寒，须臾飞霰来云端。千岩万壑一时改，瑶林琪树何漫漫。细看此是剡溪路，中有幽人自来去。山阴道上非人间，一棹凌风冒飞絮。此时逸兴真人豪，此时气与霜天高。孤舟冥冥竟安适，戴公俗士非吾曹。兰亭佳儿凡千载，画里风流宛然在。乱山寒翠玉精神，千林暟暟流光彩。飘飖风雪木兰船，只在丹青杳霭间。淋漓绢素苍色古，仿佛琳琅堆越山。越山残月光皎洁，玉笋亭亭笔如铁。悠然[2]清景谁与传，此意难从后人说。忽疑悬圃上丹梯，茫茫银阙无端倪。画师岂是偶然作，应访名山入会稽。

明太祖半身御像歌 见之青州故尚书王公基家

龙池跃龙龙未飞，红罗三尺为褓衣。玉颜日角见隆頔，托身皇觉天人姿。裼裘不比虬髯像，审视鬑鬑微[3]有髭。真人应运降濠泗，军门杖策千熊罴。古来西北制南服，乾坤反覆安能窥。帝起滁和映辰极，石城定鼎开鸿基。金陵王

---

① “择”，中科院本作“集”。

② “然”，省图本作“幽”。

③ “微”，省图本作“颇”。

气亘今古，秦淮斧凿徒尔为。龙蟠虎踞凤台侧，牧竖岂数韩林儿。鄱阳湖中执路鼓，艰难龙战何其危。削平伪汉已良苦，自兹命将分旌麾。东吴自守老魅耳，必死之寇如醢鸡。功成一战[①]定四海，分封五等颁桐珪。今之御容写清燕，巾裾朴素何委蛇。就中时露雄霸气，天颜怡悦藏戎机。譬如雷霆隐云雾，声色不动真神威。天地杀运方未弭，太孙不振天王旗。道衍之谋胜伍被，家令计拙黄与齐。临江紫盖日萧索，北平虎视挥金椎。神龙见首不见尾，此图早已传其微。龙行虎步属太弟，德昭惨死令人悲。半边明月亦何有，莫从终古论成亏。即看图画出石室，吴绫片幅辉琉璃。三百年来经丧乱，手劈乾坤又一时。不见蒋陵松柏路，盛朝雨露飞云旂。

王慢亭《长松燕坐图》[②] 傍有携琴侍童

一以为嵇中散，何不挥弦作广陵散，惟见童子抱琴泉石畔。一以为阮嗣宗，何不长啸作鸾凤声，但见科头燕坐邻长松。如斯人者，既非独往于天台四万八千丈建标霞起之赤城，乃独息影于武夷九曲三十六峰之云气青蒙蒙。噫嚱！是谓慢亭先生。

题宋刘松年画《文姬十八拍卷子》为王清远作跋[③]

明妃下殿将和亲，文姬出关多苦辛。佳人命薄若一辙，绝塞悲凉惟二人。蔡女时乖当汉季，玉门一去无归计。泪洒冰天哭塞云，身栖韦鞲投魑魅。便作阏支亦断魂，何以陈留原上村。异乡故国须臾判，世间苦乐如翻盆。饥来乳酪充朝饮，半夜移营少安枕。千秋苦境入丹青，一天朔气传神品。牙门铁骑夜惊哗，云黑风飞帐里沙。膜拜谷蠡争进酒，受降都尉竞吹笳。霜天寒月流清景，羁妇不眠愁夜永。斗柄秦天万里高，晓风大漠重裘冷。帛信将传无雁飞，四时谁复见春晖。情知不是[④]萧关使，何处重依汉节妇。十年梦断龙城道，画里群山尽衰草。风尘安得好容颜，黄沙不久催人老。岂意南风传好音，旌旆遥遥下凤林。远赎蛾眉见高义，天家不惜千黄金。胡笳拍中写幽愤[⑤]，胡笳曲里声千变。此画能传

① “战”，省图本作“剑”。
② “图”后，省图本有“赞”。
③ 省图本作“跋刘黯门话蔡姬十八拍卷子”。
④ “是”，省图本作“遇”。
⑤ “愤”，省图本作“憾”。

万态工，似向龙堆堆上见。虏妇终归苏子卿，班超垂老思汉庭。人生骨肉寄绝域，此时去住难为情。忍情割爱思乡族，稚子牵衣拦道哭。万人掩袂皆沾襟，琰也中心转车毂。悠悠麾盖入阳关，朔漠千群垂首还。不向龙荒变青冢，却随宛马返天山。汉家继绝功不细，丞相恩深九天际。坐使先臣免若敖，岂为红颜悯留滞。画师钜笔刘黠门松年别号，姓名一一藏松根。极丽穷工冠艺苑，毡帷[1]毳幕无其伦。东丹蕃马擅场久，拟之待诏真敌手。松年南渡以后待诏画院。吴生以来此最工，北宗未能出其右。芦笳哀怨声沉沉，不似中郎挥玉琴。笳声琴韵俱不朽，画里能传千古心。

为王十二周阳[2]题赵哲《上河图》

上河之图何雄奇，令人遥忆升平时。升平文物寄图画，丹青万首无声诗。隋家大业开汴水，南下长淮一千里。艺祖龙兴宅大梁，王畿繁盛无其比。汴京自古控洛阳，澶渊一决河流长。西来直下海门去，形胜帝里如金汤。真仁两朝开泰运，梯航万国流余润。百余年中教泽深，物华百宝何充牣。天书遥降玉清宫，凤阙龙楼晓日红。万家戚里开金穴，千门阛阓多豪雄。丰亨豫大兆屯否，盛衰物化相终始。披图此日溯休明，想见良工谱朝市。十里红云下雉门，三条五剧走鱼轩。交疏结绮邻平乐，狭巷长衢驾短辕。摩肩击毂如飞电，花里闻歌柳中宴。上河人道是清明，阵阵花骢走芳甸。白叟黄童俱恬熙，逐翠争妍无定姿。波斯五岭通珠贝，侠少三更倾玉卮。端门百戏竞超越，角抵鱼龙歌吹发。九陌香尘任晓风，双旛车骑乘残月。峨舸画舰接天高，金管玉箫红锦袍。美人楼上教艳舞，秦筝赵瑟银檀槽。东都士女何狡狯，东京气象何光怪。此是良工救败心，莫把繁华变凋瘵。后来拗相谬理财，元气消磨惟草莱。试看熙丰以还日，朝野萧萧令人哀。固知作者重垂鉴，画出妖奢真笔谏。人间富贵在持盈，细推物理生长叹。唐家骄侈数开元，天宝之间难具论。即从汴水数兴废，花户艮岳烟尘昏。绛霄楼阁成荒草，景龙江畔埋洲岛。神运奇峰插太清，何处重寻雁池道。画中金碧穷雕镂，惟剩烟云在上头。我读《东京梦华录》，不胜太息悲千秋。

---

① “帷”，省图本、中科院本作“帐”。

② “周阳”，省图本作“清远”。

乞王石丈为画《昆仑山房图》

一从右丞开南宗，蓝田图画真神工。千秋共识士人画，谁其识者关与荆。近代倪黄足方驾，沈董王蒙亦其亚。君家好手世不绝，石谷石丈双雄霸。我生与子邻青冥，一朝把臂石帆亭。君家竹林大小阮，开樽高宴当岩扃。相看一笑良莫逆，郑老襟期好风格。我行潦倒本清狂，便乞作图相逼迫。既不能为烟波一钓徒，扁舟散发归江湖。又不能为遁世老桑苎，云霞深处称潜夫。生平梦想昆仑侧，天柱峰头依天眷。阆苑层城万仞高，避人长啸烟岚碧。人间亦复有昆丘，余村西南有昆仑山。依微小筑东海头。桑麻松竹桃源地，烦君一一图沧洲。中有幽人自来往，茆庐只作岩栖想。般笼二水抱村流，寻常四壁群山响。君是当年宗少文，不辞脱手留清芬。烟云供养我非分，顾陆掩毫心所欣。丹青想像势飞动，坐令观者神皆悚。从此人疑到辋川，堂上不觉群峰涌。我不敢妄效南郡桓家儿，窃画仍讥虎头痴。我不敢垂涎海岳袖中石，乘机攫取同游嬉。自是吾贤有神笔，貌得山中丘壑质。图成下拜具笏袍，半亩宫中此生毕。从来能事有余酣，任君暖翠与浮岚。何时惨淡经营后，一觇吾家竹石庵。

题《五岳图》

五岳丈人居青城，金文玉札天降精。上真司命真诰膺，三十六洞登金庭。拜手天老来崆峒，大骢之山何亭亭。五岳之长惟宁封，三茅遥来王屋中。稽首玉阙清虚宫，五岳之图真晶晶。龙书宝篆照日星，赤文绿字凤鸟形。乘白鹿车鲁女生，玉女骖驾元鹤明。小有之天翔太清，铲除魍魉鞭长鲸。妖螭潜迹如雷轰，金膏玉果珠泽莹。青精服食朝玉京，芙蓉城上停鸾龙。丹砂金匮绛节迎，云车遥接峨嵋峰。

题陈眉公先生三绝册

眉公先生真迹。自画梅花八幅，每幅后各题绝句一首，草书其后。此先君子昔年得之云间者，今以奉渔洋先生为先君子作传，不孝因记其大概如左。以先人之遗玩，复以为先人不朽计也。

云间逸客陈征君，处士风流天下闻。神庙以还逮天崇[①]，篇翰电激驰风云。鸡林不胫走万里，零纨断素遗珠琼。骅骝剑几趋干谒，五湖三泖扬幽芬。能事

① “天崇”，省图本、中科院本作“祯启”。

不甘受迫促，片幅亦足为世珍。今之妙迹在遗册，梅花铁脚凌冬春。玄墓玉林如在眼，苍苍老干无纤尘。清减不减林和靖，逸笔无殊梅道人。吴仲圭善画梅花，自号梅花道人。骊珠二百四十四，烟云飞动惊若神。郑虔三绝金复见，各与天壤相鲜新。老父昔游向江左，松陵携归忘贱贫。永藏宝箧为积玩，扃钥拱璧无湮沦。中更岁月五十载，宝剑尚守延平津。哀诔尚烦颜特进，瑶编金石图贞珉。不朽欲为千载计，今之大手非等伦。渔洋先生三叹息，俯徇哀吁摛鸿文。九京含笑行受赐，名章雄丽传其真。幽冥不愧郭有道，中郎钜笔方无垠。

王周阳大椿轩中获见董文敏陈眉公写真双像①

君不见云间董宗伯，风流绝代声辉赫。又不见华亭陈征士，文采照耀三江涘。两公并出生同里，扶轮大雅隆隆起。一贵一贱见交情，不骄不谄皆令名。两人各自擅三绝，清流所至传德声。征君抱膝自高蹈，尚书雅志归林坰。海内人瞻两峰秀，俨然二室当天中。声诗海外识元白，艺苑泼墨如关荆。素心之交见古道，不随薄俗纷纵横。坛坫狎主执牛耳，泖湖声价同峥嵘。双鹤唳天人所羡，图中二妙工写生。文敏雍容见都雅，真人博大推名卿。岩廊之器烟霞质，神韵仿佛同吴兴。宗伯与赵承旨同谥。眉公清奇神峻削，幽寒骨相天所成。山隐戴逵惭充隐，少微谢敷真星精。此图并峙何为者，流传来自忠定公。邹平都宪公与董、陈交好，每使来则以小照代面。忠定昔年交两翁，素心之契金石盟。往来使者有定约，身所未到常图形。昔人订交托肺腑，似此神往义所并。大椿轩中得见此，慷慨怀古心营营。一时并见两遗老，便如揖让登门庭。大人相，山泽容，风流一一传丹青。翻恨古人不见我，却从千载称后生。交游佳话此最美，陈雷胶漆平平耳。

观吴远度所画②司寇公《渔洋山庄图》

栎园曾作画人传，进退名手多乘除。擅场不知凡几辈，更有吴宏兼王翚。宏也驰声动辇下，丹青十载传京畿。江湖秋兴有图卷，兴酣落笔时一挥。前身自合擅时③客，潦倒江湖称画师。貌得渔洋秋色好④，莫釐缥缈交烟霏。太湖

---

① “周阳”，省图本、中科院本作“清远”；“双像”，省图本、中科院本作“小像”。

② “画”后，省图本有“王大”。

③ “时”，省图本、中科院本作“词”。

④ “秋色好”，省图本、中科院本作“好秋色”。

三万六千顷，漠漠群峰连翠微。云气焉能辨出入，冥迷咫尺无端倪。元墓仙人不可见，寒梅万树风花飞。银房玉柱堕香霭，金膏水碧流芳菲。司寇先生恋清景，卜居有意当岩扉。古来震泽神仙窟，洞天门户良依稀。茅君骑龙或相待，金玉作珮霞为衣。不尔遁世理亦得，垂钓烟萝千仞矶。远度胸中富山水，纵笔肆顾饶天机。七十二峰来腕下，具区潮落飞神鱼。江山罨画几千里，我亦置身临碧虚。

题王十八兄思远《竹溪读易图卷》禹之鼎尚基写

石溪疑是兰亭侧，万顷琅玕动秋色。中有幽人习静余，把卷沉吟渺[1]难测。遥遥秋水接长天，竹风雾縠连晴川。赤城梁畔亮不远，童子采芝云外还。清溪山名杳杳千余仞，接得丹书岩中隐。滴露研珠开洞门，市城心远云霞近。碧梧翠竹本风流，散发科头居上头。希夷仿佛云台观，坐卧八索兼九丘。善易由来不言易，隽旨玄谈了无迹。山中长日日正长，默坐从教周八极。姑射仙人冰雪姿，襟期浩浩天风吹。徂徕六逸君第一，禹子丹青能尔为。王季友题画诗云“小弟丹青能尔为”。翛然神采幽篁下，三毛颊上何潇洒。霏霏玉屑挥麈时，别有词源任倾泻。周肥韩瘦非等伦，从来佳士多[2]写真。三升清酒无坚垒，旗鼓能当单子春。

赵文敏画《安道破琴图》长歌[3]

古今处士多充隐，捷径终南一何近。纷纷鼓瑟与吹竽，宁惜龙唇兼凤轸。买山每每乞朱门，谁说淮南宾客尊。八公丛桂小山在，枕中鸿宝谈无根。戴逵亦是虚声者，郗超为置渔樵舍。万壑分流栖越溪，从此名高传大雅。江东人物首桓伊，胡床三弄何冲夷。萧然恬淡非玩世，譬如天马飞金羁。安道硁硁守衔勒，碎琴尚露英雄色。那识成连静者心，海山一曲何人识。不见当年王子猷，兴尽便反山阴舟，茫茫雪夜不见戴，如斯人者非清流。少微惨淡星欲堕，吴中高士偏相左。求死不能属阿谁，独抱残琴竟何若。松雪老人良好奇，兴来写此无人知。抚弦动操寻常事，但遇赏音调素丝。剡曲高山与流水，泠泠玉柱秋云里。相应此日破琴心，伯牙已老钟期死。

---

① “渺”，省图本作“杳”。

② “多”，省图本作“爱”。

③ “赵文敏画《安道破琴图》长歌”，省图本、中科院本作“和渔洋先生题赵承旨画《戴安道破琴图》”。

题王考功[①]长松晏坐小像

生平不识考功面，今日翻从画图见。细看眉宇自神仙。对此茫茫起长叹。我与先生非异时，君当游宦我栖迟。风尘相去一百里，迢递难逢元紫芝。我读十笏堂中作，如听云中缑岭鹤，即今不复下人间，想像遗音涕横落。兹之长松晏坐图，虬龙振鬣天风呼。暝色欲来五粒动，长吟缥缈吹眉须。步兵科头或白眼，十旬散淡常疏懒。清谈曾记王钝庵，吏部萧疏仍简远。王报申凫盟云“吏部萧疏简远”云云。司铨自古裴与王，君家简要传青箱。我观奕奕岩下电，图画之外神飞扬。五松夭矫干云上，叟叟松涛激清赏。君是当年第一流，动予天际真人想，天际真人去海方，年来风景殊沧桑。试从天外念遗韵，依然散作旃檀香。考功没时举体闻异香。

东亭先生《洗桐图》

海风东来飞红尘，千年龙蜕蟠龙鳞。王家大槐数百载，手种梧桐秋复春。三桐亭亭高百尺，凌霄势映青虬碧。曾记飘飖三凤来，桐阴竹实留丹翮。青葱玉树在人间，凤羽回翔去复还。仿佛倪迂洗桐癖，苔藓虮虱无垢瘢。先生洗桐兼洗耳，耳根清净黄尘里。不尔何以竹林间，寒玉丰神剪秋水。我昔岁时见先生，身在玉山山上行。人言濯魄冰壶里，依稀梦入琉璃屏。吾闻绎山之桐何青青，龙门奇干蛟龙形。想当洗用天河水，裁为锦瑟招湘灵。君今撒手三山顶，应奏桐琴第一声。

题王石丈所画王秋远《菜花居图》

吾闻古之天随子，散诞或与尘世疏。今知地偏在心远，市城仍有幽人居。幽人自作幽栖想，手辟荒园扬榛莽。窃效於陵日灌园，菜花绣错平如掌。抱瓮何须事桔槔，兀然天放解天弢。忘机寄迹长林外，闲云飞去青天高。诛茅自构数间屋，荒草一庭三径竹。人生于世何所求，莫役尘劳竞征逐。行坐翛翛处士家，野园时种邵平瓜。晚菘早韭尽行乐，浮云流水同生涯。苍狗须臾真幻迹，咬定菜根方有益。黄者蒸为一片霞，青者遥看半畦碧。闲居随地即江湖，无人之处天为徒。石边老树自林立，参天百尺环陶庐。春泉瀌瀌远渠下，采采蕨薇动盈把。时有邻家酒过墙，惯寻逸客频飞斝。无人知是菜花居，赖有王维写图画。

---

① “功”后，省图本有“西樵先生”，无“小像”二字。

渔洋先生《灞桥诗思图》

先生两度临雍州，元灞素浐皆壮游。城南载酒西征记，豪吟万字当清秋。新图蹀躞梅花路，无乃萦心旧游处。千载长桥风雪中，驴背萧然寒日暮。终南云气雪弥漫，紫阁白阁同一观。十里秦山玉为嶂，百尺灵虹冰塞川。灵虹，桥名。毡笠浑疑孟夫子，雪意催诗诗思起。安知幽兴当若何，疏雨梧桐此其似。右丞风雅万人传，灞陵原上接蓝田。终古闲情入图画，如此风景皆神仙。寒梅照人冰玉映，灞水澄澄夹明镜。吟鞭长啸下桥头，削面不知风力劲。长安画工工写真，满天飞絮无纤尘。谁说幽人不相继，千秋又见襄阳人。

渔洋先生《雪溪诗思图》

先生意欲归东山，雪溪图画传燕关。玄墓孤山纷在眼，萧然万玉长林间。一枝竹外露清回，同云暝色寒空静。人在兰亭对玉山，雪压琅玕月无景。诗中有画画中诗，幽篁独坐玩幽姿。王恭鹤氅了无味，袁安高卧徒尔为。山阴夜棹虽潇洒，不敌雪溪真大雅。海内争传诗思图，白雪如今和应寡。雪溪何在在寒林，于兹之麓白岳阴。先生结庐欲投老，种梅万树方自今。敛性蓬茅见逸致，谢康乐诗“敛性就幽蓬”。地偏心远离城市。蒋径他年踏雪来，二仲无妨偶然至。

题王石丈摹古画册八幅

石丈道兄画擅雅宗，艺超神妙。顾虎头之绝技，优入方家。李龙眠之山庄，独尊逸品。潇洒右丞，神笔自谱蓝田。飘萧元镇，仙才孤标清闷。能事不烦促迫，浑如天外游行。惨淡亦复经营，岂必尘中意匠。乃有历长王子，风期久擅清流。因而昆仑山樵，声气偶通郑驿。范中立师心造化，眼前飞华岳三峰。屠牛垣满心踌躇，笔底正槃礴四顾。展卷令人神往，如逢天际真人。撚豪笑我狂吟，非复梁间尘饭。寒具油允宜郑重，吾谨避之。扃钥开听其飞腾，君岂痴客。诗各一篇，篇如画帖①。

摹痴翁笔意②

画家每祖顾虎头，虎头痴绝图沧洲。东晋悠悠几千载，维摩照耀人天界。过此惟传黄大痴，大痴泼墨真雄奇。厥后江东史庭直，痴翁痴甚无终极。长康

---

① “帖”，省图本、中科院本、省博本作“幅”。

② “意”后，省博本、《张历友先生真迹》有“淄川张笃庆历友题”八字。

子久痴复痴，痴翁之痴人不知。金陵百尺卧痴楼[①]，兴酣放笔楼上头。齐名茂苑石田叟，醉墨水飞与山走。颠狂渲染何淋漓，高视阔步良不羁。琅邪摹此有神味，还从笔底流云气。村落人烟八九家，柴门不正自横斜。短桥人坐绝壁下，长林十里松涛泻。知君此画如有神，金题玉躞休示人。妙画通灵正幽渺，慎防飞去桓灵宝。

摹赵承旨《二女采菱图》[②]

采菱复采菱，采菱银塘渡。并棹相将岂畏风，不知流下鸳湖去。鸳湖湖上共徘徊，菱叶菱花不相误。兰桡桂楫输石篙，丝雨莼风起香雾。青青荷叶红鳞鱼，冉冉芳洲双白鹭。向晚歌声唱采菱，荡桨不知愁日暮。日暮轻舟贴水飞，烟中疑是西洲路。画师想见画中人，风动藕花落无数。水晶道人赵王孙，采菱一曲知其故。白石歌声声正长，采菱落日天苍茫。

摹燕文贵《秋江晚泊图》[③]

吴兴画师燕文贵，山水自昔师郝惠。尤工舟楫世无伦，万里风帆飒有神。今之秋江写晚泊，烟水迷离势寥廓。千帆鳞次挂江滨，冥蒙云雾傍西津。孤亭仿佛当岘首，遥望舣舟汉江口。小山拳石砥中流，招招舟子芦花洲。王子挥豪托遐想，江天淼淼停兰桨。

仿米襄阳《秋山烟雨图》[④]

海岳庵，甘露寺，中有幽人米征士。公麟病手米画工，常薄吴生[⑤]作凡子。道元窠臼誓不袭，练裙图画横[⑥]秋水。平生洁癖况复颠，襟期萧散无泥滓。今之烟雨满秋山，湿云蓬勃苍茫里。万树蓊郁远冥冥，岚头浓翠秋峦紫。范宽铁屋杳霭间，水何淡淡山竦峙。我昔于征云梦泽，望见楚山在行役。乃知风物似襄阳，南宫笔下飞云起。因悟达人一片心，旷怀端在青霞里。作歌下拜托幽赏，袍笏千秋两石丈。

仿倪云林《烟林风雨图》[⑦]

清閟阁中一迂叟，挥豪如云不离手。扫地焚香宴坐余，真是千金享敝帚。至今传得洗桐图，不使纤尘入虚牖。萧疏淡远致轶伦，洁疾宁居米颠后。顾独

---

① “楼”后，省博本有小字“史痴与沈石田莫逆，沈题其楼曰‘卧痴楼’，见《列朝诗选》”。

② “图”后，省博本有“历友氏笃庆涉笔”七字，《张历友先生真迹》无“二女”。

③ “图”后，省博本有“笃庆厚斋漫书”六字。

④ “图”后，省博本有“昆仑山樵笃庆偶成”八字。

⑤ “生”，据省博本作“王”，《张历友先生真迹》作“生”。

⑥ “横”，《张历友先生真迹》作“山”。

⑦ “图”后，省博本有“七十醉翁笃庆漫吟”八字。

含豪意渺然，貌得高桐[①]在林薮。蒙蒙烟雨意冲融，千尺虬枝腕中走。树根老屋两三[②]间，半卷黄茅镇相守。蛟龙盘拏多烈风，一任岚光迷柽柳。湘原湘原[③]劝尔一杯酒，人工巧夺君知否。石丈一字湘原。[④]

仿巨然《秋山林屋图》[⑤]

荆关杳矣不复见，巨然巨笔人所羡。迩来画手贵清真，金碧丹青转堪贱。北宗翻似程将军，不直一钱欲焚砚。巨师潇洒称南宗，董源正派君所擅。重岚叠翠似仙山，幽溪细路通一线。传世时闻水阁图，异时价重鹅溪绢。却从林其外写群峰，不从逸人卧游倦。茅舍重轩谷口居，天绅远落光如练。桓台王子同擅场，重翻旧谱开生面。惜君未画嘉陵江，一日驰声大同殿。

题石丈画《秋山林木图》[⑥]

辕里挥豪数王子，前有摩诘君后起。石谷石丈余所推，倪黄至今良不死。岂惟倪黄今复生，画中有诗真画史。当今近在百里间，青州不数营丘李。卜居选胜师范宽，终南太华频徙倚。巨灵手擘[⑦]天外峰，龙门倒注银河水。荆关[⑧]并驱向中原，逐队千秋竞谁是。为余曾写昆仑图，金堂玉阙流云委。自此山房有钜观，芙蓉城头去天咫。今兹纵笔画秋山，艺苑流风得其髓。层林叠嶂势潆洄，村落萧然峭壁开。千盘鸟道入岩岫，万转清溪去复回。若非曲折桃花岸，那使渔人得入来。

石丈《残山剩水图》[⑨]

夏珪马远当南渡，李唐大手方迟暮。何妨剩水与残山，湘原隐者称独步。近看林木竞槎枒，远带寒溪数行树。江山平远思无边，蒹葭苍凉遍秋露。画人自古属骚人[⑩]，遐观欲作悲秋赋。四顾寒江正落潮，茅屋临崖好沿溯。五日一水十日山，好手如今有良遇。从来共说神妙能，如君逸品人所慕。请君更与画沧洲，端宜丘壑吾平素。零膏余馥落人间，自是清尘不可攀。寄言今日辋川子，愿同

① “桐”，省博本、《张历友先生真迹》作“柯”。
② “两三”，《张历友先生真迹》作“三两”。
③ “湘原湘原”，《张历友先生真迹》作“湘源湘源”。
④ “石丈一字湘原”六小字，《张历友先生真迹》无。
⑤ “图”后，省博本有“昆仑野史张笃庆濡笔”九字。
⑥ “图”后，省博本有“般溪钓叟笃庆寄兴”八字。
⑦ “擘”，《张历友先生真迹》作“劈”。
⑧ “荆关”，《张历友先生真迹》作“关仝”。
⑨ “图”后，省博本有“苦吟叟厚斋氏属草”八字。
⑩ “人”后，《张历友先生真迹》有小字“周栎园先生有《画人传》”。

携手蓝田山。①

题赵子昂画《东丹射猎图》

画家番骑谁擅场，入妙五代东丹王。东丹自是非凡笔，扶余突欲称人皇。泛海西归南入汴，邈佶烈时当晏见。赐姓遂为李赞华，载书万卷风雅擅。尤工鞍马世无双，龙城大猎飞旌幢。东西四楼二千里，铁骑万弩摧中邦，射猎犹传入图画，蹛林大会红翎甲。碛火烧天接塞垣，川原二十万匹马。虎旅向天仰射云，云中雁落入前军。一一海青下鹰路，“鹰路”二字见《金史》。获禽如山鸣鼓鼗。兔起鹘落忽已逝，黄尘滚滚迷天际。手柔弓燥千群呼，但见萧条北风厉。健儿馌兽走旃门，飘飘大纛飞云屯。有时小队拥突骑，白狼带箭声崩奔。鸣弦霹雳饿鸱叫，苍兕立啼黄狐啸。翻身鹞子入冥烟，丹青之力嗟神妙。鹈鹕泉上鹈鹕膏，大食国中大食力。身是阴山射雕手，臂双韝箙头虎毛。荒原祝网平如堵，扬鞭直过黄龙府。声传雷动万人欢，射杀冲营两腾虎。东丹气宇真天人，高原立马巾红巾。八尺龙门青玉勒，须眉隽迈诚无伦。顾视雍容态雄秀，毡裘亦自称华胄。刘渊石勒可并驱，木叶山前蛟蚧斗。燕云十六入龙沙，直取山前作帝家。请看逐鹿中原者，杀胡林边有帝羓。东丹长子宜立，德光少子不宜立，后入犯而死。

阳丘张南双观四兄弟为余画《昆仑山房图》②

昆仑去天九万里，倒挂银河星宿水③。阆风台畔芙蓉城，神仙堀宅排云起。缥缈空中天柱峰，飞来白岳岳云东。一丘一壑足胜④地，金芝瑶草纷青葱。中有山人爱山色，构得山房倚山侧。山人遁世住山中，昆仑山外人不识。就中识者柏陵生，清河一派称弟兄。僧繇以还追南本，吾家往往传丹青。柏陵好手今复见，绣江清拂鹅溪绢。为余写得山房图，咫尺云烟走飞电。山中岚气万重深，山下渔汀连远林。三尺茅堂伴孤鹤，一溪寒水环遥岑。君家兄弟重豪素，奴视黄荃仆忠恕。贵家儿郎丐画图，瞥眼千金难一顾。顾独为我写秋山，山要把卷片云闲。貌得寒萝与怪石，居然角里非人间。阿兄入妙何幽细，沙草微茫工远

---

① “山”后，《张历友先生真迹》有小字“间”。诗左有“右题石丈《残山剩水图》”及“昆仑山樵张笃庆题”。

② 本题省图本、中科院本作“阳丘张南双蓥、观四鉴兄弟为余画《昆仑山房图》”。

③ “倒挂银河星宿水”，省图本作“星宿倒挂银河水”。

④ “足胜”上，省图本有眉批“连叠七山字”。

势。阿弟放笔称老苍，鸾鹤翱翔九天际。物在人亡生我[①]愁，回思昔日画沧洲。眼看[②]绝笔更惆怅，为念当年顾虎头。

王檀侣先生《枯木寒鸦图》

檀侣先生真逸客，当日风流已陈迹。兴酣每为写沧洲，片纸犹存在东壁。忆昔余方总角时，先生倒着白接䍦。骑驴来往竹林畔，须眉黄绮如银丝，小子时时奉几杖，醉中落笔图青嶂。卧游仿佛宗少文，堂中四壁群山响。遥从天际思真人，步屧萧然迥出尘。丹青不屑李思训，罗绮常嗤郑法轮。即看枯木排云势，点点寒鸦见幽细。逸品能参神州先，不与诸家争巨丽。六幅槎竹文湖洲，偃松窠石李营丘。看君不似人间世，驭鹤应飞十二楼。

题豹岩太史《衮衣图》长歌[③]

方伯喻公奉命赴登郡航海，转粟于辽阳，豹岩先生为作图，附以十绝句，俾予跋之。[④]

衮衣衮衣来自来，凤衔丹诏排晴空。维帝曰都赖分陕，有臣如奭皇图雄。沧溟北顾仰玉粒，六郡飞挽鲸波通。长烟浩浩几千里，三韩咫尺蛟龙宫。云帆桂楫狎海若，东牟指日飞艨艟。我公减驺趋蓬阁，手挥负弩双缠鬃。高舂金粟咄嗟办，夹道白叟欢黄童。即看辽左控畿辅，赑屃不作洪涛风。高牙列戟拥缓带，蜃楼雨歇消长虹。一苇飘飖渡鸭绿，坐见海气光冲瀜。天吴紫凤争效顺，峨舸画鹢云旗红。吾闻酂侯功第一，转饷巴蜀将毋同。太史作图勒金石，丹青烈烈传无穷。野夫引领望天际，快从遵渚瞻飞鸿。是役也，转登州之粟共四万余石。

沈石田《秋山驴背图》

上有石田先生自题一绝云："秋满溪山万叶零，寒溪流玉正泠泠。先生不是红尘耳，策蹇西风着意听。"真清绝千古也。

---

① "我"，省图本作"何"。

② "看"，省图本、中科院本作"前"。

③ "题豹岩太史《衮衣图》长歌"，省图本、中科院本作"跋豹岩太史《衮衣图》有序"。

④ "作图……之"，省图本作"作十图，题十绝句。俾予长歌跋其后"。

画家一派如传灯，潇洒独推王右丞。南宋本是士人画，水何浩浩山崚崚[1]。宋元以来人所羡，黄吴倪夏不可见。胜国独数沈长洲，挥毫海内流传遍。今之秋山驴背图，群峰回合良不孤。千林掩映意萧瑟，寒溪瀌瀌山之隅。落叶无声下秋水，岚光飞入丹青里。峭壁巉岩欲插天，斜日千山万山紫。曲流宛转遵长桥，骑驴客子何萧骚。忽疑襄阳孟夫子，斗来箬笠真逍遥。此中别是一天地，画图飒飒流寒翠。八尺绢素气清高，作者应知有深意。微茫远近各不同，寒岩绝壑势难穷。长松屹立耸霞表，俨如石丈摩苍穹。画工今昔应无数，如此雄奇诚罕遇。掷作天边阆苑峰，十二楼中起烟雾。

明宣宗章皇帝御画罗汉歌 戏写赐内监陈亨者

宣宗皇帝真天人，风流年少当枫宸。三杨柄国国事理，太平文物风俗淳。万几余暇饶睿藻，绘事往往传其真。豳风无逸[2]见图画，坐使彩笔飘华茵。即今此图照千载，流传从此为世珍。棱迦西域本妙相，一杖遐举超空尘。胡松绀发结螺顶，豹衣稠叠来大秦。翻然却在神霄上，譬如杯渡瀛海滨。写生不数吴道子，妙格何殊郑法轮。广运之宝当头记，诏与金貂吾近臣。我观此图三叹息，章皇无乃轻笑嚬。韩侯敝袴秘箧笥，况复御墨昭鸿钧。传之子孙拟宏璧，胡为漫示天子仁。吾闻宣和修画谱，艺苑祇候争纷纶。角鹰空自妙当代，五国城中秋复春。何如宣德留宸翰，万古天葩气象新。

题李龙眠白描《西伽渡海》画卷，兼赠皋城画师徐宗先

古今人物谁第一，丹青独数吴生笔。衮冕曾联五圣容，嘉陵江水须臾毕。云烟龙鬼穷微茫，吮豪未动天苍凉。乃知作者侔造化，入神不数东丹王。擅场以来三百载，龙眠居士流文采。独辟蚕丛号白描，绝艺争传向湖海。自是前身老画师，啧啧人间李伯时。西园雅集不复见，西伽神笔真雄奇。皋城徐生好奇者，携来此卷真风雅。受记当年秀铁公，但画佛光停画马。今日同披过海图，天人帝释世所无。庄严像教出灵鹫，五印度国来形模。狻猊[3]巨象脚扑朔，青麟白泽间神骏。恒河使者头狰狞，龙伯国人挺双角。墨痕入细纳可窥，六铢衣绉吹风漪。轻如蝉翼蒙雾縠，袅如香篆飘烟丝。银河机上织难就，冥搜自古称天授。

① “崚崚”，省图本作“棱棱”。

② “无逸”，省图本、中科院本作“曾此”。

③ “狻猊”，中科院本作“狎犹”。

笔力直参无碍禅，神工鬼斧惊驰骤。徐生徐生善写生，平居无乃宗舒城。烦君写我昆仑像，葱岭山头自在行。

题徐宗先所画《毕芥亭松下弄琴小像》

皋城客子真好奇，酒后自称吾画师。风流文笔证神品，古之顾陆今徐熙。东来直向[①]营丘路，策蹇西风淄水渡。燃薪馆里作居停，一笑相逢命豪素。兴酣为写长松图，横琴晏坐秋溪隅。高山流水两相映，胸中丘壑何盘纡。吾观双松倚霄汉，千尺潜虬起天半。疑是科头阮步兵，仿佛广陵嵇中散。耳畔似觉声泠泠，松涛琴韵相与清。目送飞鸿风娄娄，坐看五粒花冥冥。主人著意[②]心独苦，千载龙麟老蛟舞。青天风雨如怒号，不减河阳李晞古。画中双松乃临宋李唐之旧谱也。如此琴心世所稀，握豪入妙观天机。三峡流泉弹贺若，无弦要自流金徽。王恭濯濯披鹤氅，少文四壁群山响。此时静者意忘言，居然天际真人想。折角之巾何委蛇，毕宏[③]由来仙客姿。三毛颊上宛然在，虎头神笔良不痴。昆仑山樵叹奇绝，对此移情气萧屑。是时冰雪满庭除，琪树瑶林争皎洁。堂上披图若有神，良工惨淡无其伦。写真既已逢佳士，岂是悠悠行路人。

---

① “向”，省图本作“下”。

② “意”，省图本、中科院本作“书”。

③ “宏”，省图本作“卓”。

昆仑山房诗集卷七

七言古体

尚清谈

清言盛，始江左。祖虚浮，启实祸。百废坠，偷安惰。一义立，虚声播。崇有论，此定可。四本论，腹已果。王及谢，相煽簸。殷与刘，益琐琐。宗老庄，志则跛。奸圣道，如蜾蠃。仇名教，若水火。贵自然，实磊砢。尽往复，通彼我。入禅宗，崇高坐。譬颓风，将鼓柁。随狂澜，汩轻舸。体无之患多坎坷，排墙倾压实帖妥。何以救之焚玉麈，利齿儿曹丽刑辟。约法三章谈者死。虞存之言。

山涛妇

山涛有妇鸾凤栖，忍寒终作三公妻，微时要识阮与嵇。今日阮生至，明日嵇子来。入门罗酒浆，独与二子偕。今日嵇子来，昨日阮生至。独与二子偕，清言结成契。吾欲觇之穿我墉，二子才具人中龙。夫君惟以度相取，不然结交莫及汝。山公大笑乐，卿言亦至公。彼二子云将无同。①

贾充妻

左右夫人古所无，谁其当之贾大夫。陇西女子徙带方，流人复入居兰堂。郭家金穴联椒房。两地高甍连院起，一一歌钟邻戚里。敕断无劳相往来，永年里巷富楼台。郭氏饰鸾篦，吾将诣陇西。玉钗三十六，袅袅出金闺。大夫力相阻，此事无乃睽。不须逢彼怒，猛气勍如虎。此膝一屈谁能伸，干卿何事撄逆鳞。

炙牛心

八百里驳如神驹，千金宝之王君夫。玉轮丹毂洛城隅，飞如掣电交长衢。绝影灭没天马趋，一时珂里惊驰驱。何来王武子，经过同赵李。已看豪气拂青

① “同”后，省图本、中科院本有小字“蒋静山评云‘以回天倒海之笔，变而写绸缪宛转之音，其音节直逼汉魏古词，唐以下无论也’，偎云‘仿怀麓堂体，先生直是滑稽耳’”。

萍，更有双瞳翦秋水。顾谓阿恺睹尔牛，百万相敌同射侯。射不如卿命中不音浮，金沟马埒当前头。王郎破的笑生风，万人惊呼广场中。指挥蛮奴断阴虹，阴虹谓牛头，探取牛心持作羹。聊下一箸同侯鲭。君不见王家戚里矜禁脔，人乳烝豚水晶碗。尝笑何家食万钱，牛心一炙良不腆。①

许允妇

奈何许，许高阳，高阳娶妇貌不扬。卫尉之女阮郎妹，新妇入门初昧昧，才具良德堪配。央央男子交礼而退，誓于此生无复入内。新妇曰无伤，此事待桓郎。桓郎称智囊，阮家丑女入兰房。何用憎之理宜详，卿其察之勿参商。入门便捉裾，词理旨且长。妇有四德卿有几，新妇所乏惟容耳。士有百行不好德，薄行男儿工好色。请卿正位作细君，自兹相敬当如宾。想应不愧宿瘤女，敢说无盐懊恼人。②

击珊瑚

车隆隆，殷雷轰。洛阳城东驰暮风。百花锦帐五十里，洛阳道上香尘起。香尘起，飘兰沙，相逢夹毂问君家。偏辕疾走飞云霞。卫尉门前雷大鼓，意气相夸相尔汝。玉手一挥如意舞，珊瑚击碎公无怒。公无怒，石家尚有多多许。携来铁网大秦洲，七尺宝树行相酬。碎卿碔砆焉足道，如尔区区真小草。③

杖头钱

富莫富于杖头钱，贫莫贫于严道之铜山。铜山铸钱虽万千，到头不得名一钱。杖头百钱真我有，取自杖头且酤酒。今日百钱今日醉，得钱酤酒常酣睡。君不见何曾一日食万钱，便欲下箸心茫然。洛阳离乱救不得，纵饶酤酒无颜色。眼看荆棘埋铜驼，钱乎钱乎奈若何？④

---

① “腆”后，省图本、中科院本有小字“蒋静山评云‘飘风骤雨，拉杂笔端，当时豪气固应尔尔’”。

② “人”后，省图本、中科院本有小字“蒋静山评云‘约成文为韵语，一经点化，声情俱有，真是笔有化工’”。

③ “草”后，省图本、中科院本有小字“蒋静山评云‘沉郁顿挫’”。

④ “何”后，省图本、中科院本有小字“蒋静山评云‘一往豪上，不减太白’”。

刁家池

汉江江上流云度，汉江江外荆门树。岘山亭子落日斜，照见山公骑马路。骑马路，倒载归。归何处，高阳池。驰骏马，白接䍦。茗艼甚，安所知。从者谁，幽州儿。

黄须儿

王敦贼奴败王略，南来势压丹阳郭。建业朝臣竞骇愕，湖头举足妖气恶。黄须帝子鲜卑儿，身骑宝马飞云驰。穿营三匝真权奇。贼臣机警将见追，神龙掣电流星下，手把金鞭鞭白马。回头却寄珊瑚枝，顾谓客姥诏追者。君不见汉帝凌晨入信军，鱼龙不辨臣与君。

杀周侯

将军犯顺来石头，丞相一门多隐忧。将军杀人石城下，丞相待罪伏铜马。周侯五夜屡上书，茂宏宜赦不宜诛。百口累卿漫不顾，笑骂欲杀诸贼奴。手取金印良失图，阳逆阴扶理则纡。志正行僻祸所趋，伯仁大戮嗟已久，冥冥之中负良友。他日三台检故章，周侯由我死朝堂。

袁彦道

风尘寥落桓宣武，百万蒲樗走风雨。倾囊四海一朝空，博徒叫嚣肆跋扈。桓郎莫疗一时贫，无聊把臂倚庐人。登场一掷三距跃，黄金覆手如翻盆。斗枭呼卢百如意，兴酣叫绝抛素巾。此事由来堪绝倒，谁能竟识袁彦道。

陶侃母

风潇潇，雨瀌瀌，家无斗粟浔阳陶。身虽贫贱交贤豪，鄱阳孝廉投蓬蒿。母谓阿子无谢客，中馈之事吾其策。避人自剪香云窠，贯米沽酒理则那。斫柱作薪荐为莎，仓猝麦饭厚意多。上客叹息来相过，若母有子栖岩阿。卿其有意鸣玉珂，清流延誉当如何。举作鄱阳小中正，母子相依以为命。独恨鱼梁作吏时，封鲑反鲊污素行。去声。

犊鼻裈

七月七日方秋阳，贵家儿女曝衣裳。阮家道南复道北，道北纨绮多煊赫。独有萧条阮仲容，长竿犊鼻当庭中。为问始平何为尔，未能免俗聊复耳。君不见郝隆坦腹当阶除，兀然排奡将晒书。晒书亦七日事。

折屐齿

内举违众不辞难，前有祁奚后谢安。围棋军旅征暇豫，前有费祎后谢傅。瞬息平铺百万兵，一门车骑皆长城。偏师精锐未婢手，望蔡奇勋亦何有。夺得苻郎云母车，俘获万亿归天家。儿辈破贼氐奴灭，一笑入门忘屐折。人言畏葸是桓冲，吾谓淮淝贪天功。内叛无端赖朱序，天教马蹶广平公。不然建武虽上将，何缘灭敌忽神王。万里风云自有时，扫宕中原有龙亢。桓温，龙亢人，先是北征恢复东都，曾修复园陵。

三挝鼓

乾坤何处埋黄土，鼓吏之荣胜簪组。处士人豪猛如虎，岑牟单绞来公府。慎莫近前丞相怒，慷慨自按三挝鼓。渔阳古调恣狎侮，汉廷咫尺移湘浦。芳洲之树青如许，彩笔留将赋鹦鹉，肯恕曹瞒恕黄祖。千载销沉气不平，鼓声烈烈流江声。[①]

鹿门隐

鹿门自古多隐者，岘南掩映渔樵舍。季汉之世庞与马。庞与马，望衡宇。往复来，忘宾主。通篱落，共鸡黍。伏龙与凤雏，床下小儿女。遁世水鉴翁，脱迹相尔汝。括囊向尘外，俗士安足语。耆旧擅襄阳，清流姓字芳。

嵇侍中

其父陷于辟，子为大忠臣。父虽不受诛，淫刑非晋君。明明此身受圭组，忍见天子独蒙尘。女子当熊古所艳，何况侍侧为搢绅。逢丑易位代君死，不辞

① “声”后，中科院本有小字“蒋静山评云‘妥帖排奡，文与事称’”。

颈血污车轮。家有烈士父冤雪，劣帝犹知侍中血。

虎头画

风流江左推长康，写生妙绝称擅场。传神奕奕在阿堵，点睛绝笔明霞举。颊上三毛裴令公，天机或与元气通。一丘一壑幼舆在，此子端宜岩石中。维摩光照天人界，笔底灵风流沆瀣。谁云妙画不通神，漫通桓郎善负人。

淝水战

前淮水，后淝水，寿阳山，昆阳垒。汉晋昌，莽苻死。百万兵，徒然耳。金刚火则强，王子年喻晋胜秦。投鞭胡为尔。仙人王子年，披发骋逸辔。世祚虽未央，淮南遂失利。坚初举兵，问国祚于王子年，对曰“未央”，后淝水既败，盖未年有殃也。八公草木尽惊人，风声鹤唳多崩奔。岁星煌煌不照秦，谁谓尔坚石打破，先是童谣也，桓家小儿石上坐。苻郎归去终五将，凤凰凤凰宿阿房。①

陶贞白

句曲山上三茅君，石室金庭多白云。洞天寂寂几千载，通明久已通真宰。乘风独上三层楼，松声响彻依丹丘。华阳幽窅离尘境，万壑烟霞月无影。神霄有待滞飞升，更著虫鱼修内景。白鹤桥头鹤一声，玉晨观里天鸡鸣。金龙不肯被文绣，钜笔要自传银鹰。《书品》有“银鹰贞白”之目。山中宰相待真诏，每向三峰吹玉笙。

武乡侯

君不闻武乡命世真人杰，手挽梁益扶天阙。《出师》二表贯虹霓，司马宣王久心折。木牛流马类神工，才大如山信奇绝。势吞泾渭压关中，畏蜀如虎鼠窥穴。岂惟八阵鬼神惊，羽扇纶巾势崩豁。五丈原头落大星，隐隐炎精欻明灭。巾帼甘心气夺人，死诸葛走生仲达。君不见燕国丞相笔如铁，一代雄文许公埒。志在珍环勒贞珉，八柱擎天高明列。千秋此事将无同，死姚崇算生张说。②

---

① “房”后，中科院本有小字“蒋静山评‘错综变化，如天马行空，不受羁絷’”。

② “说”后，中科院本有小字“蒋静山评云‘触类多通，不为事缚，知此可与论古’”。

康伯母

吴隐之，真孝廉。哭母哀，动大贤。刺广州，酌贪泉。题石门，贪化廉。冬无被，突无烟，牵犬嫁女囊无钱。谁见识，韩康伯。康伯有母帼而帻，闻孝子哭中心恻。中心恻，废蚕绩。顾谓康伯汝当知，汝掌铨衡宜用之。卓哉贤母殷侯妹，山桑之败何愦愦。康伯母乃殷浩妹也，识过其兄矣。①

诛曹爽

司马宣王受顾命，韬精养晦常谢病。一朝欻尔夺大权，风雷振迅下九天。手持鱼钥蛟龙起，城门校尉惊欲死。洛水南头劫天子。劫天子，奏封事，将军负罪归私第。个中识此谁最高，内有桓范外山涛。山公察微鉴颜色，太傅卧疾诚难测。投传归来祸机逼，智囊虽往安能免。坐汝族灭嗟已晚，子丹佳人生豚犬，反戈授首谁能挽。②

陶士行

陶公习练真材杰，当官俯首事一切。在天愿为惜分阴，在物愿为惜木屑。摘伏发奸若冰泮，颇类当年赵广汉。青青杨柳武昌门，诘盗时时有神算。荆州烈烈勤王兵，投袂南来石头城。勋存晋室九州伯，犹有文孙靖节名。

钻李核③

李在道旁而多子，此必为苦李。佳李无端生意竭，王公钻其核。持牙筹，理计会，三公之行太狡狯。竹林作达亦云汰，人如嵇阮相倾盖。颜家老子识不昧，五君之咏超尘埃。山公雅公复何害，侍中晚节真无赖。戎少时大有清标，末年顽钝极矣。

① “矣”后，中科院本有小字“蒋静山评云‘节短音促，直逼汉人。虽涉议论，却无痕迹，大佳大佳’”。

② “挽”后，省图本、中科院本有小字“蒋静山评云‘不假渲染，自尔高妙’”。

③ 底本无，据省图本、中科院本补。

悲二陆①

成都远体无远神，政在宦寺多谗人。机云翩翩虽入洛，乱成贝锦难清廓。七里涧头悲烈风，二陆功名竟不终。君不见天边矫矫华亭鹤，清唳一声凌碧落。又不见上蔡门东驾黄犬，欲去行行嗟已晚。

周浚妾②

安东将军行出猎，猛雨盲风忽相接。室少男子阒无人，中有侠女惊若神。贫家黾勉罗八珍，磨刀霍霍行素鳞，事事精办无其伦。元戎小队皆醉饱，阃内无声见幽峭。将军太息予薄祐，此女真堪持门户。遣吏重来问父兄，莶氏之篮行相取。父兄一何怒，不得便相许。络秀前致辞：门户殄悴将何之，那惜一女归高楣，方幅齿遇君所知。

张季鹰③

江东步兵风棱棱，洛阳遗老推季鹰。幽人正值典午乱，东京仕宦归未能。青青莼菜长千里，千里，湖名。四腮亦有鲈鱼羹。鲈鱼正美动归计，心怀故土萦烦虑。布帆一夜挂西风，知共秋云落何处。与其我有身后名，不如生前酒罂尝。笑人间，啖名客，坐致身名两相失。

瓮头眠④

清者为圣浊者贤，邻家有酒堪醉眠。青州从事封酒泉，平原督邮吸百川。左手为我持蟹螯，右手劝我哺醨糟。百年拍浮酒池下，一老兀然乐陶陶。王戎虽简要，裴楷徒清通。不如吏部君，烂醉娱此生。名教中，有乐地，翁头眠，毕茂世。

---

① 底本无，据省图本、中科院本补。

② 底本无，据省图本、中科院本补。又“妾”后，有小字“即伯仁母”。

③ 底本无，据省图本、中科院本补。

④ 底本无，据省图本、中科院本补。

刘越石[①]

黄尘滚滚迷大陆，神州竞起纷逐鹿。并州刺史扶日毂，志在河朔奠坤轴。天王跌走依建康，中原沦胥天混茫。着鞭恐后欻翱翔，朝发广莫暮龙荒。悲愤登楼激长啸，击楫中流待同调。北人闻笛双泪流，陆沉有意恢中州。太真劝进怀同仇，普天意气如焚舟。彼何人哉广武侯。深情异代桓司马，志慕越石良非假。烈烈清刚真好奇，声似司空微恨雌。

玉镜台[②]

永嘉乱后纷崩摧，过江门户惊尘埃。玉公厮隶同蒿莱，朱门尹姞伤无媒。太真奉使寒江隈，道逢鹓雏与阿姆。温家有姑姑有女，相攸竟得偕仙侣。露尾藏头绝代才，匹马南来玉镜台。老奴莫漫鸣得意，绝裾天涯意可哀。

金城柳[③]

金城柳，种得长条大堤口。柔缕弱丝亦何久。当日金城插柳时，偶植一枝当马首。几年新柳色，隐隐黯江城。此日大堤上，行人又北征。十围金线拂广陌，百丈游丝萦去旌。人生荣落及覆手，此后青青常在否。琅邪内史一停骖，木犹如此人何堪。

贤人聚[④]

灿灿耀德星，真人正东行。季方难为弟，元方难为兄。应门有叔慈，行酒有慈明。谁能如陈太兹，汝颍之上双琳球。谁能如荀朗陵，一门之内称八龙。千秋独绝高阳里，奕世三公自兹始。太丘孙群、朗陵子爽，皆至三公。

① 底本无，据省图本、中科院本补。

② 底本无，据省图本、中科院本补。

③ 底本无，据省图本、中科院本补。

④ 底本无，据省图本、中科院本补。

谢与王①

镇安朝野谢文靖，简文之崩受顾命。江东独步王文度，倒执手板新亭路。桓温□来赴山陵，气势震动相凭凌。声言诛执政，晋祚安得宁。从容就席赖安石，雅量风流奠宗祏。王与谢，判优劣，勋在社稷何烈烈。当时共诣郗嘉宾，死生遂决髯参军。

竹林饮②

常侍既改图，安丰亦漫滤。纵酒刘伯伦，弹琴嵇中散。既已荷锸吟，亦耽柳下锻。阮公更清酣，阿咸嗜游宴。山公独启事，稍免入沉湎。诸君中圣人，酒兵耐百战。回首邈河山，黄垆意悄然。

谢丞相③

谢公未出东山时，身对黄面贫婆儿。谢公既出东山后，丝竹多情开笑口。中年哀乐亦何常，风流挟瑟上高堂。凤帷雅奏隐明珰，银屏云隔巫山阳。太傅何缘见颜色，夫人良恐伤盛德。君不闻江东丞相谢与王，后有庐陵前武冈。风流宰相相辉映，同加九锡垂金章。短辕犊车一何壮，长柄麈尾时飘飏。驰驱共入乌衣巷。

陶饮酒④

百年内，真如寓。凋朱颜，不能驻。念平生，感所遇。达人心，起遐慕。追昔贤，时振步。动啸歌，邈良晤。事既远，人非故。颂酒德，深沿溯。懒折腰，趣治具。客常满，樽频注。襟袍开，灵府露。歌停云，叹荣木。入醉乡，非歧路。招酒人，荷插赴。吾欲饮，君且住。吾既醉，君当恕。吾欲眠，君且去。

---

① 底本无，据省图本、中科院本补。又中科院本后有小字“安及坦之同执政”。

② 底本无，据省图本、中科院本补。

③ 底本无，据省图本、中科院本补。

④ 底本无，据省图本、中科院本补。

酌长星①

长星之长长竟天，古来天子谁万年。长星劝尔一杯酒，华林园里酌大斗。酌大斗，称万寿。长星明，天下平。

琅邪王②

晋室东，王氏兴。淮水绝，王氏灭。六字郭景纯筮词。淮水亦不绝，王氏亦不灭。琅邪大道王，家世临沂旁。琅邪临大道，传家向江表。优固如螭龙，劣亦如虎豹。王氏有阿龙、阿螭之属。即丘子，吕虔刀。朱门陈戟纷旌旄，高閭行马梐枑交。一门多□相，马粪识王家。隐囊及纱帽，长檐金犊车。桃叶渡头锦作霞，乌衣巷口玉为沙。清谈接晨夕，玉树惊联璧。何物宁馨儿，挥麈同一色。夷吾在江东，人推冶城公。累叶青箱学，紫电飞流虹。太保清河好兄弟谓祥与览为王发祥之始。赢得轩裳绵永世。六朝簪组垂千年，贞观家声逮石泉谓王方庆。岂惟不灭与不绝，万古清门表阀阅。

温忠武峤③

何处觅，庾吴郡，只在扁舟篷底近。同袍投袂征苏峻，仗节勤王温太真。岂曰元规尘污人，士行溪狗犹可亲。既同舟，宜同仇。图反正，又何尤。义旌所指为国谋，牛耳共尊陶荆州。讨逆赴难挥吴钩，贼臣悬首枭獍鸺。功在典午传石头。自非忠武谁壮猷，勋侔桓文列通侯。燃犀牛渚蛟龙湫，归藩四十驾赤虬。

蒋静山跋云：汉末洎魏晋之间极多佳事，新乐府采摭殆尽。事既名隽而又得此快笔写之，觉《三国志》《季汉书》《晋书》《世说》皆可废矣。理精词核，不为苟作，传世无疑。蠖广弟蒋仁锡阅并志。

蒋静山以颜平原《多宝塔碑》见贻，兼饷以自镌纽篆及时笺彩笔诸珍物，长歌奉酬

有唐书法谁最能，险劲独数欧率更。平原正书称第一，骨气突过虞永兴。

---

① 底本无，据省图本、中科院本补。

② 底本无，据省图本、中科院本补。

③ 底本无，据省图本、中科院本补。

争座一帖为世重，千年风骨传威棱。麻姑仙坛小如豆，书品谁云痴冻蝇。我昔忝作琅邪客，渔洋座上[1]披行縢。王公示我浯溪颂，大书数百夸中兴。幅满庭除字如掌，气力翻海飞鲲鹏。磨崖十丈龙蛇走，蜿蜒青壁相冯陵。至今追忆为叹绝，如临湘水云霞蒸。今之此碑多宝塔，创自唐代藏神僧。鲁公手迹勒金石，千尺莲花参上乘。桑门得此重声价，浮图九级如传灯。法书一代尊正派，忠烈之气人所矜。柳筋颜骨曰伯仲，诚悬要自难相承。永师隽笔趁姿媚，萧庾以下如郲滕。静山千里贻大贶，正如铁马兼银鹰。《书品》有云"银鹰贞白，铁马桓玄"。仰家扇子诗万字，字字颤掣蛟龙腾。我今贫病卧斗室，年来白发羞鬅鬙。感君宝翰远相寄，珍重奚啻如百朋。况复印床镌宝篆，伏灵芝后来相仍。彩笔如椽云际下，江淹衰谢力不胜。一时照耀波斯室，拜赐何减千丈缯。长歌为谢蠖尺子，何日龙门御李膺。

奉和梅溪大令见寄长歌 时花朝前二日

春寒勒花花待春，苍龙盘郁蠖未伸。二十四番花信晚，晴郊草色方微新。锦秋湖上神明宰，城头姑射无纤尘。双龙逆溯[2]孝河水，尺书远道来昆仑。昆仑野老久遁世，淮南宾客羞言尊。闲云蒿径开蓬门，长歌贻我招吟魂。鳌翻鲸呿雷贯耳，雄风浩落传其真。年来谷口伴鸥鹭，柳市南头甘隐沦。松作龙鳞因树屋，萝衣山鬼堪同论。使君惠而能好我，新篇一一惊入神。春风春雨离亭柳，短叶长条绿黛颦。

於陵古城北三义殿长歌

炎精中熸黄巾起，凉州健儿乱天纪。洛阳宫殿尽为灰，关东烽火连千里。群雄龙斗歌董逃，中山苗裔称人豪。赤帝子孙应符[3]谶，龙颜日角卯金刀。大耳真人生涿鹿，蒲坂范阳扶日毂。君臣一体世所无，异姓犹闻如骨肉。结氂贩屦意萧森，大义堂堂冠古今。隆中未就三分计，幽蓟先盟一片心。别部司马争投袂，指顾翱翔九天际。碧血敦槃出肺肝，坐者为兄侍者弟。枭雄之姿推豫州，黄金驼纽寿亭侯。桓桓亦有熊虎将，蛟龙得雨百不忧。伏龙凤雏来新野，宁若桃园刑白马。意气常流天壤间，英风共照楼桑社。中原百战日鏖兵，晚节终能

① "座上"，中科院本作"先生"。

② "溯"，本作"湖"，据中科院本改。

③ "符"，省图本作"图"。

跨益荆。成功未已樊城厄，永安宫畔摧龙旌。石走沙翻血痕紫，旐头星陨临江水。人言遗恨在吞吴，讵意同生亦同死。万年庙食良不孤，寝堂列障黄金铺。何如辟地於陵子，千载贻羞盖大夫。

和露筋贞女祠长歌[①]

淮海倪长犀陆通先生作为此歌佳甚，余因而和之。

当年暝色黄昏雨，目断高邮湖上渚。白鸟群飞蔽地来，千古铮铮此贞女。今日行人为堕泪，遗墟庙貌流寒翠。浊浪如山正气存，魂兮如生生不寐。长吟短咏遍宫墙，云髻天衣被九章。身无完肤安足问，至今姓字垂天香。淮阳钜笔坐题诗，惊风烈烈谱神姿。溥天蚊蚋皆细响，月落乌啼又一时。

仙洲园双枫歌

江南枫树多于草，江北枫树珍如宝[②]。此地双枫世所稀，铜柯密叶皆言好。托根近在飞霞楼，朱龙河上有仙洲。仙洲中有小姑射，倚云亭在山之幽。白云四面逢逢起，中丞别业临丰水。水色山光忆昔时，高楼复槛明霞里。辽左当年节钺归，兰舟桂棹采莲衣。几行绿黛围红粉，十二歌钟连翠微。香飘[③]系缆归云洞，叶叶流丹依画栋。百年台榭散飞烟，繁华自古真如梦。惟余顽石枕荒丘，日落湖心亭上秋。老枫不管人间事，瑟瑟西风水自流。

送邑广文高作肃[④]归胶州长歌

胶西先生高常侍，海内雄文天庙器。早岁先登计吏车，词坛万夫皆辟易。君家兄弟不可当，含香画省尚书郎。口衔天宪冯玉尺，两袖清风栖海方。羡君命世真才杰，偶携寒毡遂幽洁。苜盘自古号冷官，郑虔要自称三绝。鸡肋微名非所求，翛[⑤]然谢病归黔陬。持竿子陵聊复尔，掉头巢父将行休。珊瑚树里悬明月，

① “露筋贞女祠长歌”，省图本作“露筋祠贞女歌”。

② “江南……如宝”十四字，省图本、中科院本作“江北枫树少，枫树珍如宝。江南枫树多，枫树多如草”。

③ “飘”，中科院本作“枫”。

④ “广文高作肃”，省图本作“学博高作肃谢病”。

⑤ “翛”，省图本作“萧”。

珠玑岛畔微风发。独携诗卷避人间，浮丘洪崖共超越。弟劝兄酬对海云，忘机鸥鸟出尘氛。佳儿弱冠弄柔翰，笔阵横扫千人军。如此风光不归去，眼前海市消何处。湖州弟子苦死留，安定传经厌冰署。冰署今同汉二疏，秋风朗月送离裾。海上故人相问讯，手攀若木钓神鱼。

寄韩定州樾依长歌

樾依于定州治内修复韩魏公众春园，又移置苏文忠公雪浪石于此园中，作亭以覆之。盖自韩、苏二公莅此州以后六七百年于兹，而风流映带，先后照人。余闻而歌以贻之。①

太行出云垂冀野，畿南胜地恒山下。泺水移来刺史旌，狐白之裘五花马。中山自古②称雄州，韩苏建节传风流。众春园里续棠荫，雪浪斋中怀旧游。今之韩侯古韩侯，相州事业非人谋。作吏声名动天子，三辅政绩惊千里。中丞报最久上书，循良直达明光里。韩侯天挺真人豪，材具豁豁挥铅刀。玉辇时巡向畿甸，负弩邀赐宫锦袍。余闲百废渐修复，前贤遗迹何矗矗。玉井芙蓉还旧观，曲阳白石悚群目。君家竹帛纪枫宸，醉白堂中好致身。他时昼锦归来日，说向交游故里人。

梅耦长为画《笼水图》歌③

阮亭先生为耦长盛言笼水之胜，耦长至敝邑，予欲与同游笼水未果。耦长以意为图见赠。

宛陵公子青狐裘，风尘历落横九州。昨岁征车随计吏，上书未报多烦忧。掉臂不归敬亭畔，驱驴浪迹东海陬。安期羡门纷在眼，洪崖拍手招浮丘。司成先生好奇者，尺书指点来沧洲。十年曾读颜山记，笼水孙文定公所著，有《颜山杂记》。卧游恨不成良游。即今咫尺隔乡县，懒慢无乃山灵羞。川原百里尚如此，何况雁宕兼龙湫。人生济胜良不易，丘壑之愿诚难酬。雪坪长啸向余说，吾能下笔追虎头。青藤蜡屐苦未到，经营惨淡神为谋。凤山峨岭俨入目，千岩万壑真悠悠。无端风雨一时至，腕下瀌瀌飞泉流。须臾纨素起叠嶂，仿佛遥傍山雨楼。山雨楼在笼水旁，孙文定公所居也。名川灵气集两腋，意匠冥索苍然幽。图成

---

① “此园中……贻之”，省图本作“是园，作堂以合祀二公，风流映带，先后照人。歌以记之”。

② “古”，省图本作“公”。

③ 底本无，据省图本、中科院本补。

聊以示张子，君看颇复能似不。我将持此笼水畔，长歌对酒当高秋。江城橘柚生离思，念尔羁人不少留。

喜雨行[①]

东风昨夜吹海门，老蛟行雨挟怒鲲。黑云一片压溪口，指顾风伯欻崩奔。迩来亢旱三农困，日夜惨恻伤精魂。经春不雨逮长夏，流离颠顿安可论。咫尺莫辨神明意，普天大泽倾河源。倒悬沧海何震荡，钱塘万马惊翻盆。造化功深那可测，笑看星宿排昆仑。晴郊一望尽生意，闾井自此安鸡豚。父老在室农在野，云旗社鼓酬神恩。皇家已叶屡丰兆，金鸡雨露来乾坤。初在吴廷初平大赦之后。但冀粗收数斛谷，努力犹可供盘飧。秋原亦有无衣者，安得家家绕九阍。

雨后绣江水涨，因忆刘十洲先生水香阁[②]

经时不到水香阁，为问风光近何若。童子沿堤记水痕，征君曳杖看云壑。庭中万竹风潇潇，阶前五柳萦长桥。遥思徙倚回廊外，极目江天正落潮。

柏陵大水行[③]

风漠漠兮雨潇潇，神鱼拨浪天门骄。黑云黯黮望不见，淫霖日夜无昏朝。地轴横翻海水立，真疑白马纷乘潮。晋阳不浸但三版，决汾灌绛安可逃。稚子惊栖原上树，浮尸或涨淯河桥。长波既已撼城郭，况乃水国同漂摇。白云湖接浒山埠，鲸涛百里冲山腰。迩来亢旱未布谷，谁知巨浸方难消。桔槔费尽农夫力，蛟龙漫没无寸苗。空陂庐井半倾圮，风眠雨立愁无聊。有司不肯绘图告，叫怒催租如獍枭。年来水旱赖公等，忍使遗民却尽凋。

竹林七贤歌[④]

嗣宗长啸亦足豪，苏门鸾凤凌九霄。步兵厨里哺其糟，穷途痛哭悲萧骚。

---

① 底本无，据省图本、中科院本补。

② 底本无，据省图本、中科院本补。

③ 底本无，据省图本、中科院本补。

④ 底本无，据省图本、中科院本补。

科头散发真吾曹，酒酣白眼天为高。伯伦潇洒颂酒德，形骸土木无人识，韬精荒宴诚难测，生平志在陶家侧，五斗解醒良亦得[①]。巨源简嘿早知名，度胜嵇阮真公卿，启事谒帝登承明，中有藻鉴冰壶清。神气萧萧嵇中散，野鹤离群矫霜翰，玉山照人何灿灿，养生自识柳下锻，广陵一曲发长叹。南阮清贫推始平，律吕神解参中声，元音玉尺留西京，长竿犊鼻当中庭，聊复尔尔称达生，一麾出守初扬旌。安丰身骑巴阗马，玄箸超然何大雅，黄公酒垆弄杯斝，烂若飞电寒岩下。常侍毫素如有神，漆园千载传其真，鼓排洛下尔何人，醉闻邻笛多酸辛，山阳一赋难重陈。

阻风长白山村未遂登陟，张观四纵笔作画，因歌以赠之[②]

黄尘滚滚悲风号，山腰草堂何萧骚。安得曳杖临东皋，凌风恨不如猿猱。千钟烂醉中山醪，秦青缓拨银檀槽。漫云幽兴真吾曹，高峰巀嶭难游遨。西园公子青锦袍，狐裘珠履飞麟绦。清言玉麈开天弢。东园主人亦足豪，虎头颊上生三毛。手拂素纸挥霸毫，解衣盘薄天为高。长松万尺当蓬蒿，须臾几案流寒涛。便欲从君构小舠，经营惨淡无乃劳。凭高未遂何嗟及，览君此画长太息。倾烟波，泼狂墨，与尔临水良亦得。卧游更不烦登陟，风伯焉能复相逼。笔端自夺神工力，草堂从此生颜色。

浼张观四为画《昆仑山人图》歌[③]

吾家昆仑倚天脊，嵯峨万仞神仙宅。天柱峰高近太清，阆风台远展瑶席。何不画我置此中，萧然扶杖烟霞客。鹤羽翛翛入白云，金芝琪树天咫尺。摩诘前身老画师，能事不受相逼迫。芙蓉城在海西头，灵气坐使生两腋。他时待尔向层峦，采真之游吾将适。

---

① “得”，《般阳诗钞》作“奇”。

② 底本无，据中科院本补。

③ 底本无，据中科院本补。

题载墨舫老人传后[1] 钱塘吴海木先人也。癸亥，四首

墨舫征君不及见，南州高士闻孤踪。十字丰碑传季子，延陵清节今再逢。遗徽照耀丽牲石，郭泰哀诔称蔡邕。逸情仿佛柳塘畔，漫浮小艇当烟葑。生平侠骨重然诺，同甫落落开心胸。江上放歌铁棹板，堤边骏马金盘龙。瑰奇自是伟男子，媚世羞作胡中庸。问天搔首西陵外，置身宛在南高峰。烟霞癖痼自不解，终身汉腊如两龚。词场夙昔留毫素，穿云异响非喁喁。管宁挥锄惟皂帽，阮籍长啸邻青松。沧洲图画富金石，湖头自种双芙蓉。渊明戒子一何切，手开三径花蒙茸。闭关久著潜夫论，养志聊为邴曼容。或时放鹤招逋客，孤山一带停孤筇。有子竞传似苏颋，凤毛况乃推超宗。一经清白固尔尔，桂堂宝树何玭瑢。神驹蹀躞宁惮远，如玉在掌金在镕。词锋业已足千古，雄文亦复穷三冬。呜呼乃翁竟不朽，高车驷马行相从。

长歌行寄孙光禄孝堪于都门[2] 益都故相国文定公长君也，以任子起家

长歌复长歌，贱子陈区区。端居忆畴昔，俯仰生嗟吁。忆昔平泉全盛日，冠盖珠履交门枢。吾家东阁久沦没，君家绿野临城隅。沙堤南接四十里，午桥相望何盘纡。宴游太傅盛丝竹，风流不类山泽癯。有酒衔杯称乐圣，执经往往是文儒。洛社遗荣念耆硕，香山宴笑多欢娱。犹有赐书三十乘，琳琅掩映黄金铺。山雨楼头闭宸翰，丹青绘作沧洲图。叒斋侍燕几何日，顾盼笑对双凤雏。羊昙欣迹宛然在，郗鉴神赏吾何愚。星移物换竟已矣，痛哭箕尾哀黄垆。西州门外马策返，桃花千树悲穷途。碧梧翠竹更憔悴，谢庭玉树霜风枯。仲愚继相国而逝。独喜赞皇承世业，苏瓌有子登天衢。仗下墨衣几时入，中朝通籍归名都。廷评太祝无不可，神骏自与凡马殊。好驴马不入队行也。周妻何肉亮不恶，太常烂醉真吾徒。金门坐索东方米，拔剑割肉骄妻孥。升平嘉宴未云远，天街昨岁颁大酺。高头子弟红牙板，尚方赐食青玉壶。人生恨不作光禄，大官良酝如醍醐。我今念旧三叹息，益都两相天下无。北海高风数文定，东山适志称临朐。天章又见宠疏傅，千秋盛事良不孤。相门有相望吾子，许公大手开荒芜。去岁余游蓟门道，风烟那得同驰驱。自怜短褐重坎壈，君亦冉冉尘中趋。西楼夜月鸣筝坐，何时社酒游枌榆。我卧沧浪君阙下，安得携手争呼卢。一官聊复托微禄，监厨请客无乃诬。我过笼水乌衣巷，登堂喜尔千金驹，谓中郎淳夫。临风北望起遥想，

① 底本无，据中科院本补。

② 底本无，据省图本、中科院本补。

便欲命驾还踟蹰。藉问阮公何所事，此行应为步兵厨。

焦宝箓构亭子假山初成招饮观剧①

邺下公子真天人，芙蓉池上罗众宾。茅亭潇洒出尘表，下有绮席铺华茵。雷硠鬼斧凿山骨，巨灵巧作披麻皴。千岩万壑在咫尺，山阴道上茫无垠。胸中五岳起方寸，意匠惨淡如有神。尤工远势固无比，峰峦曲曲骨肉匀。山成四座各言好，玉壶美酒当芳辰。人生适意在行乐，一日放酒骄千春。小山自是可招饮，大饮亦复堪扶轮。安能寂寂负良夜，徵歌顾曲何其频。白石阿郎亦婉娈，余音袅袅飞梁尘。问君不醉更何意，自古饮者存吾真。酒酣欲续淮南赋，又听当筵白纻巾。晋乐府有《白纻舞歌辞》。

端阳前一日途次万年沟北，遇暴雨猝至，山溪骤涨，平地水深尺余，几有性命之虞焉②

黑云亭亭如车盖，转盼群峰变苍霭。咫尺谁知造化功，雨师来自南山外。洪仁阁畔天为昏，万年沟北如翻盆。雷车妖雹竞出没，神惊骨脆伤精魂。马首迎风屡回首，须臾性命吾何有。千溪狂涨飞寒涛，灵鳌折足蛟龙吼。我何人斯困此中，冲波蹩躠叹途穷。何如归隐一终老，听雨南轩半亩宫。

赋得齐鲁青未了③ 甲子。一首

杜陵老子来秦雍，趋庭东郡瞻岱宗。生平自是耽奇句，笑看云壑开尘胸。吴门匹练遥在眼，天门万丈青芙蓉。沧漭元化帝出震，巑岏山势蟠苍龙。上穷碧落冠云杪，日观越观纷高峰。烟鬟黛色照千里，翠螺隐隐迷秦松。阳为鲁甸阴齐野，金泥玉简劳登封。七十二君往迹在，云亭盛事闻芳踪。荒芜辇道亦何有，岚气苍苍应万重。年来海国困输挽，封禅玉帛将焉从。茂陵莫漫传遗稿，民力萧条谁与供。时有上书请封禅者，故末及之。

---

① 底本无，据省图本、中科院本补。

② 底本无，据省图本、中科院本补。

③ 底本无，据省图本、中科院本补。

药山麓望沧溟先生墓不见

公归神兮山之阿，水蜿蜒兮山嵯峨。阳春绝调发浩歌，大雅润世何其多。公安俳訾彼则那，竟陵之吠奈公何。嘉隆正音琴瑟和，寂寂秋原埋玉珂。我来凭吊当坡陀，丰碑何处迷寒莎。呜呜山鬼吟女萝，未得挂剑深摩挲。吁嗟乎山有岱兮水有海，沧溟遗响依然在。我歌九辨一招魂，楼头白雪流光彩。

短歌行

泽国之人习见水，山国之人恒见山。我生岱阴沧海侧，临流亦复穷跻攀。驱车直北走千里，悠悠长路直如矢。嵖华以西无寸石，惟见黄尘而已矣。[①]

鹿角关遇大风歌

曲路店上飞云驰，鹿角关下风鸣悲。红尘倒卷天四垂，万树怒号交路逵。寒沙扑面眼迷离，青泥黄土侵须眉。骏马走脱千金羁，阴霾惨淡蟠蛟螭。赤日宕晕纷蔽亏，雄关自昔传崄巇。到来夹道留荒基，狂飙未息安所之。风伯忽倏摧地维，客子按辔惊自持。行路之难当告谁。

黄河故道长歌[②]

我闻昆仑之丘与天倚，星宿倒挂银河水。北走金城塞外来，龙门东下三千里。茫茫禹迹遍神州，平原划出九河流。汉武秋风歌瓠子，宣房一塞鼋鼍游。澶渊之决东南注，洪波远接江淮路。璧马销沉万古愁，淇园苦竹凌霜露。中原民力葬鱼龙，河堤使者劳三农。海门既塞河伯怒，转漕又复当其冲。岁縻水衡三百万，风行雨畚生哀怨。河身渐高地太低，蚁穴之溃颓金堰。官民交困在斯时，贾让之策徒尔为。放河入海虽长计，东北一带良可悲。即今故道依稀在，斥卤平畴阅人代。桑田沧海亦须臾，聊复悲歌亦[③]慷慨。

---

① “矣”后，省图本、中科院本有小字“周冰持曰‘一起与死不必坟与土，生不必父与祖。同一突兀’”。

② “故道长歌”，省图本作“故道歌”。

③ “亦”，省图本作“以”。

德州会通河放歌

君不见咸阳帝里称上游，浮河达渭归雍州。转运由来关大计，贡道岂得无良筹。幽燕自是帝王宅，天庾飞挽须人谋。会通开自平江伯，江淮之粟输蓟丘。漕艘衔尾数百万，此地控扼真咽喉。禁兵额设资弹压，浮梁解缆通行舟。近者双汶百泉涸，南来如线横芳洲。弥弥一水力不任，连舸画鹢时逗遛。长羊牵挽空叹息，行河使者尚[①]含愁。金钱浪掷事挑浚，仅乃不遗庚癸羞。司农往往嗟仰屋，京储玉粒百不酬。汉家自重减漕策，屯田西北多闲畴。劝垦从教国计足，利在变法人所求。东南民气应渐复，息肩或可成小休。不尔振策马力竭，异时翻恐为国忧。作歌自笑杞人虑，目断涓涓卫水流。

滹沱河放歌

河在单家桥下，其北即文皇与盛庸大战处。文皇以大风转败为胜。按：光武渡河在真定上流，此在献县。

滹沱之水来雁门，势合徒骇声崩奔。父老犹传夹河战，寒沙日暮飞云屯。东郡还师淬锋锷，胜败反覆如六博。蒲骚自狃历城侯，兵气遂歼献阳郭。桥头倒折天王旂，桥下积骸令人悲。彭城龙跃无乃似，黄尘卷地相追随。古来天子百灵拥，穿营鸣角神气竦。乘风灭敌自天心，人谋岂必皆智勇。君不见云花铁骑渡坚冰，白水真人信有征。滹沱河上千秋事，漫向斜阳感废兴。

献县怀古长歌 汉河间献王封国

汉室侯王谁令名，前有河间后东平。兔园词赋不足数，淮南鸿烈终何成。献王被服矜儒者，况当六艺灭秦嬴。汉庭虽除挟书律，遗文残缺犹纵横。日华宫里衣冠集，煌煌别馆招群英。好奇不惜千金宝，习礼新成五垒城。一朝雅乐献天子，人传谒帝登承明。璧雍灵台好制作，人间又复歌磬韺。粤自贤王来北阙，即看文物推西京。博士初闻毛氏传，传书不愧济南生。孝武皇帝崇文雅，属籍冠绝称弟兄。内庭自讲家人礼，中朝文采传公卿。诏王对策天颜喜，彬彬经术为世程。后来虎观石渠彦，赖兹绪纶开先声。太乙藜燃[②]校天禄，七略既出何峥嵘。当年帝子穷经处，念此徘徊千载情。

---

① “尚”，省图本作“常”。

② “燃”，本作“然”，据省图本改。

白沟河吊古长歌 成祖再破李景隆于此地

白沟河上黄尘起，酸风激射沙场里。寒莎倒卷天为昏，杀气横空黯千里。败者吴濞成者燕，齐黄谋国亦徒然。当时恨不诛晁错，玉玺沉江误荐贤。北平王气真天授，乾坤震宕惊龙斗。长兴老死已云奔，宿将皆为几上肉。九江竖子李景隆，父书未读称曹公。壁垒烟消鸟兽骇，南军烽燧接天红。卷土重来矜组练，此地曾经虎狼战。狂飙忽陨大将旗，火照天门下雷电。淇公鄞公飞龙骧，奋烈亦有河间王。伏尸京观一何惨，六十万众销剑铓。土崩云散鼓声死，一时壮士沦寒水。犯阙谁云叔父贤，膏原徒累生民耳。我来过此悲萧骚，阴霾磷火无昏朝。飞沙惨淡雄州路，寒雾迷离月样桥。伤心幽愤留终古，驻马踟躇日亭午。白骨漂流入白沟，黄钺依然剩黄土。建文曾赐李景隆[①]黄钺。沉枪断镞风飕飗，时闻鬼哭声啾啾。战场自昔多遗恨，翻使行人终古愁。[②]

望墩上戍卒[③]

风萧萧兮雨气黑，旷野椎埋多剧贼。十里一堡五里墩，官家设法良亦得。红旗飘渺行荷戈，探丸不作徒旅和。霜眠露立何其多，彼美人兮奈若何。

暮抵涿鹿[④]

是日发鄚州，行一百七十余里。

早发鄚州暮涿州，漫漫长路风飕飗。红尘一百七十里，马烦车怠行人愁。帝城云树已渐近，酤酒烂醉燕市头。不然何以慰远游。

易水行

朔风起，羽声死，发上冲冠别易水。风萧萧，声嘸嘸，易水西去咸阳桥，燕丹无谋荆卿怒，舞阳竖子为所误。空负田光一片心，图穷自击秦庭柱。临风

---

① “景隆”，省图本作“九江”。

② “愁”后，省图本有“周冰持云‘石走江翻，悲凉顿挫。古战场文无此激烈’”。又“激烈”，中科院本作“激昂”。

③ 底本无，据省图本、中科院本补。

④ 底本无，据省图本、中科院本补。

刎颈谢王孙，仿佛当年老监门。只今易水东流去，千载难消壮士魂。

黄金台歌

我来吊古高台没，涓人遗迹应消歇。闻道昭王盛筑宫，不惜千金求骏骨。权奇万里来纷纷，一朝喜得望诸君。郭隗早定招贤策，指顾南平历下军。历下烟消东走莒，坐见元英陈大吕。旦夕遂收养士功，煌煌霸气留钟虡。呜呼骑劫真驽骀，田单之火驱龙媒。相马一失成业堕，岿然愧尔黄金台。闲凭往事寻残垒，黄金黯淡无光彩。惟有萧萧易水寒，依旧东流到沧海。千秋台上[①]有黄金，千秋台下感人心。怜余裘敝金垂尽，驻马聊为燕市吟。

琉璃桥 琉璃河即《水经注》所云圣水[②]

圣水西来何浩浩，轮蹄绎络千里道。一派遥遥邻范阳，不堪吊古生悲悼。平居犹忆熹宗朝，巨珰烈烈横金貂。僭称[③]警跸向涿鹿，彩虹十道飞长桥。长桥势压琉璃水，白石离离五文紫。一时辇运走房山，神工鬼斧应无比。秦皇驾海鞭长鲸，蜀道蚕丛开五丁。纵然费尽千夫力，万年利济归神京。煌煌石碣托宸藻，紫阁儒臣行视草。即今万国奉车尘，冠盖相过驰羽葆。波势斜连督亢陂，回流东绕康王碑。见《水经注》。卖浆屠狗狂歌侣，携弹飞鹰游侠儿。桥下铁篙三十尺，输石木兰俱辟易。我来摩挲长叹息，水色春光同一碧。

大车来[④]

青骢白马大车来，长堤广路多黄埃。卷须老奴红于髭，敝裘蒙茸气雄哉。摇鞭霍霍行人开。

卢沟桥长歌

秦京百二何迢遥，灞陵虹气飞山腰。幽燕亦有河如带，咽喉深锁卢沟桥。

---

① “上”，省图本作“下”。

② “桥”后，省图本有“放歌”；“水”后，省图本、中科院本有“桥为魏忠贤所建”。

③ “称”，省图本作“拟”。

④ 底本无，据省图本、中科院本补。

卢沟之源来马邑，天池注泻奔流急。左拂云中右太行，浑源州下洪波集。桑干水落桑干山，蜿蜒千里渡重关。雷轰电掣狼窝口，风翻云涌柳林湾。凤城西畔石梁起，游龙夭矫黄云里。如山浊浪走东南，千古名川雄帝里。翠微倒映西山长，沿河堡堠修堤防。拱桥城边拥百雉，丹楼霞彩遥相望。王公设险在守国，此意岂复行人识。但能扼吭即金汤，坐令冠盖朝西北。

慈仁寺吊双松歌

我闻双松形干老，千年托迹长安道。虬枝诘屈屡盘珊，铁骨霜皮各言好。拂地蜿蜒陡欲回，渴龙饮涧须髯开。偃盖横斜异凡境，风涛叟叟惊如雷。金元之树苦难得，劫火一朝凋翠色。其一在左干已枯，凌霜不复雕阑侧。其一尚有半身存，夭矫犹作熊虎蹲。我来摩挲长太息，毗卢阁畔飞云昏。其余诸松亦森列，不及双松多罄折。痀瘘引胫无乃劳，侏儒气短神理竭。双松一名曰侏儒松。近来此地富人烟，神物应当恶市廛。若令埋迹空山里，不材或者终天年。君不见圣林老桧留东鲁，浩劫兴衰自今古。又不见避雨秦松五大夫，铜柯已朽何足数。如此双松世所稀，可怜憔悴对斜晖。碧云满地真幽绝，不使轻尘上客衣。

报国寺观市歌

长安市上群所趋，摩肩击毂争前驱。慈仁寺里人如蚁，三条五剧当交衢。语声喧豗海潮涌，徒侣不得相招呼。短衣游冶相照耀，黄金浪掷邀欢娱。五都之市此最盛，繁华绮丽天下无。百货星罗殿庑下，到门遥系千金驹。陆离异彩纷在目，野客见此应模糊[1]。珍奇淫巧古所戒，物力雄富安可诬。即看梯航遍山海，百粤五岭相灌输。工倕之技六材尽，搜岩扬穴来江湖。行行疑入鲛人室，不尔何看明月珠。文犀玳瑁间翡翠，鞶匜壁带垂流苏。蜀锦哥窑青玉案，番灯倭扇红氍毹。五花屏列点苍石，七宝床开螺蛔铺。内家宣索钗头凤，翠黛十斛装隆颅。共说一环五百万，两环千万仍踟蹰。碧髯绿眼群列肆，谁其使者波斯胡[2]。亦有白皙好身手，手执玉麈挥尘污。时复婉媚时傲睨，瞪目向客捋髭须。不作交赊太狡猾，河间姹女争斯须。相逢狭斜不相识，白者朱提青者蚨[3]。五坊小儿臂鹰至，腰下常悬青鹿卢。笑执雕弓弹霹雳，买得双鞬金仆姑。朱门贱隶亦接迹，

---

① “糊”，本作“黏”，据省图本、《般阳诗钞》改。

② “胡”，本作“湖”，据省图本、《般阳诗钞》改。

③ “蚨”，本作“凫”，据省图本、《般阳诗钞》改。

霍家壮儿名子都。经过前殿盛游乐，满酌洪梁苍玉壶。却驺谢乘往往见，散步更有朝大夫。宾客如云赐休沐，轻裘缓带神气殊。指挥宝鼎辨真赝，盘螭睡鸭收彝垆。龙宾虎仆富文翰，丹青不少沧洲图。我来拂拭光凌乱，囊空四海无区区。顾盼愁对贾人子，自负赏鉴羞文儒。京华倦游亦何益，不如老作山泽癯。琳琅队里耗神气，守朴无乃留其愚。惟应翘首向尘外，双松偃蹇真吾徒[①]。

清明游万柳园歌 园为益都冯相国所建[②]

长安自是繁华地，交栋连云饶甲第。就中独有左相贤，乐圣衔杯好风致。流连雅事无不为，那惜倾囊万钱费。自买名园供宴游，沙堤新筑联车骑。城隅一带乐游原，万柳初成飒寒翠。华堂郁郁枕清流，画船箫鼓凝繁吹。略彴才通一水间，为园自得幽人意。名区疑是曲江池，清影遥连夕照寺。凤城烟火少闲田，此地居然称奥邃。突者为山洼者溪，十年畚插良非易。不将壮丽易孤清，元老闲情偶然寄。有时宾客问平泉，衣冠休沐中朝赐。游侣相逢杜曲花，酒人频过华阳肆。帝乡况复值清明，联翩士女翻然至。车行玉馔马行炙，明妆靓服仍交臂。垂垂柳浪已闻莺，众香国里流红腻。春深拾翠百不忧，争觅遗簪与堕珥。襄阳闻说蹋铜鞮，大堤曲里曾何异。我来潦倒五陵游，城南双玉何迁次。罗袖丛中未拂衣，仿佛枝荣与花媚。自怜孤客困旂亭，风尘引领空憔悴。狂歌未得结荆高，扫门翻恐疑魑魅。驱马长衢归去来，英雄自堕千秋泪。

赠厉伯敕长歌

将军海曲之人豪，早岁仗剑环龙韬。飞腾矫捷身手健，掷丸跳壁欺猿猱。从戎渐历千夫长，前驱指顾开旌旄。正值乾坤龙战日，渡江击楫真萧骚。新亭洒涕几何日，扬州宰相悲风号。淮阳诸镇降旗立，沉江铁锁名王入。归来尽隶羽林军，宣曲长杨越骑集。八闽防海佐中权，下濑戈船习绔褶。老去仍从三辅游，慷慨悲歌伏枥泣。长安市上数经过，荆高之辈同和歌。青丝锦障代马驼，兴酣击筑唤奈何。上东门内多鸣珂，与君白眼空蹉跎。君不见长绶在腰印在手，王侯卿相诚何有。白日崦嵫安得久，作歌对君君知否，且复频倾燕市酒。

① “双松偃蹇真吾徒”，省图本、中科院本、《般阳诗钞》作“满眼松涛立须臾”。

② “建”后，中科院本有“是日游人最盛”。

出彰义[1]门

二月既望来京华，故乡杨柳齐作花。及我还辕傍三月，帝城柳色微黄发。北地寒多兼苦风，不与南中节序同。彰义门西村畔路，清波一带垂杨渡。西山斜日在西南，千峰万峰多云岚。客子思乡渺何极，譬如归鸟凌晨翼。投林之乐非等闲，千里风尘几日还。

游[2]洪恩寺 在良乡城南，故明敕建

驱马黄尘大道中，悠悠长路多飙风。浮生小憩招提镜，山门壮丽辉[3]晴虹。宝幢云锁何深闷，云是前朝功德寺。稽首龙宫阒寂寥，千章老树流空翠。苾刍对客说兴亡，话到神宗意惨伤。中官曾笔璇宫令，天香粉泽营禅堂。堂成梵宇连天起，飞楼绮观邻槐里。戚畹频倾浴佛钱，内人再拜斟明水。高阁常然五夜灯，岁时颁赐耀文缯。圣母千秋方荐福，光熹代谢忽相乘。沧桑回首如一发，胜地光华坐销歇。暮鼓晨钟异昔时，寂寂空林对寒月。

重过白沟河放歌

悲风何浩浩，立马古战场。父老为余言，畴昔传文皇。文皇披发来酣战，欻如天上飞云电。江东诸将皆庸奴，王门厮隶岂贫贱。北有藁城南夹河，三战皆获神助多。风伯前驱震霆怒，南军虽众将如何。北平壮士一敌万，叶汶。出入不使兵威顿。昆阳雷雨虎豹惊，睢水回飙赤龙遁。王师救死起幽燕，衅在骨肉难万全。汉文入继亮不尔，渭桥揖让羞金川。清宫虽借东牟勇，孝惠之子非龙种。神气由来不易窥，吴楚京观成丘垄。胜败之势分鸿毛，此事遂误宁宸濠。朱门长剑自无敌，一蹶涂地悲风号。宁王尝于宫中舞剑[4]曰:“此白沟河大战也。”即今漠漠黄尘里，惨淡青磷血痕紫。三脊狼牙露浅沙，五花马骨流寒水。千载长河归海东，销沉故垒起腥风。谁过榆木川前路，亦有沙场落照红。

---

① “义”，中科院本作“仪”。

② “游”后，省图本有“良乡”。

③ “辉”，省图本、中科院本作“飞”。

④ “宁王尝于宫中舞剑”，省图本、中科院本作“宁王未反时，曾于宫中舞剑”。

单家桥遇禁兵自蜀中班师

滹沱河北凯歌唱，单家桥上军容壮。高牙大纛如挟纩，铙歌朱鹭神气旺。橐驼逐队来毡帐，争先驱马谁能让。陆离雕弓五花韔，连钱玉勒青泥障。手挥蛮奴负甲仗，陌头少妇应惆怅。蜀锦携来笑相饷。

宿刘智社，时禁旅满街[①]

卫河东出浮桥口，刘智社上无人走。入门下马来酤酒，长刀在腰鞭在手。解带停鞭日已西，自言身是羽林儿。东家割鸡哑哑啼，西邻莝豆马频嘶。我来驱车日昏黑，路迷南北行不得。潜身茅屋空床侧，挑灯不语无颜色。遥闻壮士声狺狺，行炙未遂莽生瞋。裸衣烂醉倾壶频，兀自三更夜打人。[②]

阅虎[③]林李颂将小园文选诸刻，为赋长歌，兼寄吴宝崖

钱塘潮汐拥海日，明圣湖边伟人出。自是江郎有彩豪，珊瑚又架徐陵笔。君昔结屋湖山坳，读书富比双峰高。闲居睥睨傲千古，俯视余子同儿曹。丽辞绮语妙天下，气凌潘陆称作者。湖海元龙八尺床，贳酒鹔鹴五花马。仰天大笑万里游，出门长揖交通侯。袁宏倚马草露布，王粲作赋登高楼。羡君嵚崎何历落，驱车游戏宛与洛。风烟载酒粤尉台，雄文高宴滕王阁。生平喜作无韵诗，颂将工文而戒作诗。雕虫小技谢弗为。少陵不是诸侯客，酒酣时呼严挺之。君家陇西玉溪子，长剑倚天走千里。西崑结体三十六，有时倒泻银河水。君今[④]华发同萧骚，将欲高卧归林皋。六桥花柳正满眼，西泠烟水真逍遥。为讯延陵吾好友，二十年来久分手。柳塘坐拥百城书，齐鲁故人相忆否。去年玉辂幸南州，八纮之网收枚邹。御前授简三千士，帐殿昆池第一流。当年志壑堂中客，回首风尘思旧游。旧游新知两萧瑟，悠悠黄鹤南飞翼。西子湖头双鲤鱼，侧身遥望海天黑。

---

① “宿刘智社，时禁旅满街”，省图本、中科院本作“刘智社遇禁旅行”。

② “人”后，省图本、中科院本有小字“周冰持曰‘此等直是《垂老别》《石壕吏》诸诗变调，王建、李益何曾梦见’”。

③ “虎”，省图本作“武”。

④ “今”，省图本作“见”。

石帆亭歌赠王清远

海风东来过东海，吹彻瀛洲竟何在。缥缈飞来十二楼，桓公台下烦真宰。输石之楫持作篙，石丈胖胴宕画桡。薜荔为衣[①]藓为缆，仙人驾海留虹桥。琅邪公子承家学，兰亭胜地勤朴斫。已辟山头华子冈，北垞南湖濠上乐。陆舫人疑岸上舟，真如打桨在中流。泠泠石叶迎船出，漾漾龙幡带月浮。烟波钓叟来清梦，江湖散人时过从。幽篁千亩翠[②]云寒，茶灶绳床波浪静。长啸弹琴小辋川，依稀千涧出蓝田。五丁巨灵群效力，百尺轻帆凌紫烟。便如置我三山顶，御风笑拍洪厓肩。

述怀长歌上渔洋先生

渔洋先生真天人，千年风雅赖一振。仕宦由来早通籍，轺车万里常扶轮。古来文章有司命，绝调公能执魁柄。边李山川启人杰，自是中权非后劲。当年作赋向芜城，声华奕奕称先鸣。龙门万仞人所羡，珠槃玉敦归齐盟[③]。遗老钱吴折辈行，南州车骑何骀宕。广大教主坛坫高，令狐御览登甲帐。甲帐螭[④]坳上玉墀，汉庭七略校青藜。中朝人物王平北，江左风流谢镇西。已入鸾台跻清要，更向凤池知制诰。常璩华阳志益州，陆贾新书传粤峤。清时物论首琅邪，不只灵光冠海涯。即丘六代尚书履，列戟三槐令仆家。青箱世业推第一，大令登朝频造膝。笔阵传家数石泉，上殿英谋秘温室。即今疏广已悬车，闲从溟渤钓神鱼。名山久著千秋业，退息仍修四库书。平泉绿野恣幽讨，穷海鸡林识鸿宝。白傅长吟履道坊，谢公赌墅山阴道。有时自作洛下吟，清言亹亹寄云林。开尊宸翰堂中月，对客论衡帐里心。试看庭下三株树，乌衣巷里惊人句。中郎不惜枕中书，王粲何妨自来去。御李怜予五十年，陈荀子弟久回旋。生平未作三都赋，元晏门前愧执鞭。

---

① "衣"，省图本作"裳"。

② "翠"，中科院本作"绿"。

③ "盟"，省图本作"鸣"。

④ "螭"，省图本作"蟠"。

四[1]月雨行 初五日，雨终夜如注

三冬无雪忧亢旸，经春不雨愁彷徨。从来水旱有时数，灾沴各在天一方。大江之南若霪潦，大河以北红尘飏。年来饥馑困齐鲁，皇帝捐租苏沧桑。喜看灾黎渐复业，小稔或可招流亡。抟挠造化在人事，三公之职调愆[2]阳。煌煌仁泽已再见，千里赤地良可伤。春耕布谷无寸叶，仰视天际常昏黄。传闻主上忧云汉[3]，下诏罪己真尧汤。[4]弭灾之计诚无方。封事联翩天北极，瞻星问夜朝未央。斋宫岂曰循故事，为民请命回穹苍。以兹嘿感动真宰，海岱灵雨来苍茫。银河倒注九天外，雨师风伯争飞扬。丰隆驱车冯夷下，屏翳击鼓群龙翔。鲸鱼拨浪石燕舞，甘澍三尺惊汪洋。万家愁叹坐消释，欢呼老稚连穷乡。四月播种犹未晚，农夫指点南山冈。罔知昭格由帝力，但道大泽来天阊。有年自古赖修者，圣主恩深安可忘。即今盐铁尽平准，无劳上吁烹弘羊。

朱孝子虞尊万里负榇行

孝子[5]，大兴人，明季宣府死难中丞朱忠庄公之曾孙。其父卒于东瓯，孝子万里只身负骨以归。余哀之，为作是诗。

尔之曾祖古所无，千秋义烈留名都。高牙大纛久开府，北门锁钥当天衢。上谷中丞亦孤立，贼兵百万填城隅。援桴鼓士士不起，仰天太息徒嗟吁。身为国雄奋激烈，一剑饮血捐头颅。文孙抱书历荼苦，莲花幕下衣无襦。厄穷如此何为者，造化偏使饥寒驱。西走长沙南走粤，风霜无复完肌肤。五年病渴羁越海，雷阳抱疴来番禺。才过庾岭已重困，呼儿易箦声呜呜。七尺焚身有治命，顾盼怜尔孤凤雏。迢迢负骨归故里，晓夜血泪应全枯。朱孝子，真穷途，遗骸远道良崎岖。相逢谁不怜区区。朱孝子，哀且劬，生无一杯羹，死无饭含珠。艰难负骨万里趋。归来邻里同欷歔。时侨居余邑。先人首丘志不渝，大忠大孝君家俱。呜呼流芳方未徂，我歌为尔劳踟躇。[6]

---

① “四”前，省图本、中科院本有“丙戌”二字。

② “愆”，中科院本作“阴”。

③ “汉”，中科院本作“旱”。

④ “汤”后，中科院本有“桑林六事唯自责，侧身惕厉何皇皇。求言切切下三省”。

⑤ “子”后，省图本、中科院本、《般阳诗萃》有“名虞尊”三字。

⑥ “躇”后，省图本后有“渔洋先生曰‘顿挫唱叹，首尾呼应，章法井井’”。

定窑常寿王佛小像

雪山古德开玄钥，灵鹫威仪久栖托。五印度国万里遥，谁是天亲与无着[①]。绀发乌巢不记年，偏袒露肩去双脚。眉长于鬓髻旋螺，瞑目隆颀面深削。西来大意悄无言，自识瞿昙瘦如鹤。常寿独留天壤间，混沌宁与元工凿。净土青莲不染心，无事珠衣垂宝珞。何人范土作形模，火宅劫灰岂糟粕。良工制就似先天，金轮烈焰飞闪烁[②]。像教由来重化人，低眉非复常情度。想当四大作禅床，八水双林出灵岳。别有神光照大千，琉璃世界非凡爝。虎头仿佛画维摩，鸡足山顶遗古钵。不用安禅制毒龙，定力悠然解纠缚。蜀锦装成弥勒龛，水田衣上天花落。一杖遥分大海涛，浮杯不使曹溪涸。东林今日有宗雷，皈依愿受巾瓶约。万年常奉古先生，此老端宜在丘壑。

赋得二月卖新丝

东风二月桑初绿，蚕女采桑遍溪曲。枝上交交戴胜鸣，里正催租已出城。官家烈烈黄符下，令急如山不相藉。可怜豫卖输官钱，为谁辛苦饲三眠。

槛虎行 忆去年在济南[③]见之

吾闻豢龙有遗踪，豢龙可以见真龙。养虎则难缚虎易，此事未可参尘胸。刘累梁鸯非俊物，何须剑客真英雄。天家亦有虎豹圈，五坊小儿掌牧攻。皋比寝处亦何有，所贵神物栖樊笼。乳彪三尺性憨猛，身上柙槛心狞凶。磨牙掉尾自不测，神威睒睒光熊熊。彼何人斯久豢此，名都大邑千人惊。长衢夹巷涂路塞，睇视白叟兼黄童。譬如壁上观斗战，快睹且免心忡忡。我昔于彼向三楚，荆襄正多豺虎丛。惊飙怒号遍林莽，回思战栗当其冲。时平城市乃见此，啬夫展技明湖东。恨无包鼎写奇质，坐见万里风云通。

---

① 省图本有眉批“渔洋先生云‘极似吴渊颖诸长句。禅喜中有此奇伟之作，亦足以追坡翁、凤翔、八观矣’”。

② “烁”，省图本、中科院本、《般阳诗萃》作“灼”。

③ “济南”，省图本作“历下”。

题邢太保玠征倭所赐尚[1]方剑歌 其遗裔于荒岁贱售于余叔氏[2]

征倭复征倭，上将威已削[3]。属国乞皇灵，出师赋六月。援辽二十四将军，荀彘楼船未策勋。倭奴十道陆梁甚，萨水回戈崩阵云。何人谬作求成计，临淮小侯下天际。紫泥封拜功不成，节旄辱国翻为戾。太保登坛大出兵，黄扉授钺定专征。羽林健儿三十万，黏蝉平壤飙纵横。赫赫天威自相假，骠骑将军大司马。玉铗神光领尚方，星文照耀从天下。期净幺麽溟澥渍[4]，谁知小丑肆尘氛。终然衄刃句骊地，败绩仍将露布闻。赐剑英谋[5]竟何在，那堪大旆归东海。双龙惭愧返延津，湛卢赤土韬光采。朗咏诗人宝剑篇，丰城非复斗牛边。朅来雷焕久已死，留与吾家张茂先。[6]匣中隐隐白虹灭，黯黮无灵三尺铁。莫将神物遗子孙，庞凉冬杀悲金玦。[7]

七月七日渔洋先生招饮谈诗，谨赋长歌以志良会

先生一褐归沧海，岭上闲云久相待。山中宰相听松风，华阳真诰颁真宰。闭关未向五城游，锦湖万顷当清秋。鲍庾风华妙当代，铲除霸气循安流。清言隽旨继先哲，大雅遗音赖提挈。眼前羽翼未消沉，海内斯文竞高洁。公于此道能起衰，手劈狂澜万里回。泰岱峰高溟渤阔，千秋绝调无氛埃。九州玉帛尊大旆，句吴未觐黄池会。独标神韵传艺林，玉指泠泠动弦外。忆昔长啸渔洋山，太湖七十二峰间。梅花万树犹在眼，石室金庭相往还。又闻旷望孟潴野，蚕尾山房寄其下。千古人传小洞庭，风流逸响何潇洒。当年坛下曹与郏，檠孟已见府中趋。后来分道树旃鼓，啁啾嘈杂胡为乎。大文自昔重邹鲁，余子纷纷焉足数。众星历历经纬缠，日月行天亘今古。韩门弟子八千人，力崇经术无其伦。庆也难方籍湜辈，虽经指授仍逡巡。维公雕琢亦频数，海隅人士无良璞。教外群疑有别传，那复深心皈绝学。华泉堙塞沧溟枯，谁其疏浚真吾徒。即看百里余风歇，况乃

---

① “尚”，省图本、《般阳诗萃》作“上”。

② “叔氏”后，省图本有“白火道人”四字。

③ “削”，本作“亵”，据省图本、中科院本、《般阳诗钞》改。

④ “澥渍”，省图本、《般阳诗钞》作“海滨”。

⑤ “谋”，省图本、《般阳诗钞》作“锋”。

⑥ “先”后，省图本有小字“其遗裔于荒岁售于余叔氏白火道人”。

⑦ “玦”后，省图本有“渔洋先生云：起二句，屹然断案，通篇叙致，感慨淋漓，纯是太史公列传笔意。余尝云‘海内长句尽在吾乡’。信然”。

异地争驰驱。我公持论辨风格，万言隽永文章伯。三昧岂为属昔贤，银台门前非创获。公之元气流云霄，九秋鹤唳来神皋。譬如太羹有正味，醇古淡泊非漓糟。即今芳宴侍今夕，余暑烦襟涤瑶席。文酒宁同谢傅棋，团扇休从曲江惜。由来玉局重宗风，秦黄诸子归髯翁。岭海雄文自奔逸，作赋岂必蓬莱宫。瞻言吾党二三子，常奉敦彝追正始。鸠摩不作文字禅，慧可敢言得其髓。大家晏坐团栾头，天花摆落自夷犹。圯桥儒子尚可教，愿赴三山十二楼。[①]

夏侯节妇行

氏母家姓袁。国初桃花山贼攻陷淄城，丁姓为内应，吏某与氏夫有仇隙，诬其与贼通，被戮。氏携幼子伏积尸中，后逃归母家，子冒姓袁。当时莫能白其冤。子长，有声庠序。王阮亭为氏作传，蒲柳泉作诗。先生题诗或未悉事实，第隐约言。之后修邑乘者失考，遂至湮没。因刻先生诗，特为读者详之。知氏夫死于仇口，非死于贼也。邑后学王培荀记。

风萧萧，雨潇潇。孤城五夜翻灵鳌，绿林蝥贼舞潜蛟。长溪雨涨纷乘潮，揭竿之子何嘈嘈。青巾小儿红战袍，寒光习习生宝刀。长木之敝无不标[②]，柘弓棘矢矜在腰。赤眉铜马麒麟绦，营中羽盖横金貂。官军旦夕来嫖姚，灵旂烈烈[③]飞云旓。岂有完卵存覆巢，雷鼓烈焰惊赤熛。霹雳蜚鸣铲贼壕，王师十万声炰烋。辟如鸷击兼神獒，遂使鸟兽纷腾逃。冰虫坐见海日消，谁从一枝寄鷦鷯。贞妇视死真鸿毛，烈烈不随霜叶凋。艰虞历尽留寒条[④]，孤儿不死方龀龆。下宫之难何飘飖，身同婴杵非一朝。百年旦暮求其曹，乌头十丈芳名标。

感旧篇呈萧亭叔氏

端居稽家乘，沉叹怀落修。缅维水木源，盛衰阅春秋。清河一派寄两邑，东有般水西梁邹。当年百里接簪组，朱门陈戟溟[⑤]海头。焜煌玉珂相照耀，天

① “楼”后，《般阳诗萃》有“卢雅雨曰：诗中‘岣嵝’字，《广韵》《集韵》俱未收入平声，近邵长蘅《古今韵略》亦无此字。考唐张谓《长沙风土碑》云：‘五岭南指，三湘北流。邻连沧浪，边向岣嵝。’嵝作力侯切，此古韵之据也”。

② “标”，《般阳诗钞》作“摽”。

③ “烈烈”，省图本作“猎猎”。

④ “谁从……留寒条”，省图本无。

⑤ “溟”，省图本作“渤”。

东甲第罗八驺。忠定柏台称独坐，御史大夫三公俦。少保九列践台鼎，揆席三载归东陬。两家贵盛本相埒，疏傅乞骸栖沧洲。齐鲁俨同冠盖里，江东门巷行优游。隐囊纱帽亦潇洒，碧梧翠竹矜风流。乌衣少年尚裙屐，金埒走马依长楸。赵李经过竞投辖，郑庄千里通书邮。鹤鸣东厢挟瑟入，出门长揖交通侯。吾家故习稍曲谨，旋马之庭吾所投。两地贤科间相续，绝无显秩登龙楼。是时胜国已兆乱，大厦将圮为国忧。沧桑以后不可说，故家零落无良谋。门祚既衰式微甚，无乃重贻前人羞。君家邸第亦凋谢，吾家无复余寝丘。黄金皆尽赐书在，清白子孙何所求。世业青箱渐荒落，乱离奔走同应刘。三十年来更潦倒，譬若敝舟逢石尤。叔也便便饫腹笥，王谢遗泽如龙优。老去遁世隐白岳，采芝堂畔聊夷犹。论衡四本枕中秘，等身著述皆琳球。立言立德自耆旧，鹿门遗老真清流。于兹仙翁结仙侣，便如雁宕兼龙湫。荣期带索足游乐，无不足兮常油油。黛溪鹄岭发长啸，天风汗漫何飕飗。庆也竹林仲容辈，半生落魄空沉浮。蛩吟秋籁愧凡响，无殊马涬同牛溲。邂逅相际桓台侧，石帆亭畔追清游。萧晨时复撰杖屦，自愧砚耕如楚囚。酒阑太息念家世，相对慷慨悲穷愁。

昆仑山北首禹王祠长歌 山东淄邑西南

昆仑之丘帝下都，何以司之神陆吾。开明九首鸾鸟俱，流星贯昴承唐虞。白帝降精与凡殊，鲧堙五行干天诛。羽渊黄熊息壤芜，山泉石纽吞神珠。钩钤玉斗祥非诬，瑞兆遁甲开山图。青泥元龟为道枢，绥绥鼚山九尾狐。辛壬癸甲不遑舒，庚辰执戟方前驱。跌蹄飞菟骖云舆，黄龙负舟群灵趋。鸱脾桓胡如貔貙，五百拥川天老扶。鼋鼍为梁乘橇徂，支祈镇锁淮之隅。百兽窜舞奔跦跦，金简玉版归真符。承帝曰嗟神灵前，宛委之山来素书。赤文绿字古所无，灵威丈人阐其余。其余何在包山湖，祝融司方应离朱。岣嵝宝篆醒群愚，河伯授简劳区区。襄陵一操帝欷歔，沐日浴月当天衢。梅梁风雨神不孤，苍水使者何勚劬。刊山导河形神癯，曰锡元珪文命敷。兹山绝少黄金铺，草堂三楹无榍栌。仰惟俭德神所愉，村翁社鼓安足娱。会稽玉笥今须臾，玉帛万国真良图。

题王玉斧见贻岣嵝碑

王子贻我南岳铭，墨光浮动云冥冥。眼昏气索移我情，太古文字真难名。赖有逸史传精英，知是俞迹留峥嵘。俞，古禹字。昌意之孙文命承，圮族白马由骆明。白马即鲧；骆明，鲧之父也。剖以吴刀哀黄熊，九嶷神人女嬉生。石坳既破青天惊，坐拯垫溺白帝精。志在盖愆明发明，碑文云“而明发尔兴”。

干父之蛊时可乘。久旅忘家涉渊冰，胫股无毛神荧荧。河图括地中准绳，琴山表木樏檋行。禹步胼胝开元扃，遍历二华兼泰衡。委身八载岳麓庭，帆随湘转九面迎。奠定朱鸟安南溟，宛委玉简如瑶琼。玄夷使者扬其灵，授以金版岳渎经。赤珪如日光晶莹，七十二峰朝祝融。天柱石廪南纪雄，相柳既戮帝台崇。东极西极纷纵横，清泉赤渊遏奔鲸。九津青羌归经营，弱水析支叙西戎。青丘鸟谷云车腾，覆釜之山久劳形。兜卢犁娄迹所并，云华夫人降玉京。教禹镇锁支析。淮涡水妖销乱萌，召集百灵殷雷轰。桐柏三至驱惊风，力逾九象弭耳宁。龟山之足绝冯夷，蔑视黄龙犹蝘蜓。百虫将军来帝廷，百虫将军，即伯益也，帝颛顼之第二子。高阳陨敳真虞衡。参身洪流翼佐卿，南浔绝徼骖毛龙。贡金九牧臻平成，铸鼎象物山泽清。岣嵝之岭金石征，螭文蝌蚪如华星。史籀斯隶推先鸣，儿孙罗列焉敢争。姒氏遗文发其英，七十七颗骊珠明。三代法物悬长空，衡山玉牒驱风霆。黄帝以来禅云亭，秦碑汉简空驰声，不及此石垂南荆，巨灵呵护烦神工，不虞鬼斧来砰訇。千秋洞壑藏朱陵，南山紫盖常青青。

闻大司寇渔洋先生蒙优诏赐环，恭赋长歌纪盛

圣主垂衣五十载，天家雨露频下逮。顾独殷殷怀旧臣，双凤云中翥沧海。临轩笃念老尚书，历年出入承明庐。庭坚作士固明允，偶然失出为欷歔。微眚讵能掩大德，艰难自[①]识劳臣力。纳麓风雷帝念哉[②]，照临日月无终极。悬车几载苍岩中，赤舄优游遵渚鸿。经岁著书栖砚北，一朝恩礼来天东。温语遥传值清燕，侍臣承旨明光殿。天为苍生起谢安，丝竹东山尚游宴，当年剑履绾朝簪。御览鸿辞冠古今，退息正非明主意。爱闲偏称老臣心，昔日讲筵恩赉重，粤自台郎为供奉。学士雍容入北门，煌煌南院承光宠。臣惟求旧念孤忠。赐环尺一蓬莱宫。人从洛下瞻司马，帝向隆中问卧龙。鸾台遗老真[③]黄发，玉音缱绻颁金阙。十行诏下万人欢，九天泽沛嘉平月。元僚高枕故山林，辞荣盛世抱冲襟。三层楼外闻笙鹤，岭上闲云怡素心。廿年鱼水真高厚，况复深恩眷耆旧。衔结常思酬国恩，懒云无力升岩岫。竟劳清问入商山，久随黄绮恋松关。秋宪府中旧游处，春明欲谢紫宸班。皇家异数良盛事，汪濊恩波自天被。乞身纵未入鸳行，法服煌煌重下贲。老臣自此隐丘园[④]，太平歌咏乐南轩。绿野眷怀裴晋国，紫衣更赐

① “自”，中科院本作“讵”。

② “帝念哉”三字原为空格，据省图本、中科院本补。

③ “遗老真”三字原为空格，据省图本、中科院本补。

④ “园”，省图本、中科院本作“樊”。

李长源。从兹云壑填颐养，大耋耄期托幽[1]赏。就室珍从又一时，圣朝或嗣云亭响。见百年往往于巡方岳时行之。

恭祝诰封一品夫人蒋母刘太君八秩荣寿长歌

太君系总宪蒋公夫人，仁赐静山之母，静山以文来征诗。

我攀[2]日观望长安，天边飞下三青鸾。征言拟寿西王母，彩霞奕奕翔云端。寿母煌煌稽家世，彭城照耀连云第。相夫奋迹平水阳，直上扶摇九天际。玉堂扬历官列卿，御史大夫登承明。起居八座沐恩宠，副袆象服生光晶。国荣家庆于焉极，宝诰从天辉五色。六珈鞠展有余芳，彤管东房方戬职。西台独坐汉三公，内子诏谒坤宁宫。房杜夫人上殿日，宣仁鹤发开帘栊。恩波浩宕沾汪濊，仿佛天衣赐银艾。朝罢香烟拂袖归，邸第楼台驻青霭。从桂燕山五丈夫，丹崖九苞群凤雏。兰膏荧荧佐严父，骅骝一一登天衢。伯仲一麾皆出守，百粤黔中垂紫绶。缇油车盖一丈高，赐金增秩相先后。颍川黄霸将入朝，汉家丞相多外僚。就中季子更杰出，曲江高宴横金貂。冠古声华力深猛，手搴青紫无留影。红杏轩中带绿杨，真能用力文章境。夫人顾之应解颜，旧家门祚践朝班。艰辛不负和熊教，钟郝家声众所攀。自是一身集五福，福寿康宁气清淑。三径丛生九畹兰，一庭宝树千章木。古之士女间气钟，闺门肃穆称礼宗。柳家家法首韩母，中垒之例载笔丛。称觞竞作九如想，海内词人争向往。昆陵远注[3]帝台浆，露盘高注仙人掌。漭沆黄河九曲流，崔嵬华岳三峰头。群山退处儿孙列，众水咸从衣带收。三见蓬瀛海清钱，麟脯手劈春云展。何用千年问岁星，且复九重邀禁脔。羡君堂上老莱衣，同心上报三春晖。绥山桃实固常在，阿母筵前献寿归。

一门三义行

从叔祖太学公讳泰瑞，及叔祖母谭孺人，与其妇高孺人，丁亥同死淄城寇难。高少宰公为作《一门三义传》。

呜呼仪部余高祖，二华双峰共绳武。谓伯曾祖硕隐公与曾祖相国公。硕隐孤高清绝伦，相国黄扉冠簪组。昆季茕茕少也孤，早也失怙婴艰虞[4]。迢迢负笈

---

① “幽”，省图本、中科院本作“素”。

② “攀”，省图本、中科院本作“登”。

③ “注”，省图本、中科院本作“挹”。

④ “早也”“婴”，省图本、中科院本作“早年”“多”。

泰岱侧，徂徕理学师鸿[1]儒。孝友承家见懿则，还朴心声佩明德。少崖心许伯仲间，云衢千里行修饬。少保联蜚入帝京，中外扬历登承明。兰台桂史跻列棘，白麻诏出称保衡。家门贵盛承天眷，汉相威仪人共羡。旋马之庭韦素风，高闾大启于曼倩。于定国拜相封侯，与东方同字曼倩。硕隐曰吁弟克家，隆隆显世标清华。吾贵已塞吾将隐，萧然文酒栖烟霞。英英仲子露风骨，王谢堂前气蓬勃。叔父勤劳承国恩，赞皇群从袭门阀。欲将一命慰难兄，丝纶首授扬前旌。支撑门祚赖材隽，摩天俊鹘何峥嵘。相国既没际改革，潢池盗弄阳九厄。雷火翻腾鸟兽惊，昆冈烈焰伤崩迫。尔时太学际险艰，七尺昂藏摧肺肝。睢阳骂贼髯似戟，常山嚼齿颜如丹。贼势乘潮号呼汹，黄巾结队兼天涌。一时胁从多奸民，挟私笺正不旋踵。淄城黑子如弹丸，贼奴肆毒横相干。衣冠子弟伤俘掠，朱门陈橥多摧残。我公万死昭大节，孤忠气比秋云洁。吮面谁惜卢中丞，入地尽化苌弘血。叹息千秋义士魂，巫阳不下问烦冤。人间空自歌袁粲，上帝终当照覆盆。烈烈贞心感闺阁，闭户捐生赴寥廓。殉夫不愧赵池州，侍姑九死归碧落。佩玉玦兮翔太清，云旗绛节光晶莹。一门三义亘终古，浃旬先后朝玉京。门标六阙亦何憾，谁诉九阍向天半。猰狳当关虎豹蹲，临江节士起长叹。煌煌钜笔少宰公，万言表墓丰碑崇。丹青久已勒金石，尚少天语盘蛟龙。从来节义获冥佑，兰桂充庭昌厥后。书香七世大吾宗，行看金紫多垂绶。使臣一疏达枫宸，此是纲维世届人。九天绰楔颁金阙，伫见乌头十丈新。

飓风行

中夜黑云接天起，狂飙突过黄尘里。不周山崩摧地维，倒翻鳌极神鱼死，俨如雷火飞神霄，须臾万窍声怒号。白马奔腾胥涛涌，罗矶又卷钱塘潮。风伯丰隆诉真宰，疏星淡月无光彩。鼍吼鲸奔沸五城，浪蹴天吴移桂海。呜呜山鬼女萝间，道字不正啼春山。黄茅卷尽渔樵舍，颓岩拔木青林下。万里飞来海凫毛，黄沙如雨声堕瓦。楼前老树势横斜，天惊石破野人家。五日一风不如是，山农何计营桑麻。

遥题丘采宸还吾草庐短歌[2]

江风吹水冰倒流，当年仙吏归扬州。腰缠落寞空跨鹤，揭来三径生繁忧。

---

① “鸿”，中科院本作“钜”。

② “遥题丘采宸还吾草庐短歌”，省图本作“题丘采宸还我草庐”，后有小字“甲戌”。

自拆华堂补关税，家徒四壁余荒丘。囊无长物复何憾，一经清白真名流。公子翩翩出尘世，独抱遗书[①]向庭砌。拥鼻人传洛下吟，花萼辉辉好兄弟。有时自结三重茅，数椽聊复寻幽憩。人道新丰是旧丰，仿佛桃源垂薜荔。堂前潇洒云气闲，堂中放笔图春山。经营惨淡神理在，群峰一一飞烟鬟。与君遥隔五十里，几时命驾茱萸湾。陶公庐舍渺何许，落尽松花独闭关。

秦松歌为王叔子赋 此松出海上成山卫[②]

祖龙烈焰惊天地，十二铜仙拥神器。博士骊山漫说瓜，狱史云阳制奇字。璧遗滈池山鬼邻，雄心远寄沧海滨。安期羡门遥在眼，妄驱童女三千人。海上楼船骋烟驾，自鞭鲸背长桥下。镌石空传丞相碑，成山山畔银涛泻。泰岱曾封五大夫，海堧松柏更何殊。徐福城边有遗植，三尺五鬣生虬须。玉粒铜柯几千载，不与桑田共迁改。苍苍斑驳苔藓痕，鼋鼍窟里流文采。琅邪先生如郑虔，冷官一榻余青毡。孝伯由来无长物，好奇每每穷幽偏。登山选石成孤往，拾得秦松惬清赏。偃盖青留苜蓿盘，婆娑露滴仙人掌。拂袖归来罢讲堂，车中犹带翠云香。风枝雨叶何萧瑟，海气仿佛生微凉。古来神物无人识，地下金脂凝琥珀。恐惊雷电下取将，天阴莫使蛟龙得。

怪风雨雹行 闻益都山中更甚

黑云[③]汹汹一何怒，异灾又复闻齐鲁。前年雷震向东村，击死农夫当夏五。今年迤北降风雹，狂飙倒卷来亭午。龙车万刃鞭迅霆，妖炮千群张石砮。前驱风伯后丰隆，屏翳掣电飞廉舞。红尘挟雨十丈高，声撼地维折天柱。咫尺还愁鳌极倾，娲皇炼石诚须补。烈烈灵旗走豹螭，飒飒重阴飞[④]猰貐。玄工惨淡造冰丸，谁见雷硠与鬼斧。条枝大卵落长空，宋都陨石真[⑤]如雨。蔀屋重茅飘入云，三千水击[⑥]神鹏羽。野人蒙袂尽鼠窜，坐令虀粉归黄土。太息为歌雨无正，盲风谁遣号熊虎。迩来大有庆麦秋，如何灾沴惊蓬户。造化由来未易知，茫茫

---

① “书”，省图本、中科院本作“经”。

② “此松……卫”八字，省图本、中科院本作“此松不满二尺，最奇古，出成山卫”。

③ “云”，省图本作“风”。

④ “飞”，省图本作“走”。

⑤ “真”，省图本作“星”。

⑥ “击”，省图本作“聚”。

真宰持终古。我愿绘图排九阍，遥向天门击天鼓。

阅李约庵《百四斋法书跋》为作长歌

千年以来善题跋，谁其继彼黄与苏。东坡掀髯涪翁笑，艺苑品藻诚难诬。约庵李子雅擅此，赏鉴精凿真吾徒。远穷颉斯近颜柳，源流一一批根株。狸骨方兼葴山扇，晋人风度犹未徂。天机灭没纷在眼，譬如伯乐瞻騊駼。上下千秋辩白黑，长者为鹤短者凫。生平斗室勒金石，此事请为陈区区。孝丰仙令有遗教，藏书万卷良非迂。金题玉躞性所好，王符著论称潜夫。负郭有田供朝夕，城市颇类山泽癯。古之逸民无乃是，华阳真诰同林逋。不作顽仙作墨客，百城坐拥实可娱。碑版照耀邺侯架，灵威秘箓归江湖。才鬼纷纷隶堂下，三绝五绝郑与虞。昭陵玉匣兰亭出，小儒发冢惊含珠。欧阳集古富考订，胸有秦镜悬冰壶。学书不成凡子辈，绫缥玳轴堪胡卢。戏鸿来禽太琐细，征西碑下劳踟蹰。肩吾书品亦草草，不争神骨争肌肤。盛名往往多赝鼎，铅刀焉得凌锟铻。约庵嗜书书亦集，笔锋八阵排成图。长戈大戟不欲战，天门龙跳黄金铺。桓家法书涤寒具，率更劲笔传善奴。百家进退在铅椠，贾人响榻来名都。有时摩挲希世宝，自笑无奈贫头颅。清斋好客少鸡黍，挥翰据几凭高梧。釜中一任缺晨爨，独抱锦册骄妻孥。但愿多收十斛麦，何妨万字装珊瑚。晴窗每临硬黄帖，门外悍吏催田租。掉头展卷百不顾，墨林谭苑矜醍醐。恍若写生虎头笔，三毛神气增眉矑。阿颠草圣复谁见，欲出不出烦招呼。家珍历历探囊数，金椎玉碗分瑕瑜。一字褒讥定衮钺，坛坫争走曹滕邾。论衡既授帐中秘，海岳书史将覆瓿。我携此本若拱璧，羡君持论今所无。酒酣慷慨一再读，天风烈烈吹华须。君家阳冰号墨妙，若论藻鉴真前驱。桄榔树里摩围阁，纳纳乾坤定不孤。

石鼓歌

忆岁在丁卯，余以贡[①]入成均，纵观太学石鼓，拂拭古泽，自甲鼓至癸鼓，觇其宝光，吊其刓白，向往久之。然以禁地深严，启闭有时，不能多驻。每欲作为长歌，以韩苏在前，绝响难续。洎返里门，蹉跎数载，怅焉太息，歌以纪之，用纪感慨。

莫陈衡岳岣嵝碑，请置先圭玉牒辞。慷慨一为歌石鼓，石鼓历落多嵚崎。仓颉史皇邈千载，天阴雨粟传轩羲。虫鱼蝌蚪工象物，混沌既凿无留奇。成周

① “以贡”，省图本、中科院本作“被选”。

礼乐好制作，昭缪以下称中衰。黄竹歌声遍黄泽，如云八骏蜚龙旗。宣王崛起振姬箓，烈烈火德增炎曦。九土衣冠集王会，明堂岳牧朝嵎峡。带裳幅舄同轨至，君马四黄臣马骊。赫然阅武驭戎索，西临漆沮东瀍伊。庀材既饬百执事，羽猎不数千熊罴。曰蒐岐阳建大旆，神京父老觇威仪。驱逆之车纷杂遝，手执路鼓飞云驰。八纮气振布天网，七萃人惊摧地维。吉甫作颂史籀笔，煌煌巨篆环蛟螭。琢为石鼓夸海内，太平文物张雄词。银钩铁画传劲力，白玉为质辉琉璃。不同七十二金检，茫茫元气罗敦彝。天有十日甲及癸，呜呼此鼓乃象之。云阳小吏未敢窃，凡将爰历焉能窥。不随禹鼎沦泗水，雅与典宝仝升陑。何年埋没陈仓野，龙嫠麇弧悲嘘嚱。璧遗滈池祖龙死，宝鸡安用分雄雌。临平古道掩秋草，西雍东洛频迁移。讵似铜驼委荆棘，宁用断碣蟠元龟。八分飞白云仍列，禾书垂露薤倒披。长戈大剑纷入眼，龙跳虎卧如列眉。丰镐以还那办此，幽光浑噩生金芝。苔藓犹存太古色，刳为石臼安可追。世间万事尽如此，神物亦复论成亏。隋唐以后盛作者，题诗往往惊葳蕤。昌黎逝矣坡仙没，凌云台上无班倕。此鼓何时到幽蓟，劫灰历尽仍在兹。想当靖康金入汴，辇珠载贝相追随。牟驼冈上橐驼背，却偕图籍归燕陲。元英大吕近磨室，碣石谈天光陆离。黄金之台相掩映，持敬门内交灵夔。金钟大镛耀两序，奇文或者疑宛委。国之大典在删述，此事振古归宣尼。石鼓亦足归正雅，吉日车攻独见遗。神器终归廊庑下，不作封禅元堂基。我昔骑驴游帝里，短衣破帽春风吹。有时蹑屩谒太学，六馆生徒群委蛇。就中英英露神骏，贾彪郭泰同襟期。鸿都门前见泥帚，蔡邕碑下夹路逵。六经经天揭日月，点画每欲穷豪厘。一时订交尽厨顾，文举德祖非凡儿。相与摩挲石鼓畔，恍入瑶圃披琼枝。汲冢竹书出人世，西崑册府纷来贻。梁鹄皇象俱敛手，三代法物方未漓。何事桐鱼扣异响，不与幡信争妍媸。盘盂之类古所重，铜仙辞汉来天涯。之罘绎岭留片石，相去何止微参差。今人贵耳不贵目，哆口惟谈秦相斯。我愿坐卧石鼓下，如对圣哲神忘疲。虽有一丸仲将墨，势难响榻归茅茨。安得乘虚问真宰，元音古制诚吾师。后来苟简起佐隶，控颐应与挥金椎。岂识先型勒珉石，儒林世运相扶持。但使乾坤留此鼓，伯英莫漫矜临池。七略纠纷逮滂喜，三苍揉杂诬愚蚩。扬雄矻矻标小学，训纂琐琐如乱丝。说文字林竞骫骳，六书源流知者谁。魏晋以降若无骨，世传遒媚真肥痴。过江犹宝宣示帖，譬如田妇丰其肌。银鹰铁马纵挥霍，图球对校多瑕疵。怜余潦倒长安道，索米常怀方朔饥。探奇时复废寝食，红尘蹀躞随斑骓。五侯七贵懒投刺，徘徊古迹良所宜。江阴祭酒曹夫子，许我登坛同赋诗。但愧未能歌石鼓，气弱力薄格调卑。敝裘上书不得意，萧寺每每无晨炊。衔泥九月走千里，出关三舍伤五噫。怀中一卷集古录，山人自怪还山迟。世缘淡尽隐田舍，且与儿童同铺糜。有时课农向南亩，有时采菊来东篱。沧洲放废发长啸，不学广川仍下帷。无人松下理瑶瑟，有酒风前倾玉卮。回忆燕云漫浩浩，端居牢落般水湄。年来石鼓望不见，憔悴风尘又一时。

飞蝗吟

飞蝗飞蝗飞蔽天，飞来南郊食我田。妇子惊呼震原隰，青旗飘飐相回旋。飞蝗欲飞飞复下，万队金戈骋天马。耀日凌空滚滚来，长驱直似河源泻。迩来蝗[1]旱春复秋，有田不熟农夫愁。捕蝗反夺锄禾力，坐看嘉谷荒西畴。况乃六月尚不雨，仰天无计呼田租。蝗兮蝗兮猛如虎，尔食则甘农则苦。

我闻往岁飞蝗来，遥自天南向天北。谁知今岁飞蝗来，却指南天矫其翼。飞来飞去绕东皋，父老哀吟兼怒号。彷徨深惧稚禾尽，官家催税焉能逃。有蝗欲报大尹怒，常恐灾伤捐租赋。蝗食田尽将奈何，上官昨日来行部。行部惟徇县吏书，蝗不为灾定不虚。那识荒村蝗遍野，青苗三尺已无余。

喜闻卫尔锡中丞自黑龙江召还候补

黑龙江外黄云起，照见黑龙江上水。金鸡昨日赦流人，万里孤臣返燕市。孤臣载笔本词曹，左转当年别驾刀。特达偏承盛朝眷，海岱分陕麾旌旄。黄霸曾为京兆尹，不随抟击同秋隼。旋见黔疆拥传来，旄毛[2]徼外无停轸。贵竹牂牁纷斗争，幺麽蛮触竞峥嵘。油幢大纛失良策，征蛮幕府何纵横。用兵自是武侯短，衅启炎荒非胜算。九重异数贷余生，投荒岂曰承严谴。绝塞寒烟[3]渺霭间，春风早入玉门关。龙堆羁客惊加额，圣主恩深竟赐环。蔡邕党籍无劳[4]锢，待漏仍瞻温室树。千古怜才迥未闻，雨露风霜一时遇。铜马门前是旧游，重来五夜辟龙楼。莫言朔漠长征苦，且脱南冠拜冕旒。

晚归循孝河畔[5]

客子归自沙堤门，荒荒落日飞云奔。南循孝水之古岸，岸高十丈惊涛翻。大石崔嵬蹲虎豹，栖鹘争飞互腾踔。悬崖仄径不逢人，一望寒波风峭峭。

---

① “蝗”，省图本作“亢”。

② “毛”，省图本作“牛”。

③ “烟”，省图本、中科院本作“沙”。

④ “无劳”，中科院本作“不复”。

⑤ 底本无，据省图本、中科院本补。

宝坻银鱼歌

银鱼出宝坻夏雾河，每霜降后，自海淀蛤山出，逆流北上蓟州之温泉，莹白如银。《宝[①]坻志》：永乐时，岁遣中官二员躬采，遂设厂签渔户二百以供役，上供[②]九次，每次费千金，为居民[③]大累。上至白龙港，下至夏雾河，三百里内一切民船皆为敕使勒索，动以惊散银鱼为罪。屠中丞抗疏奏革，不数年复如故[④]。县令胡与之有《银鱼说》以告哀。余阅之有感，因歌以志叹。作供殃民者，不独银鱼为然也[⑤]。

北地小鲜美无两，活活银鳞出冰网。甘脆轻盈迥绝伦，海珍应置鲥鱼上。此物流传出蛤山，潮河河畔似银湾。惊飞玉筋逆流见，夏雾溪头百里间。甸服自古修物贡，凿冰往取乘冱冻。有司再拜上封章，里社何辞劳赍送。太宗亦是圣神皇，竟缘口腹遣貂珰。衺延波及三百里，弥天铁网惊沧浪。海淀霜寒白龙港，北接温泉正深广。敕使频催进御车，渔人冻折双兰桨。御史中丞抗疏陈，玺书报可息波臣。如何奏革仍旋复，忍令此事殃齐民。君不见蓟州循吏银鱼说，绘图痛哭真流血。何以湘南献荔支[⑥]，万马无声駪霜蠘。

鸡彝歌

内弟高仲治一日觞余，出鸡盏[⑦]五事。其制古雅，其色典丽，持之如玻璃，扣之如哀玉，真法物[⑧]也。问所从来，云系相国梁苍岩先生以之馈司寇[⑨]公者。公以之颁赐仲治兄弟，作传家彝器焉[⑩]。

我来[⑪]策蹇游皇都，慈仁寺里观苍瑚。柴哥官定纷罗列，目迷五色真模糊。

---

① "宝"前，省图本、中科院本有"偶阅"二字。

② "以供役上供"，省图本作"供九次"。

③ "居民"，省图本作"民"。

④ "复如故"，省图本作"又复"。

⑤ "不独银鱼为然也"，省图本作"不止银鱼也"。

⑥ "支"，省图本作"芰"。

⑦ "盏"，省图本作"彝"。

⑧ "法物"前，省图本有"近代"。

⑨ "寇"，省图本作"梁"。

⑩ "焉"后，省图本、中科院本有"余为歌以志之"。

⑪ "来"，省图本作"昔"。

今之鸡盏良工埴，浑朴犹存太古色。虎蜼玉舟如在眼，仿佛置身鼎彝侧。此日流连强恕堂，法酒香浮琥珀光。明霞烂烂照庭户，鹦鹉金杯非敢望。真定相公好奇者，寄来瑶爵同玉斝。我公分赐作家珍，六部青州任倾泻。兹昔沉酣髡独留，玻璃在手破新愁。满酌蒲萄醉明水，何妨一斗博凉州。

放生矶长歌赠豹岩先生①

放生矶下惊涛激，一沫漩涡自冲击。恶风白浪高于山，鼍徙鲸翻飞霹雳。汇作澄潭十丈深，潦水既尽波沉沉。罟师渔人不得骋，濮濠鱼乐秋云阴。莲池鸿愿无与比，广被人天大欢喜。铁网金钩莫敢施，净土移来功德水。薄言观者鲦与鲿。蘋花叶底闻妙香。不妨作书与鲂鲔，极乐国里同回翔。太史为园傍溪口，溪边手种千杨柳。盘根百尺护金堤，笼船东障双龙走。此地拟增说法台，支公应为许询来。弥天花雨落河渚，莲舟一叶烟波开。极目晴川近城郭，银湾免使蛟龙涸。鱼服无须困豫且，过河莫漫伤沦落。君不见沉碑或笑杜襄阳，陵谷迁移岂有常。三见蓬莱水清浅，麻姑回首阅沧桑。

义节行② 为越中何烈士、方节妇作，兼赠何孝子琰

妖氛震荡翻江湖，海风烈烈吹萑苻。苍兕黄狐啸林麓，含沙飓母来菰芦。玄云无声黑涛立，忍见义士遂捐躯。骂贼不减常山舌，万刃岂有完肌肤。巫咸不照覆盆怨，力排阊阖诚无辜。骑麟太荒披素发，赑屃潮涨飞天吴。呜呼泉壤有遗憾，剧寇恨不邀天诛。此时痛哭有贞妇，仰天泣血血欲枯。矢死何难九京下，顾盼怜尔三凤雏。庞娥女休志未遂，饮器欲漆仇头颅。抚孤画荻有成训，谢家宝树仝茹荼。枕戈十载思报越，匕首未揕方踟蹰。遥来河朔访奇士，荆聂之侣真吾徒。双鹤又下士行泪，乐鱼陨涕天一隅。乃翁义烈如未徂，若母巾帼真丈夫。今君不归方弃繻，何时拥传还旧都。一门节义光枌榆，千秋正气良不孤。

① 底本无，据省图本、中科院本补。

② 底本无，据省图本、中科院本补。

送日照费西园归东海 西园[①]侍选中翰

君不见沧溟浩浩流寒潮，沐日浴月飞[②]银涛。扶桑万丈出龙窟，珊瑚百尺蟠灵鳌。中有伟人信才杰，西园先生亦足豪。应徐邺下几千载，风流方驾同列曹。芙蓉池上侍芳宴，南皮遗迹堪游敖。百一诗成自慷慨，倚天长剑干云霄。即今天子好文雅，妙选侍从挥霜毫。凤凰池畔待染翰，云裘紫绮风萧骚。曲江战罢杏花绽，蕊珠姓字青云高。身骑天马归帝里，岂容海曲仍逍遥。

文徵仲《山水图》[③]

吾闻画史李将军，天宝年中迥出群。貌得蜀江三百里，嘉陵江色何氤氲。受诏挥毫大同殿，经营惨淡无人见。今日流传号北宗，金碧煌煌人所羡。千秋绢素想风流，后来独数文长洲。□□老作金门客，凤池待诏归蓬丘。岕亭嗜古珍此卷，春山明媚云霞远。隐隐丹青见匠心，苍苍树色连翠巘。墨皴密丽别有神，逸韵散淡留天真。嵚崎五岳起方寸，诸峰罗列皆嶙峋。长松五鬣穷遥睇，闲云拂岸何迢递。中有遗人临水亭，檐前瀑布垂天际。是何意态幽且闲，画品直欲超荆关。人间赝本几千万，艺林未有真衡山。我观此图三叹息，神笔独存太古色。画力千年定不虚，他时静里常相忆。

题奚大士未央瓦[④]

璧遗滈池祖龙死，烈烈炎精接天起。三月咸阳楚炬红，五柞阿房俱已矣。汉皇罢战归关中，诏营天阙烦文终。雕甍绣户清渭侧，未央壮丽何其雄。千年殿阁随流水，碧瓦飘零栎阳市。尚余片玉在人间，古色应同马肝紫。奚师奚师真好奇，携来玉匣辉琉璃。墨池笔冢号三绝，想当风雨蟠蛟螭。龙宾十二随瓢立，一杖飞来云气集。诸师更向铜雀台，败瓦犹存好收拾。

---

① “园”后，省图本有“明璩”。

② “飞”，省图本作“如”。

③ 底本无，据省图本、中科院本补。

④ “题奚大士未央瓦”，省图本、中科院本作“题奚林大士未央砚瓦歌”。

元[1]人盛子昭《松阴水阁图》

魏塘盛子工绢素，千里东吴称独步。残膏剩馥[2]留乾坤，三百年来鬼神护。此幅凋零势不完，岁月阴消羽陵蠹。虬龙片甲享千金，仿佛精英此中聚。今之松阴水阁图，咫尺苍茫隔烟雾。深林历落古涧旁，画槛凭栏风景暮。青山遥望意迢迢，石上寒溪此中注。乘兴幽人时去来，亦复临流起遐慕。一片白云生远心，芥亭应自知其故。

初冬奠亡室茔志感[3]

北风凄其日将暮，朔气阴森墓门树。四野云垂天欲昏，杨叶萧萧落无数。自持杯酒奠寒原，三叹凄然感平素。我生与子期百年，风摧鸾殒悲中路。篝火昔时伴苦吟，谁知偃蹇仍如故。香销缌帐已三秋，怜余尚困扶摇步。含愁重忆悼亡诗，检情更作伤情赋。荒郊寂历悄无人，我马踟蹰还复驻。寒溪憔悴独归来，仿佛幽魂泣烟雾。

焦太仆庭中三锦川石歌[4]

锦江西来飞怒涛，赑屃出没青天高。奔流冲激漱石齿，奇石斑斑五纹紫。飞来屹立当庭中，三峰斜倚门前松。开窗对此常高枕，土花如练明如锦。中峰崒嵂形昂藏，袍笏石丈凌雨霜。其下两峰亦奇绝，一一鼎峙森成列。金堂为障薜为裳，高台下覆棠梨香。停云映日临芳榭，石骨清寒度长夏。莲花秀比明月峰，忽疑削出青芙蓉。三山天外托遐想，万里锦江起深赏。君不见苏氏堂中三假山，仰乔俯梓神气闲。即今太仆两公子，嶙峋玉树横秋水。与尔摩挲三锦川，对酒长歌蜀国弦。

---

① “元”前，省图本、中科院本有“为毕芥亭题”。

② “剩馥”，省图本、中科院本作“余粉”。

③ 底本无，据省图本、中科院本补。

④ 底本无，据省图本、中科院本补。

读西樵先生司勋年谱及《节孝录》寄阮亭民部[1] 丙辰

生平不识考功面，得句微闻考功羡。君家兄弟真天人，早年射策明光殿。一从通籍向金门，独卷寒毡栖海甸。掉头似厌五侯鲭，浪迹宁甘三语掾。闭户长歌十笏堂，新诗海内流传遍。共道西园首仲宣，玉树临风岩下电。国子先生亦冷官，苦吟风雨何曾倦。彤庭启事佐山公，雄文不屑论封禅。至尊廷遣重贤书，欧阳玉尺邀天眷。官烛如椽水鉴虚，抡才宁愧平原荐。吉甫由来号得人，洛下文章原不贱。狺狺猘狗啮天门，交游竟乏当途援。九阍万里□郁峣[2]，进贤翻致承严谴。归来寄傲五湖间，兴酣落笔耽芳宴。女史燃脂亦偶然，千年彤管金阑彦。鸡林买客尽知名，豪游吴越探江县。天子恩深重赐环，补衮依然收袜线。承明待罪几何时，深文吉网仍相罥[3]。幽忧素韠返东山，饮血吞声归谢苑。病骨嶙峋手一编，自拂麻衣泪如线。犹闻易箦散天香，炯炯回光神不眩。身后谁题有道碑，中郎文字千秋善。弟兄私谥有伊川，节孝先生今复见。民部与友人共议私谥司勋曰“节孝先生”。

题安去巧《偕老图》[4]

君不见襄阳耆旧庞德公，鹿门妻子传清风。又不见灞陵高隐称梁鸿，齐眉举案惊伯通。偕老园中双白发，千秋此事将无同。兰膏佐读数十载，馌饷如宾半亩宫。大椿干云萱拂地，膏煎桂萼生兰丛。镜台素薄张京兆，鹿车对挽如鲍翁。角巾椎髻两无憾，桃源避地非途穷。园中何所有，当阶宝树森青葱。园中何所见，青畦抱瓮花蒙茸。有时风轸发清响，依稀秋月临房栊。向平婚嫁亦云毕，移来五岳当庭中。少微婺宿相照耀，真人此日应在东。他时鸡黍拜床下，司马通家快一逢。

忆昔行上学宪石门劳夫子[5]

学宪之王父尝为山左布政，与先曾王父相国少保公为同年。丁巳作。

忆昔神宗三十年，岁在辛丑抡名贤。青州宗伯冯文敏，南宫受诏衡鉴悬。

---

① 底本无，据省图本、中科院本补。

② “郁峣”，中科院本作“迢遥”。

③ “罥”，中科院本缺，此据省图本。

④ 底本无，据省图本、中科院本补。

⑤ 底本无，据省图本、中科院本补。

方伯文章雄二浙，鸿材飙起惊前哲。吾家少保相后先，缑山瀛海森成列。谓辰玉君一□。一时联辔曲江头，帝里春深赋壮游。自兹扬历各中外，一一奏绩驱鸣驺。拜恩并入承明殿，方伯保釐来海甸。端皇八载卜金瓯，少保纶扉时召见。东国人推分陕功，九龄风度将无同。一从家相乞骸骨，汉廷疏傅名俱崇。是时棠荫留齐鲁，孔李通家互宾主。冠盖相过济水间，方伯从兹谢簪组。拂衣遥傍镜湖湄，洛下耆英宁几人。鼎湖龙驭已云远，家乘往往多沉沦。吾师绳武振大雅，珥笔金门追作者。天禄旋移藜火光，粉署含香和弥寡。天子曰俞吾近臣，手凭玉尺东海滨。艺苑狂澜此砥柱，茁轧一洗还其真。紫薇堂畔思祖德，白雪楼高照颜色。紫薇，藩司署中堂名。鲁国诸生佩诵弦，稷门多士群矜式。文清已往晋江来，绛帐高临宪府开。薛王二公，皆为山左名学臣。教泽百年今复见，力挽八代称扶衰。庆也传经思践迹，十年徒抱陵阳璧。自怜丞相之文孙，玄成经术坐萧瑟。赐书楼阁已荒凉，门巷空余旋马堂。燕公旧业式微甚，司空十乘惟青箱。帖括穷年依博士，四壁萧然歌下里。生平心折王遵岩，此日重逢薛夫子。爨下余徽遂见收，孙阳一顾成骅骝。河汾弟子知何限，化雨同沾四照楼。

白雪楼歌再上学宪劳夫子①

君不见白雪楼高天下无，元龙百尺将何殊。阳春绝调虽已矣，令人怀古增踟蹰。孝宗之朝富词客，崆峒大复称前驱。昌谷逸气妙当代，亭亭玉立来三吴。是时历下推作者，典丽已数边司徒。沧溟继迹崇正始，神力一往开榛芜。太仓尚书互羽翼，中原二子人所趋。天目山人起苕水，青萝馆畔同操觚。西曹盛事自不朽，谐如击鼓吹笙竽。□梁余子殷许辈，坛坫序若曹与邾。飞扬跋扈向江海，绎络玉帛临盘盂。高楼白雪有逸响，一灯长夜当天衢。于鳞有"微吾竟长夜"之句。公安竟陵竞水火，虞山论列何其愚。南临鲍山北华峤，百年遗迹方未徂。宣城先生好奇者，危楼鼎建临明湖。楼址旧在郡城东，愚山施夫子始建于趵突泉之侧。顾谓孺子重可教，被以芹藻遵修途。庆于髫年时一诗受知于愚山施夫子，遂获入泮。石门夫子文章伯，东南鸿宝陈苍瑚。迪功司寇遂复见，千秋此事良不孤。元音独擅江湖侧，口衔天语来名都。由来盛世尚风雅，宪臣往往多文儒。献吉、仲默、于鳞、敬美皆尝为督学。伊余小子愧驽劣，盐车踯躅追骢骍。苦吟弱冠弄柔翰，蛩音天籁方喁于。济南余响久销歇，夫子许我真吾徒。国士恩深感知己，蓬蒿惟恐抢枋榆。名山大业在终古，生平矢志诚不渝。楼中凭眺三叹息，楼前碧草闻啼乌。椒浆为奠沧溟墓，白雪遗音寄海隅。

① 底本无，据省图本、中科院本补。

长歌寄阮亭侍讲[①] 戊午

体元天子尚风雅，上自称曰"体元主人"。侍从近臣皆作者。万几余暇多清芬，手挥宸翰何潇洒。上有印章以志图史，其文曰"万几余暇"。长安人自日边来，闻道先生应诏回。太乙藜然天禄阁，汉臣诗续柏梁台。十年外吏黄尘里，一日风云洽鱼水。圣主怜才本好文，异数恩深独承旨。本朝以部曹改馆职，实出旷典。相如此日赋金茎，云霄谒帝登蓬瀛。侍臣立进清平调，天子亲调碧玉羹。昭容紫袖为前导，绛帻惊看晓筹报。郎官竟夺凤凰池，驾部初传知制诰。先生以郎中改侍讲，与韩君平遗事略同。盖皆以诗膺此奇遇也。御笔亲题清慎勤，帝曰格物真雄文。上赐先生以三字曰"清""慎""勤"，又二字曰"格物"。淋漓睿藻下天阙，吴绫一幅光氤氲。玉篆煌煌鼎彝式，盘以龙纹兼凤翼。籀文新镌河洛图，内府频颁动颜色。先生蒙赐御书，上有御宝，中刻乾坤二卦，左右环以龙凤纹。楼船昨日济汾河，载酒瀛台发棹歌。朝随天仗猎南苑，暮向石渠鸣玉珂。焚鱼学士饶述作，集贤院中称秘阁。九重温语共论诗，沈宋遗音宁寂寞。一时陈叶多唱酬，桐城太史亦名流。乾清别馆人不到，天厨日日罗庶羞。先生与陈说岩、叶讱庵、张敦复三太史皆以文翰受今上特眷最优。五夜校书方下殿，昆明池上词客宴。宝炬盈盈归院时，顾问清华常晏见。为询近日承明庐，彤廷补衮将何如。普天翘首瞻经术，莫漫临风赋子虚。先生《纪恩》诗有云"愿将经术佐垂裳"之句。

秦镜歌为袁松篱赋[②] 其镜得自海上

骊山宫阙连天起，复道飞甍三百里。咸阳一代气如虹，高阁沉沉临渭水。六国降王献美人，朱幰遥遥西入秦。就中多少倾城色，新妆缄怨绿蛾颦。赵女当窗理鸾镜，燕姬笑整钗头凤。鸦鬓蝉翼竞争妍，翠螺紫电交相映。君王夜幸橐泉宫，千门万户青芙蓉。明星荧荧绿云湿，梦回晓月临房栊。滈池壁返祖龙死，六宫粉黛黄尘里。楚人一炬如烟飞，飘零玉篋咸阳市。地下疑有蛟龙藏，良工制就飞吴霜。山魈魑魅不敢近，盘以螭虎当中央。阅历如今几千载，阿房故物生光彩。土花隐隐照西秦，碧藓依稀出东海。海国遥连徐福城，秦皇驱石鞭长鲸。菱花倒浸扶桑影，赤文绿字真晶莹。三千童女竟何有，十二金仙邺中走。惟余鞶鉴在人间，天阴鬼哭灵风吼。君不见之罘之石岣嵝碑，万年埋没无人知。神

① 底本无，据省图本、中科院本补。

② 底本无，据省图本、中科院本、《般阳诗钞》补。

物由来会有时，吁嗟袁子真好奇。怜余白发三千丈，不敢临风试一窥。

余青园夜雨听李中郎琵琶歌① 己未

西园公子罗众宾，满堂尽是贤豪人。华灯绮席纷照耀，竹床梧几列八珍。主人好客客尽醉，小史传呼教头至。檀槽银甲弄琵琶，秋阴萧萧云拂地。对君疑是李龟年，虬须铁面挝鹍弦。轻笼斜抹方促节，柔情遗韵真缠绵。几回翻调霜风冷，一叶梧桐飘玉井。云车铁马纷纵横，江东棹板何深猛。欻如侧耳向昆阳，空天雷雨惊八荒。奄忽珠铃引鹤唳，仿佛天女吹霓裳。须臾入破哀声急，絮语幽房夜中泣。人间重见小忽雷，离忧迁客增呜咽。洞庭天阔水清寒，遥遥一雁鸣云端。冰泉穷壑意萧飒，谁将如意摧琅玕。酒酣耳热当银烛，起舞为君歌一曲。凤箫龙笛切莫喧，湘灵不语湘云绿。奏技真同曹善才，浔阳江上几曾来。穿云裂石亦如此，繁弦撩乱临高台。四座无言人寂寂，山雨萧萧下青壁。松涛夜吼寒碧轩，一声刀截忽如砉。闻君师授自朱门，回忆生平欲断魂。宫声曾学突公子，可怜龙种哀王孙。罗程绝艺冠千载，宪王乐府高当代。芳筵按拍锦氍毹，法部流传竟何在。一自烟尘黯旧都，延秋门上夜啼乌。向人不复道姓字，琵琶一曲天下无。只今潦倒江湖上，五弦赵璧真豪宕。独传弟子陇西生，纤纤指爪何清旷。秦声半似郑中丞，闻歌子野意飞腾。清商弹尽羽声起，宿云袅袅梁间凝。君不闻段师琵琶推第一，昆仑妙手应难匹。海内今传羯鼓声，高头弟子坐相失。我醉为尔行赋诗，双芝亭上雨如丝。逢君不敢轻相问，恐是悲歌高渐离。

榆木鬼行② 甲辰

范阳溪流下平陆，斜抱一村在深麓。深麓山村何所有，满林历历多榆木。老树多年龙虎蟠，野火烧根产虺蝮。千尺盘拏生烈风，下视河流屡洄洑。柯如鳞甲摇空天，雷雨一朝拔茅屋。旷野无人落日时，愁对秋山静如沐。南村多少少年子，日日山前射麇鹿。晚来侧耳向空林，似闻鬼母秋原哭。榆木榆木藏青磷，夜夜悲吟风肃肃。草木岂得言无知，世事由来多倚伏。呜呼榆木何足伤，慷慨一为歌独漉。

君不见长城城边战士死，化为枯骨满山谷。黄尘卷地沙塞寒，龙堆月照青磷哭。又不见秋风秋雨茂陵鬼，夜泣铜仙繐帷宿。苍兕黄狐走寝园，土花碧藓

① 底本无，据省图本、中科院本补。

② 底本无，据省图本、中科院本补。

埋林麓。丧乱干戈十载余，山中寇盗多杀戮。旧日屯营古战场，天阴往往拾遗镞。当年死者魂飞扬，尚忆乌鸢啄人肉。即今文物太平年，犹余山鬼藏榆木。我来过此悚心神，落叶悲吟何簌簌。溪沙惊飞天欲昏，野涧尘霾惨人目。老蛟无声水不流，我马踟蹰车折轴。深树窅窈来天风，仿佛妖螭草中伏。我歌榆木一何哀，黯黮长云下西陆。

天雨霜①

皇帝三载甲辰岁，山东四月天雨霜。大麦小麦皆不实，枯死荒野随风飏。野老空村日夜泣，千里尺地良可伤。春蚕不眠新丝少，提笼何处行采桑。况乃六月尚不雨，流金铄石重为殃。山溪绝流长河涸，黾勉何以通塍隍。广陌有人剥榆柳，黄尘漠漠来道旁。迩来谷贱三农困，亢旱又复愁彷徨。仰天无云三叹息，往来较雨南山冈。

忧旱吟②

去年此时荐新谷，豆苗满野农夫忙。今年豆种尚未布，秫叶干枯谷叶黄。荷锄出门发长叹，离离瓜蔓死圃场。终岁之计竟何恃，公家日催输酒浆。黄符使者行郡邑，楚中转饷何皇皇。即看墟里多流亡，恨不早晚逢商羊。使我犹得种豆刈禾山之阳，不然白骨须臾抛穷乡。君不见山东姚相督捕蝗，人力尚可回凶荒。又不见备旱或贮常平仓，廪储散尽歌声扬。我愿绘图如郑监，痛哭早晚排天阊。

寒郊射猎行③

狐白之裘居上头，鸣鞭来往黄沙洲。指挥虞人持白梃，仰视天际浮云愁。合围大猎南山下，朔风萧萧吹广野。金眸玉爪双鞲鹰，锦帐连钱五花马。臂鹰驱马踏寒莎，行逐飞云掣电过。短衣袪服兴不浅，豪游为乐岂云多。控弦疑作霹雳吼，狡兔满地苍狼走。渴饮黄獐漱石泉，进酒金尊大如斗。上马常携明月弓，下马作赋惊长虹。烟寒草浅三十里，韩卢矫矫何其雄。白日苍凉渐欲落，啾啾

① 底本无，据省图本、中科院本补。

② 底本无，据省图本、中科院本补。

③ 底本无，据省图本、中科院本补。

野田多黄雀。归来烂醉少年场，一掷千金仍纵博。

赠邑侯汪健川先生[①] 侯，宣城人。庚申

敬亭云气来京口，帝谓神君绾青绶。昨岁双凫驾海涛，画里江城一回首。海上三山连六鳌，玉女青童转前后。箧笥常携寿世编，灵纹宝册藏蝌蚪。侯所著有《寿世汇编》。姑射仙人冰雪姿，笑指蓬瀛皆培塿。晴郊新种河阳花，官舍自垂彭泽柳。芸兰田兮栖蕙亩，中牟使者诚众母。禾黍尽登场，牛羊俱在薮。挹般水兮酌瓦缶，安得金尊大如斗。愿公为吏长子孙，抚此黄童与白叟。即今风雨近重九，坐对黄花将进酒。

强项行[②] 辛酉。四篇

古今以强项称者，汉之洛阳令董宣、明之遵化道后晋中丞耿如杞。余偶阅恽道生《生祭耿朴公文》，悲其遭时不造，殒于勤王，作《强项行》以志感。

天津城外海波明，天津城内开飞甍。貂珰气势压簪组，生祠鼎建奔公卿。煌煌土苴貌金碧，妖螭黠魅相回萦。匍匐再拜者谁子，坐视屈膝翻为荣。建牙开府尚尔尔，备兵使者何铮铮。曰臣如杞承帝简，何妨长揖当前楹。银章青绶出枫陛，刑余安得劳逢迎。丈夫要自正国体，强项非图千载名。冰心铁骨镇不变，应知自是天地英。群儿啧啧颂东厂，孤臣烈烈摧逆萌。含沙鬼蜮媚社鼠，黄麻矫诏来承明。甘陵南北正水火，是时钩党还相倾。节士终归洛阳狱，善类多为吉网阬。曹节凭城收杜密，田蚡虎视还窦婴。若庐搒掠亦云惨，杖下碧血飞纵横。三年圜土辛虞尽，一身百折躯命轻。熹皇既徂端皇立，乾坤一洗光晶晶。青蒲拜表伸正气，金鸡绎络颁蓬瀛。呜呼耿公竟不死，九重雨露施金茎。弘恭未得噬萧傅，宣室还因召贾生。余魂九死寒灰灼，北门锁钥扬前旌。赐环岂不愿归隐，时危安敢思莼羹。帝曰河东股肱郡，节钺命出千人惊。一日三迁自殊遇，况乃推毂当专城。艰难坐值阳九运，芦笳十万辉欃枪。甘泉烽火忧不细，天寿松柏燔神京。哀痛之诏下河朔，普天大索勤王兵。贺兰重镇但容与，诸侯壁上终何成。中丞投袂奋激烈，努力擐甲驱王程。温峤志欲存晋室，义旗指顾来幽并。椎牛享士百不办，手驱疲卒方长征。三河少年耽玉蕊，五郡良家呼癸庚。量沙计尽士不起，落日萧萧班马鸣。参军既无北府队，骄兵已散东门营。鸟骇兽窜事已矣，

① 底本无，据省图本、中科院本补。

② 底本无，据省图本、中科院本补。

臣罪万死当就烹。雷霆之怒正难测，白冠惨淡飘氂缨。都船再入不可出，报汉未许龙门争。相州节度曾收绩，不闻李郭烦廷评。赴难谁怜越千里，陌刀欲赐封常清。呜呼耿公竟就死，宁与杨左俱峥嵘。不死常待死溃卒，九原饮恨应吞声。马革裹尸志未遂，寸心端比金石贞。兰陵布衣长太息，痛哭陈词终古情。严武空余老宾客，八哀历历伤国祯。人生固自有死所，如公矫矫祸所撄。造化反覆安可问，感此愤结心难平。千秋栾布真知己，慷慨聊为强项行。

平滇行①

世祖皇帝开八荒，威加海内恢乾纲。一剑功成十八载，九重端拱居建章。白马之盟及四镇，策勋异姓皆侯王。吴濞本自有反骨，多时怙宠西南疆。天子恩深赐几杖，异数一一颁岩廊。赏赍每倾内府藏，冠盖绎络常相望。升平釐将逮郭暖，沁园脂泽沾天香。满门紫绶沐殊典，先后照耀同汾阳。亲藩一体古未有，不思报德流芬芳。辟署纷纷置伍被，妖谶隐隐推董昌。豺狼反噬亦天性，太阿窃据生光铓。弓藏鸟尽讵云尔，譬如鹰饱将飞飏。乃知韩彭固自取，俎醢焉得訾汉皇。庙算由来重南顾，杯酒深计安可忘。诏谓屯田赴辽左，逆谋或可为堤防。卵翼旧勋岂不善，坐令使节分牙璋。终军虽未没南粤，陆贾非复千金装。尉佗亦是汉臣子，居然黄屋神扬扬。倡乱从教启三镇，潢池盗弄何猖狂。六诏蛮烟黯千里，黄尘滚滚天苍茫。杀气纵横拥僰道，寇氛惨淡埋桄榔。李雄草窃意□测，庄蹻虎视势莫当。井底有蛙虿有毒，东侵象郡西瞿塘。年年烽火自兹始，甘泉旰食劳彷徨。圣皇震怒重推毂，秉钺贝子来疆场。飞云之旂标汉帜，银枪效节挥千将。征南幕府勒虎旅，楼船上将飞龙骧。十道材官发泾渭，一时中垒屯江乡。羽林孤儿尽授甲，期门八校身手强。银川监牧资神骏，军中万骑皆骕骦。佽飞射士下宣曲，五花一色云锦张。几载上林教水战，昆明此日需艅艎。下濑惊传赤羽箭，戈船掩映绿沉枪。前年闽粤已纳款，长缨系颈归明光。降王持梃不可得，属籍既削披银铛。浙东制府亦豪隽，临淮壁垒诚难量。仙霞岭畔且平削，海波已息仍金汤。平南老死重悔祸，东瓯版籍登天阊。汉家宽大恤苗裔，随桃兀自班银珰。东南一带隶疆索，铙歌朱鹭音锵锵。昨岁岳阳初献捷，长鲸失水走且僵。饮马平临洞庭畔，阵云漠漠连潇湘。天兵已厄黔中险，西略巴蜀通羊肠。弹丸黑子亦何有，荡寇将军趋夜郎。封豕既毙余逆孽，犹自凭城恣陆梁。贼之桀骜曰马宝，济恶亦有巴三刚。元和天子称神武，淮蔡岂容吴少阳。近得吕嘉方就戮，藁街悬首如犬羊。区区滇池三百里，投鞭或可成康庄。艺祖宁云勤远略，畔臣

① 底本无，据省图本、中科院本补。

安得留榻旁。粤自寻师七八载，海内供亿良可伤。少府金钱日仰屋，水衡都尉烦周章。急公卜式亦忧国，筹兵往往及算商。间架初停犹未及，飞挽宁堪赤白囊。北阙时闻驰羽檄，东国每劳输酒浆。十室九空鸡犬尽，况乃浃岁忧亢旸。几多辛苦无家别，哀鸿未得谋稻粱。中原赤子尚如此，荆湖丧乱真荒凉。王师纵有秋毫律，池鱼无乃罹其殃。伤心戎马遍江国，妇子星散夫走藏。交衢豺虎少人迹，薪刍又复催戎行。军书调发日夜继，荒村所见维颓墙。至尊曰吁民力竭，六师安可常翱翔。极知兵者是凶器，竖子负义天所亡。敕书煌煌规□取，天威烈烈挟风霜。太山自是摧蚊翼，车轮那得留螳螂。王濬坐画平吴策，峨舸巨舰临沟隍。金沙江头鼓声急，壮士横戈依点苍。雷碌鬼斧大地裂，釜中鱼跃何仓黄。元济魂飞洄曲战，孤城死守人为□。雉楼常侍一传语，鹅群雪夜惊抢攘。十月之交岁辛酉，云中妖孛销寒芒。逆雏滔天罪不赦，一时传首来荆襄。公孙跃马竟何益，隗嚣悖乱乖天常。元凶既歼余莫问，不教玉石焚昆冈。指挥一举靖四海，星驰露布飞长杨。凯歌五夜献彤陛，天颜有喜开明堂。平淮在昔重乾断，赤符手握朝万方。太平置酒晏长乐，群公上殿称玉觞。侍臣竞进平滇颂，红云不动垂衣裳。早辟铜龙驰御道，孝陵弓剑修蒸尝。山河带砺幸无恙，自斟明水勤趋跄。松原燎火照天地，桥山仿佛神洋洋。黄竹回銮歌杕杜，紫庭鸳鸯真辉煌。曰朕平乱列祖志，功成告庙升芝房。象樽雌彝备朝践，太常万舞调笙簧。登歌筵几勒钟鼎，白麟赤雁祯且祥。长信宫中称万寿，宣仁鹤发过虞唐。青宫龙衮亦绕膝，再拜持将五色獐。*时太子随驾归，以鹿献太皇太后。*三朝圣母辗然笑，笑看阿阁巢凤凰。帝曰运筹功最著，谁其帷幄何与良。平滇章泰勋第一，遥闻天语何琳琅。褒庸玉府恩赐渥，文缯锦绮麒麟箱。飞鱼斗牛陟槐棘，万金百万一时将。皇心犹复念更始，金鸡四道传未央。弛刑薄赋重休息，弥天雨露霏瀼瀼。亦知海内苦凋敝，氛气净尽流清光。上元甲子行在即，疮痍庶几安耕桑。八阵烟消开丽日，五兵水洗倾银潢。请看归马华山道，依旧金瓯万里长。

御笔临赵孟頫《前赤壁赋》①

此册盖己未年以赐日讲官侍读学士董讷者。讷以善书膺宠眷，故获此异典，遂勒之石。余从少司马焦公处得见此本，因歌以志之。

太平天子当枫宸，万几余暇挥毫频。淋漓御制宝光迸，鸾翔电掣如有神。香浮龙衮九重上，墨池宫锦飘华茵。古今独许赵承旨，不惜天翰传其真。吴兴书法妙当代，险劲不类欧阳询。风逸别有神隽态，遭遇圣主为一伸。齐高正书

① 底本无，据省图本、中科院本补。

无第一，仁宗飞白非其伦。晶莹坐见彩霞出，腕力直与造化均。风雨时闻鬼神护，中含元气清且淳。天门龙跳谁得似，画如宛铁钩如银。太清淳化俱已矣，赖此神采为世珍。残戈纵补贞观笔，对兹色理翻成陈。一人有庆偶为此，卷末有御宝志之，其文云“兆民赖之”。游戏艺苑非无因。黄金之章钟鼎篆，居然日月飞双轮。神墨岂徒工翰墨，前有宝玺镌勤民。西崑册府人不见，颁赉侍从天子仁。平原学士直紫阁，亲见染翰龙池滨。捧出瑶阶拜舞毕，千秋幸得为近臣。奎文照耀玉堂侧，璚芝贝检光嶙峋。臣讷稽首勒金石，汤盘禹鼎同贞珉。己未之年十八载，传之万古诚无垠。末有御笔自题三字，曰“己未临”。绕以蛟螭食以墨，不与凡宝俱湮沦。明堂玉册悬泰岱，七十二代披龙纶。呜呼赤壁竟不朽，仰籍睿藻回鸿钧。眉山词赋膺异数，何殊图画登麒麟。金门自古重毫素，凤池鱼水扬清尘。先朝盛事两文敏，人疑思白君前身。流传秘本向枢府，琼函覆以白纻巾。草莽之臣获见此，几回仰睇仍逡巡。幽窗匍匐开锦帙，云烟巨丽骨肉匀。龙辔五色映虚白，安得空斋留十旬。是时雪花大于掌，忽如黍谷回阳春。即看圣主敷文德，西平六诏东八闽。不劳象胥谕言语，同文之治何彬彬。汉家自有登封日，禅草谁为献颂人。时滇南荡平，将祭告山海。

哀歌行，挽王子侧姑丈，兼寄咟阮亭先生①

昔时海内称三王，河东凤羽争翱翔。琅邪盛事冠当代，桓台鼎峙森相望。金门道籍先后起，竞传谒帝登明光。归来下直自休沐，鹤鸣灿灿东西厢。近者唯闻四皇甫，君家兄弟安可当。埙篪古调崇正始，宛如雅乐调笙簧。斯文承盖尽崔魏，翰墨驰骤追班扬。交游四海遍知己，驿骑往往如郑庄。慈明更得无双誉，惠连春草生池塘。汉貂七叶纷照耀，况乃文采凌金张。司勋久负人伦鉴，山公启事朝建章。典型殒谢须臾事，士林樵悴深彷徨。十笏草堂既萧瑟，东亭又复归北邙。呜呼大雅已沦丧，一时感慨忧无方。端居俯仰忆畴昔，我时总角君昂藏。吾家郗鉴识逸少，璘珣宝树登金床。二十年来风雨夕，称诗许我拟太仓。风尘游处时过从，蓝田长啸栖幽篁。岁在癸卯振六翮，吾家大阮同飞扬。竹林遗响久寂寞，念此百结毒我肠。庚戌之春策进士，燕许制作何煌煌。十年初服亦寥落，豪游浪迹江湖旁。休文苦吟何太瘦，摩诘无家重悼亡。昨岁犹传艺圃作，蛾眉天半歌清商。一官终未绾青绶，何期鬼伯遂成戕。子敬人琴长太息，千寻玉树凋秋霜。凄凄丹旐返帝里，孤儿执绋来冀方。伯鸾德曜俱已矣，长安索米良可伤。才人自古遭摧折，仰视造化真茫茫。即今天子好文雅，怜君未得登明堂。我歌

① 底本无，据省图本、中科院本补。

九辨哀声急，巫咸渺渺青天长。素车白马越乡县，招魂欲渡河无梁。宋玉神伤天地老，湘兰沅芷罗椒浆。薤有露兮蒿有里，灵之来兮归故乡。辋川兄弟更何似，茱萸折罢空涕滂。遥想禁城明月夜，脊令原上泪千行。

房梁公故里怀古[①] 戊辰。二十二首

晋阳宫里真人起，龙飞豹变疾于驶。瀛洲学士首梁公，犹具英风留故里。虬髯公子如汉高，公亦佐命同萧曹。当时杖策隰城尉，运筹台阁真雄豪。太原崛起自天授，乾坤百战蛟龙斗。庙堂谋断赖元功，勋高发纵良不谬。丹青一一画凌烟，英公鄂公相后先。天策府中时入幕，可怜太白忽经天。禁庭蹀血非长计，玄武门前一何戾。建成岂是管蔡俦，帷幄贪功坐相毙。门户辛勤贻玉珂，终教赤族竟如何。千秋遗恨高阳主，不及王珪礼法多。

弭华仙隐君所贻泗滨石磬歌[②]

我昔徘徊绣江滨，眼前忽见弭逸人。桃源风骨尘外物，翛然老鹤君前身。有子能诗同避世，柴门流水无纤尘。芳园十亩万竿竹，闲扫落叶铺苔茵。陶家爱客樽有酒，我来溪上同垂纶。登堂鸡黍两不厌，举手赠我泗水珍。古来浮磬定雅乐，宫悬赖此高下均。赵人牛铎非凡响，池中铁跃称蕤宾。今之编磬不世出，宁与燕石同湮沦。携归茅屋媚幽独，石纹俨作披麻皴。我将构一斋，贮此非无因。十年计不就，夫也长贱贫。囊有陵阳璧，焉辨玉与珉。逸人已化为异物，我亦迟暮犹邅迍。暇日摩挲三叹息，作歌为尔传其真。吁嗟乎，神物由来不易致，君不见丰城剑化延平津。千年泗水东流去，留向人间几百春。

后琵琶行[③] 焦寿甫席上重听李中郎弹琵琶，歌以赠之

鹍鸡持作弦，银甲调秦声。四座且嘿嘿，听我琵琶行。琵琶教头陇西客，十年不见心怦怦。余青园中秋雨夜，四条弦上风雷鸣。今日相逢正秋暮，重九已过无落英。中山公子邀上客，碧玉茗碗银丝羹。妖童十五歌喉细，声声翻调闻啼莺。白头教头头半白，生平绝伎传公卿。停杯却听教头说，灵光殿里吹玉笙。

① 底本无，据省图本、中科院本补。

② 底本无，据省图本、中科院本补。

③ 底本无，据省图本、中科院本补。

朱门五夜自高会，霓裳曲就千人惊。南楼纵目浮云散，不见当年雷海青。隆准子孙窜荒野，流传法部朱雀桁。以兹落拓四十载，逢人怕说师姓名。琵声不多琶声稳，宁比旗亭诸贱伶。羁客闻之三叹息，侧耳天外风泠泠。初弹大弦皆避位，小弦细丽幽且清。十二楼中动鸾泪，双成招手呼飞琼。成连海上那得见，凉风淡淡寒波生。潇湘细雨忽飘洒，惊沙哀雁鸣前汀。黄陵落日理瑶瑟，美人渺渺搴香蘅。伊凉以下自悲壮，神螭掉尾纷纵横。或如娲皇断鳌足，沧溟鼓浪翻长鲸。青天万仞山岳立，铜仙百尺罗金茎。丰隆霹雳掣飞电，冰丸飒飒流金甍。善才绝艺称第一，腕下或有蛟龙精。须臾万马一时下，怀中无乃操五兵。曲罢划然风料峭，斜月欲没天晶晶。我愧江老老司马，芳筵梧几临前楹。玉壶满酌不辞醉，独怜迟暮深屏营。青衫红泪自今古，重作浔阳江上行。

褚河南临右军《兰亭》真迹长歌①

此本为李大司寇五弦先生秘珍，昔在都门尝为王文安公攘去。司寇百计致还，余素闻之，未见也。一日，张子观四云："曾于司寇季子药房斋头得一披阅，墨痕古黯，幽光如漆，豪劲清润，骨肉停匀，真希世宝也。"司寇父子皆没，此本不可复问矣。歌以记之。

千秋翰墨有懿则，神物由来不易得。兰亭玉匣葬昭陵，鹤头蚊脚金凫侧。贞观时节在人间，瀛洲学士争磨勒。就中独数褚河南，定武宁须金石刻。遗迹何年到陇西，尚书省里千金直。玉轴香函不厌深，笔底真藏太古色。孟津宗伯老且颠，见之不语亦不食。长跪再拜持欲归，尚书无言长太息。鸾台下直忽入幕，不惜潜身作萧翼。李公抵死向秦庭，赵氏连城终反璧。自兹对客莫浪夸，护持正赖缄縢力。太原裼裘真异人，自惜珍奇勤拂拭。怜尔张衡咏四愁，晴窗开箧舒胸臆。睇观不是澄心堂，纨素幽光抒中织。即今埋没千余年，碧烟黯黮云涛黑。银钩铁画劲且豪，譬如神马黄金勒。右军摹本此最佳，麟角之笔庭珪墨。虿尾何如屋漏痕，不同群子矜修饬。当时虞薛亦知名，见此垂头语应寒。文皇何事补残戈，此本流传当万亿。昆仑老子本好奇，闻君斯言愁嘿嘿。当时我亦识太原，人生良会安可即。尤物从来无夙缘，念此踟蹰岂终极。尚书寂寞无履声，西园公子埋荆棘。图史漂零一惘然，朱门回首空凄恻。君不见古来文字伏祸机，蝌蚪虫鱼秦火熄。只今惟有峄山碑，万古奸谀颂明德。会稽修禊本风流，内史遗踪竟谁及。拟山园里浪挥毫，不直一钱程不识。

① 底本无，据省图本、中科院本补。

逸峰阁哀歌行①

逸峰阁上何迢遥，逸峰阁下何萧萧。闲凭高阁忆畴昔，悲歌潦倒愁无聊。黄门自昔本韦素，青灯十载何寂寥。儒林见许文章伯，雄才不数贾与晁。当时过从两莫逆，君方弱冠余垂髫。二十年来一弹指，桑田沧海如鹿蕉。君昔释褐明光殿，作吏江国停兰桡。大河以北振风雅，清潭唱和留孤标。君才猛鸷似无敌，青天掣臂惊皂雕。作诗往往中金石，譬如天女吹琼箫。玉鸡堂畔有遗响，商音烈烈秦声调。制锦功成登琐闼，梧垣待漏横金貂。欻如骏马脱羁絷，棱棱威凤翔中朝。君言富贵在适志，及时为乐当今朝。生平恒苦不满百，三万六十良易消。以兹放浪纵所欲，千金南国来娇娆。吴越佳人一十二，内家妆束衣红绡。徵歌晓度黄金缕，学舞春归玉步摇。安石多情盛丝竹，香山亦复依蛮腰。芳筵绮席邀上客，铜盘绛蜡乘春宵。丈夫生即五鼎食，安能寂寞同儿曹。豪游岭峤一万里，七闽校士飞星轺。宝装陆贾下南粤，蛾眉逐队归红桥。君家楼阁连天起，大奎山下凌云霄。阴阴曲径入深洞，蒙蒙香雾浮轻飙。画槛珠帘方选胜，银床别死已魂消。百年大梦黄粱熟，一夕秋风琼树凋。熊经鸟伸百不售，驻颜大药无乃劳。文成误食马肝死，岂有仙人王子乔。阁上藏书自充栋，牙签万卷空萧条。燕子楼中燕飞去，当时红袖随风飘。缌帐犹余白鹦鹉，朱弦无复银檀槽。日暮西风孝河水，一溪呜咽鸣寒潮。君不见繁华过眼同流电，巫峡朝云暮飞散。杨枝堤上送行人，桃叶江头掩歌扇。逸峰阁外乱山青，回首当年泪如霰。

武昌行②

康熙戊辰五月，叛军夏逢龙之变，督粮少参叶公映榴殉难最烈，有遗疏甚悲壮。事平后，赠工部侍郎。

折柳莫折武昌柳，黄鹄矶头乳彪吼。食鱼莫食武昌鱼，汉阳江上走军书。妖孛流星惊电掣，蚩尤寒雾生鲸穴。从军恶少假狐鸣，脱巾一呼宝刀折。大纛高牙黄战裙，戟门叫啸储胥抉。隔江烽火照天红，鹦鹉洲边欻明灭。城上旌旗压黑云，城下长戈耀霜雪。四郡横江接舳舻，三户遗民莽污蔑。多少达官避贼锋，少参独奋常山舌。百折岂同绕指柔，艰难坐识孤臣节。双儿总角眼前看，八十高堂挥涕诀。亦有金闺结发人，含笑从容佩金玦。裂眦骂贼天为昏，发冲南斗肝肠热。治粟使者无寸兵，伏剑临风臣力竭。幺麽逆竖乱天常，谁舐卢公面中血。

① 底本无，据省图本、中科院本补。

② 底本无，据省图本、中科院本补。

不使余生负盛朝，尚留封事投金阙。曰臣濒死上遗言，陆梁鼠子愤所切。紫绶金章圣主恩，抱头荆棘良不屑。安能委蛇待贼平，致命从来甘沦没。岩疆破坏失弥缝，敢复偷活愧前哲。成仁取义是何人，九死忘身捐肤发。掩卷枫宸不忍看，照耀千秋配烈忠。高楼黄鹤下遥空，沅芷汀兰比芳洁。风鸣九嶷云气深，魂归七泽潮声咽。我歌九辨望江天，夜寒四壁吟蜻蛚。子璋髑髅传下都，即今余孽已平铺。天家自致褒忠典，桂糈重浇楚大夫。披发太荒湘水上，万年争说叶苍梧。

寄弘蘧太史长歌①

我昔披褐游帝京，与子结交称弟兄。清河世派虽云远，射策同为洛下生。江阴天子曹司成，逢人说项数张衡。君向师门立风雪，一见爱我平阗行。红尘把臂两莫逆，紫陌晨夕同班荆。赠我莼江珠百斛，耳畔似是闻韶韺。是时青浦有王子，与君相对如尹邢。鹿城司寇人伦鉴，通籍久许登承明。果然联翩向霄汉，势如高屋初建瓴。余方折臂似羊祜，徒从病渴思金茎。文字之缘长已矣，扣钟无乃仍持梃。譬如两曜丽天地，宁烦爝火空荧荧。以兹偃蹇不得意，避迹怕见王侯鲭。广宁门外策疲马，秋风千里归沧溟。风鹤未闻早退舍，自顾颇谓能知兵。宋五从来惯坦率，惟期不负钟山英。余发种种愿归隐，赖有诸子先飞鸣。我观京兆都试作，芳兰竟体同香蘅。幽音逸态互出入，万仞鹤羽翔太清。笔底宁无鬼神助，湘灵鼓瑟君山青。南宫风格互一变，大将旗鼓来井陉。神丹九转炼金石，鸿文无范鞭风霆。吾闻龙性合变化，天门八翼何纵横。韩翁以来又改辙，皎如日月繁如星。自古文章逐时目，风云百出纷斗争。我似桃源无新制，褒衣博带人所惊。广眉细腰不如式，奈何株守金铜钉。邺下衣冠尽才士，海峤惟余痴管宁。去年八月辞帝里，与君不见十易蓂。唐举许负亮不谬，竟尔黄气来天庭。余与太史序其《眉黄集》中语也。侧闻圣主选侍从，百僚陪位临大廷。建礼门前识仙侣，大官供食调御羹。煌煌莲烛下螭首，凤池铜马扬前旌。北门学士通中枕，南苑神仙沙上行。仕宦游来崇禁院，快君诏许归蓬瀛。我卧天东钓沧海，海云漠漠风泠泠。柴桑故里足栖息，魂梦不到渔阳城。南亩种苗防俭岁，东篱采菊扶颓龄。太平玉烛烦公等，我将教子传遗经。昆仑顶下结茅屋，数椽土室如袁宏。作歌为寄长安道，回首风尘百感生。

① 底本无，据省图本、中科院本补。

赋得长安大道邻狭斜寄怀周冰持[①]

冰持，云间人。且稚廉，釜山先生孙，处士鹰垂子也。所著有《容居堂诗辞》及《填辞》。丁卯与之同寓华严庵，最契。

长安大道邻狭斜，三条五剧交纷拏。是时车书集辇毂，京兆取士开南衙。我来渤海君江左，青丝络头白鼻騧。华严精舍解陈榻，别院一一银屏遮。君之悬瓠余采藻，忘年握手同天涯。羡君著述携回簏，牛腰之卷随五车。君材如江复如海，潘岳陆机休浪夸。挥毫侧理五十万，不妨作字如涂鸦。庾信徐陵亦何有，胸中藻绘蟠奇葩。填词临川互伯仲，酒酣顾曲声咿哑。琅嬛传书三十乘，作赋往往惊侯巴。丰城初出芙蓉锷，譬若赤土淬镆铘。云章错落古番锦，炼成五色劳女娲。得句不让张三影，豪吟岂数温八叉。迩来文士尚耳食，隔帘莫漫听琵琶。可怜费尽洛阳纸，纷纷余子皆鸣蛙。似舅君同何无忌，志在奋翮良非奢。莱峰勒卣称作者，由来大雅传君家。先哲剧怜陈夏辈，销沉玉碎真无瑕。谈天凿空杳何极，浑似吾家博望槎。青藤蜡屐苦未遂，香山碧云寻麢麚。钟磬六时发清响，古殿四角盘龙蛇。晓来阇黎习梵呗，夜深蝙蝠飞檐牙。天街自卖烂羊胃，僧房活火烹兰芽。河间姹女太狡狯，燕市沽酒难交赊。当阶积水少人迹，潇潇霪潦生蚓蜗。桃笙溽暑不交睫，蚊蚋攒肤争喧哗。三秋谁识千金骨，八骏时巡万里沙。长杨宣曲盛羽猎，有时侧耳闻清笳。愁攀紫禁城边柳，莫问玄都观里花。痛哭万言长太息，搔首九重天路遐。夷光入宫空见妒，净洗红妆还若耶。无劳过羡西清署，归去且摘东陵瓜。腰镰陇畔刈禾黍，钓竿海外披云霞。上书未能捐短褐，下农或可收桑麻。周党奉诏反故里，刘蒉被放辞京华。濒行赠我三都序，巴阆得得来阛阇。君亦南归觅莼菜，惭愧李郭同仙槎。云间道路二千里，长淮漠漠连琅邪。四鳃鲈鱼今正好，三泖湖边休怨嗟。吴天孤鹤唳江表，怀人秋水迷蒹葭。他时策马长安陌，旧日题诗笼碧纱。

李约庵斋中观仇大司马家所藏黄山谷真迹[②]

焦山之铭传瘗鹤，仿佛犹存古钗脚。学书先学颜平原，浑朴之中露锋锷。洪都老子笔飞腾，写得盐亭四尺缯。黄龙山中悟三昧，相看不作痴冻蝇。潘谷之墨澄心纸，投荒魑魅三千里。万死孤臣喜作书，挥毫每在桄榔里。折柳亭边忆旧题，苍茫如见索征西。齐名当日雪堂子，岭外风涛走赫蹄。六百年来遗迹在，

① 底本无，据省图本、中科院本补。

② 底本无，据省图本、中科院本补。

神物焉能晦光彩。墨痕奕奕照银钩，内府飘零到沧海。海上龙门有钜公，千金玉箧秘房栊。岂无瑰丽多宝阁，神移气结惟涪翁。尚书久没诸郎少，此物流传待同调。犹记鳌山证道书，怒猊抉石同奔峭。曹蜍李志自销沉，惟有名画阅古今。他时重忆摹园笔，云水茫茫何处寻。

文与可画《罨霭图》[①]

陆绥袁蒨安可求，神奇独数顾虎头。古相终蒙画师耻，解衣盘礴焉足羞。自古词人写山水，萧然散淡文湖州。湖州往往作墨竹，筼筜谷里风飕飗。彭城袜材资笑傲，车过腹痛犹含愁。今兹罨霭信绝笔，晴翠欲滴山之幽。中有云壑邻茅屋，展卷吾将恣卧游。苍茫树色传豪素，墨光黯黮神气浮。齐纨斑剥欲飞动，萧瑟远势良悠悠。我生未见溟海水，漭沆似此真沧洲。龙眠倪迂不足数，胸中笔墨成丹丘。世上如公谁复见，画力岂止传千秋。

恭阅御书赐西粤难巡抚马文毅公雄镇神道碑[②]

长蛇封豕起六诏，巴东粤西山鬼笑。桄榔树里走烽烟，阵云漠漠千里道。宵衣天子问岩疆，甘泉旰食劳彷徨。几多列郡从风靡，惟有常山铁作肠。幽囚四载终完节，阖门尽洒睢阳血。桂林林下生悲风，洁比秋霜皎如月。由来圣主重褒忠，奎文擎出明光宫。崇阶优恤何足贵，龙洒宸翰惊游龙。呜呼疾风识劲草，不愧凤池沾睿藻。煌煌螭首缠丰碑，上有广运真鸿宝。千秋照耀勒贞珉，不与凡笔同湮沦。特将异数慰忠烈，莫作寻常金石珍。

寄孙子未太史[③]

我昔骑驴入长安，敝裘萧瑟天风寒。五侯七贵不好客，君独罄折来交欢。半生落拓心转拙，文字难从世上说。五陵卿相多少年，肝胆如君照冰雪。是时江左曹司成，君亦曾为门下生。相逢赞我不容口，作诗老气纷纵横。感君驱车落穷巷，剧谈抵掌何骀宕。独惜狂歌稷下人，生平傲骨甘疏放。翰苑如今亦冷官，君家往往无晨餐。俸钱入手即沽酒，招客四座当夜阑。湖海交游亦何盛，元龙

---

① 底本无，据省图本、中科院本补。

② 底本无，据省图本、中科院本补。

③ 底本无，据省图本、中科院本补。

楼上知名姓。贾彪郭泰尽时贤，顾厨一一相辉映。余亦天涯淡荡人，相看一笑向风尘。论交谬许称知己，酒酣慷慨忘贫贱。上书北阙不得意，刘蕡痛哭下生泪。闻君拔剑悲萧骚，手握遗珠发长喟。怜余抱病归东皋，灌园十亩栖蓬蒿。经年不作赫蹄字，眼望京洛红尘高。北来尺素传双鲤，长跪风前忆君子。击筑遥知意不平，黄金台圻骅骝死。文苑如今赖数公，何如盛世有冥鸿。麟德殿前方视草，右台门下借飞龙。校书秘阁金门客，燃藜太乙秋烟碧。铜碗青绶出尚方，肉啖杏酪皆恩泽。念我幽人海上村，岁寒时节悄无言。山中雨雪君知否，欲寄梅花到蓟门。

贯休画《罗汉渡海》卷子，后有东坡、山谷两公手跋真迹①

贯休，晚唐之诗僧也，以贯罗汉得名。兹所画尊者二十余人，力士、童子又数人。金碧工细，巧夺天工，而皆具有道之容，尤难得也。至乘坐异兽不可名状，又擅山海之奇矣。宜苏、黄两公叹赏不置，手书志异也。余所见东坡真迹，此为神妙，又胜于《蜀冈送李侍郎》诗矣。若山谷之跋此卷，则微逊于仇尚书家所藏。

吾闻西域多化人，此图无乃传其真。丹青奕奕照今古，披图奇丽如有神。逍遥来自双林树，却踏青溟波上路。天魔花雨纷窅冥，仿佛鲸鱼代杯渡。一叶芭蕉驾海涛，狰狞怪兽骖灵鳌。或为低眉或卓锡，四顾但见青天高。野马神羊挺双角，碧眼隆颅证圆觉。阇黎鬅鬅发鬅鬙，力士熊熊脚扑朔。轻尘不上水田衣，万里风波几度归。咫尺莫辨葱岭道，龙驯虎啸相因依。白毫光里鉴毛发，杖底钵如海中月。休也自是老桑门，貌得金仙欻超越。如是我闻顾虎头，维摩一幅传千秋。布金百万亦何有，一苇东来江上游。贯师好手翔鸾翥，禅心不作沾泥絮。图穷彩笔在人间，乃是苏黄旧题处。山谷老人为叹嗟，东坡挥毫开士家。崇因院，袭上人山房。郑虔三绝那得似，至今绢素飞龙蛇。呜呼神物不易得，得法隐隐照颜色。恐防雷雨响空山，还君此图长太息。是图为焦氏家藏。

---

① 底本无，据省图本、中科院本补。

宋赵千里《海天落照图》[①]

千里名伯驹，宋宗室也。高宗爱其画集，奉诏画集英殿屏，赏赉甚厚。千里平时好作小图，流传于代，如《盘松怪石》《王济观马》《浮岚暖翠》等图，并见珍异，以金碧擅场。此图尤臻妙品，殆北宗也。

南渡以后推丹青，入妙首数天水生。光尧皇帝重毫素，集英殿里挥御屏。赏赐一时颁内府，珊瑚碧玉黄金缯。云麾将军有遗响，夏圭马远同驰声。怪石盘松世所贵，浮岚暖翠千人惊。零纨断素久磨灭，譬如孤鹤遗修翎。今兹之图何所得，海天落照临蓬瀛。苍茫岛屿在云际，居然蜃市纷纵横。贝阙琼楼互隐现，溟海浩荡朝玉京。金芝瑶草安可数，时有仙侣飘华缨。方壶员峤生笔底，又如霞起连赤城。鲸涛奰屃走寸腕，依稀喷沫蛟龙腥。手招徐福呼不起，三山缥缈开金庭。海堧洲渚势迢递，芥舟叶叶飞蜻蜓。碧岚翠霭千万叠，画工得匆劳经营。一峄忽起冠云杪，遥睇众岭犹列星。空斋卧游到玄圃，便欲击汰还扬舲。琉璃万顷海烟灭，濯锦锦江如练明。枕碧亭边启湘箧，枕碧亭，焦简庵亭名。耳畔但觉天风鸣。庭隅落日渺无际，搔首海天无限情。

宋赵伯驹《吴宫万玉图》[②] 吴宫梅花也

姑苏台上东风来，姑苏台下梅花开。千枝万枝逗春色，西施醉卧吴王侧。宫女如云玉殿东，学舞花前罗袖红。锦帆泾外皎如雪，响屧廊边枝欲折。身到瑶台月似银，画师无乃传其真。赵家兄弟推好手，李刘马下亦何有。写作吴宫万玉图，千年梅里在姑苏。银床玉几势飞动，琼楼百尺连香径。浣纱溪上几回春，疑是罗浮梦里人。

宋马远《老子骑牛图》[③] 上有元虞集泥金书《清净经》

荆关董巨不复返，南送以还推马远。至今传得骑牛图，博大真人意深稳。煌煌紫炁照天东，函谷关前落日红。我非旧日令尹喜，眼底亦似惊游龙。雅有怀中五千字，至今谁识西来意。柱下当年太史公，千里秦关复何事。看来不似戴嵩牛，风行云护归雍州。邵庵儒者好黄老，志在清净希前修。蝇头小字嵌金碧，

---

① 底本无，据省图本、中科院本补。

② 底本无，据省图本、中科院本补。

③ 底本无，据省图本、中科院本补。

留与空斋对朝夕。我将挂角读汉书，拜手虚无亦何益。

仇十洲摹宋人张择端《清明上河图》①

按：宋人张择端《清明上河图》乃汴京胜概。大约当以宣和以前繁盛之时，故其宫室、城郭、楼观、浮屠、街衢、巷陌、市廛、亭馆、舟楫、桥梁、士女、车马、商贾、负贩、侠游、百戏万货，诸物莫不毕备，而富丽浩穰，雅有太平气象。为物者以亿计，为人者以万计，螺纹蚓结工细，可知非数年之力谅不能成，信奇观也。当时与《西湖争标图》俱选入神品，今兹摹本亦颇入妙。曾时入内府，故志有御宝。明代归于茶陵李文正公，有记记焉，后又流传于宜兴李文定家，文定手书《文定公原记》，亦自娟秀。而余今于焦司徒家见之，盖其世传之故也。

画山不画海上山，山在杳霭飞云间。画水不画沧江水，水在波涛烟雾里。不如画作汴京图，汴京富丽天下无。宣和以前称全盛，繁华自昔雄三都。百年太平饶物力，嘻嘻朝市多欢娱。清河画师妙天下，十年构此良非迂。展卷忽然迷五色，幽窗老眼仍模糊。睇观乃识画工巧，长房缩地诚不诬。九馗之轨何穰穰，冠盖历落当交衢。邸第楼台纷在目，列肆百货群所趋。袪服绎络出珠箔，珍怪瑰丽来番禺。马如红豆人如蚁，摩肩击毂争驰驱。端门百戏无乃是，朱楼舞榭红氍毹。葡萄美酒醉侠少，亦有犊鼻来当垆。王侯贵人盛游乐，翠幰宝马青骊驹。时和正值清明节，汴堤官柳何萦纡。青帘白舫载箫鼓，黄羊紫骆充行厨。长桥一道白虹起，叶叶帆樯连舳舻。永和三日修禊事，兰亭遗韵方未徂。五云深处九重上，遥望阿阁黄金铺。龙楼凤辇驻佳气，似是天街颁大酺。眼前百怪竞出没，一一变相神理殊。承平士女堪图绘，传之千古劳踟蹰。我闻此画入神品，争标不独传西湖。大元御府作重宝，双龙小印存区区。飘零兵火更出世，仇英临本非小巫。摩挲自是乱真手，不愧玉轴装珊瑚。西涯相公好奇者，万字作记穷根株。宜兴妙笔更飞洒，中人什袭千斛珠。忆昔开元东巡日，潞州亦有金桥图。道子陈宏韦无忝，写生万态势可呼。天子亲乘照夜白，百僚济济披襜褕。羽林卤簿三十万，道旁观者人相扶。当时三绝今复见，慎勿弃掷同碔砆。名画由来辨宗派，譬如族姓称崔卢。藏之箧笥待知己，群儿莫使正揶揄。

① 底本无，据省图本、中科院本补。

仇十洲临冷启敬先生《蓬島仙弈图》①

朝阳真人冷协律，翰墨往往留遗笔。凌元跨宋几百秋，游戏神通时一出。今兹琼岛橘中图，散淡不类山泽癯。晶晶琪树耸云表，置身天外栖方壶。桃源视此伤逼侧，鹤发萧萧云五色。紫霞丹嶂插青天，石髓麟芝供朝食。便欲挥手招青童，芙蓉城在天之东。围棋赌墅笑安石，世人不见蓬莱宫。一局宁知几千载，回视桑田变沧海。从君寄语烂柯人，故里遗墟复谁在。狡狯临摹仇十洲，海天眼底良悠悠。何时一驾长风去，把袂仙人十二楼。

题侯夷门《两竹图》②

爱此君者王子猷，画此君者文湖州。鹅溪素绢二百匹，渭滨千亩何修修。赢也朱门老宾客，惯能写竹王侯宅。羡尔湘江烟雨图，依微掩映秋云碧。仿佛遥闻漱玉声，冰丸飒飒神鬼惊。叶叶离披象倒薤，耳边隐隐长风生。幽窗对此势欲动，千竿万竿出云梦。一任低垂自袅斜，苍梧泪尽犹余痛。一溪绿云浸寒云，八十老翁迥出群。信陵门下多奇士，未必人人画此君。

吕静逸云："写照传神，诗中有画。"

附记：侯山人，名慕赢，章邑高士也。出入焦太仆之门者数十年。不谄不诡，艺人中最为有品。宜其能作士人画也。今诸焦氏尚多其遗墨。

石隐园观石歌呈载绩年伯③ 己巳。七首

岱宗南来走坤轴，蜿蜒北下甘泉谷。就中奇石在人间，或为熊蹲或鹿伏。峰峦何但称太湖，米颠之癖传司徒。石隐园中列石丈，青冥山骨邻蓬壶。吾家家相耽幽洁，生平爱石扬岩穴。近郭山林忆往年，豢石儿孙亦罗列。是时人称两少保，平泉先后同归老。一从人世变沧桑，东阁遗墟生宿草。汇清芑水尽荒凉，嶙峋巨石苏为裳。洛阳名园亦如此，此地突兀真灵光。海陵解组栖蕙亩，堂构依然栽五柳。甲辰之岁九月中，羊仲来寻杜陵叟。杜陵遗老蒋元卿，婆娑石畔放歌声。回头一时二十载，重游太息悲中情。笏袍再拜仍无恙，鸾骞虎卧纷千状。谁将太古巨灵手，肖成异质何骀宕。嵌空飞动青芙蓉，一一夭矫惊游龙。永嘉

① 底本无，据省图本、中科院本补。
② 底本无，据省图本、中科院本补。
③ 底本无，据省图本、中科院本补。

绿嶂或应尔，临池偃蹇低众峰。我来徙倚频搔首，翠黛如烟当户牖。闲从天外招蒲衣，同倾吏部床头酒。蒲衣谓蒲柳泉，时设绛于毕氏。

送邑侯张石年擢天水别驾[①] 侯宰淄三年，以卓异升任

太平天子朝正毕，六载时巡翠华出。是时计吏集汉庭，洛阳吴公称第一。第一循良数我侯，绯衣文绮颁龙楼。海隅父老望增秩，颍川借寇真良谋。保障三年依众母，紫陌红裳绾银绶。渔洋自古说张公，试听黄童与白叟。般溪地癖万山中，城头姑射冰雪容。神君为政乐何极，游侠宁复来桓东。探丸赤白杳无迹，柘枝桑荫春云白。闾左不闻石壕吟，四野仍多两岐麦。傅家治谱久传家，种得河阳满县花。中朝报最□神爵，仙吏焚香时放衙。讼庭寂寂少钧矢，泠泠琴韵横秋水。细民久矣祝庚桑，白版曾无别墟里。署中调鹤吏人稀，郊外晴光驯雉飞。乡社鸣弦止读法，忽惊除目来彤闱。诏作仓曹向秦甸，赐金黄霸今重见。缇油屏泥一丈高，争传异数承明殿。即今玉辇上之回，攀辕无计达鸾台。眼看旌旆指渭曲，供帐祖道般成隈。衮衣安得留东土，可奈征车檄召社。他年棨戟列明湖，福星一道临齐鲁。

题高子常画《山水员图》[②]

一以为赤壁，奈何无二客。一以为桃源，轻舟入洞门。崩崖汹汹势欲堕，万大长松真历落。倪迂解作沧洲图，似此萧然淡若无。云白山青见幽峭，真疑天地留员峤。

和陈左原百脉泉长歌[③]

胡山山色青如沐，淯水之源出林木。妖蛟无声海若藏，地肺冥蒙万灵伏。蚌胎隐隐照大千，承露金盘镇相续。縠纹倒罥扶桑枝，沉沉落日咸池浴。此地从来似渭滨，箨龙何减淇园竹。紫阁红泉旧辋川，清磬一声江水绿。愿奉金仙学闭关，浮生扰扰谁知足。即今胜地石堂前，散花天女飘香玉。

---

① 底本无，据省图本、中科院本补。

② 底本无，据省图本、中科院本补。

③ 底本无，据省图本、中科院本补。

御制泉林记[①]

泉林寺在泗水。相传为子在川上处。甲子圣驾南巡过此，勒碑记之。规制甚闳。大方伯卫尔锡先生持垂碑见示。

上元甲子开太平，我皇穆穆临上京。礼官呶呶议封禅，七十二代纷纵横。维帝念哉恤民力，金泥玉检何须亟。相如遗草无乃诬，莫使儒臣空润色。聊复时巡驾六飞，翠华九月出彤闱。阙里惊传太牢祀，车服礼器相因依。重道崇文过汉祖，万年盛事留东鲁。壁里金丝中瑟琴，堂前老桧盘风雨。羽卫遥从江上回，泉林风景晓烟开。胜地有灵降鸾辂，双流沂泗交潆洄。陪尾之山当鲁甸，万斛泉源静如练。陵谷川原忆昔年，素王仿佛闻长叹。弭节停銮又一时，千秋圣迹使人思。弘敷睿藻勒金石，丰碑赑屃缠蛟螭。宸翰淋漓鼎彝器，不是秦皇岣嵝字。周几汤盘河洛图，神光奕奕流深翠。以圣契圣古所传，濯缨如向沧海渊。天心水面发深省，终古浩□归长川。草莽微臣或见此，拜首天章五纹紫。眼看丽日正高悬，心知吾道平如水。昔日红云侍从臣，即今分陕向东秦。拂拭奎文一相示，俨如天畔披龙纶。清漪激湍两相对，作霖又复传帝赉。微臣拟向岱宗巅，云峰之下餐沆瀣。“清漪”“激湍”“作霖”“云峰”皆御书也。

秋日与何鲁田汶定交湖上短歌志别[②]

吾闻自昔邯郸淳，瞥见曹植称天人。神移气夺定何许，陈思无乃君前身。惊才飙举不易得，风流旖旎如有神。早攀月窟踏鳌背，华笔风雨来无垠。相逢历下一握手，莲房坠粉秋水滨。泺源堂上跋珠履，西风萧萧白纻巾。眼前余子俱碌碌，风雅之道君能振。他时忆别思平叔，望断明湖湖上春。

济南闻归孝仪先生讣音感旧长歌[③] 庚午。九首

长安道上车辚辚，狂夫不惯干要津。祢衡怀刺世所厌，君独罄折怀故人。华严古刹停车马，相逢一笑何潇洒。沽酒重来燕市头，乘兴频邀弄杯斝。共言壬午同悬弧，我犹短褐来帝都。慷慨为怜献赋客，君亦将归归鉴湖。是时行年四十六，抱得石麟出兰谷。绣褓盈盈掌上珠，玉雪可念姿清淑。酒酣赠我和陶诗，

① 底本无，据省图本、中科院本补。

② 底本无，据省图本、中科院本补。

③ 底本无，据省图本、中科院本补。

彩毫锦轴还临池。朝朝赫蹄走穷巷，周黄二子相追随。即墨周君祚显及黄君美中也。予也酕醄归故里，闻君赐告过济水。临朐谒相走贝丘，时余落拓离城市。未得班荆快一逢，从兹云树隔江东。今年都试平陵道，道逢黄子风尘中。为言詹尹已撤瑟，太息斯人竟永毕。一官十载寄京华，家无斗室堪容膝。春赁仍依皋伯通，孤儿怀抱未成童。王曾志不在温饱，谁意途穷穷更穷。

题王烟客先生仿黄公望画《山水图》[①]

太仓太原王太常，江东门第何堂堂。相业当年重文肃，缑山对策登建章。累叶银貂人所仰，相门才子披鹤氅。尤工书画无其伦，兴酣落笔何萧爽。自自王家称画师，辋川妙迹安可追。南宗一派士人画，风流文采良在兹。荆关董巨亦何有，李成范宽伤老丑。倪迂散诞世所稀，犹有齐名黄子久。太常落纸拟大痴，苍崖老树光陆离。长烟黯淡工远势，千岩万壑纷交驰。我生不识太常面，传来遗墨鹅溪绢。零纨断素在人间，赖古堂中画人传。转思神笔合元精，胸中丘壑如有情。艺林几见真山水，摩诘同留世上名。

盖州平歌赠表兄韩盖平蓼怀[②]

盖州盖州何时平，年来四海无甲兵。太祖皇帝自天授，乾符嘿握邻蓬瀛。真人应运久出震，手辟辽海如蚕丛。南关北关入图籍，清河鸭绿劳经营。三十六部竞稽桑，海天兵气方纵横。神熹之际胜国弱，谶归龙虎天人惊。杨镐十万一时尽，驱除便似长平阬。海堧四卫古天险，东江牵制终何成。毛帅功名在皮岛，当时灭没如田横。可怜制将多白面，佩玉蕊兮呼癸庚。坐令神器归有道，定南之属皆韩彭。汉高大业起丰沛，功成一剑蛟龙争。三韩地势控山海，至今辽沈称上京。星罗郡县启榛莽，尽如宛叶纷峥嵘。君昔分符盖州地，饮水五载何幽清。南阳贵人识廉吏，醴泉父老惊神明。李密陈情隔天听，报刘日短心怦怦。麻衣如雪返墟里，未及奏最扬前旌。时蓼怀以丁祖母艰归里门。病足身骑果下马，憔悴不入般阳城。我之外祖汝大父，平生与子真弟兄。君宰名都余落拓，相见历落悲中情。逢君共话辽阳事，准拟联床到五更。

---

① 底本无，据省图本、中科院本补。

② 底本无，据省图本、中科院本补。

题仇十洲画[①]

千余年来推画家，张吴顾陆真堪夸。画师自古画人物，丹青五色披云霞。李唐以后重山水，右丞思训皆尔尔。大斧□与披麻皴，云山惨淡无乃是。五代名画归益州，天人龙鬼图沧洲。尤工平远称宋迪，萧萧泼墨惟营丘。仇英人物近无比，貌得宫妆良可喜。楼台重见郭恕先，鞍马无惭赵承旨。今兹秃笔写秋山，意在茅屋松云间。野篱山犬少尘迹，群峰一一皆烟鬟。离离浅草空山路，十里微茫辨江树。画中逸品不易得，寒沙历乱渔梁渡。眼看樵径负薪归，山妻正葺薜萝衣。开扉一经松门下，疑作桃源是也非。

周燕客别驾见贻栎园先生遗集，歌以谢之[②]

大梁公子神仙客，王谢门庭沐余泽。司农之后五凤凰，就中我公好风格。半刺遥分渤海涛，功名不薄吕虔力。自理天庾方佐郡，上计飞挽输河槽。齐州自古称名胜，山水苍苍助幽兴。白雪楼边望翠微，紫气宫前陟丹磴。我来蹑屩登龙门，袖里新诗仔细论。百年以后传大雅，犹有遗音流兔园。赖我堂中几千卷，文采风流如禁脔。海内人称何逊诗，士林自重昭明选。维余长跪捧瑶编，忽忆先生赐履年。营丘列戟二十载，吴纨越素飞云烟。当时未得聆玄尘，纵横一睹文章府。今日如游栎下园，杯酒思浇赵州土。从君更乞未见书，琅嬛奇字归吾庐。芙蓉湖上莲花水，一派香风上五车。

题钱塘唐聚占为余书黄石公《素书》及《洛神赋》册后[③]

虎林唐子西湖客，长身黄面髯如戟。奇姿倜傥江海人，曼胡短后常落拓。学剑不成仍学书，半生自抱钟王癖。墨池笔冢若丘山，管城阳沐颁玉册。愿作才士胜顽仙，力探六书考坟籍。三体常寻太学碑，南穷岣嵝北邹峄。永和旧迹在人间，手追心仿兼冥索。砚穿被袂何惨淡，生平豪素无所择。学成把笔定有神，不数银钩与铁画。动媚真同太史箴，坐见霜锋倚天脊。十年被褐来京都，落纸群儿惊啧啧。贾人献寿进黄金，不屑挥毫作堂额。笑看高励尔何人，逢时自售连城璧。羞将银榜题凌云，徐陵自昔珊瑚赤。余时亦作帝城游，与子相见长安陌。

---

① 底本无，据省图本、中科院本补。

② 底本无，据省图本、中科院本补。

③ 底本无，据省图本、中科院本补。

下榻同依开士家，剧谈风雨连朝夕。窥尔囊中笔阵图，兴酣灵气生两腋。为余作字百不嗔，句骊茧纸辉辉白。字成妍妙迥无伦，墨光直与长烟碧。是时古殿敞秋阴，宝相金轮展瑶席。先写圯桥黄石书，珠玑迸落流金策。后写感甄十三行，宝马流苏纷络绎。当时拜手奉芝函，至今对此神为适。一从星散各浮沉，渭北江东共萧槭。长歌为寄明圣湖，安得一投郑庄驿。东南万里望江天，吴山越树烟霞隔。

题吾家旧本圣教序，是南唐张氏故物①

六朝以来重法书，右军之迹同砗磲。紫罗褈间玳瑁轴，金题玉躞归石渠。江陵列焰一时尽，太宗搜采贞观印。一时异宝出人间，会稽遗笔何充牣。法藏西来贝叶编，煌煌天语冠其前。桑门怀仁工补缀，明珠万颗皆争妍。旧日临池王内史，鹅群墨妙应如此。摹勒当年朱静藏，丰碑巨石邻怀里。星移物换几千秋，字痕驳落苍苔幽。硬黄临本遍海内，模糊不辨令人愁。吾家此本犹故物，南唐张氏堪仿佛。风尘阅世数百载，宝光墨彩何郁郁。当年兵燹掷泥涂，卷帙狼藉堪嗟吁。惟余鹊瑞纪人代，何劳锦带装珊瑚。自古论书称瘦硬，率更无乃太险劲。万年绝笔有琅邪，长史宁烦夸草圣。乐毅今归皂下烟，兰亭谁见出重泉。摩挲此卷三叹息，宝晋齐头莫浪传。

题志壑堂中法黄石先生画鹤②

自昔画鹤谁最传，唐有薛稷蜀黄荃。河东妙手不易得，赵院遗踪遂渺然。后来能事无人继，宣和御笔惊绝世。啄苔警露非凡毛，掠云舞月多逸势。先生无乃传其真，翛翛振羽无纤尘。胎仙三叠非一状，烟霞为性良易驯。志壑堂中云杳杳，九皋之唳来三岛。何不持尔赠林逋，放眼孤山寒峭峭。

题朱素存书鲍明远赋见赠③

高唐公子朱义山，碧梧翠竹真瑶环。锦裘珠履绣江道，翩翩走马茱萸湾。学书久学王大令，比肩虞褚称季孟。擅场苦欲追古人，下笔媚妩兼瘦硬。被中

① 底本无，据省图本、中科院本补。

② 底本无，据省图本、中科院本补。

③ 底本无，据省图本、中科院本补。

画肚几何时，银钩虿尾惊神奇。为我一写鲍照赋，俊逸便似参军诗。吴绫射眼何凌乱，恍如赠我锦绣段。墨光浮动亦淋漓，乃是君家弄柔翰。涂鸦我愧柳诚悬，挥毫仄侧终残年。蕺山倘许齐纨扇，好乞狂奴质酒钱。

方伯卫尔锡先生内召大京兆[①] 辛未。六首

巨山夫子文章府，著书生平照今古。八体直寻凤尾书，六经脍作麒麟脯。上窥姚姒何苍茫，册府英灵此中聚。蔡邕仿佛入嵩云，石室三花落如雨。文字从来经术资，有如菽粟登金篚。当年曾作侍从臣，铜马门前映簪组。作赋羞称七发才，下殿慵看九功舞。半刺人传扬历时，开州别驾称南部。帝简名臣重保釐，东郊茇舍来齐鲁。太平久已罢转输，羽书不复仍旁午。钱谷安能累大贤，马融绛帐动握吐。稷门多士尽横经，濂洛生徒列廊庑。白雪楼中证异同，石渠虎观焉足数。一时棠荫推召公，八代雄文起韩愈。天子东巡海岱旁，停銮叹息颁黻黼。有臣如此暂分陕，诏谓崇班跻三辅。长安游侠避前旌，渔阳贵人争负弩。汉廷京兆参列卿，宁同朱博勍如虎。即看神雀奏鸾台，指日功名继房杜。

寄阮亭先生，时晋少司马典辛未试[②]

前年相遇阳丘路，岁在戊辰秋已暮。绣江云外一停车，流连文酒真良晤。余青园里碧琅玕，徵歌玉树当夜阑。司徒第中乐相乐，谈诗往往霜月残。还朝君向长安道，千里风尘何浩浩。人传詹尹旧宫寮，帝简中城授王导。一岁三迁恩礼殊，兰台宪长佐中枢。督捕令兼司隶职，五陵游侠惊踟蹰。仆区之法严荒阅，逋逃之薮真计拙。迩来圣主尚宽仁，条例一一减囊辙。少年无复求桓东，即看辇毂生霜风。炎荒烽火久已息，坐见垂拱甘泉宫。五兵尚书频休沐，紫微门下秉钧轴。东华诏下典南宫，吉甫得人报黄屋。悬知走马曲江池，皇州春色自葳蕤。羡煞公门桃李树，东风晴照上林枝。

题文衡山山水幅[③]

近代画家多伪笔，欺人耳食情非一。古纨断素千万状，名流题署安可诘。

---

① 底本无，据省图本、中科院本补。

② 底本无，据省图本、中科院本补。

③ 底本无，据省图本、中科院本补。

待诏丹青遗世间，贵家处处皆缃帙。大轴累幅百不真，赝鼎纷纭吾所疾。此独何为迥不同，萧萧片纸惊神逸。令人一见意悄然，譬如积雨秋阳出。平林淼淼接烟村，云白山青覆幽室。渔梁仿佛似桃源，笔墨风流动洋溢。看来不似俗画工，雁门世家存其质。还君此画起长叹，却忆披图顿萧瑟。

题赵松雪临子敬《洛神赋》① 是书赠盛逸民者

词人自昔矜纨素，十二龙宾鬼神护。苍茫不见女史箴，零乱犹存洛神赋。大令音徽良亦稀，文敏平生志所希。手摹心追抉真髓，证入三昧观天机。人间不识赵承旨，疑作江东王内史。右军亦曾书此赋。风逸遒丽神骏姿，亭亭玉质横秋水。当时好友盛逸民，墨池笔冢意所亲。大德年中偶为此，至今展卷无纤尘。图穷犹有倪迂跋，叹息斯人笔轩豁。秀色真传造化工，苍凉直与元气活。竟欲置之虞褚间，一金一字同蕺山。水晶宫里如相问，知在扶桑第九湾。文敏印章在此卷末，曰“水晶宫道人”。

宋李唐大幅山水图② 李唐，河阳人

政和以还称画史，东都遗老斯人耳。徽宗品藻妙入神，独数河阳配大李。汴京丧乱何抢攘，艰难戎马向余杭。八十老人亦播越，丹青绝笔传江乡。南渡四家有遗响，马远夏圭方竞爽。其时亦有刘松年，逮于唐也同争长。光尧皇帝重画师，艺林耆旧良在兹。千年纨素久零落，而我今朝惊一窥。碧绡大幅空堂侧，神光黯淡太古色。远山石骨何崚嶒，金碧不施饶劲力。刻镂精深是北宗，峦头云气飞游龙。水亭却置傍山角，飞甍隐隐遮远峰。虹桥一道粼粼起，弥望晴波三十里。渔舟一叶过湖心，仿佛西湖湖上水。神笔真穷元化先，令人对此心茫然。吾生亦有画书癖，拟向蓝田觅辋川。

题赵子昂写《出师表》真迹③

至元以来五百载，松雪斋头遗迹在。风流学士宋王孙，挥毫往往传湖海。深情遥念武乡侯，出师烈烈扶炎刘。煌煌二表塞天地，浩气常随江汉流。孤忠

① 底本无，据省图本、中科院本补。

② 底本无，据省图本、中科院本补。

③ 底本无，据省图本、中科院本补。

尽瘁传豪素，临池下笔非无故。当年丞相管乐俦，努力艰贞挽天步。即看妙迹飒有神，居然劲媚世所珍。墨光奕奕阅人代，羊欣薄绍非其伦。文采如今未消歇，银钩铁脚留溟渤。笔阵图中八阵图，石走江翻照寒月。

术石发云："短篇遒劲，而浩瀚之气不减工部气概。"

盆中海上文石①

新安江流澄见底，奇石斑斑五纹紫。即今盆水照冰壶，我心清切常如此。此石遥从海上回，珠玑岛里蚌为胎。庐山莫笑供怪石，新自骊龙颔下来。

安石榴短歌②

茂陵刘郎霸图壮，玉关万里方乘障。已歌大马号蒲梢，复致筇枝与蒟酱。葡萄苜蓿下凉州，西域传来安石榴。人间万颗珊瑚粒，应念吾家博望侯。

何太苦行③

噫嚱我生何太苦，端居兀自伤贫窭。牢落风尘五十年，慷慨悲吟吊终古。有酒且与浇平原，龌龊绛灌羞为伍。闲采昆仑顶上芝，拔剑披云击天柱。落笔恐令山岳倾，五色从教炼石补。扶桑枝折洧盘空，琪花乱落惊风雨。班张琐细何足云，潘陆谁堪寄廊庑。浩歌一曲步虚声，不学清商浪媚妩。回看下士如苍蝇，仰天大笑诚何取。李蔡为人居下中，薛莹置身当四五。何如遁迹尘外游，泠然御风向玄圃。不须双羽扬州鹤，不须十万襄阳估。但当沉醉竹林边，从事青州佐十部。翻然一枕到华胥，醒来自按霓裳舞。

长歌行与历下肖岩弟话旧，兼忆平原留轩大兄④

忆昔来游湖水湄，与子结交忘□贫。亦有平原好兄弟，相将慰此平生亲。譬彼管宁与华邴，一龙何必非三人。共将肝胆印冰雪，古之胶漆雷与陈。白首

---

① 底本无，据省图本、中科院本补。

② 底本无，据省图本、中科院本补。

③ 底本无，据中科院本补。

④ 底本无，据中科院本补。

相知正复尔，淡如秋水传其真。二十年来各憔悴，星飞云散多艰辛。蹉跎往往不得志，吹竽鼓瑟多邅迍。我昔挟策入帝里，漫随贾郭登成均。尔时与子适相左，君到五陵余海滨。幽燕浪迹不得见，谈天碣石空纷纶。更闻豪游指吴越，圣湖湖上波粼粼。孤山梅花一万树，六桥烟水无风尘。君似灵和殿中柳，吾家阿绪当其伦。百篇一斗亮不少，子山落笔传清新。即今归来济水上，囊中宝气光嶙峋。结茅却傍华不住，远离城市难问津。君方强仕未华发，努力期作观国宾。北眺马颊南泺浦，使予感慨难重陈。

长歌赠朱素存，时为余作书①

义山公子神洋洋，作书海内称老苍。六书自昔揭天壤，古之作者群翱翔。说文字林辨毫发，点画要自归三苍。公子翩翩冠浊世，不甘裘马扬清狂。左原先生起吴下，与子沆瀣流天浆。陈左原先生，钟庭太史太公也，素存久师左原。墨池笔冢揽众妙，徐陵自架珊瑚床。以兹讨探运神笔，天孙机上云锦张。棐几纱裓世所羡，蕺山扇子真蕙纕。闭关如闻铁门限，造请未许千金价。永兴河南不可作，险峭每每讥欧阳。劲秀近推沈詹事，一时碑版传遐荒。金石照耀数十载，不数国初虞太常。历下于今见雄伯，义山落纸天苍茫。夫也登坛正弱冠，千里之内无颉颃。肌里细腻风骨好，有如天女飘霓裳。神鹏掣海紫涛涌，洛神残帙同蜚飏。吴绫半幅剪秋水，兴酣五岳争低昂。云间既没谁雁行，醴泉一铭无剑铓。兰亭玉匣埋清光，携归什袭赖有此，昆仑之下吾山房。长歌愧少明珠赠，为觅仙人狸骨方。

读吴越王钱镠世家题辞② 丙子

衣锦将军衣锦营，石鉴小儿知姓名。星躔王气射牛斗，英姿磊□千人惊。黄家剧贼乱天纪，幺麽百万纷纵横。临安丘屯八百里，指顾谈笑驱长鲸。淮南制使作都统，羡尔坐策余杭兵。北取吴会南取越，节旄两阵兼雄城。洛州刺史颁玉册，煌煌金券生光晶。天书照耀籀文古，楼高十丈摩太清。钱塘射潮潮欲动，势连万弩风悲鸣。罗利矶边溅飞雪，鼋鼍窟里鞭雷霆。归来故里宴父老，山川云物皆峥嵘。罗绮如烟覆春树，酒酣歌发长风生。功成上书报天子，玉带名马真英雄。

---

① 底本无，据中科院本补。

② 底本无，据中科院本补。

问天吟①

六月九日天乃雨，一雨三尺农夫舞。旧苗已槁种新苗，种苗何敢辞辛苦。渐看平野如绿云，妄谓丰年今载睹。天阴毒雾虸蚄生，万顷良苗啮平土。虸蚄未已飞蝗来，蔽天盖地勍如虎。眼看蚕遍原隰，颖粟净尽终何补。老夫持竿稚子呼，驱蝗不去日亭午。今春斗米已千钱，三冬腾涌安可数。遗民何计度穷年，搔首问天天尺五。

新城郎令君勘灾淄邑歌②

般阳城边千万树，曾是使君旧游处。河阳潘岳美无伦，银章艾绶冰为署。神仙姑射本风流，饮得笼溪一杯去。去年亢旱山泽枯，螟螽蝗蛹嗟耗斁。淄民十室亦九空，伤哉百忧复千虑。使君将命来勘灾，轸此穷黎在平恕。天行为厉达九阍，有脚阳春沛甘澍。南亩争歌廉叔度，仁心为质来何暮。道州春陵人所慕，福星远照东州路。

於陵陈太令报政歌③

长白之山何巀嶪，万仞层峦俯溟渤。海气晴飞岭上云，湖光遥映冰壶月。中有姑射之神君，绰约仙姿流绛雪。茂宰人推第一流，手握铜符来贝阙。人言此是召杜俦，抚字阳城真政拙。釜中生鱼古所传，茹蘖饮冰淬高节。文翁教化流士林，盛世循良无与埒。治成拜手上枫宸，梧垣柏府森成列。仿佛当年老太丘，清风直与云霄揭。

上学宪徐夫子长歌④

壬午闱事毕，八月既望，学宪崑山章仲夫子广招众门人大会于白雪书院，良宴雅集。余既归里，俄以副车报罢。作此志感。

海内斯文数吴会，玉节登坛标大旆。崑山夫子久承家，纷纷余子皆曹郐。

---

① 底本无，据省图本、中科院本补。

② 底本无，据省图本、中科院本补。

③ 底本无，据省图本、中科院本补。

④ 底本无，据省图本、中科院本补。

君家三凤鸣朝阳，相公早岁登明堂。尚书先后推哲匠，金门照耀称班扬。履声槖槖践台斗，文章司命良不朽。一时牛耳捧盘盂，燕许由来传大手。官烛如椽送子京，煌煌史笔归承明。碑版争驰走金石，鸡林片字惊咸韺。我师汲古得修绠，含香待漏鸾台省。帝简儒臣冰鉴空，身骑天马飞云骋。手携玉尺沧海西，扶桑影里闻天鸡。六郡材多八纮密，稷门下士窥端倪。岂云曹谢敢方驾，雄篇一一连城价。白雪楼前校艺时，彩毫日进珊瑚架。庆也盐车上太行，半生困顿走羊肠。琐闱战罢不称意，欣逢芳宴飞羽觞。胜地徘徊生感慨，齐鲁遗风矜海岱。眼看骏骥争先鸣，座中老马迷盼睐。抱璞萧萧归去来，纶竿依旧严陵台。此身自合布衣老，仲蔚安能厌草莱。

钦赐商丘宋冢宰御马乌獬歌①

君不见今日广平公，清时乞骨明光宫。表曰臣今七十五，引年之义将无同。天子深心重耆硕，宁忍老成去台阁。上书尝欲归繁台，圣情缱绻良不薄。疏广当年宠赉深，尤传太子赐黄金。公之受赐逾涯甚，两朝恩顾横古今。畅春苑中宣宝敕，澹宁居内传玉食。凤舸频游紫禁中，龙颜霭霭春无极。异典从教颁尚方，五言睿笔拟河梁。陆离五色耀珍气，更有御马飞龙骧。龙骧驰骤下天厩，监牧攻驹此其右。尝奉銮舆御节鸣，骅骝騄駬相先后。遥从西极贡流沙，非复郭家狮子花。来归有德经万里，出入闪电腾金蛇。神骏尤怜态深稳，顾步愈工气驯谨。和鸾一一中宫商，天门仿佛飞龙引。故独推恩赐老臣，安车缓辔即蒲轮。肇锡佳名乌獬豸，争如世上银麒麟。吾闻太宗照夜白，亦有天衢如头赤。此是黄家上六闲，珍重难为后车锡。今之受赐诚吉良，八骏中有马曰"吉良"。天育老骥双瞳方。风鬃雾鬣剪秋水，势轻千里神扬扬。珂玉鸣鸾资养老，朝发天衢蓟城道。上东门外俨神仙，此去梁园试春草。梁园春草辨神驹，莫同凡马饲青刍。请向西陂栽苜蓿，珠泉百斛奉騊駼。

① 底本无，据省图本、中科院本补。

昆仑山房诗集卷八

阅《绥寇纪略》杂诗

宣懿康昭刘太妃

神庙嫔妃中最谨厚，端皇奉之以主慈宁宫。崇祯十五年薨，年八十有六。

端皇忧国困戎机，为念先朝老太妃。别殿鸡鸣劳问夜，甘泉烽火惕宵衣。椒宫时讲家人礼，军檄常愁白羽旂。当日艰虞忆神祖，承平往事重歔欷。

定陵郑贵妃 福王生母

乱离每说定陵朝，白发中嫔忆远条。赵飞燕居远条馆。帝子青桐颁洛水，昭仪红袖泣宫腰。乾清顾命思伊阙，宝玉分藩为阿娇。谁识天中多难日，梁王俎上已魂销。梁王谓彭越，与福王皆被俎醢。

周藩

宪王乐府奏云和，十世藩封冠两河。奕代梁园多士女，升平竹素被弦歌。汴梁遭乱堙洪水，平苑惊魂叹逝波。纵有西亭经术在，玉津飘荡竟如何。

周藩好义冠天潢，购贼悬金守大梁。两度汴城能却敌，一崩鲸穴竟罹殃。支祈怒泱[1]宣房溃，河伯平翻海若藏。自是生民方遘患，谁令万派走康庄。

经年围汴更如何，白谷尚书赍敕过。逃帅坐诛庄贾罪，谓戮贺人龙。系臣免戍塞门戈。诏免侯恂戍罪。援剿师会朱仙镇，避水人归绿柳窝。惭愧当年三御史，监军诸将渡黄河。苏京、王汉、王燮皆中州吏，并升御史。京监延、宁、甘、固军，趋孙传庭出关；汉监平镇[2]及保督楚蜀兵，助侯恂保汴；燮监阳、怀东晋兵，勒诸将过河。

大堤丝管日纷纷，十万雄儿宿草云。汾绛既然能灭魏，汴河何事不移军。百年生聚随漂宕，累叶名藩逐水滨。瞬息繁华同一逝，何事奏捷宕妖氛。

黄河九月水汤汤，大浸稽天灌汴梁。人物漂流归海国，鱼龙藉势覆沟隍。

---

① “泱”，原为空格，据省图本补。

② “平镇”，省图本作“镇平”。

岂惟艮岳颓平壤，坐使繁台入混茫。共说周藩兵力竞，天心何事变沧桑。

诸王

诸王守府尽庸儿，百万朱提徒尔为。洛下肉糜登鼎俎，楚王鱼烂葬江湄。名藩骈首夷奴隶，上相熸师偃画旗。太息维城宗子尽，凋零玉树殒金枝。

福藩

福邸新开天下中，精镠宝玉镇关东。兼金钜万高伊阙，广陌腴田遍洛崧。阿阁养安忘寇患，高居混沌醉深宫。生憎不及刘盆子，犹得全身保令终。

唐藩

平陵方望日纵横，宛叶勤王气不平。宗老上书侵国计，中朝执法禁移兵。亲藩告难忧烽火，剧贼惊魂判死生。伍被开章非俊物，汉廷家令总持衡。

楚藩

煤炭洲前汉水平，狼烽欲近武昌城。贼锋已过晴川阁，长史难防楚府兵。谓徐学颜也。万马踏翻人渡水，一江鼎沸次连营。惟[①]余止水江丞相，墩子湖头吊月明。谓贺文忠公。

三王

神宗瑞惠桂三王，不及分封向洛阳。苦值天家正多难，为怜茅土寄穷荒。金床帝子频迁徙，琐尾黎侯重感伤。当日中朝诸叔父，谁知奔走死炎方。

蜀藩

西土从无大将幢，剑门文献甲中邦。淮南鸿宝传天府，相传蜀王得鸿宝点金术，富甲诸王。蜀国文缯出锦江。自恃鱼凫称绝险，更无戎马溯奔泷。岂知

① “惟”，原为空格，据省图本补。

辱国胭脂井，蜀王及宫眷尽没于井。犹胜黄旗自受降。

巴渝浩劫到天涯，三度妖氛重可嗟。避寇从来常似鹿，杀人漫说仅如麻。绵城垛指成高岭，锦水流红胜浣纱。不独蛾眉遭惨毒，夔东尚有十三家。

张燕重来傍[①]汉滨，金城石郭宕微尘。鬼兵夜度铜锣峡，杀运全开锦水津[②]。天狗磨牙惊堕地，豺狼塞路更无人。青羊宫畔如京观，百万幽魂泣夜磷。

瑞藩

瑞王亦是定陵儿，帝子分封天一涯。瓦解汉中漂泊日，星奔渝水乱离时。晴云尚觉惊雷震，王遇害时无云而雷。兵解终成奉佛奇。王笃于奉佛，人以为兵解。不似刘安鸡犬异，贤王遇难使人悲。

大将军杜文焕

征西佩印杜将军，露布明堂大策勋。破贼先登清水塞，招降欲散米脂群。风驰河曲霜前月，电击环川战后云。御史漫将功罪定，军书挠乱正纷纭。

洪督师承畴

同安人，自延抚跻三边，因督五省。

当日同安命帝庭，鄜延衮钺俨风霆。尚方久矣颁河朔，大将居然出井陉。万里申威期灭寇，同心奉国见扬灵。公与卢九台尚书同事兵间最久。卢公谨率洪公令，绝似开平佐武宁。公为秦督，卢为郧抚，同心共济。

三秦制府走铜蹄，大帅登车驾四骊。关历朱阳限南北，陕从灵宝定东西。朱阳有南、北二关，即古之函谷关也。分兵五道张鹅鹳，插血频年练水犀。赤羽已看征海内，谁知叛将背征鼙。谓徐来朝等。

汝水曾闻大将旗，煌煌群帅奉旌麾。雒南额口朝传箭，关右营前夜誓师。分地俨如垓下令，行军不作棘门驰。如何曹艾真英杰，慷慨捐生正足悲。

---

① “傍”，原为空格，据省图本补。

② “津”，原为空格，据省图本补。

卢治院

象昇字九台，起家大名兵备，后官郧抚，又节制西南，总理诸省。

大名儒将帅天雄，作监三军按辔同。气夺豺狼自扼虎，躬先士卒势当熊[①]。畿南鼠辈闻声遁，帐下材官尽发蒙。他日功名房竹外，郧西终是赖雄风。

卢公形貌仅中人，天赋昂藏七尺身。绾绶兵间深阅历，韬钤铃阁总无论。房陵半壁劳撑拄，秦豫重关亦苦辛。独弃大军能取利，嫖姚遮莫与为邻。

四队边兵胜百蛮，救滁当日度岩关。伏师十万孤城畔，效命三军七顶山。健寇顿令精锐尽，名臣岂惜血轮殷。倘令襄汉同舟济，不净群凶更不还。公善用辽兵取胜。

大帅连章入禁中，千官待罪渎宸聪。明堂罪己忧狂寇，圣主宵衣责总戎。累牍谈兵无上策，经时法驾未还宫。时修省于便殿。理臣受事旌旗变，击楫中原自效忠。

请饷增军气色新，蓼虫食苦自言辛。十年聚讼烦台谏，万里戎机托虎臣。兵事三章登紫殿，广轮半壁逐黄巾。卢公硕画成金石，体国艰难见一人。

郧疆叱驭苦蹉跎，欲荐侯嬴奈若何。用赵自然规李牧，御秦终是忆廉颇。孤臣万里行招募，事后从徳竟荷戈。投袂居然真国士，谗夫无那久张罗。公荐进士侯弘文募兵云南，事竟中阻，弘文后以人言遣戍。

辽兵大战九皋山，制府风驰宛叶间。诸帅牙门趋节制，三军壁垒似严关。功成汝水威名远，志在中原唱凯还。更有朱龙桥下路，积尸京观靖时艰。

五千死士尽龙骧，司马捐躯冀北乡。屈指中山真效命，遂从钜鹿卧沙场。汪黄志在仇宗泽，南仲居然杀李纲。公与武陵相不合，公死后，武陵尚欲文致其罪。血渍麻衣无裹革，博陵城下月如霜。

渑池渡

三十六方群乞抚，谁知下杜与平林。蛟涎久已流三晋，鳄噬行看灭两斟。汤左雄师消霸气，渑池竟渡识天心。中州从此真多事，戎马南侵饮恨深。

南北谁云万里波，十年防寇马蹄窝。横空天堑乘风去，坦步金堤奈若何。浅渚投鞭真可渡，中流击楫竟谁呵。滹沱河上冰尝合，千古兴亡一瞬过。

乘冰晋寇陷伊阳，千里循山到内乡。伺隙可堪焚淅水，蹈虚从此入郧房。中丞束手无坚垒，下邑何人捍远疆。纵有荆襄留重镇，狂氛西去溯瞿塘。

① “熊”，原为空格，据省图本补。

已纵游鳞赴涧滨，天吴南北限何人。太行已杜飞狐口，河伯难防白马津。设险安能常扼要，汤池何得塞波臣。中原鱼烂端由此，暂使畿南息战尘。

大司马梁廷栋

司马请逮治贪残，补三边缺饷，而用杜文焕为大将，统秦晋兵。

时事当年最不平，鄢陵司马日谈兵。惩贪百吏宜纠劾，补饷三边起癸庚。调剂应须烦国手，救时莫漫赋长征。帅臣节制连千里，免使偏裨竞请缨。

延水关

延抚陈奇瑜破贼处。廷议以为知兵，遂用为秦督。

延水关前铁骑驰，黄河古岸剪熊罴。神兵直下三千尺，电扫真同十万师。遂有凤纶开制府，漫劳龙剑驻云旗。到头终被招降误，盖世功名竟尔隳[①]。

秦寇

帅臣空自竞扬旌，到处喧阗汉将营。纵寇酿成乔应甲，讹言激变孟长庚。长庚本书生，于石油寺读书点灯钞写，乡人讹言其若[②]黄巢造兵书。县官坐索金钱费，大吏难防攫饷兵。时势自应胥陷溺，谁知蚁穴溃纵横。

制府陈奇瑜

约降制府本无谋，芳饵投鱼竟中钩。谁使凶徒虚解散，坐看柙虎任嬉游。弄兵重险无拘束，出坎潢池正逆流。自是滔天真不忌，羁縻乏策动深愁。

车箱峡 谓陈奇瑜受降

一朝解纽散凶徒，十万归农指顾殊。何事辕门飞片檄，顿令群丑效桑榆。凌空栈道无天险，一出阳平去畏途。从此普天皆漏网，吞舟何计问江湖。

西城峡势翠岚齐，幽壑崚嶒万仞梯。丹嶂凌空归路绝，青冥入地觉天低。

---

① “隳”，原为空格，据省图本补。

② “若”，省图本作“为”。

悬崖落石难停伫，峭壁崩云亦惨凄。况值惊魂穷寇在，可容不扼一丸泥。

乌林关畔见雄姿，破贼南荆又一时。见说将骄终必溃，况于策短易乘欺。车箱出谷逃天网，溪鼠愚人撼地维。百万游鱼倾釜去，安能卸罪向秦师。奇瑜归罪于秦抚练团事，以为逗挠下狱，而奇瑜亦卒不免。

将军曹文诏

将军入晋久回翔，杀贼崎岖上太行。战士拼生追定远，台臣媒孽讼陈汤。功臣负谤清流恨，荐牍盈庭庙略长。早晚彤墀方勚罪，十年戎马践严霜。

四镇援剿兵始交，四镇谓曹与贺虎臣、杨嘉谟及杨麒。甘泉誓欲剪黄巢。三千劲旅貔貅队，一日平铺虎兕坳。铁角城头残剧寇，铜川桥下靖秦郊。纵然未得封侯赏，媢嫉何人反见嘲。

临洮虎士气如虹，声震岩疆幽谷东。河曲烽烟清晋水，关中豪杰出临潼。九仙台[①]破西人胆，二辅城悬大将功。三十六方俱灭迹，乾坤一洗战尘空。将军曾为临洮总镇。是时秦贼几灭。

将军介马下南阳，万里回军道路长。冒雨商州青抹额，追锋金岭绿沉枪。潼关四扇黄河侧，锎谷千盘清渭旁。此地由来称设险，肯容贼骑任翱翔。

移军曹帅入云中，不向西秦预战功。才大赏轻翻对簿，勋高望重起疑弓。乐羊满箧军书谤，司隶偏徇御史骢。谓刘侍御，下石曹帅者。赖有洪论[②]吴公在，诏留虎将镇崆峒。

当年狂寇犯泾阳，制府深忧向战场。拔剑将军方怒目，行歼鼠子赴戎行。寇兵十万方围合，转战三交已大创。戏下材官零落尽，惟余轸恤下明堂。

洪家制府出咸京，曹帅分符指臂成。跳荡无前驰垄阪，彭衙有限赴秦兵。岩疆喋血花园寺，阻扼捐躯白豹城。非是督师置绝地，将军万死表生平。

虎旅人传大小曹，小曹指变蛟。将门劳苦亦功高。汉南靖寇趋商雒，关右行师铲贼壕。猛气自浮金锁甲，寒光常照玉麟袍。孤军莫解湫头恨，终古沙场泣宝刀。

朝闻阃令夕严装，裹甲连旬赴战场。戏下虎威驰玉节，庭前豹略拟龙骧。十年日振平林骑，万里风驰大将床。身后雾云同庙食，尚留遗恨在岩疆。

---

① “台”，原为空格，据省图本补。

② “论”，原脱，据省图本补。

曹将军变蛟

文诏兄子。

曹家父子世孤忠，谯国英声振古同。趋利何殊[1]霍骠骑，喑呜不亚楚重瞳。湛卢夜吼双龙剑，辟历长鸣五石弓。羡煞景宗笳鼓竞，清门原自表雄风。

松潘逐寇走临洮，督府西来不惮劳。万里飞霜都护马，三旬裹甲鹛鹈刀。前军大战黄河涨，壮士横戈垄阪高。羽檄明堂飞露布，早闻天语致崇褒。

雁门尚书制府孙公传庭

字白谷，崇祯九年三月授钺，癸未十月战没于渭南。

元戎斗大铸黄金，力复天疆帝眷深。万里长城檀道济，六军司命汉淮阴。兵分十队来梁豫，路入三秦叹滞淫。出没朱阳骁贼在，二陵风雨苦侵寻。

征兵括饷向秦天，一切军兴似火然。朝右万家生谤讟，中枢累檄促长鞭。从惥常恐来缇骑，狱吏偏能夺将权。公有“安能复对狱吏”之语。儌幸成功真一掷，谁期粮尽雨如悬。

潼关原上建奇功，督府深谋将略雄。骁贼丘陵捐甲仗，王师霹雳走丰隆。阵连商雒烟云黑，血染咸秦草木红。何事英风孙白谷，渭滨死敌走黄骢。

玉塞行兵接蒯缑，龙门追敌傍伊流。志存恢复桓车骑，经略中原祖豫州。营洛未能争郏鄏，公不城洛阳而争郏县，或以为失策。量沙计尽走鸿沟。还军就食真无策，百万军资弃道周。

雁门主行立横刀，待罪行师横节旄。幕府军书难对簿，沙场裹革亦云豪。长身九尺如张镐，披钺三秦负豹韬。闻道咸阳诸父老，大忠祠下久悲号。

仗节边城万里征，关西鼠子正纵横。中枢赤羽惊传令，主战黄扉浪请缨。六月重违司马法，二崤仍蔑[2]武刚兵。谓车战之败。三秦子弟应长痛，仆射人传似父兄。

代州司马起云中，血战年来上首功。谁使勤王遭斥[3]废，坐销将略畏途穷。公再起圜扉，终于无成。火车又覆陈涛辙，跃马甘为厉鬼雄。他日渭南思旧恨，寒鸦落日吊元戎。

---

① “殊”，原为空格，据省图本补。

② “蔑”，原为空格，据省图本补。

③ “斥”，原为空格，据省图本补。

傅制府大司马宗龙

傅公早岁抚成都，入掌中枢佩虎符。厚重少文真太尉，书生白面胜元谟。汉庭使过千秋恨，帅府轻捐七尺躯。怪煞潜逃诸制将，中军坐困阵云孤。

司马圜扉一罪臣，又从犴狴拜枫宸。极知难副登坛任，报称终沦致命身。孤掌焉能当宿寇，空拳安得靖边尘。顷城慷慨酬恩处，万死丹心泣鬼神。

千秋壮烈传司马，拜命行师重任膺。组甲曾无数千士，艰辛欲报十三陵。拥兵不救多雄镇，军帖无灵尽土崩。一死谁知臣节苦，惟余铁骨气棱棱。公为贼所持，折胁、抉目、削鼻诱降，终不从以死。

被执胁降誓弗从，自言身是傅宗龙。死为厉鬼敌王忾，生岂全躯畏贼锋。纵使殉城甘鼎镬，任教蹈刃亦从容。解扬千古同贞烈，赴义真为间气钟。

尚书待罪出幽燕，被命捐身誓不还。犄角同官方窜伏，艰难别部弃中权，谓李、贺二将。舍生终欲留名姓，九死无忘欲盖愆。没后忠魂天吉寺，万人一哭彻重泉。

秦抚汪乔年

先是中丞曾被秘旨，掘闯贼先茔，颇斩断妖异。故闯贼矢集其目。贼痛恨，必欲见害公于襄城，遂遘难。

忠臣被命斩妖炎，寇焰熏天亦已燖。朽骨重泉隧道见，铁灯一灭陇西歼。其墓中有谶语云“铁灯不灭，李氏将兴”，故灭其灯，遂已亡。红蛇映日孤光动，赤羽穿矑利镞铦。从此米脂销霸气，中丞隐祸久云潜。

中丞奉敕守秦疆，跨马东郊商雒旁。指顾岩关烽堠立，驰驱部署阵云张。朝临紫阁三军出，夜渡黄河百里长。太息督师歼贼手，襄城死义共悲凉。

久识天心叹噬脐，忠贞烈烈感遗黎。剑飞汝水双龙逝，路入襄城七圣迷。三镇翱翔星欲散，孤军慷慨日沉西。尚余降将同全节，血食名区贯白霓。副将李万庆乃降人，忠于王事者，即贼中射蹋天也。亦诏祀襄城。

郧抚王蔚皋先生

名鳌永。吾邑人。

襄西郧国亦岩关，当日王公智略娴[①]。咈谏督师难见采，进言时事正多艰。

① “娴”，省图本作“闲”。

军机目击投良药，抗疏词雄竟退闲。幸有卢公能任事，归来高卧梓橦山。

王公抵掌笑熊公，抚局真成塞上翁。驯虎徒矜青木槛，养鹰休博碧篘笼。咆哮致愤当前策，掣镞难收发纵功。终是先机能料敌，果然狡兔走[①]乘风。王公尝上疏纠熊文灿招抚献贼之非，竟未见采，遂去任。而谷房之变左验矣。

巡方吴甡 后拜相

西台御史久登车，揽辔澄清计未疏。人似贾生能痛哭，兵依家令自陈书。抚剿并用当时策，主客相因积弊除。他日拜麻终碌碌，将倾大厦欲何如。

总理熊文灿

自崇祯十年任，历十一、十二两年。己卯夏秋间，献贼叛，文灿伏诛。驻皖口称理院。

熊帅当年制粤东，文犀孔翠坐临戎。居中援手依当路，炀灶熏天复借丛。玩寇谷房终兆变，建牙江介竟何功。极知豫贾襄阳祸，蹂躏三巴万里中。

亚夫坚守竟亡吴，当事长驱寇愈逋。遂有逍遥栖皖口，每将瓯脱视江湖。壁观似与风驰异，血战宁知坐甲殊。形见势穷均有罪，安能塞责强枝梧。

熊公阘茸辟辕门，坐使西南战气昏。骁贼不闻真受抚，督军久已受降旛。阳春谁不憎鸠眼，战士犹如乘鹤轩。漫使好音慕桑葚，天池一夜徙鹏鲲。

当时招抚张黄虎，复见曹瞒出郿台。谓罗汝才。幕府养痈虚节制，神奸敛迹暂蒿莱。房陵喋血郧襄动，巴蜀门庭牡钥开。不独罗猴轻[②]败衄，总戎伏法几人哀。

泸州理院本黔驴，体重形庞竟类渠。内主既然归楚辅，招降误认塞军书。谈兵驻节沧江口，酿寇频颁白虎旂。一举燎原炎火炽，郧中千里尽丘墟。

献忠狡兔亦雄儿，陈帅深恩尚念兹。房竹遂成三窟计，郧襄旋卓五云旗。养鹰伺衅窥吾隙，憎眼飞鸮任所之。阱兽槛狼犹不击，斩关干纪悔何追。

熊帅当时控上庸，招降逋寇纵元凶。房陵夜警朝传檄，虎帐晨趋夜举烽。奏捷双沟诸将力，时双沟之战武功第一，文灿欲掩有之，上不许。桑榆一战冠军锋。督臣欲赎郧中罪，无奈雷霆下九重。时嗣昌入军而文灿就逮。

---

① “走”，省图本作“已”。

② “轻”，原为空格，据省图本补。

督师辅臣杨阁部嗣昌

谷房计左辅臣惊，杨以荐熊督致败，故不得已请行边。拜表枫墀杖钺行。伐蔡自希裴晋国，专征尚薄武元衡。成功万一终孤注，新宠当前赐上卿。从此尚方邀异典，铙歌朱鹭冀澄清。

武陵豁达喜边功，锁钥初膺右北平。起宣大巡抚。马服早知难负荷，长平贻累在谈兵。殊恩遂简中枢任，元辅时监上将营。独恨夺情言路闭，词垣斥逐拂群情。

督师才调美南金，大诈如忠若可任。圣主惟忧用卿晚，辅臣聊复答天心。谩言鱼水调元后，谁道平章际会深。南楚书生开济少，丧师两世已相寻。嗣昌之父鹤前以总督致败。

禁中颇牧酌醍醐，亚相南征异数殊。牛斗衣裳颁法服，银镠灯仗饰锟铻。师干坐试周方叔，壁垒精严汉亚夫。可惜天章新赐锡，王师十万葬夔巫。

圣主临轩九锡荣，元臣何以报承明。艰虞楚客称材略，简任师中寄保衡。四正六隅多辩口，杨相言兵之制。三台二辅早知名。增兵措饷规模阔，海内全消织与耕。

建章拥节重彷徨，御笔题诗出尚方。荧惑风前侵上相，泰阶侧处坼文昌。兵符旄钺无光彩，鬼宿微茫映紫房。道是帝庭天象动，十年灾异纪台郎。

杨辅当年大出兵，誓师江上六军惊。煌煌号令衔天语，烈烈征夫树汉旌。上相威仪戎旅振，临淮壁垒画旗明。谁知竟似王昭远，如意频挥长乱萌。

辅臣挟术奉宸居，刻日成功计已疏。军政机宜专进止，米盐凌杂自乘除。讲经戎服骠公事，诅早华严自著书。如是安能称将将，三军解体竟何如。

武陵原不识戎机，谩语欺天拜琐闱。征调军书飞楚豫，盐梅上将出纶扉。世操兵柄王离灭，三世为将，其家必败。胸少成模汉相威。一举丧师捐蜀地，殒身沟壑竟安归。

练兵哀诏下幽燕，暂累吾民更一年。督饷名卿专计相，时以部堂督饷。总戎枢密掌中权。舒迟尽中军兴法，阃帅当为诸将先。五月南征开幕府，皇灵赫赫九重天。

推毂当阳振鼓鼙，内庭奉诏出燕云。六师凿垒天门下，八校争驰虎豹群。玛瑙山头矜小胜，玉蟾寺下中妖氛。移兵扼险谁能识，事后人思万监军。

王师败衄向云阳，阁部东奔下建昌。纵寇三川真拙计，丧师百万失岩疆。名藩饮恨无归路，赵括知兵重祸殃。莫道剑门天下险，如闻剧贼走羊肠。

保洛王师计万全。无端汉沔久迁延。阁臣驱贼方奔蜀，穷寇回军竟入鄢。由宜城破襄阳也。巴濮惊看鱼纵壑，郧襄坐致血成川。两藩暴骨马逃罪，孤负平台赐御筵。

枢辅王师向射洪，即开县。长驱逐贼入蚕丛。夔门不守虚天险，剑阁连营听鹤风。诸将坐观当壁上，六军鸟散向川东。倘能早采参军议，新建威宁鼎立功。

枢臣奏牍似孤忠，成败难期听化工。南伐人传丞相府，中书谁识赞皇公。一时顿建圆盘议，三月难成荡寇功。事即不成心可悯，怀宗玉音悼武陵也。武陵瞑目九原中。

杨相当年弗戢兵，师中已殒气难平。殿庭入梦千秋怨，朋党连旬累疏争。诸葛鞠躬期尽瘁，卫公灵爽亦堪惊。李德裕见梦于令狐绹，绹醒而曰“卫公灵爽可畏”。天颜惨恻盈庭见，死后依然轸圣情。杨相死后，帝梦其稽首庭下曰：“臣鞠躬尽瘁，死而后已。诸臣连章见诋，故归诉皇上。”天颜为之惨恻。帝后以语他辅臣云，自此允其以礼归葬于家。

两相国夺情张公杨公皆楚人而争夺情得罪者又皆词臣

两相江陵与武陵，夺情先后坐相仍。楚人执政方承宠，上相专征力倍增。荧惑守心干气象，名贤诏狱势凭凌。谓黄石斋。可怜白日虞渊没，坐使强臣积咎征。

大司马吕忠节公维祺

留都司马重边疆，远虑常怀未雨妨。已戒上游江左地，更忧陵墓霍丘旁。须臾妖焰浮天起，遂使青磷遍帝乡。告庙棱恩俱已矣，凡陵庙为棱恩殿。守臣万死亦彷徨。凤督杨一鹏后弃市。

参赞金陵第一人，考功削籍去通津。身归洛水难艰地，望系中朝社稷臣。万死常山犹骂贼，九京袁粲已归神。天教忠节能昌后，世世金张毓凤麟。公洛阳人，死义于洛。

都御史李公邦华

公故南枢臣，被召北上，道遇左帅东下，檄止之。

临江一檄壮心惊，御史三公计已成。转饷欲销群丑迹，威仪直入亚夫营。李公具威仪，直入左营，左乃服。四朝元老声名大，万里同仇志气平。不让鲁连书一纸，谁能犯阙势纵横。

李职方继贞

后被用为兵侍，病死。

太仓斀赈向边疆，先事绸缪李职方。未雨已知防牖户，恤民早已察痍伤。老成忧国真成算，筑舍空谋听庙廊。补救定须三十万，朱提何事重彷徨。

徐中丞启元守郧阳

字望仁，辽阳人。呼降将王光恩共保孤城三年有余。闯贼遣兵数万，屡攻之不能下。卒保郧阳[①]。

縻国中丞徐望仁，辽西人杰汉江滨。中原万里无坚垒，郧口孤城据要津。力破氛涛清白马，手招降将走青巾。重围力战三年久，坐使西南靖塞尘。

楚抚宋一鹤、留守沈寿崇、钟祥令萧汉同死义兴都

承天大郡少元戎，陵寝煌煌拟沛丰。郊郢年来无八校，兴都城下有三忠。中丞大纛沉清汉，留守将军贯白虹。犹有真源贤令尹，一时义烈塞长空。

蜀都陈士奇、重庆太守王行俭、巴县令王锡同死重庆

夔门失险纵群奸，十万王师溃不还。横陈竟侵涪水岸，顺流已夺佛图关。中丞仗节真三杰，太守捐生似二颜。平原、常山皆太守。骂贼尤传巴县吏，微臣一命亦朝班。

蜀抚龙文光、总镇刘佳胤、巡按刘之渤同死成都

奔滇计拙使人愁，谁说成都据上游。戎帅[②]已歼浣水畔，妖氛欲骥锦江楼。王宫智井沉幽怨，蜀藩宫眷尽没于井。灌口寒沙急暝流。端礼门前真御史，穿龈嚼齿气横秋。

---

① “郧阳”，省图本作“郧”。

② “戎帅”，省图本作“帅府”。

郏县令李贞佐

贼入城，贞佐厉声曰："驱民死守者，我也，妄杀何为。"贼倒悬之树，贞佐大呼，请上诉诸帝。贼断其口，寸磔之。一门皆烈死。

弹丸黑子亦垂绅，骂贼无惭赴义臣。万死号呼闻上帝，一时饮痛感遗民。杲卿安得犹存舌，许远何尝不致身。羡尔倒悬仍寸磔，一门烈烈照苍旻。

房县令郝景春与子鸣銮俱死难 并义仆陈宜

烈烈房陵郝景春，自将一邑扫狂尘。膝前有子铭忠节[①]，帐下亲兵作信臣。保障功深人似铁，量沙力尽死为邻。全家甘毙孤城畔，白日青天好致身。

谷城令阮之钿死义 为献贼所焚

谷城寇变起仓皇，谁使岩城竟失防。下邑小臣持柙虎，督师大帅纵天狼。膺艰难地丹心苦，读圣贤书姓字香。化骨形销终不泯，尚余浩气塞穷荒。

成都令吴继善全家死难

字志衍，江南人。先以书直谏蜀王[②]，陈守蜀策，王不用。后阖门死节者三十六人。

前车不鉴洛阳城，痛哭陈书欲定倾。剑阁夔门难守险，黄牛白马塞夷庚。草降李昊真凶竖，仇国谯周亦乱萌。三十六人同日死，到头不作褚渊生。

福邸两承奉从死

王既被醢，两承奉伏尸痛哭，呼贼曰"王死，某不愿生，请葬王"，乃自缢。惜不传其姓名。

不独尚书死洛阳，吕忠节公。朱门承奉重悲凉。捐躯豫让方长痛，赴难栾生亦惨伤。彭越既醢，栾生奏事。三尺桐棺遮玉体，一杯福酒掩金床。福禄酒，醢福王所为。万年奇祸惊心目，藩府微臣百世芳。

① "节"，省图本作"义"。

② "直谏蜀王"，省图本作"谏蜀"。

榆林死难诸武臣

王世国、世臣、尤世禄、李昌龄、都仕、惠显、刘某，七元戎也。

榆林累世数元戎，勋胄威名障塞功。虎将一时推义烈，龙骧几辈擅雄风。熊罴巷战愁云黑，隧道城崩沥血红。赖有诸公盟节概，田畴义士奔无终。无终，地名。

猛将军如虎 死南阳

寇氛十万下南阳，虎将婴城气[1]莫当。铁炮云烝烟黯黮，短兵巷战月昏黄。不辞血渍麒麟阁，唐藩阁名。常使魂依宛叶旁。北面名藩臣力竭，刲锋出背竟罹殃。

刘将军士杰 死开县。兵败后万参军哭阵亡将士，正为公等也

宁南容与似儿曹，刘帅英风固足豪。贯甲兼旬争赴难，横戈苦战敢言劳。蛇茅坐洞三重险，虎旅频挥八尺刀。纵死沙场应不恨，参军一痛正悲号。

降将刘国能 守昆阳，死难，混名闯蹋天

戴渊原是绿林豪，义烈功名物望高。为羡卯金归赤伏，竟从滍水涸灵鳌。胁降铁石心无变，尽节风雷气不挠。骈首岩疆能反正，王臣按剑仆蓬蒿。

丘之陶

相国瑜之子，诈降闯贼，欲图反正，以蜡丸通孙督师，为贼所觉，被车裂以死，至死不屈。

宜城公子信畸人，从逆非甘作叛臣。得当尚思犹报汉，诈降岂曰久留秦。蜡丸书就终无济，轘裂宁知顾此身。烈烈相门如翟义，义旗千古勒贞珉。

---

① “气”，省图本作“势”。

监纪推官汤开远

临川才子邓林枝，若士佳儿亦可儿。两疏彤庭方触忌，一鸣仗马已凌夷。荀家申鉴终何济，仲氏昌言徒尔为。暂作理官遂罢斥，监军使者亦支离。

神弩将张令 奢崇明时降将也，有功夔门以死

成都降将老花卿，七十余年力尚勍。当日奢茵鹰眼化，仍留蜀道壮心惊。五千罴虎当骁骑，浃日重围听射声。可惜一时神臂将，岩关走死竟何成。

万参军元吉

扶风豪士气凌云，湔祓还登帅府宾。武陵荐起废籍。祭酒谘谋真不忝，魏时有军谋祭酒。戎行进止最先闻。仲宣岂仅当阳客，从事能参庾亮军。孟嘉为武昌从事。慷慨欲争平镇礼，机宜专擅斥雄猜。时左良玉每不奉武陵征调，元吉屡以为言，杨不能用。

当年使过万参军，幕府元僚净寇氛。露布驰驱依大纛，军书风雨走江渍。垂名竹帛平生志，单骑从篁戎马群。惆怅军谘无近效，国殇痛哭祭秋坟。

降将王光恩

光恩亦是受降人，不与诸营共屈身。自剖丹心归制府，誓将一旅答枫宸。当时豫楚从风偃，独有郧房自结屯。千里狂澜依砥柱，名城仡仡竹溪滨。

帝里勤王尺一临，洪孙北去启戎心。诸营坐致谷房变，千里贻忧障塞深。殒绩罗猴歼士气，收功郧府剪平林。光恩守郧拒闯功最著。杯盂能救燎原火，从此中原盼[①]捷音。

梁山中书涂原

梁山中翰有涂原，纠集民兵傍剑门。竹畚乘高飞巨石，松根塞涧阻崩奔。箐篁眯目长烟黯，毒弩当头落日昏。如此胜军摈弗使，晁家兵事不堪论。

---

① “盼”，原为空格，据省图本补。

女将秦良玉

土官家征兵法，用一箸则能胜饭者毕至，用一帚则扫境而出。时良玉欲尽发溪洞之兵，蜀抚邵捷春不从。

石柱蛮司雷雨惊，风流锦伞五溪[①]行。援剿不惮重江险，扫境能捐十万兵。西蜀地形将借箸，中朝庭策未扬旌。左良玉逊秦良玉，娘子军堪佐大征。

祖家军 祖宽、祖大乐等

辽西赴难祖家军，陷阵摧锋定不群。突骑渔阳雄蓟镇，骁雄虎士走襄郧。客兵按甲难持久，指日成功冀策勋。自古行间多不戢，穰苴遗法正纷纭。

川将邓玘

组甲人传古邓廖，蛮兵计日赴征轺。八千里外奔符节，浃岁频来捧镯铙。已逾瓜期情脉脉，更伤马革路迢迢。中军作好逍遥甚，賨女巴人怨未消。

平贼将军宁南侯左良玉

青衣行酒隶昌平，时司徒侯恂镇守昌平陵。躬捧牙璋塞上行。授钺司徒三爵重，登坛大将一军惊。金符夜佩长平绶，玉帐晨归骠骑营。他日招降偏养寇，雄师百万自专征。

左帅英风剑佩长，征南金印出明光。纳降玩寇资威重，别部屯兵赍盗粮。十万雄师增计簿，连营罴虎遍江乡。谁知趋走夷门地，稽首汾阳异姓王。

崑山进止自周章，斧钺威灵奉尚方。累战军功留楚豫，一时节制薄熊杨。不奉文灿、嗣昌约束。秋毫不戒恣樵采，供亿无烦领太仓。纵有健儿三十万，离扃超距任飞扬。

献贼潜纵避谷房，诈降敛翮未飞翔。将军建策乘时击，幕府无端纵陆梁。鸷鸟垂天思一奋，反戈匝地扰群方。徙薪曲突嗟何及，桑土谁能事豫防。献贼投降谷城时，宁南亟请击之，文灿不从。

上相遄征斧钺新，宁南有意抗元臣。旌麾变色来群帅，军令空烦更五申。偃蹇从知轻幕府，骄矜何得藐龙纶。低昂左贺俱无赖，不见天威咫尺遵。

① “溪”，原为空格，据省图本补。

阃外诸营虎豹旂，将军藉寇自伸威。江湖玉粒矜回洛，部曲雕弓擅佽飞。尺藉何曾隶司马，军书无复奉皇畿。提兵百万浮江下，空负当年喻布衣。喻布衣为掌书记，性方严直谅，崑山以父事之。百事匡救。喻既死，崑山无益友矣。

鄂渚临风江上楼，武昌门外水悠悠。将军跨有湖湘地，猛士长驱鹦鹉洲。势控九江连北道，气吞四镇俯东流。尺书一纸侯公子，闻道停帆驻上游。

雪苑司徒出若卢，时赦出狱，命来救汴。会师援汴亦踌躇。那堪殒绩朱仙镇，非复当年赤甲都。万队不来同救败，偏师何必更前驱。樊城空有艅艎在，从此东归下蠡湖。

国殇三月普天哀，圣主登遐掩上台。不独三军皆缟素，行看万众哭蒿莱。扫清南纪非凡见，奉职西藩岂霸才。何得跨江思一逞，桓家灵宝亦驽骀。

猎猎云旂下武昌，扬帆千里过浔阳。已招铜马为前部，不少银枪拥节堂。指斥乘舆直犯顺，誓清君侧亦侜张。纵然马阮称元恶，谁许王敦入建康。

濒死宁南悔起兵，伏床呕血气难平。回军未必全臣节，歃血何如奉旧京。三十六营归约束，一千里路罢长征。黑旗遄返余降将，谓惠登亮[1]，即过天星。莫救庸奴左梦庚。

遗臭千秋犯阙师，谁知平镇亦如斯。纵依肺腑黄江夏，遮莫精神钱世仪。九死不堪终一掷，两朝那许更伸眉。宁南小子真豚犬，笑煞孙郎仗下儿。

东来三十六团营，大帅登楼密计行。同恶中朝黄直指，谁云王觐下江兵。夷门虚左恩终负，江夏为家势未成。先是朝命世官武昌。濒死顿将遗命废，漫劳诸将复同盟。

左丘两将出山东，少日椎埋亦并雄。坐法一身当重辟，捐金九死沐皇风。宁南坐致邀封爵，累卒终能返故宫。末俗相将扶义烈，陈容端不负臧洪。附丘磊。

凤阳陵

中都被寇自中州，铁马西来下帝丘。火入高陵松柏路，烟迷享殿宝城头。万年钟虡惊雷电，五夜珠帘出玉钩。第一山边御书在，三千虎士毙龙楼。明高帝[2]有御书“第一山”三字。

震惊园寝万方悲，天子哀音下诏时。饮恨频年思灭寇，宕平六月定师期。召兵远及罗网坝，驰檄遥征石柱司。九土同仇应共愤，诸军何以答彤墀。

抔土长陵痛大临，群方多难此相寻。素衣减膳皇灵惨，避殿衔哀圣主心。

---

① “亮”，省图本作“壳”。

② “帝”，本作“宗”，据省图本改。

谁实贻忧逮君父，可能计日答高深。弥天极目成荆棘，节制先颁渭水浔。

显陵

承天纯德山献皇之陵。贼欲发陵，为雷震而止。

闯寇西来势若崩，松林山畔火云升。连营烽燧通樠岭，接地烟尘入献陵。爇尽画檐焚享殿，香销宝鼎没觚棱。九天尚有风雷警，玉匣珠襦尚可凭。

朱阳关

有南北两朱阳。即古之函谷。秦贼三出朱阳。

当年秦寇陕郊西，函谷谁云百丈梯。兰草川中夷堠燧，朱阳关畔走鲸鲵。云遮商雒无烟火，路入临潼厌鼓鼙。百二山河千里国，连天白骨使人迷。

秦疆旧是古弘农，西下山东接众峰。两地朱阳千里道，万年紫气一丸封。原陵迢递包奇险，薮泽陂陀扼要冲。谁说将军能死守，尚烦关吏竞传峰。

襄洛

襄洛雄都遇劫灰，两藩终古痛奇灾。寇氛远自夷陵下，逆焰真从天上来。伊阙衣冠烟烬后，樊城烽火水云开。西南半壁称名胜，何事荒凉赋七哀。

商雒

商雒妖氛入豫荆，亘天七十二连营。中原将士多骄卒，南国征输困稻粳。帐底分兵当往路，秦中烽火殪苍生。乱离是处生机少，谁遣萑苻万里横。

转饷

九州练饷塞征途，傍午军书下两湖。甘石占星流枉矢，王良策马引天弧。从教廊庙前筹困，坐使乾坤士气孤。括税增兵随处是，三农何计奉均输。

灾异

回首皇家万事非，经天太白散余辉。岁星已自侵南斗，彗孛何堪入紫微。

兵气仓皇方未振，囊分赤白正交飞。至尊拊髀空长叹，不见南中露布归。

潼关原

洪孙二帅扼潼关，曹将龙腾整且闲。锐士三千依绣岭，伏兵十万起骊山。长刀荡寇无坚阵，白棒循崖尽血殷。十八骑逃真丧魄，崤函尚复匿凶顽。

朱仙镇

王师大会向中州，三监纠军领上游。兵溃相州九节度，星摇帝座五诸侯。星名。黄河夜坼天潢动，汴水朝翻地轴流。自是东都形势散，中原恢复正堪忧。

窦庄

张忠烈公城堡，在沁水。公夫人能率家众拒贼。

剧贼何来肆獗猖，几群烽火沁溪旁。夫人城上干掫固，娘子军中战气扬。家世孤忠铭义烈，西方千骑拥柴桑。何须锦伞传英勇，司马遗风奕叶长。

襄阳

山南东道旧襄阳，十万王师镇寇防。荆浦西来三楚望，献陵遥控九龙冈。势连鄢郢雄边近，天入郧津鸟路长。设险无人终古叹，虫沙猿鹤重堪伤。

帅臣积重在襄樊，势控郧阳气象尊。转饷千艘方左顾，重关千里瞰中原。夷陵键户朝传令，江汉汤池昼闭门。独有后期殷太白，射堂骈首亦烦冤。

玛瑙山

昔日宁南抗武陵，戎臣漫不畏军兴。机宜岂复由中制，专擅何曾更奉[①]承。九滚高岩操上策，谓九滚坪。三巴劲旅已先登。休矜第一铭勋烈，灭贼夔巫力未能。

---

① “奉”，省图本作“禀”。

开县

黄陵城畔雨如丝，辙乱旗靡薄暮时。帅府二崤方悔过，诸军万阵尽离披。元臣沙市甘鸩毒，圣主临轩莫漫悲。独有叨恩最深处，幽魂何以对彤墀。

西京

白谷尚书没灞陵，西京狂寇阵云蒸。蜀兵褐父无烟火，战士传餐结暗冰。藩府投降忘大义，总戎纳贼竟先登。谓镇臣王根子。惟闻守土官绅辈，烈烈忠魂怨不胜。

四镇

当时四镇镇淮疆，不数东平与广昌。惟有宁南真跋扈，手携侯印下江乡。旌旄动色来千里，鹅鹳飞腾列万行。赖有楚中何抚宪，立折臣节拒鹰扬。

逆献

逆献归城诳理臣，谓熊文灿。韩城相国据通津。薛相为招降之内主。黄金百万贻蹄裹，珠琲盈怀贡上珍。敬劳将军来使者，戢兵岩邑托王人。诈降自古传侯景，凶焰滔天定有因。

闯献二贼

王师业业走雷霆，屠毒中原战血腥。宕洗三巴黄额虎，伏尸百万破军星。十年有恨狼烟白，千里无人鬼火青。二逆到头还孽报，通城咫尺接盐亭。

◎山东省社科理论重点研究基地齐文化研究基地重大项目

淄博古代文献丛刊
王志民　主编

张笃庆集

（下）

（清）张笃庆　撰
柏秀叶　整理

山东大学出版社
SHANDONG UNIVERSITY PRESS
·济南·

昆仑山房诗集卷九

七言近体

读书笼水留别鹿詹[1] 辛丑

劳歌白雪出柴关，玉麈[2]樽前不解颜。元亮自应栖栗里，茂先翻愧向琅嬛。飞花十里迷春树，明月中宵忆故山。渭北江东频怅望，锦衾洛浦寄人间。

济南杂兴[3]

遥来齐郡路迢迢，满目繁花折柳条。弦管夜闻三剧市，骅骝晚过百花桥。红楼侠少黄金缕，紫阁仙人碧玉箫。更向樽前看纱舞，杜康泉上酒旗飘。

柿岩纪游[4]

空岩清梦十年余，此日登临欲卜居。开道方移灵运屐，应门已识吕安车。一过丹洞生虚悟，自到青山悔著书。可是生平丘壑志，庞公常隐故茅庐。

藤花历落郁千寻，为命篮舆度翠岑。石向孤岩留冰雪[5]，人从众壑辨晴阴。荒村烟景生虚壁，野坞岚光入远林。独我自怜中散调，欲因山水问清音。时迟琴客不至。

苍翠空岩石骨凉，天风飙举气琅琅。醉题诗满筼筜谷，云卧人来薜荔房。河朔一时同避暑，平原十日竞传觞。道州应厌高轩客，招饮惟宜孟武昌。

征君寄迹水云闲，梧几石床鹿梦还，背阁寒泉通北沼，当轩高柳对南山。桔槔何必汉阴下，鱼鸟犹然濠濮间。如此胜游良不恶，尘中回首忆跻攀。

---

① 底本无，据省图本、国图本补。

② “麈”，省图本作“尘”，此据国图本。

③ 底本无，据省图本、国图本补。

④ 底本无，据省图本、国图本补。

⑤ “石向”“冰雪”，《般阳诗萃》作“树隐”“夏雪”。

吊祢正平①

去国何堪入许昌，更来夏口黯神伤。凤凰山下烟云暗，鹦鹉洲边草木黄。知己未能酬北海，孤魂犹记奏渔阳。千年风雨难消恨，怀刺曾无忆故乡。

般河官灞②

濠梁石落晚潮痕，一带寒流雪蕊翻。剑阁倚天悬滟滪，银河倒影下龙门。岸喷蛟沫奔平堑，溪折鳞渠抱远村。击水三千回怒浪，天池夜夜徙鹏鹍。

潭心鼓浪隐鼋鼍，落日春晴涨晚波。种柳苏公疏渭水③，囊沙汉将拥潍河。黄龙已偃宣房塞，白马长嘶瓠子歌。直待横塘秋水满，移尊还复看蕖荷。

送十彰禅师④

上乘久已悟前因，天籁松风幻梦身。空里云花生十地，静中日月转双轮。鹫峰结伴乘杯客，潜岭同龛杖锡人。欲借智灯还一照，鼠肝虫臂尚迷津。

五津碧水自淙淙，琪叶瑶林宝树双。梵呗六时归净土，烟波一苇渡长江。金山洞口扶丹毂，玉女云中拥法幢。道是真如湛寂处，毒龙火宅已全降。

古意⑤

迢递龙堆起暮烟，寒涛一带向居延。沙沉白骨千余里，月落黄旄十九年。滴博遥连蒲类海，鹛鹈近接独流泉。玉关无限征人泪，望断春光亦可怜。

队队金环拥左贤，千群猎火照长天。引弓雁落楼兰塞，饮马人归敕勒川。宿雾枌榆关外暗，春风杨柳曲中传。穹庐向晚依沙碛，衰草迷离落日边。

黄云朔气暗龙沙，月照清霜拂剑花。飞将从军惊射虎，木兰征戍未还家。买将南市青丝络，一系长城白鼻䯄。天汉征人三十万，交河东畔听吹笳。

长风卷雨戍烟消，故垒星门闭寂寥。八月浮槎张博望，十年野战霍嫖姚。

---

① 底本无，据省图本、国图本补。

② 底本无，据省图本、国图本补。

③ “渭水”，《般阳诗萃》作“越水”，国图本作“荷锸秦关疏渭水”。

④ 底本无，据省图本、国图本补。

⑤ 底本无，据省图本、国图本补。

夜从葱岭闻啼鸟，日向阴山看射雕。回首关河云影暗，龙堆万里草萧萧。

羽檄星驰五尺刀，接天战气引旌旄。铁衣冻合蓬婆雪，玉塞春飞瀚海涛。万骑到来嘶苜蓿，贰师还与问葡萄。谁怜壮士沙场死，日暮黄云画角高。

陇山迢递控三秦，烽火年年接战尘。明月弓悬边上影，芙蓉剑拂塞中春。冠军夜宿黄龙戍，都尉朝行白马津。莫问乘秋胶折日，军书十二怨征人。

北阙长缨不可求，有人投笔未封侯。水潮鱼海黄昏雨，风起龙城白日秋。入塞歌残还出塞，伊州唱断续凉州。紫髯绿眼笳声怨，非是刘琨在雉楼。

空传西域下呼韩，汉将何人更筑坛。执戟无心行绝漠，缄书有泪寄长安。云回紫塞凌风暗，天折黄河荡日寒。为问从军游侠子，多应生长在邯郸。

朔风猎猎暮鸿飞，戍卒军前泪满衣。玉塞回车冲雨雪，金城种柳映旌旗。千年青海无传箭，万里黄云大合围。无定河边多战骨，关中子弟几人归。

龙荒落日叹长征，夜柝穷边听五更。汉使近降典属国，铙歌远出受降城。弓弰却月征人佩，玉勒连钱大将营。为奏海风新留曲，萧关西畔暮云平。

海天凉雨落敦煌，九月青闺寄练裳。骢马争报都护府，节旄初锡尚书郎。雁门关下屯烽燧，龙首山中卧战场。十万金疮银甲冷，何年分赐百千疆。

长河朔北拍天流，漠漠烟尘黯未收。十道军行边月晓，五原营接陇云秋。黄榆白草关前郡，紫燕青虬塞上侯。征战由来归不得，橐砧哀怨使人愁。

连营环甲入黄沙，骠骑分兵出汉家。回乐峰头闻玉笛，贺兰山外动金笳。霜中白雁来千里，云里青骢散五花。多少红颜悲夜月，谁从怨拍问琵琶。

大漠秋深衰草多，茫茫四野走明驼。平悬万幕祁连塞，竞渡千军梦水河。少妇朱颜惟织锦，壮儿白首尚横戈。那堪望断金徽路，月上关山一曲歌。

远天月静戍云闲，故国星河指顾间。一自市鞍离渭水，还期铭石向燕山。经年塞外孤军入，计日沙中万马还。归去论功属上将，可怜脱甲老秦关。

青州衡藩故宫①

当年野老哭王孙，旧馆层台白昼昏。麋鹿荒凉香水迹，梨花零落马嵬魂。宫中不辨金银气，地下宁忘雨露恩。回首五陵消歇尽，寒风萧瑟下云门。

空传曲水竞流觞，细柳新蒲莫漫伤。花萼楼空鼙鼓黯，连昌宫静暮云黄。人间不识羽衣曲，梦里频来翡翠裳。白骨青磷多少恨，可曾承宠在昭阳。

旧日兵戈淄水东，朱门帝子霸图空。龙蛇盘窟灵光殿，狐鼠群栖兴庆宫。别院百年迷落月，荒台万木啸悲风。可怜射却双飞翼，凝血妆楼片片红。

---

① 底本无，据省图本、国图本补。

秋兴八首[1] 辛丑。寓笼水西山次韵

平居无恙卧长林，万树秋声气郁森。夹谷云生迷涧壑，贝丘日落下城阴。风尘憔悴陵阳怨，江海浮沉处士心。却忆流黄机上妇，高堂锦瑟间寒砧。

青山不厌谢元晖，处士星高映少微。日近长安征马出，云连大漠塞鸿飞。论交三岁书犹在，献赋频年愿尚违。解道蓬蒿人迹远，云房宁负紫芝肥。

梁角高吟陆地棋，凄凄欲共楚臣悲。紫萸黄菊过重九，白苎青山且岁时。金谷繁华淹滞久，鹿门烟月赋归迟。王孙自尔逢秋怨，惟有加餐寄所思。

夏时多病卧楼头，社燕巢空去早秋。荒徼几年兵气静，岱宗千里暮云愁。沧洲接地生红蓼，黄鹤摩天狎白鸥。上苑宸游那复见，龙髯长痛泣神州。是岁世祖皇帝弃群臣。

伏波今日正论功，怅望天涯感慨中。珠泪夜沉沧海露，兰台秋入楚江风。皇州神器前星曜，南国沙场堠火红。更借商山成羽翼，可知犹是夏黄翁。

松关幽径入逶迤，睥睨寒烟接陇陂。世事浮云蔽白日，人情越鸟恋南枝。九河秋雨千帆下，万里风涛大海移。邺下故人犹老健，荷裳兰佩自垂垂。

送毕载绩先生升任南通州[2]

先朝家世大司农，三并如今颂鲁恭。卧阁寒江歌麦秀，挂帆秋水落芙蓉。黄河风急摇仙佩，淮海烟消息战烽。愧乏吕虔刀可赠，使君千里入琅峰。

慰鹿詹[3]

双鱼遥寄劝加餐，秋入梧桐落木残。壮志青云悲枥马，世情白首笑儒冠。功名落拓十年梦，风雨论交五夜寒。细酌酴醿良宴后，朱弦慎勿向人弹。

---

① 底本无，据省图本、国图本补。

② 底本无，据省图本、国图本补。

③ 底本无，据省图本、国图本补。

六君咏 ①

冷庵

梦里风尘天地间，苍苍云气座中闲。长镵杜甫仍贫病，玄草扬雄久闭关。自望枌榆悲紫塞，独寻萝薜买青山。钓竿欲拟羊裘客，湖海萧然处士颜。

云椒 为人好游事

相如病渴望金茎，愁到乾坤未息兵。浪迹孤舟江月冷，壮游一剑海云横。幽燕结客黄金络，吴越题诗白雪声。埋照阮公沉醉后，犹能樽酒话平生。

月麓

十年献赋倦西东，千古雷陈意气同。白眼逢人愁岁晚，沧洲避世叹途穷。行随老鹤寒岩下，坐看飞云大壑中。近向竹林称六逸，茫茫渤海羡冥鸿。

松篱

风尘河朔罢衔杯，海国烟波落日回。雪照梁园司马赋，名传邺下建安才。秋江玉树云中出，锦水芙蓉雨后开。自是中朝天庙器，肯令郭隗独登台。

栗里

中原大雅已尘封，正始千年叹未逢。天地闲愁淹岁月，江湖秋思狎鱼龙。禹书重识山阴穴，汉策时攀泰岱松。谁到龙门期共济，同舟今见郭林宗。

龙崖

豹山峰下接烟霞，深柳画堂鸟道斜。春水芳洲生杜若，海天明月照梅花。囊中九辨成词赋，箧里双龙拥剑华。雅量如今推叔度，青云万里问天涯。

偶题 ②

风尘何地慰蹉跎，短褐栖迟寄薜萝。百战烽烟余白骨，千年清浊问黄河。投纶沧海成高隐，倚剑崆峒但放歌。蓬社幸余知己在，闲云深处一相过。

独去青山赋卜居，数椽应自卧茅庐。愁时贾谊空长痛，忧国匡衡欲上书。湖海风光消战伐，沧洲清梦寄樵渔。有怀兰芷幽人佩，千里垂纶向孟诸。

有人慷慨吊天涯，白草黄尘落日斜。雾暗危堂巢燕雀，风回大泽走龙蛇。渔阳侠客传哀筑，下濑将军泣暮笳。回首乾坤萧瑟甚，空山今益变烟霞。

流离父老自消魂，痛哭无家暮雨村。九品清流貂满座，三千黄绶鹤乘轩。浮云西北关山暗，战气东南海日昏。抱病萧条秋色晚，不堪极目望中原。

---

① 底本无，据省图本、国图本补。

② 底本无，据省图本、国图本补。

秋深九野暗蒹葭，愁对寒林见暝鸦。白下久无天子气，青门谁种故侯瓜。竹符授节来沧海，毳帐屯营满碛沙。便欲挂帆同少伯，五湖无地可浮家。

一枝谁解托鷦鹩，沧海桑田早晚潮。上蔡百年丞相犬，中书四座侍臣貂。青云年少初通籍，华发劳人半渡辽。何似武陵云水外，闲将生计问渔樵。

遥闻戎马赋东征，羽檄飞驰客梦惊。为向潢池悲赤子，却从溟渤斩长鲸。鞭驱秦帝桥头石，云暗田横岛外城。欲挽天河思壮士，何当一洗海方兵。时以于逆用兵海上。

东游徐福亦茫茫，十日何堪索子房。水国阵云迷岛屿，蜃楼兵气照扶桑。孤军夜战沙中月，宪府秋行海上霜。惆怅时艰多难日，令人愁思满沧浪。

赠鲁坛隐君①

幼安皂帽谢红尘，落落江湖寄一身。老去妻孥依冀缺，愁来词客哭灵均。五噫自是悲歌侣，七发差为献赋人。一自逃秦归去后，桃花历乱武陵津。

寄怀鹿詹②

北风岁暮起离忧，病后栖迟独倚楼。每愧子云疏问字，由来元亮爱行休。十年天地繁戎马，一棹沧波忆钓舟。惆怅何堪羁旅客，只今还傍孝河愁。

再赠鹿詹③

落落江湖未有巢，魏王贻尔大樽匏。君方卜筑栖穷巷，我亦诛锄遍草茅。栗里一时闻伏枕，般湄二子旧论交。端居莫漫悲贫病，珍重雄文更解嘲。

孙咸吉招饮④

依人鹤迹满中庭，四壁常悬座右铭。倦鸟归林千树黑，闲云当户乱峰青。乾坤突兀龙纹剑，湖海依稀处士星。但使渔樵清梦稳，相将莫负北山灵。

① 底本无，据省图本、国图本补。

② 底本无，据省图本、国图本补。

③ 底本无，据省图本、国图本补。

④ 底本无，据省图本、国图本补。

雪中咸吉座上与行素话济南旧游，兼订登夹谷台之约①

朔气千村落雁哀，苏门长啸共徘徊。去年忆吊齐王宅，此日期寻鲁国台。兔苑凉云蒸晚雪，灞陵暝色放寒梅。霜天握手不同醉，辜负瀼西五斗醅。

咸吉座上迟赵月麓不至，赋此怀之②

犹记余来孝水头，闻君一蹇下淄州。风尘南北寒云暮，萍迹东西落日秋。何事蓬蒿疏命驾，不堪樽酒起离愁。生增遽返山阴棹，苦忆甘泉赵倚楼。

无题③

捣练停砧检错刀，金闺无复理兰膏。未携暮雨归巫峡，空抱明珠度汉皋。鸦鬓绿云红烛黯，猊炉香篆画屏高。双星不记长生誓，夜月销魂怨伯劳。

流黄何处织璇玑，望断鸾音愿久违。银甲筝调鹦鹉语，金徽曲度凤凰飞。佳人空结红丝缕，荡子新裁白纻衣。道是惜春春已去，武昌杨柳送将归。

金雀画残月似霜，红儿五夜自焚香。可堪萧史难乘凤，漫说罗敷惯采桑。挟瑟高堂称北里，鸣琴绮席列东厢。九回肠断蘼芜绿，玉镜台前夜未央。

笼水城上观赵侍御园亭戏题④

此地芳园孝水东，主人好客习池同。箨笼半亩金堤外，螺髻千峰玉树中。朱阁画栏梁苑雪，银塘香水越溪风。百年自可耽行乐，锦帐羊羔拥醉翁。

寄石发⑤

闻道江湖有客星，手携银管走群灵。盟鸥野外溪云碧，放鹤山中露草青。昔日挥毫悬泰岱，十年逸响续沧溟。近来何事鱼书断，不念玄亭守一经。

---

① 底本无，据省图本、国图本补。

② 底本无，据省图本、国图本补。

③ 底本无，据省图本、国图本补。

④ 底本无，据省图本、国图本补。

⑤ 底本无，据省图本、国国本补。

怀人搔首问苍旻，绝调谁从郢下闻。四壁临邛悲岁晚，几年梁苑对春云。沧桑惊说鱼龙阵，天地愁看虎豹群。已绝逢迎知己少，惟余倒屣久迟君。

闻大军东征①

长安十月传军帖，都护分兵下蓟门。万队水犀边月冷，千群铁骑阵云屯。愁时碧浪翻沧海，多难苍生去故园。安得避人尘世绝，桐江一棹寄余魂。

百夫何似一书生，八阵惊看虎豹营。忽听将军移玉帐，又闻开府下霓旌。漳河饮马胶弓劲，渤海投鞭堠火明。不念三农输饷苦，从军唯唱蓟门行。

嫖姚策马东征去，坐使山东父老惊。何事萑苻无赖子，翻劳越骑羽林兵。鲸鳌怒撼蓬莱阁，龙蜃飞浮牟国城。计日长歌朱鹭曲，将军横吹向神京。

忆石发②

陇头此日怅寒梅，折柳当时别思哀。愁病怜余虚下榻，风尘忆尔每登台。绣江无复高轩过，薛国空吟天马徕。寂寞荒城南畔路，题诗常念伟长才。

何日青山共杖藜，美人别久意凄凄。黄尘辽左闻征马，华发中原听鼓鼙。浪迹孤云般水外，伤心离恨海云西。空余载酒登临处，明月荒城乌夜啼。

艳诗③

沉沉璇室媚情多，为向秦床卷越罗。鹦鹉杯中浮白堕，芙蓉镜里画青螺。玉林绮阁留侬曲，金茎华山捉搦歌。便似黄姑千载恨，含情脉脉对银河。

笼水怀鹿詹④

荒城北望一徘徊，文正泉边旅思哀。满院飞花春色晚，千门残柳雨声来。桃园秉烛谁同宴，栗里停云尚未回。长白山中招隐士，惟应篱下待传杯。

---

① 底本无，据省图本、国图本补。

② 底本无，据省图本、国图本补。

③ 底本无，据省图本、国图本补。

④ 底本无，据省图本、国图本补。

历下[①]

古堞荒园济水头，凭临直北望神州。高城西指沧溟墓，野客东来白雪楼。月印花洲双渚合，泉通平苑一溪流。芙蓉桥畔清秋夜，更起骚人万里愁。

醉眠已典鹔鹴裘，杖履登临向雉楼。终古玉函朝北极，千年金杏问分流。云中鹤鸛山头落，湖外人烟水上浮。为爱鹊华桥畔月，蓼花深处木兰舟。

柿岩[②]

数峰忽转敞高轩，屐齿丁丁破藓痕。不必隐沦藏柳市，久随问渡识桃源。悬崖仄径披云上，石磴寒萝作带扪。莫道武夷鸡犬异，淮南丛桂忆王孙。

碧山隐者亦风流，林外长歌对子猷。修竹萧萧环曲水，古梅冉冉梦罗浮。寒岩四月莺声老，阴洞千年草色秋。饮马池荒临石丈，几回怀古自夷犹。

阳丘水村写怀[③] 王寅

平子何堪赋两都，空余逸兴寄江湖。水深大泽鱼龙隐，雪满渔梁雁鹜呼。酒圣沉冥天地老，客星历落月明孤。东牟近日传烽火，戎马遥闻向海隅。

思家[④]

胡原一望白云飞，回首家山计尚违。杨柳丝牵游子恨，梅花香散旅人衣。兵戈千里愁离乱，湖海十年有是非。极目天高鸿去尽，道衡偃蹇正思归。

赠弭华先逸人[⑤]

三载故人思远道，寻君此日向林皋。黄垆荷锸千秋梦。白发登楼百尺豪。长白烟光分落照，绣江云树映寒涛。汉阴亦有忘机者，抱瓮由来胜桔槔。

---

① 底本无，据省图本、国图本补。

② 底本无，据省图本、国图本补。

③ 底本无，据省图本、国图本补。

④ 底本无，据省图本、国图本补。

⑤ 底本无，据省图本、国图本补。

阳丘呈鹿詹王子①

成连海上有知音，千古钟期听素琴。缑岭笙歌孤鹤下，延津风雨二龙吟。烟回漯水当春静，云掩胡山入暮深。操瑟怜余经术客，饭牛白石感雄心。

柏陵道中②

千山一带暝云开，搔首乾坤觅钓台。花柳春光愁里尽，海天兵气望中回。寒溪沙渚宾鸿渐，落日烟墩塞马来。多病萧条行役苦，遥征极目独徘徊。

再至阳丘过石发白鹿庵叙别③

孤村二月雨潇潇，驱马东归去路遥。怜我长怀般水墅，愧君卧听绣江潮。银沙白雁春萧瑟，玉管青灯夜寂寥。今夕相看须尽醉，黄垆且复解金貂。

赠石发④

狂奴故态自婆娑，又对青樽漯水河。驾海神鳌公子钓，倚天长剑楚臣歌。临池醉后烟云满，泼墨狂来水石多。我辈相看应不厌，还期一渡绣江波。

题阳丘珍珠泉⑤ 泉在古刹庭前，方数丈，一名百脉泉

瀓冽神渊荇带封，远公携杖此相从。堂空贝叶朝传梵，水浸琉璃夜扣钟。不尽玄珠迷罔象，莫须沧海探骊龙。法津沥沥醒尘梦，彼岸何时证大宗。

瑶水鸿天尚未归，平池迸地对禅扉。光分合浦原无定，月暗昆明见亦稀。风静长波狎海若，云深寒渚步江妃。招提人散红尘尽，日日闲鸥傍水飞。

丹丘隐隐接蓬莱，媚泽珠光绣水限。白日龙蛇争吸习，晴春凫藻共潆洄。佛楼地迥莲华净，古殿云深宝象开。烧劫莫论千载事，石鲸谁与辨沉灰。

---

① 底本无，据省图本、国图本补。

② 底本无，据省图本、国图本补。

③ 底本无，据省图本、国图本补。

④ 底本无，据省图本、国图本补。

⑤ 底本无，据省图本、国图本补。

水关深柳石桥斜，策杖寻幽开士家。的皪珠宫飘玉粒，蜿蜒露蕊握灵蛇。琼花万斛开明镜，石室千年涨白沙。净土悟来多止水，一声清磬自趺跏。

一泓涨玉涌漩窝，照夜光分石蕊多。龙窟浪深翻赑屃，蛟宫泪尽隐鼋鼍。梦来神女明珠珮，幻入轩皇赤水波。安得当年莲社侣，渡杯常此对维摩。

漯水西来走巨鳌，玻璃万顷拥琴高。蚌胎欲吐琼厓窟，龙颊初分大海涛。日月灯悬澄水国，汉江人静过林皋。晴沙碧藻慈云护，隐隐珠龛见白毫。

天花初日照琳琅，有客携诗到上方。鱼戏蛟宫侵佛阁，云生龙树护禅床。依稀贝客藏鲛室，断续骊珠引露光。挂锡何人居胜地，濯缨吾自爱沧浪。

鸾音龙步此瑶京，尺泽波光映化城。地肺有灵云气碧，石衣无恙水痕青。风前玉藻珠玑灿，雨后天花绡露明。拜手金仙石室下，闭关归去学长生。

华先征君以诗见投，次韵报之①

十年独抱渔竿卧，碧石晴江野兴清。海客狎鸥春色暮，幽人放鹤夕阳明。竹藏斗室长林静，岸拥荒村一水横。好觅胡麻重待我，桃花深处杖藜行。

谁向郢中歌白雪，参军逸气玉壶清。欲攀东海珊瑚树，厌听中原鼙鼓声。有子能诗庭桂发，无心出岫野云横。相看古道凌千载，感慨还为君子行。

寄慰赵元子②

忆昨阳丘春水深，狂歌岸帻夜沉沉。将余落拓十年计，怜尔穷途一片心。郢曲何人和白雪，燕台无路觅黄金。鼓竽操瑟空长叹，依旧山中抱玉琴。

论交常忆在林间，与尔豪游共往还。出世不妨依白社，埋忧何处少青山。懒云冉冉栖书幌，冷月翛翛闭竹关。诗癖于今兼酒隐，松花落尽一身闲。

几年玉麈数风流，牢落相看吟四愁。白璧青蝇嗟偃蹇，红尘紫陌负遨游。楚人泪尽怀良璞，季子归来感敝裘。为问阿咸修竹里，雄谈还似旧时不。

送丘龙崖之晋中③

河梁回首正魂销，季子长征拥黑貂。落日思家行上党，夏云为客望中条。

---

① 底本无，据省图本、国图本补。

② 底本无，据省图本、国图本补。

③ 底本无，据省图本、国图本补。

十年沧海孤云远，一剑风尘万里遥。为报祖生应击楫，黄河今有木兰桡。

鸣鞭吊古帝王州，关塞苍茫动旅愁。潞水北潆三晋地，龙门东下九河流。阮家竹里人如玉，潘令河阳月满楼。此去别离淹岁暮，太行中断望悠悠。龙崖之叔父，时宰沁水。

偶感①

南来匹马黯销魂，金屋寂寥见月痕。凤舞空山寻竹实，鹤归绝岛闭闲门。桐琴玉轸翻成恨，纸帐梅花不可论。咫尺天台云路杳，孤灯其亦念王孙。

醉中作②

嗣宗中散尽吾曹，六部青州供老饕。天上长星聊对酒，人间短烛共持螯。放歌有客闻吴语，痛哭何人读楚骚。莫向中原看气色，黄垆荷锸亦云豪。

松壑读书罗纹寺，作此寄之③

鲸钟晓月动禅扉，处士星高映曙晖。绝代文章探汲冢，千年宝笈护灵威。老来渤海枕云卧，归去桐江伴钓矶。却忆山门携手处，蓼花白鹭隔林飞。

过罗纹寺访松壑④

南来一蹇出烟霞，与子论文开士家。云护丰碑清梵呗，风鸣古树隐龙蛇。长河水隔汀芦岸，古殿秋生薜荔花。又向子云亭下过，问奇也自托侯芭。

月夜登城有怀石发⑤

湖海相看共浩歌，当年词客此经过。树迷大野千村暗，月冷高云万里多。

---

① 底本无，据省图本、国图本补。

② 底本无，据省图本、国图本补。

③ 底本无，据省图本、国图本补。

④ 底本无，据省图本、国图本补。

⑤ 底本无，据省图本、国图本补。

北斗横天临雉堞，西风入夜泣鲸波。谁家捣练生秋思，我亦愁人奈若何。

送赵韫退少参赍表还岭南①

汉官回首凤凰城，憔悴犹为百粤行。渡海楼船还拥节，征南幕府罢谈兵。桄榔树里风帆渡，翡翠声中蜃气生。珍重岩疆千万里，骊驹无那故人情。

晴春入觐自南荒，又见鸣珂指越裳。水气高悬青嶂月，海云不断赤林霜。为询三载羊城使，何似千金陆贾装。从桂离离君不见，望中平楚碧天长。

渭城一唱去天涯，荒徼悠悠驿路赊。更向九江飞画鹢，重过五岭探梅花。鲛宫夜静藏珠泪，海国秋深起瘴沙。醉拥干将时拂拭，风尘其亦念张华。

南天万里戒征途，锦石秋花遍海隅。此去青云冲瘴疠，吟成白雪满江湖。苍梧云水关河远，瓯越山川旅雁孤。若到端溪寻鸲眼，不妨乘兴赋三都。

题月麓山斋②

清贫宁使素心违，懒向人间问是非。华发已忘轩冕贵，缁尘不上芰荷衣。荒园种树云中出，萝径看山月下归。浪迹渔樵清梦稳，烟霞深处鸟争飞。

西风何处觅江蓠，聊向溪山一杖藜。交道久从尘外识，新诗独许故人知。闭门一榻清秋暮，采菊千岩落日迟。细课桑麻深涧曲，晚来云气傍幽居。

十亩为园事桔槔，丈人又老汉江皋。风林木叶当阶积，霜雁寒云入塞高。乱后何人逃世网，愁来无地解天弢。唾壶一击思千里，蓬鬓星星感二毛。

先高祖曾读书青云寺，余过故处有感③

高祖由中翰为仪曹，有文集行于世。

仙曹侍从九重天，祖德于今已百年。黄绶忆归青琐闼，碧山曾贮白云篇。到来精舍人非故，乱后遗书世久传。千载无媒双涕泪，承家惭愧子孙贤。

---

① 底本无，据国图本、省图本补。

② 底本无，据省图本、国图本补。

③ 底本无，据省图本、国图本补。《般阳诗钞》题作“青云寺感旧”。

题滴水岩①

千峰路转水淙淙，悬瀑丹崖一径通。王谷珠帘明玉练，巨灵斧凿劈洪蒙。气蒸高岸四时雨，波浪晴沙九月风。胜地几人能作赋，野塘愁对菊花丛。

巉岩石势倚崆峒，海若依稀现鬼工。十丈龙涎垂北岸，几盘鲸泪哭西风。香炉瀑布苍茫处，星宿河源想像中。绿藻青苔人不到，荒凉胜地一尊空。

重九游滴水岩，和古祠壁间韵②

独立峰头万仞寒，千林红树暗飞丹。相将采菊来幽壑，独忆倾樽醉浅滩。纵得白衣酬寂寞，可堪青女怨凋残。旧游零落多年少，草折茱萸向我看。

野兴③

诛茅伐木出幽园，犹是仙源洞口村。东岭月明时坦步，南溪晴霁一开樽。剩将渔钓拟严濑，又对妻孥隐鹿门。蕙带萝衣秋色里，烟霞心事向谁论。

秋日杂感④

平津故里今谁在，城对西山苏相坟。日暮千林归落照，清秋万壑入凉云。沧洲霜冷吟枫叶，朔漠天高断雁群。豺虎纵横愁极目，仲宣莫漫赋从军。

钓罢行吟类泽癯，归来放鹤倚霜梧。初衣有意藏东海，短棹何当落五湖。征战频年烽戍急，渔樵满地水云孤。故人尺素能相慰，犹有黄垆旧迹无。

芳洲零乱落芙蓉，曙色苍茫隐数峰。拔剑出门歌猛虎，披云长啸御飞龙。秋砧月照千家练，晓漏霜鸣五夜钟。自笑闭关高卧客，凄凉书榻石苔封。

青山怅望一登楼，门外寒溪水不流。铁骑千群渤海静，征尘万里楚天愁。风云莫慰十年梦，天地难容一叶舟。太息山阳惊岁晚，羊昙陨涕过西洲。时闻弗迷先生讣。

痛哭樽前赋七哀，遥空千里暮云回。清宵笛里梅花落，紫塞霜前鸿雁来。

---

① 底本无，据省图本、国图本补。

② 底本无，据省图本、国图本补。

③ 底本无，据省图本、国图本补。

④ 底本无，据省图本、国图本补。

病骨剧怜诗思减，年华恐见鬓毛催。生平湖海飞扬意，剑划天门不可开。

元岁今皇龙起日，寰中雨露下明庭。商山羽翼忘芝室，杜老艰危自草亭。雕鹗击天云渺渺，鲸鱼吹海雨冥冥。独怜垂钓般湄者，牢落天边一客星。

乾坤落落见吾曹，贫病谁怜范叔袍。银汉月明飘素练，海天风雨泣寒涛。汉宫铜掌金茎远，悬圃瑶池玉树高。仙骨侯封俱莫定，浮生尘梦尚劳劳。

朔气遥从北极来，霜林惨淡冷云开。天鸡一唱九霄上，老鹤孤飞万里回。笑脱鹔鹴时贯酒，赋成鹦鹉转怜才。杨朱何必嗟歧路，阮籍穷途亦大哀。

有感寄鹿詹①

谁歌绝调向中原，戴笠盟心重一言。尔种菊花栖栗里，我寻瑶草住昆仑。十年未卖长门赋，一石同浇屈子魂。举目天涯知己少，可怜贫病有王孙。

怀丘行素，时在晋中②

岁晚凄凄雨雪中，离心知与故人同。太行九折连四极，上党千盘隔朔风。白雁不来霜浦黯，碧天无际暮云空。遥怜万里他乡思，应逐黄河日向东。

斋如游苍龙峡归，为余述其胜③

忆尔凭高出世心，迢迢绝涧一登临。峡中云影随奔浪，石上龙纹挂碧岑。红叶正当秋色老，碧潭常对夕阳深。何时亦试看山屐，康乐幽期未易寻。

我自卧游劳远梦，因君逸兴话沧浪。丹崖行雨云师过，石窦鸣雷霹雳长。漫拟龙蛇留禹迹，难从象马辨瞿塘。虚无指点经过处，回首云山亦渺茫。

烟霞原与世情违，愧尔豪游上翠微。日月双轮悬峡树，风云一水溅苔衣。潭心罔象珠谁见，陂上仙人杖不飞。便御飞龙乘化去，青山有意待同归。

---

① 底本无，据省图本、国图本补。

② 底本无，据省图本、国图本补。

③ 底本无，据省图本、国图本补。

雪中怀鹿友①

雪色千山练影开，袁安高卧白云隈。琼花有意来悬圃，玉马无声没草莱。灞上长吟何处是，山阴短棹不曾来。千年莫问梁园客，谁识相如作赋才。

同鹿詹鹤盟作②

穷冬寥落水云边，倚剑长歌亦可怜。谁哭兵戈渤海月，人传雨露蓟门天。朔云雁塞三千里，东国渔竿二十年。此夜故人相问讯，宁辞一醉酒如泉。

赠瞿屺瞻③

爱君能写辋川图，却是高阳旧酒徒。午夜论文追正始，残灯说剑击锟铻。昆仑使者人方少，湖海元龙尔自殊。知己相看期努力，中原雅道久榛芜。

无题④

灵妃夜下凤台东，楚雨湘云晓梦通。飞堕落花迎曙色，呢喃轻燕舞春风。帐中浅黛犹含绿，枕上残脂已退红。今日天台刘阮去，碧桃流水月华空。

小院幽窗夜夜空，萧郎一别感孤鸿。天涯衰草连云外，江路离人入梦中。杜宇怨春仍带血，落花经雨尚飞红。惟余杨柳楼前月，极目伤心望断蓬。

王东亭自维扬反里见示新诗⑤

广陵一曲久徘徊，君自扬州跨鹤回。千里风尘短剑冷，片帆雨雪大江来。箧中吊古芜城赋，客里观涛枚叔才。一别芙蓉桥畔月，三年今对故人杯。

---

① 底本无，据省图本、国图本补。

② 底本无，据省图本、国图本补。

③ 底本无，据省图本、国图本补。

④ 底本无，据省图本、国图本补。

⑤ 底本无，据省图本、国图本补。

示斋如①

欲访蓬丘恨未能，故人诗酒坐相仍。书林篝火弹孤剑，裘马乘春拟五陵。我欲放歌招阮籍，君从湖海羡陈登。曲终夜起看明月，满院梅花结暗冰。

南中闻道兵戈息，绝域年来尽受降。壮士长歌金络马，将军鼓吹碧油幢。舳舻万里通三楚，椰酒诸蛮下九江。与尔平居栖故国，击残龙剑坐松窗。

送王太史还京② 以下癸卯

征车北指帝王舟，金马门前是旧游。玉佩影摇鸡鹊观，银鱼光动凤凰楼。五陵树色烟中见，三辅春云马上浮。到日藜光然太乙，离尊遥望潞河舟。

燕台千里郁嵯峨，故里花明碧草多。落日双旌接渤海，春风三月渡滹沱。鳌扉侍从趋金阙，虎观儒臣动玉珂。此去自承宣室问，临歧不必唱骊歌。

蓟门二月有归鸿，画省词臣返汉宫。晓漏含香归秘阁，晴春沽酒向新丰。九衢花鸟乡关外，千里风尘驿路中。南浦青青寒食近，河桥烟柳怅东风。

长杨赋就汉臣才，曾侍金舆下直回。此去校书天禄阁，还应高宴柏梁台。般涓流水三春别，碣石长风万里回。严助承明原不厌，凤凰池上待君来。

坐拥青骊入建章，故人樽酒上河梁。帝城云树关山远，乡国莺花旅梦长。地入穷沙过易水，天连大漠下渔阳。凤毛共羡丝纶美，汉署应添五夜香。

无题③

垂垂萝带暗销魂，欲唱西洲未忍言。持楫空怀桃叶渡，浣纱犹记苎萝村。金堂夜月生离恨，团扇秋风念旧恩。玉笛凤箫俱寂寞，淡烟衰柳忆王孙。

历下送鹤盟反里④

迢遥东望送将归，故里西风旅梦违。一剑光随秋水动，孤云影带暮鸿飞。倦游应念穷途泪，晓露偏侵客子衣。我欲为君歌古调，翻怜此曲和人稀。

---

① 底本无，据省图本、国图本补。

② 底本无，据省图本、国图本补。

③ 底本无，据省图本、国图本补。

④ 底本无，据省图本、国图本补。

微霜落月旅人归，献策怜涂计尚违。湖上芰荷秋色老，山中桑柘梦魂飞。同来华峤吟秋水，独向荆山挂荔衣。历下由来传大雅，漫言白雪至今稀。

怀雪崖①

阴阴长夏送君归，握首逢迎意尚违。般水愁听孤鹤泪，绣江不见一鸿飞。因君高卧空悬榻，怜我题诗自掩扉。此夕相思托清梦，梅花如雪故人稀。

赠徐雪堂②

伤心无路驾神鳌，湖海狂歌片月高。一壑萧然悲壮志，十年痛哭赋离骚。浪游太史浮湘水，玩世参军似马曹。惆怅乾坤须汝辈，可怜华发卧东皋。

千金结客向垆旁，帝里春深易水凉。击筑常怀屠狗伴，行歌谁似酒人狂。华阳云散秋光老，碣石风高落日黄。怀刺自应同灭没，敝裘萧瑟返渔阳。

鼙鼓年来尚未消，豪游万里路迢迢。那堪忧国空长痛，不是悲秋怨寂寥。长铗日寒燕市酒，短衣风送海门潮。怜君白首红尘际，到处逢迎早见招。

赠王凤仙③ 以下甲辰

倚天若木渺难攀，花界香尘近日闲。有客乘风来碧落，未同载酒问蓬山。云中白鹤飞华表，海上黄金炼大还。五岳前期饶岁月，兀然犹坐草玄关。

雪后笼水道中④

马首吟鞭古坞东，浑疑人在蕊珠宫。玉山远映群峰秀，白鹤忽归万树空。散尽微云初放日，飞来匹练乍停风。碧天万里春光暝，怅望山溪一径通。

---

① 底本无，据省图本、国图本补。

② 底本无，据省图本、国图本补。

③ 底本无，据省图本、国图本补。

④ 底本无，据省图本、国图本补。

雪崖见访①

白鹿庵中古道尊，何期剥啄到蓬门。中原我辈犹如此，近日文章未可言。隔岁何曾窥彩笔，东风且复倒残樽。须眉对尔仍无恙，十日平原好细论。

示石发②

一杯劝尔意踟蹰，多病怜君苦著书。杜老白头常自恨，幼安皂帽复何如。买山亦念身将老，浪迹应知计已疏。寂寂鹿门归去晚，可无幽梦寄樵渔。

般溪散步同月麓及视旋弟③

远林斜照晚风微，曲曲寒塘鹤迹稀。十里空天云去尽，一溪春水鹭争飞。为寻古岸迷幽径，欲上石梁隔钓矶。我拟卜居般水上，薄游日暮憺忘归。

春日卧病咏怀十首④

卧疾经旬苦未休，蓬蒿满径石堂幽。花开花落无人见，春雨春风动我愁。贫病交知疏问讯，艰虞孤客足离忧。何时杖履凌风去，放眼青山最上头。

抱病悠然隐草莱，交游何日共衔杯。十年自洒陵阳泪，七发谁为枚叔才。小院春云凝晚翠，闲庭花雨长莓苔。避人高卧烟光暝，尽日松门闭不开。

烟霞闭门柳阴阴，病客依违思不禁。寂寂孤琴幽鸟恨，迢迢尺素故人心。梦来春色迥天地，悟后闲云自古今。斜倚南窗成独坐，落花满目小堂深。

萧然日夜拥寒衾，习静遥闻空外音。奄忽韶华行欲去，无情恩怨易相寻。歧途扬子仍挥泪，多病休文自苦吟。检点空囊羞涩甚，药炉何处觅黄金。

闭关春晚黯魂惊，纸帐梅花尽日清。平子四愁思玉案，文园十载想金茎。曾无奇句惊狂客，漫挹残樽对老兵。不是故人良会少，疏慵近日懒将迎。

大堤漠漠晓烟平，愁病何时结伴行。残雨花间生细草，东风柳外度啼莺。七哀赋就悲歌客，八咏吟成太瘦生。手拂朱弦知己少，剑花如雪浩纵横。

---

① 底本无，据省图本、国图本补。

② 底本无，据省图本、国图本补。

③ 底本无，据省图本、国图本补。

④ 底本无，据省图本、国图本补。

杏子青青野水生，萋迷芳草亦无情。春来数日东风入，户外一声山鸟鸣。傲骨自怜应共弃，微躯多病转堪惊。便思去逐蓬山客，大药成时上玉京。

沉沉残梦锁重帏，几上香销篆影微。柳絮落花随处舞，流莺乳燕故争飞。金堤未试青丝骑，刀尺新裁白苎衣。春色应怜人病久，风风雨雨竟先归。

南浦依依碧草芳，到来春水满横塘。杜鹃夜夜啼明月，蛱蝶飞飞上海棠。违俗自矜白雪调，怀人独对紫霞觞。旧游十里长堤路，空向东风一断肠。

空林高卧病维摩，搔首青天奈若何。击缺唾壶俱是恨，调来锦瑟不成歌。蓬门谢客招黄鹤，亭院无人长绿莎。努力加餐期济胜，白云碧水待经过。

送春和子下先生韵①

桐柏山头问石梁，桃花流水不闻香。东风杜宇声声怨，南浦蘼芜叶叶长。子夜有情歌白纻，大堤无意踏青阳。春归不共愁归去，懒看飞英扑玉床。

度曲秦青自绕梁，华堂螺罳暗飞香。紫鸳梦觉芳塘暖，银箭声回昼漏长。游子金堤愁暮雨，姬人玉笛对残阳。东皇暂尔劳相待，一醉卢家七宝床。

兰室轻风拂桂梁，银筝一曲落梅香。柳如楚女蛮腰细，草学吴姬锦带长。结绮何人吟璧月，铜蹄不复踏襄阳。池头昨夜芙蓉发，华簟争移湖上床。

午日②

卧病萧条一榻横，懒闻鶗鴂入林鸣。谁从弱线求长命，岂有灵符可避兵。葵叶丛丛翻砌绿，榴花点点照人明。汨罗江上千秋恨，欲赋招魂吊屈平。

游三台山③

十年曾梦陟层巅，今日登临踏乱烟。自拂晴虹探石室，为招白鹤访芝田。三峰缥缈疑无地，众壑依稀小有天。何事向禽寻五岳，买山我欲卜林泉。

蜡屐丁丁思欲飞，青峦万仞霭霏霏。苍茫大野流岚度，历落长天远树稀。一上丹梯凌石壁，平临海色漾晴晖。天风吹我蓬瀛去，十二楼中驾鹤归。

翠微峰下度虹梁，梵呗声传宝月堂。斋磬泠泠青嶂晚，闲云历历碧天长。

① 底本无，据省图本、国图本补。

② 底本无，据省图本、国图本补。

③ 底本无，据省图本、国图本补。

风回玉岫迷长白，水浅银沙出范阳。感慨旧游寥落甚，山房北望远苍茫。

五城久拟问浮丘，万里风尘动我愁。山色西来连夹谷，海烟空望控瀛洲。远天霞散晴宜月，古洞云深夏亦秋。一自题诗石壁上，有怀康乐续良游。

为寻开士梵王家，夜久空山片月斜。双树悟来龙象力，孤峰削出石莲花。每怀避地吟红药，未得凭虚弄紫霞。便欲乘飙三万里，安期同驾五云车。

拟访徐澹园先生先有此寄①

西京文物荡尘灰，遗老犹存矍铄哉。乱后久传能避世，贫余始觉益怜才。庞公妻子离城市，仲蔚茅堂没草莱。欲向云亭问奇字，蓬门乞为一时开。

赠蒲柳泉②

高歌日日水云乡，长啸林间阮籍狂。有恨休裁鹦鹉赋，无衣惟制芰荷裳。未收涓骨归燕市，且逐盐车上太行。与尔相期烟雨里，五湖深处泛孤航。

次翁自是醒能狂，余子何妨卧下床。买得黄金铸少伯，揭来紫玉饰干将。海隅惊说裲裆队，历下愁闻赤白囊。秋到不堪摇落处，碧天无际暮云黄。

立秋夜③

西风萧飒客心惊，零露泠泠夜色明。一叶梧桐飘玉井，十家砧杵动山城。夏云散尽秋声发，落月敲残晓气清。极目江潭千万里，三闾何处采芳蘅。

送人游海上④

仙人自古好楼居，贝阙氤氲彩雾虚。蜃气千年躔度索，鲸波万里拥方诸。田横岛暗孤舟外，徐福城荒落照余。回首桑田成一笑，麻姑指爪近何如。

---

① 底本无，据省图本、国图本补。

② 底本无，据省图本、国图本补。

③ 底本无，据省图本、国图本补。

④ 底本无，据省图本、国图本补。“游”，《般阳诗萃》作“至”。

和留仙韵[①]

不识长安有五侯，年来高卧海云楼。投纶溟渤三千里，寄恨东秦十二州。作赋未能歌楚调，闭门聊为广齐讴。沃洲有待乘黄鹤，天外同寻汗漫游。

司空博物本风流，涪水神刀不可求。君向黄初闻正始，我从邺下识应刘。一时结客白莲社，终夜悲歌碧海头。九点寒烟回首处，不知清梦落齐州。

赠月麓隐居[②]

五柳征君隐菊丛，秋深蘋末赋雄风。钓纶自爱湖天阔，茅屋常悬海月空。寂寞管宁时寄傲，乱离王粲未从戎。即今天地谁清梦，混迹渔樵计未穷。

戏赠翟天擎[③]

南山深谷久盘旋，匹马飞驰软玉鞭。坐爱孙卿时跨海，欲招驺衍共谈天。千秋大业窥文苑，十石封疆羡酒泉。献赋漫嗟犹未遇，知君自是饮中仙。

题《葛洪图》[④]

漫说蓬丘亦渺冥，彩霞万里见扬灵。御风海外鲸涛黑，驾鹤云中剑气清。手种芝田拾玉粒，自携银管到金庭。人间岁月须臾事，细谱丹砂注道经。

与天擎、斋如夜饮[⑤]

夏云滃滃湿黄梅，郭外长风动地来。三径烟霞连洞壑，千家明月照楼台。伯伦自爱陶家侧，袁绍欣逢河上杯。白雪遗音还共赏，少年谁惜洛阳才。

---

① 底本无，据省图本、国图本补。

② 底本无，据省图本、国图本补。

③ 底本无，据省图本、国图本补。

④ 底本无，据省图本、国图本补。

⑤ 底本无，据省图本、国图本补。

赠临淄谢公子言恭[①]

公子翩翩拥锦裘，遥来匹马下青州。谈天人去齐门晚，鼓瑟音沉稷下秋。安石东山开野墅，惠连春草满池头。高樽倚剑残樽尽，慷慨怜余咏四愁。

送子下先生还朝[②]

时丁内艰归葬。服除还朝，复抱庄生之戚。

诏起东山侍从臣，渔阳千里向风尘。慈帏华表松楸冷，圣主彤墀雨露新。日丽金门来曼倩，秋深繐帐泣安仁。西安明日长安道，聊复行歌问酒人。

双鹤陶家入碧空，士林今日重安丰。寓园奇迹前身幻，绣佛长斋觉路通。丹旐初归沧海曲，紫泥又下建章宫。素车白马河梁别，憔悴西风两鬓蓬。先生自号寓园居士。

云间蒋大鸿携其次君左箴自丹阳来游齐[③]

兰棹黄河指顾收，苍茫击楫向中流。华亭终古谁闻鹤，稷下千年我饭牛。日观迷离沧海梦，江云寂寞练塘秋。中原大雅吾曹在，重问当时白雪楼。

浪迹飘零在五湖，十年怀刺半模糊。君携玉树来江左，我卧蓬蒿在海隅。双屐一过泰岱远，片帆千里楚云孤。红桥久已传三弄，回首风流忆得无。

辛苦著书钟记室，囊中诗品百家言。九河寒雨清秋下，三楚雄风落日昏。丹灶驻颜容尔傲，清樽抵掌向谁论。太丘亦念荀家子，日共元方过荜门。

龙兴寺同蒋左箴、王鹿詹、蒲留仙限韵[④]

古刹清秋起暮云，人来湖海共论文。雨花回自诸天下，玉磬深从石室闻。梵呗六时依静理，维摩无语对斜曛。同游江左风流客，怅望山城翠霭分。

阴阴绀殿覆晴云，徙倚同翻贝叶文。天女散花传妙谛，辟支环珮动声闻。我来竹院消长日，谁共寒山话夕曛。为向元卿询二仲，放歌白雪晚烟分。

---

① 底本无，据省图本、国图本补。

② 底本无，据省图本、国图本补。

③ 底本无，据省图本、国图本补。

④ 底本无，据省图本、国图本补。

一望招提锁碧云，云间小陆雅能文。沉沉鱼钵僧初定，寂寂鲸钟客未闻。十二金仙留净土，三千龙象散晴曛。女墙坐对西风起，松柏萧条暝色分。

即席次韵呈大鸿、既远、左箴、当如①

五斗宁论金谷筵，同舟李郭自神仙。野夫对酒看秋月，上客题诗遍海天。宋玉自能吟白雪，钟期常是听朱弦。韦家相业无人继，谁复衔杯说避贤。

千里交游意气亲，相将白眼向红尘。襄阳自昔多耆旧，谷口同来问子真。放饮月寒沧海外，高歌花发武陵津。诸君不浅习池兴，五夜深杯未厌频。

代家君上韩心康中丞，时家君游吴下② 中丞之父尝宰吾淄

二十年前帝里游，忆从燕市识荆州。中丞节制雄天堑，开府东南拥上游。幕府登楼明月夜，故人击楫大江流。传家旧日神明宰，令绩于今在贝丘。

代家君赠阮亭先生③

渺渺孤帆寄远游，又随寒浪到扬州。霜前隋苑回风晚，柳外迷楼动地秋。六代山川悬楚望，一江烟雨接邗沟。法曹应有观梅兴，懒赋芜城我自愁。

和希梅④

西风萧瑟楚江干，谁采潇湘九畹兰。蓬海波回三岛暗，岱宗云散六峰寒。怜余结佩思公子，共尔披裘把钓竿。一击琅玕歌伏枥，阳春莫漫向人看。

古意⑤

银床独立拂云和，月照流黄忆札梭。五夜儿家初理曲，三年夫婿尚横戈。

---

① 底本无，据省图本、国图本补。

② 底本无，据省图本、国图本补。

③ 底本无，据省图本、国图本补。

④ 底本无，据省图本、国图本补。

⑤ 底本无，据省图本、国图本补。

刀环旧约黄花戍，锦字谁传黑水河。昨日汉家新入塞，紫骝南陌数经过。

翠钿玉佩七香车，尽入王昌少妇家。梦里金微吹觱篥，坐来银甲弄琵琶。东风雨歇闻啼鸟，南陌春晴踏落花。惆怅王孙归去晚，关山千里雁行斜。

侠客频年上汉阳，铜蹄一曲大堤长。花藏鹦鹉方调瑟，露湿蘼芜正采桑。织素歌残鸳帐寂，落梅声散绮窗凉。莫愁自是石城女，又入卢家白玉堂。

秋怀十首和梁溪顾当如①

孝水汤汤向北流，山城云物入高秋。日边万里笳声动，稷下千年霸气收。雉羽近传祠鹿畤，鸾车几日过麟洲。独怜布帽栖迟客，搔首江湖迴自愁。

江东王谢本风流，共坐高城对晚秋。蜃气三山蓬岛暗，龙涛一夜海云收。清霜叶落芙蓉沼，碧水人来杜若洲。我亦中原寥落客，楚云千里共君愁。

昆仑东下九河流，泰岱云深一望秋。楚甸连营征马去，海天古垒戍烟收。朅来怜尔无三径，乱后何人隐十洲。憔悴江潭多少恨，香兰丛桂不胜愁。

南国双帆画鹢催，题诗遥下凤凰台。司空久已无龙剑，仲蔚今犹卧草莱。岱岳六峰容我隐，江声千里送君来。共怜狂客题鹦鹉，一去芳洲更不回。

鼎湖龙去岁华催，仙掌惟余百尺台。别苑玉床空绮闾，端门金阙锁蓬莱。群公下直三天上，诸将南征万里来。何日炎荒铜柱建，铙歌重识伏波回。

鸿雁遥来蓟北天，久传重译净烽烟。横陈兽罽名王马，岁进龙衣越海船。千古幽燕黄极静，万年江汉客星悬。浮云渺渺生愁思，惆怅荒城落日边。

久传溟海净鲸波，闻道三韩使者过。日下黄尘迷碣石，秋深白雁渡滹沱。葡萄万来乘槎远，苜蓿千年入塞多。南越即今看雉羽，终军壮志欲如何。

漳河浊浪接卢龙，北望燕云紫翠重。一赋重光余鲁殿，万年封禅老秦松。艨艟潮涨津门雨，鼙鼓烟消海上烽。独有沧洲长啸客，结庐拟向丈人峰。

哀鸿队队下龙沙，有客愁时感岁华。清梦十年留五岳，闲情二室问三花。久怜挥涕当歧路，未得停车向狭斜。寂寂山城征戍怨，清霜白露冷悲笳。

前年金阙六龙归，无复当时七校围。繐帐歌残宫女怨，乌号泪湿侍臣衣。穷沙落日黄云动，极浦寒潮赤羽飞。却忆宸游车马散，萧条南苑翠花稀。

---

① 底本无，据省图本、国图本补。

秋夜宴集载绩先生宅，时蒋左箴、顾当如皆将远游[①]

银烛华堂照锦裘，笛声吹出小凉州。三珠树里悬明月，五柳门前正暮秋。平子当筵贻玉案，丈人安坐听箜篌。独怜憔悴江南客，明日西风赋远游。

重赠蒋杜陵[②]

云间词客久登坛，千古阳春和正难。痛哭五陵余涕泪，悲歌中夜失衣冠。江湖党锢留名字，沧海飘零把钓竿。我有青蛇脱相赠，霜天一击剑花寒。

送蒋左箴游都下[③]

茫茫南浦倍销魂，醉后同为感激言。分手驱车怀往路，出门仗剑倚残樽。千古白雪留沧海，九月黄花入蓟门。惆怅司空君不见，有谁重识陆平原。

凄凄马上苦飘蓬，海国风尘一望中。游子行歌双阙外，故人愁绝五云东。黄金结客华阳馆，玉麈谈天碣石宫。此日莫应逢狗监，凌云词赋最能工。

送顾当如游历下[④]

渤海相逢似弟昆，何堪又送病文园。天涯云树离亭晚，湖上烟波落日昏。紫气久无周柱史，朱门空吊汉王孙。交游向尔称知己，别赋江淹欲断魂。

不敢临岐怨落晖，恐令游子思依依。黄金饰尔芙蓉剑，绿水怜余薜荔衣。千佛山头秋色远，百花洲上暮云飞。高楼白雪如相问，今日阳春调已稀。

逢人莫问鲁朱家，怜尔飘零广柳车。共向樽前瞻马首，还期陇上寄梅花。乾坤万里无征战，湖海十年老岁华。咫尺风烟不相见，海云飞去向天涯。

---

① 底本无，据省图本、国图本补。

② 底本无，据省图本、国图本补。

③ 底本无，据省图本、国图本补。

④ 底本无，据省图本、国图本补。

重送蒋左箴游燕[1]

怜君此去向风尘，击筑歌声满蓟屯。易水秋风思壮士，金台落日问涓人。明驼逐队过青琐，芦管频吹近紫宸。若见五陵游侠子，莫言沧海白纶巾。

重送顾当如游历下[2]

匹马西风落日边，含情一为拂朱弦。青门怅别今何似，黄鹄翻飞亦可怜。客梦三秋留济水，故乡万里隔昊天。樽前已是伤心地，折柳河桥更黯然。

重阳同诸友人登皇姑庵[3]

词客登临睥睨前，东皋极目望长天。黄花随处逢秋色，白雁横空入暮烟。风急千林吹落叶，云深绝涧挂飞泉。一尊不见白衣客，折罢茱萸夕照悬。

游官坝[4]

遥村历落看桃花，古岸阴阴碧柳斜。旧筑金堤环九曲，新探玉简凿三巴。支流北绕般阳郭，云浪西通孝水涯。爱尔临溪成小墅，灌园抱瓮野人家。

访斋如不遇，余反里后斋如以诗见寄[5]

应门遥谢吕安车，归去乘风返照余。握手未能贻玉案，论心有待托鱼书。朔风木叶含愁远，明月梅花寄梦疏。寂寂高斋何限意，故人应自重怜余。

---

① 底本无，据省图本、国图本补。

② 底本无，据省图本、国图本补。

③ 底本无，据省图本、国图本补。

④ 底本无，据省图本、国图本补。

⑤ 底本无，据省图本、国图本补。

悼亡[1] 四十首。以下乙巳

金闺不见绿蛾颦，愁对当时织锦茵。秦女凤凰犹在眼，陇山鹦鹉亦怜人。兰室无复琼枝影，宝箧空余玉镜尘。惆怅风前啼鸟处，落花不似去年春。

珊珊琼佩杳无闻，怅望蘅皋晓梦分。奉倩情多惟有泪，安仁肠断复何云。黄金合里藏红雪，白玉堂前暗绿云。冷雨凄风寒食近，竟从荒草吊孤坟。

宝马声残五夜中，蓬山遥在海云东。鸳鸯机上流黄断，翡翠楼头绮帐空。何事飞琼归碧落，难从弄玉驾天风。孤魂渺渺垂杨路，蒿里千年恨不穷。

当时和泪织璇玑，冷落惟余旧锦机。明月妆楼人寂寂，海棠庭院雨霏霏。葳蕤不闭黄金锁，刀尺空裁白苎衣。恨杀春来双燕子，可怜同去不同归。

检点空箱剩越罗，深深埋玉葬青螺。王孙怀旧空成恨，芳草怜人可奈何。零乱凤徽弹贺若，凄凉雁柱罗云和。谁知今日张京兆，无复窗前画翠蛾。

双成此日驾鸾龙，知在昆仑第几峰。泪尽海南遗玳瑁，魂归江上落芙蓉。烟沉玉篆青猊冷，雨湿金铺碧藓封。惟有刘郎空怅望，桃花流水杳难逢。

落叶哀蝉尽日悲，姗姗何意故来迟。凄迷杜宇三更月，冷落秦川五色丝。多病怜余生白发，步虚为汝唱青词。生憎不及笼间鸟，犹得令人唤画眉。

珠帘不卷小堂虚，云冷衣裳暗绮疏。春色柳条萦画阁，夕阳芳草上阶除。十年此日愁鸾镜，百里谁同挽鹿车。恨逐东风不相见，可怜病渴有相如。

孤帏且复立斯须，泪湿当时紫绣襦。有恨休看梁上燕，多情犹忆府中趋。尘生玉珥迷鞶帨，冷落银床堕辘轳。此日莫言工织素，无人山下采蘼芜。

春来草色远萋萋，病后无心上大堤。怨入秦筝遗韵渺，恨沉湘浦暮云低。悼亡赋就愁仍剧，怀梦台高路易迷。羞见枝头怜妇鸟，声声肠断向人啼。

沉沉别院冷莓苔，绣户香销昼不开。对月可堪调绿绮，绕床犹记弄青梅。峭寒自识荀郎意，飞雪谁从谢院来。三峡渺然千万里，断肠如听楚猿哀。

环珮凋零怨正繁，空堂犹有旧齐纨。采莲桂楫江花冷，织锦璇宫海月残。十二峰头春色暮，万年枝上雨声寒。比来一听双飞曲，不复乘风振羽翰。

续命红丝漫不存，银塘愁见宿文鸳。梨花亭下春光老，芍药栏边雨气昏。幽幌不须窥画黛，轻巾空自掩啼痕。何时觅得还形烛，一望空堂帐里魂。

余魂犹在彩云间，璧带银缸尽日闲。明月尚悬金屈戌，春风无恙玉条环。伤心韩重愁何极，感旧檀郎鬓欲斑。安得百年同白首，避人高卧灞陵山。

曾是当年碧玉箫，云中双凤下青霄。芙蓉蒂冷停归棹，兰芷香消罢弄潮。羽服翩跹应化去，商音牢落为谁调。闺中无复山涛妇，嵇阮来时更寂寥。

---

[1] 底本无，据省图本、国图本补。

绿杨南陌雨如烟，莺语枝头剧可怜。漫讶商陵弹别鹤，真疑楚峡听啼鹃。春风梦逐琼台路，夜月人归绣佛前。莫问支机机畔石，乘槎愁绝汉张骞。

芳魂梅月葬秾华，散作天边五色霞。乐府空悲三妇艳，香轮何处七萌车。吴绵错织合欢扇，越燕衔归豆蔻花。梦里不知黄蘗苦，镜台风雨对秦嘉。

兰室香尘暗桂梁，哀歌激楚中清商。巢和不下云中凤，丽日空悬陌上桑。紫玉孤坟成宿莽，黄陵血泪满潇湘。纵然坐对忘忧草，云母屏前亦断肠。

愁听机中络纬鸣，梦余不复唤卿卿。倦飞青鸟朝云远，落尽红蕊夜雨清。弱线已残长命缕，瑶琴俱是断肠声。何当制得离鸾曲，泪洒吴绫怆我情。

一水盈盈望女牛，风回河汉正西流。蚕丝有恨春将老，薤叶无情露易收。不断怨声来楚调，何年仙佩上秦楼。绿杨芳草伤心处，那得令人不白头。

银屏翠帐起微尘，往事凄清不可论。舌上已看生石阙，肠中尽日转车轮。子规有恨空啼血，桃李无言暗度春。自是朱弦听不得，声声哀怨正愁人。

一唱同声不可闻，谁从芳径折兰薰。落花已失天台路，晓梦空迷巫峡云。金井银瓶余断绠，桃笙冰簟冷香芸。独怜空有潜英石，不见当年李少君。

含情绣阁想依稀，回忆平生愿已违。终古青鸾羞对影，三春黄鹄自孤飞。愁深鬓发先时变，梦断沧桑竟不归。犹是年年杨柳色，如何偏似减芳菲。

千年遗恨翠微宫，寂寂闲门闭落红。露下空阶兰叶湿，人归繐帐月华空。汉皋佩冷沧江外，楚岫云昏夜雨中。是处伤心人不见，一声孤鹤海天东。

愁逐东风奈若何，梦回南浦涨微波。水晶盘底余红粉，金雀钗头堕翠螺。偕隐有怀那复问，招魂宛颈欲成歌。海潮一带千余里，不似潘郎血泪多。

姑射神仙冰雪容，人间何事不留侬。琼箫秦岭三千里，玉佩瑶池第一峰。翠幕惊看余菀蒻，锦衾空自织寒蛩。金钿日日常相忆，知隔沧波路几重。

北邙山下亦累累，日暮松风动地吹。谁见妻孥依冀缺，可怜内史葬蛾眉。孤鸳帐外垂金蒜，双臂灯前理素丝。莺语不知人事改，依然啼上绿杨枝。

一望青山似望夫，闲庭寂寂听啼乌。朱颜命薄应憔悴，碧石魂归竟有无。死别惊看留佩玦，相思何处觅蘅芜。伯通桥下俱寥落，不得相携共入吴。

竹坞阴阴锁碧苔，梧桐花下长兰荄。最怜飞絮当春散，空使神丝入夜哀。云暗长天昏楚雨，梦回残月照秦台。谁知天外云軿去，一驾双轮更不回。

泠泠锦瑟向谁弹，曲里潇湘雁影寒。一任繁花自开落，从教明月下阑干。云封贝带香犹在，雨湿胭脂露未干。寂寂空庭独坐处，何人举案劝加餐。

何年双鹤上昆仑，此日含愁不忍言。眠柳媚人空学黛，飞花如雪黯销魂。一声怨鸟啼春昼，十丈游丝罥寝门。清露满庭归不得，相思树下哭王孙。

独夜幽窗意黯然，萧郎望断彩云边。何心更著潜夫论，洒泪空吟赠妇篇。杨柳风前春寂寂，芙蓉镜里恨绵绵。只今愁对姮娥影，零落残香忆去年。

平芜嫩绿恨迢迢，槛外桐花已尽凋。怨入梅妆红玉叶，人归杨柳赤栏桥。十年旧事惊流电，万斛新愁涨海潮。纵有当时怀梦草，香魂零乱亦难招。

干将琴瑟拂红霞，赤土何能见镆铘。惆怅璧人犹有恨，自怜摩诘已无家。珊瑚影里迷残月，鶗鴂声中怨落花。苦忆中陵罗淑女，几回肠断碧云遮。

闭关风雨暗神伤，尚有当时绣裲裆。兰桨归来青玉案，蒲环已断郁金堂。绿云狼藉犹垂幕，红药摧残欲散香。破镜凄凉愁欲绝，空余七十二鸳鸯。

罗绮成烟迥自愁，哀吟不散恨悠悠。相思望断黄金钥，魂梦犹悬碧玉钩。零落桂华巢翡翠，凄凉明月照箜篌。可怜种得宜男草，不似卢家有阿侯。

回首当年素女师，同声歌尽使人悲。梧桐见子终何似，药店飞龙知为谁。白雁不归南浦路，碧桃犹发故园枝。扶风妻子今安在，寂寞梁鸿唱五噫。

当时采玉向蓝田，炊臼堂中最可怜。银汉双星低不度，延津孤剑夜常悬。髯莎尚有千秋恨，宝琴空余五十弦。日暮东风烟雨里，落花春尽草芊芊。

林下风神迥自高，王家少妇厌兰膏。欲投东海填精卫，空使西洲怨伯劳。公子萧条迷楚水，佳人摇落泣湘皋。藁砧为尔空长痛，终古谁能梦大刀。

雨湿兰窗怨不任，花飞时节梦沉沉。高堂犹忆携瑶瑟，洛浦何人寄锦衾。落絮已看三月暮，浮云如识百年心。此生无复连枝谱，泪尽凄然孤鹤吟。

附记：忆甲辰孟冬亡室化去，以营葬倥偬，未及为一言以哭之。及明年乙巳春，追忆畴昔，写而为诗，凡得四十首，自为一集，命曰《孤鹤吟》，非敢曰文生于情，亦聊以志长恨云尔。

阅韩鹤盟《秦中纪游》诗[①]

咸京文物已为尘，又见长杨彩笔新。花鸟一时萦别恨，山川万里送归人。题诗落日温泉树，驱马西风渭水滨。垂钓独怜沧海客，弃繻未得向三秦。

秦关万里路悠悠，浪迹词人汗漫游。吊古应寻鳷鹊观，登临谁识帝王州。骊山春草连天远，太华晴云动客愁。知尔高吟白雪处，黄河无尽向东流。

上杨提督元凯四首[②] 时驻青州

汉家今宠霍嫖姚，千骑东方下碧霄。赤羽几年飞露布，紫泥昨日赐银貂。阵屯虎豹闲军垒，波偃鲸鲵静海潮。拊髀庙堂应有待，通侯谁不羡归朝。

① 底本无，据国图本补。

② 底本无，据省图本、国图本补。

东方赐履定专征，帐下惊看日月宫。凤阙新颁沧海节，天恩旧隶羽林兵。芙蓉剑外青霜冷，云鸟风前画戟明。万国只今消战伐，羊公缓带拥悬旌。

金戈十万列平芜，开府常悬玉鹿卢。渤海风生珠勒马，云门月映绣雕弧。楼船拥节看龙旆，横海登坛佩虎符。为问当年班定远，黄金犹有赐书无。

齐鲁烽烟万里清，将军饮马海波平。千年涉险营丘郡，八阵屯云广固城。鹅鹳初闻飞骑尉，艨艟已练水犀兵。明光金印君无薄，细柳营前月正明。

同留仙希梅及锡履两弟月夜泛舟西溪，分韵得洲字①

乾坤到处即沧洲，词客相将此胜游。白露横空双桨湿，清溪对月一帆秋。有怀桂楫当清夜，不见妖姬坐上头。怅望潇湘千万里，采兰无计向中流。

清霜又到白蘋洲，愁病惟宜载酒游。鸥鹭梦寒红蓼晚，芙蓉花落碧天秋。苎衣云冷千岩下，桂棹风轻两岸头。自是神仙人不识，同舟李郭本风流。

咫尺风尘隔郁洲，习池千古自豪游。波连般水双溪绕，云傍昆仑十里秋。笑我高吟佐客乐，何人沽酒大堤头。归来月落菱歌歇，锦石秋花急暝流。

高圣游拟携歌童同泛舟溪上，余先往，迟之久不至，戏成三首②

雪儿年少最情多，十五盈盈曳越罗。对酒空为河朔饮，临风未听越人歌。红牙按拍遥相忆，绿水回舟唤奈何。可惜芳洲明月夜，樽前无语对寒波。

此地曾经赋洛川，秦青婉娈正堪怜。何人画阁看调瑟，独我孤蓬唱采莲。寂寞盼儿珠络鼓，凄凉野客木兰船。山村一带寒云里，芦叶空滩忆黯然。

歌喉莺燕正芳年，直遏行云倍可怜。金谷当筵三弄缓，银筝度曲一樽前。争传小史来旋室，依旧何勘去渭川。面白阿郎思莫见，清溪谁解唱神弦。

夜月泛舟同视旋弟③

银沙千里望漫漫，菰叶莲房尽已残。此夜烟波催桂棹，几年心事付渔竿。碧觞绿酒人初醉，明月沧洲影自寒。便欲乘风歌白雪，阳春不敢向人看。

① 底本无，据省图本、国图本补。

② 底本无，据省图本、国图本补。

③ 底本无，据省图本、国图本补。

附视旋弟和韵

桨声咿哑水漫漫，北斗阑干月色残。欲向芳洲搴杜若，比来沧海寄纶竿。竹枝歌歇秋云白，莲渚波回玉露寒。好似夜深风静后，青溪十里坐中看。

和登岱诗①

岧峣宫阙海西头，回首扶桑落照收。玉女斜连三观月，天门遥控九河流。西来驿路函关险，北望龙沙大漠秋。欲向天孙通帝坐，乾坤缥缈迥生愁。

谁从九点辨青齐，搔首中原入望迷。匹练昼悬千里外，云亭倒挂万峰低。何年沧海归辽左，终古黄河下陇西。安得碧霄闻广乐，天鸡一夜向人啼。

片石千年宿雾封，崔嵬万仞削芙蓉。徂徕月入黄花洞，渤海天低日观峰。地护蛟龙留汉柏，人从风雨辨秦松。相如不敢言封禅，玉简由来未易逢。

迢迢白马隔吴门，风磴郁盘积藓痕。日色千年明度索，河流万里接昆仑。苍苔无恙秦碑在，碧落遥连楚树昏。何日篮舆凌绝顶，与君极目望中原。

秋日新霁小集郢中社山楼②

极目长天动晚愁，苍茫东望海云流。高城雨过千林静，平野风回万里秋。杨柳萎黄迷曲水，芙蓉零落遍寒洲。何堪词客悲歌处，又上元龙百尺楼。

晚烟一带碧云长，雉堞阴阴散夕阳。北渚寒波荷挹露，西风绝漠雁啼霜。三秋雨过山光暝，万里天空海气凉。莫向皇姑庵畔望，同游应忆紫萸房。

共尔栖迟般水东，迢迢绝塞下哀鸿。郢人白雪流清徵，楚客兰台咏大风。绿酒当歌秋思远，红亭送客暮云空。相看牢落沧洲外，愁对寒烟夕照中。

隐隐青山积翠微，长堤衰柳尚依依。一溪秋水平池满，十里空天木叶飞。晚雨更来芦荻浦，新凉先到薜萝衣。故人为置平原酒，徙倚荒城客未归。

回首千岩落照微，交游寥落思依依。词人载笔吟方苦，海客无心鹤自飞。怜我空悲鹦鹉赋，因君一采芰荷衣。高楼向晚西风起，放饮池头正未归。

---

① 底本无，据国图本补。

② 底本无，据省图本、国图本补。

上李大司寇五弦[①]

汉庭疏傅出黄扉，高卧沧州竟息机。此日江湖看绿野，千年王谢自乌衣。抽簪北阙名犹在，歌舞东山愿不违。一向平原为借问，几人珠履有光辉。

怀梁溪顾当如，时在都门[②]

卧病凄然沧海阴，相思何处寄南金。滹沱水远秋风急，泰岱峰高暮雨深。花鸟总关离别恨，风尘应起故园心。和歌燕市人犹在，怜尔休文自苦吟。

当时南浦自含烟，送尔伤心歧路前。独我垂纶沧海月，何人倚剑蓟门天。哀鸿嘹呖浮云外，衰草凄迷落日边。回首山头旧游处，寒溪秋水总堪怜。

豪游帝里近如何，汉苑风寒太液波。许史留宾还浪迹，金张结客数经过。心伤千里涓人骨，肠断三秋易水歌。寄语长康应自爱，江东名士渐无多。

海国秋来露气清，思君千里独含情。飘零越客怀沙赋，萧瑟燕台击筑声。到处逢人名字隐，十年结客死生轻。迩来应共荆高侣，沽酒同歌蓟北行。

别后河梁万柳阴，燕台寂寂问黄金。卢沟秋色含愁远，大陆凉云入梦深。偃蹇十年游子恨，飘零千里故人心。遥怜为客长安道，徙倚还为庄舄吟。

赠徐雪堂[③]

江海年来未洗兵，浪游到处有逢迎。雄谈自是遭时忌，白眼何妨受世惊。莫以长裾报尺璧，欲将赤手扫欃枪。看君一笑天边去，何处争传处士名。

秋柳同视旋弟[④] 十五首

回首吴宫黛色残，当时飞絮已阑珊。空怀张绪风前度，莫作桓伊留里看。南浦微闻歌子夜，前溪依旧接长干。可怜宫女停桡处，汴水东流暮雨寒。

何事清霜下御沟，伊凉曲里恨悠悠。心伤楚客愁无限，肠断王孙去不留。长乐苑中余落日，青杨渡口荫寒流。到来十里萧条色，谁复凝妆上翠楼。

---

① 底本无，据国图本补。

② 底本无，据省图本、国图本补。

③ 底本无，据省图本补。

④ 底本无，据省图本补。

飘零黄叶倚雕栏，日暮河梁不忍看。碧草多情连渭曲，红亭有泪寄长安。一声金缕人何处，十二朱楼晚更寒。惆怅龙池池上望，无端烟雨夜漫漫。

西风堤上恨迢迢，楚女销残旧舞腰。忍见凄迷桃叶渡，不堪攀折灞陵桥。交河荡子临风泣，万里归云入梦遥。无恙汉宫三十六，灵和前殿总萧条。

青门寂寂黯魂惊，谁见东风二月莺。暮雨空怜歧路远，寒江无际大堤平。愁闻塞外吹芦管，不复樽酒唱渭城。摇落湘潭多少恨，惟余兰棹采香蘅。

年年萧瑟满江乡，曲里常吹玉垒霜。晓月常悬青琐闼，西风又到碧鸡坊。陇云入塞含愁远，板渚无波引恨长。莫向迷楼悲帝子，寒鸦暮雨怨雷塘。

新愁多在渭川西，十里平芜入望迷。宣曲晓烟连汉苑，邗沟暝雨涨隋堤。金城泪下千秋恨，玉笛声中万缕低。不见春来歌舞地，汉阳江上唱铜蹄。

枝枝撩乱向秦川，不绾离心倍可怜。乌桕影中迷冷月，伯劳飞处起寒烟。横塘莲叶愁何似，水国蒹葭意暗然。莫问章台南畔路，忍教憔悴忆从年。

阳关三叠暗伤神，无复青青漾曲尘。北渚几回悲洛浦，西风似与吊灵均。飞残舞袖空含怨，减尽蛾眉未解颦。一唱寒江啰唝曲，劳劳亭上几归人。

艳阳三月入春深，犹忆丝丝拂禁林。零落晚风秦塞外，凄凉夜雨汉江浔。愁得南陌啼寒鸟，泪洒西陵泣暮砧。莫向武昌门外望，萧条千缕系人心。

鹧鸪啼向板桥过，陇上谁为出塞歌。灞水已惊嘶玉勒，长门无复画青蛾。霜沉锦缆含愁远，露湿银塘入恨多。回首津亭秋已暮，洛阳风物更如何。

叶叶萎黄紫陌头，谁家夫婿觅封侯。宫莺声老寒云散，翔燕行高暮雨收。画黛已残深巷月，长条莫系采菱舟。可怜夜夜石城下，依旧行人唱莫愁。

谁家打鼓唱迎神，一曲襄阳傍汉津。千古伤心梁苑赋，六朝遗恨楚江春。王孙草歇歌霜浦，少女风寒起白蘋。不见江州旧司马，永丰坊外更无人。

萧瑟吴枫叶半稀，馆娃宫畔更依依。愁深玉塞黄河曲，梦断金堂织锦机。堤上垂条空浥落，江干送别自沾衣。朱楼一带秦淮水，愁绝西乌夜夜飞。

流水凄然向陇头，佳人迟暮思悠悠。赤栏桥外多离恨，白下门前是旧游。无复哀蝉鸣上苑，谁携双桨入西洲。当时系马新丰树，夹道青楼起暮愁。

与同社诸子论诗[①] 四首。郢中社也

山中同赋白云篇，寂寂书床问太玄。故国交游留海内，生平意气向樽前。论文慷慨当中夜，说剑飘零已十年。惆怅乾坤吾辈在，莫将下里使人传。

阳春寥落重徘徊，谁向蓬蒿问字来。宛洛衣冠余顾俊，梁园词赋失邹枚。

① 底本无，据省图本、国图本补。

悲歌九辨骚人怨，大雅千秋郧下才。济上遗音期共续，海云回首一登台。

三闾憔悴入湘沅，风雅千秋可共论。作赋未能传洛下，论交聊复向中原。由来跨海齐风壮，自识登坛楚客尊。莫叹旗亭人寂寂，沧溟故里更谁存。

建安遗响久沉沦，放眼高歌孝水津。海内文章留正始，梦中天地尚风尘。萧条兰芷思公子，摇落江潭怨美人。惆怅鲍山人已杳，楼前芳草为谁春。

送宁子游海上①

送别荒城奈若何，阳关高唱自悲歌。天边落日含情远，海上秋云入梦多。黄菊几枝三径晚，青山千里一人过。桑田回首须臾事，咫尺琼楼涨碧波。

河干秋望同孟滋②

摇落江干楚客情，临风我欲濯尘缨。云寒石涧秋光老，水浅渔梁落照明。鸥鸟忘机依密藻，兰舟有路采香蘅。披裘自愧栖严濑，羡尔青云陆士衡。

恕隐斋小集赠孝堪③

乌衣邸第枕河干，拟作平原十日欢。对酒欲投青玉案，当歌一击碧琅玕。三年梦断沧州远，八月秋深孝水寒。白雪高楼千载事，阳春绝调和应难。

秋夜闻雁④

上林木落见归鸿，望断衡阳夜色空。嘹呖三秋霜浦外，萧条千里月明中。朔云不尽通秦塞，团扇微吟忆汉宫。二十五弦肠欲断，潇湘回首海天东。

---

① 底本无，据省图本、国图本补。

② 底本无，据省图本、国图本补。

③ 底本无，据省图本、国图本补。

④ 底本无，据国图本补。

怀鹿詹①

十年知己怅离居，犹忆题诗向敝庐。岁暮山中多雨雪，天寒何处寄鱼书。范阳流水浮云外，黉麓荒城反照余。旧日同游萧瑟甚，不堪回首重欷歔。

寄怀蒋大鸿先生② 以下丙午

回首征帆楚水深，月明偏系故人心。一时龙剑浑难合，千里鱼书不可寻。海内风尘犹落拓，江潭憔悴自行吟。乾坤大雅今零落，何日重闻白雪音。

忆尔三春拥黑裘，黄河十里问归舟。岱云渺渺迟游屐，海月苍苍照独愁。吴下诗名还浪迹，寒山片石自淹留。中原夜夜看南极，莫惜梅花寄陇头。

吴山远望思悠哉，君去何人解爱才。党籍十年劳按剑，题诗万里忆登台。书传蓟北人将老，赋就江南客自哀。闻道练塘犹寄迹，何如归卧柳湖隈。

当时一棹下朱方，怜我栖迟孝水旁。贫病恓然依药裹，骊驹未得上河梁。江湖寄迹仍如昨，吴越新知耿未忘。十载交游云散尽，相思幽梦满沧浪。

玉麈樽前不可闻，迢迢远道隔秋云。天涯客探黄华洞，江介书来白雁群。努力加餐深念我，离忧多病复思君。荒凉谁到平津阁，犹忆论文坐夜分。

上青州纪宪副③

营丘赐履见雄才，节钺专城宪府开。海国寒沙看露冕，琅琊落日照登台。五云北极分符下，千骑东方拥传来。旧子交游零落尽，戟门孺子重徘徊。

建牙旧是古齐都，锁钥新颁北海隅。广固城高邻泰岱，云门山近接蓬壶。天边旌旆初缥缈，东国衣冠半有无。孔李通家感今昔，应怜短褐在穷途。

顾当如自大名寓书相讯，兼寄长歌，作此志怀四首④

魏郡秋深朔雁过，漫漫长路禁愁何。故人诗酒经年隔，游子风尘入梦多。不尽浮云连钜鹿，飞来尺素下漳河。金堤驷马垂杨路，知与何人共放歌。

---

① 底本无，据国图本补。

② 底本无，据省图本、国图本补。

③ 底本无，据省图本、国图本补。

④ 底本无，据省图本、国图本补。

中丞白日归柴市，羁旅惊心反照余。沙麓几时悲远道，太行千里怅离居。山中桂树堪招隐，陇上梅花好寄书。若问当年词赋客，只今混迹向樵渔。时大名朱总制罹变。

遥寄新诗慰所思，马陵道上客来时。山中日落行人少，岁暮天寒雨雪迟。愧我风尘栖海峤，怜君摇落在天涯。相期努力加餐好，到处乾坤足别离。

羁迟三辅听鸣笳，西北浮云落日斜。我向故园常卧病，尔从何处哭无家。燕姬调笑携瑶瑟，赵女当垆隔绛纱。近日豪游应不减，只愁憔悴晋陵花。

代寄风翔于司李[1] 于，东海人

久识君家驷马门，衣冠海上有云孙。应怜野鹤依般水，犹有双鱼到陇源。秦树晴连吴越远，扶风天阔塞云昏。嗣宗一为寻知己，倒屣应开北海尊。

寄怀顾当如，闻时寓东鲁[2] 以下丁未

万里江湖迥自愁，仲宣闻说尚依刘。齐门鼓瑟吾多感，鲁国诸生尔共游。钜野云深劳怅望，穷梁天阔重淹留。南来河济空如带，不见双鱼到海头。

任城南望思悠悠，又逐飞蓬作浪游。邹鲁衣冠存上国，青徐风物接南州。吟成梁甫仍高卧，赋就灵光动远愁。遥想登临应见忆，春风寂寂岳云楼。

南楼纵目俯青霄，东郡羁人意寂寥。汶水双分烟漠漠，岱云千里月迢迢。王孙飘泊愁何似，芳草芊绵路尚遥。鲁殿秦碑零落甚，摩挲为我认前朝。

阙里衣冠二月时，知君入庙肃明仪。千年剑履留宗国，终古文章纪帝师。桧影参差翻赑屃，觚棱紫翠映罘罳。武功徒步常为客，东鲁城头一赋诗。

怀古言，时客楚中[3]

依人王粲去天涯，越鸟南飞寄一枝。渔父吟成悲屈子，沧浪歌罢采江蓠。楚天入梦空缥缈，薛国乘车忆别离。同学故人星散尽，一樽不见郑当时。

春深楚泽路悠悠，万里辞家作壮游。大别扬舲正容与，汉皋解珮自夷犹。山川尽入吴都赋，烟月全收庾亮楼。苦忆悲歌人不见，大江无尽向东流。

---

① 底本无，据省图本、国图本补。

② 底本无，据省图本、国图本补。

③ 底本无，据省图本、国图本补。

衡岳南头雁北飞，遥怜羁客思依依。一时寥落白莲社，千里飘零黄鹄矶。吴楚烟波怀往路，汉江春水照征衣。武昌门外青青柳，应系离心向落晖。

六代豪华控上游，孟嘉宾佐亦风流。大堤沽得黄垆酒，鄂渚频催青翰舟。江水欲流词客恨，岱云不散故乡愁。胡床明月应古昔，千载何人续旧游。

凄凄倦客下西秦，孤棹遥寻汉水滨。太息怜君伤鹏鸟，悲歌为我吊灵均。三湘明月犹含恨，九畹芳兰未可纫。处士墓前堪怅望，千年碧草怨骚人。时由秦之楚。

汉京元叔早知名，披褐车前少送迎。江汉几年方饮马，郧襄今日始销兵。风前草檄人争羡，海畔为园计未成。犹有钟山草堂在，莫须憔悴吕蒙城。

黄鹤高楼亦缥茫，怀沙一赋重堪伤。巫阳天地空长痛，春酒莺花忆故乡。鹦鹉洲边芳草合，凤凰山下晓云凉。道州退谷曾招隐，今日翻从孟武昌。

甘泉西畔寄樵渔，又逐征尘去草庐。一棹孤怀歌九辨，千年遗事问三闾。每从湖海寻知己，莫向湘潭更卜居。若到鹿门栖隐处，不妨日厌武昌鱼。

寄丘荆石先生，时自沁水令转京县尹[①]

艰危自署阳城考，十载心劳计吏车。渺渺褰帷三晋署，翩翩飞舄五陵花。由来畿辅须强项，自古扶风重汉家。咫尺枫宸闻治绩，看君骢马对黄麻。

豹岩太史自长白山寄所和珍上人诗次韵却寄[②]

向禽济胜每依违，五岳前期久未归。怜我空怀云壑梦，因君为采薜萝衣。悟来白足原非幻，说到红尘便已非。谁向会仙峰上望，碧云绿树障崔嵬。

遁迹匡庐计未疏，风尘何事独踟蹰。几年栖隐渔樵侣，十里云霞开士居。欲向招提归净理，懒同麋犊卧香厨。何时元亮来城市，遥想谈经夜雨余。

寄梁明府[③]

姑射仙人冰雪姿，双凫云气下彤墀。汉庭郎署今相待，稷下狂生早见知。报最久看三异传，出关宁作五噫诗。交游湖海十年事，此日风尘慰所思。

---

① 底本无，据省图本、国图本补。

② 底本无，据省图本、国图本补。

③ 底本无，据省图本、国图本补。

次云友弟都中来韵[①]

愁绝金台击筑声，经时别汝惨离情。几人载酒寻屠狗，千里缄书问弟兄。海国风烟愁欲暮，山楼偃蹇竟何成。茱萸折罢归来晚，何事萧条尚远征。

杂感寄王鹿友于都门[②]

天津浊浪拍天流，北眺燕台动远愁。日下何人违伏枕，海隅有客罢登楼。一时孤馆怀同舍，千里双鱼报早秋。却忆五陵寒色近，西山晴望俯皇州。

杨柳垂垂送客亭，阳春绝调说沧溟。黄花节近吟红杜，白岳秋来隐翠屏。应过华阳频击筑，谁来碣石听谈经。陆沉金马他年事，莫向人前问岁星。

居庸紫翠护神京，千里浮云古北平。瓯越即今方款塞，昆明闻说尚谈兵，万家砧杵同明月，九陌风烟绕禁城。应向金鱼池畔路，短衣行伴踏歌声。

十万旌旗属尚方，銮舆岁岁猎长杨。蒲梢宛马回中出，梧叶银床露井香。夕拜射声来御苑，朝看越骑入明光。何人为谱升平乐，怜尔相如客帝乡。

太行东畔拥桑干，有客豪游路渺漫。已厌敝裘燕市贱，谁怜孤剑蓟门寒。风尘到处须回首，羁旅由来行路难。斫地悲歌更何似，狂奴故态已阑跚。

秋风秋雨玉泉宫，几日登临踏乱峰，骋望应从长乐外，攀条时出灞亭东。五侯芳宴君无薄，两赋名都我未工。今日炎荒铜柱在，何人为颂汉皇风。

送外舅高少宰公奉使楚中告陵[③] 以下戊申

垂衣天子坐明光，诏发双珪出太常。北阙词官趋画省，南天使节下潇湘。征轺湖外风尘远，驿路云边剑佩长。萧瑟楚江遥望处，衡阳归雁已回翔。

相如禅草下明堂，玉册芝函日月光。七泽烟波春浩渺，九嶷云气夜苍茫。灵旗杳霭传釐祝，荐璧明禋自尚方。南极王程迢递甚，由来太史重浮湘。公昔起家太史。

前驱拥传本光辉，负弩轻车夹道飞。白帝云回飘玉节，黄陵月落晃珠衣。黄花绣陌驰丹毂，霄汉金茎下紫微。此去仙丹千万里，故园秋杪待将归。

星车闻道发渔阳，枫陛亲辞下建章。内府昼颁宫蜡炬，朝衣晴拂御炉香。

---

① 底本无，据省图本、国图本补。

② 底本无，据省图本、国图本补。

③ 底本无，据省图本、国图本补。

乘槎暂辍天潢礼，叱驭惊看使者装。安得从游骖副乘，可怜贫病卧柴桑。时公以宗人府丞奉使。

凤凰诏下渡黄河，桂楫兰桡发棹歌。衡岳云深藏海若，苍梧春尽吊湘娥。灵风绛节窥龙驭，翠羽金灯散玉珂。楚泽锦帆回首日，黄花故里好经过。

赠青州赵别驾[①] 系补盗通判

平原公子本雄豪，佐郡银章绾贼曹。北海一樽清案牍，东方千骑拥旌旄。讼庭花鸟间钩距，别驾风流问佩刀。幸有青州从事在，称觞一为奏云璈。

答郑全嗣隐君[②]

子真遁迹隐桑麻，谁向桃园问岁华。南望孤云迷洞壑，北来双鲤出烟霞。怀人午夜看长剑，卧病经春叹落花。赖有郑庄频驿寄，几时握手向山家。

寄林邑侯，时归闽已久[③]

榕城鱼雁几回闻，仙令归田驿路分。离思三秋沧海月，愁心千里幔亭云。临岐尚忆青凫舫，开箧惟余白练裙。搔首南天惆怅处，春风望断武夷君。

赠鹤仙[④]

曾伴飞琼驾紫鸾，佩声缥缈彩云端。笛中杨柳传龙塞，曲里梅花落玉盘。缑岭笙歌来羽服，檀槽风雨敞珠栏。同生唱罢知何处，十二楼头月正寒。

赠玉林[⑤]

秦青声绕杏文梁，袅袅行云出画堂。洛浦回风波潋滟，临春丽日影微茫。

---

① 底本无，据省图本、国图本补。

② 底本无，据省图本、国图本补。

③ 底本无，据省图本、国图本补。

④ 底本无，据省图本、国图本补。

⑤ 底本无，据省图本、国图本补。

珠帘夜度黄金缕，玉树人疑白石郎。风雪旗亭千载事，凉州一曲月如霜。

赠彩石①

棹板江东是也非，偃师啼笑想依依。连昌宫里谈天宝，绣岭山前唱羽衣。老鹤唳云横碧落，杜鹃凝血怨春晖。高头子弟今犹在，怜尔张徽识者稀。

恭饯外父高少宰公于双桧堂，时以奉使过里将欲还朝②

以下己酉

暂留太傅饮东山，回首星轺忆楚关。深院共看双桧老，清宵不遣一樽闲。天边几日趋宸极，海上何人炼大还。万里壮游诗卷在，谁云憔悴侍臣颜。

玉节将辞海上山，暂劳车马到松关。谈禅颂酒谁能识，说剑论文意自闲。鹦鹉洲边佳句好，凤凰池上彩云还。赤松黄石吾家事，欲祈丹砂一驻颜。

右丞诗里画青山，此夜清吟向竹关。南服使星千里道，东皋明月片时闲。风回大海人如梦，云隔层城鹤未还。浪迹丹丘他日事，莫言服食误红颜。

问道南征湖外山，辎车揽胜楚江关。烟波过眼巴童唱，瘴疠桂棹维舟闲。铜鼓新从荒徼听，湘云遥送使臣还。炎方向化非微事，伫看封章慰圣颜。

禽向犹来本爱山，计程屈指向燕关。漆园寄傲终何似，金马浮沉未是闲。心逐岫云飞复定，机随海鸟去仍还。五湖多少神仙侣，绿鬓青霞忆昔颜。

常侍新编遍楚山，高吟万里下江关。已传虎节丹霄去，犹恋春溪水石闲。灯火花前千树合，紫微天上一星还。黑头行见黄麻赐，此日彤墀觐玉颜。

济南和少宰公韵③

历下风烟淡似秋，轺车遥指岱云流。骊歌酒洒明湖水，大雅人来白雪楼。却望使星归虎观，自怜季子恋貂裘。芙蓉桥外清霄月，肯为溪山漫一留。

来去王程一度秋，仙舟此日想风流。莫须瓢笠怀禽向，且复星槎入凤楼。金马亦堪称吏隐，沧洲何事卜菟裘。依人华峤青青色，叱驭还应少滞留。

嶰华桥畔静如秋，春水凝寒冻不流。郭外千山横碧落，城隅万竹抱朱楼。

---

① 底本无，据省图本、国图本补。

② 底本无，据省图本、国图本补。

③ 底本无，据省图本、国图本补。

未携尊酒探幽胜，却使风尘上敝裘。回首十年感慨地，旧游谁与共淹留。

历下北极庙同少宰公作[①]

湖光十里逐人来，胜地无烦赋七哀。紫极宫前松柏老，木兰舟畔水云回。千山远映悬螺出，万堞平临象纬开。便欲乘风招鹤去，凭栏极目思悠哉。

十载名都数往来，繁华如梦管弦哀。城边弱柳沿堤长，湖上轻舟隔港回。万顷烟波春色阔，千寻贝阙晓云开。凌空绝磴长吟处，楚客同来赋快哉。

历下送少宰公还朝复命[②]

此日星轺发泺阳，晴春二月晓云凉。一时杖履留溟渤，六传风尘入建章。使节遥看直北路，汉廷无复粤南装。临轩若问炎荒事，风物应须奏尚方。

历下赠武生[③]

锦幕霞觞满画堂，鹤鸣一一列东厢。欲投万里封侯笔，宁恋千金结客场。佩动晴湖看玉映，剑明赤土带云香。勒铭他日班生事，奕奕青云照艳阳。

燕颔斑骓出蕙丛，飞扬意气本豪雄。丰城初发芙蓉锷，瑶阙惊悬明月弓。紫电清霜兰渚外，骅骝玉玦大堤中。君家驷马传家远，东海高门此一逢。

反自历下得钱础日、潘大也见寄《游趵突泉》诗，作此志感[④] 用松雪原韵

谁从王屋问虚无，的皪珠光漾玉壶。一水惊看鹤影度，三星几见泺源枯。楼空长笛依丹灶，风静寒波下鉴湖。闻道胜游良可羡，孝河西望暮云孤。

黄鹤翩飞事有无，清秋濯魄向冰壶。从教万斛珠流涨，不使千年玉蕊枯。客梦归来留济水，豪游相忆在明湖。何堪百里生惆怅，愁见般城片月孤。

历下阳春近有无，未同载酒问蓬壶。连云阁外波常静，白雪楼前草未枯。

---

① 底本无，据省图本、国图本补。

② 底本无，据省图本、国图本补。

③ 底本无，据省图本、国图本补。

④ 底本无，据省图本、国图本补。

风物宜人探胜地，月华如练接平湖。独怜归客萧条甚，坐对西风落照孤。

赠琴川归考仪[①] 以下庚戌

虞山公子早登坛，手拂天门振羽翰。燕赵悲歌孤剑冷，沧桑浪迹一袍寒。愁临吴观风尘远，赋就梁园雨雪繁。努力加餐还自爱，故人为尔计弹冠。

南国骚人薜荔裳，东寻巢父钓沧浪。梦中车马江干远，望里云霞海气凉。松下科头人似玉，竹林载酒月如霜。狂歌为结荆高侣，岁暮无芳叹异乡。

闻雁和归孝仪[②]

潇湘极目起西风，万里萧条此夜中。碧落云归霜月白，芳洲潮落蓼花红。不堪避弋榆关外，又早衔芦渤海东。怜尔年年成倦翮，伤心古道转飞蓬。

迢递龙沙夜夜飞，衡阳南去几时归。风回空馆吟秋月，水浅渔梁叫落晖。玉笛清霜吹不断，金城黄叶镇相依。坐令孤客生离思，晓露泠泠上苎衣。

汉关秋到却相期，白草黄云复此时。玉节霜前传帛信，芦笳声里系人思。炎荒缥缈连天远，绝塞迢遥度陇迟。二十五弦听不得，北来应变上林枝。

忆重九日黉山旧游简孝仪[③]

常忆登高载酒期，梓橦山下旧游时。荒台吊古行应遍，绝壑寻幽出每迟。漫把茱茱临碧落，为寻书带问青溪。习池尚有葛强在，未得樽前倒接䍦。

岁暮述怀赠归孝仪四首[④]

窗外梅花结暗冰，凄凄风雪坐相仍。共看绿鬓愁无奈，欲买青山恨未能。我自九歌怀楚客，尔从片石问韩陵。椒盘岁晚何须念，犹有屠苏正似渑。

十载平原入洛滨，栖迟何事尚风尘。买丝我自思公子，绣佛君将问化人。懒向西园称吏隐，由来南阮本家贫。竹窗茶灶时相忆，更有床头漉酒巾。

---

① 底本无，据国图本、省图本补。

② 底本无，据省图本、国图本补。

③ 底本无，据省图本、国图本补。

④ 底本无，据省图本、国图本补。

君家五马五骅骝，挽辂怜余尚蒯缑。千里长思期命驾，一时潦倒寄仙舟。喜看彩笔吟红药，醉解金龟笑黑裘。十载自惭真寂寂，令人长忆邓元侯。

客里高斋日日过，惊闻二月渡黄河。风烟海国生离思，雨雪旗亭共放歌。醉醒自怜狂叔夜，羁栖常念病维摩。还愁此后春云散，折柳怀人奈若何。

闺怨① 以下二首辛亥

鹤唳依旧列东厢，烟草迷离正艳阳。天外蛾眉羞画黛，江头巴字转愁肠。黄昏月照青霞帐，午夜风寒碧玉床。打起莺儿应莫惜，好留残梦到龙荒。

吊弭华先隐君②

百年高卧绣江云，今日伤心对夕曛。户外青蝇为吊客，门前碧水哭征君。惭无十字人伦鉴，写向孤村处士坟。每到荒原游乐处，手披秋草问遗文。

寄虞山归孝仪，时应试南宫③ 壬子冬作

旧游云散在天涯，回首河梁感岁华。忆尔乘风翔碧落，怜余铩羽卧烟霞。燕姬代马宫云近，楚水吴山道路赊。屈指黄云台下路，应知踏遍曲江花。

寄劳山隐者同邑诸君子诗④ 六首

劳山隐者意何如，贞白先生避世初。袖里丹砂天籁静，枕中沧海夜涛虚。生平婚嫁何须待，浮世尘情痛欲除。咫尺蓬丘他日事，云边鸡犬待鸾车。

九还今日复何如，浪迹方壶计未疏。退息应拼千日卧，归装莫辨五云车。心栖华盖留员峤，手把青童问素书。五岳苍茫行处是，人禽好共结茅庐。

钓罢归来踏巨鳌，上乘悟后碧云高。芒鞋欲遍扶桑影，瓢笠初分大海涛。秘箓几时传贝阙，空山聊复解天弢。朱颜绿鬓神仙侣，矫首红尘笑二毛。

何事任公又钓鳌，桑田回首一浮泡。丹成世外今何似，桃熟山中亦足豪。

① 底本无，据省图本、国图本补。

② 底本无，据省图本、国图本补。

③ 底本无，据省图本、国图本补。

④ 底本无，据省图本、国图本补。

梦觉百年真梦梦，劳生几度尚劳劳。莫教七圣襄城敝，碧海天风泛小舠。

已知有分列仙曹，好共趺跏向二劳。沧海月明拾玉粒，绿华风雨拨檀槽。静驯龙呗依兰若，应有麟芝供老饕。鹤梦未醒香不断，尘中万事尽嘈嘈。

天风高挂许由瓢，绣佛长斋见白毫。蜃市微茫阎浮劫，海云明灭郁轮袍。诸天绛节星幢下，琼岛烟霞月殿高。鲸背只今千万里，回首尘世一鸿毛。

寄王吏部代工①

竹林相忆旧游疏，为念山公启事余。蓟阙仙曹班玉笋，汉庭冰鉴佩银鱼。青云遥映尚书省，丹陛初通计吏车。闻道乌衣金屋满，啸歌持揖更何如。

喜雨口号② 以下癸丑

村村打鼓祈丰隆，黄纸家家折柳同。一自云师来海右，顿令米价减江东。三农共慰黄梅雨，二麦初翻绿浪风。齐鲁近来皆小稔，又随父老祝年丰。

孙伯纯招饮于凤山之玉虚宫次壁间韵③

阴阴灌木与云齐，问渡相将曲涧西。共道池塘人似玉，却从河朔醉如泥。天门遥控千林外，古殿平临万岭低。旧是玉虚门下客，重来山鸟向人啼。

直上丹梯万仞齐，振衣矫首大溪西。藓生石碣藏龙篆，云护雕梁堕燕泥。绿酒论心惊鬓改，苍烟极目觉天低。苏门鸾凤闻长啸，疑作天鸡傍晚啼。

荆山东望两峰齐，濯足清流日欲西。细马金堤方折柳，短衣蜡屐复冲泥。银沙曲水晴逾净，绿篠浮云晚更低。烂醉归来山郭外，戍楼哑哑夜乌啼。

刘十洲先生招饮水香阁④ 阁跨绣江

五柳先生早挂冠，逃名卜筑傍河干。留宾北海情何限，芳宴西园意未阑。长白千峰岚气下，绣江一曲水云寒。月明归去空城晚，惆怅平原十日欢。

---

① 底本无，据省图本、国图本补。

② 底本无，据省图本、国图本补。

③ 底本无，据省图本、国图本补。

④ 底本无，据省图本、国图本补。

华池曲曲列回廊，十里烟波引兴长。槛外青山当户牖，林皋黄叶下渔梁。由来松菊陶家隐，谁似江湖贺监狂。放眼乾坤时寄傲，一声野笛起沧浪。

高阁凭虚瞰碧流，到来三径正残秋。君应埋迹渔樵侣，我亦搴芳杜若洲。水榭平临通鹿砦，虹桥一带枕龙湫。南归犹忆林塘路，载酒何妨续胜游。

夜宿阳丘山村①

暮云如黛绣江头，一出城闉散旅愁。平野风回深树黯，孤村人寂小堂幽。星辉烂烂清如许，河汉盈盈静不流。惆怅离心浑不寐，惓怀往路起繁忧。

绣江道中早行②

柏陵城外雨霏霏，匹马江边客独归。秋水遥连深岸阔，晓云不散远山微。苍苔古道行人少，绿树平林倦鸟飞。萍迹年来浑莫定，回头万事与心违。

寄阮亭先生，时补授民部③

司度持筹宠汉京，含香从事入承明。郎官星接文昌座，粉署光连翡翠城。日下风烟驱代马，天边杨柳听宫莺。仙曹自古多词客，况复琅琊旧有名。

寄上焦太仆石虹年伯④

柏府三迁画戟开，盛朝同牧赖卿材。清尘奉职神驹骏，太乙登歌天马徕，上苑几年饶苜蓿，昆明今日重龙媒。悬知闲厩应多暇，退食从容日几回。

怀寿光安静子，次见赠原韵⑤

握手旗亭几度春，别来远道隔风尘。迢遥百里思同舍，珍重双鱼问故人。

① 底本无，据省图本、国图本补。

② 底本无，据省图本、国图本补。

③ 底本无，据省图本、国图本补。

④ 底本无，据省图本、国图本补。

⑤ 底本无，据省图本、国图本补。

历下放歌风景好，海隅浪迹岁华新。何时把钓随烟雾，却共安期一结邻。

过大司马王霁宇先生墓侧有感，呈高少宰公[①]

少宰，司马之外孙也

万木阴森孝水湄，尚书荒冢草离离。山原迢递埋翁仲，父老依稀说太师。一剑勋名留蓟镇，三朝人物隔神熹。若敖地下无须叹，宅相隆隆又一时。

送石发之荆门[②] 以下乙卯

极目荆湖振鼓鼙，壮游万里去榆枌。吟鞭马首看江月，驿路征尘梦楚云。自是刘琨同击楫，由来王粲赋从军。江陵自古称形胜，油幕还期荡寇氛。

途中感怀[③]

叹息吾生亦有涯，劳劳何事逐行车。短衣陌上谁怜我，长剑风前客忆家。百里征尘悲柳絮，一年春事负桃花。何时得共青门子，抱瓮畦头学种瓜。

绣江烟暝晓云昏，惆怅歧途不可论。匹马风尘遵枉渚，落花流水绕孤村。平芜莫怨王孙草，弱柳空啼望帝魂。举世可怜知己少，买丝我欲绣平原。

清贫自古属吾徒，放眼乾坤气不孤。长铗归来人厌薄，儒冠到处鬼揶揄。壮心漫欲排阊阖，幽愤从教碎唾壶。大笑出门无不可，客星此日照江湖。

赠歌儿赵玉秀[④] 乳名二月

秦青此日正芳年，占尽韶华舞态翩。皎皎琼枝千树外，盈盈飞燕一樽前。采芝仙客方留佩，折柳行人正着鞭。莫使桃花开似雪，春光能得几时怜。

---

① 底本无，据省图本、国图本补。

② 底本无，据省图本、国图本补。

③ 底本无，据省图本、国图本补。

④ 底本无，据省图本、国图本补。

上施方伯峙方奉敕修《山东通志》[①]

海方岳牧撰河渠，帝籍贤才十载余。转饷二东勤抚字，持筹万里佐军储。已裁太史名山志，更续兰台括地书。早晚彤廷征计相，为言民力未全舒。

载酒堂和韵[②] 以下丙辰

仙源不用问桃花，为羡林亭傍水涯。鹤迹窥人晴后酌，鸟声破梦午余茶。四围山色图中画，一曲湖光镜里家。莲叶舟边堪共载，悠然玉麈说南华。

处处清光面面花，虚窗晴照水西涯。莫辞阮籍千回醉，坐爱卢仝七碗茶。叠砌不妨分鸟路，诛茅更可傍渔家。从今载酒堂西畔，又对清樽恋物华。

柳满长堤水满塘，茅亭尽处接波光。一年长夏花三径，几曲阳春酒数行。自古放怀推叔度，由来齐物有蒙庄。当杯不饮成何事，极目蒹葭自一方。

落日千峰暗野塘，空帘高卷见岚光。兰亭隐隐藏孤馆，柳浪阴阴列万行。呼酒正宜松竹坞，卜居常爱水云庄。此间大有真人聚，羡尔元方与季方。

面面虚窗曲曲塘，城隅小筑纳山光。霜凝晚翠松三径，秋老长天雁一行。返照渐看烟作幕，落霞筵映水为庄。结庐人境真佳事，得似陶家避世方。

喜景夏孙夫子至自东武[③] 以下丁巳

流澌岁晚赋归欤，梅雨重来长者车。此日征尘依杖履，十年风雪傍琴书。每从绛帐怀知己，时向沧洲问起居。负笈海隅空有愿，歧途怜我重踟蹰。

阳丘元宵观灯，时高少宰唐太史自历下来此小集，和少宰公韵

高轩上客过萧斋，北海樽开绣水涯。画袴朱衣罗夹巷，星毬鳌背接天街。踏歌夜解金吾禁，拾翠春逢玉燕钗。多少游人归去晚，严城戍鼓听兰阶。

千门游女胜吴娃，宝炬青莲照玉阶。五剧歌疑芳乐苑，三春花似洛阳街。黄柑会罢鸲鹆舞，翠幰香生琥珀钗。齐鲁年来称乐国，莫辞一饮酒如淮。

---

① 底本无，据省图本、国图本补。

② 底本无，据省图本、国图本补。

③ 底本无，据省图本、国图本补。

良会欣看乐事佳，太平灯火散人怀。微歌纵少云凝栋，社酒偏宜月满街。南陌儿童喧爆竹，东风仙侣避鸾钗。豪游如此良非恶，莫使年华素愿乖。

名都盛事绣江涯，桂火兰膏此夕佳。人语随风传绣幕，马蹄乘月响[1]空街。银花的的宜螺黛，绿字荧荧幻古钗。极目繁华[2]成岁事，锦堂春酒醉重阶。

良游秉烛下高斋，画槛雕窗十二阶。灯市微茫烟作幕，火城历乱蜃横街。月移桂海龙纹炬，云护珠帘鹊尾钗。割肉东方归未得，长衢莫系玉骢騧。

有赠[3]

宝马银鞍明月弓，飞扬一往驾长风。从戎初试金钱埒，投笔行看玉塞封。万里青云迎晓日，双龙赤土耀晴虹。羡君年少多英气，倚马雄才快一逢。

途中感怀[4]

五股泉头碧柳阴，西马策来此登临。荒原日落樵歌歇，绝涧风回鸟道深。傲我烟霞山客信，系人松菊故园心。传经潦倒终何济，常恐星星两鬓侵。

一为羁客几经秋，来往风尘不自由。野馆频倾桑落酒，旅人宁恋鹔鹴裘。登山临水悲长路，落日浮云动远愁。回首十年成一笑，陵阳泪尽复何求。

焕岩东望郁嵯峨，有客携书岁岁过。白石吟残犹有恨，青萍击断不成歌。每从落日悲芳草，时向空山忆薜萝。昨日故人相问讯，三春花事近如何。

中秋夜[5]

几家砧杵动山城，萧瑟空庭夜气清。万里银河星宿淡，半阶风露月华明。人间又过中秋节，天际遥闻落雁声。莫漫当杯惜沉醉，眼前谁是胜公荣。

---

① “响”，省图本作“向”。

② “华”，国图本作“花”。

③ 底本无，据省图本、国图本补。

④ 底本无，据省图本、国图本补。

⑤ 底本无，据省图本、国图本补。

同王克三、胡百斯登女郎山炮台，是日焦上善未至[1]

石磴嵯峨万仞开，清秋绝嶂一登台。风烟百里空游目，堠火千年化劫灰。迢递平原迷北望，蜿蜒绣水自东来。西园公子知何处，未得相携首重回。

鼓鼙声息静烽烟，回首乾坤五十年。四野风尘环列岫，万家云树入晴川。已看衰草迷樵路，更有轻鸥散渚田。自是登临幽兴惬，便应扶醉向林泉。

迷离鸟道草萋萋，有客登临共杖藜。翠巘千寻连碧落，青冥一气接丹梯。高城山郭围平野，秋水长桥隔大堤。矫首嵖华知不远，双峰遥指暮云西。

十载探奇薜荔衣，凭高欲共鸟争飞。平临山水依丹障，坐爱烟霞入翠微。不为悲歌思作赋，却因选石憺忘归。山阴处士多幽兴，犹共清樽对落晖。

题北山后绝壁[2]

几年旧约陟岚岗，此日寻幽喜欲狂。绝壁惊看拔地起，悬崖极目觉天长。五丁有路通秦塞，二客从余过雪堂。凭眺正逢秋色晚，一声清啸对沧浪。

阳丘重九效晚唐体[3]

茱萸折罢黯神伤，何处登临望故乡。三万六千能几日，一年此际是重阳。樽前送酒衣仍白，篱下迎霜菊已黄。短发不堪风落帽，参军自是醒能狂。

安静子以新诗见讯，兼寄《岳江草》中所刻皆南游诗次韵奉答[4]

又闻正始向黄初，与尔江湖叹卜居。蒿径避人方却扫，竹林把臂已全疏。三春锦字来溟渤，十载狂歌遍兖徐。我亦穷途摇落客，依然弹铗赋无鱼。

---

① 底本无，据省图本、国图本补。

② 底本无，据省图本、国图本补。

③ 底本无，据省图本、国图本补。

④ 底本无，据省图本、国图本补。

又寄怀静子[①]

东国骚人独有君，元方今日又空群。狂谈犹忆红尘陌，开箧惟余白练裙。北海离尊当落日，西园星散各春云。嵴华桥畔三秋月，桂魄还期坐夜分。

己午集诗[②] 三十首

杜陵野客，抚事感时；楚泽骚人，闻声触绪。随其所得，投入奚囊；聊复行吟，积为卷帙。悲歌潦倒，未协正音；岁月后先，都无诠次。非曰传之好事，作长庆讽谕之章；抑第示我同心，效元和荡平之颂耳。

汤泉今作九成宫，避暑迢遥辇路中。不使旌旗惊野老，但闻诗酒燕群公。分头卤簿来长信，共奉清尘待射熊。犹有瀛台良宴会，圣人又复唱秋风。

去年羽辂下郊畿，射虎燕山入校围。夹道材官飘鹖尾，千屯宿卫接鸾旂。行城自秘金铺钥，御马新成织锦鞿。却望一人临幸处，五云常绕玉颜飞。

岁岁銮舆出禁闱，沙河东畔驻骖騑。掖垣封事来青琐，御馔行厨下紫薇。宫漏遥闻三殿曙，侍臣还傍六龙飞。共瞻玉辇回宸极，更向仙坛射雉归。

长白山头万里天，黄榆碧草历风烟。波翻瀚海秦云冷，雨湿焉支塞月悬。荒徼从来归属国，乘槎况复有张骞。勒铭自是燕然石，北极回首北斗边。时遣使祭塞外长白山，因勒石以记。

前年丞相向殽函，华岳云开淬剑镡。坐见红尘驰禁旅，幸无黄纸选中男。洗兵经水当关外，破敌褒斜控渭南。浪说终军思报汉，请缨亦是老生谈。

平凉昨岁下隗嚣，天子恩深贷汝曹。白骨秦城迷陇坂，黄河汉月照临洮。伤心武相剸狂贼，愁见降王拥节旄。共说视师元老在，移兵又向汉江皋。

千年漕挽壮京华，二月长渠拥碧沙。白马春风歌瓠子，金堤夜雨泛桃花。疏排久已无三策，畚插徒劳怨万家。安得兴屯输挽罢，东南民力亦堪嗟。

盈盈衣带决洪波，双汶分流奈若何。淮甸几年沉璧马，宣防百里涨鼋鼍。护堤使者黄符至，下濑将军赤羽过。辛苦山东诸父老，挽船才罢又淘河。时黄河冲决，下流仅如线。

天堑平分细柳营，名王带印卷龙旌。江干壁垒称雄镇，河上逍遥自射声。湖海耕桑方解甲，乾坤龙战又长征。息肩何日捐徭役，万里车书奉帝京。

丰沛元臣颁白麻，上林羽猎亦堪夸。十年江国传烽火，二月都人唱奈花。

① 底本无，据省图本、国图本补。

② 底本无，据省图本、国图本补。“己午”疑为“戊午”之误。

赵女凝妆愁广陌，期门清泪落悲笳。犹闻琼岛时时叛，自古朱崖弃汉家。

海波漫漶偃长鲸，取次潢池亦渐平。记室多财驰羽檄，将军列队走军声。千家履亩烦司户，百万储需问水衡。独喜浙江李开府，仙霞岭畔已销兵。

含香薇省旧郎官，金马门前振羽翰。双阙清风初绾绶，一时仙侣竞弹冠。摛词共羡长杨馆，赐食频来宝玉盘。不独柏梁传汉武，岁星逸唱出云端。

荐士纷纷觐圣颜，封章日上紫宸班。司空博物浑难定，太傅忧时亦等闲。自有茂才投暮夜，岂无高士闭闲关。蒲轮董泽知何限，闻道巢由已出山。

诏出金华已十旬，共言圣主得贤臣。几多狐鼠依城社，亦有豺狼塞要津。家令谈兵方局促，龙门献策竟逡巡。诸公若下哀时泪，何事桃源问隐沦。

盛朝天子敬王言，温室谈诗谁与论。兰渚怀人伤岁暮，桂丛招隐亦君恩。霓旌闻说过南苑，内相由来重北门。四海竞传求士切，普天睿藻被春温。

麟台待制盛文儒，燕许风流自不殊。元老格天真一德，侍臣献赋拟三都。凤池花拂朝元佩，莲烛光摇照乘珠。此日彤廷多盛事，客星应否在江湖。

雄边甘肃古凉州，保障全资靖逆侯。玉节三秦天外镇，金城千里座中收。丸封紫塞纡西顾，襟带黄河向北流。但使外藩皆汝辈，中原何事莽生愁。

锱铢利尽陟崇阶，大吏军书遍海涯。为问弘羊权少府，何如刘宴在江淮。中丞日按红牙板，敕使频催白鼻騧。见说潞河新奏凯，画船越女怨鸾钗。

回首承平三十年，年来旰食为黔滇。新开盐铁依平准，自有冠裳授计然。间架已看停内地，告缗岂复到江天。汉家远略需财甚，忧国终推卜式贤。

几年仰屋大司农，南国薪刍岁岁供。七泽烽烟冲瘴疠，五湖春水走蛟龙。铙歌亦奏华阳馆，军帖时惊长乐钟。闻道子侯新纳款，制书又早到番禺。

孤儿逐队亦从戎，六月兴师碣石宫。授甲几人归尺籍，临江一带尽艨艟。转输镇日过三楚，加税频年困二东。仆射视人真子弟，归来振旅自论功。

诏书督战向南州，诸将横戈汉水头。卧榻岂能容李煜，归朝终是美钱镠。荆门鼙鼓长江戍，京口军声万岁楼。屈指甘泉烽堠熄，吾皇端拱奠金瓯。

露布争驰报未央，太平时节坐明堂。征南幕府屯湘汉，横梅将军下夜郎。反侧由来皆赤子，殊恩终亦遍炎荒。莫愁巫峡称天险，井底余魂是子阳。

楼船伐木遍杨州，事例初亭卒未休。屠狗已封关内伯，舆台新拜富民侯。乾坤西北繁戎马，江汉东南正稳流。都尉漫劳搜粟苦，三农谷贱使人愁。

剑门鸟道控峨眉，此日阴平未济师。千里孤军鹅鹳队，三年百战羽林儿。昆池路隔迷菁瘴，闽海风清荐荔枝。闻说旄头星一陨，可怜妖炮偃龙旂。

金吾上将本豪雄，击楫荆湖指顾中。岂为有人窥陇右，漫云无路辟蚕丛。赵佗不复称南越，汉祖何难赦窦融。共说西江群盗尽，伤心泽畔有哀鸿。

登坛国士自无双，帝子从军御画艭。虎旅尽悬青鹊印，云旂风振碧油幢。

金戈万里将平粤，铁锁千寻正渡江。共道王师真不杀，几群面缚已投降。

广元血战阵云迷，督府孤忠贯白霓。假节真如钟校尉，悬车何减邓征西。瞿塘雪尽江流涨，蜀道春深杜宇啼。绵竹竟有消息志，秦川万里隔丹梯。

被练三千拜射声，新开太液象昆明。平滇指日擒庄蹻，谕蜀何劳待长卿。六诏蛮烟忘汉大，三湘兵气接天平。邛枝蒟酱终须致，会见王师到锦城。

东方开府自雄藩，异数新颁下九阍。六郡算商清负贩，三齐搜括到鸡豚。岂将市易挠新法，敢为流离望监门。十室九空萧瑟甚，不堪极目海云昏。

寄阮亭太史① 戊午

新命初从紫禁传，一时待制五云天。侍臣供奉依三殿，郎署浮沉已十年。彩笔春生金阙外，炉香晴拂御筵前。赓歌共识虞廷盛，不是江家璧月篇。

黑头新总校书郎，地近天颜捧日光。自向螭头忝侍从，人从凤阁羡归昌。北门学士依青琐，东璧词人冠海方。遥想昆池初载笔，千官济济庆冠裳。

题威灵观②

荒凉废院隔幽林，千尺虚廊碧藓侵。白日龙蛇争吸习，阴房磷火亦萧森。长松动地风涛怒，古殿屯云岁月深。回首十年鼙鼓地，客来徙倚自悲吟。

秋兴十首③

荆襄几载鼓鼙催，又见昭王市骏台。河陇六闲怜骥子，银川群牧尽龙媒。浮云北极连天远，落日西风动地回。闻道羽林三十万，五花骢马塞门来。

雕戈日日向南天，玉壁长征更几年。宿卫材官归石砮，征蛮幕府下楼船。阵屯虎豹军书急，潮落鱼龙海日悬。闻道汉家方款塞，只今荒徼尚烽烟。

款关久已向秦天，邓禹征西忆去年。三楚惊看驰羽檄，五湖无复采菱船。贤王殿里龙旂出，大将旄头鹊印悬。何处武陵堪避世，渔樵常恐见烽烟。

迢遥南望向湖天，都护行军已七年。胜地不闻珠络鼓，骚人空忆木兰船。三湘雁影孤云冷，七泽波光片月悬。东国只今输挽急，伤心墟落亦寒烟。

---

① 底本无，据省图本、国图本补。

② 底本无，据省图本、国图本补。

③ 底本无，据省图本、国图本补。

岱云千里接清秋，极目萧森海气收。我似张华空按剑，谁怜王粲独登楼。橐驼移帐荆门戍，铁马从军汉水头。回首沧浪歌不得，中原荆棘起人愁。

东国千里闭草莱，愁时野老独徘徊。几年都尉南征去，万户戈船北极来。瘴海鱼龙拔浪起，碧山猿鹤向人哀。水衡昨日黄符下，刍挽新从楚地回。

楚关万里暮云轻，谁见终军浪请缨。三辅初调都护马，五湖新练水犀兵。风尘龙战惊烽火，江海狂歌有弟兄。萧瑟沧波垂钓处，故人零落易伤情。

塞雁乘云唳远天，江湖秋色亦堪怜。射声汉苑长杨赋，习战昆明下濑船。数年金钱供汉沔，千营毳帐出幽燕。可怜一曲关山月，万里凄凉起暮烟。

回首南天客思惊，老乌飞入亚夫营。笛中杨柳寒沙暗，曲里梅花落月横。翠辇久停芳乐苑，红旗新筑受降城。长江一带连沧海，终古苍茫积水明。

潇湘水阔楚天长，渺渺秋阴散夕阳。铁锁横江霜月冷，楼船驾海朔云凉。从军不见陈琳檄，开府谁登庾亮床。惆怅神州千万里，滇南真作夜郎王。

有感作[①]

殊方此日战云屯，惆怅乾坤未可言。闽粤降王归正朔，郧襄烽火照中原。论兵满阙无晁错，破敌炎荒忆马援。民力不堪搜括尽，石壕悍吏扰空村。

年来羽檄困南征，千里烽烟卷旆旌。兵气未消湖外郡，悲风时撼海方城。长天霹雳蛟龙泣，明月青霄鹳鹤鸣。军令秋毫总莫问，荒村野哭尽吞声。

龙山驿河畔酒楼，次壁间司寇公及豹岩太史韵[②]

夏云犹未入深秋，旅店平添一水流。竹里厨藏竹里馆，酒家胡傍酒家楼。不堪岁月驱华发，空使风尘拥黑裘。彦辅清谈存大雅，英州逸唱亦曾留。

西风衰柳不禁秋，碧水平桥一带流。岂是孟嘉风落帽，由来孙楚酒为楼。每从驿路停征辔，无奈车尘上客裘。去去已看行复住，红亭佳句足淹留。

淅沥金风报早秋，萧萧旅舍枕寒流。狂歌便是沧浪客，痛饮即为黄鹤楼。尘海漫劳驱马足，桐江只合伴羊裘。阴森竹树真佳胜，坐使征人为尔留。

---

① 底本无，据省图本、国图本补。

② 底本无，据省图本、国图本补。

和孙树百给谏万仞芙蓉斋诗[①] 十首

种山犹有草堂在，此日兴公赋欲成。彭泽闲云飞莫定，浣花片席竟谁争。三秋落木兼商气，十载悲歌变羽声。乞得九还应念我，漫将大药付银铛。

轻尘兰室莫须扃，户外庐峰九叠屏。上客一樽惊满座，中山千日几回醒。漆园寄傲人间世，吴苑携来木末亭。野老可容淹杖履，就窗抄得种鱼经。

梁园词赋久前驱，说剑论文意未孤。屈指封章归琐闼，岂容清梦恋江湖。苏门逸响传天籁，贞白山居入画图。漫道沧洲高卧稳，终输云壑与潜夫。

笠峰南望郁嶙屼，众壑烟霞倚槛看。休沐暂留登眺屐，清时难谢进贤冠。亭阴落日松篁暗，石上秋云薜荔寒。道是辋川真不忝，万竿修竹正檀团。

少室征书下九阍，犹寻瑶草傍昆仑。庭开碧沼方临榭，宅近青山不闭门。静对孤云无我相，忘机野鸟未闻喧。卜居莫比江潭客，柳市南头第几村。

高斋真拟出云霄，万仞芙蓉路未遥。萝带荷衣称野客，空岩明月对山魈。青溪背阁来丹嶂，红药当阶长绿苗。闻道闭关饶述作，兰台秋入大风骄。

如带长河路向东，小山招隐桂成丛。朅来九畹骚人怨，赋就三都楚客风。碧石青湍看不厌，丹崖黄叶意难穷。等闲载酒遥邻父，篱外秋花一径通。

寻山旧愿病何曾，浪迹狂夫漫自矜。挥麈君过三语掾，苦吟余似六朝僧。金茎仙掌秋光老，玉井莲花露气凝。行矣将登天禄阁，可怜有客坐寒灯。

栗里松风引露光，陶家门巷亦寻常。泉移地轴供垂钓，路入天台富药囊。曳履烟霞方寄傲，闭关花雨静焚香。元龙湖海豪仍在，百尺楼头懒下床。

拾遗懒向掖门松，徙倚云山积翠重。岂谓为园开胜地，每从叠石见奇峰。端宜紫禁称孤凤，计日青蒲奉六龙。逋客几人窥小队，锦江十里尽芙蓉。

赋得嗟嗟经术客[②] 每句用干支体

下帷亭午尚逡巡，太乙青藜杖底身。呫哔安能穷二酉，琅嬛空复历千辛。焚膏甲夜功还未，振翮丁年志不申。念子萧条经术客，等闲辜负好良辰。

---

① 底本无，据省图本、国图本补。

② 底本无，据省图本、国图本补。

从军行[①] 每句用干支体

荡子真如参与辰，关山万里未逢春。丁男羽檄驰烽火，乙夜刀环梦塞尘。戊己防边推校尉，癸庚忧饷怨征人。可怜旁午军书急，金甲霜前亦苦辛。

长庚遥望列星文，兵气阴阴黯未分。授甲近颁申令法，中丁尽隶子侯军。乙年春尽悲龙塞，午夜风高断雁群。太息筹边无丙魏，营平辛苦与谁论。

途中作[②]

几载风尘鬓欲斑，晴春匹马出松关。万家城郭吞平野，十里云霞补断山。树色遥连青草渡，莺声啼过绿杨湾。生平同学飞扬甚，短褐怜予去复还。

闻客说宋徽宗画有感[③]

神霄天子正承平，御墨淋漓照太清。笔著宣和虽旷代，声传艮岳久知名。千秋花石三江水，万里龙鸾五国城。共道上皇饶绘事，丹青终古说东京。

青阳道中见流民甚多，赋此志感[④] 庚申

绣水东来路逶迤，千群菜色使人悲。青阳古道生长叹，白发遗民说乱离。河内有谁能矫诏，汉庭无策救残黎。可怜奔走霜风苦，里社升平未有期。

肃肃哀鸿客思惊，朔风凄切不胜情。几家野哭川原暮，千里飘零躯命轻。父老只今忧转恤，中丞昨日计常平。伤心东国萧条甚，欲绘流民叩帝京。

唁术石发隐君[⑤]

闻其连丧二子，旋遭母夫人大故。

南望胡原怅夕曛，兴悲不独久离群。十年白发身将隐，一日青山哭向君。

① 底本无，据省图本、国图本补。

② 底本无，据省图本、国图本补。

③ 底本无，据省图本、国图本补。

④ 底本无，据省图本、国图本补。

⑤ 底本无，据省图本、国图本补。

伯道伤心当岁暮，皋鱼陨涕泣寒云。怜余亦抱西河恨，念尔穷途血泪纷。

答归惺崖太史①

尺书昨日下沧洲，明月梅花寄陇头。千里风尘怀往路，十年离梦重交游。余攀东海珊瑚树，君入西清鳷鹊楼。共道苍生属望切，宁云温饱是良谋。

翘首金台紫翠分，长杨赋就荐雄文。天边水击三千里，日下人传五色云。鳌阙六龙常载笔，凤池双鲤问离群。春风铜马门前路，寄我清斋白练裙。

小桥春涨②

青溪白板映红花，隐隐垂虹向水涯。星宿惊涛飞九曲，蛾眉积雪下三巴。持回玉楫依红杜，潋滟金堤障碧沙。一望横塘莺语乱，数行烟柳日西斜。

前溪如黛晓云浮，夹岸人家古渡头。十里银沙方浴鹭，一湾锦水下惊鸥。桃花浪暖飞晴雪，柳絮风微急暝流。邻父偶来时一眺，相期同泛木兰舟。

上冯太守③

司农家世昔曾闻，孔李交游意倍殷。铃阁雄风瞻气象，熊轓佳气正氤氲。三齐卧治初更化，五马行春雅好文。指日汉庭征计相，彤墀重问大冯君。

历下上青州张兵尊西山先生④

营丘赐履亦雄哉，画戟遥临泺水隈。华峤孤峰直北望，云门佳气自东来。褰帷问俗猷方壮，揽胜题诗日几回。历下有人欣御李，鸣驺肯与共徘徊。

① 底本无，据省图本、国图本补。

② 底本无，据省图本、国图本补。

③ 底本无，据省图本、国图本补。

④ 底本无，据省图本、国图本补。

得嗣宗叔贵州家信，时已将有归计[①]

烽烟阻绝恨无端，此日遥闻行路难。百死十年留异域，万金两字报平安。夜郎道远身将老，天末人归岁欲阑。但使故乡风景好，不妨暂尔滞江干。

两地艰虞共百忧，年年戎马隔南州。归来访旧多为鬼，到日言情始欲愁。自是兵戈销岁月，坐令旅梦阅春秋。脊令原上生长痛，翻恐他时怨未休。时叔氏之长兄振子叔先已物故。

风尘留滞向黔中，万里鱼书快一逢。羁客几时归海畔，敝裘遗恨说江东。飘零华发愁何极，萧瑟黄金路欲穷。犹喜故园儿女在，南来常作鹿门翁。来书有"敝裘金尽，羞见故乡"之语。

纪事[②]

王师万骑列金鏦，战气纷纷出冉駹。蒟酱筇枝遥入贡，僰僮笮马欲归降。竞传下濑方平粤，又说牂牁已渡江。万里昆明今不闭，笑看黄屋掩旌幢。

海波久已靖台湾，此日西南正叩关。羽檄不闻黄纛僭，捷书又报紫宸班。将军解甲功初录，开府轻裘意自闲。烈烈汉兵三十万，一时直指点苍山。

阳丘北山玉虚宫[③]

崔嵬楼观切云霄，百尺高寒玉殿遥。白日千年龙虎睡，灵风五夜鬼神朝。鸾旗绛节来缥缈，翠羽金支照寂寥。自是诸天星斗近，下方人迹亦迢迢。

明湖[④] 辛酉

明湖旧日繁华地，几载豪游客里情。隔浦蒹葭秋鹭立，傍人祇树晚钟鸣。一天清露花为城，十里香云水满城。箫鼓画船行处是，月中犹有按歌声。

---

① 底本无，据省图本、国图本补。

② 底本无，据省图本、国图本补。

③ 底本无，据省图本、国图本补。

④ 底本无，据省图本、国图本补。

历下①

明湖湖水碧于罗，莲叶轻舟荡绿荷。王母玉函飞翠黛，汉家金杏袅烟萝。谈诗旧识沧溟里，怀古还成白雪歌。岁岁倦游来此地，敝裘萧瑟更如何。

昆明②

昆明消息近何如，十载残黎备峙储。天子唯虞民力尽，司农又报水衡虚。薪刍但使除封豕，间架何妨困里闾。此日亢旸忧不细，行看无麦亦频书。

悼鹦鹉③ 为猫所伤

镇日呼童傍彩题，何堪此际意凄凄。雪衣零乱青铃锁，金距凋残碧玉梯。无复画帘惊晓梦，空余红豆落香泥。秦云迢递三千里，不得魂归向陇西。

夏日闲居④

幽居褦襶火云天，赤帝晖晖运赭鞭。挥汗临风嘲热客，闭门长夏即神仙。闲吟岸帻容疏放，梦觉桃笙足昼眠。安得华山峰顶上，冰花玉井一回旋。

荒郊

荒郊斜日散鸡豚，静掩荆扉悄不言。径有菊花真栗里，门临流水即桃源。青山似共先生傲，白眼谁如处士尊。昨日故人相过从，萝衣蕙带坐松根。

九月望日强恕堂赏菊⑤

锦堂秋色泛流霞，仿佛柴桑兴未赊。昨日重阳虚令节，今宵明月散清华。

① 底本无，据省图本、国图本补。

② 底本无，据省图本、国图本补。

③ 底本无，据省图本、国图本补。

④ 底本无，据省图本、中科院本补。

⑤ 底本无，据省图本、中科院本补。

苏家内子能藏酒，彭泽先生共采花。三万六千能几度，醉乡随处可为家。

赋得家在城南万木村

家在城南万木村，偶从一壑辟荒园。山光晴照茱萸沜，暝色春浮薜荔门。白石饭牛将夜半，神鸦社鼓报黄昏。等闲薄醉西窗下，高卧仍倚绿竹根。

家在城南万木村，路人错认小桃源。十年华发归三径，千叠青山障一门。旷野萧萧云物静，长溪漠漠水烟昏。闲同渔父濠梁下，晒网澄潭坐石根。

野兴①

不效林宗折角巾，萧然世外自无尘。菊花已瘦秋尤早，野客无聊懒更贫。谷贱催租真败兴，林深结屋仅容身。荒原坐见南山下，自署羲皇以上人。

秋云②

阳云台畔昼阴阴，巫峡天高气郁森。幻入绛霄非定质，飞来碧岫本无心。山中宰相难持赠，洞口烟霞不可寻。一闭天台多岁月，赤城回首万重深。

秋风

萧条万里浩无垠，大块长鸣噫气真。悲入兰台愁赋客，凉生蘋末感骚人。惊飙欲夺青团扇，爽籁初回白苎巾。汉武河汾箫鼓振，兰芳菊秀怨流尘。

秋月

金波澄澈晚凉初，三五良宵眺望舒。兔魄夜悬丹桂斧，冰轮晴映玉蟾蜍。青天碧海偷灵药，斜汉疏星走电车。谁到广寒深殿里，霓裳三叠谱清虚。

---

① 底本无，据省图本、中科院本补。

② “秋云”前，省图本、中科院本有诗题“秋吟十六首”。

秋雨

西风萧瑟望漫漫，烟火空林半已残。屐齿每忧阶草滑，愁心滴碎井梧寒。微云河汉孤灯寂，暝色潇湘晓梦阑。惟有金闺数行泪，相将一夜不曾干。

秋水

汀兰沅芷尚依稀，望断青溪玉一围。野鸟忘机眠鹭渚，寒鲦喷沫上渔矶。微波淡远王维画，绮縠平田老衲衣。如此幽怀良不恶，南华玄箸自霏霏。

秋山

蜀黄荃、黄居寀父子共画《秋山图》，妙绝一时。

苍翠烟岚定几重，萧萧爽气若为容。黛螺晴拥天门髻，萝径云寒石磴松。碧落遥连千叠障，清流[1]洗出一芙蓉。黄家父子丹青妙，写遍夔巫十二峰。

秋声

锦林琪树自悲号，切切寒蛩助寂寥。千队金戈边马下，一帆雷雨楚江潮。无端鬓发先时变，不尽惊人入夜骄。万籁清商倍惆怅，可堪落叶莽萧萧。

秋砧

谁家捣练意凄迷，烂烂银河列宿低。白石阶前霜暗下，紫鸳机畔月沉西。越罗坐使垂[2]双杵，湘绮何缘寄大堤。欲织回文千里恨，声声断肠窦家妻。

秋叶

摇落怀人万木丹，何堪青女怨凋残。碧梧院落银床静，红柏桥头玉露寒。南浦半林随逝水，西风一夜满长安。汉宫莫听哀蝉曲，阵阵清霜下井栏。

---

① “流”，省图本、中科院本作“江”。

② “垂”，省图本、中科院本作“摧”。

秋草

冷烟细雨遍横塘，一望平原十里长。惨淡谁过桃叶渡，芊绵无复燕泥香。车轮莫碾靡芜路，屐齿微沾薜荔房。惆怅王孙归未得，绿莎空傍郁金堂。

秋兰

采采幽芳玉蕊新，移来九畹总无尘。凭谁结佩思公子，怜尔临江怨美人。每羡含香栖谷口，却因作赋吊灵均。凄风苦雨湘潭侧，零落残枝未可纫。

秋菊

十日看花细雨天，每逢重九意悠然。画如逸品超神妙，酒比香醪中圣贤。偏向清寒标晚节，不随秾艳斗芳年。幽情千古陶彭泽，烂醉东篱落日边。

秋蝉

清音高唱碧梧东，云翼初辞扶荔宫。已转蜣丸类苏合，又秉沆瀣入长空。九天玉露留仙壳，四座金貂伴侍中。莫厌尔来频结舌，若卢有客泣西风。骆义乌有《狱中听蝉诗》。

秋雁

萧萧落日下龙荒，大漠天高是故乡。粳稻千群过笠泽，平沙一曲渡沅湘。朔云铩羽三更月，汉节传书万里霜。回雁峰头休更去，楚江南望有衡阳。

秋蛩

窗前纬络伴长嗟，四壁啾啾感岁华。怨入哀弦惊夜梦，声从残漏泣秋花。流黄机上摧刀尺，翡翠楼头出绛纱。可惜征衣犹未寄，又随明月到卢家。

秋萤

年年腐草熠光浮，又逐垂杨渡御沟。一代风流隋苑夕，千门砧杵汉宫秋。

清晖冉冉栖书幌，碧汉盈盈乱女牛。惟有闲情儿女辈，轻罗小扇下西楼。

咏贫士

陶公题也，却以近体和之。

汉阴野老久忘机，抱瓮归来更采薇。寒鸟栖栖相与适，孤云悄悄本无依。绳枢气色清何害，金石歌声听未稀。自是长贫终古事，守贞莫使素心违。

漫兴

清平里社接榆枌，黄菊青芹气郁芬。临水欲投三尺饵，入山收得一囊云。日沉荇浦青鸳梦，秋入芦花白雁群。坦步幽人此时节，悠然俯仰自欣欣。

中秋

彩云飞去意萧条，秋色方中映泬漻。天上霓裳闻尽夜，人间明月可怜宵。霏微玉露流元籁，清浅银河出绛霄。此夕流光千万里，坐闻金粟桂香飘。

飒飒金风起井干，微茫仙乐下云端。清霜气结冰轮满，绛雪光流玉杵寒。湘曲幽兰萦楚佩，汉宫团扇罢齐纨。九秋此际平分夜，谁向长空驾紫鸾。

癸酉秋日哭毕年伯载绩先生①

先朝家世大司农，姑射神君冰雪容。帝阙有楼成白玉，延陵无剑挂青松。云霄梦冷三千界，鹤背声传第一峰。非为感深增涕泪，士林谁不惜元龙。

清言玉麈久含芳，王谢凋零重可伤。南国风流真吏隐，东皋舒啸旧柴桑。效樊圃就沧洲卧，娉节堂深绿野荒。从此西州门外路，不探马策亦凄凉。

匹马遥来极目悲，冲泥古道下山迟。何堪物在人亡叹，正值寒风苦雨时。野墅云花劳惆怅，画堂繐帐总凄其。回头剪烛西窗下，长夜冥冥有所思。

久从栗里避松筠，乘化归来欲反真。手种桃花经岁月，谁期琼树厌风尘。惊传易箦辞铅椠，幸有遗书寿玉珉。石隐园中千丈石，也应泪下碧嶙峋。

御李当时气象尊，楚歌惆怅一招魂。林宗碑诔留金石，孺子生刍荐杜荪。

① “生”后，省图本、中科院本有“十二首”三字，多《匹马遥来极目悲》《御李当时气象尊》《挂冠昔自海陵归》三首，据此补。

忆许新诗追北地，曾随飞盖入西园。山丘华屋情何限，冥雨潇潇哭寝门。

当年文酒会高轩，秋菊寒泉欲断魂。已陨少微干象纬，坐令物望失龙门。荒园花竹伤心丽，旷野云沙满目昏。借问东流溪上水，为谁呜咽下空村。

蕙带萝衣赋遂初，门前五柳旧林居。人从洛下悲遗老，客向云亭问著书。白马临风追素绋，清流磨镜走柴车。九歌声里黄云暮，桂酒椒浆落日余。

昔日紫琅驱五马，今朝丹旐引双旌。云松画偃连天黯，玉树尘埋入梦惊。爱客共推如北海，真人不复更东行。谢安门下空长痛，肠断羊昙感旧情。

风流端合似髯苏，宝剑光沉玉鹿卢。薤露有人悲渤海，客星此日落江湖。陶庐三径成蒿里，橘圃千头谢木奴。身后遗文应校勘，为将尺素报封胡。

司空博物定谁如，家有琅嬛三十车。绝笔华阳人物志，奇文白水货泉书。香山志墓留遗草，彭泽哀歌寄太虚。依旧绰然堂畔月，萧萧清影照庭除。公所著有《淄乘征》及《钱史》等书。

挂冠昔自海陵归，三十年来竟息机。吏部床头余绿蚁，尚书邸第冷乌衣。伤心絮酒千人会，太息交游万事非。况是陈荀诸子弟，德星摇落吊斜晖。

君家三老三株树，零落如今尽丧亡。惊听挽歌来北里，不闻鸣鹤在东厢。绮裘香冷悲荀令，驿骑人归哭郑庄。手抚练裙生感慨，羊欣那得不神伤。

昆仑山房诗①

昆仑山下有山房，紫气冥冥入大荒。群玉峰连天北极，芙蓉城在海中央。阆风有路通灵苑，弱水无波接混茫。人世几曾真到此，步虚声里按霓裳。

昆仑山下有山房，谁道西池路渺茫。若木千章交鹤语，洧盘万顷种鱼秧。绛霄月冷晴飞雪，宝鼎香销夜有霜。芥子须弥君莫笑，丹成指日列金堂。

昆仑山下有山房，天女遥来为散香。三尺瑶芝悬圃玉，一杯沆瀣帝台浆。飞琼觅得红鹦鹉，阿母骑归紫凤凰。瞬息欻然千万里，笑看东海种扶桑。

昆仑山下有山房，天脊峰高近帝乡。巨胜花开逢细雨，灵桃树老落微霜。黄姑碧汉排云出，紫獬青麟作队行，沧海濯缨伤局促，归来蒙汜浣霞裳。

昆仑山下有山房，日月双丸走电光。一炁大椿烝紫菌，万年小劫饭黄粱。庸奴夸父身为木，牧竖初平石作羊。长啸鸿蒙掉头去，碧云无际罨②穷桑。

昆仑山下有山房，葱岭西头落日黄。龙浴朝朝翻锦浪，鸾音③历历中清商。

---

① “昆仑山房诗”，省图本、中科院本作“赋得昆仑山下有山房十首”。

② “罨”，省图本、中科院本作“拂”。

③ “音”，省图本、中科院本作“吟”。

云飞万里归丹灶，桃熟千年入绛囊。笑指通天台畔路，露盘仙掌赚刘郎。

昆仑山下有山房，山上群仙列数行。裨海遥环九州外，沃洲不在五湖旁。自栽玉蕊调玄鹤，闲赌琼花饲白狼。邹衍谈天空咋舌，不知人隶彩云乡。

昆仑山下有山房，桐柏仙人辟石梁。紫府丹丘身是幻，玉砂瑶草自为粮。鹓雏哺得三旬熟，龙鲊携来五色香。闲挹洗头盆内水，谁知曲注作银潢。

昆仑山下有山房，饥凤神乌啄稻粱。天上白榆原有种，海中珠树不成行。玉禾千亩丹崖近，桐坂孤标绿荫长。却怪小儿强饶舌，汉庭谁似岁星狂。

昆仑山下有山房，曾入神霄侍紫皇。懒逐金仙翻贝叶，闲从玉女乞天浆。瑶池月照千林雪，琪树风清八尺床，鹤背不搔真技痒，麻姑指爪亦何妨。

极目

高天远雁入长空，万里萧条极目同。木叶影翻青壁下，樵歌声出翠微中。烟迷野坞孤村暮，云挂寒萝百丈[①]风。此际幽人方独步，遥看古道卷飞蓬。

南涧中行

偶然驴背出松筠，十里横塘傍涧滨。野墅炊烟闻吠犬，荒原落日少行人。西溪断岸寒波急，南浦回风暮雨屯。咫尺吾庐萧瑟甚，高歌终不厌清贫。

双松

故人移植双松在，相对青青翠色浮。已见涛声盘地轴，渐看虬鬣放庭隅。海天不让三株树，辇道休夸五大夫。闭户著书真有愧，龙鳞老去伴玉符。

野客

野客行歌陌上行，三秋禾黍慰躬耕。但输租税无余务，安坐蓬茅不入城。曝背自矜黄衲袄，烹芹宁羡紫莼羹。惟忧婚嫁犹多事，五岳清游待向平。

---

① “丈”，中科院本作“尺”。

城南

堪笑城南处士家，秋深篱落自横斜。当杯虽少家藏酝，适意无如自种花。静爱儿童争枣栗，闲邀邻叟①话桑麻。寒天偃仰松窗下，粗粝晨餐莫漫嗟。

题豆腐

纳纳乾坤笑腐儒，谁知美馔在区区。莫惭半菽无兼味，绝少烹葵佐一盂。瓦钵盛来伴藜藿，寒浆蘸后似醍醐。分明酥酪含香乳，天为冬烘赐大酺。

冬日大风

旷野萧条多烈风，焂烋终夜撼长空。摧残红叶千林下，飘泊黄沙万里中。坐见悲号吟虎豹，谁将意气塞鸿蒙。杜陵老子江郊外，卷尽重茅计已穷。

共工抵死斗峥嵘，风伯长驱气未平。西北浑疑天柱折，东南真见地维倾。寒空雷雨如凭怒，大泽龙蛇不敢鸣。袖里携来五色石，娲皇一为炼云英。

寄怀刘十洲先生，兼题所居绣渚园②

神熹人物若晨星，叹息此人似管宁。解组幽栖锦川畔，阳丘西门曰锦川门。闭关长啸绣江亭。买山雌伏秋林碧，说剑雄谈③夜月青。为问溪边水香阁，先生所居阁名。几人把酒伴刘伶。

先生终老旧渔矶，五柳年来静掩扉。鸥渚盟心孤鹤梦，龙门掉首片帆归。纶竿晴拂珊瑚树，松菊秋宜蕙带衣。共说鲁连真义士，聊城往往解重围。先生尝为岭南龙门令，田居好为人排难解纷。

平生爱食北山薇，绿鬓神仙步若飞。偶着垫巾来紫陌，惯骑老马入乌衣。栽花锦里成三径，种柳金城渐十围。回首碧桃千万树，玄都观里久忘机。

埋名无恙在东篱，栗里征君出世姿。黄叶村中狎海鸟，白蘋洲上采江蓠。卮言寄傲蒙庄叟，带素行歌荣启期。独惜香山忧嗣续，琴书无奈付龟儿。先生

---

① “邻叟”，省图本、中科院本、《般阳诗钞》俱作“邻父”。

② “园”后，中科院本有“十首”二字，省图本、中科院本多《先生终老旧渔矶》《彭泽仙人放白鹇》二首，据此补。

③ “雄谈”，本作“雄雄”，据省图本、中科院本改。

八句乏嗣。

天台当日旧刘郎，流水桃花亦渺茫。对客每贻青玉案，怀人忆度赤城梁。入门弥望苍筤竹，绕屋新成薜荔墙。老去江干课童隶，橐驼传得灌园方。先生少时以风流著称。

郁林片石久归休，老态婆娑漫不愁。七里滩头称大隐，百花潭上泛渔舟。山青云白人如菊，水绿蘋香夏亦秋。方朔滑稽真不忝，何人同署醉乡侯。

彭泽仙人放白鹇，羡君八十二毛斑。红牙绿酒添幽兴，赤箭丹砂好驻颜。招客每同游退谷，采芝宁必入商山。年来系梦缘何事？只在横塘水一湾。

绣渚园当绣水坳，千章老树舞潜蛟。临溪径仄垂鱼饵，背阁堂深定燕巢。淮浦曾传小山赋，江湖又见大樽匏。少微自古多充隐，羡尔空村结草茅。

伯伦耄矣酒为家，到处黄垆亦复嘉。十里为园千亩竹，半生沉醉一庭花。尘中荷锸参觞政，梦里流涎见曲车。爱尔朱颜能却老，安期应有枣如瓜。

九畹兰皋晚节香，垂垂萝带出云房。长廊秋水添三尺，小院幽花落半床。浮蚁绿醅开画阁，衔鱼白鹭入沧浪。对君便似巢居子，始信人间有颍阳。

寄怀焦寿甫兄弟

每羡君家不可当，长衢夹毂最难忘。芳筵常闭黄金锁，扫径频开白玉堂。明月窥帘将进酒，轻风入座漫焚香。梅花纸帐时相忆，一石留髡醉不妨。

放饮长鲸气若虹，君家五斗美流风。青虬紫燕筵前客，朱凤清溪明下童。夜烛当歌榆社后，春衫走马入[①]堂东。平居苦忆陈惊座，投辖留宾意自雄。

忆旧游戏为艳诗寄焦兔子兄弟

犹记当年胜业坊，懊侬一曲可怜香。应门不拒张公子，持钵常随李十郎。闲拥红炉调玉笛，醉添绛蜡舞霓裳。银屏尚有题诗处，可是琅邪大道王。

憔悴相如赋美人，城南往事苦重陈。玉钗籁籁应怜汝，罗袖垂垂欲拂臣。五夜莺花春似海，九天风露月如银。回头何限萦情恨，只是难忘白纻巾。

远山作意上双眉，月下娇娆绝妙辞。座上徵歌骄玉树，花前解语斗金卮。平分春色思仙侣，管领东风付雪儿。每忆绝缨良会日，高唐[②]一梦到今疑。

江东绰版试雄风，凤胫灯前腻烛红。水月无情劳远梦，蕙兰有路问芳丛。

① “入”，省图本、中科院本作“射”。

② “唐”，本作“堂”，据中科院本改。

神皋结佩邻巫峡，秘戏藏钩托汉宫。肠断曲终双泪落，自言家世本墙东。

恼公一赋至今闻，宝马香车道路分。久向青溪歌子夜，谁从芳径折兰薰。桃花扇底飘红雨，玳瑁筵前识紫云。当日几多啰唝曲，为君写向石榴裙。

广寒宫里盼飞仙，月色溶溶玉有烟。半臂偏怜宋学士，晓风争唱柳屯田。落花无语归春水，弱絮多情上酒船。莫笑君家粉虞侯[①]，教人梦里听神弦。

笛里梅花法部清，流传来自洛阳城。心悬楚女蛮腰舞，梦隔秦楼少妇筝。见惯司空频送目，坐怀处士淡无情。双鬟旧日旗亭曲，忆奏凉州第一声。

水调歌头发曼声，君家争厌五侯鲭。鸦翎蝉翼灯前出，雀舌龙团醉后清。绛雪天寒当午夜，兰堂月冷入三更。高楼通德如相问，愁绝伶元听凤笙。

酒冷香残几载余，个人无赖七萌车。鸾笺为报韦明府，代马驮来薛较书。上客缠头金屈戌，儿家窃药玉蟾蜍。绣江桥下无情水，不见东流双鲤鱼。

当年逐队彩云中，四角龙旛路下通。飘渺歌声疑碎玉，翩跹舞态看惊鸿。每从洛浦飘回雪，愁绝天台怨落红。一驾青鸾千万里，桃花人面怅东风。

佳人拾翠九雏钗，厩吏香鞯白鼻䯄。碧汉夜凉天似水，红楼月落犹[②]如淮。听残凤轸垂金蒜，夺得鸾篦掷玉阶。云散烟消憔悴甚，绝怜无梦到天涯。

落叶为身片片轻，清虚殿里识卿卿。梁间学舞红襟燕，柳外闻歌紫陌莺。夜雪当炉来锦帐，朔风留客下帘旌。细蝉金雁今何在，惆怅蓝桥隔玉京。

自笑

自笑柴桑老倦游，绳枢圭窦对林丘。隐之嫁女真牵犬，时予将有嫁女之事。康伯逢人莫驾牛。纵使无钱休卖赋，但能有酒不言愁。年来心事知何在，红蓼青蘋碧水流。

自遣

萧然幽绝赖清贫，莫怨从来骨相屯。南郭子綦真大隐，东方曼倩久沉沦。栽花栗里能忘世，结屋桃源不见人。寒尽宁忧无历日，瓮头新熟玉缸春。

① “侯”，本作“条”，据省图本、中科院本改。

② “犹”，省图本、中科院本作“酒”。

寄怀松壑山人

平居长望少微星，五十年来老管宁。数里遥连三径碧，一溪隔断乱峰青。驱驴绝壑成孤往，放鹤空山亦渺冥。何事城南复城北，怜君潦倒更传经。

回首三台忆旧游，丹梯百丈入残秋。紫萸黄菊重阳后，碧石青山最上头。海气微茫当落日，天风缥渺下沧洲。白头松壑山人在，常向云峦起别愁。

零落交游二十年，风流云散总茫然。笠阳仙吏乘玄鹤，月麓山人驾紫烟。画阁逸峰留翠黛，凄风冷雨吊甘泉。与君愁绝山阳赋，回首黄垆更可怜。

我作天边石户农，笼溪东畔水淙淙。采薇每念山中客，载酒难寻涧底松。萝径幸无俗士驾，柴关常有宿云封。罗纹寺里径行处，万壑风声起暮钟。

老屋

老屋山村接远汀，也堪长啸向岩扃。茆当结构人皆笑，陋室新成自勒铭。梁上乌衣频掠羽，阶前白鹤静梳翎。浣花杜老虽憔悴，无恙乾坤旧草亭。

一枝

一枝聊寄蒋元卿，自笑蜗庐计未成。叠石为墙宜薜荔，缚茅结宇当檐楹。长贫闵贡犹衣市，未老庞公间入城。补屋牵萝今日事，山妻努力佐经营。

忆旧述怀寄鹿詹[①]

吟[②]成绝调向谁高，二子论交梦寐劳。白雪阳春留下里，青灯绿酒忆东皋。君如野鹤繁双鬓，我向吴霜叹二毛。回首风流今已尽，相看偃蹇卧蓬蒿。

东山山下结茅庵，入世从来性未谙。无恙幽怀栖涧壑，有时稀发对林岚。步兵放浪千回醉，叔夜清狂七不堪。当日交游寥落甚，悲歌斫地忆雄谈。

五[③]子当年大将旗，千秋雅调使人悲。共传七略劳中垒，雅有三都赋左思。东国雄风推北海，西园文物纪南皮。只今云散伤离别，落落晨星又一时。

---

① “鹿詹”后，省图本、中科院本有“八首”二字，多《栗里先生文闭关》《白云山下出无车》二首，据此补。

② “吟”，本作“今”，据省图本、中科院本改。

③ “五”，中科院本作“吾”。

当时雄霸气飞扬，余子纷纷各擅场。无禄人间悲赵壹，有怀天上见王郎。银灯夜话巴山雨，玉露秋零海国霜。岁岁东山黄菊会，茱萸折罢总神伤。

沈侯坝上西[①]频过，不浅濠梁兴若何。细藻冲波依鹭渚，寒潮激石入鲸涡。桃花浪里流红玉，瓠子河边藉绿莎。当日惠庄知己在，几时秋水共婆娑。

豹山太史亦风流，共向般城对素秋。白袷迎风临雉堞，清溪卷雪下龙湫。啸歌庾亮三更月，凭眺陈登百尺楼。华发飘零余数子，回头寥廓忆同游。

栗里先生久闭关，避人萧瑟似投闲。半生诗酒青山隐，十载江湖皂帽还。白岳闲云频北望，荒村古屋住西湾。郢中诸子劳相忆，只是清尘不可攀。

白云山下出无车，碧草茅庵鸟道斜。彭泽无人窥菊圃，武陵有路种桃花。青藤蜡屐游仙梦，浊酒黄鸡处士家。载得江南书万卷，百城吟卧旧生涯。

寄蒲留仙

老我烟霞上钓舟，嗟君感遇泣高秋。漫言楚国多良璞，依旧桐庐拥敝裘。东郭先生方纳履，西园才子亦穷愁。昨来闻道仍多病，把臂何时话旧游。

说[②]鬼谈空计尚违，惊人遥念谢元晖。老来更觉文章贱，贫病方知雅道非。同学故人萧屑甚，一时遗老姓名稀。床头吏部今何在，痛哭西州掩泪归。

怀吴宝崖

吴有词云“解罗衣，仗剑学从军”之句，故末及之。

延陵公子迥无伦，一去吴山秋复春。望断二千余驿路，未逢三十六文鳞。西湖结屋探幽胜，东海论交忆故人。匹马南来更何日，罗衣仗剑出风尘。

登东山绝顶

藜杖萧萧出远林，东来绝巘一登临。悬崖老树龙髯古，跨涧寒莎鹿迹深。大壑飞流环匹练，奇峰积翠郁千寻。乘风化羽须臾事，聊试凭高出世心。

历井扪参势可呼，老来济胜倩人扶。空林一望啼寒鸟，岐路频惊问仆夫。直上丹梯成小憩，回看青野俯平芜。桃花开后重游处，准拟明年倒玉壶。

凭高绝磴千回转，俯瞰崩崖十丈悬。一带溪山雄百里，万年形胜说三川。

---

① “西”，中科院本作“昔”。

② “说”，中科院本作“谈”。

蜿蜒怪石驱幽谷，历落平沙接渚田。珍重巨灵劳斧凿，今人长啸碧云天。淄城南三大峪有三川之形。

暇日聊为岭上行，振衣蹑屩翠微平。淄青千里望中尽，长白群峰足下生。绝壑飞云樵路断，空山落叶客心惊。归来寂寂人踪绝，斜照荒凉鸟乱鸣。

居然星斗摘天门，霞举真如鹤景翻。众岭遥看回大陆，一峰忽转见孤村。人随夕鸟归云际，风激寒溪散水痕。便欲凌虚叩真宰，阆风台畔溯昆仑。

半生

半生生计已蹉跎，梦里乾坤醉里过。诗未能工穷愈甚，老来相逼病偏多。谁云谋食甘薇蕨，漫说无衣问薜萝。终是陶公能出世，萧萧白眼眄庭柯。

西溪

西溪桥下听潺湲，白石晴沙数往还。辟世迩来思颍水，称诗老去爱香山。但储绿酒时谋醉，何必丹砂议驻颜。岁晚山中多雨露[①]，梅花绕屋掩松关。

无题

银箭风微漏渐添，暗传锦字玉纤纤。家邻巫峡朝朝雨，声绕文梁昔昔盐。乍谱凤箫临翠幌，忽惊绣户揭珠帘。长思夜醉兰堂月，谁见双飞比翼鹣。

年来

年来幽兴寄云林，陋室闲情伴玉琴。酒入半醺称善饮，诗参老境[②]爱微吟。谈禅说剑真名士，临水登山慊[③]素心。懒慢遂成嵇中散，萧萧贫病二毛侵。

山客

昆仑山客日逶迤，俯仰生平叹数奇。贫到空囊沽酒处，愁缘多病看花时。

① “露”，中科院本作“雪”。

② “境”，中科院本作“景”。

③ “慊”，中科院本作“惬”。

伯休坐使妻无袴，绮里何妨共采芝。为报故人缸面熟，相过一醉莫前期。

冬日黉山道中

匹夫迢迢度远岑，青溪过尽出长林。寒山有路行人少，幽谷无风落叶深。茧室千秋推大隐，黉堂万仞积重阴。三年又到荒原下，萧摵难禁此日心。

路入寒岩鸟道深，客来临眺意萧森。鳞鳞日照丹崖石，飒飒风吹槲叶林。谷口龙蛇分九派，峰头台殿郁千寻。司农祠宇还今古，此地时闻山水音。

过高伯良山村

皇姑庵下谷谽谺，曲曲藤萝小径斜。惭愧偶回逋客驾，虚无想像列仙家。一溪寒水流清籁，十里空山散碧霞。一到桃源栖隐处，秦余何地不桑麻。

题潮音庵

潮音庵下潮音洞，胜地平临绝涧偏。九折河流双树老，千江月印一灯悬。崩崖虎豹疑危石，浅濑珠玑落暗泉。便作辋川应不愧，数声清磬出蓝田。

仙路浑疑出紫霄，焚香暮暮复朝朝。门前鸥鹭般溪水，浪里鱼龙振海潮。清梵六时依静室，灵虹一带锁长桥。极知此地尘根绝，常愿清修对寂寥。

戏赠焦巽甫

龙丘居士近何如，江左夷吾定似渠。九锡新颁长柄麈，六萌频驾短辕车。入门络秀藏金屋，照乘珠光下玉除。但使谢家生宝树，莫令人更泣前鱼。

果然迟暮慰商瞿，玉雪盈盈此定殊。沧海月明珠吐蚌，丹山春暖凤将雏。久知皈命双林树，从此凭添五丈夫。稽首河东应下拜，新人闻道胜罗敷。

赠内

灞陵归隐尚能偕，珍重卿言亦复佳。举案久同庑下梦，闭关不厌太常斋。鹿车共挽黄牛驾，荆布何烦紫燕钗。婚嫁向平犹未毕，青山无计踏芒鞋。

闲居

闲居观物向柴扉，十里明霞映夕晖。汲水山泉离舍远，烧畬野火隔林微。行人每向苍烟没，寒雁遥从碧落飞。独有清溪高卧客，绿莎白石旧渔矶。

冬日

霏微霜气闭穷冬，怅望空郊策短筇。旷野苍烟横碧落，寒天白日冷青松。两峰跨涧樵通径，叠浪沿堤水自舂。薄暮无人独归去，荒凉四壁响哀蛩。

题毕公权遗诗后

绝代风流亦可嗟，尘中秋雨梦中花。通眉长爪辞昌谷，紫府丹楼作押衙。漫说雄文无定价，终留彩笔散清华。至今谢朓惊人句，不减渔阳醉后挝。

当年品藻重南金，绝笔惊看久陆沉。不合时宜应满腹，每逢好友亦论心。文能玩世偏调笑，诗不求工未苦吟。南剑西崑添一座，泠泠山水有清音。

春日漫兴①

风卷蓬茅满目横，连旬不雨客心惊。未能栽竹留余地，除却输租不入城。芳草多情当径出，山禽作意向人鸣。生平每笑桃源客，误引渔郎似近名。

胜友良辰自不兼，莫嫌乞食类陶潜。风吹柳叶莺窥户，雨湿丁香燕入帘。野客漫歌白石烂，春盘惟有水晶盐。何当结伴寻山去，一路看花傍酒帘。

一望春山隔短篱，翛然幽径绿离披。但能有酒无辞醉，纵不成篇亦赋诗。碧柳窗前来燕子，青蘋洲畔长鱼儿。落花处处皆堪惜，为语东风莫浪吹。

杂诗

漫从詹尹②拂灵龟，浪迹溪山任所之。小径未栽千树橘，当门已长万年枝。天生阮籍从教放，人道王湛定是痴。五斗深杯十斛酒，此生行乐不须疑。

林岚深处卧云霞，欲种东陵五色瓜。紫陌淡烟飞柳絮，清斋微雨折梨花。

---

① “兴”后，中科院本有小字“甲戌”。

② “尹”，本作“户”，据中科院本改。

一钩萝月幽人梦，三尺蓬门处士家。莫笑空山无历日，春深一一植桑麻。

春日访约庵于百四斋

坦步寻幽自当车，果然动即到君家。遥来背郭春将晚，每为谈诗日易斜。半榻云阴交竹影，一帘风色落桐花。等闲相送柴门外，桑柘阴阴去路赊。

城阛偶出此相过，可是芒鞋踏绿莎。家为买书贫愈甚，宅因近市客偏多。柳丝十丈当窗牖，茅屋三间挂薜萝。尘外久从莲社侣，风流二老漫婆娑。

茅舍阴阴锁碧苔，林亭却寄古城隈。门临十亩方调鹤，人到孤山为看梅。扫径每缘佳客至，门津常遂落花来。君家琪树知多少，移向昆仑顶上栽。

几日相违系远情，枌榆十里隔柴荆。归欤我已营三径，老矣君还拥百城。丁卯雄篇寄黄叶，庚寅楚客隐香蘅。结邻安得衡茅近，竹坞花关绝送迎。

红尘何地是沧洲，半亩宫中寄一丘。鹤迹茶烟人悄悄，禽声竹韵日悠悠。庞公久矣忘宾主，宗炳由来爱卧游。每到柴桑相对处，始知人世小春秋。

田家

吾徒端合老烟霞，薇蕨春深玉有芽。旷野高寒宜种秫，园丁老懒畏栽花。闲看洞壑云飞尽，散步枌榆日景斜。莫厌田家供给少，客来且与饭胡麻。

过豹岩先生村居

先生卜筑辟蒿莱，叠石排云古径开。自喜有人随杖履，谁云无地起楼台。行歌南浦春将暮，拄笏西山日几回。每到花时幽兴好，野夫来往赴香[①]杯。

仙源只在碧溪隈，万柳阴阴长绿苔。雅有桃花临水笑，何须丹嶂拂云开。图书四壁群山响，松竹三春二仲来。消夏银湾看咫尺，放生矶畔好徘徊。

闻伯良、仲治谈庵子沟之胜，未得同游，怅然书此

般溪千折碧琉璃，精舍临流路逶迤。偃蹇青山吾欲老，溯洄绿水汝何之。探奇载酒知何日，多病寻幽未可期。咫尺烟波真万里，安能策杖一相随。

---

① "香"，中科院本作"深"。

堤上柳

不是芦花扑面飞，长条折尽尚依依。曲尘拂地蛮腰细，弱絮漫天翠黛稀。灞水路岐劳怅望，玉关人老送将归。临风却忆桓司马，泪下金城已十围。

河上

偶来河上弄潺湲，水石萧疏意自闲。冒雨人归青涧底，跳波鱼戏绿蘋湾。沙回溪口吞平岸，云过风头补断山。广陌长歌无与和，一瓢浊酒闭松关。

野兴

乾坤无恙一渔矶，自结绳枢白板扉。户外鸟啼山雨过，篱边犬吠野人归。齐讴不惯枫香调，楚客偏宜薜荔衣。千古颍阳同此意，万山深处片云飞。

写梦

梦入江湖万里空，此身遥寄海天东。一樽新绾竹林绶，九锡今为田舍翁。人去碧山寻药饵，鹤飞青涧响松风。便思去逐元真子，拍棹冥冥烟雨中。

偶来

偶来野渡草蒙茸，鸟道无人碧藓封。一水沙边拖素练，群山天外削芙蓉。林间毛女知何在，洞口桃花岂再逢。人世光阴容易老，等闲霜鬓已蓬松。

赠豹岩先生

岭上闲云却赠谁，萧萧海鹤见风姿。三层楼阁山中相，一卷维摩画里诗。柳浪临溪萦钓石，木奴当户覆江蓠。西风屈指重阳节，采采黄花醉竹篱。

东望朝霞奇甚

万里朝霞极目中，丹楼五色出鲛宫。流黄机上飘长线，濯锦江头浣落红。绿嶂有情初映日，碧天无际不惊风。采鸾安得乘云去，直到蓬莱东复东。

野兴

雨脚斜连山半腰，小楼闲望野烟消。冬青一树花如雪，秋潦千溪水似潮。种豆东皋锄茂草，沤麻南浦傍平桥。萧萧不过由旬地，从菊寒松伴寂寥。

奉挽毕少参淄渭先生自滇南驰驿归葬[①]

太荒披发返蓬瀛，极望澜沧痛远情。铃阁几年依六诏，葱灵万里引双旌。天怜使节乘风下，帝轸劳臣拥传行。闻道羊公遗爱在，岘南应有泪纵横。

蒙舍山前掩落晖，星惊枥马重欷歔。金沙江上楼舡渡，铁锁桥边广柳归。东海孤儿抢地泣，南荒遗恨瘴云飞。犹怜吏部床头酒，却共椒浆奠素帏。

铜鼓曾监汉将营，碧油幢下走军声。黑头未竟筹时策，白羽犹传制胜兵。万里昆明驯战象，十年越嶲偃奔鲸。雄边子弟应长痛，仆射当时若父兄。

碧鸡金马赋王褒，天末惊闻仗节劳。余阁悲云供蒟酱，铭旌寒雨泣哀牢。烟迷贵筑尘沙黯，路出盘江瘴疠高。多病故人憔悴甚，临风未得荐溪毛。

竹郎雄霸府中趋，痛哭同哀汉大夫。归葬萧萧无薏苡，清风落落想冰壶。国恩诏作龙骧冢，家学人传笔阵图。回首丽江三万里，忠魂一夜过苍梧。

不见遗尽付所忠，博南遥在彩云中。甘棠旧德留诸赕，绶带风流靖九隆。野祭竹林频洒泪，归来繐帐起悲风。当时走马朝天路，谁复雄文赋射熊。

西南千骑渡澜津，荒徼年来亦苦辛。骆将至今知慕义，剑羌终古忆王人。身轻九折邛崃坂，没拥双旛僰道尘。盖代雄才未开府，长城万里竟沉沦。

迢递牂牁清水关，孤臣抱恨点苍山。神伤马草来金革，路隔龙池觐玉颜。南极使星沉益部，炎方幕府罢征蛮。武乡千古同劳悴，丹旐凄凉此日还。

汉节当年出尚方，西偏庄蹻旧岩疆。黔阳玉尺衡边徼，滇海金波奠富良。化俗文翁传大雅，征南新息殄炎荒。生憎不及中郎将，负弩欢迎下夜郎。公先为贵州学宪，后补永昌参议。

平生风义走中原，挥翰临池绮绣翻。鹤驾不闻丁令返，虎贲无复典型存。南州刍奠惟鸡絮，北海樽空哭寝门。此日人琴遂已矣，商音愁绝向谁论。

---

① 底本无《不见遗尽付所忠》《西南千骑渡澜津》《迢递牂牁清水关》《汉节当年出尚方》《平生风义走中原》五首，据中科院本补。

哭焦简庵[1]

余与简庵廿年执友也，花晨月夕，说剑论文，亦庶几耐久朋矣，契阔三载，竟成永诀，悲夫！君殁以甲戌五月廿八日，得寿仅五十，少余三岁，先作古人。惊痛稍定，作此寄门人汉臣、介眉兄弟。皆君之诸孤也。

落落晨星气色孤，绣江云雾暗平芜。西园公子捐宾客，东国衣冠痛顾厨。亭阁当年依白社，河山今日邈黄垆。碧梧翠竹风流甚，仅作知非蘧大夫。

三载伤离路阻修，九原死别起繁忧。极知消渴同司马，岂意修文驾赤虬。大梦到来真小劫，百年强半已千秋。不堪重上淮峘阁，琐闼雕窗尽日愁。

中寿如君信可伤，难从真宰问巫阳。子孙早已齐元凯，生死难期隔范张。絮酒黄鸡怀往路，萱帏白发哭高堂。寝门长痛知何日，一束生刍未得将。

年年幽怨苦重陈，常向云山哭故人。陌上柴车双涕泪，天涯磨镜一沾巾。凋残玉树埋黄土，零落山丘起黯尘。莫怪比来知己少，西州门外每伤神。

嗟余折臂久堪怜，济胜溪山尔独先。同学故人谁健在，惟余衰鬓自凄然。莲花梦觉三千界，金石盟心二十年。回首岁寒松柏里，两行老泪洒空天。

经时问讯病维摩，叠叠云山客思多。名岳向禽今已矣，临江洗马竟如何。半通未绾青丝绶，长辔先停碧玉珂。独赍九泉遗恨去，莱衣子舍泪滂沱。

余青园里久追随，寒碧轩前路逶迤。回首旧游云散后，伤心久恨梦归迟。素车白马秋风冷，繐帐金灯夜雨悲。莫问当年醒酒石，平泉宾客泪如丝。

早衰每属君怜我，后死谁知我哭卿。郭泰安能续碑诔，钟期不复听琴声。交游久已同风雨，意气年来托弟兄。极目伤心悲远道，余生从此罢西征。

忆醉孤亭枕碧流，海棠花底接伊州。浮生刹那空游目，梦幻微茫已到头。仙骨难忘缑岭鹤，罡风早度海云楼。倚峰廊下如相问，蓬岛原来是旧游。[2]

载酒南皮拂锦茵，君家兄弟喜留宾。珠帘一闭临皋阁，上客谁过绣水滨。霜月影中闻断雁，茱萸会上几归人。他时重忆芳园宴，苦竹寒松易怆神。

偶题

漫嗟筋力苦逡巡，半亩荒园足隐沦。菊似襄阳耆旧客，松如盘谷老遗民。当垂薜荔容当户，不种桃花免问津。最喜新篘缸面熟，床头聊复漉陶巾。

---

① 底本无《三载伤离路阻修》《中寿如君信可伤》二首，据省图本、中科院本补。

② “游”后，中科院本有小字“君斋中有枕碧亭、倚峰廊，颇具湖山之胜”。

挽焦凫子

与君壬午共悬瓠，五十三年岁月徂。忍见尘埃埋玉树，常思肝胆印冰壶。销沉大雅风流尽，怊怅交游意气孤。回忆花开与花落，当时同醉锦氍毹。

和李献吉[①]先生五十三岁诗

崆峒五十三年句，我亦今年五十三。半世关心如过隙，一生弹指未停骖。虽无白发三千丈，且住青山八尺庵。不敢临风对秋水，恐惊憔悴照澄潭。

广帝京篇

溟渤潜夫，犹忆挥鞭易水；沧浪下士，常思走马渔阳。骆临海之赋，帝京徒夸壮丽。杜工部之悲，小苑多入边愁。若乃时际承平，躬逢嘉运。仰泰阶而瞻斗极，六符不必再陈。望微垣而识奎文，五星于焉攸聚。朝无阙事，不妨为典引之篇。家有逸书，或用作衢谣之体。邸报虽云断烂，寿以韵语牙签。传闻间出异同，用助稗官珥笔。综数十年之美迹，燕都景物斯存。撚三五茎之髭须，齐客狂歌可念。倘爱我而删其甲乙，愿从君而付诸丙丁。

宣王石鼓到今兹，法物真同玉牒辞。岐下尚传初羽猎，陈仓犹识旧龙螭。六书文字尊苍籀，两序衣冠拜鼎彝。夜夜星芒干气象，不令雨露上阶墀。

圣朝选士贡明堂，负笈纷纷到蓟方。三万生徒推贾郭，两都词赋拟班扬。扫门不入王侯宅，执戟难希陛楯郎。索米长安何太苦，敝裘萧瑟返沧桑。

太学阴阴御道松，棂星石槛碧云封。三苍训纂留滂喜，六籍丰碑赖蔡邕。翁铁庵先生为司成，日修辑十三经，监板无缺。更老横经因稽古，銮舆问道忆临雍。只今牢落归东海，望断天门十二重。

宏词不是旧贤科，天子临轩结网罗。洛下书生初应诏，终南征士竞鸣珂。驽骀蹩躠登天厩，饥凤联翩赴玉禾。独有桐江渔父在，掉头常自恋烟波。

寂寞襄阳水鉴悬，闲从尘外数诸贤。亡书三箧推安世，博物兼车说茂先。天子恩深词赋客，群公朗咏圣皇篇。蔡中郎有《圣皇篇》。微躯不与风云际，寥落沧洲老郑虔。鸿博之征，余尝力辞举者，作《守贞辩》以见志。

年来南内即崆峒，入直金门有数公。书向龙池翻甲帐，经从虎观问丁鸿。树当温室言犹秘，猎罢长杨赋未工。严助承明原不厌，几人零落五湖东。

---

① “李献吉”，省图本作“崆峒”。

北门内相重天家，旦夕人传领白麻。博士买驴三纸券，秘书揽辔七香车。璇玑赋就归青锁，沈宋诗成散彩霞。不见昆明池上宴，更闻才子去长沙。

中朝秘阁重丘坟，胜国删书意自殷。雅有兰台称令史，更烦谒者访遗文。石渠同异人相难，金匮参差议正纷。见说徐陵曾受诏，几年官烛照江滨。

升平嘉宴万方来，丽日和风拜紫宫。凤阙月明调玉烛，龙楼春雪照乾坤。侍臣扶醉天街上，圣主当筵午夜中。九十三人齐作赋，柏梁犹是汉臣风。[①]

上元佳节禁城开，南苑迟迟御辇回。火树遥连盘马地，银花自照接鹰台。恩波似海双鸾下，士女如潮万队来。永定门南归去晚，玉铃羽卫漫相催。

瀛台今是古瀛洲，长夏阴阴近凤楼。画槛芙蓉连玉蝀，沙堤杨柳暗金沟。赏花太液云中宴，鼓棹汾河水上舟。闻道侍臣叨宠眷，每分禁脔向蓬丘。

流杯亭子似兰亭，西苑仙洲覆鹤汀。五柞宫中凝晚翠，九成殿里送遥青。莲房露湿鲸鱼甲，银汉波翻织女星。曲涧浮花留御墨，鸾飞凤舞列金庭。西苑内有亭名曰“流杯”，又一门御笔题曰“曲涧浮花”，见冯相国《予告纪恩》。

禁城西望畅春园，曾奉慈宁宴水源。鹤发宣仁来玉辇，鸾旗汉武下金根。瑶池献寿觞王母，黄竹回銮捧至尊。长信宫中师大练，百年遗诏被春温。

竹宫禋祀不闻喧，坐使金吾静九阍。已见佽飞屯上苑，更传特进领城门。泰坛五夜龙旂出，御宿千群豹尾翻。夹道鸣銮三十里，南郊风物似江村。

万国梯航辑建章，垂衣天子坐明光。贯胸椎髻图王会，鼻饮头飞入职方。八尺神獒修旅贡，五花龙种下伊凉。即今沧海无波日，白雉重看奏越裳。

端门百戏竞回翔，乐奏钧天正未央。法部高头珠络鼓，宜春子弟绿沈枪。火龙喷水当驰道，舞马衔杯上玉床。愿附太平黔首后，大酺十日醉渔阳。

喜峰口北路迢迢，羽辂时巡下碧霄。万队期门停玉勒，千牛侍宴赐银貂。黄羊向夕呈酥酪，狡兔当风掣皂雕。毳幕平沙三十日，还镳初散紫宸朝。

十二闲中织锦韀，就中八骏似龙飞。五坊剑客长矛阵，七萃雄儿短后衣。帐外时惊苍鹘落，御前亲射白狼归。黄花戍上寻常到，知向燕山大合围。

自平吴濞靖纷纭，苞蘖连衡荡逆氛。贵竹八千余驿路，条侯三十六将军。东临岭表销兵气，西望昆池扫阵云。今日普天施雨露，金瓯无缺奉明君。

下濑戕戈奠海潮，归来露布拥旌旄。九衢逐队巴賨马，八校争披蜀锦袍。朱鹭铙歌登凤阙，紫泥银管纪龙韬。腐儒尝奏平滇曲，郊祀陈诗亦足豪。

前年稽颡下呼韩，控驭深恩假羽翰。岂使榷酤烦御史，宁教盐铁议桓宽。海艘转饷趋辽左，计部持筹策干难。总为庙堂多胜算，扶衰不忍破乌桓。

积贮筹边亦壮图，武功拜爵自群趋。封侯关内蒸羊胃，通籍班中佩鹿卢。

---

① “风”后，国图本、中科院本有小字“升平宴在壬戌上元”。

纨绔奔车邀墨敕，舆台橐笔入鸿都。紫微门下何人在，空使赀郎笑竖儒。

短褐难登要路津，广宁门内倦游人。玉河香水流红腻，金阙疏钟动紫宸。宝马游龙嘶绣陌，轻车霹雳走香轮。谁怜怀刺东风里，团扇难遮庾亮尘。

当年杖策入幽燕，上客龙门愿执鞭。入座萧朱争结绶，同舟李郭自神仙。金炉兽炭登瑶席，翠釜驼峰荐绮筵。北阙上书归去后，至今梦断蓟门天。

慈仁寺里漫相从，佳气氤氲到处逢。货贝争传来五岭，侏儒谁解吊双松。明珠欲化鲛人泪，琼岛移来怪石供。自是天家轻玩物，肯令花鸟困番禺。报国寺矬松一名侏儒松，今已毁矣。

昭王旧迹苦重陈，郭隗当年倡剧辛。冀野秋风埋骏骨，金台落日问涓人。空传击筑华阳馆，谁复谈天碣石滨。千古共怜慷慨地，卖浆屠狗共相亲。

荆高旧侣久沉沉，燕赵悲歌自古今。季布生平艰一诺，田光片语重千金。借躯结客纵横甚，投辖留宾意气深。来日大难行路叹，桓东年少逞雄心。

五陵佳丽护宸居，古刹回廊锦不如。宝铗每韬双欋剑，银罂初试七星鱼。浪游戚里开金穴，休沐清班下玉除。回首风尘迷紫陌，玄都观里重欷歔。

卫霍从来重汉京，建章下直理鸣筝。筵宾马埒金为注，劝客驼蹄玉作羹。红粉香生三妇艳，朱门肉臭五侯鲭。书生惭愧千夫长，悔不当年拜射声。

长安士女乐清明，犹记鸣鞭陌上行。夹道浓香珠履接，满堤红艳翠云轻。烟消禁火千门柳，风束微寒二月莺。共说汉宫颁绛蜡，九衢犹有卖花声。

西山朝爽亦佳哉，拄笏遥看更几回。白袷芒鞋何日到，丹崖锦嶂倚天开。千门殿阁排云出，百里烟霞积翠来。自古名区雄帝里，顿令尘外有香台。

卢沟桥外几经过，侠少探丸奈若何。龙势蜿蜒来紫塞，水声澎湃走黄河。时平斥堠无烽火，日落郊原散橐驼。近日重颁司隶法，候人此地又横戈。桑干河一名小黄河。①

击毂摩肩去复回，长安大道九重开。双头赤棒高轩过，十里红尘走马回。自有春风吹黍谷，更无丽日照楼台。行人让路缘何事，御史扬鞭霍霍来。

毗卢阁上雨初晴，一望秋风古北平。地枕龙沙开玉障，日临仙掌映金茎。人烟浩穰通关辅，宫阙微茫混太清。自是皇都多气色，凭栏千里暮云横。

陪尾山前古木秋，泉林寺里纪宸游。一轮月印三江影，千圣心源泗水流。玉篆穹碑看凤翥，金堤睿藻照龙湫。南巡羽驾回翔地，多少儒臣奉九斿。

岁岁宣防竟若何，天储日日待江沱。空劳贾让陈三策，谁挽澶渊复九河。瓠子桃花方渐下，淇园竹键已无多。朱提百万知何处，蚁穴春风涨白波。

浙东制府本豪雄，保障岩疆万里中。遂使七闽清逆孽，重令百粤沐皇风。

① “桑干河一名小黄河”，底本无，据中科院本补。

盐梅上相归朝右，鸠杖悬车卧海东。回首金城方略在，营平麟阁想元功。

澎湖亦近粤王台，靖海将军跨海回。已见十年开岛屿，何劳万里贡龙媒。鼓车且使骅骝驾，御苑谁将苜蓿栽。欲识汉皇威远意，不令天马荐重陔。

玉门关外白龙堆，接踵屠耆万里来。岂有癸庚呼玉蕊，更无戊己戍轮台。防边卜式能忧国，借箸弘羊善计财。但使富民多赐级，宁教间架困蒿莱。

驯象遥来贡帝京，崔嵬出入向承明。三阶立仗应多幸，七宝横陈静不惊。肝胆推移因岁序，山河风度亦峥嵘。如君莫把黔驴拟，免使封牛浪得名。

题田纶霞中丞《黔书》后

终古盘江向北流，渝歌蛮俗任冥搜。探奇已志华阳国，括地常存考异邮。路绕万山通益部，天垂一发入姚州。邛枝蒟酱应须载，浑似吾家博望侯。

三辅雄谈马伏波，中丞节制遍牂牁，金符初罢征蛮将，玉斧重开大渡河。荒服尚沿猡鬼俗，汉江争比夜郎多。试看甲秀楼中记，后乐先忧竟若何。

罗施自昔隔蛮烟，博物今朝有杜田。竹米芦笙参食货，柳阮鸡卜入夷坚，龙门更续河渠志，应劭新成风俗编。闻道采诗献天子，明堂应列职方篇。

西南山国浩无垠，此日蛮方入广轮。不觉阮瞻频说鬼，宁同干宝漫搜神。河图玉版摛文古，遁甲开山气象新。愿受琅环三十乘，灵威秘箓日为邻。

志就虞初独擅奇，先生银管自离披。书传谭苑醍醐美，家有齐谐志怪辞。地险中分关索岭，彝歌每赛竹郎词。徙薪控御无遗策，绝胜金城十万师。

奢香九译接南条，一线中通铁锁桥。欲向酉阳矜杂俎，似同荆楚纪风谣。乌蛮白猓图王会，僰女番僮格有苗。今日冠裳来南国，水西谁说路迢迢。

豹岩太史送余至放生矶，闲步观鱼

散步遥来借鸽楼，先生送客过溪头。阴阴碧藓千人石，淼淼沧波万顷流。沙上凫眠洲渚晚，镜中鱼跃海天秋。八功德水知非远，极目濠梁自胜游。

豹岩先生欲于傅家湾侧置一小舟

白鹭闲鸥任意浮，此间我欲赋沧洲。千秋浪说黄泥坂，一叶堪容画鹢舟。但使沙棠通彼岸，何须箫鼓在中流。堤边自有青青柳，系缆明年此胜游。

又赠豹岩先生

梦入松风枕簟凉，三层楼上近羲皇。柳如彭泽纷成列，菊似柴桑分外香。水石自应名退谷，洞天仿佛拟华阳。莲舟制就重相访，只在蒹葭水一方。

毕剑津然薪馆中食黔中鸡枞 鸡枞一名蚁夺

味同蒟酱出西陲，齿颊幽芬与性宜。朽壤何缘生玉叶，灵椿有路采金芝。烝成宝菌神仙府，用佐丹崖冰雪姿。万里携归邀一匕，老饕今日副深期。

负苞出土胜蘋英，赤羽离披入鼎烹。但过三湘餐蚁夺，不劳千里荐莼羹。金膏玉果无颜色，卢橘丹砂莫浪惊。今日斋房芝并美，肉糜何羡五侯鲭。

颂酒

平原昨日督邮至，六部青州定不如。王绩神交大乐署，阮公偏爱步兵厨。二豪侍侧惊糟粕，五斗题诗羡曲车。自断此生常荷锸，倾杯每畏绿樽虚。

登楼

蓬岛神仙不可求，醉乡吾亦欲封侯。银沙北渚时闻雁，白石南山自饭牛。采菊一篱收野色，种粳十亩解牢愁。荒村落日无人到，独上陈登百尺楼。

访约庵不遇

蹑屩逶迤鸟道西，孤山处士去林栖。探梅迹远霜风冷，放鹤人归落照低。户外长松垂碧藓，门前流水傍清溪。相寻何事难相遇，不是渔郎路亦迷。

晚秋

九歌声里恨漫漫，醉读离骚自倚栏。叶底虫书凝篆细，枝头菊蕊抱香干。澄潭碧水横秋色，落日青山起暮寒。楚客悲歌此时节，萧条何处采芳兰。

鹤睡猿栖好闭关，陶家清梦亦难攀。疏松应悯人将老，丛菊常怜客不闲。庭有短篱飘落叶，囊无长物买青山。新成浊酒何辞醉，溪上狂歌去复还。

莫笑田家但铺糜，蒸壶炊黍故迟迟。一生知己无如酒，万事输人不止棋。

绿水看来相与淡，黄花采后莫言饥。清游若待终婚嫁，五岳应将负向期。

海天高卧雨冥冥，人说幽栖类管宁。佳客偶来时对弈，痴儿以次待传经。村前古树千章绿，户外群山一带青。昨日故人相问讯，老来应共讲黄庭。

岁暮怀人诗

岁云暮矣，堪嗟日月其除。序将改猗，无奈雪霜相逼。心悬离索，既触绪以纷来。梦接笑言，亦兴怀于远者。或龙门久御，顿隔关河。或兰谱中分，常思赠处。或胶漆故友，谊托雷陈。或缟带新盟，契同侨札。江东渭北，悠悠春树秋云。落月空梁，怅怅天涯衰草。怀佳人兮不可见，空攀陇首梅花。思公子兮未敢言，谁搴芳洲杜若。独眠玉漏，指画肚以抽思。危坐萧斋，呵冻豪而写怨。汇辑既久，笔札遂多。地阻殊方，既双鱼之莫慰。感深长夜，讵尺素之能将。纵平子怀人，每托四愁寄远。而郑庄有驿，谁为千里传书。室远人遐，云何吁矣。魂销梦断，将如之何。往路阻修，聊咏蒹葭之什。余情蕴结，感申风雨之篇。

少司农王阮亭先生

汉廷计相数文终，此日军储亦已充。殷富天家兆神雀，文章海内辟蚕丛。银台跨马传三昧，先生寄余近选《唐贤三昧集》。玉殿挥豪倡数公。尺素远来讯茅屋，似怜东野为诗穷。

大银台宫定山夫子

入贡贤良愧广川，先生玉尺自高悬。稷门多士传经日，鲁国诸生问道年。犹见风诗尊郑谱，不将丝竹误彭宣。兰台执法年来久，汉室终当相韦贤。

少银台劳书升夫子

驽骀自笑冀群空，伯乐当年指顾中。每托通门依北海，曾于绛帐事南丰。常怀六传沧浪侧，莫寄双鱼浙水东。建节几时绍旧业，康成翘首待扶风。先生之祖中丞公曾为登抚，与先曾王父少保公为同年。

大司成江阴曹峨眉夫子

暨阳夫子本人宗，受诏成均振鼓钟。博士四门披六籍，讲堂五夜沧三雍。依刘我亦同王粲，入洛公先问士龙。贱子终身思旧德，安能江上溯青峰。

山右卫尔锡中丞 既齐

三年严谴亦凄凄，白草黄榆落日低。丹凤楼前宣玉敕，黑龙江上走金鸡。九重圣主恩偏厚，万死孤臣路未迷。贾谊又承宣室召，归田莫漫老磻溪。

於陵李质君侍御[1] 斯义

南院词人赋射熊，西台御史气如虹。青绫久擅金门署，白简时高柏府风。书似更生新说苑，人如桓典旧乘骢。一从辇下同携手，望断天门碧海东。

北海安静子先生 致远

高卧袁安五十年，佳儿玉署早联翩。藏书已就名山业，贫病终无负郭田。卜筑东山三径外，埋忧北海一尊前。何时老友重携杖，百里鱼书隔暮烟。

安丘杞园宗叔 贞

毗卢阁上六尘清，忆共凭高眺帝京。佳气自依双阙度，轻烟时傍五陵生。莲花净土香台寂，劫火金轮宝相明。一自东归栖故里，竹林何日慰将迎。

德水孙子未太史 勷

绣水滩头忆别离，凤衔丹诏出龙墀。仙霞万里驰炎海，驿路三秋荐荔支。闽粤无人伤白璧，孙阳要自识青骊。即今域内推公等，莫使斯父叹日漓。

西湖吴海木 陈琰

明圣湖头九里松，多时不见郭林宗。著书偶下三天竺，游侣同登五老峰。久[2]客西江。莲幕采风当翼轸，秋江鼓棹狎鱼龙。谁知憔悴延陵子，依旧凌云叹未逢。

聊城朱合璧太史 辉珏

大明湖上忆同车，闻道东风入石渠。往日聊城谁射矢，只今虎观有焚鱼。传家旧识尚书履，授简新成太史书。自是洛阳花似锦，悬知夹道拥潘舆。

武林唐聚占处士 文奎

以善书名于辇下。

西湖游子憺忘归，襆被萧然向帝畿。自署铁门邻紫陌，人传笔冢寄禅扉。典衣燕市行沽酒，长啸吴山忆采薇。棐几练裙今日贱，兰亭安得慰朝饥。

汲郡王聚吾 寿康

忆共驱车入五陵，难忘古刹对禅灯。白麟奇木君无愧，紫燕青虬我未能。张协潇潇秋雨叹，王恭濯濯玉壶冰。探书汲冢人何似，长啸苏门第几层。

云间周虞赓[3] 飓岐

尔是江东周伯仁，倦游蓟北久伤神。遥怜矫矫华亭鹤，同度萧萧易水春。匡鼎谈诗常厌众，田何说易惯惊人。谁知寥落长安道，丰乐楼前莫问津。

---

① 底本无，据省图本、中科院本补。

② “久”前，省图本有“海木”。

③ 底本无，据省图本、中科院本补。

吴江[①]弘蘧太史 尚瑗

太史有《莼江诗集》。

司马门前共帝乡，尔归东壁我柴桑。大官供食从休沐，内宴恩波出尚方。每忆谈诗过曲巷，有时骑马入禅房。银鱼玉佩无消息，采采莼羹未可忘。

确山何曾田孝廉 汶

澺源堂上五侯鲭，一别湖头伤我情。傅粉何郎终命薄，望门张俭黯魂惊。家亡却隶千牛卫，国典常随八骏行。一自璧人消息远，难从计吏问平生。

安丘卯君宗弟[②] 在辛

羡君名父本风流，游迹纵横遍九州。待制欲归天禄阁，传家久识富平侯。汉京七叶闻貂珥，倚相千年辨索丘。矫首天东不相见，海云漠漠迥生愁。

昌乐阎敬生[③] 愉

公子翩翩似粉侯，年来握手想风流。袖中锦字虚三岁，天外冥鸿隔十洲。彰义门东苍玉佩，大明湖上紫云裘。只今牢落时相忆，海阔烟深未可求。

同里王叔子学博[④] 士祯

时在成山卫。

怜君憔悴历穷冬，一蹇寒毡出万峰。孤馆清霜临海峤，空山落日吊秦松。勒铭碑仆黄云合，饮马池荒碧藓封。闻道郑虔归思急，故乡老友待扶筇。

阳丘焦切庵先生 毓鼎

先生每自号曰“酒圣”，以善酿且好饮也。

君家焦革是吾师，良酝清流历岁时。千日中山称夙酿，一樽上若负前期。怜余潦倒几回醉，与尔停杯一问之。咫尺酒泉三万里，何时重到习家池。

阳丘焦立庵吏部 毓栋

山公启事竟何如，画省含香懒上书。白眼步兵非玩世，黑头疏傅早悬车。也知汉法惟循例，谁向彤庭一引裾。回首旧游多酒伴，郎山山畔有樵渔。

平原又韩[⑤]兄 琦

甲子驾过平原，又韩曾奉诏讲《乾》卦。

六龙当日过平原，马颊河边御宿屯。圣主怜才回玉辂，文儒讲易侍金根。天花飘落红云散，睿藻琳琅丽日温。此际贤良伤老大，可无挟策向龙门。

---

① “江”后，《般阳诗钞》有“张”字。

② 底本无，据省图本、中科院本补。

③ 底本无，据省图本、中科院本补。

④ 底本无，据省图本、中科院本补。

⑤ “韩”后，中科院本有“宗”。

历下肖岩[①]弟 文貭

华山西畔有蓬蒿，仲蔚由来擅彩毫。入洛声华推顾俊，游燕慷慨吊荆高。灵和殿里人无恙，郢曲风前调自操。与汝清河虽异派，年来骨肉等同袍。

益都孙光禄孝堪 宝仍

赞皇世业冠名都，匹马归来玉鹿卢。五斗宿酲沾法酒，四筵雄辩倒醍醐。锦堂玉佩秦毛女，吏隐金门汉大夫。割肉东方应已厌，莫将九尺傲侏儒。

益都孙伯纯 宝仁

相门群从擅优龙，又见当年阮仲容。濯魄秋江生玉树，摛词初日照芙蓉。病余摩诘三生幻，消瘦休文万事慵。零雨晨风常念别，天台有赋几时逢。

柏陵张南双 鋆

隐逸工画。

公子风流亦复佳，南宗图画擅高斋。有时四壁群山响，尽日孤舟一水涯。丹碧萧森归逸品，江花平远入幽怀。浣花堂畔无人到，草色侵帘欲上阶。

宣城梅耦长 庚[②]

耦长来敝邑时，其同邑汪如龙作淄邑宰。

尔忆汪伦下海堧，城头姑射似神仙。宛陵一派推前辈。江左遗风觉汝贤。送别桃花[③]千尺水，怀人枫叶九秋天。囊中片幅吴绫在，顾陆丹青世久传。

青浦王令贻 原

余与令贻一别八载，偶于宋中丞牧仲先生梅花诗册内见令贻近作。

三株宝树擅江东，京洛名家拜下风。座有蔡邕频倒屣，文如王粲未从戎。曲江宴罢浮云散，淮海人归驿路中。闻道灵岩探梅信，广平一赋共争雄。

松壑高逸人鲁坛

为询松壑近何如，坐对三山久卜居。共讶衣冠遵汉腊，人传黄绮是秦余。空亭招客双飞鹤，落日临溪二寸[④]鱼。翠雨斋头知不远，冷岑相映夜窗虚。

绣江李磻璜 际昌

李蔡何缘居下中，陇西惟尔最豪雄。传经久作齐门客，炙毂能高大国风。优孟衣冠留海右，陈遵意气擅天东。何当一笑同君醉，骂坐无妨似孔融。

---

① “岩”后，中科院本有“宗”。

② “庚”前，省图本、中科院本有“孝廉”二字。

③ “花”，本作“水”，据中科院本改。

④ “二寸”，《般阳诗钞》作“且钓”。

胡[1]山术石发隐居 翼宗

浣石斋头百里分，多时不见老征君。苦吟太瘦形如鹤，短发飘萧鬓似银。采蕨空山愁日暮，看花曲涧对春云。华鳌袭勖无多让，谈艺渔洋好寄闻。

胶西宋桢庵 士芳

宋玉多情寄海涯，阳云台畔是君家。豪游玉珮青丝络，结客香车白鼻䯄。翡翠岛中贻怪石，芙蓉湖上落秋花。只今千里遥相忆，望断天空见彩霞。

德水宋紫函 兆李

悲秋公子叹无鱼，纵博呼卢意自舒。一掷千金袁彦道，空囊四壁马相如。穷愁不卖长门赋[2]，落魄甘乘下泽车。绕膝佳儿近何似，扶摇万里慰传书。

东阿张又仲宗弟[3] 令璜

一从把袂向幽燕，鸿雁分飞更几年。怜我陆沉鸥渚畔，愧君先到凤池边。曲江风度趋三殿，燕国家声入九天。他日宗盟思属籍，肯来访旧过般川。

德州魏宪武[4] 丕承

信陵公子不知愁，每向黄垆问酒筹。细马锦裘过紫陌，兰桡绣被供仙舟。扶风门下君年少，湖上知交我倦游。屈指长安分袂后，玉人不见勤经秋。

绣水张邺侯 泌

苦忆明湖荡画船，汇波门外碧连天。飞飞鸂鶒银塘下，采采芙蓉绿水边。楚国执珪侬不愿，越人拥楫尔堪怜。清歌一曲销魂处，回首灵和二十年。

桓台元公宗弟[5] 朝宗

当时蓟北荐雄文，一日声名动五云。洛下有人称陆海，龙门献策数河汾。阿房赋就愁难违，太乙藜燃黯未分。痛尔脊令原上泪，凄凉三凤久离群。

临沂王玉珍 佩璠

王郎天壤忆相从，玉树当前快一逢。弟似休琏兄似玚，车如流水马如龙。银床彩笔三都赋，赤土延津八尺锋。高唱旗亭分手后，华岩寺里听晨钟。

吴门陈左原先生 学洙

历下相逢正暮秋，元龙豪气本无俦。阳春未许千人和，湖海重登百尺楼。短簿祠前归故里，长洲苑里想风流。何时一棹芙蓉沼，更向齐都续旧游。

---

① “胡”，省图本作“嘲”。

② “穷愁不卖长门赋”，《般阳诗钞》作“穷愁不改衡门乐”。

③ 底本无，据省图本、中科院本补。

④ 底本无，据省图本、中科院本补。

⑤ 底本无，据省图本、中科院本补。

历下朱素存[1] 怀朴

工于书，焦简庵婿也。时焦新故。

南阳朱季美无伦，酒态诗豪意气真。落纸挥毫朝寄远，炊金馔玉夜留宾。一时艺苑高流辈，千载兰亭是后身。昨日故人悲乐令，临江洗马更伤神。

历下赵丰原[2] 于京

平原公子亦人豪，雅有清吟寄我曹。对客曾题鹦鹉赋，浪游每典鹔鹴袍。伯通庑下愁春赁，元叔车前见彩毫。闻道雁关矜食雁，可知缝腋重临洮。

沂水相文舟 勋

扶风豪士不如君，越石清刚迥出群。马埒金钱生气色，牛心美炙傲清芬。风流倜傥桓宣武，跌宕雄奇殷仲文。今日两河推侠骨，由来高义薄天云。

绣水吕寅甫 协

默识河东有盛名，只今重见济南生。京房衍数谈三易，管辂当筵说五行。训纂似曾窥册府，字林久已续家声。十年同学伤离别，常忆多才洛下闳。

梁溪顾当如 然

旧日豪游远世尘，十年鱼雁久沉沦。赋成失意黄江夏，旗鼓曾当单子春。匹马锦裘歌出塞，岑牟单绞认前身。杜陵遗老怜才甚，潦倒江湖叹戮民。

郯城谢允调 汝梅

郯子山川鸟纪官，君家宝树倚雕阑。落花无语人如菊，挥麈清谈气若兰。江上余霞天外散，池塘芳草梦中看。不堪南望思千里，拥鼻能无忆谢安。

平昌李顺卿 期履

陇西家世擅雄奇，与尔盟心历岁时。弟畜相庄如仲儒，年因稍长类袁丝。虬须铁面冰霜气，肝胆冰壶玉雪姿。何事藏身回鹘队，醉来长啸谱龟兹。

聊斋蒲柳泉 松龄

传经十载笑齐伧，短发萧萧意气横。八斗雄才曹子建，三升清酒管公明。谈空误入夷坚志，说鬼时参猛虎行。咫尺聊斋人不见，蹉跎老大负平生。

东莱易庵宗弟[3] 昴

尔是河东玉树枝，谢家庭院散葳蕤。风前弱柳灵和殿，马上长吟齑臼辞。献策渔阳同落拓，悲歌易水自迷离。与君兰谱为兄弟，鹊瑞飞扬自有期。

---

① 底本无，据省图本、中科院本补。

② 底本无，据省图本、中科院本补。

③ 底本无，据省图本、中科院本补。

同里毕韦仲[①] 盛钜

当时匹马赋西征，石隐园中岁岁行。一自蓬蒿归旧里，颁令离别忆平生。年来毕卓非鸩酒，老去庞公厌入城。同病相怜不相见，绰然堂畔梦魂惊。

武定李鹤洲 寿澄

相国郙园先生孙也。时相国新逝[②]。

卫公定乱障乾坤，今日人传太傅墩。赐带一时归内府，传书犹喜逮文孙。堂余绿野三株树，客忆朱门五夜尊。共道平泉饶世业，一丘一壑总君恩。

即墨周有声祚显、黄元美美中

长安四月雨潺潺，二子遨游宛洛间。书笈常携三岛气，笑谈气说二劳山。当筵同作龙门客，顾曲能歌雉子斑。今日沧洲千万里，蜃楼云海杳难攀。

大嵩卫赵张又 绪

浮山太史之子。

公子遥来下郁洲，翛翛琼树出丹丘。倚天长剑三千尺，跨海神鳌十二楼。石室传家秦太史，金貂累叶汉通侯。至今翘首蓬莱阁，望断扶桑落照收[③]。

濮州南虎林 杭

丁丑进士，讳洙源先生之子，与余累世通家也。虎林生于西湖，故名字以之。[④]

先朝银榜曲江春，遗老香山见一人。赖有荣越为令子，遂令洛社拥闲身。孤山清韵标玄鹤，湖水微波照石鳞。惭愧与君通世讲[⑤]，程门立雪更相亲。

曲阜孔西野 尚基

至圣裔。

汝是文宣一派人，金丝堂上坐垂绅。当时幽谷生兰蕙，此日中原有凤麟。波衍洙流增浩荡，峰依尼阜倍嶙峋。即今盛代崇文教，莫叹淹中道未伸。

太安赵均衡[⑥] 国治

愿因东野化为龙，百里乘云问岱宗。我向肃然探汉间，尔从泰岳抚秦松。多年想像桃花洞，何日高寻明月峰。盛世莫论封禅事，徂徕逸客卧云松。

---

① 底本无，据省图本、中科院本补。

② “逝”，省图本作“薨逝”。

③ “收”，本作“斜”，据省图本、中科院本改。

④ “丁丑”前，省图本有“万历”；“讳”，省图本作“南公”；“名字以之”，省图本、中科院本作“以名字之”。

⑤ “讲”，《般阳诗钞》作“谱”。

⑥ 底本无，据省图本、中科院本补。

笼水赵辑介 徵玺

君家自失惠文冠，寥落依人行路难。岭峤梅花频岁暮，天涯霜鬓入秋寒。三年百粤愁中度，万里孤云马上看。今日归来未相见，倚楼长笛意阑跚。

同里王莘野 名世

不见安丰意惘然，闻君学道日高眠。长斋绣佛三更月，清梵晨钟二十年。人说维摩真善病，谁知苏晋解逃禅。谈经我亦身将老，拟共趺跏贝叶编。

栗里王鹿友[①] 甡

同学当年共下帏，相期志不在轻肥。君如清节将归隐，我似严陵守钓矶。白雪郢中属和少，青云游侣故人稀。只今憔悴俱贫病，共作柴桑老布衣。

阳丘门人焦汉臣绾祚、**介眉**绥祚[②]

时二子尊君简庵新故。

存殁伤心隔九京，君子父子系中情。岁时桐墓思家世，风雨麻衣念弟兄。自废蓼莪停讲席，手攀松柏哭秋城。叔孙不作逢时计，苦忆当年鲁两生。

笼水赵甥孟远 泽临

孟远早失恃，而近又丧偶。

平原旧第少华茵，珠履萧条莫怨贫。无忌少年宁似舅，狐毛已老不如人。渭阳尔堕千秋泪，雷岸余悲百里尘。珍重加餐期努力，莫令奉倩久伤神。

闻武定相国李邺园先生讣音奉挽

督府当年大出师，强藩惕息向边陲。一时西北闻天语，半壁东南控地维。遂使摇光枭逆首，坐看闽粤树降旗。即今箕尾归沧海，无恙山河壮帝基。

异时三镇瞰神州，上将挥戈却八驺。露布飞驰频送喜，甘泉烽火坐销忧。营平荡寇无遗策，魏相防边借运筹。归卧东山能几载，篚星一堕使人愁。

竹帛论功忆昔年，征南幕府下楼船。晋公拜衮因平蔡，疏傅悬车不入燕。自是军书藏秘阁，岂无遗像画凌烟。宗臣留待明堂议，海国停春意黯然。

下濑曾随按道侯，仙霞岭外阵云收。英公跨海三韩塞，卫国筹边百尺楼。南土秋毫留制府，中朝党论阻维州。当时王浑能无愧，口不言功是壮猷。

当年襆被入神京，孔李通家倒屣迎。奕奕龙门真好士，星星鹤发忆谈兵。彩毫分赐珊瑚架，绮席横陈碧玉羹。惆怅萧条思往事，平原宾客泪沾缨。

---

① 底本无，据省图本、中科院本补。

② 底本无，据中科院本补。

挽云间周冰持 稚濂

尔是云间陆士衡，忆从入洛慰平生。六时清磬依萧寺，两赋名都客帝京。江浦鱼书沉海国，延津龙剑没丰城。何堪千里空长痛，白马难从范巨卿。

当时披褐客京华，与尔南归促去车。谈易九原王辅嗣，伤神三楚贾长沙。华亭终古谁闻鹤，江上逢春叹落花。一自饮醇神醉后，中山何用泛流霞。

谈诗日下万人传，不得声名动九天。念切嵇康初感奋，人如管辂叹无年。酒垆逝矣河山邈，邻笛凄然海月悬。永定门南分手地，至今魂梦在幽燕。

吴下谁云是吕蒙，朅来蓟北照天东。吟诗自傍青梧观，高议新成白虎通。周颛过江留世业，张华博物让雄风。囊中犹有遗编在，开箧凄然五夜中。

巾角弹棋说五官，周郎年少早登坛。引商夜奏珊瑚玦，顾曲春归芍药栏。忽入上声移玉柱，醉来北斗已阑干。只今云散风流尽，手抚遗音片月寒。

寄馆陶耿晏书同年[①]

晏书为中丞讳如杞之曾孙，即不拜魏珰祠者，后以勤王兵溃，下狱死。

当年珰焰走风霆，炙手熏天障汉廷。强项一时推傲骨，义旗中路失威灵。忠贞效节贻孙子，清白传家见典型。幸喜大贤真有后，穷经十载贡彤庭。

中丞披袂气悲凉，沥血兴师起晋阳。九土无人同应诏，孤军裹甲自勤王。愧非温峤能存晋，自是张巡欲捍唐。饥卒可怜终兽窜，闲凭往事黯神伤。

虎豹狺狺隔九阍，李膺气激小黄门。若卢再入孤臣节，请室频年狱吏尊。大鸟墓前风异代，夕阳亭下痛文孙。试看继世天章阁，犹有黎光照后昆。[②]

余冠敝矣，戏用陶句赋得十年著一冠

陶家三径已全荒，破帽多情未可忘。懒慢自征衰老态，清寒不入少年场。垫巾难学林宗样，危脑非沿时世装。采采黄花动盈把，还将漉酒醉柴桑。

---

① “年”后，省图本、中科院本有小字“鹏举”。

② “昆”后，中科院本有小字“晏书之父为又朴太史”。

王乃服先生自为寿圹，真达人高致也，赋此为赠[1]

先生雅志淡浮名，不待临期问九京。齐视彭殇蒙傲吏，一堂侨札赵台卿。汉赵岐自为寿藏，画子产季札于宾位，自居主位，后年九十余。上乘已悟同泡影，寿域新开寄太清。回首沧桑真一瞬，笑看清浅对蓬瀛。

一望龙沙百里分，白牛溪水傍河汾。文中子，河汾人，讲业白牛溪上。放怀彭泽哀歌曲，旷达香山志墓文。陶靖节自作挽歌，白乐天自志其墓。真宅何妨先卜筑，幽宫早已兆氤氲。好将一片寒山石，留待延陵十字坟。

闻道名山气郁蒸，喜看五色瑞烟凝。豫谋选胜邻蒿里，莫问将来射漆灯。三世幻缘真妙果，百年何事讳丘陵。且从野外千回醉，知在云山第几层。

千秋自有乐游原，世法难从达者论。亲卜佳城临北涧，何烦秘器赐东园。沙床布簟容貍首，赵岐寿藏中遗命用沙床布簟。翠柏长楸待墓门。复土共瞻新气象，汉时营寿陵者曰复土校尉。不须裸葬慕王孙。

甲戌除日守岁

绝少辛盘坐[2]斗茶，也嫌爆竹太喧哗。天寒日似当风烛，冬尽人如赴壑蛇。已见檐冰垂玉箸，又惊庭雪上梅花。儿童不识穷愁苦，犹索金钱守岁华。

从来南阮本家贫，四壁清风迥绝尘。共庆高堂双鹤发，自惭措大一纶巾。桃符竹叶春盘荐，画袴朱衣彩杖新。献寿行觞真乐事，莱衣拜舞见情亲。

六部青州性所耽，况逢度岁寄余酣。平生瓠落双蓬鬓，半世浮沉一草庵。穷巷歌犹传白雪，野人梦不到黄柑。明朝献岁添惆怅，回首今年五十三。

千山头白雪如银，十日迎春未放春。阅历已看辞甲戌，不眠苦似守庚申。万家烟火云花冷，五夜风寒晓色新。饮到屠苏今渐后，何妨老作葛天民。

题杨升庵先生在滇南时遗墨尺牍

当年痛哭扣苍旻，百死何辞动紫宸。著述自应留翰墨，科名端不愧君亲。夜郎万里称迁客，蒙诏孤臣署罪民。赖有数行遗迹在，好将金石勒贞珉。

篮舆游戏见生平，老作滇池太瘦生。岭海斯文师吏部，琼州醉墨识端明。偶然残雪留鸿爪，如见飞云下赤城。忠孝传家真不忝，磨崖何必让真卿。

---

① 中科院本多《闻道名山气郁蒸》一首，据此补。

② “坐”，省图本、中科院本、《般阳诗钞》俱作“佐”。

相门才子窜乌蛮，放逐南荒竟不还。旷代风流思染翰，当年少壮已投闲。挥毫欲接兰亭座，议礼无惭供奉班。笔底烟云飞不尽，想应化作点苍山。

先生自有笔如椽，笑拔鲸牙万里天。窜后柳州真大雅，谪来李白自神仙。事关典礼无辞死，字出忠贞便可传。不是彩云生六诏，谁知遗墨走风烟。

送沂水沈令君北上，时以台省内召①

锋车下召出蓬瀛，此日循良入汉京。岱岳争如廉吏峻，沂流争似使君清。柏台高隼霜威近，梧掖繁花露气清。早晚隐侯登凤阙，流连八咏寄余情。

御书带经堂八月念八日即席呈渔洋先生

琅邪列戟旧门闾，盖代雄文照乘余。华发元僚栖海峤，乌衣子弟走琼裾。三山凤翼归丹穴，五色龙章下玉除。试向天东推阀阅，谁家六世七尚书。

煌煌宸藻冠华堂，丹碧光中映缥缃。赖有赐金延故旧，岂无情话对柴桑。开轩绿野裴中令，醒酒平泉李赞皇。今日耆英见伊洛，岿然文献鲁灵光。

丙戌重阳渔洋先生招饮于石帆亭命赋

人间三万六千日，却喜重阳酒共倾。潦倒青州几从事，攲斜皂帽一先生。兴酣篱落忘宾主，醉插茱萸忆弟兄。最是君家秋色好，无风无雨过西城。

三秋五柳菊花前，华子冈头踏暝烟。蓝水风光在人世，辋川兄弟似神仙。绿醅紫蟹林中醉，红烛朱栏岸上船。犹有延陵老宾客，更从白岳说吴天。时座有吴姓新安客。

重阳后十余日，渔洋先生招同刘仔臣、家弟司允及先生诸群从雅集石帆亭看红叶

石帆高挂草堂前，古洞阴阴小善卷。琪树西风摇海气，枫林中夜似吴船。三山崒嵂临无地，万竹冥蒙别有天。不是往来佳会数，更疑身到赤城巅。

重九登临陟碧峦，浃旬又复罄交欢。丹枫叶冷霜初醉，黄菊花迟秋未阑。翠篠阴森篱落静，华池萧瑟水云寒。辋川此日频过从，满眼珊瑚间木难。

---

① 底本无，据省图本、中科院本补。

异书常此赐行縢，此日登楼感倍增。风入高轩清峭峭，云来石磴碧层层。丹林翠竹荆洪谷，落木空山王右丞。芳宴自怜无一字，秦川公子愧难胜。

名园历落对寒郊，回首青林碧树交。蜡屐每迷修竹坞，杖藜时寄孟城坳。风回霄汉惊鸿泪，叶下梧桐露鹤巢。独有客心摇落后，自怜犹系大樽匏。

咏枫叶

亭皋木叶动悲凉，八尺丹枫映夕阳。桥畔浑疑红桖树，天台真度赤城梁。锦江露湿芙蓉国，紫阁霜凝薜荔墙。道是晚霞明又灭，清池对镜点鸦黄。唐人诗云“秋风万里芙蓉国”。

秋夜不寐

木落天空露气凉，无边秋色中清商。西堂松菊人无梦，南浦蒹葭月有霜。唧唧寒蛩声不断，丁丁残漏夜初长。谁知百里淹留客，锦水晴湖滞一方。

无题拟韩冬郎

天风缥缈珮环轻，群玉风高片月明。宝篆香中闻赵瑟，研罗裙上谱秦筝。歌疑子夜非凡艳，曲度前溪送曼声。道是名花花解语，归来如梦隔层城。

岁杪

凄凄岁杪对烟岚，客子离居百不堪。天转招摇回直北，云迎寒日落西南。揭来弹铗三秋恨，苦忆容身五尺庵。何日故园归计遂，一瓢村酒劈黄柑。

无题

乐府新翻夜度娘，秋兰为珮绮为裳。娇歌红豆生南国，绝世佳人在北方。已见枫林凋赤叶，更悲露井冻银床。请看天外征鸿尽，无复嘹嘹唳晓霜。

冬深

秋色才看触目惊，北风已见撼茅楹。寒深易结羁人恨，愁里偏闻落叶声。

楚客湘云悲屈宋，海风凉雨下蓬瀛。凄凄又早岁将晚，屈指归餐琥珀饧。

济南新建双忠祠

为己卯死事宋按君、韩历城建。

身骑箕尾驾天东，万里胥涛涨碧空。正气有歌悲宋瑞，文信国天祥字宋瑞。太荒披发忆韩通。魂依光岳留沧海，烈著湖山贯白虹。此地千秋升俎豆，乾坤无恙见双忠。

送焦讱庵入北闱①

烈烈晴曛济水湄，名都此去荐雄词。黄金争识燕台骏，桂树遥攀上苑枝。东海十年奄国士，南溟六月徙天池。更看铜马门前路，得意春风又一时。

与梅耦长、吴海木雅集于岚亭太史志鏨堂，次耦长韵② 壬戌

南豫词人下蓟方，一时游侣胜高阳。山云携雨侵庭榭，竹径含烟湿芰裳。谢客芳兰香馥馥，吴歌白纻气扬扬。庞公鸡黍供晨夕，乘兴看花自不妨。

十里望③ 平原北村名。壬戌

平原旧是古齐州，有客萧条曳敝裘。草树烟迷十里望，鱼龙春断九河流。天连大泽吞平野，路入寒塘背小洲。蓟北征途犹未半，黄尘漠漠旅人愁。

督亢亭④

督亢陂前督亢亭，荆卿西去入秦庭。孤忠自贯虹霓白，匕首常留天地青。春满华阳人寂寂，风高易水日冥冥。空余遗恨悲千古，燕市南头酒易醒。

---

① 底本无，据省图本、国图本补。

② 底本无，据国图本补。

③ 底本无，据省图本、国图本补。

④ 底本无，据国图本补。

初入都门①

千里东风向帝京，自怜无路到承明。桃花莫问玄都观，丽日常悬紫禁城。旅食尚为弹铗客，入关难作弃繻生。杨雄岂有长杨赋，回首云亭空复情。

送焦司马石虹先生奉使中州祭伏羲陵②

万里金瓯海水澄，明禋巨典重臣膺。星轺暮宿华阳馆，云气春深太昊陵。使者自虔三祼礼，祠官遥供九微灯。中州自古多形胜，揽辔山河意气增。

赠河池州别驾牛衡璞，其尊君曾为琼州太守③

五马珠崖旧有名，分符此际又长征。日南亦是三苗地，江外犹为百粤行。客里云帆过荔浦，天边竹马接金城。佩刀万里无须叹，卧治行将召汲生。

长安道④

长安道狭不容车，驽马归来日欲斜。萍迹依然仍作我，锦城何似早还家。华阳击筑狂奴醉，历下看山驿路赊。短褐岂缘羞七贵，风尘潦倒畏惊沙。

慰焦讱庵公车下第

我来回首渡桑干，值尔云霄铩羽翰。计吏谁能怜赵壹，上书犹未报严安。旗亭命酒人初醉，碣石谈经意已阑。笑折杨枝共归去，绣江江畔有渔竿。

都门未及晤司成阮亭先生⑤

北李南陈又见君，欲从两序辨镛蕢。金台天阔方求骏，石鼓云寒正校文。

---

① 底本无，据国图本补。

② 底本无，据国图本补。

③ 底本无，据国图本补。

④ 底本无，据国图本补。

⑤ 底本无，据国图本补。

海畔经年疏问讯，日边咫尺尚离群。独怜憔悴京华客，千里遄归孝水濆。

仓卒东归，未得过惺崖太史一话，怅然书此①

几年尺素向蒿莱，此日遥来易水隈。怜我披裘碣石馆，闻君挥翰柏梁台。凤城杨柳思归急，海国渔樵系梦回。金马门前知不远，征车无那已频催。

同讱庵出都又书此奉慰②

与尔南归路渺漫，蓟门行李亦阑跚。太平此去容高卧，痛哭何劳策治安。天远禁城瞻斗极，云回绝塞抱桑干。盛朝岂有刘司户，莫漫狂歌行路难。

卢沟河北寻张华宅基③不见

吾家博物数司空，故里荒凉未易逢。纵有琅嬛三十乘，那堪典午百年中。延津龙剑沦寒水，宛洛衣冠逐晓风。自是消沉千古事，铜驼荆棘恨何穷。

河间道中

村落荒凉意黯然，瀛州郭外草芊芊。浊流是水皆归海，远树无山欲接天。雨后春溪初漾绿，风前官柳已含烟。九河故道今何在，应有遗墟父老传。

---

① “东”，省图本、国图本作“南”；“一话”，国图本作“一晤”。

② 底本无，据国图本补。

③ “宅基”，省图本、国图本作“宅”。

昆仑山房诗集卷十

七言近体

西州吟[①]

哭外父高司寇公

司寇公累叶尊型，百年遗老。青齐物望，泱泱大国雄风；沧海宗门，岳岳清流胜概。早岁登坛艺苑，驰燕许之休声；暮年雅志清修，习瞿昙之净业。补苴乡邑，食德者万家；表率士林，维风者千里。秩登九列，清畏人知；心似孤云，高搴物表。跨溪山之蹇卫，谁识公卿；安丘壑之素衣，身同韦布。百城坐拥，不自秘其琅函；三箧亡书，讵能穷其腹笥。固已富等身之著述，任其充栋汗牛。竟忘情寿世之鸿编，不自劂梨剞枣。良由㧑抑出于天性；亦缘生平淡尽名根。屡仕屡归，非为朝中三黜；一瓢一笠，难忘海畔群山。综贯百家，信潞公之强健；声高盖代，俪白傅之芳踪。片字走鸡林，琬琰群归郑驿；名流奉鱼素，顾厨咸跂龙门。洎乎坚卧东山，埋名南陌。侣胜友而佚老，请课趺跏；托避地以寻幽，解尘成憩。结好生之莲社，志慕云栖；镌训世之瑶笺，心仪吴玠。三楹草阁，冬夏一毡；百尺桐阴，门庭半亩。齐彭殇于生死，脱手西归；媲庄列之流风，懒栖东土。乃者夺我耆宿，天不慭遗。停彼相舂，人皆浩叹。虽上寿已登乎大耋，而衔哀同切于沦亡。悼哲人之已萎，实邦国之云瘁。庆也情属甥馆，谊比师门。夙沾脂泽于床东，每奉德音于砚北。蔡中郎之倒屣，举邺架以畀仲宣；王大令之燕闲，书练裙以贻羊子。撰秋山之杖屦，时继微吟；逮薤露之凄凉，情深陨涕。礼魂托九歌之咏，怀贤续八哀之音。感旧兴悲，亦何知其词费。曼声饮痛，不自意其联篇。或焚之[②]隧道之前，见太荒之披发；抑付之[③]末婢之手，应洒泪于麻衣。

四勉堂前景物非，空庭惨淡吊斜晖。千章树老凉云度，九曲池荒病叶飞。石几当楼寒悄悄，银床流水镇依依。海山门下如相问，知与青童驾鹤归。公所居之阁前有门，曰“海山门”。

---

① 省图本、中科院本作“西州吟二十首”，少《生平潇洒佩兰薰》一首，多《忆昔吹箫向碧空》《胜因夙世住香台》二首，据此补。

② “之”，《般阳诗钞》作“于”。

③ “之”，《般阳诗钞》作“诸”。

忆昔吹箫向碧空，丈人峰下盼雄风。司空博物惊龙剑，大雅扶轮赋桂丛。火枣未归丹鼎侧，安期只在海天东。栖云阁畔伤心处，肠断龙门百尺桐。栖云阁，公所居也，阁外有高桐最古。

启事明光意已阑，栖迟海峤卧云峦。人从绿野思裴度，帝为苍生起谢安。神武挂冠新祖帐，鉴湖投老旧渔竿。乞恩讵作千秋计，不为龙骧葬玉棺。公自罢少宰后，未久即归田，既而复以荐补秋官侍郎[①]，旋复乞骸。

华阳逸客意悠悠，怊怅金笼自掉头。老去闭关参白足，平生宦迹半沧洲。云涛时驾三千顷，鹤梦春归十二楼。常恨羊昙情未切，只从醉后哭西州。

万斛珠源翰墨场，眉山嬉笑尽文章。前身应侍端明殿，旷代同传载酒堂。落笔自携沧海气，遗文犹觉姓名香。即今多少云亭草，后死殷勤问缥缃。公平生为人及行文大类眉山长公，而晚年作堂于东郭[②]，颜曰"载酒堂"，仿东坡堂名也。公著作甚富，皆未授梓。

阎浮每笑久迷津，常向人天辨假真。毕世逃名犹避敌，平生济物不谋身。宰官现相真如寄，居世维摩净少尘。长啸数声云海碧，三层楼上一归人。

城阴结屋似蓝田，高柳千行刺碧天。池上弹琴耽习静，溪边命酒爱逃禅。士林辍业青编下，父老吞声白鹤前。此日方知羊太傅，岘山有泪古今传。

等闲沧海即桑田，悟彻浮生不系船。摩诘有时栖辋水，赞皇久已翳平泉。青莲宝筏三千偈，公晚年多作偈语。黄鹤松风八十年。为谢尘中诸眷属，先生挥手赤城巅。

常侍雄篇日月悬，挥毫电掣拟飞仙。人来洛下思君实，客到香山哭乐天。诗格有时矜独运，文章老去畏人传。可怜卫玠萧条甚，乐令遗风忆昔年。

放生矶在孝河湄，叶叶轻舟逐岸移。万顷沧波浮桂楫，八功德水配莲池。鱼龙潮落屯青屿，菰蒲风回漾绿漪。犹记雪堂游迹在，风流云散总成悲。公当壬戌岁，于孝水仿东坡前、后《赤壁》，邀客泛舟，赋诗饮酒，作两胜会。其诗题一曰"壬戌之秋，七月既望"，一曰"是岁十月之望"，盖适逢其会，真千秋佳话也。其地在放生矶下。

由来心迹本双清，水鉴澄澄玉一泓。书授仲宣悲掩卷，舆停靖节哭门生。东皋游侣浮云散，北阁虚帷落照明。海月一天人万里，萧萧已返芙蓉城。

侍燕清斋计已违，天门骀荡驻骖騑。尘中一炁回眸远，海上三峰撒手归。浮世不还双玉佩，道山久具七条衣。赤虬仍下人间否，缑岭明霞衣衣[③]飞。

---

① "复以荐补秋官侍郎"，《般阳诗钞》作"为魏寒松推毂，勉为出山，补秋官侍郎"。

② "郭"后，省图本、中科院本有"外"字。

③ "衣衣"，省图本作"夜飞"。

年来高卧似袁安，窗外梅花阅岁寒。幽壑唯闻援胜迹，清时早谢进贤冠。向禽名岳游方倦，瀛海波涛兴未阑。此际浮丘应把袂，五城明月梦中看。

英州沽酒每同游，二老人传第一流。是处溪山容啸傲，异时风雨吊松楸。青萝洞口云花冷，翠濑亭边草色秋。执绋灵虹桥畔路，凄凄丹旐使人愁。

悬车当日已投闲，却为寒松罢掩关。拜疏朝端趋紫禁，驱驴海上恋青山。辞荣双阙排云出，退隐三茅计日还。太息骑鲸天外去，应知盛代有仙班。先是公已归隐，为魏寒松推毂，勉为出山，旋即引退。

北海雄文冠一时，坐令碑版照[1]天涯。珊瑚早架徐陵笔，翡翠春生庾信诗。紫殿挥毫惊玉陛，黄门鼓吹粲金支。老来避世甘云壑，净洗浮名问具茨。公金石之文名重海内，为御史大夫，时应诏赋诗，最蒙特眷，当世荣之。

蓬岛云车绚紫霞，只今归去列仙家。切云长剑崆峒子，跨海灵璈萼绿华。笑指十洲水清浅，笔摇五岳气横斜。可怜尘世歌蒿里，紫府谁知作押衙。公别号紫霞道人。

问天不语自夷犹，千丈松崩结暗愁。海内衣冠悲硕果，盛朝耆旧失风流。禅仪北阙无遗草，丝竹东山罢燕游。万树桃花敲马策，有人号痛哭山丘。

人道东坡似乐天，我公异世总三贤。攒眉不著尚书履，乘舆时登野客船。志墓自为独行传，醉吟聊作咏怀篇。东坡自作墓志，乐天自为《醉吟先生传》。千秋文彩依然在，羽化谁知是地仙。

生平潇洒佩兰薰，鹤骨清泠迥出群。孝伯由来无长物，陶公不自汇遗文。衣冠甪里尊前辈，风物桃源脱世氛。大雅沦亡今日事，万家巷哭接榆枌。

胜因夙世住香台，九十年中历劫灰。净土化成人似玉，双林狮子吼如雷。莲花界里声闻寂，金粟光中宝相开。便是阿难初唱义，一时万众哭如来。

赠署篆董邑侯[2] 戊寅

姑射神君第一流，遥来摄篆向淄州。双凫云路飞花雨，一鹤琴堂对素秋。到处黄童尊召父，由来竹马识贤侯。御屏姓字题名久，早挽征车拥八驺。

---

① “照”，省图本作“昭”。

② 底本无，据国图本补。

挽峄县李烈妇殉夫投环①

烈妇，邳州人，系峄县明经李应房侧室。年二十七，殉夫矢节。

络秀无儿暗自惊，拼将七尺答平生。双鸾岂复留孤影，一死何辞入九京。梦断若敖应有恨，魂随伯道共吞声。下邳桥下东流水，呜咽千年怨未平。

前身端合是湘娥，凤返丹山萎玉禾。拥节诸天朝上帝，衔哀一老哭西河。谓明经之父在堂。归真灵岳飞云疾，撒手沧溟灏气多。我欲问天天不语，斯人苦节竟如何。

陇西门第古兰陵，气节如霜众所称。凫峄诸峰增烈烈，沧浪一水倍澄澄。清风黄鹄凌霄汉，明月梅花结暗冰。翘首南天应下拜，峨峨千丈岳云崩。

灵飙云路散葳蕤，碧血丹心振古悲。恨逐玉棺翔鹤驭，神飞翠羽照金支。劳魂零落靡芜草，冰雪深埋桂树枝。三尺孤坟依峄首，从今烈烈映秦碑。

寄怀毕剑津②

故人云散几经春，老病频年梦里身。谁道安丰岩下电，我言毕卓酒中人。豪游时过黄泥坂，爱客能歌白纻巾。苦忆北堂相对处，一池秋水碧粼粼。

别来尘梦久劳劳，忆在清斋醉老饕。挥麈坐中惟我辈，捉刀床畔亦人豪。喜为次道倾家酿，每共刘伶劈巨螯。安得金山同选石，与君长啸碧天高。

风流染翰少年场，驿路从来羡郑庄。纱裓门生书作癖③，青州从事醉为乡。李邕每自镌金石，唐述由来积缥缃。我续袁宏名士传，如君清誉总难忘。

端居多病对秋雯，常忆高斋坐夜分。与我周旋宁作我，爱君豪宕每思君。仲将墨在光如漆，逸少书来气似云。三载不堪怀远道，西风摇落久离群。

不见当时边孝先，锦裘珠履腹便便。少年曾爱金钱埒，老去时参贝叶编。策杖寻幽山寺侧，课农坦步远峰巅。何当重续清游迹，万树桃花踏乱烟。

年来逸兴寄沧洲，独抱青霞卧一丘。移石阶前方矗矗，观鱼池上自悠悠。裹粮未陟金山郁，把钓遥思淄水头。五鬣松脂三尺鹤，华阳新筑几层楼。

---

① 国图本作“挽峄县李烈妇”，题下小字“李应房”作“李应芳”；收诗四首，多《陇西门第古兰陵》《灵飙云路散葳蕤》二首。中科院本作“峄县李烈妇挽歌”，归“乐府杂诗”，题下小字同，诗歌内容不同，详见“乐府杂诗”。今据国图本补。

② “津”后，国图本有小字“十首”，多《不见当时边孝先》《年来逸兴寄沧洲》《燃薪馆里蕙兰丛》《昨日双鱼下锦澜》《寥落何缘托雁臣》《常忆中秋入梦频》六首，据此补。

③ “癖”，本作“僻”，据国图本改。

燃薪馆里蕙兰丛，家有藏书未是穷。玉蹀金题标画史，骚人墨客□垂筒。迂疏笑我朱公叔，济胜多君许侍中。回首草堂三尺地，也宜花月也宜风。剑津斋中有也宜草堂。

昨日双鱼下锦澜，铁山西望路漫漫。一时独步推文度，百里相思忆吕安。北海樽前谁对酒，南皮宴罢尔登坛。遥知古屋梅花月，怊怅怀人正岁阑。

寥落何缘托雁臣，难从尺帛见情亲。人中叔夜方堪羡，皮里阳秋未是真。瀛海求仙疑有路，谈天炙毂浩无垠。清流领袖如君少，稷下铮铮更几人。

常忆中秋入梦频，华堂绿树映莎茵。金樽漉酒诗千首，玉露无声月一轮。清景只应天上有，高吟岂是世中人。别来岁月如流电，命驾迢遥亦怆神。

赠毕公权令嗣器先昆郎

名士文章旧擅场，齐名当日少班扬。封胡遏末多群从，法护僧弥继雁行。渥泽神驹腾逸少，丹山凤羽复回翔。老夫忝窃称前辈，期尔凌云入建章。

谢家庭院蕙兰畦，宝树森森拂槛低。彩笔传家探玉海，青云有路接丹梯。人如第五齐骠骑，誉擅无双食駃騠。怜我萧条惭父执，回头旧恨转凄凄。

闻笛山阳痛阮嵇，旧游零落意凄迷。家传棨戟称辽左，人道阿巢似镇西。苦忆璧人埋玉树，尚留逸韵散虹霓。嗟余后死蹉跎甚，又序三都走赫蹄。

忆昔交游数十春，星飞云散总成尘。当时玉帛矜坛坫，今日萝衣半隐沦。手抚遗文悲屈宋，相过子弟拟陈荀。君家大有宁馨在，亹亹清言来逼人。

黄垆十载起悲风，渺渺山河忆若翁。知己纵然无叔夜，清谈犹幸有王戎。当时艺苑声华歇，两世交情涕泪中。泉下故人应首肯，童乌端可继扬雄。

赠奚林大师 师好游能诗

曹溪谁与扣宗雷，法眼相传莫浪猜。八水餐风方踯躅，三山挂席自徘徊。谈诗宁羡长江簿，问渡应乘大海杯。贝叶勤翻今果否，无将绮语负如来。

折苇西来海水干，闲看日月走双丸。九环卓地尸黎密，一语弥天释道安。狮吼声闻真妙谛，狐禅雪窦已阑跚。怜予尘世犹茫昧，芋火遥从问懒残。

与尔相逢话劫灰，囊中玉蹬拂云开。黄衫莫漫烦萧翼，禊帖无须付辨才。几度山楼成笔冢，异时铁限锁莓苔。未央碧瓦终何极，笑指鬑鬑雪满腮。师好藏书画，亦善书，所宝有未央瓦砚，而美须髯。

落纸宁为痴冻蝇，眼如点漆眉如棱。乍挥彩笔矜文苑，时向寒山续佛灯。隽永稍同三语掾，苦吟端似六朝僧。厌厌莫待如曹李，猵狢狺狺亦可憎。

戏赠江南画师徐宗先 徐好弈与酒

江左风流白项乌，逢君哑哑似吴歈。冷如鬼手侵人臂，博借神丛溷座隅。棋局消闲称坐隐，丹青无恙写眉须。云门山下频沽酒，知与何人倒玉壶。

西园雅集快清游，尔是公麟第一流。半局残棋频落子，百钱系杖复何忧。画中六法勾龙爽，颊上三毛顾虎头。何不图余丘壑里，漫将浪墨写沧洲。

泼墨淋漓胆气粗，萧然一蹇向江湖。袜材与可真疏放，乞食渊明笑嗫嚅。纵卖青山仍介士，闲倾白堕即吾徒。华亭一派居然在，为写烟江叠嶂图。

望见邻园果实甚盛戏题

为园十载碧层层，枣大如瓜叹未曾。林际梅酸堪止渴，哀家梨脆莫须蒸。橐驼种树真无敌，钻核欺人想亦能。纳履整冠吾倦矣，垂涎不是玉壶冰。

戏赠狎客

爱尔滑稽郭舍人，翩翩风度玉嶙峋。岁星若不归方朔，上帝宁知有弄臣。优孟衣冠何太似，偃师啼笑美无伦。当筵为奏临春曲，玉树歌声未厌频。

寄怀平原留轩大兄

大明湖上素心违，十载伤离见面稀。抱病经时无尺素，频年相续泣麻衣。余自丙子丁内艰，戊寅复丁外艰。愁来鬓发俱零落，老去鹡鸰亦倦飞。般水北流[①]三百里，难从马颊问渔矶。

历下当年意气真，不堪往事苦重陈。飘零白雪楼前客，徒作沧洲梦里人。第畜灌夫推祭酒，文如张载是前身。何时更奉棨盂会，怜我幽忧竟隐沦。

每从远道劝加餐，念我茕茕叹素冠。屈指燕行真[②]老大，归休鹿砦已阑跚。修文地下常多恨，谓霁生诸君。命驾尘中亮亦难。犹幸圣朝收袜线，寒毡需次半衰残。

① “流”，本作“游”，据国图本改。

② “真”，国图本作“俱”。

楚些吟[①]

哭唐太史豹岩先生

於戲！老成殒谢，名德凋残。海邦无憖一之遗，再闻哀些；淄邑罹阳九之运，重堕大星。司寇公既泰山颓于前，太史公复哲人萎于后。天乎何忍，丧我典型。人之云亡，贻兹殄瘁。周年之内，罢市相将；八月之间，相舂贻恨。司寇公卒于去年十一月，太史公卒于今年六月。艺林辍业，何殊岘首之悲；父老哀吟，来会太丘之葬。缅惟豹岩先生，列宿降神，金门通籍。早岁效忠于国，史馆标蹇谔高风；平居为善于家，乡衮树斗山雅望。词垣推敢谏，如永叔当庆历之年；海曲仰达尊，严君实处洛阳之日。人伦哲匠，清门久重三君；大雅宏长，吕藻争希八俊。人思御李，望坛坫以知归；士愿识韩，奉[②]盘盂而至止。一时余子，尽属邾滕；四国群公，悉通侨札。晶晶水鉴，突过汝南月旦之评；朗朗玉山，不啻谯郡鸡群之鹤。陶通明伫膺真诰，不注虫鱼；葛长庚仿佛飞仙，将升鸡犬。平生著几两屐，蹋遍溪山；半世读五车书，流观册府。纵横一万里，拟司马氏之浮湘；上下几千秋，媲文仲子之讲学。抉微搜秘，宁唯二酉三余；析异证同，何减双丁两到。隶玉蛑之牛耳，斯文既有同心；来蒿径之羊求，吾党岂云阿好。堂名志壑，矢丹心于凤阙披肝；亭曰画余，志清况于虎头泼墨。依依五柳，寄傲南窗。岳岳双桐，俯临东阁。借鸽楼地容十笏，以立言立德为立功；放生砚枕带双溪，推济世济人而济物。洎乎晚节[③]，橐钥玄关，窥彼静功，鞭心内景[④]。总持雅道，垂五十余年；领袖风流，荫数千百辈。无何龙蛇当厄，琼瑰盈怀。无疾考终，亮先生之正命；感怆陨涕，实后死之难忘。蒿里大归，竟是谁家之地；巫阳下召，难招哀郢之魂。帝乡来束帛之名卿，遗赗襚者千里；海国奔素车之善类，嗟埋玉兮万人。赵台卿自卜佳城，卓哉高致；白香山豫行志墓，允矣旷观。灵府智珠，固已将归天上；秦箫郑络，只余饮恨人间。叹旧怀贤，窃比八哀之义；抒愁写怨，溢为九辨之章。

当年释褐事先皇，橐笔陈书入未央。帝阙双龙瞻御座，天门孤凤在朝阳。引裾报罢留臣节，借剑归来下玉堂。四十余年追盛事，高名烈烈痛柴桑。

---

① 国图本作“哭唐太史豹岩先生二十八首，一名楚些吟有序”，多《藜光乙夜黯然收》《海岱维公建斗杓》《山阳笛里几回过》《华阳楼上罢吹笙》《少宰骑箕重可伤》五首，据此补。

② “奉”，国图本作“捧”。

③ “节”，国图本作“岁”。

④ “景”后，国图本有“放大智慧，非雪窦禅。具无碍之辨才，既方圆之并画；为广大之教主，抑词翰之兼长”。

弱冠金门侍从臣，煌煌两疏拜枫宸。长沙前席仍流涕，宣室批鳞问鬼神。放逐东华存士气，陆沉北海拥闲身。余生著述玄亭畔，愁绝年来问字人。

侍书犹忆建章宫，濂洛衣冠处士风。千载翰林追四谏，万言伏阙见孤忠。引经动欲抒臣职，折柳还期养圣躬。三岁词垣心力竭，惟余寥落海云东。公在翰林建言，始末详于公所自著《林皋漫录》中。

藜光乙夜黯然收，天禄新书罢校雠。七略未成抛汗简，八砖归去老羊裘。厚颜不少高司谏，补过谁闻阳道州。出处如公真不憾，何如碌碌俟牧丘。五六谓先生所纠之阴给谏。

青绫铜碗旧瀛洲，老去栖迟借鸽楼。秋水澄澄参郭向，清言亹亹逼殷刘。床头耆宿先贤传，笔底风霜考异邮。我作天东人物志，如公那不冠清流。

年来久矣厌焚鱼，里巷逍遥下泽车。但向清溪成啸傲，无劳黄纸问迁除。一编沟洫兰台志，千里河渠太史书。博物司空今已矣，延津龙剑重欷歔。[1]

海岱维公建斗杓，怜才盛事若为招。韩门弟子今遥落，洛下书生剧寂寥。大雅消沉悲叱嗏，小山承盖叹鷦鷯。梧桐斋里银床冷，不待秋风已尽凋。

浮名淡尽野云虚，二十归田赋遂初。自古谁能三不朽，如公宁负百年[2]书。辞荣般水堪终老，遗恨庐山未卜居。惭愧年来称二仲，杜陵松径杳愁予。[3]

禽向当年亦不孤，采真胜侣遍江湖。探书司马遥临越，避迹梁鸿更入吴。匣里双龙余宝剑，囊中五岳有新图。老来高卧长溪侧，一壑萧然似泽癯。

海内同瞻长者车，先生幽意溷樵渔。风鸣句曲楼中鹤，客问琅环洞里书。奇字昔曾寻汲冢，荒园今复过陶庐。庄山古屋萧条甚，更有何人吊隐居。

万国升平玉辇游，上元甲子建龙斿。侍臣对御朝行在，圣主停骖问故侯。七萃属车传警跸，两朝遗老在林丘。那堪重读东巡记，彩笔如云不可留。甲子岁，先生迎驾德州，有《东巡记》。

家令陈书世所惊，万全争似赵营平。龙韬气夺单于垒，虎节深筹汉将营。金版一时初建策，玉门五饵坐谈兵。先生自抱匡时略，慷慨空吟塞上行。岁丙子，禁军西征葛尔丹，先生著有《备边十策》。

放生矶畔意迢遥，几曲银湾荫柳条。凫藻随波依落日，鱼龙濡沫漾微潮。莲池何异通三竺，德水居然似六桥。今日先生乘化去，人天痛哭雨潇潇。先生立放生矶于孝水上，以禁网罟，盖仿西湖云栖故事也。

志壑堂中感寸心，门前五柳昼阴阴。周南太史伤留滞，洛下先生志醉吟。

---

① “欷”后，国图本有小字“五六谓先生修吾郡、吾邑两志也”。

② “年”，国图本作“城”。

③ “予”后，国图本有小字“公曾有志卜居玉帘泉侧，第六句及之”。

鹤老松巢衔五粒，凤飞丹穴迥千寻。林皋阁下空长痛，薜荔无声落叶深。

凄凄长夏雨初晴，穷巷遥闻枥马惊，绝少中郎铭有道，身非特进诔渊明。士林憔悴行相问，天意销[①]沉气不平。愁绝荆州人物论，元龙使我泪纵横。

山阳笛里几回过，虞殡初闻似楚歌。白堕昔时浇块垒，黄垆今日渺山河。荒荒落照临池晚，拂拂秋云入槛多。回首竹林悲往事，当年嵇阮痛如何。

五亩园中春复秋，先生遁迹隐沧洲。琅玕独对千竿竹，湖海人归百尺楼。手种菊花新栗里，卧闻渔唱旧英州。只今多少羊昙恨，不到西州亦泪流。

太冲作赋本荒芜，元晏先生意气殊。只为当筵成一诺，遂令绝笔序三都。玉楼待诏行将及，兰室挥毫定不渝。痛哭鸿文真异代，哀吟我欲勒球图。先生久许为余作《昆仑山人[②]集序》，临终数日前脱稿，招予面赠。叙致雄畅，真绝笔也。

帝遣巫咸出九阍，扶桑今有未招魂。太荒披发麒麟下，员峤奔车日月昏。自有雄文垂地轴，常留逸气接天门。惟怜潦倒平泉客，肠断当年北海樽。

回廊嘉树[③]迥无尘，棐几绳床白纻巾。挥翰绿天舒凤尾，著书苍桧长龙鳞。余惭水部当时客，君是山涛以上人。昔日流风安可见，九歌声里哭灵均。

东山高卧老风烟，安石冲襟世所传。橘种千头何历落，堂成一榻足回旋。筵开羊曼称真率，人到龙门愿执鞭。今日萧条秋色苦，不堪重赋八哀篇。

金马羞同王子渊，归来汲古海云天。邮筒驿骑三千里，名教干城五十年。土室袁闳非避俗，高斋苏晋偶逃禅。颍川耆旧今寥落，玉树尘埋意黯然。

中原前辈久沉沦，落落晨星更几人。海内至今推大雅，庙堂时复说遗民。繐帷客有琴亡叹，白马人来陌上尘。一束生刍长太息，南州孺子泪沾巾。

竹里闲阶曲径通，旧曾游处雨朦胧。受书我愧[④]如王粲，倒屣君还类蔡邕。常忆别来风翣翣，翻嫌归去话匆匆。谁知终古伤心地，柳絮桐花小院[⑤]东。

华阳楼上罢吹笙，咫尺浮云隔九京。六帖传书思白傅，万人执绋哭黄琼。海山去把浮丘袂，玉帛谁寻历下盟。愁绝画余亭畔路，萧条麈尾不胜情。

西子湖边记[⑥]胜游，孤山清冷坐高秋。余杭美酒诗千里，苏白风流月满舟。天地无情频送老，人间何处可埋忧。十年契阔延陵子，痛哭吴山最上头。公昔

① “销”，国图本作“消”。

② “作昆仑山人”，《般阳诗钞》作“昆仑山房”。

③ “回廊嘉树”，《般阳诗钞》作“堂名志壑”。

④ “我愧”，本作“愧我”，据国图本改。

⑤ “院”，国图本作“苑”。

⑥ “记”，国图本作“纪”。

在武林游最畅。末句谓武林吴海木与先生交最深。

少宰骑箕重可伤，何堪太史继沦亡。道山回首原无恙，浊世归休远自藏。二老乘云翔碧落，九霄驭鹤返沧桑。谁知野哭枌榆社，冷落停春泪万行。

犹忆登堂对落晖，流连笑脱薜萝衣。浮生纵少松乔侣，转瞬何期薤露晞。一草亭中人寂寂，万年枝上雨霏霏。雄谈昨日犹强健，谁道先生竟不归。予于六月十二日过先生，相与盘礴痛饮。阅三日，先生无病卒，异哉。

寄胶水宋桢庵

聚散依依天一隅，常思携手向明湖。四愁我愧张平子，九辨君如宋大夫。穷岛烟中栖蕙带，钓竿海上拂珊瑚。离群岁岁怀知己，何日论心对玉壶。

春日赴历下途中望焦简庵太常墓有感

十年今始望泉台，淅淅东风万木哀。山色浑如同伫立，松声疑是故人来。攀条遥念金城柳，挂剑深迷玉藓苔。车过不辞三步痛，未能杯酒奠黄埃。

春日闻焦矩斋郢中讣

尔是君家千里驹，如何汗血殒穷途。魂来魂返枫林黯，花落花开玉树枯。卫玠神清真看煞，王修弱冠已云殂。更怜白发河阳令，双泪无端哭凤雏。

去年分手石头城，把袂临岐生百忧。欲别频遗青玉案，归装犹赠紫云裘。璧人自古多摇落，兰畹如今动远愁。万里汉江江上水，羁魂不得附东流。

与君盟约楚江浔，一笑相逢谊断金。秋水传袂交有道，芳兰竟体雪为心。少年推解肝肠热，老友关情痛泪深。安得终如王辅嗣，犹从谈易对空林。

荆门烟树荡红霞，解橐怜余道路赊。苦忆秋风人北渡，谁知江路月西斜。招魂空入五更梦，命驾难回千里车。郢水幽兰三万顷，想应血染杜鹃花。

君留郢署恋亲帏，病里分襟与我违。午夜骊歌听楚雁，清言麈尾拂征衣。高楼怅别重阳节，客子萧条万里归。谁意顿成生死别，梦魂不逐海云飞。

林下阿戎亦复嘉，超超玄箸擅王家。结缡终阻星桥路，解佩难寻汉水花。万里招魂埋玉树，双轮广柳伴啼鸦。范张竟负登堂约，白马天涯起叹嗟。矩斋以侍亲任所，竟尔愆期，未娶以终。

再挽焦叔周，时其丧尚在郢中将归葬

犹忆论交沔水浔，相看把臂入林深。江湖怜我岐途客，裘马多君一片心。楚些临风人悄悄，屋梁斜月梦沉沉。高山曲罢钟期死，谁复犹堪理素琴。

多病维摩怨正长，凄凉水国芰荷裳。未能鸡骨归江浦，不见鱼书下海方。泪断双亲千里目，恨遗公子九回肠。从来大梦皆如此，只是怜君在异乡。

当年分手水云乡，落日骊歌亦断肠。君已销魂成死别，余归憔悴度重阳。湖云怅结愁千里，江雨难消泪万行。痛尔少年今已矣，应同屈子怨沉湘。

一别江楼感至今，梦中李白亦伤心。蛟龙浪阔湖天远，猿鸟风悲楚塞深。人去何堪归碧落，魂来终是在青林。故乡纵得深埋玉，执绋谁从汉水浔。

沈郎腰细不胜衣，多病三秋减带围。枫浦青蝇为吊客，椿庭白首竟同归。江天水远无鱼素，衡岳云深少雁飞。携手河梁谁复见，临风陨涕重依依。叔周故后，尊君未久即相继而逝，第四句及之。

阴雨铭旌水一方，空洲无复蕙兰香。魂来东海三秋月，恨结南天五夜霜。老友心常悬泽国，旧游梦亦在江乡。回思往日登堂约，谁复来寻薜荔房。

洛浦常怀锦作衾，依依鲍叔赠南金。袖中字灭三年泪，梦里人归万里心。絮酒遥怜荆路塞，愁云不散汉江阴。九歌未尽湘累恨，此日为君作楚吟。

瓠落怜余寄海滨，九京君复与谁邻。天涯病后思良友，鬼录年来半故人。齐客凋零鄢郢路，湘兰摇落汉江津。何当痛哭青山暮，万里招魂托雁臣。

历下偶吟

历下山川锦作衢，风尘又到古名都。鹭移莲渚莺移树，草满葑堤水满湖。客子漫消千日酒，人家不少四腮鲈。闲从峼华桥头望，宝马谁家玉鹿卢。

挽邑侯赵公一峰先生

讼庭草长隶人稀，抱病空斋万事非。百口离家老吏苦，十年通籍寸心违。天昏冰署孤云黯，月冷琴堂独鹤飞。旦夕台垣行报绩，谁知丹旐已南归。

欲溯冥冥问太空，凄迷薤露响悲风。共从赤县伤遗爱，谁插青�哭寇公。弟子大招哀海左，孤儿陨涕向天东。世间多少长年者，宁似莱芜殁亦穷。

哭同学老友王鹿詹

余归自湖北，始闻其逝。

总角相从共一编，郢中绝调续前贤。死生契阔三千里，风雨论交五十年。油幕从军知己少，青灯著述有谁怜。老来纵遂首丘志，王裒门生亦黯然。

怜尔年来减带围，乾坤纳纳访亲闱。无家恨遂王肩望，化鹤归来丁令威。浪迹空为湖海客，买山未遂薜萝衣。龙丘居士应长痛，回首生平愿已违。

嗣宗叔之丧归自定州哭之

平安两字去年传，忆接双鱼直比天。梦断中山千日酒，魂归故里七哀篇。兰亭定武搜遗迹，雪浪风流续简编。为报相州韩刺史，交游真见泪如泉。

壮游身世任浮萍，孽海风波静不惊。撒手蛮烟殊域远，采真恒岳片云轻。飘零一剑浑南北，转毂双丸悟死生。独惜吾家凋谢甚，凄凉谁与主宗盟。

大阮吾家健绝伦，七旬掷杖若云奔。孤云跋涉三秋雨，旅榇真销五夜魂。紫府果然征散吏，玉楼何事记天门。东来广柳车前路，愁绝芙蓉丈八盆。

犹忆当年作楚吟，南冠十载奇箐林。杜鹃血尽千山恨，皋羽摧残一片心。今日豪游依岳麓，谁期相与悼人琴。浮生物化真如梦，莫说盘江瘴疠深。

闻焦钟祥挂吏议

政拙阳城合隐沦，浮沉宦海总艰辛。惊闻慈母方投杼，不道曾参竟杀人。廉吏何堪彪有翼，天门远隔鬼疑神。浔阳三径今皆尽，靖节归来果是贫。

畏途险仄尽羊肠，抚字空劳汉水旁。下考催科伤卓茂，孤臣抱愤似邹阳。欲偿公帑三千贯，须卖柴桑五柳庄。总说罢归无不可，清贫岂止秫田荒。

二月中和节

偃蹇清斋易断魂，自怜消渴病文园。一年又到清和节，此日谁开上若樽。绕砌春风销积雪，勒花天气易黄昏。子规劝我宜归去，家在城南万树村。

挽益都孙中郎内侄，兼慰其尊君孟滋光禄

中郎乃相国文定公冢孙，而光禄君之长子也。

陈荀子弟每相过，太史占星未足多。湖海元龙今已矣，临江洗马竟如何。乌衣麈尾停玄箸，绮席牛心罢啸歌。为语清斋阮光禄，莫将老泪哭西河。

兰菊歌残痛礼魂，巫咸下召荐芳孙。燕公有后传家乘，先是中郎曾以所著《文定公年谱》问序于予。郗监无儿哭寝门。明月海天乘鹤背，秋风珂里病文园。遗书为问天台赋，翘首南云洒泪痕。

山雨楼前倍怆神，沚园蕙亩亦沉沦。凋零金埒思王济，摧折琼枝痛璧人。走马五陵怀旧迹，校书七略待扶轮。阿戎昔日清谈处，泪洒霜天白纻巾。

兰畹谁从惜蕙缠，客来怊怅赐书堂。子荆作赋悲零雨，潘岳伤心甫悼亡。琼佩凄凉留紫阁，玉编摇落委青箱。翳桑老子应长痛，只是难宽百结肠。

谢苑销沉气不平，金芝殒落太无情。即丘终痛王长豫，新息难忘马客卿。一夕秋风凋宝树，九天夜月度瑶笙。修文岂是怜才计，辛苦词人赴玉京。

客至

身是桃源洞里人，风尘不到武陵津。迂疏我自称狂客，潦倒君当恕醉民。遁世东皋兼市远，留宾南阮愧家贫。百年粗粝无供给，松径同来未厌频。

青州怀古 用刘禹锡《金陵怀古》韵和朱昆叔

九点苍烟古帝州，迷离四塞望中收。风回岘岭通南纪，人在云门最上头。泰岱有灵连地轴，沧溟无际接天流。由来吊古恒多感，纵目萧萧万里秋。

莫因从事说青州，万斛闲愁醉里收。广固平临天北极，营丘东接海西头。爽鸠无复千年乐，文举犹传第一流。休向风前频洒泪，牛山终古阅春秋。

雕龙炙毂寄东州，欲广齐讴曲里收。挟瑟佳人来锦里，斗鸡侠客醉垆头。牛眠城上生芳草，马义门前枕碧流。安得淳于倾五斗，绝缨大笑海天秋。

齐鲁雄藩第一州，云霞岛屿坐中收。寄奴北伐留军垒，徐福东归去海头。芳草不堪悲帝子，朱门无复旧风流。霸陵故迹何须问，烟雨千重入暮秋。

东陲旧是古雄州，极目河山宿雾收。尚父劫灰兵燹后，慕容霸业古城头。穆陵隐隐烟中树，溟海茫茫天外流。漫说临淄三万户，稷门一带碧云秋。

赐履当年冠九州，大风表海竟谁收。六师北府来南国，千骑东方拥上头。怪石尚堪生物色，谈天那复想风流。至今惟有愚公谷，百里修修锦树秋。

寄平凉太守石宗玉

御屏名字久峥嵘，今日缇油出汉京。沙苑千年留苜蓿，秦城万里动悬旌。葡萄玉碗凉州乐，羌笛芦笳陇上声。增秩赐金真异数，行看高第作公卿。

陇首雄城控上游，熊车亦是汉通侯。金笳夜奏伊凉曲，玉笛晨吹障塞秋。太守分符天北极，故人垂钓海西头。遥知露冕经行处，卧阁清风第一流。

寄怀洛阳太守赵丰原

遥闻宠命自京华，黄霸分符兆白麻。上计未窥温室树，行春开遍洛阳花。崧云岳色三千里，金谷楼台十万家。同学少年今渐老，长林高卧对青霞。

刺史行边众所惊，云中魏尚旧知名。汉廷新署二千石，范老曾传十万兵。少室风高天外下，洛阳花发雪中行。如今定有耆英会，九老筵前亘古情。前自绥州刺史升任河南。

送李中丞质君先生赴闽抚任

帝简中丞出上京，汉家玉节赐名卿。幔亭云气三千里，岭峤仙霞百二城。海国长桥临蛋户，江关飞盖拂鸾旌。八闽子弟如相问，仆射由来似父兄。

西台执法昔曾闻，节钺南天道路分。壮略共推文潞国，行边先谒武夷君。牙旗夜照炎荒月，铃阁风清粤海云。自是无诸归义久，澎湖岂有旧尘氛。

南荒持节瘴云西，列戟新开降紫泥。闽粤千门屯虎豹，海波万里偃鲸鲵。兰台大使来金阙，下濑将军练水犀。指日彤庭还召对，鳌扉有路待鸾栖。

临淮壁垒赐专征，缓带轻裘旧有名。咫尺九重颁锁钥，东南万里见长城。天边玉斧妖氛净，海畔云烟蜃气清。幕府何人能作赋，庾公楼上月华明。

哭朱天如

朱君名复，字天如，燕之宛平人。前代宣府死义中丞朱忠庄公讳之冯之孙，自幼为北平诸王。侨居余邑，与余结好，以其女归余次子。天如以清寒游幕于东粤。五年乙酉春，以病偕其男虞尊自雷州北归，卒于江右道中，以道远匮乏，遗命其子焚榇而归。

上谷当年有大忠，君家烈烈见先公。艰难苦节常山舌，漂泊文孙孺子鸿。岭表几秋伤夜月，江干万里泣悲风。只今已化辽阳鹤，谁念余魂怨海东。

秦川公子愤途穷，几载离家寄粤东。紫凤天吴凋短褐，红油莲幕叹从戎。清高未傍要离墓，舂债难依皋伯通。惟有遗孤扶榇日，悲号何计叩苍穹。

孤村流水迥潺湲，犹得从君一醉还。秋月自来人自去，晓云如梦雨如烟。别离往事成长痛，生死论交忆昔年。从此皋桥桥下路，更无人与话林泉。

怪尔南归起百忧，伤心赣水不西流。青枫浦外留余阁，白下城边盼旧游。君欲过金陵不果。五夜天涯千载梦，孤儿江上一扁舟。怜君旅骨萧萧处，不得相携孝水头。

忠烈家风世所叹，倦游异地竟摧残。门无蒿径依刘表，死寄炎方类伯鸾。易箦未能归故里，首丘犹自忆长安。我歌九辨声何苦，此日为君竟泛澜。

和渔洋先生雪后晏起即事

万家积雪覆茅茨，晓色曈曈入槛迟。松径微通来倦仆，鹤粮余粒啄寒鸱。檐垂玉笋丁东下，香袅金炉梦觉时。锦帐羊羔何足道，袁安幽意少人知。先生原唱结句云“等是残年好风景，十年京洛不曾知”，可云入妙入神。

羁客

一为羁客逐飘蓬，时复思归半亩宫。路入岫云青不断，树连烟草绿无穷。波通泽国千村雨，霜落蒹葭百里风。何事客心浑不定，深惭高隐鹿门翁。

皂帽余生似管宁，巾车何日向林扃。天边衰草愁中碧，雨后遥山分外青。问渡还思高下路，望乡不尽短长亭。迩来遍是芦花水，回首般城隔杳冥。

雨后见蜗牛

谁说吾庐未可游，太牢虽异等名牛。循墙或止三寻壁，带雨谁登百尺楼。纵使圆通常屈蠖，每因退缩效潜虬。世间万事皆如此，得出头时且出头。

咏荷叶

披拂香风荡碧漪，绿阴摇漾见鱼儿。金茎滴滴三秋露，玉笋亭亭五尺丝。莲女采时迎桂楫，鸬鹚隐处覆华池。绝怜寥落霜天晚，菰叶菱花一一衰。

一唱西州薜荔村，寒汀淡淡欲销魂。铜盘珠泻仙人掌，冰井澜翻玉女盆。绿盖有时遮暮雨，碧筒无恙倒芳尊。若教一助幽兰珮，蕙带萝衣可共论。

道经马上村古刹，是祖珍禅师圆寂处，师亦天岸和尚弟子

当年曾此住曹溪，烟锁龙宫日欲西。祇树到来兰若隐，天花落处翠云迷。地分八水双林外，路隔孤峰万象低。十载涅槃归净域，东山法侣忆禅栖。

撒手悬崖向此中，道山弟子忆韩终。韩太冲郡丞为禅师弟子，今亦下世。青莲结社留彭泽，白岳题诗寄远公。豹岩太史、习静、长白与师结夏与余有倡和诗。浩劫千年归火宅，禅堂万木落秋空。何因一叩西来义，宿鸟啾啾噪晚风。

拟西崑四诗

愁

白发千寻镜里霜，埋忧地下亦堪伤。仲长统诗云“寄愁天上，埋忧地下”。请量海水知深浅，唐诗云“请量东海水，看取浅深愁”。恨逐巫云较短长。柳絮飞残千里梦，铜壶漏断九回肠。谁知此日张平子，不尽闲情托渺茫。张衡有《四愁诗》。

怨

万缕萦心日夜生，更无人处黯魂惊。杜鹃血尽归无路，燕垒风残计不成。汉女琵琶愁出塞，秦关明月筑长城。鲍家诗里声声恨，寒雨秋坟气未平。

别

仆夫戒道欲黄昏，翘首骊驹怨正繁。三叠阳关数行泪，千秋往路一销魂。河桥有约难成梦，衰草无情断送春。不绾离心杨柳色，丝丝结恨向青门。

泪

午夜藁砧入梦惊，沾裳泣下为含情。湘裙血染桃花片，鸳枕痕留紫海盟。马渡交河千里恨，猿鸣驿路第三声。无端更听伊凉曲，落向心头滴到明。

接渔洋先生冬日书见遗《蚕尾续集》《夫于亭稿》《诗问》三种，并道徐章仲先生已刻《香祖笔记》，赋此志感

带经堂上怅离居，忽枉征鸿过敝庐。雅有瑶编传尺素，喜看锦字出双鱼。王符不闷潜夫论，孝穆新装宫体书。北望桓台倍惆怅，松窗五夜渺愁予。

丁亥岁暮雪中忆去年客桓台，承渔洋先生屡招共赏松雪，赋此奉寄

芳宴回思集霰零，南归深愧北山灵。人因抱病游梁苑，客有新词愧谢庭。老鹤唳云松雪冻，寒鸦啄雪酒人醒。当时诘屈无佳句，今日犹惭似岁星。

凄凄密霰岁将除，授简当筵意气舒。御李几人登雪苑，还山有客卧陶庐。异时鸿爪经年别，此地松窗片月虚。感谓邹阳工作赋，妍辞端的逊相如。

岁暮愁云积霰飞，梁园游侣想依稀。北风何处延枚叟，回雪无因见洛妃。玄圃千峰孤鹤舞，瑶林万树一人归。无心更制幽兰曲，剡浦回船亦息机。

悠飏变态自依依，黄泽千山玉一围。司马大夫文笔富，谢家庭院柳绵飞。香生竹外梅初放，冻压松梢鹤未归。何处旗亭风景好，双鬟遮莫拂臣衣。

题白丁香

飞来洛女下仙舟，嫁得文箫是粉侯。素靥千重依画槛，幽香百结傍朱楼。唐昌玉蕊娇无语，合浦珍珠暗寄愁。移得芝兰寒食后，令威白鹤过瀛洲。

赵涧西丧长子诗以唁慰

怜君迟暮病文园，憔悴今朝怨正繁。膝下兰荪方绣褓，阶前宝树苦招魂。琴书如故留残榻，风雨无端哭寝门。我欲问天天不语，薤歌声断野云昏。

冷落悲风天一涯，剧怜营葬复营斋。鸡皮消瘦难成梦，鹤骨支床竟若柴。东国琼林伤殒谢，西河玉树痛沉埋。愿君努力加餐饭，犹有儿孙慰暮怀。

嗟君老泪洒泉台，叹息佳儿未尽才。凤羽九霄如鹢退，龙驹千里竟虺隤。江花弱冠逢摇落，谢客芳兰没草莱。我病未能将絮酒，松门迢递有余哀。

忆武林李颂将

当年元礼共仙舟，载笔巾箱纪胜游。李子所著有《巾箱笔记》。漏静月来天淼淼，鸦啼人散夜悠悠。关情诗酒伤离索，录别河梁忆去留。回首萧萧频怅望，淡烟疏雨隔杭州。

阅郎梅溪使君近作有赠 其诗名《江湖夜雨集》

长剑摩天万仞青，海埏鸿笔照金庭。莲花玉蕊留仙掌，霹雳雄文走巨灵。君久论交仙吏署，我犹潦倒少微星。桓公台下新题句，回首晨风忆雨零。

姑射神君驾白龙，五城楼上月溶溶。仙才泣鬼天台赋，奇句惊人落雁峰。兰畹清秋搴杜若，锦江碧水浴芙蓉。何人得似郎君胄，大历知名此再逢。

寄怀周伯迁

无双江表周公瑾，绝代风流妙入神。白雪调中传郢曲，黄花会上醉陈遵。三年锦字怀长路，千首新诗对故人。何日饮醇重握手，桓公台下望清尘。

忆彤水斋中旧游寄郎明府

旧游几载每彷徨，击钵微吟纪缥缃。天上白榆秋寂寂，人间玄鹤月苍苍。萝筵斋里三更柝，芰棘廊前五夜霜。常忆西城城畔路，归来灯下说渔洋。

得焦鹤亭见寄书，感旧写怀却寄

荆门游子薜萝衣，多病当年赋式微。南去郧襄片帆下，北来江汉一鸿飞。岁寒雨雪关山远，秋老河梁木叶稀。回首昔时临祖帐，忆君高唱送将归。

楚泽曾经共采兰，郢门远遁意阑珊。他乡回忆分襟苦，故国翻成见面难。白岳千峰魂梦远，绣江百里水云寒。城南载酒当时约，百脉泉头兴亦阑。

贫交何得久追陪，西望清尘倦眼开。老病山中云卧久，故人天上尺书来。惠连潇洒吟红药，仲蔚穷愁隐草莱。何日高斋同握手，余生衰谢重徘徊。

郢中属和见吾曹，送别临岐怨伯劳。知己归来凭锦字，论心无力出蓬蒿。君还浩浩思千里，我已星星叹二毛。屈指绣江江畔柳，几时一系木兰舟。

此身久合伴樵渔，叔夜年来懒报书。倾盖难方高士驾，应门莫待老夫车。埋名东海春林卧，贫病南窗夜月虚。畅好秋风三径菊，高轩来下贲陶庐。

寄谭眉樵大尹于辰州

辰龙当日是岩关，廿载兵戈靖百蛮。仙吏湖西悬艾绶，故人海右买青山。三年报最承恩宠，千里朝天觐圣颜。有日双旌传过里，飞凫遥在彩云间。

昔日龙旂下井陉，王师十道走雷霆。白溶清浪无天险，木屑空舟下洞庭。此后疮痍勤补缀，年来生聚仰皇灵。遐方休养须公等，行见题名向御屏。

逆竖炎荒剧战争，岳阳烽火接天明。楼船下濑停飞檄，幕府征南久洗兵。坐使岩疆勤抚字，尚烦劳吏课农耕。远人赤子临轩问，方略何时奏帝京。

春兴

习习和风意气舒，春深吾亦爱吾庐。寻山不少卢敖杖，访友思乘下泽车。村傍长林多宿鸟，门临溪水聚游鱼。今年种黍多于谷，准拟东皋自荷锄。

野客安能赋子虚，西畴间复命柴车。园丁偶至商移树，轮扁时来佐读书。习静琴能弹贺若，倦游病或似相如。老夫闲寂无尘事，雅有新篇出醉余。

五弟移来同居石谷村中，赋此相示

庞马为邻隐鹿门，况于小宛教儿孙。吾衰久已怜形影，汝病深知念弟昆。鸿雁行中伤断绝，脊鸰原上未招魂。三弟久未卜葬。尔来稍慰同居愿，鸡犬桑麻共一村。

十五年中亦苦辛，蓼莪长痛共伤神。老来兄弟无多日，世上穷愁莫认真。尔向西河挥涕泪，时五弟丧子未久。我如南阮久甘贫。诛茅卜筑穷居事，共作桃源洞里人。

老去心情不可论，艰难家计到鸡豚。薄田未足糊余口，耕砚犹须咬菜根。欲免求人当树脊，但能忍饿即清门。书香莫道寻常事，教子还将更课孙。

田车结伴课桑麻，或种青门五色瓜。我似德公艰入市，尔如摩诘久无家。隔篱树栅联蔬圃，策杖登山玩物华。从此寻幽添老友，倾壶应共醉晴沙。

卜筑荒村业已迟，襄阳耆旧是吾师。校书我愧刘中垒，题句君同韦左司。五弟颇工五言。老去破愁唯白堕，闲来坦步听黄鹂。请看扰扰啖名客，今日驰驱知为谁。弟有《门有车马客行》最佳。

朱门陈戟旧悬旌，邸第消沉岁月更。纵履何妨居瓮牖，绳枢无恙啜藜羹。汉阴我亦忘机隐，谷口君同蜡屐行。禽向纵然昏嫁毕，清游五岳计难成。

清白传家旧有名，荒山门巷没柴荆。无衣或类贫寒子，泛宅真同甫里生。第五何尝减骠骑，元方我自愧难兄。从今载酒重阳会，共折茱萸栗里行。

别业东山剩荜门，乌衣门第久沉沦。赐书虽复留缃箧，敝笏终惭寄子孙。羌富三余同脉望，臣躯九尺费饔飧。囊空未具中人产，赖有传家老瓦盆。

放歌

潜夫何必叹途穷，长剑摩天入碧空。击水三千小海唱，披襟万里大王风。惭无雅量惊谈虎，岂有雄文赋射熊。长啸欲从天外去，钓竿直下海门东。

几曾病渴想金茎，自愧张衡赋两京。不作清言三语掾，空为闭户一先生。狂奴故态容高卧，大笑雄谈每绝缨。赖有海邦居士宅，为农南陌足生平。

寄赠郎梅溪大尹

列戟门庭旧有名，君家兄弟汉诸卿。锦湖百里花为县，白岳千峰翠入城。此日王乔栖叶邑，几时严助谒承明。梧垣柏府行将近，况复新篇满帝京。

题《烂柯山图》

樵柯几阅岁华新，过眼残棋总未真。局里风云藏浩劫，橘中日月走飙轮。暂时徙倚轻千载，长啸归来痛六亲。识得仙机无远近，天台有路亦迷津。

桃源图

渊明别铸古乾坤，风景依稀洞口村。流水落花尘迹绝，岁时伏腊昔人存。华胥有梦留千载，青壁无梯见一门。身是南阳刘子骥，问奇每欲访仙源。

仿佛仇池莫问津，丹台自古少红尘。山川修阻疑无地，鸡犬桑麻大有人。俗近羲皇留太仆，风存怀葛想遗民。说瓜博士焉知此，魂断骊山未避秦。

人间何处有丹丘，此地曾经忆旧游。老去安知行汉腊，重来无复觅渔舟。烟霞缥缈疑天阙，叠嶂浮云蔽郁洲。自是武陵原不远，桃花轻薄逐溪流。

狂歌

千年学道驻丹溪，聊复行游大海西。鹤驾仙居飞弱水，月明神女唱青溪。琼台自煮三山石，丹壁无劳百尺梯。长啸一声天宇旷，时闻若木碧鸡啼。

昆仑山杂兴

独步昆仑万岭低，仙源选胜任攀跻。笠阴东峙群峰麓，石涧南回九曲溪。

卜筑久邻般水侧，幽栖如在海云栖。剡中自有名山趣，访戴何劳雪满溪。

昆仑山叟过麟洲，手挹榑桑到故丘。松似隐君常伴鹤，人如海客不惊鸥。半生只博千场醉，一斗能消万斛愁。苍狗白云真大梦，萍归溟瀣漫沉浮。

野客

偏宜野客住沧洲，乘兴探奇胜卧游。雨洒游鱼浮水面，云遮闲鹭立溪头。烟中迟客时登垄，雪后看山独上楼。不是风流甘作达，总无拘束到林丘。

春山冉冉片云轻，有客题诗向短楹。柳絮多情依落日，杏花无赖过清明。座中胜友成三益，架上藏书富百城。十亩琅玕今岁植，子猷吟啸足生平。

南溪

怪石晴沙衬短莎，一湾春水碧于罗。隐居径辟鱼梁务，种树方寻郭橐驼。坦步无忧青壁远，空村唯占白云多。此间不少严陵客，稳把渔竿拂绿蓑。

幽谷山村丽水南，寒原鸟道昔曾谙。银沙幻作珠玑岛，丹嶂深藏钴鉧潭。石髓埋云留涧壑，松花如雨覆茅庵。观空静里应无住，此地应为弥勒龛。

耳屋

十亩闲闲自杖藜，野人无事治幽栖。伐薪汲水皆名士，绞索诛茅自炼泥。一壑蓬门桑柘下，数椽蜗舍水云西。牵萝补屋行将就，燕子频来曲径迷。

贫家

安贫计拙问桑麻，自是林丘处士家。辟地数弓将种竹，为园三亩半栽花。长松罢罢迎人立，垂柳阴阴逐径斜。不是老夫消渴甚，何因欲灌邵平瓜。

采蕨

偶向青林觅蕨薇，一时嫩绿雨余肥。东风鱼藻浮春水，落日牛羊下翠微。芳草无边人独往，闲云时共鸟争飞。长歌徙倚空山暮，不向红尘问是非。

春日杂兴

晏坐真成自在身，萧然世外却缁尘。鹤能代主迎佳客，鱼为将沽上钓纶。移树云来为静侣，买山天许作闲人。年来老懒无他务，睡向晴郊藉绿茵。

青田野鹤带云招，坐看明霞没绛霄。风雨频来近寒食，樱桃开处过花朝。静中谢客无谈麈，老去题诗对酒瓢。懒慢无心寻胜地，临流聊复步长桥。

生来自号葛天民，不是桃源岂避秦。一曲黄鹂迎丽日，两行绿柳媚幽人。何惭悬鹑桁上结，赖有床头漉酒巾。早晚便栽兰百亩，三秋琼佩亦堪纫。

极力长天万里空，野夫闲眺海云东。柳条不绾三春日，花气频催五夜风。散绮余霞随去鸟，寒沙大泽隐归鸿。邻家早晚商田事，布谷声声紫陌中。

赋诗不惯向南皮，枳棘重重补短篱。梦入梦园迎舞蝶，闲看春雨驻游丝。晴郊种秫询农父，社日营巢待燕儿。花竹经纶良不恶，等闲那遣外人知。

春日偶成

已知求富不如贫，到处溪山自可人。我与蠹鱼皆嗜古，天怜柳絮不禁春。自营老屋容残榻，手种长松盖四邻。一枕华胥方梦觉，闲来鸥鹭亦相亲。

老去

荣期老去自吾师，带索行歌亦最宜。一线名心今铲尽，半生书癖久无翳。雄风不爱青萍剑，烂醉惟应白接䍦。莫以衰残长太息，朝阳转瞬入崦嵫。

遣兴

生平行乐本无期，丰草长林任所之。曳杖入云穿翠岫，寻花沽酒认青旗。病余尽罢雕虫技，老去惟增感旧诗。谁说加餐须努力，衰颜赢得鬓丝丝。

陋室

遁迹新城陋室铭，蜀严端为好沉冥。长安鸟去遥天碧，广陌云垂细草青。斫地将开元亮径，缚茅拟构子云亭。山隐莫漫矜高隐，无用人占处士星。

有叹

七十将临气色衰，归休常恨买山迟。文通才尽生花笔，伯玉琴鸣感遇诗。雅有三年贻锦字，未能五岳采金芝。海天寂寞鱼龙气，目极闲云有所思。

看花

斜日衡门掩绿苔，四愁吟罢重徘徊。眉陵芳草连天远，左阜晴沙动地来。林壑正逢群鸟啭，幽人难负百花开。老夫病后无多饮，聊为春光进一杯。

春思

襄阳何处蹋铜蹄，沽酒宜城唱大堤。杨柳风微春水动，丁香雨湿暮烟低。千门草长沿阶满，百舌声多隔岸啼。安得行游时一醉，香车翠幰策青骊。

春游寒食

春游夹道佩丁东，麦饭寒原各一丛。侠少金鞭红玉勒，佳人骏马绣缠鬃。红楼自乞龙蛇火，紫陌轻翻柳叶风。黄犊遥遥漫归去，棠梨花下雨蒙蒙。

寄孙莪山太史督学黔中

手凭玉尺问遐陬，帝宠儒臣拥八驺。太乙藜光分秘阁，风池莲烛下瀛洲。占星益部开文苑，化雨盘江涨碧流。指日双旌行过里，故人遥望海西头。

万里狂澜障四溟，天家金铎赐明廷。桄榔影里朝挥麈，蒟酱筵前夜授经。贵筑使星邻僰道，夜郎文物问玄亭。极知太史风流甚，绛帐渝歌度翠屏。

西京独步似云渊，扬子云、王子渊。作赋雄才二十年。都会讲堂宗鹿洞，后庭丝竹待彭宣。百蛮共识文章秘，七略新成石室编。归去圣朝封事奏，已将教泽遍南天。

黔疆自古属羁縻，极目西南天尽陲。使者衡文龙里地，诸儒讲业竹郎祠。牂牁瘴疠观风远，罗甸穷荒被化迟，君去漫劳忧尽瘁，舞干独有侍臣知。

野兴

郊原芳草自青葱，入眼烟云接碧空。飞絮自怜经暮雨，繁花每怯遇惊风。参天松老千年计，辟地堂成半亩宫。不耐草玄辛苦甚，旁人莫漫说扬雄。

一望长堤起翠烟，桑榆晴日照斜川。欲栽橘柚虚廊下，先种梧桐露井边。花底静闻莺百啭，春深已见柳三眠。高歌日逐渔樵侣，野鹤行云是地仙。

何事花时贯缊袍，衔杯惟赖大樽匏。青莎满地垂松鬣，黄鸟窥林啄杏膏。睡起课孙开北牖，兴来携友步东皋。桑田沧海须臾改，怪得刘伶笑二豪。

朝晖闪闪上茅茨，卧看南荣日影移。万树浮花萦绣陌，一声啼鸟度杨枝。苍头带露编鸡栅，谷口成林护竹篱。此日日长天未暮，尚堪腊酒解酴醾。

晴郊霁日晚凉生，偶向东原小径行。十里青天残雨散，一轮白日断虹明。红霞弄影时沉水，绿树临风暗度莺。自是幽人多逸兴，柴桑深处赋闲情。

九曲溪

蜿蜒溪水走龙蛇，此处幽寻天一涯。势远黄河疑九曲，地非巫峡似三巴。逶迤古岸随流转，蚴蟉悬萝覆径斜。道是五溪犹未是，依稀樵路认晴沙。

临溪

皂帽由来暮管宁，坐穿木榻对寒汀。潆林一水春生碧，排闼千山晓送青。宛见方壶大瀛海，如临粤峤小南溟。题诗诘屈诚多愧，潦倒人间一岁星。

春兴

何人画我置丘壑，此子端宜隐碧岩。夜月梧桐横短榻，春山薇蕨有长镵。深松径里思羊仲，修竹林中哭阮咸。安得五湖三亩宅，渔蓑烟水挂轻帆。

老去毵毵尽短髯，浃旬春雨亦廉纤。养生叔夜仍多病，讲易君平每下帘。醉后时因逢白堕，债多何必辟青帘。野夫尽日无尘事，学得新声刮骨盐。

春来百卉发华滋，一任东风着意吹。官柳含烟凝翠黛，桃花经雨湿胭脂。山当别院峰头峻，云起晴空练影移。共说江郎才易尽，老夫才尽强吟诗。

息景

步兵漫说畏穷途，柱下深知退步工。不分新声传北里，惟宜烂醉向东风。世间万事莫须有，物论多云将毋同。我已名场甘息景，倦看古道转飞蓬。

寄怀张弘蘧太史，时外转赣州大尹

长安大道走风雷，搔首金台客思哀。穷巷余从兰若隐，青衫尔自日边来。旗亭绿酒双鬟唱，紫陌桃花四面开。我向风尘终掉臂，寸心未老已成灰。

当日余从帝里回，西江制锦尔南来。双鱼尺素何年寄，万里题诗八镜台。南郭子綦齐物论，东方曼倩岁星才。侍臣定有相如渴，望断金茎泻露杯。

君别卢龙去帝乡，我因多病卧沧桑。金门不索东方米，花县停飞北海觞。章贡合流无锦字，江湖岐路各苍茫。贾生前席知非远，莫赋怀沙重自伤。

寄怀王令贻给谏，时久以建言罢归清浦

当年握手凤城旁，寥落红尘胜业坊。徒步相过燕市客，谈诗多在赞公房。岭南粤海称循吏，天阙梧垣拜夕郎。何事伏蒲频补牍，吴淞江上隐沧浪。

先生遁世子云居，抱恨当年宪令书。五岭南来无片石，三江东去恋鲈鱼。名成鸾掖声逾重，志逆龙鳞计未疏。从此云间高卧稳，莫因憔悴念三闾。

重送梅溪郎使君通守成都①

知君此去下鱼凫，不为临邛问酒垆。卧阁秋云怀旧侣，清樽夜雨对江湖。翠螺朝映三峨秀，白石闲吟八阵图。高适蜀中行拥节，尺书东海寄潜夫。

飞檄争传汉长卿，雄边子弟万人惊。已招王吉为前导，是临邛令王吉。更取唐蒙作骑兵。地合两川朝白帝，天连五岳拱青城。眼看蜀道难如此，仙客逍遥剑外行。

谁说西南隔帝阍，群流九派赴湘沅。风回阁道疑仙阙，鸟决浮云下剑门。青壁千寻通地肺，翠微万仞倚天根。盛朝自有诸艰试，计日鸾台陟省垣。

浮家万里亦悠悠，直上青天自壮游。蜀国何人通玉垒，秦关有路问金牛。龙骧治郡三刀梦，卫国筹边百尺楼。圣主如今汉文帝，固应前席召西陲。

① 《般阳诗钞》题作“送梅溪郎使君赴成都别驾”。

使君自是不群才，隽笔磨空象纬回。杜宇啼时丹嶂合，清猿吟处翠屏开。南天豹虎当风避，西极龙媒动地来。羡尔殊方勤扬历，异时宣室好重回。

汉京才子美无双，飘渺凌云气未降。彩笔大人司马赋，浣花小队碧油幢。千年怒浪平犀浦，十里明霞对锦江。待得秋风霜落后，芙蓉片片入船窗。

驷马分骖意未舒，此行真钓锦江鱼。占星益部三千里，饮水齐州十载余。叶县忆君飞度舄，君尝摄篆于敝邑。冯驩愧我出无车。韦皋若有闲情赋，题授应怜薛校书。

谁从赋笔问雄褒，二公皆蜀人。共识当年有彩毫。遗迹远寻工部宅，勋名托始吕虔刀。郫筒酒美真堪醉，大剑铓寒亦足豪。蜀有大小二剑山。马首蹇帷应共羡，中丞家世拥旌旄。

浮江百驿过三巴，目极西南天路遐。蜀国管弦谁得似，锦城行乐胜还家。反用古乐府云“锦城虽云乐，不如早还家”之句。奇峰赤甲云随马，浣女红霞玉碾沙。如此风光良不恶，何须愁看杜鹃花。

汉室郎官起海方,河阳花满向华阳。华阳黑水,成都地也。锦官驿道如悬度，玉塞浮云接混茫。调鹤一堂赵清献，赵抃为成都守。开疆六诏韦南康。西川宰相回翔地，指日锋车下建章。

庾亮南楼雅好文，几人得似孟参军。携家自爱青凫舫，录别亲题白练裙。棠荫久留沧海曲，岷嶓上溯大江濆。碧鸡金马西南路，谁遣王褒问彩云。

几年酬唱愧雄风，今日骊歌两地同。文笔竞传巴蜀檄，赋心为觅盛长通。勒铭栈阁嘉陵道，负弩前驱驿路中。何限赏心随处是，有人相忆海天东。

又送郎使君

扬益从来冠九州，使君西去五骅骝。锦官城郭千年壮，巴字江涛几曲流。文党传经新教化，王尊叱奴汉诸侯。蛮笺十幅云霞烂，指日增修五凤楼。

酴醾腊酒夜光杯，丙穴嘉鱼佐玉罍。关入七星分井鬼，人从九折上邛崃。扬旌远自岷江外，问俗初从锦里来。辛苦跃龙池畔路，天河洗甲八蛮开。

弓头射虎鹿头关，不惜賨钱作赎锾。见《华阳国志》。滟滪堆当三峡口，木绵花老七盘山。天清剑外巴渝舞，地近羌中板楯蛮。士女江源堪纪盛，殊方人物未应删。常璩有《江源士女志》。

华阳国志与谁探，常璩遗文我所耽。峨岭云回千里雁，锦城秋老百花潭。蚕丛地僻来桐凤，火井霜深涌翠岚。望断芙蓉湖上路，寒烟淼淼柳毵毵。

汉廷佐郡擢名贤，别驾平分太守权。仿佛参知并枢副，依稀治□共班联。五花判事中书例，驷马行春刺史前。青绶一官俱右职，莫言蜀仲上青天。当读作伯仲之仲。

重险三江接蛋夷，汉皇久已辟西陲。君平莫问支机石，杜宇消沉望帝祠。白雉山鸡呈物彩，桃笙蔺席贡珍奇。他时骑马朝天去，归路秋风荐荔芰。蜀中有荔芰园。

使君绿鬓自婆娑，六传炎荒逸兴多。一水浮天奔万马，三峰拔地蹙双蛾。谓大峨、中峨、小峨三峰也。赤城遗迹长生观，玉斧划疆大渡河。道是锦城丝管地，人间天上几回歌。

宋朝使相判方州，佐郡雄才领上游。宋时罢相判州，未始以之损重。天阔停车巴子国，风清卧治海棠楼。八千里外襜帷远，十二峰前宿雨收。扞患御灾真大计，乘秋好镇五犀牛。

咫尺青霄白日低，嵯峨千丈上丹梯。巴人度曲猿声应，僰女穿花鸟路迷。天入栈关双阙外，云遮秦岭百蛮西。梁州黑水称奇险，天府金城带五溪。

剖符宝篆画熊车，路转褒斜入宕渠。万里乘槎张博望，十年奉使马相如。何殊建节中郎将，亲捧天书下玉除。早晚彤廷征外吏，紫泥传诏待宸居。

寄怀武林李颂将

君仿临川刘义庆，依稀世说更多姿。龙宾细录东西晋，獭祭真成绝妙辞。手把一编何太瘦，心悬千古采葳蕤。萝簃斋里翻书苦，湖上无由见所思。

广固城边望岱宗，黄河南渡水淙淙。此时海客遥相忆，想见湖云少定踪。眼底千秋惊绣虎，楼头百尺卧元龙。常思越水三千里，翘首双鱼未易逢。

芰棘廊前旅思频，黑貂裘敝未全贫。怜余潦倒穷途客，忆尔东西南北人。憔悴风尘俱老大，萧条湖海拥闲身。巾箱笔记书成未，此是残年性所亲。

送周伯迁归西湖

岱云千里久淹留，此际风尘仗蒯缑。录别未能歌楚调，将归且复广齐讴。争盟吴晋黄池会，狎主沧溟白雪楼。到日一尊酬胜地，锦湖终逊圣湖头。

江东公瑾冠当时，北渡中原盖世姿。三竺风松增旅恨，满堤花柳赋归迟。故山猿鹤思征士，到处清流说项斯。今日竹溪推逸客，流连海岳忆前期。

怜余渤海一冥鸿，河朔传觞意气同。五载双轮驰济北，片帆千里挂江东。挥毫沧海留纨素，拥楫黄河望断蓬。他日相思烟月梦，有人长啸万山中。

迢递离家忆虎林，一天凉雨梦沉沉。神伤庾信江南赋，凄切钟仪楚客吟。旅馆遥思湖水阔，羁愁不散海云阴。今朝东望辞游侣，终是悠悠故国心。

计程八月圣湖边，故里秋花映葑田。葑，音奉。衰柳萎黄依曲岸，新桥徙倚俯清涟。余杭美酒酤千斛，龙井飞云共一船。但使二难兼四美，何妨日日醉吟鞭。

冷泉亭畔碧阴森，幸免移文或见侵。游迹几年栖海角，归来一棹入湖心。三天松柏排青远，十里幽篁积翠深。便似当时林处士，岁寒无恙故山岑。

久从濯濯美王恭，亦是清贫阮仲容。浙水东西二千里，圣湖南北两高峰。朅来海国真威凤，归去钱江有卧龙。羡尔新诗三百首，从今不受宿云封。

邮筒浃岁到柴扉，回首离心万事违。三楚交游频问讯，六桥烟雨待人归。江干兰棹逶迤去，湖上明霞高下飞。独有般阳垂白叟，长吟送尔泪沾衣。

旧雨相逢共解颐，孤山投老越江湄。海隅送客三千里，湖上看云十二时。今日故人归去好，几年游子暮何之。梅花开遍应回首，放鹤亭边有所思。

廿载浮云少定踪，蓼莪弟子见哀容。半生旅邸游人梦，今日归营马鬣封。五父长衢虞殡泪，孔子殡于五父之衢。伟元痛绝墓门松，王裒攀柏悲号。袁宏倚马停飞檄，去听西湖半夜钟。此首因伯迁归去葬亲而作。

又寄怀李颂将 用颂老《巾箱笔记》中语

尝笑刘家金凤池，后村精舍杳难期。买田河渚应何似，种秫湖头徒尔为。背郭堂成感今昔，移家愿遂□交知。剡中筑舍郗超事，肯向青山负戴逵。

重阳对酒

乾坤萧瑟中清商，白雁黄花引兴长。三径三秋当此日，一年一度是重阳。幸无租吏挠幽事，且喜清尊对晚香。便拟葛陂龙化去，壶中天地醉长房。

忆辰中令谭无竞

洞庭西去碧云间，花满河阳未拟还。官似神仙常伴鹤，邑无城郭好看山。琴调绿绮清风动，灶煮丹砂白日闲。为问采真句漏令，几时飞舄紫宸班。

送客游秦中

君行匹马向秦川，函谷西头意悄然。素浐桥边皆宿莽，监田树里尽寒烟。潼关四扇雄千载，华岳三峰入九天。若到乐游原上望，凭高吊古一回旋。

峭陵千里郁苍苍，路出群峰亦渺茫。汉国山河分二陕，秦时明月照咸阳。青门地控华阴道，渭水波浸灞岸旁。矫首云台幽绝处，海天明灭是吾乡。

从来三辅爱雄谈，西望长安性所耽。百二金城连渭北，五陵王气隐终南。岳莲仙掌浮空碧，紫阁云霞变蔚蓝。好向新丰频贳酒，万年形胜一停骖。

狂歌

年来云卧似袁安，不必长歌行路难。画里山河同列幛，眼中日月走双丸。古今尽入华胥梦，湖海谁怜范叔寒。万事不如高隐好，苍苍海树寄纶竿。

闻谭眉樵丁外艰

辰龙关畔困风尘，况复居忧倍苦辛。薄宦五湖双涕泪，麻衣万里一孤臣。扁舟仿佛元真子，寒橐萧条沈义伦。嗟尔三年难报政，还辕不敢怨清贫。

君从何处哭亲闱，禄养谁知有是非。负米空驰毛义檄，奔车莫遂老莱衣。潇湘道远书难寄，沧海人归志竟违。他日伟元松柏路，恨随乌鸟入林飞。

五千里路遇途穷，陟岵兴悲岁暮风。计日魂飞荒徼外，瞻云泪尽太行东。谁云仙吏循勾漏，怨结丹砂误葛洪。到处青山终古恨，巴陵北望远蒙蒙。

荒服亲民未及瓜，何堪血泪染疏麻。中丞莫挽清廉吏，赤子难攀白板车。沅浦行尘伤七泽，龙标树色冷千家。文翁弟子应惆怅，回首传经隔绛纱。

庚寅除夕

莫从垂老叹居诸，七十明朝岁月虚。短发仅余三寸缕，残年仍守一床书。春星寥落当檐角，河汉横斜逼岁除。屈指新正五更后，屠苏旧例定何如。

岁辛卯七十初度自寿 正月二十日

回首悬瓠意黯然，隙驹岁月逝长川。隐余遁世何辞老，贫可忘忧不羡仙。结习未空文字债，名心淡入净居天。荣期三乐吾何敢，汗漫行歌七十年。

倦眼翻惊阅历深，桑田沧海久相寻。频年愿息驰长路，穷老终当守故林。世态风云多异色，人情变幻任浮沉。何期七十犹强健，兀自摊书惜寸阴。

年来黄面似瞿昙，老去擎觞未忍酣。百亩仅能糊八口，两儿正不羡多男。闲能任运何妨懒，清到逃名正不贪。天若假年宽岁月，异书未见性犹耽。

海山不羡入明霞，潇洒清贫处士家。晓日诸孙随杖屦，负暄野老话桑麻。不辞对客题新句，尚拟倾壶醉浅沙。莫问蓬瀛深几许，闲来坦步访篱花。

石火星流似电光，端居岁月亦堂堂。谋生计拙知才短，觅句心间引兴长。五岳前期乘绿杖，百年夙业满青箱。种松已有龙鳞状，闭户先生醉不妨。

手攀旸谷罥扶桑，叫彻天鸡白昼长。跨海双丸飞日月，经天浩劫照穷荒。岁星桃实寻常见，蓂绿灵璈耿未忘。晏坐须臾尘梦醉，都来三万六千场。

忆友

天末云寒忆友生，离心岁月黯然惊。海天草绿人千里，山馆灯青月二更。愁对空岩思远道，每从尺素慰交情。何时握手清樽下，夜雨巴山坐短楹。

语鹤

犹是辽阳旧羽毛，华亭清唳出蓬蒿。声传碧落三千界，背负青天万仞高。城郭半非归故国，缟衣欲铩过临皋。亦知丁令悲凉甚，振翮东来碧海涛。

山家

山家结屋傍青岑，不使风尘搅素心。鸿雁影中西日落，牛羊归后暮云深。丹崖樵唱来平野，山寺钟声度远林。此际春光风景好，还从静室寄微吟。

将隐

为觅桃源欲隐沦，武陵今日尚迷津。空山鸟度宜斜日。寒涧花开待暮春。夏甫土庐堪避世，管宁蜗舍不容身。诗篇老去多疏放，道是香山亦可人。

残年

六十九龄今已度，老夫七十莫深惊。残年哀乐尤多感，春日莺花最系情。青幰陌头逢故友，绿杨阴里课农耕。无端又过清明节，佳会迢遥忆弟兄。

策杖

遥天去鸟度长空，云物苍茫似画工。丝柳常垂半溪水，落花犹隔一帘风。菜根咬定青畦韭，蕙叶新栽楚泽丛。老体犹强春日健，何妨策杖乱山中。

招客

水鉴余风亦古欢，鹿门隐者亦凋残。欲招老友尝春酒，第敕家人供菜盘。苏岭烟霞临汉水，辋川图画在林峦。莫辞鸡黍山中会，留与儿孙仔细看。

草茅

草茅无径不须锄，蒋诩为人我似渠。多病老妻疏井臼，黑顽稚子厌诗书。半生耕砚终无就，百亩山田少宿储。不识草玄辛苦甚，路人犹道子云居。

井上柳

张绪当年淡冶姿，王恭濯濯想风期。金城昔种三年柳，玉井今攀五尺丝。春既暮兮时物变，木犹如此我心悲。隋堤汉渚曾何异，正是灵和殿里时。

老人

老人已是半衰残，犹借豪吟强自宽。娇鸟每从林外听，名花须就树头看。青蘋展叶春将暮，白纻轻衫气尚寒。往日钟期今已没，伯牙弦绝为谁弹。

春日漫兴

村临溪水日潺湲，无意求闲自得闲。年老何须羞白发，家贫犹幸住青山。勒花天气微寒在，过隙光阴一瞬间。拟植幽兰盈九畹，当阶恶□已全删。

门掩青松间绿苔，柴关长日思悠哉。夜游月就云中堕，春到花从醉后开。眼底故人推我老，樽前狂客更谁来。君看桃李园中宴，百岁光阴更几回。

谁说幽人不解愁，又看芳草遍中洲。年来积雪留双鬓，老去青山待一丘。良宴快逢寒食会，题诗沉醉夕阳楼。眼前春色堂堂去，笑折桃花当酒筹。

迢迢南浦近桑麻，人道东陵好种瓜。风过牵萝争补屋，天晴汲水更移花。

钓竿空复邻般左，栽竹终当逊渭涯。何日堂成三亩宅，临溪小槛带凫沙。

春愁

当前何物唤春愁，百舌声中起百忧。到处青山堪避世，老来白发已盈头。谋生久患尘中苦，纵酒思从物外游。自笑柴桑真漫叟，终年迂阔任沉浮。

幽居

红尘无恙百年身，最爱幽居少四邻。花鸟不妨当落日，风烟容易度残春。清樽何处寻知己，芳草徒劳忆远人。笑我老耄常病酒，翻嫌投辖遇陈遵。

为园

为园十载物华滋，花木经纶性所知。秾李未开三月艳，含桃先发去年枝。橐驼种树呈才美，汉水忘机抱瓮宜。惭愧老农兼老圃，难从黄绮觅金芝。

寒食

去岁清明衣尽单，今年寒食气犹寒。青山偃蹇如狂客，碧水多情受钓竿。枝上杏花春信早，林间竹叶雨声干。倾壶指日寻幽胜，祓禊同人共采兰。

闲情

平芜春色绿迢迢，须耐闲情破寂寥。红豆开时催杏子，娇花绽处露樱桃。幽窗蝶舞香生幕，小院蜂衙日上朝。正是困人天气暖，欲寻芳径一逍遥。

荒园

荒园寥落自编篱，移得梧桐三两枝。思睡漫从芳草卧，爱闲惟有白鸥知。欲寻严濑常垂钓，或向商山一采芝。自是卜居林际好，清溪坐对可忘机。

春日杂兴

浮世光阴似大槐，到头黄土漫成堆。愁中排闷难忘酒，老去逢春兴渐衰。晚景无多容我醉，百年强半负花开。钟鸣漏尽君知否，咫尺斜阳亦大哀。

天涯春老客心惊，强欲豪游计未成。晴沼衔泥飞乳燕，绿杨细雨度啼莺。云从碧嶂山中出，人在青林树里行。道是闲愁须遣尽，东风日日唤愁生。

风尘少处可樵渔，随意容身下泽车。名逊古人翻得谤，年从衰谢尚贪书。极知浮世难容戆，且效灵均漫卜居。野老相过常坦步，莫愁贫病出无驴。

百年计拙每迂疏，懒慢何心赋子虚。放废世难宽世法，清狂吾亦爱吾庐。到头家少计然策，只是门多长者车。春日迟迟农事动，石田芜尽须教锄。

石谷野兴

栖迟石谷见生平，多事传经岁月更。荒径抚松陶靖节，小园作赋庾兰成。微波掠羽双飞燕，细雨穿林二月莺。我与韶光同一乐，浮名何事更相惊。

闲云多在笠山阳，结屋空村水一方。风入桃花真烂熳，人言柳絮太颠狂。举觞薄醉斜阳里，击钵征诗绿树旁。老子于兹多逸兴，不妨白眼卧绳床。

海国浮云变幻生，百年日月亦纵横。丁香雨歇醒尘梦，杨柳风微远市城。极目烟生残照灭，回头春尽黯魂惊。闭关吾亦垂垂老，何事难忘物外情。

吾生端赖酒盈卮，沧海扬尘岁月移。客病正逢寒食后，山园正值落花时。白云兀自生幽壑，黄鸟犹知恋故枝。且与高阳旧徒侣，寻欢好觅习家池。

对景

漫嗟荣叟自行歌，对景徜徉意若何。睍睆莺儿啼柳浪，呢喃燕子掷龙梭。不辞夕照林中步，依旧春云水上多。霁月光风吾事济，百城书在漫蹉跎。

题草堂

终南捷径莫呈身，结伴渔樵不为贫。故里青山容我傲，交游白首更相亲。不将猿鹤讥逋客，常与烟霞作主人。剩有卢鸿草堂在，嵩云洛水迥无尘。

忆襄汉旧游

襄阳曾到鹿门栖，庞马余风汉水西。玉蕊纤纤乌桕密，银塘曲曲绿杨低。江山南国留文藻，游侣东归忆大堤。当日急轮无坦步，年来常自杖青藜。

嗟老

老去经春莫漫嗟，逢场自是惜年华。天低平野方闻雁，人卧空山正落花。暂息孤吟茶灶沸，惯招逸兴酒旂斜。吕安自古非良友，命驾何劳千里车。

东风

东风软碧变兰芳，蝶趁花枝舞绣裳。陌上柳眠莺羽嫩，楼头春暖燕泥香。且贪夜饮三更月，莫管年催两鬓霜。世上悲欢随处是，休从岐路泣亡羊。

醉题

漫言从事有青州，且向平原问督邮。鸟语花香留石径，溪声月色满山楼。凿成曲水沙中岛，制得高轩岸上舟。我欲竹林求一醉，主人何必识王猷。

仙人篇

五色丹崖石陆离，人传此是补天余。娲皇辛苦支鳌极，夸父崩奔逐日车。几日向虞熟羊胛，谁攀若木戏鲸鱼。司炉童子忘丹候，罚向阴房守素书。

五岳凡区最易逢，青童山畔片云封。飞仙跨海晨鞭石，玉女登坛夜叩钟。紫府烟霞销蜃气，碧天雷雨驾螭龙。欲邀金册朝真宰，知在玄都第几重。

饥凤嗷嗷风露寒，高冈新种碧琅玕。戈回白日金乌退，鼎煮丹砂海水干。欲广鹤粮资凤驾，将烹龙脔咒雷坛。不知晓月升旸谷，却怪仙官下翠峦。

裨海东头弱水滨，闲从天外数家珍。方湖千里多黄鹄，见《拾遗记》。员峤三山育白麟。瑶草尚能通夜梦，文犀亦解避飞尘。夜光近取骊龙颔，谁羡明珠说大秦。

浮丘结伴每招寻，土伯鬌鬌不敢侵。玉蕊英英特作馔，金芝草草已成林。振衣若木三山顶，濯足沧溟百丈深。常自隆冬卧霜雪，仙家无用辟寒金。

五游

昆丘曲曲璧栏干，驯驾神鳌代翠鸾。地入仇池真小有，王屋山小有洞。水浮神瀵胜还舟。“神瀵”见《列子》。米云白鹤罡风冷，碧海青天玉露寒。肘后仙方何处试，背人偷向凤楼看。

蓬壶销夏作银湾，小劫千秋未拟还。赤箭青芝留药灶，金膏水碧驻童颜。乘云鸾翮万余里，餐玉龙驹十二闲。借得榑桑向王母，种蚕多在沃洲山。

顽仙作脯白麟脂，满酌霞觞醉玉卮。采药每寻云子饭，种桃不遣岁星知。方壶快得青鸾信，员峤时攀桂树枝。博得琼田三万顷，明年将作玉楼基。

十二楼中璧月横，新栽碧树绕蓬瀛。珠从赤水渊中采，芝向昆仑顶上生。玉果自来仙掌熟，铁船不系片帆轻。群仙醉卧三山侧，唱彻天鸡直到明。

等闲不御七香车，百里惟乘五色霞。借得鹓雏随凤尾，觅来瑶草斗璚华。神姹宅女司丹灶，帝拜星官陋白麻。咫尺昆丘知不远，蒙蒙香雾起兰沙。

飞仙曲

自辟元关阅岁华，蔚蓝天外走金蛇。悟来宝鼎存金虎，静裹丹田养白鸦。瀛海无波初荡日，蜃楼吐气自成霞。种桃昔在玄都观，共道千年已作花。

常忆中山卫叔卿，云车白鹿九霄行。时教玉女司灵钥，偶向麟洲住赤城。仙客岂臣汉武帝，传书或授葛长庚。三千劫后须臾事，有日飞符上玉京。

芦灰聚处怒涛奔，不尽鲲鲸入海门。遐举洞天三十六，清虚道德五千言。虞渊宁虑崦嵫没，汤谷谁令日月昏。便驾双龙行万里，乘风直欲上昆仑。

昆仑曲

昆仑三万六千里，直上青天天柱峰。悬圃彤云新驻节，阆风碧嶂旧增封。丹房紫府九霄上，玉宇琼楼十二重。今古唯传穆天子，樊桐高处驭飞龙。

天墉城在水西头，鹏翼垂云过十洲。玉树风来雷翥海，海名。板松[①]尘隔绛云楼。晴空沆瀣通元气，碧落鸾车恣漫游。列嶂际天三十二，群仙此日会丹丘。

万仞芙蓉气郁葱，连天一碧漾寒空。玉楼十二通璇室，珠树三千列板桐。彩凤每凌金阙外，朱霞直照海天东。下看尘世真无际，此是神霄泰帝宫。

醴泉终古灌华池，嘉谷春生玉树枝。丹穴上头朝百鸟，海山西畔走三骓。

① “板松”，《般阳诗萃》作“金沙”。

凤鸾匝地翔珠岛，日月经天入弇嵫。更有人间惊耳目，帝台浆与帝台棋。

弱水条支近碧城，八隅岩上百神惊。朅来水伯兼风伯，亦有飞琼伴智琼。衔得金膏三鸟使，三鸟使主为西王母供食。载将锦组五云旌。此时穆满豪雄甚，宝玉兼车返镐京。

玉门山畔接云衢，无恙双丸昼夜徂。甘露降时尝凤卵，虞渊沸处闭天枢。琪玗瑶碧呈奇诡，白柳青丹入画图。莫向轩辕台下射，琼楼即此是神仙。

荒丘当日葬丰隆，两戒河山万里通。海内两戒河山皆祖昆仑。双翼蔽天希有鸟，四维震地不周风。金鸡唱彻开旸谷，玉井氤氲绚采虹。应是巨灵元气凿，层城缥渺显神工。①

阅《竹书》《穆天子传》纪异

王母来宾亦渺茫，虎牙豹尾更荒唐。三驱校猎过黄泽，七萃回銮拥白狼。西域群侯方献寿，周京天子漫称觞。昆陵亦在天垂尽，知否重来水一方。

阳纡西去有肩吾，黄水三周帝下都。赖有冯夷为负弩，更招河伯作前驱。阆风台畔烦青鸟，贝带篚中赐赤乌。幸有西人善膜拜，却令天子醉曹奴。

何人为勒弇山铭，万骑西来拥百灵。神怪何殊述异记，恢奇终薄大荒经。莫言夏后双龙驭，岂有螳螂八骏形。千古暴书传盛迹，葤丘风雅纪昆丘。葤音藜，葤丘有穆王暴书台。

人言天马驾回飙，六辔如琴造父调。西土惊传乌鹊咏，东归终忆白云谣。春山浩穰多琼树，珠泽光华入绛霄。騄駬骅骝三万里，昆仑阊阖路迢迢。

穆后巡游万里余，黄池龙马拥辔舆。西崑册府称群玉，东夏银罂载副车。已向流沙穷积石，还从黑水钓神鱼。璇珠玉果真奇丽，千古雄观纪竹书。

马迹车尘绝域来，连天雨雪下黄台。嘉禾虽自穷荒得，穄麦谁从上苑栽。共道时巡饶骏骑，岂知喷玉尽龙媒。世间若有长生药，应使西池去复回。

黄竹哀吟亦足悲，北风阴雨满天池。羽林车骑征行息，白鹤青雕罢猎时。苹泽雪深回玉辂，昆丘冰塞偃龙旗。尤怜万乘归来日，伊扈凄凉葬盛姬。

写怀

充隐人人说避秦，渔舟难觅武陵津。每忧花落妨诗兴，且趁莺歌聚酒人。汉魏何心知遁世，羲皇容我作遗民。浊贤清圣寻常事，况有陶家旧葛巾。

---

① 底本无，据《般阳诗萃》补。

折杨柳

陌头画黛绿迢迢，不绾离人去路遥。烟里长垂隋苑缕，风前缓舞楚宫腰。金城泪下秋萧瑟，玉笛声哀夜寂寥。千古伤心闻折柳，销魂常在灞陵桥。

重九前一日五弟初度与余及二弟小饮于昆仑山房

迟暮相将共卜邻，何殊无著与天亲。此时对饮逢初度，明日重阳问酒人。采采黄花依令节，嘹嘹白雁唳秋旻。年来不作茱萸会，才说登高倍怆神。

秋入荒园万木号，相将把酒对林皋。黄花伴我开三径，白发从人笑二毛。石几薜萝西日下，霜天鸿雁朔风高。故山兄弟聊相聚，烂醉呼儿供老饕。

山斋篱落对烟霏，斜日牛羊下翠微。丛菊风寒人病后，蒹葭霜落雁初飞。愁逢重九三秋暮，醉劈双螯万事违。长恨浃旬霖雨久，秋阳一赋重依依。

少长坐盘石上临流畅饮，殊不负重阳佳节

放眼晴空野兴长，四围山色尽苍凉。阎浮驻世真如梦，少长登临喜欲狂。白雁红霞凌碧落，清商玉露满沧浪。葛陂龙化何年事，莫问当时费长房。

折罢茱萸意自伤，辋川兄弟重凄凉。暂临南圃寻幽涧，莫上东峰览大荒。天外风高催落日，古来人醉几重阳。无须聚饮枌榆社，惟爱清游酒一觞。

采菊陶家傍绿萝，白衣不至更如何。浮生重九难虚度，天地清秋莫浪过。征雁影来溪水上，野花香逐岫云多。莫言迟暮无穷恨，且向樽前发浩歌。

风雨满城催令节，今朝晴霁遂跻攀。天留万古茱萸会，人度重岩落木间。楚国何年登凤岭，乾坤无地不龙山。解嘲落帽清流事，短发鬖鬖任往还。

客来

客来庞马孰为宾，谷口余惭郑子真。淡月疏星同宴坐，明灯绿酒酬花神。来朝生计何须问，今日为欢莫厌频。翻恨空村沽处少，新丰十斛未言贫。

小园

年来荒圃费经营，抱瓮萧闲杖履行。梧叶有情遮绿井，垂杨无赖似金城。病余人似黄花瘦，寒剧风吹白纻轻。莫笑小园容膝地，赋成不让庾兰成。

苦雨叹

经旬檐溜似鸣琴，镇日悬河搅客心。岩岫吐云时黯黯，蛟龙挟雨昼沉沉。山农废业三秋潦，场圃难消十日阴。怪得黄门吟啸处，无端诗里叹霪霖。

遣兴

安贫自食北山薇，篱下行歌昼掩扉。落木寒泉人醉后，秋风暝雨雁惊飞。长镵采药遵微径，杖策寻山每独归。自是田家生计懒，烹葵剥枣事多违。

营营身外复何求，计拙萧条守故丘。静侣樵人方友鹿，忘机海外不惊鸥。力田自慰三秋业，遁世高眠百尺楼。旧岁缊袍寒具在，何妨仍作老黔娄。

秋怀

静中任运出红尘，闲向溪头理钓纶。绕径便为行药地，看山小驻杖藜人。欲营竹坞将终隐，不种桃花绝问津。独恨空村人寂寂，更无庞马与为邻。

闲庭恶草已全芟，自署乾坤处士衔。莫为无衣伤短褐，每因采蕨爱长镵。但从尘外开青眼，只合年来住碧岩。静里寻常观物化，芭蕉秋老曳残衫。

坐对青山作主宾，荒园花树更无尘。游从溪上成孤往，酒过墙头赖四邻。习静世难容我傲，幽居天亦纵闲身。穷愁咄咄真多事，要作羲皇以上人。

昆仑山房诗集卷十一

七言近体

游长白山归

青藜红树一跻攀，马首吟鞭去复还。柳市也应留世上，桃源端合在人间。衰泉落叶风初定，锦石秋花意自闲。此日盛游虽未厌，重来已是识庐山。

未得与梅耦长话别

独惜离觞酒未倾，至今犹忆谢宣城。乡心已逐三江水，落日长悬万里情。路入嵖湖淹客梦，云连楚树引归程。遥思系缆双桥畔，独坐昭亭月正明。

吴海木为余作《燕游草序》

潦倒风尘百感生，浪游落落少逢迎。独怜击筑寻燕市，岂有雄篇拟帝京。归路莺花寒食节，高斋琴酒故人情。十年未就三都赋，元晏先生序已成。

壬戌之秋七月既望泛舟西溪诗 是东坡先生前游赤壁日也，题为紫霞先生命①

人间甲子，不过须臾。际此良宵，欲追盛事。生平不满百，何劳千载繁忧；对影可成三，亦有双樽雅会。昔贤迁谪，尚尔寻欢，吾辈平居，云何不乐。眼前蛮触，便是曹周；世上浮名，不堪转瞬。见清风兮②如故，临素波而依然。序属中元，时维既望。山中有历日，初经壬戌之年；物象③尽知时，辄感秋虫之籁。笼溪④之水三尺，始能胜舟；黉岫之月一轮，光能鉴发。爰具舴艋，用作蜉蝣。共举匏尊，欣浮醽醁。青山中国，宛在中流；赤壁火攻，乃出下策。古人不见我，风景何殊；万事不如杯，醉醒皆适。高司寇公曰“是可游也”。

① “题为紫霞先生命”，国图本作“紫霞先生命题”。

② “兮”，国图本作“其”。

③ “象”，国图本作“候”。

④ “笼溪”，省图本、国图本作“孝河”。

赋则续貂，不如诗以言志耳。

烟波深处泛轻舟，桂棹平临孝水头。大地有情皆赤壁，人间无处不黄州。清风又到芦花岸，明月常悬杜若洲。终古风流应未绝，眉山许我续良游。

极目寒溪正落潮，银沙碧藻木兰桡。扁舟一叶同今古，两赋千年慰寂寥。天地蘧庐真逆旅，江山清梦寄渔樵。也须痛饮酬明月，可有闲人弄玉箫。

夏口东来望武昌，孝河左顾是般阳。千年诗酒称知己，两地山川共渺茫。莫漫临江伤魏武，但能顾曲即周郎。惟应羽化乘风去，只在蒹葭水一方。

赋得是岁十月之望

先是外父高司寇公有壬戌之秋七月既望泛舟西溪之会，以续①赤壁良游，属和甚盛。今兹十月之望，则又苏长公赋后赤壁时也，不可无游，亦不可无诗。予复得三章，以广其意②。

当年逸兴几曾无，绝代风流继大苏。十里月明飞木叶，一湾流水即江湖。请看沧浪新诗伯，何减黄州旧酒徒。便欲重游须尽醉，溪头应有四腮鲈。

逸客行歌百不忧，溪山无恙水悠悠。千秋胜迹黄泥坂，此夜追欢青翰舟。孤鹤梦中云气幻，冯夷宫上月轮浮。君看携酒临皋路，不为前游阻后游。

载酒堂应是雪堂，载将斗酒溯流光。青溪明月谁为主，红叶芦花别有乡。词赋多情追屈宋，山川过眼等彭殇。惊风断岸闻长啸，野客偏宜上野航。

凫子斋中赏菊

清斋尊酒泛流霞，坐听神弦隔绛纱。四座何人同白眼，三秋几日对黄花。惭非北海高轩客，且醉东篱处士家。华发星星③今渐逼，当歌谁不惜年华。

闻歌有赠

凌波逸唱啭新声，灯下低歌塞上行。乍入凤箫才按拍，转笼雁柱坐鸣筝。芳尘画栋闻雏燕，弱柳金堤听乳莺。今夕销魂何限意，哀丝豪竹总移情。

轻云不动起香尘，花里闻歌意态真。不分延年夸北地，多情宋玉是东邻。

---

① “续”，原脱，据国图本补。

② “意”，本作“志”，据国图本改。

③ “星星”，本作“惺惺”，据国图本改。

朱弦袅袅应怜汝，罗袖垂垂欲拂臣。莫漫樽前惜沉醉，明朝疑作梦中人。

翠屏红烛照华茵，银甲调丝懊恼人。张翰情多歌小史，雪儿年少是前身。当筵宛转黄金缕，按拍轻盈白苎巾。一曲清商凄切甚，可知家道[①]近西秦。

吊焦蔚若武孝廉

蔚若母亡未葬，令子陵侯先一年逝。为人豪气逼人，最为友谊。

爱客当年陈孟公，飞扬意气本豪雄。士行有母歌虞殡，伯道无儿陨蕙丛。残柳门前悲落日，干[②]将匣里吼晴虹。剧怜投辖相逢处，斑马西来泣晚风。

共说朱家意气深，茫茫天道故相侵。纵饶自抱千秋恨，未死生平一片心。延水消沉飞紫电，夷门然诺重黄金。如云宾客今何在，絮酒空堂泪满襟。

题[③]《聊斋志异》卷后

冥搜镇日一编中，多少幽魂晓梦通。五夜然犀采[④]秘录，十年纵博借神丛。董狐岂独人伦鉴，干宝真传造化功。常笑阮家无鬼论，愁云飒飒起悲风。

卢家冥会自依稀，金碗千年有是非。莫向酉阳矜杂俎，还从禹穴问灵威。临风木叶山魈下，研露空庭野鹤飞。君自闲人堪说鬼，季龙鸥鸟欲相依。

搦管萧萧冷月斜，漆灯射影走金蛇。琅嬛洞里传千载，崧岳云中迸九华。但使后庭歌玉树，不劳前席问长沙。庄周谩说徐无鬼，惠子书成已满车。

历下寒食阻雨未得出游[⑤]

春阴风景似残秋，万柳微黄绿渐稠。安得青藜探胜地，未同画鹢泛清流。那堪寒食愁中度，谁道湖山望里收。旅馆萧萧今夜雨，良辰端只负良游。

去岁长安逐晓风，今年寒食旅愁同。心悬华峤浮云外，春在明湖细雨中。芦叶已看抽嫩绿，桃花何处觅残红。安能倚杖丹梯上，放眼诸天万虑空。去

① “道”，国图本作“世”。

② “干”，本作“平”，据国图本改。

③ “题”后，省图本、国图本有“蒲柳泉”。

④ “采”，省图本、国图本、《般阳诗钞》俱作“探”。

⑤ “游”后，省图本、国图本有小字“癸亥三十七首”。

年[①]客都中。

送溧水文少尹 由学博升任

十年苜蓿绾铜章，安定由来姓字香。湖上故[②]人临祖帐，江东父老盼桐乡。清斋暂辍琴书韵，案牍何妨雁鹜行。共说文翁能化俗，溧阳云树远苍茫。

送董少府之任陕西[③]

蓝田故事共花封，回首离堂别思浓。繁露千秋称绝调，秦云万里对双松。囊琴夙志推清献，驯雉今初佐鲁恭。指日博陵闻奏最，中朝前席辟铜龙。

历下赠孙西山，由莱芜广文转莱郡教授

十载寒毡伴鲁儒，清贫人比范莱芜。即看剑佩来齐郡，指日琴书傍海隅。经术有人思鹿洞，冷官何地不鹅湖。鳣堂借问孙明复，处处皋比亮不殊。

慰谭无竞小试失利，兼示式九川如诸弟

瓦釜雷鸣自古今，千秋绝调共伤心。刘蕡漫说文章好，贾谊徒劳太息深。下里何堪歌白雪，世情原自重黄金。与君同作违时客，抱膝聊为梁父吟。

十年闭户著潜夫，老我青山一腐儒。繁响笑看同燕石，暗投何必不明珠。剧怜楚客犹怀璧，谁向齐门竞鼓竽。季子归来萧瑟甚，焚书莫漫感穷途。

浮沉浊世尽吾曹，岂是江淹少彩豪。感遇自伤鹏鸟赋，逢时羞作郁轮袍。但存绿绮音堪赏，莫说黄钟调不高。死矣钟期千古恨，清商愁绝向谁操。

敝尽貂裘未是贫，虞翻骨相本来屯。连城有日高声价，按剑何劳辨假真。狗监识人原不恶，蛾眉入户自生嗔。辋川兄弟多寥落，采采湘兰未可纫。

牡丹虽好亦涂鸦，看买胭脂只自嗟。绝世便应沦北地，含颦谁复笑东家。细腰饿死终何益，高髻承恩未足夸。不必牢骚悲老大，还应努力爱春华。

---

① “年”后，国图本有“寒食”二字。

② “故”，本作“胡”，据国图本改。

③ “任陕西”，国图本作“陕西任”。

送魏孟宣之任金城 魏，曲阜人，由广文升任

久识谈经有彩豪，分符百里向临洮。地连紫塞秦关远，天转黄河汉月高。沙苑夏①云生苜蓿，琴堂秋雨荐蒲萄。云中魏向真良牧，前席行看异数褒。

寒毡十载望金茎，此日铜鱼下帝京。长剑切云过鲁甸，双旌指日度秦城。关西父老嗟何暮，稷下交游怅别情。洮水政成知不远，笑看严助入承明。

渔父辞

风尘何处问三闾，桂楫兰桡自卜居。殊锡初为五湖长，生涯已付半江渔。中流不避青蒲剑，下泽何劳白版车。独向烟波称钓叟，侧身天地总蓬②庐。

浒山埠漫兴 是年湖水甚大

平芜麦浪碧含烟，驻马高吟落日前。白兔山中云出岫，青阳道上水连天。风回莺羽啼官柳，人去鸡鹊立钓船。安得青帘容我醉，狂夫岂少杖头钱。

金③仙峰下即丹丘，胜地平临杜若洲。日照金蛇湖畔水，波摇玉碗镜中流。林边快得凭高路，村口仍多不系舟。羡杀渔翁尘外客，卖鱼酤酒向垆头。

十年游事与心违，惭愧沧洲薜荔衣。杨柳桥斜行子渡，蒹葭风急钓船归。望穷远水天垂尽，路入横塘鸟乱飞。未得中流乘一苇④，湖心孤负鳜鱼肥。

汀洲细草发华滋，沅芷湘兰有所思。山色遥看青叆叇，湖光远映碧琉璃。柳绵飞雪侵渔父，芦叶抽戈护雁儿。拂拭苍苔成独往，流连清景赋归迟。

燕南赵北旅人情，一样湖光浸太清。折柳征人回马首，当垆少妇卖鱼羹。云垂碧落三山远，天入中流十里平。仿佛去年瀛海畔，寒波如练月中行。⑤

翠微南望罥斜晖，拂石停鞭坐钓矶。芳草多情萦客辔，柳丝无力上人衣。沧波万顷空蒙里，白鸟一行高下飞。如此风光良不恶，汉阴我亦欲忘机。

芦花为岸水为城，断续遥闻雁鹜鸣。映日夏云无定采，当湖返照有余清。烟村鸡犬堪图画，泽国渔樵远世情。谁向沧浪尘虑尽，招将鸥鹭与同盟。

---

① “夏”，《般阳诗钞》作“春”。

② “蓬”，国图本作“蘧”。

③ “金”，国图本作“会”。

④ “苇”，国图本作“席”。

⑤ “行”后，国图本有小字“去年过赵北口，风景与此地相类”。

何来双桨出晴沙，天际孤云逐去槎。客子循湖浑漫兴，居人傍水自为家。园蔬白小荆成藿，菰叶青泥玉有芽。笑指吟鞭正西路，夕阳一片拂红霞。

雨中宿载绩先生绰然堂读纪游诗余，喜与韦仲留仙剧谈竟夜

惊飙十里望漫漫，海立云垂行路难。驱马萧条山色晚，入门淅沥雨声寒。乌衣邸第人如玉，白雪歌辞气若兰。更爱蒲衣频握手，长吟不惜夜将阑。

积雨阳丘大水

三尺平添曲水池，阳侯狂涨绣江湄。东坡未作秋阳赋，摩诘空吟积雨诗。满地苍苔侵石砌，千村浊浪卷茅茨。几多无食薪如桂，正是蜗牛得意时。

闰六月望日立秋贳月于焦立庵先生之露园听歌醉赋

投辖留宾竟不归，名园郦下斗芳菲。当歌醉听红牙板，入夜凉生白苎衣。露湿明河千里淡，月来深树一尘稀。碧天如洗缘何事，遏住行云不遣飞。

良游秉烛畅幽情，花下低歌按凤笙。对酒同为河朔饮，当筵又唱孟门行。满林碧树流寒翠，半亩红蕖落绛英。此夜追欢应记取，醉耕堂上一轮明。

客中七夕

借问黄姑归不归，含情脉脉自依稀。金天霜冷星軿近，银汉秋高露气微。万里西风乌鹊渡，半轮斜月彩云飞。故园儿女金盘会，望断苍茫织锦机。

年年此际暮云昏，牵惹羁人亦断魂。阊阖含愁萦晓梦，玉绳低度识天恩。星桥无恙传千载，霄汉何由乞一言。守拙自惭悲老大，茫茫我欲问天孙。

九天风露玉阶青，一水盈盈帝子灵。璇室宫中逢七夕，长生殿里誓双星。汉津结佩浮云敛[①]，机上流黄夜月停。翻恐洗车窗外雨，天涯游子不堪听。

团扇风前望女牛，支机石畔碧云流。人间亦有伤离别，天上何劳怨素秋。一水迢遥邻汉渚，千家灯火傍针楼。乘槎自是吾家事，欲溯河头[②]作蹇修。

---

① “敛”，国图本作“蔽”。

② “头”，国图本作“源”。

闻王师进征台湾克取澎湖

九重南顾尚踟蹰，万里鲸波尺水枯。自有长缨收百粤，不劳输挽困三吴。戈船蹙浪翻龙窟，横海登坛佩虎符。昨日羽书飞露布，王师六月取澎湖。

幕府征南亦圣恩，从教雨露净乾坤。争传贯甲趋漳浦，指日军书报厦门。徼外楼船兵气合，溟南穷岛阵云昏。汉家天子称神武，黄屋终当奉至尊。

年来逋寇遁台湾，圣主宵衣勤玉颜。下濑横戈方奏凯，昆明习战几层闲。龙涛夜吼沙中岛，蜃气烟消海上山。筹饷犹须司户计，新膺庙算紫宸班。

送吴海木返武林

南音凄切赋归与，越客经时忆故庐。湖畔久虚三尺舫，柳塘还拥百城书。寒郊背郭愁分手，促席行觞自翦蔬。他日鸣鞭趋蓟北，更期海上讯樵渔。

读孙孟滋光禄新诗次韵奉寄

陆沉金马未全非，小隐青山且莫归。但效沅公聊复醉，休从曼倩自言饥。日边坐索长安米，海畔何劳薜荔衣。共道赞皇承世业，生平志不在轻肥。

清时珂里借才贤，暂向天厨击小鲜。尚食自从春殿外，含香时拂御筵前。蔗浆却暑何人见，法酒沾衣让尔先。苦忆西楼明月夜，鸣筝沉醉自年年。

闭关老我少微星，草帽栖迟似管宁。中夜悲歌弹剑铗，三秋清梦伴园丁。懒[1]云浛浛还侵榻，落木萧萧自满庭。天上故人劳问讯，他时尘外觅柴扃。

江篱沅芷隐灵修，愧尔京华赋壮游。凤岭久闲青竹杖，般溪无恙木兰舟。尚方自是推光禄，羊胃由来亦拜侯。五斗朝天堪一醉，金门割肉未云羞。

吴海木自山左归钱塘更名陈琰以冠军采芹[2]

骊歌回首菊花村，今日双鱼下稷门。诗冠昆明真国器，名传张禄亦君恩。江干破浪长风远，海上交游古道存。遥想称觞趋彩服，锦堂丽日照清萱。

---

① “懒”，本作“濑”，据国图本改。

② “芹”后，省图本、国图本有小字“甲子十六首”。

五股[1]泉道上

十载传经鬓欲斑，红尘蹀躞去仍还。鱼翻晴浪依深涧，马度春云上远山。斜日人归青草渡，落花风起绿杨湾。买山期遂巢由愿，萝薜丛中好闭关。

寄怀焦简庵

凤城杨柳又青青，回首同游忆渺冥。笑傲久虚三语掾，风尘未厌五侯鲭。西园谁不愁王粲，东国余今似管宁。千里怀人萧瑟甚，海棠花下坐谈经。

杜九畹移居山中

仙源闻道好桑麻，碧嶂清溪似若邪。康伯由来能避世，葛洪端只爱移家。云中鸡犬随丹灶，林下綦巾挽鹿车。借问买山何所事，可能随意卧烟霞。

赠歌儿小凤

惆怅樽前唱羽衣，临邛遮莫怨金徽。难忘采翩乘萧史，愁对惊鸿忆洛妃。梧苑风来知不远，丹山春老送将归。青溪坐爱神弦曲，莫遣行云处处飞。

明离宝帐亦珊珊，百斛珠光落玉盘。香雾似回青爵观，霓裳欲堕彩云端。汉宫掌上风初动，秦女楼头月正寒。莫漫萧萧赋归去，瑶池新种碧琅玕。

闻廷臣有上书请封禅者

年来圣主坐垂衣，何事封禅[2]拜琐闱。泰岱呼崧真过计，汉皇埋玉自依稀。漫劳侍从夸三赋，岂少材官控六飞。但得普天多雨露，明堂不必驻云旂。

喜得任待庵辰旦给事谏止封禅疏

黄门烈烈自陈书，止辇风高动玉除。共爱登封多侍从，何期谏猎有相如。云回孤凤翔天阙，晓辟双龙引帝裾。仗马不鸣今已久，青蒲抗疏重欷歔。

---

① “股”，国图本作“服”。

② “禅”，国图本作“章”。

挽施愚山夫子次梅耦长[①]六首

湖海双旌廿载余，凤凰池上应征车。生憎司马言封禅，共识中郎有秘书。诗卷长留东海畔，相才空向北门储。先生迟暮称遭遇，岂是湘潭怨卜居。

恩深国士恨绵绵，济水春风七十泉。历下声光真不朽，中原旂鼓更谁贤。稷门父老悲今日，鲁国诸生忆往年。自是招魂同宋玉，问天欲赋七哀篇。[②]

绵蕞曾从稷嗣君，大明湖上见雄文。二东伯[③]气齐风壮，千里龙涛海色分。春雪传经依鹿洞，秋风侍从济河汾。桓谭旧是玄亭客，寂寞青灯哭子云。[④]

玉尺亲携出汉廷，中州雅调奉昭亭。入朝老作文章伯，吏隐光沉处士星。梦断烟云迷易水，魂归楚泽泣湘灵。石湖旧恨今相及，拂拭遗文涕泗零。尝[⑤]为邢孟真搜辑遗文。

铁骨冰心世所憎，金门晚岁见飞腾。共传索米同方朔，犹喜生儿过景升。九辨哀歌伤楚客，千秋片石寄韩陵。当年绛帐承颜色，南郡生徒叹不胜。[⑥]

山阳笛里悄无邻，岱北重来几度春。碣署[⑦]沧溟留古道，楼空白雪怨骚人。宣城此日初销歇，正始从谁辨假真。花发西州千万树，羊昙痛哭见交亲。[⑧]

寄梅耦长，时居忧宣城 时以挽愚山先生诗来征和章

南天不见一鸿飞，三载伤离尺素稀。海畔交游留玉佩，江干血泪湿麻衣。八哀赋就湘云泣，九辨吟成薤露晞。河上神君为寄语，城头姑射待人归。

历下晤肖岩弟，时读礼家居

大明湖上百踟蹰，意气相看惨不舒。岐路怜余同阮籍，麻衣念尔似皋鱼。南山憔悴应长痛，北阙淹留未上书。欲向清斋问双鹤，白云迢递士行芦。

---

① “长”后，国图本有“韵”。

② “篇”后，国图本有小字“先生视学山左时，余以髫年一诗入泮”。

③ “伯”，国图本作“霸”。

④ “云”后，国图本有小字“先生督学山左，有《观海集》。为江右监司，修复白鹭书院”。

⑤ “尝”前，国图本有“先生辛酉典试中州，又”。

⑥ “胜”后，国图本有小字“历下至今先生碑版甚多”。

⑦ “署”，本作“暑”，据国图本改。

⑧ “亲”后，国图本有小字“末句指耦长”。

哭焦司徒石虹先生十首[①] 乙丑。二十二首

落日阴阴哭寝门，那堪极目海云昏。孤幡千里悲乡国，一岁三迁忆圣恩。绣被葱灵驰北郡，温明秘器赐东园。他时何限羊昙泪，肠断青山太傅墩。

昆明几载阵云开，枢府煌煌令似雷。晓奏一声朱鹭曲，夜吟七字柏梁台。乾清侍宴闻天语，微省承恩列上台。今日老成凋谢后，山丘零落使人哀。公为少司马最久。

当时烽火接南荒，圣主宵衣坐未央。已见羽书飞露布，渐看铙吹返江乡。洗兵倒挽天河水，偃武重开日月光。只是乞身归未得，至今遗恨午桥庄。

陈荀交谊耿难忘，十载怜余两鬓霜。忍使招魂蒿里曲，回思小队浣花庄。中朝栋折人三叹，国士恩深泪万行。执手哀哀怜末婢，芳兰憔悴暗神伤。

北望燕云枥马惊，列星已殒凤凰城。程书常自勤中夜，尽瘁真传答圣明。三殿羽干飞彩凤，十年滇海偃长鲸。伤心千古劳臣恨，犹向弥留计水衡。

汉庭计相重持筹，扶病仍闻拜冕旒。自有龙樽颁少府，谁携马策哭西州。素车惨淡来三辅，丹旐凄凉拥八驺。食少事烦终古恨，令人长痛武乡侯。

一鉴沦亡圣主悲，庙堂优恤重凄其。黄肠题凑皆恩择，甲士轻车夹路逵。哀诔争传牛马走，玉音又下凤凰池。平泉宾客频挥泪，处处俱为岘首碑。公《升平嘉宴》诗有“天河洗甲通蛮乡”之句。

八哀凄切不堪闻，开箧惟余白练裙。曾为文章推杜牧，每从下第惜刘蕡。三年蓟北怀鱼素，五夜悲歌痛海云。岂独感恩长太春，春声寂寂绣江滨。余去年失意，公自燕台以书见慰。

回忆中州太昊祠，长风猎猎引龙旗。双旌晓渡黄河水，六传春归碧海湄。云散日边方驭鹤，梦回天上已乘箕。故乡父老皆长叹，不似当年过里时。

前年匹马向燕畿，犹记含香下锁帏。驿路乍衔双凤出，祠官真驭六龙飞。西园风物犹如故，东阁繁花已渐非。陨涕柏陵城下路，回头万事与心违。壬戌春，公奉使中州，便道过里。

秋怀八首次孙孝堪光禄韵[②]

遁世常携五岳图，登高随处即蓬壶。天寒大泽龙蛇远，秋到渔梁雁鹜呼。感旧三年来尺素，怀人千里望平芜。剧怜红柏桥头路，露宿霜啼夜夜乌。

---

① 底本无，据国图本补。

② 底本无，据国图本补。

萧瑟淮南桂树幽，避人高卧海云楼。齐门鼓瑟悲迟暮，楚客伤离怨素秋。自有群公调玉烛，何烦野老颁金瓯。年来龙剑浑摇落，莫向丰城望斗牛。

百尺纶竿二寸鱼，秋山影里命巾车。偶缘佳客时招鹤，岂为穷愁漫著书。流水有情弹贺若，凌云无路问相如。十年寥落空长铗，羞向朱门曳敝裾。

长啸苏门阮嗣宗，一林绿树碧苔封。常因采菊开三径，每为看云踏乱峰。八座霜寒秋捣练，隔溪风定夜闻钟。迩来卜筑桃源外，知在烟霞第几重。

嵩呼向落碧云间，去岁登封向泰山。十万羽林屯豹尾，千官鹄立候龙颜。金泥玉简应如故，汉柏秦松上可攀。共喜普天施雨露，秣陵旌节渡江还。

极目商飙一雁飞，暮云千里罥斜晖。霜林落叶人初病，银汉停梭客未归。般水梦回鸥鹭渚，绣江秋老芰荷衣。何时一为逃尘网，独坐沧洲碧石矶。去年驾幸奉高，南至白下。

西园游侣意悲凉，回首南皮重自伤。九辨微吟天莫问，八哀一赋泪沾裳。香山宴罢思遗老，古驿人归哭郑庄。憔悴当年张绪在，不堪重说永丰坊。

谷口年来郑子庄，一蓑一笠自垂纶。海云伴我栖员峤，燕市凭君问酒人。西曲鹍丝楼外月，东梦鱼袋梦中身。辋川握手何年事，不为离郡亦怆神。此首为焦司徒公作。

题历下师长人趵突泉恭侍御书纪事卷后①

争传羽驾向崆峒，只在平陵小市东。宸翰喜看留胜迹，温泉从此象离宫。儒冠幸列期门上，鹭序遥连豹尾中。赋就长杨真不忝，射熊何但数扬雄。

佽飞夹道出城闉，辇路争看紫翠分。共道轩皇寻赤水，宁如汉武燕河汾。三驱玉辂来千里，二字天章下五云。咫尺圣颜应献赋，无烦狗监荐雄文。

琳琅天语被春温，翠辇来探泺水源。仗下千牛鸣玉珮，云边八骏捧金根。挥毫睿草飞鸾羽，授简儒臣似兔园。应是玉皇香案吏，一时顾盼识君恩。

城南韦杜觐天威，尺五阶前拟紫微。彩仗竟容缝腋士，红云近拂薜萝衣。昆池帐殿传千载，灞水材官控六飞。为语明湖诸父老，今朝真奉御颜归。御书"激湍"二大字。

① 底本无，据国图本补。

历下赠德州田子益[①] 丙寅。四十首

桃花时节雨霏霏，君念潘舆苦忆归。绿柳半牵游子梦，红尘留滞老莱衣。看云湖上频西望，闻雁风前正北飞。他日相寻过卫水，孟尝门下想依稀。

历下送田乐园归德水[②]

共道君家不可当，今朝送尔上河梁。函山日暮螺纹碧，湖水春生荇带长。蓟北骅骝驰骥足，江东门第接鸳行。莫愁此别音尘隔，千里题诗寄郑庄。

悲歌拔剑倚湖天，邺下材名似昔年。五夜同歌三妇艳，千秋抵掌一樽前。伯伦醉后君能恕，沈约吟成我亦怜。漫赋骊驹添别恨，萋萋芳草正无边。

平原董年伯携家酝共饮田子益旅斋[③]

历下相过此胜游，芙蓉桥下水西流。即看共醉清霄月，更有何人不解愁。谈剧自浮鹦鹉盏。春寒犹恋鹔鹴裘。留髡一石频倾倒，岂是平原旧督邮。

听董年伯子均先生谈其素园之胜，豫题此诗[④]

闻道芳园自辟疆，何时一度赤城梁。罗浮香散梅花外，马颊波回柳市旁。选胜未窥斤竹岭，题诗早寄午桥庄。太丘为念荀家子，十日平原好泛觞。

丙寅过龙山驿，和壁间豹岩太史甲寅留题[⑤]

先生早谢进贤冠，到处题诗落日前。元亮黄花开小径，沧溟白雪在林泉。旗亭画壁传千古，旅馆停骖已十年。拂拭尘封成一笑，衔杯独对暮云天。

---

① 底本无，据国图本补。

② 底本无，据国图本补。

③ 底本无，据国图本补。

④ 底本无，据国图本补。

⑤ 底本无，据国图本补。

龙山壁间和表兄韩蓼怀旧日留题诗，时作邑辽阳[1]

龙山古驿促归鞭，回忆鸠车竹马仙。牛吏正成犹有待，关河路远意凄然。华峰日照三春树，辽海云迷万里天。何日彤墀闻内召，骑驴自控好谁怜。

忆云间蒋大鸿先生[2]

杜陵遗老蒋元卿，到处逢人识姓名。劫火秦余留圯下，终身汉腊忆咸京。中原风雅推前辈，湖海论交托友生。一自北楼贻锦字，十年漂泊梦魂惊。

寄毛大可太史于越中[3]

当时招隐士蓬瀛，赋就璇玑帝座惊。已见昆池开帐殿，如何严助厌承明。侍臣洗沐辞青琐，天子恩深赐玉羹。却望金茎霄汉上，可无回忆凤凰城。

吴均书札下天隅，闻道先生乞鉴湖。放鹤西泠寻处士，怀人东海问潜夫。青藜暂尔留天禄，白眼依然傍酒垆。当日终童今老大，应怜迟暮在穷途。时太史倩吴海木寓书见训。

曲江楼畔忆清吟，老父生平订素心。千里论交疏问讯，十年锦字久浮沉。东寻巢父沧浪阔，南去严陵雨雪深。燕市和歌吾有愿，倦游何事已抽簪。

不堪回首旧童乌，玄晏当年识故吾。自昔浪传歌七发，至今犹未赋三都。沧溟人去音谁知，白云楼空调亦孤。却怪先生漫归隐，中原雅道久榛芜。先生与家严订交吴越间。

闻说驱车渤海滨，冶园秋老问平津。香山珠履留芳宴，绿野珊瑚拂钓纶。北海一樽六从事，南国千里七香轮。如何咫尺营丘道，不向般溪访隐沦。

十年供奉府中趋，此日思归浙水隅。岂为杨朱在岐路，真如李白恋江湖。金门罢索长安米，玉佩新停照夜珠。翻恐御颜频顾问，蒲轮依旧下云衢。冶园，益都冯相国园也。

---

① 底本无，据国图本补。

② 底本无，据国图本补。

③ 底本无，据国图本补。

张南溟中丞修复白雪书院会文讲学，余以病未赴①

睿藻前年出紫微，激湍千顷漾珠玑。楼高白雪葳蕤下，地近清溪水鹤飞。名士风流追大雅，元戎小队傍渔矶。病夫望断沧溪里，郢曲由来和者稀。

寄邢陶山兼讯肖岩弟②

百花洲上百花春，烂醉君家月一轮。常忆入林逢阮籍，每因投辖怨陈遵。沧溟绝调今非昔，白首交情老更真。为问豪游燕赵客，何时归向峼湖滨。

绣江晚行③

寒鸦乱落夕阳昏，西望郡峰积翠痕。一曲平桥通野寺，几行疏柳带江村。城连近郭云随马，路入寒塘客到门。迢递征尘何太苦，已看新月上南轩。

钟圣舆命作钟宪副年伯遗诗跋诗④

五陵人物说元常，当日登坛久擅场。海国文章归绛帐，榆园风雨寄青箱。岂因禅草留遗草，却使桐乡作故乡。太息伯通桥下路，五噫歌罢黯神伤。

安静子至历下为钟宪副年伯遗诗作序，余读之有感⑤

昔时锦字到林泉，此日函山踏乱烟。胜侣自临湖水畔，故人愁绝海云边。中原耆旧存风雅，历下交游忆往日。犹有遗文钟太傅，摩挲□自勒青编。

---

① 底本无，据国图本补。

② 底本无，据国图本补。

③ 底本无，据国图本补。

④ 底本无，据国图本补。

⑤ 底本无，据省图本、国图本补。

谭无竞读书山寺[1]

禅房篝火夜灯明，怜尔休文太瘦生。三寸荠盐忘世味，六时钟声带秋声。归云绝壑无人迹，落日空山一鸟鸣。珍重希文忧乐意，醴泉西望有余情。

贫[2]

由来南阮本家贫，犊鼻长竿且效颦。每瘗车船延五鬼，何劳锦绣拥千纯。为园先辟移花地，留客时倾漉酒巾。自署新衔清绝甚，羲皇以上万天民。

秋思[3]

清泠孤馆晓寒侵，倦鸟栖迟忆旧林。落叶哀吟秋飒飒，湿云掩映昼阴阴。蒹葭南浦生离恨，蟋蟀西堂动旅心。百里何堪望天末，故园乡信久浮沉。

赠画史高子常[4]

解衣盘礴自飞扬，惨淡经营亦不妨。天壤谁如吴道子，人间今见顾长康。丹青潇洒沧洲意，缣素嬉游翰墨场。念我端宜丘壑里，便应图向浣花庄。

西溪[5]

野烧微微白草荒，渐青寒鸟下枯桑。一行衰柳横秋色，十里明霞映夕阳。古岸溪回人渡水，渔梁潮落雁啼霜。汉阴我亦忘机叟，抱瓮晴郊兴自长。

---

① 底本无，据国图本补。

② 底本无，据国图本补。

③ 底本无，据国图本补。

④ 底本无，据国图本补。

⑤ 底本无，据国图本补。

送冯少府还晋中[①]

风流何处不天涯，彭泽年来罢放衙。八口栖迟常作客，一官寥落久为家。临岐南浦悲芳草，到日东篱叹落花。回首竹溪知已渺，云山漠漠隔烟霞。

莱芜朱烈妇魏氏挽章[②]

天荒地老怨湘川，苦竹成斑泣楚天。志洁冰壶萦素魄，恨随秋月堕虞渊。青陵气结何辞死，紫玉魂归欲化烟。慷慨为歌黄鹄曲，伤心宛颈一潸然。

终古伤心别鹤操，梅花香散冷云高。杜鹃带血啼明月，精卫衔泥泣海涛。魂断九京凌碧落，笑看一死等鸿毛。前身应是来南岳，仿佛钓天拥节旄。

赠张石年邑侯[③]

汉室郎官郭细侯，分符昨日下幽州。琴堂月照一双鹤，海国生云十二楼。银绶缤纷颁紫阁，玉壶澄澈对清秋。河阳自有花千树，笑折花枝当酒筹。

浒山埠湖上[④]

客子东国问旅程，旧游湖上有余情。避人白鸟双飞去，映水红霞一片明。树隐孤村知有路，鱼依寒藻静无声。到来十里层冰合，万顷玻璃接太清。

湖上即事[⑤] 时修小清河

小清河在此湖边，幕府煌煌号令传。畚插万人来水国，桑麻千顷没虞渊。行河使者修厨传，司户参军索酒钱。总为下流昏垫计，谁知民力正堪怜。

中丞谋国计何长，失策还应怨诪张。纵使有心悲瓠子，终教无力塞宣防。穷冬暂偃鱼龙窟，淫潦仍沦蚁穴旁。安得汤汤归海若，三农聊用御忧皇。

---

① 底本无，据国图本补。

② 底本无，据国图本补。

③ 底本无，据国图本补。

④ 底本无，据国图本补。

⑤ 底本无，据省图本、国图本补。

王舍人庄遇雪[①]

沧溟故里正东归，白雪楼前雪乱霏。老树含烟当路立，惊蓬卷地背人飞。无边柳絮方迷目，不觉梅花暗入衣。孤馆停骖寥落甚，暂从贳酒赵青旂。

寄孙惑庵光禄[②]

南来双鲤入烟霞，多病潜夫漫自嗟。曼倩细君真有幸，步兵法酒亦堪夸。西楼明月人千里，北极风尘雪万家。遥想尚方春燕后，可能一待故人车。

寄韩宁子辽左

升平今日万方同，帝简才人尹沛丰。露冕遥从平壤北，分符初隶朔云东。雄关千里依辽海，銮辂频年咏大风。闻道醴泉诸父老，已传异绩建章宫。

留别绣江同人

旅人何地不为家，宁向红尘感岁华。白岳晓风闻霁景，绣江春色到梅花。马嘶紫陌云萦辔，鸟啄青芜雁弄沙。百里驰驱萧瑟甚，停鞭已是夕阳斜。

和华剑津悼亡诗

仆本恨人，两罹此痛。讽咏伤逝，能不怆然。念潘岳之多情，凄凉特甚；睹子荆之一赋，伉俪增悲。依韵和歌，聊以自遣。述怀感旧，且寄剑津。所云“人间亦有痴于我，岂独伤心是毕生”也。

白杨衰草傍孤村，十载空招已断魂。天上有情留玉玦，人间无路到松门。少翁望断蘅芜梦，奉倩难销血泪痕。我亦愁人堪一哭，应怜消渴病文园。

孙楚多情有所思，令人肠断忆当时。白头吟罢悲无奈，紫玉魂归去不迟。怨入哀弦天地老，恨遗孤鹤月明知。安仁今古同惆怅，短发鸡皮叹不支。

双坟寂寞夜台荒，遥枕清溪水气凉。旷野堂封云惨淡，寒郊麦饭月黄昏。年华老去人非故，儿女情多恨亦长。我亦与君同下泪，问天一诉九回肠。

---

① 底本无，据国图本补。

② 底本无，据国图本补。

逢山云锁为谁开，兰圃凋零蕙叶催。五夜梦中多少恨，三生石上几曾来。北邙回首悲终古，南陌伤心赋七哀。太息年来憔悴客，常将红泪洒泉台。

四十五岁除夕 是年生次子

老大无成意黯然，屠苏久已罢争先。添丁喜作双儿父，花甲仍虚十五年。弹指光阴生白发，半生辛苦累青编。送穷却被穷相恋，谁说昌黎不可怜。

长安秋怀

长安陌上雨如丝，雨后瀛台玉辇移。别馆云连双阙影，上林花落万年枝。含烟鸟度新丰树，积翠香生太液池。独坐腐儒未通籍，逡巡不得到龙墀。

同学惊看入紫微，自怜犹著薜荔衣。海隅道远孤云冷，朔漠天高旅雁归。老死蠹鱼心未厌，穷途羸马意全非。栖迟兴尽不归去，惭愧空山赋采薇。

凄凄燕市正穷秋，客子难消万斛愁。九辨有谁怜楚调，三闾聊可赋离忧。轻肥子弟骄伧父，太瘦书生似隐侯。唤著荷衣向秋水，般溪溪上有扁舟。

大道朱楼十二重，车书迢递向尘中。万年榆塞双龙绕，千里桑干一径通。御苑霜寒流璧月，兰台秋老见雄风。可怜歧路飘蓬客，谁许谈天碣石宫。

南来齐路亦悠悠，日下衣冠被九州。荐爽西山呈晓色，迎寒北斗入残秋。禁城王气称天府，瀛海津门控上游。独惜豪游来胜地，无端摇落莽生愁。

槐里风云掌上看，居庸紫塞[①]护长安。侍臣竞进金芝颂，天子新成竹箨冠。落落华阳终古事，萧萧易水至今寒。谁知被褐红尘陌，难向天门振羽翰。

帝阙岧峣接太清，毗卢高阁瑞烟生。千官晓散双梧掖，八骏风回五凤城。饮马池边飞鸟没，掠鹰台畔暮云平。书生不识鸣珂路，却望龙门是玉京。

蓟门百里见重关，御苑河流尽日闲。迢递凤楼瞻北极，蜿蜒龙气抱西山。石渠侍从参同异，国子书生数往还。咫尺九阍清跸道，玉颜天上几时攀。

反里后落第寄京师诸故人

依旧般溪老放民，金台无路问涓人。一千里外归途远，四十年来下第频。雨雪[②]空山成独立，海滨茅屋故长贫。却瞻霄汉惭知己，矫首青天理钓纶。

① “塞”，国图本作“翠”。

② “雪”，《般阳诗钞》作“后”。

太皇太后大临 丁卯十二月二十四日崩[①]，戊辰正月诏到山东

璇[②]宫黯黮接苍旻，返轸瑶池羽辂新。坐见哀音连海峤，常留女则向枫宸。昭陵云隔三千里，兰峪风生七十春。共道闉扉施雨露，赭衣引领哭宣仁。[③]

千秋壶德比唐虞[④]，此日乘风去帝旁。侍药龙楼劳圣主，撤帘鹤发痛周姜。九重遗诏来穷谷，万里悲云下建章。不独臣工思社饭，普天洒泪泣娲皇。

今皇纯孝侍弥留，泣祷郊坛俯冕旒。慈福宫中萱草没，朝阳门外奈花愁。百年家法垂银管，一日灵旗拂彩斿。犹有遗音传海内，黄麻颂出大长秋。[⑤]

三朝圣母弃龙墀，大练宫中百[⑥]代师。紫气寝门屯虎豹，翠微享殿守熊罴。人从奕[⑦]日思元祐，天为今朝震地维。[⑧]父老遗民倍惆怅，泪沾九野自涟洏[⑨]。

次蒲柳泉来韵

我亦愁人唤奈何[⑩]，不堪羸马每相过。年来萍迹浑如梦，老去文章更入魔。洗耳怜余归隐暮，回头愧尔著书多。耦耕何日东皋下，免使山灵久见呵。

谷口

谷口先生麤犊群，移家青涧远尘氛。窗前种树依红药，枕上抛[⑪]书看白云。欲向五湖称漫叟，敢言三径似征君。桃花流水人间世，纵有仙源不可闻。

---

① “崩”后，国图本有“戊辰三十二首”。

② “璇”，国图本作“旋”。

③ “仁”后，国图本有小字“诗时营陵于马兰峪。大惭时行大赦”。

④ “唐虞”，国图本作“虞唐”。

⑤ “颂”，国图本作“颁”；“秋”后，国图本有小字“慈福，宋宪圣太皇太后所居宫也”；省图本前有眉批“奈花，故事：皇后崩，则人歌奈花也”。

⑥ “百”，国图本作“奕”。

⑦ “奕”，国图本作“亦”。

⑧ “维”后，国图本后有小字“去年九月，都中地震”。

⑨ “洏”，国图本作“洟”，后有小字“宋太皇太后高氏临崩时，赐群臣社饭”。

⑩ “唤奈何”，国图本作“奈若何”。

⑪ “抛”，国图本作“执”。

青山

矫首青山自息机，清溪犹有钓鱼矶。几行烟树围平野，十里晴霞映翠微。鹭向渔梁衔藻立，人从樵径荷锄归。野夫对此空尘虑，不向人间问是非。

余青园杂兴

入门千亩自青青[①]，高阁无须陋室铭。坐见园丁分鹤俸，闲从野老觅鱼经。种梅斜傍檐前石，望月新添水上亭。花竹经纶良不恶，移文何事北[②]山灵。

林际茅斋竹里泉，看山才罢又高眠。松声终夜常疑雨，柳色连朝欲化烟。除却吟诗皆俗累，但能养拙即神仙。羲皇以上寻常到，长日方知是小年。

登临高[③]阁闲眺

众岭迢迢望里分，画栏极目对斜曛。每从静坐观周易，忽见奇峰是夏云。积雨乍晴偏爱日，故人偶到惜离群[④]。便思去逐巢居子，蛮触纷纷不可闻。

积雨

空林积雨卧茅茨，短发萧萧自咏诗。竹里湿云飞不去，松间明月杳无期。生憎登阁苍苔滑，说到寻山蜡屐迟。向晚池塘增懊恼，鸣蛙谁能[⑤]辨公私。

林卧

每从林卧观无言[⑥]，寂寂不闻车马喧。过雨残荷承露泣，迎秋病叶向风翻。松蟠曲径遮茅屋，水涨平池没藓痕。漫道著书淹岁月，一声长啸掩蓬门。

---

① “千”，《般阳诗钞》作“十”；“青青”，国图本作“清青”。

② “北”，国图本作“此”。

③ “登临高”，国图本作“临皋”。

④ “到”，国图本作“别”；“群”，国图本作“郡”。

⑤ “能”，国图本作“复”。

⑥ “言”，国图本作“始”。

七夕

金风飒飒敞清晖，月照千家夜捣衣。谁道含愁邻汉曲，浪传缄怨下鸣机。从来乞巧翻成拙，终觉离多会尚[1]稀。天上有情应亦老，免教乌鹊入云飞。

与王克三小饮

太息离居各一方，经时握手暂相将。凄凄促织鸣东壁，落落晨星聚北堂。午夜商歌倾鲁酒，秋庭蓬鬓惹吴霜。相看伏枥思千里，击碎琅玕泪数行。

忆山居

石户之[2]农天一涯，每从尘世想烟霞。萧萧幽谷长镵柄，落落疏篱扁豆花。开径久虚高士驾，卜邻空傍野人家。便思去著潜夫论，甘逐渔樵老岁华。

戊辰杂诗

危言郭泰汉东京，从此长留世上名。抗疏九霄回日月，引裾双阙动公卿。甘陵南部称钩党，折槛中朝托死生。圣主转圜真盛事，不教李蔡玷钧衡。

炙手炎烝不可论，九重虎豹守天门。厨车恨不归东市，丞相何劳赐上尊。张禹全生逢盛世，王嘉不死亦君恩。尚方借剑虽无济，珍重朱云亦敢言。

军书昨日下[3]燕关，闻道兴师破置颜。列校飞弧趋瀚海，羽林投石向天山。嫖姚夜渡三千里，苜蓿风生十二闲。指日柔然应稽首，谷蠡亦就紫宸班。

河堤使者豢龙蛇，璧马销沉莫怨嗟。赤壤一时归虎旅，黄金百万葬凫沙。铜符夜索三河竹，桃浪春浮二月花。闻道都船才下诏，金鸡又早赐天家。

海内军书共一家，何来井底有鸣蛙。三湘明月悬清昼，七泽鲸鲵偃碧沙。屈指楼船回大旆，已看下濑奏清笳。独怜烽火艰难地，红袖青裙白鼻䯄。

---

① “尚”，本作“向”，据国图本改。

② “之”，省图本作“乏”。

③ “下”，国图本作“发”。

忆都门旧游

谁教挽辂拥柴车，司马门前误上书。汝颍生徒高太学，秦川公子冠黄初。归来东海寻烟驾，笑向南山结敝庐。莫漫穷途悲潦倒，云房犹自伴樵渔。

直北风尘万里看，若为风雨忆长安。扬鞭晓度芙蓉苑，纵酒春归芍药阑。天上故人时解佩，眼中逋客亦弹冠。掉头巢父仍归去，无恙珊瑚拂钓竿。

偶随骐骥过幽州，鳖躠尘中赋倦游。不惯扫门称上客，谁能长揖谢通侯。一年羁旅生离恨，千里风烟上敝裘。幸有钟山草堂在，萧然清啸海天秋。

病渴无缘金掌露，不堪回首凤凰城。承明仙客依金阙，上苑秋风动石鲸。浪迹幽燕成底事，侧身天地是余生。荆高徒侣今何在，梦里犹闻击筑声。

紫陌桃花隔绛霄，风尘漾漾路迢迢。洛阳计吏谁相问，稷下狂生不见招。作客忆餐中炙美，探奇未惜马蹄遥。禁城落日莲花水，只是难忘玉蛛桥。

小筑

十载经营托近郊，野人小筑傍林梢。为园恨不先栽竹，结屋无如但覆茅。可[①]爱鱼儿依密藻，岂输[②]燕子卜新巢。淮南丛桂他年事，翻笑层[③]峰第二峭。

村居

蒋诩移家对碧岑，惟余二仲一相寻。春秋花鸟桃源历，朝暮烟霞栗里心。篱下蓬蒿遮小径，溪头流水奏鸣琴。此生端合栖岩壑，莫漫悲歌梁甫吟。

凫子招同邺侯宿尚友斋

四座相看倒接䍦，香生丛桂拂葳蕤。淮南宾客容疏放，砚北琴书自陆离。投辖呼卢朝中酒，当延巾角夜谈棋。君家五斗真雄辨，乘兴还来过习池。

① “可”，国图本作“闲”。

② “岂输”，国图本作“输他”。

③ “层”，国图本作“菅”。

寄柳泉诚夫

落梅时节过东篱，握手匆匆有所思。何事残秋未相见，况闻哀雁不胜悲。怡[1]君吏部床头酒，读我长安客里诗。娉节堂中霜月冷，等闲又负菊花期。

寄东阿心友弟

长安花落拂春衣，与尔横经向虎闱。燕市风高精舍隐，蓟门秋老倦游归。何时一遂论心约，隔岁惊闻旅雁飞。命驾何妨千里道，般溪犹有钓鱼矶。

纪事 武昌夏逢龙之变尽节者，惟叶公映榴一人

夏口从来控上游，潢池亦是庙堂忧。襄阳凯奏铜蹄马，鄂渚烟消青翰舟。汉阙重颁司隶法，湘蓠一洗楚臣羞。惟余骂贼孤忠血，添作清江万古流。

题诸暨令叶存庵挂冠归田卷子

浔阳江畔有柴桑，陶令归来菊径荒。五柳莫须贪五斗，三闾聊可赋三湘。千年梅福栖吴市，此日逢萌重海方。回首苎萝溪上水，湖头烟雨亦茫茫。

仲治招饮看海棠[2]

胭脂经雨露光溥，尊酒名花结古欢。白云楼前开玉蕊，乌衣巷里敞珠栏。尚留西府三春色，恐逐东风一夜寒。何似清平传绝调，沉香亭子卷帘看。

题效樊堂赠载绩年伯[3]

五柳先生早拂衣，汉阴抱瓮久忘机。千章灌木屯青霭，十里春山落翠微。兰畹盈盈当槛出，鸟声寂寂背林飞。申屠老屋常因树，茶皂绳床愿不违。

栗里桑麻映草亭，桃源鸡犬亦冥冥。十年种树重阴碧，半榻看山一带青。

---

① “怡”，国图本作“期”。

② 底本无，据国图本、省图本补；“棠”后，省图本有“以下诗己巳稿”。

③ 底本无，据国图本、省图本补。

静爱蜂衙拖菜甲，闲分鱼俸课园丁。浣花溪畔堂成后，惭愧新题陋室铭。

青藤白帢步斜曛，静里炉香手自焚。梧几宋人雕玉叶，荷衣楚客佩兰薰。花如锦帐翻红药，松作龙鳞宿白云。自是鹿门高卧稳，不教猿鹤怨征君。

黄绮衣冠出世尘，闲从野客拂苔茵。落花无语人如菊，怪石当阶月似银。陶令巾车时命驾，袁宏土室不关贫。襄阳耆旧花阳志，帐里新篇授几人。时以所著《淄乘征》见示，故末句及之。

和石发隐君①

当年把臂向昆仑，此日淮南客自尊。愧我萧条贫季子，怜君憔悴病文园。十年白发名心淡，片石寒山雅道存。谷口归来不相见，云中长剑倚天门。

真人昨岁久东行，愁听春山过雁声。空馆寒云留客梦，落花细雨动离情。共言居士真移履，谁说庞公不入城。翘首武陵知不远，人间何事浪相惊。

长啸孙登出碧林，云中鸾凤奇灵音。文章穷老翻成拙，出鬼揶揄久见侵。兰泽千年悲叱嗏，鹿门百里费招寻。从今梦冷长安道，九辨因君作楚吟。

漫随法驾斗新声，近日偏伤抱玉情。懒向齐门仍鼓瑟，欲携秦女坐鸣筝。三年结屋黄茅隐，十亩为园碧草生。藉问灵均何太苦，芳洲渺渺搴香蘅。

天外层峦久闭关，山中薇蕨昼长闲。书来栗里三春日，人在桃源第几湾。出岫闲云行复住，乘风老鹤去仍还。何时共话巴山雨，一使愁山暂解颜。

题余青园竹②

今日重来见此君，幽篁无恙远尘氛。万竿近水亭斜日，千亩当楼宿夏云。渭曲陂前留翠色，筼筜谷里散清氛。安能却见洋洲笔，貌得龙孙迥出群。

题百脉泉③ 一名珍珠泉

千年龙窟对禅扉，无恙珠玑百道飞。十里江源拖素练，满天花雨溅苔衣。文鱼逆浪归晴沼，白鸟忘机下翠微，安得结庐邻胜地，来游徙倚憺忘归。

谁辟方塘护翠澜，平池迸地下前滩。龙宫浩劫浮云卫，鲛室晴光落月寒。

① 底本无，据国图本、省图本补。

② 底本无，据省图本、国图本补。

③ 底本无，据省图本、国图本补。

万斛明珠生合浦，一泓绿玉浸琅玕。何如来鹤桥头水，御墨淋漓昭[1]激湍。

晤孙子未太史话旧[2]

沽酒华阳送客归，长安道上冷云飞。相如彩笔皆言好，曼倩金门正苦饥。暂远九重天禄阁，遥从千里老莱衣。和歌燕市人犹在，却共沧洲理钓矶。

畅春苑里忆题诗，一日声名辇下知。曙影早朝归琐闼，珠光寒月照昆池。承明厌薄来三殿，子舍栖迟又一时。今日侍臣萧瑟甚，卜居遥向绣江湄。

余青园立秋[3]

秋到园林暑气消，渐看绿树已萧萧。梧桐一叶飘金井，明月三更弄玉箫。画阁云封迷夜色，绣江雨过涨新潮。万家砧杵行将动，好为羁人伴寂寥。

秋日读《离骚》[4]

银床叶叶雨声多，我亦言愁奈若何。挹露寒塘瑶瑟怨，倚天长剑楚臣歌。佳人日暮依修竹，山鬼秋来带女萝。重读怀沙频吊古，萧萧短发自婆娑。

偶效义山[5]

天外层城近日边，芙蓉为苑玉为田。梦回琼岛三千里，心逐云和五十弦。薜荔风高悲楚客，蒹葭霜落对秦川。生憎绿鬓人将老，犹抱遗经亦可怜。

江村[6]

江村长夏林亭幽，客子斋居无所求。寂寂琴床几搔首，盈盈松月来当头。

---

① “昭”，国图本作“照”。

② 底本无，据省图本、国图本补。

③ 底本无，据省图本、国图本补。

④ 底本无，据省图本、国图本补。

⑤ “偶效义山”，《般阳诗萃》作“述怀”。

⑥ 底本无，据省图本、国图本补。

万竿修竹不知暑，满地苍苔初入秋。何时藜杖漫归去，长啸元龙百尺楼。

和石发隐君①

红尘回首事全乖，老向溪山散古怀。七十行歌人带索，千年大隐姓难埋。鱼书为讯层城客，土室新题浣石斋。借问生涯何处是，碧藤白帢伴青鞋。

胡山天外碧峰尖，霜落风高朔气严。昌谷一梦惊李贺，长城五字傲蒙恬。和烟刬竹归荒圃，向日拥书爱短檐。自古升沉俱莫定，百钱何必更垂帘。

草堂何用更移文，为羡沧洲鸥鹭群。丛菊当窗收野色，大槐欹枕梦闲云。幽人开径三秋晚，稚子疏泉百道分。不是庞公厌城市，碧山猿鹤恋夫君。

逃禅林际是耶非，常恐征书下琐闱。洞壑常为烟月主，江天新制芰荷衣。秋来放鹤闲情淡，老去裁诗任意挥。笑我空斋经术客，十年坎壈素心违。

羲皇以上是何人，每为相逢愧尔真。黄菊把来将进酒，青松手种已成鳞。人传角里犹如旧，自到桃源不记春。老友惟君成硕果，甘泉回首共伤神。

寄愁天上有谁嗔，欲向空山一卜邻。贾谊三湘悲莫尽，刘蕡终古气难伸。绣江漠漠秋光老，白岳青青黛色匀。念我穷途何自苦，步兵依旧阮家贫。

再用前韵寄怀雪崖②

细细乾坤愿已乖，惟余林麓寄幽怀。炊烟每共秋云卷，奇石常为碧藓埋。习静岂缘参绣佛，采薇聊复作长斋。相逢为问朱居士，曾否当年业织鞋。

蛾眉山上几峰尖，知尔沉冥似蜀严。绎雪烹来耽寂寞，黄庭读罢爱虚恬。何妨茅屋邻山鬼，莫使蓬门近书檐。宠辱不惊今已久，逢时安问夜明帘。

槐村一老喜论文，潇洒清标迥出群。延客儿童招野鹤，忘机鸥鸟泛溪云。幽居入画层层见，樵路看山细细分。多病不缘明主弃，敝庐终古忆征君。

人间万里计全非，杖策何曾到虎闱。世事到来真蝶梦，儒冠无用泣牛衣。且持樽酒临风醉，胜有残戈向日挥。寄语山中学道者，等闲莫使寸心违。

果然大有避秦人，谷口犹闻郑子真。五斗风前开菊径，九歌声里寄文鳞。野夫争席宁知老，毛女相随定几春。欲向空山探秘箓，灵威踪迹总疑神。

群狙从教任喜嗔，清风好月自为邻。山魈且复同吟啸，塞马凭谁问屈伸。浩劫千秋愁里度，苍烟九点望中匀。问天搔首天无语，自古骚人合贱贫。

---

① 底本无，据省图本、国图本补。

② 底本无，据省图本、国图本补。

庚午春日哭毕公权墓下 丁卯。在都闻公权讣[1]

驱马风前夕日昏，手披宿莽吊寒原。一千里外逢摇落，四十年来托弟昆。天上有楼成玉阙，人间无路问松门。欲将一片韩陵石，写向延陵洒泪痕。

冥冥造物迥难分，地下交游苦忆君。山色凄凉频入梦，松声仿佛共论文。千秋遗恨归荒草，十里悲风卷暮云。车过岂缘忧腹痛，独来陨涕向孤坟。

洛阳年少竟蹉跎，浮世惊闻薤露[2]歌。斫地有怀悲叱嗏，问天无语泪滂沱。当时知己晨星少，自古才人赍恨多。试上青龙山上望，深深埋玉怨如何。

愁云黯淡野棠开，憔悴今朝赋七哀。非是世人皆欲杀，却疑上帝不怜才。琴亡叔夜归黄土，剑挂徐君拂绿苔。痛绝山阳三载后，名心为尔总成灰。

庚午下第感遇

不向桃源觅隐沦，黑貂零落苦[3]逡巡。三年下第仍如故，万卷摊书未是贫。何必穷途悲阮籍，莫因憔悴哭灵均。归来丘壑容疏放，终觉青山不负人。

落叶西风万木凋，就中客子更萧条。凄凉屡刖陵阳足，消瘦深怜楚女腰。驽马千群容尔傲，战场五色向人骄。生平不作阿房赋，烂醉松窗慰寂寥。

南山归卧正高眠，沧海珠沉意黯然。愤世幽怀休感慨，逢石文字入神仙。伴他红勒三千卷，笑我青灯四十年。同学相看俱老大，无人先著祖生鞭。

东壁抡材棘寺开，风尘十载叹无媒。刘蒉痛哭仍多事，温宪违时自不才。壮志久看消欲尽，浮名回首已成灰。惟余三亩罗含宅，策杖看云日几回。

雄雄猎猎振东陲，鳌背难攀桂树枝。自叹鼓竽齐客技，谁怜抱玉楚臣悲。金门又阻贤良策，黄绢休夸幼妇辞。犹喜吴陵门下士，有人走马曲江池。

西风缥缈隔瀛洲，醉里题诗丰乐楼。自是江淹无彩笔，非缘伯乐失骅骝。漫劳月窟探珠贝，只合桐江拥黑裘。赖有故山山下路，手招猿鹤任悠悠。

天问何须向楚湘，久知安稳秀才康。鹿胎高髻无新制，虎观逃名有秘方。但使雄文惊永叔，自然神骏遇孙阳。太平此日收贤隽，马渤牛溲入药囊。

孙山山外姓名高，辜负龙宾映彩毫。琬琰虚传三献玉，骊黄安得九方皋。文章留与教儿辈，面目依然是我曹。四壁琴声人寂寂，惟堪一醉打酕醄。

---

① “都”后，省图本、国图本有“门”字；“讣”后，有小字“庚午十七首”。

② “露”，国图本作“雾”。

③ “苦”，国图本作“意”。

平生磨蝎自蹉跎，旧例何妨泣卞和。骐骥长鸣太平[①]路，凤凰饥死玉山禾。丁棱有术登科早，宋玉由来坦率多。画得牡丹成弃掷，胭脂虽丽不如他。

茁轧宁能乱典坟，心伤牛骥且同群。虞翻骨相生前定，蔡泽轻肥未足欣。魂断盐车迷陇坂，眼看苍狗变浮云。萝衣蕙带终堪着，柳汁何妨[②]九烈君。

虎豹狺狺下九阍，手凭玉尺自言尊。笑他倦鸟思珠树，亦有枯鱼羡禹门。松径到头终息影，羊肠何事未回辕。极知赋命真凉薄，物故从来不可论。

伤心贡禹忘[③]弹冠，路隔云霄铩羽翰。老马长嘶青络索，唾壶击碎碧琅玕。持衡浪说悬秦镜，纫佩谁知刈[④]楚兰。屈指青阳逼岁暮，萧萧雨雪卧袁安。

简希梅

嗟余折臂如羊祜，堕马怜君病亦同。辛苦幸余舌尚在，飞扬依旧气何雄。但令彩笔江花粲，便掇青绫玉碗红。终使词场推老手，莫教人说两衰翁。

西崑二十首[⑤]

萼绿仙人试碧箫，凤凰斑管为谁调。盘螭约背金条脱，彩燕当头玉步摇。夫婿封侯依紫塞，儿家姓字寄红桥。宁知此夜辽西梦，空惹啼痕在绛绡。

万年金井碧梧桐，五凤争飞晓日中。霄汉云开仙掌绿，含桃花发上林红。昭阳歌罢辞前殿，长乐春深托守宫。不及青青芳草色，犹从辇路漾东风。

内信传来理翠翘，丝丝宫柳学纤腰。鸾车路远愁无那，凤胫灯寒泪未消。结绮自缠金屈戌，沙棠苦忆木兰桡。生憎不似扬州估，日日江边弄晚潮。

当时解佩向芝田，汉曲明珠剧可怜。怨入鹍弦成百结，愁随堤柳已三眠。楼头望见[⑥]新丰树，梦里人归敕勒川。种得女萝千万尺，争教丝子不缠绵。

郁金堂上簇红霞，曲曲回廊是妾家。把酒每歌三妇艳，出门同驾七萌车。鸡鹋并浴银塘水，豆蔻初开玉砌花。昨日赠诗惊彩笔，芙蓉镜里对秦嘉。

碧纱窗外夜乌栖，梧叶银床露井迷。旧曲长干传白下，新妆短棹过青溪。

① “平”，国图本作“行”。

② “妨”，国图本作“烦”。

③ “忘”，国图本作“妄”。

④ “刈”，本作“刹”，据国图本改。

⑤ “首”后，省图本、国图本有小字“辛未”。

⑥ “见”，国图本作“断”。

芙蕖一带田田出，鸂鶒双飞哑哑啼。莫向西洲洲上路，恐令红袖湿香泥。

谁从天外问灵修，沅芷湘兰未可求。中妇当筵歌捉搦，丈人下直听箜篌。葳蕤欲闭黄金钥，纤指真藏碧玉钩。对酒缘何忽不乐，难寻火药向丹丘。

绿杨如带[1]雨如烟，万斛离愁正黯然。朱凤紫鸾歌楚调，清溪白[2]石唱神弦。惊垂银蒜成孤枕，惯掷金钗作卜钱。潮去潮来何所似，两行红泪夜涓涓。

昆丘渺渺片云轻，西指咸池万里行。笑倚凤雏秦弄女，偶遗龙鲊许飞琼。洧盘无恙桑田绿，若木遥连蜃气清。安得乘风招八骏，芙蓉城畔理瑶笙。

金屋何人共琐窗，铜盘蜡烛影幢幢。懒排雁柱调银甲，自劈鸾笺对玉缸。漫说琅邪临大道，绝怜桃叶渡寒江。纵饶沽得宜城酒，百丈愁心未易降。

王母西来晓露浓，碧城隐隐月溶溶。云中玄圃三千里，天畔琼楼十二重。手种桃花多岁月，自寻瑶草饲鸾龙。双成已到人间否，海水枯时定一逢。

丽日当楼映碧纱，横塘塘外是侬家。攀条怕折相思树，斗草时寻解语花。睡鸭一帘香篆细，霓裳三叠舞衣斜。妆成独自矜新样，人道夷光出若邪。

银筝象管在前头，羞煞卢家有阿侯。子夜歌残悲永夜，莫愁湖上起新愁。金闺破梦三更雨，璧月窥人十二楼。便似星桥终古恨，绛河一水隔牵牛。

玉阶花发蕙兰丛，惆怅唯余赋恼公。日照秦楼桑采采，云满巫峡雨蒙蒙。双蛾浅黛伤心碧，两颊微潮印臂红。清昼坐看刀尺倦，戏调鹦鹉画帘东。

桂梁燕子语呢喃，憔悴离心百不堪。红粉盈盈师素女，碧绡翦翦佩宜男。鲛人迸露[3]千盘泪，园客新成八茧蚕。西曲上声听不得，可知春恨在江南。

珠楼别苑起明霞，璧带风飘玉树花。万顷愁源萦五夜，九回肠断似三巴。林莺弄舌同翻调，海燕衔泥尚认[4]家。荡子不归春色暮，陌头杨柳几行斜。

云母屏风织锦机，江妃憔悴玉儿肥。偶掀[5]红豆抛歌扇，闲弄青梅湿苎衣。疏[6]雨因风当槛入，落花如雪隔帘飞。相逢莫问蘼芜草，春事阑珊正夕晖。

绮疏阿阁五云端，青雀西来温露盘。共道秦宫花底话[7]，却教楚舞掌中看。流黄机畔砧声乱，翡翠楼头月影寒。我正[8]相思不相见，锦堂北斗已阑干。

---

① “带”，国图本作“黛”。

② “白”，本作“名”，据国图本改。

③ “露”，国图本作“落”。

④ “认”，本作“仞”，据国图本改。

⑤ “掀”，国图本作“撚”。

⑥ “疏”，国图本作“微”。

⑦ “话”，国图本作“活”。

⑧ “正”，国图本作“有”。

伤心七十二鸳鸯，携瑟无人近玉床。月照碧梧惊晓梦，风翻红柏落微霜。九秋蝉韵同呜咽，三峡猿啼更断肠。惭愧江潮犹有信，争如薄命嫁王昌。

百宝流苏织锦茵，雕栏绮席净无尘。梦中神女真疑楚，陌上罗敷旧姓秦。鸾羽九霄遗玉佩，云车五夜碾香轮。自从一入青闺里，花落花开不见人。

花朝见月

每从烂醉觅生涯，客里年年老岁华。春色撩[①]人如有恨，花朝怜月未还家。海棠欲放凝红豆，社燕惊飞入绛纱。二十四番芳信好，故园篱[②]落隔烟霞。

思家家在碧山头，策策轻寒上敝裘。春色平分人中酒，良宵真见月当楼。露桃封萼犹含冻，烟柳迎风已渐柔。道是花朝花不见，锦堂谁为理箜篌。

见白发

拊髀空怜五十秋，二毛种种苦相求。谁言白发无公道，坐使青山起暮愁。淡淡吴霜浸短鬓，星星朔雪渐盈头。不知镜里三千丈，朝夕催人可自由。

寄孙孝堪光禄省觐归里

金台三载怅离忧，此日鸣鞭下蓟丘。北阙恩波暂休沐，西□明月可淹留。携来法酒呈萱砌，新制斑衣出凤楼。多病故人迟握手，未能策蹇灞桥头。

寄钟圣舆

一从偃蹇卧东皋，回首湖山愧我曹。司户陈书天阙迥，陵阳陨涕楚云高。秦州门下风初盛，历下亭边梦亦劳。为语空斋钟士李，何时一醉共酕醄。

题唐文奎临《兰亭》

华阳馆里临池日，为我挥豪对绮疏。狸骨奇方应不忝，蕺山团扇定何如。谁言禊帖同金谷，宁信昭陵葬玉鱼。千古会稽王内史，风流犹寄数行书。

---

① “撩”，国图本作“掩”。

② “篱”，国图本作“离”。

花朝后十日偶题

平芜芳草已迢迢，惆怅王孙意寂寥。颂酒未能传酒德，看花何必定花朝。海棠风急红霞绽，堤柳烟深绿线[①]飘。屈指清明知不远，寻春宁惜马蹄遥。

题陶隐居传后

贞白先生似许由，金笼不肯作牺牛。山中宰相无荣辱，岭上闲云任去留。刀匕丹砂还大药，银鹰彩笔写沧洲。华阳自古称真逸，宁觉顽仙驾赤虬。

寒食道中

陇麦青青青可怜，昨朝新雨洒平田。神鸦欲散寒原下，社鼓时鸣古佛前。杨柳渡头金[②]作幔，杏花村里玉为烟。客心摇落清明节，百里归来正著鞭。

皂帽年年老管宁，每因行役罢谈经。山头野烧连天碧，溪上苔纹入眼青。几点飞鸿来远塞，数行新柳覆寒汀。桑田沾湿春耕好，便欲重题喜雨亭。

横塘小径转悠悠，蹀躞驱车笑敝裘。春水绿如鹦鹉翼，晚山青比黛螺头。平芜望断王孙草，极浦香生杜若洲。独有客心惊岁月，一年春事负[③]东流。

绣江西望见晴岚，万仞胡山若剑镡。柳不胜鸦初放绿，水才浴鹭已拖蓝。家乡入眼依般左，烟景愁人似渭南。杳杳征途自来去，何如栖息傍瞿昙。

和王村店壁石发旧韵

谷口年来郑子真，逃名世外迥无尘。岭头云气谁堪赠，溪畔桃花不见人。养拙惟宜山水僻，爱闲偏与鹭鸥亲。钟期久已留遗响，壁上犹余弦外音。

笠山

笠山茆屋枕溪滨，静里名香只自焚。隐几居然吾丧我[④]，狎鸥真与鸟为群。

---

① “绿线”，国图本作“线带”。

② “金”，国图本作“丝”。

③ “负”，国图本作“付”。

④ “吾丧我”，本作“我无丧”，据国图本改。

阶前爱植数竿竹，岭上闲随一片云。赖有故园三径在，幽人常得佩兰薰。

访希梅①

野客遥来跨蹇驴，入门一笑对潜夫。自栽桧老龙鳞甲，手种桐开蚌口珠。南浦溪声来座右，东山云气护庭除。相逢细问清斋课，笔阵新传付善奴。

百四斋中问孙伯纯读约庵所作南村先生挽诗，已而伯纯先去②

十里寻溪入碧林，故人家在古城阴。来听洛下书生咏，何异隆中梁甫吟。九辨悲歌劳怅望，八哀唱叹感雄心。匆匆握手兴公去，岐路晨风怨别深。

自遣③

漫须腹笥夸便便，书簏从来真可怜。常笑祭鱼似白獭，羞同脉望翻青编。老来汲古少修绠，说到逢时羞着鞭。何似青山向樵路，烟蓑雨笠归林泉。

问焦简庵病

闻君多病掩重帏，极目遥天尺素稀。鸡骨嶙峋应似鹤，玉山憔悴不胜衣。心悬摩诘仍高卧，梦想休文减带围。七发何时真一奏，天花落处散葳蕤。

晚自城中归拗体口号

仆夫蹩躠愁遄征，一出城闉星汉明。渐觉天寒畏途远，偶来酒力当风行。路径怪石下驴背，人到柴门闻犬声。抖擞尘中十斛土，挑灯稚子来欢迎。

---

① 底本无，据省图本、中科院本补。

② 底本无，据省图本、中科院本补。

③ 底本无，据中科院本补。

早起①

早起闲行自逶迤，羡他邻父饷东菑。溪流水浅鱼游急，云尽天空鸟去迟。老大雄心销岁月，生平拙计误毛锥。风前太息花前恨，恐惹春愁两鬓丝。

旱②

霪霖去岁没田畴，亢旱今年动远愁。石燕不来干柱础，飞蝗似欲卜菟裘。密云时见风霾色，赤日常随金石流。安得普天遍灵雨，银河万里泻龙湫。

解嘲十五首③

客有劝余勉遵新令应考中翰者，作此谢之。

诏下求山访逸遗，为将染翰赴彤墀。银鹰铁马吾岂敢，野鹜家鸡世所嗤。顾影自惭麋鹿性，几人身到凤凰池。此生常是甘疏放，宁羡云霄献纳司。

鹓鹍自爱碧林飞，金络文牺与性违。东阁漫招群彦入，南山独抱片云归。早朝真使心相左，簪笔终知计尚非。莫叹寥寥杨子宅，晴窗不少薜萝衣。

泉石从来意所谙，百年强半卧云岚。伯淮岂谓频违诏，叔夜深知七不堪。纵使征车来道左，恐教捷径笑终南。但令养拙藏幽谷，雪月松风梦亦酣。

莫羡清班拜琐闱，昆仑外史久忘机。漫怜贡禹无车马，只合严陵守钓矶。野鸟未甘西苑粟，田夫惯食北山薇。闲花落尽余三径，夜月虚窗少是非。

给事青蒲早拜章，征书十道出明光。莫令盘谷惊猿鹤，且为钟山护草堂。阊阖风高天北极，丝纶云隔殿中央。常思充隐多贻笑，不敢轻抛薜荔房。明经考中书自龚黄门建言。

缁尘休遣上绨袍，白石红泉任所遭。处士风清推郭泰，绝交书就寄山涛。临池自愧真当制，脱颖谁云有彩毫。犹幸东皋茅屋在，半床风雨蔽蓬蒿。

劝驾空烦走赫蹄，玄纁又下海云西。卢鸿只爱嵩丘隐，刘向何劳太乙藜。铁砚频年留石室，毛锥五色散虹霓。升沉自古皆前定，纵到青云路亦迷。

披褐无须叹滞淫，柴车落落碧山岑。五花判事虚黄阁，十亩为园惬素心。牛骥那堪同枥皂，麏麚聊复共云林。平生每薄虚声士，结网临渊羡正深。唐以

① 底本无，据中科院本补。

② 底本无，据中科院本补。

③ 底本无，据省图本、中科院本补。

中书舍人久次者为黄阁老，判中书省杂事。

纶扉呵阁紫宸朝，万里金门路尚遥。方朔何心归上苑，司空遁迹恋中条。羊裘自喜临清籁[①]，凤沼终惭侍绛霄。常羡孤山林处士，探梅放鹤远难招。

谷口幽栖枳棘丛，难从灵鸟驾长风。未能视草三天上，敢谓挥毫五夜中。蠖屈尚怜依砚北，龙池谁解赋河东。惟应筑室寒林下，终老云山一亩宫。

延恩甌里伫才贤，清切儒臣雨露边。白贲旌旃司马檄，红云楼阁御炉烟。微□难副朝阳凤，贫病偏宜负郭田。却笑洛阳种处士，虚糜天子赐装钱。

佳气氤氲隔九关，山人何必厌深山。谁裁凤尾三千诏，感冀螭头第二班。青琐玉墀休入梦，紫微仙吏渺难攀。不才若被当轩黜，驴背何缘却放还。唐以中书舍人为紫微舍人。

萧萧华发渐相亲，老去惟应卧故林。贾至未须歌紫陌，王阳谁说有黄金。静观岩岫闲云入，掉首天门御路深。溪上鲤鱼长尺半，饭牛中夜漫悲吟。

鹤书昨日降鸾坡，公府征贤亦已多。鸥渚有情留水石，凤池无分沐恩波。但寻南浦白镵柄，懒逐东华碧玉珂。莫使山灵笑逋客，稚圭何事重相呵。

头颅不任进贤冠，难向龙门刷羽翰。殷浩无端空应辟，樊英未免浪登坛。且餐藜藿同邻父，岂共侏儒仰大官。半世寒岩容我隐，凤毛不肯借人看。

忆历下旧游[②] 十五首

旧游回首客心惊，秉烛曾为逐队行。北极宫前云十里，南薰楼畔月三更。船通渔舍桥通寺，香满人家水满城。梦断濯缨湖上柳，烟花如雪浩纵横。

平陵游侠喜招寻，放浪湖山客里心。雉堞女墙秋寂寂，水关渔浦夜沉沉。舟移竹院含情远，花落莲房入梦深。不见芙蓉池上月，年年离恨到如今。

当时结客少年场，细马香车夹路旁。乌桕拂烟开玉蕊，红蕖和露湿银塘。美人堕珥千金佩，荡子停鞭七宝装。惆怅年来游侣倦，等闲不到水云乡。

明湖霜气入秋澄，岸上人家竞采菱。水槛氍毹看艳舞，金仙楼阁晃禅灯。当楼少妇飘长袖，隔浦渔舟弄断罾。旧日琵琶良宴会，至今犹忆郑中丞。

岱岳南来拥百灵，风流文物漫寒汀。城隅水让明湖碧，河朔山惟华峤青。万顷平铺星宿海，一峰高敞芙蓉屏。稍闻好事诸公在，今日重新历下亭。

上元甲子庆承平，玉辇南巡出帝京。七十二泉王屋伏，一千余里济源清。宸游赫奕惊心久，御墨淋漓入眼明。两字激湍千古事，高悬银榜照蓬瀛。

---

① “籁”，省图本作“濑”。

② 底本无，据省图本、中科院本补。

齐郡山川去路遥，当年李杜久萧条。滮源堂上陪珠履，来鹤桥头弄玉箫。落日荡舟移桂楫，春风扶醉解金貂。济南名士知谁在，百里鱼书竟寂寥。李邕、杜甫常燕集于历下亭。

闲从九点数齐州，起凤坊前问铁牛。灵鹫孤骞千佛岭，鸳鸯双落百花洲。锦衣公子邀红粉，黄鹤仙人枕碧流。犹记杜康泉上酒，浪游倚醉听箜篌。

殷许风流迥绝尘，名都佳丽最宜人。峼山大陆平如掌，泺水惊涛涌若轮。雪色湖菱清欲绝，银丝吴脍美无伦。姜家池上销魂处，琥珀香浓醉后春。

汇波门内小瀛洲，两岸蘋花急暝流。白白鱼儿浮水面，青青莲子上船头。湖中拍浪看铜斗，竹里闻歌引玉瓯。更有峼华桥畔月，照人清梦水西楼。

端居独检道元经，池上流杯覆鹤汀。金线一泓秋水碧，玉函千尺黛螺青。药山西吊沧溟墓，湖口南临杜甫亭。为报楠园钟士季，几时置酒醉林扃。《水经注》云：大明湖上有流杯池，今其地不可考。楠园在金线泉侧。

华泉胜迹久沉埋，边李山川致自佳。白雪楼前春似海，青帘堤上酒如淮。孤舟水北红兰桨，双玉城南紫燕钗。旧日平台歌舞地，寒溪流出傍湖街。

雄藩旧是汉王孙，无复当年邸第存。香水分流侵画阁，文鸳梦觉忆朱门。保釐堂上秋云白，列戟廊前落日昏。铜雀台荒余败瓦，只今词客吊梁园。

天主堂西西域胡，行人犹解说耶苏。乌斯梵呗来重译，回鹘衣裳遍九衢。造化小儿藏绣幕，壶丘仙客入元都。名区像教纷纶甚，妙相金轮竟有无。

虎牙杰立郁嵯峨，一望单椒紫翠多。估客徵歌小垂手，榜人击棹大清河。两行毳帐阛宾至，十五燕姬代马驮。今日齐都真巨丽，泱泱表海意如何。《水经注》云：华不注单椒秀泽，虎牙杰立。

阅新历中诸蜀国节候赋此志盛[①]

车书久已奉神都，正朔全收瀚海隅。周礼职方开旧域，明堂王会廓新图。泰阶星斗悬三象，冠带春秋入九衢。此日太平朝万国，保章不必更挈壶。

游慈寿禅林登阁赠韩太冲先生[②] 乙亥

客来兰若问支公，双树萧萧拂碧空。净土莲花浮劫宅，香台佛火闷禅宫。云霞半落诸天外，星斗平临万家中。会得此间清静理，何妨徙倚虎溪东。

① 底本无，据省图本、中科院本补。

② 底本无，据省图本、中科院本补。

天竺先生迥出群，三层楼上远尘氛。逃禅世外闻清梵，宰相山中卧白云。绣佛长斋依宝树，临池洗钵散余芬。他年欲附东林社，香满庐山带月焚。

明山道中①

明山山外水云隈，万顷平畴锁绿苔。芳树无边春欲暮，青溪有路客重来。董生遮莫窥园户，仲蔚终当卧草莱。十里吟鞭斜日落，蓬门烟霭望中开。

咏绣球花四首②

琼姿皎皎傍雕梁，莫遣轻华近鞠场。扶荔宫中看欲遍，唐昌观里不闻香。乍移海上三珠树，始识人间七宝装。二十四番花信好，东皇着意殿群芳。

倾城倾国重仙葩，十二阑干护彩霞。江令何须夸玉树，蕃釐重与问琼花。白云摇漾浮空碧，绿叶阴森隔绛纱。谁赋清平矜绝调，沉香亭畔按红牙。

翩翩白鹤下崆峒，幻作名花曲径中。坐见瑶林争皎洁，由来琪树本青葱。松筠有意舒浓艳，桃李无言拜下风。九十春光今欲尽，露华偏照蕊珠宫。

候仙园里水云乡，分得琼枝向洛阳。宋客漫劳雕玉叶，璧人小立郁金堂。罗浮有梦疑晴雪，月窟逢春认晓霜。常恐封姨将见妒，东风一夜散霓裳。

寄怀韩樾依时游劳山③

天风浩浩出重关，千里豪游尚未还。怜我空怀三岛梦，愧君高卧二劳山。云中瓢笠心无着，海上烟霞意自闲。倘遇安期为寄讯，好寻大药驻朱颜。

尘中遁迹学卢敖，矫首风烟向二劳。垂钓自攀旸谷树，餐霞欲觅绥山桃。孤云坐对瀛洲市，一杖初分大海涛。若见蜃楼真梦幻，浮生悔不解天弢。

秋日王叔子见过村斋④

匹马南来下翠微，清秋有客叩松扉。庞公鸡黍忘宾主，栗里柴桑少是非。

---

① 底本无，据省图本、中科院本补。

② 底本无，据省图本、中科院本补。

③ 底本无，据省图本、中科院本补。

④ 底本无，据省图本、中科院本补。

三径黄花孤馆寂，千林红叶一人归。独怜相送寒山道，望断沧洲白石矶。

闻道诗人丁灏寓豹岩太史斋中先有此寄[①]

闻道高谈碣石宫，北来策蹇下西风。雄才并驾同王粲，经学无双类孝公。帐里论衡传日下，枕中鸿宝照天东。赁舂莫漫伤摇落，庑畔宁与皋伯通。

榛芜雅道昧真源，赖有骚人细讨论。共说陵阳来北海，还如敬礼筵西园。汉家经术千年在，邺下风流此日存。独有稷门多野客，谈天未得共朝昏。陵阳侯丁鸿曾游海上。

羡君物望本雄豪，千里清游拥彩毫。白虎观中传世业，元龙楼畔见吾曹。苦吟不减长江薄，放眼平临大海涛。太史近来遍七略，晴窗共尔爇兰膏。

海内谈诗邓与黄，晋阳才罢又南阳。艺林未息元黄战，爝火难争日月光。大雅消沉终寂寞，小山承盖漫飞扬。平心持论须公等，莫使元音重丧亡。

持衡今日待夫君，河岳英灵世所闻。莫以谈锋开水火，惟将冰鉴息纷纭。百家物论虽难定，千古清裁自不群。共道潜夫多述作，殷勤同与访遗文。

韩子宣见赠陆放翁诗，系杨芝田先生所刻[②]

古今几见剑南诗，大雅遗音未可追。文采风流惟尔共，清吟展卷是吾师。晋陵太史钞书苦，荆皋征君脱赠奇。避俗携来冰雪里，晴窗梅萼半开时。

乙亥秋日至历下[③] 乙亥《游草长啸集》

六年不到此湖头，今日重来亦倦游。菡萏风残天北极，蒹葭霜落水西楼。芳洲问渡银塘暮，渔浦回船锦树秋。历下亭前重怀古，千秋胜迹想风流。

和高仲治古历亭晚眺[④]

谢却诗筒与酒筒，莲房坠粉觅残红。万家烟火连湖外，十里云霞落水中。

① 底本无，据省图本、中科院本补。

② 底本无，据省图本、中科院本补。

③ 底本无，据省图本、中科院本补。

④ 底本无，据省图本、中科院本补。

渔舍人归黄叶渡，菱歌香送画船风。彩虹亦在双桥畔，千顷玻璃一望通。

黄垆重引碧油筒，红柏桥头万木红。画槛烟消秋色里，酒旗人在水声中。南山排闼千峰翠，北极回波十里风。自昔名都跨壮丽，烦君彩笔赋文通。

明湖八首①

风尘又到古齐州，白雪登坛忆故丘。万里目穷千佛岭，众香国是百花洲。波间帘幕临湖舫，竹里人家近水楼。谁识清游孤客意，淡云晴日两悠悠。

丹楼宫阙郁岧峣，俯瞰平湖十里遥。幕府徵歌珠络鼓，词人载笔木兰桡。茨菰叶烂秋光冷，菱角霜沉露气消。莫向峼华桥上望，海天一色路迢迢。

东来积雨竟连宵，今日晴霞霁绛霄。断港依回湖水面，女墙灭没峼山腰。望穷曲槛耽幽丽，偶过寒塘爱寂寥。共道秋来秋士怨，九歌声里自萧条。

江夏当年迥出尘，襄阳杜老到今闻。侧身天地沧洲外，旷代风流济水濆。一曲闲亭留胜迹，千秋雄霸见遗文。陇西盛事应堪记，谁向龙门御李君。

玉斧当年走巨灵，百年谁复吊沧溟。齐州自昔多名士，历下于今复古亭。水面浮云秋寂寂，湖天凉雨夜冥冥。浪游切莫弹长铗，华峤相署剑气清。

边李风流世所称，不令殷许佐凭凌。百年南北分坛坫，一代文章问废兴。雅有珠槃讥晋楚，莫将牛耳议邾滕。同源异派今何似，河岳英灵续未曾。

盛代耆儒老卫宏，名藩征尹汉西京。玉门生入孤臣幸，铁马蹄来万里行。董傅帏中见繁露，马融帐下有康成。历山讲舍今寥落，回首风尘百感生。

端居遥忆十年前，诏下征贤海国边。六郡诸儒同射策，一时经术愧先鞭。名都走马骄珠勒，画舸留宾傍渚田。今日交游云散尽，不堪重赋五君篇。

乙亥秋日历下观桑抚军大阅兵南郊② 四首

一望辕门鼓角鸣，虎头壮士坐靡旌。云屯铁骑来宣曲，月样雕弧拜射声。沧海乍回金勒马，江湖新练水犀兵。棘门灞上真儿戏，何似当年细柳营。

闻道将军出定襄，从来突骑说渔阳。齐儿虽让期门队，海国惊看组练光。六郡良家红抹额，三河侠少绿沉枪。握奇自古传风后，投石椎牛未可忘。

幕府龙骧节钺雄，金吾上将坐临戎。阵开商气行秋令，剑冷霜华拂碧空。雷鼓嘈嘈惊过锦，牙旗烈烈静摇风。待边闻道銮舆出，说与天山早挂弓。

① 底本无，据省图本、中科院本补。

② 底本无，据省图本、中科院本补。

海天霜露净秋雯，大将挥戈震鼓鼖。白羽群飞熊虎队，红旗半卷鹳鹅军。函山翠黛连兵气，趵突泉声入阵云。为语健儿须努力，龙城鹿塞待论勋。

历下赠马沛霖将军[①]

下泽车前马少游，伏波相向卧林丘。灞陵醉尉寻常见，槐里将军漫不愁。三辅雄谈思往事，一樽抵掌自风流。君看瓜熟青门外，谁识东陵有故侯。

田窦由来未可知，乾坤寄恨总成悲。灌夫自是多豪气，李广何劳叹数奇。十载海隅留傲骨，一湾湖水照须眉。酒酣为尔弹长剑，击碎琅玕有所思。

幽燕老将亦名流，缓带轻裘亦旧游。笑解金龟投旅馆，醉调银管按伊州。风尘已失双龙剑，魂梦犹惊万户侯。徒步归来湖水畔，避人独上一渔舟。

古历亭与邢云客及家弟维南同泛舟[②]

天涯游子暮何之，历下亭前鼓枻迟。碑版名垂思北海，芙蓉池在续南皮。乾坤长啸才人尽，今古飘零楚客悲。此日轻舟来胜地，荒烟漠漠柳丝丝。

赋得济南名士多赠云客、素存、黄中及家弟维南[③]

芙蓉桥畔水西湾，旅客萧条鬓欲斑。谁向千秋追李杜，人今此日对湖山。平陵道士多游侣，历下亭边数往还。白雪音沉终古事，危楼只在彩云间。

聚首名都复此时，湖头衰柳一枝枝。客来穷巷秋容淡，马渡横塘落日迟。无恙须眉方未老，莫因离索漫成悲。济南名士如君辈，间气中兴自有期。

又赠马沛霖先生[④]

橘中与尔对虚枝，我病难同问酒帘。果下已无行炙马，厨中绝少水晶盐。忍饥臣朔常无粟，善易君平不下帘。独有名流时过从，清言岂复愧刘惔。

---

① 底本无，据省图本、中科院本补。

② 底本无，据省图本、中科院本补。

③ 底本无，据省图本、中科院本补。

④ 底本无，据省图本、中科院本补。

又简素存索书①

鱼山公子定怜予，笑拂云烟傍玉除。能事漫劳相迫促，兴酣何必太踌躇。晋人风格将无似，崧岳元针自不虚。莫以鹅群矜道德，近来多少换羊书。

寄钟衡庵于都门②

桷园公子亦风流，燕市悲歌按蒯缑。归路未同云入岫，倚里莫慰雪盈头。风尘到处伤牛后，旅邸何人识马周。为问黑貂今敝否，谈天宫畔尚淹留。

金台千里气氤氲，匹马遥怜易水濆。诏罢终南种处士，神伤蓟北望诸君。酒人击筑诚何似，屠狗行歌定不群。愁绝凤凰池上路，未随簪笔赋凌云。时衡庵应诏赴选，中翰罢归。

九日登北极庙③

贝阙千寻古渡头，平临万象对寒洲。渔舟泛泛真如画，湖水沉沉静不流。客里重阳虚令节，人间此日正残秋。故园兄弟风尘外，莫折茱萸动远愁。

西风瑟瑟雁南翔，湖上蒹葭叶有霜。绿酒未能浮画舰，黄花无分对柴桑。芳洲秋老莲房尽，绀殿风高水气凉。此日登临倍萧屑，独怜憔悴滞他乡。

见新燕来补旧巢④ 丙子

惊飞重到郁金堂，贴水呢喃去住忙。黄口未生寻画栋，红襟撩乱扑银塘。依人紫颔归兰室，爱尔青泥拂玉筐。莫使下帘妨出入，年年社日上雕梁。

① 底本无，据省图本、中科院本补。

② 底本无，据省图本、中科院本补。

③ 底本无，据省图本、中科院本补。

④ 底本无，据省图本、中科院本补。

题谢皋羽传后[①]

皋羽之哭严滩，盖为文信国也。

白云村判久徘徊，恸哭悲风更几回。如意敲残丞相冢，杜鹃啼彻子陵台。十年国士伤千古，万死余魂赋七哀。许剑亭前何限恨，江声不断自西来。

闻圣驾亲征阿鲁特[②] 十二首

欲令四海靖烽烟，迅扫龙沙万里天。帝为临戎先左广，人从行在识中权。春风列阵蓬婆雪，晓日鸣铙敕勒川。一举便应清漠北，营平何事更屯田。

帝里朱楼十二重，王师西去见军容。旗翻黑水朝传箭，马渡红盐夜举烽。锦幛连钱金作埒，雕弓却月玉盘龙。谁歌朱鹭成新曲，伫见凌烟五等封。

宣曲池阳越骑雄，属车烈烈去关东。长杨羽猎三驱法，细柳军声万里风。鱼海洗兵银汉落，龙城饮马塞垣空。长安父老应翘首，指日天山早挂弓。

鸾旌影里识天威，谁遣妖氛动紫微。八校平铺千里道，亦龙常傍五云飞。豹韬破敌吞戎垒，虎士从军尽锦衣。神武由来真不杀，呼韩稽颡几时归。

行厨法酒挹天浆，帐殿银沙万里霜。青海波光屯虎旅，蹛林野火照龙荒。转输粳稻三吴粟，蹴踘骅骝六郡良。飞将从军知不少，也应生得各蠡王。

先驱万队建龙旂，兵气行看贯斗牛。宿卫尽称骁骑尉，健儿新拜岸头侯。人随征雁连天远，马渡交河出塞流。闻道六骡将遁迹，游魂不复入西楼。

鸣笳吹角受降城，飨士亲调翠釜羹。七萃新颁司马法，十年久练水犀兵。但令御帐临戎索，坐使期门树汉旌。此日烟尘销欲尽，酬庸岂属卫长平。

西望祁连震鼓鼙，手携玉斧荡尘氛。银枪效节龙旗队，甲帐连营豹尾军。天上六师行计日，风前八阵密屯云。圣人自勒燕然石，不待班生佐策勋。

吾皇金甲翠云裘，玉辇前头控紫骝。输粟武功争拜爵，请缨侠少觅封侯。佽飞超距方投石，彍骑长征淬蒯缑。今日群心皆乐战，谁从曲里唱凉州。

列校分符下玉墀，牙璋队队向西陲。元和天子真神武，淮蔡中书但视师。万里龙媒都护马，千金宝剑羽林儿。待边自夺单于垒，不用陈汤戮郅支。

斥堠非关赤白囊，皇灵有意靖西羌。六军组练来天府，百万旌旗出尚方。捧日都头黄抹额，如云禁旅绿沉枪。天威自将非常甚，要斩楼兰入未央。

凤羽旂悬下玉枢，御前亲佩绣雕弧。金刀夜宿黄沙碛，铁骑晨趋赤甲都。

---

① 底本无，据省图本、中科院本补。

② 底本无，据省图本、中科院本补。

龙额分兵三敕使，虎头争系五单于。太阿自是难轻授，赤土何当淬湛卢。

闻西征噶尔单大捷班师[①] 十二首

汉皇自将为平羌，十万貔貅下朔方。坐使可汗枭右臂，遂令王会遍穷荒。千牛逐队归真琐，八骏真从射白狼。今日策勋十二转，几人先拜黑衣郎。

九边驿路净无尘，绝域车书隶广轮。沙碛遥闻归玉帐，休屠不复祭金人。捷书四月颁黄屋，饮至千门近紫宸。回望阴山三万里，翠华不惜重西巡。

军中白马紫金鞿，万里关山度若飞。上将班师来玉塞，征人含笑过金微。龙蛇自拥风云队，熊虎高褰日月旂。昨日天边驰一骑，惊传缚得炽盘归。

何烦经岁驻焉支，宛马原非遣贰师。铜鼓夜弛刁斗禁，牙旗昼卷羽书迟。免教冒顿侵瓯脱，已向平城困佛狸。天子由来仁圣主，任他狂寇莫穷追。

秦王破阵奏云和，前队争传入塞歌。丞相一时齐献寿，将军五道已回戈。鸣笳羌笛从军乐，酥乳黄羊细马驮。竞把玉鞭云外指，归来浑脱渡黄河。

铙歌曲里按伊州，壮士雷鸣大漠秋。介子尚为平乐监，嫖姚初赐冠军侯。麒麟四壁传图画，鸳鸯千官拜冕旒。自是群方调玉烛，此行早已奠金瓯。

军中岂少邓征西，鸣剑伊吾路不迷。万里雷霆飞铁骑，千行雨露下金鸡。甘泉烽火今朝熄，紫塞行尘落日低。闻道普天频送喜，好将京观筑鲸鲵。

九伐争传大出兵，忽从天外扫欃枪。回车马度鸳鸯泺，奏凯人归翡翠城。班剑如霜龙尾耀，兜鍪晃日雪山明。宸游从此归宸极，万国梯航奉帝京。

风高朔野气冥冥，宣捷连朝向阙廷。北斗只今无牧马，漠南从此奏犁庭。涛翻地轴军声壮，势压天山剑气青。此日汉家三十万，回中宫外畅皇灵。

云中隐隐走风雷，天马腾骧塞上回。明月投戈青海戍，春风衅甲白龙堆。不闻鸣镝千山外，谁复传烽万里来。遥想庐儿称警跸，鸣鞭直过赫连台。

灵威赫赫向车延，戏下争传执右贤。天外铭功鸡鹿塞，风前洗剑鹧鸪泉。已看瀚海销兵气，不必轮台更戍边。稽首渭桥他日事，屠耆接踵自年年。

霁日天开净战尘，皇威如电浩无垠。余魂震慑灵夔吼，面缚归来猛虎驯。骠骑行师轻万里，龟兹骈首已三旬。渔阳年少多慷慨，不信从军是苦辛。

---

① 底本无，据中科院本补。

山楼夜月[①]

绿树孤村孝水东，一天玉露夜蒙蒙。林端山近先窥月，谷口楼高易受风。入耳涛声沉枕簟，傍檐河汉挂帘笼。萧萧此际真幽绝，万里无云一望中。

中秋喜雨[②] 时在毕剑津斋中

三旬亢旱苦繁忧，岁事茫茫动远愁。天际有云蒸晓雨，人间无月亦中秋。露荷滴沥平池满，檐溜萧疏瀑布流。翻使酒人增兴剧，巴山剪烛倒糟丘。

西风酿雨润平芜，老稚欢如赐大酺。深使三农深种麦，更教五夜快呼卢。湿云冉冉停书幌，秋树萧萧似画图。天意更怜羁旅况，客中免对月轮孤。

八月十六夜月望，时新雨初霁，剑津邀同人赏月[③]

秋霁澄空爽气清，恍如身世在蓬瀛。一天玉露霜初下，万里银河月倍明。云外霓裳方入破，林中乌鹊亦堪惊。与君莫惜千回醉，碧海青天此夜情。

阅青州王湘客先生家传感赋[④] 十二首

先生名若之，官大参，乙酉白大尽节。

紫盖销沉玉树枯，愁人杨柳白门乌。石城父老哀远粲，建业遗民说卞壶。百折丹心悬日月，千年碧血洒江湖。文山今古同遗恨，正气由来自不孤。

新蒲细柳痛沦亡，又见南朝李侍郎。尚有遗书留碧海，不将家世负青箱。九原含笑归柴市，一死何心恋首阳。却望蒋陵松柏里，忠魂夜夜泣江乡。

鼎湖龙去暗心惊，濒死累臣念旧京。抗志共怜周颛没，壮怀不作褚渊生。黄旗改玉愁何极，白马乘潮怒未平。沅芷湘兰多少恨，有谁临水荐香蘅。

当年王谢重陪京，洒泪新亭百感生。赍恨中都空转饷，惊心北府罢谈兵。鲁连蹈海何辞死，计国临江计未成。桃叶渡头寻旧迹，风流云散总伤情。先生尝以部曹出督凤饷。

---

① 底本无，据省图本、中科院本补。

② “雨”后，省图本、中科院本有小字“丁丑”，多《西风酿雨润平芜》，据此补。

③ 底本无，据省图本、中科院本补。

④ 底本无，据省图本、中科院本补。

就义从容自慨慷，钟山弢剑倍凄凉。清门不愧尚书履，孤愤争看粉署香。雷雨经天悲社屋，麻衣入地拜高皇。可怜朱雀桁边路，未得黄冠归故乡。先生之祖为大司徒。先生为郎最久。

惨淡江枫拥碧磷，悲凉往事苦重陈。冲冠壮发三千丈，殉国余生五十春。龚胜未能忘汉腊，桃源岂作避秦人。只今吊古台城畔，谁向冥冥负伯仁。

连天铁骑压南邦，床下军书对御窗。丞相已衔苍玉璧，通侯尽偃碧油幢。岩岩浩气虽无补，烈烈雄心未易降。侠骨萧条归葬日，遗黎痛哭向龙江。

回首龙髯叹堕弓，久从饮泣见孤忠。神归紫塞来沧海，巷冷乌衣傍故宫。万仞英风翔碧落，千秋灵气化长虹。犹余入地斑斑血，苦忆当年嵇侍中。

过江文物荡尘霾，只手安能定泰阶。帝谓巫阳招楚些，人从止水辨秦淮。三千上客悲龙剑，十二朱楼罢燕钗。太息国殇思往事，九歌凄断秣陵街。

戎马南来战气昏，建康烽火照乾坤。千金破产孤臣恨，一剑深酬养士恩。志薄薛方归盛世，魂依陆相守厓门。当时鸳鸯知多少，巩洛顽民赖尔存。

猎猎横山震鼓鼙，牛头双阙起尘氛。愿从白下追张悌，不向青溪学范云。三世衣冠存壮烈，一编风雨勒遗文。纷纷狎客如江令，今日何缘得似君。

曲阿湖上久无家，李固门生欲贯枷。怨入冬青留汗简，恨随杜宇叫桃花。陌刀拜国飞红雨，铁锁沉江涨碧沙。异代褒忠今日事，冶城寒月莫长嗟。

与芥亭快谈[①] 十首

挽辂初停薜荔房，我来下榻铁山阳。清言或可齐支许，名理何曾让惠庄。未学驴鸣输令仆，且甘蠖屈卧沧浪。北窗天际真人想，不必还争上下床。

此是乾坤一草亭，燃薪馆里碧云停。琅函汉史堪浮白，梧几图书待杀青。隽永羞为三语掾，繁华每餍五侯鲭。布衣皂帽传今古，莫笑当年老管宁。

遥来命驾岭云东，曲曲萧斋一亩宫。赖有三升留管辂，好将七碗饷卢仝。如君终陟云霄上，念我端宜丘壑中。回首图南今已矣，驰驱深愧鹿门翁。

自分惟应隐薜萝，倚天长剑独狂歌。远希嵇阮真无味，方驾曹刘竟若何。怜我萧条悲老大，看君磊落自英多。漫劳设醴殷勤甚，多病余方厌叵罗。

金山岭下路悠悠，古驿苍茫万木稠。卫玠谈锋真绝倒，刘惔清论想风流。茅堂月映千竿竹，湖海人登百尺楼。若作齐州名画记，便应先数李营丘。

人来下马共论文，羡尔羊欣白练裙。我设疑城三里雾，君攻坚垒万重云。敢云博物矜龙剑，错道中郎似虎贲。自古同心真臭味，愿从芳径折兰薰。

---

① 底本无，据省图本、中科院本补。

浮云岭上意长闲，高卧清斋懒避关。话到漆园庄注我，醉同叔夜玉为山。终南捷径休贻笑，砚北生涯且未还。却望群峰三十里，几时藜杖一跻攀。

恻恻麻巾白帢巾，虞翻骨相本常贫。君看拥鼻行吟者，谁识嵚崎历落人。赤玉胸中无宿物，黄公垆畔总成尘。楂梨橘柚皆言美，好好先生定是真。

老我艰难百病身，支床鹤骨尚嶙峋。同车琼树羞潘岳，良夜清风对许询。玄箸超超人似玉，明河烂烂月如银。却来共剪西窗烛，无奈词源莫问津。

经年契阔隔远岑，把臂行看入竹林。未免有情挥麈尾，不须无赖炙牛心。懒云冉冉栖幽幌，爽气泠泠动素琴。击缺唾壶悲壮志，莫将孤愤寄灵襟。

与芥亭剧谈[①] 十首

竹溪逸客昔曾留，今日重来续旧游。诗到无声推顾陆，谈如有意效殷刘。君家坐得无双誉，我辈谁堪第一流。俯仰红尘成啸傲，乾坤何处不沧洲。

纶巾单衣正未完，凄风常是下栏杆。梁鸿自不因人热，花叔何曾怨暮寒。四本论成邀客赏，五车书在好谁看。故山亦念春耕早，欲种畦头九畹兰。

皋比遥临乌水滨，传经端只愧河汾。人如刘尹方知我，度似山涛可拟君。修绠好将同汲古，清樽偏称细论文。愿窥暇日临池兴，乞取郇公五朵云。

结客岂缘意气新，年来百里若为邻。清言何必非元度，痛饮无能效伯伦。珂里君还轻组绶，桃源吾亦欲沉沦。眼光要自空千载，不作羲皇以下人。

高馆阴阴落日低，匡床石灯送遥睇。清谈亹亹王平北，文采翩翩谢镇西。疏土通池耽野趣，诛茅卜筑似禅栖。有时元对幽窗下，郭象何劳注马蹄。

琳琅霏屑韵泠泠，玉麈频挥走百灵。放浪形骸真土木，豪吟风雪类旗亭。狂奴说鬼惊千里，奇论开山胜五丁。笑拂蒯缑长啸处，荧荧桂火一灯青。

屈指春深坐永宵，几番花信尚遥遥。君如洗马居然俊，人道阿龙故自超。搔首绛云翔碧落，高吟玄鹤唳重霄。少文四壁群山响，赖尔清光破寂寥。

多君霞举似玉蒙，上下千秋一夕通。著书莫矜庞仗气，雄谈不作马牛风。铜盘绛蜡流红腻，银管生绡绚彩虹。遮莫传书三十乘，曾无奇字难杨雄。

松关竹径碧苔封，邺架千年快一逢。鹤氅神仙王孝伯，龙门上客郭林宗。异时晴沼添幽兴，何日看山策短筇。春草未生天宇净，闲庭寒夜月溶溶。

盆盎观鱼水槛开，不知春色在残梅。自怜老病年年甚，谁道清虚日日来。愧我谈诗称沈谢，从君品藻定王裴。相期不少探书兴，二酉山前更几回。

---

① 底本无，据省图本、中科院本补。

题杨庄介公用修碧峣书院碑[1]

书院为范制台苏公先生修复，在云南碧鸡山，兼勒杨公遗像于右。

清流伏阙向东华，铁骨冰心裂白麻。遂使榛芜开六诏，坐令文采接三巴。须眉无恙留荒徼，几杖何妨入瘴沙。旧日焚鱼京洛客，常随金马丽云霞。

披鳞当日撼天阊，手把乌号哭敬皇。抗疏长辞丹凤阙，赐环不到碧鸡坊。朝衣裹血臣心苦，绝域移家姓字香。老作南荒羁旅客，不将孤愤寄沉湘。

碧山学士拜封章，家世忠贞李赞皇。议毖定陶存汉嗣，心非濮国薄欧阳。半生走马荒山道，万死栖身翰墨场。写韵楼高真不朽，谁陈荔子荐椒浆。

折槛朱云下九阍，驰驱滇蜀奉晨昏。八千里外投荒远，三百年来正气存。绝徼也知尊庙貌，巫咸宁必更招魂。乘麟披发应含笑，迁客何曾似屈原。

---

① 底本无，据省图本、中科院本补。

昆仑山房诗集卷十二

阅《三辅黄图》述古杂诗

《三辅黄图》者，汉亡名氏所著。后之人披文相质，可想见秦汉遗制。详而不俚，富而不夸，繁而不杂，典而不鄙，大约与班氏《地理志》《百官表》相表里，非魏晋以下诸说部所几。观其安章顿句，博雅宏丽，华赡精严，固自有体。起自先秦，终于新莽，一以西都为断，而东都以下概未之及，未必非东都初载人所为也。仆自幼好之，暇日览华佩实，作为诗歌，并不使隋唐建都遗事得以踳驳其间，共得一百七十余首。余老矣，以垂白古稀之年而吟弄不辍，结习未忘[1]，仍欲传之同志，作玩好之资，或庶几焉，间亦参考班马二史以导扬其间云。

秦代[2]营建

宫观连天冀阙开，雍岐自昔著名材。兼车邪许浮河下，万众崩腾震地来。北枕泾原通阁道，南临渭水起楼台。秦家数世称繁盛，究竟咸阳付劫灰。

千门高阙[3]郁崔嵬，数百离宫亦壮哉。六国降王皆北面，三秦佳丽自东来。楚云巫女阳台宴，赵瑟齐讴献寿杯。当日阿房宫里月，辘轳金井起晴雷。

秦代[4]极庙

巍峨极庙辟天门，高阁层层接九阍。阁道新宫增壮丽，甘泉前殿象昆仑。千行酒炙飞车转，百尺旌旂采仗翻。犹有橐泉宫畔路，祈年观下奉晨昏。

始皇

始皇遗烈死生分，海上东游厌世氛。鲍肆有鱼千里道，辒辌无主万方闻。

---

① “忘”，本作“亡”，据省图本改。

② “代”，省图本作“家”。

③ “阙”，省图本作“阁”。

④ “代”，省图本作“家”。

沙丘寄恨中途殒，函谷谁来六国军。转瞬亡秦真戏剧，祖龙贻笑滈池君。

殊俗伸威靖塞尘，长城筑罢又东巡。力能破楚余三户，谶兆亡秦更几人。鞭石天涯谁跨海，揭竿闾左有遗民。当年徐福真多福，坐拥童男弱水滨。

东南王气亦茫茫，海上谁传不死方。戈戟万千归少府，铜仙十二列咸阳。副车博浪金椎震，万里雄边玉塞长。纵使焚书抛烈焰，圯桥犹有素书藏。

咸阳天阙本皇图，谁遣骊山自送[①]徒。丰沛五年分楚汉，秦关百二丧陈吴。狐鸣鬼火成妖谶，云气龙纹照帝都。翻恨蒙恬三十万，如何伪诏杀扶苏。

刘项

天亡莫怨割鸿沟，九载成皋判项刘。弟子八千无胜气，楚歌四面迥生愁。乌江骏马归亭长，垓下长吟谢舣舟。当日子婴更何罪，漫须贻恨赤泉侯。

莫说吾翁即若翁，回头百战已成空。漫言霸业归强汉，应是天心在沛公。道阻阴陵伤楚舞，威加海内入丰宫。素车白马咸阳路，谁使关中一苣红。

纳降只道慰群情，谁说天痳仗力争。相府版图归汉阙，鸿门间道入秦城。龙纹王气皇图在，玉斗声寒霸业倾。成败自天真已久，漫从刘项计纵横。

盖世功名卷碧沙，拔山力尽漫兴嗟。谁从豁达登黄屋，岂为微行斩白蛇。关内三章归约法，砀山五色烂云霞。辅车尚有韩彭在，直取长安作帝家。

太上皇

苍苍烟树隐关中，汉室名都背九嵕。太上云山思故里，胡宽鸡犬识新丰。千年瓴[②]水悬高屋，万乘衣冠咏大风。谁启帝心尊典礼，九州玉食栎阳宫。

芒砀山中帝座旁，云中龙起久飞扬。并升已见昭灵后，寝庙常尊太上皇。拥彗迎门雕玉辇，枌榆立社水云乡。烹翁惭德终难释，家令黄金亦莫偿。

高帝

荥阳百战苦交兵，黄屋东城赖纪生。五载风云三尺剑，终身饮恨一杯羹。同心灭楚翻成叛，长舌平齐亦就烹。见说高皇能任使，淮阴钟室使人惊。

鼎上包羞漫不愁，千年帝里建西州。潼关下瞰黄河水，太华平临清渭流。

---

① “送”，原为空格，据省图本补。

② “瓴”，原为空格，据省图本补。

已向咸阳尊北极，更从云梦伪东游。谁知异日安刘者，赖有条侯继绛侯。

高皇席卷下关东，五载归心万国同。天汉诸陵清渭曲，嬴秦二世望夷宫。河山无恙丰碑在，岁月销沉宿草空。回首至今思帝业，龙纹五采见雄风。

惠帝

牝鸡当日竟垂旒，惠帝宽仁若赘疣。人似赤松方佐汉，天留黄绮解安刘。已从永巷悲人彘，直取南军恃绛侯。更有朱虚三尺剑，为因行酒斩黄虬。

文帝

汉室文皇号中兴，露台节约坐相仍。玉环已失悲原庙，流水才令绕灞陵。租免频年思俭德，衣无曳地胜文缯。何妨黄老归清净，家法宜教累世承。

圣主人传自代来，群方元气赖滋培。草衣鼓瑟长安道，黄屋来宾粤尉台。产惜百金思华路，衣从三浣念蒿莱。当时遗诏多辛苦，泪洒冰天万象哀。

武关

武关当日帝图雄，天物终归隆頔公。六国余魂屯故里，三秦王气起褒中。回军灞上观时变，纵火咸阳失旧宫。衣绣昼行何所益，彭城霸烈已成空。

鼎湖宫 武帝所建

轩辕久炼首山铜，炎火相生汉业隆。龙鬛几人攀夙驾，乌号当日泣遗弓。功成六驭归丹阙，药就千年入碧空。黄帝上升终古事，武皇更建鼎湖宫。

潼关 汉武废函谷，始守潼阙

汉武凭高制百蛮，禁坑天堑拥群山。丸泥坐控[1]桃林野，朝邑遂虚函谷关。恶浪三门通地胏，河津千里宕龙湾。王公设险非容易，目极临潼四塞环。

---

① “控”，本作“困”，据省图本改。

未央宫

陋矣秦皇起[1]阿房，沐猴冠带可怜伤。楚人三月咸阳火，萧相经年汉业长。玉户金铺萦左城，丹墀青琐耀明珰。谁知当日营前殿，四海为家是帝乡。

未央壮丽尽神工，开创经营想像中。五百楼台标汉阙，三千粉黛拥离宫。银缸壁带如飞絮，画阁珠帘逐晓风。今日难寻旧墟落，棫阳遗址莫应同。

黄屋朱门入碧空，千寻楼阁亘长虹。石麟埋没青梧观，桂树高盘紫极宫。玉碣雕楹颓魏阙，木兰文梓忆雄风。试从龙首山头望，太白终南指顾中。

戚里邀恩藉宠光，主人翁在帝星傍。主人翁谓董偃，大长公主之嬖人也。珠儿夜卧延清室，素女朝眠白玉床。紫石屏间文似锦，水晶盘底月如霜。漫同倖佞游宣室，犹有东方请上方。东方朔论董偃有斩罪三。

建章宫 在未央宫西，长安城外。作飞阁，跨城而过

武帝雄才未可量，壁门无际接天阊。壁门高二十五丈，正门也，亦名阊阖。凌空碧落营高阁，厌胜神功在柏梁。辇道千寻圆阙外，飞甍万仞凤楼傍。至今为念苍龙观，一代雄观亦渺茫。

帝阙千年照万方，汉家规制似林光。秦宫名。神明台上双铜雀，贞女楼前五凤凰。贞女楼，即凤凰阙也，在神明台之北。温室三时焚宝鼎，银瓶六月汲寒浆。宜春宫外多幽胜，风物城南耿未忘。

汉皇营建亦雄风，秦陇名材若鬼工。复道交窗广中殿，千门万户建章宫。五陵有恨同归北，众水无情日向东。徒使后来生感慨，乐游原上雨蒙蒙。

武帝巡游

武帝宸游万里还，求仙只在采云间。北巡玉塞千秋险，西顾金城百二关。渭曲潆洄三辅地，终南遥对九嵕山。神人共道居蓬岛，承露青霄不可攀。

桂宫 在未央宫北渐台西，有复道相通

万国冠裳奉汉皇，太初营建玉为堂。桂宫别起双鸾观，椒寝横陈七宝床。上殿弄臣初献颂，临轩博士亦焚香。长安城外离宫列，不是嬴秦旧阿房。

---

① “起”，本作“启”，据省图本改。

离宫此地草萋萋，梦觉秦城乌夜啼。杳杳天低未央北，蒙蒙水接渐台西。屏风宝殿春无际，明月珠光夜不迷。金阣玉阶人不见，闲房犹有辟[①]尘犀。

甘泉宫

一名云阳宫。本秦[②]宫，汉武增之。去长安三百里，为郊祀斋房，内宫观台馆甚多，地在甘泉山。

甘泉山下建宫庭，甬道咸阳玉辂停。紫殿晨钟开列署，昆池秋水照双星。甘泉在昆池南。芝房月下夸群瑞，泰畤坛前拥百灵。遥隔长安云树外，迢迢辇路入岩扃。

云阳宫阙近池阳，数里如绳起苑墙。赤壤金芝茎五色，青葱玉树列千章。甘泉久著扬雄赋，斋室常焚侍女香。司马门前宣卫令，公车一一进封章。未央、长乐、甘泉，皆有司马门卫令。

甘泉宫殿起清秋，道有神人下碧丘。仙掌杯中云挹露，凉风台下水明楼。凉风台，积水为楼。凤飞偶自灵台下，龙气时从象外游。忽见流星亘天起，苍苍桂观接麟洲。

通天台[③]

通天台上与天通，百丈高寒入太空。畤下斋坛歌太乙，云中仙掌接灵风。露盘夜久沉星汉，烽火霄升拜竹宫。却向集灵舒远眺，蓬莱东去海蒙蒙。按：烽火达于甘泉，有二解：警寇举烽，一也；此处天子不在斋坛，则举烽拜竹宫，二也[④]。

又作甘泉万仞台，景星烂烂久昭回。登歌太乙龙媒下，涉历流沙神马徕。赤雁五文腾地出，白麟一色自天回。汾阳[⑤]指日群灵现，万象荣光贯斗魁。

---

① “辟”，省图本作“璧”。

② “秦”，本作“汉”，据省图本改。

③ “台”后，省图本有小字“在甘泉宫外”。

④ “警寇……二也”二十二字，省图本作“一为警寇；一则天子在斋宫举烽火以拜竹宫”。

⑤ “阳”，省图本作“阴”。

郊祀

画节云旂九子铃，太羹玄酒俎鱼腥。翠旂乍偃神归漠，禺[①]马无声月在庭。五帝斋坛回万象，九天冥贶走群灵。汉皇自有升中礼，法部黄门众乐停。寓，寄也，寄于木鸟以代牲也，又云寓龙寓车，亦同。《史记》作“禺”，音偶。[②]

乾豆登歌荐玉盘，精诚冥合彩云端。禺[③]龙木马甘泉祀，白雉犁牛泰畤坛。五帝渭阳秋气冷，文帝立五帝祠于渭阳。三天玉露晓云寒。射牛久已[④]烦明主，莫作祠官署里看。

甘泉别馆倚天根，寂寂斋宫夜气昏。神鼎已看传太昊，食枭犹可祀轩辕。二事皆见《郊祀志》。宫中拔地窥千里，台上通天见一门。每到碧坛修祀事，九霄风露万灵奔。

云气车中拥百灵，图成一一见真形。牡荆昼日郊三岁，太乙锋旂象四星。月入斋宫秋露白，神归逢火晓烟青。莫言枣脯非珍品，别有冥羊列广庭。

泰坛

庆云甘露降微垣，五帝平临气象尊。日上中坛开玉户，星芒左角辟天门。天门，星名。云旂缥缈练时日，璆磬清高享泰元。《练时日》《泰元》，皆郊祀篇名。独有圣朝嘉瑞在，金芝灿灿固灵根。

汉家雍畤亦云虔，闻道南郊敬祭天。已见展軨翔鹤驾，又惊卤簿出甘泉。竹宫望拜修禋祀，太仆清尘侍法筵。奇木祥麟传圣世，明庭先奏帝临篇。

群祀

宝鸡鄜畤始陈仓，五德相承大业昌。釐祀荆巫参庙祭，泰元神策奏玄堂。黄龙何日来成纪，黑帝终劳祀汉皇。秦祀四帝，汉增黑帝。何必求仙千万里，三山只在渐台傍。汉未央宫之太液池中渐台西有蓬莱、方丈、瀛洲三山，立水中。

万岁崧呼听翠峦，禅仪原不藉倪宽。文昌共奉魁三象，帝座常临太乙坛。

---

① “禺”，省图本作“寓”。

② “寓……偶”二十五字，省图本无。

③ “禺”，省图本作“寓”。

④ “已”，本作“矣”，据省图本改。

光照碧鸡新使者，神依金马旧词客[①]。空中玉屑三千斛，直待云中下露盘。

祭典殷繁数汉家，煌煌群祀走天涯。登封欲续千秋礼，救旱亲祠万里沙。玉牒连章真似篆，镇星五夜出如瓜。刑牲莫说千余断，太祝纷纷起叹嗟。

云里金支映翠旄，四县大乐意陶陶。白麟一角称元狩，武帝获麟，改元元狩。黄犊三天荐太牢。汾上已升神鼎瑞，海东谁觅羡门高。羡门子，字子高。汉家自有房中乐，楚舞充庭亦足豪。

骑鹤何年入帝乡，漫言天老教轩皇。已觇北阙新垣诈，更试南郊薄忌方。比德九皇空有愿，修封五载永相望。粤巫鸡卜寻常事，不是封峦旧典章。武帝五年一修封禅，五五二十五年。

望秩何年向大东，六宗禋礼亦云崇。长陵夜祭高灵馆，汾水春归万岁宫。鼎铸首山夸上瑞，祥生神雀耀晴虹。汉家累叶勤修祀，大享明堂岁岁同。

斋室芝宫

斋室芝宫桂火荧，亲祠黑帝答元冥。云回辇道属车阁，天转周庐华盖星。八校营屯娴宿卫，三行卤簿出宫庭。凡卤簿有三行，谓大驾、法驾、小驾也。郊坛奉驾非容易，行见瑶阶聚万灵。

明堂

衢室明堂祭泰元，圜丘茅盖接天门。八神已就郊坛位，一曰天，二曰地，三曰兵，四曰阴，五曰阳，六曰月[②]，七曰日，八曰四时。五帝宁如太乙尊。玉册坐教颁密畤，总章从入向昆仑。明堂之上有楼，天子从西南入，名曰昆仑。腐儒莫据爰神契，谶纬何须问史敦。秦太史，名敦，劝秦文公作鄜畤者。

封禅

古皇封禅始无怀，天子登临百礼偕。尚袭秦家雍五畤，常尊上帝位三阶。灵星祠畔红霞映，太室峰头碧玉埋。云出封中真盛事，圣朝佳瑞首燔柴。

岱顶云中碧树交，佳晨柴望俯南郊。重霄已见迎鸾雨，三晋惊传藉地茅。异域来宾人赐履，羽林夹毂士持矛。敷天有喜惭多幸，采凤凌空丽九苞。

---

① “客”，原为空格，据省图本补。

② “月”，本作“阴”，据省图本改。

震方钜典此重逢，朝会明堂陟岱宗。七十二家增汉简，五千里路拂秦松。奉高玉策登三观，乔岳銮舆驻六龙。回首云亭继千载，至今封禅纪元封。

汉官仪制昔曾闻，上帝亲祠叩碧雯。巡狩初颁封禅诏，奉车别属子侯军。登封惟霍去病子侯从登泰山。明堂不采诸儒议，岳麓争看五色云。天子圣明千万岁，玉书金册起氤氲。

武帝东游泰岱颠，西来万国计甘泉。牲牢已见祠三乙，天一、地一、泰一，是为三一。方岳从封又七千。黄帝封禅，群侯从者七千余国。瘗玉何辞五色土，升馨欲达九重天。属车独有通侯辈，立石巍巍日观前。

郊雍上帝赐麟文，嘉瑞矜奇世莫闻。神女久传虒氏馆，蘘鱼已荐武夷君。白茅覆地勤三裸，黄土乾封出五云。不是诸儒方起草，汉家不肯禅云云。

大乐

汉兴雅颂久荒唐，当日犹存十七章。鼓吹黄门烝庙享，神芝灵觋产斋房。唐山女史宜安世，《安世乐》即《房中曲》。朱鹭铙歌应帝王。别有繁音群祀在，延年协律按宫商。汉乐始于唐姬，创于张苍，亦旁及于李延年、邹子乐。

张苍吹律叶天风，一代元音想像中。曲奏黄钟成七始，乐传昭德象三终。楚歌上日升高庙，汾水秋风入桂宫。自是汉家新制作，繁声不假叔孙通。

天教赤帝见雄姿，关内平秦大出师。琴瑟清和宫壶奏，风云歌舞沛中儿。威加四海为家日，乐进三侯赐履时。回首砀山兵乍起，几年父老见威仪。

武帝东游

万里东巡渤海隅，期门千队耀锟铻。岳祠朝宿车连轸，望祭迎神象载瑜。亦郊祀篇名，谓以南粤之象载圭璧，以祭所过诸神也。已遣雨师清跸道，更招风伯作前驱。辇前无用烧银烛，自有经天照乘珠。

汉皇求药海东陲，赤箭丹砂续命丝。三爵当筵将进酒，万年益寿远如期。咸池无路能挥日，旸谷何人共采芝。安得云车与风马，为招夸父共西驰。

闻道神仙隐具茨，方壶一曲水弥弥。琼楼缥缈成山观，银烛荧煌日主祠。若木常留珠树鹤，碧城时发邓林枝。麻姑昨日传书至，沧海桑田又一时。

泰坛灵觋下晴郊，关外时巡出二崤。翠辇三驱张羽盖，云旂万里动旌旓。汉家东狩祠青帝，天子秋江射赤蛟。无用山头烦立石，秦皇功德没云巢。

汉主东巡禅肃然，云中龙气自回旋。海波远隔三千里，乐府谁留五十弦。轩后当年传素女，明庭自古象甘泉。黄帝作明庭于甘泉。共知协律烦都尉，为奏登歌陇首篇。

谁云宛马自西来，灵贶真从泰一开。二十五弦传太帝，谓伏羲。八千里路问蓬莱。石闾梁甫留遗制，玉简金泥入禅台。莫说汉仪真简略，云亭终古自崔嵬。

武帝求仙礼碧空，神山即在海烟东。金人掌上承云际，太乙坛边列汉宫。谓甘泉竹宫。青鸟来时方祷祀，彩旂飞处又回中。公孙五利俱湮灭，况复悠悠问少翁。少翁，谓文成将军。

谁驾飙风弱水流，层城万里路修修。海波天远三山岛，蜃气烟消十二楼。天上宁云无贝阙，人间岂复有丹丘。祈灵每向甘泉去，总为浮云蔽郁洲。

武帝求仙

黄帝骑龙入太空，汉皇骋望想崆峒。金盘高注仙人掌，斗口常悬太乙锋。未得归真参泰始，每思采药遇韩终。阆风台上何时去，不见人间有板桐。

列侯甲第郁嶙峋，天道将军奉玉宸。延寿观中朝授印，集灵宫里夜迎神。明堂大享通群祀，桂殿高寒绝四邻。太室呼崧更何事，钜公几欲叩苍旻。方士多谓天子为钜公。

桥陵弓剑路悠悠，千载乘龙上玉楼。海峤移舟天接水，汾脽升鼎月如钩。昆陵池畔神君至，望鹄台前风雨收。毕竟还丹安得见，乐通侯诳乐成侯。栾大始因乐成侯乃得见上言方，卒不售。

只在环丘第几重，蓬壶方丈驾飞龙。神人自古楼居好，仙客谁从物外逢。五利斗棋方尚主，孙卿忧旱托乾封。惟余十二楼中月，犹照人间汉世宗。

闻道安期驾海流，彩云渺渺望仙洲。灵风夜入飞廉观，仙仗春归井干楼。楼观俱高四五十丈。天际金盘时浥露，殿前玉女自传筹。炎歊不到商庭下，宫阙千寻变素秋。

何日云车上太清，学仙人道腊嘉平。九天渺渺迷金阙，一水盈盈隔玉京。牵狗不逢黄发老，骖龙谁向赤霞城。少翁薄忌俱黄土，坐失飞仙卫叔卿。

方士

汉家方士尽浮游，身著霞裳百不忧。羽客常依中谒者，祠官新隶大长秋。丹和玉屑铜仙泪，云奉金盘白露流。武帝行游在何处，甘泉又上望仙楼。

武皇雅志在瀛洲，丹灶黄金未可求。汶水明堂公玉带，白茅仙客乐通侯。马肝误食犹余恨，牛腹藏书亦足羞。若访丹丘希大药，三山缥缈海东头。

郃老方传计已疏，神人空说好楼居。封侯尚主称天士，持节求仙赐传车。

公孙卿也。城上惟闻传鸟迹，海隅依旧阻銮舆。三齐迂诞知多少，此事行当属子虚。

长陵女子亦庸奴，即神君所寄托。汉帝从来信矫诬。辟谷方传薄谬忌，大鸿冢是鬼臾区。金茎既已承云表，玉辇何因病鼎湖。武帝困于鼎湖。世上谁知淫祀在，祠官竟道九天巫。当时以九天巫祭天神。

浪说长生未可论，燕齐怪诞一何繁。文成毕竟无成续，栾大惟知好大言。帷檳三更风肃肃，旌旃数百斗翻翻。按：史汉皆作斗棋，独汉武故作斗旃。谁知左验终难信，乌有先生漫不存。

长安道

带阓通阛胜势横，关中王气聚神京。九衢旧谱西都赋，万雉平临北斗城。南浦游人调细马，诸陵剑客倒银罂。千年不见长安道，慷慨聊为陌上行。

东都门

即宣城门。长安东出北头第一门也，非洛都门。又长安城北出东头第一门，亦曰洛城门，一名鹳雀台。

东都门外遍旂亭，供帐频年此路经。驰道摩肩仍击毂，经途骋历走雷霆。九衢潮涌人生沸，五剧风来市气胜。戚里万家方竞胜，至今犹说五侯鲭。

咸秦

帝宅咸阳众策同，漫云娄敬有孤忠。双龙旁阙依东观，五凤翔云翥北宫。浊浪黄河吞渭口，嵯峨华岳倚长空。关中自古称天府，汉统方知四百雄[①]。

咸阳宫

咸阳宫阙倚云开，自古西秦擅霸才。紫阁风回朱雀馆，蓝田草没斗鸡台。三峰华岳连天起，八水关中动地来。惆怅二公分陕处，周京胜势隐蒿莱。

① “雄”，本作“雄”，据省图本改。

汉宫

四海为家亦楚风，旧丰倏忽作新丰。佽飞万骑长杨苑，玉树千年五柞宫。驰道蓝田通别馆，灵桥清渭跨飞虹。试看当日咸阳地，尽在离离禾黍中。

桂殿流苏贝带移，天家不遣外人知。神来瀛海三山岛，乐奏于阗百子池。骀宕宫中开玉蕊，望仙台上树灵旂。如何金屋妆成后，不及明离帐里时。

闲逐妆楼镜里看，惊传天子罢封峦。三千牛饮矜豪俊，十二金仙化彩鸾。细柳观中朝试马，通灵台畔夜回銮。萯阳宫外秦时月，犹照清秋玉露寒。

汉宫巷陌最清幽，走马章台玉辔柔。丽日常浮鳷鹊观，春云先到凤凰楼。莺花天气过闲苑，杨柳晴光落御沟。独有昭台宫里路，君王从此罢宸游。昭台宫为废后所居之宫。

粉白鸦黄出掖庭，汉家女掖斗娉婷。慵来妆就双琼佩，照夜珠悬百子铃。文杏棼橑青掩映，兼金璧带玉珑玲。宫中乞巧寻常事，明月遥临织女星。

汉皇宫殿绕龙螭，复道重楼建翠旗。铜雀时翔属玉观，银蟾远照影蛾池。海中有客求灵药，阙下何人进玉卮。蕙草殿前零落尽，秋风汾上总成悲。

阊阖才营又建章，丹楼五色久煌煌。左貂内侍官长信，中厩灵车入未央。椒壁宫前双凤舞，嶕峣阙下五云翔。嶕峣阙即凤凰阁。当时土木忧方大，何事灾伤厌柏梁。

长乐宫前春草芳，东门小苑绿茫茫。掖庭叫旦天将曙，列殿传筹夜未央。团扇弃时归永巷，承恩多处是昭阳。长门玉漏知多少，偏逐愁人梦里长。

武帝杂诗

海波只是隔天门，缑氏城边迹不存。终古草荒平乐观，千年人惜茂陵园。神鱼鳞甲秋风冷，金掌云霄夜露昏。五利将军虽近倖，集灵台下久销魂。

之罘万里海烟青，何日丹砂下汉庭。太乙甘泉方定位，汾阴后土又扬舲。神君夜夜来帷幕，仙客年年隔渺冥。自古朱颜难自保，漫寻灵药乞延龄。

射声逐队尽奇才，八校迎銮去复来。沙苑蒲萄随虎节，上林苜蓿荐龙媒。桂宫月落凉飙发，槐里天低猎骑回。汉武自来多虎略，题诗又上柏梁台。

享庙煌煌祀礼恭，汉家西秩又禋宗。酎金法酒三重酿，助祭群公五等封。燕寝罘罳沉宝鼎，仙台榱桷化飞龙。陈仓野雉贻讥甚，滥祀由来未可从。

汾水中流兴已阑，阴阴箫鼓意摧残。凌空铜鸟摩天起，跸道金门驻马看。太液波翻西极动，石鲸秋老北风寒。昆明池水三千顷，谁泛楼船唱采兰。

关中杂诗

关中形胜渺无垠，势压山东扼要津。虹起渭桥明北斗，天开华岳控西秦。下泉草长埋翁仲，高阙烟消没石麟。自古英豪销歇尽，河山四塞自为邻。

高屋悬瓴势可凭，居人十万晓烟升。岳云百里屯三辅，关树千行接五陵。阛阓旗亭通剧市，寝园斜日照觚棱。群山自昔称环卫，选胜由来得未曾。

广轮关内俯陂陀，四十离宫首驳娑。岳统群山朝白帝，渭收七水入黄河。鸿台夜寂金吾禁，熊馆天寒猎骑多。自是十池皆胜地，尤传太液浩烟波。

阻隘常悬胜势高，咸阳天子剧神皋。宜春下苑供游乐，内府灵金铸宝刀。山鬼亡秦还尺璧，铜仙辞汉卧蓬蒿。谁云赤帝行将尽，白水真人亦足豪。

五陵气色郁苍苍，三辅雄谈亦慨慷。韦杜城南天尺五，灞陵水北柳千行。皇都风物山川秀，帝里云烟草木芳。京兆当年多健吏，赵张又复有三王。

三秦振古亦雄观，关内山川气郁盘。世仰顾成思节俭，文帝庙曰“顾成”。人从原庙想衣冠。高祖原庙衣冠月一出游。龙渊已逐秋风没，武帝庙曰“龙渊”。赤帝空遗剑气寒。试向西京吊形势，如今不是旧长安。

上林苑

汉家上苑势蜿蜒，包毓城南千里天。北绕黄山通素浐，东临清渭接蓝田。射熊春满长杨馆，牧马人归御宿川。驰道金椎三百万，青松夹路好回旋。

武帝离宫气郁森，群臣花草献南琛。海山佳树呈幽谷，吴楚名材贡上林。自有珍奇升帝宅，徒将佳丽宕王心。天梁宫阙三千丈，槛外犹闻并命禽。

汉家池沼若云屯，多傍城南杜曲村。句盾田依青锁闼，东陵瓜近灞城门。翔禽已入临华殿，珍果先登寝庙园。别苑由来三十六，圉人太仆尽[①]承恩。

上林寥廓跨群流，辇道阴森万木秋。别苑连山三百里，层台拔地九重楼。甘泉宫殿花如绣，鄠杜郊原春可游。当日微行贵公子，至今犹说富平侯。

连繁薮泽带村墟，御宿昆吾古木疏。渭水西来象天汉，紫宫南面壮宸居。云回阁道停銮驭，殿出承明绕直庐。谁道岁星长九尺，上林直谏有遗书。

蓝田上苑鼎湖秋，北指潆洄渭水流。卫尉夜归白鹿观，侍中朝被紫云裘。犛牛青兕屯闲院[②]，紫凤文鸳近御舟。谁说袤延三百里，万人校猎水西头。

---

① “尽”，省图本作“俱”。

② “院”，省图本作“苑”。

枌榆社

榆社风光去路遥，羽林小队自相招。行游夜入新丰树，饮马朝从中渭桥。地接昆池临积水，天回星汉转招摇。皇都佳丽增春色，知有晴光上碧霄。

烽火树

即珊瑚树，植之积草池中，南越王赵佗所献也。高一丈二尺，一本三柯，有四百余枝，夜景灿然。积草池，十池中之一也。

异质千年自不凋，三柯一本百千条。尉佗虔贡生炎海，宝树参天拂绛霄。铁网携来红玉柱，珊瑚植处赤城标。请看不是丹枫干，积草池中露锦绡。

长安故事

凭吊关中千载余，长安遗迹重欷歔。茂陵新鬼来金碗，楚国王孙葬玉鱼。槐里万家穿复土，金人七叶覆休屠。闲从三辅征奇异，何必临轩问石渠。

武帝微行

黄山宫殿郁沉沉，武帝微行鸟路深。直上南山三百尺，遥来北极五千寻。杳冥山鬼窥行在，叆叇浮云蔽日阴。自是百灵呵护密，寄言暴客漫相侵。

冬狩 建章营骑即羽林军

汉家冬狩浩纵横，万队虞人树凤旌。长水射声随辇下，建章营骑傍舆行。终南直接上林苑，韦曲斜连下杜城。不是乘时宣诏令，肯将驱逆逐尘缨。

少年行

少小豪游拜射声，掖门通籍入承明。平临阁道龙楼上，直入甘泉豹尾行。仆射鸣弓垂具櫑，期门驱马耀前旌。谁知此日长安道，持戟为郎隐姓名。

上之回 锈歌曲名。武帝幸雍祠、五畤，因立回中宫以待游幸，其臣颂之

萧关东望旧回中，武帝当年堠火红。万乘旌旗祠五畤，千年台殿锁离宫。不闻太祝牵牲犊，岂有儒臣赋射熊。翠辇龙旂归帝里，五原曾忆自临戎。

羽林军

身骑天马五花骢，直入浮云御路中。天子遥来凤凰殿，单于赐宴蒲萄宫。渭桥讲武时随辇，上苑回銮偶射鸿。吩咐属车赴行在，侍郎骖乘又相从。

天马 亦郊祀篇名

海西侯去隔年还，太乙含灵若可[①]攀。虎脊权奇生渥泽，龙媒蹀躞入秦关。双鬃倜傥来千里，八尺腾骧中六闲。上苑即今饶苜蓿，天威远镇置颜山。

天马凌空逐汉臣，来从西极杳无垠。流沙顾景龙为友，赤汗微沾臆似鳞。雾鬣乘风夸騄駬，方瞳秋水象麒麟。玉台阊阖经行处，足蹑飞云若有神。

昆明池 武帝元封四年穿，在长安西南上林苑侧，周回十里

张骞大夏有先声，不利西南计未成。欲向炎方通僰道，谁期越嶲闭昆明。三千下濑屯京辅，万户戈船舞翠旌。辛苦滇池教水战，茂陵芳草已将生。

蛮方逆命莽纵横，习战楼船在汉京。白鹿源深通巨沼，黑灰劫幻象昆明。黄姑织女时相对，赤鬣神鱼莫浪惊。休向豫章台上望，盲风猛雨似雷鸣。

豫章观在水中坻，龙首船头万队随。宫女停桡依翠幄，黄门鼓吹树云旂。棹歌时自中流见，鲸鬣常从雷雨驰。当日上林三百里，就中佳胜数昆池。

昆明战士走风雷，终古神池漾绿苔。晴日滔洄木兰楫，青春恶浪豫章台。龙舟缥缈时回棹，凤盖招摇数举杯。端为巡游时幸望，灵波殿里众香来。

琳池

昭帝琳池太液边，木兰为舵梓为船。秋云水净千帆景，落日荷香十里天。坐见飞凫时泛泛，笑看洲渚叶田田。红裳罗袜凌波去，时向商台桂棹旋。

① “可”，本作“若”，据省图本改。

太液池

池在建章宫北、未央西南。武帝置，成帝亦数游幸。内有北海及三神山、渐台梁等。

未央宫畔接金沟，池上风花水上楼。万顷苍茫连太液，三山缥缈象瀛洲。鱼龙出没归旸谷，鸥鹄高骞拂碧流。遥向建章宫上望，彩云绿水两悠悠。

太液波回绿缈茫，云舟鹢首带沙棠。锦绳浛浛牵兰棹，水鹤飞飞入建章。池上神山朝北海，宫中莲女出昭阳。渐台高处凭虚望，暂结缨裾向玉堂。

武帝边功

肱雷广地至祁连，士卒优游白昼眠。自有天威驰朔漠，更无堠火达甘泉。休兵滴博三年戍，驻马龙堆万里天。汉主恩深疆域定，蹛林何敢扰穷边。

通侯金印紫宸颁，诸将长征去复还。但使将军清瀚海，坐看宛马入萧关。渥洼龙种八千里，沙苑神驹十二闲。群牧当时过百里，汉家常是出天山。

武帝穷兵出汉家，行师五道指天涯。十年未返苏卿节，万里初回博望槎。骠骑将军真虎士，长平司马走龙沙。汉南无复王庭在，绝塞铭功岂浪夸。

麟阁论勋重将权，祁连山下久回旋。即看玉塞能清野，不使金人更祭天。烽火已无传上谷，移兵宁必向居延。神威久断单于臂，天子何劳自待还。

大将军长平侯卫青

天山沙路浩无垠，万里专征震鼓鼖。塞北行看屯朔漠，幕南久已靖尘氛。诸儿佩印金门内，百战铭功瀚海云。当日侍中为骑从，无人知是大将军。

长平微贱牧牛羊，壮岁承恩入建章。大漠酬庸封万户，主家给事出平阳。五侯照耀倾京国，半世勋名在朔方。旌节自天非戚里，谁云恩泽藉椒房。

待命行闲气色温，贵游退让自承恩。秉权不在伸威壮，谓不斩苏建。揖客方知大将尊。一日风云通帝里，满门车骑列鱼轩。请看嫖姚音票要称骁将，蹋鞠球场未并论。

天外长风咫尺间，战余落日血轮殷。龙沙烈烈千余里，汉骑萧萧一日还。两翼收功蒲类海，大军纵火置颜山。将军不复增封邑，士卒悠悠入玉关。

骠骑将军冠军侯霍去病

汉朝并列大司马，骠骑将军自虎头。一日承恩侍中监，十年野战冠军侯。狐奴水上威声振，乌盭山头战气浮。直至功成归汉阙，武皇沛泽本无俦。

椒房恩谊亦云奢，漠北行师独建牙。方略自优无用法，匈奴未灭不言家。威名坐致麒麟阁，选骑长驰瀚海沙。冢像祁连终不朽，茂陵陪葬有光华。

跳荡无前众所惊，冠军行阵势纵横。狼居山畔行封禅，姑衍峰头唱凯声。群丑仍争大当户，列侯更破左方兵。上功幕府论勋次，一日遂倾卫仲卿。

前将军李广

刁斗声沉夜不惊，雁门飞将大黄鸣。大黄，箭名。解鞍落日云中郡，射虎秋风右北平。五将行师偏失道，前军对簿竟何成。试看拜将封侯者，李蔡为人少令名。

百战功名付蒯缑，陇西门第冠凉州。十年屡作二千石，将军五为边郡太守。夙命难消万户侯。灞上将军行射猎，未央卫尉久沉浮。军前白发挥长剑，十万征人尽泪流。

偃蹇难封莫怨尤，汉家名将本无俦。灞亭醉尉行呵禁，骁骑将军未拜侯。时广方为骁骑将军。才气无双迁右部，数奇一老竟淹留。杀降自古违天道，白起当年死杜邮。

当年百战困龙城，幕府军书岂幸生。膝下雄儿功又著，关中封爵恨难平。广子敢北征立功，仅封关内侯。长平一击犹余忿，骠骑寻仇势最横。李敢以父死缘卫青，遂击伤青，而去病遂射杀敢。辛苦少卿降异域，空留文采辱家声。李陵，广之孙也。

贰师将军海西侯李广利

陇西戚里定专征，八校纷纷万里行。共说天家求善马，遂令都护大征兵。将军入塞邀封拜，恶少从军半死生。当日七科多谪戍，青磷不入大宛城。

海西制将出敦煌，绝塞行军道路长。金印铙歌封爵滥，玉门朱鹭战尘荒。贰师城下龙媒尽，因大宛有贰师城，故命[1]为贰师将军。万里归来虎旅伤。是行也，汉兵归者五分之一耳。白骨如山堪下泪，惟闻齿剑郁成王。郁成王，宛王之弟，

① “命”，省图本作“名”。

为汉兵所诛。

待诏诸儒

待诏公车属阿谁，严安徐乐自逶迤。金华殿里行应遍，铜马门前出每迟。太乙青藜天禄阁，石渠白虎帝王师。当年谁借安昌剑，太息朱云壮烈垂。

司马相如

长卿词赋胜严徐，挥翰凌云托子虚。谢病游梁应倦客，金门待诏亦公车。囊中遗稿封峦颂，阙下飞章谏猎书。当日文园仙令在，金茎有露赐相如。

滇南以北邛为大，诏谕唐蒙江水湑。持节中郎颁内府，前驱负弩候儒臣。三巴父老方传檄，万里蛮荒靖塞尘。独有筇枝兼蒟酱，归来垆畔慰征轮。

李夫人[①] 后尊为孝武皇后

北方绝世美无伦，倾国倾城奉至尊。卫后平阳终蛊狱，阿娇金屋去长门。尚衣几载收金玺，买赋长门隔帝昏。独有英陵终配享，霍光无术滥推恩。

文成方术见灵衣，修嫮连娟世所稀。渺渺淡烟明又灭，珊珊玉貌是耶非。虚堂银烛人间世，环佩珠光海外归。长夜冥冥君不见，贰师恩泽忍相违。

桂枝销落日纷纷，折罢蘅芜梦里分。拥被寝门悲夜月，招魂幽櫎隔秋云。画形已寄甘泉室，恩礼终邀宛国军。落叶哀蝉歌已散，新宫一赋到今闻。《新宫赋》即武帝悼夫人所赋也。

云陵钩弋夫人赵婕妤 后追尊皇太后，昭帝母也

婕妤恩宠亦难胜，望气东来以色升。青鸟有情飞故苑，甘泉余恨隐觚棱。夫人葬云阳，武帝为起通天台于甘泉宫，有青鸟常集台上。通灵台畔思钩弋，尧母门前忆中兴。弥月谁知诞英主，秋风斜日吊云陵。

丹凤营巢亦有年，玉钩乍展气便娟。千秋恨结云阳履，昭帝改葬夫人，启棕但有彩履耳。十里香生鹤观天。魂傍茂陵飞暮雨，天低槐里带愁烟。赵家姊妹休相拟，夫人亦赵氏。谁说河间惯数钱。夫人亦河间人。

---

① “人”，本作“子”，据省图本改。

宣帝

武帝轮台悔厥初，孝昭英主十年余。真人又出尚冠里，使者频催軨猎车。已有祥征浮莲勺，便从尺泽起神鱼。黄龙五凤兴朝瑞，杂霸终令汉业疏。

宣曲 观名。长水校尉典其名，或曰宣帝尝于此度曲，故名

汉帝当年出琐闱，杜陵遗韵落珠玑。恍闻凤律传丹穴，时有鸾音下翠微。卤簿遥从三殿出，龙旂时逐五云飞。灵波亦在湖西畔，屈指昆明罢钓归。

成帝

西京文物渐湮沦，内殿苍琅自有根。别岫山回茝若殿，千年人傍乐游原。木门谁识张公子，燕尾仍残汉帝孙。不向深宫思祸水，避风台畔久销魂。

掖庭

掖庭一一似长衢，望幸人人广袖襦。扶荔宫中炎海桂，承华殿里日南珠。黄门百宝承彤辇，侍女千门捧玉壶。可惜异时恩宠绝，西风团扇月轮孤。

憔悴年来充下陈，也知无分蹋香尘。长门僻处多回辇，织室堂边少驻轮。台榭连天擎玉露，云陵怨女化青磷。昭阳前殿蛾眉月，不照棠梨宫里人。

永巷无端坐永宵，水晶帘外雨潇潇。凤池春水生寒藻，温室乔柯拂绛霄。玉女远分宫扇雉，内臣不赐侍中貂。传来新御容成术，怪得君王不早朝。

秦汉诸陵

长陵龙剑本雄豪，回首兴亡故垒高。华表青鸾归阆苑，天门铜狄兆临洮。雍州有恨迁伊洛，关内何因唱董逃。重忆征人芒砀起[①]，三秦百战亦云劳。

五陵原上袅烟霏，直接秦山杳翠微。午夜漆灯魂自照，三泉银海雁常飞。灵风潜入蛟龙匣，碧藓时侵绮绣衣。若使此间无足乐，千年共向九京归。

百二关河阅废兴，霜高众水自澄澄。骊山亘古迷秦岭，汉业中衰在杜陵。

① “起”，原为空格，据省图本补。

当日珠襦藏玉匣，他年兔堀射渔[①]灯。女萝到处啼山鬼，秋草荒原叹不胜。

坑儒亦是说瓜年，博浪神椎在眼前。石椁荒郊归夜壑，园陵秋雨没平田。何来玉碗长安市，又见金凫地下泉。试向渭原原上望，秦皇汉武总凄然。

秦山秋老碧层层，汉阙楼台感倍增。诏徙关东千万户，来看渭曲十三陵。天低草没兰池观，华顶莲开玉井冰。回忆名区长太息，不堪兴普坐相乘。

元帝义陵

汉业隆隆十世承，历年二百久相仍。渐台威斗崩沙麓，渭水荒原没义陵。文母太阴炎火灭，泉刀白水赤符兴。卯金自有中微日，徒使千秋怨咎征。

平帝康陵

居摄庸知即至尊，新都大诰总无垠。西京文物遗民尽，东郡称兵战气昏。已毁天家群庙主，谁传汉腊五侯门。元成[②]已是衰微甚，况复康陵不可论。

班婕妤

班姬椒寝启宸聪，比德樊姬今古同。久诵良箴陈女史，何期团扇掩秋风。已捐柘馆增城舍，更侍东朝长信宫。不为黄金邀宠锡，园陵终古托微躬。

茂陵曲

萎黄草木雁飞天，谁泛中流画鹢船。槐里秋风来鹤观，茂陵遗庙枕龙渊。金灯闪闪窥幽室，玉碗[③]沉沉照夜泉。兰菊谁陈汾水曲，侍臣当日上陵篇。

茂陵秋草接天平，汉武繁华没帝城。曼倩陆陈思吏隐，相如病渴想金茎。上林千里留词赋，园寝三更听玉笙。旧日侍臣零落尽，通天台上月犹明。

---

① “渔”，省图本作“鱼”。

② “成”，本作“城”，据省图本改。

③ “碗”，本作“鸳”，据省图本改。

孝成皇后赵飞燕初名宜主始拜婕妤

赵家宜主绝炎刘，扑灭金刀百不忧。乍入宫中缘妙舞，飞来掌上本风流。登车端赖阳阿主，游幸时从画鹢舟。自是汉皇恩宠在，不须追忆定陵侯。

昭阳楼阁耀层城，玉翦红襟舞袖轻。鱼鸟观前春水绿，鸳鸯殿里月华明。兰芳涂壁金铺丽，瑶阙银缸翠羽横。射鸟羽林今在否[①]，倩人持履暗神惊。

期门千队拥兰旌，锦缆桐鱼夹岸行。宫女舟中遥度曲，侍郎花底坐吹笙。云中结佩人如故，天畔游龙体自轻。怪煞留仙裙尚在，因风不得到蓬瀛。

莲女千行载玉壶，通仙门下接云舻。临池送远归风曲，照乘凝辉不夜珠。百蕴香中浮睡鸭，七成帐里被流苏。独怜未得闻长信，丹穴新蹈五凤雏。

流波文縠映莲漪，两岸青葱玉树枝。锦幕千行夸紫玉，屏风百转尽琉璃。饮飞锦缆瀛洲榭，建章宫内三神山。谒者云帆太液池。箫鼓中流和歌去，玉壶沉水暗香吹。

赵昭仪合德初拜婕妤进昭仪

行幸离宫建翠旄，石华广袖染宫袍。月光五色金霞帐，云气千层碧玉膏。赐浴银塘兰室烛，入宫宝辇凤凰毛。天家自有鮹文锦，诏与樊姬作崇褒。

远条馆畔月昏黄，妄说宫奴入禁墙。仙客息肌宁有药，神人举体自生香。已知内视良多术，谁说温柔更有乡。慎恤丸成元气尽，只缘阿姊在昭阳。

紫玉雏衣耀翠珰，绛绡衣带碧罗裳。已成织室鸳鸯锦，更试兰盆豆蔻汤。百子池中朝祓禊，少嫔馆里夜焚香。汉家大德呈炎瑞，赤凤歌声入画堂。

赵女联翩拜婕妤，昭阳从此驻宫车。龙漦妖谶登金阙，燕啄皇孙下玉除。嫔御偶传涿沐馆，缄封谁奏绿囊书。富平莫问张公子，又向昆池更结裾。

壮发惊心类孝元，狱楼垣下葬皇孙。赫蹄书在真无路，苇箧封中欲断魂。姊娣拡朝谁衍嗣，伟能饮药更何言。汉家十叶应中绝，故使昭阳祸水翻。

夜漏将残晓月斜，凌晨不御七香车。十年已毙双龙种，浃日亲裁五色霞。成帝赐宫人儿死皆自下诏。耿育上书关大计，宫嫔就馆苦无家。惟知赵氏忘刘氏，瞠目淫昏枉自嗟。

---

① “否”，原为空格，据省图本补。

昆仑山房诗集卷十三

明季百一诗 有序[1]

新蒲细柳，江头宫殿千门。荆棘铜驼，洛下丘墟百里。过桥陵之遗迹，弓剑堪伤。思金粟之荒堆，松风可念。爰考我生之初载，实维胜国之告终。阅世云遥，不比吞声野老。览时有触，间同纪录遗民。既上溯于三朝，亦旁及于末造。虽本朝之石室金匮，燃[2]藜尚少成书。而野人之珥笔风谣，授简聊为有韵。江文通杂诗三十，敢云字字惊人。谢灵运《拟[3]古》八章，庶几多多益善。维兹片言之获，亦堪投入奚囊。遂成百一之篇，不绝暗符应璩。用呈大雅，太平曲不让开元。俯听商声，绣岭宫尚谈天宝。傥见嗤为点鬼之簿，尚何辞于喷饭之资。[4]

神[5]宗朝十一首

其一

《明鉴》：万历四十三年，帝不见群臣二十有五年矣。至是一出，以释群疑，且调停贵妃、太子梃击株连事。

倦勤当日说神宗，高卧深严秘九重。玉辇经时登汉阁[6]，鸾章隔岁下尧封。千官补阙虚龙衮，四海军储废大农。纵使养痈终必溃，乾坤无恙且从容。

大农《通典》：秦初置治粟内史，掌谷、货，汉因之。景帝更名“大农”，武帝更名“大司农”，汉末为“大农”。

其二

《通鉴会纂》：万历十四年，皇第三子生，封其母郑妃为皇贵妃。科臣姜应

---

① 道光本作“昆仑山房明季百一诗小序”。

② “燃”，本作“然”，据省图本、清刻本、道光本、民国本改。

③ “拟”，本作“怀”，据省图本、清刻本、道光本、民国本改。

④ “资”后，道光本有“淄川张笃庆历友氏”。

⑤ “神”前，道光本有“百一诗上卷，淄川张笃庆历友著，新城王渔洋先生评，侄孙作翰，侄曾孙廷寀汇订”。

⑥ “阁”，道光本、民国本作“阙”。

麟奏曰："贵妃以孕育蒙恩，恭妃诞生元嗣，反令居下，揆之伦理则不顺，质之人心则不安，传之天下则不典，非所以重储贰、安众志也。伏乞收回成命，立元嗣为东宫，以定天下之本。"上怒，降应麟为广昌县典史。后侍郎吕坤撰《闺范图》进上，帝赐郑妃。妃重刻，或撰图跋，名《忧危宏议》，谓欲借此为嫡地。又有后跋者谓，郑妃子当成。由是举朝大哗，诸臣谏诤，皆降职。

国本难收羽翼功，显皇嘿嘿树青宫。万年[①]吝惜传神器，三旨逢迎责相公。黄绮无能登汉阁[②]，朱云谁复悟宸聪。那知二十余年后，天上重轮日正中。

国本《汉书》：国以太子为本。青宫《神异经》：东方东明山有宫焉，银榜以青碧玉镂题曰天地长男之宫，太子称青宫。神器班彪《王命论》："神器有命，不可以智力求。"三旨相公宋王珪，人目为"三旨相公"，谓"取圣旨""领圣旨""得圣旨"也。黄绮《高士传》：商山四皓（角里先生周述、绮里季朱晖、夏黄公崔廓、东园公辕秉）见秦坑儒士，乃逃入商洛山。至汉高宠戚姬，生赵王如意，欲易太子。吕后要留侯画计，太子于是请四皓。至十二年十一月，上置酒，太子侍四人从。年皆八十余，须眉皆白，衣冠甚伟。上召戚姬视之，曰："我欲易之，彼四人者辅之，羽翼成矣。"朱云《汉书》：成帝元延元年，故槐里令朱云上书曰："愿赐尚方斩马剑，斩佞臣一人头，以厉其余。"上问谁。对曰："安昌侯张禹。"帝怒，将下云狱。云扳殿楹槛折。帝悟曰："留折槛以旌直臣。"重轮汉明帝为太子，宗人作歌颂太子德，有曰"日重光，月重轮，星重辉，海重润"。

其三

《明纪编年》：万历二十一年，群臣交章请立东宫。上谕曰："昨读祖训'立嫡不立庶'之条，今皇后尚少，恐有后出。册立东宫乎？封王乎？[③]少待数年，若后无所出，再行册立可也。"

盈庭谠议积封章，宗嗣常深未雨防。鹤禁无人瞻少海，龙漦有衅在昭阳。汉高终不私如意，窦后由来爱孝王。辛苦江南王相国，重来北阙定储皇。

以上三首博引曲喻，宛转关生，真冠古之才。

封章汉仪，密奏囊封，故曰封章。鹤禁《汉宫阙疏》"白鹤，太子所居宫，凡人不得辄入，故曰鹤禁"。少海天子比大海，太子比少海。龙漦《史记》：夏后氏衰，有二龙止于庭，漦存，收而藏之。至周厉王发之，漦流于地，化为元鼋。童妾遇之，生女子。流入褒国，献于幽王，生子伯服，废申后及太子宜臼，遂为后，居昭阳宫，卒招犬戎之祸。窦后孝王汉景帝废太子荣，窦后请立梁孝王

---

① "万年"，民国本作"一时"。

② "汉阁"，清刻本、民国本、《般阳诗萃》均作"玉陛"。

③ "乎"后，道光本有"欲封王是背祖训，欲立东宫是二东宫，故此不果"十九字。

为嗣，袁盎谏止。孝王由是恨盎，谋刺杀之。事觉，遣人捕杀盎者。太后忧梁事不食。田叔悉烧梁狱词，孝王得以不诛。太后立起饮食，忧恨之气遂平。王相国相国名锡爵，万历二十一年复召入相，乃密疏恳请立储，以信前诏。帝手诏："待与两弟并封。"

其四

《通纪会纂》：万历二十一年，部郎岳元毅等复具疏力请停封，曰："祖训所载盖就嫡庶并生言耳，今适子未生，而长子年已十二，岂容悬待。况旧旨原无待嫡之说，今忽变更，迹似可疑。去年之命既改于今日，安知今日之命不改于他年乎？"上遂停封，谕："少俟二三年，中宫无出，再行册立。"

建储立幼两彷徨，神祖当年睿虑长。甲馆画堂传海内，铜丸挝鼓宠山阳[①]。翦桐一叶迟封晋，赐履三河重去梁。总为庙谟须圣断，商山何必假衣裳。

甲馆画堂汉成帝生于甲馆画堂，为世嫡孙。帝爱之，自名曰骜，字太孙，常置左右。铜丸挝鼓《汉元帝纪》：太子好经书，宽宏谨慎，而山阳王有才艺，母又爱幸。帝好音乐，或置鼓殿下，自临轩槛上，隤铜丸以挝鼓，声中严鼓之节。山阳王亦能之，帝数称其材。驸马都尉史丹进曰："凡所谓材者，敏而好学，温故知新，皇太子是也。若乃器人于丝竹鼓声之间，则是陈惠、李微高于匡衡，可相国也。"帝嘿然笑。翦桐封晋成王封叔虞事。三河晋帝地，河内、河东、河南也。

其五

《明鉴》：万历四十三年，太子居慈庆宫，有男子持梃击伤守门监，入前殿，被执。命有司按问。犯名张差，苏州人。[②]吏胁令吐实，词连内监刘成等，皆贵妃近侍也。先是奸人王曰乾上变言巫蛊事，词连内监刘成。

巫蛊谁能照覆盆，当年持梃亦烦冤。弄兵幸免诛丞相，带剑真疑入殿门。莫使泉鸠摇主器，恐令飞燕啄皇孙。苑开博望终无恙，兀自前星耀帝阍。

巫蛊汉武帝太子据，仁恕温谨，上嫌其不类己。时女巫教美人度厄，埋木人祭祀之。更相告讦，以为祝诅。上既心疑，尝昼梦木人数千击，帝由是不安。江充因言上疾祟在巫蛊，于是上使充治巫蛊狱，死者数万人。又使充入宫，掘地求蛊，于太子捕得木人尤多。充持太子急，太子乃使客诈为使者，捕充斩之。上大怒，赐丞相出鳌玺书，捕斩反者，尚未显言赦之。太子东至湖，匿泉鸠里，自经死。皇孙二人皆遇害。覆盆太子狱中诗："应念覆盆下，雪涕拜天光。"《抱朴子》曰：是责三光，不照覆盆下也。带剑汉武帝太始三年十一月，上居建章宫，

---

① "山阳"，清刻本、民国本作"淮阳"。

② "人"后，道光本有"以积柴为人所焚，气愤发狂，诣京师诉冤，主"。

见一男子带剑入中龙华门，命收之，不获。上怒，斩守门者，发三辅骑士按上并索长安中，卜日乃解。巫蛊狱遂起。泉鸠师古曰："湖，县名，泉鸠，水名。今阌乡县东十五里有戾太子冢焉，在涧之东。"飞燕《汉书·五行志》：成帝时童谣曰："燕燕尾涎涎，张公子，时相见。木门仓琅根，飞燕啄皇孙。王孙死，燕啄矢。"其后帝见舞者赵飞燕而幸之。博望苑汉武帝初立太子据，为博望苑，使通宾客。前星《晋·天文志》：心三星。中星曰明堂，天子位；前星为太子，后星为庶子。《玉海》："幼海澄澜，前星腾耀。"

其六

《明史》：万历十五年，申时行请帝下诏令，建言者止及所司职掌，听其长择而献之，不得专达。帝悦之。于是言者蜂起，率皆指斥宫闱，攻击执政，概置不问，门户之祸大起。二十二年，顾宪成主文选，所推举多与政府抵牾。会推阁臣忤旨，削籍归。既废，名益高。里有东林书院，为宋杨时讲道处，宪成与高攀龙、钱一本等讲学其中，海内景附，多讽议时政，朝士亦相争应和，东林之名于是大著。

闲从异世溯神皇，政去鸾台寄列珰。南北群司分水火，乾坤龙战合玄黄。齐名李杜人争羡，比德桓灵事可伤。自是明廷朋党罪，莫言河北误朝常。

鸾台唐垂拱中，改门下省为鸾台。开元中，又改为黄门省。列珰秦汉中常侍皆银珰左貂，至明帝改以金珰右貂。南北司唐分宦寺为北司，宰相为南司。水火唐宣宗与令狐绹谋宦官，绹密奏曰："但有罪无赦，有缺勿补，自然耗散，至于尽矣。"宦者窃见其奏，由是益与朝相恶，南北司如水火矣。李杜汉太仆杜密与校尉李膺名行相次，时人谓之李杜，皆为宦者侯览所诉下狱。灵帝建宁二年，曹节讽有司奏请钩党者，膺、密、范滂等即自诣狱。其母就狱，与之诀曰："汝得与李杜齐名，死亦何恨。"桓灵晋武帝尝问司隶校尉刘毅曰："朕方汉何帝？"对曰："桓灵。"帝曰："何至于此？"对曰："桓灵卖官钱入官库，陛下卖官钱入私门。以此言之，殆不如也。"朋党唐李德裕、李宗闵各有朋党，互相排挤。文宗叹曰："去河北贼易，去朝中朋党难。"由是更相倾轧，垂四十年。

其七

《明史》：初，言路为张居正所抑。至居正卒，籍其家。御史等争厉锋芒、博击当路。当路不胜其愤，疏言："昔之专恣在权贵，今乃在下僚；昔之颠倒是非在小人，今乃在群君子。意气偶激，幸成一二事，遂负不世之节，号招浮薄之人，党同伐异，罔上行私，其风不可长。"自是言官与政府日相水火矣。

蜀洛当年党议多，分曹日日竞风波。顾厨品藻矜名字，牛李升沉密网罗。私忿漫劳登白简，浊流真欲弃黄河。堪嗟此辈争门户，国是调停奈若何！

"门户"二字起于万历，实亡国之本。以上二诗，得其领要。

蜀洛党《邵氏闻见录》：宋即位，群贤毕至于朝，然贤者不免以类相从，故有蜀、洛、朔党之语。洛党者，以程正叔为领袖，朱光庭、贾易为羽翼。蜀党者，以苏子瞻为领袖，吕陶等为羽翼。朔党者，以刘挚为领袖，羽翼尤众。诸党相攻击而已。顾厨汉灵帝时，郭泰、范滂等八人为"八顾"，庚尚、张邈等八人为"八厨"。牛李唐穆宗长庆中，李吉甫子德裕以李宗闵对策讥其父，恨之，自是各分朋党。文宗中，德裕为西川节度使，奏吐番悉怛谋请降，已遣兵据其城，且陈出师之利。牛僧孺曰："比来修好，约罢戍兵，守信为上。"上以为然，诏以其城及执悉怛谋悉归之，吐番杀之于境上。由是牛、李之怨益深。白简傅咸为御史中丞，每有奏劾，或日暮则捧简讽诵不寐，坐以待旦，由是贵游慑服。浊流唐朱温既杀昭宗，刘璨、李振聚朝士裴枢、崔远、陆扆、王溥、赵唐、朱崇、王赞等三十余人于白马驿，一夕尽杀之。曰："此辈尝自谓清流，宜投之黄河，使为浊流。"调停宋朋党案起，国是用调停。

其八

《明史》：万历二十年，倭王平秀吉起人奴，篡立，雄据三十六郡，窥朝鲜，弛备分遣行长、清正等帅舟师从对马岛至釜山，破朝鲜，入王京。朝鲜八道几没，国王李昭①走，出度鸭绿江，求内属请援。诏以宋应昌经略倭军务，李如松为总兵官救之。兵部奏遣辩士沈惟敬诣军前，请金行间。明年如松以胜轻敌，猝遇敌于碧蹄馆，丧军甚多。应昌②乃令惟敬至倭营议封。夏，会倭粮尽而退。

倭夷构祸起尘氛，诏恤辰韩振鼓鼖。跨海五千余道路，度辽二十四将军。隋大业征辽共二十四军。楼船恨不诛荀彘，群丑偏能辱虎贲。纵使论功归幕府，求成谁说是奇勋。

倭夷即日本国，世以王为姓，有五畿、七道及属国百余。辰韩《后汉·东夷传》："韩有三种：一曰马韩，二曰辰韩，三曰弁韩。"度辽将军《汉书·宣帝纪》：乌桓反，以范明友为度辽将军。楼船汉武帝征瓯越、东闽，有楼船将军。荀彘东夷国，在朝鲜之东。汉武帝遣杨仆、荀彘伐朝鲜，荀彘执杨仆，并其军，帝征彘，诛之。杨仆先为楼船将军。幕府谓沈惟敬。

其九

《明史》：万历二十四年，遣使封平秀吉为日本国王。倭已受册，而怒朝鲜报谢无礼，留兵釜山如故。帝怒，逮使下狱论死，更命邢玠总督蓟辽军务，麻贵为总兵，杨镐都御史经略朝鲜。玠知行长与清正有隙，遂趋军务攻清正。倭结三寨自固，连破二栅。而镐故与李枚善，欲待其至以分功，遽鸣金收军。明日，

① "昭"后，道光本有"仓皇"二字。

② "多。应昌"后，道光作"多，如松气索，应昌亦欲罢兵"。

攻之不下，又救兵至。镐惧，走诸军，死者二万人。事闻，遂罢镐听勘。

援辽虎旅系麟绦，百万雄师架海涛。太保中枢虚节制，临淮使者辱旌旄。黏蝉骄卒争红袖，平壤遗民望陌刀。岂是天恩真救患，不教军令肃秋毫。

临淮使者神宗遣临淮侯裔李宗成封倭为王，宗成贪淫失利，上以辱国诏勘罪如律。黏蝉县名，属乐浪。蝉，音提。平壤高丽所都。陌刀蚩尤作陌刀。秋毫晋慕容恪军令严明，秋毫无犯。

其十

《明史》：万历二十五年，播州宣慰使杨应龙畔，纠诸苗残余庆，掠大阡、都坝，及兴隆、都匀诸卫，进图黄平，杀官吏，后大掠洪头诸屯，侵及湖广。命李化龙总都川、湖、贵州军务讨之。二十八年，化龙集三省兵，分八路进讨。时雨久，将士驰泥泞苦战，大破之。置平越、遵义二府备之。

黔阳亦是汉雄城，谁遣杨幺弄盗兵。赖有中丞兼上将，不劳相国赋南征。盘江十队戈船入，荒徼经年僰道平。犹幸唐蒙安绝域，殊方坐使瘴云清。

黔阳今贵州地。杨幺相幺据洞庭湖，岳武穆八日讨平之。上将指李化龙。戈船汉武帝欲伐昆明，凿昆明池习水战，以杨仆为将军，曰戈船。僰道地名，属四川犍为郡，《风俗纪》：夷中最仁者，故字从之。唐蒙汉武帝通南夷，置犍为郡，唐蒙上书南越王云。

其十一

《明史》：万历二十四年，敕使中官采矿，几遍天下。

敕使当年出未央，纷纷矿税采诸方。山川绝少金银气，诛敛何殊花石纲。一任竖貂盘社鼠，谁将盐铁议弘羊？可怜国脉此中尽，浪说朱提入太仓。

明之元气至此尽矣，况继以寺人之祸乎。

金银气北境国金，色赤黄，千万斤以上，光烛天若鉴盘，气发如火，上赤下青。银，气夜正白，流散在地，随手拨之，散而复合是也。花石纲宋徽宗筑艮岳，取南方花木奇石，朱勔领之，号“花石纲”。社鼠《说苑》：齐桓公曰：“国何患？”管仲曰：“患夫社鼠。夫社，束木而涂之，鼠因托焉。熏之则恐烧其木，灌之则恐败其涂，此鼠所以不得杀者，社故也。夫国亦有社鼠，人主左右是也。”杨夔复宫阙，后上执政书：“耗民之生如城之狐，蠹民之力如社之鼠。”弘羊汉桑弘羊，贾人子，善榷利。为御史大夫，兴榷酤盐铁之利。时天下大旱，卜式曰：“弘羊为天子大臣，与小民争利。烹弘羊，天乃雨。”朱提县名，今四川地，出银，故银名“朱提”。提，音时。

光宗朝六首

其一

《明史》：光宗八月即位，至九月崩。帝初在位，即将矿税尽行停止，又传旨发帑银一百万，解赴九边犒赏，起升邹元标、刘光复等。

光宗皇帝叹无年，毓德青宫世久传。凤阙才临三十日，龙旂已偃九重天。黄金饷士颁中帑，纁帛征贤遍海埏。共道苍生无此福，谁知庙社已迍邅。

其二

《明史》：帝病甚，召诸大臣至，问鸿胪官进药安在。从哲曰："鸿胪寺丞李可灼自云仙方，臣未敢信。"帝命宣至，趣和药进，所谓红丸者也。帝服讫，称忠臣者再。复进一丸，明日遂崩。

无端香气绕蓬莱，不是金茎承露杯。谁使文成归海岛，却容柳泌入天台。金丹坐致千秋恨，玉殿旋贻万国哀。尝药漫将功罪定，君王已去集灵台。

文成汉武帝以方士少翁为文成将军，入海岛求神仙。柳泌唐德宗好神仙，诏求天下方士，皇甫镈荐山人柳泌。能和长生药，言："天台多灵草，诚得为彼长吏，庶几可求。"上以泌知台州，泌至天台采药，岁余无所得。集灵台唐天宝元年造长生殿，殿名集灵台，以祀天神。

其三

《明史》：红丸与梃击、移宫皆议论纷纷，终成疑案。帝初立，郑妃知李选侍得宠，求封皇后，选侍亦为贵妃求皇太后。帝疾，趋举册封。侍郎孙如游力争之，事得寝。

红丸聚讼亦呶呶，疑谤平分未可淆。预向昭阳防祸水，谁将慎恤进神胶。心惊午夜归龙驭，恨逐轻烟入凤巢。若使宰臣真爱主，罪人何止窜菁茅。

聚讼汉武谓"会礼之家，名为聚讼"。祸水汉成帝微行，过阿主家，悦歌舞者赵飞燕，召入宫，大幸。有女弟合德，复召入，姿性尤浓粹。有宣帝时披香殿博士淖方城在帝后，唾曰："此祸水也，灭火必矣。"神胶《拾遗记》："神胶出郁夷国，接弓弩之断者。"菁茅《书》曰"包匦菁茅"，注：菁茅有刺而三脊。

其四

《明史》：光宗崩，选侍与魏忠贤谋持皇太子自重。群臣入临，为阉人所格。杨涟厉声责之，得入临如礼。刘一燝诘皇长子所在，群阉不应。一燝大言："谁敢匿新天子者？"东宫伴读王安入白选侍。抱皇长子出，及门，中官数人追及请回。涟呵退，掖升辇，至文华殿，群臣叩头呼万岁。

遗诏何曾立九嫔，汉家倾国李夫人。龙髯此日方长痛，鹤籥经时未即真。长信宫中犹却辇，朝元殿上已批鳞。深心终是资元老，免使垂帘溷紫宸。

九嫔《独断》:“天子一娶十二女，象十二月，三夫人、九嫔。”李夫人汉李延年，故倡也，女弟有倾国倾城之目，得幸，故号李夫人。龙髯黄帝采首山铜铸鼎，鼎成，有龙下迎帝仙去，群臣扳龙髯上者七十二人。鹤籞禁苑也。王勃《七夕赋》“披鹤籞于长楸”。却辇汉成帝游于后园，尝欲与班婕妤同辇，辞曰:“观古画图，贤圣之君皆有名臣在侧，三代末王乃有嬖女。今欲与予同辇，得无似之乎！”上善其言，遂止。后求供奉太后于长信宫。诗以选侍追皇子回宫事，借用却辇耳。批鳞《史记·韩非传》:人主亦有逆鳞，能无撄之则几矣。故诤臣犯颜直谏曰“批鳞”。垂帘《东汉故事》:皇帝在左，王后在右，同殿垂帘。

其五

《明史》:杨涟与左光斗念皇长子无嫡母，选侍常邀封，非可以幼主付托。于是谕令选侍移宫，方从哲欲徐之。至登极前一日，刘一燝、韩爌邀从哲立宫门力请选侍，乃居于哕鸾宫中。

昭仪未入哕鸾宫，拜简青蒲藉数公。死职谁问周相国，纠仪端赖叔孙通。乾清正位机须早，嫔御移家怨未终。自是老臣关大计，殷忧谁说是贪功。

青蒲《汉书》:史丹为侍中，元帝寝疾，欲废太子。丹以亲密近臣入直卧内，顿首伏青蒲上，流涕而言，皇储遂定。以青蒲为席贴地，谏者伏其上。周相国绛侯周勃。叔孙通汉叔孙通起朝仪。长乐宫成，朝贺置酒，御史执法不如仪者，辄引去。竟朝酒罢，无敢喧哗失礼者。遂拜通为太常。乾清宫名。

其六

《明史》:时诸大臣内引王安共事,请无不从。抑近倖,拔贤才,欣然望治平焉。

阅月新君未改元，何期羽驾已高骞。榻前六尺遗诸老，阙下千官拜至尊。黄发元僚扶日月，绿衣阉竖奉晨昏。谁知威福移常侍，坐使皇灵隔九阍。

羽驾武平一诗“銮舆羽驾直城隈”。元僚李商隐文“仁沾近戚，惠浃元僚”。绿衣《法言》“绿衣三百色，如之何矣”。苏轼诗“白首困下位，绿衣有公言”。常侍《后汉书·百官志》“中常侍，千石”。李注曰:“宦者，无员，后增秩，比二千石。”皇灵《英公张纮传》:自古帝王虽有皇灵佐于上，文德播于下，亦赖武功以昭其勋。

熹宗朝十五首

其一

《明史》:邹元标、冯从吾建首善书院于京师，与高攀龙辈讲学。御史黄尊素规之曰:“都门非讲学地。”元标不能用。遂有劾之者曰:“树党沽名,请毁书院。”叶向高力解之。更有比元标等于山东妖党者，由是元标与从吾并罢。

东林讲学赖诸公，经术人心似发蒙。濂洛衣冠尊硕果，乾坤元气亘长虹。院开首善儒林传，派异谈天碣石宫。何事道从遭众忌，顿令放逐五湖东。

谈天《史记》：邹衍之燕，昭王拥彗先驱，列弟子之坐而受业，筑碣石宫，亲往师之。衍迂大而宏辩，故齐人颂曰："谈天衍，雕龙奭，炙毂过髡。"濂洛周子、程子。

其二

《明史》：天启元年，以熊廷弼知兵复起经略沈阳，使王化贞巡抚广宁，与廷弼议不合。时朝中多右化贞。及用兵大败，于是逮二人下狱，论死。又有诬杨、左受廷弼贿者，借封疆名杀之。

熊王疑狱久含胡，经抚参差罪定殊。传首已看惊绝塞，系臣犹自寄中都。巧将成案倾杨左，岂是天诛赐属镂。上蔡东门终古叹，何人重按九边图。

含胡苏轼诗"臧否两含胡"。传首熊、王之狱，杀廷弼，传首九边。中都汉时有中都狱。属镂剑名。见《左传·哀公十一年》。上蔡《史记》：李斯临刑谓其子曰："欲与若复牵黄犬出上蔡东门逐狡兔，其可得乎！"

其三

《明史》：天启初即位，即赐太监魏忠贤世荫，封乳母客氏为奉圣夫人。忠贤因结王安，与客氏私通焉。

端居重与论熹皇，阿母从来说赵张。北寺狱成倾俊及，西园例在鬻冠裳。清流白马空朝右，墨绶青衫去庙廊。郭泰当时忧殄瘁，汉家十叶已沦亡。

国事至此，欲不亡，得乎？端令人思杨文襄耳。

赵张汉灵帝谓："常侍张让是我父，赵忠是我母。"俊及汉桓帝时，李固虽废锢，天下士大夫皆高尚其道而污秽朝廷，更相标榜，以李膺、荀昱、杜密、王畅、刘祐、魏朗、赵典、朱寓为"八俊"，张俭、翟超、岑晊、范康、刘表、陈翔、孔昱、檀敷为"八及"。西园汉灵帝即位，太后临朝，置西园之邸以鬻爵，号西园礼钱。曹嵩输钱至太尉。郭泰汉灵帝时，曹节、王甫等复治钩党，杀李膺等百余人，天下豪杰及学有儒行者，宦官一切指为党人，其死、徙、废、禁者又六七百人。郭泰闻之，私为之恸曰："《诗》云：'人之云亡，邦国殄瘁。'汉室灭矣！但不知瞻乌爰止于谁之屋耳？"

其四

《明史》：神宗末，齐、楚、浙三党为政，黜陟之权，不由吏部。周嘉谟为尚书，大起废籍，三党渐去。魏忠贤怒，嗾给事中某劾嘉谟受刘一燝属为王安报仇。嘉谟遂罢。

哲王端拱类承平，钩党魁罡共力争。八顾三君仇北部[①]，四凶五鬼陷东京。虽无艮岳穷奢丽，却使乾纲混太清。七载弘恭危社稷，几多忧国似更生。

钩党《天文志》：紫微垣内帝星旁勾陈五星，主近君小人。魁罡紫微垣外北斗七星，主辅弼臣。三君汉窦武、陈蕃、荀淑是也。北部即北司宦官也。四凶宋蔡确、章惇、邢恕、黄履等为四凶。五鬼宋王钦若、丁谓、陈彭年、林特、刘承珪等为五鬼。艮岳《宋·地理志》：宣和四年，徽宗自为《艮岳记》，以为国之艮方在山，故名艮岳。自政和迄靖康累十余年，四方怪竹奇石悉聚与此，楼台亭馆日增月益。弘恭汉元帝初，宦官中书令弘恭、仆射石显自宣帝时久典枢要，帝在位多疾，遂委以政，萧望之、刘更生等疾恭、显专权，遂上书极言之。更生即刘向。

其五

亦指党祸。

台垣力竞各崩腾，坐使奸珰气郁烝。三木囊头多汝颍，百年党锢始甘陵。阳球尚未尸王甫，曹节偏能杀李膺。太息时艰丁末造，仰天不必怨苍鹰。

古今如一丘之貉，可为拊膺太息。

三木囊头汉桓帝永康元年，陈蕃既免，会莫敢为党人言者，贾彪乃说校尉窦武、尚书霍谞上书讼之。帝意解，使常侍王甫就狱讯之。范滂等皆三木囊头，暴于阶下。乃并解桎梏，放归田里，禁锢终身。甘陵汉桓帝初为蠡吾侯，受学于甘陵周福。及即位，擢为尚书。时同郡房植有名当朝，乡人为之谣曰："天下规矩房伯武，因师获印周仲进。"二家宾客互相讥揣，遂各树朋徒，遂成尤隙。由是甘陵有南北部，党议始此矣。阳球字方正，为司隶校尉，上书劾中常侍王甫罪过，收送诏狱。自讯考之，父子皆死于杖下。乃磔甫尸，署曰"贼臣王甫"。曹节汉桓帝延熹八年，以李膺为司隶校尉，独持风裁，以声名自高。士被其容接者，谓之"登龙门"。灵帝建宁二年，中常侍曹节讽有司奏钩党，李膺等请下州考治，上可其奏。膺诣诏狱。考死。苍鹰汉景帝时，郅都为中尉，严酷行法，不避贵戚，时号曰"苍鹰"。

其六

《明史》：天启四年，杨涟疏发忠贤罪状，有门生宰相等语。当路者见之，恨甚，遂以己意点缙绅一册，以叶向高、韩爌、何如宠、成基命、缪昌期、姚希孟、陈子壮、侯恪、赵南星、高攀龙、乔允升、李邦华、郑三俊、杨涟、左光斗、魏大中、黄尊素、周宗建、李应昇凡百余人，目为邪党，以某某等为正人进之，忠贤便为黜陟。

---

① "部"，《般阳诗钞》作"海"。

熹宗如日黯虞渊，忠佞难分玉座前。二蔡寻仇元祐后，群奸肆志永贞年。党人碑入名臣传，清议声高独行编。试看当年梼杌辈，贻羞孙子亦堪怜。

以诗为史，堂堂复堂堂。

虞渊《淮南子》：日至于虞渊，是为黄昏。二蔡宋《东都事略》：蔡京弟卞，字元度，有辞辨，貌柔顺而内险。与章惇、安惇起史祸以中范祖禹、赵彦若、黄庭坚，兴同文馆狱以陷刘挚、梁焘、王若叟、刘安世等，斥逐元祐之臣，禁锢其子孙，时谓“二蔡”“二惇”云。永贞年唐顺宗年号。时王伾、王叔文等小人用事。党人碑宋《陶朱新录》：仆家旧有元祐党人碑，文曰：皇帝即位之五年，旌别淑慝，明信赏罚，出元祐害政之臣，靡有佚罚，乃命有司夷列罪状，第其首恶与其附丽者，以闻得三百九人。皇帝命书为刻之石，置于文德殿门之东壁，永为万世之臣戒。臣蔡京谨书。独行编即《独行传》，所载皆高士。

其七

《明史》：天启四年，忠贤提督东厂，每出，车马仪卫僭拟乘舆。崔呈秀为高攀龙发其赃，赵南星议戍之。呈秀惧，走忠贤，乞为子，言东林党恶。忠贤引为腹心，进为尚书都御史。于是群小并进，善类空。

赵谈自古戒同车，石显谁令傍玉除。屈膝貂珰真御史，容身狗窦亦尚书。田家中尉都神策，鱼监登朝僭乘舆。犹记范阳三百里，龙旂夹道拟宸居。

赵谈《汉书·袁盎传》：文帝朝东宫，宦者赵谈骖乘，盎伏车前曰：“臣闻天子所与共六尺，皆天下豪杰。今汉虽乏人，陛下独奈何与刀锯之共载！”上笑，下谈。貂珰《汉官仪》：侍中冠武弁大冠，亦曰惠文冠，加金珰，附蝉为文，貂尾为饰，谓之“貂蝉”。狗窦《通鉴》：宋宁宗时，许及之谄事韩侂胄。值韩生辰，上寿者毕至，及之后至，阍人闭门拒之，由狗窦而入。为尚书二年，不迁，见侂胄流涕，不觉屈膝。故时人有“由窦尚书，屈膝执政”之语。”田家《唐书》：僖宗以宦者田令孜为神策军护驾使。鱼监唐宦者鱼朝恩为观军容使。乘舆《独断》：“车马、衣服、器械、百物曰乘舆。”《宋史·天文志》：天辐二星主乘舆。河阳《汉书·地理志》：河内郡县河阳。案河阳即今孟县。此所以魏阉赴涿州潜河阳而言。

其八

《明史》：忠贤欲杀杨涟等，鞫汪文言，牵入封疆，坐以纳熊廷弼贿，备极五毒，令引涟等。文言忍死不承，乃手作文言供状：“涟等各受贿若干。”爰书上，逮涟等下狱，考掠无完肤。至秋，为狱吏所毙。

同文黑狱少完肤，妖焰熏天万事诬。酷吏凭添沉命法，奇刑尽隶执金吾。句陈天远浮云蔽，贯索星明正气孤。翻借封疆成铁案，谁怜李固血模糊。

字字沉痛，足令鬼哭神号[①]。

同文狱初，蔡卞、章惇恐元祐旧臣复起，日谋所以排陷之计。及再贬吕公著、司马光，又责刘安世等过岭。意犹未慊，乃起同文馆狱，将尽诛元祐旧臣，内结宦官郝遂为助，专媒孽垂帘时事。沉命法出《史记·酷吏传》。执金吾金吾卫将军。秦有中尉，掌徼巡京师。汉武帝改为执金吾。句陈《水经注》：河南有句陈垒，紫微垣有句陈之宿，主争讼兵律，故遁甲攻取之法。以攻取神与句陈并气，下临所制之辰，则擒敌，是以垒资其名矣。贯索《晋书·天文志》：贯索九星，为贱人之狱，在天市垣北、七公星前，主法律，禁强暴也。一曰天牢牢口向七公星为门，门欲其开，九星皆明，天下狱烦。李固血《后汉书》：李固，字子监，南郑人，官太尉。景帝暴崩，固欲发梁冀进鸩事。冀恐，因议立蠡吾侯，举朝唯唯，固独与杜乔劝立清河王蒜。冀怒，遂诬固下狱，害之。苏轼诗云："李固血模黏，掷还崔大夫。"

其九

《明史》：客氏、忠贤杀光宗选侍赵氏，幽裕妃张氏于别宫，遂杀之。权倾中外。客氏者，熹宗之乳母也。

哲皇旁落寄龙渊，却使城狐蔽灶烟。缇骑骈收中执法，忠臣饮泣左回天。刑余内省方持政，王圣[②]河间惯数钱。犹幸七年归鹤驭，斧声不到画堂前。

两对句皆出人意表。

龙渊《越绝书》：干将、区冶子铸剑三枚，一曰龙渊，二曰太阿，三曰工市。诗人以重柄假人也。缇骑《汉官仪》：执金吾，骑二百人。按：明代凡京师执系罪人，皆用缇骑。中执法《通典》：汉初，中丞为御史。中执法内掌兰台秘书，外督诸州刺史，举劾案章。左回天指宦者左悺也。刑余史司马迁《报任安书》："刑余之人，无所比数。"河间汉安帝延光元年，遣宦者及乳母王圣女伯荣诣甘陵，所过威动郡县，时童谣曰："车班班，入河间，河间姹女工数钱。"斧声宋太祖病，召晋王光义，嘱以后事。见烛影下晋王离席，若退避之状。既而帝引柱斧戳地，大声谓王曰："汝好为之！"而帝崩。

其十

杨涟等狱事。

伯起何堪百感婴，樊丰当日太纵横。假灵已窃宫中柄，矫诏难从殿上争。讲易军容侵宰相，负心天子作门生。当时陈窦真忧国，骈首空令辱汉京。

---

① "鬼哭神号"，清刻本、民国本作"鬼夜哭矣"。

② "王圣"，本作"奉圣"，据清刻本、道光本、民国本改。

刻画时事[①]，可谓入木三分。

伯起《后汉书》：杨震，字伯起，安帝延光元年为太尉，时宦者樊丰等倾摇朝野，震疏劾之，丰怒，谮之。震后自杀。讲易军容唐鱼朝恩为观军容使，又尝判国子监事，讲《易》“鼎折足，覆公悚”，以讥宰相王缙、元载。天子门生唐宦者杨复恭与杨守亮书曰：“吾于荆榛中立寿王，才得位，废定策国老，有如此负心门生天子乎。”谓僖宗、昭宗也。陈窦后汉灵帝建元元年六月，太傅陈蕃、大将军窦武奏诛宦者曹节等，节等杀之。

其十一

《明史》：帝性机巧，好亲斧锯椎凿髹漆之事。每引绳削墨，进忠辄奏事，帝厌之，谬曰：“朕已悉矣，汝辈好为之。”进忠因得擅威福。

嬉游攻木闭龙楼，奄宦乘机瞰委裘。谒者监承开府荫，小黄门作大长秋。论功自署邀恩例，奏捷如闻佐运筹。犬吠鸡鸣凡几辈，冰山一陷使人愁。

委裘汉贾谊疏“植遗腹，朝委裘，而天下不乱”，孟康曰：“委裘，先帝衣裘也。”开府荫唐文宗时，内谒者监仇士良以委裘委其子为千牛，给事中李中敏判云：“委裘阶诚宜委其子，谒者监曷为有儿？”士良惭。小黄门汉制，凡内侍补之，始曰小黄门。大长秋《通典》：战国时有宦者令，秦有中谒者令丞，汉景帝改为大长秋，或用中人，或用士人，后汉帝用宦者。师古曰：“秋者，收成之时，长者，恒久之义。”犬吠鸡鸣《宋史》：韩侂胄尝过南园山庄，顾竹篱茅舍，谓赵师睪曰：“此真田舍间气象，但欠犬吠鸡鸣耳。”俄闻吠嗥丛落，视之乃师睪也。冰山《唐书》：或劝张彖谒杨国忠，曰：“见之富贵可立图。”彖曰：“君辈倚杨右相如泰山，吾以为冰山耳，若皎日既出，君辈得毋失所恃乎？”遂隐居嵩山。

其十二

《明史》：天启二年，忠贤劝帝选武阉、炼火器，又日引帝为倡优声妓，狗马射猎。诸大臣先后疏谏，皆不听。明年，内操增至万人，衷甲出入，钲鼓声喧震内外。讹言皇子多有惊死者。

建章营骑五花骢，绔褶千群出汉宫。无上将军亲校射，居中常侍坐临戎。金貂借箸参前席，玉塞酬勋锡上公。顿使社乌皆汝辈，东京蹇硕亦应同。[②]

绔褶《文昌杂录》：《晋志》云：“绔褶之制，未知所起，近代车驾亲征、中外戒严则服之。”《玉藻》：“帛为褶。”注：“有表里而无著，盖马上之服也。”无上将军后汉灵帝自称无上将军，与内官蹇硕等耀兵宫中，又以蹇硕为上军校尉，统袁绍、曹操七校尉，大将军何进亦领属。借箸《史记》：汉郦食其请汉

① “时事”，清刻本作“当时情事”。

② “同”后，清刻本有小字“汉灵帝”。

王六国后，王善之，趋刻印。张良来谒，王方食，具以告，良曰："臣请借前席箸为大王筹之。"

其十三

《明史》：忠贤用同党为镇抚司理刑，锻炼残酷，士大夫多戕死。

天亦常悬宦者星，谁令刀锯侍彤廷。张纲欲问豺狼罪，吉网难逃罗织经。颍上捐躯清诏使，关西陨节夕阳亭。百年善类行应尽，夜夜都官[1]鬼火青。

宦者星《天文志》：宦者四星，次帝座西南，主侍者。占者以不明为吉，明则内臣专权。刀锯寺人，刀锯之余。张纲《后汉书》：顺帝汉安元年八月，遣杜乔、张纲分行州郡，表贤良，显忠勤。其贪污有罪者，刺史二千石，驿马上之，墨绶以下，便辄收举。乔等受之部，张纲独埋其车轮于洛阳都亭，曰："豺狼当道，安问狐狸？"遂劾大将军梁冀、河南尹隽不疑无君之心十五事。京师震悚。吉网《唐书》：元宗时，殿中侍御史罗希奭、法曹温吉二人，皆随林甫所欲深浅锻炼成狱，无能自脱者。故时人谓之"罗钳吉网"。罗织经唐中宗时，周兴、来俊臣造《告密罗织经》一卷，网罗无辜，织成反状，构造布置，皆有支节。其讯囚酷法有定百脉、突地吼、死猪愁、求破家、反是实等号。清诏使《汉书》：冀州饥荒，乃以汝南范滂为清诏使，按察之。滂登车揽辔，慨然有澄清天下之志。夕阳亭汉安帝延光三年，樊丰等愤怨杨震。会赵腾上书，帝怒，收考诏狱。震救之，不听。丰等谮震云："自腾死后，深怀怨望。"帝遣使策收震印绶，震闭门绝客。丰等令耿宝奏震恚怨，诏遣归故郡。至城西夕阳亭，乃慷慨谓其诸子门人曰："死者，士之常。吾蒙恩居上司，疾奸臣狡猾而不能诛，恶嬖女倾乱而不能禁，何面目复见日月！"遂引鸩而卒。都官指锦衣狱。

其十四

《明史》：天启六年，建忠贤生祠遍天下。至有宫殿九楹，仪同帝室。迎像者至五拜五稽首，称九千岁。唯遵化道耿如杞入祠不拜，下狱论死。

魁柄潜移运斗杓[2]，浮云蔼蔼障重霄。天威谁见诛侯览，国宝人传入赵娆。甘露不闻初召衅，清班无复羡归朝。普天当日还祠庙，唯有孤臣懒折腰。

斗杓《春秋运斗枢》：北斗七星一至四为魁，五至七为杓，合为斗。人君之象，号令之主，是为帝车。盖取乎运动之象也，居阴布阳，是以称北。侯览《后汉书》：桓帝延熹二年，封宦者侯览等为侯。至灵帝建宁中，太傅陈蕃疏言侯览及曹节与赵夫人并乱天下，不亟诛必乱。太后不纳。赵娆汉灵帝乳母赵娆及诸女尚书，朝夕在太后侧。及曹节等谋害陈、窦，请帝出御前殿，拔剑踊跃，

① "官"，本作"火"，据道光本、《般阳诗萃》、《般阳诗钞》改。

② "杓"，本作"柄"，据清刻本、道光本、民国本、《般阳诗萃》改。

赵娆等拥卫左右，闭诸禁门，召尚书属官，挟使作诏版。拜王甫为黄门令，持节至北寺狱收尹勋等，杀之。还兵劫太后，夺玺绶。使郑飒持节收武等。谓客氏盗用大内御宝也。甘露《唐书》：文宗以宦者权宠太盛，欲芟除，因擢李训同平章事，谋诛内侍。以郑注为凤翔节度使，又以郭行余镇邠宁，王璠镇太原，未赴镇，令召募豪杰。太和九年十一月，金吾卫使韩约奏曰："金吾左仗院石榴开，夜来有甘露。"李训请上亲幸观之。出升含元殿，令宰相等先往观。既还，奏曰："恐非真甘露，不敢信。"上命中尉仇士良、鱼志宏帅诸臣往观。既去，训召王璠、郭行余曰："来受敕。"时两镇官健，皆执兵往丹凤门外，训已令召之。士良等闻幕下有兵声，惊恐，回奏曰："请陛下入内。"即举软舆迎帝。乘舆既入，门即闭。须臾内官帅内禁兵出东阁门，遇人便杀。训、璠、行余、约、京兆尹罗立言、中丞李孝本及宰相王涯、贾悚，皆族诛，注亦为监军所杀。清班苏轼诗"我怀元祐初，圭璋满清班"，黄庭坚诗"昨来立清班，国士相顾喜"。懒折腰谓耿如杞，馆陶人。

其十五

《明史》：天启六年夏四月，逮前左都御史高攀龙、吏部员外郎周顺昌、苏州巡抚周起元、谕德缪昌期、御史李应昇、周宗建、黄尊素。高攀龙自沉于池，顺昌等皆下狱并杀之。

东京党祸竟谁招，贯械无人讼杜乔。诏狱暗移宣玉敕，太阿倒受赐金貂。累臣濒死呼高帝，逆竖陈尸待圣朝。夜夜若卢干气象，苌弘碧血上云霄。

熹宗十五年，使事必切，对仗必工，炼句必响。诛奸谀于既死，发潜德之幽光。对此茫茫，百端交集。

贯械讼杜乔《后汉书》：梁冀诬李固与杜乔交通，谋立事。收固，死狱中。使人胁乔自引决，不听，收系，亦死狱中，同固暴尸城外。初下狱，门生渤海王调贯械上书，证固之枉，乃赦之。及死，故吏刘匡带锁上书，乞李固骸骨收葬，太后许之。若卢汉狱官名。

怀宗朝二十七首

其一

《明史》：帝以熹宗弟嗣位，诏定忠贤逆案，韩爌等不欲广搜树怨，列上者少。帝不怿，召入便殿，出疏一囊，曰："此奸党讼疏，可按名悉入。"又命刑部尚书乔升、左都御史曹于汴同审定。

天家金匮续宗盟，虎步龙行望太平。一日乾符归凤历，九州巽命走霓旌。封章秘匭登金殿，逆奄投荒去禁城。率土即看沾雨露，谁知国运已潜倾。

金匮宋太祖遵昭宪太后遗命，传位太宗，藏誓书于金匮。虎步龙行宋太祖谓太宗曰："虎步龙行，他日必为太平天子。"乾符《东都赋》："圣王握乾符、阐坤珍、披皇图、稽帝文。"乾符，赤伏符也。凤历少昊以鸟纪官，凤鸟氏，历正也。以凤鸟知天时，故以历正之官，因号曰凤历。霓旌《高唐赋》"霓为旌，翠为盖"，李善曰："析羽染采为旌，有似霓也。"秘匦《唐·百官志》："置匦以受四方之书。"张柬之策置法匦，以济穷冤。

其二

《明史》：天启六年，作《三朝要典》。先是有请集三案章疏，作《明伦大典》，编辑为书，颁示天下，从之。遂极意暴扬党人罪恶，刊布中外。至冬改修《光宗实录》，事关三案，即据要典改之，至是焚毁。

谁修要典向三朝，故作私书媚左貂。假宠丝纶悬日月，妄言星斗丽云霄。标题欲报恩仇愿，门户难将姓字消。讵料圣明唯一火，却令凶焰已全销。

左貂侍中、中常侍，黄金珰，附蝉为文，貂尾为饰，侍中插左，中常侍插右。

其三

《明史》：崇祯元年，毁《三朝要典》。忠贤既诛，倪元璐上疏言梃击、红丸之议哄于清流，而要典成于逆竖，其议可兼行，其书必当毁。上从之。

上虞一疏日经天，扫尽纷纭二十年。刘向忧时千古恨，匡衡策国到今传。恐教白黑淆三案，免使淄渑误后贤。自是平心归定论，不将私憾说崔田。

倪公一死，与日月争光，可谓行顾其言者矣。

上虞倪元璐，上虞人。刘向汉成帝时，刘向为光禄大夫，会灾异数见，乃集《洪范五行传论》奏之。上心知其忠，然取忌于外戚王氏，终不能大用。及王晋为御史大夫，王氏益盛，五侯群臣多为奢侈。向上封事亟谏，以为王与刘氏势不两立。帝召见向，叹息悲伤，其意曰："君且休，将思之。"然终不能用。匡衡汉元帝永光二年，上问给事中匡衡以日食之变，衡上疏极言："陛下宜祇承天威、哀悯元元，近中正、远巧佞。"上悦，迁为光禄大夫。淄渑二水名。易牙能辨淄渑之水。崔田崔呈秀以忠贤假子升兵部尚书，田尔耕亦以忠贤假子得征作指挥。

其四

端皇苛察误宸聪，国计周章十载中。高栋已看倾大厦，神奸转复认孤忠[①]。论兵轇輵终无定，驭将宽严失至公。独有俭勤关睿虑，年年水旱瘁深宫。

抑之扬之，皆是史法。

大厦晋袁粲："明知大厦非一木能支。"轇輵载《文选·灵光殿赋》，二字

① "神奸转复认孤忠"，清刻本、道光本、民国本、《般阳诗萃》俱作"天威又复借神从"。

当是借用。轇，音交。轕，音割。

其五

骄兵自昔乱边防，控驭乖宜尽陆梁。台阁中枢催浪战，盐梅上将走残疆。凤纶不见诛逃帅，龙剑何劳锡尚方。先后招降终不效，饥鹰饱去竟飞扬。

笔酣墨饱，难有穿云裂石之声。

陆梁《史记·秦始皇纪略》“取陆梁地，为桂林”，《正义》：“岭南之人多处山陆，其性强梁，故曰陆梁。”盐梅怀宗赐嗣昌诗“盐梅暂借作干城”，嗣昌因自称“盐梅上将”。龙剑《初学记》：楚王作三剑，曰龙泉、太阿、工市。尚方《汉·百官志》：尚方令，掌上手工作诸器物。饥鹰《魏志》：吕布因陈登求徐州牧，不得。布怒，陈登晓之曰：“登见曹公，言待将军辟如养虎，当饱其肉，否则食人。公曰：‘不如卿言。譬如养鹰，饥则为人用，饱则飞去。’”布乃解。

其六

《明史》：崇祯十五年，李自成决河灌开封府，城陷。时河南郡邑无不残破，朝廷不复设官，遗黎多结寨自保。大者洛阳李际遇、汝宁陈万登、南阳刘洪起兄弟，众各数万，诸小寨附之，互相吞并。中原祸乱，于斯为极。

两河南北尽烟尘，云扰真当国运屯。谁忆唐家倾尚让，无端晋室覆卢循。军输赤地无桑葚，盗弄潢池遍野磷。空使至尊劳旰食，时艰何计救遗民。

尚让唐熹宗中和四年六月，尚让败黄巢于瑕丘，贼党乃斩巢首以降。卢循晋安帝义熙元年四月，以卢循为广州刺史。六年二月，太尉陷长安、河南、南京诸郡，五月进逼建原。七月，太尉刘裕遣兵追之，退还洛阳。卢循，谌之曾孙，妖贼孙恩妹夫。桑葚后燕慕容垂以桑葚为军粮，魏拓跋圭围中山，军乏食，崔逞曰：“桑葚可以佐粮。”盗弄潢池《汉书·龚遂传》：海滨暇远，其民困于饥寒而吏不恤，故盗弄陛下之兵于潢池。又《洞冥记》：“女国有潢池，浴之而孕。”诗借“潢”为“黄”。

其七

《明史》：崇祯元[①]年，户部尚书毕自严上言：“一岁之所出，浮于所入一百一十三万有余，而内供召买不与焉。”帝命廷臣各陈所见，有择其可者先后列上。增盐引、议鼓铸、括杂税、核隐田、增关课，皆琐屑权宜之计。民以重困甚，至临街房屋每间上若干税，名“间架税”。

累朝曾未赋车船，九土军兴赖助边。司牧渐增间架税，县官先索导行钱。告缗东郭咸阳进，白镪西京卜式贤。剜肉补疮民力尽，中原萧索野无烟。

赋车船汉武帝命诸贾人末作，各以其物自占，率缗钱二千而一算，及有车

① “元”，原为空格，据道光本补。

船者皆算。匿不自占,占不悉,没入缗钱。有能者,以其半与之。其法多出自张汤,百姓咸指怨之。间架税唐德宗建中四年初,税间架,除陌钱。所谓“间架”者,每屋两架为间,上税钱二千,中税一千,下税五百,匿一间者杖六十。怨声载道。导行钱汉灵帝令郡国贡献,先输中署,名“导行费”。告缗汉武帝有告缗令,凡商贾伎巧之家,非农桑所出者,谓之“缗”。卜式汉以河南卜式为中郎,赐爵关内侯。初,式数输县官以助边,故尊显之,以风百姓。野无烟《说文》“野,田庐也”,谓田庐无人烟也。当从古音暑。

其八

《明史》:时措饷之策四:曰因粮,因旧粮量加,亩输六合,石折银八钱;曰溢地,土田溢原额者,核实输赋;曰事例,富民输货为监生;曰驿递,前此驿邮裁省之银,以二十万充饷。后又加征练饷。

赤眉分道乱中原,海内征输怨正繁。天子常虚大盈库,军储折入小黄门。伤心陵墓樵苏尽,回首乾坤战气昏。赖有范倪诸节烈,犹能一死答君恩。

大盈库唐制,天下金帛皆贮于左藏。及第五琦为度支使,奏尽贮于大盈库,库官掌之,天子亦以取给为便。樵苏采薪曰樵,取草曰苏。《史记·韩信传》:樵苏后爨,师不能宿饱。范倪谓范景文、倪元璐。

其九

《明史》:时兵部杨嗣昌议大举平贼,各省官军为四正六隅,谓之十面网,总督、总理二臣随贼所向征讨。至十六年,自请视师,一无筹画,唯与幕下客饮酒娱乐,而日驰章奏捷。

清谈儒将气凌云,捧日都头避寇氛。乍饰捷书来御苑,已传贼骑压河濆。鬼兵浪说奇门阵,神策人轻殿后军。谢万书生真误国,唯将劲卒励诸君。

捧日《宋史·兵志》:捧日,旧号小底,周改为铁骑,雍熙四年改为捧日。都头《唐书·兵志》:以左右神策大将军为左右神策诸都指挥使,诸郡又领以都将,曰都头。鬼兵《避暑录话》:卢循入会稽,王凝之为太守,以入静室求鬼兵,不设备,循屠其家。奇门阵宋钦宗时,郭京用兵甲法与金战,兵败而遁,京师遂陷。神策《唐书·百官志》:天子禁军分左右厢。贞元二年,改左右神策军。”谢万谢安弟也。《世说》:谢万召集诸将,直以如意指四坐,曰:“诸君皆是劲卒。”诸将恨之。

其十

《明史》:时流氛在秦晋之间为尤甚。

期门小队作前茅,坐使边烽入近郊。岂有中兴归赤伏,更无上将[①]翦黄巢。

---

① “上将”,民国本作“上策”。

探丸窟穴蟠三辅，暴骨丘山痛二崤。突骑渔阳天下少，如何不战弃征铙。

期门《汉书·百官表》：期门，掌执兵送从。《西都赋注》："武帝与北地良家子期诸殿门，故有'期门'之号。"赤伏符汉光武建武元年，行至鄗，会儒生强华自关中来奉《赤伏符》，诣王曰："刘秀发兵备不道，四夷云集龙斗野，四七之际火为王。"群臣因复奏请，王乃即帝位于鄗南。探丸《汉书》：永始间，长安狡猾浸多，闾里少年群辈杀吏，受赇报仇，探丸为弹，得赤丸者斩武吏，得黑丸者斩文吏，白者主治丧。薄暮尘起，摽劫行者，枹鼓不绝。三辅汉都长安，以京兆、扶风、冯翊为三辅，盖取辅相之义也。二崤二崤在永宁，自东崤至西崤，相去三十五里，地极险峻，在秦关东、汉关西。突骑渔阳《后汉书》：吴汉说太守彭宠曰："渔阳、上谷突骑，天下所闻也。君何不合二郡精锐附刘公击邯郸，此一时之功也。"

其十一

《明史》：崇祯五年，淮安武举陈启新以陈言授吏部给事中，朝士恶之，纷然论劾，帝不听。后以受贿、匿丧削籍。

太息时危正气伸，中朝止辇苦逡巡。万言立地登青锁，一疏回天近紫宸。骂座灌夫真愤世，雄谈严助坐垂绅。到头了不如人意，枉自逞身要路津。此为陈启新作。

中朝《职官分纪》：紫宸殿，汉之前殿，人臣致敬之所，即内朝正殿也。青锁师古曰："其门刻为连锁之文，以青涂之。"回天唐贞观四年，诏发卒治洛阳宫，且东幸。给事中韦元素上疏，遂罢役。魏徵曰："韦公论事，真有回天之力也。"灌夫《史记》：灌夫，颍阴人也。为人刚直使酒，贵戚诸有势在己之右，必凌之。魏其侯窦婴失势，欲倚灌夫，灌夫亦倚魏其。

其十二

《明史》：怀帝一朝十七年，宰相五十人，足见拜罢之易。又帝忧国用不足，薛国观请借助于戚畹，武清侯无以应，夺爵，悸死。又以考选为吴时昌大恨，发受贿事，夺职，后为给事中所劾，逮至京，赐死。又御史蒋拱辰劾时昌交通中宫，词连周延儒，遂逮至京，勒自尽，并籍其家。

朝闻拜衮暮归田，柏府梧垣大有权。李息奄阿登九列，王嘉引罪赴都船。章程改革纷朝夕，彗孛阴森乱次躔。自是举朝真寂寂，总戎又复命中涓。

政府拜罢之易，台省门户之横，一一写出，几欲击碎唾壶。

柏府梧垣《汉书》：御史府列柏树，尝有乌栖宿其上，因名"乌台"，又名"柏台"。杜甫《题省中院壁》诗"掖垣竹埤梧十寻"，注：垣、埤皆墙也，谓埤之梧长十寻也。李息《史记·卫将军传》：将军李息，郁郅人，事景帝。至武帝立八岁，为材官将军，军马邑；后六岁，为将军，出代；后三岁，为将军，从大将军出朔方：皆无功。凡三为将军，后居太行。九列九列者，九卿也，出《抱朴子》。王嘉都船汉丞相王嘉以劾董贤缚致都船诏狱，汉狱名。指薛国观、周延儒两相，皆赐死。彗孛除旧布新义也，出《春秋》。次躔星之次躔，星履行也。

其十三

此仍赋杨嗣昌。

论兵纸上尽空谈，阻众妨功虎视眈。北阙司空温室树，西湖浪子木绵庵。绣衣谁遣收砧锧，斩马安能借剑镡。不是招降真上计，关东诸盗误章邯。

温室树汉成帝以孔光为御史大夫、领尚书，典枢机十余年，兄弟妻子燕语，终不及朝廷政事。或问光："温室省中树皆何木也？"光嘿而不应，更答以他语，其不泄如是。西湖浪子宋李邦彦号浪子宰相，西湖浪子谓贾似道也。木绵庵似道死处。绣衣《百官表》：侍御史有绣衣直指者，出讨奸猾、理大狱。直指者，无私也；衣以绣，尊宠之也。砧锧出《周礼·司弓矢》，又古之斩戮者，用砧锧伏斧砧。斩马剑汉朱云事。剑镡《急就篇》"钑戟铍镕剑镡鍭"，注：剑镡，刃之本入者也。李孝光诗"赤螭衔剑镡"。章邯《秦纪》：二世遣章邯击盗，邯乃北渡河，击赵王歇于钜鹿。时盗贼益多，李斯谏曰："关东群盗并起，秦兵击诛所散亡甚众，然犹不止。盗多，以作事苦，赋役大也。请止阿房宫役。"二世不听。

其十四

《明史》：崇祯十五年，开封围急，帝命左良玉赴援。及四镇兵次朱仙镇，良玉见贼势盛，一夕拔营走襄阳，众皆溃。

张角何缘起大方，中原鱼烂亦堪伤。不闻太子趋灵武，坐使思明据范阳。河上中军真鸟散，相州节度竟云翔。纷纷京国人南窜，不共官家守帝乡。

东晋、南宋犹为有人，读此真可流涕。

张角角事黄老，以妖术授弟子，遣游四方相诳诱，十余年间徒众数十万。灵武唐天宝十五年，安禄山叛。帝幸蜀，至马嵬，留太子东讨贼。秋七月，太子即位于灵武。崇祯末年，有劝遣太子南行者，不听。思明肃宗至德二年，安庆绪使史思明为范阳节度使。思明拥强兵，据富资，益骄横，不用命，庆绪亦不能制。鸟散出《左传》。相州《唐书》：肃宗命郭子仪等九节度讨安庆绪，不置帅，以鱼朝恩为观军容宣慰处置使。兵溃于相州。

其十五

《明史》：崇祯十七年，李自成僭号于西安，自称王，国号"顺"，改元永昌，封其党刘宗敏为侯，驰檄远近，指斥怀帝。集廷臣议，欲亲征决战。二月，自成遣将陷真定，帝下诏罪己，诏天下勤王，遣内臣分监边镇及京畿要害之地。

鄜延一望莽荆榛，遂使中原尽结屯。几见良家来六郡，唯闻剧贼下三秦。将军养寇麋刍饷，大吏缒城避战尘。独恨匡时无李郭，尽驱赤子作黄巾。

鄜延秦汉上郡，隋延安郡，元鄜延路，今名延安府。六郡《后汉书·百官志》：羽林中郎将，比二千石。羽林郎，比三百石，掌宿卫。常选汉阳、陇西、安定、北地、上郡、西河凡六郡良家补之。剧贼《汉书·董宣传》：县有剧贼夏喜等，寇乱郡境。三秦《汉书注》：章邯为雍王，司马欣为塞王，董翳为瞿王，分王三秦，故曰"三秦"。李郭《唐书》：拜郭子仪为兵部尚书、同中书门下平章事。乾元二年，破贼河上，执安守忠以献进。中书令李光弼严毅沉果，虽宿将莫能比。禄山反，子仪荐其能。黄巾即张角也，众皆着黄巾。

其十六

《明史》：崇祯十六年，李自成破潼关，总督孙传庭死之，遂陷西安、延安诸郡。

潼关不守竟仓皇，遗恨捐师促丧亡[1]。骁贼如闻趋洛下，行营真见溃河阳。常山万死犹存舌，睢水韬戈自裹疮。千古桃林多战骨，黄河东下水汤汤。

变徵变羽，却有黄钟之音。

行营《唐书》：安禄山作乱，哥舒翰悉河、陇兵东守潼关，谓诸将各以所镇兵讨贼，始号行营。常山《唐书》：天宝十五年，史思明陷常山。太守颜杲卿被执，送洛阳，骂贼曰："臊羯狗，何不速杀我！"禄山缚而剐之，比死，骂不绝口。颜氏死者三十余人。裹疮《唐书》：天宝十五年，真源令张巡起兵雍丘讨贼，贼四万余众奄至城下，积六十余日，大小三百战，带甲而食，裹疮复战，贼遂败走，军声大振。桃林河南灵宝县城南十里，有灵宝县旧址。

其十七

《明史》：崇祯十七年，京都守陴者寥寥，人给百钱，鬻食于市，益无固志。时中官杜勋从贼营至，缒入城，劝帝自为计。帝叱之，出，仍缒城下。语诸珰曰："吾辈富贵固在也。"

海内增兵积渐多，癸庚无奈脱巾何。告身仅易平原督，羽扇难挥曳落河。内府中官缒玉玺，城门校尉倒金戈。艰难帝室罹阳九，四面宁堪尽楚歌。

此江文通《恨赋》所未[2]及。

癸庚出《左传》，盖军中隐语也。庚，西方，主谷；癸，北方，主水。言我若登山呼癸庚，汝则诺而应之。告身《唐书·选举志》：拟奏受，皆给以符，谓之告身。又唐肃宗、代宗年间，连岁饥馑，大将军告身一通，仅易一醉。平原督邮《世说》：桓温有从事，善别酒，好者为青州从事，恶者为青州督邮。

---

① "促丧亡"，道光本、民国本、《般阳诗萃》、《般阳诗钞》俱作"列郡王"。

② "未"，清刻本作"不"。

青州某从事最清，故呼酒清者为青州从事，平原督邮职贱，以比酒之下者。羽扇《三国志》：诸葛武侯与晋战于渭滨，诸葛持白扇挥三军。曳落河《唐书》：房琯请将兵复两京，请以刘秩为参谋，悉以军务付之，曰："贼曳落河虽多，安能当我刘秩。"初，安禄山养同罗、奚、契丹降八千人，号"曳落河"，言壮士也。校尉汉制，置城门校尉，员一人，掌城门屯兵。阳九《太乙经》曰："阳穷于九，阴穷于六，乃阴阳之极数也。极则变，变则灾祸生焉。"楚歌《史》：项羽至垓下，食尽。韩信及诸侯兵围之数重。羽夜闻汉军四面皆楚歌，乃大惊，曰："汉皆已得楚乎？是何楚人之多也。"时内宦守城，开门迎贼。

其十八

《明史》：崇祯十七年三月，内城陷。时鸣钟集百官，无一至者。先是自成入居庸关，陷昌平。兵部发侦探，皆被勾去，游骑至平则门，都人尚犹未知。帝召群臣问计，莫对，有涕泣者。

长乐东风听晓钟，千官早[1]散掖门松。朝阳已失孤鸣凤，神器终移独眼龙。[2]西去禁军输鹿塞，北来堠火接居庸。请看十辈投降者，尽是哥舒五等封。时定西伯唐通降闯贼。

雷电风雨，拉杂笔端。

长乐汉宫名。掖门《汉书注》：非正门，而在两旁，若人之臂掖也。鸣凤永淳初，造奉天宫，御史李善谏止之。自褚遂良殁，谏官以言为讳者二十年，至是人目为凤鸣朝阳。独眼龙李克用眇一目，时谓之"独眼龙"。闯贼攻汴梁，为流矢中一目。鹿塞《十三洲记》"鹿塞在苍松县"，薛道衡诗"连旗下鹿塞，叠鼓向龙庭"。居庸关名，在顺天昌平州西北。哥舒唐哥舒翰，施哥舒之裔也，蕃人多以部落称姓，因以为氏。翰代王忠嗣为陇右节度使，攻吐蕃石堡城，不旬日而拔之。上录其勋，特进加开府仪同三司，哥舒翰封西平郡王。潼关之败，降安禄山。

其十九

《明史》：崇祯十七年二月，诏天下勤王。蓟辽总督王永吉请移宁远总兵吴三桂于关内策应，京师陈演持不可，后贼逼近而军不能猝至，凡京兵屯城外者、三大营，皆降贼。

征师哀诏出燕云，牧伯连兵静不闻。士沐深恩三百载，国无君子六千军。貔貅尽化虫沙队，鹅鹳宁同虎豹群。五十万人齐下拜，更谁击楫向江渍。

君子军《国语》：越王以其私卒君子军六千人为中军。虫沙《抱朴子》：穆

① "早"，清刻本、道光本、民国本作"已"。

② "龙"后，清刻本、民国本有小字"闯贼乃与李克用同形"。

王南征，三军之士一朝尽化。君子化为猿猴，卒化为沙虫。鹅鹳《嘉话录》：夔州西市，俯临江岸，沙石下有八阵图，箕张翼舒，鹅形鹳势，聚石分布，宛然尚存。下拜昔西蜀为宋所灭，花蕊夫人诗“君王城上竖降旗，妾在深宫那得知。十四万人齐解甲，并无一个是男儿”。一本作“齐下拜”。击楫晋五胡乱时，祖逖渡江，中流击楫而歌，誓曰：“不复中原，不复渡此江。”[①]

其二十

勋戚劝输。

侧望天门猰㺄吟，西郊氛祲日相侵。劝输戚里私金穴，借帑封桩痛玉音。监国无人灭皋落，蒙尘何计走斟鄩。唯闻衣带传遗诏，字字堪[②]伤万国心。

猰㺄《尔雅》：猰貐似貙，虎爪，食人，迅走。音轧与。戚里嘉定伯周奎，国舅也。怀宗命奎助饷，奎辞。金穴《后汉书》：郭后弟郭况家富，人名其家为“金穴”。封桩《宋史》：“有封桩，犹今之存仓也。”皋落出《左传》。斟鄩少康之子走斟鄩，兴复夏室。怀宗太子欲往南京，不果。

其二十一

《明史》：崇祯十七年，李自成陷宁武关，总兵周遇吉力战死之，妻李氏率妇女登屋射贼，贼纵火焚之，合家尽死，城中士民无降者，自成意阻欲还。已而宣府降表至，自成长驱入。大同监视中官杜勋蟒玉鸣驺，迎贼至三十里外。

唐家原赖朔方兵，卷土西来计未成。不见贺兰哀许远，空烦天子问真卿。彭衙一旅谁能振，河北连营势尽倾。谋国邺侯真计左，尚烦叶护复东京。

朔方兵《唐书》：郭子仪为朔方节度使，肃宗大阅六军，唯依朔方为根本。贺兰韩愈《张中丞传后序》：南霁云之求救于贺兰也，兰嫉张巡、许远之声威功绩出己上，不肯出师，强留霁云，具食与乐，延霁云坐。霁云慷慨，拔佩刀断一指，血淋漓，以示贺兰。一座大惊，皆感激为云泣下。云知贺兰无出师意，遂驰去。许远守睢阳，城陷被执，送洛阳，死于偃师。真卿《唐书》：禄山反，平原太守颜真卿发兵防河津，遣司兵李平间道奏之。始闻河北郡县皆从贼，叹曰：“二十四郡曾无一义士邪？”及平至，大喜曰：“朕不识颜真卿作何状，乃能如是。”彭衙《左传》：狼瞫及彭衙既疏，以其属驰秦师，死焉。彭衙，汉政衙县，属左冯翊。邺侯唐李泌请安西、西域之众，并塞东北，取范阳，上不从。肃宗至德二年，泌封邺侯。先是回纥可汗遣其子叶护将精兵至凤翔、广平，王俶见叶护，约为兄弟。叶护犹华言太子也。末二句指金声请往朝鲜乞师之迂。

---

① “江”后，底本另有“曰不复中原，不复江楫，慷慨吞胡羯”十四字，与上重，且疑有脱文。

② “堪”，道光本、民国本作“偏”。

其二十二

《明史》:崇祯十七年，李建泰自保定疏请南迁，帝召群臣于平台，谕曰:“国君死社稷，将焉往?”王德煜与少詹事项煜请命太子往江南，帝不答。至城陷，帝自缢于煤山。

殉身社稷古今无，慷慨煤山浩气孤。不学弘农迷洛水，宁同天宝窜成都。长虹入地遗金剑，白练经天堕鼎湖。司马家儿千载恨，青衣行酒府中趋。

赖此吐气耳。然以君父为孤注，谁之罪与?

洛水《后汉书》:何进召董卓诛宦官，张让劫帝辨至河上，闵贡扶帝夜逐萤光还洛舍。董卓废少帝辨为弘农王，立陈留王协，是为献帝。成都《唐书》:禄山破潼关,明皇幸成都避难。长虹魏太子造剑,名长虹。鼎湖汉武帝于此为宫。《三辅黄图》:鼎湖在湖城北。司马家儿《晋书》:惠帝后羊氏，永嘉六年与怀帝同被执。后刘曜纳之为后，问曰:“吾何如司马家儿?”对曰:“陛下开基圣主，彼亡国暗夫，胡可比也!”曜甚爱之。青衣行酒晋怀帝为刘聪所获，宴群臣于光极殿，使帝着青衣行酒。

其二十三

《明史》:崇祯十七年，李自成至京都，以箭射承天门，云:“中天字当一统!”不中，中天字下。

雕青花项尔何人，箭射天门正暮春。紫袖扬尘呈禅诏，黄袍劝进已加身。元勋褚傅宁[①]忘宋，新室扬雄善剧秦。可惜邦昌犹漏网，中兴谁为戮奸民[②]。

雕青花项《五代史》:郭威少时项后雕一青雀,人有以大贵许者。威笑曰:“天下岂有花项天子乎?”禅诏《通鉴》:宋太祖为诸将所拥上马,还汴,入宫召百官。至晡时班定，犹未有禅，翰林承旨陶谷出诸袖中，遂用之。黄袍加身《五代史》:后周恭帝命都检点赵匡胤率兵御契丹，次陈桥驿，赵普等率将士逼匡胤寝所，白曰:“诸将无主，愿策太尉为皇帝。”匡胤未及对，黄袍已加身矣。众皆罗拜，呼万岁。褚傅宋顺帝昇明三年，萧道成废宋主准，司徒褚渊奉玺绶诣齐劝进，齐以渊为司徒，后进太傅。扬雄新莽篡汉，扬雄九次转为大夫，校书天禄阁，作《太玄》《法言》，盛称莽功德可比伊周，又作《剧秦美新》之文以颂莽，君子病焉。邦昌《宋史》:钦宗时，金人犯边，强立张邦昌为楚帝，称书不称诏，称我不称朕。

其二十四

《明史》:崇祯十七年甲申三月丙午日晡，外城陷，帝登万岁山，望南城，烽火彻天，叹曰:“苦我民耳!”遂命分送太子、定王、永王于外戚周、田二家，

---

① “宁”,《般阳诗钞》作“偏”。

② “民”，民国本作“臣”。

剑击长公主，令皇后自尽。翌日昧爽，内城陷，帝登万岁山，去冠冕，以发被面，自缢于煤山亭下。

铜鞮谁见下襄阳，坐使[①]鲸鲵入未央。秘殿遗音怜赤子，大荒披发诉高皇。九原龙剑沉王气，三月乌号哭国殇。天寿山头松柏路，玉衣原庙总凄凉。

铜鞮《齐书•五行志》：梁武帝在雍镇，有童谣曰“襄阳白铜鞮，反缚扬州儿”，议者言：“白铜为金，鞮为马。白，金色也。”义师之兴，实以鞮骑。鲸鲵喻不义之人。遗音怀宗衣带书云：“任贼分裂朕尸，勿伤百姓一人。”乌号《史•封禅书》：黄帝弓名。天寿山《明一统志》：山在顺天府北一百里，明十三陵俱在。玉衣《汉武故事》：高帝庙中玉衣自箧中出，舞于殿上。原庙汉孝惠时，以沛宫为原庙，师古曰：“原，重也。言已立正庙，更重立也。”

其二十五

《明史》：崇祯十七年三月，钦天监奏帝星下移。

杜鹃啼血[②]怨春光，来叫桃花泣国亡。坐见惊雷殷地轴，更无枉矢射天狼。极星惨淡微垣侧，龙驭哀吟帝座旁。独有一时长乐老，贼庭舞蹈整衣裳。

王安石独取冯道，此一事便可诛，无怪其坏人家国也。

杜鹃其大如鹳而羽乌，声哀而啄有血，春至则鸣。胡江东《咏史》诗“杜宇曾为蜀帝王，化禽飞去旧城荒。年年来叫桃花月，似向东风泣国亡”。地轴《博物志》：地有四柱，广十万里，有三千六百轴，犬牙相制。枉矢《晋志》：天矢，瑞星也。天矢黄而国吉祥。又天狼一星在东井东南，狼为野将，主剽掠。弧九星在狼东南，主备盗贼，常向于狼。长乐老《五代史》：冯道少以孝谨知名，唐庄宗世始显贵，自是历四姓十君，累朝不离将相公师之位，为人滑稽多智，浮沉取容，尝作《长乐老叙》。

其二十六

定王、永王出，寄外戚周、田二家。

沧桑回首旧皇畿，槐里荒凉烟火稀。金屋珠儿莺燕去，青门萧史凤凰飞。鹑衣败絮行冰雪，破镜空囊出绣帏。慷慨越公何处觅，晓风残月粉郎归。

项联凄丽。[③]宫人红袖泣，王子白衣行，千古恨事。

槐里《括地志》：大邺城，一名槐里，亦曰废邺城，在雍州始平县东南十里。金屋汉武帝为胶东王，时年十岁，长公主抱王问曰：“欲得妇否？”曰：“欲得。”主因指女：“阿娇好否？”笑曰：“若得阿娇，当作金屋以贮之。”莺燕指嫔妃。

---

① “坐使”，民国本、《般阳诗萃》俱作“坐致”。

② “啼血”，民国本作“啼处”。

③ “项联凄丽”四字，清刻本无。

青门《三辅黄图》:长安城东出南冶第一门曰“霸城门”,名“青城门”,亦曰“青门”。萧史见《列仙传》,指公主事。鹑衣冰雪指太子、二王。破镜指公主后来实配。越公隋杨素。晓风残月柳永《秋别》诗“今宵酒醒何处,杨柳岸晓风残月”。

其二十七

黍油麦秀之歌。此首专赋少保公一生出处,以殁于鼎革之前为幸。

版荡中原沸九州,艰难我祖卜金瓯。三年秉轴依明主,六传归田卧故侯。翁仲遗虚尊鼎铉,龙骧高冢识松楸。全归典礼天恩重,异代衣冠赖寝丘①。

先曾王父相国公于崇祯乙亥拜衮,丁丑典会试,戊寅予告,驰驿归田,屡诏不起。又五年,壬午七月薨逝。蒙恩赐祭葬,恩荫,赠少保。癸未,备礼大襄,甲申国变。

金瓯《朱异传》:武帝言“我国家犹如金瓯,无一伤缺”。秉轴《臆乘》:史载相位妍丑之称,杜衍曰“清白宰相”,陈升之曰“筌相”,蔡确曰“三旨丞相”。人爵之崇,莫若秉轴,淑慝之行,皆得而议焉。六传沈炯启“舳舻浮江,俟一龙之渡;青宫丹陛,候六传之入”,又汪道昆诗“便宜封事应条上,羌笮行看六传还”。传,驿马也。翁仲墓前石人也。翁仲,秦人,始皇使守临洮,声震匈奴。死后铸其像置之司马门外,匈奴见之,犹以为生。石人始此。龙骧指墓门石马。傅休奕诗“君子倦仕归,车马如龙骧”。寝丘《史记·滑稽传》:楚庄王召孙叔敖子,封之寝丘四百户,以奉其祀。陆游诗“晚景唯思老寝丘”。

南渡后四十二首

《明纪编年》:崇祯十七年三月二十三日,南京府部科道等官闻京师陷、上殉社稷,齐集中军都督魏国公徐弘基第,议推戴讨贼。时惠王、桂王道远难致,潞王、福王、周世孙各避贼至淮安。凤阳总督马士英移书兵部尚书史可法及署礼部侍郎吕大器,请立福王,以福王神宗之孙、光宗之侄、大行皇帝之兄也,可法、大器持不可。四月二十七日,众官复集议,不决。吏科给事中李沾奋袂厉声曰:“今日有异议者,以死殉之!”诚意伯刘孔昭、司礼监韩赞、周复持之,遂以福王告庙。众议监国,孔昭请即正位,遂定五月初一日迎王入京,十五日即帝位,诏以明年为弘光元年,都金陵。

其一

《明纪编年》:时吴三桂逐贼西遁,大清定鼎燕京,移谕江南削发投顺。六月,史可法奏报清兵南下,上方俳优宴饮,不问。

---

① “寝丘”,本作“寝郛”,据清刻本、道光本、民国本改。

坐使神州竟陆沉，秋江百尺[①]莫言深。南还[②]不少黄潜善，留守谁为宗汝霖。下濑将军窥故国，太行忠义感雄心。望仙阁里千回醉，只是难忘玉树音。

神州《史记》：中国名曰赤县神州，内有九州，即禹所序九州是也。陆沉晋桓温登平乘楼，眺望中原，慨然曰："遂使神州陆沉，百年丘虚。"留守《通鉴》：宋高宗欲幸东南，李纲极谏不可，乃许幸南阳。黄潜善、汪伯彦阴主扬州之议，帝渡江如杭州。东京留守宗泽，字汝霖，前后请帝还京二十余奏，为潜善、伯彦所抑。此指马士英等也。下濑将军汉武帝击南越，有戈船将军名严、下濑将军名甲，史皆失其姓。太行忠义岳飞使梁兴会太行、忠义两河豪杰，败金人于垣曲，又败于沁水，遂复怀、卫二州。太行道绝，金人大恐。望仙阁陈后主至德二年，起临春、结绮、望仙三阁，使孔贵妃、张丽华与狎客江总等共赋新诗，采其尤艳者为曲，有《玉树后庭花》等。

其二

史阁部开府扬州。

铜马纷纷陷上京，舂陵一派失峥嵘。过江浪选西曹掾，列阵曾无北府兵。羽檄未能驰露布，铙歌无分谱瑶笙。伤心凝碧池头宴，不见当年雷海青。

铜马汉光武追铜马、馆陶，大战于蒲阳，悉破，降之众遂数十万，故关西号光武为铜马帝。舂陵《后汉•光武纪论》：后望气者苏伯阿为王莽使，至南陵，望见舂陵郭，唶曰："气佳哉，郁郁葱葱然！"及始起兵还舂陵，远望舍南，火光赫然属天，有顷不见。西曹掾曹操自为丞相，以崔琰为西曹掾，毛介为东曹掾，司马朗为主簿，司马懿为文学掾。北府兵晋谢玄镇广陵，以刘牢之为参军，领精锐为先锋，战无不捷，号为北府兵。露布《世说》：桓宣武北征袁虎，时会须露布文，唤袁倚马前令作，俄得七纸。言露板不封，布诸视听。铙歌汉有短箫、铙歌之曲。唐柳子厚作《铙歌鼓吹曲》十二篇，歌唐战功也，见《乐府诗集》。凝碧池安禄山取长安乐工犀象诣洛阳，宴群臣于凝碧池，盛奏众乐。乐工雷海青不胜悲愤，掷乐器于地，西向痛哭，禄山支解之。

其三

《明纪编年》：刘泽清大兴土木，造宅淮上，穷极壮丽，四时之室俱备，僭拟皇居。休卒淮上，无意北征。上亦日居深宫，与内侍饮酒宴乐，杂伶演戏，群臣谏书警报，皆置不问。

列戍优游拥节旄，千群堠火照江皋。天颜有喜调新曲，嫔御当筵赋彩豪。璧月微吟江令醉，军书稠叠御床高。临春阁上春归去，花落花开露井桃。

---

① "百尺"，清刻本、民国本作"百丈"。

② "南还"，清刻本、民国本作"南迁"，道光本、《般阳诗萃》作"过江"。

使得作长城公，亦复何憾。长城公，陈后主叔宝也。

天颜《太真外传》：妃醉舞《霓裳羽衣曲》，天颜有喜。璧月陈后主令女学士袁大舍等赋新诗，有“璧月夜夜满，琼树朝朝新”之句。江令陈后主以江总为尚书令。御床高陈后主唯饮酒，不省告急文书。高颎至日见奏启犹在御床，未开封。露井桃《古乐府》：“桃生露井上，李树生桃旁。虫来食桃根，李树代桃僵。”

其四

石城万雉镇金墉，夹道烟花翡翠重。设险江关千里堑，阅人风雨六朝松。孤军直入韩擒虎，王气潜消吕祖龙。愁绝后湖湖上月，寂寥秋夜照芙蓉。

石城《三国志》：东吴张纮以秣陵山川形势劝孙权为治所，于是作石头城，徙治秣陵，改号建康。金墉晋赵王伦篡位，迁帝于金墉城，改永安宫。六朝松渔洋《六朝松记》：六朝园最古，在瓦官寺东北，其得名以松石。鬣甲盘拏，方五丈许，质作金苍玉，色作绀碧相错。清风谡谡，令人忽忽有齐梁间想。韩擒虎隋开皇九年，韩擒虎自新林进军，任忠迎降，引擒虎军直入朱雀门。陈后主惶惧，从宫人十余，自投于景阳楼井。一名胭脂井。吕祖龙始皇以金厌王气。祖龙，谓秦始皇也。后湖在应天府上元县外，晋名北湖，刘宋名玄武湖，今名后湖。

其五

《明纪编年》：马士英荐钦定逆案、阮大铖知兵，为江防兵部尚书，举朝大骇。群臣劾之，皆不听。给事中罗万象曰：“恐《燕子笺》《春灯谜》即枕上之阴符、袖中之黄石也。”

冶城南望是天家，幕府山前万柳斜。琼树临风依画阁，华林隔水听鸣蛙。霞笺燕子翻朱袖，象版莺歌入绛纱。却笑皖江无赖子，自调银管按红牙。

冶城在江宁府治西北。幕府山《宫苑记》：幕府山，在江宁府西，俗名石灰山。晋元帝初渡江，丞相王导建幕山其上。华林在应天府钟山侧、台城内。霞笺《蜀志》：王衍以霞笺五百幅赐堂令。燕子笺阮大铖以朱绫书《燕子笺》诸剧，进宫中。象版红牙《宋史·钱俶传》：太平兴国三年，俶贡红牙乐具二十事。皖江即今桐城。

其六

狎客题诗画鹢艭，蛮奴鼓吹碧油幢。千年辱国胭脂井，五夜销魂结绮窗。移步莲华春似海，徵歌桃叶水平江。谁知自有防边计，十丈龙旂一夕降。[①]

狎客陈后主宰臣江总与尚书孔范等十余人侍宴后庭，不事政务，谓之狎客。蛮奴陈后主臣任忠小字。碧油幢《石林燕语》：节度旗则绸以红缯，节度及麾

---

① “降”后，清刻本、民国本有小字“陈后主以任变奴为大将，竟为隋虏”。

枪则绸以碧油。五夜《汉书仪》：昼漏尽，夜漏起，省中黄门持五夜，谓甲夜、乙夜、丙夜、丁夜、戊夜也。步莲齐东昏侯潘妃，名玉奴，翦金为莲花以贴地，令妃行其上，曰“此步步生莲花也”。桃叶桃叶渡？在上元县秦淮口。王献之妾名桃叶，会渡此，献之作歌送之，云：“桃叶复桃叶，渡江不用楫。但渡无所苦，秋日来迎接。”因名。有计隋兵入城，袁宪劝陈后主依梁武见侯景故事，陈后主不从，曰：“吾自有计。”

其七

钟山佳气隐芳菲，隆准文孙亦已稀。凤去台空千里黯，龙蟠虎踞片云飞。惊传铁骑临玄武，岂有熊罴守翠微。不见蒋陵弓剑地，晓风哀壑散灵衣。

不减庾开府《哀江南赋》。

隆准《史记·高祖纪》：为人隆准龙颜。杜少陵《哀王孙》诗“高帝子孙尽隆准，龙种自与常人殊”。凤台台址在江宁县治。南宋元嘉中，有凤凰集于山，因起台于其上。龙蟠虎踞诸葛亮至京口，观秣陵地形，叹钟阜龙蟠，石头虎踞，曰“真帝王宅也”。蒋陵《丹阳记》：吴孙权葬蒋山南，因山为名，故号蒋陵。

其八

《明纪编年》：弘光立，设徐淮、扬滁、凤泗、庐和为四镇，以靖南侯黄得功总兵，高杰、刘泽清、刘良佐分辖之。黄得功心薄高杰，提兵争淮扬，与杰战，不胜。朝廷闻之，使人曲解，始罢兵。时兵部尚书史可法督兵驻扬州，因使高杰隶于史可法标下。

谁云天堑拍天浮，二水中分万里流。海曲孙恩倾赤县，江干王导领扬州。牙门四镇群争长，铁锁千寻不解愁。那识北军飞渡处，一声钟散景阳楼。

天堑《广舆行胜》：长江天堑，王气所钟。拍天浮苏轼诗“江远欲浮天”。二水李白诗“二水中分白鹭洲”。孙恩《晋书》：孙恩，琅邪人。父泰，为王导子所诛。恩逃于海隅，聚合亡命，自海攻上虞，因袭会稽，驱男女二十余万口东走，逃入海隅。至兴元年，复寇临海。兵击破，恩赴海死。王导晋明帝加司徒王导为大都督，军扬州，以讨王敦。牙门近代谓府庭为公衙。“衙”本作“牙”，盖以爪牙自卫，故军前大旗谓之“牙旗”，即诗云“予王之爪牙”。铁锁晋王濬与羊祜谋伐吴，大作舟舰。时作船木屑蔽江而下，吴太守吴彦收之，白吴王曰：“晋必有攻吴之计，宜增建平兵以塞其冲。”吴王不从，乃为铁锁断江路。濬作大筏，令善水者先持火炬，遇锁然苣烧之，须臾镕断。船无所碍，鼓噪而下，直入石头。吴王皓诣军门降。飞渡《陈书》：隋兵临江阵，孔范曰：“长江天堑，限隔南北，今日虏岂能飞渡邪？”后主以为然。景阳楼齐武帝置钟景阳楼上，令宫人闻钟即起。

其九

马士英当国时。

丽宇芳林四望开，商声凄切管弦哀。相公蟋蟀关军国，御座琵琶续善才。门祚清华无顾陆，岩廊通脱有王裴。点妆妃子方晨起，已报隋兵江上来。

芳林魏明帝有芳林园。相公蟋蟀宋度宗诏贾似道十日一朝，时襄樊围急，似道日肆淫乐，与群妾斗蟋蟀，狎客戏曰："此军国重事也？"似道嘿然。琵琶北齐后主弹琵琶，为《无愁之曲》。善才元和中，曹保有子善才，善才子纲，皆能琵琶。王裴晋裴楷与王戎齐名，吏部缺，文帝问其人于钟会，会曰："裴楷清通，王戎简要，皆其选也。"点妆妃子周兵至，齐后主妃小怜点妆未毕，后主事之。

其十

刺阮大铖等。

吊古闲凭建业城，梁陈往事黯魂惊。擘笺不少江丞相，献策何堪薛道衡。江水欲流终古恨，雕窗常傍夕阳明。永嘉不竞真多事，三百年来胜势平。

第六句用事入化。

建业《三国志》：吴自京口徙都金陵，改名建业，后六朝皆都于此。擘笺陈后主荒于酒，日与孔、张八夫人夹坐。江、孔等预宴，先令妇人擘笺赋诗，一时唱和，迟则罚。献策隋薛道衡与高颎言："有四事决，陈可克。雕窗夕阳陈后主诗"夕阳如有意，常傍夕阳明"。永嘉晋桓温议移洛阳钟虡，王述曰："永嘉不竞，暂都江左。宜荡平区宇，旋轸旧京。不尔宜迁园陵，不事钟虡。"

其十一

临江节士重踌躇，夹日虞渊痛莫扶。太傅东山方挟妓，元戎北府漫呼卢。肯容孔范登三阁，谁窃夷光泛五湖。莫道南来恢旧物，久知凤历去留都。

东山妓晋谢安少有重名，人皆以公辅期之。士大夫至相谓曰："安石不出，如苍生何？"安每游东山，常以妓自随。会稽王昱闻之曰："安石既与人同乐，必与人同忧。"北府详前。呼卢摴蒱之戏。琼采有五皆黑者曰"卢"，卢为最胜之采。刘裕挼喝五木成卢。孔范《南史·恩幸传》：孔范，字法言，后主即位，为都官尚书。余详前注。夷光西施，一名夷光。留都明永乐，迁都北平，遂以金陵为南京，总名之曰"留都"。

其十二

《明纪编年》：弘光元年五月朔，大兵已破扬州，沿江窥渡，音信断绝。左良玉讨马、阮之兵停留未下，日报捷音。有夜半书东西长安门柱云："福人酒醉未醒，全凭马上胡诌。幕府凯歌已休，犹听院中曲变。"丙戌，百官进贺，上不视朝，以串戏无暇见群臣也。

江介偏安霸业资，衣冠南渡竟何之。烽烟河朔连千里，鱼水君臣快一时。幕府飞书清帝侧，山阴传檄讨穷奇。神奸末路谁怜汝，百里捐躯莫漫悲。

河朔汉献帝建安十二年[1]，山东李唐家九节度使始为朝廷患者，号“河朔三镇”也。鱼水君臣汉昭烈帝与亮情好日密，关、张不说，帝解之曰：“孤之有孔明，犹鱼之有水也。”幕府汉卫青以幕为府。清帝侧详前城狐注。《南疆绎史》：弘光元年三月，左良玉举兵，以奉太子密旨诛奸臣马士英为名，焚武昌东下。

其十三

《明纪编年》：上深居禁中，娱幼女、饮旨酒、杂伶人、演戏剧为乐、

桂树婆娑片月光，君王扶醉制堂堂。山东刘豫分雄镇，江左夷吾上御床。旄钺兵书新乐府，蹋歌内苑旧平康。长干传得留侬曲，万古销魂一水旁。

驱使古人，出神入化，为之击节不已。

刘豫宋建炎三年，除知济南府，金人来攻，豫率百姓降金。四年，金册豫为皇帝，国号“大齐”，即伪位。指刘泽清。夷吾《世说》：峤初为刘琨使来过江，于时江左建营未就、纲纪未章。温深有忧色，既见丞相，酬纳既出，欢然曰：“山左有夷吾，民复何忧。”上御床晋元帝即位，百官皆陪列，命王导升御床共坐，固辞，曰：“若太阳下同万物，苍生何由仰照？”乃止。新乐府指阮大铖。蹋歌唐《辇下记》：上御安福门观灯，令朝士张文者蹋歌，声调入云。长干建业南五里有冈，其间平地，吏民杂居，东长干中有大小长干。

其十四

弘光建宫、选才人。

秣陵壮丽古丹阳，避地南来似靖康。多宝平章调鼎鼐，无愁天子按宫商。典文琐细烦宗伯，赠谥纷纭议太常。武惠江南公事毕，长缨又系李重光。

靖康宋康王自钦宗靖康二年北狩，南渡江，立为帝。多宝平章宋贾似道为平章，好宝玩，建多宝阁，一日一登玩之。无愁天子《北齐•幼主传》：帝骄纵，为《无愁之曲》，自弹琵琶而唱之，民谓之无愁天子。典文左良玉《讨马士英檄》云：“除诰命、赠荫之余无朝政，自私怨、旧仇而外无功能。”赠谥《明纪编年》：赐北京殉难文臣二十二人、勋臣二人、戚臣一人祭葬，祠谥有差。忽赠忽驳，又视贿之有无、心之爱憎，故曰“纷纭”。李重光南唐后主李煜，字重光。

其十五

《明纪编年》：丙申，召内臣五十三人进宫演戏饮酒。

华林子弟换新腔，叔宝临轩对玉缸。自谱龟兹教法部，谁知虎旅渡长江。神伤旧国无传箭，火照新亭已受降。六代兴亡真一瞬，万年寒月上船窗。

---

① “年”后，疑有脱文。

龟兹《西域记》：龟兹国王与臣庶知乐者，在山间听风水之声，均节成音，后翻入中国，如伊凉、甘州等。皆龟兹境也。”传箭《五代史》：唐明宗天成二年十月，如汴州。是月，传箭于霍彦威。杜甫诗“青海无传箭，天山早挂弓”。新亭在江宁府，俯瞰江渚，周颛与诸名士宴此，叹曰：“风景不殊，举目有江山之异。”因相视流涕。王导愀然曰：“当共努力王室，克复神州，何作楚囚泣也！”六代吴、晋、宋、齐、梁、陈，皆都金陵。

其十六

建业君臣望最轻，无端妖冶意纵横。元凶有耳听新诏，老马横行入旧京，霸气自雄淮海镇，皇图谁练水犀兵。终同当日雷塘畔，火照迷楼万古情。

元凶老马当时人联[①]句云：“闯贼无门，匹马横行天下；元凶有耳，一兀直捣中原。”雷塘在江都城西北十五里，即隋炀帝葬处，迷楼《通鉴》：炀帝游江都，浙人项昇进宫图。营建既成，幸之曰：“使真仙游此，当自迷。”因名曰“迷楼”。

其十七

《明纪编年》：郑鸿逵封靖虏伯，世袭，将士各进一纪。及大兵开闸放舟，渡江而南，郑见之扬帆东道，江南武弁一时皆溃。

天外三山照眼明，寒潮日暮挞空城。司徒虽假安东节，列将频惊冀北[②]兵。金印登坛朝授钺，银枪效命[③]夜靡旌。齐梁往迹萧条甚，谁使长江控帝京。

安东节晋王敦反，据石头，王导率宗族诣台待罪，帝跣足执其手曰：“茂弘，朕寄卿以百里之命，以为前锋大都督。”诏曰：“导以大义灭亲，可以安东节节使假之。”登坛汉高帝设坛拜韩信为大将军。授钺《太公六韬》：立将之道，卜，斋三日，诣太庙，卜吉日，以授斧钺，曰：“上至天，下至渊，将军制之。”

其十八

翊戴争传有贺循，琅邪几日过江滨。至尊自演天魔舞，丞相聊充帅府宾。紫禁城开言路闭，霓裳曲就羽衣新。唯传逆案论渠首，不赦江东周伯仁。

贺循字彦先，操尚清廉。晋元帝渡江，凡典礼，皆循所定。琅邪王觐之子，名睿，为安东将军，及愍帝遇害，即位于建康。天魔舞元顺帝以宫女十六人按舞，名“天魔舞”。帅府宾时呼马瑶草为左府幕宾。言路闭宋钦宗时，有“城门闭，言路开。城门开，言路闭”之谣。霓裳曲《广德初异录》：叶法善尝引上游于月宫，因聆其天乐。上自晓音律，默记其曲而归传之，遂为《霓裳羽衣曲》。逆案《明纪编年》：阮大铖与杨维垣日谋尽杀东林复社诸人，大狱将兴，以上游告惊乃缓。

---

① “联”，清刻本、民国本作“为马、阮”三字。

② “冀北”，清刻本、民国本作“蓟北”。

③ “效命”，清刻本、道光本、民国本、《般阳诗萃》俱作“效节”。

周伯仁晋王敦反，王导诣台待罪，遇伯仁入朝，揖曰："以百口累卿。"伯仁不顾而入。及出，又求之，亦不顾，导恨之。及敦欲杀伯仁，问导，导不答，遂杀之。及导见救表，流涕曰："吾虽不杀伯仁，实由我而死也。"喻周介生。

其十九

《明纪编年》：诏选内员宫女，闾巷骚然。科道李维樾、陈子龙、朱国昌各上疏极谏，上皆不听。又命礼部广道选淑女。

羽书百道起黄尘，一马临江入紫宸。国耻不言教战士，时危亟欲选才人。空余跋扈桓宣武，岂有勤王温太真。燕雀巢堂朝夕计，延秋门外走踆踆。

江左之论于左良玉多恕词，其实叛臣也。门户余波，可笑如此。得此五六正之。

桓宣武名温。晋穆帝时，都督荆梁等州军事。温恃才略位望，阴蓄不臣之志，尝抚枕叹曰："男儿不能留芳百世，亦当遗臭万年。"温太真晋成帝征苏峻为大司农，峻与祖约举兵反，袭陷姑熟。温峤以兵赴难。至浔阳五日，峤以陶侃讨峻。峤，字太真。燕雀巢堂魏孔斌曰："燕雀处屋，子母相哺，呴呴相乐，自以为安矣。灶突炎上，栋将焚，燕雀色不变，不知祸之将及己也。"踆踆《西京赋》："怪兽陆梁，大雀踆踆。"杜甫诗："焉能心怏怏，只是走踆踆。"

其二十

极天烽火照淮阳[①]，谁遣偷安向建康。天子清狂真不慧，群公肉食尽膏粱。一江春水黄龙舰，六代烟花翡翠妆。唯有鸡鸣山上月，千年寂寂阅兴亡。

三、四铁案。

清狂《汉书·昌邑王传》："察故王衣服言语跪起，清狂不惠。"黄龙舰王勃《滕王阁序》："舸舰迷津，青雀黄龙之舳。"翡翠妆《车服志》：皇后首饰，步摇八雀九华加翡翠，号翡翠妆。鸡鸣山在江宁府东北，覆舟山之西，其北临玄武湖。

其二十一

《明纪编年》：弘光元年三月甲申朔，皇太子至自金华，文武百官顾莫能辨，有扬言驸马王昺侄孙王之明貌类太子，遂以之明诬之。旧东宫伴读丘致中捧持大痛，题诗于皇城云："百神护跸贼中来，会见前星闭复开。海上扶苏原未死，狱中病已又奚猜。安危定自关宗社，忠义何曾到鼎台。烈烈大行何处遇，普天共向棘园哀。"又上封为郡王，娶妃黄氏，早逝；继妃李氏，遭乱又亡；嗣王之岁，又封童氏为妃，生一子，不育。已而遭乱播迁，至是自诣其杰所，其杰解至。上弗善，系童氏。在狱中细书入宫年月日甚悉，并相离情事达上，上弃之，弗见。刘良佐疏言："王之明、童氏两事未协舆论，恳求曲全两朝彝伦。"上不听。

① "烽火""淮阳"，清刻本、民国本作"烽燧""维扬"。

河流如带旧亲藩，朱邸从知玉牒尊。故剑谁怜归织室，襜褕人道是龙孙。白头不使登金屋，黄犊何当冒戾园。两事千秋疑狱在，须臾淮甸已尘昏。

史汉澜翻在其笔端，近办此者为娄江耳。

故剑汉迎武帝曾孙病已，立为帝，公卿议立皇后，皆心拟霍将军女，亦未有言。上乃诏求故剑，大臣知旨，白立许婕妤为皇后。织室《史记·外戚世家》：薄姬输织室，帝入织室，见薄姬有色，诏入后宫，一幸生男，是为代王，后立为孝文皇帝。襜褕汉昭帝时，有男子乘黄犊车，衣黄襜褕，诣阙，自称卫太子。京兆尹隽不疑叱从吏收缚，曰："卫太子得罪先帝，亡不即死，今自诣也。"遂送诏狱。廷尉验治，本夏阳人，姓成名方遂，居湖，有故太子舍人谓曰："子状貌甚似卫太子。"方遂利其言，冀以得富贵。坐巫罔不道，要斩之。戾园汉故太子在湖，未有谥号，岁时祀祠，其议谥戾园。

其二十二

圣公亦是汉王孙，新市平林奉帝阍。叛将谁能歼祖约，上游已幸死王敦。牵羊持版江东例，受璧焚舆冀北恩。谁向洛阳留后主，此间差乐少啼痕。

庄语谑语，语语入妙，项联断案，如汉廷老吏。

圣公汉舂陵戴公曾孙元在平林兵中，号"更始将军"，汉兵立为皇帝。朝群臣，以手据席，流汗不能言，豪杰失望。字圣公。新市平林汉王匡等号新市兵，陈牧、廖湛等号平林兵。新市、平林，皆汉郡县名。祖约见温太真注。上游南豫州，六代英雄迭居于此，以斯为上游。句指左良玉。后主魏封后帝为安乐公，他日与宴，为之作蜀技，人皆感怆，而禅喜自若。司马昭曰："颇思蜀否？"禅曰："此间乐，不思蜀也。"

其二十三

《明鉴》：太祖高皇帝起兵，及至妙山，冯国用与弟国胜率所部来。上奇之，因问大计，国用对曰："金陵龙蟠虎踞，帝王都也。先拔金陵定鼎，然后扫除群寇，救生民于水火，勿贪子女玉帛，倡仁义以收人心，天下不难平也。"上大悦，终都金陵。

高皇只手定乾坤，定鼎金陵地势尊。城郭千秋龙虎气，山丘一带凤凰原。江头依旧雄南纪，淮口何曾壮北门。末代子孙堪一掷，渠家龙种似东昏。

此起自不可少，"生子当如孙仲谋"，谈何容易邪！

金陵即应天钟山。楚威王因其地有王气，埋金以镇之，故名。南纪《诗·小雅》"南国之纪"。东昏齐明帝子，名宝卷，在位一年，为萧衍所弑，废为东昏侯。

其二十四

香风漠漠起尘霾，阿阁三重上玉阶。万里长江来蜀道，六朝明月照秦淮。

士林散诞[1]伤王谢，洛社丘墟怨惠怀。不及当年李天下，绛霄楼畔死优俳。

惠怀晋惠帝为人戆騃，时天下荒饥，百姓饿死，帝闻之曰:“何不食肉糜?”由是权在群臣，贾、郭横恣，公行贿赂。怀帝，惠帝之弟，在位六年，为汉将执归，弑之。李天下唐庄宗好优俳，别为优名以自镇，曰“李天下”。伶人由此用事。后郭从谦持攻兴安门，与黄甲军相射，庄宗率诸王卫士击乱兵，乱兵从楼上射帝，帝伤，重踣于绛霄楼下，至午时，帝崩。弘光好伶人，与庄宗同而死法尤劣。

其二十五

《明纪编年》:弘光元年五月，大兵薄城下，忻城伯率礼部总宪缒城出降。丁酉，豫王朝百官，百官参谒如蚁。又忻城伯至，执挟怀太子出城至营。豫王离席迎之，坐于己右。

南国降帆百里屯，台城城外野烟昏。春风燕去乌衣巷，落日人哀白下门。濠泗袾襦群帝泣，孝陵风雨万灵奔。崔嵬双阙空天险，已失长江千里源。

不减“惨淡风云[2]”之句，但有兴废之殊耳。

台城在府东北，钟山之侧，即晋建康宫城。齐武帝尝植柳灵和殿前，叹曰:“风流可爱，似张绪当年。”乌衣巷晋王导、谢安居此，其子弟皆称乌衣巷。白下在江宁府治西北，本江东之白石垒，唐县。濠泗明太祖定鼎，升濠州为凤阳府，泗州属焉。以兴龙之地，号曰“中原祖陵在泗”，仁祖皇陵在中都。袾襦《西京杂记》:“汉帝送死皆袾襦玉匣。”孝陵明太祖葬孝陵，在钟山之阳，懿文太子陵附焉。

其二十六

《明纪编年》:弘光元年五月，上奔至芜湖，因就黄得功营，将谋幸浙。刘良佐追至，得功大怒，不甲而出，被良佐射死。因扶上去，献于豫王。王溥不为礼，置酒坐太子下，数为责让。上汗出浃背，不能答，唯俯首而已。王北凯，将上与太子去。

黄龙负义竟何如[3]？持梃归朝事亦虚。不少谯周仇国论，岂无李昊草降书。卧薪久已惭句践，死敌终当愧阖闾。且幸洛阳青盖在，如今不用旧羊车。

“千寻铁锁沉江底，一片降旗出石头”，何以过此。

黄龙契丹封晋王为员义侯，徙黄龙府。持梃南汉刘鋹谓太宗曰:“臣得持梃以为降王长。”仇国论谯周耽古笃学，研精六经。事蜀汉，志在恢复。至后帝时，姜维伐魏，数出兵，蜀人愁苦，周乃作《仇国论》以讽之，曰:“处大无患者

① “散诞”，清刻本、民国本作“散淡”。

② “云”后，道光本、民国本、《般阳诗萃》有“会”字。

③ “何如”，本作“如何”，据清刻本、道光本、民国本、《般阳诗萃》、《般阳诗钞》改。

常多慢，处小有忧者常思善。多慢则生乱，思善则生治，理之常也。”降书宋太祖命王全斌攻蜀剑门，克之，次魏城。蜀王昶命李昊草表请降。青盖《三国•吴志》：吴王皓建衡三年，或言寿春下有童谣云“吴天子当之”，皓闻之喜曰：“此天命也。”即载其母妻子及后宫千余人，从牛渚陆路西上，入洛阳，云“青盖入洛阳，顺天命也”。羊车晋武帝既平吴，颇事游宴，怠于政事，掖庭殆将万人。常乘羊车恣其所之，至便宴寝，宫人竞以竹叶插户以引帝车。

其二十七

钟阜阴阴散采霞，南朝天子尽骄奢。自开宫市频挥杖，每叹蠡吾不作家。魂醉千门芳乐苑，梦回一曲后庭花。北来将帅粗豪甚，高颎如何戮丽华。

钟阜周回六十里，高一百五十八丈，东连青龙山，西临清溪，南自钟蒲下入秦淮，北接雉亭，山在江陵东北。出《六朝事迹图经》。宫市《南史》：齐东昏侯以阅武堂为芳乐苑，穷极奇丽，立店肆，模大市，日游其内，杂取货物，与宫人奄竖共为裨贩，以潘妃为市令，自为市吏录事。百姓歌曰：“阅武堂，种杨柳，至尊屠肉，潘妃酤酒。”蠡吾汉桓帝初封蠡吾侯，及灵帝即位，每叹其不能作家，故开西邸，卖官入钱各有差。高颎隋文帝臣，灭陈杀张丽华者。

其二十八

《明纪编年》：弘光元年四月，左兵东下，称奉太子密诏率师赴救，京师戒严。大兵攻破徐、扬等州，塘报紧急。时有报奏选到淑女者，着于十五日进元辉殿。贡院选七十人，中选元姓一人；浙选五人，中选王姓一人，俱进皇城内。

天外鸡笼起暗尘，梅虫赇贿据通津。金符久已沦诸将，玉殿犹闻册贵嫔。结绮阁中人似玉，赏心亭畔水如银。那知去作降王长，惭愧空为面缚人。

鸡笼即鸡鸣山，本名鸡笼也。梅虫齐东昏侯宝卷宠任梅虫儿与茹法珍，二人俱为外竖，口称诏敕。齐主呼法珍为阿丈，呼虫儿为阿兄，二人皆为梁祖萧衍所诛。赏心亭在金陵，丁谓所建，常悬《袁安卧雪图》。

其二十九

沛中一派尽天潢，刮席何堪御建章。江左衣冠王①蔡叶，淮南烽火毕孙杨。兰桡商女歌遗曲，红柏啼乌入画堂。玉几金床消息断，可怜霜露走咸阳。

组织之工②，人巧极天工错矣。

沛中汉高起家处。刮席更始事。王蔡叶元末，张士诚与弟士信，每事与王敬夫、叶德新、蔡彦夫谋，民谣曰：“丞相做事业，专用王蔡叶，一时西风起干瘪音别。”南方读“王”为“黄”。毕孙杨唐末叛将毕师铎、孙儒、杨行密，

---

① “王”，清刻本、民国本、《般阳诗萃》、《般阳诗钞》俱作“黄”。

② “工”，清刻本作“妙”。

屡相争战于淮南。红桕啼乌古诗“红桕啼呜呜”。桕，木名，叶如凫蹼，霜则丹，实外膏可为烛，核中油可然灯，乌喜食之，因名。玉几魏咸阳王元禧，恣意声色，后以叛诛，宫人为之歌曰：“可怜咸阳王，奈何作事误。金床玉几不能眠，夜蹋霜与露。洛水湛湛弥岸长，行人那得渡。”传至江表，闻者莫不流涕。

其三十

莫唱琅邪大道王，风流南渡几沧桑。清溪十里胭脂水，白下群山艳冶场。江总门前新甲第，桓伊[①]笛里旧平康。谁怜荆棘铜驼后，绝少南朝李侍郎。

江总门宅在清溪上，志称南朝鼎族多临清溪，唯江宅尤占其胜。桓伊笛伊善音乐，得柯亭笛，每日吹之，为江左绝调。王羲之泊舟清溪侧，与伊素不相识，伊于岸上过，客称伊小字曰：“此桓野王也。”徽之使奏笛，伊便下车，据胡床，为作三弄而去，客主不交一言。伊，南征将军。荆棘铜驼晋惠帝九年，关内侯索靖知天下将乱，指宫门铜驼叹曰：“会见汝在荆棘中矣。”李侍郎名若水，金人谓：“为南朝死节者，只李侍郎一人。”

其三十一

子侯留后亦曹腾，却笑生儿似景升。超距谁令兵气尽[②]，弹筝不见阵云烝。清刚越石沦河朔，节制高骈没广陵。无恙六军归款后，半江战舰水澄澄[③]。

留后唐方镇往往自择将吏，号为“留后”，以邀于朝。景升曹操进军濡须口，孙权率众御之。曹见其舟船器仗军伍整齐，叹曰：“生子当如孙仲谋，至若刘景升儿子，豚犬耳。”超距《史记》：王翦善抚士卒，每出军，与之同饮食，久之，使人问曰：“军中戏乎？”对曰：“方投石超距。”翦曰：“士卒可用矣。”弹筝袁绍患吕布，欲杀之，遣兵使着帐边卧。布乃弹筝，及出帐，兵卧不知也。越石刘琨字。适晋室衰弱，与段匹磾插血同盟，翼戴晋室。尝谓温峤曰：“晋祚虽衰，天命未改，吾当立功河朔，使卿延誉江南。”及晋王即位，段匹磾杀之。温表琨尽忠王室，宜在褒恤。高骈唐僖宗六年，黄巢陷广州。冬十月，以高骈为淮南节度使，击之。没广陵谓阁部史可法也。

其三十二

《明纪编年》：乙酉，大兵猝至扬州，围攻新城。可法力御，攻益急。可法血书寸纸，驰诣兵部，代题请救，不报。清兵破城入，可法立城上欲自刎，参将许谨救之。众以见豫王，不屈死之。

少师凿坠出京华，开府芜城自建牙。江表黄旗消紫盖，淮渍封豕斗长蛇。

① “桓伊”，清刻本、民国本作“桓郎”。

② “尽”，清刻本、民国本、《般阳诗钞》作“奋”。

③ “水澄澄”，《般阳诗钞》作“水波澄”，《般阳诗萃》作“水渟澄”。

武侯报汉空筹笔，韩相椎秦久破家。箕尾忠魂终抱恨，邗沟明月吊琼花。

梅花岭上以此为《大招》可也。

少师大学士史可法开府扬州，兼督四镇之师。开府汉魏以来，三公皆开府，置僚属。其府三门，中黄阁，厅置鸱尾，设内屏。芜城即古邗沟城，在广陵城下。吴王夫差凿，后荒芜。黄旗《江表传》：黄旗紫盖见于东南，终有天下者，荆扬之君乎？封豕长蛇见《左传》。福王立，以黄得功、高杰、刘良佐为四镇，杰与得功争扬州，九月攻破仪征。乙酉正月，高杰提兵据虎牢，左都督许定国伏兵诱杰于睢州。筹笔驿名，在绵州绵谷县北九十里。诸葛武侯尝驻军筹画于此。椎秦张良五世相韩，及韩亡，良散千金之产，为韩报仇。始皇东游至阳武博浪沙中，良令士持铁椎击始皇，误中副车。琼花观名。高启诗“后土琼花观，仙人黄鹤楼”；张宪诗“二十四桥风月清，琼花观里坐吹笙”。

其三十三

《明纪编年》：弘光时，左懋第至北京，闻南京陷，七日不食。摄政王召见，麻衣孝巾草履向上长揖，南面坐。王数责不屈，唯请一死。命剃发，坚不肯，杀之。题绝命诗云：“峡圻巢封归路过，片云南下意如何。寸丹冷魄消难尽，荡作寒烟总不磨。”参谋主事陈用极、游击王一斌、张良佐、王廷佐等五人俱从死。忽风沙四起，卷市棚于云际，屋瓦皆飞，一时人皆罢市。

莱阳使节想依稀，惆怅旄丘叹式微。燕市行成空有泪，秦庭顿首赋无衣。文山正气留方岳①，皋羽幽魂哭帝畿。麦秀黍离千古事，却将哀怨对斜晖。

莱阳左懋第，莱阳人。行成谓和议不成也。赋无衣《左传》：楚申包胥乞师于秦，立依于庭墙哭，日夜不绝声，勺饮不入口。秦哀之，赋《无衣》。文山正气宋文天祥，字宋瑞。被执于元人，临刑作《正气歌》。麦秀黍离箕子事，出《史记》。

其三十四

《明纪编年》：弘光元年五月辛卯，召优人入内演戏。上与韩赞周等杂坐饮酒，二鼓后，上奉太后及宫人跨马从聚宝门出狩，百官无一人知者。及明，文武一时逃遁隐窜，各不相顾。

龙江江上是江关，火照长干调骑还。瑞霭早收丹凤阙，青云已散紫宸班。弃犀欲遍牛头寺，积甲高于熊耳山。谁向石头城下死，一歌袁粲泪潺湲。

牛头寺即牛头山，在江宁府南三十里，梁武帝建寺于石窟下。熊耳山在陕州卢氏县南。东汉刘盆子与丞相以下二十余万人，诣宜阳降光武，甲积城西，

① “方岳”，清刻本、道光本、民国本俱作“光岳”。

与熊耳山等。袁粲宋顺帝元年，以袁粲镇石头。粲性冲静，知萧道成有不臣之志，阴欲图之，即日受命。粲与刘秉谋诛道成，褚渊告道成，乃遣戴僧静攻粲。粲下城，与其子敬曰："本知一木不能支大厦之倾，但以名义至此。"敬以身卫粲，父子俱死。人哀之曰："可怜石头城，宁为袁粲死，不作褚渊生。"

其三十五

雨花台畔落花飞，故国神伤梦亦稀。马粪王家抛[①]麈尾，凤毛谢苑失乌衣。褚渊老去身犹在，徐勉归来事尽非。若过荒坟思卞壸[②]，汗颜应自重歔欷。

雨花台聚宝山在江宁府南聚宝门外，其东巅为雨花台，为郡人游览胜地。马粪王志居马粪巷，时号马粪诸王为长者。麈尾齐陈显达自以门寒任重，每迁官，常有愧惧之色。其子多事豪杰，戒之曰："麈尾王谢家物，汝不须捉之。"凤毛宋谢凤，字超宗，善文词，帝叹曰："超宗殊有凤毛。"褚渊《南史》：渊字彦回，齐主命为司徒，从弟叹曰："使彦回作中书郎死，不当为一名士邪？"徐勉字修仁，东海郯人，普通，加尚书令。勉虽骨鲠不及范云，亦不阿意。后执政莫及，称梁相曰"范徐"。卞壸晋尚书令，督军讨苏峻，战败死之，二子亦赴敌死。其母抚尸哭曰："父为忠臣，子为孝子。"

其三十六

《明纪编年》：王永吉报："大兵已过黄河，自归德以达象山，七八百里，无一兵敌守。扬州以及徐、邳，势若鼎沸。"

名王千里走雷霆，旗鼓真如下井陉。淮上驰书新国信，江南诏谕小朝廷。使臣就死如孙晟，野客浮家类管宁。异代旧京施雨露，钟山不断蒋陵青。

下井陉韩信与张耳欲东下井陉，击赵王成安君。陈馀聚兵井陉，曰二十万。李左车说馀曰："井陉道狭，假臣奇兵三万，从间道绝其辎重，不日两将之头可致麾下。"不听。淮上驰书抚政王遣副将唐起龙招抚江南，致书史可法出降。国信宋与金和议成，往来使臣曰"国信使"。小朝廷宋胡铨谏高宗称臣于金，曰："何能俯仰小朝廷求活也？"又《南疆绎史》：钱东润诗"一年天子小朝廷"，其兆已见于斯。孙晟南唐李璟宰相孙晟，使于周世宗，曰："吾终不负永陵一抔土。"卒辞，不屈而死。永陵，南唐烈祖墓也。管宁汉末公孙度威行海外，管宁、邴原、王烈皆往依焉。蒋陵即钟山。汉秣陵尉蒋子文，吴为立庙此山，因改为蒋山。明孝陵在其下，国朝设陵户守之。

---

① "抛"，清刻本、民国本作"烧"。

② "若过荒坟思卞壸"，清刻本、道光本、民国本、《般阳诗萃》俱作"若到卞壸坟下过"。

其三十七

《明纪编年》：弘光元年乙酉五月，大兵渡江，南都失守。镇江总兵郑鸿逵知势不可为，因撤师回闽，会唐王从河南来。王性率直，喜诗书，善文翰，以统兵勤王，擅离南阳，锢高墙，会赦出，避乱适浙。鸿逵因携之俱南，至福州，与巡抚张肯堂、巡按御史吴春枝、礼部尚书黄道周、南安伯郑芝龙等共议立王监国。时拥入者艳翊戴功，盛请正位，遂于闰六月十五日奉王即位于福州。是日郊天大风震起，拔木扬沙。及驾回宫，尚宝司卿坐马忽惊跃起，玉玺坠地，损其一角，人咸异之。改福州为兴天府，改元隆武。

航海谁云势可乘，也知无分望重兴。王郎莫漫宗成帝，更始无端害伯升。殿赋灵光推玉叶，运移天祚续金陵。艰难监国非容易，惭愧当年王茂弘。

王郎王莽时，有自称成帝子子舆者，杀之。后邯郸卜者王郎，因是诈称真子舆，刘林等立为帝。伯升光武兄縯字也，淮阳王更始玄杀之。王茂弘晋王导字。

其三十八

《明纪编年》：何楷入朝，与郑芝龙争朝班，不合，乞归。中途遇盗，截其耳诏，追贼不得，兵科给事刘中藻忤郑氏去。

谁言闽粤有长城，龙武新军尚北征。鼻息唯凭李师道，头颅莫保武元衡。将军背阙朝仪紊[①]，良娣弹棋御座惊。休道刘琮真帝胄，中原将帅下南荆。

长城《宋书》：檀道济见收，脱帻投地曰："乃复坏汝万里长城。"龙武军唐玄宗以万骑平韦氏，改为左右龙武军，杜诗"龙武新军深驻辇"。李师道武元衡唐德宗以兵事委中书侍郎同平章事武元衡，李师道客请刺之。元衡入朝，有贼暗中射之，取头去。背阙唐肃宗初即位，灵武大将军管崇嗣背阙而坐。良娣弹棋唐肃宗与张良娣博，打子声闻于外。李泌言诸军奏报停壅，上乃令刻乾树鸡为子，不欲有声。由是怨李泌。

其三十九

盆子南来建翠旄，樊崇拥立若儿曹。江湖名士登鸾阁，海峤群凶擅豹韬。龙衮朝衣迎丽日，艅艎战舰覆惊涛。一时稽首张弘范，失水何能走巨鳌。

盆子新莽天凤五年，樊崇起兵于莒，号"赤眉"。以无称号，名为群贼，不可以久，乃立刘盆子为上将军，诸将称臣而拜。盆子时年十五，见众拜，恐惧欲啼。名士《明纪》：杭严道、龚可楷航海至闽，皆不用。而无赖者上疏谈兵，片言合旨，则赐官爵。海峤群凶《明纪》：郑芝龙，泉州人。初习海，知海情，凡兵饷战守，皆芝龙为政，依为长城。豹韬姜太公《六韬》之一。龙衮隆武闻清兵信亟，遂决计幸漳。行时载书十车以从，将入，停之晒衣，兵至，遂及难。

① "紊"，道光本、《般阳诗钞》、《般阳诗萃》俱作"散"。

张弘范龚执文天祥于五坡岭，命文为书招张世杰，不肯，强之，乃书《过零丁洋》诗“人生自古谁无死，留取丹心照汗青”。

其四十

《明纪编年》：时粤西有靖江王者，八月亦称监国，后举兵欲东，为隆武所诛。又抚至钱塘，原任山西佥事郑之尹子遵谦忿杀之。闻鲁王避难在台州，遂与张国维等推立鲁王监国于绍兴。七月复富阳，八月复於潜。时兵马云集，人治一军，不相统一，部曲骚然。后兵溃，上鲁王得脱。登海船，闻国维行至黄石岩，因传令国维遏防四邑，遂过东阳，图治兵再举。大兵破义乌，众劝国维入山，国维曰：“误天下者，文山、叠山也，一死而已。”具衣冠，南向再拜曰：“臣力竭矣。”作绝命诗曰：“艰难百战戴吾君，拒敌辞唐气励云。时去仍为朱氏鬼，精灵常傍孝陵坟。”从容赴园池死焉。

五岭崎岖树汉旌，虞山家世本忠贞。一成尺土难生聚，三户遗民剧战争。张陆已看臣力竭，昺端不见帝星明。厓门舟覆何须怨，千古兴亡似践更。

五岭大庾、始安、临贺、桂阳、揭阳，是为五岭。虞山张国维，虞山人。三户范增说项梁曰：“楚虽三户，亡秦必楚。”张陆宋帝昺元年，以陆秀夫为丞相，时播迁海滨，庶事疏略，每朝会，独秀夫严然正笏，立如治朝。与张世杰共秉政，外筹军旅，内调工役。虽皇遽流离中，犹日书《大学章句》以劝讲。舟迁于新会厓山，元张弘范舟师南北并进，宋师大溃。陆秀夫负帝同溺，张世杰至平章山下，遇大风作，仰天叹曰：“若天不欲存赵氏，则覆我舟。”世杰溺死。昺端宋端宗名罡。昺，端宗弟。践更如淳曰：更有三品，有卒更、践更、过更，古者正卒无常人，皆迭为之。一月一更是为卒更，欲得顾钱者出钱顾之，是为践更。

其四十一

两粤艰难战血腥，益州刘禅亦伶仃。将军驾海图存国，丞相垂绅罢授经。纵有顽民思夏社，更无义士哭冬青。千秋谁似田横岛，一死人传侠骨馨。

驾海图存用陆秀夫、张世杰事，指郑鸿逵、张国维也。罢授经用陆秀夫正笏书《大学》劝讲事。哭冬青《辍耕录》：义士唐珏，字玉潜，会稽山阴人。戊寅，有总江南浮图杨琏真珈师，率徒役顿萧山，发赵氏诸陵寝。珏闻之痛恨，亟货器具，邀里中少年密收诸陵骨，共瘗之。又于宋常朝殿前掘冬青树一株，植于函土堆上，以志其处。有梦中诗云：“一抔自筑珠丘土，双匣亲传竺国经。只有春风如此意，年年杜宇哭冬青。”田横岛汉高帝五年，田横与其徒属五百人入海，居岛中。帝恐其为乱，赦之。横乃自刎，余五百人闻之，皆自杀。

其四十二

江东遗老脱簪裾，徐铉南来入禁庐。半壁督师新制府，两朝领袖旧尚书。

时非典午陶潜在，谶兆当涂汉腊除。为问首阳诸义士，近来薇蕨更何如。

南渡以后诗，慷慨凄艳，悲笑横集，更为极致。

徐铉字鼎臣，广陵人。少以文章著，仕南唐为太宰。后归宋，拜学士。弟锴，亦史官。宋李稽曰："君之伯仲，今之二陆。"半壁督师用汉条侯周勃事，谓洪承畴等。两朝领袖谓钱谦益等。典午《蜀志》：谯周尝书板示曰："典午忽兮，月酉没兮。"典午者，司马也。谓晋。陶潜宋文帝元嘉四年，晋征士陶潜卒。潜，浔阳人，侃之曾孙。自以先世为晋辅，耻复屈身后代。自宋高祖王业渐隆，不肯复仕。是岁，将复征之，会卒。世号"靖节先生"。当涂蜀谯周问杜琼曰："昔周征君群以当涂高者魏也，其义何也？"答曰："魏，阙名也。当涂言高，圣人取类言耳。"汉腊新莽篡汉，更汉腊。《陈咸传》：成哀间为尚书，后谢病不仕，犹用汉祖腊，曰："先人岂知王氏腊乎？"首阳义士谓明之遁荒遗老。

乐府杂诗[①]

东光

东光平，九有截。苍梧云，犹战伐。游荡子，尽悲咽。驾楼船，阵成列。请长缨，系南粤。

忧旱谣

旱何久，已夏五。祈丰隆，鸣社鼓。川已竭，鱼游釜。金石流，烁亭午。凿沟塍，将何补。祷桑林，但辛苦。火云升，政如虎。雨师来，润础柱。驱尖轮，石燕舞。烹弘羊，天乃雨。

有所思

有所思，乃在天一涯。水汤汤，山间之。驾骏马，千里驰。泛桂楫，来何迟。何用问遗君，玳瑁间双芝。远莫致，长相思。

---

① 底本无此类，据省图本、中科院本补。

公无渡河

河水何淫淫，箜篌激哀音。披发欲渡河，伤哉毒我心。一解
河水何汤汤，欲渡河无梁。恨不待舟楫，箜篌徒感伤。二解
河水何漫漫，箜篌不忍弹。狂夫终渡河，泪下涕泛澜。三解
箜篌一何悲，终曲正凄其。一弹再三弄，河水空弥弥。四解
水急蛟龙怒，长河安可越。不复理箜篌，肝肠俱断绝。五解

枯鱼过河泣

泽已竭，川为潴。大鱼拨剌，鸣榔夜渔。小鱼唼喱，尚恋沮洳。津头侩人子，斫脍登前除。红尾何簁簁，安得寄素书。金盘列霜刀，不得少踟蹰。白龙非豫且，何以困沟渠。

古咄唶歌

枣下何纂纂，行人车辙缓。枣实何荣腴，行子林中趋。行子自不绝，奔走自不歇。权力倾王侯，炙手势可热。贱子世所弃，愁思坐萧瑟。人生无羽翼，何以为家室。交游日零落，四壁徒彷徨。奋身万里外，仗剑入咸阳。一朝见天子，天子坐未央。一试扶风吏，再试尚书郎。归来故闾里，道上生辉光。白马黄金络，叹息盈路旁。谁识旧廷尉，谁识故将军。高堂列广坐，朋旧多殷勤。零落自不异，荣华固有时。寄言轻薄子，请为绝交知。

邯郸才人嫁为厮养卒妇

壮士入幽燕，抵掌向华屋。片语广庭中，赵王归钜鹿。酬功一何殊，当复赐明姝。邯郸有美女，一世良所无。十四充下陈，十五称才人。未得君王宠，娥眉空复春。王语邯郸姬，嫁此厮养卒。含怨出后宫，黾勉作家室。本是小家女，不敢攀贵德。贫贱良所宜，负妾好颜色。颜色坐销歇，不惜辞玉阶。纵为厮养妇，犹胜死丛台。

巫山高

巫山高，接太清。其上有剑阁，仰视何峥嵘。锦城苦不乐，客子思秦京。

陇头流水歌

陇头多流水，流水何茫茫。安得双鲤鱼，寄书还故乡。朝渡陇头水，暮渡陇头水。白骨积如山，迢迢远行子。流水出陇头，班马鸣啾啾。不惜征戍苦，何时到绵州。流水自不歇，行人自不绝。陇首鸿雁鸣，八月飞霜雪。流水入秦关，行子渡秦山。作书与父母，安敢望生还。陇水东流去，千里无终极。戍客上剑门，昼夜不得息。

出塞曲

将军奏横吹，立马古战场。此曲一何壮，云是赤之杨。飞鞚过张掖，鸣铙趋敦煌，黄河沙碛月，此夕践严霜。

江南

江南可采莲，采莲过大堤。鱼戏莲叶北，莲叶何泥泥。采莲诸女伴，荡桨来青溪。伯劳暮飞去，还有水禽啼。

对酒

对酒不能饮，奄忽百岁过。大儿府小吏，征兵赴交河。小妇秦氏女，日进金叵罗。丈人官长乐，汉阙鸣玉珂。归来日休沐，为乐当如何。

乌生

乌生八九子，结巢秦氏树。秦氏有荡儿，得无金丸惧。弹死八九子，老乌宁恋此。飞飞摩苍天，移巢南山巅。

东武吟

天子慕蓬瀛，翠华临海湄。不惜奠圭璧，大药将见贻。楼船载童男，白茅捧龙螭。登封明堂位，玉册辉琉璃。将军号天士，贵主方降釐。云軿间宝箓，阊阖天鸡啼。已传薄忌方，更进倾城姿。茂陵有衰草，终古令人悲。

短歌行

老大思少壮，游子思故乡。故乡尚可归，老大怀惨伤。我有一尊酒，为子歌慨慷。慷慨亦何许，忧来诚无方。何不但安坐，挟瑟调笙簧。

猛虎行

猛虎不在山，在山山以深。潜鳞依重渊，寒鸟集暮林。我欲远行游，徘徊伤我心。

从军行

十四从军去，何时返故都。乘我紫骝马，驾我青骊驹。人言青骊驹，不如紫骝马。骑马跨宝刀，横行关塞下。昨闻故乡信，远道空踟蹰。爷娘思其子，新妇念其夫。昨夜大点兵，明朝大合围。策勋来幕府，还家衣锦衣。昔我出门时，父母尚未老。今日我来归，颜色已枯槁。十四别新妇，盈盈方姣好。今日我来归，朱颜不能保。青骊今已死，紫骝日已肥。走马渭桥上，观者惊如飞。富贵归故乡，骏马恋长道。紫骝日夜嘶，似忆天山草。

苦寒行

雨雪亦凛冽，虎豹当我前。客子出门去，停舟冰塞川。指堕肤亦裂，何减尧崩年。登高望四野，四野悲风来。改辙避修坂，坐见车轮摧。宁是车轮摧，羊肠不可回。

豫章行

豫章生白杨，根株不相离。秋露皓已盈，柯叶日以披。感彼恶木阴，望望从此辞。归昌不可见，焉得一来仪。悠悠江海流，桂楫来何迟。人生无家室，富贵将何为。

董逃行

汉祚已云烬，乘舆迁咸阳。顾瞻洛城阙，志士心惨伤。沐猴纵楚炬，驾言归旧京。凉川豪侠儿，行行入未央。一唱董逃曲，河朔大征兵。炎精罗阳九，念之断人肠。

相逢行

出门不相识，入门结交知。谁能久别离，不作长相思。

秋胡行

黄金在路人，贞女不敢顾。红颜在道旁，烈力安得慕。

大墙上蒿行

高秋八九月，霜露凋华敷。托身非松柏，安得久荣腴。物变一零落，君子每踟蹰。亮无岁寒节，感叹伤微躯。

野田黄雀行

野田多黄雀，网罗安所施。虽则无所施，奋激当路逵。君子贵素餐，腆窃亦何为。机深戒苟得，荣瘁忽相随。啾啾野田雀，雨雪常苦饥。啄我稻粱食，饱飏将安之。

雁门太守行

云中断烽火，上郡羽书迟。前驱多健儿，后队代马驰。年丰雨泽降，计吏常及时。子弟勤教诲，父老方恬嬉。万年献天子，岁岁远如期。

艳歌何尝行

结发为夫妇，乐此新相知。何意生别离，各言长相思。相思无终极，去去两含悲。生当复来归，双凤同高飞。凤凰一振羽，尚有栖息时。人生不相见，梦寐当告谁。

门有车马客行

门有车马客，驾言发旧京。念我万里人，为欢如平生。问客来几时，旧京复如何。戎马起四方，荆棘生铜驼。乃言自昔别，朋旧多沦丧。丘坟成野草，城阙怀感伤。故里不可居，愁思空依依。策车驾驽马，四海安所归。

墙上难为趋行

太行尚可陟，墙上难为趋。驱车长安道，夹毂当路逵。通津塞冠盖，向背多艰虞。袁晁相倚伏，田窦披根株。风波一失足，势与常人殊。

满歌行

富贵归故乡，为乐及芳辰。起舞醉长夜，念我平生亲。斗酒共斟酌，椎牛罗众宾。华灯照广厦，车盖塞要津。长跪前致辞，玉几列八珍。绮罗烂舞袖，白纻作轻巾。邯郸有美女，容华惊若神。螓首何熠耀，翠羽仍纷纶。良宴娱兹夕，明日当重陈。

白杨行

松声起北邙，晰晰吹白杨。白杨古原下，悲风动石马。

轻薄行

青骢骄欲嘶，似脱黄金羁。鸣鞭过曲巷，去宿桃李蹊。日暮东风起，花开杜曲西。

五凤引

鲲鹏在其后，鸾鹭当其前。一凤将四雏，振翮来丹山。延颈常和鸣，揽辉上天关。九阍郁迢遥，铩羽何班班。灵文空照耀，清尘不可攀。翱翔下千仞，怀哉何时还。

远游篇

问子何太息，太息远游子。我行未出门，愁心已千里。太行路阻修，河水无行舟。瞿塘春雪下，谁涉三峡流。三峡连汉水，剑阁倚天起。行人下泪时，肠断猿声里。长太息，远游子。

弃妇篇

白兔何茕茕，紫燕不双飞。织素与织绢，愁思空依依。新人颜色好，故人颜色老。故夫下山去，何用蘼芜草。

雉子游原泽篇

雉子何斑斑，文采光陆离。振羽一失所，网罗将见施。君子重耿介，不离逢百罗。黄鸟怀好音，焉足当来仪。鸿飞何冥冥，谁能辨雄雌。

冉冉孤生竹

冉冉孤生竹，托根湘江浔。竹生多繁阴，夫妇当同心。同心久离别，何以慰参商。相去千余里，轩车来道旁。春草凄以绿，兰蕙萎以黄。何如孤生竹，青青凌雪霜。

出自蓟北门

黄金在囊中，四海承颜色。利剑在裳中，万里无人识。我欲远行游，振策过蓟丘。蓟丘少年子，屠狗皆封侯。昔时荆高辈，慷慨真吾俦。回眺千金台，悲风何飕飗。永怀燕赵客，望诸贤者流。

雀乳空井中

饥隼绕我巢，巢下多网罗。飞来空井中，奈此四鷇何。凤凰不可见，何处寻玉禾。亦有衔芦智，避弋归山阿。人生际世变，险仄何其多。

空城雀

飞来廷尉门，网罗一何繁。飞来主父宫，食尽巢亦空。雨雪歌劳利，志士当固穷。凄凄首阳薇，感叹何有终。

并州歌

杯酒为君尽，骏马千里驰。报仇燕市里，言是并州儿。

淫豫歌

西来至滟滪，行人尽犹豫。西来过瞿塘，行人泪沾裳。
滟滪大如山，行人愁欲还。滟滪大如虎，行人尽回橹。
猿声一何哀，未过滟滪堆。断肠听杜鹃，未过瞿塘峡。

三峡谣

三峡谓广溪峡、巫峡、西陵峡也。黄牛峡、瞿塘峡谓峡中之滩名。
朝出黄牛峡，暮出黄牛峡。暮暮复朝朝，黄牛早晚潮。

绵州巴歌

豆子打瓦鼓，阳平撒白雨。织绢二丈余，昨夜取龙女。

凤凰歌

凤凰生四雏，乃在鸱枭巢。一朝凤凰去，化为鸱与枭。

采兰曲

朝思采兰芷，暮思泛湖水。湖水当门前，怜子方少年。

子夜冬歌

积雪满江口，北风吹衰柳。衰柳自无阴，荡子岂无心。

欢闻歌

折我芙蓉花，向此门前湖。思欢杳不来，来亦不须臾。

前溪歌

妾家在前溪，郎住溪水西。日日来溪上，鸳鸯飞大堤。

神弦歌白石郎

不劳歌道君，请为罢明姑。一唱白石郎，容色世所无。白石何纂纂，阿郎何婉娈。白石在水中，郎貌如花红。

蒋大鸿曰："出之甚易，而音调殊古。"

青溪小姑曲

上有赤山矶，下有赤山湖。湖中采莲畔，闻是青溪姑。大姑折芙蓉，仲姑折莲子。小姑无所为，玉腕弄秋水。

采莲童曲

过江采菱芰，不折芙蓉花。夭夭十五童，齐上采莲槎。采莲横塘畔，歌声绕南岸。兰桡落水中，波影忽凌乱。

明下童曲

走马射堂头，徘徊骄欲嘶。宁是骄欲嘶，石子蹩马蹄。

蒋大鸿曰："意境独绝。"

那呵滩

闻郎去扬州，相送江水头。不愿篙橹折，但愿水逆流。篙折无所苦，橹折无所苦。水若逆流时，郎自还江浦。

华山畿

华山畿，谁能生死离。石阙生千载，悲来此何时。

读曲歌

道逢播掿郎，携手相扶将。回身理素发，口脂兰膏香。

西乌夜飞

忧来不可掇，肠中应百结。乌飞夜将半，空床起长叹。绕树乌鸣飞，一枝未可依。但得一枝依，犹胜被弹归。

大堤曲

女郎堤上游，汉水堤下流。汉水春波绿，女郎唱西曲。

地驱乐歌

郎衣称体，是侬白纻。舅姑言好，小姑无语。
心中不乐，宛转徘徊。愿为上衣，不离郎怀。

西洲曲

莫叹西洲曲，西洲愁杀人。开门望郎处，郎在隔江津。隔江落红蕊，妾在春湖水。湖水种芙蓉，日日采莲子。采莲双桨浮，同上沙棠舟。棹舟入湖去，风起芦花秋。阿郎何婉娈，徘徊日已晚。桂楫过长桥，行行归路远。归来拂绿波，共唱采菱歌。红颜映秋水，清香生绮罗。兰桡荡纤手，却入青溪口。青溪水自流，乌啼白门柳。白门起暮愁，郎今上扬州。折柳欲有赠，送别向西洲。

幽州马客吟歌辞

客乘两走马，言自幽州来。鹞子方在臂，大猎西山回。千金买绝影，十万买斑骓。斑骓日八百，绝影千里余。骏马常苦饥，健儿好樗蒲。一日不六博，留钱买青刍。结客千金装，短衣铁裲裆。壮儿喜快马，射虎西山冈。卷须幽州儿，利剑常在手。走马入邯郸，夭姬齐晋酒。

杨白花

杨花落何处，知在阿谁边。安得双燕子，衔得杨花还。杨花逐风起，飘飘渡江水。江水本无情，一去三千里。杨花复杨花，飘荡落谁家。化为水中萍，何处非天涯。

敕勒歌

敕勒不牧马，马走阴山下。牛羊隐草中，万里来归风。

三妇艳

大妇秦罗敷，中妇邯郸倡。小妇燕赵女，对酒调笙簧。人今最后来，双蛾秋月长。繁弦带纤指，楚歌中清商。丈人方入门，下直归建章。

大妇坐华茵，中妇佩大秦。小妇菀蒻席，宛转歌阳春。入门五花簟，出门七香轮。头上金凤尾，背上银麒麟。红兰持作佩，白纻持作巾。高堂列广坐，为乐及芳辰。

大妇蒲锻环，中妇玉蘼蘅。小妇娇不语，含笑方盈盈。鹍鸡作娇弦，落日弹秦筝。兰灯何煌煌，沉醉卧桃笙。丈人欲何赠，赠以瑶华英。曲终为借问，歌曲尽西声。

泰山有猛虎行 几十解

赋敛峻急，太守行部也。

哀哉复哀哉，赋重难为生。猛虎尚可避，敛急难为生。

三楚羽书急，击鼓尚未息。战士在沙场，千里资共亿。

今年麦未熟，何况卖新丝。刍挽在大农，谋国乃如斯。

大吏奉明诏，小吏奉军书。一檄复一檄，不得少踟蹰。
县吏虽持法，力尽何能支。析骨复鬻子，十室九流离。
传闻太守来，言历郡中邑。荒县不输租，鞭笞横相及。
耕田自有税，秋熟以为期。愿言告太守，太守应自知。
太守不见怜，杖下尽为鬼。血尽租未完，流离复琐尾。
贫尾死累累，众口怨屠伯。商若一论囚，应使渭水赤。
天子岂不仁，奉法无循良。乳虎作酷吏，万姓多死亡。

勘灾吏

火云何烈烈，千里无寸苗。狂飙黯白昼，赤日缠山腰。一解
无食昔所叹，忧旱多辛艰。愿言告令尹，为我达上官。二解
令尹一何恚，父老不解事。催租令如雷，昨日黄符至。三解
六诏虽已平，万里饷戍兵。恐触上官怒，告哀终何成。四解
父老前致词，十室九不炊。逃亡无家别，辛苦五流离。五解
黾勉报灾旱，小字达中丞。曰遣邻邑吏，勘灾到荒城。六解
亦不闻省郊，亦不闻履亩。张皇饬厨传，殷勤接杯酒。七解
亦知上官意，称塞来相过。客吏顾主吏，此事当云何。八解
旦夕徼天泽，雨露将在兹。良苗竞怀新，下吏翻成欺。九解
为我谢父老，努力鬻尔田。办租奉公上，皇天应见怜。十解

善哉行

瑶瑟玉柱繁弦，素女仪态仙仙。与子但饮美酒，星稀月没西山。分灯罗袂燕寝，广堂曲榭沉烟。众宾一何照耀，鹤鸣燕舞当筵。齐纨越绮纷错，秦筝吴歈喧阗。妖姬十五逸唱，流风回雪嫣然。云屏却立倦倚，五花玉帐便娟。兰烛光辉四座，新丰斗酒十千。系马长衢夹巷，醉卧阿阁华旃。今夕且复相乐，明日复歌路难。

君马黄

我有四骊驹，不如君马黄。乘四骊兮登明堂，乘黄奕奕修且张。前有赭白当雁行，美人驾车心内伤。

车遥遥篇

车遥遥兮马悠悠，追送君兮难久留。君行一去不复返，我马虺隤车辙缓。车轮自不迟，行子心中思。驱车西入秦，秦中多丽人。

陇上歌

陇上壮士陈家儿，身骑骢马飞云驰。连钱玉勒真权奇，回头借问追者谁。追兵四起歌董逃，碧髯将军亦足豪。四顾血战悲风号。左执大刀右蛇矛，大刀七尺流电惊，蛇矛丈八纷纵横。控弦疑作霹雳鸣。双鞬回身飞羽声。战始三交弃骢马，悲歌夜走黄崖下。陇上之水流呜咽，壮士斑斑泪成血。

白纻舞歌辞

新裁白纻出罗帏，剪刀声歇桃花飞。高歌起舞应金徽，长夜兰灯灯九微。北斗阑干列宿稀，称觞献寿愿不违。妖姬逸唱知者希，明月欲落风入衣。银河烂烂露未晞，谁能不醉空言归。

夭夭美女出名都，容华艳艳世所无。白纻不胜耀霜肤，倾城逸态生眉颅。自言家世工吴歈，凝娇却立当庭隅。银屏绛蜡红氍毹，薰以兰膏缀流苏。长跪再拜托微躯，掌上妙舞良可娱。惊鸿矫翼一何殊，轻尘不动飞罗襦。流眄善睐百踟蹰，愿君停杯察微区。主人含笑催行厨，四座上客府中趋。清尊美酒白玉壶，今我不乐岁云徂。

圣郎曲

玉女何在在北堂，仙人何在在郎旁。长跪进美酒，持以奉圣郎。美酒和且旨，知是郁金香。

东飞伯劳歌

东飞伯劳西飞燕，鸳鸯机上流黄断。谁家老女尚无郎，盛年窈窕处兰房。容颜艳艳风前立，绮帐彷徨夜中泣。伯劳紫燕翻高飞，可怜颜色世所稀。

拟梁武帝江南弄七曲

江南弄

上客四座列八珍，黄金百万横自陈。堂前艳舞歌阳春。歌阳春，临绿水，华茵外，香风起。

龙笛曲

镂玉管兮雕黄金，制为龙笛调凤琴。美人堂上操吴音。音入云，云不归。音绕梁，梁尘飞。

采莲曲

亭亭玉质照江花，兰桡桂楫上仙槎。蒲菰猎，荡红霞。日将暮，采莲归，桃叶渡。

凤笙曲

巢和太簇应中声，翙翙五凤云间鸣。乍疑缑岭吹玉笙。吹玉笙，憺容与。骖鸾归，在何处。

采菱曲

罗縠为袖冰为绡，木兰之楫持作篙。美人解佩来江皋。来江皋，笑相向。莲叶南，隔水唱。

游女曲

玉佩仙仙舞飞阁，步下金堂出珠箔。薄游芳气真婀娜。真婀娜，过横塘。采莲去，春风香。

朝云曲

朝云渺渺巫山阳，陆离翠羽明珠光。彼其之子赋高唐。千金贾，朝复暮，阳台下。

拟梁武帝上云乐七曲

凤台曲

飞鹤驾，骖龙精。双凤凰，延颈鸣。前有羡门后期生。羽衣飘华盖，绿云翔太清。

桐柏曲

列八玉，体玉宸。憺游戏，谢时人。驭两黄鹄从群真。海水接天绿，赤城作帝宾。

方丈曲

上玉阙，光氤氲。道何见，青童君。天门骀宕吐璚云。飘渺灵墟外，若水浩无垠。

方诸曲

发金册，开玉门。神之下，飞云奔。东抵瀛海西昆仑。霞阙九千丈，汤谷日月昏。

玉龟曲

九光草，象外明。间出入，飘华缨。红泉碧藻飞云轻。玄罗揖玉版，振步蹑瑶京。

金丹曲

餐灵炁，飞玉屑。耀紫霜，和绛雪。鞭驱龙，骖鸾辙。七返一以成，清虚邈精列。

金陵曲

句曲上，三茅君。双白鹤，飞晴曛。黄衣紫盖来以云。金坛凤泉侧，鸾车日缤纷。

乌栖曲

院门已下葳蕤锁，淡淡星稀月华落。披帷含笑倚床前，犹自齐声唱采莲。
与郎估得宜城酒，兰焰灯前出素手。烂烂银河欲向西，栖乌树上不须啼。
乌栖夜夜石城上，置酒高堂笑相向。青牛白马七香车，郎来夜宿莫愁象。
黄金碧玉为璇室，兰闺桂梁映朝日。门前只见乌夜栖，床上不闻乌夜啼。
当筵长袖舞低昂，银屏高下华灯光。一笑含情传玉碗，西曲秦筝歌弄缓。
参横月没夜色残，楼头北斗已阑干。酒酣弦急玉柱促，筵前犹唱西洲曲。

捉搦歌

老女不嫁当窗织，夜中侧侧复历历。爷娘许嫁自不实，盛年房中长太息。

瑶瑟怨

露堕寒塘花气湿，美人夜起当户立。深抱云和不忍弹，湘灵一曲万感集。曲终迸落潇湘流，黄陵月黑江妃泣。二十五弦鸿雁飞，汉皋惨淡凉云入。苍梧苦竹泪成斑，地老天荒怨声急。

捐田租行

岁之旱，火云蒸，吁天请命周中丞。诏书下，捐田租，谁其惠我周大夫。周大夫，行郡邑，顾我父老日夜泣。汉文皇帝施阳和，普天雨露真滂沱。就中齐鲁泽最多，子弟忭舞行且歌。亢旱不复忧无禾。

捕蝗谣 丁未

悍吏悍吏来空村，手持县符呼里门。里门野老鞭黄犊，鸡鸣角角飞上屋。县符七月督捕蝗，语尔里正穿沟隍。沟隍已穿白梃下，慎莫蹂躏我禾稼。赤符未已闻令来，谁云有蝗不为灾。君不见飞蝗遍野犹催税，山农何计逃凶岁。新谷谁医眼前疮，哀哉哀哉督捕蝗。

地震谣 戊申

晚风鸣，殷雷轰。云车妖炮纷纵横。天柱折，地维缺，不周崩颓川谷裂。摧垣墙，隳塍隍，妇子号呼夫走藏。督邮使者行郡县，勘灾比户烦丞掾。封章上，达玉京。威有赫，帝震惊。捐租之诏东南行，海岱之地歌更生。有司不识干天怒，犹自鞭笞日督赋。

搏虎行

驱四象，为搏虎。敕属车，戒卒伍。警跸遥遥出喜峰，行城帐殿金为墉。凤辇一时飞八骏，云车五色乘六龙。六龙隐隐从天下，万幕金灯照四野。侍卫期门紫绮裘，词臣簪笔青骢马。行在明朝八校围，将军手执飞龙旗。云奔电掣走千里，御道惊传呼佽飞。佽飞搏虎灵风吼，四象前驱亦何有。天颜一笑称万寿，遥指红云将进酒。

太守来 堪水灾也

天苍苍，水茫茫，银河倒决翻成殃。千家哭，万家哭，沿河一带葬鱼腹。哀莫哀，高楼碧瓦堆莓苔。蛟龙怒，挟霪雨，射潮安得连万弩。涛没空村鱼满家，颓墙败屋委泥沙，委泥沙，成泽国，水深泥滑行不得。阳侯幸免嗟无食，相逢惨淡少颜色。陂陀一望尽洳沮，平芜安得行荷锄。巢居露宿势难久，除却流离更何有。吁嗟水厄重为灾，下邑传闻太守来。太守来，在何许。登堂击鼓鸣钟簴。烹羊宰牛列鼎俎，烟火相连大有人，笑指高原好禾黍。如此风景良不恶，妄言水灾竟何若。三农且复办输供，整尔庐舍修尔墉，蠲租之令那可得。雨师不复来残冬，顾谓有司无乃诈，媚尔小民希屡赦。幺麽贱吏法当罢，何以赎愆在暮夜。

今上却千里马歌 有小序

康熙己巳，闽中靖海将军靖海侯施琅表献千里马，曰五明，高大异于凡马，赤身、铁脚、银蹄、黑尾、额点桃花，领鬣甚少，云得自异域。诏却之，仍赐与将军乘坐。

台湾奠，澎湖平。天下万国偃甲兵，垂衣端拱临承明。翠华三月东南征，六飞之驾回上京。前有法官后翠旌，何劳八骏纷纵横。靖海将军驱长鲸，海波如砥烽烟清，渥洼呈瑞千人惊。再拜表献蛟龙精，赤身铁脚搏风轻，来从流沙千里行。骅骝騄駬争先鸣，愿随卤簿登蓬瀛。天子曰吁天马徕，太平端不矜龙媒。西京荒祀真荒哉，鼓车骐骥劳徘徊。莫言异物归有德，谁云神骏来西极。汉文皇帝正恭默，诏与将军自天敕。权奇岂是无人识，华山归马诚难测。

赵子昂画《天闲百骏图》 并自书《天马赋》，以赠谭巨济

小李将军王大令，千年以来知名姓。兼兹两绝赵王孙，古今妙笔相辉映。我思谭子非庸奴，王孙为作天马图。权奇神骏一百匹，顾盼历历皆騊駼。麟德年中张万岁，赤岸攻驹杳难继。腾骧尽属羽林军，龙媒蹀躞千牛卫。犹传万骑入华清，五色花骢队队行。温泉殿外汗血马，甘露坊里蛟龙精。此图磊落人所羡，仿佛牵来出沙苑。天厩风高十二闲，依稀青海银州监。蛮奴排马有群头，长楸蹴踏真骅骝。一一变态各殊状，天机灭没非人谋。立者长嘶偃者卧，飞驰掣电流星过。从来好事羞雷同，其曲弥高应寡和。松雪斋下见飞龙，将无妙选葡萄宫。兴酣自书天马赋，兰筋骏骨何其雄。二妙由来偶然作，韩幹龙眠竟何若。子昂平日画马多仿韩幹，此图仿李伯时者。千金莫掷百骏图，从兹价重淮岖阁。焦太常简庵阁名，藏书画所也。

仇实甫《汉宫春晓图》

画家自古矜神韵，卫协以来安可问。六法何如无法精，金碧唯传李思训。仇英亦是小斧皴，像人之妙真无伦。毛棱谢赫竞可丽，陆离五色腕有神。汉宫

一夜春天晓，佳气氤氲来凤沼。御苑初攀傍辇花，上林时啭缘枝鸟。就中楼阁百仞高，婕好手拨金檀槽。新曲传来协律尉，徵歌舞罢宫锦袍。千门万户东风里，学画鸦黄初睡起。靓妆丽服朝建章，眉似秋山神似水。踏青斗草度芳年，绿杨紫阁住神仙。袅袅游丝珠槛外，翩翩飞燕画堂前。吴姬越艳垂罗袖，五纹弱线骄春昼。闲来挝鼓摘铜丸，戏打鸳鸯落红豆。独有昭阳殿上人，云移雉尾出双轮。宫女开函呈彩笔，待诏前头自写真。多少才人随辇侧，绿黛倾城复倾国。画师自是好丹青，三十六宫春一色。

捕蝗谣 甲戌

捕蝗蝻，奉府牒。中丞令，烈明法。蝗之瘗，朽可拉。一斗粟，用相答。白牌催，纷杂遝。敕督邮，连社甲。勒部伍，人相接。喧赤棒，困白袷。掘沟塍，争错沓。万夫驰，良苗压。蝗之飞，声飒飒。蝗有翼，禾无叶。县尉来，腊雄鸭。饬行厨，排木榻。奔苍头，走长鬣。里正至，捧壶榼。县尉喜，醉语喋。谓农夫，筋力乏。蝗已瘗，若献捷。吾将归，莫蹀躞。日欲落，凉风发。鸡既鸣，星如月。才转毂，熟羊胛。隶行疾，马步驳。白胛收，赤棒绝。捕蝗蝻，缴府牒。中丞之令弃敝箧。

大征兵

邮符至，大征兵。兵安往，取龙城。赫连蠕蠕方纵横，县官括马将西征。括马一何急，西征一何疾。有司奉令令如雷，手持黄纸门前催。欺公者死无疑猜。当急输之勿徘徊。

县尉怒

县尉彪以怒，里正亦频来。烙马蛮奴黄于鬣，老吏执法山崔嵬。谓尔愚百姓，慎勿隐龙媒，尔即无龙媒，岂得无驽骀。努力莝与豆，无令尔马瘦。厮养须复命，马毙将谁咎。转粟向安西，行者勿凄凄。今年长征灭大夏，明年不复括尔马。

括马谣

括马复括马，军书日来下。令出千人惊，火烈不少假。匿之既未敢，弃之诚难舍。鬻之苦莫售，驴兮齐马价。官匿者尚多，民匿则诚寡。道逢一良骑，蹴之隮使下。尔何人斯尚不闻，今日普天同括马。

括马行

括马无孑遗，括马将何为。牝者为黄牡者骊，比户登籍漏者谁。桃花汗血马，行行入私厩。有司正尔尔，暮夜颜何厚。妙选骅骝赂上官，黄金络头入长安。长安贵人似马曹，人人相马九方皋。不惜千金买神骏，谁知括马因转漕。我闻转漕饷战士，转车负重何其劳。阴山峨峨一万仞，橐囊输粟青天高。羊肠嵚崎九折坂，驽骀骏骨同萧萧。鸣鞭却过焉支路，马骨如山不知数。争如当日归有司，金鞍玉勒真权奇。权奇满目何为者，但愿官家常括马。

索军需

枢府令，征瓦剌。大出师，穰苴法。一十二，军书下。下何地，齐鲁野。索军需，如火烈。烈如火，奚为者。白檀车，绿沉甲。甲如何，金锁袪叶恰。车如何，交龙辖。车以载，载储峙。甲以卫，卫战士。士如虎，甲七属。峙如山，车长毂。长毂利，利行速。七属坚，坚迸镞。犁王庭，歼日逐。炙黄羊，酒千斛。歌入塞，弛鞬服。风萧萧，草肃肃。早旋归，宁驻牧。敕勒川，饶苜蓿。反天山，餍粱肉。军需如，行蹴鞠。

题青州王湘客先生遗像赞

以为文山邪？仿佛乎五坡赴难，正命于小楼柴市之燕山。以为叠山邪？依稀乎采石被报，誓死于长江万里之吴山。盖公之殒节者，身骑箕尾，以谒帝于孝陵松柏之钟山。而公之不朽者，魂游鳌背以归归于首尾广固之云山。故于今觇旷代之遗容。而丰标奕奕，忽疑其鸾车缥缈而兵解乎三山。繄自兹配千年之光岳，而正气烈烈，安得不神伤于虞夏黄农之既没而太息乎西山。

斗粟石赞 燃薪馆中石也，毕剑津以斗粟所易者

嗟尔三尺之芙蓉，恐难入丈八之盆。繄苏公之雪浪，尔无乃与之为伦。浸假而落未颠之手，应莫逃伊袖里之乾坤。吾衰不能具袍笏，而下拜见青青之山骨。永栖尔于高馆之侧，而相对以燃薪不然。而一斗之粟，尚可舂之以饷恶宾；宁一卷之石，反不可列之以伴幽人也邪。

题王玙似画《奚林大士去青图》

南无贾岛佛，皈依奚大士。去去去。人在青林烟雨处。不是闲敲月下图，浪仙却向瀛洲去。去去去。

方竹杖铭 方竹内实

亦方亦正，亦动亦静，出入君子之手，一如君子之性。世有破棱以为员，此君不然。亦有员其外而空其中，此君不同。

棱棱自命，其体斯劲。有矩者方，其质斯刚。匪邛竹之大节，而远出乎潇湘。倘以吾年逾六秩，庶几其方，扶于方壶云水之乡。

方与员，不相袭。枘与凿，不相入。此君岳岳依人立，谁与友者瓢与笠。

小车行

圣游兄携其少子见访于昆仑山房。

草如茵，花含蕊，小车晓出般阳里。草青青，花盈盈，小车咿呀城南行。城南别墅旧游处，眼看春光欲归去。真人此日一来游，仿佛昔时陈太丘。季方细马随车后，德星灿灿当户牖。吾家不比荀朗陵，漫言行酒有慈明。盛事谁云占太史，蓬门斗室同徙倚。鸡黍未具藜作羹，厩马余风千古情。康节先生快游乐，车辙到处耽寂寞。小筑余惭安乐窝，故人乘兴一相过。仰天大笑尽樽酒，一赋小车为君寿。

王烈女行

烈女，淄川河东村人。适野采葍，强暴逼焉，誓死不从，受刃惨毙。闻于朝，旌其闾。康熙癸未秋日事也。

山苍苍，野茫茫，烈女提笼古道旁。独行岂不畏，宁知白露沾衣裳。身为贫家女，采稆供高堂。采稆采稆落日黄，行归岩岫真羊肠。何来狂且肆披猖，贞女烈烈神飞扬。兰芳蕙质九秋霜，冰心铁骨百炼钢。千折不回婴剑铓，志甘饮刃归冥乡。此时天地为低昂，百神失职山鬼藏。日月紊序风悲凉，海水立兮云回翔。妖虹肆毒奔天狼，英魂赍恨来帝傍。罗襦碧血流清光，阿母呼天泪涕滂。里社奔走争仓皇。煌煌高使君，采风报明堂。报明堂，开建章，太平天子朝未央。览表三叹息，此女扶天常。死义在巾帼，从此为世坊。昨日黄麻下，双阙表榆枋。

乌头三十尺，绰楔当高冈。昨日爰书下，狂且正刑章。慰此烈女恨，浩气留大荒。披发归故里，珠络栖云房。河东有遗迹，俎豆山之阳。

瘗蝗谣 甲申

蝗之来，蔽天地。神有赫，降灾异。哀下民，真瘆瘁。嗟蟊贼，无遗穗。加□膭，重为累。岁之沴，安可避。静言念，我心悸。伤父老，徒惴惴。面为鹄，心如醉。督捕蝗，有酷吏。乳彪怒，方掉臂。白牌来，树青帜。呼里正，千夫萃。舍尔芸，方诟谇。掘沟隍，躏田稚。焚且瘗，遵故事。火烈烈，高原炽。万人趋，具储峙。饬厨传，鸭羹备。农夫饿，俨魑魅。天无门，吏仍恚。田成□，蝗为祟。天其雨，农夫泪。

流民叹

自癸未六月无雨，至甲申六月初九日乃雨，而是秋蝗灾，蚜蚄尤甚，因而奇荒，死亡大半。

风萧萧，尘霾十丈连昏朝，流民载路心摇摇。父母妻子不相顾，出门四望空嗷嗷。自夏徂夏苦无雨，桂薪珠粟愁无聊。东西南北不知处，蒙袂贸贸悲且号。纵使悲且号，仰首天为高。卖儿复鬻女，谋夕不逮朝。可怜一饭谁复再，譬如烈火燔鸿毛。万死不免填沟壑，流离满眼真萧条。菜色不可得，早晚饲貔枭。有司重租税，但道风雨调。豺狼督征输，谁怜尔腹枵。去矣勿复道，一枝寄鷦鷯。白骨无人收，乌鸢任所遭。天道有沴厉，大旱金石焦。况复降蝗螨，千里无寸苗。人生百六运，天命安可逃。如彼霜风来，落叶同飘飖。飘飖安所止，漾漾黄尘里。生死在须臾，嗟哉窭人子。去岁流民在冬邸，今岁三秋多野死。

忧蝗行 癸酉

行人千里来南服，吴楚迢迢闻野哭。共说今年旱与蝗，赤地萧条惨人目。三齐虽云大无麦，高田尚复收十斛。亢阳深恐害秋禾，又况飞蝗来肃肃。尔辈唯餐原上苗，农夫已抉心头肉。霜戈金甲耀长空，万马骁骁下平陆。青芜一望尽荒凉，坐使空林老树秃。嗟尔蟊贼真神奇，须臾填山复堙谷。蚁聚蜂屯长子孙，翻飞赴海何其速。妇子惊传匝地呼，灵旂白梃方聚族。

飞蝗死

飞蝗南来疾于驶，蔽天翳日寒云里。传闻所至地无余，幸不停飞过吾里。月中犹闻飒飒声，天明满野农夫喜。我闻农夫亦何喜，飞蝗尽抱寒条死。

荧惑小儿乱天纪，播为妖谶传下里。谶云盛德水浮金，飞蝗满地农夫死。谁知有蝗不为灾，顺成之祥自兹始。我欲上书报天子，大有频占烦太史。野人作歌殊不尔，农夫满野飞蝗死。

沈石田栈道图歌

我观蜀道何巃嵸，金牛一出秦山通。鱼凫以来阅人代，微茫鸟路开蚕丛。五丁力尽巨灵死，剑阁横云真万里。丹梯百丈摩青霄，碧栈千寻接天起。呜呼噫嚱蜀道难，直向云中立马看。山巅出没互隐现，凌空突兀凭危栏。画师写此岂无意，纵横落笔流寒翠。上有奇峰尽插天，下有长江扼无地。石田老子擅丹青，吴绫八尺手不停。马如红豆人如蚁，出入岩岫烟冥冥。严装笃速者谁子，武功太白相因倚。画家不少栈道图，似此离奇古无比。前掩摩诘后关仝，尽入绢素经营中。苍然老笔脱凡景，奕奕神气飞长虹。忽疑身入褒斜谷，大剑山头悚心目。马头人面几回翔，丹崖落日玄猿哭。

夏侯节妇行

妖风烈烈摧城阙，蚁穴之溃溗溟渤。潢池小儿三尺铁，百雉之都尽流血。杀人如麻肆饕餮，丈夫奔走逢绊绁。妇子仓皇失金玦。白刃照耀如电掣，乱离性命从谁说。夏侯令女留奇节，夫死桓东妾呜咽，但愿身似流光歇。万死不乱贫到骨，半生誓与河流洁。百年旦暮怀同穴，眼看孤儿逮耄耋。平生志不在绰楔，岂缘门户标双阙。死者复生生不灭，皎皎青天照白发。黄鹄凌风双翼折，石烂海枯吊寒月。

峄县李烈妇挽歌

烈妇，邳州人，系峄县明经李应房侧室，年二十七殉夫死矢节。

陇西门第推兰陵，气节如霜人所称。龟凫诸峰竞巀嶪，沧浪一水何澄泓。芳魂零落蘼芜草，冰雪深埋桂枝老。三尺孤坟峄首旁，正气排空真浩浩。灵飙云路散葳蕤，碧血丹心终古悲。恨逐玉棺翔鹤驭，神飞翠羽来金支。至今黄鹄冲霄汉，明月梅花何黯淡。翘首南天万丈高，岳云千仞流天半。

题雷平山人王二十二《桐阴洗砚图》

雷平风调无其伦，皎如玉树当清尘。有时神马脱羁絷，有时麈尾飘华茵。君家僧弥与法护，谁其季者王文度。蓝田膝下拥明珠，谢客芳兰挹秋露。胜地微闻小辋川，池塘春草飞轻烟。满门车骑亦何有，飘萧晏坐如栖禅。碧梧翠竹何潇洒，呼童净洗铜台瓦。争论野凫与家鸡，笔阵人传称大雅。三毛颊上虎头痴，此际传神属阿谁。乱头粗服亦云好，风流旖旎良在兹。广陵禹子托毫素，海内写生推独步。得非吴道元，无乃郭忠恕。幽篁丛里貌神仙，萧萧海鹤玉便娟。若为天际真人想，此意还应难与传。

辕里瑞谷歌 为郎梅溪明府。其谷一茎数岐，实为创见

两岐麦，歌渔阳。二千石，生辉光。堪为政，乐未央。今之佳禾扬其芳。一茎数岐岐且长。皇帝仁圣吏循良，天心昭监开百祥。报以瑞谷凝蕃昌，采风使者登明堂。登明堂，奏天子。大有书，纪青史。千秋万岁被休美，禾书穗书垂辕里，屡丰之庆自兹始。

稽往牒，占休征，今兹瑞谷天地英。黄茂蕴结勾龙精，垂云宝珞光晶晶。如芝生菌为国荣，不与麟凤徒峥嵘。运际盛世昭隆平，甘露既降五谷登。烈山献宝神禾生。神禾生，当渤海。维龚遂，神明宰。功成下诏铜龙楼，汉庭报幸拜冕旒。发爵赐服甘露流，循吏安在在齐州。何以酬之富民侯，君不见，车中丞相田千秋。

渔洋先生见示墨榻浯溪碑长歌为志

莫言括地象，请罢考异邮。零陵之碑大唐颂，湘中名迹良悠悠。渔阳鼙鼓起阿荦，天子下殿奔金牛。中兴监国趋灵武，双悬日月归雍州。皇家再造功掩罪，銮舆反正天南陬。圣德神谟亦略见，物论何苦相镌求。磨崖纪盛久照耀，至今绝壁垂琳球。水部文章尚书字，有如南岳传岣嵝。煌煌鲁公鼎彝气，大书深刻神为谋。厓巘参天数千仞，湘江万古东西流。吉甫作颂史籀笔，力抚石鼓追成周。此石要自壮南纪，青崖铁线凝悬旒。我生蠖屈寄溟渤，志在金石山之幽。前年扁舟下江汉，南过荆郢真豪游。遥望潇湘隔衡水，浯溪淼淼嗟芳洲。当时引领向天末，足所未到生繁忧。渔洋先生示此本，令我神气为夷犹。字大如掌幅径丈，

广堂跼蹐犹盘樛。对兹狂叫发长喟，便似蹑足登峿丘。左把道州右光禄，天光汗漫湘云秋。庄如王会辑万玉，飘绅搢珽朝群侯。雄如将军建大旆，长戈列戟森兜鍪。奇伟丈夫古冠剑，乾坤大笔来神楼。墨光黯黮黑云立，石气崩剥三苍幽。东京梁鹄及皇象，正书一一难为俦。下逮李北海，逊此铁画兼银钩。亦越柳诚悬，河东筋骨相匹休。愿为伏灵芝，拂拭苔藓重雕镂。愿为蟫白鱼，金题玉躞常优游。琳琅金薤迴在眼，坐见悬崖山鬼鸣啾啾。

渔洋先生评云：此篇略叙元颂，以下皆发挥颜书，奇伟魁梧，与题相副，结句复振起全篇。

此题诸家多争肃宗功罪，辟之爰书，此独摆脱，所谓不向如来行处行也。

题王周阳家藏宋刘松年画《蔡琰十八拍图》

炎汉以来桓与灵，赤帝子孙殃祸并。运罹阳九堕涂炭，海内万国皆甲兵。凉州健儿乱天纪，玉关阑入单于庭。中原厄塞不足问，金戈铁马纷斗争。王姬帝女尚俘系，区区宁计公与卿。朱颜绿黛尽薄命，鸣鞭斥掠归旃旌。陈留蔡姬名家子，驱作寒沙万里行。朔风漠漠萧关远，南云泪尽心难平。芦笳拟作横吹曲，不胜幽怨闻哀鸣。神伤变调十八拍，一拍一拍音纵横。冰天毳帐魂断绝，穹庐蹛林悲酪腥。何期阿瞒念耆旧，远赎蛾眉流德声。中郎免作若敖馁，义感殊俗归龙城。终古盛事自不泯，英雄侠举传丹青。南渡以还刘待诏，钱塘好手当思陵。残膏剩馥近千载，拂拭绢素光晶晶。丹碧不让李昭道，远追顾陆兼曹兴。周阳先生好奇者，金题玉躞常缄胜。晴窗许我展此卷，若为羌管音凄清。去时纨绮酸风裂，归来蓬鬓黄云蒸。穷荒惨淡瀚海涌，龙堆沙碛宛马惊。出塞入塞万余里，遥觇北斗东南征。图中有神腕有鬼，纤微曲折交回萦。仿佛玄天晦寞处，重阴雨泣蛟龙精。东丹蕃骑逊神妙，擅场人物推吴生。还君此图若有失，印金之子移我情。芦笳似胜琵琶曲，犹得生还见汉京。

孟冬十三日夜盲风怪雨志异歌

日晕而雨，月晕而风。日晕每无验，月晕信有征。昨宵月晕霜华冷，今宵烈风月无影。冯夷击鼓风伯趋，鬼斧雷硠力深猛。尘沙蒙蒙天气昏，寒葎倒卷声崩奔。惊起拥衾成独坐，惨淡不觉销旅魂。须臾风回撼天地，万窍怒号翻赑屃。柱折维倾可奈何，长夜无眠客心悸。客心悸兮愁无聊，羁人四顾真萧条。安得曦轮出旸谷，眼见万里停狂飙。

太师大司马新城王公总制宣大赏边图长歌 有序

按太师公史传，此赏边之举，当在晚年作宣大总制时。盖先是公以兵书归田，天启七年，插汉虎墩兔遣使之新平堡乞赏，堡将误杀彼一人，彼便趋犯大同，杀掠人畜无算。愍帝既即位，即家起公兵部尚书，总制宣大行边。明年春，趋使入见，时年八十三。帝御平台，召对，与之详议，面定抚局。大学士刘训赞助尤力。司马公至宣府，大饬边备，士马饱腾，乃招虎墩兔入塞议赏格，猷酋就款局曰“唯那颜命”，盖西酋素服其威信，如回纥之服子仪也。既定赏额，乃设盟，且表进献仪物如例。款事竟，北边以宁。公十疏引疾归，褒谕赐银币，赏边图宜指此举。若其先为蓟辽总制时，区处徕酋虽中机宜，然不若兹事之重且大也。故余诗中以抚猷为主。康熙丙戌嘉平月为周阳王氏题。

嘉隆以来烽火惊，九边斥候罗长城。东极榆关西张掖，万里亭障纷纵横。中枢重任作制帅，疆场画地如践更。咸宁竖子握金印，互市启衅来奔鲸。庚戌之后竟阑入，楼头铁骑蹂名城。郊圻封豕竞咆哮，幸非土木𫘤亲征。汉家和亲总非策，卫霍百战终何成。壮哉蒲州王襄毅，朔方幕府专枢衡。扣关内附者谁子，俺酋顺义膺褒封。振吭拊背震殊俗，岂同赞普称舅甥。自兹以还靖边徼，名王帖耳无狰狞。神熹之交军政废，虎墩小丑行窥侦。国之锁钥唯上谷，控制蓟镇连紫荆。插夷犯顺云中塞，北门制置须冠公。诏起桓台大司马，皤皤黄发为国桢。中朝运筹佐魏相，金城方略推营平。平台召对走千里，五朝元老垂鸿名。划沙聚米定帷幄，九重庙算归元戎。出入中外数十载，声流四译咸来庭。潞国行边逮耄耋，亚夫细柳扬皇灵。轻裘缓带坐铃阁，仆射人依如父兄。葛罗愿识汾阳面，伏波据鞍矍铄翁。自兹威伸动蕃落，万部惕息销欃枪。临淮旌旗易壁垒，龙图韬略藏甲兵。匈奴仿佛断右臂，鲜卑之势终输诚。款塞已成议抚赏，渭桥声势鞭风霆。有臣如此巩藩翰，羁縻之计归彤廷。犒边亦是汉家例，不比浑瑊清水盟。尔时太师开制阃，赫蹄片纸驰龙庭。呼韩稽颡尽崩角，屠耆接踵皆欢腾。肃慎砮矢贡天汉，西楼贝锦来上陉。朱提百万下天阙，内府纨缬兼文缯。明驼逐队赍紫塞，驿骑后先颁白登。帅府高悬九霄上，牙旗烈烈飞豹旌。成言诸部定要束，乌牛岂必劳刑牲。欢声雷动五原塞，绲载绎络东门营。阶前膜拜进醺酪，那颜共仰星岳英。天人威光不世出，锦袍血染红猩猩。太平设宴庆番使，骈罗万帐联毾㲪。洛阳百戏夸西域，事纵非典姑相仍。黄羊紫鳞列罽席，健儿拜赐吹玉笙。受降颇类张仁愿，红盐不屑王威宁。何必策勋鸡鹿塞，无烦争勒燕然铭。呜呼和戎胜佳兵。膏原涂野殃祸并，庙堂制胜当樽罍。建威谈笑弭乱萌，魏绛五利收全功。乃知古来大人相，志在不朽传丹青。功成金币受上赏，六传归老沧海东。汉家功臣一十二，麒麟阁上标簪缨。今之兹图志勋伐，五芝余子笔力勍。置身天际谱胜事，想像军中身世经。眼前自是有成竹，匠心惨淡劳经营。古来世传大手笔，虎头绝艺称先鸣。东丹赞华擅蕃骑，韦鞲毡帐工写生。毳幕龙城界画细，饧药糗糒交回萦。我观余子绘此幅，径丈之势何峥嵘。人如寸玉马鼷鼠，委琐历落皆分明。韩愈画记不足数，道子变像焉能争。琅邪世宝此第一，真与日月同精莹。沧桑迁变偶遗失，流传亦且同漂零。故物终当一光复，其中或有蛟龙精。周阳王子叹先泽，赎以兼金倾满籯。延津宝剑既来合，吁嗟家乘生光晶。披图吾党二三子，大椿轩下前前楹。环观指顾势飞动，毫厘研辨蚕丝清，龙眠白描那能拟，法轮妍妙非平冲。只此奇睹堪永世，况乃勋烈垂鼎钟。请君携向南薰殿，何异凌烟阁上行。

石芝歌赠约庵李子

吾闻昆仑四万八千丈，金芝瑶草生其上。又闻西池珠泽多神丘，金膏水碧青瑶池。神光奕奕照人世，采真之游吾将逝。四皓但捋商山芝，白麟奇木非等夷。乃知地德因成菌，何用宣和盈万本。灼灼神芝出玉田，世人不遇垂千年。米家父子书画船，中多奇石修连娟。不数平泉醒酒石，峰峦只媚烟霞客。尺寸之势虬龙蟠，连城之价如琅玕。今之石芝太古色，埋没秋谷无人识。陇西李子真好奇，神芝一瞥非凡姿。茹芝仙人不可见，地灵间出真难窥。辟如幽人隐草泽，不逢清士谁能择。时无君子名父子，璚云吐玉空一掷。阿璋虎儿能扛鼎，雄才卓荦相继骋。羡君大隐餐霞人，九光瑞草为世珍。不须携此献天庙，燕石从来人所好。但能抱璞空山中，神物尝存沧海东。

戊子春日送谭眉樵作邑辰州之溆浦

汉庭仙吏凌云赋，十年谒帝非迟暮。郎官出宰西南疆，乘春送子辰州路。辰州遥望天一隅，古之吏隐真奥区。金膏水碧耀岩岫，葛洪丹井人所趋。姑射神仙如在眼，放衙镇日排青巘。文章吏治两无妨，依旧琴堂对黄卷。剖符去岁吴江皋，黄麻改授无乃劳。*前已谒选得怀远，后复改选溆浦。*帝曰士元非百里，更资盘错真雄豪。辰沅之交吾重地，廿年兵燹多憔悴。征输供亿甫息肩，拊循赤子须能吏。太平休养赖长才，炎荒要使登春台。鸾凤无须恋丹穴，云衢那不飞龙媒。天官祗慎膺铨注，寄以良牧纾南顾。谭侯拜命升楯前，辰溪万里来何暮。白溶清浪龙头山，片帆飞渡洞庭湾。遥忆亲阅留海岱，依稀鹤梦辰龙关。救时之才万夫杰，平居屈指余心折。放情天末荡尘胸，扬历诸艰固穷节。圣朝端不负才贤，有日旌能上九天。白简皂囊归过里，行见金门待从年。

山阴赵价人维藩自京师以书来征东篱诗，余为赋长歌寄赠

千古一陶公，寄傲湓城下。逸韵凌九霄，流风何潇洒。潇洒幽人出世姿，不与凡子同襟期。其调弥高和弥寡，绛云舒卷光陆离。北窗高卧羲皇上，遁迹柴桑有真赏。浔阳五柳飘渺间，动余天际真人想。会稽赵子真绝尘，人疑彭泽君前身。督邮小儿嗤贱贫，折腰五斗非其伦。探书禹穴琅嬛洞，高视千秋自惊众。编篱兰渚拟斜川，采采黄花足清俸。邻家桑落酒初成，但愿沉醉无须醒。谁云靖节不复见，世者隐者相与清。吁嗟天水君，独立真遗世。踆踆匹马走长安，非为佑名向燕市。扫门不屑通王侯，长揖深交天下士。上都卿相多彩毫，名流羊陟求其曹。折节柴车赵元叔，东篱征士声嘈嘈。十载文辞腾宛洛，灏气干云动寥廓。知君本是湖海人，松径藏身固穷约。蓿盘冷落待青毡，三绝人称老郑虔。一斗酒，诗百篇，千岩万壑栖剡川。无用郗超起茅舍，青山自买心悠然。乘兴黄金台下路，扁舟披拂津门树。客途绝少杖头钱，囊中满贮惊人句。青浦黄门余故知，元晏先生序左思。忆丁卯岁与令贻先生订交都下，今见东篱诗序，为之怅然久之。论交海内同声遍，清言雅似归来辞。桃花潭水深千丈，中有双鲤乘潮上。君寄予尺书赖吾邑汪少尹。北地传来尺素书，长跪读之气森爽。置身宛似在陶家，葛巾漉酒同生涯。我未识君君知我，千言长句追任华，庆也昆仑一樵叟，何幸不遗牛马走。他时长啸阆风台，万仞峰头共携手。

将进酒

将进酒，飞羽觞，内人软舞何堂堂。大家按拍苏合香，回波乐带兰陵王。柘枝起舞春莺啭，傞傞花下金灯晚。谁说霓裳后绿腰，凉州曲应银檀槽。胡旋舞罢屏山晓，破尽春愁不知老。

长歌寄蒋静山于都门

我昔鸣鞭蓟门路，二十年前旧游处。燕市行歌问酒人，金台抱璧感所遇。国学摩沙石鼓文，贾彪郭太皆同群。上书京兆不得意，自兹归卧沧海滨。为文聊复求自是，慕古难窥昔人意。下士群笑如苍蝇，握椠余方有公事。不学相如赋大人，萧然吾道固长贫。长剑耿耿倚天外，生平傲骨空嶙峋。读书四十四万字，身长九尺徒憔悴。老马犹然上太行，困顿盐车同下驷。华发名场久拂衣，抱云独食北山薇。惟余浪漫治词赋，不向红尘争是非。赖有先人赐书在，穷搜七略依中垒。汉魏以往真词源，六朝余子如烟海。神锤神椎各力竞，大旆谁能执文枋。

究竟繁星虽丽天，争如朗月悬明镜。南学纤悉工文词，中原劲旅称雄师。当时二李有何罪崆峒、历下，雌黄多在江之湄。迩来圣主好文雅，辇下流风多作者。往往祧唐跻宋元，旌旗变色和弥寡。卮言俶诡入荒唐，牛鬼蛇神危脑装。倒卷黄河狎海若，欲将弱草凌榑桑。斯文之厄值百六，小言詹詹互相逐。天马腾骧驾鼓车，神龙俯首就轮轴。从来志士叹知希，大音里耳两相违。一人知己可无憾，况乃贤哲相因依。平阳公子朝阳凤，龙媒万里施衔鞚。独坐兰台家世尊，著书已满琅嬛洞。云衢顾步自夷犹，汉人气骨晋风流。文笔由来妙天下，英声直入东海头。自古神交良有道，杜陵又复名举早。今之水鉴琅邪公，河北唯君是倾倒。仆本岱阴寥落人，风骚一派气脉亲。大书特书屡投赠，昆仑山房获异珍。棐几纱裓达人惜，顾独于余频一掷。渔洋句子静山书，书阮亭先生见赠联。千秋佳话留名迹。文杏馆中笔澜翻，何时相对绿杨轩。安得千里一握手，飙然便似登龙门。素心不在数晨夕，笔谈莫惜珊瑚赤。相对狂歌自有时，矫首海天同一碧。

阅商丘宋冢宰《予告陛辞纪恩录》慨然有作

古来疏傅能几人，青门供张如云屯。长安观者为叹息，贤哉二子无其伦。贺监承恩镜湖曲，一水澄澄十丈绿。天子其如高尚心，四明归隐真遐瞩。千年今又见商丘，位冠九列思沧洲。韦平经术重台阁，赞皇世业登龙楼。身依帝座心在野，生平文笔扶大雅。一疏云霄便乞身，天门拜手青蒲下。维帝曰俞吾重臣，引年切切情弥真。旬宣吴楚跻薇省，遂长百僚朝紫宸。先皇旧人维汝在，扬历中外登元宰。鱼水君臣际会深，胡为雅志归湖海。维公卧病忆东山，风尘久矣将投闲。圣朝难拂老臣愿，隆文异数仍频颁。云章睿藻下天阙，四十骊珠悬日月。上赐五言近体一首。五色瑶光玛瑙盘，玻璃砚匣森成列。犹有深恩赐紫骝，天衢神骏当前头。曾经屡奉瑶池驭，黄竹回銮供御鬼。帝宠元臣念逸驾，天厩飞龙竞相假。太仆自拂锦络头，圉人手启黄罗帕。骑向天街按辔行，倾朝动色皆神惊。龙性能驯号天育，渥洼晦冥曾降精。银川监牧称第一，养安不在能神疾。久属龙媒十二闲。赐御特从上林出。君不见穆王八骏真权奇，周游四海黄金羁。上驷不闻赐周召，驰驱万里从尔为。广平今日邀天眷，此去梁园万人羡。不数唐家卷毛騧，一片乌云飞掣电。传家世世宠皇灵，自兹天驷守房星。五载重来朝万寿，身骑天马入神京。

阅宁都魏叔子《翠微峰记》为赋长歌

丽英仙人居大荒，开凿实始长沙王。金精扬灵紫云去，宁都一面西南疆。

此山峨峨一万丈，十二峰头屹相向。就中一峰曰翠微，翠微夭矫排云上。崇岩四壁势摩天，丹梯绝磴飞流泉。神瀵汤汤阅人代，不与尘世通山川。飞鸟过此一惆怅，金城荡荡悬青嶂。凌空一鹤守天门，巑岏倒影多奇状。嵯峨亏蔽日月昏，有时下瞰扶桑墩。虔州自古号天堑，南望五岭皆儿孙。丹霄无际翔千仞，辟如剑阁横云峻。当时江表起尘氛，三魏先生天山遁。遁世萧然处士家，手裂儒冠凌紫霞。身是遗民遵汉腊，萝衣蕙带栖谽谺。桃花洞中携家入，青壁粘天云气湿。世人对之应叹嗟，遥望苍茫愁伫立。五丁大斧劈金牛，巨灵翻掌撑清秋。风回栈阁入碧落，空中设险非人谋。三君卜筑向天半，世事浮云眼中见。章贡双江百里间，云沙浩淼泠然善。一从辟地开荆榛，世间疑作避秦人。陈荀父子互宾主，兄弟无着兼天亲。二酉洞天披宝册，大翮山头暮烟碧。师友讲学不计年，勺庭种树几千尺。葺屩或似朱桃椎，闭门自采商山芝。征君往往却征聘，多谢悠悠世上儿。一门劳苦皆食力，耕读从来无失职。庞马余风人不知，襄阳耆旧传南国。伯氏俊迈人中龙。长揖油幕交群公。万里来去生英风，吐词练练成白虹。仲氏季氏文中雄，仙仙霞举人所宗。不可一世如孔融，结交三五兰蕙丛。肝胆雅与陈雷同，或为林确斋，或曰丘维屏。昔人道义共推许，相将胶漆金石贞。善伯兵解归瑶阙，冰叔疾殒淮阴辙。唯有和公迟暮年，深山高卧藤萝月。世杰死孝人所伤，昭士丽藻仍飞扬。一庭文笔寄终古，翠微峰下三凤凰。

云门行恭送学台黄昆圃先生还朝复命

云门之山何岧峣，上有云气干青霄。左控溟渤右日观，震方灵秀来相朝。野老驱车入广固，担簦直指青齐路。青齐近岁建东台，朱门陈戟浮烟雾。营丘赐履古名城，玉璜尚父旧专征。临淄七万雄藩地，河济千年带砺盟。穆陵关树排云上，大岘山头气森爽。东望层岩积翠深，西来驿道平如掌。凤沼儒臣出汉京，手凭玉尺临蓬瀛。堂前问道齐门士，雪夜传经稷下生。太史不遗牛马走，采芳兰泽芟稂莠。群儒气夺雕龙习，三驺尽拄谈天口。海色遥连十二楼，文澜万项邻丹丘，春申上客皆珠履，孔融北海传风流。贱子沧洲蓬户士，平生落拓栖般水。明公到处说项斯，圭璋特达真知己。车乘翘翘频见招，空谷何堪拟浚郊。樊英恐抱登坛愧，殷浩常虞物望高。国士深惭礼文重，交游乡曲生光宠。一顾能空冀北群，孙阳眄睐声华动。唯缘贫病出无车，岂云冯谖食无鱼。感激深恩非长傲，黄琼公府飘长裾。雅意怜才自愧始，殷勤物色红尘里。尺蠖难从雷雨飞，柳丝微逐风云起。怜余翘首向龙门，品藻由来重一言。长铗焉能迁代舍，买丝每欲绣平原。落落穷途入帷幕，扶风绛帐从盘礴。妄移勺水盖沧江，却携顽石增嵩霍。衮衣指日去天东，走马还期赋射熊。汉家丞相尊黄霸，白麻诏出明光宫。

师友诗传录

一[1]

问：作诗学力与性情必兼具而后愉快。愚意以为学力深，始能见性情。若不多读书、多贯穿，而遽言性情，则开后学油腔滑调、信口成章之恶习矣。近时风气颓波，惟夫子一言以为砥柱。

张历友答：严羽《沧浪》有云："诗有别才，非关学也；诗有别趣，非关理也。"此得于先天者，才性也；"读书破万卷，下笔如有神。""贯穿百万众，出入由咫尺。"此得于后天者，学力也。非才无以广学，非学无以运才，两者均不可废。有才而无学，是绝代佳人唱《莲花落》也；有学而无才，是长安乞儿着宫锦袍也。近世风尚，每苦前人之拘与隘，而转途于长庆、剑南，甚且改辙于宋元，是以愈趋而愈下也。有心者急欲挽之以开宝，要不必借口于宗历下转令攻之者，树帜纷纷耳。

二

问：《古诗十九首》乃五古之原，按其音节风神，似与楚《骚》同时，而论者指为枚乘等拟作。枚之文甚著，其诗不多见，且秦汉风调自殊，何所据而指为枚作耶？又苏、李"河梁"亦有《十九首》风味，岂汉人之诗其妙皆如此耶？求明示其旨。

张历友答：昔人谓《十九首》为风余，又曰诗母。若自列国之诗涵泳而出者。如太羹醇酒，非复泛齐、醍齐可埒，其在楚《骚》之后无疑。况乎《骚》亦出于《风》也。而五言至汉世乃大显。《十九首》中如《青青河畔草》《西北有高楼》《涉江采芙蓉》《庭中有奇树》《迢迢牵牛星》《东城高且长》《明月何皎皎》七章，《玉台》皆以为枚乘作。《冉冉孤生竹》，《文心雕龙》以为傅毅。《驱车上东门》，《乐府》作《驱车上东门行》。《文选》以十九首为二十首，盖分"燕赵多佳人"以下自为一章也。然相其体格，大抵是西汉人口气。因篇中有"驱车上东门，游戏宛与洛"，故论者或以为似东汉人口角，断其非枚乘者。殊不知西京人亦何必不游戏宛洛耶？此真"见与儿童邻"矣。至如苏、李"河梁"录别，其风味亦去《十九首》诚不远，亦非东京以下所能涉笔者。

---

① 本书为郎廷槐编，此为选节，"答"只录"张历友答"部分。为方便阅读，于每一问答前加序号，共十九条。

三

问：乐府之体与古歌谣仿佛，必具有悬解。另有风神，无蹊径之可寻，方入其室。若但寻章摘句，摹拟形似，终落第二义。如《穆天子传》之“白云谣”、《湘中记》之“帆随湘转”、《古乐府》之“独漉独漉，水清泥浊”之类，神妙天然，全无刻画，始可以称乐府。魏晋拟作，已非其长，至唐益远矣。夏虫语冰，殊觉妄诞。乞指示之。

张历友答：乐府自乐府，歌谣自歌谣，不相蒙也。乐府不特另具风神，而亦具有体格。古今之拟乐府者，皆东家施捧心伎俩也。《雅》《颂》为乐府之原，西汉以来如《安世房中歌》《郊祀十九章》《铙歌十八曲》，不惟音节不传，而字句亦多鲁鱼失真，然其辞之古穆精奇、迥乎神笔，岂操觚家效颦所可施？无论近代，即魏晋而降，如缪袭《鼓歌曲》、陈思王《鼙舞歌》、晋之《白纻》《拂翔》等歌，亦岂仿佛其万一乎？至唐世法部，如《伊凉》《甘州》之属，多采名辈绝句，其中音节今亦不传。然而歌谣者古逸也，乐府者正乐也。不只神妙天然，而叶应律吕，非可以骋辞纵臆为之者。观汉之大乐，其初皆掌之协律都尉李延年，非苟然也。固知古诗可拟，而乐府必不可拟，此昔之人所以讥历下为古宫锦也。

四

问：萧《选》一书，唐人奉为鸿宝。杜诗云“熟精《文选》理”，请问其理安在？

张历友答：文之有选，自萧维摩始也。彼其括综百家，驰骋千载，弥纶天地，缠络万品，撮道艺之英华，搜群言之隐赜，义以汇举，事以群分，所谓“略其芜秽，撷其精英”，“事出于沉思，义归于翰藻”，观其自序，思过半矣。少陵所云[①]熟精其理者，亦约略言之。盖唐人犹有六朝余习，故以《文选》为论衡枕秘，举世咸尚此编，非必如宋人所云理也。

五

问：李沧溟先生尝称唐人无古诗，盖言唐人之五古，与汉魏六朝自别也。唐人七言古诗，诚掩前绝后、奇妙难踪，若五古似不能相颉颃。沧溟之言果为定论欤？

张历友答：世无印板诗格，前与后原不必其尽相袭也。历下之诗，五古全

① “云”，《古今说部丛书》本作“谓”。

仿《选》体，不肯规摹唐人；七古则专学初唐，不涉工部，所以有唐无五言古诗之说也。究竟唐人五言古皆各成一家，正以不依傍古人为妙，亦何尝无五言古诗也？初唐七古转韵流丽，动合《风》《雅》，固正体也。工部以下一气奔放、弘肆绝尘，乃变体也。至如昌谷、温、李、卢仝、马异则纯乎鬼魅世界矣。若以绝句言，则中晚正不减盛唐人，又非可一概论。

六

问：七言律诗而外，如古诗“歌、词、行、曲、引、篇、章、吟、咏、叹、谣、风、骚、哀、怨、拟、弄”诸体，其体格、音律、字句，何以分别，始不混杂？

张历友答：《珊瑚钩诗话》云：“猗裁迁抑，以扬永言，谓之歌。步骤驰骋，斐然成章，谓之行。兼此二者谓之歌行，如古诗中《长歌行》《短歌行》《燕歌行》是也。感触事物，托于文章，谓之辞，辞即词也。声音杂比，高下短长，谓之曲。品秩先后，而推之、而原之，谓之引，如《箜篌引》《霹雳引》之类是也。煌然而成篇，谓之篇。章也者，顺理之名，断章之谓也。吁嗟慨想，悲忧愁思，谓之吟。长吟密咏，以寄其志，谓之咏。忧深思远，一唱三叹，变而不滞，谓之叹。古《相和歌》有《吟叹曲》，盖兼斯二者之能也。见徐伯臣《乐府原》。非鼓非钟，徒歌谓之谣，始于康衢而流于俚俗者也。刺美风华，缓而不迫，如风之动物，谓之风。幽忧愤悱，寓之比兴，谓之骚，始于灵均而畅于宋玉、唐、景诸人者也。《七哀》《八哀》之类本于《哀时命》，流于《哀江南》《哀江头》者也。幽思激切，谓之怨。拟录别之类，谓之拟。琴曲曰弄。凡此者亦不尽七言也。五言长短歌本无定则，非如元人词曲方按音律宫谱也。

七

问：乐府五七言与五七言古何以分别？学乐府宜宗何人？

张历友答：西汉乐府隶于太常，为后代乐府之宗，皆其用之于天地群祀与宗庙者，其字句之长短虽存，而节奏之声音莫辨。若徒捋摭其皮肤、徒为拟议，以成其腐臭耳，何变化之有？后人但读之而得其神理、玩其古光幽色可也，不必法其篇章字句。盖乐府主纪功，古诗主言情，亦微有别；且乐府间杂以三言、四言以至九言，不专五七言也。若五七言古诗，其神韵声光自足以饫俭腹而被词华。故学诗而不熟于汉、魏、六朝者，皆伧父也。何必其有定宗乎？

八

问：七律，三唐宋元体格何以分优劣？

张历友答：七言近体，断乎以盛唐十四家为正宗，再羽翼之以钱、刘足矣。“西崑”吾无取焉。宋、元而下姑舍是。

九

问：五古句法宜宗何人？从何人入手简易？

张历友答：五言之至者，其惟《十九首》乎！其次则两汉诸家，及鲍明远、陶彭泽，骎骎乎古人矣。子建健哉而伤于丽，然亦五言圣境矣。韦苏州其后劲也。陈子昂遁入道书矣。

十

问：《竹枝》《柳枝》自与绝句不同，而《竹枝》《柳枝》亦有分别，请问其详？

张历友答：《竹枝》本出巴、渝。唐贞元中，刘梦得在沅、湘，以其地俚歌鄙陋，乃作新词九章，教里中儿歌之，其词稍以文语缘诸俚俗，若太加文藻，则非本色矣，世所传“白帝城头”以下九章是也。嗣后擅其长者，有杨廉夫焉。后人一切谱风土者，皆沿其体。若《柳枝词》始于白香山《杨柳枝》一曲，盖本六朝之《折杨柳》歌辞也。其声情之儇利轻隽，与《竹枝》大同小异，与七绝微分，亦歌谣之一体也。《竹枝》《柳枝》词详见《词统》。

十一

问：七言长短句，波澜卷舒，何以得合法？

张历友答：按长短句本无定法，惟以浩落感慨之致，卷舒其间，行乎不得不行，止乎不得不止，因自然之波澜以为波澜，《易》所云“风行水上，涣”，乃天下之大文也。要在熟读古人诗，吟咏而自得之耳。昔人云“法在心头，泥古则失”是已。然而起伏顿挫，亦有自然之节奏在。

十二

问：七言平韵、仄韵句法同否？

张历友答：七古平韵，上句第五字宜用仄字，以抑之也；下句第五字宜用平字，以扬之也。仄韵，上句第五字宜用平字，以扬之也；下句第五字宜用仄字，以抑之也。七言古大约以第五字为关捩，犹五言古大约以第三字为关捩。彼俗所云“一三五不论”，不惟不可以言近体，而亦不可以言古体也。安可谓古诗不拘平仄而任意用字乎？故愚谓古诗尤不可一字轻下也。

十三

问：七古换韵法？

张历友答：初唐或用八句一换韵，或用四句一换韵，然四句换韵其正也。此自从《三百篇》来，亦非始于唐人。若一韵到底，则盛唐以后骎多矣。四句换韵，更以四平、四仄相间为正。平韵换平，仄韵换仄，必不叶也。

十四

问：五古亦可换韵否？如可换韵，其法何如？

张历友答：五古换韵，《十九首》中已有。然四句一换韵者，当以《西洲曲》为宗。此曲系梁祖萧衍所作，而《诗归》误入晋无名氏，不知何据也。

十五

问：字中五音何以分别？古人作诗原[①]为歌诵，其宫、商、角、徵、羽乃其指[②]要，如有不叶，终未合法，宜于何书探讨？

张历友答：古人作诗动叶律吕，今人但求工于字句可耳。若必欲动叶律吕而其词不工，亦无用处。不知五音之精微，不过于等摄门法通广局狭处辨之，此是识字学问，与诗歌古文词无甚关切。若作词曲，分四声为三音，则非精于九宫十三调[③]不能。若但作诗与诗余，即阴平、阳平亦可不计，况五音乎？盖五音之学，原于五行，通于五味，发于五脏，叶于唇、舌、齿、喉、腭之间，其门法多端，又有浊声法以尽四声之变，非数言可尽。愚实未暇问津。夫亦谓雕虫小技，抑壮夫所不为矣。

① “原”后，《古今说部丛书》本有“以”字。

② “指”，《古今说部丛书》本作“旨”。

③ “调”后，《古今说部丛书》本有“者”字。

十六

问：律古五七言中，最不宜用字句若何？

张历友答：诗，雅道也，择其言尤雅者为之可耳；而一切涉纤、涉巧、涉浅、涉俚、涉佻、涉诡、涉淫、涉靡者，戒之如避鸩毒可也。然则如之何？曰“丽以则”，屏温八叉、放韩致尧，其庶几乎？

十七

问：七言五句古、六句古，其法若何？

张历友答：古体之限句，非古也。然七言五句者，汉昭帝《淋池歌》是也；六句者，古《皇娥歌》是也。要只以简古为主，此外无法矣。然《皇娥歌》或以为后代拟作，亦在然疑之间耳。

十八

问：五言六句古作法？五言亦有五句古否？

张历友答：五言六句古，齐梁间多用之。唐人刘文房《龙门八咏》亦善此体，然几于半律矣。特以其参用仄韵，故亦仍为古体。大约中联用对句，前后作起结，平韵仄韵皆可用也。五言古五句体，惟刘宋《前溪歌》为然，其词曰“黄葛结蒙笼，生在洛溪边。花落逐水去，何当顺流还，还亦不复鲜”，此诗颇为创格，妙有余韵，或以为车骑将军沈充所作舞曲也。

十九

问：秦、汉风味与三唐何如？

张历友答：秦诗所传者不多，皆古逸歌谣耳。汉人诗风味醇茂，高浑中具见淡泊，岂唐人所能径造？然唐人诗有过于六朝者，有不及六朝者，风格一正，绝去淫哇，此所以过也。若中晚而下，气体渐薄渐削，则又不及六朝之浓且厚矣。六朝尚不及，何况两汉？

两汉高士赞

序

般阳张君历友高才博学，一入成均，名满辇下。顾终不得通籍，归益以诗文自雄，渊赡豪纵，不与时流空疏龌龊者伍。今者忽取两汉高士而各为之赞。吾为玩其词、求其意，其有皇甫士安之远尚与？若其取材奥而遣言古，方欲凌厉魏晋，追踪东汉，洵文林之盛轨也。嗟乎！才如历友，不令珥笔金门玉殿间，扬雅颂而光金石，而仅与遁世独醒者流相求于千古，吾又不第为历友惜矣。

秋谷赵执信题。

四皓赞

黄石赤松，引留侯入。角里东园，为留侯出。委蛇游戏，是谓天逸。遂定□皇，衣冠崒嵂。英英紫芝，冥冥商雒。地肺有灵，终然高卧。秽彼汉宫，雉膺大祸。

杨王孙赞

裸葬反真，全归矫世。不有王孙，孰闻斯义。精神合天，形骸复地。三尺布囊，重泉永闭。何事玉匣，隔我真宅。无形无声，爰证道契。靡则者荒，漫藏者惑。奄忽物化，焉用久容。

郑朴赞

穆穆子真，静言素守。礼聘不行，躬耕谷口。寄身岩穴，蜚声朝右。叹息斯人，烟霞为友。

严遵赞

彼何人斯，蜀严沉冥。君平弃世，世弃君平。成都卖卜，百钱是营。与子言孝，与臣言忠。下帘之隙，著书以终。德名为几，奚其公卿。不益我货。不损我灵。不杀我身，不荣我名。久幽弗改，浏兮其清。

司马季主赞

有道之世，德不在野。叔季以还，下多贤者。毋云贱业，识几者寡。高论掞天，词源倾泻。洛阳少年，魂惊汗下。玄嘿幽贞，无惭大雅。

梅福赞

矫矫仙姿，南昌梅尉。经明行修，封事亹亹。凤既擅朝，莽亦窃国。会稽潜踪，吴市养晦。江上清风，宁恋故里。

逄萌王君公赞

掷楯挂冠，幽人高致。哭市戴盎，先几之士。辽海浮舟，琅琊辟地。遁世墙东，同心牛侩。

蒋诩赞

渺矣元卿，杜陵高行。西汉之季，幽芳挺劲。户有蒿莱，庭余三径。东国栗融，北海禽庆。处士星悬，遥遥辉映。

严光赞

咄咄子陵，狂奴故态。张目熟视，客星无赖。足加帝腹，皇德弘天。光侵御座，游方之外。司徒求益，佣兮买菜。五月羊裘，千秋严濑。

向长禽庆赞

天设五岳，以待游者。我怀伊人，其风潇洒。眷言同志，实为禽忧。天地为车，风云为马。无何之乡，广莫之野。生既非真，死亦非假。瀹彼灵府，纵情陶泻。翻然长往，谁其继也。

周党王霸赞

缅维太原，实多异人。伏而不谒，名而不臣。大哉王言，圣主不宾。如彼巢许，曰作天民。处明用晦，雅志沉沦。陋彼云台，博士纷纶。

闵贡赞

有逸仲叔，清流所羡。含菽饮水，辞腴味淡。乃涤烦嚣，贞忮不变。如鹤在林，如凤凌汉。性□□□，猪肝一片。

井丹赞

五经纷纶，如逢故物。麦饭青葱，亦唯平素。甘脆玉羹，何须不御。桀驾人车，争如坦步。

梁鸿赞

上林牧豕，以身作佣。德配德曜，椎髻流馨。霸陵偕隐，且织且耕。弹琴咏诗，幽韵泠泠。不因人热，穆然其风。五噫有歌，叹彼帝京。去鲁适吴，曰东南征。伯通庑下，悠悠赁舂。死傍要离，濯濯孤清。

台佟赞

卓彼孝威，凿岩为穴。麋鹿为群，烟霞高揭。存神养和，聊可自悦。采药冥蒙，惊心典谒。流水高山，尘踪永绝。

王充赞

俗士拘牵，文儒饾饤。论衡既出，万物可镜。有美中郎，私为谈柄。帐中枕秘，明堂甗磬。绝响来今，谁闻幽订。

矫慎马瑶赞

松乔导引，仲彦遗世。因穴为屋，薄言出入。骑龙翳凤，翱嬉云际。马牧先生，庶几同志。

韩康赞

口不二价，是为阿康。女子知名，欲避反彰。霸陵遁迹，玄纁孔阳。柴车油油，幅巾修修。尚何怪乎，亭长夺牛。我非征君，乃韩伯休。

法真赞

名父之子，恬澹冲寂。体兼四业，学穷幽赜。维彼纁币，不我能屈。南山之南，北山之北。先后蒲轮，云迷烟翮。明可得闻，身难得即。百世之师，判彼文石。

戴良赞

汝南奇士，是维戴良。其少也诞，乃作驴鸣。哀至便哭，越礼众惊。情苟不轶，何礼之绳。妥有五女，载秉其清。竹笥木屐，布被疏裳。隐之牵犬，有前哲风。

袁闳赞

人皆富侈，我独励节。矧本贵家，而行萧屑。欲投山林，难与世绝。徒以母在，未忍终决。安得避人，披襟散发。土室周身，妻孥永谢。一十八年，幽潜孤洁。单衣幅巾，琴瑟永撤。

周燮冯良赞

屹二二子，远追绮黄。岩栖汝水，云卧南阳。纁帛劝驾，归守东冈。坏车杀马，裂彼冠裳。妻子莫系，矧乃庙廊。

姜肱赞

烈烈征士，曰姜伯淮。精庐大隐，高卧幽斋。掩被韬面，我行用埋。名可得闻，见乃不能。叶尼来切。隐身千里，遁迹海厓。

黄宪赞

牛医之子，非常情度。国有颜渊，鄙吝可却。陋彼奉高，尺泽之蠖。汪汪千顷，灵波可瀹。澄之不清，淆之不浊。天禄外史，遗文隐约。

徐稚赞

天地既闭，贤人局促。维五处士，遐哉越俗。炙鸡絮酒，幽忧相属。生刍一束，其人如玉。千载逸民，南州徐稚。

申屠蟠赞

卓立汉末，申屠子龙。不羞贫窭，乃作漆工。中郎见推，性敏心通。振手俗人，远迹上京。处士横议，陋彼嚣陵。园树为屋，自同于佣。党锢免祸，超然尘中。希声灭迹，用却聘征。笑而不答，以此自终。

郭泰赞

奕奕林宗，生于太原。齐轨元礼，同舟曰仙。垫巾折角，一何褊褼。清而不党，洁而不狷。人伦之鉴，品藻非愆。有道碑铭，不为参焉。

王符赞

安定逸民，是为潜夫。著论抒辞，矫时之趋。盱衡浮世，搔首蘧庐。食雁虽美，不如腐儒。修修缝掖，倒屣庭隅。

仲长统赞

千载上下，有两狂生。高阳仲长，庶媲令名。卜居清旷，乐志怡情。游戏平林，披襟当风。饥餐沆瀣，隐拟应龙。埋忧寄愁，著书能工。昌言理乱，叹世道穷。

陈寔王烈赞

中和之气，太丘最良。岂曰诡随，□乱之常。宁厚毋刓，宁员毋匡。感彼矫激，过峻其防。清流缊毒，调护难忘。不有长者，孰薄其殃。物望所归，视彼彦方。

茅容孟敏赞

当世知人，时维郭泰。相士有识，物色尘外。割鸡供母，延宾粗粝。破甑掉头，一何狡狯。流俗冥冥，独观其大。

庞德公司马徽赞

耆彼庞公，襄汉之浒。岘山以南，人隐终古。水鉴作宾，妻子作黍。不知两人，何者为主。伏龙凤雏，家珍可数。采药鹿门，翻飞鸿鹄。

管宁赞

维龙有头，维鸿有爪。鸿飞冥冥，龙潜浩浩。灭迹辽东，埋形海峤。似王彦方，非郭有道。捐金挥锄，尘虑如扫。支父同清，猗欤皂帽。

龙亭侯传

龙亭侯，其先本嶰谷人，名截，字子律。轩辕时，与伶伦定乐有功，赐姓竹氏。周文王时，截之二十世孙曰竹实，居岐山。偶有归昌九苞之翮，自丹穴来，舍于竹实之家，实能馆谷之，人以为文明之瑞。传数世，至穆王时，有竹书者，实之后也，为穆王史官，能编年纪事，益以文章显。其后人徙于淇水，有名菁者，字子绿，为卫武公所赏，引之同学。菁尝进以杖，用扶其老，且赠箦栈焉，结好最密，由是遂家于卫，为淇泉人。其支孙琅玕之属，亦散处渭滨间，拓地千亩，拔起三寻，乃流衍遍海内。其卜居皆喜临水，虚中秀外，群居不倚，有君子操，益天性也。其云孙有竹简者，字子契，在春秋时，齐有崔杼之难，简时在齐，南史氏执简手而叹，因共往讨崔氏，时人高其义。简尝聘于鲁，因师事孔子，学《易》，孔子赐以韦编。嗣是，其苗裔凡三绝，仅如线焉。秦始皇之末，造竹氏有官博士者，承制与诸生说瓜骊山下，婴祖龙之怒，加以焚如之刑，家世中落，逃匿在鲁壁淹中及恭王宅。汉兴，除挟书律，竹氏乃稍稍出应诏，陈言，见采于石渠诸宿儒，而五经赖之。昭宣之世，有楮先生为竹氏亲党，能续司马迁《史记》。成帝即位，中垒校尉刘向校书天禄阁，有太乙老人燃藜以烛之，光照一室，尽得竹氏真面目。洎光武中兴，如隗季孟公孙子阳辈，据兵阻险，光武命竹氏子赍三尺诏书，一札十行，分道谕之，以未有成绩，例不得封。肃宗好经学，诏诸儒臣论难白虎观，帝自称制临决，而竹氏摄议郎往来记注其旁，盖佐助之力居多。其族或羁旅南海，南海太守吴恢与相友善，共以汗青写经书，欲载以兼两辇归陈留，为其子吴祐谏之而止。盖是时竹氏宗族虽已繁育，然清�劲节，惟宜刻镂，为文必借材于筑氏，而资力于错刀，故世每苦其持重也，恒以为病。即公侯贵人，间以缣帛相遗，从之受书，顾劳费不赀，难以致远。

迨和帝永元中，中常侍蔡伦，黄门之贤者也，为尚方令，性灵敏有机巧，凡所监制，无不备极精好。伦尝叹竹简之子孙虽为世所重，而中世士大夫用之渐繁，往往不能给。乃求得竹简之裔孙曰竹策字子方者，以公车征至上苑，而与之谋，欲广其汤沐。策为人刚正，抗直不乐，因刀锯以进，乃固拒之，求还山。伦盛怒，谮之，帝使伏斧锧，乃杀而剖之，其肤正青，其腹如玉，无血，世以为冤。又株连及他族，如楮氏、麻氏、布氏、帛氏、丝氏，凡有文理能受书者，皆以次见诛，剥其皮，切如缕，又裹以敝布、渔网而投之池，以致糜烂。既而伦大悔，且怜之曰“是吾之过也，若等何罪”，因极力加以洗濯，盏其故衣冠于水中，承以版而出之，色得正白，皎如霜霰。伦异之，乃奏于尚方，帝为嘉叹，诏湔雪之。前此，伦尝以功封龙亭侯，至是帝夺伦爵以畀策，且以其神明之后，箨龙而生，故追封之为“龙亭侯”。龙亭地在今洋州，所谓“汉川修竹贱如蓬也”。帝又悯其无辜，命其子竹穰嗣爵为侯。穰字子衹，以其为侯也，故世谓之“穰侯”，食邑万顷，有印无绶，不遣就国，奉朝请，日进御，掌兰台图籍及温室秘书，洊承恩宠，累官太史令，与中书君毛颖、万石君罗文、松滋侯玄嘿同供奉金马门。穰侯为人性强记，日记数十余万言，能世其业，上自典坟丘索、百家七略，下及方言农圃，外而神经怪牒之书，罔不载归册府，故学士家交口称之，帝尝戏谓曰:“若非贪墨者,但嗜书耳。”海内以其封侯进幸由于蔡伦,故亦谓之“蔡侯”,侯以为辱，每讳之言，然其子孙从此坐大矣，由是冒其名氏，所在多有。其或资材明润，工为图篆，以求进士，而又方幅自命，不愿以裁割就人。若乃粗疏朴陋，亦散归阛阓闾左，以侪于估客细民。侯尝有遗言曰:“吾，嶰谷之遗支也，世秉五行之秀，我子孙其兼有五色文章乎？”其后多待诏黄扉，奉黄麻宣制命，而赐紫赐绯，盈溢缥缃白简皂囊，照耀丹陛，要其初，则精白如一，不受点污，可谓洁矣。

汉末，竹氏与蔡中郎邕最为莫逆，数以赫蹄相往来。邕入鸿都门，见泥帚，悟飞白法，归而与竹氏共肄之，遂证神品，又尝共刻石经于太学，因谓竹氏曰“吾代子职其劳也”。由是写经者日千余乘，衢巷为之填溢。时又有左子邑者，与竹氏尤称神契，为构精舍以处之，待其休沐，服饰一新，自是辉光研妙，神彩焕发，见者改观矣。子邑尝召韦仲将墨客，与竹氏为笔砚交，当世高之。张伯英兄弟临池学书，惟以绢素，盖求与竹氏纳交而不可得也。及董卓之乱，将迁都长安，司徒王允恐典籍残灭，乃与竹氏小侯收天府遗文，共载而归西京，后世仰为文献。

魏晋以来，竹氏与钟太傅、王右军父子结忘年之盟，日相与习为法书。其流寓蕺山者，善制白纨扇，更为逸少所奖藉，尝大书以褒之，缘此声价踊贵。后竹氏族子名侧理者，又徙居澄心堂，甚为名流推重，遗以金题玉躞，罗褾玳轴，故墨林以为荣遇。

六朝之际，竹氏多官秘书监，充栋汗牛，善为风云月露之状，识者谓“物盛必毁,理之常也”。及梁元帝江陵之祸,竹氏之投身殉难者,尽赴烈焰以四万数,世皆伤之，此其一衰矣。

先是晋永和中，有竹茧者，在会稽，与王谢诸贤同会兰亭，茧能点记其禊帖，后最为老寿，与智永禅师隐于永欣寺。贞观初，为御史萧翼以术劫之归朝，太宗一见如故，昕夕不离，后竟以殉昭陵。按唐制，拜衮则中书舍人以白麻书敕。德宗将相裴延龄、谏议大夫阳城，欲裂其麻，会竹氏为知制诰，因密以谏上，上乃寝其命。其后竹氏子姓支分派别，有流入益州者，好狭斜之游，与女校书薛幼洪善，遗以十样蛮笺，名曰“锦江新制”，好事者宝如拱璧。凡世上九章海岛丹青秘画，概未有离竹氏者，然举非所好，顾独雅好书，累世以为性命，一切硬黄响榻，晴窗净几，必得竹氏，乃差强人意。逮及后世，剞劂氏出，而竹氏之工书者乃至不可以亿计。顾后生小子，不知推挹，即间得其连篇累牍，辄厌弃之曰“此辈宜束之高阁”，谓是纸上空谈耳，岂不谬哉！

赞曰：龙亭侯之先与管城子同一始祖，中叶居于河内，尝下淇园之楗，佐汉武帝治水，有奇勋。洎宣房既塞，帝崇尚经术，而管城子先进用事，后见怒于班定远而投之。厥后龙亭侯死于中官，乃得追封。夫是二人者，其有裨于文教，大致相埒，而或下夷于子男，或崇跻于通侯，何悬殊也。论者以为貂珰援引之力，则始进之不正，君子所深耻也。然杀身以成仁，夫亦可以原之矣。

辛酉六月二十有八日校毕，从侄曾孙廷寀惠夫甫珍藏。

先相国少保公年谱

年谱

谨按：吾张氏之先，本冀州枣强人。明永乐间，始祖讳子中，奉诏迁于淄川，传六世，皆农隐。今西关祖茔，乃始来占籍、筚路蓝缕之地也。

六世祖讳全，相国之曾王父，是为始封府君。

赠公有隐德。后以相国贵，诰赠光禄大夫、太子太保、礼部尚书兼文渊阁大学士。

七世祖讳暴，仪部公考，相国王父，是为承德府君。

赠公字临黉，隐居乐善，积德素朴，人以拟陈太丘、王烈。初，以仪部贵，敕封承德郎、礼部仪制司主事；后以相国贵，诰赠光禄大夫、太子太保、礼部尚书兼文渊阁大学士。

八世祖讳敬，相国之考，是为仪部府君。

仪部公字尔和，号松石。自少博通群籍，善属古文辞及诗歌，尤殚精《左氏》《周礼》，为文章雄深奥衍，自成一家言。嘉靖戊午，举于乡，偕计二十年，万历丁丑始成进士。释褐中书舍人，升礼部仪制司主事。自累叶以来，代有清德。仪部公既登仕籍，益以长厚闻，居官一如寒素。公余手一编不辍。在礼曹，每搜讨掌故，以佐秩宗。显皇帝惩戚里骄纵，鲜克由礼，命宗伯择曹郎学行俱优者，教习驸马，公实膺其选。以师道自重，都尉严惮之。丁外艰归，卒于家，年五十九岁。有文集行于世。后以相国贵，累诰赠光禄大夫、太子太保、礼部尚书兼文渊阁大学士。夫人许氏，诰赠一品夫人；夫人董氏，诰赠一品夫人，是为相国之母。

相国生于万历元年癸酉，十一月二十七日寅时。甲子壬寅壬寅。

先相国讳至发，字圣鹄，号宪松，仪部公第四子也。长兄献发，早卒。次兄中发，字智鹄，号仰松，邑增生，有文名，世所推为硕隐先生者也。

万历二年甲戌，公年二岁。

万历三年乙亥，公年三岁。

万历四年丙子，公年四岁。

万历五年丁丑，公年五岁，仪部公登南宫。

仪部公会试第四十八名，冯梦祯具区榜进士。

万历六年戊寅，公年六岁。

万历七年己卯，公年七岁，仪部公初授中书舍人。

万历八年庚辰，公年八岁。

万历九年辛巳，公年九岁，仪部公升礼部仪制司主事，奉敕教习驸马。

万历十年壬午，公年十岁。

万历十一年癸未，公年十一岁，仪部公丁外艰旋里。

万历十二年甲申，公年十二岁。

万历十三年乙酉，公年十三岁。

万历十四年丙戌，公年十四岁，仪部公卒于家。

仪部公清操绝世，既病卒，家贫至不能具含敛。公与兄硕隐公茕茕失怙，际此闵凶，外侮狎至，颠踬备尝。时许太夫人已先逝，惟奉母董太夫人，相依为命。既避外患，亦不废学，遵母命，从见山王公受经。稍长，为博士弟子，乃负笈从泰山李少崖先生，讲明濂洛理学，读书洗心亭，手书先生语录，异日为刻《还朴心声》云。

万历十五年丁亥，公年十五岁。

万里十六年戊子，公年十六岁，娶夫人王氏。

后赠一品夫人。

万历十七年己丑，公年十七岁。冬十二月二十七日，冢子泰来生。

万历十八年庚寅，公年十八岁。

万历十九年辛卯，公年十九岁。冬十一月初十日，次子泰象生。

万历二十年壬辰，公年二十岁。

万历二十一年癸巳，公年二十一岁。

万历二十二年甲午，公年二十二岁。

万历二十三年乙未，公年二十三岁。

万历二十四年丙申，公年二十四岁。

万历二十五年丁酉，公年二十五岁。中式山东乡试。

乡试中第五十二名。

万历二十六年戊戌，公年二十六岁。

万历二十七年己亥，公年二十七岁。

是岁，仍授生徒里门，拥皋比，无倦色。

万历二十八年庚子，公年二十八岁。

万历二十九年辛丑，公年二十九岁。会试中式。

会试中第一百十四名，廷试三甲一百五十七名。时大主考青州冯文敏公琦、副主考曾公朝节，皆仪部公丁丑会试同榜也。辛丑同榜多名家，如同安许钟斗獬、太仓王辰玉衡、华亭张君一以诚，皆一代伟人也。

万历三十年壬寅，公年三十岁。夏四月，除授顺天府蓟州玉田县令。

玉田故饶陂池，民莳粳稻、种菱蕖，素称陆海。然每夏秋交，霪雨为患，山涛怒击，水无所障，汇成巨浸，害多于利。先相国相其督亢垅坱，度其潢污向背，庀材储具，身自为植，冲射者用石，沮洳者筑土，刻日陂成，蓟北恃为永利，父老竞传，曰张公堤也。

万历三十一年癸卯，公年三十一岁，在玉田任。

万历三十二年甲辰，公年三十二岁，在玉田任，多方救荒，玉民赖之。

时值岁大祲，公与绅士约，有乐输溢常格者闻于上，旌其家，布衣长者复其役。士民竞劝，得谷数万斛。更白台使者，益以官廪数千石，库银数千金，皆躬亲给散，不假手丞尉及吏胥，而下沾实惠，活饥民数万余。会疠疫大作，乃按方制药饵，广施济人无算。邑缘岁荒多盗，剽掠出没无常，公乃立传箭法，一遇盗警，不移晷即达县，掩捕立获，萑苻屏踪。

万历三十三年乙巳，公年三十三岁，在玉田任。夏四月，调繁遵化县。

在玉邑履任三载，政通人和，吏民畏爱。两台以治行尤异，材堪理剧，列荐剡。四月，奉命调蓟州遵化县，是邑为蓟抚建节地，其北六十里为三屯营，镇帅驻麾，迤西北即密云制府，以故军民杂处，孔道绎络，供亿殷繁，动多轇轕，冠盖云集，簿书山积，号为三辅岩邑。先公随事办治，咄嗟敏给，军无庚癸，民无绎骚，百里中颂神君焉。遵城门陋甚，议新之，括奇羡从事，不敛闾左一钱，旬日竣工，居然丹楼如霞矣。里豪某黠而忍，与其仇讼，虑不胜，阴毙己子而噬其仇，曰"彼杀吾子"。前任屡谳未决，公甫下车，廉得其状，一讯而服，阖邑焚祝，欢声雷动。邑徭役不均，奸民影射，高赀夤缘，罔不漏脱，公首清田赋，察其飞诡者。巨商某富甲一方，投身势要，公以符摄之，立置编审，居间者讫不得行，人服其公，遵邑自是无逋役。邑中征税，旧有卷梢例，官吏竞染指，公稔知其弊，下令银尽于毫，余悉捐豁，苛派者罚如律，计每岁少征数千斤，而细民无锱铢累。又饷粮不尽征银，听民便输钱，零星上纳，即兑支邑中额设兵饷，军民两利之。

万历三十四年丙午，公年三十四岁，在遵化任。

万历三十五年丁未，公年三十五岁，在遵化任。夫人王氏病卒于治所。

时涖遵三载，台使者亟荐，课绩第一。

万历三十六年戊申，公年三十六岁，在遵化任。夏四月，行取赴部。是岁，继娶夫人吕氏，后封一品夫人。

去遵之日，父老相属于路，持牛酒竞慰劳者数千人，咸曰："公活我，愿留公以苏戒子弟。"遮道环泣，肩舆为之不行。公以朝命宛谢之，皆罗拜去。既赴部，拟升礼部主政。

万历三十七年己酉，公年三十七岁，在京待命年余，中旨未下。

万历三十八年庚戌，公年三十八岁，夏四月，考选候补监察御史。

万历三十九年辛亥，公年三十九岁。

万历四十年壬子，公年四十岁。冬十月，实授云南道监察御史。十二月，奉命巡仓。

公在台时，岳岳自立，不为苟同，遇事敢言，风操凝重，神庙尝有守正不阿之特奖。故事：直指入台，非搏击立威，即矫激沽誉，否则恩仇报复，哓哓无宁晷。先公深达治体，非大利大害不入告，自树风裁，不傍人立门户，筐篚纫路，无敢相干者。既而被命巡视太仓银库，同给事中某，秉公稽查，毫无假借，城社狐鼠，私窦咸塞。时收放银钱各百余万，帑充饷足，吏不得干没，皆核实力也。

万历四十一年癸丑，公年四十一岁，时在台班。秋七月，巡视西城，九月十五日，三子泰恒生，副室章氏出。

时显皇倦勤，福清独相，机务丛废，不厌众心。公会同台垣，屡请增益阁员，留中不听。是年二月，会闱之役，福清辍阁务，充正总裁，业奉敕矣，廷臣心知其非，莫敢讼言。有廷尉朱某，独贡谀叶相，从而劝驾，先公露章弹之，兼请即允枚卜，以充揆路，在廷屏息，咸服其劲直。居恒每自叹曰："纠谬绳愆，非迅决不可。臣子建言早一时彻圣听，则国家早革一弊、早除一奸也。"同官闻而韪之。是年七月，奉命巡视西城，风清辇毂，不纵不苛，凡奸宄重犯，悉依法受理，不为权贵挠，仍戒饬司坊，一无循枉。

万历四十二年甲寅，公年四十二岁，时在台班。春三月，奉命巡按河南。

时福王将之国洛阳，以神宗爱子出就大藩，使节冠盖，相望于道。公既拜大巡之命，即乘传星驰赴任，周旋诸大珰间，以礼制裁节之，沿途无需索苦。又藩府初建，各郡邑输纳朝贺之使，例有导行费，亦一切抑以法。福邸素耳相国名，不以为简也。既按部，以澄清自矢，宪网整峻，人莫敢尝以私，墨吏望风解绶，约束详明，有《按豫檄略》《巡方约略》诸书，如"重官评""清胥役""正风俗""禁刁讼""缉贼盗""饬保约""严征解""苏里甲""恤驿递""端士习""慎狱囚""严武备""约宗藩""慎访察"禁投充"等项，规制缕析，有司奉成画惟谨。两河素号天府，俗尚奢靡，逢迎台使，饮食供张，拟于进御。先相国曰："此太侈，且非国家节爱意也。"其亟禁之。一日驻宿某使院，有韫匮二焉：一贮水陆珍，一以兼金实其中。问所自，左右曰"例也"，置弗顾，而封识贻之。举劾方面有司，毫无循庇。有以谢剡进者，虽暮夜必却，曰："吾自进贤耳，奈何以苞苴相污也。"至锄击豪有力为民害者，则断断不少纵。如巨憝苗之硕，恶冠七省，阴养盗魁，攻剽椎埋，积镪累钜万，郡国舞文骫法，吏皆唯唯听颐指，鼓其虐焰，势张甚，以睚眦杀平民无算，贿结辇下诸要津，持上官短长，每捏陷富人子，造意砌诬，文曰"送访"，须醵金厚赂之，赇入餍其意，乃得释。诸大吏心知之而不能钤制，无敢发其奸状者。相国稔其恶，行部前期，授意理官某秘捕之。某覆云："此狡徒力能脱文网，度必除则除之，不然，且反噬。"相国曰："第擒之，械以来，无忧复纵也。"理官如约，甫械致台下，而当路之请托麇至，未启函，即按其罪立杖杀之，阖境相贺安枕矣。又藩戚熊朝会，王妃弟也，怙势长恶，汴人为之重足，监司而下莫可谁何。相国将穷治其罪，周藩百计为请，相国曰："职备位豸冠，为朝廷守三尺法，即奈何令吞舟者漏网，而使无辜衔冤邪？"熊日匿朱邸中，乃计为好语诱之出，立毙于法，以故得刚正声。中州近山处多矿盗，哨聚数千百人，官军不敢正视。相国曰："不可激也，激则致变，缓则自解。"因招其渠魁曰角脑者，晓以利害，令各复业，封塞洞口，矿盗之患悉平。旧例：台使者自理赎锾，每差竣，各郡邑辇至其家。相国念豫省藩禄不给，公私交困，豫敕有司，括赎锾，广置义田，以赡藩宗之贫者，天潢翕然归美。又以邵、程二氏，为有宋宗儒，后裔瓠落，特为题请，授冠带奉祀，俾血食无匮。按部一年，瓜期应得代，顾诸台臣为福藩故，视中州如畏途，以先相国不畏强御，群推毂，廷誉之，故复被命留按中州，柱后绣衣，凡三易腊矣。中州连岁灾祲，本年以异常冰雹，题请捐免税粮，设法赈济，豫民德焉。

万历四十三年乙卯，公年四十三岁，在中州巡方。境内大歉，赈饥有法。秋八月，长子泰来山东中式。

时豫省饥荒较去岁犹甚，公题请留正项以备赈恤，再请折兑运以轸民艰，三请折漕粮以苏重困，皆报闻。无奈灾伤异常，流离载道。先公设法赈救，尽力搏揔。重念饥民子女，安插尤须得宜，否则皆将折入豪贵家，因特出示通省，或就空便官舍，或僦民居，使男女异处，择闾里长者在厂抚养，官为廪给，俟明年麦熟，各还其家。仍劝谕富民，收买蓄养，至来春损其直而归之，全活多者赏赉有差。时值潞藩以馈仪来，初不欲受也，既而曰："吾以此活数百人，且以成贤王之德，奚不可者。"于是尽易钱，散给贫民，欢声载路。又以灾异非常，请存留捐抵，宽带征忝罚，更请留一年税银籴谷煮赈。复以蝗旱相继，请折漕粟以弭变乱，前后娓娓陈奏，无虑数万余言，语语出至诚，详具疏稿中。

时各属皆凶荒，而卫辉更当其冲。于是括官私钱数万缗，治为袄袴御寒具，佐以青蚨，兼施之，男妇免冻馁者万六千余人。每公余辄程校簿书，手加款志，丙夜不辍，文吏相戒敛手，无敢上下为奸利。是年秋，监临豫闱，一切规条，待士有礼，整肃详明，人人感悦。撤棘后，接阅家报，长子泰来山东得举，年甫二十七岁。中州人士咸啧啧叹羡，以为救荒善政，济人利物之报云。

万历四十四年丙辰，公年四十四岁，在中州巡方。

万历四十五年丁巳，公年四十五岁，在中州巡方。已而按差告竣，还台。

凡按部首重教养士类，宽严相资。每观风，不仅视为故事，必亲课其文之高下以示赍赏，故人人竞劝。其置冠军高等者，后戊午科中式六十余人，皆所植桃李也。按差告竣，例应移驻境上候代，公仍驻大梁，校阅文簿，无怠色，三年如一日。及新台使入境，乃始报命还朝。按豫日，校刻《先仪部公文集》，以永家传；又刻《李少崖先生语录》，以志提命；又刻《王铨部秋澄先生文集》，秋澄先生者，仪部之高弟，而吾邑之耆宿也。

万历四十六年戊午，公年四十六岁，奉差巡仓，考满锡敕命。

时提督京通二仓，粮斛收放，平准详明。兼理通惠河务，殚力兴除。荐劾方面有司，以重国储；举刺运官卫弁，以肃漕政。弊窦悉绝，宪体凛然。及仓差事竣，列为六款陈之，条晰明畅，敷陈数千言，皆报可。因台中缺员，二年始得代。再行举刺之典，天庾充斥，耗蠹以塞。为御史六年，考满，给与父母与本身暨妻应得敕命。

万历四十七年己未，公年四十七岁，奉委巡青，编审详慎。夏五月，巡视节慎库，复巡视北城。秋九月十四日，第四子泰孚生，吕夫人出。

万历四十八年庚申，公年四十八岁，奉命巡按应天，未任，告病旋里。夏四月十五日，长孙绂生，泰象出。是年冬，仲子泰象恩选贡元。

是年八月，神宗宾天，光宗即位，改元泰昌。九月，光宗弃群臣，熹宗即位，明年改元天启。盖光宗非欲本年改元，而在位一月，无年可纪，故当时朝臣公议，以八月以后为泰昌元年也。

天启元年辛酉，公年四十九岁，居里中。春二月，即家内升□□□□□丞，辞职。三月二十一日，家孙绵生，泰来出。

是年夏四月，以风疾转加，新命难赴，具疏请告，未蒙俞允。秋八月，复以沉疴不起，势难供职，疏请，奉旨展限三个月。

天启二年壬戌，公年五十岁。

时家居养母，承欢子舍，若将终身。会太夫人病痢，公昼夜调视，三阅月而疾有瘳。公与兄硕隐公，昆弟相友爱。硕隐公自少为名诸生，工于八法。自相国登第后，即曰："吾弟能继家声，吾无忧矣。"于是隐于诗酒，以陶咏自乐，葆光涵真，如古达人。与相国入侍董太夫人膝下，无间晨夕。太夫人每顾而喜曰："汝兄弟少际家难，伶仃孤苦，今皆老，幸相好无尤也。"公与硕隐公谨受教。顾以家众益繁，议析箸，相国将宦赀所置产业器具，中分之，硕隐公坚辞不取。公请太夫人，以母命予之，不得已乃受，盖厚道与廉让交得矣。

天启三年癸亥，公年五十一岁，居里中。遇覃恩晋阶奉政大夫，锡制命。

是年春三月，以病痼难痊，旷官滋惧，请告，奉旨："张至发升任已久，着前来供职。"秋九月，再疏请告，"为臣病万难痊可，臣职万难久旷"。冬十一月，部覆准在籍调理，俟病痊起用。

天启四年甲子，公年五十二岁，居里中。

公林居无事，于西郭外辟地为园，扁曰"近郭山林"，内有长廊，题曰"画舫"，有方亭，有水竹居，引孝水贯其中，沙石清丽，萍藻交横，掩映池台，悉成名胜。

性最好石，园中有凤石、琴石、磬石等名，或大可径丈，或形如奇鬼，列峙其中，不可名状。时与亲宾游燕，陶陶然乐也。又于城北别墅、范阳溪侧创环青园，因石为山，因山驾阁，榜曰“环青阁”，旁有枕流亭、宛在亭、海屋、盟鸥泉，亭榭池沼，洞壑林木，皆临范水之上，胜甲一邑，不啻置身濠、濮间。日与硕隐公聚处园中，硕隐公大书“近水楼台”及“高柳新蝉”等字于壁，字几径数尺，亦钜观也。虽无金谷、午桥之丽，亦庶几平泉独乐之奇矣。

天启五年乙丑，公年五十三岁，居里门。

秋九月，工科给事中郭兴治题荐，奉旨酌量擢用，吏部看覆。冬十一月，吏部覆准，候部寺巡抚缺推用。先相国以魏珰煽虐，炀皂蔽聪，清流被祸，遂坚卧东山，有终焉之志，故熹宗之世不应朝命，可云明哲保身矣。

天启六年丙寅，公年五十四岁，居里门。

天启七年丁卯，公年五十五岁，居里门。是年□□，兄硕隐公卒。

硕隐公病疡，亲为侍疾调治，顷刻不离，竟无起色，雁行分飞，哀痛深苦。五七祭奠，自为诔章，率孤侄辈行礼，抚遗孤男女，更逾己出。时太夫人在堂，以耋年殂丧长子，悲哀摧怛，不能为心之甚。公时时多方劝慰，以舒其晚景。又仿程伊川私谥“明道先生”之例，以谥“硕隐”。是年，熹宗崩，怀宗即位，诏以明年改元。

崇祯元年戊辰，公年五十六岁。春二月，即家升大理寺左寺丞，疏乞终养，报可。

时新君嗣位，珰恶睍消，朝政清明，善类引领，诏用旧人，起升公大理寺左寺丞。时硕隐公既前卒，公以太夫人耄耋，礼宜侍养，未忍远离，遂具《亲老子独》一疏，援例力恳终养，辞旨迫切，奉旨:“张至发素有才名，奏内情节，该部与看覆。”五月，吏部覆准终养，蒙赐俞允。

崇祯二年己巳，公年五十七岁，里居侍养。冬十二月，一品董太夫人卒。

太夫人病，公日侍汤药，衣不解带，寝食俱废。太夫人于十二月十四日卒，辟踊号泣，几不欲生，每朝夕上食，必悲哀祝告，如生前礼。

崇祯三年庚午，公年五十八岁。春三月初五日，举太夫人大襄礼。

是日卯刻，阴云四垂，俨然欲雨，公竭诚祷焉，旋晴霁，人以为纯孝所格云。

崇祯四年辛未，公年五十九岁，在里守制。

崇祯五年壬申，公年六十岁，在里守制。春三月，服阕。秋九月，升顺天府府丞。

公家居十载，得奉董太君于考终，且免于逆珰之祸，至是遂捧纶出山矣。十二月，履京兆任。旧例：府丞提调学政。试宛大锦衣士童，严核伪籍，不徇嘱抑寒士。

崇祯六年癸酉，公年六十一岁。夏五月，升光禄寺卿。

为光禄时，凡大祭典，具品物，必斋戒，躬亲夙阅，尚方天厨，咸丰备修饬。藉田礼，初经举行，办治庆成宴，皆豫定图式，无不整恪，有光典礼。本寺缺仓廒，请旨增修，凡一切工料，自行估计，吏不得欺，节省大农钱钜万。旧例：牲牷由太常，颁胙由光禄。牷既献庙，内监从而干没，弊难直揭，公特上《福胙交领宜明》一疏，令太常、光禄各遣官一员，一交一领，其弊顿除，报可，后遂遵为例。任光禄二载，百事详核，握计精确，务济实用，自兹遂膺帝眷矣。

崇祯七年甲戌，公年六十二岁，在光禄任。

崇祯八年乙亥，公年六十三岁。春三月，升刑部右侍郎。秋七月，特简爰立，升礼部左侍郎兼东阁大学士，入典机务。

公在刑部仅半岁，执法公恕，多所平反。四月，吏部题散官升受嘉议大夫。夏六月，特召至中左门阅章拟票，是月晦日，上谕吏部将尚书姜逢元等九人年籍履历开具进呈，先相国名列其中。至七月二十日，又谕吏部，确推在廷诸臣实堪阁员者，念六日遂膺枚卜，是日，与长洲文少詹震孟同拜麻。按：明代卜相，多起家词垣，独薛文清公以御史卒践台阁。乃先公则起家邑宰，以台臣在告十年，即家晋二官，内擢卿寺，未及三载，遂卜金瓯，真旷代异数也。既入政地，则夙夜奉公，忧勤厥职，弼违补衮，维力是视，一切拟旨，虚公体国，于海内人才及九边兵马、钱谷、户口、厄塞，殚心询讨，汇有成书。每九卿督抚缺员，上或密以相咨，即探夹袋囊竭力荐之，其人多以才见任，而进身之故则不令知也。拜衮后，手书严训子孙，检身守礼，谢绝外务，又禁饬仆隶臧获，勿得扰闾里，迄今遵为庭训。时中原板荡，流氛渐起，先公揆务之暇，垂念桑梓，以淄城土埠不足当大敌，急倡阖邑绅士采石易之，自本年八月经始，迄次年四月告竣，蔺石渠荅，丽谯虎落，淄邑乃有坚城矣。

崇祯九年丙子，年六十四岁，公在政府。夏六月，加礼部尚书。十二月，加太子太保兼文渊阁大学士，晋阶光禄大夫，给四代新衔诰命。

时国计日虚，言利之臣多方渔取。有千户韩伯孝，乞开矿、鼓铸，相国特疏谏止，大略言："方今民困已极，唯宜休息。凿山则聚众滋扰，而矿盗之患兴；增局则工本徒消，而赔累之祸起。此二事，皆先朝行之而召乱贻祸者，奈何今日复惑于细人之言而蹈覆辙乎？不如已之。"报可。十二月，上谕吏部："内阁辅臣，运筹绩著，宜加恩示酬，次辅张至发加太子太保兼文渊阁大学士，晋阶光禄大夫，余如故，荫一子入监读书，给四代诰命，仍赐银币。"按：诏书所谓"余如故"者，谓四月内所加礼部尚书也。是时先相国以无功获赏，具疏肯辞，章四上，不允。同列者已谢，不获已，乃拜新命。四世崇褒，光分龙衮，自仪部公以上，举行焚黄典礼，松原燎火，光逮九京，国荣家庆，于斯而极。荫典先推以与侄泰瑞，盖公欲以一命之荣上及硕隐公，以笃兄弟之谊，亦云厚矣。

崇祯十年丁丑，年六十五岁，公在政府。春二月，充会试正主考。夏四月，晋位首辅，申饬阁规，条陈考选馆员例。

会试取吴贞启等三百余人，是科文体一清，得人最盛，文章忠节之士，冠绝千古。后来大雅扶轮，义烈振世，如陈子龙、夏允彝、包尔庚、萧汉、蒋鸣玉、曹溶、唐九经、刘同升、卫周祚辈，皆旷代巨人也。其余指不胜屈，盛亦极矣。三月，以云镇捷功加太子太傅，荫子入监，相国累疏控辞，缴回成命。时阁务殷繁，同官多以病注籍，或以人言引咎，犹先相国每旦入直，看详章奏，日至八十余疏，分别拟旨，俱当上意。夏四月，乌程以繁言去位，公遂为首辅，纂修玉牒及熹朝实录、宝训，俱充正总裁，同知经筵日讲。

先是阁务废弛，中翰多积玩，公特题申饬阁规四则：一曰重敕书，以尊宸翰；一曰严写票，以防漏泄；一曰肃出入，以谨机密；一曰申考核，以儆官常。奉旨著为令。《哲皇帝实录》成，进呈御览。前此考选馆员之例，采官声于治地，征月旦于乡评，卷不弥封，取文后，合以官评，然后公同次第之。顾议论纷拏，易起奔竞，此主荇接引之说所以聚讼也，相国悉其弊，欲于牢不可破之中稍示变通，以杜豫拟，以获实用。乃建言请于各衙门缴单，不必豫拟职名，其官评有瑕瑜互见者，先于各衙门用其余官评最优者。每省几员题请糊名考试，照选庶常例，严加甄别，进呈上裁。即各省人数不均或一省偶乏，不必取盈，则推知有品行者方堪台省，台省有文望者即堪馆员。不惟可杜豫拟之弊，且可得真材之选矣。奉旨永为定例。然以向来积习，微示更张，与词臣议不合，公始萌去志焉。有滇抚王世德者，清操介节，不谐于时，为言路所纠，诬其辇金入都，贿赂通神，相国为力辨其诬，以昭公道，其为国惜才如此。是岁捐俸修筑城铺，以巩京畿。次年又捐俸助修重城，以卫禁苑。忧国忘家，皆此类也。

崇祯十一年戊寅，年六十六岁，公在政府。春正月，皇太子加冠，公承旨宣持戒谕。皇太子出阁讲读，公上《太子劝学笺》。夏四月，公累疏谢政归田，乃蒙温旨俞允，赐路费文绮，驰驿回籍。

皇太子既冠，出阁讲读，奉旨择廷臣纯良方正者，为讲读、展书等官。公矢公矢慎，妙选宫僚。每入直文华殿，辄奉敕教皇太子习书，加以赞语，用佐国本。公又自以身备青宫保傅，故上《太子劝学》一笺，帝闻而嘉之。是时国步艰屯，军书旁午，流寇日炽，机务填委，政府纷纶，兼之封事嚣腾，盈庭水火，党如蜀洛，位多积薪，相国鞠躬尽瘁，砥柱朝端，密勿赞勷，不留余力，绝去朋党，持重自将，温室硕画，退而闭如，嘉谟入告，盖削草者屡矣。故凡诸建白，事多不传。为首揆未一载，每寅入夜归，拮据怳悴，无少宁晷，且年近古稀，竟以劳贯感疾，深念时事日非，省愆增惧，疏请致政，兼陈衮阙，且冀主上之一悟也。其略曰：

臣久伏海右，骤陟卿僚，分已逾涯，职且多玷。荷蒙皇上锡以不次之恩，授以莫加之秩，待罪揆府，日切饮冰。以臣庸昧，而遇皇上迈世之聪明；以臣拘挛，而事皇上开天之英毅。靖共臣职，滋惧不堪，兼以文教未宣、武略未振、宫箴未饬、民瘼未除，臣叨从诸大夫后，燮理无状。我皇上本欲集嘉谟也，而烦言之乱政不少；本欲刷颓习也，而莠言之扞纲愈多。言益棼则事益紊，事益紊则政益哗。鼎铉谁司，横议丛棘，辗转徘徊，进退维谷。臣思祖宗朝，法有定法，度有正度，垂三百年不改。苟有积弊，但当重为洗涤，不宜轻为变更。设偶中小人之捷给，以狙侩钳缙绅，以蜩螗摇鞀铎，是开言路之期反为闭言路之渐。臣实至愚，莫敢妄信，不敢妄信，岂敢妄徇，而犹容容泄泄，臣实无逃于鹈梁之诮矣。臣以为皇皇圣明，念念率循旧章，以高皇帝之律令，万世炳如日月；肃皇帝之规矩，万世凛如雷霆。一切国体朝纲，悉遵旧典，横议狂沸，尽行禁止。事事守祖宗之法度，严以宽持，宽以严制，清静宁谧，以整朝堂，太平在咫尺矣。若文臣而欲以武监，文试而欲以武录，臣恐泾不得溷渭，而冕不得带鍪也。岂皇上之英明而不洞瞩及此乎？臣滥膺宠渥，尺寸未酬，但迩来入直，头目时晕，步履时艰，饮食时废，纶扉何事，阁员何官，而可以旷瘝病。臣不陈力者在列乎？前途之碌碌如此，当路之泯泯可知。伏乞皇上鉴臣疲驽无用而狼狈微躯，允赐解组归田。苟全休致，臣不胜锡告戴罪之至。

疏入，奉温旨慰留，先相国复连章求谢政，最后奉旨："卿赞理恪勤，政本攸资，屡旨谕留，何复连章引请，情词恳切。"特准驰驿回籍，赐路费文绮表里，仍谕慎摄以需召用。呜呼！端皇帝之于先相国，可谓始终不替矣。夏四月，辞朝，拥传旋里，优游绿野，课子孙耕读。时与二三耆旧，置酒清言，萧然尘外。然每闻朝廷大事及楚豫烽烟，辄忧形于色，申旦不寐，盖忠爱之诚天性然耳。

崇祯十二年己卯，年六十七岁，公居里第。秋七月，上以豫楚捷，推恩旧辅，荫子入监。冬十一月，皇太后徽号礼成，笃念旧辅，特遣行人敕赐存问。

是年秋，豫楚剿寇报捷，上推恩荫子，以子泰恒承荫。及冬，遣行人存问，赐文币白金、上尊羊果等物，异典优隆，亘古未有。家食旧臣，推恩养老，輶轩下贲，照耀乡闾。相国因建坊于门，榜曰"天恩存问"，以志帝眷。又以捐赀首倡，鼎建石城，抚按以事闻，奉旨遣官特赐敕奖谕。先公更计城守长技，非空心楼不可，乃定为规制，创建一座，劝导邑中诸绅士捐赀共修空心楼十一座。

崇祯十三年庚辰，年六十八岁，公居里第。以倡议增筑敌台，特赐白金文绮，又以捐助城守火器有功，赐银币。

公在里居，目击淄邑赍解京边粮饷，累弊难堪，具奏《民穷势必走险，安民莫先察吏》一疏，内反覆言：监司宜久任，钱粮宜循旧典，总归藩司汇解。

词甚剀切。奉旨:“览卿奏,弭盗须选廉吏,察吏先择监司,深得治本。以后监司,非俸三年不许升转,劳深者量与加衔,不职者抚按劾斥,惟边才调用者不在此例;真正循良,亦着加衔久任。其钱粮汇解事宜,该部看议速奏。”户部覆上,得请照旧制遵行。帝以边腹多事,注念老成,自是征书频下矣。

崇祯十四年辛巳,年六十九岁。春二月,上累诏起公辅政,公以左髀抱病,累辞不赴。

是年春,敕谕:“国事多艰,亟藉旧辅佐理。卿定识沉力,粹品鸿谟,赞襄多劳,忠猷未竟。着以原官入阁匡弼。即驰驿来京,慰朕伫望至意。地方官照例敦趋护送。特谕。”时与贺江夏、周宜兴二相同被召,贺与周皆应诏而出。贺至青州,闻先相国未应命,深悔其行,故入朝未几,即告归。先公以左髀艰于动履,具疏控辞,不允,章再三上,累奉温纶慰劝,一则曰“忠诚端练,夙著弘猷”;再则曰“德才并茂,亟藉赞襄”;三则曰“朕日夜望卿即至,相与筹画中外,弘济时艰,宜仰体求旧之怀,力疾叱驭,以慰朕延伫至意”。至本年十一月,辞章复上,乃奉旨曰:“时艰急资干济。朕以卿忠猷未竟,特兹召起,伫望前来佐理。乃屡疏,情词恳切,义难固强,特允在藉调理,以俟全日再召。”盖帝眷犹未艾也。十二月,公患痔疾秘结。

崇祯十五年壬午,公年七十岁。春正月,疾微瘳。秋七月二十有六日未刻,考终于里第。守臣以闻,赠少保,赐祭葬,给茔田八百亩,荫一子中书舍人,恤典悉下所司。

先是正月元旦,公前所患秘结下行,变为泻泄。上元少瘥,始能肃衣冠拜天地,已而又患秘结不利。至二十日,正呻吟间,及巳刻,忽闻曾孙笃庆生,长孙绂所出也,公喜甚,不觉大笑有声,喜极而气舒,则肠胃通畅,而所患除矣。盖向来日夜冀得曾孙,幸遂此愿,病体日渐平复。但暮年元气不充,精神日减。秋七月中元,犹力疾躬亲祀先。有素蓄一鹤,在别墅,去寝庭远甚,忽于将病笃时,回翔委屈,登阶历堂,径造相国卧内,延颈徘徊,作欲语状,若以驭鹤之期告者,左右为之惊异。二十二夜,公梦绯衣太守执手版诣榻前相谒,觉而曰:“吾其不起乎?神示之矣。”质明,呼掌书记,会计国储起运存留之数,欲草遗疏,未就。时邑侯史公公出,相国数问其反邑否,似欲以淄邑利弊为托,若汲汲不及待者。先是公遣子泰孚,孙绂、绵,赴省候试,闻公病笃,兼程而归。二十六日午刻反舍,公已不能言,至未刻而逝,寿七十岁。弥留之际,深以时事艰难、受国厚恩、涓埃未报为恨。遗命勿请恤典,勿建家庙,勿立神主,勿用墓志,勿入祀乡贤。乃抚臣以黄扉元老在籍病故,循例奏闻,帝为震悼,恤典悉下所司,遣官赐祭葬。卜吉于次年大襄,冢孙绵承恩荫中书舍人。

崇祯十六年癸未,春三月二十八日午时,以礼葬相国少保公于城北之赐阡。

先后谕祭九坛，谒者襄事，温明秘器，照灼松原，翁仲骈罗，争飞羽葆，轻车甲士，驰骛牛亭，一应典礼，煌煌隆备，黄肠题凑，侔以上尊。此亦人臣之极轨，而元老之觉报也。甫阅岁而鼎湖变作，假令是岁葬礼不行，则沧桑改历，而千载一时，失莫追矣。独易名之典虽下秩宗，而赐谥之隆未闻天语，是则子孙之遗憾耳。[①]

① 此节上有眉批："崇祯十七年三月十九日，怀宗因匪攻陷北京，自经于南宫煤山。"

摭遗录

先相国生平懿迹，笃庆既以所闻于过庭，与考稽于家乘者，分年缕析，载之于《年谱》卷内，而其余之不得编属于某年者，复散录之，以附于年谱之后，名曰《摭遗录》。其事之前后，无复诠次，如《容斋随笔》之例云。

先相国孝行纯挚，少孤，未及久侍仪部公。及代狩中州，捧仪部公遗文，将授剞劂，痛手泽之仅存，未尝不三复流涕也，因为之广求仪部公同年友，作序简端以传，如陈禹谟先生序是也。

其事董太夫人，自为诸生以及显达，五十年孺慕如一日。当迁廷尉里居时，备极娱悦亲志。尝与兄硕隐公，躬奉板舆，侍太夫人游于近郭园中。十年子舍，养志依依。虽征车数至，而累表陈情，觉莱彩潘舆去今未远也。

其于伴鹤翁即硕隐公友爱甚笃，而庄事之如父。虽身既贵盛，而侍兄之礼，无异幼稚时。至于园亭诗酒，晨夕游乐，生平无间言。盖当从还朴李先生时，先生赠相国兄弟以四字，曰“孝友承家”，相国榜之于堂，以志韦弦之佩。其后传家永世，惟以此为家法。人以为不愧斯言，云“遐哉张仲，千秋嗣音”矣。

先相国历宦四十载，始终清慎，囊无厚积。凡禄入匪颁，必先献太夫人及硕隐公，次及子姓宗族，推其余以赡乡曲之不能举火者。“维桑与梓，必恭敬止”，晏相遗徽，先公有焉。

居恒补苴乡土，如将弗及。凡邑中大利害，无不殚心擘划，日不暇给。其捐修淄城也，皆从夏官即署诸公，求得边城敌楼图式，命孝廉公亲自鸠工，以故捐修、督修、代修，共五千七百余尺。重门之上建以谯楼，坚完严整，可谓雄都矣。千里之内，下邑之城，无逾此者。当时监修淄城，邑侯为蒲州韩公，题其城西门曰“沙堤门”，盖谓先相国也。

其捐赀倡建淄城也，抚按以事闻，奉旨差官，特赐敕奖谕。敕曰：“卿以密勿重臣，捐赀首倡，鼎建石城，用使岿然百雉，屹若金汤，价人维藩。朕心嘉悦，特赐敕奖谕，以示优眷。俾海内官绅士庶知所矜式，卿其祗承之。故谕。”至今煌煌天语，金碧增辉，尚悬于相国之里第云。

先相国既拜麻，其明年遇覃恩，褒赠四世，因建两坊于里巷之两端，相去十丈许。其北坊颜曰“天赐元辅”，其南坊颜曰“帝简端揆”，向背字皆同。坊额下一层，横列四世官阶姓名，字差小。其石坊之飞甍檐阿、隆栋楣栌及檐厦楹宇，皆以石，雕镂镌刻，穷极工丽，冠绝一邑。

其后遇敕赐存问，异典也，又于相府门前建坊一座，额曰“天恩存问”，虽其制差小于前二坊，然以限于地，故不能加廓。其石梁之外，仿凌云台之意，前后用四铁柱邪撑支之，不至轩轾太过。今亦七八十年，坚完如故也。

其敌台空心楼之制，亦多取法于边城，用以捍御掠敌者。大约自上梯而下与平地齐，三面皆有石孔，可施火炮，正面可以击远，侧面可循城施之，楼之上，瞰数十里外，蔺石渠荅，无不备具。

邑中城西南隅有自置腴田数十亩，乃城中隙地。因念城守需人，半其直以售于人，令避乱入城者筑室为干掫计。又思枵腹难以婴城，乃创建义仓一所，倡阖邑按亩捐贮，积谷至七千余石，后咸赖之。

庚辰辛巳，连岁大饥，以义仓之半赈贫民，恃以全活者五千余人。又减价粜谷一千余石，得银二千金，代输阖邑丁银米豆。又捐私橐百金，以济邑中寒士，士林颂德。

相国生平自奉甚约，堂惟三楹。因仪部公旧地少新之，弗敢增廓焉。虽官至宰相，有李文靖旋马之风。堂上虽达官上台赠匾丛至，然中央所悬者，仪部公旧匾“进士第”三字而已。呜呼，不以贵加于亲，可以为百代奉先法程矣！

相国祀先人亦不尚华侈。每曰:“豚肩不掩豆，古贤哲风也。今日备极丰盛，力岂弗能，但恐后人难继耳。”于是定为品式，酒果茶汤之属如式而止，“亦以昭吾先人质素俭德，求为可久。吾以生道事先人第，恪守吾规足矣。孙叔敖寝丘长世，萧文忠师俭贻谋，可思也夫”。

凡遇岁时伏腊，祀先展墓时，少长毕集，子孙稍任，跪拜者必令趋跄如礼，亲教以裸献之仪，进退之节，以为常。

居恒训子孙有法，惟以忠厚孝友、勤俭敦朴为本，而次及文艺。每不远千里，不惜兼金，延至吴越名流下帏设绛，以为之师表，庶几日渐月渍，冀有成就，免于寡陋也。

当先公初入纶扉，惟深虑子弟家隶不能奉法守礼，或至获罪乡曲，且自以滥膺朝廷名器，惟清白自矢可以不堕家声，固知麈尾拂蝇非王谢家俊物，而长檐犊车深为可嗤也。孝廉公有庭训，秘藏存于家。

相国方典揆席，至于训诲后人。每千里手书，洋洋竟幅，用示针砭，有《谕儿箴》一则，更博引前贤懿迹以为程式，不啻《颜氏家训》。又居常言：“吾邑之贵家子弟，不循礼法，或荒饮极欲，或鲜衣怒马，或广厦细旃，不念祖父之艰难，逞一身之豪纵，卒之归于败落，吁可戒哉。”

尝戒子孙以为文贵简劲峭洁，冗滥汎溢甚无味也。故丁丑为主司时，所取士皆稟经酌雅，如先政法程，金和玉节，如王良、造父之驰驱，自无轶步也。

先仪部公以万历丁丑登第，而相国公于崇祯丁丑为会试总裁，盖相去六十年矣。然前丁丑之文率皆罗罗清疏，理明气畅。后丁丑之文率多典厚雅饬，气度昌明，其亦家世于此年当有吉祥善事耳。

相国性爱石，与米襄阳有同好。暇日每登山选石，憺然忘归，虽风雨寒暑弗辍。此外虽货贝珍玩，意泊如也，以故近郭园与环青园往往无华轩而多奇石。至今徘徊故迹，犹有巍然石丈高出云岚，不似铜仙辞汉遽离故基者，尚可摩挲其间，具袍笏一下拜也。

余家犹藏江夏贺文忠公所刻《三世事小录》，盖其赠先相国者。大抵言其先世穷约清介之操，世有厚德以及于文忠公，黄扉宠锡，昌大厥宗，欲子孙念厥由来，不忘本也。先相国在朝与文忠公有寅恭之雅，素心相许，以道义投契，每举其书以示后人。呜呼，文忠公既大节昭垂，炳于星日，先相国亦完名地下，不愧攀髯，皆庶几有始终者。

相国又尝言贺文忠公逢圣清介之风绝世无匹，子弟亦化其德。其在京邸也，自文忠公而外，一公子，一仆，一庖人而已。一日其仆与庖人微哄，忿不能释，公子自于头上抽小银簪一事，贳酒与二人息争，闻者笑之，而不知其厚德不可及也。异日者，墩子湖举家入止水中，忠烈格天，入神仙界。此岂寻常富贵中人哉。墩子湖事见余《贺文忠殉难记》。

先相国辛巳之被召也，人知其病不能入朝，而不知亦存微意焉。自古忠与佞未有可同进者，时贺江夏与周宜兴及先相国同被召，既而贺公入朝，见时事不可为，未几即谢病归。而宜兴则遂柄政，舞其机智，卒膺大戮。先相国豫察于几先矣，此所以坚卧不出也。

明代藩府之事，一以委之代巡，而抚臣不与。凡分封、请名、请婚、藩禄、王官等仪礼，皆按君主之。先相国按中州时，河南列藩如周、赵、崇、福等王，一切礼仪皆斟酌旧章，事事如期题请，不疏不漏。今吾家尚存崇王与相国一启，自称“寒藩”，称“代巡”，曰“天使大人先生”，大概溯其少孤受封之由，其宗人与之有互讦之案，其启谦抑委屈，无一毫傲睨不平之气，殆贤王云。

先相国历宦几四十年。约而计之，自二十九通籍，为县尹者六年，为御史十年，为列卿三年，为宰相三年而已，其余皆家居日也，而生平大节尤在天启七年中。虽天书下责而坚卧白云，不独左貂之凶焰不得而相加，抑且党祸之株连无从而妄及。卓乎高哉！其郭泰、陈寔之伦欤？

近世虽九列之尊、台阁之贵，其或病痊服阕，无不驱车自田间来，延颈国门，倾心诠注，以希圭组于一时者，乃先相国当日。以谢病直指，优游家食，而两朝坐进二官，未尝一拜命端门，惟假手守臣封章辞命，其在后世，鲜不以为亢矣。而当时在廷者不以为倨，家食者亦不以为惧，当日之法网，何其疏耶？然而恬退之操、贞介之素，亦可想矣。

按前朝巡方，俱以一年为瓜期。先相国之三年代狩中州也，固由台臣以福藩为畏途，而实则西台之缺员实甚也。盖神宗末年，诸政废弛，有司行取至都，待命国门，有累年不考者，有考后累年命不下者。时谣言有云“欲台垣，候隔年”，养痈之势亦可怖已。

前代两卫门，亦有内升外转之例。而先相国之升廷尉丞也，则未始有内升候补之说。其先一在告侍御耳。即家内升，实为特例，若文文肃公之以少詹枚卜，亦未始非特例也。然如崇祯八年开列堪为阁员者，并及司业简讨，抑又不可晓矣。或者原岳蒙泉之例欤？顾用人不次，未有善其终者，如薛国观之以佥都爰立，亦可鉴矣。

崇祯乙亥，相国未膺枚卜之先，奉上传，吏部将尚书詹事府姜逢元、礼部右侍郎陈子壮、少詹侍读文震孟、刑部右侍郎张至发、大理寺卿蔡奕琛、太仆少卿张元佐、国子司业马之骥、翰林院检讨闪仲俨、简讨张居等九人年籍履历，开写进呈。既而简在所属，惟先公与湛持先生二人而已。

先相国之拜衮也，时乌程为首辅，颇有娼嫉名。时奉旨云“着与首辅温体仁协同入阁办事”，在上意犹是寅恭之体然耳。□右万历初年蒲州入相。时上谕竟云“张四维着随着元辅办事”，夫“元辅”，居正不名，而蒲州以“随着办事”为言，则几于属吏矣，不知此亦非神宗意也，江陵自为之耳，固不知协同办事之为持平也。盖此时乌程眷已将衰，故此番卜相，如宋太宗之厌赵韩王，而以参知分宰相权耳。未几，乌程果去位，则固未始激而为江陵、新郑之郄矣。

相国在揆席，于朝廷军国大政，如上自藩封、内阁、府部、台垣及各监局、勋卫，外而各直省、九边、督抚、布按监司、守令，凡有关政体者无不检录，藏副于家，共三十函，名曰《阁汇》。既归林下，未几际丧乱，不及授梓，今存其书耳。

前代淄城多富人，而富人尤多好义。盖缘海内将乱，富者急思避城观，于修城备敌等役，虽先相国有以倡之，而一倡百和，众力邪许，非富而好义之多庸讵能乎。

光禄寺献胙，旧制例用牲肉三十斤，至尊祭毕饮福，时光禄署官捧福胙膝行两楹间，匍匐进至御前。是役也，虽雄有力者恒苦之，惧失仪获纠也。相国为光禄寺卿时，群署白其事，公曰:“此易易耳。”疏请半其胙，报可。此虽小节，亦见行礼之有方也。

往往见诸家作家谱，率于年岁下一直详书其事。兹仿纲目例，年月下撮其要及大事书之，而于注详列其事为目。纲所以识略，目所以识详也，盖经纬之体则然。

相国生平为文典厚敦朴，不事雕镂深刻，不取烦缛冗杂，务为简要清通。奏疏晓畅，事宜无卮言，无剿说。今所存累任奏牍数十卷，藏于家，而巡豫时上章尤多。

从来相体礼绝百僚，即封疆大吏无不趋谒恐后，属在本邑，牧宰亦往往执下吏之体，匍匐执手板，承下风候颜色为谨。先相国以为非礼也。每曰："吾虽备位宫保，忝居政地，然朝廷所置吏即吾父母也，焉有为子民而亢颜不少逊，令其父母之擎拳长跪于庭者，吾甚不取。且国法焉在，而长傲若是。"以故与长吏恒讲分庭礼，传之者以为有先民风。

相国生平一以厚道待人。横逆之来犯而不校，即在年家子侄、门生故吏间有以无礼相尝，或以文字相讪，往往付之一笑，不以留之胸中，盖光风霁月之怀坦然，无纤芥之翳，其所秉于天者厚也。

相国生平不以字学名，而楷书端严矜重，如其为人。今所存小札及家报盖犹在敝箧中也。

相国生于癸酉年，月为甲子，日为壬寅，时亦壬寅，书之以示我后人，亦识小之一端也。

高少宰念东先生作《相国清正名臣列传》，其中有云"有万石君家法"，又云"有陶士行、霍子孟之风焉"。尝一讯其故，则曰："万石家法者，石奋少子庆为宰相，封牧丘侯，以孝谨闻于当时，即君家相国之孝友承家也。霍子孟出入禁闼，进止有常度，不爽尺寸，即相国之绳尺矩步也。陶士行之借阴运甓，即相国之精勤尽瘁也。"盖无溢美云。

谨按先相国生平，位极人臣而处怀谦抑；敛身守富而不忘俭质；子姓众多而恒思教训；鞠躬尽瘁而早办乞身；躬际末造而享兹福泽；时近鼎革而邀荣祭葬；归全元老而正命考终；一生宦达而目不睹乱离；行入名宦而躬不知黼哻；岂非古之名德备百行而膺五福者耶？不然而商丘白马焉能不入周京，范质黑头亦且徘徊宋阙，此则九京不无遗憾者也。何幸老臣箕尾，先鼎湖而待弓箭之旁；盛代东园，赐秘器而沐温明之宠，似此遭遇，今古同瞻，属在子孙，拈毫志盛。

甲寅春，予尝间读《阙里志》，见其中所注有先相国少保公奏请于圣庙大成殿内添设祭器各件并礼仪若干条，捧读之下不胜欣然色喜，特援笔记之，足令后世之人知吾先公有功于圣门者非浅。谨书此，尽令吾同家子弟共明其事尔。

父训

小学生既读书有进，当于他根本之地培养一番，此是承家亢宗的根本。此处若少了工夫，就得了功名何益？到反做的俱是悖伦逆理、伤人害物之事，不一传而祚促矣。我们如今眼看着的大官人、小秀才做的不合人心的事，俱是根本亏了，所以凭气质嗜欲上做，所以把人坏到至极，不可救也。我今暇中阅前贤训语，写出二条捎去，小生每人自录一通，置之几案，时为讲解，令其熟记于心。事事教之孝弟忠信，于师长兄弟、尊卑长幼，下至厮役，俱令他时时用心，事事简点，以至在学、回家，俱件件开说的他到，训诱的他切，务令子弟不失先世遗风，若做好人就不做秀才也好。况谢师名人大贤也，可共商酌几款训诲，令小生奉以持循，庶不虚了这一番盛会，异日于师门不负，于家有光。此须汝与泰象、泰瑞三人为兄的，先以身率教乃可从，若只口说，他小生见您们做的不似你说的，他便也就不听了。

吕希哲字原明，申国正献公之长子也。正献公居家简重寡默，不以事物经心，而申国夫人性严，有法度，虽甚爱希哲，然教之事事令就规矩。甫十岁，祁寒暑雨侍立终日，不命之坐，不敢坐也。日必冠带以见长者，平居虽天甚热，在父母长者之侧不得去巾袜缚袴，衣服惟谨。行步出入，无得至茶肆、酒肆。市井里巷之语，郑卫之音，未尝一经于耳。不正之书，非礼之色，未尝一接于目。正献倅颍川时，焦先生千之百强客州守欧文忠公所，严毅方正。正献招以教诸子。诸子少有过差，先生端坐，召与相对，终日竟夕不与之语，诸生恐惧畏服，先生方略降辞色，时希哲年方十岁余矣。内则正献与申国教训如此之严，外则焦先生化导如此之笃，故希哲后器成就大异众人。其学主不欺暗室。尝言："后生初学，且须理会气象。气象者，辞令，容止，轻重，疾徐，足以见之矣。不惟君子小人于此焉分，亦贵贱、寿夭之所由定也。"又言："攻其恶，无攻人之恶。盖自攻其恶，日夜且自检点，丝毫不尽，即不慊于心，岂有工夫检点他人耶。"其专力乎其内如此。

陆子寿，抚州金溪人。父贺，以学行为里人所宗。采司马氏冠昏丧祭之仪，行之家。子寿又绎先志而修明之，晨昏，伏腊，奉盥，请衽，觞豆，饎羹，秩然有礼。阖门且千余指，男女各以班供职。俭而安，庄而舒，薄而均。兄弟六人皆志古嗜学，燕居从容，讲论道义，訚訚侃侃，和而不同，伯仲自为师友。于是著为仪节品式，使隽者不敢踔厉，朴者有所依据，顺弟之风被于乡闾而闻于天下。其家制略曰："人情莫不爱家、爱身、爱子孙，然鲜见克明爱之之道，故适以害之。夫家贵于安宁和睦悠久也，其道在孝弟谦逊，重仁义而轻名利，故家之教子，但当以孝弟忠信仁义之行。所读书先六经语孟，使通晓大义，明君臣、父子、夫妇、兄弟、朋友之节，知正心、修身、齐家、治国之道。内足以事父母、和宗族，外足以交朋友、接邻里，使不得罪于尊卑上下。次读史以知历代兴衰而可矣。今则不然，忠信谦逊仁义之道，口未之尝言，但教之以科举之业。朝夕之所以从事者，名利也；寝食之所思维者，名利也；相聚而讲究者，取名利之方也。言及于名利，则津津然有喜色，言及于孝弟忠信，则澹然无味。幸其时数之遇，则跃然以喜；一有沮意，与镬汤炉灰无异，躁闷无所容。父子相夷，兄弟叛散，岂非爱之适以损之乎。夫谋利而遂者，不百一；谋名而遂者，不千一。以百年之身，乃侥幸于不百一、不千一之中，亦已愚矣。夫事有本末，知愚贤不肖，本也；贫贱富贵者，末也。得其本则末随，趋其末则本末俱废。故行孝弟、本仁义，虽箪瓢陋巷，已固有以自乐。慕爵位、贪名利，虽纡青紫、怀金玉，而居恒戚戚，识者鄙之。况贫贱富贵自有定分，非求之可得之乎。”

班范肪截

班范肪截卷一

世谓高祖雄材大略，能颠倒豪杰。愚谓光武亦然，而更能以至诚待人，所向倾动，如降铜马，则以数骑按行其营；降赤眉，则不过待以不死，复恐其悔降也，欲纵之复战，后世诸葛武乡之七纵七擒，盖得其遗意焉。信乎！开创之帝王，未始无远略也。

高祖起泗上亭长，五年而成帝业，然在位日浅，制多袭秦，故治称杂伯[①]。光武侧微，尝卖谷于宛，起兵时年甫二十有八，二年而称尊号，然删刘群雄，在位三十余年，润色王业，而意存谦挹，每事省约，海内阴受其福，皇矣君哉。

高祖以马上得天下，不事《诗》《书》，而以儒冠承溺。若光武微时，则尝受学长安，通《尚书》大义。马援称其经学博览、政事文辨。然而酷好谶纬，凡事以谶决之，若封禅三雍之属，皆必从谶。盖始于强华之《赤符》，有以蔽溺其心也。愚谓光武之好谶，亦正坐不读书耳，则其通《尚书》《大义者》，不过通《璇玑钤》《考灵曜》《帝命验》等纬书，岂有得于帝王之心传哉？

符谶之兴，始于王莽之世，而光武尤笃好之。其拜大司空也，缘《赤伏符》有云"王梁主卫，作玄武"七字。帝以梁尝为野王令，而野王为卫元君所徙。玄武，水神之名，而司空掌水土之事，于是擢拜梁为大司空。夫拜三公，当以德、以才、以功，当时诸将在梁之右者多矣，而穿凿附会，视命三公，不啻置棋。盖有图谶天子，宜乎有图谶三公也。后又以谶文拜孙咸为大司马，亦此类也。

《东观记》载：光武少时之长安，受《尚书》于庐江许子威，资用数乏绝，与同舍生韩子合钱买一驴，令从者僦以给诸费。夫博士买驴，贻讥书券。而帝王僦蹇，乃尔流馨，故买驴、骑牛俱光武盛德事也。新野尉首自不固耳，帝何心于得马哉。然传之灵帝，驴价顿昂，抑又劣矣。

齐武王伯升为布衣时，好侠养士，常非笑光武，性勤稼穑，至比之高祖兄仲。伯升可谓不知弟矣。帝之所得，竟孰与仲多也。盖伯升为人气盛而才疏，不及世祖之沉密。卒之伯升以刘稷之故，遂及于难，则以不听樊宏之谏与光武之戒也。祸发所忽，死于庸夫之手，可谓疏矣。孰若光武之昆阳战胜，口不言功，戮兄之冤，未形辞色，为能自全于群邪侧目之际哉？

王者之兴，莫不有天瑞焉。昔南顿君为济阳令，生光武于官舍，赤光照室，乃使卜者王长占之，曰："吉不可言。"县界有佳禾，一茎九穗，因名曰"秀"。先是哀帝时，方士夏贺良上书于哀帝云："汉家当再受命。"于是改元"太初"，称"陈圣刘太平皇帝"，以厌胜之。又望气者苏伯阿，遥望舂陵，嗜曰："气佳

① "伯"，国图清抄本作"霸"。

哉，郁郁葱葱也！”道士西门君惠亦云“刘秀当为天子”。王者受命，信有征乎。芒砀云气，固不虚吕公之言也。

按：春陵节侯买，以长沙定王子，封于零陵郡之春陵乡，为春陵侯。买卒，子熊渠嗣。熊渠卒，子仁嗣。仁以春陵地势下湿，山林多毒气，上书求减邑内徙。元帝遂徙封之于南阳之白水乡，犹以春陵为国名，仁遂与从弟钜鹿都尉回，及宗族往家焉，此白水真人所由受命也。后光武以皇祖皇考昌陵所在，遂以春陵为章陵县。

高祖为项王伏弩所中，伤胸，乃扪足曰“虏中吾指”，此诡言以安军心也。光武连破尤来五幡贼于元氏，乘胜轻进，反为所败，光武自投高岸，遇突骑，王丰下马授光武，光武抚其肩而上，顾笑谓耿弇曰：“几为虏嗤。”观其从容闲暇，何其似乃祖也。而王丰之功，亦可亚于纪信。

光武昆阳之战，与钜鹿、淝水二战，其势同乎？曰：不同。钜鹿之战，沉船破釜，所谓乘锐之师；而昆阳之战，则背城借一，所谓救亡之师也。淝水之战，在朱序倡逃，遂尔麋奔鸟散；昆阳之战，在王邑轻敌，因而瓦解土崩。然均之有天道在。吾谓昆阳有数异焉：垒尉巨无霸，是谓异人；虎豹犀象，是谓异军；营头星坠，云如坏山，是谓异征；雷雨行天，风声撼地，是谓异灾；以千八人胜百万众，是谓异功。

王莽之乱，海内皆思刘氏，故刘信起于东郡，刘快起于徐乡，刘望起于汝南，刘永起于睢阳。更始为新市、平林诸将所立，盆子为赤眉诸将所立，皆足以号召一时，竦动黔首。甚而假子舆之王郎，假文伯之卢芳，亦莫不借以愚弄一方、窃据州郡。皆由人心思汉，故致然耳。然而云飞睍散，雾豁冰消，彼卒成大业者，则推心置腹之谊主也。虽曰人事实然，然而天道后起者胜，亮哉！

更始二年，圣公以光武有讨王郎功，立为萧王，罢其兵，征诣行在。光武辞以河北未平，不就征，盖恐其为伯升之续也，自是始贰于更始。既而更始命朱鲔、李轶守洛阳。光武于次年即位，使十一将军围洛阳，用反间，使朱鲔杀李轶，乃使岑彭说朱鲔降。先李轶虽从起兵有功，然与鲔实共谮杀伯升者也。兄弟之仇，不反戈而斗。虽曰为天下者不顾家，第李轶已死，朱鲔不诛，其何以下报伯升也？然则朱鲔之降不可受乎？曰：此光武急于得洛阳耳，非爱朱鲔也。为光武计，久困以守之，必得而甘心焉。既无杀降之名，又得复仇之义，乃为无憾也。

非刘氏而王，此更始之背高祖誓书也。更始之失，正坐甫建大号，入长安，即尽王诸将，贵已极矣。以云杜、绿林、新市、下江诸剧贼，一旦而为南面王，其纷然角立，不欲臣其主，固宜也。然拟之陈涉，所置侯王将相，竟以亡秦，而是时王莽传首，更始似与有功焉。即萧王之镇抚河北，灭王郎，破赤眉，亦更始之命也。余窃怪光武当日其视更始则兄也、君也，贰于更始未免太早，有不能正始之讥。假令不急急于攻洛阳，而待更始蒙难高陵之后，正名仗义，为更始报仇，如高祖之击楚兵，皆缟素，而不争先于千秋亭之即位，则君臣大义，正始正终，举无可议矣。乃既尝北面而臣之，而异日乃封为淮阳王，无乃倒置乎。

王莽时，改宁始将军为更始将军，后刘圣公初起兵，亦称更始将军，盖即袭莽将军廉丹之号也，后即位，遂建元更始。又王莽之初封国，侯于南阳新野县之都乡，故曰“新都侯”。而光武卒起兵于南阳新野，此亦若有谶纬之兆焉。当莽时东方谣曰:“宁逢赤眉，不逢太师。太师尚可，更始杀我。”此太师指王匡，此更始指廉丹也。又更始元年有童谣曰:“谐不谐，在赤眉。得不得，在河北。”此应在更始死于赤眉，而光武兴于河北也。

光武初持节镇抚河北，进至邯郸，故赵王子刘林说光武曰:“赤眉在河东，决水灌之，百万之众，可为鱼也。”光武不答，去之真定。盖光武此时本持节单使，苦无多兵，不敢敌赤眉也。林以策不见用，于是诈以卜者王郎为成帝子子舆，立为天子，传檄郡国，河北响应。虽光武不旋踵而破平之，然使非耿弇、吴汉、寇恂、任光、耿纯辈，则光武亦岌岌矣。甚矣，成败之际，呼吸之间也。鸠化为鹗，兰化为艾，岂有常哉，在人主之用不用耳。

高祖自入关以来，王蜀以后，还定三秦，与项羽相距荥阳、成皋间，以至垓下成功，其后征英布、讨陈豨，及平城之役，盖未尝不亲在行间也。若世祖则自昆阳、邯郸以后，惟征铜马、五校、青犊诸贼，及陇西、颍川、义阳、宜阳、桃城，实在行间耳。他多遣将征讨，受成功而已，此无他。高祖功臣，多以谋反诛，故猜焉而不敢任也，假王之请立，盖有明征矣。若光武功臣，则受印而出，成功而还，无贰无疑，以功名终。南宫云台，照耀千古，岂不美哉。

自高帝以来，大将军仅一人耳，如韩信、灌婴、窦婴、张相如、卫青之属，皆以将兵为大将军。若霍博陆以下，则以大司马冠大将军，秉政录尚书事。此后多用外戚，如王凤、王音、王根是也，然亦无同时并称大将军者。光武时则同时大将军多矣:吴汉为大司马大将军，景丹为骠骑大将军，耿弇为建威大将军，盖延为虎牙大将军，朱祐为建义大将军，杜茂为骠骑大将军，岑彭为征南大将军，冯异为征西大将军，窦融为河西大将军，王常为横野大将军。何大将军之多也？然光武功臣，止于封侯，不似更始封王之滥也。其多置大将军者，亦玄黄未定之时则然耳。

光武之不追崇南顿、钜鹿、郁林、舂陵四亲而上宗元帝也，世多谓其不宜第承大统，而薄于所生，谈礼家皆能言之。夫光武实以匹夫崛起，虽云中兴，而实同受命，则舂陵四亲积累之功亦不可没。夫高帝之及身而尊太上皇，虽感于家令一言，盖实有九州之养焉。而光武之祧四亲而不帝，独何为乎？说者率谓光武于成帝为兄弟，故直宗元帝，乃为人后者，承大统之义。不知原光武之意，非直此也。盖光武好谶，彼见谶文有“赤九会昌”之语，自以身际九世，适符其会，直以历统决之，而不暇及私亲耳。甚矣，谶纬之崇异说而害大伦也。此又桓谭、郑兴之所不敢深言矣。乃若戴涉之议，宜奉元、成、哀、平四庙以代四亲，则尤为难通之论。无论光武之于哀、平为尊属也，即直取他人之亲以为己亲，将置己亲于何地乎。抑亲顾可若是其更易乎。甚矣，其惑也。

高祖功臣，云兴丰沛；光武勋旧，麇起南阳。不惟际会之奇，亦地灵之杰也。云台诸佐命，率皆善保功名，固赖世祖拥护之力，亦诸臣实受福之器耳。若邓高密禹之渊谋，冯阳夏异之不伐，岑舞阳彭之诚信，贾胶东复之威重，吴广平汉之鸷强，陈祝阿俊之静镇，任阿陵光之识几，朱鬲侯祐之纯笃，马全椒成之勤劳，刘昌成植之忠勇，马扬虚武之骁果，李固始通之豪赡，王山桑常之忠顺，邓南緫晨之懿戚、来征羌歙之义烈，此数公者，皆与世祖同起南阳，不独上映宿星，抑且炳蔚人区，盛矣哉。

世祖微时受学于长安，时朱祐亦在长安。帝往候之，祐不以时相劳苦，而先升讲舍。及承平后，帝幸其第，谓之曰：“主人将无舍我讲乎？”因大笑为乐。又《东观记》云：帝在长安时，尝与祐共买蜜和药。后上追念之，赐祐白蜜一石，问：“何如在长安共买蜜乎？”其亲厚无间如此，亦雅事也。大抵世祖于诸勋旧，能忘形骸、略体貌，绝去乖隔，此以笃分谊，鱼水之欢，古今所少，休哉。

初，王莽末，海内旱蝗，黄金一斤易粟一斛。至建武二年，野谷旅生，麻菽尤盛，野蚕成丝，被于山阜，人收其利。呜呼，真王驭世，天不爱道，地不爱宝，非虚言也。“大军之后必有凶年”，兹言则舛矣。

建武三年，诏自今男子八十以上、十岁以下，及妇人从坐者，自非不道，皆不得系。当验问者即验问，女徒雇山归家。大哉，王言！泽及老幼妇子矣。女徒者，女犯徒者也。雇山，谓每月出钱，雇人于山伐木以代之也。

世祖尝诏曰：往年已敕郡国，异味不得有所献，今犹未止。非徒有豫养导择之劳，至乃烦扰道上，疲费过所。其令太官勿复受。呜呼，一骑红尘，止博一笑，朱门酒肉，臭腐万千，后王有余愆矣。

士大夫之以薄葬为高者，若杨王孙、周磐、赵咨辈，非不超然高世，然不能以矫世励俗者，未得其中也。善哉，光武之诏曰：世以厚葬为德，薄终为鄙。至于富者奢僭，贫者单财，法令不能禁，礼义不能止，仓卒乃知其咎。其布告天下，令知忠臣孝子薄葬送终之意。按：此诏所云“仓卒”者，谓丧乱被发掘也。呜呼，读此诏与《作寿陵诏》及《东平宪王上书谏立原陵邑》，皆仁人之言也。传世明肃，俱能恪尊家法，善矣。

光武幸章陵，观旧田庐，置酒作乐，时宗室诸母，因酣悦，相与语曰：“文叔少时谨信，与人不款曲，唯直柔耳，今乃能如是！”帝大笑曰：“吾理天下，亦欲以柔道行之。”又董宣杀湖阳公主奴，公主谓帝曰：“文叔为布衣时，藏亡纳叛，吏不敢劫。今为天子，威不能行一令耶？”帝大笑曰:“天子不与白衣同。”二事似相反，皆雅谈也。

光武幸南阳，置酒为会，厚赐吏人，复南顿田租一岁，父老前叩头言:“皇考居此久，愿赐复十年。”帝曰：“天下重器，常恐不任，日复一日，安敢远期十岁？”父老又言：“陛下实惜之，何言谦也？”帝大笑，复增一岁。此真帝王畏天之语。较秦始皇自一世以至千万世，王莽卜年三万六千岁，何悬殊乃尔乎。按：此建武十九年事，帝在位尚十余年乃崩。

世祖既平陇蜀，班劳策勋，功臣增邑定封，凡三百六十五人，其外戚恩泽封者四十五人，视高祖为众矣。是时盖建武十三年夏四月。景风颁赏，应律乘时，何其允也。然世祖于张官置吏，务从减省，以归俭约，与民休息，此中兴之所以为厚欤？

建武十五年，诏下州郡，检核天子下垦田户口。而刺史、太守多不平均，或优饶豪右，侵刻羸弱，如东海公所云：“河南南阳不可问也。”河南尹及诸郡守十余人，坐度田不实，下狱死。功臣刘隆前为南郡太守，亦坐死，免为庶人，后以征蛮功复封侯。噫！彼王成者伪增户口，何以反被褒崇也。

世祖之报书未浮也，策彭宠必有中溃之祸，已而果为苍头子密所杀。夫不令之臣，天下之所恶也。光武封之为不义侯，夫既不义矣，胡又侯也？天有十日，人有十等，奴而弑主，以邀爵土，是教篡也，何以训后。彼丁公犹诛，而况子密乎？此与庆吾之杀刘永，帛意之杀李宪，而皆得封，俱不足以劝忠，是新政之蠹也。

隗嚣既贰于光武，击汉伐蜀之兵，为冯异、祭遵所破，乃上疏谢罪。帝复赐之书，许其悔过，再纳质子。末又云:“吾年垂四十，在兵中十岁，厌浮语虚辞。即不欲，勿报。”噫，何此言之深中奸人情事也。浮语虚辞，其不足诳圣主明矣。卒之，嚣乃舍九叶天子不事，甘心臣蜀，而事井底之蛙，其何能淑，载胥及溺而已。

建武三十年，群臣请封泰山。诏曰:朕即位三十年，百姓怨气满腹，吾谁欺？欺天乎？何事污七十二代之编录。呜呼！此言何其达也。后三十二年正月，上偶读《河图会昌符》曰“赤刘之九，会命岱宗”,深感此文。乃诏梁松等复按索《河》《洛》谶文，言九世封禅事，松等列奏，乃许焉。于是求武帝元封间封禅故事。是年二月，遂巡狩岱宗、封太山，其刻石玉牒文，大抵皆述《赤伏符》及《会昌符》《合古篇》《甄曜度》《钩命决》等诸谶文，率多荒唐悠谬，文理险怪，妄附《河图》《洛书》之祥，实不足以训今传后也。夫明堂玉检，本为人主延寿，而世祖登封改元，仅乃一载，遂以殂落，所云嘉瑞竟安在耶？则何如谨守前诏之为度越千古耶？

光武中元元年，既封禅，是年夏，京师醴泉涌出，饮之者痼疾皆愈。又赤草生水涯，郡国频上甘露，群臣奏请祥符显庆，宜令太史撰集，以传来世。帝不纳，常自谦无德。每郡国所上，辄抑而不当。噫嘻！彼宣帝号曰中宗，然而神爵、五凤、甘露、黄龙，动辄改元，以应天瑞，此后世大中祥符为嚆矢欤。

光武时，天下初定，帝又不任三公，故内外群臣多帝自选举，加以法理严察，职事过苦，尚书近臣至乃捶扑牵曳于前。群臣莫敢正言，独尚书令申屠刚每正言极谏。观此则明帝之撞郎乃其家风，无足怪者也。后顺帝时，大司农刘据以职事被谴，召诣尚书，传呼促步，又加以捶扑。尚书令左雄上言："九卿位亚三事，班在大臣，孝明皇帝始有扑罚，皆非古典。"帝从而改之，其后九卿无复捶扑者。

光武虽制御功臣，而能宥其小失。远方贡甘珍，必先遍赐列侯，而大官或无余。有功辄增邑赏，不任以吏职，故皆保其福禄，终无诛谴。扬虚侯马武为人嗜酒，阔达敢言，时醉在御前，面折同列，言其短长，无所避忌，帝故纵之以为笑乐。盛世君臣之际，其无猜忌如此。至其待功臣之异数，如赐冯异以乘舆、七尺具剑，赐祭遵以重茵柳盖，赐李忠以骊马绣被，命大长秋以朔望问岑彭太夫人起居，燕王常使之与诸将绝席，皆特见优异，以示笃眷元功之意。帝王之权术，笼络而以礼行之，盖并行不废云。

光武时，异国有献名马者，日行千里，又进宝剑，价兼百金，乃诏以马驾鼓车，剑赐骑士。圣王之行，何卓越乃尔也。视彼万里贰师，蒲桃、汗血，不能无愧色矣。又光武凡以手迹赐方国者，皆一札十行，细书成文，勤约之风，可继太宗。又数引公卿郎将列于禁坐，广求民瘼，观纳风谣，皆盛德事也。

世祖自蓟北还，遣刘植说真定王刘扬，降其众十余万。世祖因留真定，纳郭后，后即扬之甥也，故以此结之。乃与扬及诸将，置酒郭氏漆里舍，扬击筑为欢。愚以为此郭后之所以不终也。何则？为其以师婚也。击筑羽声，羽声带别，有哀音焉。又封后兄况为绵蛮侯，绵蛮，鸟声，戏辞也，皆不终之兆也。后刘扬以反覆为耿纯所诛，而郭后以建武十七年见废。

"仕宦当作执金吾，娶妻当得阴丽华"，此世祖冲口之诗，何其工妙至此。愚以为郭后之废，即权舆此言焉。盖光武初纳光烈皇后在更始元年，而纳郭后乃在更始二年，宜乎废郭后之诏以为辞也。

按：郭后本传惟载后以宠衰，数怀怨怼，即此已非享福之器。而光武《废后诏》则言其"不能抚循诸子，训长异室。宫闱之内，若见鹰鹯。既无《关雎》之德，而有吕、霍之风"。虽不无饰词，然亦可以废矣。况光烈之贤，古今罕见，尤不愧母仪天下乎！

世祖之废后与易储，未始不有累盛德，然待废后，及故太子东海恭王始终恩礼优渥不替，为稍愈于后世耳。更难在光烈之慈爱，显宗之友于，恭王之三让，皆为有光汉道。顾恭王不幸而夭，虽曰天命，然观其临没遗疏，亦可云善始善终矣。埒美太伯，生荣死哀，视诸王有殊礼焉，夫复何憾乎！按：恭王之薨以永平元年五月，年仅三十四。使向非有易储之举，则恭王之为天子，亦不过半年而止，则其福命之薄可知矣。然观当日光武大行在殡，广陵王荆飞书摇惑，而恭王惶怖自明，亦可白其心之毫无愤怨也。而其后嗣传国绵延，自汉至魏，亦天之厚于善人矣。

汉兴宫闱之制，高祖因秦，不过置皇后、夫人、美人、良人、七子、八子、长使、少使而已。武帝制婕妤、娙娥、傛华、充依。而元帝加昭仪，冠于婕妤之上，此外又有五官、顺常、无涓、共和、娱灵、保林、良娣、夜者之属，则其微者也。及光武中兴，斫雕为朴，六宫称号惟皇后、贵人。贵人视诸侯王，然俸不过粟数十斛而已。又置美人、宫人、采女三等，并无爵秩。盖汉法常以八月算人选入，遣中大夫与掖庭丞及相工，于洛阳乡中，阅视良家童女，姿色端丽合法相者，载还后宫，择视可否，乃用登御，盖其慎也。

显宗明皇帝，光烈阴皇后所生。帝生而丰下锐上，项有赤色，有似于尧。十岁能通《春秋》，为东海公时，年十二，即能辨陈留吏牍之语，真圣智不凡也。

明帝初即位，未改元即下诏曰："今选举不实，邪佞未去，权门请托，残吏放手，百姓愁怨，情无告诉。有司明奏罪名，并正举者。又郡县每因征发，辄为奸利，诡责羸弱，先急下贫。其务在均平，无令枉刻。"此诏可云说尽吏道积弊。

明帝永平二年正月，宗祀光武皇帝于明堂。帝及公卿列侯始服冠冕、衣裳、玉佩、绚屦以行事。时明堂之祀以配五帝。按《五经通义》云：苍帝威灵仰，赤帝赤熛怒，黄帝含枢纽，白帝白招矩，黑帝叶光纪也。时乌桓、濊貊咸来助祭，单于侍子亦皆陪位，可谓盛矣。

永平二年冬十月，幸辟雍。初行养老礼。诏曰：光武皇帝建三雍之礼，而未及临飨，眇眇小子，属当圣业。初行大射，复践辟雍。尊事三老，兄事五更，安车软轮，供绥执授。侯王设酱，公卿馔珍，朕亲袒割，执爵而酳。升歌《鹿鸣》，下管《新宫》。三老李躬，年耆学明。五更桓荣，授朕《尚书》。其赐荣爵关内侯。按：三老，知天地人之事者。五更，知五行更代之事者。安车，坐乘之车。软轮，蒲轮也。供绥，天子亲执绥以授之也。《汉官仪》云：三老五更，皆取有首妻、男女全俱者。按：此则近俗说。果若然，则孔子出妻，不得为三老，伯道无儿，不得为五更矣，岂尚德之举哉？

明帝为人谦恭柔谨，其下诏往往多自责之词，不仅遇灾然也。如所云"素性顽鄙，临事益惧"及"有司勉思厥职，以匡无德"等语是也。

昔建武四年，光烈皇后从光武征彭宠，而生明帝于元氏县。及永平五年，明帝幸邺，常山三老言于帝曰：“陛下生于元氏，愿蒙优复。”诏曰：丰、沛、济阳，受命所由，加恩报德，适其宜也。今永平之政，百姓结怨，而吏人求复，令人愧笑。重逆此县之拳拳，其复元氏县田租更赋六岁，劳赐县掾史，及门阑走卒。”呜呼，可谓谦而厚矣。

永平六年，王雒山出宝鼎，庐江太守献之。诏曰：昔禹收九牧之金，铸鼎以象物，使人知神奸，不逢恶气，遭德则兴，迁于商周。祥瑞之降，以应有德。方今政化多僻，何以致兹？《易》曰“鼎象三公”，岂公卿奉职得其理耶？太常其以礿祭之日，陈鼎于庙，以备器用。赐三公、九卿、二千石帛。先帝诏书，禁人上事言圣，而间者章奏，颇多浮词，自今若有过称虚誉，尚书皆宜抑而不省，示不为谄子蚩也。此诏末句最有风神，庄而且谐。然愚以为帝既不居其瑞，则三公九卿之赏亦可不颁。独不虑覆公餗者之有愧色耶。

永平九年，明帝幸南阳，祠章陵。日北至，又祠旧宅。礼毕，召校官子弟作雅乐，奏《鹿鸣》，帝自御埙篪和之，以娱嘉宾。还幸南顿，劳享三老。按：明帝一举一动，皆步趋先民，可云“以雅以南，以乐不僭”者矣。

永平九年，为外戚樊、郭、阴、马四姓小侯开立学校，置五经师。以其虽嗣立为列侯，而年幼小，故曰小侯也。

永平中，益州徼外蛮夷哀牢王，屡侵鹿茤夷，大败，以为中国必有圣人，遂举国内属，于是置永昌郡。

明帝尝于辟雍，自讲所制《五家要说》，即五行章句也。已复令侍中桓郁说一篇。帝谓之曰：“我为孔子，卿为子夏。起予者商也。”噫！若明帝者，好学则有矣，尊圣则未也。

明帝性至孝，永平十七年正月，当谒原陵。夜梦先帝、太后，如平生欢。既寤，悲不能寐。明旦，遂率百官及故客上陵，其日降甘露于陵树，帝令百官取以荐。会毕，帝从席前伏御床，视太后镜奁中物，感动悲涕，令易脂泽装具，左右皆泣，莫能仰视焉。此与后世视先帝耕具而薄为田舍翁者，不啻霄壤矣。

永平十七年，甘露降，木生连理，芝草生殿前，神爵五色翔集京师，西南夷、哀牢、儋耳、僬侥、槃木、白狼、动黏诸种，前后慕义贡献，西域诸国遣子入侍。僬侥人三尺，短之至也。

按：明帝在位十八年，年四十八。遗诏：无起寝庙，藏主于光烈皇后更衣别室。初作寿陵，裁令流水而已，万年之后，扫地而祭，杅水脯糒，不得有加。敢有所兴作者，以擅议宗庙法从事。贤哉帝也！帝之继世祖，与孝文之继高祖有并美矣，虽小苛察，何伤乎？

明帝尝有训薄葬诏曰：丧贵致哀，礼存宁俭。今百姓送终，竞为奢靡。生者无担石之储，而财力尽于坟土；伏腊无糟糠之供，而牲牢兼于一奠。糜破积世之业，以为终朝之费。子孙饥寒，绝命于此，岂祖考之意哉？又车服制度，恣极耳目。有司其申明科禁，宜于今者，宣下郡国。此较光武薄葬一诏，尤惨怛入人心脾，真明主之言也。

明德皇后马氏，援之少女也。少丧父，其母蔺夫人有疾。后十岁，能干理家事，如成人。太夫人尝令相者使占诸女，见后大惊，曰："我必为此女称臣。然贵而少子，若养他子者得力，乃逾于所生。"后从兄严以家失势，乃白太夫人绝窦氏婚，上书请纳女太子宫，时年十三。得阴太后欢心，遂见宠异。显宗立以为后。时贵人贾氏生肃宗，帝以后无子，令养之。谓曰："人未必当自生子，但患爱养不至耳。"后于是尽心抚养，劳悴过于所生。肃宗亦大孝，恩性天至，母子慈爱，始终无间。后为人甚贤淑，后宫有进见者，每加慰纳，若数所宠御，辄增隆遇，盖天性之不妒忌，侔与任姒矣。

当永平三年，有司请立长秋宫，明帝未有言。阴太后曰："马贵人德冠后宫，即其人也。"遂立焉。先是数日，后梦有小飞虫无数，赴着身，又入皮肤中，而后飞出。既正位，愈自谦肃。身长七尺二寸，方口美发，为四起大髻，但以发成而有余，饶髻三匝。眉不施黛，性好节俭。常衣大练裙，不加缘饰。呜呼！以如是之后德，而外家犹有车马游龙苍头绿褠之侈，所谓"作法于俭，犹惧其奢"也。

明德皇后自幼好读书，能诵《易》《春秋》《楚词》，尤善《周官》、董仲舒书。为太后时，所下诏令，温茂有体，尝自撰《显宗起居注》。又监于前代，痛抑外家封爵，皆有过人者。如所云"富贵之家，禄位重叠，如再实之木，其根必伤"，真不朽名言也。尝与章帝旦夕言道政事，及教授诸小王《论语》经书，述叙平生，雍和终日。含饴弄孙，亲蚕濯龙，此亦女中尧舜也。寝疾时，不信巫祝小医，数敕绝祷。崩，年四十余，合葬显节陵。

东汉家法，不推尊所生。明德皇后崩后，而贾贵人固在也，亦不闻肃宗尊崇之典，外家贾氏亦不闻封号，但策书加贵人王赤绶而已，其后事亦不详所终。虽曰肃宗之孝于明德，而待所生之母亦稍薄矣。较之和帝之追尊梁贵人，顺帝之追尊李夫人，则此为缺德焉。况孝文之尊崇薄太后，典制煌煌，已昭然于前乎？

章帝初即位，有司奏孝明皇帝遗命，藏主于光烈皇后更衣别室。臣愚以为更衣在中门之外，处所殊别。宜尊庙号曰"显宗"，其四时袷禘于光武之堂，间祀悉还更衣，共进武德之舞，如孝文袷祭于高庙故事，制曰可。

肃宗即位，以赵熹为太傅，牟融为太尉，诏中有云"三事大夫，莫肯夙夜"，《小雅》之所伤也；"予违汝弼，汝无面从"，股肱之正义也。何其辞义茂美如此。按：赵熹当明帝初即位时，已为太尉，告谥南郊，至此相去十八年，复为太傅，亦可谓夙老矣。

“五教在宽，《帝典》所美；岂弟君子，《大雅》所叹。”此肃宗建初元年《慎刑诏》中语也，温醇典厚，肆好多风。

肃宗建初元年，举孝廉郎中，宽博有谋，任典城者，以补长相，又以上林池籞田赋与贫人，二者皆初政之美者也。

建初二年，诏齐相，罢冰纨，方空縠，吹纶絮，此即所谓齐三服官也。冰纨者，纨素之色洁白如冰也。方空縠者，纱縠薄如空也。吹纶絮者，言吹嘘可成，其纶如絮之细，亦纱类也。诏罢之者，不崇绮丽也。

建初四年，下诏令博士、议郎、郎官及诸生、诸儒会白虎观，讲论五经同异。使五官中郎将任城魏应承制难问，侍中淳于恭传奏，帝亲称制临决，如孝宣甘露、石渠故事，作《白虎议奏》，即世传《白虎通》也。按：白虎，门名，于门立观，因以名之，在北宫，故曰北宫白虎观。时在事者，有明帝子广平王羡、少府丁鸿、太常楼望、少府成封、屯骑校尉桓郁、卫士令贾逵等。嗟乎！士大夫得雍容辨难于其间，岂不快哉！

肃宗诏百官举极言直谏之士。元年、五年，两次举行，可谓诚于求言矣。若其后安、顺、桓、灵之世，亦未始不举行，然不过袭为故事耳。或言而不行，或因而获罪，则反辜此盛典矣。

建初七年，驾幸偃师，至河内，诏曰：“车驾行秋稼，观收获，因涉郡界。皆精骑轻行，无它辎重。不得辄修桥道，远离城郭，遣吏逢迎，刺探起居，出入前后，以为烦扰。动务省约，但患不能脱粟瓢饮耳。所过欲令贫弱有利，无违诏书。”此两汉茂美朴秀之文，而体恤民情，尤为近代所少。

肃宗元和元年，日南徼外蛮夷，献生犀、白雉。按《异物志》云：“犀角中特有光耀，白理如线，自本达末者，曰‘通天犀’。”

元和元年，《劝垦田诏》云：“其令郡国募人，无田欲他徙就肥饶者听之。到在所，赐给公田，为雇耕佣，赁种饷，贳与田器，勿收租五岁，除算三年。其后欲还本乡者勿禁。”读此诏，可云劝垦之善制矣。

肃宗尝诏诸怀妊者，赐胎养谷人三斛，复其夫，勿算一岁，著为令。其厚道可法也。

肃宗诏曰：“夫俗吏矫饰外貌，似是而非，揆之人情则悦耳，论之阴阳则伤化。朕甚厌之，甚苦之。安静之吏，悃愊无华，日计不足，月计有余。如襄城令刘方，吏人同声，谓之不烦，虽未有他异，斯亦殆近之矣！”观章帝察吏若此，可谓识为治之体者矣。

肃宗元和二年，东巡狩，凤凰集于肥城。帝耕于定陶，巡幸太山，告岱宗，有黄鹄三十从西南来，经祠坛上，东北过于宫屋，翱翔升降，进幸奉高。壬申，宗祀五帝于汶上明堂。癸酉，告祠二祖、四宗，大会内外群臣。按：二祖，高祖、世祖；四宗，太宗文帝、世宗武帝、中宗宣帝、显宗明帝也。

元和三年，北巡狩。敕侍御史司空曰："方春，所过无得有所伐杀。车可引避，引避之；骈马可辍解，辍解之。《诗》云：'敦彼行苇，牛羊勿践履。'《礼》：人君伐一草木不时，谓之不孝。俗知顺人，莫知顺天。其明称朕意。"若章帝者，可谓仁矣乎。

肃宗尝幸阙里。帝谓孔僖曰："今日之会，宁于卿宗有光荣乎？"对曰："臣闻明王圣主，莫不尊师重道。今陛下亲屈万乘，此乃崇礼先师，增辉圣德；至于光荣，非所敢承。"帝大笑曰："非圣者子孙，焉有斯言乎！"愚谓似此问答，可云两尽其美。

史称明帝苛察，章帝长者。盖反其苛切，务从宽厚也。其事明德太后，备尽孝道，而惟易储一事，少损大德，则皆窦后为之累也。其他政治大有可观，不愧为东汉二宗。在位仅十三年，年仅三十有三，亦斯民之不幸欤。

章德窦皇后，大司徒融之曾孙也。父勋，母东海恭王彊女沘阳公主也。后六岁能史书，有才色，以选例入长乐宫。进止有序，风容甚盛，性敏给，倾心承接。及立为后，宠幸殊特，然无子。谮杀宋贵人，谗废太子庆，而抚养梁贵人之子肇，立为太子，又谮杀梁贵人，欲专名外家。及和帝即位，后为皇太后临朝专政，兄宪鼎贵擅权，其后谋不轨，诛死。又四年，而太后崩，时三公张酺、刘方、张奋等上奏，请依光武黜吕太后故事，贬尊号，不宜合葬先帝。赖和帝仁孝，不允所请。若和帝者，不私于所生而能敦大体，可谓贤矣。夫臣子无贬母后之文，且章德皇后之恶，亦未若吕后之甚。又窦宪反谋未著，亦非后之亲启之也。三公之请，为失其平矣。

按：和帝初年，窦太后临朝。而窦宪以元舅立功北边，破灭北匈奴。固由光武、明、章以来，余威所震，而亦值北匈奴游魂余息，运当破散，而又得南单于之助力，遂勒铭燕山，犁迹金微。此亦如武帝万里穷兵，而宣元坐收臣虏之效欤。然卫青、窦宪皆以外戚立功，抑又奇也。第青有功而不伐，故能以功名终。宪本以救死赎罪，而功成益骄，所以终于贬死也。

光武、明、章三朝，诏令多具风韵，有别致。由于三帝皆能文章，非尽代言也。和帝以冲主临朝，母后专政，而诏令衰矣，然亦时有真挚处。如永元五年《恤民诏》云："去年秋麦入少，恐民食不足，其上尤贫不能自给者户口人数。往者郡国上贫民，以衣履釜鬵为赀，而豪右得其饶利。诏书实核，欲有以益之，而长吏不能躬亲，反更征召会聚，令失农作，愁扰百姓。若复有犯者，二千石先坐。"按：此诏说尽古今赈济之弊。

和帝永元六年六月己酉，初令伏闭尽日。注引《汉官仪》云"伏日万鬼行，故尽日闭，不干他事”，此仿月令而参以俗忌者也。

和帝永元九年，复置若卢狱官。若卢属少府，与都船、诏狱皆主鞠将相大臣者。

永元十二年诏曰:“比年不登，百姓虚匮。数诏有司，务择良吏。今犹不改，竞为苛暴，侵愁小民，以求虚名，委任下吏，假势行邪。是以令下而奸生，禁至而诈起。巧法析律，饰文增词，货行于言，罪成乎手，朕甚病焉。”此诏可云疾吏之风、悲痛之词。

自窦宪诛后，和帝躬亲万机，每有灾异，辄延问廷臣，极言得失，前后符瑞八十一所，自称德薄，皆抑而不宣。总其大勋，则偏师出塞而漠北地空，都护西征而通译四万。他如纳唐羌之言而罢南海荔枝之献，亦爱民之盛节也。守成令主，惜不永年，纪年十七，得寿二十有七，哀哉！庙号穆宗，然而不著矣。

和熹邓皇后，太傅禹之孙，护羌校尉训之女也。六岁能史书，十三通《诗》《论语》，家人号曰“诸生”。父训异之。后尝梦扪天，荡荡正青，若有钟乳状，乃仰嗽饮之。以讯诸占梦，言尧梦攀天而上，汤梦及天而咶之，吉不可言。后叔父陔言:“兄训为谒者，修石臼河，岁活数千人。天道可信，家必蒙福。”初，太傅禹叹曰:“吾将百万之众，未尝妄杀一人，后世其兴乎？”后以选入宫，承事阴后，夙夜尽礼。及永元十四年，阴后以巫蛊事发，后请救不能得，旋立为皇后。是时方国并献珍丽，自后即位，悉令禁绝，岁时但供纸墨而已。及帝崩，殇帝甫百余日，立之，未周岁，又崩，乃定策立清河王子祐，是为安帝，尊后为皇太后。临朝称制十五年，至建光元年乃崩。

按:邓太后临朝，诸善政美不胜书，如减服御珍膳，靡丽难成之物及郡国供献皆减省，止画工，省淫祀，裁径制，纵鹰犬，放宫人，戒外戚。赦阴氏之徒，录洛阳之冤，罢象驼之属，去非时之食，皆美政也。然惟久不复辟，致为公议所弗许。而又扑杀谏臣如杜根之徒，盖其心亦有不得已者。以其默察安帝之不克负荷，故不欲速于还政耳。然而邓氏一门之祸，实蕴于此矣。

和熹太后既好经书，其入宫也，又从曹大家受书，兼天文算数。昼省王政，夜则诵读，而患其谬误，乃博选名儒刘珍等及博士、议郎等，共诣东观雠校传记。事毕奏御，赐葛布有差。夫以女主而好学若是，亦足多矣。

凡古礼有难行于今者，如《周礼》九献之礼。王与后交献，此定制也。安帝时，与邓太后谒宗庙，交献礼成而还，不知此乃母子交献，与古制不同。既为母子，果孰先而孰后乎？此礼之不可行者也。赵宋时，太后与帝谒庙，则帝先而太后居后，亦终属于礼未安，则不若不行之为愈也。当日群臣无一言，何哉？

平望侯刘毅，北海敬王子也。以邓太后多德政，欲令早有记注，上书安帝，请令史官著《长乐宫注》及《圣德颂》，以昭圣孝。此虽记实，然亦所云“谄子”

也。安帝固不得不从，而太后乃不闻谦让，何也？若太后为邓氏子孙开第授学，虽仿四姓小侯之制，而实非军国大计。若夫中大人之设，邓康以是得罪，亦何怪乎王圣伯荣之鸱张于其后哉。按：毅以宗室子，少有文辨，而贡谀如此，视刘冈辈有愧色矣。文人无行，大率如此，岂不深可惜哉。

安帝之即位也，与宣帝似同而实异，以旁支入继大统，同也。宣帝卧居数有光怪，与安帝神光照室，同也。宣帝先封阳武侯，与安帝先封长安侯，同也。宣帝乘軨猎车入朝，与安帝乘青盖车入宫，又同也。然宣帝于昭帝为兄之孙，且史皇孙已物故，故宣帝之承统为宜。若安帝之父清河王庆，是故太子也，此时方就国清河，固俨然在也，且安帝于和帝为兄之子，而于殇帝则兄也，于清河王则子也，夫父为臣而子为君，其乱大伦也殊甚。虽以承大统之说律之，然度之天理、揆之人情，当亦有不安之至者，则当时策立安帝之时，未尝审计之耳。盖邓太后实因殇帝多病，故豫养安帝于宫中，既而殇帝不旋踵而崩，安帝即位，时延平元年八月也，而清河孝王即以冬十二月薨。使非孝王短折，则父子之间，其何以善处哉。后世如周世宗，犹以异姓讳之，而安帝则必不能讳也。孝德皇之尊称，知必不能待于异日之甘陵矣。

和熹太后临朝，屡有灾异。如四州大水雨雹，又郡国十八地震，郡国四十一雨水，或山水暴至，又郡国二十八大风雨雹，又新城山泉水大出。其他灾异岁不绝书，大率皆阴乘阳之咎征也。女主临朝，即贤者犹干象纬，而况未必贤乎。

安帝立三年，三公以国用不足，奏令吏人入钱谷得为关内侯、虎贲羽林郎、五大夫、缇骑营士，各有差。此即灵帝鬻爵西园之先声也。盖又在武帝武功爵之下矣。

安帝元初三年，初听大臣二千石刺史行三年丧，则前此之不行也，皆沿文帝之遗诏，而奉行者之误耳。翟方进、薛宣，有余诛矣。

安帝时，祀二祖、六宗。六宗，谓孝文太宗、孝武世宗、孝宣中宗、孝元高宗、孝明显宗、孝章肃宗也，此时盖已祧穆宗矣。

安帝时，无岁不有灾异。而延光二年，济南郡上言“凤凰集台县”，诏赐台县长丞尉吏卒以下帛，凤凰所过亭郡，无出今年田租。此诏未免好异太过，安知不为指鸟为鸾者之所欺乎。

安帝末年，宠艳妻、任宦竖、嬖乳媪，而废太子，乃麒麟、黄龙、白鹿之属竞上祥瑞，夸示臣民，不亦罔乎。卒之国嗣不立，叶县崩殒，祸并沙丘，辒辌入都。而舍长立少，坐使奸人窥伺，殃逮国家。济阴冢嫡，虽云反正，然功归宦寺，天岁愈艰矣。

按：章德窦皇后之谮杀梁贵人，与安思阎皇后之鸩杀李宫人，皆于母德有亏，而和、顺二帝之所伤心饮恨者也。乃和帝不忍贬窦后于死后，而顺帝遂迁阎后于坐前，此则二帝之优劣也。然窦后于和帝，犹有母子之恩；而阎后于顺帝，则有废黜之憾。且也窦宪之图谋不轨，非由窦后导之；而阎显之迎立外藩，固与阎后共之也。则二后之优劣，固亦判然矣。

自古谗人之祸，其患皆起于琐节细微，而其渐遂至于流及宗社。盖小人之察人也，一颦一笑，微露其隙，而事机即于此分休戚焉，不可不慎也。初，顺帝之为太子也，安帝乳母王圣，与宦者江京、樊丰，谮杀太子乳母王男，太子数为叹息。王圣等恐有后祸，遂与京、丰等日媒孽太子而构陷之，太子遂坐废，则皆叹息之所致也。吁！可畏哉。异日顺帝即位，王圣罪止贬窜，则犹不失为厚也。

按：顺帝初废为济阴王，其即位也，迎立于德阳殿，阴阳和而后天位定，亦小数之适符者也，不偶然矣。

当北乡侯之薨也，阎后与大将军阎显及江京等征召外藩，时皆未至，屯兵自守，则宫门省禁之间亦岌岌哉。若非孙、程等谋定于内，则济阴之立未可知也。观其丁巳即位，尚且入南宫云台，而阎显兄弟乃拥兵入北宫，与尚书郭镇交锋，幸而胜之。及明日戊午，大憝乃克肃清，则当时事机，亦危迫殆甚矣。

顺帝即位四年，诏曰："海内颇有灾异，朝廷修政，珍玩不御，而桂阳太守文砻，不惟竭忠宣畅本朝，而远献大珠以求幸媚，今封以还之。"此诏可云得体。然但退珠以愧之，而不加罪以惩之，犹不足以戒小人也。

中官、宦竖得以封侯，已非古法，此赏之滥也。乃顺帝阳嘉四年，又听中官得以养子为嗣，袭爵，此又滥之滥者。观唐文宗时，内谒者监仇士良，请以开府阶荫其子，给事中李中敏判曰："开府阶，诚宜荫子；谒者监，何由有儿？"此诚千古笑端也。孰谓汉制为近古哉。

顺帝以童弱反正，而号令自出，知能任使，俊乂咸事。若李固、周举之渊谋弘深，左雄、黄琼之政事贞固；桓焉、杨厚以儒学进，崔瑗、马融以文章显；吴祐、苏章、种暠、栾巴牧民之良干，庞参、虞诩将帅之宏规；王龚、张皓虚心以推士，张纲、杜乔直道以纠违；郎顗阴阳详密，张衡机术特妙。东京之士，于此盛焉。南阳樊英玄纁礼聘，虽蹈处士之虚声，然实朝廷之大典。当世之士，拂巾衽褐以企旌车之至者，盖喁喁矣，亦一时之盛也，此条见《周举黄琼传论》中。稍节录之，亦足以见顺帝时人才之盛矣。然而治不逮于明、章，岂非亦罹幽辱，而不能奋发以有为，则贤人君子，末如之何也乎。

殇帝虽弟，然而君也；安帝虽兄，然尝为之臣矣。跻安帝神主于殇帝之上，弗顺也。至顺烈梁皇后临朝称制之时，乃从而正之，得《春秋》正逆祀之意，此事暗与古合也。

按：赤眉入长安，发掘西京诸陵殆尽；董卓迁都，又发掘东京诸陵；及曹操立发丘中郎将，此真咄咄怪事。然此皆乘乱草窃，未有当承平之世，而发本朝陵墓者。若《本纪》所载：冲帝时，盗发顺帝宪陵，则葬未半岁也。而蔡质《汉仪》又云：桓帝延熹中，盗发顺帝陵，卖御物于市，则当时园邑守御岂独无人，而竟至此耶？此司隶左雄之所以不免于顿头流血三日而贼获也。

顺烈梁皇后，父商。后幼时，年十三，相工茅通见后，惊，再拜贺曰："此所云日角偃月，相之极贵也。"遭兄冀大将军，以凶德僻行，竟赤其族，悲夫！

桓帝之即尊位，出于望外。其初，梁太后征帝到夏门亭，将妻以女弟。会质帝跋扈之言出，而梁冀煮饼之毒入。质帝既崩，而桓帝邂逅其时，坐收天物。以属籍而论，不过封侯，非亲藩也。然梁冀援立，本以永保富贵，而卒为桓帝所诛，则谋废立者果何益哉。

桓帝建和三年秋，廉县雨肉，似羊胏，或大如手。是时梁太后摄政，兄冀专权，枉诛李固、杜乔，天下冤之，故得此灾异。

顺帝梁太后之复辟于桓帝也，其诏书若一规于正。然不知未阅月而太后崩，盖反政之时，固已病矣，其复辟非由衷也。

桓帝永兴二年，以蝗灾、水害下诏，命司隶部刺史令所伤郡国种芜菁以助人食。夫五谷不生则芜菁亦未必育，此与肉糜之见不远。

桓帝永寿元年，冀州饥，人相食，敕州郡振给贫弱，若王侯吏民有积谷者，贷得十分之三，以助禀贷，其百姓吏民，以见钱酬直，王侯须新谷乃偿。此亦权宜之稍得中者耳。

桓帝时，惊马逸象，突入宫殿，此亦与前汉小女子陈持弓之事相似。

桓帝好黄老，尝遣中常侍左悺之苦县祠老子，盖老子楚苦县厉乡曲仁里人也。帝又尝亲祠老子于濯龙宫，文罽为坛，饰淳金扣器，设华盖之座，用郊天之乐，斯固玄元皇帝庙之先声矣。

桓帝初，京都谣曰："游平卖印自有平，不避豪贤及大姓。"按：游平，窦武字也，后桓帝崩，武以太后父柄政，引用善人陈蕃等，合心戮力，印绶所加，咸得其人，豪宗大姓，皆绝望也。以如是之人，而反得诛灭，谋之不成，天道不佑，奈何。

桓帝元嘉中，京师妇女好作愁眉、啼妆、堕马髻、折腰步、龋齿笑，又有不聊生髻，始自梁冀家。而京都歙然，诸夏仿效，识者以为不祥。

桓帝时，京都长者皆着木屐。俄而党事发，传黄门北寺狱妇女多被桎梏，应木屐之象矣。

桓帝末，京师谣曰："茅田一顷中有井，四方纤纤不可整。嚼复嚼，今年尚可后年硗。"按：茅田一顷者，群贤升也。中有井者，虽穷而不失法度也。

四方纤纤不可整者，言奸慝大炽不可整理也。嚼复嚼者，饮酒相强之辞也。今年尚可者，言禁锢也。后年硗者，陈、窦被祸，天下大坏也。

孝桓之际，陈蕃、杨秉，处称贤宰，皇甫、张、段出号名将，王畅、李膺弥缝衮阙，朱穆、刘陶献替匡时，郭有道奖鉴人伦，陈仲弓弘道下邑。其余宏儒远智，高心洁行，激扬风流者，不可胜言。而在朝者以正议婴戮，谢事者以党锢致灾，往车虽折，而来轸方遒，悲夫！

桓帝延熹九年冬，洛阳城傍竹柏枯伤，盖奇寒也。是年，李膺等二百余人受诬为党人，坐下狱，书名王府以禁锢之。盖正士之遭祸，犹竹柏之遇寒也，其应盖凛凛矣。次年，改元永康，大赦天下，悉除党禁，而帝亦遂崩矣。

桓帝三立皇后梁、邓、窦，博采宫女五六千人，而卒以无子。范史数其凶德，谓“政移五倖，刑淫三狱”。五倖谓单超等五侯，三狱则李固、杜乔、李云、杜众、成瑨、刘瓆也。

灵帝以解渎亭侯入继大统，而追尊所生，盖不过袭安帝、桓帝之遗制耳。然追尊其祖为孝元皇，祖母为孝元皇后。夫孝元在前汉为高宗，安可袭其称也。当时廷臣亦无争之者，所云“失礼之中，又失礼也”。此犹和帝既葬慎陵，而灵帝追尊孝仁皇亦曰“慎陵”，何重复如是耶。

灵帝之迁桓思窦太后于云台，与顺帝之迁安思阎太后于离宫，一也。然窦太后以有拥立灵帝之恩，而又得黄门令董萌数为太后诉怨，帝纳其言，乃复率群臣朝之，宜也。且窦武虽曰喋血禁门，原其心不过欲诛宦官，非有异谋也。而阎太后之谋废立，几危社稷，则与此悬殊。故余谓章德与桓思两窦太后，皆与安思皇后迥别也。

桓思窦太后崩，宦者以窦武故，积怨窦氏，欲别葬太后，不以配祔桓帝。诏百官大会朝堂，令中常侍赵忠监议。公卿数百人，各瞻望中官，莫肯先言，独廷尉下邳陈球慷慨发端，谓“皇太后母临天下，宜配先帝。今若别葬，失天下望”。太尉李咸时病，捣椒自随，始不敢先发，见球辞正，然后大言继之，帝意乃定。是举与明宪宗朝，彭文宪争钱太后祔庙事正相同。若李咸者，尚可谓之因人成事者也。球后历官太尉，潜与司徒刘郃、司隶校尉阳球谋诛宦官，事发，皆下狱死，可云殉国烈丈夫矣。球子瑀、琮，弟之子珪，珪子登，并官守相，知名于世。

灵帝初好学，自作《皇义篇》，盖扬雄、杜林之遗也。因引诸生能为文赋者，待诏鸿都门。后诸为尺牍，及工书鸟篆者，皆加征召，侍中乐松、贾护，多引无行之徒忝入其中，帝甚悦之，待以不次之位。时又有宣陵孝子，皆市井下民，悉除为郎中、太子舍人。时议郎蔡邕因灾异应诏陈七事，中及此，言甚剀切。帝乃诏宣陵孝子为舍人者，悉改为丞尉。而鸿都门学，或出为刺史二千石，或入为尚书、侍中，士君子耻与为列，即司徒杨赐所谓“造作赋说，以虫篆小技见宠于时”者也。

灵帝即位二年，即惑于宦官之言，诏州郡大举钩党，以虞放、杜密、李膺、朱寓、巴肃、荀昱、魏朗、翟超为其魁，死者百余人，妻子徙边，诸附从者锢及五属。先是京都长者，皆以苇方笥为装具。其后党人下廷尉被谳者，姓名皆入苇笥中。后大赦天下，惟党人不赦。迨曹鸾一讼，而又加之厉焉。及黄巾起，乃大赦党人。噫！晚矣。

灵帝时，乱政急行，日即丧败，又欲造罼圭灵琨苑。司徒杨赐谏不宜作，帝欲止。以问侍中任芝，芝以为无害于政，帝悦，乃作焉。苑在洛阳宣平门外。其后董卓屯兵于此，而东京为墟矣。

灵帝光和年中，京师马生人。初开西邸卖官，公千万，卿五百万，原马生人之故。天盖谓畜类为人，亦犹贪浊之类为公卿也。

灵帝尝作列肆于后宫，使诸采女贩卖，更相盗窃争斗，帝着商贾服，饮宴为乐。又于西园弄狗着进贤冠，带绶，又有一狗走入司徒门。又驾四驴，帝躬自操辔，驱驰周旋，京师转相仿效，驴价顿昂。又起四百尺观于阿亭道，其高不知作何等也。是亦“静轮天宫”矣。

《风俗通》曰：灵帝时，京师宾婚嘉礼，皆作魁櫑，酒酣之后，续以挽歌。夫魁櫑，丧家之乐；挽歌，执绋之音。其后帝崩，京师丧乱，有兼尸斯其效乎。

灵帝时，有两樗树，皆高四尺许。其一株宿夕暴长，长丈余，大一围，作胡人状，头目鬓须皆具。《京房易传》云：王德衰，下人将起，时则有木生人状。

灵帝时，有白衣人欲入德阳殿门，曰：“我梁伯夏，天教我上殿为天子。”须臾还走，求索不得，此盖所云“人妖”也。此犹成帝时，有男子王褒绛衣入宫，上前殿非常室，曰“天帝令我居此”，后应在王莽篡位。

灵帝时，江夏黄氏之母，浴而化为鼋，入于深渊，其后时出见。初浴时簪一银钗，及见，犹在其首。

灵帝时，有黑气堕北宫温明殿东庭中，黑如车盖，起奋迅，身五色，有头，体长十余丈，形貌似龙。上以问蔡邕，邕对曰：“此所云天投蜺也。不见足尾，不得称龙。《易传》曰：‘蜺之比无德，以色亲也。’《潜潭巴》曰：‘虹出，后妃阴胁王者。’《演孔图》曰：‘天子外苦，兵威内夺，臣无忠，则天投蜺。’”后应在何后及黄巾贼与董卓。

按：灵帝时，灾异不可胜纪。如河内人妇食夫，河南人夫食妇。地震海水溢，御殿后槐树自倒竖。凡二次雌鸡化为雄，青虹见御座。洛阳女子生儿两头四臂，凡四见焉。琅邪井中冰厚尺余。郡国生异草，备龙蛇鸟兽之形。冲帝怀陵上，有雀万数悲鸣，因斗相杀。内殿罘罳自坏。终之帝自称“无上将军”，耀兵于平乐观，未几而天禄终矣。

灵帝末，童谣曰："侯非侯，王非王，千乘万骑上北邙。"此应在张让劫少帝及陈留王，夜走小平津时也。

灵帝中平中，京都歌曰："承乐世，董逃。游四郭，董逃。蒙天恩，董逃。与中辞，董逃。出西门，董逃。瞻宫殿，董逃。望京城，董逃。日夜绝，董逃。心摧伤，董逃。"此应在董卓为关东诸将所逼，而逃奔长安也。汉乐府编为《董逃行》，即此也。

又童谣曰："千里草，何青青。十日卜，不得生。"合成董卓二字，亦灭亡兆也。

灵帝时，郎中张钧请斩十常侍，悬头南郊以谢百姓，则不烦师旅，而张角可平。帝怒谓钧曰："此真狂子也。十常侍固当有一人善者否？"愚戏谓帝尝言"张常侍是我父，赵常侍是我母"，此两人当是善者。后宦官反诬钧交通黄巾，掠死狱中，噫！不仁者，可与言哉！

灵帝时，中官诱帝聚敛，税亩十钱以修宫室。又郡国贡献，先输中署，名曰导行费。一切迁除，皆先责助军钱及修宫钱。当之官者，皆先诣西园谐价。又造万金堂于西园。帝本侯家，宿贫，每叹桓帝不能作家，故多为私藏，又藏寄小黄门常侍钱各数千万。其呆如此。

灵帝尝登永安宫候台。中官恐帝望见其宫室僭侈，乃使人谏曰："天子不当登高，登高则百姓虚散。"帝自是不敢复登台。愚谓帝从谏如流若此，天下安得不乱。

灵帝时，命钩盾令宋典缮修南宫玉堂，又令掖庭令毕岚铸铜人四，列于苍龙东阙、玄武北阙。又铸天禄、虾蟇，吐水于平门外桥东，转水入宫。又作翻车渴乌，施于桥西，用洒南北郊路。所云"国将亡，必多制"者耶。

灵帝使中黄门持兵诏吕强，将杀之。强闻帝召，怒曰："吾死，乱起矣。"此言诚然。乃张让劫少帝走小平津，及卢植等追之急，让等哭辞帝，将投河而死，亦曰："臣等殄灭，天下乱矣。"此言殊刺谬。使让等早死，吕强尚生，天下未必乱也，然而其言竟验矣。

灵帝母永乐董太后，与灵帝何皇后不和。董太后尝劝帝立皇子协，协非何皇后出也，何后怨之。董太后每欲参政事，何后辄相禁塞。董太后忿恚曰："汝今辀张，怙汝兄耶？当敕骠骑断何进头来。"骠骑董重，太后兄也。其后灵帝崩，永乐太后为何进奏迁于河南，惊怖而死。此事绝类傅昭仪。当哀帝初即位，祖母元帝傅昭仪称尊号曰"帝太太后"，而尊成帝母长信宫王太后为"太皇太后"。傅太后性刚，既尊后尤骄，与成帝母语至谓之"妪"。及哀帝崩后，王莽奏发傅太后家以报怨焉，则怨毒之于人，甚矣哉。

东汉外立者四帝，临朝者六后。四帝，安、质、桓、灵也。然虽以外藩入继正统，而皆章帝之苗裔。盖章帝长者，事从敦厚，故能流庆子孙，本支数世。此如元帝之后，定陶、中山遍有天下也。六后，谓章德窦太后、和熹邓太后、安思阎太后、顺烈梁太后、桓思窦太后、灵思何太后，或手握政柄，天子为虚；或贪立弱童，用专威福；或定策帷帘，委政父兄；或越立外藩，而权移宦竖，所以多不获令名也。

献帝初平元年，有司奏穆宗和帝、恭宗安帝、敬宗顺帝、威宗桓帝皆无功德，不宜称宗。此虽在董卓专政之时，然东汉惟明、章有功德，称二宗，允协人心。盖其议出于蔡中郎，见袁山松《汉书》所载。中郎原议甚为明确，真经术之义，不减夏侯胜《议世宗庙乐》云。

献帝初平二年九月，蚩尤旗见，长十余丈，色白，出亢、角之南。占曰："蚩尤旗见，则主征伐四方。"其后丞相曹操征讨天下，且三十年。

废帝弘农王，虽为灵思何皇后所生，而养于史道人家，故号曰"史侯"。献帝虽王美人所生，而为董太后所抚养，故曰"董侯"。王美人未生献帝，尝梦负日而行。虽亡国之天子，亦未始不有贵征也。

董卓欲弑弘农王，王与妻唐姬宴别。酒行，王悲歌曰："天道易兮我何艰，弃万乘兮退守藩。逆臣见迫兮命不延，逝将去汝兮适幽玄！"唐姬抗袖而歌曰："皇天崩兮后土颓，身为帝兮命夭摧。死生路异兮从此乖，奈我茕独兮心中哀！"王谓姬曰："卿王者妃，势不复为吏民妻。自爱，从此长辞！"王遂饮药而死。唐姬誓不嫁。献帝反正，拜为弘农王妃，葬弘农王于故中常侍赵忠成圹中，谥曰"怀王"。

献帝初平五年六月，天狗西北行，注曰：有声为天狗，无声为枉矢。

初平五年，长安有谣曰："头白皓然，食不充粮。裹衣蹇裳，当还故乡。圣王愍念，悉用补郎。舍是布衣，被服玄黄。"盖是时诸生下第当罢者，特诏用为太子舍人也。

按：东京经术之盛，莫盛于永平。当明帝之幸太学，飨射备礼，冠带搢绅之士，圜桥门而观听者以万数；羽林之士，悉通《孝经》；匈奴亦遣子入学，可谓文章巨观矣。迨乎中微。顺帝以后，又增修学舍，增甲乙之科。桓帝时太学生至三万余人。然章句渐疏，浮华相尚，儒者之风衰，而党议起矣。灵帝时虽刻石书经，然未几而董卓迁都，图书散乱。王允所收载者，仅七十余乘，较光武自长安辇归洛阳者二千余乘，盖不及二十分之一也。文献凋零，可胜叹哉！

初，灵帝时，置西园八校尉，以小黄门蹇硕为上军校尉，虎贲中郎将袁绍为中军校尉，议郎曹操为典军校尉，淳于琼为佐军校尉，余四校尉各有人。帝以蹇硕壮健有武略，特亲任之，以为元帅，虽大将军何进亦领属焉，硕遂与何进有隙，此诛宦官之缘起也。后灵帝崩，硕受顾命立皇子协，进遂诛硕而立皇子辨，凡此皆灵帝之不能善后以致此也。夫帝既知皇子辨之不能了家事，又轻佻无威仪，即立协亦可也，乃以辨为何后子而不忍废之，犹豫不决，而托孤于中官，皆兆乱之道也。废长立幼，已为不顺，况以宦者而受顾命，岂可训乎？宜其乱矣。原灵帝之托孤于硕也，亦以其手握兵权，可以制何进之死命耳。不知此导之争也，彼何后肯甘心而废其子乎。乱方未弭而又益之棼焉，为可怪也已。

献帝兴平元年，三辅大旱，谷一斛五十万，豆麦一斛二十万。帝使侍御史侯汶出太仓米豆，为饥人作糜粥，而死者日甚。帝疑赋恤有虚，乃亲于御座前量试作糜，乃知非实，诏尚书曰："米豆五升得糜三盂，而人委顿何也？"乃治有司罪，侯汶杖五十。自是人多全济。是岁九月，桑复生椹，人得以食。按：此时袁绍在河北之军食，亦仰食桑椹。

按：献帝以初平元年三月为董卓逼迁于长安，幸未央宫。三年夏四月，诛董卓。六月，李傕、郭汜攻陷长安城，杀司徒王允，政在李傕、郭汜者凡五年。而后帝东还轸洛阳。

兴平二年，时李傕与郭汜争权。帝为李傕移幸其北坞，惟皇后、宋贵人从。傕使校尉监门，隔绝内外，盛夏炎暑，不能得冷水。帝使就傕求索粳米五斛，牛骨五具，欲为食以赐宫人。傕不与米，取久牛肉以给，皆臭虫不可啖食。噫！以天子而至此，求为匹夫一饱粗粝，何可得矣？帝使谒者和李、郭，郭听命，李不旨，曰："郭多，盗马虏耳，何敢与我同耶！"相攻连月，死者万数。矢及御前，帝敦请数四，乃许车驾东旋。

兴平二年八月，车驾发长安。十一月，李傕、郭汜共追逼乘舆于弘农东涧，与杨奉、董承大战，承、奉败绩，杀卫尉士孙瑞、射声校尉沮俊等，时百官士民死者无数。宫女辎重、御物典策，略无所遗。妇女衣被，迟违不解，即被斫刺，有美发者断取之。天子露次曹阳田中。曹阳涧在今陕西州南七里，俗谓之七里涧。杨奉、董承求救于白波贼帅韩暹、胡才、李乐等及匈奴左贤王去卑，仅乃胜傕。夜将渡河，河岸高十余丈，天子、皇后以绢缒而下，余人堕岸死者无数，宫女多为傕兵所夺。帝御牛车幸安邑，诸将时或赍酒肉，就天子燕饮，群帅竞求拜职，刻印不给，王乃以锥画之。乘舆时居棘篱中，天子与群臣会，兵士伏篱上观，互相镇压，以为笑乐。诸将或遣婢诣省问，侍中不通，喧呼骂詈也。帝初入关，三辅户口尚数十万，至李郭相攻、天子东归后，长安城空四十余日。二三年间，关中无复人迹。其后郭汜为其将所杀，李傕后为段煨奉诏讨诛之，夷三族。

建安元年春正月，帝在安邑郊祀上帝，改元建安，大赦天下。是年秋七月，驾至洛阳，幸杨安殿。盖此殿系安国将军张杨所新造，故以名也。百官披荆棘，依墙壁间，州郡各拥强兵，而委输不至，群僚饥乏，尚书郎以下自出采稆，或饥死山谷间，或为兵士所杀。帝御服穿敝，惟以枣栗为粮。是年八月，镇东将军曹操自领司隶校尉，录尚书事，奉迎车驾，迁都于许。冬十月，曹操自为司空，行车骑将军，百官总己以听，自此政在曹氏矣。

建安十三年，罢三公官，复置丞相、御史大夫。曹操自为丞相，以山阳郗虑为御史大夫。是年八月，曹操杀大中大夫孔融。冬，曹操以舟师伐吴孙权，权将周瑜败之于乌林赤壁。据此则赤壁乃地名，非以火攻之故而为赤壁也。

建安中，男子衣好为长躬而下甚短，女子衣好为长裙而上甚短。时益州从事莫嗣，以为服妖，是谓阳无下而阴无上也。后果大乱。

《五行志赞》云“火下水腾，木弱金酸”，此似仅为魏灭之谶。与魏时“土上出金，火照台”之歌相类。

建安十九年十一月丁卯，曹操杀皇后伏氏，灭其族及二皇子。时御史大夫郗虑持节收后玺绶，尚书令华歆为副，就藏壁中牵后出。此二人真狗彘也。郗鸿豫能谮杀孔北海，又何事不可为！华子鱼既见绝于管幼安，其何所不至乎！次年春，立贵人曹氏为皇后。

按：元后不与王莽传国玺，而献穆曹皇后不与曹丕玺，千古如出一辙。然元后之不与，失之于前，而惜之于后，无益也。曹后则不愧为山阳夫人矣，岂意孟德乃有此女哉。

按：献帝在位三十二年，逊位于曹丕，为山阳公又十四年，魏青龙二年乃薨，年五十四，葬以天子礼，曰“禅陵”。其后人传国至晋永嘉中乃除，其亦永于曹氏之裔矣。

西汉宗室有文章者，河南献王德，及刘向、歆父子。东汉则沛献王辅、东平宪王苍、北海敬王睦及睦弟临邑侯复、复之子騊駼，皆其表表者也。沛献王作《五经论》，时号曰“沛王通论”。睦善草书尺牍，复与班固、贾逵共述《汉史》。騊駼入东观，与仆射刘珍著《建武中兴以来名臣列士传》。

东平王云之见诛，盖莫须有之罪也。是时哀帝寝疾，最忌巫诅，而又欲因事以封董贤，虽云与后谒之祠祭，亦不无小过，然加之以大逆，则罔甚也。息夫躬、孙宠，阴险小人哉！苟欲得爵以媚权贵，而利人之死掩为己功，此即江充故智也，班史列于同传，有以夫。

齐武王縯字伯升，光武长兄也。性慷慨有大节。自王莽篡汉，常愤愤怀复社稷之虑，后起兵舂陵。遂破甄阜、梁丘，赐于蓝乡，又破严尤、陈茂于育阳，遂进围宛，自号“柱天大将军”。王莽素闻其名，大震惧，购伯升邑五万户、黄金十万斤、位上公，使长安中官署及天下乡亭皆画伯升像于塾，旦起射之。其痴绝如此！正与封国将哀章同意。哀章者，本无赖子，知莽好符命，乃铸为金匮，纳符命其中，而以授莽。莽明知其伪，而益笃信之，封为国将，以讨群贼，亦以为厌胜天下计也。何其愚谬若是！盖不止铸威斗之为笑端矣。

宛下诸将会，议立刘氏，以人望，豪杰咸归于伯升，而新市、平林贼帅乐纵放，惮伯升威明，而贪圣公懦弱，先共定策立之，然后使骑召伯升，示其议。伯升曰："诸将军幸欲尊立宗室，其德甚厚。然愚鄙之见，窃有未同。今赤眉起青、徐，众数十万，闻南阳立宗室，恐赤眉复有所立。如此，必将内争。今王莽未灭，而宗室相攻，是疑天下而自损权，非所以破莽也。且首兵唱号，鲜有能遂，陈涉、项籍，即其事也。舂陵去宛三百里耳，未足为功。遽自尊立，为天下准的，使后人得承吾敝，非计之善者也。今且称王以号令，若赤眉所立者贤，相率而往从之。若无所立，破莽降赤眉，然后举尊号未晚也。"诸将多曰"善"。张卬拔剑击地曰："疑事无功。今日之议，不得有二。"遂立圣公。夫更始之不肖，伯升知之审矣，而况人望在己，而群贼不乐相推，即以理势论之，其言亦至言也。他日圣公卒为赤眉所破，乃服其先事之明矣。

昔范增举玉玦以示项羽，欲其害汉王，而项羽不顾，乃自鸿门一会，而汉王不肯再入项氏之藩矣。申屠建献玉玦以示更始，欲其害伯升，而更始犹豫，乃樊宏深识其几，以戒伯升，而伯升笑而不应，此其所以终见歼于群贼也。

世或谓光武帝业基于伯升，而中道毙于更始，致令大业不就。使伯升不为朱鲔等所谋，则异日天物当归伯升，他时王爵之加，报之不无太薄。不知光武之于伯升，非如唐明皇之于让帝也。让帝有可帝之道，而卒以能让，故崇以帝号，不为太过。若伯升之时则不然，玄黄未定，气盛招尤，自贻伊戚，以获大戮。愚谓即伯升而在纯用刚德，不能以柔道行之，亦未必能定河北、平海内也。

长安群贼杜吴、公宾等既斩王莽于渐台，传首诣宛，更始时在便坐黄堂，取视之，喜曰："莽不如是，当与霍光等。"宠姬韩夫人笑曰："若不如是，帝焉得之乎？"此一言嫣然韵绝。韩夫人尤嗜酒，每侍饮，见常侍奏事，辄怒曰："帝方对我饮，正用此时持事来乎？"起，抵破书案。噫！此群贼伎俩也，欲不败，得乎！盖即置军书御床下者流也。

更始之与盆子孰优？曰：等耳。然范史所纪，未免首尾不相顾，其行如出二人。观圣公之避吏平林，诈死以脱其父，则似有权略者。杀大司徒伯升，则由于猜忌之诸将谮成此祸耳。若夫长乐宫之刮席、厨城门之谢城，其去盆子之操札啮符、敝衣赭污，其痴绝正相类。然而圣公卒为谢禄所害，盆子竟以归命令终，所云"庸庸多厚福"者耶？

更始败后，赤眉拥盆子入长安。时掖庭尚有宫女数千，幽闭殿中，掘庭中芦菔根、捕池鱼而食之，死者因相埋于宫中。有故祠甘泉乐人，尚供歌舞，衣服鲜明，见盆子，叩头言饥；后盆子败，皆饿死不出。呜呼！此与献帝曹阳渡河之难，从官宫女，颠沛万状，盖乾坤两大劫矣。造物之不仁亦甚矣。

昔巴姬埋璧而平王压纽，赤眉探札而盆子啮符，岂天厌朱虚之后耶？抑群盗故智不足有为耶？夫式侯刘恭，盆子兄也，其人最贤，观其尽忠于更始，及教盆子逊位之言，可谓有礼有识。及更始为赤眉将谢禄所杀，乃更始叛将张卬激成之耳，其后更始之子鲤为父报仇，乃杀刘恭，可谓以怨报德矣。冤哉恭也。前既有为更始暴尸之忠，又有报杀谢禄之烈，而终不免于刘鲤之刺，所云“李代桃僵”者乎？

赤眉贼樊崇、逄安等共立刘盆子为帝，然崇等视之如小儿，无所禀畏。后正旦，君臣共飨，群臣更起，乱不可整。时大司农杨音案剑怒曰：“小儿戏尚不如此！”其后崇、安等虽降世祖，而以谋反诛，唯音为关内侯，以寿终，此所云“盗亦有道”也。

北海敬王睦，伯升之孙也，少好学，博通书传，光武爱之，数被延纳。显宗在东宫，尤见幸待。中兴初，禁罔尚阔，睦性谦恭好士，千里交结，自名儒宿德，莫不造门，由是声价益广。及永平中，法宪颇峻，睦乃谢绝宾客，放心音乐。然好读书，常为爱玩。岁终，遣中大夫奉璧朝贺，召而谓之曰：“朝廷设问寡人，大夫将何辞以对？”使者曰:“大王忠孝慈仁，敬贤乐士。臣虽蝼蚁，敢不以实？”睦曰:“吁！子危我哉。此乃孤幼时进趣之行也。大夫其对以‘孤袭爵以来，志意衰惰，声色是娱，犬马是好’。”使者受命而行。其能屈伸若此。初，靖王薨，悉推财产与诸弟，虽王车服珍宝非列侯制，皆以为分，然后随以金帛赎之。睦能属文，作《春秋旨义终始论》及赋颂数十篇，又善史书，当世以为楷则。及寝病，帝驿马令作草书尺牍十首。立十年而薨。

临邑侯复，睦之弟也。好学，能文章。永平中，每有讲学事，辄令复典掌焉。与班固、贾逵共述《汉史》，傅毅等皆宗事之。

昆仑外史曰：东平宪王苍之贤，两汉无二，可云才德兼全、华实俱备，名冠三朝、宠逾百辟；享王爵四十余年，位骠骑、三公之上；其有光于中兴，补衮于明章者，非一事也。河间有其文章，而无其政事；沛献有其经术，而无其忠悃。为人美须髯，要带十围，诚伟人也。最其勋烈，与其德美。如议定郊祀，釐饬舆服，罢起陵邑，谏猎河内，恳辞骠骑，退守亲藩，为善于家。天子叹息，假纻有赐，先后遗荣。来朝则节使郊迎，升殿则鸿胪勿赞；登车去国则乘舆频颁，问疾幸陵则龙旂遥指，可谓极人臣之上仪矣。明帝时尝赐苍《光武本纪》，苍因上《光武受命中兴颂》，帝甚善之，以其文典雅，特令校书郎贾逵为之训诂。肃宗时尤深爱敬，东巡时亲祠以太牢，赐御剑于陵前。后苍之子孙，传国至魏受禅，封为崇德侯。

楚王英之谋逆，皆明帝教之也。英好为浮屠斋戒，实起于明帝之梦金人。及英奉黄缣白纨，豫赎死罪，诏报曰:“王尚浮屠斋戒，与神为誓，不当有悔吝。其还赎，以助伊蒲塞、桑门之盛馔。”英遂大交通方士，作金龟玉鹤，刻文字为符瑞，而逆谋起矣，则皆帝之一诏启之也。具英之罪，视淮南王安尚无反形，而楚狱乃连坐数千百人，封告者燕广为折奸侯，抑人何也？

清河孝王，何其似东海恭王也。孝王名庆，肃宗子，立为太子，四年而见废。既避储位，即安藩职，毫无怨色，固人所难。而和帝之于孝王，一如明帝之于恭王，皆备极友于，君臣兄弟之际，终始无间，亦古今所罕。盖孝王系宋贵人所生，初立为太子也，非窦后意，故与其兄宪百计害宋贵人，而谮废庆为清河王，别立梁贵人子肇为皇太子，是为和帝。则和帝乃窦氏所援立也，宜乎念窦氏翊戴之功，乃卒之诛窦宪者，即和帝也。帝将诛窦宪兄弟，令孝王传语中常侍郑众，求索文帝诛薄昭故事。是窦宪之诛，虽非孝王所手刃，而其死也，孝王与有力焉，亦可以释昔日之憾矣。然孝王身不登大宝，而其子为之，异日甘陵追崇，所谓伸眉于泉下者也。

平望侯刘毅，北海敬王睦之子也。少有文辨，尝上《汉德论》并《宪论》十二篇，时刘珍、邓耽、马融共上书称其美，帝嘉之，赐钱三万，拜议郎。若毅之为文，可云名利兼得矣。和熹邓皇后临朝称制时，召毅及从弟騊駼著书东观。

光禄勋刘昆，字桓公，陈留人，梁孝王之胤也。平帝时，受《易》于沛人戴宾。昆少习容礼，能弹龙氏雅琴，为清角之操。王莽时，教授弟子恒五百余人。每春秋飨射，常备列典仪，以素木瓠叶为俎豆，桑弧蒿矢，以射菟首。每行礼，县宰辄率吏属而观之。王莽以为聚徒行礼，有僭上心，下昆及家属于外黄狱，莽败得免。夫瓠叶桑弧，亦云“礼失而求诸野”耳。而世顾盛传其“反风息火”“虎北渡河”，偶然之事，以为长者，岂不陋哉！

太尉刘宠，字祖荣，东莱人，齐悼惠王之后也。少明经，累迁为会稽太守，郡中大化，征为将作大匠。山阴县有五六庞眉老叟，自若邪山谷间出，人赍百钱以送宠。宠为人选一大钱受之。累登卿相，而准约省素，家无货积。尝出京师，欲息亭舍，亭吏止之曰：“整顿洒扫，以待刘公，不可得也。”宠无言而去。时人称为长者。弟方，官止山阳太守。方二子：岱，官兖州刺史；繇，官扬州牧，皆有声于汉末。

宗正刘般，宣帝之玄孙也。明、章两朝，历官九卿，在位数言政事，陈得失，多见采纳。子恺，以让爵之高，历位太尉，于国是多所匡正，为清流所引重。恺子茂，桓帝时为司空，与太尉陈蕃、司徒刘矩，共上书讼救党人李膺、成瑨、刘瓆等，帝不悦，茂遂坐免。此盖三世公卿，忠鲠如一，宗室之翘翘者也。

宗室之有刘陶，犹西汉之有更生。其文词章奏，固其流亚，而拳拳忠鲠，亦有子政余风。陶一名伟，字子奇，颍川颍阴人，济北贞王勃之后也。陶少时，同宗司徒刘恺深器重之。梁冀擅朝，桓帝失政，灾异数见。陶时游太学，乃上疏陈事，言甚切直，荐朱穆、李膺，书奏不省。又上书论不宜改铸大钱，尤切时弊。举孝廉，为顺阳长，发奸若神，吏民歌之曰："邑然不乐，思我刘君。何时复来，安此下民。"盖陶时以病免也。陶明《尚书》，推三家《尚书》及古文，正文字三百余事，名曰《中文尚书》。灵帝时，拜侍御史，上书言张角将为乱，帝不寤，方诏陶次第《春秋》条例。明年，张角反，帝思陶言，封为中陵乡侯，拜侍中。数直谏，徙为京兆尹，当出修宫钱千万。陶清贫，耻以钱买职，称疾不赴。帝宿重陶才，征拜谏议大夫。是时天下日危，陶上疏陈当今要急八事，大较言天下大乱，皆由宦官。宦官因共诬陶通黄巾贼，于是收陶下黄门北寺狱，按掠日急，陶自知必死，对使者曰："朝廷前封臣云何？今反受邪谮，恨不与伊吕同畴，而以三仁为辈。"遂闭气而死，天下痛之。陶著书数十万言，又作《七曜论》《匡老子》《反韩非》《复孟轲》之属，凡百余篇。

宗室刘瑜，字季节，广陵人也，广陵靖王之五世孙。瑜少好经学，尤善图谶、历算之数。桓帝延熹中，太尉杨秉举贤良方正。上书陈言，甚为切直，复蒙特诏，问瑜灾咎之征。瑜复悉心以对八千余言，帝竟不能用，拜议郎。及帝崩，大将军窦武欲诛宦官，引瑜为侍中，及武败，瑜亦被诛。宦官悉焚其所上书，以为讹言。瑜子琬，传瑜占候之学。举方正，不行。

大司马襄贲侯幽州牧刘虞，字伯安，东海恭王彊之后也。当汉末群雄割据，如扬州刺史袁术、太山太守张举等，莫不窥窃神器，僭称帝号。而虞以宗室之贤者，为人望所归，雄据幽蓟，既富且强。而独恪守臣职，峻拒韩馥等之请，不敢称尊号，而斩其使命，以示不贰于国家。又选义士田畴等，由间道间关奉使长安，此其生平大节也。而卒为公孙伯珪所诬，不得其死，而非其罪也。盖虞本一司牧之才，而短于将略。其仁风善政，虽为士民所仰，而智术书策，远出伯珪之下。乃至愤兵拒谏，以十万之众而败于公孙瓒数百之旅，则所谓宋襄仁义之师也。

刘表字景升，山阳高平人，鲁恭王之后也。身长八尺，姿貌温伟，与同郡张俭等号为"八顾"。诏书案捕党人，表亡走得免。党禁解，初平元年，诏书以表为荆州刺史。江南宗贼大盛，表初以单马入宜城，用南郡人蒯越策，诱斩诸贼帅，遂平荆州。开土寖广，南接五岭，北据汉川，地方数千里，带甲十余万，威惠兼洽，士民附豫，关西、兖、豫学士，归者盖有千数，则其方略有足多者。史又称其爱民好士，在荆州二十余年，家无余积。而范蔚宗至讥之为"木偶"，则亦不伦矣。表《传》中未见不臣之节，独《孔融传》中云表僭行郊祀之典，是则越礼之大者。若夫舍长立幼，拙于自谋，身死未几，而土地为他人所据，亦未足多惜矣。

刘焉字君郎，江夏竟陵人，鲁恭王之后也。初举贤良方正，累官南阳太守、宗正、太常。灵帝时政化衰缺，四方多寇，焉以为刺史威轻，乃建议改置牧伯，请选重臣以居其任，乃阴求为交趾以避时难，盖与窦融之欲避地河西，皆将全家于僻壤，而规为偏安计也，南越赵佗盖得其先声矣。既而诏授焉益州牧，以监军使者领之。州任之重，自此而始。焉遂以兵力据有全蜀云。焉后疽发背，卒。子璋继领益州牧，与汉中张鲁治兵相攻。及曹操将以兵临汉中，从事张松劝璋结好刘备以拒操，璋遂东迎昭烈。黄权以利害谏，王累以倒悬谏，璋皆不纳，诚所谓“独坐穷山，放虎自卫”矣。后未几为昭烈所并云。

自古外戚祸人家国，前者覆辙，后复不戒。西汉产、禄几危刘宗。霍子孟虽曰后父，然托孤柄国，由来久矣。霍禹山云之反，霍显实贻之厉。至若沙麓王氏，十侯五大司马，而汉祚遂移。东汉若马廖之谦挹，邓训之才略，窦武之孤忠，亦贵戚之表表者。至如窦宪之背戾，阎显之专横，梁冀之跋扈，何进之疏谬，皆殃及其身，祸逮国社，何足惜哉！

贵不期骄而骄至，富不期侈而侈生，此高而不危、制节谨度，诚为守富贵之良箴也。汉兴，外戚家多以骄侈致祸败。如元成王氏五侯，及扶风马氏光、防兄弟，初皆以宾客结纳，倾动一时，及其败也，率坐此招尤。此即马伏波所云“贵者不可复贱”也。若贵者能使可贱，则佳士矣。若傅熹之孤立不阿，樊宏之谦柔畏慎，皆庸中之佼佼者也。

王莽性好改作，屡更州郡邑名，旋改旋复，耳目眩瞀。又自注诏书曰“某地即某地”，人皆笑之。即如改北海益县曰探汤，此有何意义，真不可晓也，其好怪如此。募兵而命之曰“猪突豨勇”，封爵而曰“瓜宁殇男”，亦好怪之类也。

王巨君为人，鸱目虎吻，侈口蹷颔，露眼赤精，大声而嘶，好厚履高冠，以氂装衣，反膺高视，瞰临左右。又为云母屏面，以自障翳。造华盖九重，金瑵羽葆，着绀袀服，持虞帝匕首，执戚斗，随斗柄而坐，此可望而知其为紫色蛙声之奸雄也。梁伯车为人，鸢肩豺目，洞精矘眄，口吟舌言，乘平上軿车，埤帻狭冠，御折上巾，狐尾单衣，剑履上殿，此可望而知其为游闲公子、跋扈将军也。

湖阳樊重，世祖之外祖也。世善农稼，好货殖。其营理产业，物无所弃；课役僮隶，各得其宜。故能上下勠力，财利岁倍。又池鱼畜牧，有求必给。尝欲作器物，先种梓漆，时人嗤之，然积以岁月，皆得其用，向之笑者咸求假焉。赀至巨万，而赈赡宗族，恩加乡闾，折契止讼，是为美也。彼世之守财虏徒，见笑于马新息耳。不然巴程猗顿，世所不乏，岂君子夥颐之所及耶？子宏，字靡卿，封寿张侯，为人不求苟进，持盈戒满，临终遗令薄葬。光武嘉之，欲以为式。子儵嗣侯。

樊儵字长鱼，事后母至孝。母卒，哀思过礼，毁病不支，世祖尝遣中黄门朝暮送饘粥。儵虽贵戚，而能为士君子之所不能行，宜世祖之笃眷如此也。后儵临终，帝遣人问遗言，不及家事，惟言野王县岁例献甘醪、膏饧，每辄扰人，吏因缘为奸，儵欲奏罢之，病未及上。帝闻之悲痛，敕有司从之。此可谓仁人之言。

光武郭皇后既废，其兄郭况所以终保富贵者，虽由帝眷之不衰，然亦其小心谨畏、恭谦下士之所致也。其人颇似前汉石奋，保有金穴，宜哉！及明帝立，礼待阴、郭，每事必均，尤人情所难。然至况之子璜、孙举，与窦宪谋逆见诛，而金穴坏矣。

宣帝时，阴子方者，至孝有仁恩。腊日晨炊，而皂神形见，子方再拜受庆。家有黄羊，因以祀之，自是暴富，田至七百余顷。子方常言:“我子孙必将强大。”至识与兴三世，而遂为外戚，故后常以腊日祀皂而荐黄羊焉。夫武帝用方士之言，祠皂以致福，而迄无灵应。子方乃不求而自至，岂非其至孝所感耶。佞神以祈，休征必不然矣。或曰:皂神名禅，字子郭，衣黄衣，夜被发从皂中出。宜市猪肝，泥皂，令妇孝，盖世俗之言耳。

凡荐达贤士，固人臣之上节，然阿私比党，及任怨排陷，皆非公忠之谊也。光烈皇后弟帝阴兴，与同郡张宗、上古鲜于裒不相能。然兴知其有才，犹称所长而荐之。友人张汜、杜禽与兴厚善，然兴以为华而不实，但私之以财，终不为言于上，故世称其忠平。又兴性好施，喜接宾朋，而门无侠客，此尤其深识远见，善守贵者也。

马援字文渊，扶风茂陵人。少时畜牧陇汉间，致牛羊数千头，谷数万斛，彼其才识有过人者。陶朱公之致富，屡至千金，岂其伦耶？后文渊随隗嚣质子恂归洛阳，无他任职。以三辅地旷土沃，而所将宾客猥多，乃上书世祖，求屯田上林苑中，帝许之。夫萧何为民请上苑闲田，竟致械系。而世祖乃许马援，其即隗嚣之所云“光武胜高帝”耶？

马文渊少时受齐《诗》，意不能守章句，乃辞其兄河南太守况，欲田牧边郡。况曰：“汝大才，当晚成，且从所好。”同郡朱勃，字叔阳，年十二能诵诗书，尝候况。勃衣方领，能矩步，辞语娴雅。援裁知书，见之自失。况乃酌酒慰援曰：“勃小器速成，智尽此耳。卒当从汝受学，勿畏也。”及援为将军封侯，而勃位不过云阳令，当世以况为知人。然愚尝考援南征武陵，卒于军，被谗不敢归葬，惟勃诣阙上书，以讼其功，鸣其冤，后朝廷卒全恩礼。则勃之致厚于援，与所自树立，为何如也？嗟呼！人之贤不肖岂以爵位论哉。若朱勃者，即谓之“大器”可也。乃况之能知其弟，则诚哲兄矣。世之为援者不少，特难得有兄如况者以识之耳。

马援之于隗嚣，初与定筹策为交友。及观汉还，力劝嚣纳质子，遂从入洛阳。而嚣为王游翁之言所误，怀二心，遂责望援，与之相恶。援断以大义，与光武谋讨之，此先君后友，未始不正。然余独薄其“与人怨，不能为人患”之言，未免专以私憾为报复，而非出于讨伐之大公也。夫以交道不终，挟怨毒之情，而乃极陈灭嚣之术，则是嚣之遣援，适足以自毙也。且以嚣之狂愚，汉廷诸将皆足以制之。而援之聚米为谷，必欲功自己出，盖将以验其败而实其言也。呜呼！其亦不可谓厚矣。

中郎将来歙奏言，陇西侵残，非马援不能定。帝拜援陇西太守。在郡六年，剿抚并用，羌虏畏服，郡中清静，民安耕牧，务开恩信，总大体而已。傍县有报仇相杀者，吏民惊言羌反，竞奔入城。狄道长诣门，请闭城门发兵。援时与宾客饮，大笑曰:“烧虏何敢复犯我。晓狄道长，归守官舍，良怖急者，可床下伏。”已而郡中卒无事，人服其镇静。愚谓非独其度胜，亦其识胜也。

马伏波之为人，明须发，眉目如画。数被燕见，闲于进对，尤善述前世事。每言及三辅长者，至闾里少年，皆可听观。自皇太子、诸王侍闻者，莫不属耳忘倦。又善谈兵，帝尝言：“伏波论兵，与我意合。”每有所谋，未尝不用。然及其破羌则中矢贯胫，征蛮则破瘴曳足；言志则马革裹尸，矍铄则据鞍顾盼，抑又烈士之雄也。乃若戒子之书，朝廷乃借之以赏罚，此又谈言之微中者矣。生平战功最多，惟壶矢失计，使耿舒得以借口，以致身死被谗，惜哉！

伏波之为人，能事事见材。如起坞侯以保金城，定越律以惠瓯骆，铸铜马以表相式，皆其才之肆溢而出也。乃其深机远见，若料梁窦之倾覆，策王盘之必败，戒吕种之后祸，皆卒如其言。然而薏苡盈车，竟致文犀之谤；云台高敞，反来椒寝之嫌，竟无损于新息之忠也。

马新息之幼子客卿，少而岐嶷。年六岁，即能应接宾客。尝有死罪亡命者来过，客卿匿之，不令人知，外若讷而内沉敏。援甚奇之，以为张仪、虞卿并为客卿，故以客卿字焉。援卒后，客卿亦殁夭。夫六岁能对宾客，与孔文举孔雀之对同。而文举之匿张元节，与此匿亡命者又同。天生英俊，倜傥出于性生，而客卿不寿、文举罹殃，可胜叹哉！

卫尉马廖，字敬平，援之长子也。明德皇太后躬履节俭，事从简约，廖虑美业难终，上疏长乐宫，以劝成德政。其内引传曰:“吴王好剑客，百姓多疮瘢。楚王好细腰，宫中多饿死。”又引长安语曰：“城中好高髻，四方高一尺。城中好广眉，四方且半额。城中好大袖，四方全匹帛。”斯言如戏，有切事实，太后深纳之。廖性质诚畏慎，不爱权势，尽心纳忠，不屑毁誉。累辞封爵，后不得已受封顺阳侯，以特进就第。然性宽缓，不能教勒子弟，故子豫以投书怨诽得罪，弟光、防以奢侈免就国，而马氏中落矣。

窦融字周公，扶风平陵人。七世祖广国，以外戚封侯。王莽乱政，融保全河西五郡，行大将军事。及世祖即位，遂归命输诚，始终不贰。固由其天性忠顺，善保令名。然考其微时，女弟为莽将军大司空王邑小妻，后王邑东击翟义，还攻槐里贼，以军功封建武男。又从王邑败于昆阳。彼其见王邑以百万众败于光武兵数千，其时固已知天命自有真矣，故竦心摄魄，殆非一日。况又习闻谷子云、夏贺良、西门君惠之言，其归诚于光武，又何疑焉。且融又小心精详，决策东向。此固非隗嚣之所能眩、张玄之所能惑也。及陇蜀平，诏融朝京师，拜大司空，封安丰侯，位在诸功臣之右。容貌词气，卑恭已甚，帝愈亲厚之。后策免，以特进为卫尉，兄弟并典禁兵。宿卫十余年，年七十八，永平五年卒。惜其髦年昏眊，子孙纵诞，致干国典，故不及邓高密之家门修饬，能善其终也。

窦氏一门，惟融弟友之子固，虽以尚主贵幸，而实有边功，性谦俭，爱人好施，士以此多之。窦宪借元舅之宠灵，弁髦国法，大肆狂虐，纵其威势，遂至夺沁水之园田、杀宗室于屯卫，则虽有军功，亦不足赎。况其所云军功，亦借群帅之力，适逢其会而已。而凶焰益张，遂至兄弟伏法，何足惜哉！若窦武者，虽有忧国社之心，而无其才；虽有诛宦官之力，而无其术。卒之身受其祸，遗害国家，殃及清流，悲夫！

贵戚中能文章者，唯樊儵、马严、窦章三人。樊儵者，世祖樊宏之长子也，少从侍中丁恭受《公羊严氏春秋》。永平初，拜长水校尉，与公卿杂定郊祀礼仪，以谶记正《五经》异说。北海周泽、琅邪承宫，并海内大儒，儵皆以为师友，而致之于朝。尝删严氏章句，世号“樊侯学”。门徒至三千余人，弟子李修、夏勤，皆至三公。马严者，明德皇后从兄，而新息侯兄子也，字威卿。专心坟典，兼通百家言，与弟敦孺卿励行义，三辅称曰“钜下二卿”。明德既立，严闭门自守，断绝宾客，有诏与校书郎杜抚、班固等杂定《建武注记》。后严子融亦为世大儒。窦章者，安丰侯融之玄孙也，少好学，与马融、崔瑗更相推重，蓬户疏食，讲读不辍。太仆邓康荐章入东观为校书郎。是时学者称东观为“老氏藏室，道家蓬莱山”也。章女十二能属文，入掖庭为顺帝贵人，早卒。帝诏史官树碑颂德，章自为之，帝称善焉。若三君者，亦可云外戚中之椒兰矣。

马季长始终是两截人，始则获高隐之名，既而羞曲士之节。然而邓骘之召一行，广成之颂旋忤。十年不调，遂尔投劾，惩毖于斯，乃党梁氏。夫东巡可献颂矣，而西第何足颂乎？东观可三入矣，而李固奏章安可草乎？卒之媚梁冀而冀反诬以贪浊，加以髡钳，竟何益乎？大抵融之为人，达生任性。家本贵戚，志好奢侈。绛纱女乐，与张禹之后堂丝竹，可谓掩映矣。著书虽富，安足多耶？年八十八，卒于家，遗令薄葬，夫亦有悔心矣。

马南郡尝欲训《左氏春秋》，及见贾逵、郑众注，乃曰：“贾君精而不博，郑相博而不精。既精既博，吾何加焉！”乃著《三传异同说》。融之文名虽过其父严，而饰行不及。族孙日磾，为太傅，与蔡邕校订五经，立碑于太学。

邓训字平叔，太傅禹之第六子也。有将才，尝将黎阳兵以备胡，抚接边民，有恩信，为幽部所归。迁乌桓校尉，黎阳故人多携老幼，乐随训徙边。有故吏最贫者，念训好服药饵，北州所乏，又知训好青泥封书，乃从黎阳步推鹿车，于洛阳市药。过赵国易阳，并载青泥一襆，至上谷以遗训，其得人心如此。呜呼！此即邓高密初入关，人心归向，降者日以万数之遗则也。训后为护羌校尉，有功，亦最得羌胡心。及训卒官，羌胡莫不吼号，或以刀自割，又刺杀其犬马牛羊，曰："邓使君已死，我曹亦俱死耳。"家为立祠，真贤将也。女为和帝皇后。安帝时，训子大将军骘等以谮废，家中微，而非其罪。后事获昭雪，传世昌炽，东京莫与为埒，非耿、窦、阎、梁燻灼贯祸者比也。

大司徒亲逊，爰启商祚，而庭坚作士，不祀忽诸。故帝王以好生为大德，人臣以轻比为祥刑。此东海于公所以启驷马之门闾，而陈宠、郭躬所以有公卿之苗裔也。按：梁统当光武受命之初，上书请定刑法。以为法令既轻，下奸不胜，宜重刑罚，以遵旧典。此与东汉末崔寔《论政》意亦略同，皆欲因时救敝。然崔寔之论，犹因极弊而言。而统之为说，以为自元帝以来，所减刑罚百有余条，而盗贼寖多。不知哀平以后，盗贼所以日盛者，非尽刑轻之故也。人臣奉法，不以忠厚蓄君德，而反以深刻佐严威，则其所伤者多矣。其初，统为武威太守，政尚严猛。即其尚刑之意可知，其后传五世至玄孙冀，遂以灭族，家世斩焉，其亦论刑之余殃欤？夫邓仲华为人宽厚，其子孙率以绵世。虽邓骘以谗被斥，而人犹怜之。若梁冀赤其族，而人且快焉者，岂非宽猛之别耶？

外戚之恶，自王巨君而外，无甚于窦宪、梁冀者。而冀之恶尤浮于宪。宪犹有破匈奴之功，可以折罪。而冀则穷凶极虐，古今无两。而最大者，鸩杀质帝，枉害李固。贡献先输于私第，贿赂公行于监奴；称贷不遂则籍没平民，赍货求官则绎络道左；起大第则冈阜象二殽，广苑囿则襟带控千里；失谒则祸殃立至，拂意则戮辱旋加；禁省起居，纤微必制；百官迁召，动静无违。可谓穷极满盛，威行朝野，天子拱手，百僚惕息。卒之发难五侯，灭族一旦。是时，公卿列校以及故吏宾客，死且黜者三百余人，朝庭为空，唯尚书令尹勋、光禄勋袁盱、廷尉邯郸义三人在焉。县官斥卖冀之财货，合三十余万，万以充王府用，减天下租税之半，散其苑囿以业穷民。噫，如冀者不足惜也！独怪其父梁商，号称贤辅，初教其子与小黄门曹节为交友，则贻谋之不善，宜其及也。

《五行志》载：梁冀盛时，好驰驱过度，至于归家，犹驰驱入门，百姓号之曰"梁氏灭门驰驱"，后果诛灭。

窦武字游平，安丰戴侯融之玄孙也。长女为桓帝皇后，武封槐里侯。初拜城门校尉。在位多辟名士，清身疾恶，礼赂不通。所得赏赐，悉散与太学生。好贤下士，有贤能称。赈施贫民，大似梁商所为。上疏请赦党人，亦具有忠款。

及桓帝崩，无嗣。武为天下择人，而第谋及河南刘儵，问其国中王子侯之贤者，儵称解渎亭侯宏，武遂白太后而立之，是为灵帝。夫武之立帝，非如梁冀之贪立弱小，为持权计也；亦非专己自用，而不谋于群臣也。但当时在位公卿，未始无人，而独谋之庸陋不知人之刘儵，遂误听而遽信之也。是则武之暗于援立之大策矣，一死尚足赎哉！

当窦武欲诛宦官，谋已泄，反为中官诬奏其反，诏遣侍御史谒者持节收武兄弟。武不受诏，驰入步兵营，与弟绍射杀使者。召会北军五校士数千人屯都亭，下令曰："黄门常侍反，尽力者重赏。"诏以少府周靖、中郎将张奂率五营士讨武。夜漏尽，王甫将虎贲、羽林、剑戟士千余人，出屯朱雀门，与奂等合。明旦，与武对阵。甫兵渐盛，使其士大呼武军曰："窦武反，汝曹皆禁兵，何故从反者？先降有赏！"禁兵素畏中官，于是稍稍归甫。自旦至食时，兵降略尽。武、绍走，诸军围之，皆自杀，枭首洛阳都亭。夫几事不密则害成。当其欲诛中官也，天下以为义举，及其事发而力争也，则真反者矣。喋血禁门，虽曰将以救死，然假令武兵而胜，将置灵帝于何地乎？

何进字遂高，南阳宛人也，世业屠。有女弟以赂宦者得选入掖庭，有宠于灵帝，立为皇后。进拜侍中，渐秉政。其人原可与为善，与梁冀之酷虐亦自相远。当进之为河南尹而迁大将军也，司徒杨赐遣其掾孔融奉谒贺之，进不时通，融即夺谒还府，投劾而去，河南官属耻之，私遣剑客欲追杀融。客言于进曰："孔文举有重名，将军若造怨此人，则四方之士，引领而去矣。不如礼之，以示广于天下。"进然之，遂辟融，举高弟为侍御史。则进诚可与为善者也。一蹶不振，碎首权珰，惜哉！

春秋时，晋之三军以将中军者为帅，而将上军者副之，将下军又次之。隗嚣起兵时，自称上将军；反贼张纯自称弥天将军。阴陵人徐凤自称无上将军；涿郡太守张丰举兵反，自称无上大将军。夫将军而以无上称之，无味矣。乃其后灵帝时，大将军何进以望气者言京师当有大兵，两宫流血，天子当自将兵以厌胜之。进乃请天子讲武于平乐观，建十二重华盖，骑士数万人，结营。帝躬擐甲马，自称"无上将军"，行阵三匝而还。噫！后世之宇宙大将军，督都六合诸军事，及太师镇国公朱寿巡边，其亦闻此风而起者欤？

窦武之败于宦官也，失在于出宿归府，而朱瑀盗发武奏，是漏言也。何进之为中官害也，失在于迟疑不断，事久变生，而又深入省中，授人以首，虽握兵在掌，无益也。然武所恃者陈蕃，而蕃与之骈首就戮。进所恃者袁绍，乃进死而绍卒诛宦官。故武虽以兵哄阙下，而卒以不胜者，名不正也。进以身殒其难，而绍卒遂其谋者，事有所不容已也。此亦宫闱两大劫矣。

汉制：皇女皆封县公主，仪服同列侯。其尊崇者加号长公主，仪服同藩王。按：

帝姊妹号长公主，而帝女亦有时曰长公主。《舆服志》曰：长公主乘赤罽軿车。

汉法：公主子得袭公主汤沐邑封侯。如舞阴长公主子邓昌袭封舞阴侯，获嘉公主子冯石袭封获嘉侯是也。此恩泽侯之变也。又外戚有侍祠侯、小侯之类，而尤不典者。邓太后临朝，多遣宫人出入外戚家，皆称中大人。及安帝乳母封野王君。夫以乳母而至与后母同例，并封县君，亦封爵之过滥者也。

成帝时，京师讹言大水至，百姓奔走，相蹂躏，长安中大乱。大将军王凤请太后与帝可御船，令吏民上长安城。左将军王商独曰："自古无道之国，水犹不冒城郭。今政治和平，安有是哉？必讹言也。不宜乘船惊动百姓。"已而稍定，果如所言。又马严为陈留太守时，京师讹言贼从东方来，百姓奔走，诸郡惶急，各以状闻。严察其虚妄，独不为备。诏书敕问，严固执无贼，后果无他。若商与严者，外戚中乃有此人。商虽位至丞相而死不以罪，严则犹未竟其用也。盖商为王凤所挤，而严为窦宪所排，如一辙云。

宦官之祸，前汉虽有弘恭、石显，然而未甚炽也。其初，中常侍皆银珰左貂。东汉以来，专用阉人，不复参用士类。其有功者往往封侯，加以列卿，改用金珰右貂。中常侍至十人，小黄门至二十人。故口含天宪，手握王爵，举动回山海，呼吸变霜露。郑众、单超诛锄梁冀，孙程、曹腾拥立顺、桓，而宦官遂为祸极矣。惟郑众乃心王室，吕强、史鲠劲直，则中官之仅见者也。然宦官封侯，实自鄛乡侯郑众始。虽有雉犹窦氏之功，而奄竖之势自此张矣。

宦官有文学才调者，无过蔡伦。历事明、章、和、殇、安五朝。和帝时，官尚方令，监作秘剑及诸器械，莫不精工坚密，为后世法。自古书契多编以竹简，其用缣帛者谓之纸。缣贵而简重，并不便于人。伦乃造意，用树肤、麻头及敝布、鱼网以为纸。奏上之，帝善其能，自是莫不从用，天下谓之"蔡侯纸"。安帝初，邓太后以伦久在宿卫，封为龙亭侯。帝以经传之文多不正定，乃选通儒谒者刘珍及博士良史诣东观校雠，而令伦监典其事。伦初受窦后讽旨，诬陷安帝祖母宋贵人。及邓太后崩，安帝亲政，下伦廷尉。伦耻受辱，乃沐浴整衣冠，饮药而死，国除。夫伦以才艺显，史又称其数犯颜匡弼得失，然无功封侯，已不慊清议，而诬陷无罪之妃嫔，亦自致之尤也。伦字敬仲，桂阳人。

顺帝时，大长秋良贺，奉诏九卿举武猛，贺独无所荐。帝问之，贺对曰："臣生自草茅，长于宫掖，既无知人之明，又未尝交士类。昔卫鞅因景监以见，有识知其不终。今得臣举者，匪荣伊辱。故不敢也。"若贺者可谓贤矣。其名未甚著，世罕道之，见《孙程传》末。然较孙程之讼救虞诩，尤强人意。

中常侍曹腾，太尉嵩之义父，而操之义祖也。拥立桓帝得封侯，位特进，用事省闼三十余年。奉事四帝，未尝有过。其所进达，皆海内名人，如虞放、张温、张奂等。时蜀郡太守因计吏赂遗于腾，益州刺史种音冲暠音皓于斜谷关搜得其书，并劾腾。帝曰："书自外来，非腾之罪。"遂寝暠奏。腾不以为嫌，常称暠为能吏。若腾者，亦加于诸常侍一等矣。腾养子嵩，灵帝时输西园钱一亿万，得为太尉。后子操起兵，嵩不肯相随，避乱琅邪，为徐州刺史陶谦所杀。夫崔烈以北州名士，纳钱而为司徒，尚有铜臭之诮，而嵩以奄奴竖子备位三公，尚得谓朝有人乎？《灵帝本纪》中大书太尉崔烈罢，大司农曹嵩为太尉，书法入妙，以二人皆钱虏也，妙哉！陶谦之诛，可以讨妄。

孙程等十九侯之立顺帝也，名正言顺。虽无甚大功，而实则义举。观其截衣之誓、西钟之谋、枣脯之信，亦乘阎显之疏而幸成者也。此事盖与明英宗复辟大略相同。然复辟之举，尚在朝臣，而中官惟一曹吉祥。若孙程等则皆宦竖也，使当日江京、阎显辈少有备豫，则其事偾矣。故人主之为人孤注者，不独兵事为然耳。

单超、左悺、具瑗、徐璜、唐衡等五侯，与桓帝啮臂为盟，竟诛梁冀，信有锄奸之功。然封赏太盛，实启骄心。故五侯之播虐海内，较十九侯尤甚。宗族昆弟率官贵任，盘据州郡，戕人无数，由是天下汹汹思乱矣。汉之衰微，职此之由。时有谣言曰："左回天，具独坐，徐卧虎，唐两堕。""两堕"者，言持两端也。不言单者，时超已死也。

汉时，不特司隶、刺史、太守、县令，得以专杀人，即下而督邮、部据亦然。观张督邮张俭之于常侍侯览，竟至发冢破棺、籍没赀财。此虽元节疾恶之力，而督邮亦可谓有权矣。夫一侯常侍，至夺人宅三百八十余所，治第十有六区，其穷奢极欲，无非以浚剥小民，则宇内之怨毒，不知若何？天下安得而不乱乎？

中常侍王甫、曹节等，奸虐弄权，扇动内外。阳球尝附髀发愤曰："若阳球作司隶，此曹子安得容乎？"灵帝光和二年，球果迁司隶。王甫休沐里舍，球诣阙谢恩，因奏收甫及甫子永乐少府萌、沛相吉，并宦者袁赦、封昱、刘毅与太尉段颎等，送洛阳狱。球自临考甫等，五毒备极。萌谓球曰："父子既当伏诛，少以楚毒假借老父。"球曰："若罪恶无状，死不灭责，乃欲求假借耶？"萌反唇恶詈，球使以土窒萌口，捶朴交至，父子悉死杖下。乃僵磔甫尸于夏城门，大署榜曰"贼臣王甫"。尽没入财产，妻、子皆徙比景。按：曹节、朱瑀之罪，不减王甫，阳球方欲以次诛绝之，而被迁为卫尉，不得竟其锄奸之力，此真阳方正之遗恨也。

吕强所上诸封事，不减名臣奏疏，恐当时诸贤良所对策或有其雅驯而无其剀切也。盖彼其清忠奉公，日侍左右，亲见失政之弊，故言之不禁，其娓娓焉。然而卒不见听，则以枘凿不相入耳。其时帝用强之言而赦党人，而诸宦官即以附党人为强罪，而诬之以激怒帝，因致强忿恚自杀，则是正不胜邪而寡不敌众也，哀哉！和帝之诛窦宪也，先索《外戚传》；中官之谮吕强也，谓其读《霍光传》。

此二事者，庄子所云“类与不类，相与为类”也。

世皆知蔡中郎之订正六经，而不知其缘起。盖始于宦官汝阳李巡。巡以为诸博士试甲乙科，争弟高下，更相告言，至有行贿定兰台漆书经字，以合其私文者，乃白帝，与诸儒共刻五经文于石。于是乃诏蔡邕等正其文字，自后争者用息。同时宦官之贤者，又有北海赵祐，博学多览，著作校书，诸儒称之。又甘陵吴伉，善风角，有奉公称，皆从容养志，不争威权云。

小人之善于取权势者，自有别才，非人所能。如宦官张让，有监奴典任家事，交通贿赂，威形喧赫。扶风人孟佗，性阴狡，资产饶给，与监奴朋结，倾竭馈问，一无所爱。奴咸德之，问佗曰:“君何所欲？力能办也。”曰:“吾望汝曹为我一拜耳。”时宾客来谒让者，车恒千两，佗后至，车不得进，监奴乃率诸苍头迎拜于路，共舆车入门。宾客咸惊，谓佗善于让，皆争以珍玩赂之，佗分以遗让，让大喜，遂以佗为凉州刺史。或云佗馈让葡萄酒一斗，得凉州。昆仑子尝戏为一绝句云：“监奴新出大长秋，赢得千金一点头。何事望尘俱下拜，葡萄一斗博凉州。”

天下事势，既至于不可为，即有贤者，忧深虑切，而祸机衡决，一败不收，如壅溃触防，颓波滥溢，已成莫救，如汉末之宦官是也。张陵之子张玄劝张温诛宦官，盖以温是时为车骑将军，方受命出征凉州贼，故玄欲其借兵威以胁中官之势，而温第愧谢，不能用其言。当时议者多惜其失此机会，而不知炀灶丛奸，城狐难靖;温即用其策，亦徒为窦游平之续耳，安能为国家除害而永无后患乎？甚矣！空谈之无济于国是也。

当何进为诸宦官之所绐而诛也，使非袁术烧东西宫。何进部将吴匡，杀何苗于朱雀阙下，则司隶袁绍亦不能收诛宦官之功矣。若张让劫少帝于小平津，非中部掾闵贡与尚书卢植，则渠魁亦未必投河而死也。噫！以少帝、陈留王夜逐萤光，潜行数里，乃得民家露车还宫，则皆十常侍之遗祸也夫！

班范肪截卷二

高祖之时，谋臣与武臣为二，如酂侯、留侯、曲逆、郦生、陆贾、随何之流，皆谋臣也。曹、樊、英、彭、夏、灌、傅、蛊之属，皆武臣也。惟韩淮阴二者兼之。世祖之时，则谋臣即武臣也，若云台诸公，其武功不待言，而争先献策，人参帷幄，斯又一奇矣。

邓元侯之分兵西征，盖重寄也。与耿好畤之破渔阳、入临淄，同一方面之任，乃弇言旧，而禹功不卒者，何也？当其建牙而西，破河东，入汾阴，关中震动，若能以此时一举平咸阳以西，则如高祖之入武关，不复留行，而赤眉瓦解矣。不以此际鼓行而建大功，顾乃翱翔于北道，欲坐以待赤眉之变，卒致高陵败绩，退入宜阳，则前烈尽隳矣。后尝护诸将，破延岑于武当，亦可谓收之桑榆。然禹之功多于过，而能抑远权势，修整闺门，动有礼法。子十三人，令各执一艺，资用国邑，不营他产，盖有儒将风焉。故弱冠建节，恩被两朝，为功臣冠。逍遥廊庙，奉朝请者几二十年，与前代萧相国同封酂侯。后定封高密，食邑四县，子孙贵盛，世谓懿亲，良非偶然。

世传冯公孙之豆粥、麦饭、兔肩，独不及邓仲华之炙鱼。盖当光武击王郎将刘奉，大破之，因过禹营，禹进炙鱼，帝餐啖，劳勉吏士，威严甚厉。众皆窃言:“刘公真天人也！”此亦一佳话矣。且人知邓仲华之杖策河北，信宿数言，如隆中计画；而不知当其为童子时，与光武同游学京师，知光武非常人亦久矣。托鱼水之欢矣，为一代元功，夫岂幸哉！

寇子翼之功，人多称其结渔阳以拒邯郸，守河内以通转运，为中兴大计；而不知恂之为人，盖宰相器也。观其屈服贾复，可以知其度；谏亲征高峻，可以知其略;诛皇甫文,可以知其识,然此皆不足以尽恂。恂素有长者行,而最好学。当守颍川时，以大乱之世，而能修学校，教生徒，又聘能为《左氏》者，亲受学焉。夫以太守威尊，躬处抢攘，而知本务如此，惜乎帝之用之犹未尽其才也。

寇荣《亡命》一书，慷慨悲愤，可云沉深痛切，而不能回桓帝之怒，卒以诛死，其亦有故。盖此书较邹阳《狱中上梁王书》，彼犹纡徐呼吁，而此则一派怨詈，况听者乃中主之桓帝乎？息子微《绝命辞》，所以与此文同一幽郁也。乃祖雍奴之明德奇勋，再世而衰，天道安可问哉？

大树将军之为人，固以厚德不伐称；然观其说苗萌以归命真主，结曹诩以助成渡河，循属县以收拾人心，间李轶以北拔上党，劝即位以早定大策，皆其智勇谋略卓卓过人者。使不遇巾车之厄，何以有此殊勋乎？若乃崤函底有剪寇之功，而东隅补过；长安有斩棘之烈，而关辅归心。加以归功主上，抑远嫌疑，故义则君臣，恩犹父子，此其所以能善始终也。萧何之以子弟从军，寇恂之以谷崇入侍，其即此意欤？

岑彭为征南大将军，讨公孙述，首破荆门，长驱武阳，晨夜倍道，兼行二千里，绕出延岑军后，去成都数十里，蜀地大震，述以杖击地曰："是何神也？"彭所营地名"彭亡"，闻而恶之，是夜遂为诈降之刺客所刺。则"彭亡"之地，其即同于唐庄宗之"愁台"、契丹德光之"杀胡林"耶？

人固有不可知者。以曹参为将，勇敢尝冠诸军；而其为相也，一遵萧文终之约束，清静宁一，以与天下休息，盖有盖公以为之师也。贾胶东为将，每被羽先登，所向皆靡，数与诸将溃围解急，往往身被重创。帝每以其敢深入，而不令远征，常以自从，故少方面勋；然及其以特进就第奉朝请也，剽甲兵，敦儒学，阖门养威重，盖由其少尝学问，通《尚书》大义也，故当建武末年，诸宿将多谢世，而复与高密、固始二侯，独与公卿参议大政，恩遇无比。史称其"刚毅，多大节"，伟矣哉。最其生平，虽不及岑、冯、吴三将有拓地功，然奇锋震敌，谦抑不伐，抑冯阳夏之次也。

世祖功臣，固多能谋善战，而其尤雄武者，如吴汉之堕马伤膝，裹创复战；耿弇飞矢中股，以佩刀截之，左右无知者；祭遵弩中其口，洞出流血，众欲引退，遵叱之不听；姚期被创中额，摄帻复大战；张宗中矛贯胛，仍转攻诸营；岑彭悬索洛阳城，舍身招降。此皆其猛鸷有过人者，故能勒功丹青，垂名竹帛也。

史称吴汉质厚少文，造次不能以辞自达。然观其欲说彭宠，使发渔阳突骑，附光武以破邯郸；而深恐宠之不决也，乃诈为光武檄，使道上书生赍以诣宠，而卒以济事。夫厚重少文，何其似绛侯也；仓卒不能达其辞，何其似邓艾也。然而竟建奇功，此以知天下事类，非雄谈华辨者所可以口舌办也。若吴汉之以二十骑，驰斩苗曾于无终而夺其军；及与刘永将周建广乐之战，汉已堕马中伤而意气自若，以激厉四部精兵，遂大破建，尤为神勇，真不负邓仲华之知矣。

昔武帝为霍去病治第，去病曰："匈奴未灭，何以家为！"吴汉出征，妻子在家买田业，汉还，让之曰："军在外，吏士不足，何多买田宅为乎？"遂尽分与昆弟外家。噫！英雄所为，固自略同也。彼王翦之多买田宅以自污，其不得已也夫。

臧宫之锯限转车，廉范之交缚两炬，虞诩之增灶示众，正仿栾枝之曳柴扬尘。此皆在兵法中，但用之者贵通其变耳。

妖巫单臣、傅镇等倡妖言、劫吏人，反于原武。朗陵侯臧宫攻围之，久不下。世祖召公卿问方略，明帝时为东海王，独对曰："妖巫相劫，势无久立，其中必有悔欲亡者，但外围急，不得走耳。宜小挺缓，令逃亡，则一亭长足以擒矣。"帝敕宫从其计，贼众分散，果斩臣、镇等。明帝天资敏睿，如辨计吏牍背之书，皆有特识，真英主也！

光武起兵时，年二十八；邓仲华封侯时，年二十四；耿弇起兵时，年二十一。此亦气类之相聚者也。“小儿曹乃有大意”，帝固已与弇言之矣。

云台诸将，其以大策合者，自邓、寇、冯、吴而外，推耿好畤。彼其联二郡以发突骑，通北道以拒邯郸，造温明以定大计，破铜马以励军锋；而又建策南阳，收功北海。其破张步也，尤见兵法之妙，譬如刘琊用兵，一步千计，故能料敌制胜，出奇无方，其功固在淮阴潍水之右矣。所尤难得者，其父耿侠游自起兵以来，事事从弇之计画，不稍加以阻挠，用是克成大功，父子封侯，荣宠当世，是谓侠游有子、伯昭有父。其后累世多将材，若国、秉、夔、恭四人，皆有边功；而耿纪更以勤王为魏武所害，则又末造之硕果也。故东京世家，首推耿、邓云。他若梁、窦二家，虽传世贵盛，然不及耿、邓之世笃忠孝也。

耿秉前副窦固出白山，击降车师；后又副窦宪出鸡鹿塞，大破北匈奴于稽落山。固与宪虽为制将，然皆借秉之才力智略，迄于成功。秉性勇壮，军行常被甲在前，休止不结营部，然远斥候，明要誓，有警军阵立成，士卒皆乐为死，盖有李飞将遗风焉。顾窦氏借以邀功，而窦宪既败，秉之子以党窦氏国除，小人之不宜与作缘也如此。

耿恭，弇弟广之子也，为戊校尉，屯车师金蒲城，后以干涧水移据疏勒。匈奴来攻之，拥绝涧水。恭于城中穿井十五丈不得水，吏士笮马粪汁而食之，恭整衣拜井，枯泉为飞液，乃扬水以示虏。虏大惊，以为神，乃引去。后又为虏所困，数月，煮铠弩食其筋革。赖军吏范羌往敦煌迎取救兵至，时大雪丈余，得救兵乃出，至玉门，惟余十三人。郑众、鲍昱以为恭节过苏武，宜蒙爵赏，仅拜骑都尉。后又有平羌功，卒以谗见废，终于家。汉之于功臣亦薄矣。

铫期初为魏郡太守。郡吏李熊，邺中豪也，熊弟陆，谋欲反城迎檀乡贼。或告期，期不应，告者三四，期乃召问熊。熊叩头首服，愿与老母就死。期曰：“为吏倘不若为贼乐者，可归与老母往就陆也。”使人送出城。熊求得陆，执诣邺城门。陆不胜愧恨，自杀以谢期。期嗟叹，以礼葬之，而还熊故职，由是郡中服其威信。嗟乎！若期与熊，可谓两相感者也，孰谓叛逆不可化哉。

光武诸将有军功者多，而犯颜敢谏者，惟安成侯铫期为最。盖期之为人，重信义，忧国爱主，其有不得于心，往往直谏不讳。后疾病将革，帝使使存问，致医药。其母问期当封何子，期云：“受国家厚恩，常惭愧无以报国，岂宜封子也？”上闻而怜之。嗟乎！此真纯臣矣！岂易求之革弁中乎。

王霸初从光武于河北，时宾客随霸者，稍稍引去。光武谓霸曰：“颍川从我游者皆逝，而子独留。努力！疾风知劲草。”此五字似西汉人古诗，恐苏李辈亦不能过也，魏家三祖，何敢望其项背。

马武军为苏茂、周建所败，武军奔过王霸营，大呼求救。霸曰：“贼兵盛，出必两败。”乃闭营坚壁。军吏争之，霸曰：“马将军与吾相恃，而军不一，此败道也。今固守示不相援，贼必乘胜轻进；马将军无救，其战自倍。此所云置之亡地而后存也，且茂众疲劳，吾承其敝，乃可克矣。”逮两军合战良久，霸军中壮士路润等断发请战。霸知士心锐，乃开后营，出精骑袭其背。茂、建前后受敌，惊乱败走。其后贼复挑战，霸坚卧不出。方享士作倡乐，茂两射营中，中霸前酒樽，霸安坐不动，贼乃引还营，其夜遁去。若霸者，可谓知兵矣，不战而屈人兵，视浪战以取败者，不啻霄壤也。霸镇北边二十余年，建武末乃卒，此万里长城也。而世艳称其诈言冰坚可渡，岂不浅哉。

祭征虏初从征河北，为军市令。光武舍中儿犯法，遵格杀之。光武怒，命收遵。主簿陈副谏曰：“明公常欲众军整齐，今遵奉法不避，是教令得行也。”光武悦，以遵为刺奸将军，谓诸将曰：“当避祭遵！吾舍中儿犯法尚杀之，必不私诸卿也。”若光武固从善如转圜，而此主簿亦佳士也。后陈副于建武二年为骑都尉，功名卒未甚显；而冯大树亦起兵时主簿，乃赫赫封侯，人固有幸不幸欤？

祭征虏征隗嚣，卒于军。丧过河南，诏遣百官先会丧所，车驾素服临之，望哭哀痛。还幸城门，过其车骑，泣涕不能已，亲祠以太牢，如先帝临霍光故事。至葬，车驾复临。既葬，复临其墓，存见夫人室家。帝眷可云优厚矣。博士范升上疏，追颂祭遵，有云：“遵北平渔阳，西拒陇蜀。制御士心，不越法度。所在吏人，不知有军。身无奇衣，家无私财。兄午以遵无子，娶妾送之，遵不受，自以身国家之任，不敢图生虑继嗣之计。”呜呼！此其为虑亦良苦矣。若乃对酒设乐，雅歌投壶，庶几为郤谷之风焉。然无子国除，世祖哀之，用其弟彤，有边功，为名臣。

韩信、张苍、王䜣、任光，其未遇时，皆以有罪当斩，已伏斧锧，解衣就戮，无望生全矣。而皆得免，卒之为公侯将相，显名当时。则信乎生死贵贱，良由天命，不可易也。

王朗起兵邯郸，光武驰至信都，谓信都太守任光曰：“今势力单弱，欲俱入城头子路、力子都兵中，何如？”光曰：“不可。可募发奔命，出攻旁县。人贪财物，则兵可招而致也。”其后兵众大威，因攻城邑，遂屠邯郸。所谓城头子路者，东平人，姓爰，名曾，字子路，初起兵卢城头，因号焉。寇河、济间，众至二十万。更始拜曾为东莱太守，后为其将所杀。力子都者，东海人，以兵钞徐、兖界，众至六七万。更始拜为徐州牧，后亦为其部曲所杀，余党复相聚为檀乡贼。夫任光之不欲帝入其军，知群贼故智，恐为所胁也。而帝异日乃卒以铜马五校之势众，益张其势，则又天之所命，非可以人事测之耳。

云台诸将中，鬲侯朱祐，字仲先，勋烈较诸人不无少次。然祐与伯升同起宛叶，为护军，见爱重。及世祖讨河北，复以祐护诸将，愈见亲幸。盖世祖之有仲先，犹高祖之有卢绾也。祐尝讨叛将邓奉，为奉所获，后奉乃因祐以降，帝诏复祐位。又祐尝违诏受秦丰降，被大司马吴汉所劾，帝不之罪。然祐为人质直，尚儒学，行军以克定城邑为本，不尚首功；又能制士卒，禁掳掠。及奉朝请，上建义大将军印绶，尝建议以为古者人臣受封，不加王爵，可改诸王为公，帝即施行。又奏宜令大司徒、大司空并去“大”字，以法经典，帝从其议。二事皆能见其大者，可以观所学矣，非区区武人所及也。其蒙恩延世，宜哉。

李忠自信都从光武围钜鹿未下，王郎遣兵攻信都。信都大姓马宠等，收忠母、妻，据城叛汉，而令人招呼忠。时宠弟随忠为校尉，忠责以背恩，格杀之。诸将皆惊，曰：“家属在人手中，杀其弟何猛也？”忠曰：“若纵贼不诛，则二心也。”世祖闻而美之，谓忠曰：“吾兵已成，将军可归救老母、妻子。宜募能得家属者钱千万，来从我取钱。”忠曰:“蒙公大恩，思得效命，诚不敢内顾宗亲。”既而其家卒无恙。嗟乎！君之仁，臣之义，两得之矣，固不必以赵苞、徐庶律之也。邳肜事与此相类，何忘家报效者之多义乃尔耶？

刘植，钜鹿昌城人，即封昌城侯。其子刘向，从兄刘歆。植虽非宗室，何一门之内而皆袭中垒、国师之名耶？盖如司马长卿之爱慕蔺大夫矣。

高阳侯耿纯，建武初，请一郡自效，拜为东郡太守。视事数月，盗贼清宁。在职四岁，以他故免。后以列侯从上击董宪，道过东郡，百姓老小数千，随车驾涕泣，曰：“愿复得耿君。”帝谓公卿曰：“纯年少，被甲胄为军吏耳，治郡乃能见思若是乎？”六年，辞就国。八年，东郡群起盗贼，诏遣大司空李通、横野大将军王常击之。帝以纯威信著于卫地，使与大兵会于东郡。东郡闻纯入界，盗贼九千余人诣纯降，大兵不战而还。帝复以为东郡太守，吏民大悦。夫颍川借寇，世之所知也；而东郡借耿，或未之闻矣。

景丹与耿弇、寇恂，率上谷、渔阳突骑，归世祖于广阿，遂及王郎将倪宏等战于南䜌。汉兵少却，丹等纵突骑大破之，追奔十余里。丹还，世祖谓曰：“吾闻突骑天下精兵，今乃见其战，乐可言耶。”夫项羽之破章邯，一时钜鹿诸侯虽曰纵观壁上，然未免膝行而前，惊心折魄，何若光武此日之乐乎。

一介之士，非附风云，无以自显。观于宛叶起兵，李通等以图谶说光武曰:“刘氏复起，李氏为辅。”遂相与定谋起兵。此何似陈婴之不肯自王耶？顾王陵之母，自刎以成其子；而李通之父，自首，其子而卒不免于难，举家六十余人，为南阳吏所戮，则通之弃家属，以拥卫光武者，祸亦惨、功亦烈矣。卒之尚宁平长公主，封固始侯，以三公为勋臣肺腑。光武每自出征伐四方，以通居守京师。卒，谥恭侯，为勋戚冠冕，然性谦恭，常欲避权势，故能以功名终，不偶然也。

光武诸功臣，䜌侯邓晨与固始侯李通，皆以尚长公主为肺腑；且俱以从起义兵，有司皆灭其宗族，可谓艰难矣。当在宛下时，与术士蔡少公，燕语及图谶，言刘秀当为天子。或曰:“是国师公刘秀乎？”光武戏曰:“何用知非仆耶？”坐人皆大笑，晨心独喜。及天下大定，上与诸臣燕饮，晨从容谓帝曰:“仆竟辨之。”帝大笑。此亦一时佳致也。

征羌侯来歙，字君叔，光武之姑子，而又族兄汉中王刘嘉之妻兄也。嘉初据汉中，有观成败意，歙劝其归命光武，帝遂委命任歙，以为中郎将。其使于隗嚣也，嚣有贰心，歙以大义责之，几为嚣所害，卒杖节东归。后与祭征虏取嚣之略阳，嚣攻围数月不克，帝自将救之，围解。赐燕劳，歙班坐绝席，因令监护诸将。后陇西平，歙攻蜀，为蜀将环安使刺客刺歙，中要害。临命上表，须眉奋烈，千载如生，真人杰也。

勋臣子弟，固多效用行间，积战功为朝廷重。若乃以文吏自见者，独来歙之孙来历与任光之子任隗。历以武安公主子，安帝时官太仆。帝纳中官江京、樊丰之谗，欲废太子为济阴王，下公卿议，历与太常桓焉等议不当废，又要光禄勋祋讽等极谏，历独守阙，连日不去，帝大怒，免官。及顺帝即位，朝廷咸称为社稷臣，终车骑将军。隗少好黄老，清静寡欲，章帝时累官司空，以沉正见重于世。和帝即位，窦宪秉权。宪击匈奴，国用劳费。隗与司徒袁安同心毕力，鲠言直议，章数十上，不顾触宪怒，无所回隐。及薨，帝念其忠。二公皆以勋旧子孙而为名臣，真不愧景风之赏乎。

卓太傅，乡愿哉！何其似冯嬴王也。其居乡在南阳时，乡党故旧，皆欣欣爱慕之。为丞相府吏，事丞相孔光，光称为长者，此则以乡愿识乡愿也。平帝朝，为密令，吏人亲爱。然“律设大法，礼顺人情”，此两言者，或以为诚长厚之辞，或以为解脏吏之网，此疑狱也。至王莽秉政，迁茂为京部丞。王莽居摄，又为门下掾祭酒。更始立，又为侍中祭酒，从更始至长安，见更始政乱，乃乞骸以归。先是茂与同县孔休、陈留蔡勋、安众刘宣、楚国龚胜、上党鲍宣六人同志，后五人者皆不屈于莽，独茂仕莽朝，此其所以同于长乐老也。光武初即位，封为褒德侯，以劝天下，亦以其负海内重名，为前朝耆老，且又乡里硕果，故尊崇之耳。云台之末，复冒其名，伟矣哉！其视马新息，犹李郃之于刘赟也。

邓禹军到栒邑，赤眉大众且至，禹以栒邑不足守，将引兵西就坚城，而诸将惮为后拒。禹乃书诸将名于竹简，令各探之。偏将军张宗独不肯探，曰:“死生有命，张宗岂辞难就逸乎？”遂留为后拒。赤眉至，宗力战数四，乃却之而归禹营，人服其勇。至长安袭击赤眉，宗中矛贯胛，仍转攻诸营，皆几死。及禹无功被征还，而宗与冯异共定关中。后建武八年，宗破颍川贼。十六年，又破琅邪、北海贼，功最多，永平二年卒。夫以宗之功，较云台诸将中如刘植、万修、坚镡辈不啻过之，而宗卒不得列南宫图画，岂二十八人者果上应列宿耶？

翟义之讨王莽，与后世徐敬业之讨武氏，皆以宰相之子孙为国赴难，事正相等，然不无微异者。敬业之起兵扬州，与群丧职之徒，无聊不平，乃有此举耳；若翟义，则方为东郡太守，仗义兴师，奋不顾身，其忠烈殆有过焉，事虽不成，至今犹凛凛有生气。班掾称其不量力以隳其宗，此言非也。若使人人量力而后讨贼，则忠臣义士不多见矣。又史言翟义家不祥之咎征，与霍氏将亡时同，是皆浅之乎论义者也。

严尤谏王莽伐匈奴，及谏王邑不当围昆阳而宜趋走破宛，皆洞见事机，深晓兵势，但惜不用耳。可见天下未始无才。委贽一不正，身膏原野，亦奚足恤？然严尤与陈茂既败于昆阳，不以此时归命真主，而乃降于汝南刘望，卒为更始将刘信所诛。谋身之暗，一至此乎？而又何以工于为莽谋也？

陈汤好为人作奏，卒用是得罪，然君子尚惜其才。若张竦为刘嘉作奏，则趋愈下矣。盖嘉奏请于莽，欲污刘崇宫室，是志在媚莽，以祈其悦己耳，斯乃得罪名教者也，虽封侯，何足齿乎？时长安为之语曰：“欲求封，过张伯松。力战斗，不如巧为奏。”盖嗤之也。

王郎移檄郡国，颇似成周王子朝告诸侯文，何奸人之多令辞也？同时隗嚣起兵天水，亦有《告郡国檄》，历数王莽罪恶，叙己扶汉大义，苍凉悲壮，可谓幕中有人。时陇西多贤士大夫，避地依嚣，又礼聘平陵方望为谋主。既而更始征嚣，嚣欲赴之，望谏止不听，望知其不足图大事，遂辞去，之长安。后嚣卒以反覆为光武所讨，走死西域，有愧于前檄多矣。而方望后立子婴于长安，亦为更始将李松所诛。后望弟方杨随赤眉兵破更始，为其兄报仇，亦皆草泽之雄也。

光武即位后，次第削平群雄。于建武三年平刘永，五年平彭宠、降张步，九年平隗嚣，十二年诛公孙述，十六年卢芳降，后芳又叛，亡入匈奴，十余年乃死。愚以为此诸人者，惟刘永最为无罪。永，梁孝王之后，据睢阳称梁王，其视光武，同一高帝之子孙也，而不免于诛者，则势力相轧，不得不除。非若假子舆、假文伯之诪张也。

彭宠自恃其功，光武接之不能满意，遂觖望。帝以问朱浮，浮曰：“宠自恃为北道主人，谓当迎阁握手，交欢并坐，今不然，所以失志。昔王莽时，甄丰旦夕谋议，时人语曰：‘夜半客，甄长伯。’及丰、莽篡，丰意不平，卒以诛死。”光武大笑，以为不至于此。已而宠果反，为其下所杀。

彭宠既反，卜筮及望气者，皆言兵当从中起。宠疑其从弟子后兰卿质于汉归，故不信之，使将兵居外，无亲于中，遂为苍头子密劫而杀之，挟其首而降汉。按：宠之疑其昆弟，孤立无援，死于群小。此正如公孙瓒在易京，虑有非常，斥去左右，男子七岁以上，不得入宫，专侍姬妾，其文簿书记，皆汲而上城；又令妇人习为大言声，使闻数百里步，以宣教令，故谋臣猛将皆乖散，卒为袁绍兵所破，自焚死。二人同以愚狂致祸，而彭宠之缣囊、公孙之铁门，尤为千古笑资。

彭宠反于渔阳，围幽州刺史朱浮，浮上书求帝亲征。帝报之曰："度此反虏，势无久全，其中必有内相斩者。"已而果然。又邓禹部将冯愔与宗歆共守栒邑，二人争权，愔遂杀歆，因反击禹。禹遣使闻于帝，帝问使者："愔所亲爱为谁？"对曰："护军黄防。"帝度愔、防不能久和，因报禹曰："缚冯愔者，必黄防也。"已而果然。二事可谓明见万里之外矣。然帝尝以庞萌为社稷臣，可以托孤寄命，既而以反被诛。知人则哲，难矣哉！

隗季孟虽曰倾覆之徒，观其初归诚于光武，遣子入侍，不受邓禹之叛将，据公孙子阳之兵，亦似知顺逆者。但一为王元所误，欲以一丸泥封函谷关，遂至兵败势穷，戮及侍子，而竟以不救也。先是帝积苦兵间，关东未平，欲且置陇蜀于度外，因数腾书谕告，示以祸福。嚣宾客多文学，若范逡、赵秉、苏衡、郑兴、申屠刚、杜林之属，每所上封事，当世士大夫皆讽诵之。故帝有所辞答，尤加意焉。而嚣卒以不悟，以至饿餐糗糒而死，盖天褫其魄也。后王元入蜀，蜀亡降汉，为东平相，坐垦田不实，下狱死。夫元始则不欲其主降汉，而身则降汉焉，其进退亦无据矣。

王莽末，天水童谣曰："出吴门，望缇群。见一蹇人，言欲上天。令天可上，地下安得民。"盖"吴门"，即冀郭门名也；"缇群"，山名也。隗嚣少病跛蹇，后虽据天水，而卒以破灭。

公孙述少时为清水长，当哀帝时，其父仁为河南都尉，遣门下掾随述之官，月余掾辞归，白仁曰："述非待教者也。"后太守以为能，使兼科五县，县又皆辄治，郡中谓有鬼神。倘不遇篡窃之世，则述亦一治世之能臣也。及述起兵成都，纯用诈力，后遂僭号，窃据一方，罪尤浮于隗季孟矣。方李熊、荆邯之说以进取也，其意则非，而论蜀之形胜可以有为，如后日诸葛武侯隆中数语，惜乎述之非其人也。盖述性苛细，察于小事，敢诛杀，而暗于大体，好改易郡县官名，如王莽时，故卒以败。为征西大将军吴汉夷其妻子，并灭其族，受祸尤酷于隗嚣云。

公孙述痴人哉！殆王巨君后身也。莽自以其身卜三万六千之历，而述亦以八厶子系，十二为期。噫！何其谬也。刻掌证谶，愚矣愚矣！述又数移书中国，广证谶文，以明己瑞。及其兵败力绌，世祖屡以手书召之，述倔强不屈。夫世祖非诱降也。以朱鲔之仇雠，既降而辄保全之，况与述原无纤芥之嫌乎？卒之洞胸堕马，歼于高午手中，哀哉！彼窦安丰之河西保境，归命兴朝，累世椒寝，荣列通侯，何其智也。史载蜀平后，益州传送蜀之瞽师、郊庙乐器、葆车舆辇，于是世祖之法物始备，则述之稽古礼文、修饰边幅，可谓痴绝，所云败亡之资、兴王之藉也。

公孙述之遣兵救隗嚣也，与窦建德之援王世充正相若。然隗、王犹能得士。

若王捷之临城自刎以报嚣，何烈烈也。而公孙述止恃一剧贼延岑，乃延岑兵败而降，则剧贼之故态耳。述虽能刺来歙、岑彭，而卒无救于败，则天命不祐故也。

建武时童谣曰：“黄牛白腹，五铢当复。”公孙述自以为己兴之兆，而不知其应在世祖。盖汉家土德，尚黄，而帝又起于白水也。此犹王莽以卯金刀之故，改错刀为泉货，而不知真人起于白水，适成其谶云。

张步之杀伏隆，与田横之烹郦生略同，其不可与伏湛、郦商并立于朝也，审矣。然而高祖与世祖皆勒令不得相仇，卒之横死而步降，则以横之烈而步之懦也。步亦细人哉！步以建武五年降，八年复叛，将招其故部曲入海，效田横故事，终为琅琊太守陈俊所诛，与隗纯、李密正相等耳，安可与田横争烈哉！宜乎耿弇破之如拉朽也。

张步既为耿好畤所破，乃求救于苏茂，茂将万余人来赴之。时步已失临淄，退保平寿。茂让步曰:“耿弇名善战,大王奈何就攻其营。既呼茂,不能少待耶？”步曰：“负负无可言者。”盖言负愧之甚也。会光武遣使间步、茂，能相斩降者封为列侯，步遂斩茂降，光武封为安丘侯。夫人来相救而戮之，不祥莫大焉；况利人之死以成己之功，未有能善其终者，此步之所以卒于以反覆见诛也。愚谓张步之“负负”，与陈涉之“沉沉”，正可相对。

赤眉将樊崇入长安，立刘盆子为帝。崇不知书，推徐宣为丞相，而自为御史大夫，后从盆子降世祖于宜阳，赐宅洛阳。崇久之以谋反见诛。乃世祖用兵河北时，令邓禹分兵入关，别有一樊崇，隶禹麾下，为骁骑将军，至河东，与更始诸将战不利，樊崇战没。又邓禹部将有耿䜣者，耿纯之弟，号赤眉将军，封著武侯，后战死云阳。夫赤眉者，贼之朱其眉以别汉军也。而汉亦以赤眉号其将军，此不可晓矣。

《东观记》载：赤眉贼帅樊崇，字细君。乃东方曼倩目其内子亦曰“细君”。夫大夫之内子乃与贼同字耶？余曰：“今人之内子，若论其威猛，未必不甚于赤眉贼矣。”

初，涿郡太守张丰好方术，有道士言丰当为天子，以五彩囊裹石，系丰肘，云：“石中有玉玺。”丰信之，遂举兵反。既为祭征虏所执，当斩，犹曰:“肘石有玉玺。”遵为椎破之，丰乃知被诈，仰天叹曰：“当死，无所恨。”此与张满之谶文、王莽之威斗、公孙述之赤楼兰船、刘杨之赤九瘿杨，同一迷谬也，岂不愚哉！

冯敬通之不早归命世祖也，盖犹有臣节焉。更始虽无道君也，衍忠于更始，势穷力迫，乃幅巾来降于光武。光武怒其不早降，终身摈斥，不获大用，坎坷以终。夫光武之爱才至矣，何独于衍乎靳之？彼其心盖谓：若奖其忠于更始，将转以形己之短，而负惭德焉。此光武之隐慝也。若衍与田邑之互相诘责，盖各据一义焉，不必轩轾之也。

凡命蹇福薄之士，不特人厄，抑有天穷。如冯衍不为世祖所悦，上书陈八事，已将召见矣，而为谗人所阻；又为外戚阴兴所厚善，几得重罪，此固人厄矣。若乃继妻妒悍，儿女自操井臼，不得畜婢妾，抑所谓天穷也。

张氏自安世以来，世珥汉貂，与金氏并耀西京。经历王莽之乱，诸世家多失封爵，而张纯独能世其业，食邑富平，改封武始，位跻三公，汤沐八叶，明习故事，高议云台。当宿儒寥落之世，而为言礼家所宗。一切郊庙祫禘、辟雍明堂诸大典，多纯所建议，光武甚重之。然考其建议，如祧四亲、承大统、议封禅，盖多谀词焉。不唯此也。当莽之时，上议加莽九锡，此则汉贼也。其庸庸保禄位，乌足贵乎？范氏以之与曹褒、郑玄同传，方之蔑矣。

桓君山名谭，其父成帝时为太乐令。谭以父任为郎，因好音律，善鼓琴，大嗜倡乐。性简易，不修威仪，而喜非毁俗儒。王莽时为掌乐大夫。世祖时上书言事，失旨不用，后以大司空宋弘荐，因给事中，屡上书不省。世祖尝命之鼓琴，宋弘退朝，召而责之。后以会议云台，极言用谶之非经，得罪几死。出为六安郡丞，意忽忽不乐，卒。所著有《新论》二十九篇，又《琴道》一篇，未成，肃宗使班固续成之。夫谭性好雅琴，而宋弘斥以为繁声，皆由其嗜倡乐来，而简易不修威仪，此所以为弘所薄也。

会稽郑弘字巨君，少为乡啬夫。太守第五伦行春，见而深奇之，召署督邮，举孝廉，四迁为尚书令。前后所陈，有裨益王政者，皆著之南宫以为故事。后为太尉，时举将第五伦为司空，班次在下。每正朔朝见，弘曲躬而自卑。帝问，知其故，遂听置云母屏风，分隔其间，由此亦为故事。夫举将，私恩也；朝班，国宪也，而委蛇如此。谓汉法之严者，吾不信矣。

自古君臣之合，皆在风尘物色之外。如第五伦一读诏书，即能决光武之为圣主。而伦始以王国医工，随朝诣阙，则微乎微者也。而光武召见，即甚异之，明日复特诏，与语至夕，擢为会稽太守，其后卒登三事。则臣之择君，固为特识；而君之择臣，尤为霁鉴也。

光武尝戏谓第五伦曰："闻卿为吏笞妇翁，宁有之耶？"伦对曰："臣三娶妻，皆无父。"帝大笑。此与陈平无兄，得盗嫂之谤正同。人之多言，亦可畏也。

第五伦为二千石，躬自斩刍养马，妻执炊爨，受俸留一月粮，余皆贱贸与贫民，后免官归田里，身自耕种，不交通人物。后为司空，谏无宠外戚马氏，又上疏纠窦宪，亦可谓峭直矣。

大司徒伏湛，琅邪东武人，济南伏胜之后。自胜后，世传经学，清静无竞，故东州号为"伏不斗"云。湛生隆，拜光禄大夫，持节说降张步，既而为步所害。隆封阳都侯，传爵延世。四世孙无忌，有文学，奉诏校定五经诸子百家，又与崔寔、黄景等共撰《汉记》，又采集古今删著事要，号曰"伏侯注"，又传三世完。

女为孝献皇后，为曹操所弑，伏氏国除。

司徒冯勤，字伟伯，魏郡繁阳人，曾祖杨为弘农太守，有八子，皆为二千石，亦号为“万石君”。兄弟形皆伟壮，唯勤祖偃不满七尺，常自耻短陋，若厉之人恐子孙之似己也，乃为子伉娶长妻。伉生勤，长八尺三寸。光武初为郎中给事尚书，在事精勤，帝每目之曰：“佳乎吏也！”卒为司徒。

太傅胡中庸，为人始终一老乡愿，是亦一长乐老子也。蹇谔之操，历官未著；委蛇之素，究竟如一。史敞等以为柔而不犯，文而有礼，盖亦实录也。迹广生平，达练事体，明习朝章，而温柔谨素，言逊色恭；间有补阙之益，而无忠直之风，所谓“万事不理问伯始，天下中庸问胡公”也。凡一履司空，再作司徒，三登太尉，又为太傅。与故吏陈蕃、李咸并为三司。蕃等每朝会，辄称疾避广，时人荣之。人臣之贵盛，汉世莫与为比。然按其行事，当梁冀跋扈，而无所匡拂，与李固定策，而旋即违背；联姻则及于中官，夺爵则骤登朝右。历相六帝，竟无片长，有负于百官箴。空享年八十二，封为乡侯，谥曰文恭，哀哉！蔡伯喈生平，惟不抱愧于郭有道碑铭，而乃为伯始作颂，得毋汗下耶？而况以之配黄琼耶？然汉世史学，推广为夙老，中郎之所秉受以作十意者也。

胡伯始年二十七举孝廉，时郡将法雄也。会雄子真，自家来省其父，真颇能知人，雄敕真助其求才。雄因大会诸吏，真自于牖间密占之，乃指广以白雄，遂举孝廉。安帝试以章奏，为天下第一。三公劳来其郡将，雄受崇褒。则法真者，则唐人之所谓“小座主也”。顾广诚贵仕，不愧识拔矣。而道德不充，则亦以世眼观之耳。因此并可想见汉人之所谓举孝廉者，亦第试以文章，而绝不考其行谊。取士之滥，其由来固已久矣。

司徒袁安，初为河南尹，未尝以减罪鞠人。尝曰：“凡学仕者，高则望宰相，下则希牧守。锢人于盛世，尹所不忍为也。”此与邴吉公府不案吏似同而实异。盖此则存心之厚，而彼则务持大体也。后世刘晏为转运使，凡掌钱谷，必用士人，亦同此意，而善用之也。安守楚郡时，理出楚狱数百人，帝为感悟，尤为阴德之大者，子孙贵盛有以夫。

章帝时，下公卿议，还边人所得北匈奴生口。百官皆言夷欲无厌，还之当妄自夸大。司徒袁安时为太仆，独言：“北匈奴既和亲，所得边生口，辄以归汉，此畏威，而非先违约也。中国不宜负信于狄人，所以安边也。”司徒桓虞改议从安，太尉郑弘、司空第五伦皆恨之。弘因激虞曰：“诸言当还者，皆不忠。”廷叱之。司隶举奏，安等皆上印绶，免冠谢。肃宗诏曰：“事以议从，策由众定。訚訚衎衎，得礼之容。寝嘿抑心，非朝廷福。君何由而深谢。”竟从安议。夫大臣忿争在朝，不无失礼，而肃宗能明见及此，可云高世之主矣。而桓虞之改议从安，则亦补过之君子也。

袁安谏窦宪北伐，及窦景擅发边兵突骑，又驳窦宪请立北单于于除鞬，此皆国家大计，安以死争之。是时，惟司空任隗与安同心抗论。窦宪至怵，以光武诛韩歆、戴涉故事，安执议不移，屹如山岳。是时国祚之危而几亡者，仅仅一线，而安之为功于国家者，真无愧于社稷臣矣。范晔止称其引义雅正，犹不足以知安也。子孙敞、汤、逢、隗，虽接迹公辅，而功名蔑如矣。

史称汝南袁氏四世五公，富奢殆甚，不与他公族同，然其中亦自多贤者。如袁安之高卧雪中，袁盱之不党梁冀，表、彭之粗袍粝食，袁闳之土室潜身，袁忠之苇车载笠，表、弘之变姓从师，袁秘之抗节捍刃，皆所云清节峻烈之士也。安可概以富奢目之哉。

黄雀贻环，世之所谓阴骘也；鹳雀衔鱼，世之所谓祯祥也。而弘农杨氏之所以兴者，殊不在是。观其累叶清德，四知三不惑，夫有以致之矣。故东京衣冠之族，虽以杨、袁并称，然袁氏后昆不无汰侈，不及赤泉也。清白之贻，庥泽最远。关西阀阅，世笃忠贞。彪稍委蛇，而不失淳则；修露华藻，而累及舐犊。悲夫！

观杨伯起前后诸疏，忠悃缠绵，溢于言表。无非欲以扬炀皂之奸，除君侧之恶，乃疾邪之力未伸，而反噬之毒旋至。夕阳亭下，慷慨饮鸩；大鸟风前，翱翔洒泪。门生故吏，有高舒、虞放之忠；改葬赠钱，下栋折山崩之诏。呜呼！其亦可以风来世、垂不朽矣。

深计之士，防患于未然；老成之谋，弭盗于未炽。若夫机会一失，遂成莫挽。故堤溃于蚁穴，而气泻于针芒。当黄巾贼张角未反之时，司徒杨赐度其必乱，召掾属刘陶告曰："张角遭赦不悔，稍益滋蔓，今若下州郡讨捕，恐激其叛，且欲切敕二千石、刺史，简别流人，各护归本郡，以孤弱其党。然后诛其渠帅，可不劳而定，何如？"陶曰："此孙子所云不战而屈人兵，庙算胜也。"赐遂上书言之。会去位，事留中。噫！使当时用其策，则天下无事矣，其如斯民之不幸何。

太尉杨彪，发王甫之搉官物，拒董卓之议迁都，侃侃不挠，不失传世以来之忠鲠。而遭时不造，帝室崎岖，天子公卿，劫质于逆贼之手。迁许以后，威柄旁移，一筹莫展。曹氏受禅，几杖入朝，较之祖父，不无惭德。人之期颐，亦云不幸也。

司空张皓，留侯良六世孙也。皓与来历谏废太子，最知名。皓子纲，少厉风节。顺帝时，遣八使杜乔、周举等，循行风俗，得诛赏刺史、二千石以下。纲与于八使之内，年最少，官次最微，而独埋轮洛阳都亭，劾奏梁冀无君十五事。帝知而不能用。时广陵贼张婴数万人，杀刺史，势甚张。冀讽尚书以纲为广陵太守。纲单车到官，造婴垒说降之，南州晏然，论功当封，冀遏之而止。纲在郡一年，卒，年仅三十六。百姓赴哀者，不可胜数。张婴等五百余人，制服行丧，送到犍为，负土成坟。帝下诏褒美之。夫当梁冀跋扈，凡婴其鳞者，无不立征死，而纲独未罹其害。虽曰夭折，未竟其才，而其用亦略可见矣。贤者之苗裔，固不凡也。乃纲卒后二年，而婴复反叛，后为中郎将滕抚所破。夫一剧贼也，抚之得人则降，驭之失宜则仍叛，则吏之得人与否，可不慎哉。

顺帝时，太尉王龚深疾宦官专权，上书极言其状，请加放斥。诸黄门因使宾客诬奏龚罪，顺帝命亟考实。李固时为大将军梁商从事中郎，奏记于商以理之，内有“善人在患”“饥不及餐”二语，精妙殊特，事乃得释。龚乃王畅之父，畅即所云“天下俊秀王叔茂”也。畅初为南阳太守，奋厉威猛，纠举豪强，至发屋伐树，堙井夷灶，贵戚大震。后纳功曹张敞之谏，更施教化，官至司空。以水灾策免，卒于家。畅子谦，谦子粲，以文才知名，入魏，官侍中。

光禄勋周举，为人清公亮直，朝廷称之。诏见褒云：“性仰夷、鱼，忠逾随、管。”然考其建言，如召对德阳殿，则陈感格之当修实政；应诏显亲殿，则正北乡之不宜尊谥。及为大鸿胪，则奏殇帝、顺帝之不宜逆祀，皆其学识之大者，不止忠鲠自表而已也。史言其与黄琼同心辅政有以夫。独其为孙程游说，微不满于清议。然要之孙程，亦中官之有功可录者也。

汉唐宋以来，任子之法，必不可废。如黄琼昔随其父香周旋台阁，及后居职，达练官曹，争议朝廷，莫能抗夺。后世之苏颋、李德裕，亦其类也。

尚书令黄琼，以左雄所上孝廉之选，专用儒学文吏，试以家法，课以笺奏，于取士之义，犹有所遗。琼乃奏增孝弟及能从政者，共为四科，事竟施行。此亦参用成周乡举里选之遗也。又雄前议举吏，试之于公府，覆之于端门，甚为详密。后张盛为尚书，奏请除此法。琼复上言，覆试之法，澄洗清浊，考核虚滥，不宜改革。帝乃止。夫救弊之方，往往为人所摇夺，自非贤者，乌能确见其是，而为之枝拄乎。

黄琼数忤梁冀意。及冀被诛，太尉胡广、司徒韩演、司空孙朗皆坐阿附梁冀策免。而琼乃复拜太尉，以不阿梁氏，封为邟乡侯。琼辞疾让封六七上，言词恳恻，乃许之。琼乃举奏州郡贪污，死徙者十余人，海内翕然望治。夫人臣而不阿附权贵，亦臣道当然，何必赏也。琼之辞封，盖犹知有廉耻矣。及五侯擅朝，琼称疾不起，临终遗疏，可观忠悃，有尸谏之风焉。其疏中有云：“唐尧以德化为冠冕，以稷契为筋力。”颇似六朝人作意之语。

黄琬幼时以对日食状，祖司徒琼奇之。时司空盛允有疾，琼遣琬候之。会江夏上蛮贼事，允发副封视毕，微戏琬曰：“江夏大邦，而蛮多士少。”盖以琬江夏人，故嘲之也。琬奉手对曰：“蛮夷猾夏，责在司空。”因拂衣辞去，允甚敬异之。迁五官中郎将。时陈蕃为光禄勋，深相敬待，数与议事。旧制：光禄举三署郎，以高功久次、才德尤异者为茂才四行，时权富子弟多以人事得举，京师为之谣曰:“欲得不能，光禄茂才。”于是蕃、琬同心，显用志士，夙弊一清，遂为权富郎所中伤，事下御史王畅、侍御史刁韪。韪、畅素重蕃、琬，不举其事，而左右复陷以朋党。畅左转议郎，蕃免官，而韪与琬禁锢。琬至献帝时为太尉，与董卓抗论迁都，后与王允同谋诛卓，为李傕所害。

李固以灾异应诏陈言。其中如阻阿母宋蛾之封，抑外戚梁氏之势，论中官常侍之职，申尚书出纳之权，可谓能见大体。顺帝初亦听纳，朝廷肃然，拜固为议郎。然而宵小之徒，飞章诬陷之事起矣。赖黄琼申救，事乃解。固遂解印绶归，后起为荆州刺史。所案藏污吏南阳太守高赐等，共赂大将军梁冀，冀为千里移檄，而固持之愈急，冀遂徙固为太山太守。又有平贼功，迁将作大匠。屡上书言事，帝颇采其言。及冲帝时，以固为太尉。及连遭国丧，质帝为梁冀所毒，固建议立清河王蒜，重忤冀意。自司徒胡广、司空赵戒以下，皆背约趋冀旨，惟固与杜乔执前议不挠。桓帝立，冀诬其谋立外藩，与乔皆被害，天下冤之。夫以清河王为外藩，则蠡吾侯独非外藩乎？然蒜有贤名，非梁冀所欲立。所云“欲加之罪，何患无辞”也。

自古谗言乱听，流毒罔极，故《小雅·青蝇》有止藩之叹，寺人《巷伯》有投畀之嗟。观李固之秉政，宵人不便其所为，乃上书诬固罪，其词有云“太尉李固，因公假私，依正行邪。荐达例皆门徒，辟召靡非亲旧。或富室财赂，或子婿婚属，又募求好马，临窗呈试。出入逾侈，辎軿耀日。大行在殡，路人掩涕，固独胡粉饰貌，搔头弄姿，槃徙偃仰，从容冶步”，诸如此言。甚矣！谗人之乱听也。然实不足以乱听，请观上条，有一似李太尉行事否？而乃工于模画，巧于砌陷，以无为有，以虚为实，则小人道长，而君子否塞之时也。

天下不乏义士，盘根错节，利刃乃形，崎岖艰难，节概斯显。当李子坚太尉下狱时，门生渤海王调，贯械上书，证固之枉。河内赵承等数千人，亦要铁锧，诣阙通诉。梁太后乃赦固等出狱，京师市里皆称万岁。梁冀大惊，惧终为己害，乃更理前事，遂诛固与杜乔，暴其尸于四衢，令有敢临者，加其罪。固弟子汝南郭亮，年始成童，游学洛阳，乃左提章钺，右秉铁锧，诣阙上书，乞收固尸。不许，因往临哭，守丧不去。乔故掾吏陈留杨匡，闻之号泣，星行到洛阳，乃着故赤帻，托为夏门亭吏，守卫尸丧，驱护蝇虫，积十二日。都官执之以闻，太后义而不罪。匡于是带铁锧上书，并乞李、杜二公骸骨。太后许之，乃成礼殡殓，匡送乔丧还家。固弟子赵承等悲伤不已，共论固言迹，以为《德行》一篇。而托孤之门生王成，抑又忠矣。

竹节之生，千寻自直；洎乎箨龙，一寸亦复挺然自出，性使然也。李太尉固之子燮，以六尺之孤，继一线之续。悼先公之殒难，感二兄之从死。埋名酒家，与佣保为伍；身隐阛阓，而不废穷经。固由王成抚孤之力，而亦忠魂阴相之灵。卒之雾散云消，复睹白日；忠贞见雪，辟命赐环。而正直之裔，百折不变。则父不肯立帝，子不肯立王。诚千秋劲节，一门盛烈也。当燮为河南尹，其于“谄贵卖友，贪官埋母”之甄劭，投之沟中，加以笞捶，可云疾恶之甚，不愧其父矣。两世忠正，直哉如矢，何其伟欤！

初，益州刺史种暠，劾永昌太守刘君世以金蛇遗梁冀，事觉，以蛇输司农。时杜乔为大司农，冀从乔借观，乔不肯予，冀恨之。后乔为太尉，桓帝将纳冀妹。冀欲令帝以厚礼迎之，乔执不可，冀又衔之，遂构祸焉。

司徒汉中李郃字孟节，太尉固之父。其为司徒时，数陈得失，有大臣节概。范史独以其占益部使星，而抑入方术传中，甚不称也。

卢尚书植为中郎将时，讨黄巾功已有绪，为小黄门左丰所谮，征以槛车。其后车骑将军皇甫嵩，皆资植之规画以成其功，乃盛称植，植是以复为尚书。乃植之为人，不止以武功见也。尝作《尚书章句》《三礼解诂》，与蔡邕、马日磾等校书东观。因日食上封事陈八事，皆当世急务，帝不能用。后以议废少帝，立陈留王，忤董卓，免官。诡道从轘辕遁归，卓使人刺之不及，遂隐于上谷，不交人事。初平三年，卒。子毓，知名当世。

涿郡卢植与高密郑玄，俱为马融高弟，而皆能饮酒一石。若二子者，非高阳酒徒也，而俱以善饮名，异哉！他若于定国之饮酒一石，而从容赴市就法，是真有过人者。夫定国之醉而明，与盖宽饶之醒而狂者，正不啻霄壤矣。

陈蕃之于王室可谓忠矣。以当时之势言之，虽至无识，固亦知宦官之势足以亡国也。然炀皂之奸，徙薪未易；城狐之据，投鼠为难。蕃之不顾其身，以殉社稷，亦未尝不自知其力之不足以胜之也；第或者以己之素拥立太后，而恃太后之见德而曲听之耳。不知窦武以后父之尊，尚不能得之于太后，而谓蕃顾能得之于太后乎？即能得之于太后矣，而曹节、王甫诸人肯骈首就戮乎？则其势必激而为变也，亦情所必尔矣。故窦武之不能得于窦后，犹何进之不能得于何后一也。前车既覆，后辙相寻。丧身掊宗，无益国步，则无术之甚也。承明门攘臂大呼，嘉德殿传首沥血，哀哉！

陈蕃芜室不修，志在扫除天下；范滂登车揽辔，心期海宇澄清。志之不遂，命也，如何？

陈仲举为乐安太守也，为高士周璆设一榻，去则悬之。及其为豫章太守也，为徐稚亦设一榻，去则悬之。则蕃之方峻寡交可知。岂若陈元龙之置客于下床哉？顾孺子之下榻，世所知也，而周璆或未之闻矣。

陈仲举初不应征聘，太尉李固表荐，乃拜议郎，再迁乐安太守。时李膺为青州刺史，属城皆惕威名，自引去，独蕃以清绩留。是二李之推重之者，皆贤人君子，道合气通之故耳。其后蕃既登公府，而一时党人构祸者，皆赖蕃不肯平署之力，极力调护，而清议藉以为干城。虽流极溃决，而相与沦胥。然其所全乎名教者，抑不少矣。

陈仲举之有朱震，犹李杜之有杨匡，刘虞之有尾敦，杨震之有虞放，窦武之有胡腾，孔融之有脂习也。古今义士，接迹人区，而声满天壤。乃朱震更兼有程婴之节，可见义烈之士与忠正之臣其相感激者，皆宇宙之间气也。谚云“车如鸡栖马如狗，疾恶如风朱伯厚”，盖善状之云。

李膺为司隶校尉时，宦者张让弟朔为野王令，贪残无道。闻膺欲按之，逃匿兄让第舍柱中。膺将吏卒，破柱取朔而杀之。让诉于桓帝，帝诏膺诘之，膺且以实对。帝顾让曰：“此汝弟之罪，司隶何愆？”灵帝时，王允为豫州刺史，破黄巾贼，得张让宾客与黄巾交通书疏。允具发其奸，以状闻，灵帝竟不能罪让而罢。夫罪莫大于通盗贼，帝既知之，而不能罪，则威柄去矣。彼杨奇云：“陛下之于桓帝，犹虞舜之比德于唐尧。”此言非平允之论也。桓之于灵，盖彼善于此矣。

王子师司徒有二褊。杀蔡中郎，一褊也；不赦凉州人，二褊也。一则害及善人而国随以亡，一则激反凶人而己亦随以亡。

王嘉不肯咀药引决，乃束缚而赴都船；王允不欲乳药自裁，乃投杯而赴廷尉。在嘉以丞相而苟活旦夕，固有失体之伤；在允以刺史而甘伏明刑，乃留不訾之体，其义固不同也。

王子师司徒当董卓迁都日，允悉收敛兰台石室图书秘纬之要者以从。既至长安，皆分别条上。经籍具存，允有力焉。此与萧何相国收秦丞相府图籍有同功，盖国之大事也。故予以为此功尤在诛董卓之右。盖董卓不诛，则国无刑；图书不收，则国无礼。无刑，固不可以立；国无礼，更不可以图存。

汉时，诏三公府掾属，举谣言以采，听长吏臧否。人所疾苦，都会殿上，大言州郡行状如何。盖犹有古者采民谣舆诵之意，乃后世反禁风闻言事，何也？

成帝之于张禹，明帝之于桓荣，备极尊师重傅之礼。夫以士大夫勤苦一经，至为帝者师，使天子北面亲授经学，出乘辎车，入奉几杖，真可谓稽古之力矣。张禹委蛇于王凤之时，以术自托，固为识者所讥。而桓荣虽累疏乞身，而帝眷不衰，生荣死哀，隆宠备至，何其与安昌侯有同休也。然视二疏，亦逊其高致云。

曲阿包咸，建武中授皇太子《论语》，又为其章句，拜谏议大夫。显宗立，迁大鸿胪。每进见，赐以几杖。入屏不趣，赞事不名。经传有疑，辄遣小黄门就舍即问。以其素清苦，常特赏赐珍玩束帛，俸禄增于诸卿。咸皆散于诸生之贫者，亦可谓善用天禄矣。年老，卒官。子福，拜郎中，亦以《论语》入授和帝。张子曰：此读《论语》者，不惟胜于赵中令，亦胜于安昌侯矣。而两世传经于帝王，尤仅事也，不让桓郁父子矣。

司徒张酺为郎时，肃宗方为太子，从酺受《尚书》，以严见惮。及肃宗即位，擢为侍中，未几出为东郡太守。酺意不自得，上章乞留，帝不许，赐装钱三十万，令急之官。后帝东巡狩，幸东都，引酺及门生，并会庭中。帝先备弟子之仪，使酺讲《尚书》一篇，然后修君臣礼，赏赐殊特，莫不沾洽，而不迁其任。噫嘻！帝之于尊师傅，未尝不备礼；而以严见惮，不能使其身一日安于朝廷之上，以收补衮之功。此虽未至如元帝之杀萧望之，而去明帝之尊桓五更则已远矣。

元帝时，将酎祭宗庙。驾出便门，欲御楼船。御史大夫薛广德当乘御，免冠顿首曰："宜从桥。"诏曰："大夫冠。"广德曰："陛下不听臣，臣自刎，以血污车轮，陛下不得入庙矣！"帝乃从桥。又光武尝欲出游，侍御史申屠刚谏，以为陇西未平，不宜晏安逸豫。谏不见听，遂以头轫乘舆车轮，帝遂为止。若广德与刚，可云执法不挠者矣。而元帝之从善，尚赖张猛主圣臣直之言，不如光武之能敏于纳谏也。

桓典为侍御史，不畏权势，出常乘骢马，京师为之语曰："行行且止，避骢马御史。"张湛为光禄勋，好直谏，常乘白马，世祖每见之，辄曰："白马生且复谏矣。"夫人臣苟能不畏强御，而犯颜直谏，则马何必不骢，亦何必不白也。

杜诗为侍御史，安集洛阳。帝召见，赐以棨戟。凡有衣之戟曰"棨戟"，盖前驱之器也；以赤油韬之，亦谓之油戟；王公以下通用之，以代斧钺。侍御史赐此，则特典耳。诗尝请凡征发军旅，宜立虎符以绝诈伪、防乱萌，制许之，遂为故事。

安帝时，西南夷掸国献乐及幻人，能变化吐火。明年元会，作之于庭。帝与群臣共观，大奇之。谏议大夫陈禅，独离席大言，以为帝王之庭，不当陈夷狄之乐。尚书陈忠劾奏禅，以掸国越流沙、逾悬度，万里贡献，非郑、卫之声，而禅廷讪朝政，请收禅下狱。有诏勿收。夫陈忠亦名臣，而此事则卑谄若此。若禅者，则真不愧为谏议大夫矣。

司隶校尉盖宽饶奏封事，中有"五帝官天下，三王家天下"之语。当时议者以为宽饶意欲求禅，大逆不道，遂下狱。宽饶引佩刀自刎北阙下。噫！文吏之工于陷人，何其酷也！又度辽将军陈龟上疏有云："唐尧亲舍其子以禅舜者，是欲民遭圣君，不令逢恶主也。"此言与宽饶亦略相同。而龟未蒙诘问者，以无谗夫为之间也，岂桓帝之胜于宣帝哉！后龟卒以上疏请诛梁冀，帝不省，龟自知必为冀所害，不食，七日死，可谓烈矣。

颍川杜根，字伯坚，性方直。为郎时，上书和熹邓太后，请还政安帝。太后大怒，收根，令盛以缣囊，于殿上扑杀之。执法者以根知名，私语行事人，使不极力。既载出城外，根得苏。太后使人验视，根诈死三日，目中生蛆，因得逃窜，为宜城山中酒家保。积十五年，及邓氏败，安帝征根诣公车，为尚书郎，卒官太守。

白马张湛、白马李云皆以直谏显。然张湛以乘白马，故曰“白马张湛”。李云为白马令，故亦曰“白马李云”。弟张湛幸遇光武之世，而得以见褒。李云不幸遇桓帝之时，而卒死于狱，虽以陈蕃、杨秉等救之，而不可得，其亦可哀已。乃其露布上书，“帝者不谛”之言，亦不免于讦以为直也。

虽在极乱之时，亦有公道偶明之一日。如顺帝时，宁阳主簿诣阙诉其县令之枉，六七岁不见省。主簿乃上书曰：“臣章百上，终不见省。臣岂可北诣单于以告怨乎？”帝大怒，持章示尚书，尚书劾以大逆。虞诩时为尚书仆射，驳之曰:“百上不达，是有司之过也。愚蠢之人，不足多诛。”帝纳诩言，笞之而已，亦庶儿于转圜也。又如东郡谢弼，灵帝初举有道，应诏极言时政得失，愚戆无忌讳。宦官深疾之，曹节从子绍为东郡太守，遂以他事收弼，掠死狱中。后司隶校尉赵谦颂弼忠节，求报其冤，乃收绍斩之。此举殊快人意。

虞诩之为朝歌长，邓骘欲以此陷之也。张纲之为广陵相，梁冀欲以此害之也。而诩与纲皆能平贼有成功，令骘与冀无所假手，以伸其报复之私。夫纲尚有劾冀之章，埋轮之举。而诩于骘不过以弃凉州之议不合，朝议从诩之言，而骘遂以此嫉之耳。甚矣！多讳之朝不能容直言也。

皇甫规字威明，举贤良方正，对策直切。内极论梁冀擅权，有云:“夫君者，舟也。民者，水也。群臣，乘舟者也。梁将军兄弟，操楫者也。若能平志毕力，以度元元，所谓福也。如其怠弛，将沦波涛。可不慎乎！”此言可谓善喻。冀怨其刺己，以为下第，是亦一昌平司户也。

初，左雄荐汝南周举为尚书，能称其职。既而雄为司隶，又举故刺史冯直以为将帅。而直尝坐臧受罪，举以此劾奏雄。雄悦曰：“吾尝事冯直之父，而又与直善。今宣光以此奏告，是韩厥之举也。不负吾举矣。”士议两高之。

灵帝时，灾异数见。蔡邕与公卿奏诏，诣金商门，引入崇德殿，各陈灾异所由。邕又奉诏特问之，命以皂囊封上。邕遂讥刺时政，内及宠臣，直言无讳。帝览而叹息。曹节窃见之，遂诬陷邕，下洛阳狱。赖中官吕强悯其无罪，救之，乃得减死，髡钳徙朔方。后更大赦，乃许还家。邕虑不免，乃亡命江海，远迹吴会。积十二年，灵帝崩，乃为董卓所征。夫吕强之救蔡中郎，与孙程之救虞升卿，此士君子之厄造。然当世之君相既不怜才，而若辈乃得以攘此名也，世变盖可知矣。

司徒鲁恭，初为中牟令，有异政。河南尹袁安荐于朝，章帝异之。会诏百官举贤良方正，恭荐中牟名士王方，帝即征方诣公车，礼之与公卿所举同。方后致位侍中。夫以令长而荐士，不自量其不及格。以令长所荐士而破格用之，可谓两贤。

司徒陈留虞延，生有异征，力能扛鼎，腰带十围。为督邮时，光武奇之，赐剑带及佩刀。后召拜洛阳令，不畏强御。是时有阴氏客马成者，尝为奸盗，延收考之。阴氏屡请，延每获其一书，辄加篣成二百。阴就诉于帝，为成称枉。帝为亲录之，竟不直阴，而成遂就诛。由是贵戚敛手，不啻避二鲍矣。夫以督邮而蒙赐剑佩，此异数也。光武可谓识人矣。

世祖时，九江太守宋均以郡多虎患，下记属县，以为虎豹在山，犹比土之有鸡豚也。今为民患，咎在残吏。其务退奸贪，可去一切槛阱。其后虎遂东游渡江。安帝时，法雄为南郡太守，亦有虎患。雄移书属吏曰："古者至化之世，猛兽不扰。太守不德，敢忘斯义。"其毁坏陷阱，是后虎患亦顿息。夫二君者，一以修政，一以咎引，皆善于弭灾者也。物犹可威，而况人乎。若《循吏传》载童恢为不其令，咒虎使伏辜而杖杀之，则未免语怪矣。惟刘昆以虎负子渡河为偶然之事，乃真长者之言耳。

宋均为九江太守时，属县有唐、后二山，民共祠之。众巫遂取百姓男女二以为公妪，岁岁改易，不敢嫁娶，前后守令莫敢禁。均乃下书曰："自今以后，为山娶者皆娶巫家，勿扰良民。"于是遂绝。噫！此祖西门豹之余智也。巽以行之，无俟投河之惨，而可以除患矣。故行政之君子，贵乎通古人之意而善变之也。后均为尚书令，每月较议，多合上旨；夫驳议则善变可知矣。

青州刺史王望，字慈卿。遇州郡灾旱，望行部，见饥寒者裸行草食甚众，因以便宜，出所在布粟衣食之，事毕上言。时明帝命百官议其罪。公卿皆以为专命有常法，钟离意曰："望怀义忘罪，若绳之以法，将乖圣朝爱育之旨。"帝乃原之。夫汲黯矫发，恃武帝之明；而王望便宜，赖廷臣之议。则为朝廷爱百姓者，何患于得罪哉！且望系钟离所荐士，而能不避阿党之嫌，为朝廷正议，是为难耳。

钟离意初为堂邑令。县人防广为父报仇，系狱，其母病死，广哭泣不食。意闫而怜之，乃听广归家，使得殡敛。丞掾皆争，意曰："罪自我归，义不累下。"遂遣之。广敛母讫，果还入狱。意密以状闻，广竟得以减死论。夫意固知为父报仇之义士，断未有利其母之死而托以逃罪者也。君子可欺以其方，而况不欺乎？密闻于朝，而不自市其恩，人臣之义也。意后官至尚书仆射，以直谏显。

虞升卿之为武都太守也，其御羌之功，人皆多其增灶疾行，为娴于将略。而不知其计安地方，经营庶政，不止以将略见长。如筑营壁、招流亡、通运道，二三岁间，户口四倍于前，盐米丰贱于旧。盖其治郡之善政，有足多者。而反坐法以免。国家善负人，皆大吏之罪也。

颍川四长谓荀淑为当涂长，韩韶为嬴长，陈寔为太丘长，钟皓为林虑长，四君皆颍川人也。

任延为会稽都尉时，吴有龙丘苌者，隐居太末，志不降辱。掾吏白请召之，延曰："龙丘先生躬德履义，都尉洒扫其门，犹惧辱焉，召之不可。"遣功曹奉谒，修书记，致医药，相望于道。积一岁，苌乃乘车诣府，请署职。延辞让再三，乃署议曹祭酒。苌未几以病卒，延自临其殡，是以郡中士大夫皆附之。

扶风秦彭，曾副耿秉征匈奴。及其为山阳太守也，以礼训人，敦崇教化，设立四诫以教民。又定为度田条式，诏颁之天下。转颍川太守，又有凤凰、麒麟、嘉木、甘露之瑞，集其郡境。肃宗巡行，再幸颍川，赏赐钱谷以宠异之，卒于官。

王涣字稚子，广汉人。少尚气侠，通剽轻少年。晚乃改节，敦儒学，讲律令。为太守陈宠功曹，不避豪右。宠风化大行，入为大司农。和帝问曰："在郡何以为理？"宠顿首曰："臣任功曹王涣，简贤选能；主簿镡显，以拾遗补阙。臣奉宣诏书而已。"帝大悦，涣由此显名。后为温令，境内清夷，商人露宿于道。其放牛者，辄云以属稚子，终无侵犯。又为洛阳令，京师称叹。及病卒，百姓为立祠安阳亭西。安帝时下诏褒美之，以其子石为郎。

阳羡许荆，字少张。举孝廉，为桂阳太守。尝行春到耒阳县，有蒋均者，兄弟争财。荆叹曰："吾为太守而教化不行，咎将安在。"乃使吏上书陈状，乞诣廷尉。均兄弟感悔，各求受罪。此较韩延寿之闭阁思过者，更为激切矣。乌有不能化物者耶。荆孙馘后为太尉，此忠厚之报也。

上虞孟尝为合浦太守，郡不产谷实，而海出珠宝。先是守宰多贪污，命人采求，若无纪极，珠遂渐徙于交趾界中，于是合浦大困。及尝到官，革易敝政。未逾岁，去珠复还，百姓歌之，今其歌不传。余戏为补之曰：太守如虎，珠去合浦。太守诚廉，珠还日南。

太尉刘矩初为雍丘令，民有争讼者，矩引之于庭，提耳训戒之。以为忿恚可忍，县官不可入，使归更寻思。讼者感而罢去。余尝见后世一能令，悬教邑门曰："有一日闲即耕尔地，无十分忿莫入此门。"殆祖此意也。

陈留仇览，一名香，字季智。初为蒲亭长。劝人生业，为制科条，果菜为限，鸡豕有数。农事既毕，子弟乃就黉学。其游恣者，皆役以田桑。能感化不孝子陈元卿，邑为之谚曰："父母何在在我庭，化我鸱枭哺所生。"后览入太学，同郡符融有高名，览常自守，不与融言。融心异之，乃谓之曰："今京师英雄四集，志士交结之秋，虽务经学，守之何固？"览正色曰："天子设太学，岂使人游谈其中乎？"高揖而去。融以告郭林宗，林宗因与融持刺就谒，遂请留宿。林宗嗟叹，下床为拜。噫嘻！林宗之拜不易得也，此膝不轻屈于人也审矣。

陈留董宣，字少平。初为北海相，以擅杀多人，征诣廷尉，论死。光武赦之。后为洛阳令。湖阳公主奴白昼杀人，及主出行而奴骖乘，宣于夏门亭就公主车下搏杀之。帝使小黄门持宣使谢主。宣两手据地，终不肯俯。帝笑曰："敕强项令出。"赐钱三十万，京师号为"卧虎"。歌之曰："枹鼓不鸣董少平。"在县五年。年七十四，卒于官。诏遣使临视，惟布被覆尸，大麦数斛、敝车一乘而已。特赐艾绶，拜子并为郎中。噫！曹武惠云：好官不过多得钱耳。董少平此项未尝一俯，而乃得钱三十万，强项亦何负于人哉。夫以如是之人，而范晔以冠酷吏，则晔去白日之昭昭，袭长夜之悠悠，夫亦可矣。

下邳周纡，字文通。为召陵侯相。廷掾惮其严明，欲损其威，乃晨取死人，断手足，立寺门。纡闻，便往至死人边，若与死人共语状。阴察视口眼有稻芒，乃密问守门人曰："谁载藁入城者？"门者对："惟有廷掾耳。"又问铃下："外颇有疑令与死人语者乎？"对曰："廷掾疑君。"乃收廷掾考问，具服"不杀人，取道边死人。欲以相试耳"。后人莫敢欺者。后拜洛阳令。下车先问大姓主名，吏数闾里豪以对，纡厉声曰："本问贵戚若马、窦者，岂知此卖菜佣乎？"若纡者，可谓以配董少平矣。才吏，非酷吏也。

樊晔为天水太守，政尚严猛。凉州为之歌曰："游子常苦贫，力子天所富。宁见乳虎穴，不入冀府寺。大笑期必死，忿怒或见置。嗟我樊府君，安可再遭值！"此诗说晔之威烈，亦自有蕴藉。

京兆宋登，太尉由之子。为汝阴令，号称"神父"。鲍德为南阳太守，人亦称曰"神父"。荀淑为朗陵相，人称曰"神君"。今人知神君矣，未有知用神父者也。

京兆尹赵广汉，为人所告，事下丞相魏相，案验甚急。广汉伺得丞相傅婢自绞死，欲因以胁之。乃将吏卒突入丞相府，召夫人跪庭下受辞。相上书自陈。帝不直广汉，下狱论死。吏民号泣守阙者以万数，竟坐广汉要斩。太尉庞参夫人嫉前妻子，投于井而杀之。参素与洛阳令祝良不平，良率吏卒入太尉府案实其事，乃上参罪，遂因灾异策免参。有司以良不先闻奏，辄折辱宰相，坐系诏狱，吏人守阙请代其者数万人，诏乃原之。夫赵与祝坐罪同而生死异者，以魏夫人无罪而庞夫人有罪也。祝虽以公法报私怨，不似赵之欲蔑丞相卸己罪也。

赵广汉、韩延寿皆以能吏，而皆以不良死。然广汉之死，犹以其胁制大臣，不为宣帝所直。而延寿之坐罪，则皆萧长倩捃拾其在东郡试时，如戏弄车马盗骖等事，皆薄罪细过，亦郡将所时有，而乃以为上僭不道。似此狱词，亦不足以服人心也。天道好还，宜异日假手于恭显哉。

世传《七纬》名目，其书或以单词片语，散见于援引诸家。盖汉人图谶，故家有其书，而后世则散落不多见矣。《易纬》则《稽览图》》《乾凿度》《坤灵图》《通卦验》《是类谋》《辨终备》也。《书纬》则《璇玑铃》《考灵曜》《刑德收》《帝命验》《运期授》也。《诗纬》则《推度灾》《记历枢》《含神务》也。《礼纬》则《含文嘉》《稽命征》《斗威仪》也。《乐纬》则《动声仪》《稽耀嘉》《叶图征》也。《孝经纬》则《援神契》《钩命决》也。《春秋纬》则《演孔图》《元命包》《文耀钩》《运斗枢》《感精符》《合诚图》《考异邮》《保乾图》《汉含滋》《佑助期》《握诚图》《潜潭巴》《说题辞》也。按:《魏朗传》注中云“孔子作《春秋纬》十二篇”，盖亦后人之所托，而非必为圣人之所制也。

大司空扶风杜林，字伯山。杜邺之子，张敞之外孙也。博洽多闻，亦有雅才。客河西，隗嚣以为持书平。终不屈，辞而东归。嚣使剑客刺之。客见林鹿车载弟丧，不忍杀之，因亡去。及林还长安，士大夫咸推其古学。东海卫宏、济南徐巡，皆重之。林前于西州得漆书《古文尚书》一卷，常宝爱之，虽遭艰困，握持不离身。后传之宏、巡，于是古文遂行。若林者，可云舍身以翼经、蒙难以卫道者也。

建武中，博士鲁国曹充从巡狩岱宗，定封禅礼，又受诏议立七郊三雍礼仪。七郊者，天地及五帝也。三雍者，明堂、云台、辟雍也。后明帝即位，充又上言请制礼以示百世。引《尚书谶·璇玑钤》曰：“有帝汉出，德洽作乐名予。”帝善之，诏改太乐官曰太予。夫以《璇玑钤》悠谬荒唐、庸庸浅陋之文，而以之改太乐之名，何世主之好怪也。不知《六韺》《韶濩》何必出自纬书，《咸池》《云门》岂尽本之谶记乎。后充之子曹褒官侍中，奉诏于南宫东观撰《汉礼》百五十篇，然亦杂以五经谶纬之文。帝虽善之，而颇不为言礼家所许。卒不行于世。

汉儒好论图纬之书。即郑康成为世大儒，而其学于马融也。融会诸生考论图纬，闻玄好九章算术，乃召而问之。即玄他日亦云：粗览传记，时观秘书纬术之奥。及其龙蛇入梦，以谶合之，知命将终。故其著书虽多，然如《天文七政》论及乾象历之属，想亦图纬之篇也。

昔任城何休字邵公，好《公羊》，遂著《公羊墨守》《左氏膏肓》《穀梁废疾》。郑康成既师京兆第五元，先通《公羊春秋》，又从东郡张恭祖受《左氏春秋》。乃遂废《墨守》，针《膏肓》，起《废疾》。休见而叹曰:“康成入吾室，操吾戈，以伐我乎？”后其门人相与撰玄答诸弟子问《五经》，依仿《论语》，作《郑志》八篇。其余所著书，凡百余万言。玄《戒子益恩书》有云:“所好群书，率皆腐敝，不得于礼堂写之定，传与其人。”噫！此诚仁者之心也。

史称郑康成身长八尺，饮酒一斛，秀眉明目，容仪温伟。此等人黄巾尚且下拜，而一时诸儒安得不相屈服。此孔文举所以致叹于通德门，而心折于郑公乡也。

河南郑兴际关中乱，西客隗嚣。嚣欲称王，兴力阻之，与班叔皮《王命论》

有同旨焉。后归朝为杜林所荐，征为大中大夫。论晦日日食之变，其言甚精。大约以日月交会，数应在朔，而顷年日食，每多在晦。先时而合，皆月行疾也。日君象，月臣象。君亢急，则臣迫促，故行疾焉。盖是时，世祖好以吏事责三公，其政苛迫，故兴言及此。兴明于《左氏春秋》，而不好谶，故世祖不大用之。以事左转莲勺令，又坐事免。子众，奉使北单于，抗节不屈，有苏武风，累官大司农。郑氏有两司农，前则众，后则高密郑康成也，皆以经学重于世。是时桓谭、杜林、卫宏之属，皆为学者所宗，而郑氏父子尤擅名。

颍川丁鸿，肃宗时奉诏，与诸儒论定五经同异于北宫白虎观。鸿以才高，论难最明。时人叹曰“殿中无双丁孝公”，累官司徒。

校书郎杨终上言：“宣帝时，博征群儒，论定五经于石渠阁。方今天下少事，学者得成其业，而章句之徒，破坏大体。宜如石渠故事，永为后世则。”于是明帝乃诏诸儒于白虎观，考论同异焉。会终坐事下狱，校书郎班固、贾逵等，以终深晓《春秋》，学多异闻，表请之，终又上书自讼，帝即日贯出，乃得与于白虎观焉。夫固等之请，与终之自讼，及帝之曲从，皆可传也。后终又受诏，删《太史公书》为十余万言，又改定《春秋章句》十五万言，而其书不传于世，为可惜耳。

博士代郡范升，谓不宜立左氏学。条上《左氏》不可录者三十一事。苍梧陈元时以父任为郎，诣阙上书云：“《左氏》宜立，升所言皆断截小文，媟黩微辞。以年数小差，掇为巨谬。遗脱纤微，指为大尤。抉瑕摘衅，掩其弘美。所云‘小辨破言，小言破道者也’。书奏，升复与元相辨难，凡十余上。元旨理优长，帝卒立左氏学，未几又废。

扶风贾逵，字景伯，贾谊九世孙。逵自为儿童，常在太学，不通人间事。长八尺二寸，诸儒为之语曰：“问事不休贾长头。”尤明《左氏传》，作《解诂》五十一篇，上书献之。明帝重其书，写藏秘馆，尝敕兰台，给逵笔札。作《神雀颂》，与班固并校秘书。肃宗时，应诏，发《左氏》长于二传者。逵摘出《左氏》三十事，事尤著明，然未免附会谶文，世以此讥之，故亦不至大官。逵所著《经传义诂》及《论难》百余万言，又作诗、讼、诔、书，旁及连珠、酒令，学者称焉。

侍中贾逵，尝有母病，章帝欲加赐。因校书者多，不欲特赐，乃以钱二十万，使颍阳侯马防与之。谓防曰：“贾逵母病，此子无人事于外，屡空则从孤竹之子于首阳山矣。”帝此言可谓有君臣之谊，然非旌廉之正则也。以君恤臣，何所不可，而假手于贵戚乎？且汉法：群臣不得交通王侯。而公然受其馈遗，亦不可为训。防予之，逵受之，其失均矣。

成都张霸，年数岁而知礼让。出入饮食，自然合礼，乡人号曰“张曾子”。

七岁通《春秋》，复欲进余经，父母曰“汝小，未能也”，霸曰“我饶为之”，故字曰“伯饶”。后从樊儵受《严氏公羊》，霸以严氏所删，尚多繁词，乃减定为二十万言，名《张氏学》。一时学者如孙林、段著辈，各市宅其旁，以受学焉。

霸子楷，字公超。少传父业，通《严氏春秋》《古文尚书》。自父党夙儒，偕造其门。车马填街，徒从无所止。贵戚之家，皆起舍巷次，以规过客往来之利。楷疾之，辄徙以避。家贫，尝乘驴车至县卖药。司隶举茂才，授长陵令，不就。隐居弘农山中，学者随之，所居成市。后华阴山南，遂有公超市。然楷性好道术，能作五里雾。时裴优亦能作三里雾，请益于楷，楷避不见。后优行雾作贼，事发被考，引楷，楷坐系廷尉。积二年，见原还家。则道术之不可不慎如是夫。楷子陵，有直节，劾梁冀带剑上殿，直声动朝廷。

别传载：钟离意为鲁相时，出私钱，修孔子车服剑履。命隶人张伯除堂下草。伯于土中得玉璧七枚。伯怀其一，以六枚白意，意令主簿安置孔子几前。又于讲堂前见一悬瓮，历代莫敢发。意曰：“夫子，圣人。或将以悬示后贤。”因发之。中得素书，文曰：“后世修吾书，董仲舒。护吾车、拭吾履、发吾笥，会稽钟离意。璧有七，张伯藏其一。”及讯之，果然。愚按：此文荒谬浅陋，绝不似素王所遗，抑或好事语怪者之所为也。与滕公漆室语，皆不无诬罔。

汉人好以图纬相诳耀。如翟酺之以术欺孙懿，令其不敢就试，而妄引《春秋纬》之《保乾图》所云“汉贼孙登”之说。其庸陋悠谬，此宜三尺童子所不信，而懿以故太史公，反深信其说，卒为酺所愚，可怪也矣。盖酺之为人，亦好图纬，所著有《援神契》《钩命决解诂》十二篇。

苏竟、杨厚、朗颛、襄楷，与前汉京房、翼奉、李寻辈，皆精于天文图纬，推步占候之士也。竟尝与刘歆共典秘书，有摩研编削之才。为代郡太守，卒于家。厚以公车征拜议郎，累迁侍中，言灾异屡应。每有灾异，辄上消救之法。以病辞归，八十余，卒于家。颛以公车征，诣阙上七事，又上书荐黄琼、李固，并陈消灾之术。又条便宜四事，特诏拜郎中，辞不就。归家，为同邑大侠孙礼所杀。楷桓帝时上书详陈灾异，不省。又以言宦官得罪，司寇论刑。后陈蕃举方正，不就。卒于家。以上四人者，皆习风角遁甲、七政五气、六日七分之术，旁及神经怪牒、玉策金绳之书，亦奇杰士也。

长信少府夏侯胜以议驳世宗不宜立庙乐，下狱。黄霸时为丞相长史，以阿胜不举劾，同下狱。二人既久系，霸欲从胜受经，胜辞以罪且死。霸曰：“朝闻道，夕死可矣。”胜贤其言，遂授之。系再更冬，讲论不怠。后赦出，霸位至丞相。崔瑗为郡吏，以事系东郡狱。狱掾善为礼。瑗间考讯时，辄问以《礼说》。其专心好学，颠沛不离如此。后瑗卒为巨儒。古人之不以艰难而废学，大率然也。明杨文定系狱十年，而读书不辍。厥后三杨相业，卒以赖之，盖亦闻黄次公、崔子玉之风而兴起者欤？后之君子一蹶不振往往废学，有以知其无能为也。

张衡字平子，南阳西鄂人，蜀郡太守堪之孙也。平子为东京伟人，史称其“术数穷天地，制作侔造化”。不得仅以文人目之。其《灵宪》《算罔论》，备浑天璇玑之微；其候风地动仪，极龙首铜丸之妙。固知子云《太玄》、唐都《测历》非俊物也。若乃《思玄赋》之浩衍，远配灵均；《正谶疏》之严明，近黜玉版。《应闲》则达旨之亚，《两京》则班固之徒，是又文人之雄也。范晔谓其才高于世，而无骄尚之情，常从容淡静，不好交接俗人，亦可以尽其为人矣。其为侍中时，为左右所谗，出为河间相，此《四愁》所为作也。既不得志，欲就东观著书，而同志者如刘珍、刘騊駼皆故物，其志不遂。衡上书欲自著作，又不见听，为可惜也。

金石之书，至汉而盛。蔡邕自校书东观，迁为议郎。以经籍去圣久远，文字多谬，俗儒穿凿，疑误后学。乃与五官中郎将堂溪典，光禄大夫杨赐，谏议大夫马日磾，议郎张驯、韩说，太史令单飏等，奏求正定六经文字。灵帝许之，邕乃自书册于碑，使工镌刻，立于太学门外。观者日千余乘，填塞街陌。是订正乃诸人之功，而书则邕一人之迹也。邕他著书，如诗赋、连珠、《独断》、《劝学》、《叙乐》、《大训》之属，凡四百篇。所谓“心精辞绮”者也。诚为东京之后劲矣。

绵竹任安，字定祖。少受《孟氏易》，兼通数经。又从同郡杨厚学图谶。时人称曰：“欲知仲桓问任安。”又曰：“居今学古任定祖。”

司徒侯霸荐人不当光武意，疑其有奸，赐霸玺书，有二语云：“崇山幽都何可偶，黄钺一下无所处。”此二句幽峭森爽，是汉魏诗中七言最佳之境。又严子陵《与侯司徒书》有云：“怀仁辅义天下悦，阿谀顺旨要领绝。”此亦尺牍语，而诗体已具。嫖姚跌宕，妙极古今。“不知七里滩中此如”等句，埋没多少。是皆文人墨客所百拟不到者，真无须买菜求益也。然君房上为君所怒谴，下为子陵嘲谑，其何以堪。

每读明帝为东海公时，论河南南阳不可问，有二语云：“河南帝城多近臣，南阳帝乡多近亲。”此妙绝七言古诗，不让柏梁台上语。然声韵谐畅，已近初唐。又宋弘云：“贫贱之交不可忘，糟糠之妻不下堂。”似乐府七言。

东海卫宏字敬仲，初从九江谢曼卿学《毛诗》，宏因作《毛诗序》。又从大司空杜林受《古文尚书》，作《训旨》。光武时为议郎，作《汉旧仪》四篇，以载西京杂事。

扶风李育，字元春。少为同郡班固所重，荐于东平王苍。育尝读《左氏传》，虽乐其文采，然谓不得圣人深意，以为前世陈元、范升之徒，更相非折，而多引图谶，不据理体，于是作《难左氏义》四十一事。此持平之论也。

汝南许慎，字叔重。少博学经籍，为马融所推。时人为之语曰：“五经无双许叔重。”所著《五经异义》，又作《说文解字》十四篇，盖小学之支流也。

京兆杜笃，字季雅。初以事下狱。时大司马吴汉卒，光武诏群臣诔之，举不当帝意。笃于狱中作《吴汉诔》，上之。光武嘉叹，赦罪，赐帛。笃以关中表里山河，先帝旧京，不宜改营洛邑，乃作《论都赋》，其辞最美。后以目疾，二十余年不窥京师。后病愈，随马防征西羌，没于射姑山。生平著述最多。笃高祖延年、外高祖辛武贤。笃尝自叹曰：“内外五世，至笃衰矣”。子硕，遂以豪侠闻。

明帝时，循吏王景有治河功绩。时杜陵杜笃献赋，请迁都长安。景以为宫庙已立，恐人情疑惑，会时有神雀诸瑞，乃作《金人颂》，颂洛邑之美，如班固所云东都主人也。景尝总堪舆、日相、卜筮、蓍龟、冢宅禁忌一切诸家术数之书，集为《大衍玄基》，传于世。

会稽赵晔，字君长。著《吴越春秋》《诗细》。蔡邕至会稽，读《诗细》而叹息，以为长于《论衡》。张子曰：今《论衡》世犹传之，而《诗细》绝响矣。夫《论衡》犹为中郎帐中之秘，而《诗细》尤长焉，不审其珍秘宜何如也。

班孟坚《明堂》《辟雍》《灵台》《宝鼎》《白雉》五诗，殊不及《汉郊社铙歌》。若《两都》则不减长卿、子云。《典引》则《剧秦美新》之类，以其谀辞多也。《幽通赋》与崔篆之《慰志赋》、冯衍之《显志赋》不甚相远。《燕然山铭》颇雄桀凌厉，本传不载，而附之《窦宪传》中，或以其侈元舅之功也。

班孟坚为人所告，以其私改国史。而明帝反授以兰台令史，命其卒成《汉书》。孔僖与崔骃偶私议武帝故事，为邻房生告其诽谤先帝、讥刺当世。僖上书自陈，肃宗不惟不罪，亦授僖以兰台令史。二事皆足有光汉册而污蔑人者，正其相玉于成者耳。

班氏讥司马子长文重思烦，故其书刊落不尽，以其多盈辞也。谓取材太博，则删削难精也。至如萧、曹、陈平、董仲舒、贾谊之属，以并时之人，不记其字，未免疏陋。此班史所以加意于整致也。今范史中《世祖纪》及云台功臣、国初名臣列传，多坚所命笔，故特宏丽条畅，去蔚宗所撰远矣。

古人好论族姓源流。如灵均之于高阳，司马迁之于重黎，王莽之于黄帝，班固之于斗斑，皆高远其所从来，亦可云华胄之遥遥者矣。非如第五伦之于田齐，犹有世次可纪也。

班孟坚弱冠上书东平王苍，劝其推贤进士，此雅道也。然其身附贵戚，而卒罹其祸，亦可云“工于谋人，而拙于谋己”者矣。

班仲升西域武功，世所熟知，而不知亦自涉猎书传中来。而且天性孝友，不修细节。当孟坚之为人所诬告也，诏收固下京兆狱。超恐固被考死，乃驰诣阙上书，得召见。具言固所以著述意，而郡亦上其所著书。显宗甚奇之，诏除固兰台令史，与陈宗、尹敏、孟异等，共成《世祖本纪》。迁固为郎，典校秘书，固又撰功臣、平林、新市、公孙述事，作列传、载纪二十八篇。超与母随至洛阳，家贫，常为官佣书，以养母，此仲升之投笔所由缘起也。

傅毅作《迪志诗》，其张茂先《归志》之嚆矢乎？又作《七激》，其枚乘《七发》之流亚乎？又作《显宗颂》，其东平宪王《光武中兴颂》之继起乎。然毅，窦宪客也，使非早卒，其必与班固同与其祸矣。

江夏黄香字文强，年九岁，失母，性至孝。博学经典，能文章，京师号曰“天下无双，江夏黄童”。初除郎中，肃宗诏诣东观读所未见书。帝尝召香诣殿下，顾谓诸王曰：“此‘天下无双，江夏黄童’也。”左右莫不改观。噫，士人得入东观，尽读所未见书，则生平愿足矣。况又益之以美官乎！后香为尚书令，掌机密最久。子琼，曾孙琬，皆官太尉，为汉季明臣。

广汉李尤字伯仁，少以文章显。和帝时，贾逵荐其有相如、扬雄之风，召诣东观，受诏作赋，累迁谏议大夫。受诏与谒者仆射刘珍等俱撰《汉记》。后帝废太子为济阴王，尤上书谏。及顺帝立，迁乐安相。所著有《七叹》《哀典》等文二十篇。

南阳刘珍字秋孙，一名宝南。少好学，为谒者仆射。邓太后诏使与校书刘騊駼、马融及《五经》博士校定东观五经诸子传记百家，整齐脱误，定正文字。累拜宗正卫尉，卒官。著《释名》三十篇，以辨万物之称号。

宁陵葛龚字元甫，善为奏草。或有请龚奏以干人者，龚为作之。其人既写毕，因误并署龚名以进，故时人为之语曰:“作奏虽工，宜去葛龚。”余为续之曰:“即去葛龚，终不如张柏松。”

安帝时，尚书陈忠上疏，荐郎中周兴曰：“臣惟帝王号令，言必弘雅，举必温丽。臣窃见光禄郎周兴，蕴椟古今，博物多闻，属文著辞，有可观采。尚书出纳帝命，为王喉舌。而诸郎多文俗吏，鲜有雅才。每为诏文，宣示内外，转相求请。或以不能，而专己自由，辞多鄙固，诚可叹息。”诏乃拜兴为尚书郎。观忠此疏，汉时人才之弊已可发一笑。信乎！用者不文，文者不用，古今同病也。兴乃直臣周荣之子，太尉名臣周景之父，太尉忠之祖父也。

朱穆字公叔，作《崇厚论》，盖为敦俗而作。而其《绝交论》，则为远势而发也，要之公叔、叔夜之《绝交》，与刘峻之《广绝交》。不如蔡中郎之《正交》，为得其中耳。

扬雄之《解嘲》、班固之《答宾戏》，崔骃之《达旨》、张衡之《应间》，一也。蔡邕有感于诸文，而托于务世公子，诲于华颠胡老，而作《释诲》，亦是一意。

顺帝时，虞诩以左雄有公忠节，上书荐之曰:“臣见方今公卿以下，类多拱默，以树恩为贤，尽节为愚，至相戒曰：‘白璧不可为，容容多厚福。’”此二语是五言佳境。或即诩所自作。大抵汉魏人，虽不以诗名者，未有不能诗者也。

涿郡崔氏世擅文章。如崔篆之赋《慰志》，亭伯之作《达旨》，子玉以草书擅奇，子真以论政显世，可谓世能济美、代有雅才者矣。而名位皆不显。乃若崔发、崔烈，一为王莽鹰犬，一为西园财虏，而皆位列三公，徒足为崔氏玷耳。信乎！贫贱多令名，显秩无姱修也。

涿郡崔琦，字子玮，北济相瑗之宗也，举孝廉为郎。梁冀闻其才，请与交，乃作《外戚箴》及《白鹄赋》，以讽切之。冀不纳，因遣琦归，遂阴令刺客求杀之。客见琦耕于陌上，怀书一卷，息辄偃而咏之。客哀其志，以实告琦，且曰："吾不忍杀子，可亟自逃，吾亦从此亡矣。"琦得脱走。冀后竟捕杀之。哀哉！进善言于豺虎之前，而望其不相噬也，难乎免矣。

崔寔《论政》，诚为达权救敝之理，然其中不无矫枉过正。原寔之意，主于严刑峻法，乃至谓宣帝之效，优于孝文，是何言之谬也。夫汉道之昌，使非以太宗优柔宽裕之治，养之二十余年，则民气不复、至治不登，则是孝文之功业，正非后王所及，乃汉家元气所在也。宣帝纯用法律，而元气日以浸削。虽复四夷来庭，实赖孝武挞伐之功，而非尽孝宣制驭之力也。如是而谓其优于孝文，吾不信矣。且子真又谓元帝即位，多行宽政，卒以堕损，威权始夺，遂为汉家基祸之主。夫元帝则诚基祸矣，然失在任宦官，而非以行宽政也。诚如寔之论，则周道之凌夷，将反归咎于文武之仁厚贻谋耶。

南郡王逸，字叔师，累官侍中。著《楚词章句》，又作《汉诗》一百廿三篇。今《楚词章句》盛传于代，而《汉诗》不可得见矣。子延寿，字文考。少游鲁国，作《灵光殿赋》。后蔡中郎亦造此赋，未成，及见延寿作，甚奇之，遂辍翰。夫作赋而至使中郎自叹不如，则其工可知，且以见前贤之乐于成人之名，而不欲攘臂以争也。吾于中郎见其深矣。

凡人不宜多才，多才反足为累。中郎以旷世逸才，妙解音律，性好鼓琴。如识柯亭之笛声，辨桐琴于焦尾，谛螳螂之杀机，皆其妙解音律也。桓帝时，徐璜等五侯擅权，虐焰凶暴。闻邕善鼓琴，遂白天子，敕陈留太守督促发遣。邕不得已，行到偃师，称疾而归。此不欲以技自进者。其见去桓君山远矣。乃当董卓之时，三日之间，周历三台。卓每宴集，辄令邕鼓琴赞事，此又桓谭之所不屑为者矣。岂非多才之累哉？

蔡中郎前在东观，与卢植、韩说等撰补《后汉记》未成。及罪徙朔方，上书自陈："臣自为布衣，尝以为《汉书》十志，下尽王莽而止。光武以来，唯记纪传，无续志者。臣师事故太傅胡广，略以所有旧事与臣，积累思惟二十余载。前幸得备著作郎，建言十志皆当撰录。会臣被罪放逐边野，恐随躯朽腐，抱恨黄泉。谨奏其所著《汉志》十意。"帝嘉其才高，乃宥还本郡。后董卓诛，王允收邕，邕乞黥首刖足，继成汉史。太尉马日磾亦以为请，不能得。嗟乎！邕不惜自残其身，以庶几于龙门之所为，而竟不得焉。则文人才士之自爱其文，以冀幸于千载之传者，古今有同慨也。若使伯喈有成书，则范蔚宗无容续貂矣。况刘昭乎。

荀爽集汉事成败可为鉴戒者，谓之《汉语》。兄俭之子悦，字仲豫，依《左氏传》体，作《汉纪》三十篇，盖奉献帝命。以班固《汉书》文繁难省，故诏悦为此也。辞约事详，论辨多美。今人但知仲豫之《汉纪》，而慈明之《汉语》则无传矣。若仲豫之《申鉴》五篇，以视慈明之《对策》四事，皆敷陈剀切，有贾太傅之风。惜乎时不可为，空言徒著也。

孔北海常云“座上客常满，樽中酒不空”，二句竟是唐律。盖信口占来，原非有意于为诗也，而已臻妙境。所云“北海天逸，音情顿挫”也。

北海为人性宽容，少忌，喜诱益后进。闻人之善若出诸已，言亦有可采必演而成之。面告其短，而退称所长。荐达贤士，多所奖藉。知而未言，以为己过。故海内英俊威信服之，而愈为曹操所忌也。

孔文举诗若文，率多滑稽。时议复肉刑，融驳之，有云：“昔纣斫朝涉之胫，天下谓为无道。夫九牧之地，千八百君，若各刖一人，是下常有千八百纣也。”曹公既破邺都，为子丕纳袁熙妻甄氏。融乃与操书，称“武王伐纣，以妲己赐周公”。操不悟，后问出何经典。对曰：“以今度之，想当然耳。”后操征乌桓，融又嘲之曰：“大将军远征，昔肃慎氏不贡楛矢，丁零盗苏武牛羊，可并案也。”时曹以年饥，制为酒禁，融屡书争之，多慢辞。操积不能堪，遂令军谋祭酒路粹枉状奏收融杀之。夫不能巽言于乱世，而又欲游戏于奸雄之侧，难以免矣。若盛德不狎侮，谁其忌之哉。

皇甫义真，威明之兄子也。既破黄巾，领冀州牧，奏请冀州一年田租，以赡饥民。帝从之。百姓歌曰：“天下大乱兮市为墟，母不保子兮妻失夫，赖得皇甫兮复安居。”此歌既真且朴，不似后世德政歌，一片饰辞也。

汝南应氏，自应顺以来，七世通显，并有才名。顺曾孙奉，官司隶校尉，少聪明。自为儿童及长，凡所经履，莫不暗记。见人半面，终身不忘。读书五行并下。生平著书最多。尝删《汉书》《史记》《汉记》为十七卷，名曰《汉事》。及党事起，慨然以疾自退。追悼屈原，著《感骚》三十篇。奉字世叔。

应劭字仲远，官太山太守，奉之子也。仲远著书甚富，如《律本章句》《尚书旧事》《廷尉板令》《决事比例》《司徒都目》《五曹诏书》《春秋断狱》，凡二百五十篇。按：汉司徒即丞相也。佐理万机，故有都目。五曹谓常侍曹、二千石曹、户曹、主客曹、三公曹也。劭所著又有《汉官仪礼》及《中汉辑序》《风俗通》，以辨物类名号，释时俗嫌疑。后世服其洽闻。劭弟珣，字季瑜，生玚，字德琏，玚弟璩，字休琏，皆以文章显。

《王充传》中所云“好博览而不守章句”，此真能好学者，非拘拘焉守一先生之言也。后世如陶征士，读书不求甚解，更得读书三昧。所云“泛览周王传，流观山海图”，即其证也。充所著《论衡》，蔡伯喈以为帐中秘。盖其书亦以释物类同异、正时俗嫌疑，与应仲远《风俗通》若有仿佛。史称其家贫无书，游洛阳市肆，阅所卖书，一见辄能诵忆，遂博通众家。此等聪慧，六朝人往往能之，不足异也。

王符《潜夫论》、仲长统《昌言》、荀悦《申鉴》、崔寔《政论》，皆讥切时政，忧时悯俗，贤人君子之所为作。盖怨诽而不乱，《小雅》之苗裔也。

王符《述赦篇》有云“惠奸宄者贼良民”，与龙门王通云“无赦之国其刑必平”，皆至言也。

王符《养性论》，主于裁节嗜欲，老庄之余唾也。仲长统《乐志论》，主于适性怡情，旷达之高致也。

陈留边韶，字孝先。尝教授数百人，有口辨。曾昼寝，弟子私嘲之曰：“边孝先，腹便便。懒读书，但欲眠。”韶闻之，应声曰：“边为姓，孝为字。腹便便，五经笥。但欲眠，思经事。寐与周公通梦，静与孔子同意。师而可嘲，出何典纪？”嘲者大惭。若孝先者，其亦有曼倩遗风矣。

汉阳赵壹，字元叔。体貌魁梧，身长九尺，美须豪眉，望之甚伟。而恃才倨傲，为乡里所摈，乃作《解摈》。后屡抵罪几至死，赖友人救得免。壹感其恩，作《穷鸟赋》以谢之。又尝作《刺世疾邪赋》，以舒其怨愤。又作二诗，托为秦客、鲁生，皆忿詈世俗之辞。灵帝时，举郡上计到京师。时司徒袁逢受计，计吏皆拜伏庭中，壹独长揖而已。逢望而异之，乃敛衽下堂，执其手，延置上坐，以此名动京师。壹念公卿中，唯河南尹羊陟有重名，乃谒之。陟卧未起，壹因举声大哭，门下皆惊。陟知其非常人，延与语，大奇之。明日大陈车骑来报谒，而壹独柴车草屏，延陟坐于车下，左右莫不叹愕。陟与袁逢共称之，京师士大夫莫不想望其丰采。及西还，过候弘农太守皇甫规，门者不即通，壹遁去。规为书遣主簿追谢之，壹终不顾。十辟公府，不就，卒于家。初，袁逢使善相者相壹，云“仕不过郡吏”，竟如其言。夫士非中行，道涉诡激，我不容世，世亦不容我，则矜戾太过，卒以无禄，悲夫！

东平刘梁，一名岑，字曼山。少孤贫，鬻书于市以自给。尝疾世俗多利交，以邪曲相党，乃著《破群论》。又著《辨和同论》。后为北新城长，大作讲舍，儒化盛行。孙桢，字公干，以文才知名邺下，盖曹子桓兄弟西园之士也，亦以孤傲为魏武所黜。

陈留边让，字文礼，少辨博，能属文。作《章华赋》，虽作淫丽之词，而终归于正，亦如相如托讽也。议郎蔡邕深敬之，以为让宜处高位，乃为书荐于大将军何进，盛推挹之。其中有云："《传》曰：'函牛之鼎，以烹鸡，多汁则淡而不可食，少汁则熬而不可熟。'此言大器之于小用，有所不宜也。邕窃怪此鼎未受牺牛太羹之和，而久在煎熬脔割之间也。"何进不能用。后屡迁为九江太守。建安中，人有构于曹操，操告郡就杀之。

范阳郦炎，字文胜，郦食其之裔孙也，有文才。《古诗》二篇，与赵元叔《疾邪诗》相类，而稍近和平雅正。初不应征辟，后病风狂。妻始产，为所惊而死，妻家讼之，炎竟死狱中，年二十八。尚书卢植为之诔赞。

敦煌侯瑾，字子瑜。少孤贫，笃学，恒佣作为资，暮还，燃柴以读书。常以礼自牧，独处一室，如对严宾。辟召皆不就，作《矫世论》以刺时。又以世莫己知，作《应宾难》以自寄。又按《汉记》作《皇德传》三十篇，行于世。

无锡高彪，家本单寒，有雅才。常从马融欲访经书大义，融疾不获见，彪以书责之，覆刺而去。融省书惭，追之不顾，若赵元叔之于皇甫规也。复举孝廉为郎，校书东观。数奏赋、颂，灵帝异之。时京兆第五永为督军御史使幽州，百官祖饯于长乐观。议郎蔡邕等皆赋诗，独彪作箴以规之，邕等叹服。其箴曰："文武将坠，乃俾俊臣。整我皇纲，董此不虔。古之君子，即戎忘身。明其果毅，尚其桓桓。吕尚七十，气冠三军。诗人作歌，如鹰如鹯。天有太乙，五将三门；《太乙式》：凡举事皆欲发三门、顺五将。发三门者，开门、休门、生门。五将，天目、文昌等也。地有九变，丘陵山川；人有计策，六奇五间。总兹三事，谋则咨询。无曰已能，务在求贤。淮阴之勇，广野是尊。应作广武君，广野乃郦食其，似误。周公大圣，石碏纯臣。以威克爱，以义灭亲。勿谓时险，不正其身。勿谓无人，莫识已真。忘富遗贵，福禄乃存。枉道依合，复无所观。先公高节，越可永遵。佩藏斯戒，以厉终身。"后彪迁内黄令，灵帝敕同僚祖于上东门，诏东观画像，以劝学者。夫一县令而敕百官以送之，固为异数，而图形劝学，抑又奇观也。灵帝浊乱之朝，乃作如此雅事，诚为盛举。后彪到官，荐县人申屠蟠等，亦可谓援茅之茹矣。蟠虽不就征，而彪获知人之目。子岱，官刺史，亦知名。

河南郑县人张超，字子并，留侯良之裔。有文名，尤善草书，妙冠一时。从车骑将军朱俊讨黄巾，为别部司马。此非张邈弟张超也。

"大儿孔文举，小儿杨德祖，余子碌碌安足数"，此自是绝妙好词，后人长短句多祖此。正平不以诗传，此即其诗也。若借面吊丧、监厨请客，则几于灌夫骂坐矣，非雅人深致也。布衣疏巾，三尺棁杖，捶地大骂，可以死矣。而操不欲杀之，卒见杀于死公者。骂亦未可概施也。

班范肪截卷三

汉人多重姓名者。有两王匡：一则新市将，更始封为定国上公，后降光武，以欲叛，为尚书宗广所斩者也；一则王舜之子，作王莽太师，与国将哀章同守洛阳，被更始将王匡拔洛阳见缚者也。有两王商：一则宣帝舅乐昌侯王武之子，官至丞相者也；一则成帝舅，封成都侯者也。有两王舜：一则邛成太后之兄；一则元后之从弟大将军王音之子也。有两王章：一则安平侯王舜之子；一则京兆尹，直谏成帝而死者也。有两王凤：一则成帝舅，袭封阳平侯，官大将军；一则更始将定国上公，伪封宜城王者也。有两王吉：一则谏议大夫琅邪王子阳；一则中常侍王甫之养子，为沛相，以酷吏称，为司隶校尉阳球所诛者也。有两王霸：俱东汉初人，一则二十八将中淮阳侯上谷太守；一则太原处士，不臣天子者也。有两王骏：一为王阳之子；一则元城王氏也。有两张敞：一则京兆尹画眉者；一则车骑将军张温之弟也。有两张禹：一则成帝师，封安昌侯，乃朱云所请上方斩马剑者也；一乃光武外戚，有政绩，历官太傅录尚书事，封安乡侯者也。有两张超：一河间鄚人，字子并，以善书名；一则张邈之弟，为曹操杀之于雍丘，而臧洪所为欲赴义而死者也。有两张陵：其一因梁冀带剑上殿，尚书张陵劾之，是张楷之子也；其一张鲁之祖，学道于鹤鸣山中，有道术，所云五斗米贼也。有两张纯：其一世袭富平侯，光武时改封武始侯；其一贼将，自称弥天将军，辅张举以反者也。有两樊崇：其一赤眉贼将，立刘盆子而崇为御史大夫；其一邓禹部将战死者也。有两樊重：其一光武之外祖；其一大肜贼率也。有两严光：其一成帝时官大司马；其一则光武故人严子陵也。有两严遵：其一严君平；其一即严光，一名遵也。有两刘信：皆宗室，一则严乡侯，是东平王之子，翟义辅之以起兵者也；一则更始时奋威大将军，是刘赐之兄子，击杀刘望于汝南，并破严光、陈茂，光武封为汝阴侯者也。有两刘向：一则刘更生；一则云台将刘植之子也。有两刘歆：一即向之子国师公；一即昌城侯刘植之兄也。有两刘方：其一为山阳太守；其一则三公也。有两黄祖：其一为北海相孔融属吏，以谏融被杀；其一江夏太守，杀孙坚而为孙权所诛者也。有两闵贡：其一太原处士闵仲叔，不食猪肝生蒜者也；其一则河南东部掾，与尚书卢植同诛常侍张让者也。有两郑众：其一为郑兴之子，世有经学，见功于西域，终于大司农者也；其一中常侍，以诛窦宪功封鄛乡侯者也。有两侯霸：其一光武时大司徒；其一和帝时金城太守也。夫以两汉四百年间，其重名者自不可枚举，姑即其表表在人耳目间者，记之如此。

春秋时，列国大夫往往好袭前人名。如狐偃、荀偃，范鞅、赵鞅、卫鞅，栾盈、荀盈，荀跞、辅跞之属是也。汉人亦然。如郦食其、审食其，金日磾、马日磾，杜延年、田延年、严延年、李延年、乘马延年，韩延寿、繁延寿、甘延寿、焦延寿、王延寿，杨敞、张敞、云敞、袁敞、倪敞、史敞、何敞，赵广汉、许广汉、邓广汉，王温舒、路温舒；窦融、牟融、马融、孔融、韩融、符融、笮融、邓融，盖延、任延、虞延、滕延、刘延、施延之类，不可殚纪。而汉人亦多单名，至王莽时乃定为制，云“汉法无二名”。至重币以赂匈奴单于囊知牙师，使更名为“知”，从单名，以示恭顺，不敢违汉法之意。而单于亦贪汉财币，遂上章遵其命，此王莽之痴绝处也。

按：东汉名臣，多春秋及西汉名臣之后。其最著者：如廉范，廉颇之后；马援，马服君之后；荀淑，荀卿之后；刘表及刘焉，俱鲁恭王之后；刘昆，梁孝王之后；刘宠，齐悼惠王之后；张纲，张良之后，张超子并亦张良之后；张酺，张耳之后，张俭，亦张耳之后；张纯，张安世之后；孔奋，孔霸之后，孔融，亦孔霸之后；郦炎，郦食其之后；贾逵，贾谊之后；伏湛，伏胜之后；郑玄，郑崇之后；窦融，窦广国之后；申屠刚，申屠嘉之后；蔡邕，蔡勋之后；冯衍，冯野王之后；杜笃，杜延年之后；杜林，杜邺之后；韦著，韦玄成之后；苏章，苏建之后；鲍永，鲍宣之后；韩稜，韩颓当之后；陈宠，陈咸之后；杨震，杨喜之后；段颎，段会宗之后。其在东汉末为东汉初诸公之后者。如刘虞，东海恭王之后；张衡，张堪之后；王粲，王畅之后是也。

汉史中多异姓不经见者。如瓜宁殇男瓜田仪，司徒玉况，长沙太守抗徐，兖州刺史牵颖，隐士樊志张，司隶水丘岑，党人公族进阶，清河太守寒朗，长乐谒者腾是，光禄勋伟璋，骑都尉弓里成，丹阳人笮融，桂阳太守茨充，北海太守处兴，长乐卫尉镡显，黄巾贼波才，党人蕃向，儒林鲑阳鸿之类，不可胜指。凡姓氏不经见者，后世谓之榜花。

汉人好父子祖孙联名。如陈球之子名瑀，刘瑜之子名琬，黄琼之孙名琬，应珣字季瑜，其子玚字德琏，玚之弟璩字休琏，何必重复如是耶。至于晋代逸少父子祖孙，三世皆以之字联名，尤无味也。

古今之以李杜齐名者甚多。如汉之李固、杜乔；李膺、杜密；李云、杜众。唐之李峤、杜审言；李白、杜甫；李商隐、杜牧；李益、杜荀鹤之类，亦千古之奇也。若李郭齐名者，李膺、郭太，既已共济于仙舟；光弼、子仪，亦俱中兴之佐命；而最下者，则李傕、郭汜，乃逆臣之顽劣者也。

国家诏爵，大典也；然兄弟让爵，美事也。汉兴以来，兄弟让爵者多矣；而或格于国典而不许，或高其美行而曲从，盖有幸有不幸也。如扶阳侯韦玄成，让父爵于兄弘，宣帝假其节而许之，后玄成自致位丞相，亦封侯。耿国当袭父况爵，让于少弟霸，光武许焉。邓彪当袭父鄳侯爵，让国于弟荆凤，明帝高其行，下诏许之。张奋兄根，应袭父纯爵，根少被病，光武诏奋嗣爵，奋义不肯受，帝以为违诏，收下狱，奋惶怖，乃袭封。桓郁当袭父荣关内侯，上书让于兄子泛，明帝不许，郁不得已受封，乃悉以租入与泛，当世称之。丁鸿当袭父綝爵，上书让于弟盛，不报，遂逃去。后鸿感友人鲍骏之言，而归袭封。凡数子者，其获让则义也，而不获则亦束于礼也。风斯茂矣。

司徒刘宽，字文饶，华阴人。性和平，海内称为长者。尝对客遣苍头市酒，迂久大醉而还。客不堪之，骂曰："畜产。"宽须臾遣人视奴，疑必自杀。顾左右曰："此人也，骂以畜产，辱孰甚焉！故吾惧其死也。"其性度如此。此蒲鞭所由作也。

扶风张湛，矜严好礼，动止有则。居处幽室，必自修整，虽遇妻子，如严君焉。及在乡党，详言正色。三辅以为仪表。人或谓湛伪诈，湛闻而笑曰："我诚诈也。人皆诈恶，我独诈善，不亦可乎？"此言固婉而可思。抑亦可以为布被脱粟解嘲矣。

下邽王丹，字仲回。初为太子少傅，客有荐士于丹者，因举之，后所举者陷罪，丹坐以免，客惭而自绝，丹终无所言。寻复征丹为太子太傅，乃呼客谓之曰："子之自绝，何量丹之浅也？"不为设食以罚之，相待如旧。夫设食以罚，须贾之罚也；不设食以罚，王丹之罚也。愚以为不设之罚更深于莝豆。

扶风苏纯，字桓公，有高名，性强切而持毁誉，士友咸惮之，至乃相谓曰"见苏桓公，患其教责人；不见，又思之"，三辅号为"大人"。夫见则患其教责，而不见又令人思，此亦如黄叔度之消人鄙吝矣。此不得止谓之为畏友，盖良友也。纯乃苏章之祖，章固不与人为二天者也，不愧乃祖矣。

高帝所封皆丰沛故人。乃光武既即位，独惓惓于曾同学长安之朱岑，诏求问岑，岑时已卒，乃召其子晖为郎。夫以帝王而笃于同学，其亦可谓厚之至矣。

沛国赵孝、赵礼皆田禾将军赵普之子也。初，礼为饿贼所得，孝自缚诣贼，愿以身代，贼义之，遂不害。显宗闻其名，诏拜孝为谏议大夫，累迁长乐卫尉，复征礼为御史中丞。帝嘉其兄弟笃行，欲宠异之，诏礼十日一至卫尉府，太官送供具，令兄弟相对尽欢。数年礼卒，帝又令孝从官属送丧归葬。此皆异数优渥，人臣所难得也。同时汝南王琳、齐国倪萌、梁郡车成，皆兄弟见执于赤眉，将食之，皆争就死相代，贼皆哀而两释焉。呜呼！近世不惟无此等兄弟，并此等贼亦无之矣。

北海淳于恭，性宽厚。家有果树，人或侵盗，辄助为收采；偷刈其禾者，恭念其愧，因伏草中，盗去乃起。兄崇卒，恭养其孤儿，教谕学问，有不如法，辄反用杖自捶，儿惭而改过。时遭乱，人莫事农桑，恭独力田，人止之曰："死生未分，何自苦为？"恭曰："纵我不得，他人食之何害。"垦耨不辍。后肃宗下诏褒美，遣诣公车，累官骑都尉，以明经见重于朝廷。

临淄江革负母逃难，备经险阻，裸跣行佣以供母，乡里称之曰"江巨孝"。

后太尉牟融，举贤良方正，肃宗甚崇礼之，迁五官中郎将。每朝会，使虎贲扶侍，及进拜，恒目礼焉。间有疾不会，辄太官送醪膳，恩宠有殊。后赐告归，帝仍下诏褒美，以谷千斛赐巨孝。常以八月长吏存问，致羊酒以终其身。如有不幸，祠以中牢。由是巨孝之名闻天下。观肃宗之敦崇孝行，备致殷勤，此东汉之风俗所以淳美，而非魏晋以下所及也。

陈仲弓初为郡功曹，时中常侍侯览托太守高伦用吏，伦下教署为文学掾。寔知非其人，怀檄请见，曰："此人不宜用，而常侍不可违。寔乞从外署，不足以烦明府。"伦从之，于是乡论怪焉，寔终无所言。后伦被召为尚书，郡中士大夫送至传舍，伦曰："吾前为侯常侍用吏，陈功曹密持教还而于外白署，比闻议者以此少之，此咎由太守畏惮强御耳，陈君可谓'善则称君，恶则归己'者也。"闻者咸为叹息。夫以寔之不惜自污以洗其府主，而太守又不欲终没其苦心，皆有厚道焉。大抵太丘为人，委蛇行权，而不诡于正；持己纯笃，而不戾于俗。年八十四，卒于家，海内赴吊者三万余人，名士共谥为"文范先生"。子纪，有孝行，豫州刺史嘉其至性，表上尚书，图象百城，以厉风俗。

陈寔为太丘长，有名德；子纪为大鸿胪，亦有节概；孙群为魏司空，仅以才干著。天下以为公惭卿，卿惭长。昔王吉为谏大夫，能称其职，当世重之；子骏为御史大夫，有声；骏子崇官至大司空，然名称皆渐不及其父，而禄位弥隆，亦犹陈氏也。必若江夏之黄香、黄琼、黄琬，关西之杨震、杨重、杨赐。庶几哉！世无惭德矣！

颍川荀淑，字季和，荀卿十一世孙。少有高行，博学而不好章句，多为俗儒所非，而州里称其知人。夫俗儒既不好博学，而又好非毁博学者；既好守章句，而又非毁不好章句者，此所以终于不知人也。淑官朗陵相，人称为神君。弃官归，闲居养志，卒于家。李膺时为尚书，自表师丧，盖淑之门人也。有子八人，时号淑所居为高阳里。

荀爽，所谓"慈明无双"者也。太常赵典，举爽至孝，拜郎中。对策陈便宜：论百官宜行三年丧，论尚主当正夫妇礼，论后宫宜放怨女，论臣下奢僭作威。奏闻，即弃官去。遭党锢，隐于海上十余年，以著书为事。董卓征之，欲遁命，为吏持之急，不得已应命，三迁拜司空。自被命及登台司九十五日。迁都时，委蛇以救杨彪、黄琬；而阴知卓必危社稷，与王允秘图之，未及发而爽卒。愚按：荀司空之猝拜三公，与蔡中郎之周历三台，皆见知于董卓者也；乃邕以感恩而陷于党逆，爽以秘谋而归于忠贞，人固不可以无识哉！

颍川钟皓，为郡功曹，辟司徒府，临辞，太守问："谁可代卿者？"皓曰："明府必欲得人，西门亭长陈寔可。"寔闻之，曰："钟君似不察人，不知何独识我？"皓即太傅繇之祖也。辟为林虑长，不就。与荀淑齐名，卒于家。诸儒颂之曰："林虑懿德，非礼不处。悦此诗书，弦琴乐古。逡巡王命，卒岁容与。”

疏太傅广既归乡里，日令家人供具设酒食，请族人故旧宾客，与相娱乐。数问其家金余尚有几，趣卖以治具，所以广圣主之惠也。若崔瑗爱士，好宾客，盛修肴馐，殚极滋味，不问余产，居常蔬食菜羹，而己俸禄尽耗于宾飨，当世称之。疏之贤达，固不屑为子孙计；而崔之风雅，亦不类于五侯鲭也。

术数之士，往往未必有政迹。乃会稽谢夷吾，字尧卿者。精于风角占候，而累官荆州刺史、钜鹿太守。所在爱育人物，有政绩。司徒第五伦上书，请以夷吾自代为三公。后夷吾以行春乘柴车从两吏，冀州刺史纠其仪序失中，有损国典，左转下邳令。夫为太守而爱养人物，为司空而荐贤自代，皆盛世之风也，于此曾不一省。而柴车清节，以为仪序失中;寂历行春，以为有损国宪。甚矣！文吏之绳人过刻也。

公沙穆字文乂，北海胶东人，为人长厚。尝蓄猪有病，使人卖于市，敕不得索贵价，当语买者以实。苍头至市即售，亦不言病，其直过价。穆怪之，自赍半直追售者。乃售者亦言：“我既售矣，不欲更前约。”穆终不受而还。噫！此二君者皆古人也，今人中寂如矣。

鲍永以叱狗出妻，王阳以掇枣去妇，此虽长者之行，然皆汉人修名太过处。夫修名太过，则敕行或偏。即曰斥叱不及犬马，非义一介难攀。然礼通人情，事归中正，此盖祖蒸梨之律而又甚焉者也。夫蒸梨不熟，或亦别有违言，而激成大尤。岂其以此琐琐之故，而罹谴责乎？要之古人出妻甚易，后人出妻甚难。唯有古之易，而遂以酿为后之难也，悲夫！

世以鼂家令为智囊；乃鲁司徒恭之祖鲁匡，为王莽羲和，亦曰智囊。史但称其有权数，而不详所由。然使如家令之智，则足以杀其躯而已矣，焉得智？

肃宗尝赐诸尚书宝剑，唯三人自手署其名，曰：“韩稜楚龙渊，郅寿蜀汉文，陈宠济南椎成。”时论者为之说：以稜渊深有谋，故得龙渊；寿明达有文章，故得汉文；宠敦朴，善不外见，故得椎成。盖龙渊，龙泉水，可以淬剑；椎成，锻成也，言济南锻成也。

顺帝时，遣八使巡行风俗，皆选素有威名者。侍中杜乔、周举，守光禄大夫周栩，前青州刺史冯羡，兖州刺史郭遵，尚书栾巴，侍御史张纲，太尉长史刘班，并守光禄大夫，分行天下，天下号曰“八俊”。桓灵之时，党人自相标榜，以李膺、荀昱、杜密、王畅、刘祐、魏朗、赵典、朱寓为“八俊”。又张俭乡人朱并承中官意旨，告张俭等，以张俭、檀彬、褚凤、张肃、薛兰、冯禧、魏玄、徐乾亦为“八俊”。则是有三“八俊”也。愚尝戏谓周穆王有一八骏，而可以周游天下；汉末有三“八俊”，而不免于丧其社稷，则是人之不如物也，可慨已夫。

陈太丘与子纪元方、谌季方，齐德同行，父子并著高名，当时号曰“三君”。

每宰府辟召，同时旌命，羔雁成群，当时荣之。时海内名流，自相品第。亦以窦武、刘淑、陈蕃为“三君”。君者，一世之所宗也。

边凤与延笃相继为京兆尹，皆有能名，郡人为之语曰：“前有赵、张、三王，后有边、延二君。”延笃后卒于家，乡里图其形于屈原之庙以配焉。此与赵岐画季札、子产、叔向、晏子于己之墓中，而与之为宾主，其致不同。盖此则他人以之配屈原，而彼则己之欲友四贤也，相校而论，彼则僭矣。

“荀氏八龙，慈明无双；贾氏三虎，伟节最怒”，此当时品藻之有味者也。然八龙、三虎属对太切，未免有塞北江南之目。又慈明兄弟，亦号“八慈”。

皇甫威明、段纪明、张然明，号为“凉州三明”。京兆金元休、韦休甫、第五文休，亦号“京北三休”。

前汉之末，有赤眉贼，有青犊贼，有大彤贼；后汉之末，有黄巾贼，又有白波贼，又有黑山贼，岂亦五行厌胜之术耶？黄巾一名蛾贼，蛾即蚁也。《学记》所云“蛾子其术之”，亦言蚁也。黄巾贼谣言曰“苍天已死，黄天当立”，岂即黄巾之意耶？

赵太傅憙，字伯阳，南阳宛人。少有节操。从兄为人所杀，无子，憙年十五，常思报之，乃携兵结客往复仇。而仇家多疾病，无相距者。憙以因疾报杀，非仁者心，释之而去，顾谓仇曰：“尔曹若健，远相避也。”仇皆卧叩头。后仇病愈，悉自缚诣憙，憙不与相见，他日，竟杀之。或者谓憙此举，可谓仁义兼备，盖不杀疾病，仁也；必报仇，义也。然愚谓仇既自缚来归，则是已降矣，若郭解之不报甥仇，亦准之于义也。诛降戮服，则纯用刚德矣。

更始时，舞阴大姓李氏拥城不下。更始遣柱天将军李宝招降之，不肯，乃云：“闻宛之赵氏孤孙憙，信义著名，愿得降之。”更始乃征憙，憙年未二十，既引见，更始笑曰：“茧栗犊，岂能负重致远乎？”即除为郎中，使诣舞阴，而李氏遂降。更始大悦，谓憙曰：“卿名家驹，努力勉之。”夫既曰“茧栗犊”，而又曰“名家驹”，何前倨而后谀也。更始亦能作隽语如此，而初入长安时，乃问诸将掳掠得几何，殊瞶瞶也。

赤眉之破长安，赵憙逾屋亡走，所与善韩仲伯，携细弱，越山阻，出武关。仲伯以妇色美，虑有强暴，而己受其害，欲弃之于道。憙责怒不听，因以泥涂仲伯妇面，载以鹿车，身自推之，每逢盗贼，憙辄言其病状，以此得免。此仁者之智也。

汝南郅恽字君章，明天文历数，深识玄象。王莽篡位，恽上书请其退就臣位，还于刘氏。莽虽怒，然以其引经据谶，未即害之，会赦出。曾为傅俊将兵长史，能举军政，俊荐恽，恽耻以军功取位，辞归乡里。恽友人董子张，有父仇未报，病将终，恽往候之，子张垂殁，歔欷不能言。恽曰：“吾知子不悲天命，而痛仇不复也。子在，吾忧而不手；子亡，吾手而不忧也。”子张但目击而已。恽即起，将客遮其仇人，取头以示子张。子张见而气绝。恽诣县自首，令欲理出之，恽趣出就狱，令跣而追之不及，遂自至狱。令拔刀自向以要恽曰：“子不从我，敢以死明心。”恽乃出。噫！子张食友之报，可以谢父；君章奉令之法，可以尊君；县令通法之变，可以明义，皆足以传也。然恽不能谏光武不易储，而反劝太子退位以让其弟，此何理也？而议者乃或以其告东海王之言为是，吾不信矣。若其为东门候，闭关门而不纳光武，此小小有识力者，能之不足多也。

孔奋为武都郡丞，时陇西余贼隗茂等残杀郡守，贼畏奋追急，乃执其妻子，欲以为质。奋年已五十，唯此一子，终不顾望，遂穷力讨之，卒擒灭茂等，奋妻子亦为所害。晚年有子嘉，官城门校尉，此天之报施不爽也。又太尉桥玄，睢阳人，少子甫十岁，从官京师，偶独游门次，卒有贼三人持杖劫执之，入舍登楼，就玄求宝，玄不与。有顷，司隶阳球率河南尹围守玄家，球等恐并杀其子，玄瞋目呼曰:“奸人无状，玄岂以一子之故而纵国贼乎？”促令兵进，玄子亦死。玄请著为令：“凡有劫质，皆并杀之，不得赎以财货，开张奸路。”此二事颇相类，皆明于大分，而以义割恩者也。铮铮乎！烈丈夫之风矣！著为令而两杀之，则劫质之举，庶其少衰息乎。

扶风鲁恭，年十五，与弟丕俱居太学，闭户讲诵，为诸儒所称。恭怜丕小，欲先就其名，托疾不仕，郡数以礼请，不应。及后丕为大司农刘宽所举贤良方正，恭乃始为郡吏。后恭终官司徒，丕终官侍中，所谓“五经复兴鲁叔陵”者也。又南顿封观，为郡功曹，有志节，当举孝廉，以兄名位未显，耻先受之，遂称风疾，喑不能言，火起其屋，徐出避之，忍而不告。后数年兄得举，观乃仕焉。此二君之友于则同，而观为较苦矣。若谢安石之晚出东山，而兄万反赖其力以免祸，人固不可以无贤兄弟也。

桓彬，桓荣之玄孙也，少与蔡邕齐名。为郎时，中常侍曹节婿冯方亦为郎。彬厉志节，与刘歆、杜希等，同好交善，摈方，不与共酒食。方深怨之，遂章劾彬等为酒党，事下尚书令刘猛，猛雅重彬等，不举正其事。节怒，劾奏猛，收下狱，猛意气自若，旬日得出。彬遂以废，卒于家。蔡邕等共论序其志，以彬有过人者四：夙智早成，岐嶷也；学优文丽，至通也；仕不苟禄，绝高也；辞隆从窊，洁操也，可以撞破桓五更之烟楼矣。

杨乔为尚书，容仪伟丽，桓帝爱其才貌，诏妻以公主，乔固辞，不听，遂闭口不食，七日而死。若乔者，不止性不好富贵也，盖有感于阴丰班始之祸，而有所惩毖者乎？抑亦慕宋弘之义，而效之者也？樊长鱼戒其弟，不宜联姻王家，其弟不听，卒以遘难。乔之以死为谢者，虽太狷急，然彼其志不可夺。夫固谓宁亡其身，而不欲连及家族也。

东郡赵咨，字文楚，征拜东海相，之官，道经荥阳，荥阳令曹暠，咨故所举之孝廉也，于路迎谒，咨不为留。暠送至界亭，望尘不及，谓主簿曰："赵君名重海内，今过界不见，必为天下笑！"即弃印绶，追至东海，谒咨毕，辞归家，其倾慕如此。若暠者，其贤于杨伯起所举之茂才矣。夫茂才王密，不以晋接为恭，而以遗金为厚，固宜乎为关西夫子所薄也；而暠独以耻不见贤者为负，所举真孝廉也，是则咨之所急宜倒屣者矣，何至待其捐印绶而千里相从哉？

兖州刺史第五种，天性疾恶，公方不回。任从事卫羽，收济阴太守单匡，并宾吏亲客四十余人，发其赃五六十万。匡，中常侍单超兄子也，积怀忿恨，遂以事陷种，坐徙朔方。超外孙董援，为朔方太守，蓄怒以待之。种旧时门下掾孙斌，闻超谋，遂将侠客，晨夜追种，及之于太原，格杀送吏，因下马与种，斌自步从，一日夜行四百里，遂得脱归，亡命于闾氏、甄氏数年。徐州从事臧旻上书讼其冤，会赦出，卒于家。夫若斌、若闾、若甄、若旻，何义士之悉萃于一时乎？谚曰"磁石引针，义烈激心"，殆谓是乎。

朱晖字文季，为人尚气决，性矜严。时人称之曰："强直自遂，南阳朱季。"外戚阴就慕其贤，自往候晖，晖避不见，就遣家丞致礼，晖闭门不纳，就闻而叹曰："志士也。"东平王苍为骠骑将军，辟晖为掾，甚敬礼之。正月朔，苍当入贺，故事少府给璧，时阴就为少府卿，吏傲不时给璧。苍顾谓掾属曰："漏且尽，奈何？"晖给少府主簿，夺其璧，主簿以白就，就曰："朱掾义士，勿复求。"更以他璧朝。苍既朝罢，召晖曰："属者掾自视孰与蔺相如？"帝闻而壮之，以晖为卫士令。愚谓此事有三失焉：阴就典司给璧，而以骄误职，一失也；东平王不廷纠阴就，而令掾属夺璧，二失也；明帝赏夺璧者，而不罪误璧者，三失也。

朱晖与同郡陈揖友善，揖卒，有遗腹子名友，晖怜之。会司徒桓虞为南阳太守，召晖子骈为吏，晖辞骈而荐友。虞叹其义烈而从之。又京兆乐恢，数为同郡杨政所黜，后恢举政子为孝廉，乡里称之。夫晖之先友后子，此厚道也，若恢之以德报怨，乃矫情矣。

朱穆字公叔，南阳朱晖之孙也。少耽学，锐意讲诵，或时思至，不自知亡失衣冠，颠坠坑岸。其父颉常以为颛愚，穆愈更精笃。举孝廉，为梁冀所辟。时江淮盗贼群起，穆奏记于冀，中有"龙战于野"之文，后明年黄龙二见沛国。冀无学术，遂以穆"龙战"之言为应，举穆为御史。及冀骄横不悛，穆以故吏复奏记极谏，冀终不悟。穆极数其恶，冀亦不甚罪也。

朱穆为冀州刺史，举劾权贵，多系死狱中。宦者赵忠丧父，归葬安平，僭为璠玙、玉匣。穆敕郡案验，吏遂剖棺陈尸，而收其家属。桓帝大怒，征穆诣廷尉，输作左校。太学书生刘陶等数千人，上书讼之。帝原穆罪。穆居家数年，征为尚书。深疾宦官，上书请一遵旧典，中常侍专用士人。帝不纳。中官一诋毁之。穆性刚发疾死。蔡邕私谥曰“文忠先生”，荀爽闻而非之，以谥者上之所赠，非下之所造也。愚按：刘陶上书，此后日陈东、欧阳彻之权舆也。桓帝听之，盖犹有人君之度焉。

尚书朱穆为侍郎，刘伯宗为郡太守，因上计吏而以谒遗穆，穆峻拒之曰：“足下岂丞尉之徒，我岂足下部民，乃欲以此谒为荣宠乎？”因以诗责伯宗，与之绝交。又司徒袁安，初为县功曹，奉檄诣从事，从事因安致书于令，安不怿，曰：“公事自有邮驿可将，私请则非功曹所持。”辞不肯受，从事为之瞿然而止。若穆与安者，恶无礼也。古人于名义之际，一毫不以假人，其严如此。

何敞请损窦氏权，亦尤朱穆之于梁冀、徐福之于霍氏也，皆曲突析薪之计，而讫无听者。甚矣！权势之溺人也。

虞诩之为司隶校尉，好直言，发举赃吏，时目为苛刻。以论中常侍张防，坐论输左校，防必欲害之，二日之中，传考四狱。宦者孙程，知诩以忠获罪，为极力申辨，尚无以胜防。后诩子顗，与门生百余人，举幡候中常侍高梵车，叩头流血，诉言枉状，梵入言之，防乃坐徙边，即日赦出诩。程复上书，陈诩有大功，乃拜议郎，数日，迁尚书仆射，后为尚书令，以公事去官。刚正之性，终老不屈。朝廷思其功，复征之，会卒于家。夫正人见害于宦官，举朝无为一言，而救之者仍出于中官，则此辈未为无人也。

武威太守贪横，凉州从事苏正和案致其罪，凉州刺史梁鹄，畏惧贵戚，欲杀正和以自解，乃访于汉阳长史盖勋。勋素与正和有仇，或劝勋可因此报隙，勋不肯，乃谏鹄，鹄从其言。正和喜于得免，诣勋求谢，勋不见，曰：“吾为梁使君谋，不为苏正和也。”怨之如初。若勋者，可谓知义矣。

凉州刺史宋枭，患多寇盗，谓盖勋曰：“凉州寡于学术，故屡欲反暴。今欲多写《孝经》，令家家习之，庶或使人知义。其可乎？”勋谏曰：“今不急靖难之术，而遽为迂阔之举。既足结怨一州，又当取笑朝廷。”枭不听，遂奏请行之，果被诏书诘责，坐以虚慢征。噫！此与青州刺史焦和虑贼乘冻过河，而多作陷冰丸以投之者，俱堪一噱。而后之戎服讲《老子》，又蹈其辄也。

盖勋为河南尹，时董卓废少帝为弘农王，又杀何太后，勋与卓书曰：“昔伊尹、霍光，权以立功，犹可寒心，足下小丑，何以终此？贺者在门，吊者在庐，可不慎哉！”卓得书，意甚惮之。及勋还长安，与卓长揖争礼，见者皆为失色。夫以董卓之威而目曰“小丑”，则其气固已盖之矣。勋殆有讨卓之心，而无其权也，未几，疽发背卒。

陈留吴祐，字季英，父恢，为南海太守，欲杀青简以写经书，祐年十二，谏其父以避苡薏之嫌，父大奇之。及丧父，年二十，牧豕于长垣泽中，后举孝廉，郡为祖道，祐越坛与小吏黄真欢语移时，遂定交。后祐至京师，公沙穆亦来游学，无资粮，乃变服客佣，为祐赁舂，祐与语大惊，遂定交于杵臼之间。后真与穆俱为儒宗，故世以祐为知人。祐为吏，政崇宽厚，人怀其惠。然其为大将军梁冀长史，当李杜见诬，祐与冀争之，冀不听。时马融在坐，为冀章草。祐因谓融曰："李公之罪，成于卿手。李公即诛，卿何面目以见天下之人乎？"冀怒而起，祐亦竟去。因自免归，躬灌园蔬，以经书教授，年九十八岁卒，子孙多贵仕。

陈留史弼，典禁兵，则正渤海王之骄纵；举钩党，则明平原郡之无人；举孝廉，则杀侯常侍之使者，可谓直以行义矣。及其被诬而征以槛车也，孝廉裴瑜昌言以励之，魏劭变服以护之，行赂以免之，此所云烈士旌直、义夫献宝也。范史惜其全活多人，而其后不大。不知弼之父敞，以佞辨贻讥名教，如岑晊之父，而弼能盖愆变为忠义之族，所得亦已多矣。

长陵赵岐，字邠卿，又字台卿，以其祖为御史台时所生也。岐少明经，有才艺，娶扶风马敦女。敦，融之叔父也，然岐薄融之为人，与友书曰："马季长虽有名，当世而不持士节，三辅高士，未尝以衣裾襒其门也。"岐曾读《周官》，有二义不通，尝一往造之，其贱融如此。岐为京兆功曹，与从兄袭字元嗣者，贬议宦官唐衡之兄玹，玹深毒恨，既而玹为京兆尹，执岐家属宗亲尽杀之，岐遂逃难四方，匿姓名，卖饼北海市中。时安丘孙嵩年二十余，见之，察其非常人，停车呼与俱载，曰："视子非卖饼者，不有重怨，即亡命乎？我北海孙宾石也，阖门百口，势能相济。"岐乃以实告之。嵩先白母曰："今日乃得死友。"飨之极欢。藏复壁中数年，岐作《厄屯歌》二十三章。后诸唐死，因赦乃出，擢拜并州刺史。献帝时，以太仆奉使关东，宣扬国命，百姓皆喜曰："今日乃复见使者车骑。"时袁绍、曹操与公孙瓒争冀州，闻岐至，皆将兵数百里奉迎，岐劝其罢兵，绍等各引兵去，皆与岐期会洛阳，共迎车驾。既而岐以病滞陈留二年，期者遂不至。岐又自乘牛车，南说刘表，遣兵诣洛阳助修宫室，时孙嵩亦寓于表，表不为礼，岐因称其素行笃烈，因共上为青州刺史。岐以老病，遂留荆州。曹操为司空，尝举以自代，光禄勋桓典、少府孔融交荐之，于是就拜岐太常。年九十余，建安六年卒。先自为寿藏，图季札、子产、晏婴、叔向四像居宾位，又自画其像居主位，皆为赞颂。敕其子曰："我死之日，墓中聚沙为床，布簟白衣，散发其上，覆以单被，即日便下，下讫便掩。"其亦有杨王孙之风矣。岐多所述作，著《孟子章句》及《三辅决录》，行于代。

太原温序，字次房。初为小吏，骑都尉弓里成见而奇之，荐于世祖。累官护羌校尉。序行部至襄武，为隗嚣别将荀宇所拘，说之降，不听。序怒，以节挝杀数人。众欲杀之，宇曰："此义士死节，可赐以剑。"序受剑，衔须于口，顾左右曰："既为贼所迫，无令须污土。"伏剑而死。嗟乎！此仲由氏结缨之遗，谢康乐施须妆佛，为不侔矣。

东郡索卢放通《尚书》，初为郡门下掾。更始时，使者行部，太守坐法当斩，放前言曰："天下所以共苦王氏、归心汉室者，以宽仁故也。且使功不如使过，愿以身代太守。"使者义而赦之，放由是显名。建武初为谏议大夫，后以疾去官。建武末，征不起。光武使人舆之，见于南宫云台，厚赐遣归。

汝南高获，字敬公，为人尼首方面。尼首者，首象尼山，中下四方高也。少游学京师，与世祖有旧，师事司徒欧阳歙，歙下狱当死，获冠铁冠，带铁锁，诣阙请歙。帝虽不赦，而引见获，谓曰："敬公，朕欲用子为吏，宜改常性。"对曰："臣受性于父母，不可改之于陛下。"出便辞去，盖严光、周党之亚也。

陈重字景公，雷义字仲公，皆豫章人，少相与为友，俱学《鲁诗》《严氏春秋》。太守张云举重孝廉，重以让义，前后十余通书记，云不从。义明年举孝廉，乃俱为郎。二人交道最笃，乡里为之语曰："胶漆自谓坚，不如雷与陈。"陈终侍御史，雷守灌谒者，终南顿令。按灌谒者，谓初试为谒者者也，详见《百官志》。

毗陵彭修，年十五时与父俱行，中道为盗所劫，修困迫，乃拔刀前持盗帅曰："父辱子死，卿不畏死耶？"盗相谓曰："此童子义士也，不宜逼之。"后修卒以节烈显。又南阳朱晖，年十三，有气决。王莽时，与家属避乱，道遇群贼，白刃劫诸妇女，余人皆惶怖伏地，晖最幼，独拔剑前曰："财物皆可取，诸母衣不可得。今日朱晖死日也！"贼笑而舍之，后晖卒为名臣。若二子者，所谓"乳虎磨牙，群羊辟易"者也。

赵苞之事，实为两难，救母则从贼，尽忠则亏孝。且所处与徐元直不同，元直犹有可从曹之义，而苞则决无可从贼之理。然使智者处此，未必无术以全母也，而赴义不顾，自同分羹，忠则忠矣，孝于何有？固不得援桥太尉遇劫质而两毙之之例以自解也。然谓苞之有心杀母，亦非也，观其欧血自毙，盖亦痛心于无术矣。其所遭与田邑同，然尚不至如乌震之过甚也。

孔僖拜临晋令，崔骃筮之不吉，僖曰："学不为人，仕不择官，凶吉由己，而由卜乎？"在县三年而卒，君子以为知命，盖邾文公迁绎之类也。僖遗令葬临晋，人劝其二子归鲁，二子长彦、季彦对曰："今载柩而归，则为违令；舍墓而走，心所不忍。"遂留为临晋人，君子以为知礼。有知命之父，固宜有知礼之子也。

京兆杨政少从范升受学《易》，京师为之语曰："说经铿铿杨子行。"范升为出妇所告下狱，政乃肉袒，以箭贯耳，抱升子伏道旁，候车驾，而持章叩头，大言曰："范升惟一三岁孤，可哀也。"虎贲惧惊乘舆，举弓射之，不肯去，旄头以戟叉政，伤胸，犹不退。哀感帝心，诏曰："乞杨生师。"即尺一出升，而政由是显名。夫为人弟子，而至出万死以救其师，所谓"直兵推之，曲兵钩之而不顾”者也。烈矣哉！

杨政为人刚果任情。尝诣杨虚侯马武，武称疾不为起。政入户，径升床排武，把臂责之曰：“卿备位公侯，不思求贤以报殊宠，而骄天下英俊，此非养身之道也。今日动者，刀入胁。”武诸子及左右大惊，操兵满侧，政颜色自若。会阴就至，责数武，令为交友。此可云恶相识矣。

阳球非酷吏也。观其奏罢鸿都文学乐松等之图像立赞，及案中官王甫父子，殊快人意。夏城门之榜，千载犹有生气，可以为陈、窦二公雪冤。而段太尉不免株连，然颎自为司隶时，阿附曹节等，而害刘猛，逐捕太学生，亦足死矣，虽有功，亦第宜从末减耳，乌得无罪。

陈蕃为光禄勋，范滂历光禄勋主事，滂执公仪诣蕃，蕃不止之，滂怀恨，投版弃官而去。郭林宗闻而让蕃曰：“若孟博者，岂宜以公礼格之？今成其去就之名，得无自取不优之议乎？”蕃乃谢焉。按：后世主事之名始此，范晔《百官志》不载。

汉末太学生至三万余人，此盛之极而衰之征也。夫以处士之众，即横经聚讼，已非盛世之风，而况于游谈巷议，浮荡不根。品藻公卿，讥弹权贵；毁誉操其寸舌，是非系其颐指；上之欲夺朝廷赏罚之权，下之又不安君子括囊之分；婞直之行渐启，忿争之路弥张，则清流之祸行自招耳，又何责乎小人哉？俊及顾厨，既列标榜之目；睚眦水火，遂成钩党之名。驯至黄门北寺，正直衔冤；槐里槛车，无辜入狱。门生故吏，皆随钩考以蔓延；五属三宗，不照覆盆之罗织。彼贾、郭之徒，盖不得而辞其责矣。

刑宥者，国家之威柄也，故好生人君之大德，而失出人臣之小过。岂有君方赦之，而人臣可擅诛之者哉。小黄门赵津，乘中官之势，横行乱法，太原太守刘瓆，案致其罪，罪在赦前，而瓆竟杀之。又张成占之当赦，教子杀人，逢宥获免，而李膺愈怀愤恨，亦案诛其子。虽快一时之人心，而未免干国之大典。则党人之祸，实诸公之所激而成也。

岑公孝始以贪吏子孙，有才俊，为清流所援引，李膺、王畅称其有干国器。及为南阳太守成瑨功曹也，客有富贾张泛者，桓帝美人之外亲，善雕镂玩好，赂遗中官，得显位，用势纵横。晊与张牧劝瑨收泛等，既而遇赦，晊竟杀之，并收其宗族宾客，杀二百余人。噫！若此则亦横矣。其去苍鹰屠伯，亦何异哉！及泛妻子上书讼冤，帝大怒，收瑨，下狱死，而牧与晊逃匿获免，终于江夏山中，其无以下报成瑨矣。夫杀人则慷慨以示公，有罪则窜伏而苟活，卒之罪归府主，李代桃僵，此宜志士之所羞称也。

陈留夏馥遭党事起，见张俭等亡命，叹曰：“孽由自作，空污良善。一人逃死，祸及万家，何以生为！”乃自剪须发，变形入林虑山中，为治家佣，亲突炭烟，形貌毁瘁，积二三年，人无知者，党禁未解而卒。岑晊以党事逃亡，亲友多匿焉，贾伟节独闭门不纳，人望之，彪曰："《传》言'相时而动，无累后人'。公孝以要君致衅，自贻其咎，安可容隐之乎？"于是人服其裁正。是二子者，要别有所见，不随俗为附和者也。

党祸初烈，太尉陈仲举极谏不能救，贾彪谓同志曰："吾不西行，大祸不解。"乃入洛阳，说城门校尉窦武、尚书霍谞，讼之桓帝，乃大赦党人。同时南阳何颙，见名流多罹党祸，常私入洛阳，从袁绍计议，其穷厄者为求救援，有被捕者计使逃隐，全免者甚众。若彪与颙，可谓济人之困而通其术者也，不犹愈于携手而同患难者乎？

李元礼为河南尹，时宛陵大姓羊元群罢北海郡，臧罪狼籍，郡舍溷轩有奇巧，乃载之以归。膺表案其罪，元群行赂宦竖，膺反坐左输校。奸党之反噬，至于如此。盖辟之猎者，俊鹘虽有搏击之力，而亦往往为狡兔所乘，而反拉其胁，此之谓也。

党事既发，如张、岑辈皆望风避匿，陈太丘曰："吾不就狱，众无所恃。"乃请囚焉，后遇赦得出。人或劝李膺曰："可去矣。"膺曰："事不辞难，罪不逃刑，臣之节也。死生有命，去将安之？"乃诣诏狱，考死。若二公者，不愧为人望所属矣。若夫望门投止、祸逮他族者，纵得老死牖下、身享期颐，亦诚何心哉。

侍御史景毅之子顾，为李膺门徒，而未有录牒，故未与党祸。毅慨然曰："本谓膺贤，遣子师之，岂可脱漏名籍，苟安而已？"遂自表免归，时人高其义。度辽将军皇甫规，自以西州豪杰，耻不与党人，乃上书自言："臣尝荐张奂，是附党人也；昔输作左校时，太学生张凤等上书讼臣，是为党人所附也。臣宜坐之。"朝廷惜其才，知而不问。夫以好名而至于乐祸，此是汉人习气。君子见几而作，不俟终日，固与逊于不虞以保天命之子云未可同日语也，何必矫。

李元礼之子瓒，后位至东平相。初，曹操微时，瓒异其才，瓒临终谓其子宣曰："时将乱矣，天下英雄无过孟德。张孟卓与吾相善，袁本初与汝外亲。虽尔勿依，必归曹氏。"诸子从之，并免于乱世。若瓒之识力，高于元礼一等矣。

中常侍唐衡，属汝南太守宗资用李颂为吏，功曹范滂以颂为乡曲所弃，寝而不召。资迁怒，捶书佐朱零，零仰曰："范滂清裁，犹以利刃齿腐朽。今日宁受笞死，而滂不可违。"资乃止。贤哉零也！畏公议不畏酷刑，书佐曾何足以辱之，此与"宁为刑罚所加，不为陈君所短"同意。资为之屈服而中止者，所云"南阳宗资主画诺"也。

范滂之初遭党事，释而南归也，始发京师，汝南、南阳士大夫迎之者数千两。同囚乡人殷陶、黄穆，亦免俱归，并卫侍于旁，应对宾客。滂顾谓陶等曰："今子相随，是重吾祸也。"遂遁还乡里。及灵帝二年，大诛党人，诏下捕滂等。督邮接捕诏书，伏床而泣，滂曰："必为我也。"即自诣狱。县令郭揖大惊，解印绶，欲引与俱亡。滂曰：“我死则祸塞，何敢以相累乎！”同时巴肃亦闻捕党人，即自载诣县，县令入阁解印绶与俱去，肃曰：“有谋不敢隐，有罪不逃刑。”遂被害。愚以为范、巴固与太丘、元礼同烈，而此一督邮、两县令，亦至今不死也。

谢承《汉书》曰：郭太之所名，人品乃定，先言后验，众皆服之。故适陈留则友符伟明融，游太学则师仇季智览，之陈国则亲魏德公昭，入汝南则交黄叔度宪。愚以为林宗之知人，或得之刍牧屠沽之中，或拔之邮署卒伍之列，所谓“胸有智珠，目秉慧鉴”者也。

人贵有别识而不随世抑扬，方为可珍。若汝南许子将劭者，常到颍川，多长者之游，唯不候陈寔。又陈蕃丧妻还葬，乡人毕至，而劭独不往。或问之，劭曰：“太丘道广，广则难周；仲举性峻，峻则少通。故不造也。”此月旦评之最有义理者。

陈留符融游太学，师事少府李膺，膺绝他宾客，听其言论，融幅巾奋袖，谈辞如云，膺每捧手叹息。时有汉中晋文经、梁国黄子艾，并恃才智，炫耀上京，卧托养疾，无所通接。洛中士大夫好事，承其声名，坐门问疾，犹不得见。三公辟召，辄以咨访，随所臧否，以为与夺。融察其非真，乃见李膺曰：“二子行业无闻，豪杰自置，遂使公卿问疾，王臣坐门。融恐其小道破义，空誉违实，特宜察焉。”膺然之。二人自是名论渐衰，宾徒日替，旬日之间，惭叹逃去，后果为轻薄子，并以罪废弃。融以此益知名。

党锢之祸，其获保首领终于牖下者，郭太、刘祐、蔡衍、羊陟、陈翔、苑康、檀敷、袁闳、张俭、岑晊等。然吾谓俭与晊，所谓“生不如死”者也。

下邽王丹，字仲回，资性方洁，疾恶豪强。时河南太守陈遵，关西大侠也，其友人丧亲，遵赙助甚丰。丹乃怀缣一匹，陈于主人，曰：“如丹此缣，出自机杼。”遵闻而有惭色。及更始时，遵为大司马，出使匈奴，过辞丹，丹曰：“今子当之绝域，无以相赠，赠子以不拜。”遂揖而别，遵甚悦之。夫由前之言，则似以贫贱相骄；以后之言，则似以赠处相高。而遵之惭且悦者，亦大异乎凡子之见矣。

东海王良为大司徒司直，在位恭俭，妻子不入官舍。时司徒史鲍恢，以事到东海，过候其家，而良妻布裙曳柴，从田中归，恢曰：“我司徒史也，故来受书，欲见夫人。”妻曰：“妾是也。苦掾，无书。”恢下拜，叹息而还。此与王莽夫人不同。昔王莽母病，公卿列侯遣夫人问疾，莽妻迎之，衣不曳地，布蔽膝，见之者以为僮使，问，知其夫人也，皆大惊。夫一则作苦以安贫，一则饰诈而吊诡，人之不同如此。

相如之题桥，终军之弃繻，世多亟称之。若司徒郭丹，少从师长安，买符入函谷关，既入关，即封符以乞于人，乃慨然叹曰：“丹不乘使者车，终不出关。”

去家十二年，果乘高车出关，如其志，此可云兼长卿、终军之概矣。而丹之为三公也，廉直公正，与杜林、郭伋、张湛齐名，年八十七，卒于家。后明帝问群臣:“郭丹家今何如？”宗正刘匡对曰:“丹出典州郡，入为三公。而家无遗产，子孙困匮。”帝乃下诏南阳，访求其嗣。长子宇，官常山太守，少子济，赵相，则又非司马、终军之所能及矣。

司徒范迁有清节，虽位至三公，而田不过一顷，复推以与兄子。其妻尝谓曰：“君有四子，而无立锥之地。可余俸禄，以为后世业。”迁曰：“吾备位大臣而蓄财求利，何以示后世！”在位四年，卒，家无担石。

东平郑均，字仲虞，累辟公府，不诣，公车征拜尚书，以病乞归。章宗甚敬重，赐以衣冠，与前安邑令庐江毛义，各下诏褒美，赐谷千斛，常以八月长吏存问，赐羊酒，亦异数也。后章帝东巡，过任城，幸均舍，敕赐尚书禄以终其身，时人号曰“白衣尚书”。东汉人主好旌显高尚，何其风之美也。人才辈出，士敦节行，宜矣。

渔阳太守张堪，初为谒者，奉使于蜀，送军资于大司马吴汉军中，在道拜蜀郡太守，佐汉平公孙述。堪先入据其城，检阅库藏，收其珍宝，凡卷握之物，足富十世，而堪悉条上奏，丝毫无私，及去职之日，乘折辕车布被囊而已。又孔奋初为姑臧长，称为富邑，通羌胡货，市日四合，每居县者，不盈数月，辄致丰积。奋在职四年，财产无所增。后陇西平，河西守令咸被召，财货连毂，弥竟川泽，唯奋无资，单车就路。姑臧吏民重其廉，相与赋敛牛、马、器物千万以上，追送数百里，奋一无所受，谢之而已。夫二人者，身处膏脂、不欲自润，而洁己奉公、甘守清节，此后世沈伦、曹彬所以闻风而起也。

灵帝欲以南阳太守羊续为太尉。时拜三公者，皆输东园礼钱千万，令左驺督之，人往往迎致厚赂。续乃坐左驺于单席，举缊袍示之曰：“臣之所有，唯斯而已。”左驺白之，遂不果拜。续即所谓“悬鱼”“袛裯”者也。是时段颎、张温、樊陵等，虽有功勋名誉，亦先输财而后登公位。时崔烈因傅母程夫人入钱五百万，得为司徒，及拜日，天子临轩，百僚毕会。帝顾谓亲倖者曰：“悔不小靳，可至千万。”噫！以天子而出此言，则鸿都门榜视更始之羊头、羊胃，抑又滥矣。

武威太守李恂坐事免。步归乡里，潜居山泽，结草为庐，织席自给。遇岁荒，司空张敏、司徒鲁恭等各遣子馈粮，悉不受，拾橡实以自资而已。夫贤者之馈亦不妨于受以免死也，而竟不受，近于矫矣。少陵拾橡，千古有同行哉！然少陵之残杯冷炙到处悲辛，正未必不受也。

桓荣之玄孙晔，字文林，一名严，为人贞忮廉介。严到吴郡，扬州刺史刘繇赈给谷食，所乏者悉不受。后移居扬州从事屈豫室中，中庭有橘一株，遇实熟，乃以竹藩树四面，风吹落两实，以绳系树枝。每当危亡之际，其志弥固，宾客从者悉化其行，一餐不受于人，盖梁伯鸾之俦也。

袁夏甫闳者，彭之孙，安之玄孙也，少励操行。父贺为彭城相，闳往省谒，变名姓，徒行无旅，既至府门，连日吏不为通，会阿母出，见闳大惊，入白夫人，乃密呼见。贺遣车送之，闳称眩疾不敢乘，反，郡界无知者。又李固父司徒部在京辇日，固以三公子改易姓名，杖策驱驴，负笈三辅，每到太学，密入公府，定省其父母，不令同业诸生知其为贵公子也。若闳与固，其可谓节高一世、公族之巨擘矣。乃闳竟以土室终身，而固卒为三公名臣，见害于梁冀。

崔寔子真著论东观，述作甚盛，然其出为五原太守也，最有能称。五原土宜麻枲，而俗不知织绩，民冬月无衣，积细草卧其上，见吏则衣草而出。寔斥卖储峙，为作纺绩、织纴、练缊之具，以教之，民得以免寒苦。然子真历位边郡，家愈贫薄，病卒无以敛。光禄勋杨赐、太仆袁逢，为经纪其后事；大鸿胪袁隗，为树碑颂德。观其为名流所嘉，尚可以觇其清节矣。

明帝时，北海太守廖信坐贪秽下狱，没入财产。帝以信赃物，班诸廉吏，太常周泽、光禄勋孙堪、大司农常冲，特蒙赐焉。后交趾太守张恢坐臧千金，征还伏法，以资物班赐群臣，独尚书钟离意悉以珠玑委地，而不拜赐。帝怪问之，对曰："臣闻孔子忍渴于盗泉之水，恶其名也。此臧秽之资，臣不敢拜。"帝嗟叹曰："清乎！尚书之言。"乃更以库钱三十万赐之。彼三君者闻之得无有愧色乎。然泽与堪皆有清行。泽字稚都，堪字子稚，京师号曰"二稚"。泽即所云"一岁三百五十六日斋，一日不斋醉如泥"者也。盖泽当为太常时，居斋室，其妻偶一诣之，泽大怒，以为犯斋禁，遂收妻送诏狱，殆清而近于痴矣。

昔人以管宁挥锄不顾、华歆拾金而掷之，为华、管之优劣，不知华、管与邴原三人相友善，号为"一龙"。后宁以皂帽隐于辽海，而歆竟为孟德鹰犬，亦辱甚矣。若邴原者，仕宦不过六百石，盖廉不却禄而仕不荣膴者也。人各有志，较然不同。若梁竦登高之叹，谓："生当封侯。州郡之职，徒劳人耳。"此竦《七序》之作，所以为窃位素餐者耻也。而汉时之贤者又有"计日受俸"之说，其孰为是耶？

巴郡焦玄，平帝时为绣衣使者，持节与太仆任惮等八使，分行天下，所至专诛赏，事未终而王莽居摄，玄遁去，隐于家。及公孙述僭位，遣使备礼征之，不至，述赐以毒药，玄甘心受毒。其子瑛请以家财千万佐军兴，赎父罪，述许之，玄遂隐田野而卒。建武十一年蜀平后，光武闻之，祠以中牢，敕所在还其家钱。美哉新政！视表闾封墓有齐轨矣。

公孙述时，以威命逼迫贤士，如李业服毒，王皓自刎，王嘉伏剑，任永、冯信皆托青盲以避其难，此亦天地闭塞之极矣。然永与信，竟至妻妾淫于前而匿情，见子入井而不救，征聘则避矣，难乎其为人也！述之虐焰至于如此，而欲久僭一方，难矣哉！

河南向长，字子平，隐居不仕，性尚中和，通《老》《易》。贫无资食，好事者入馈焉，受之取足而反其余。尝读《易》，至《损》《益》卦，喟然叹曰:“吾已知富不如贫、贵不如贱，但未知死何如生耳。”建武中，男女婚嫁毕，敕断家事勿相关，当如我死也，遂与同好北海禽庆字子夏，俱游五岳名山，不知所终。盖尝论之，孤介之士，往往矫廉，而是公独受人之食取足而反其余，是有节也。若未知死何如生，亦未证以漆园之旨耳，想定佳也。若乃五岳之游，必待婚嫁既毕，倘其不能待焉，则是愿终歉矣。

伯夷不食盗跖之粟，廉士不饮盗泉之水，以言其弗类也，苟如其类，则固可以饮食矣乎。太原周党，洁清士也，同郡闵贡仲叔，其洁清殆有甚焉。党见仲叔食无菜，因遗以生蒜，仲叔曰：“我欲省烦耳，今更作烦耶！”受而不食。盖贡非以为不义也，恐其滋烦而不欲食也。夫周党之馈且不食，而岂恋恋于安邑猪肝耶？

严子陵初征至，舍于北军，大官朝夕进膳，车驾幸其馆，光卧不起，与之言，又眠不应。良久，乃张目熟视，曰:“唐尧著德，巢父洗耳。士各有志，何至相迫！”帝叹息而去。夫子陵之言，即薛方对王莽之言也。然在彼则为谀，而在此则已傲矣。帝复引光入朝，与论道旧故，相对累日，帝从容问之曰:“朕何如昔时？”对曰：“陛下差增于往。”夫此一言，狂奴故态复发矣。

皇甫谧《高士传》曰：严子陵既被征至洛，司徒侯霸使西曹掾侯子道，奉书于光，光不起，于床上箕踞抱膝，发书读讫，问子道曰:“君房素痴，今为三公，宁小差否？”子道曰:“位至鼎足，不痴也。”光曰:“遣卿来何言？”子道传霸语。光曰:“卿言不痴，是非痴乎？天子征我三，乃来。人主尚不见，当见人臣乎？”子道求报。光曰:“我手不能书。”乃口授之。使者嫌其少，可更足之。光曰:“买菜乎？求益也？”愚按：子陵出语颇有晋人风度，所云其狂不可及也。

光武与严子陵共卧，太史奏客星犯帝座，此高世之行也。桓帝时，宠臣河南尹邓万以龙潜之旧，封为通侯，恩重公卿，与之对博，上下媟黩，太史亦奏客星经帝座，此邪媚之应也。吁！怪哉。

周党伏而不谒，王霸名不称臣，皆太原人也。一则范升讥其无实，一则侯霸从而让位。然要之窥其底蕴，皆所云“善藏其用，而不用其短”者也。若伯况、儒仲出而用世，是先蹈樊季齐之辙矣。大哉光武之言！“自古明王圣主，必有不宾之士”，斯言得之矣。

扶风井丹，通五经，善谈论，故京师为之语曰：“五经纷纶井大春。”其为人性清高，未尝修刺候人，此以较之祢正平之郁郁怀一刺，至于漫灭而无所投者，犹为多事矣。

广汉折像，字伯式，家世丰于财。及像父卒，感多藏厚亡之义，乃散金帛，周施亲疏。或劝其少为子孙计，像曰："昔斗子文有言：'我乃逃祸，非避富也。'吾门户殖财日久，满盈之咎，道家所忌。今世将乱，子又不才。不仁而富谓之不幸。墙隙而高，其崩必疾也。"人乃叹服。呜呼！此与印段"贵而能贫，可以后亡"之言，同一远识也。以如是之人，而范史徒以其豫知死期乃列之于方术之士，其亦不知类也已。抑知太山梁木，大圣人何尝不豫知之乎？

"甑中生尘范史云，釜中生鱼范莱芜。"此闾里为范丹歌也。丹一名冉，虽授莱芜长，而旋遭母忧，不到官，但人称之为范莱芜。犹钟皓辟为林虑长，皓虽不就，而人称之为钟林虑耳。丹好违时绝俗，为诡激之行，慕梁伯鸾、闵仲叔之为人，而鄙贾伟节、郭林宗焉。尝辟公府，以狷急不能从俗，遂遁身梁沛间。身推鹿车，载妻子，尝使儿掘拾麦，得五斛，邻人尹台遗之一斛，属儿莫道。丹后知之，即并送六斛，曰麦已杂矣，誓不受，其介如此。所至尝依宿树荫。后卒，谥贞节先生。愚谓不受非义之馈可也，并送六斛，无乃以洗耳之水而不饮其牛乎。

汝南周磐，字坚伯，征士燮之孙也，生平有至行。未病时，即遗命薄葬，桐棺悬封，濯衣幅巾，编二尺四寸简，写《尧典》一篇，并刀笔各一，置棺前，示不忘圣道。未几，无病而终。夫以寸简写《尧典》，此绝妙殉葬之物，视后世之《宣示帖》《兰亭记》，尤为最上一乘也。庶几哉与魏襄王汲冢之周书可以方驾，又何况珠襦玉匣、黄肠银镂之属哉。

济阴孙期字仲彧，少通经，家贫，事母至孝，牧豕于大泽中，以养母。远方从其学者，皆执经垄畔以追之，里落化其仁让。黄巾贼过其里，相约不犯孙先生。郡举方正，遣吏赍羊酒请期，期驱豕入草不顾，终于家。此等幽韵，不容赞一言而自高不可攀。

太原周党被征，不得已，乃着短布单衣，谷皮绡头，待见尚书。汝南周燮，生而钦颐折额，丑状骇人，在髫髻而知廉让，十岁通《诗》《论》，及长，不读非圣之书，不应征聘。又汝南周举，姿貌短陋，而博学洽闻，为儒者所宗，京师为之语曰："五经纵横周宣光。"噫！何周氏之多奇人也。

周勰字巨胜，光禄勋举之子也，自举祖扬，至勰孙恂，六世一身，皆知名于世。勰以父任为郎，自免归。时凡为梁冀征者，莫敢不应，唯勰前后三辟，竟不能屈。又公车征，玄纁备礼，固辞废疾。常隐处窜身，巷生荆棘，杜绝人事，十有余岁。至延熹二年，忽开门延宾，游谈宴乐。及秋而梁冀诛，年终而勰卒，时年五十。蔡邕以为知命。

李固遗黄琼书曰："不夷不惠，可否之间。"非望其为乡原也，正以观其趋操耳。其论樊英，似为英解嘲，然亦平允之论，英之失实未必尽如当世之所毁也。“盛名之下，其实难副”，可以断斯狱矣。

汉末孤洁之士，得被郭林宗品藻者，自李元礼、徐孺子外，盖不多人。而林宗顾独折节推重黄叔度，津津不置。何物牛医儿乃令人倾倒若此。范史称其言论风旨无所传闻，则世传《天禄阁外史》或亦赝作耶？

戴良曰：“良不见叔度，不自以为不及。既睹其人，则瞻之在前，忽焉在后，固难得而测矣。”此与汉文帝之“吾久不见贾生，自谓过之，今不及也”，同一磬折之词，古人之服善盖如是。

冯良不难坏车杀马以绝妻子之望，而况朝命乎？姜肱尚且蒙被韬面以却画工之图，而况玄纁乎？

韦玄成之裔孙著，字休明，少以经行知名，不应州郡之命，与徐稚、姜肱、袁闳、李昙齐名，号五处士。桓帝时，公车备礼，征至霸陵，称病归，乃入云阳山，采药不返。有司请加罪，帝特原之，复诏京兆尹敦劝，著竟不就征。灵帝即位，中常侍曹节既诛陈、窦，欲借宠时贤以厌海内心，白帝就家拜著为东海相。诏书迫切，不得已，解巾之郡。政任威刑，为受罚者所奏，坐论输左校。又后妻矫姿乱政，以是失名，免归，为奸人所害，隐者耻之。夫使著终守高尚，则朝命尚可却，而珰权乃畏而就之乎？卒致令名不终，为天下笑，则“处士纯盗虚声”，岂不然欤？

樊季齐若终于累征不至，未必不与巢、许比洁。及其诣阙应征，虽复欺世大言，气凌万乘，然而几杖坛席，辱此殊宠，深谟奇策，渺尔未闻，负海内之望，辜天家之礼。而仅仅以灾祥术数风角占验之方，表其小道，亦可云卑之，无甚高论矣，宜乎范史夷之于方术之流欤！若后世殷浩、种放、吴与弼之伦，抑又季齐之所羞称也。

人之将死，其言也善，而抑有不尽然者。赵王良将终，帝临问之，王曰：“素与李子春善，今犯罪，怀令赵熹欲杀之，愿乞其命。”帝曰：“吏奉法，不可枉也。更道他所欲。”王复无言。大司马吴汉病革，帝临问，惟曰“慎无赦而已”，帝为之叹息弥日。此无他，其识力之公私不同耳。

鲍永为郡功曹，时有矫称侍中止传舍者，太守赵兴欲谒之，永疑其诈，谏不听，兴遂驾往，永乃拔佩刀截马当胸，乃止。后数日，诏书果下，捕矫称旨者，永由是知名。又冯绲父焕，安帝时为幽州刺史，疾忌奸恶。时玄菟太守姚光亦失人和，怨者乃诈作诏书，谴责焕、光，赐以欧刀，又下辽东都尉庞奋，使速行刑，奋即斩光收焕。焕欲自杀，绲疑诏文有异，止焕曰：“大人志欲去恶，此必奸人诈肆凶毒。愿以事自上，甘罪无晚。”焕从之上书，果诈者所为，征奋抵罪。会焕病死狱中，帝愍之，赐焕、光钱各十万，一子为郎。若永与绲者，可谓智能烛奸矣。夫祸发于仓卒，使非真见其然，未有不为所眩者也。宣帝时，亦有诈为使者，乘传以诈行郡国，不过渔利耳，至公然以欧刀斩刺史、二千石，则又奸人之尤者也。自非明以察之，岂不蹈庞奋之辙哉。

鲍永为鲁郡太守，时董宪别将彭丰等屯兵于鲁，侵害百姓，永奉敕秘图之。时孔子阙里，无故荆棘自除，从讲堂至于里门，永异之，谓府丞及鲁令曰："方今危急，而阙里自开，岂夫子欲太守行礼，助吾诛无道耶？"乃会人众，修乡射之礼，请丰等共会观礼，欲因此会禽狝之。丰等亦欲图永，乃持牛酒来，而潜携兵器。永先发，手格杀丰等。帝嘉其略。夫荆棘自除，此必永之设疑以诡众耳，即狐鸣鱼书之类也，所谓"兵不厌诈"者耶。

鲍昱，父永，祖宣，三世皆为司隶。世祖时，诏昱诣尚书，使封胡降檄。帝遣小黄门问昱有所怪否？对曰："臣闻故事，通官文书不著姓，又当司徒露布，怪使司隶下书而著姓也。"帝报曰："吾固欲令天下知忠臣之子孙复为司隶也。"其笃眷如此。后昱官至司徒。愚按：春秋讥世卿，恶其专也；而忠臣能世其职，抑又国家盛事也。讵可一例论哉。

大将军窦宪既免官，就国冠军。南阳功曹周章，从太守行春到冠军。太守欲私谒宪，章谏不听，乃前拔佩刀，绝马鞅，于是乃止。已而宪被诛，公卿以下多以交关得罪，太守幸免，以此重章。后章累官司空。又李郃为汉中户曹史。时窦宪纳妻，天下郡国皆有礼庆，汉中太守亦将遣使。郃知宪必败，因谏勿与通。太守固遣，郃求自行。遂所在留迟以观变。至扶风，而宪就国自杀，凡交通者皆及祸，惟汉中太守免焉。郃后亦官司徒。两公之识固自不凡，而两太守庸人，阴食其福，幸矣哉。

崔瑗虽曰文士，然观其在车骑将军阎显幕下时，知显将败，欲说令废北乡侯，迎立故太子。而显日沉醉，不能得见。乃与长史陈阐谋之，阐犹豫未决。夫废立，人臣大罪也，而此之废少帝立故太子，则为反正，而非废立。揆之天心则顺，合之人情则协。彼阐以狐疑畏尾之人，而显又醉生梦死之辈，故此功之不建而祸已随之，卒至为孙程辈所先，而衡决不可向矣。然瑗之恬退，犹在不欲居未成之功。而引身远遁，则真见几之士也。

河南尹田歆当举孝廉，咨于甥王谌。谌偶送客于大阳郭，遥见种暠，甚异之。还白歆曰："为尹得孝廉矣，近洛阳门下吏也。"歆笑曰："当得山泽隐滞，乃近洛阳吏耶？"谌曰："山泽不必有异士，异士不必在山泽。"既而果称其选。有味哉谌之言也！后暠官至司徒，为称职相，暠子拂亦至司空，死于李傕之难。

郑泰字公业，司农众之孙也。董卓欲征天下兵以自强，泰恐卓之盛而关东诸侯不能当也，乃诡说卓不必征兵，反覆数千言，以谀辞欺卓，大有仪秦之辨。卓竟为所愚，遂不征兵。智哉公业！亦有功于本朝矣。

复仇议至唐韩、柳，始勘论至精。然郭林宗论苏不韦复仇事，亦为切中事理。原郭之意，盖以申匹夫之幽愤，抑权贵之枉杀，诚得阐微之道。然而校其曲直，不原其理势，故犹多未尽之趣。愚尝平而论之：李暠本宦竖之党，为美阳令，大为民患。不韦之父谦，以督邮案部，得其贪臧，论输左校，此为国除奸，非私憾也。后暠因缘为司隶，求得谦微罪，诘掠至死，又刑其尸，此因公报怨也，抑又甚矣。不韦之复仇，自不容已。所云父不受诛，子复仇可也，积怨深怒，百计以求甘心焉。既歼其细弱，又戮及冢尸，此子胥之释憾于平王也。卒之暠亦震惧感伤，愤恚而死，是其报之者不无太过，而亦仁人孝子之心所可原也。若司隶段颎，与张奂修隙，乃迁怒于苏氏，而为暠报仇，至尽灭苏氏之族六十余人，凶暴极矣。既非为友复仇之正义，又有因官煽虐之奇毒。则阳方正之行诛，君子所以不为段氏惜也。

清河太守寒朗，字伯奇，鲁国人。初以谒者守侍御史，与三府掾属共考按楚狱，颜忠、王平等辞连多人，朗力辨其诬。帝怒甚，朗辨之愈力。后车驾幸洛阳狱，录囚，理出千余人，皆朗之力也。与唐世徐有功同一守正，可云执法无所枉者矣。方之前汉，则张释之、于定国之伦也。

章帝时，有人侮辱人父者，其子杀之。帝贳其罪，自后因以为比，定为《轻侮法》。和帝时，司空张敏上疏争之，其论甚精，大抵谓“杀人者死，三代通制。今欲趋生，反开杀路。一人不死，天下受敝。请停前比”。和帝从之。

尚书何敞，其先汝阴人。六世祖何比干，为县吏决曹掾，平活数千人。后为丹阳都尉，狱无冤囚。一日天大雨，比干在家，梦贵客车骑满门，觉以语妻。已而门有老妪可八十，求寄避雨，雨甚而衣履不沾。临去曰：“公有阴德，今天锡君策，以广公子孙。”因探怀中符策九百九十枚以授之，“子孙佩印绶，当如此算”。时比干年五十八，已有六男，又生三子。遂自汝阴徙平陵，代为名族。是又一治狱之于公也。天亦何负于人哉。而酷吏之甘心罗织，卒之身罹其祸而子孙不振者，亦可以思矣。

杜延年之《小杜律》、陈宠之《辞讼比》、陈忠之《决事比》，皆所云慈惠之师也。明慎用刑，遂以衍庆于后，固为法家之正则矣。然考忠为尚书，躬秉枢机，诸所条奏，訚訚衎衎，辞旨并美。顾于安帝之易储，来历之廷诤，而忠独阿谀顺旨，与诸尚书劾奏来侯，何也？岂明于小而昧于大欤？此之不恤，而察察于细，故何为也？

汝南应劭仲远，尝作《驳议》三十篇，大抵驳当时成案也。初，河间人尹次、颍川人史玉，皆杀人当死，次兄初及玉母军，诣官求代，因缢而物故。尚书陈忠议活次与玉。劭后追驳之，言“杀人者死，初、军愚狷，妄经沟渎。若定为律，则求代者多。当死者生，当生者死，不可训后”。夫原忠之从轻，怜其骨肉之爱也；

原劭之执律，虑开广代之端也。愚以为二者皆是，然其中不无权衡。夫救一凶人，杀一善人，固非持平之论。然人之有罪，至使其亲不难捐躯命以自吁。若不从其请，则伤慈母难兄之心，曷勿缘其情以宥之，而勿定为比例，亦仁人之所宜用心者也。

《春秋》虽有无将之诛，是盖圣人防微之意。若汉法有大不敬、无人臣礼及不道之诛，则讫无正律，在文吏之上下其手。又有“见知法”及“沉命法”与“钻鑽”等刑。皆起于酷吏煽毒，而虐归人主，可戒也夫。

读梁节王畅《谢罪疏》及尚书郎张俊《蒙减死谢恩疏》，皆沉痛迫切，悲喜交集，所云“小惩大戒，小人之福也”。

明帝时，尚书钟离意上书，荐楚国刘平、琅邪王望、东莱王扶，皆修身行义，邑里化之。有诏征平等，特赐办装钱。夫“办装钱”亦所谓劝为之驾也。较有司之以礼遣，更为笃厚矣。不然，如贡禹所谓卖田办车马以应征者，亦朝廷之辱也。

贤者之行，亦往往有出于殊辙者。如周景所举吏，必与共燕会数四，乃遣之，赠送无不充备，而又优恤其父子兄弟。若韩演举吏，志在无私，举吏当行，一辞而已，恩亦不及其家。此则一近于仁，一近于义。又杜密去官还家，每谒守令，多所荐达。刘胜告归乡里，闭目扫轨，而自同寒蝉。此则一归于和，一归于介。夫人之不同有如其面，为仁、为义、为和、为介，亦不必为之轩轾也。

尚书令左雄，奏征海内名儒为博士，使公卿子弟为诸生，有志操者加其俸。及汝南谢廉、河南赵建，年始十二，各能通经，并奏拜童子郎。后广陵臧洪以十五拜童子郎。黄琬以司徒琼之孙，早慧，亦拜童子郎。夫臧洪烈士而黄琼国器，然俱以英俊夙成，天之赋物，其英特固殊常矣。

赵营平之制先零，屯即为战。庞护羌之议先零，战不如屯。然营平算无遗策，卒获全功。而庞参一与羌战，失期覆败。甚矣！空言之不如实效也。

陈汤之讨郅支也，不先与甘延寿计议；班超之攻鄯善也，亦不先闻于郭恂。自古欲举大事者，必独断乃能成功；而咨于同僚以泄事机，未有不为文俗吏之所败者也。

班超以三十六人立功于西域，而宋时剧贼宋江亦以三十六人横行江淮间。善乎超之言曰“如有不虞，多益为累”，可谓善言兵矣，功成非幸也。按：超不用中国兵，而但借力于城郭诸国。出入三十一年，卒能威震西域，使五十余国皆纳质内属，其功盖高于傅、郑、甘、陈也。后超年七十余，乃还许中国，一月而卒，可云生入玉门关矣。

西域副校尉梁慬，既定龟兹，奉诏还师敦煌。又奉诏援征羌兵。破羌有功，朝廷委以西方事，令为诸军节度。唐人节度使之名始于此。

巴郡冯绲，字鸿卿。桓帝时，武陵蛮反，拜绲为车骑将军，将兵讨之，赐玺书褒勉。绲以故武陵太守应奉为蛮夷所服，请与俱往，乃拜奉为从事中郎，亦赐玺书。绲与奉并蒙赐驳犀方具剑、金错刀各一，亦可谓异数也。然是时帑藏虚尽，前后所遣将帅，宦官辄陷以折耗军实，往往抵罪。绲性烈，不行贿赂，惧为所中，乃上疏，请中常侍一人监军财费。此实开后世中官监军之始。后绲既破平蛮夷，振旅还京，推功于奉，荐为司隶校尉，监军使者奏绲将傅婢二人戎服自随。尚书令黄儁议以为罪无正法，不合致纠。绲后竟以忤单超，遂为所诬，与司隶李膺、大司农刘祐俱输左校，为应奉疏救乃免。则绲之推功于奉者，乃所以自拯也。若以后世之法论之，则奉之救绲为阿私比党之言，不能邀采纳矣。桓帝之能听奉言，亦一事之美也。

荆州刺史度尚，征桂阳贼潘鸿、卜阳等，追至山谷，遂入南海，破其三屯。而鸿等党众犹盛，尚欲击之，而士卒骄富，莫有斗志。尚计缓之则不战，逼之必逃亡。乃佯言今兵少，未易进，须诸郡兵至，乃并力攻之，令军中恣听射猎。兵士大喜，皆相与从禽。尚乃密使所亲客潜焚其珍积，猎者来还，莫不泣涕。尚人人慰劳，深自咎责，因曰："卜阳等财宝足富数世，诸卿但不并力耳。所亡少少，何足道！"众闻，咸奋踊。尚敕令秣马蓐食，径赴贼屯，乘锐大破之。此所谓夺其所爱则士奋，诱之以利则气激者也。

杨璇，杨乔之弟也。灵帝时为零陵太守，御苍梧、桂阳猾贼。璇特制马车数十乘，以排囊盛石灰于车上，系布索于马尾，又为兵车，专彀弓弩。克期会战，乃令马军居前，顺风鼓灰，贼不得视，因以火烧布，布然马惊，奔突贼阵，因使后车弓弩乱发，钲鼓鸣震。群盗波骇破散，枭其渠帅，郡境以清。此盖祖田单火牛之制而善用之者也。后世吴璘叠阵法，又似得此遗意。璇后被荆州刺史赵凯诬奏其冒功，征下狱。璇乃噬臂出血，书衣为章，潜令亲属诣阙上言。诏原璇，正凯罪。

中郎将皇甫规讨破先零羌有功，降其众十余万，论功当封。而中常侍徐璜、左琯欲从求货，规不答。璜等怒，陷以罪，下于吏，论输左校。太学张凤等三百余人诣阙讼之，会赦归家。又中郎将张奂督幽、并、凉三州，匈奴、乌桓闻奂至，相率降者三十余万。又讨破先零羌，获首虏万余人，三州悉平，论功当封。奂不事宦官，故赏不行，唯赐钱二十万，除家一人为郎。奂辞不受，唯求自敦煌徙家属弘农，特因功听之。夫忤宦官则功高不赏，汉末大抵皆然，此国之所以沦胥也，岂独二将为然哉。

张然明既被禁锢，遂闭门不出，养徒千人，著《尚书记难》三十余万言。年七十八，卒于家。前后仕进，十要银艾。银，银章也；艾，绿绶也。按汉制：唯丞相绿绶，奂未至三公，不知何云十要银艾也。奂临终遗命薄葬，可云达生之士。子芝、昶皆以善书名。夫然明功名豪杰之徒，而沉酣于经学若此，固宜有伯英、文舒以为之子也。然明生平他无可议，唯为大司农时，为中官所愚，与于诛陈、窦之事，不为清议所许，既则悔之，然已无及矣。

段纪明平羌之功，校威明、然明更为卓绝。大小百八十战，斩三万八千余级，获生口四十余万头，费用仅四十四亿，军士死者才四百余人，可谓长于用兵矣。然卒以曲附宦官，虽封侯拜官，而王甫既败，颎竟为司隶阳球所收，饮鸩狱中，以不良死，哀哉！人固不可以诡随也，既失其身，又陨其名。凉州三明，此其劣矣，虽有战功，安足道乎？然当其志在灭羌，胸有成画，束马悬锋，割肉食雪，以与东羌搏战于穷山深谷中，而卒以剪灭，亦足豪矣。

孔文举为北海相，政事亦有可观。然负其高气，志在靖难，而才疏意广，迄无成功。时袁、曹方盛，而融无所协附。左丞黄祖劝融有所结纳，融知绍、操终图汉室，不欲与同，故怒而杀祖。此黄祖别是一人，非江夏太守黄祖也。夫处两大之间而无一附，诚不可以久存，而文举又终不能不折于操，则祖之言亦未为失也。融才疏意广，岂不信夫。

孔文举议太傅马日磾死后不宜加礼，其论未免深刻太过。夫日磾之见羁于袁术，如颜清臣之见羁于希烈。日磾既为术所侮，求去不得，呕血而毙，固未始从逆也。术之上章，每使日磾首名，日磾所不知也，而以此坐其罪，不几于罔乎。文举且云："《汉律》，与罪人交关三日以上，皆应知情。"则自古之迫于逆党而从容就义多历岁时者，皆无以自解免矣，故曰刻也。

曹孟德用兵次第，多得之荀文若。先平兖州，次平吕布，次破袁绍，次降刘琮，皆不出文若深算。而其尤得力者，在劝其迎天子都许昌。夫胁天子以令诸侯，此彧之教也，而顾靳于九锡之加，不亦愚乎。且操固曰："文君，吾子房也。"盖明以汉高自许矣，其无君之心岂一日哉。既已日为之用，而又欲托名为忠于汉室，此不可以欺后世也。若官渡之战，使非彧之深谋，则操兵一退，即为固陵之续矣。此操之所以心折其功而特表之也。若乃伏后之书，俱不敢发；寿春之死，饮恨而终。进退皆无据矣，何足惜哉。

皇甫嵩，字义真，规之兄子也。嵩既破黄巾，威震天下。时朝政日乱，宦竖用事。信都令阎忠盖蒯彻之流也，说嵩以称兵向阙，诛讨宦官，因移汉鼎，嵩谢不听。此诚是也。若与董卓同受诏讨梁州贼，嵩有功，卓被召以兵委嵩，卓违诏不从。嵩兄子郦说嵩令讨卓，嵩又不从。及董卓秉政，征嵩为城门校尉，嵩将行，长史梁衍说嵩以引兵入洛讨卓，嵩又不从，遂就征，几为卓所杀。赖嵩子坚寿与卓有旧，力请之，乃免。后卓既伏诛，嵩拜太尉，以病卒。夫几会不堪屡失也。时乎时乎不再来！权势既去，即为匹夫，坐受牢罝，死生任人，幸脱虎口而讫无寸功，悲夫！

朱俊之为李傕所征也，此贾诩之策也，其事势明白易见，名曰天子之诏，而实叛臣之命耳。曷若受陶谦等牧守之推，共起义兵，以匡王室，即不胜董卓而死，犹不失为忠臣，而况未必死乎。且部曲军吏，皆惮入关，曷若从东归之人心，以兴义旅，策为万全也。乃卒之见制傕、汜，愤悒而卒。当断不断，反受其乱，其失策正与皇甫义真如出一辙。他若张温不纳孙坚之谏，因董卓之兵败，以法诛之，其机会尤可惜。后温亦卒见杀于卓，此皆祸福倚伏之几，非愚夫之所能断也。

初，董卓讨先零羌，为羌所围，粮尽，而进退逼急。乃于所渡水中，伪立隔，以为捕鱼，而潜从隔下过军。比贼追之，决水已深，不得复渡，全师而返。卓亦可谓有剧贼之智，盖默用囊沙之计矣。其赴何进之召也，步骑不过三千，自嫌兵少，恐不为远近所服，率四五日辄夜潜出军近营，明旦乃旌鼓而还，以为西兵复至，洛中无知者。老贼之权变如此。

秦始皇见长人于临洮，乃因而铸铜人十二。及董卓入洛阳，以钱币不足，乃毁长安铜人及飞廉之属以铸钱。卓，临洮人也，物之成毁岂果有数哉。

董卓迁都长安，于路僭拟车服，乘金华青盖，爪画两轓，时人号曰竿摩车，言其服饰近天子也。盖当时俗语，以事竿人者，谓之“相竿摩”。

董卓之恶，固罄竹难书。乃其被诛也，亦受古今极刑。其老母年九十余，走至郿坞门，曰:“乞脱我死。”而头已堕地。昔东京袁太傅隗，一门二十余人，为卓所害。及皇甫嵩之攻郿坞而灭董氏也，诸袁门生又聚董氏之尸，焚灰扬之于路，与燃脐之惨并付烈焰。及李傕等入长安，葬卓于郿，并收董氏所焚余灰，合一棺而葬之。葬日，大风雨，雷震卓墓，流水漂出其棺，复纳之，而风雨益暴，复破其冢，如是者三四。盖天道不远矣。然何不于其生时一警之，而至此始震威也。噫！晚矣。

智谋之士，率多倾危，肆口一言，而贻害甚大，彼其初不意其至是也，而祸起燎原，始于一灼。如贾诩之劝李傕入长安是也。夫李、郭本牛辅部曲，既不为王允所赦，意惟四散求生耳，而贾诩则教以为董卓报仇，奉国家以正天下。夫傕、汜何人？使其得志，可以正天下乎？卒之天子公卿坐受劫质，崎岖艰险，旋轸旧京，后妃跋涉，侍从蒙难，困苦万状，乃达洛阳。拨厥戎首，谁为厉阶？则皆诩之一言贻之耳。倾危之士，罪不容死矣。于李、郭乎何诛！其后讲和李、郭，令献帝得东，诩亦有力焉，但功不偿过耳。

《九州春秋》曰：胡文才、杨整修皆凉州人，而王司徒允素所不善也。及李傕初叛，尚未入长安，允乃召胡、杨二人，使东晓谕之，而允不假以温颜，但谓曰：“关东鼠子欲何为乎？卿往视之。”于是二人往，实召兵而还。愚谓：此即左氏所云“二憾往矣，不备必败”也。

汉时三公选举曰“三府”，及李傕、郭汜、樊稠叛逆，并开府，与“三公”合为“六府”，皆参选举。此所云“乱政亟行也”。傕等各欲先用所举，主者患之，乃先从傕起，汜次之，稠又次之。三公所举终不见用。未几而败。

公孙瓒幼学于卢植，励名行。其为上计吏也。太守刘君坐事槛车征，官法不听下吏得亲近，瓒乃改容服，诈称侍卒，身执厮养，御车到洛。太守当徙日南，瓒万里送之，会赦，中道得还，其少年砥节如此。而其杀刘虞也，颇不为海内所直，其晚节又多狂悖，卒为袁本初所诛，盖无足惜矣。

公孙瓒为人疏犷趫猛。为属国长史时，每闻有警，辄厉色愤怒，如赴仇敌，虏识瓒声，惮其勇，莫敢抗犯。瓒常与善射者数十人，皆乘白马，以为左右翼，自号“白马义从”。乌桓更相告语，避白马长史，乃画作瓒形，驰骑射之，中者咸称万岁。乌桓自此远遁塞外以避之。乃庶几李飞将之威名矣。

公孙伯圭尝上书请讨袁绍，数绍十罪，亦深中绍之隐私，然亦不无文致，如本初《讨孟德檄》，皆鉴人而不照己者也。瓒既挑衅冀州，而乌桓峭王感刘虞恩德，率其种人及鲜卑之众共迎虞子和，与袁绍将鞠义合兵十万攻瓒，瓒始有败征矣。前此有童谣曰：“燕南垂，赵北际，中央不合大如砺，惟有此中可避世。”瓒故筑易京以镇之，及为绍兵所图，困迫日甚，遣子求救于黑山贼张燕，燕未至而瓒已破矣，则杀刘虞之报也。

袁本初少有姿貌威容，爱士养客。既累世台司，又倾心折节，士无贵贱，与之抗礼，辎軿柴毂，填接街陌。常与张孟卓邈、何伯求颙、吴子卿、许子远结为奔走之友，然《英雄记》又称“绍不妄通宾客，非海内知名士不得相见”，与本传少异。

袁本初劝何进诛宦官是矣，而召董卓以胁太后则非也。以议废少帝而立陈留王忤董卓，而拂剑悬节出奔是矣；受董卓渤海太守之命则非也。受韩馥之见推为盟主，以共奖王室是矣；而遂夺馥之冀州，更致之死则非也。仍领司隶校尉是矣，自号车骑将军则非也。传檄讨孟德是矣，受袁术之玉玺以冀非望则非也。

余尝有一绝句，叹袁本初召董卓之失策，诗云：“虎贲千骑已云屯，司隶何须召外臣。长乐宫中烽火乱，金珰夜渡小平津。”

沮授、田丰、审配，初皆韩馥士也，皆不得志于馥，而卒为袁绍所用。初，绍遣荀谌等说馥以让冀州于绍。授力谏馥，馥为谌等之言所惑，不听授之言，而竟让焉。后授为绍画策，卒平河北，并幽、并、青、冀四州。许攸，袁绍之士也，绍不能用，而奔操于官渡，卒为操画策以破绍。大抵汉末之士，亦如战国纵横之流，朝秦暮楚，惟所用之耳。求如臧洪、陈容之义烈，盖不多见云。

袁绍破公孙瓒还，三月上巳，大会宾徒于薄落津。闻黑山贼于毒等共覆邺城，坐中客家在邺者皆失色，绍容貌自若，不改常度。既而贼有陶升者，独反诸贼，入闭府门，具辎重，载绍家及诸衣冠之族，身自捍卫，送到斥丘。绍乃以升为建义中郎将。绍之大度自不可及，而贼中乃有义士，可见此辈未为无人也。

绍若听沮授、田丰之谋，早迎车驾，迁都于邺，则曹氏之权即在袁氏矣。而乃误听郭图、淳于琼之说，宜其灭也。及操东击刘备于徐州，田丰又劝袭许，绍辞以子疾不行，又坐失机会。而相拒官渡，许攸说绍以轻兵袭许，绍又拒之。而况废长立幼，更违沮授之忠言，则大事去矣，不亡何待乎。

知袁绍官渡之必败者，田丰、沮授是也；知曹操官渡之必胜者，贾诩、郭嘉是也。丰、授皆袁绍之士，是为知己；诩、贾皆曹操之士，是为知彼。

淳于琼在灵帝时，与袁绍同为西园八校尉。及官渡之战，琼在绍军中为大将，护粮刍于乌巢。许攸既归操，操跣出迎之。攸劝操袭琼，烧其刍粮殆尽，大破其士卒，割得将军淳于仲简鼻。凡杀士卒皆取鼻，牛马割唇舌，以示绍军，军皆惶惧，无斗志矣。

官渡之师，绍军号百万，及其败也，与子谭等幅巾乘马，以八百骑渡河至黎阳，入将军蒋义渠营。至帐下，把其手曰："孤以首领相付矣。"义渠避帐而处之，使宣令焉。此与慕容垂全军以待苻坚相似，皆不欲乘人于危者也。

裴松之《北征记》曰：中牟台下临汴水，是为官渡，袁、曹战垒存焉。在今郑州中牟县北，或曰即古之鸿沟也。

袁绍官渡之败，审配二子为操军所得，郭图、辛评谮之于绍，以配有反志。绍又以问逢纪，纪素与配不睦，至是乃言曰："配天性烈直，慕古人之节，必不以二子在南为不义也，公勿疑。"绍曰："君不恶之耶？"纪曰："先所争者私情，今所陈者国事。"绍曰："善。"乃不废配，配由是与纪协。及绍卒，纪与配遵绍遗命，立袁尚，图与评奉袁谭，而争端起矣，此曹氏所以坐收渔人之利也。

谭、尚竖子，兄弟相攻，此不足道。乃刘表亲以书谕其兄弟，可谓痛切矣。而表亦废长立幼，蹈其覆辙而不觉。所云"鉴能鉴人，而不能反鉴者"耳。表虽名在"八顾"之列，而究亦汉室之贼也。

袁尚围其兄谭于平原，使审配守邺，曹操因进兵攻邺，凿堑围城，周回四十里，初令浅，示可越，配望见，笑而不出争利。操一夜浚之，广深几二丈，引漳水以灌之，困半载而破其城。审配被执，不屈，死之。袁尚与兄熙奔辽东公孙康。尚有勇力，欲因以并康取辽东，而康亦欲规取尚以为己功，乃先伏精勇于厩中，然后请尚、熙。熙疑不欲进，尚强之，遂俱入。未及坐，康叱伏兵禽之，坐于冻地。尚谓康曰："未死之间，寒不可忍，可相与席。"康曰："卿头颅方行万里，何席之为！"遂斩首送操。按康乘人于险，固为小人之尤；而尚之暗而不能择人，是自贼也。何惜焉！

汉末群雄，如公孙瓒、陶谦、张邈、袁氏兄弟之属，或不良于死，或灭绝无后。独张鲁以左道据汉中，乃能相时度势，封府库，送款于曹操。操嘉其义，遂封鲁为列侯。卒之享国保世，荣及子孙，亦异乎枭雄自负者矣。

孙坚勤王起兵，率众至南阳，南阳太守张咨不肯给军粮。坚欲进兵，恐为后患，乃诈得急疾，举军震惶，迎呼巫医，祷祀山川，遣所亲说咨，言病困欲以兵付咨。咨心利其兵，遂将步骑五六百人，入营看坚。坚与相见，无何，卒然而起，按剑骂咨，斩之。坚之谲道，此其一征矣。

荆州刺史王叡，素遇孙坚无礼，坚将杀之。叡曰："我何罪？"坚曰："坐无所知。"叡穷迫，刮金饮之而死。嗟乎！天下无知之人多矣，安得孙破虏一为清荡之乎。

袁术与从兄绍，虽同为太尉汤之孙，然绍父成官不过五官中郎将，又早卒。而术父逢官太尉，故术目中久无绍，各树党援。术结公孙瓒，绍连刘表，而豪杰多附绍。术怒曰："群竖不从吾，而从吾家奴乎！"又与瓒书，云绍非袁氏子，绍闻而大怒，故衅隙日积。术少见谶书云"代汉者当涂高"，自云名字应之。又以袁氏出于陈，为舜后，盖辕涛涂宣仲之苗裔也，以黄代赤，为五德应运之次。既又夺得传国玺于孙坚之妻，遂欲僭位。孙策谏之，不听。乃即真窃位号，淫侈滋甚，既而兵败资尽，不能自立，乃归帝号于兄绍，绍阴然之。术走寿春，至江亭，坐箦床而叹曰："袁术乃至是乎！"因呕血死。女入孙权宫，子曜，后仕吴为郎中。夫术之归帝号于绍者，智穷力竭，而欲驾祸于乃兄也。绍诚以此时诛而讨之，以谢天下，犹不失大义灭亲之意，而前愆尚可赎也。尔乃自恃其富强，欲为术之所为，卒之官渡一败，蹶不复振，亦同归于叛逆而已矣。其视与弟术同诛宦竖时，忠奋激烈之风，竟何如哉。

吕奉先，粗人，毫无足取，生平惟二小事可人。其一，诛董卓后，兵败于李傕，遂将数百骑，以卓头系马鞍而东奔，此妙绝，一付好装束也。其一，袁绍欲杀布，布令人鼓筝于帐中而潜逃，何其暇豫乃尔也。前事豪甚，后事韵甚。然前事豪中未尝不韵，后事韵中未始不豪。

王允论吕布诛董卓功，以为奋威将军，假节，仪同三司。三司谓司徒、司马、司空也。时惟无司马之官，而太尉即大司马之改官也。仪同者，谓其阶与三公同也。此魏晋以来仪同三司之所自始。

孔北海使太史慈求救于平原相刘备，备曰："孔北海乃复知天下有刘备耶？"此是惊喜之辞。袁术与吕布书曰："术生平以来，不闻天下有刘备。"此是污蔑之词。昭烈何幸于孔而不幸于袁哉。然孔自清流，而袁实逆贼也，其臧否盖无足据矣。

"勇而无谋，轻于去就"，此八字移掇他人身上不得确，是吕温侯定评也。

妙绝陈元龙，乃能作宁馨语，觉“养鹰”之言犹属第二义。若高顺谏布云：“君侯忽有得失，动辄云误。误事岂可数乎？”此言非不切中布病，然尚少蕴藉在。

尝笑吕奉先为曹公所获时，既已被缚，即慷慨而死，犹不失英雄本色。乃摇尾乞怜，丑状毕露，且曰：“布既降，明公将步，布将骑，天下不足定也。”夫布之生平，背丁诛董，朝亲暮贼，其行义盖可见矣。智略如曹公，肯受愚于片时之谀词，而不料其反覆于后乎？同一死耳，求生而不得，则布之愚也。

皇甫规倒屣于王符，而不自意其失礼于赵壹，此贤者之疏也。崔子玉见赏于李固，而不能不被劾于杜乔，此事势之歧也。

郎中尹敏尝谏光武曰：“谶书非圣人所作，其中多近鄙别字，颇类世俗之辞，恐疑误后生。”帝不纳。夫近鄙则诚有之矣，别字即讹字也。愚谓：谶书即不别字，亦无甚深意。尝戏为之说曰：“谶有别字，非关讹也。谶多近鄙，非关误也。”然敏既侃侃言之，何以与桓谭、郑兴之论并垂矣。乃他日又因图纬之阙文，妄增六字于其中，曰：“君无口，为汉辅。”乃欲以此希冀一日之福，何前刚而后惑耶？抑利欲之薰心以致改操耶？而竟以此得罪，亦可嗤矣。然敏与班叔皮相善，每相遇，辄日旰忘食、夜分不寝，自以为庄、惠之交。

蔡茂为广汉太守时，梦坐太极殿上，有三穗禾，茂取其中穗，辄复失之。以问主簿郭贺，贺离席庆曰：“大殿者，宫府之象。极上有禾，人臣上禄也。取中穗，是中台之位也。于字禾失为秩。”后果位至司徒。贺后官河南尹。愚按：占梦之官，具载《周礼》，亦所以佐王事之微者。乃后世占梦家，率多真其吉而隐其凶，如贺之说亦幸而中耳，不足异也。

初，顺帝时，琅邪宫崇，诣阙上其师于吉于曲阳泉上所得神书百七十卷，皆缥白素、朱介、青首、朱目，号《太平青领书》，亦谓之《太平经》。其言以阴阳五行为宗，而多巫觋杂语。有司奏崇所上妖妄不经，乃收藏之。及灵帝即位，襄楷又以其书上，几得罪。盖其书五斗米教之类也。天下大乱，邪说并出，以簧惑颛愚，而异术之士，复为之张其说，斯世之蠹也。然如郎顗、襄楷之流，讥切时政，昌言无忌，君子犹有取焉尔。

世人多拘禁忌，冀蒙福祐，不知自贤达观之，则有不必尔者。昔廷尉吴雄少时，家贫丧母，营人所不封土者葬其中。丧事趋办，不问时日，术家皆言当族灭，而雄不顾。后致位司徒，子孙世为廷尉。又司隶校尉赵兴，亦不恤忌讳。每入官舍，辄移穿改筑，故犯妖禁，而爵禄亦炽，官至太守，子峻登太傅。桓帝时，汝南陈伯敬，行必矩步，坐必端膝；呵叱狗马，亦不言死；行路闻凶，便解骖留止；还触归忌，则寄宿乡亭。终身不过举孝廉，后坐事为太守召夔所杀。亦可知忌拘者之毫无所益矣。夫贤达之昌炽如彼，蔽溺者之受祸如此，世之人曷勿弗为所惑耶？

噀酒救火一见于栾巴，一见于郭宪，一见于樊英。三者必居一于此矣。雷同附会，大抵皆然。

范史载栾巴为魏郡人，而《神仙传》以为巴蜀人。或是两人，亦未可知。然史亦有云巴有道术，能役鬼神。其少时乃宦者，虽为黄门令，然雅非所好，不与诸常侍交接。后阳气通畅，白上乞退，复为士流。擢拜郎中，四迁桂阳太守。为荆州刺史李固所荐，征拜议郎，又奉命与杜乔、周举等八人循行州郡。巴使徐州，再迁豫章太守，征拜尚书。灵帝时，以陈、窦党下狱自杀。迹其终始，亦异人也。而能与陈、窦为党，斯亦君子之徒欤。故范史不夷之于《方术传》，而并列于直臣杜根、李云之伦也。

巴郡任文公，明晓天官风星，以占术驰名。辟司空府。平帝时，称疾归。推数知天下将乱，课家人负物百斤，环舍趋走，日数十，人皆莫知其故。后兵寇并起，其逃亡者少能自脱，惟文公家负粮捷步，悉得完免，遂奔子公山，十余年不被兵革。此即蔡京客张垕教京诸子学走之说也。公孙述时，蜀武当山拆。文公曰："噫！西州智士死，我乃当之。"自是常会子孙，设酒食，后三日果卒。故益部为之语曰："任文公，智无双。"

范史《方术传》中载王乔事，未免荒唐，如双凫玉棺事，虽藉藉于人口，而不无诞妄。或以为即古仙人王子乔，而刘向《列仙传》又以为即周灵王太子晋，愈不可考矣。

蜀郡杨由，少习七政元气、风云占候。尝从人饮，敕御者："酒若三行，便宜严驾。"既而趋去。后主人舍有斗相杀者，人问其故。由曰："向舍中水上有鸠斗，此兵象也。"著书十余篇，名曰《其平》，其亦不语怪之意也欤？后世徐子平或取诸此。

广汉段翳字元章，明于风角。有来学者，必豫知其姓名。有一生来学积年，自谓略究其术，欲辞归。翳为合膏药，并以简书封于筒中，告生曰："有急发视。"生到葭萌，与吏争度，津吏挝破从者头。生开筒得书，言到葭萌，与吏斗头破者，以此膏裹之。生用其言，创者即愈。生叹服，乃还卒业。夫数虽云前定，然使此生不行，则头将不破乎？抑别有故而必破乎？此不可解也。

汝南许曼，有术学。桓帝时，陇西太守冯绲，始拜郡，开绶笥，有两赤蛇分南北走，令曼筮之。卦成象，曼曰："三岁之后，君当为边官，有东名，当东北行三千里。复五年，更为大将军，南征。"后延熹五年，绲果出为辽东太守，讨鲜卑。至五年，复拜车骑将军，讨武陵蛮，皆如占。异矣！

山阳单飏，精于术数之学，尝为太史令。初，熹平末年，黄龙见于谯。太尉桥玄问于飏，飏对曰："其国当有王者兴。不及五十年，龙当复见。此其应也。"魏郡人殷登秘记之。至建安二十五年春，黄龙复见于谯，其年冬，魏遂受禅。

广汉董扶，少与乡人任安齐名，俱事同郡杨厚学图谶。扶尝私谓太常刘焉曰:“京师将乱，益州分野有天子气。”焉信之，遂求为益州牧。后昭烈称帝于蜀，如其占。此与国师公刘歆改名秀以应谶，而不知其应在光武也。后诸葛武乡问秦密以董扶及任安所长，密曰:“董扶褒秋毫之善，贬纤介之恶。任安纪人之善，忘人之过。”则似乎谓任优于董矣。

广汉郭玉，为太医丞，多有奇效。和帝异之，欲试其神艺。乃令嬖臣美手腕者，与女子杂处帷中，使玉各诊其一手，问所疾苦。玉曰：“左阴右阳，脉有男女，状若异人。臣疑其故。”帝叹息称善。夫诊视若此之精，亦可云神于技者矣。

沛国华佗，字元化，神于医。尝语其弟子曰:“人体欲得劳动，但不当使极耳。动摇则谷气得消，血脉流通，病不得生。譬如户枢，终不朽也。”此虽养生家言，而亦深得性命之精，可珍录也。佗又尝云:“古之仙者，为导引之事。熊经鸱顾，引挽腰体，动得关节，以求难老。吾有一术，名为五禽戏：一曰虎，二曰鹿，三曰熊，四曰猿，五曰鸟。亦以除疾，兼利蹄足，以当导引。体有不快，起作一禽之戏，怡而汗出，因以著粉，身体轻便而欲食。”弟子吴普行之，年九十余，耳目聪明，齿牙完坚。然而佗卒不免于曹操之诛者，恃其术之绝世，而偃蹇不趣其令，此所以婴操之怒不旋踵，而遂罹其害也。佗异效神验最多，传中载之，兹不具录。

范史中《独行传》多节烈士。独河内向诩，几于所谓怪民焉。诩性卓诡，恒读《老子》，状如学道。又似狂生，好披发，著绛绡头。尝于灶北，坐板床上，如是积久，乃有膝踝足指之纹。又不好言语，而好长啸。有弟子，名为“颜渊”“子贡”“季路”“冉有”之辈。或骑驴入市，乞丐于人；或邀诸乞儿，俱归止宿，时人莫能测之。后特征拜赵相。而诩更乘鲜车良马，世始疑其伪。又征拜侍中。会张角乱，诩上便宜，不欲国家兴兵，但遣将于河上，北向读《孝经》，贼当自灭。中常侍张让奏诩欲与角为内应，收送黄门北寺狱杀之。夫此一诩也，行不一径，种种怪异，此盛世之莠民也，可以为独行乎哉？

班范肪截卷四

汉制：乘舆，玉玺黄赤绶；诸侯王，金玺盭绶；丞相、太尉，皆金印紫绶；而御史大夫，独银印青绶。又丞相初亦绿绶，改紫绶。凡将军、彻侯，皆金印紫绶，凡中二千石、二千石、比二千石，皆银印青绶；六百石以上，铜印黑绶；比二百石以上，铜印黄绶。东汉太子、诸王，金印龟纽朱绶，诸贵人绿绶。凡紫绶以上，缒绶之间，得施玉环鐍云。“鐍”者，缺环也。按此则丞相以下不得用绿绶，而《张奂传》乃云：“吾前后仕进，十要银艾。”“艾”，绿色也。岂然明之所能邀此异典哉。蔡中郎《独断》曰：“皇后，玉玺赤绶。”

按：汉官自丞相以下至佐史，凡十三万余员，可谓繁矣。而班孟坚《百官公卿表》，用笔颇能简净，然职掌多未悉。范史《百官志》，承世祖节约之制，然其叙次职分处虽详，而未见笔力，颇近《新唐书·百官志》。

按《周官》以太师、太傅、太保为三公，少师、少傅、少保为三孤。汉初，以丞相、太尉、御史大夫为三公，武帝时改太尉为大司马，哀帝时改丞相为大司徒，成帝时改御史大夫为大司空。世祖初年亦置大司马，后定制，以太尉、司空、司徒为三公，虽无宰相名，而职则相也。东汉每一帝立，辄置太傅，位三公上，录尚书事，称为“上公”，掌以善导，无常职也。又班固《百官公卿表序》云“司马主天，司徒主人，司空主土”，是为三公是天地人之说也。然《周礼》六官而废其三焉，以其三为三公，奈何以之欺天下后世耶？

或问两汉相业，余曰：“有将矣，无相也。”西汉虽有丞相之名，然其始率多以勋旧彻侯为之，木彊武吏焉知调燮。平津以后，虽参用九卿，然救过而已，权不属也。昭帝以往，政在大将军，丞相几如属吏矣。魏弱翁稍具相体，两少卿稍具相度，然微乎微者也。东汉政归台阁，三公仅乃备位，不唯无相业，并其名而亡之矣。有事则免三公，何其冤也。

太尉本秦官，西汉专掌武事。东汉太尉职掌，国有大丧，则告谥南郊，盖犹尊用古礼，臣子无爵，其君父之义也。然太尉既掌兵，而徒以三公之长告谥南郊，而司徒、司空不与焉，亦未得为制之平也。

按东汉三公属官，太尉有长史一人，千石。此下有西曹掾，主府史署用；有东曹掾，主二千石长吏迁除及军吏，皆比四百石；有户曹掾，主民户、祠祀、农桑；有奏曹掾，主奏议事；有辞曹掾，主辞讼事；有法曹掾，主邮驿科程事；有尉曹掾，主卒徒转运事；有贼曹掾，主盗贼事；有决曹掾，主罪法事；有兵曹掾，主兵事；有金曹掾，主货币盐铁；有仓曹掾，主仓谷，皆比三百石，有黄阁主簿录省众事。盖公府掾比古元士，凡辟除皆以上闻，故有秩比命士。此外令史及御属，则百石以下，不以上闻矣。司徒、司空掾属较多于太尉，以其所掌事繁也。然即以太尉掾属考之，户曹、仓曹、金曹为一类，辞曹、火曹为一类，未必不可并省，而若是其纷纷，何也？

蔡质《汉官仪》曰："司徒府与苍龙阙对，不敢称府，压于尊也。"应劭以为不然。丞相旧位在长安时，府有四出门，随时听事，明帝本欲依之，迫于太尉、司徒，但为东西门耳。干宝曰："司徒府中有百官朝会殿，天子与丞相决事，是外朝之存者，周之遗制也。"

西汉置御史大夫，掌副丞相以振纲纪。其属有御史中丞，在殿中兰台，掌图籍秘书，外督部刺史，内领侍御史，受公卿奏事，举劾按章。中丞视丞相府长史、司直，是为两府，尝互相纠弹，制甚善也。侍御史有绣衣直指，出讨奸猾，治大狱，搏击豪强，大有风采。成帝时改御史大夫为大司空，哀帝用朱博之言复为御史大夫。东汉废御史大夫，而以中丞及治书侍御史以下为御史台，不属司空，后以属少府。夫以少府为天子掌私财，而以御史属之，于义甚无取也。中丞属员又有兰台令史，东汉所置，秩六百石，掌奏及印工文书，班固盖尝为之。愚按：掌兰台图集秘书，此后世史官及文学掌故之职，而汉时以属法官，则职司尚未尽善，不无待于后世之改正也。

凡将军比公者四，第一大将军，次骠骑将军，次车骑将军，次卫将军。又有前后左右将军。初，武帝置大司马，而卫青以大将军，霍去病以骠骑将军，皆冠以大司马。然景丹为骠骑大将军，而位在公下；东平王苍为骠骑将军，而位在公上，无常秩也。其领军皆有部曲。大将军营五部，部校尉一人，比二千石；军司马一人，比千石。部下有曲，曲有军候一人，比六百石。曲下有屯，屯长一人，比二百石。其别营领属为别部司马。明帝初置度辽将军，以卫南单于，然武帝时范明友已为之矣。又武帝时，置伏波、楼船、戈船、下濑、虎牙之属，然不常置。若光武之多置偏将军，不在经制，亦无爵秩。

官有始微而后显者，尚书之职是也。汉初无尚书之名，后成帝始置尚书员五人。然自霍光以来，大将军录尚书事，其事权重矣。东汉有尚书令一人，千石；尚书仆射一人，六百石；尚书六人，六百石。分为六曹，一曰常侍曹尚书，一曰二千石左曹尚书，一曰二千石右曹尚书，一曰民曹尚书，一曰南主客曹尚书，一曰北主客曹尚书，是为六曹。又有尚书左右丞各一人，四百石；侍郎三十六人，四百石。其任可谓繁而剧矣。愚按：尚书郎与光禄勋所统诸郎有别。盖光禄勋诸郎，郎卫也；尚书郎则从三署诣台试，称守尚书郎中，岁满称尚书郎，或迁二千石，或刺史，或县令，皆右选也。故曰郎官上应列宿，非谓郎中令所统之诸郎也。尚书之职，至六朝益显，至唐宋遂以尚书仆射为丞相。然东汉之制已悉具矣，政在台阁，三公拱手。呜呼！此世变也欤。

太常之为奉常也，郎中令之为光禄勋也，卫尉之为中大夫令也，廷尉之为大理也，中尉之执金吾也，将作少府之为将作大匠也，将行之为大长秋也，内史之为京兆尹也，左内史之为左冯翼也，主爵中尉之为右扶风也，盖一官二名矣。典客之为大行令也，又为大鸿胪也；治粟内史之为大农令也，又为大司农也，盖一官三名矣。此皆中二千石及二千石列于九卿者也。其余官名同者不可胜纪。

常者，天子之日月旂也。有大祭事，则太常奉之以行，故曰“奉常”。凡礼乐诸有司皆属焉。而选试博士，署置祭酒，尤为清要之职，故太常为九卿之冠。

太史令一官，在《周礼》为下大夫，掌图籍抱法之职。而汉制属太常，不过卜医、星历，沦于巫祝之俦。自司马迁、张衡辈为之，而渐以为清华，乃其初固不如五经博士之选也。前汉有太卜令，后汉并归太史令。

《周礼》：冢宰即太宰，而其下有小宰、宰夫，乃汉制太宰令，仅六百石，专掌鼎俎馔具之物，而隶于太常。其去古制为已远矣，何乃袭其名也。

光禄勋属官，大抵皆掌宿卫禁门，而亦有不然者，如光禄、太中、中散、谏议诸大夫，及议郎、谒者诸官，又别有职掌，不可以一例论，所谓以文属者也。

五官中郎将比二千石。虽统于光禄勋，然其下又有五官中郎、五官侍郎、五官郎中，而皆为五官中郎将所统。盖此官专掌禁门，司讥察出入，最为雄职，故曹操以其子丕为之。

羽林郎初名建章营骑，本武帝置，常选汉阳、陇西、安定、北地、上郡、西河凡六郡良家子补之，尝从武帝校猎，还宿殿陛岩下室，故谓之岩郎。后又取从军死事之子孙，养之羽林，教以五兵，号曰羽林孤儿，而统以羽林中郎将，后又以骑都尉监之，二官皆比二千石。

谒者仆射是诸谒者之长，比千石，亦曰谒者台。此下有常侍谒者，比六百石；给事谒者，四百石；灌谒者，三百石。灌谒者满岁乃为给事谒者。谒者员三十人，掌宾赞受事，及上章报问。汉率用孝廉年五十岁、威容俨恪能应宾者为之。西汉员七十人，东汉省。

仆射，秦官，自侍中、尚书、博士郎皆有此官。盖古者重武，官有主射，以督课之，取其领事之号。东汉又有冗从仆射之员，而沿至后世，仆射遂为三省长官矣。

汉世亦多散官。若侍中、左右曹、诸吏、散骑、中常侍皆为加官，无正员。盖侍中、中常侍得入禁中，诸曹受尚书事，诸吏得举法，散骑骑傍乘舆。给侍中亦加官，后世魏文帝合散骑、中常侍为散骑常侍，中常侍后用宦者，而渐开中官执政之渐，非初制也。

前汉左右曹秩二千石，上殿中，受诸尚书章奏，平省其事。世祖省此官，使小黄门受事。此亦貂珰揽权之由也，而寖不可长矣。

汉世博士、议郎二官最擅清要，然博士属太常，议郎属光禄勋，俱六百石。

东汉又增博士祭酒一人，及《五经》博士十四人，国有疑事，掌承问对。议郎位次谏议大夫，于朝政惟所建言，尤为右职也。

按卫尉与光禄勋，虽若同掌门禁，而各有不同。盖光禄勋不掌兵，而卫尉典兵屯卫也，故《汉官仪》云"卫尉寺在宫内，周垣为区庐"，若今之仗宿屋也。其属公车司马，虽掌吏民上章，四方贡献，及征诣公车者，而亦掌殿中司马门，夜缴宫中，其职要矣。又长乐、建章、甘泉皆有卫尉，各掌其宫门。东汉宫掖门，每门司马一人。如苍龙司马主东门，玄武司马主玄武门，朱雀司马主南掖门是也。

官以事置，事毕即罢。如前汉之行冤狱使者、美俗使者、河堤使者、直指使者，皆见各列传中，而《百官公卿表》不载，盖不在定制内也。后汉范滂为清诏使，又杜乔、周举等八使分行天下，皆守光禄大夫，如后世兼官、摄官之例。

太仆属官，西汉有路軨、龙马、橐泉、騊駼、承华、牧橐、昆蹄、诸令长丞。东汉皆省。按橐泉者，养马在橐泉宫也。騊駼，北海之神马也。昆蹄，马蹄研平而善升甗者也，甗，山形之峻也。牧橐，牧橐驼也。西汉又有中太仆，掌皇后舆马，武帝时又有挏马一官，取马乳汁给大官。

廷尉掌平狱奏当。宣帝置左右平，世祖省其右。初，孝武置中都官狱三十六所，世祖惟廷尉及洛阳有诏狱，后桓、灵间有黄门北寺狱。

按大鸿胪不止典客、主归义蛮夷也，诸王入朝则职郊迎，郊庙行礼则主赞导，封拜王侯则授印绶。又典属国别主夷狄朝贡侍子，后并归大鸿胪，属员有译官、别火令丞。别火者，治改火事也。典属国属有九译令。

宗正即宗伯，以宗室为之，掌宗室属籍及藩国大事。属官有都司空令丞、诸公主家令，皆属于宗正。

大司农初名治粟内史，掌诸钱谷金币。属官有搜粟都尉，不常置。西汉盐铁皆属大司农。东汉属郡县，其属有导官，主舂御米。导者，择也。余如均输、平准、斡官之属，凡六十五官长、丞，亦云繁矣。

少府本秦官，掌山海池泽之税，以给供养，名曰禁钱。少者，小也，盖大司农以供军国，少府以养天子，是天子之私财也。后世琼林大盈，其祖诸此欤。少府属员最多，不止太医令、大官令、上林苑令也，即侍中、中常侍诸中官之属，及尚书令、仆射、尚书侍郎以下，皆以文属焉。东汉又以御史台附少府。

孝武初置水衡都尉，秩比二千石，别主上林苑，有离宫燕休之处，属官有御羞、辑濯、钟官等。按：御羞，即长安城南御宿川也。辑濯，船官也。辑，读作楫。钟官，主铸钱者也。汉世祖并水衡归少府，每立秋貙刘之日，辄暂置水衡都尉，事讫即罢之。

按东汉之九卿分属三公所部。如太常、光禄勋、卫尉，此三卿为太尉所部。太仆、廷尉、大鸿胪，此三卿为司徒所部。宗正、大司农、少府，此三卿为司空所部。凡九卿皆中二千石。

执金吾亦九卿之列，中二千石。掌徼循京师及非常水火之事，月三绕行宫外，及主兵器，故武库令属之。吾，犹御也，执金革以御非常也。缇骑二百人隶之。一说金吾鸟名也，主辟不祥，天子出行，职在前导，执之以备非常也，其属有式道、左右中候。车驾出，在前清道，及还，持麾至宫门，宫门乃开。式者，承也。按：执金吾初名中尉，武帝改今名。

按中官有属少府者。如中常侍、小黄门、黄门令，画室署长、玉堂署长、中黄门、冗从仆射、掖庭令、暴室丞、永巷令、御府令、钩盾令、鸿池丞、濯龙监、直里监、尚方令之属是也。有属大长秋者，中宫谒者令、中宫尚书私府令、中宫署令、中宫药长之属是也。按长秋，宫名，皇后所居。长者，久也；秋者，万物成熟之候也。汉初以士人为大长秋，列于九卿。东汉乃用宦者为之。此何太后所云“不欲楚楚与士人相对”者也。

詹事一官，兼掌皇后、太子家。又有长信詹事，专掌皇太后宫，后更名长信少府，又更名长乐少府，皆在大长秋之上。

太子官属。东汉太子太傅礼如师，不领官属，而官属统于太子太傅。西汉则太傅、少傅兼统之，其属有门大夫、庶子、先马、舍人。先马者，前驱也，或曰当作洗。其余有率更令、家令、仓令、中盾、卫率之属。初属詹事，后詹事省，并归太子少傅。按率更者，掌知漏刻也；中盾者，主周卫巡徼也。

将作大匠，初名将作少府，掌治宫殿。属官有东园主章。章者，大木也。大匠兼掌树栗椅桐梓，盖列树以表道也。

前汉城门校尉与司隶校尉不在八校尉之列。所云八校尉者，中垒、屯骑、步兵、越骑、长水、胡骑、射声、虎贲也，皆秩二千石。后汉惟置屯骑、步兵、越骑、长水、射声五校尉，各掌宿卫兵。其中垒、胡骑、虎贲，省不复置，而以北军中候掌监五营，中候止六百石。而监护五校者，犹刺史之于郡守，亦秩轻权重，以相控驭，有微指焉。东汉大驾卤簿，五校在前，各有鼓吹一部。然中垒、步兵，以刘向、阮籍尝为之，传之后世，遂为清班，非复老兵之目矣。

东汉城门校尉，掌洛阳城十二门。其正南一门曰平城门，是为宫门。北宫门属卫尉。其余上西门、雍门、广阳门、津门、小苑门、开阳门、耗门、中东门、上东门、谷门、夏门，凡十二门。又《汉仪》云:“洛阳二十四街，街一亭；十二城门，门一亭。”

都护副校尉及戊己校尉，皆西域官，戊己取其居中而镇四方也。又有护羌校尉及护乌桓校尉，皆在五校之外，不常置也。

按司隶校尉，武帝仿周官而置之。持节从中都官徒千二百人，捕巫蛊，督大奸猾，后罢其兵，察三辅、三河、弘农。三辅谓京兆、左冯翼、右扶风；三河谓河南、河内、河东也。元帝时以司隶诸葛丰辄擅收人，诏去其节。哀帝时冠进贤冠，属大司空。更始时世祖尝为此官，入洛阳为更始清宫。及东汉之世，掌察举百官及京师近郡犯法者，而掊击贵戚，识察权珰，尤有力焉。余十二州各有部刺史，而三辅、三河、弘农凡七郡，则以属司隶督察，其职可云雄要，故当时士大夫之疾邪愤世如李膺、阳球之属，莫不愿为此职，以奋其鹰鹑搏击之势，为朝廷锄奸，为小民除恶。后世锦衣之设，若兼金吾、司隶二职。然汉之司隶尚可以钳制宦官，而后世之缇帅乃反为权珰丛借，则时为之耳。

西汉十三州部刺史之设，初尝以丞相史分刺诸州，不常置。武帝乃置之，掌奉六条，察所属州郡黄绶以上二千石以下。然刺史不过六百石耳，而守相之殿最，乃上下其手，盖秩轻而权重也。刺史高第，亦往往擢为太守。成、哀间改刺史为州牧，秩二千石。东汉之初复刺史之制，及其末造，又改为牧。若袁、曹、公孙瓒、刘表、刘焉之属，假借州牧之权，跨州连郡，卒以亡汉。乃信刺史之初制，为不可更也。

诸州刺史尝以八月巡行所属郡国，录囚徒，考殿最，岁尽诣京都奏事。东京但因计吏奏事而已。豫州部郡国六，冀州九，兖州八，徐州五，青州六，荆州七，扬州六，益州十二，凉州十二，并州九，幽州十一，交州七。凡边郡岁遣吏上计，并举孝廉，郡口二十万乃举一人。东汉时郡之大者，莫过汝南、南阳，皆二百余万口；边郡莫大于永昌，几及二百万口。

按光武承王莽大乱之后，中国户口耗散，户仅四百余万，口仅二千一百余万，自此日渐增盛。至和帝时，历三朝教养之力，户至九百二十二万有余，口至五千三百二十余万，垦田至七百三十二万余顷，此后累朝不能加之矣。

凡县令、长，万户以上为令，秩千石至六百石；减万户为长，秩五百石至三百石，皆有丞尉。秩四百石至二百石，是为长吏；又有斗食佐史，是为少吏。十里一亭，亭有长；十亭一乡，乡有三老，有秩、啬夫、游徼。三老掌教化，啬夫职听讼、收赋税，游徼徼循禁贼盗。按啬夫即所云卿有秩也，张敞盖尝为之，而朱邑亦以桐乡啬夫起家至大司农。

按令、长之分，虽按户口，然应劭云:“孝武所开三边县，户或数百而为令。荆扬江南七郡，惟临湘、南昌、吴三令耳。及南阳穰中，土沃民稠，四五万户而为长。”此或因仍其旧，不尽以户数分也。

凡郡之所属曰县，列侯所食曰国，公主所食曰邑，有蛮夷曰道。西汉时凡县、道、国、邑千五百八十七，乡六千六百一十，亭二万九千六百有余。东汉孝顺时郡国一百五处，邑、道一千一百八十，可谓盛哉。

汉正月上丁，祀南郊礼毕，次北郊、明堂、高庙、世祖庙，谓之五供。五供毕，以次上诸陵。礼乐既阕，群臣受福祚，食毕，郡国上计吏以次当神轩，占其郡谷价，民所疾苦，欲神知其动静。孝子事亲尽礼，爱敬之心也。礼毕，遣计吏，赐之带佩。

丁孚《汉仪》曰：《酎金律》，文帝所加，以正月旦作酒，八月成，名酎酒。因合诸侯助祭贡金。各以民户数，率千口奉金四两，皆会酎少府。又大鸿胪食邑九真、交趾、日南者，用犀角长九寸以上若玳瑁甲一，郁林用象牙长三尺以上若翡翠各二十，准以当金。此非贵异物也，亦因其土宜也。

《汉旧仪》云：皇帝惟八月酎，车驾夕牲，牛以绛衣之。以鉴燧取水于月，为明水；以火燧取火于日，为明火。左袒，以水沃牛右肩，手执鸾刀，以切牛毛荐之。按：夕牛之礼，先祭日未晡五刻行之。其郊祀夕牲，则公卿百官悉至坛东就位，太祝吏牵牲入，到榜，廪牺令跪曰："请省牲。"举手曰："腯。"太祝令绕牲，举手曰："充。"太史令牵牲就庖，豆酌毛血，一奠天神，一奠太祖也。

养三老五更之礼，先吉日，司徒上太傅若讲师故三公人名，用其德行年高者一人为老，次一人为更也。皆服都纻大袍单衣，皂缘领袖中衣，冠进贤冠，扶王杖。五更亦如之，不杖。皆斋于太学讲堂。其日，乘舆先至辟雍，遣使者安车软轮迎三老、五更。天子迎于门屏，交礼，导自阼阶，三老升自宾阶。至阶，天子揖如礼。三老升，东面，三公设几，九卿正履，天子亲袒割牲，执酱而馈，执爵而酳，祝鲠在前，祝噎在后。五更南面，公进供礼亦如之，明日皆诣阙谢恩。

仲夏阴气所作，恐物不茂。其礼以朱索连荤菜，弥牟朴蛊钟。以桃印五色书文如法，以施门户。代以所尚为饰。夏后氏金行，作苇茭；殷人水德，以螺首；周人木德，以桃更。汉兼用之，故以五月五日，朱索五色印。愚按：此近习俗风土，无当于王制月令也。

貙刘之礼，以祠先虞。武官肄兵，习战阵之仪、斩牲之礼。按：永平元年六月，初令百官貙膢，白幕皆霜。盖楚俗尝以十二月祭饮食也。又《风俗通》曰："尝新始杀，食曰貙膢。"或曰："貙，兽，以立秋日祭兽，王者亦以此日出猎。冀州以八月朝作为饮食为膢，其俗云膢腊社伏也。"

仲秋之月，民年七十者授以王杖，铺之糜粥。八十九十，礼有加赐。王杖长尺，端以鸠鸟为饰。鸠者，不噎之鸟也，欲老人不噎。是月也，祀老人星于南郊老人庙。此盖仿月令而为之。汉制近古如此，六季以下无闻矣。

凡冬至、夏至，太史令率八能之士吹律奏乐于朝堂，尚书奏皂囊封事，皆制之去古未远者也。

按范史《礼仪志》，大傩逐疫之制，原于《周礼》。其黄门倡侲子和歌，殊为古崛奇奥。又设鬼梗、郁儡、苇茭，又以苇戟、桃杖赐公、卿，此议古礼之近亵者耳。

汉历代诸帝柩前即位仪。太尉升自阼阶，当柩御座北面稽首，读策毕，以传国玉玺绶，东面跪授皇太子，即皇帝位。中黄门掌兵者，以玉具、随侯珠、斩蛇宝剑授太尉，告令群臣。夫珠与剑此即汉之赤刀、大训乎？恐以视顾命之垂弓和矢有愧色也。且此国家大事，而与中黄门宦竖共之，亦与周之顾命诸侯伯大不侔也。

按光武即位鄗邑，《告天地文》甚简朴，然未免援引图谶，稍近诬罔，去武王之《大告武城》远矣。其文曰：皇天上帝，后土神祇。眷顾降命，属秀黎元。为民父母，秀不敢当。群下百僚，不谋同辞，咸曰：王莽篡弑窃位，秀发愤兴义兵，破王邑百万众于昆阳，诛王郎、铜马、赤眉、青犊贼，平定天下，海内蒙恩。上当天心，下为元元所归。谶记曰："刘秀发兵捕不道，卯金修德为天子。"秀犹固辞，至于再，至于三。群下曰："皇天大命，不可稽留。"敢不敬承。愚按：此文绝无粉饰。若不援谶文，岂不朴绝。尝论昆阳一战，以数千乌合，破貔貅百万，人力不至于此，谓非天佑不可。而此文绝无一归功帝眷意，及承高祖列宗积累余休，此亦命意之疏略处。

光武封禅泰山，刻石《玉牒文》，较《即位告天地文》，文字繁芜不整，且引谶文太多，更不如《告即位文》之简劲质朴也。

封禅仪，尚书令奉玉牒检，皇帝以寸二分玺亲封之，太常命人发坛上石，尚书令藏玉牒已，复石覆讫，尚书令以五寸印封石检。事毕，皇帝再拜，群臣称万岁。又《封禅仪》云：以金为绳，以石三检。东方西方各三检。检中石泥及坛土，色赤白黑，各如方色。

凡祀五帝，春歌《青阳》，夏歌《朱明》，秋歌《白皓》，冬歌《玄冥》，祭中央歌《帝临》，此前汉《郊社乐歌》中所载，见班固《礼乐志》。至如祭中央黄帝，乐舞《云翘》《育命》。又四时迎气，亦分舞《云翘》《育命》，此则不详其节奏矣。

汉营明堂，上员法天，下方法地，八窗法八风，四道法四时，九室法九州，十二座法十二月，三十六户法三十六雨，七十二牖法七十二风，皆用公玉带之图也。夫公玉带托于黄帝以为此图，其可考与否不可究矣。

六宗之说，诸家不同。刘歆谓水、火、雷、风、山、泽也。贾逵曰日宗、月宗、星宗、岱宗、海宗、河宗也。郑玄曰星、辰、司中、司命、风伯、雨师也。《尚书》欧阳家说，谓六宗者，在天地四方之中，为上下四方之宗。而元始中亦谓六宗者，《易》六子之气也。诸说之不同，盖纷纷矣。

高帝时，有言周兴而邑立后稷之祀，于是高帝令天下立灵星祠。谓之灵星者，以后稷又配食星也。旧说，星谓天田星也。一曰，龙左角为天田官，主谷。祀用壬辰位祠之。壬为水，辰为龙，就其类也。

按《舆服志》：天子五路，以玉为饰，樊缨十有二就，建太常，十有二斿，九仞曳地。七尺为仞。盖天子九旗画日月，高六丈三尺也。日月升龙，象天明也。

或曰殷瑞山车，金根之色，故曰金根。徐广曰：凡立乘曰高车，坐乘曰安车。

天子之舆，朱班重牙，文虎伏轼，龙首衔轭，鸾雀立衡，羽盖华蚤，所云黄屋车也。盖法驾驾六马，金鍐方釳，上插雉尾。金鍐者，马冠也。方釳者，铁也，在马鬃后。左纛以牦牛尾为之，在左骓马轭上，大如斗，是为德车。

耕车曰芝车，用以藉田。猎车曰阘猪车，魏改曰阘虎车。皇后乘紫罽軿车，贵人乘油画軿车。皇子乘青盖车，皇孙绿车。公列侯安车，朱班轮，倚鹿较，伏熊轼，皂缯盖，黑幡，右骓。中二千石、二千石皆皂盖，朱两幡。其千石、六百石，朱左幡，幡长六尺。

凡大驾备千乘万骑，前汉名曰甘泉卤簿，盖用之以郊天也。大驾，太仆较驾；法驾，黄门令较驾。乘舆法驾，八卿不在卤簿中。凡乘舆，前驱有九斿云罕，凤凰阘戟，皮轩鸾旗；后有金钲黄钺，黄门鼓车。大驾属车八十一乘，法驾半之。属车皆皂盖赤里，朱轓弩箙，最后一车悬豹尾，豹尾以前则禁如省中，人不得冲犯也。

凡有巾有盖者谓之武刚车，为先驱。又为属车，为后殿焉。

大使车立乘，驾驷，赤帷。持节者重导从，贼曹车、斧车。璅弩十二人，辟车四人。

小使车不立乘，有骓，赤屏泥，导无斧车。近小使车兰舆赤毂，白盖赤帷。从驺骑四十人。此所谓追捕考案，有所敕取者之所乘也。

凡县令以上，加导斧车。

驿马三十里一置，率皆赤帻绛韝。

凡龙旂，天子升龙，侯王以下降龙。亦有亲藩特赐升龙旐头以葬者，如东海王彊及东平王苍是也。

王公列侯朱镳朱鹿，朱文，绛扇，青翅燕尾。

大行载车，其饰如金根车，加施组，连璧交络四角，金龙首衔璧，垂五采，析羽流苏前后，云气画帷裳，榱文画曲轓，长悬车等。太仆御六布施马。布施马者，淳白洛马也，以黑药灼其身为虎文。既葬，马斥卖，车藏城北秘宫，皆不得入城门。盖礼吉凶不相干也。

《礼纬稽命征》曰：天子饭以珠，唅以玉；诸侯饭以珠，唅以珠；卿大夫饭以珠，唅以贝。

秦时灭去礼学，郊祀之服皆以袀玄。世祖中兴，始修三雍，正兆七郊。显宗遂就大业，初服旒冕，衣裳文章，赤舄絇屦，以祠天地，养三老五更于三雍，于时致治平矣。百官执事，各服常冠，袀玄以从。袀，绀缯也；一曰袀，皂服也。

刘氏冠，一曰斋冠，以竹为里。高祖微时，以竹皮为之，楚冠制也。民谓之雀尾冠，非也。祀宗庙则冠之。因高祖所造，故以为祭服，尊之至也。

委貌冠，与皮弁冠同制，如覆杯，所云夏之毋追，殷之章甫也。委貌以皂绢为之，皮弁以鹿皮为之。行大射礼所服，所云皮弁素积者也。

通天冠，高九寸，正竖，顶少邪却，乃直下为铁卷梁，前有山，展筒为述，乘舆所常服。《服记》曰："知天者冠述，知地者履约。"

远游冠，制如通天，有展筒横之于前，无山述，诸王服之。

高山冠，一曰侧注，制如通天，无山述展筒，谒者、仆射所服。胡广曰："高山冠，齐王冠也。秦灭齐，以其君冠赐近臣。"《汉旧仪》曰："乘舆冠、高山冠，飞月之缨，赤帻纨衣，带七尺斩蛇剑，履虎尾约履。"案：此则亦通于天子。

进贤冠，古缁布冠也，文儒者之服，前高后卑。公侯三梁，中二千石以下至博士两梁，小史私学弟子皆一梁，宗室刘氏亦两梁。

法冠，一曰柱后，高五寸，以缅为展筒，铁柱卷，言其厉直不曲桡也，执法者服之，侍御史、廷尉正监平也。或谓之獬豸冠。獬豸，神羊，一角，能触邪，见人斗，则触不直者，楚王常获之，故以为冠。秦灭楚，以其冠赐近臣执法御史服之，亦名惠文冠。

武冠，一曰武弁，诸武官冠之。侍中、中常侍加黄金珰，附蝉为文，貂尾为饰，谓之赵惠文冠，又名鵔鸃冠。胡广曰："此赵武灵王胡服也。秦灭赵，以其君冠赐近臣。"建武时，南单于内属，世祖赐之以中常侍惠文冠，中黄门童子佩刀云。

祀天地、五郊、明堂，《云翘舞》，乐人服爵弁，所云"冕而舞大武"也。又祀天地、五郊、明堂，《育命舞》，乐人服建华冠。建华冠者，以铁为柱卷，贯大铜珠九枚，即蔡邕《独断》所谓"其制似妇人缕鹿"者也。

方山冠，似进贤，祠宗庙乐人服之，以五采縠为之。

巧士冠，不常服，惟郊天，黄门从官四人冠之，在卤簿中，以备宦者四星。

却非冠，宫殿门吏仆射冠之。负赤幡，青翅燕尾，诸仆射幡皆如之。

却敌冠，制似进贤，卫士所服。

樊哙冠，或云：哙闻项羽欲杀汉王，哙裂裳裹铁楯冠之，造次入军门，立汉王前，直视项羽者也。制似冕，大傩卫士服之。

鹖冠，武士冠也。以青丝为绲，加双鹖尾，竖左右焉。五官、左右虎贲、羽林、五中郎将皆冠此冠，纱縠单衣。虎贲将虎文绔，白虎文剑佩刀。虎贲武骑皆鹖冠，虎文单衣。襄邑岁献织成虎文。盖鹖者，勇雉也，其斗对，一死乃止。徐广云："鹖似黑雉，鸷鸟之暴疏者也，出于上党，每所攫撮，应爪摧衄。"故赵武灵王以表武士。

古者有冠无帻。秦加其武将首饰，为绛袙以表贵贱，其后稍稍作颜题。汉兴，续其颜，却摞之，施巾连题，却覆之，今丧帻是其制也，名之曰帻。帻者赜也，头首严赜也。至孝文乃高颜题，续为之耳，崇其巾为屋，合后施收，贵贱皆服之，文者长耳，武者短耳，称其冠也。尚书帻收方三寸，名曰纳言，示以中正，显近职也。迎气五郊，各如其色，从章服也。皂衣群吏，春服青帻，助微顺气，尊其方也。武力常赤帻，成其威也。未冠童子帻无屋者，未成人也。丧帻却摞，反本礼也。《独断》曰："帻，古者卑贱执事，不冠者之所服也。"

古者君臣佩玉，蔽膝有韨，盖佩以章德，韨以执事也。五伯迭兴，战争不息，佩非战器，韨非兵旗，于是解去韨佩，留其系璲，璲即今之綖也。秦乃以采组连结于璲，光明章表，转相结受，故谓之绶。汉承秦制，故加之以双印佩刀之饰。至孝明，乃为大佩冲牙，双瑀璜，皆以白玉，进退抑扬，然后玉玱鸣焉。盖琚瑀所以纳间，在玉之间，今白珠也。

佩刀，乘舆黄金通身，貂错，半鲛鱼鳞，金漆错，雌黄室，五色罽隐华室。诸侯王，黄金错，环挟半鲛，黑室。公卿百官皆纯黑，不半鲛。小黄门雌黄室，中黄门朱室。童子皆虎爪文。虎贲黄室虎文，其将白虎文，皆以白珠鲛为镖口之饰。镖，刀锋也。乘舆者，加翡翠山，纡婴其侧。

佩双印，长寸二分，方六分。乘舆、诸侯王、公、列侯以白玉，中二千石以下至四百石皆以黑犀，三百石以至私学弟子皆以象牙。乘舆以縢贯白珠，赤罽蕤，诸侯王以下各如其印质。每印刻文六十六字，其文曰："正月刚卯既决，灵殳四方，赤青白黄，四色是当。帝令祝融，以教夔龙，庶疫刚瘅，莫我敢当。疾日严卯，帝令夔化，慎尔周伏，化兹灵殳。既正既直，既觚既方，庶疫刚瘅，莫我敢当。"盖此印以正月卯日作，铭微近古鼎文。

皇太后入庙服，绀上皂下。蚕，青上缥下。皆深衣制，深衣即单衣也，隐领袖缘以绦。剪牦蔮簪珥，耳珰垂珠。簪以玳瑁为擿，长一尺，端为华胜，上为凤凰爵，以翡翠为毛羽，下有白珠，垂黄金镊。左右以横簪之，以安蔮结。诸簪珥皆同制，其擿有等级焉。

皇后谒庙，亦绀上皂下，亲蚕，亦青上缥下。隐领袖缘以绦。假结步摇，簪珥步摇，以黄金为山题，贯白珠为桂枝相缪，一爵九华，熊、虎、赤罴、天鹿、辟邪、南山丰大特六兽，《诗》所云"副笄六珈"，珈之言加也。如今步摇上饰。诸爵兽皆翡翠为毛羽，金题白珠珰，绕以翡翠为华云。

长公主见会衣服加步摇，公主大手结，皆有簪珥。

自公主封君以上皆带绶，以采组为绲带，各如其绶色。黄金辟邪首为带镐，饰以白珠。

公、卿、列侯、中二千石夫人，绀缯蔮，黄金龙首衔白珠，鱼须擿长一尺为簪珥。

自二千石夫人以上至皇后，皆以蚕衣为朝服。列侯夫人以上采十二色。

六百石以上采九色，禁丹紫绀。三百石以上采五色，青绛黄红绿。二百石以上四采，青黄红绿。贾人缃缥而已。

自皇后以下，皆不得服诸古丽圭襂闺缘加上之服。

蔡中郎《独断》曰:“公卿、侍中、尚书，衣皂而入朝者曰朝臣，诸营校尉、将大夫以下不为朝臣。”

春曰朝，秋曰请，凡奉朝请者无常员，列侯、三公、宗室、外戚，皆奉朝请。

汉兴以来，推恩之典，往往赐天下男子爵级。盖即秦制所云二十级也。其级自公士以至彻侯，凡赐爵者，有罪得赎，贫者得卖与人。若夫三老、孝弟、力田，三者皆乡官，汉室所重，赐爵每加等以示优异。爵过公乘者，得移与子，或同产，或同产子。同产者，同母兄弟也。按：赐民爵许赎罪，虽亦盛典，然又许移爵，则当日册籍之纷纭，不知若何。想皆三老等官主之，庶不至淆贸也。

汉律三人以上，无故群饮者，罚金四两。故凡赐天下大酺者，令得聚会饮食也。酺，布也，布恩于天下也。

汉时射策与对策不同。射策者，谓简策难问，列置案上，在试者意投射取而答之，谓之射策。上者为甲科，次者为乙科。若录政化得失，显而问之，谓之对策也。愚按：如晁家令、公孙弘、董仲舒，及贤良方正举，皆射策之类。若灾异、应诏、陈言，方应对策之制耳。

《汉官仪》曰：“侍中左蝉右貂，往来殿中，故谓之侍中。分掌乘舆服物，下至亵器虎子之属。武帝时，孔安国为侍中，以其儒者，时听掌御座唾壶，朝廷荣之。”不知此亦何足荣也。东京时属少府，出则一人负传国玺、操斩蛇剑。应劭曰：“黄门侍郎，每日暮向青琐门拜，谓之夕郎。”昆仑子曰：掌虎子、唾壶固为媟亵，非大臣所为，而斩蛇剑亦未免近于戏也。盖汉时侍中仅比二千石，魏晋以后愈尊，遂为三省长官矣。

光武时特诏御史中丞与司隶校尉、尚书令会同并专席而坐，故京师号曰三独坐，此诏盖为御史中丞宣秉而发也。又帝于诸将，每赏功则令其班座绝席，所以示宠也。又光武时大会，群臣皆就席，博士汝南戴凭独立，帝问之，对曰：“博士说经皆不如臣，而坐居臣上，是以不愿就席。”后正旦朝贺，帝令群臣能说经者更相诘难，义有不通，辄夺其席以益通者，凭遂重坐五十余席，此亦可云异数矣。故京师为之语曰：“解经不穷戴侍中。”夫朝有班、位有次，今则或独坐，或绝席，或重席，此亦颠倒一世之机也。

自西汉以来，以大将军录尚书事。至东汉时如太尉李固，当冲帝即位时，奉顺烈太后诏，固与梁冀参录尚书事。夫“参录”，即后世“参知政事”所由昉也。

胡广《汉制度》曰：天子出有大驾，有法驾，有小驾。大驾则公卿奉引，大将军骖乘，太仆御，属车八十一乘，备千乘万骑。法驾则公不在卤簿，唯河南尹、执金吾、洛阳令奉引，侍中骖乘，奉车郎御，属车三十六乘。小驾则太仆奉驾，侍御史整车骑也。此制《乘舆志》不录，而胡中庸记之。“万事不理问伯始”，殆其然耶。

汉制，太常博士十四人。《易》四人，施、孟、梁丘、京氏也。《尚书》三人，欧阳、大小夏侯氏也。《诗》三人，齐、鲁、韩氏也。《礼》二人，大、小戴氏也。《春秋》二人，《公羊》严氏、颜氏也。皆比六百石。太常差选有聪明威重者一人，为博士祭酒，总领纲纪，秩六百石。其举状有四科，曰:“生事爱敬，丧殁如礼。通《易》《尚书》《孝经》《论语》，兼综载籍，穷微阐奥。隐居乐道，不求闻达。身无金疮痼疾，世六属不与妖恶交通，不受王侯赏赐。”行任四科，乃任博士。愚按:此四科者，一孝行，一穷经，一高洁，此无可议者。偶有金疮，亦复何伤？不与妖恶交通，此士行之常，亦安足异。王侯赏赐，固失廉节，然王侯中独无贤者乎？此则汉法之所以为杂伯也。

《汉官仪》所云“光禄举四行”，曰“敦厚、质朴、逊让、节俭”。此差近古乡举里选之意，然全无及于文学，亦未免删去浮华、矫偏太恶也。范滂诸人，盖尝举此科矣。

明经又有甲乙丙之科。岁课甲科四十人，为郎中。乙科二十人，为太子舍人。丙科四十人，补文学掌故。

蔡质《汉官仪》云：尚书郎入直台中，官供白绫被，或锦被，帷帐画、通中枕，大官供食，五日一美食，下天子一等。又有伯使二人，女侍史二人，皆选端正者。伯使从至止车门还，女侍史絜被服，执香炉，从入台中，给使护衣服。盖起于明帝时。尚书郎河内药崧，家贫为郎，尝独直台上，无被，枕杫，食糟糠。帝见而嘉之，自此诏大官加赐供给焉。然明帝性褊急，尝以事怒崧，以杖撞之，崧走入床下曰：“天子穆穆，诸侯皇皇，未闻人君，自起撞郎。”由前而观，崧可云孤介之士。由后而观，抑又滑稽之雄矣。

汉人往往以师丧去官，厚之至也。如李膺之于荀淑，与延笃、孔昱之于其师是也。又有以兄服去官者，而谯玄独以弟服去职，陈重以姊丧去职，亦后人所无也。而二千石及大臣，乃反不行三年丧，何其倒置耶。

任末奔师丧，于道物故。临终敕其兄子造曰：“必致我尸于师门，使死而有知，魂灵不惭。如其无知，得土而已。”造从之。此即春秋时以尸入人之朝，而将使命之遗礼也。古人哉！今人所不能为矣。

太守刘咸之言曰:“彀弩射市者，薄命先死。”余为去一者字，曰:“彀弩射市，薄命先死。”此八字乃绝妙四言诗，未易多得之隽句也。

汉之公卿大臣，及刺史、太守，多不行三年丧，是谓非礼。若庐墓孝子赵宣，至于庐中生数子，是谓非礼之礼。刺客杀人，借躯报仇，动诛杀数十人，是谓非义。

而践盗贼之信，不惜自杀其躯，以僥幸于贼之见怜，甚且甘舍其身，以供饿贼之餐，且以贼所未见之物，不忍欺之，而返以与之，是谓非义之义。夫非义之义，犹不义也。非礼之礼，犹无礼也。

和帝时，司空徐防论取士之蔽，上疏略曰："伏见太学试博士弟子，皆以意说，不备家法，不依章句。每有策试，辄兴争讼，论议纷错，互相是非。妄生穿凿，以遵师为非义，以臆说为得理，轻侮道术，浸以成俗。臣以为博士及甲乙策试，宜从其家章句，开五十难以试之。解释多者为上第，引文明者为高说。若不依先师，义有相代，皆正其非。"诏下公卿议，皆从防言。按：防所论取士之弊，后世皆然。不谓汉时已有此恶习，何怪乎其后也。若汉末乃有行赂盗改兰台漆书以合其私文者，此则奸人陋儒之尤者耳。

汉有"三互法"，谓婚姻之家，及两州人，不得交互为官，其法密于防奸矣。其弊乃至以幽、冀大州，阙职经时，选用稽滞。蔡邕上疏论之，请无拘禁。灵帝不省。夫奸吏作弊，不在婚朋；良吏奉公，不避姻党，后世法愈密，而弊愈滋；救弊之术益精，而酿弊之奸日甚。何若阔然、荡然而相通于文法之外耶。

凡四千五百岁为一元。一元之中有九厄，阳厄五，阴厄四。阳为旱，阴为水。初入元六百岁有阳厄，故曰百六之会。

京房《论律历》云："竹声不可以受调，故作准以定数。准之状如瑟，长丈而十三弦，隐间九尺，以应黄钟之律。"盖截管为律，吹以考声，列以物气，道之本也。术家以其声微而体难知，其分数不明，故作准以代之。准之声，明畅易达，分寸又粗。然弦以缓急清浊，非管无以正之也。均其中弦，令与黄钟相得，案画以求诸律，无不如数而应者矣。音声精微，综之者解。

黄帝始乘牛车，尧、舜乘马车，桀驾人车，汉灵帝驾驴车，晋武帝乘羊车，盖愈趣愈下矣。

《东夷传》曰："海外有君子之国，衣冠剑佩，居然君子也。然其人性食兽。"不亦君子而凶人乎？且又使一文虎在旁，则亦烈烈乎武猛君子矣。

夫余国在玄菟北千里。初，索离国王出行，其侍儿有身，王还，欲杀之。对曰："前见天上有气，大如鸡子，来降我，因以有身。"王囚之，后生男。王置于豕牢，豕以口气嘘之，不死。徙于马栏，马亦如之。王以为神，乃听收养，名曰东明。长而善射，王忌其猛，复欲杀之。东明奔走，南至掩淲水，以弓击水，鱼鳖皆聚浮水上，东明乘之得渡，因至夫余而王焉。地最平敞，宜五谷，出名马、赤玉、貂貀，大珠如酸枣。以六畜名官，有马加、牛加、狗加等名。用刑严急，尤治恶妒妇，既杀，复尸于山上。噫！彼治妒妇之严如此，宜乎其国之不容而流入中国也，安得尽以夫余之刑治之乎？

挹娄，古肃慎国也。土气寒，常穴居，以深为贵，大家至接九梯。好养豕，食肉衣皮。冬以脂膏涂身，厚数分，以御风寒。又善射，以青石为镞，镞皆施毒，中人即死。

高句骊凡有五族，曰：消奴部、灌奴部、桂娄部、绝奴部、顺奴部之属。本消奴为王，后微弱，桂娄代之。其置官，有对卢、沛者、古邹、优台之类。其国东有大穴，号襚神，以十月迎而祭之。又其人性凶急，有气力，习战斗，好寇钞，乃传之后世，最为文弱之邦，抑又何也？有别种名曰“小水貊”。出好弓，所谓“貊弓”是也。

东沃沮国，东滨大海。其耆老言，尝于海中得一布衣，其形如中人衣，而两袖长三丈。又于岸际见一人乘破船，顶上复有面，与语不通，不食而死。

世传周武王时，封箕子于朝鲜。箕子教以礼义，又制八条之教。如相杀者，以当时偿杀；相伤者，以谷偿；相盗者，男没入为其家奴，女子为婢，欲自赎者人五十万。呜呼，此非圣人之教也。盗可杀而杀之可也，其男女何罪而胥为奴也。且既曰盗矣，又安得五十万以赎其男女乎？此必为后人附会之说，圣人岂以是为教哉。

韩有三种：一曰马韩、二曰辰韩、三曰弁辰，皆古之辰国也。马韩最大，共立其种为辰王，尽王三韩之地。马韩出大粟如梨。有长尾鸡，尾长五尺。俗不贵金宝，唯重璎珠，以缀衣为饰，及悬颈垂耳。大率皆魁头露紒。魁头犹言科头也，谓以发萦绕成科结也。其人壮勇，少年有筑室作力者，辄以绳贯脊皮，缒以大木，欢呼为健。辰韩，耆老自言，秦之亡人，避苦役适韩国焉，故亦名为秦韩。俗喜歌舞。儿生欲令其头扁，皆押之以石。

倭国男衣皆横幅，结束相连。女人被发屈紒，衣如单被，贯头而著之，并丹朱坋身，如中国之用粉也。女人不淫不妒。又俗不盗窃，少争讼。此葛天无怀之遗，何传之后世而倭奴之凶虐大相反乎？倭人每行渡海，令一人不栉沐，不食肉，不近妇人，名曰“持衰”。若在途吉利，则雇以财物；如病疾遭害，以为持衰不谨，便共杀之。

南蛮之先曰槃瓠。昔高辛氏时，有老妇居王室，得耳疾，挑之，乃得物大如茧。盛瓠中，覆之以槃，俄顷化为犬，其文五色，因名曰槃瓠。帝时有犬戎之寇，征伐不克，乃募天下有能得犬戎之将吴将军头者，购黄金千镒，邑万家，又妻以少女。下令之后，槃瓠遂衔人头造阙下，乃吴将军首也。帝大喜，欲报而未知所宜。女闻之，以为不可违信，因请行。帝不得已，乃以配之。槃瓠得女，负而走，入南山，止石室中。所处险绝，人迹罕至。于是女解去衣裳，为仆鉴之结，独力之衣。帝悲思之，遣使寻求，辄遇风雨不得进。经三年，生子十二人，六男六女。槃瓠死后，自相夫妻。织绩木皮，染以草实。其母后归，以状白帝。于是迎致诸子。衣裳斑兰，语言侏儒，好入山壑，不乐平旷。帝顺其意，赐以名山广泽。其后滋蔓，号曰蛮夷。外痴内黠，今长沙武陵蛮是也。张子曰：不经哉，此谈也！卮言破道，邪说荒经。乌足辨哉，乌足辨哉！然汉唐之和亲，亦正复无以异此。“美人天上落，龙塞始应春”，何处得此宁馨语耶。

武陵南蛮，秦时岁赋：大人输布一匹，小口二丈，是谓賨布。

南蛮渠帅曰精夫，相呼为姎徒。姎者，我也。

雕题交趾，其俗男女同川而浴，故曰交趾。其西有啖人国，生首子辄解而食之，谓之宜弟。味旨则以遗其君，君喜而赏其父。取妻美则让其兄。今乌浒人是也。

交趾征侧者，麊泠县雒将之女也。嫁为朱戴人诗索妻，甚雄武。交趾太守苏完以法绳之，侧忿故反。于是九真、日南、合浦蛮里皆应之，凡略六十五城，自立为王。后为伏波将军马援讨平之。

日南徼外蛮夷有究不事人名目。

严尤之谏伐匈奴有五难，李固之议调兵征蛮有七不可。虽其人、邑不同而其灼见事机洞若观火，条奏详明，言言石画，皆老成之见也。赵营平宿将不能过之矣。乃固则见从，而尤则见拒，成败之势，于此分焉。

巴郡蛮本有五姓：巴氏，樊氏等。未有君长，俱事鬼神，乃共掷剑于石穴，约能中者奉为君，巴氏子务相独中之，众皆叹。又令各乘土船，能浮者当以为君，余姓悉沉，惟务相独浮。因共立之，是为廪君。乃乘土船至盐阳，盐水有神女，愿留共居，廪君不许，盐神暮辄来取宿，旦即化为虫，与诸虫群飞，掩蔽日光，天地晦冥，积十余日，廪君因射杀之，天乃开明。后廪君死，魂魄化为白虎。巴氏以虎饮人血，遂以人祠焉。详见《水经注》。

蛮夷之民户出幏布八丈二尺，鸡羽三十鍭。

板楯蛮夷者，秦昭王时有白虎，尝从群虎数游巴、汉、秦、蜀之境，伤害千余人。昭王乃重募人捕之。时有阆中夷人，作白竹之弩，登楼射杀白虎。昭王嘉之，乃刻石盟要，复夷人顷田不租，十妻不算，伤人者论，杀人者得以倓钱赎死。盟曰：“秦犯夷，输黄龙一双。夷犯秦，输清酒一钟。”夷人安之。高祖用巴人还定三秦，复其渠率七姓，不输租赋，余赋乃岁入賨钱，口四十。世号为板楯蛮夷。阆中有渝水。其人天性劲勇，为汉前锋陷阵。俗喜歌舞，高祖观之曰：“此武王伐纣之歌也。”乃命乐人习之，所谓《巴渝舞》也。中兴以后，板楯常从征讨他夷，立功最多。

夜郎者，初有女子浣于遁水，有三节大竹流入足间，闻其中有号声，剖竹视之，得一儿，归而养之。及长，有才武，自立为夜郎侯，以竹为姓。武帝时，平南夷为牂牁郡，夜郎侯迎降，赐以王印绶。后遂杀之。夷獠咸以竹王非血气所生，甚重之，求为立后。天子乃封其三子为侯。死配食其父。今夜郎县有竹王三郎神是也。按：前汉《西南夷传》中，言唐蒙以郎中将，将万余人，从巴苲关入，遂见夜郎侯多同。则多同者，其即竹王耶？亦不言封之与杀之之事。而成帝时遣牂牁太守陈立诛夜郎王兴，或者其苗裔耶？

牂牁者，楚顷襄王时，遣将庄豪从沅水伐夜郎，军至且兰，椓船于岸而步战。既灭夜郎，因留王滇池。以且兰有椓船牂牁处，乃更名曰牂牁。牂牁者，言击船杙也。郡最贫，有桄榔木可以为面，百姓资焉。

哀牢夷者，其先有妇人名沙壹，居于牢山。尝捕鱼水中，触沉木有感，因怀妊十月，产子男十人。后沉木化为龙，出水上。沙壹忽闻龙语曰："若为我生子，今悉何在？"九子见龙惊走，独小子不能去，背龙而坐，龙因舐之。其母鸟语，谓背为九，谓坐为隆，因名子曰九隆。及后长大，诸兄以九隆为父所舐而黠，遂共推为王。后牢山下有一夫一妇，复生十女子，九隆兄弟皆娶以为妻，后渐滋长。种人皆刻画其身，象龙文，衣著尾。建武中内属，永平中又内属，户口至五十余万。明帝置哀牢、博南二县，合为永昌郡。始通博南山，度兰仓水，行者苦之。歌曰："汉德广，开不宾。度博南，越兰津。度兰仓，为它人。"哀牢人皆穿鼻儋耳，其渠帅自谓王者，耳皆下肩三寸，庶人则至肩而已。

哀牢人知染采文绣，罽毲帛叠，兰干细布。兰干者，纻也。有梧桐木华，绩以为布，幅广五尺，洁白不受垢污。先以覆亡人，然后服之。其竹节相去一丈，名曰濮竹。地有松脂沦入地，千年化为虎魄。初如桃胶，凝坚乃成。

永昌出猩猩，人有获之者，执纳牢中。人欲取其血，到牢边语云："猩猩，汝可自相推肥者出之。"既择肥竟，相对而泣。即《左思赋》云"猩猩啼而就禽"者也。昔有人以猩猩饷封溪令，令问曰："饷何物？"猩猩自于笼中对云："但有酒及仆耳。"愚谓：似此饷礼，可以不烦折简矣。

永昌有貊兽，大如驴，多力，食铁。又云南县有神鹿两头，能食毒草。

永昌太守郑纯，与哀牢夷人约，邑豪岁输布贯头衣二领，盐一斛，夷人便之。

安帝时，徼外僬侥种夷内附，献象牙、封牛。又，掸国王雍由调献乐及幻人，能变化吐火，自支解，易牛马头。又善跳丸，数乃至千。自言我海西人。海西即大秦也。

李膺《益州记》云："邛都一老姥家贫，每食，辄有一小蛇，戴角在床间，姥怜之，饲焉，后长丈余。令有骏马，蛇吸之。令大忿，责姥出蛇。掘其床下，一无所见。因迁怒杀姥。蛇人言曰：'令何杀我母？必报仇。'每夜辄闻雷风，四十许日，百姓相见咸惊语：'汝头那忽戴鱼？'是夜，方四十里，与城俱陷为湖，惟姥宅无恙。每风静水清，犹见城郭楼橹叟然。"此事可云语怪，然出自元礼公之笔，或者不至甚诬也。

越嶲郡本邛都夷故地，其青蛉县禺同山，有碧鸡金马，光景时时出见。故王褒《碧鸡颂》曰:“持节王褒，谨拜南崖，敬移金精神马，骠碧之鸡，处南之荒。深溪回谷，非土之乡。归来归来，汉德无疆。廉平唐虞，泽配三皇。”

莋都夷，武帝所开，以为沈黎郡，置两都尉，一居旄牛，主徼外夷，一居青衣，主汉人。永平中，益州刺史朱辅，好立功名，慷慨有大略，在州数岁，宣示汉德，威怀远夷。自汶山以西，前世正朔所未加，白狼、槃木、唐菆等百余国，户口六百万以上，奉贡称臣，慕化归义，作诗三章，盖白狼王唐菆所作也。一曰《远夷乐德歌》，曰：“大汉是治，与天意合。吏译平端，不从我来。闻风向化，所见奇异。多赐缯布，甘美酒食。昌乐肉飞，屈伸悉备。蛮夷贫薄，无所报嗣。愿主长寿，子孙昌炽。”二曰《远夷慕德歌》，曰:“蛮夷所处，日入之部。慕义向化，归日出主。圣德深恩，与人富厚。冬多霜雪，夏多和雨。寒温时适，部人多有。涉危历险，不远万里。莫受万柳。去俗归德，心归慈母。”三曰《远夷怀德歌》，曰：“荒服之外，土地硗埆。食肉衣皮，不见盐谷。吏译传风，大汉安乐。携负归仁，触冒险陕。高山岐峻，缘崖磻石。木薄发家，百宿到洛。父子同赐，怀抱匹帛。传告种人，长愿臣仆。”是盖犍为郡掾田恭，与之习狎，颇晓其言，因译以汉文，而朱辅表上之。明帝嘉之，事下史官。夫一小夷而口至六百余万，亦不无侈词。且诗词既经重译，又恐不无假借也。然其诗之朴茂渊古，无文士气，无中华气，必非魏晋以下诸名手所能赝作者也。其未译原文，绝无意义，不必书载，姑举一二以志异云。如大汉是治提官傀构；与天意合魏冒逾粮；所见奇异知唐桑艾；甘美酒食推潭仆远；蛮夷贫薄偻让龙洞；无所报嗣莫支度由；子孙昌炽莫稚角存；圣德深恩圣德渡诺；冬多霜雪综邪流藩；夏多和雨莋邪寻螺；百宿到洛理沥髭雒。如此等文，正非译者不能解也。

冉駹夷，武帝所开，以为汶山郡。土气多寒，盛夏犹冰，其人冬则避寒入蜀为佣，夏则违暑反其邑。依山居止，累石为室，高者至十余丈，为邛笼。有旄牛无角，一名童牛，肉重千斤，毛可为毦。有灵羊，可疗毒。又有五角羊、髭鸡。其人能作旄毡、斑罽、青顿、毞毲、羊羧之属。

白马氐者，武帝所开，即武都也。居于河池，一名仇池，方百顷，四面斗绝。案《三秦纪》曰:“仇池山本名仇维山，山在沧洛二谷之间，常为水所冲激，故下石而上土，形似覆壶。”《仇池记》云：“仇池，天形四方，壁立千仞，自然楼橹竦起数丈，有逾人功，盘道而上。东西二门自下至上，凡有七里。”《开山图》谓之“仇夷”，所云“积石嵯峨，嵚岑隐阿”者也。

賨幏，火毳，驯禽，封兽。賨布、幏布已见前。火毳，火浣布也，以火山鼠毛为之，鼠重百斤，毛长二尺余，细如丝。鼠恒居火中，而色白，以水逐沃之即死。绩其毛织以作布，若污，以火烧之，则清洁也。驯禽，鹦鹉也。封兽，象也。

西羌之种出自三苗，《禹贡》所谓析支也，南接蜀、汉徼外蛮夷，西比鄯善、车师诸国。所居无常，依随水草。周哀时有义渠、大荔等戎。

中国有三河:河南、河内、河东也。西羌亦有三河:黄河、赐支河、湟河也。

羌人无弋爰剑者，为秦所拘执，后得亡，秦人追之急，藏于岩穴中。秦人焚之，有景象如虎，为其蔽，得不死，诸羌怪其神，因共推为长。羌人谓奴为无弋，故因以名之。其后世世为豪酋，子孙分别凡百五十种。烧当者，爰剑十七世孙也。

武帝时，北却匈奴，西逐诸羌，乃度河、湟，筑令居塞。开河西，列置四郡，谓酒泉、武威、张掖、敦煌也。通道玉门，隔绝羌胡，使南北不得交关。时先零羌与匈奴合兵十余万，共攻令居塞，汉使徐自为、李息击平之，始置护羌校尉，持节统领焉。

旧制：益州部，置蛮夷骑都尉；幽州部，置领乌桓校尉；凉州部，置护羌校尉。皆持节领护，理其怨结，岁时循行，问所疾苦。又数遣使驿通动静，使塞外蛮夷为吏耳目，州郡因此可得警备，此前朝驭夷之术也。其后将兵者多贪暴，渐失人和，而界夷不为侦探，于是边境日多事矣。

自烧当至其玄孙滇良，世居河北大允谷，种小人贫，而先零、卑湳并皆强富，数侵犯之。其后滇良率诸杂种从大榆谷入，掩击先零、卑湳，大破之，掠取财物，夺居其地大榆中，由是始强。滇良子滇吾，部落转盛，常雄诸羌，与弟滇岸寇边，屡败边兵，盖世祖末年也。

明帝时，命窦固、马武等击滇吾于西邯，大破之，滇吾遂降汉。滇吾子东吾立，以父降汉，乃入居塞内，谨愿自守，而诸弟迷吾等数为寇盗。后迷吾等出塞，与他羌五万余人寇陇西，马防、耿恭讨破之。章帝时，迷吾复与弟号吾等反叛，屡犯塞，后为护羌校尉张纡所破，乃降。纡诱之大会，以毒酒醉之，斩迷吾等五人头，以祭前校尉傅育冢，共斩首四百余人。迷吾子迷唐及其种人向塞号哭，遂与烧何、当煎、当阗等解仇交质，同寇陇西塞，纡不能制。

和帝初，以邓训代张纡为护羌校尉，少以赏赂离间之，诸种少解。东吾子东号立。是时号吾将其种人降，训遣兵击迷唐，迷唐去大小榆谷，徙居颇岩谷，后又还居大小榆谷，屡败校尉兵，后为征西将军刘尚兵所破，迷唐乃降，诣阙。和帝令迷唐将其种人还居大小榆谷，后又复叛，为金城太守侯霸所破，迷唐失众，病死。

东号子麻奴立，与诸羌叛出塞，羌众大盛，败车骑将军邓骘军，朝廷诏骘班师。时先零别种滇零尤为桀骜，败校尉任尚兵，屡犯塞，众遂大盛。滇零死，子零昌代立。

来歙为中郎将，岑彭为大将军，皆在百万军中，而刺客害之，仅以匹夫力耳。其后西羌叛将如杜琦、狼莫、吕叔都、杜季贡四人，及羌豪零昌，朝廷兵不能制，皆募人刺杀之，果次第授首，而刺之者亦皆得封侯之赏。然余独惜其以大汉之力，而仅效公孙述之所为，虽可以破贼，而未足以扬威也。

中郎将任尚频奉命征羌，而久无功，怀令虞诩教之以罢步兵、募骑兵，可以追羌得志。尚大喜，上言用其计，已而果破羌众，大获。洎零昌狼莫为中国所刺死，后诸羌瓦解，三辅乃无恙患。其后羌大豪忍良等，以麻奴兄弟本烧当世嫡，而汉官抚恤不至，常有怨心，遂与之相结，共叛，寇湟中，后穷困乞降。麻奴弟犀苦立。护羌校尉马贤屡有战功，后拜征西将军。贤与二子及羌战，俱败死。

凡《汉书》中"无虑"犹言"都凡"也，"首施两端"犹言"首鼠两端"也。

自顺帝永和年间，羌叛十余年中，费用八十余亿。诸将多断盗牢禀，私自润入，皆以珍宝货赂左右，上下放纵，不恤军事，士卒不得其死者，白骨蔽野。嗟乎！千古行军之蔽，大率如此，岂独征羌为然哉。

宣帝时，后将军赵充国击先零还，于金城置属国，以处降羌。又当煎作寇，马援徙之三辅，贪其暂安，信其驯服，卒致反叛，为中国患。盖不待江统论徙戎，而前事之效已可见矣。至若和熹太后之时，西羌反乱，关辅震动，沿边绎骚，如河西四郡，不能御羌，遂诏徙四郡民于关右，是自撤其藩篱也。而人情又不乐徙，为有司奉诏驱迫，至于发屋伐树，流离困苦，则又失策之甚者，其去弃凉州之议，几何矣。张奂、段颎仅能胜之，而汉祚已忽焉，所谓与国终始者也。

王莽时有田禾将军，明帝时置宜和都尉，并前汉搜粟都尉，皆相因起义者也。

《西域传》中，以酒泉属国吏士千余人集昆仑塞，此昆仑非西域昆仑也，盖在敦煌郡瓜州地，所云昆仑障也。

安帝初，西域行长史索班为北匈奴及车师后王所杀，遂击走其前王。鄯善恐，乃求救兵于敦煌太守曹宗，宗上言，邓太后不许。后敦煌太守张珰上书陈三策，朝廷下其议。尚书陈忠上书请救鄯善，复立西域长史，乃以班超子勇为之，将弛刑徒屯柳中，勇遂破平车师。自建武至延光，西域三绝三通。自顺帝以后，朝威渐损，诸国转相陵伐，浸以疏慢矣。

《西域传》自建武以后，其书异于前书者，皆安帝末年班勇所记也。

西域内属诸国，东西六千余里，南北千余里，东极玉门、阳关，西至葱领。其东北与匈奴、乌孙相接。南北有大山，中央有河。其南山东出金城，与汉南山属焉。其河有两源，一出葱领东流，一出于阗南山下北流，与葱领河合，东注蒲昌海。蒲昌海一名盐泽，去玉门三百余里。自敦煌西出玉门、阳关，涉鄯善，北通伊吾千余里，自伊吾北通车师前部高昌壁千二百里，自高昌壁北通后部金满城五百里。此西域之门户也，故戊己校尉更互屯焉。伊吾地宜五谷、桑麻、葡萄。其北又有柳中，皆膏腴之地。故汉常与匈奴争车师、伊吾，以制西域。

自鄯善逾葱领，出西诸国，有两道。傍南山北，陂河西行至莎车，为南道。南道西逾葱领，则出大月氏、安息之国也。自车师前王庭随北山、陂河西行至疏勒，为北道。北道西逾葱领，出大宛、康居、奄蔡、焉耆。

条支国城在山上，周回四十余里。临西海，海水曲环其南及东北，三面路绝，惟西北隅通陆道。出狮子、封牛、孔雀、大雀，其卵如瓮。

安息国，居和椟城，其东界木鹿城，号小安息。章帝时遣使献狮子、符拔。符拔形似麟而无角。和帝时复献狮子及条支大鸟，时谓之安息雀。此雀身膺蹄都似橐驼，举头高八九尺，张翅丈余，即今之鸵鸟也。

莎车国西经蒲犁、无雷至大月氏，东去洛阳万九百五十里。匈奴因王莽之乱，略有西域，惟莎车王延最强，不肯附属。元帝时，尝为侍子于京师，慕乐中国，亦复参其典法。常敕诸子，当世奉汉家。后延死，谥忠武王，子康立。光武初，康率旁国拒匈奴，拥卫故都护吏士妻子千余口，檄书河西，问中国动静，自陈思慕汉家。建武五年，河西大将军窦融承制立康为汉莎车建功怀德王、西域大都尉，五十五国皆属焉。此一误也。九年，康死，谥宣成王。弟贤代立，攻破拘弥、西夜国，皆杀其王，而立其兄康两子为拘弥、西夜王。十四年，贤与鄯善王安，并遣使诣阙贡献，西域始通。葱领以东诸国皆属贤。十七年，贤复遣使奉献，请都护。天子以问大司空窦融，融以为贤父子兄弟相约事汉，款诚又至，宜加号位以镇安之。帝乃因其使，赐贤西域都护印绶，此再误也。及车旗黄金锦绣。敦煌太守裴遵上言："夷狄不可假以大权，又令诸国失望。"诏书收还都护印绶，更赐贤以汉大将军印绶，其使不肯易，遵迫夺之，贤由是始恨。而犹诈称大都护，移书诸国，诸国悉服属焉，号贤为单于。贤浸以骄横，重求赋税，数攻龟兹诸国，诸国愁惧。二十一年冬，车师前王、鄯善、焉耆等十八国，俱遣子入侍，皆流涕稽首，愿得都护。天子以中国初定，北边未服，皆还其侍子，厚赏赐之。是时贤自负其兵，欲兼并西域，攻击益甚。诸国闻都护不出，而侍子皆还，大忧恐，乃与敦煌太守檄，愿留侍子以示莎车，言侍子见留，都护寻出，冀且息其兵。裴遵以状闻，天子许之。二十二年，贤知都护不至，遂遗鄯善王安书，令其绝汉道，安不纳而杀其使。贤大怒，发兵攻鄯善。安迎战，兵败，亡入山中。贤杀略千余人而去。其冬，贤复攻杀龟兹王，遂兼其国。鄯善、焉耆诸国侍子，久留敦煌，愁思，皆亡归。鄯善上书，愿复遣子入侍，更请都护。都护不出，诚迫于匈奴。天子报曰："今使者大兵未能得出，如诸国力不从心，东西南北自在也。"于是鄯善、车师复附匈奴，而贤益横。妫塞王自以国远，遂杀贤使者，贤击灭之，立其国贵人驷鞬为妫塞王。贤又自立其子则罗为龟兹王。贤以则罗年少，乃分龟兹为乌垒，徙驷鞬为乌垒王，又更以贵人为妫塞王。数岁，龟兹国人共杀则罗、驷鞬，而遣使匈奴，更请立王。匈奴立龟兹贵人身毒为龟兹王，龟兹由是属匈奴。贤以大宛贡税减少，自将诸国兵攻大宛，大宛王延留迎降，贤因将还国，徙拘弥王桥塞提为大宛王。而康居数攻之，桥塞提在国岁余亡归，贤复以为拘弥王，而遣延留还大宛，使贡献如常。贤又徙于寘王俞林为骊归王，立其弟位侍为于寘王。岁余，贤疑诸国欲畔，召位侍及拘弥、姑墨、子合王，尽杀之，不复置王，但遣将镇守其国。位侍子戎亡降汉，封为守节侯。莎车将君得在于寘暴虐，百姓患之。明帝永平三年，其大人都末出城见野豕，欲射之。豕乃言曰："无射我，我乃为汝杀君得。"都末因此与兄弟共杀君得。而大人休莫霸，复与汉人韩融等杀都末兄弟，自立为于寘王，复与拘弥国人攻杀莎车将在皮山者，引兵归。贤遣其太子、国相，将诸国兵二万人击休莫霸，霸迎与战，莎车兵败，杀万余人。贤复发诸国兵数万人，自将击霸，霸复破之，贤脱身归国。休莫霸进围莎车，中流矢死，兵乃退。于寘国相苏榆勒等，共立休莫霸兄子广德为王。匈奴与龟兹诸国共攻莎车不能下。广德承莎车之敝，使弟辅国侯仁将兵攻贤。贤连被兵革，乃遣使与广德和。先是广德父拘在莎车数岁，于是贤归其父，而以女妻之，结为昆弟，广德引兵去。明年，莎车相且运等，患贤骄暴，密谋反城降于寘。广德乃将兵三万人攻莎车。贤城守，使使谓广德曰："我还汝父与汝妇，汝来击我何为？"广德曰："王，我妇父也，久不相见，愿各从两人，会城外结盟。"贤以问且运，且运曰："广德汝婿至亲，宜出见之。"贤乃轻出，广德遂执之。而且运等因纳于寘兵，虏贤妻子而并其国，锁贤将归，岁余杀之。匈奴闻广德灭莎车，遣五将发焉耆、尉黎、龟兹十五国兵三万余人，围于寘，广德乞降，以其太子为质，约岁给罽絮。冬，匈奴复遣兵将贤质子不居征立为莎车王，广德又攻杀之，更立其弟齐黎为莎车王，章帝元和三年也。时长史班超，发诸国兵击莎车，大破之，由是遂降汉。

东离国男女皆长八尺，而怯弱。乘象、骆驼往来。

栗弋国属康居，水土美，故葡萄酒特有名。

大秦国一名犁鞬，以在海西，亦云海西国。地方数千里，有四百余城。人皆髡头而衣文绣，乘辎軿白盖小车。城中有五宫，相去各十里。宫室皆以水精为柱，食器亦然。其王日游一宫，听事五日而遍。常使一人持囊随王车，人有言事者，即以书投囊中，王至宫发省，理其枉直。其王无常人，皆简立贤者。国中灾异，辄废而更置，受放者不怨。其人民皆长大平正，有类中国，故谓之大秦。有夜光璧、明月珠、骇鸡犀，即通天犀也，有白理如綖，以盛米，鸡不敢啄。其他如琥珀、琉璃、琅玕、黄金涂、火浣布之属甚众。又煎诸香以为苏合。凡外国珍异皆出焉。其人质直，市无二价。其王常欲通使于汉，而安息欲以汉缯彩与之交市，故遮关不得自达。至桓帝时，大秦王乃一贡献象牙、犀角、玳瑁之属，无他珍异焉。或云其国西有弱水、流沙，近西王母所居处，几于日所入也。又或言大秦有飞桥数百里，可渡海北诸国，然近不经矣。

大月氏初为匈奴所灭，遂迁于大夏，分其国为五部翕侯。后百余岁，贵霜翕侯丘就却攻灭四翕侯，自立为王，号贵霜王。侵安息，取高附地。又灭濮达、罽宾。其子阎膏珍嗣立，复灭天竺国。强盛极矣，有兵十万余。

天竺国一名身毒，在月氏之东南，卑湿暑热。其国临大水。乘象而战。弱于月氏，修浮图道，不杀伐，遂以成俗。后月氏杀其王而置将，令统其人。出细布、毾㲪、石蜜、黑盐。世传明帝梦金人，长大，顶有光明，以问群臣。或曰："西方有神，名曰佛，其形长丈六尺而黄金色。"帝乃遣使天竺问佛道法，遂图画形像焉。愚以为哀帝时博士弟子秦景始传《浮屠经》，则佛书自前汉时已入中国矣。

《南匈奴传》较前书《匈奴传》，其纪国俗微有不同。其大臣贵者左贤王，次左谷蠡王，次右贤王，次右谷蠡王，谓之四角。次左右日逐王，次左右温禺鞮王，次左右斩将王，是为六角，皆单于子弟，次第当为单于者也。异姓大臣左右骨都侯，次左右尸逐骨都侯，其余日逐、且渠、当户诸官号。单于姓虚连题，前书云姓挛提氏，其国称之曰"撑犁孤屠"，谓天子也。前汉《匈奴传》又云"改左贤王为护于"，后不复称。

北匈奴单于作马革船。

《南匈奴传》所载，班叔皮议应北匈奴求和亲，并代立诏草，曲尽情事，可谓有用之文，当时庭臣皆不及也，世祖从其议，可谓明见万里矣。此与窦宪请立北匈奴于除鞬为北单于，事势不同。盖世祖时若绝其贡献，则阻向化之心；和帝时若授以荣封，则树方张之虏，固不同也。

乌桓本东胡也。人无常君，以有勇健能理决斗讼者为大人。氏姓无常，以大人健者名字为姓。大人以下，各自畜牧，不相徭役。见鸟兽孕乳，以为四节。丧葬歌舞相送，肥养一犬，以彩绳牵之，并取死者所乘马衣物，皆烧而送之，言以属累犬，使护死者神灵归赤山。赤山在辽东西北数千里，如中国死人魂神归岱宗也。

鲜卑亦东胡之支也，别依鲜卑山，故因号焉，如乌桓之依乌桓山也。其禽兽异于中国者，野马、原羊、角端牛，又有貂、豽、鼲子，天下以为名裘。东汉初，为辽东太守祭肜所破，遂降汉。桓帝时，有檀石槐者，其父投鹿侯，从军在外，其妻在家生子，投鹿欲杀之。妻言尝昼行，闻雷震，仰天视，而雹入其口，因吞之，遂妊身，十月而生，此子必有异。投鹿不听，遂弃之。妻私语家令收养焉，名檀石槐。年十四五，勇健有智。别部大人抄取其外家牛羊，檀石槐单骑追击之，所向无前，悉还得所亡者，由是部落畏服。乃施法禁，平曲直，无敢犯者，遂推以为大人。乃立庭于弹汗山歠仇水上，去高柳三百里，东西部大人皆归焉。

因南抄缘边，北拒丁零，东却夫余，西击乌孙，尽据匈奴故地，东西万四千余里，网罗山川水泽盐池，称极盛焉。朝廷积患之，不能制，遣使持印绶封为王，欲与和亲。檀石槐不肯受，而寇抄滋甚。又自分其地为三部，各置大人主领之，而皆属檀石槐。盖鲜卑之有石槐，犹乌桓之有峭王蹋顿也。

灵帝时遣北地太守夏育出高柳，护羌校尉田晏出云中，中郎将臧旻率南单于出雁门，各将万骑，三道出塞二千余里以伐鲜卑。檀石槐命三部大人各率众逆战，育等大败，各将数千骑奔还，下狱，赎为庶人。此举盖奄人王甫主之也。至光和中，檀石槐乃死，年四十五。

夫晁家令授经幼女，以伏胜之老而不能言，人所不能解也。若乃曹大家之奉诏续成其兄固所著《汉书》，其书始出，多未能解者，同郡马融伏于东阁下，从大家受句读，此载籍中雅事也，岂易得之彤管中哉。大家名昭，字惠班。其所上《论邓骘乞身封事》及《为兄超求入关疏》，并足脍炙人口，而《女诫》七篇尤内则之金石也。其书为马融所赏，令妻女习焉。昭夫妹曹丰主，亦有才辨，为书以难昭，辞亦可观。子妇丁氏撰集其遗文，作《大家赞》。

孝女曹娥与孝女叔先雄其事相同，然娥未适人，而雄已有二儿，而一不以系其心，而俱从其父以死，一何烈也。

太傅袁隗妻马氏，字伦，融之女也。伦少有才辨。初成婚，资遣甚盛。隗曰：“妇奉箕帚而已，何过珍丽乎？”对曰：“君若慕梁鸿、鲍宣之为人，妾亦请从孟光、桓少君之事矣。”隗又曰：“妹先姊适，可乎？”对曰：“妾姊高行，未遭良匹，不似妾鄙薄，苟然而已。”又问曰：“南郡君文为辞宗，而所在以货财为损，何耶？”对曰:“孔子大圣，不免武叔之毁;子路至贤，犹有伯寮之诉。家君得此，固其宜耳。”按：此女谈锋甚劲，是亦一勍敌，安得谢家阿蕴施锦帐以为袁太傅解围乎。

沛国刘长卿妻者桓氏，桓荣孙鸾之女也，生一子五岁而长卿卒，桓誓不归宁。既而儿又殇，妻虑不免，乃自刑其耳以自誓。人问其故，对曰：“昔我先君五更，学为儒宗，尊为帝师。五更以来，男以忠孝显，女以贞顺称。是以豫自刑剪，以明我志耳。”沛相王吉上奏高行，显其门闾，号曰“行义桓嫠”，县邑有祀，必致膰焉。夫桓荣之有此孙女，是亦稽古之余休也。而沛相王吉，乃奄人王甫之子，以酷吏为司隶阳球所杀，而亦作此一义举，甚可怪也。

蔡琰幼时，父邕鼓琴弦绝，琰曰：“第二弦也。”邕曰：“偶得之耳。”又故断一弦，问之，曰：“第四弦。”并不差谬。其妙解音律如此。适河东卫仲道，夫亡无子。献帝兴平中，丧乱，琰没于南匈奴左贤王十二年，生二子。曹操素与邕善，伤其无嗣，乃遣使以金帛赎归，而重嫁陈留董祀。祀为屯田都尉，犯法当死，琰诣操请之。时公卿名士满堂，及文姬进，蓬首徒行，叩头请罪，音辞清辨，旨甚酸哀，众皆改容。操曰:“诚实相矜，然文状已去，奈何？”姬曰:“明公厩马万匹，虎士成林，何惜疾足一骑，而不济垂死之命乎！”操感其言，乃追原祀罪。时旦寒，赐以头巾履袜。操因问曰：“闻夫人家先多坟籍，犹能忆识否？”对曰：“昔亡父赐书四千余卷，流离涂炭，罔有存者。今所诵忆，裁四百余篇。”操曰：“今当使十吏就夫人写之。”文姬曰：“妾闻男女之别，礼不亲授。乞给纸笔，真草惟命。”于是缮书送之，文无遗误。张子曰:《述愤》二篇，在汉人中亦是高手，若《胡笳十八拍》，或恐是唐人赝笔耳。“杀气朝朝拥塞门，胡风夜夜吹边月”,逼真唐音。又《述愤》诗，东坡以为辞气太露，谓为后人伪篇。此殊不然，恐后人无此气骨，即少陵诸五言长诗，或有其雄劲，而未必有其质朴，固自具汉人身分，与《庐江小吏妇》诗，堪相雄长也。

五代史肪截

序

肪截者，截其肪也。残脂剩脯，亦具宾筵；片胾零膏，能饫俭腹。愿以小人之口，用尝君子之羹。则鼹鼠饮河，无须千顷；滨獭祭鲤，不在微鳞。盖畏灏瀚之长编，十行难下；乃就删余之简册，一望皆穷。间附悠谬之谈，聊志赏心之趣。实多随笔之纪，无辞割裂之愆。较苏舜钦之读《汉书》，差堪浮白；非宋子京之燃官烛，有愧杀青。庶佐晴窗软饱之资，或为钝贼耳谈之籍。

昆仑外史张笃庆撰。

五代史肪截一卷

五代之君，梁太祖，宋州午沟里人。唐庄宗，沙陀人。唐明宗，雁门人。唐废帝，镇州平山人。晋高祖，阴山人。汉高祖，亦沙陀人。周太祖，邢州尧山人。周世宗，邢州龙冈人。为代者五，为姓者八。天地之气，厚于代北而延于河朔。其间号称贤主惟明宗、世宗为最，而一以耄期，一以英俊，皆享国不永，惜哉！

五代之疆域广轮，欧阳氏《职方考》载之详矣。大抵中国之声教仅及于四海之半，其余则皆十国及诸镇所瓜分。名虽奉朔贡献，而其实皆自为治也。况如吴、蜀、南唐、闽、汉，又皆僭号一方，不啻夜郎自大乎？欧阳氏《本纪》，于海外诸夷来朝贡则书之，于十国则不书，盖所以痛绝之，使不得同于外夷也。

创业之君即位则追尊祖妣，此定制也。乃吾考五代之君制各不同。梁太祖则追尊高祖以下四世，祖考皆谥二字，妣皆谥二字。唐庄宗则追尊曾祖以下三世而不及高祖，祖考皆谥二字，而妣即同谥，妇从夫也。唐明宗则追尊高祖以下四世，祖考皆谥二字，而妣皆谥三字。夫坤道无成而代终，而妣之谥乃多于考，何也？其后晋高祖亦用明宗之制，汉高祖制与梁同，而周亦因之。其间如唐废帝与周世宗未始不改姓，而不闻追崇之典，盖皆附于为人后之义，故舍其私亲而恝然于其间也。若晋出帝之绝其父，抑又末矣。

司马迁与班固，以当代人修当代史，其于《汉高祖本纪》中叙其原始，类称刘季，不称名。欧阳公以后代人修五代史，故其于五代原始处直书名。如梁太祖微时，直谓之曰温而已，然其封王后则称梁王，所以著其逼也。于李克用以全节予之，故于克用之封晋王而不曰王者，以克用之终身未尝敢僭帝号也。然欧氏不伪梁之说，虽自托于春秋之旨，而与紫阳纲目颇相枘凿，亦各从其意耳。

朱温之有朱全昱，其诸司马氏之孚、武氏之攸绪乎？枭凤同巢，龙蛇共穴，异哉！观全昱责朱温之言，可谓有人心者矣，然终于受温之爵，与其二子皆封王，而二子又皆凶悖，皆不令终。朱五经之后不其馁而，盖又出于孚与攸绪之下矣。

朱温一凶悍猾贼耳。彼其初亦杨行密、温韬之流也，其反正而降唐，则皆其客谢瞳教之。当温之从黄巢而数败于河中王重荣也，求益兵于巢，中尉孟楷抑而不为通。瞳说温曰："黄巢幸唐衰乱，非有兴王之业也。今唐德未厌于人，将军力战于外而庸人制之于内，此章邯所以背秦而归楚也。"温然其计，乃因王重荣以归唐。其后终梁之世，瞳不复见，其徐洪客之流欤？抑见温之谋欲篡唐而不为之用欤？噫！吾不得而知之矣。

朱温之赐名全忠也，张宗奭之赐名全义也，可谓忠不忠而义不义矣。

朱全忠之破黄巢于郾城，于中牟，于封丘也，亦藉晋王李克用协功之力。及巢挺身东走，至泰山狼虎谷，为都统时溥追兵所杀，而全忠自此进爵为王矣。

逮其破秦宗权，取曹、濮，下兖、郓，观其用兵，可谓出奇制胜，亦一时之杰。然而昭宗赐以纪功碑，又赐以德政碑，皆毫无取义，徒为篡逆之阶而已。

朱全忠之在汴州，为秦宗权、张晊所困也，实藉兖州朱瑾、郓州朱宣来赴援乃克，合兵以破宗权。及瑾反，既旋师，而全忠即移檄兖、郓，诬其诱汴亡卒以东，乃发兵攻之。夫人方脱己于厄，而妄构无名之衅，以为兵端，其变诈无常类如此，故大业既成而旋失之者，非不幸也。

李克用未尝无跋扈鸱张之迹，然其待人也，往往出于至诚。如其追黄巢于冤朐，还师过汴，休军封禅寺。时朱全忠方帅宣武，置酒邀之于上源驿。夫人而知其无善意也，而克用享其宴而不疑。及全忠之夜攻之也，伏兵卒发而火起，克用醉不能兴，侍者郭景铢灭烛，匿克用床下，以水醒面，告以难。会天大雨灭火，克用得从者薛铁山、贺回鹘等，随电光，缒尉氏门以出，乃得还军中，亦险矣哉。及其诉之朝廷，天子畏梁之强，明知其罪在梁，而不能判其曲直，克用自是有轻朝廷心矣。然天雨灭火，抑亦非人谋所及。又如克用之攻王镕于镇州也，自以十余骑渡滹沱觇敌，遇大雨，平地水深数尺。镇人袭之，克用匿林中，祷其马曰："吾世有太原者马不嘶。"马偶不嘶以免。若然者，亦不可谓非天祐也。

黄巢之乱，至于陷京师、惊乘舆、夷宗社、发陵寝，巨恶极矣。及其为徐州时溥所杀也，究未成献俘之礼。秦宗权以蔡州节度使降巢，及其为淮西将申从所执，折其足，将槛送京师，别将郭璠杀丛，篡取宗权而献于朱全忠。全忠遣李璠献俘于京师，表郭璠淮西留后。夫贼之渠魁不献俘而胁从则献焉，无他，朝廷畏梁而曲徇其请耳。

当李克用时，梁之势强，晋之势弱。虽曰并驱中原，交兵河北，然梁兵之大举围太原者二。其一，梁自破河中王珂，晋不能救，梁遂出含山，下晋、绛二州，及命诸将与镇定之兵，皆会于太原，围之不克，遇雨而还。其一，败晋军于蒲县，遂围太原，克用诸将至有劝克用逃之塞北以避之者，会梁军大疫，收军而返，不然太原亦岌岌矣。

朱全忠之围天子于凤翔也，岐兵屡败，城中食尽，自天子至后宫皆冻馁。李茂贞乃求与全忠和，出，天子幸梁军。梁遣使者驰至华州，召宰相崔胤，胤托疾不至。全忠使人戏谓胤曰："吾未识天子，惧其非是，子来为我辨之。"噫！全忠直以天子为戏具矣。然全忠奉天子还至兴平，胤率百官奉迎。全忠乃自为昭宗执辔，且泣且行，行十余里，人见之者，咸以为忠。然吾以为此时为昭宗者，真如有芒刺在背。

昭宗之反正于长安也，朱全忠留其子友伦为护驾指挥使，而自引兵东归汴。天子饯之于延喜楼，赐《杨柳枝》五曲。今其曲不传，想皆美其行军军容之盛耳。

及友伦击鞠，堕马死，全忠怒，遣朱友谦杀宰相崔胤于京师。愚以为此崔胤召外兵而乱唐室之报也。按《梁家人传》，友伦非太祖子，朗王存之子也。

昭宗非不君也，运尽天亡，为强臣所迫耳。当朱全忠挟天子迁都洛阳之后，晋、岐、吴、蜀诸王，皆欲举兵讨梁，梁大惧，复畏昭宗英异，虑有内变，乃遣朱友恭、氏叔琮等行大逆，昭宗遇弑。全忠至京师，杀恭与琮以自解。噫！其去司马昭之杀成济不杀贾充间一发矣，然而弑逆之迹何可掩也。

呜呼！昭宗之十六宅诸王，既为韩建杀于华州；而德王裕等九人，又为朱全忠杀于九曲池。为天子儿亦大不幸矣。昭宗之被弑也，于椒兰殿；何后之被杀也，于积善宫。夫椒兰不以延嗣而以灭门，积善不以流庆而以贾祸，悲夫！

《李彦威传》末云："后唐庄宗时，得故唐内人景姹，云当李彦威等弑昭宗时，诸王宗属数百人皆遇害，同为一坑，瘗于龙兴寺北。庄宗诏以故濮王为首，葬以一品礼云。"噫！得祸之酷至此极耶？较唐之待胜国为不侔矣！

隋之将受周禅也，以二十郡为隋国；梁之将受唐禅也，乃至以宣武等二十一军节度使为魏国。世益降，制益侈矣。然全忠盛怒，而不受九锡，盖亦知靡文之不足掩其篡逆，而公然禅代矣，奸雄之不畏名义如此！

迁唐社之罪，吾于朱晃无余诛焉。乃若其胁从者，则柳灿、张延范、蒋玄晖、李彦威、氏叔琮，宜服上刑，而敬翔、李振、寇彦乡次之，唐六臣又次之。盖新朝劝进之功臣，即贩国沽君之盗臣也。吾于张文蔚、薛贻矩辈不能从末灭矣。系《六臣传》于《一行传》之后者，所以深愧之也。蒲鞭之辱，辱于斧钺矣。欧阳氏之意，微矣哉！

朱全忠之既受禅也，封唐昭宣帝为济阴王，次年弑之。潞王从珂之自凤翔以兵入也，挟太后之令，废愍帝为鄂王，而潞王自立，寻弑鄂王。夫二帝既降为王矣，而欧阳氏于其遇弑也，犹谨书之，以正乱臣贼子之罪，盖凛乎有春秋笔焉。

徐无党《五代史注》云："凡即位以后，大事则书，变古则书，非常则书，意有所示则书，后有所因则书。非此五者，则否。"严矣哉！盖左氏以来之遗论也夫。

洛阳，唐之东都也。梁发迹于汴，其即位也，升汴州为开封府，建为东都，而以唐东都洛阳为西都。开封之为东都也，盖自梁始也，而宋实因之矣。

梁主晃既立，《本纪》书"契丹阿保机使袍笏梅老来"。徐无党注云："夷狄来，不言朝，不责其礼；不言贡，不贵其物。故书曰来。五代乱世，著其屡来，以见夷狄之来不来，不因治乱。而乱世屡来，不足贵也。"是则然矣，余谓纪有余义焉。盖来之为文，春秋列国乡大夫相朝聘之义也，盖不以正统与五代之君也，故微示以列国之体云尔。不书朝贡，意深矣哉！

欧公之文不愧古人，而亦有从俗而未甚雅者。如《五代家人传》中，于兄弟之子皆曰侄，夫侄之为言不见经传，古人第谓之从子，亦谓犹子，而侄之说不得其所自来，盖世俗之称也，而欧公用于史，盖开因陋就简之风焉，吾不能无微憾云。

梁主晃在位六年，不特《纲目》所书无一善政，即欧阳氏《本纪》中亦然。《本纪》于开平元年八月书“隰州黄河清”。夫黄河之清，志异也，非为梁主清也。犹王蜀之世，麟、凤、龟、龙、灵芝、甘露之属，不绝于书，然不可以为瑞也。开平三年、四年两书搜访贤良，而不言其所得之贤良，非谓野无遗贤，如李林甫之为也，正讥其奉行故事徒文具而无其实耳。此亦如乾化元年书“求危言正谏”，而并未闻其正谏者为何人也。

凡帝王即位，类曰“大赦天下”。五代之时，号令所及不过数十州耳，故梁主即位，止云“大赦”而不曰“天下”，盖实有所不及也。乾化二年，德音降死罪以下囚，德音盖赦之小者，著其实也。若夫禁屠及捕生，此则德政之尤小，而非帝王之盛节也。梁之善政如是而已，何足道哉。

五代之君，其嗣位也多应改元而不改元，因仍先帝之旧号，或一二年，或三四年，而后改元者。如乾化二年六月，梁太祖为友珪所弑，明年友珪改元凤历。是年二月末，帝友贞讨贼即位，革除凤历年号，仍称乾化三年。此已应改而不改。至次年，仍称乾化四年，则更非矣。又次年，始改贞明元年。晋高祖天福七年崩，出帝六月即位，不改元可也，至次年仍称天福八年则非矣。汉高祖未忍亡晋，仍称天福十二年。然出帝既改元开运已三年矣，汉高祖除其年号则非也。此与明成祖以私憾革除建文年号而属之洪武事正相同，非如李克用父子仍称唐天祐之可比也。汉高祖次年改乾祐元年，是年二月崩，而隐帝仍之，二年、三年俱未改。周太祖广顺三年，改元显德，周世宗即于是年即位，仍其年号，自元年至六年终未改元，而世宗崩。大约五代之世，时会仓猝，礼制简陋，其君臣俱有日不暇给之意，无足怪也。

梁左龙虎统军袁象先，太祖之甥也，率禁兵讨杀郢王友珪，遣驸马都尉赵岩持传国宝至汴都，请均王友贞入洛阳。友贞报曰:“夷门，太祖所以兴王业也。”是月，遂即帝位于东都。此与梁王僧辨讨杀侯景，而湘东王绎不赴金陵而即帝位于江陵事绝相类。然卒之元帝为西魏所虏，末帝亦为庄宗所灭。虽亦运数所关，然金陵、洛阳，天险不可失也。江陵四战之地，夷门无险可守，失其所据，卒为人擒，悲夫！

谢彦章，儒将也，为昭讨使贺瓌所忌而杀之，则将帅不和，而梁之宿将尽矣。王彦章，大将也，为段凝、赵张等所排而挤之，至中都败绩，而梁之大势去矣。二彦章既死，梁随以亡，哀哉！

唐庄宗未灭梁而先自立，故《五代史》书“梁亡”者，见庄宗自立之速也。周太祖既杀湘阴公而迟徊于自立，故《五代史》书“汉亡”者，见郭威之愧于自立也。至唐不书亡，盖唐凡三姓，其亡也屡矣，不胜书也。于晋则书“契丹灭晋”，见出帝虽存而晋祚已亡也，且以见为契丹所灭者，非契丹之能灭之而晋人之自致之也。于周则书“逊于位，宋兴”，盖欧公之为本朝巽其词耳。

人臣而赐国姓，此非礼之甚者，始于汉高帝赐娄敬姓刘，而又为之说曰“娄者，刘也”，徒以其音同耳，于义何取乎？唐世如徐勣等之赐姓，遂以为常。懿宗时，沙陀三部落军使朱邪赤心以破庞勋功拜单于大都护、振武军节度使，赐姓名李国昌，以之属籍。夫有功而封单于、拜都护、膺节镇皆可也，而赐姓不必也。赐姓且不必，况列属籍齿玉牒乎？按国昌，晋王克用之父也，夫赐姓及于沙陀，宜乎庄宗之立唐七庙，而上溯于高祖、太宗，近承夫懿宗、昭宗也欤？溯高祖、太宗，见功德不祧也；尊懿宗，得姓之始也；尊昭宗，以尝为之臣也。跻朱邪执宜、赤心及克用共为七庙，僭矣哉！则皆赐姓之启之耳。

晋王李克用，少骁勇，军中号曰“李鸦儿”。其一目眇，及其贵也，又号“独眼龙”。尤善骑射，能仰中双凫。其初，以兵败亡在鞑靼，时时从其群豪射猎，或挂针于木，或立马鞭，百步射之辄中，群豪皆服，以为神。其破黄巢也，进屯乾坑。巢党惊溃曰:“鸦儿军至矣！”与黄巢大战渭桥，巢败入城，克用追之，自光泰门先入，战望春宫升阳殿，巢南走蓝田，京师平。故当时勤王之功，以王处存为第一；复京城之功，以克用为第一。然而千古之论，卒不得与西平王李晟同其功者，以克用之末路不无跋扈之势耳。

上源驿之难，其曲在梁。克用请讨全忠，而僖宗不许，乃为和解之，是又一和事天子也。及昭宗时，全忠授意于宰相张濬，使请讨克用。昭宗不得已，乃以濬为太原四面行营都统，副以韩建，以讨克用，战于阴地，濬三战三败，濬、建遁归。克用纵兵大掠晋、绛，至于河中，赤地千里。克用上表自诉，其辞侮慢，天子为之引咎，优诏答之。夫克用固非纯臣，然而国无政刑，朝廷实自招其侮云。若张濬之为强藩所嗾，并是臣之不如矣。

五代有两刘崇。其一，北汉世祖刘崇，更名旻。其一，萧县人刘崇，乃朱全忠微时所从，以佣众于其家者也。

方朱全忠之与秦宗权交兵也，朱瑾、朱宣以兖、郓兵来援全忠，全忠为之置酒军中。中席，全忠阳起如厕，以轻兵出北门，袭宗权将张晊，而乐声不辍。晊不意兵之至也，兖、郓之兵又从而合击之，晊兵大败。此与狄武襄之袭夺昆仑关其事甚相类。全忠剧贼，安可谓不知兵。

唐有翰林供奉之名，而李白最著。唐末又有打毬供奉之名，此与五坊小儿、内园小儿何异。夫供奉而至打毬，名爵之滥极矣。

梁太祖开平二年，以介国公为三恪，酅国公、莱国公为二王后。剧贼犹欲粉饰仪文如此。

唐有守捉使，又有捉生将。此如汉之射声校尉也。

梁末帝、唐废帝、晋出帝，皆从其实而录之，非谥也。若唐愍帝、汉隐帝，此乃其谥耳。

《梁太祖本纪》之末云："六月疾革，郢王友珪反。戊寅，皇帝崩。"按：温时年六十一，盖书法月而不日者，已见反非一朝一夕之故，不可以日言，故反者皆不日。又书"崩"不书"处"者，以见其异于善终也，而其详则见《郢王传》中。夫梁主中冓之羞，盖儒者所不乐道，然天壤有如此恶人，自作如此恶事，若不作如此恶事，又安有如此死法。非造物之有意于报之，乃其人之自蹈之耳。

梁郢王友珪以乾化二年六月弑其君而自立，以均王友贞为东都留守。至次年，改元凤历，而友贞乃以二月举兵讨贼，盖为之臣者已半载矣，何其讨贼之迟迟也？人伦大变，不共戴天，而犹审己审彼，畏首畏尾，岂臣子之义乎？故末帝亦未久而失国，盖得非其据者也。

沙陀之六州三部落，皆不见其名，据《唐书》，除使有六州三部落，使之名故云尔也。

按唐太宗破西突厥，分其诸部，置十三州，以同罗为龟林都督府，仆骨为金微都督府，拔野古为幽陵都督府，未尝有沙陀府也。又有处月、处密诸部，其小者也。朱邪者，处月别部之号耳。拔野古与朱邪同时人，而朱邪之后世，乃以拔野古为其始祖，则谬甚矣。盖沙陀者，北庭之碛也，因其赐姓李氏，故后世遂以沙陀为贵种云。

初，晋王李克用破孟方立于邢州，还军上党，置酒三垂冈，伶人奏《百年歌》，坐上皆慷慨泣下。时存勖方五岁，在侧，克用慨然捋须而笑曰："吾行老矣，此奇儿也。后二十年，其能代我战于此乎？"及存勖年十一，从克用破王行瑜，遣献捷于京师，昭宗异其状貌，赐以鸂鶒卮、翡翠盘，而抚其背曰："儿有奇表，后当富贵，无忘予家。"夫由其前则见赏于父，由其继则见奇于君，在庄宗不可谓无异相矣，乃既贵而亡终，则不善居福也。

庄宗夹城之战与世宗高平之战，皆以国有大丧墨缞从事，而皆有大功。然而成败之数，终以不同，则器量之殊也。庄宗虽天物已归，而有荒惑凶终之祸；世宗虽享年不永，已建削平僭乱之勋。安可同日语哉？

晋王李存勖北破燕于幽州，俘燕王父子。归于太原，杀燕王刘守光，用其父仁恭于雁门。用之云者，盖刺其心血以祭先王之墓也。先王为谁，克用也。盖仁恭父子，背克用建立之德，故存勖执而戮之，以反命于先王，不负临终赐箭之意也。然《春秋》讥用鄫子于社，未始以为善也，执人而牲用之，岂刑也哉？仁恭之罪，戮之则可，用之非也。过矣过矣！

魏博一军号“银枪效节军”，亦曰“效节度”。盖自田承嗣以来，此军以六州雄于河朔，故亦曰“天雄军”。六州者，魏博贝澶相卫也。梁、晋之间尤以其向背为强弱。后梁魏州牙将张彦叛，胁其节度使贺德伦附于晋。晋以魏州为东京，后改为邺都，亦曰兴唐府云。

庄宗未灭梁而遽即位也，始于魏州僧传真献唐受命宝。而赵将张文礼弑君之贼也，庄宗以为镇州留后。夫晋与赵王王镕久属盟好，而纳其弑君之贼，且听其拥戴，受其劝进，则庄宗于是乎不能正其始矣。

按枢密使一官，唐故以宦者为之，其职甚微。至五代，始参用士人，而宰相权任均矣。梁又改枢密院为崇政院，而崇政院使犹然枢密使之职也。

庄宗之入汴也，乃康延孝之本谋，郭崇韬力赞成之，而前锋突入，则李嗣源之功也。欧公书法云“冬十月壬申，如郓州以袭梁”，盖言易也。又曰“己卯，灭梁”，亦言易也。初，延孝云不出旬日大功可成，果以八日而入汴。夫曰不出旬日，犹未敢决以八日也。若岳鄂王之平杨么，则决以八日矣。

庄宗即位之二年，河南尹及诸镇进暖殿物。夫暖殿物，此巧于立名者也，岁进、月进、日进，此其效尤矣。

同光二年冬十二月庚午，及皇后幸张全义第。夫全义，奸臣也。皇后至，拜之为义父，而同幸其第，此何礼也？又命魏王继岌事之为兄，殆又甚矣。而皇后父刘山人，乃以其微贱而弃之，杖之于宫门之外而逐之，刘后之不终，于此可觇矣。

同光三年，如东京即魏州，毁即位坛为鞠场，又书聚鞠于新场，继之以射雁于王莽河，又继之以射雁于北郊，射鸭于郭泊，又射雁于尖山，则庄宗之荒淫亦甚矣。

李嗣源本名邈佶烈，为人质厚寡言，善骑射，所将骑五百，号横冲都，所向无敌，由是李横冲名重四方。

梁、晋相距于柏乡。梁龙骧军以赤白马为两阵旗帜，铠仗皆如马色，晋兵望之皆惧。庄宗举钟以饮李嗣源曰：“卿望赤白马惧乎？虽吾亦怯也。”嗣源笑曰：“有其表尔，明日归吾厩也。”庄宗大喜曰：“卿当以气吞之。”因引钟饮釂，奋挝驰骑，犯其白马，挟二裨将而还。大败梁兵。夫梁之赤白马，即吴艾陵之师所谓“望之如荼，望之如雪”者也。战以气为主，以气吞之，则蔑不胜矣。

李嗣源既破王彦章，而段凝悉将梁兵屯河上。庄宗犹未决策，嗣源曰：“彦章中都之败凝犹未知，使其闻之迟疑，定计亦须三日。纵使料吾所向，亟发救兵，必渡黎阳，数万之众，舟楫非一日具也。此去汴州，不数百里，前无险阻，方阵而行，信宿可至。汴州已破，段凝岂足顾哉！”而时郭崇韬亦亟以为言，遂定计遣嗣源以千骑先至汴州。王瓒开门降，瓒，重盈之子也。庄宗继至，见嗣源大喜，手揽其衣，以头触之曰：“天下与尔共之。”夫触之以头者，狂喜也。天下与共之言，竟成异日之谶矣。

唐明宗天成元年，以象笏三十二分赐百官之无笏者。盖是时朝廷之衰弱，百僚之贫乏，其气象之疲薾，可想见矣。

赵在礼，反者也，明宗反因之以作乱，及功成而赐以节钺，其不可为训明矣。若从马直、郭从谦弑君者也，尤非在礼比也。明宗利其弑君而已以立，乃以为景州刺史，不惟不讨，而命以官，是赏乱也。是明宗之与闻乎弑也，既而杀从谦。书法以相杀为文而不曰诛者，明乎同罪之不得行诛也。

天成元年，庄宗以四月丁亥遇弑而崩。明宗以己丑入洛阳，甲午监国，朝群臣于兴圣宫。丙午，始奠于西宫。曰“始奠”，见其缓也。自入洛至此，将二十日矣。是日，始以嗣君之礼即位于柩前，既而易‘斩缞以衮冕。夫以反逆之臣自立，而用嗣君之礼书之，纪其实而不变其文者，盖先已书反，正其罪矣。此书其实见其犹有自愧之心焉，而欲逃大恶之名也。然既用嗣君之礼矣，遽释缞而服冕，故书之以见其情伪尔。

明宗于五代之君较为勤俭，游幸未尝过度，而史亦书其三月壬子朔，幸会节园，群臣买宴。买宴之名，不可训也，故书以示讥。

明宗天成四年五月己巳，朝群臣贺朔。夫不曰“视朝”而曰“贺朔”，著非礼也。五月贺朔，出于道家之说，自唐以来习用之。书此以见乱世之举非礼之不急者也。此后虽屡行，不复书。与入阁同例。

五代史无兵志，而其兵制、武臣、职官，率多沿唐末以来名号，而又因事立名，多不雅驯，杂出分见于本纪、列传、世家中。今取而类记之。如：捧圣都、制胜都、黑云都、控鹤都、雁子都、落雁都、拱宸都、宸卫都、龙捷都、虎捷都、追风都、定霸都、赤甲都、铁林军、龙骧军、捧日军、马斗军、义儿军、厅子军、殿后军、从马直、契丹直、镇遏使、守捉使、游奕使、长剑指挥使、拔山指挥使、长剑都虞候、踏白指挥使、冲山都虞候、区象指挥使、巨舰指挥使、铁林都虞候、突阵指挥使、银胡䩮指挥使。

明宗长兴元年，书“二王后、秘书丞、酅国公杨仁矩卒”，此隋后也。隋无德，而子孙食其报，君子以美时王焉。

明宗尝敕放五坊鹰隼，又回鹘都督李末来献白鹘，命放之，亦可云“不盘于游畋”之一端矣。至于久旱见瑞雪，则诏宫中无得扫雪，曰：“天所以赐我也。”广寿殿灾，有司请理以丹雘，则喟然曰：“此天以火戒我，岂宜增以侈耶？”尝阅稼于冷泉宫，数问宰相民间疾苦，及闻谷帛贱，民无疾疫，则欣然曰：“吾何以堪之，当与公等作好事，以报上天。”盖深有意于为治者矣。在位八年，年六十七，崩于雍和典，葬徽陵。五代之君，粗为长世也，宜哉。

明宗于长兴四年冬十月壬申雪，幸士和亭，得疾。十一月壬辰，秦王从荣以兵入兴圣宫，不克，伏诛。夫君疾不侍疾，而以兵求之，罪当诛，故书“伏诛”。然秦王闻宫中哭声，其意以谓君崩矣，惧不得立而举兵自助，此亦如子弄父兵，非真反，故不书反。君子以为明宗之不能思患预防，而变起仓卒，陷元子于大恶，而帝亦由此饮恨而终，惜哉！

唐末时，王建后王，于蜀称帝，此一王建也。明宗时，封王建为高丽国王，此又一王建也。唐明宗天成三年，封回鹘可汗王仁裕为顺化可汗。晋、汉、周之间又有一王仁裕，累官尚书宫保，有文名，所著有《西江集》者是也。

明宗时，大理少卿康澄上疏言时事，曰：“为国家者有不足惧者五，深可畏者六。三辰失行不足惧，天象变见不足惧，小人讹言不足惧，山崩川竭不足惧，水旱虫蝗不足惧也。贤士藏匿深可畏，四民迁业深可畏，上下相徇深可畏，廉耻道消深可畏，毁誉乱真深可畏，直言不闻深可畏也。”真切中时病，凡为国者，可不戒哉。

唐愍帝既立，潞王从珂以明宗养子举兵犯顺。夫人而知其不祥也，乃当时藩镇竞从而降之，王崩云散，而潞王遂袭有天位，弑愍帝，内托监国之名，捋取大物。及即位之初，率民财以赏军，借房课以虐众。君子以是知其不终矣。

废帝时，群臣献添都马。盖都者，军伍之名也，此亦括马之一事矣。

石敬瑭之父本名臬捩鸡，以善骑射从晋王李克用，征伐有功，官至洺州刺史，生敬瑭，沉厚寡言。明宗爱之，妻以女曰永宁公主，隶明宗帐下，号左射军。庄宗与刘鄩战于清平，几为鄩所掩，敬瑭以十余骑横槊驰击，取之以旋。庄宗拊其背而壮之，手啖以酥，啖酥，夷礼所最重也，由是名动军中。

当潞王从珂之反于凤翔也，石敬瑭自太原朝京师。时愍帝已出奔卫州，遇敬瑭于道中。使当是时，敬瑭能以大义勤王，号召天下奉天子以伐凤翔，固万世功也。计不出此，而杀愍帝从者百余人，幽帝于卫州而去，若与从珂相应和者，卒之终见疑，从珂亦不得保其位，而自屈于契丹，为万世笑，真计之拙者矣。

晋高祖两下御札求直言，而未闻谠论。诸藩镇皆进物以助国，而聚贿日闻。又以皇业钱作受命宝。皇业钱者，天子之私钱，犹唐之琼林大盈也。则晋王之为政可知矣，惟停买宴钱一事为差强人意耳。

潞王从珂时许御署官选，晋高祖时又许御署官选。盖御署官者，必举兵时所特置之官，非吏部正选，如唐斜封墨敕之流也。

晋高祖时，归静鞭官刘守威、金吾勘契官王殷、司天鸡叫学生殷晖于契丹。则晋之于契丹也，其亦无之而弗奉焉矣。鸡叫学生，疑即《周礼》之鸡人也欤。

晋高祖为契丹所立，谋以一子留守太原。德光使尽出诸子自择之，指兄子重贵曰："此眼大者可也。"及高祖崩，出帝遂即位，使将军石德超以御马二扑祭于相州之西山。扑祭者，夷礼也。阅月，又使石德超扑马于相州之西山。次年，望祭显陵于南庄，焚御衣、纸钱，皆闾巷之礼也。书之以见礼乐崩坏之甚。夫纸钱之焚不得其所自始，而今且无贵贱，遍天下矣。

晋高祖崩，北京留守刘知远进百头穹庐，亦夷礼也。夫帝崩而进穹庐，不知何所用，或亦即扑马之意乎？

出帝时，狃于小胜，横挑强胡，而阅马于铁丘，阅马于茂泽陂，阅马于万龙冈，史不绝书。而终于祸败者，非徒佳兵而不戢之过也。高祖之所以奉契丹者太过，而出帝与景延广所以怒于契丹者，又非无因也。

史书杜威、李守贞、张彦泽，以其军叛降于契丹，以见出帝之误用此三人也。而即继之以射兔于沙台，以见人离军乱，而其君漠然不知也。书张彦泽犯京师，杀开封尹桑维翰，即继之以契丹灭晋者，见灭晋之易，而维翰有系于晋之存亡也。至此，则出帝虽存而晋社已墟矣，故书灭。

汉高祖刘知远初佐晋祖起兵，及契丹德光送晋高祖于潞州。临诀，指知远曰："此都军甚操剌，无大故勿弃之。"操剌者，勇猛之谓也。

当契丹犯京师，出帝北迁，知远遣牙将王峻奉表于契丹。德光呼之为儿，赐以木拐。木拐，虏法贵之，如中国几杖，非优礼大臣不可得也。峻持木拐归，虏人望之皆辟道。峻还，为知远言契丹必不能常有中国，乃议建国焉。以此观之，王峻要为有识者，而其在周太祖时乃如彼之傲劣以取祸，何哉？抑其老悖而不复自检以至此也。

汉高祖初立，晋州偏将药可俦杀其守将骆从朗及括钱使、谏议大夫赵熙来归。夫以谏议大夫而为括钱使，则当时之事势可知矣。

汉隐帝时，鸲鸽食蝗，诏禁捕鸲鸽。按《冯行袭传》中末言："行袭为人严酷少恩，而所至辄有天幸。境旱有蝗，则飞鸟食之。"其此类欤？不然，非衰世之政所能感也。

汉高祖既建国，黜晋出帝开运四年，复称天福十二年，而文其说曰"余未忍忘晋也"，此其说伪矣。夫契丹灭晋，而太原坐拥强兵，未始以一矢相救，听其败亡，如越人视秦人之肥瘠，忽焉不加欣戚于其心，而犹曰"余未忍忘晋也"，谁信之者？盖其幸祸以为利固已久矣。

汉高祖二年，改元乾祐。隐帝即位，仍其年号而不改，此犹其小失也。然隐帝名承祐，通国臣民称乾祐而不避，可乎？此因陋就简，五代之大失也。

潞州留后李继韬募勇敢士，时周太祖郭威起微贱，年十八，以勇力应募。为人负气，好使酒，继韬特奇之。威尝游于市，市有屠者，常以勇服其市人。

威醉，呼屠者，使进几割肉，割不如法，叱之，屠者披其腹而示之曰："尔勇者，能杀我乎？"威即前取刀刺杀之，一市皆惊，威颇自如。为吏所执，继韬惜其勇，阴纵之，已而复召置麾下。威好读《阃外春秋》，略知兵法。后属汉高祖，尤亲爱之，累功官至枢密使。后竟代汉。

郭威为都将，居军中，延见宾客，褒衣博带，及临阵行营，幅巾短后，与士卒无异。上所赐予，与诸将会射，恣其所取，其余悉分赐士卒，将士皆爱乐之。此其得人心之始也。

郭威之平三叛也，而不自居功，推功廷臣，遍及宗室、方镇，由是滥赏延于天下，开后世叙功冒滥之弊，由其有意于邀买群情故耳。

郭威之弑隐帝而立湘阴公也，犹司马昭之弑曹髦而立常道乡公也，此其心路人亦知之矣。而刘崇曾不知之，枉杀李骧，可惜也。

周太祖自立之后书"汉人来讨"，盖予刘崇以讨罪之名也。欧公亦可谓有史笔矣。

周太祖广顺三年，书"封荣为晋王"。不书子者，荣于礼不得为子，不书子则当书其本姓，又不书者，周人所重讳也。此与石晋时书"封皇伯敬儒为宋王"，皆深讳之之词也，然名隐而实愈彰矣。

高平战后，书之曰："马步军都指挥使樊爱能、何徽伏诛。"而周之军法于是乎立矣。则由此而平江北，下三关，人心用命，皆始于此，而无知之长乐老乃欲阻其墨缞之战，何也？

世宗之伐南唐也，以内外马步军都军头袁彦为竹龙都部署，此衔亦创见矣。竹龙以数万竿竹为之，上施板屋，号为竹龙，载甲士以攻城之具也，然以之攻寿州而卒不下。

世宗之取寿州也，书"克寿州"，而已不书刘仁赡事，以其事见《死节传》也。盖仁赡实不降，故书周自克之尔。克者，难取之名也。寿难取则仁赡之节益著。不书死之者，仁赡实以病死，以其守节至死，故列之《死节传》中也。

世宗显德五年正月，克楚州，守将张彦卿、郑昭业死之。盖自四年十二月辛酉攻之，彦卿等坚守四十余日，乃克之，其不走、不降可知，故予以全节耳。《本纪》书"死"者十余人，宋令询及李遐、彦卿、昭业皆以事迹不完，不能立传。然所贵者死尔，《本纪》著其大节可矣。又马彦超见《朱守殷传》，与张源德等十人，宋令询等四人，共死事者十五人。

世宗尝放降卒七百于蜀，又放降卒四千六百于唐，可谓仁心为质者矣。至于颁均田图，作《通礼》《正乐》，居然有制作之渐焉。享年仅二十九岁，惜哉！

世宗显德六年三月北征，取益津关以为霸州，取瓦桥关以为雄州。凡州县，废置不书，而此书者，重复中国故地也。世宗下三关，瓦桥、益津以建州及建，淤口关上置寨，故旧史、实录皆阙不书，遂不见其取得之时日，今信安军是也。

五代之时，于大行皇帝崩逝之后，皆有山陵使、礼仪使、仪仗使、卤簿使、桥道顿递使，即如汉之复土校尉之属也。

朱温微时，随其母佣食于萧县刘崇家。温壮而无赖，人皆厌苦之。崇数加笞责，独崇母怜之，时时自为栉沐，戒家人曰："朱三非常人也，宜善遇之。"后温既贵，载刘母归养之。何物老妪，乃能于尘埃中识天子耶？

朱温少从黄巢为贼，后反正，以功为节度使，遣车马往萧县迎其母。使者至门，其母惶恐走避，曰："朱三落魄无行，作贼死矣，何以至此耶？"使者具道所以，其母乃惊喜，与崇母俱载以归。温为置酒，太夫人前欢甚。温启曰："朱五经平生读书，不登一第，有子为节度使。无忝先人矣。"母恻然良久，曰："汝能至此，可谓英特，然行义未必如前人也。"贤哉此母，温有愧多矣。

梁太祖元贞皇后张氏，单州砀山县人。贤明精悍，动有礼法，虽太祖刚暴，亦畏之。多访以外事，后言多中。太祖好杀戮，后尝救护，人赖以全。太祖破朱瑾时，纳其妻，后迎太祖于封丘，太祖告之故。后遽见之，瑾妻拜，后亦拜，凄然泣下，曰："兖郓与司空同姓国也，时太祖官为司空，昆仲之间，以小故兴干戈，而使吾姒至此。若不幸汴州失守，妾亦如此矣！"言已又泣。太祖为感动，乃送瑾妻为尼，后常给其衣食。太祖未即位，后早卒，太祖始为荒淫，卒以及祸云。

广王全昱，梁太祖兄也。太祖将受禅，有司备礼前殿，全昱顾太祖曰："朱三，尔作得否？"太祖不怿。其后太祖与诸王饮博，全昱酒酣，取骰子击盆而迸之，呼太祖曰："朱三，尔砀山一百姓，遭逢天子用汝为四镇节度使，于汝何负？而灭唐家三百年社稷，吾将见汝赤其族矣，安用博为！"太祖为之愀然，罢饮。全昱亦不乐居京师，常居砀山故里。若全昱者，可谓有人心者矣。愚谓全昱数言，可作一篇《讨朱温檄文》，恐陈琳、骆宾王辈执笔为之，未必如此之痛切也。

朱友珪既弑其君，秘丧四日。出府库，大赉群臣及诸军士。遂矫诏，驰至东都，杀博王友文。友文者，本姓康，太祖养子，太祖每欲立以为嗣者也。友珪又矫诏曰："朕艰难创业，逾三十年。托于人上，忽焉六载，中外协力，期于小康。岂意友文阴畜异图，将行大逆。昨二日夜，甲士突入大内，赖郢王友珪忠孝，领兵剿戮，保全朕躬。然而疾恙震惊，弥所危殆。友珪克平凶逆，厥功靡伦，宜委权主军国。"然后发丧。友珪遂即位，未半载为袁象先率禁兵入宫讨之。友珪与其妻使其党冯廷谔进刃，皆歼焉。若廷谔可云善处人父子之间者哉，可以谢太祖矣。而友珪一诏，绝似王子朝告诸侯文，所云欲盖弥彰者也，人岂可欺者哉。读之殊不令人发指，而反令人捧腹，至于"领兵剿戮""保全朕躬"及"克平凶逆，厥功靡伦"数语，尤为绝倒。

友珪之行逆也，易服，微入左龙虎军，见统军韩勍计事，勍夜以牙兵五百随友珪，杂以控鹤卫士，夜三鼓，斩关入万春门，至寝中。太祖惶骇起呼曰："我疑此贼久矣，恨不早杀之，逆贼忍杀父乎！"友珪亲吏冯廷谔以剑犯太祖，旋柱而走，剑击柱者三，太祖病惫，仆于床上，廷谔以剑洞其腹，肠胃皆流。快哉！快哉！昭宗父子之灵，得勿伸眉一笑乎。请得为昭宗下一转语曰："逆贼忍弑君乎？"吾知全忠无以应也。且夫荆轲之行刺也，匕首中柱而获免。廷谔之行弑也，拔剑击柱而无救。然则全忠之恶，盖尤在秦王之上哉。

古今相传舜重瞳子，项羽重瞳子，北汉刘旻重瞳子，南唐李煜重瞳子。自舜而外，此三人者皆为名王伪帝。乃朱温幼子康王友孜亦重瞳子，而友孜在末帝之世竟以谋反诛，亦何味哉。

晋王李克用正室刘夫人，次妃曹夫人。刘夫人为人明敏有智略，尝教其侍妾习骑射以佐晋王。当晋王上源驿之难，左右有先脱归者，以难告。夫人神色不动，立斩告者，阴召大将谋保军以还。迟明，晋王还军，相向痛哭，王欲悉兵击梁。夫人曰："公本为国讨贼，今梁事未暴，而忽相攻，天下闻之，莫分曲直。不若敛军还镇，自诉于朝。"晋王从之。夫人不妒忌，常言："曹氏相，当生贵子。"而曹夫人亦自谦退，相得甚欢。后曹氏果生庄宗。庄宗即位，尊曹氏为皇太后，而以嫡母刘氏为皇太妃。太妃往谢太后，太后有惭色。太妃曰："愿吾儿享国无穷，使吾获没于地以从先君幸矣，复何言哉！"庄宗迎太后归洛，而太妃留晋阳。太妃与太后甚相爱恋，其送太后于洛也，归而思慕成疾，遂不起。太后闻其卒也，悲哀不饮食，逾月亦崩。

外史氏曰：庄宗尊所生而薄于嫡母，是无父也。天下岂有无父之国乎哉？其有愧于二母多矣。

庄宗神闵敬皇后刘氏，医卜刘山人女也。自幼入晋宫，太后教之歌舞，甚有色。庄宗先是得符道昭妻侯氏，宠专后宫，宫中谓之"夹寨夫人"。其后太后以刘氏赐庄宗，生子继岌，由是刘氏宠益专。自下魏博、战河上十余年，独以刘氏从。刘山人闻其女贵，来省之，刘氏以其微贱，不理焉，笞山人于宫门。庄宗即位，立为后。好聚敛，颇乱政，纳贿山积，惟写佛书馈僧尼而已。宰相尝请出库物以给军，庄宗许之，后不肯，因取妆奁及皇幼子满喜置帝前曰："宫中所有惟此耳，请鬻以给军！"宰相惶恐而退，卒以召乱。及庄宗崩于绛霄殿廊下，后与申王李存渥拥百骑出师子门。后于马上以囊盛金器宝带，欲于太原造寺为尼。在道与存渥通，至太原，削发为尼，后为明宗赐死。

外史氏曰：庄宗舍嫡夫人韩氏，而立刘氏为后，乃至丧社稷、陨身名如此。立后之所系，岂微矣哉。明宗赐之死，宜矣。而晋高祖乃追谥之为神闵敬皇后，抑又何也？

庄宗有爱妾，甚有色而生子，后心患之。庄宗燕居宫中，元行钦侍侧，庄宗问曰：“尔新丧妇，其复娶乎？吾助尔聘。”后指爱姬请曰：“帝怜行钦，何不赐之？”庄宗不得已，佯许之。后趣行钦拜谢，顾爱姬，肩舆已出宫矣。庄宗不乐，称疾不食者累日。然无如后何也。盖爱以生畏，而积威所劫至于如此，而元行钦以遂知有后而不知有君，公然妻其有子之妾而不顾，可怪也已。

外史氏曰：甚矣，妇人之言不可听也。大则亡家国，小则祸一身，弗可易也已。当李克宁受晋王顾命，与张承业同立李亚子，意何尝不慷慨忠奋哉。而一旦听其妻孟氏之言，仁而无断，惑于群邪，卒致祸不旋踵，陨身刀俎，悲夫！

从来衰世之君臣，其才识之愚黯往往同符。江东孙氏，以铁锁横江，利锥千尺，以拒王濬楼船。而唐之伐王蜀也，王衍断吉柏江浮桥，以为唐军不能飞渡。宋之伐孟蜀也，王昭远亦断吉柏江浮桥，以阻宋兵。此皆所谓“见与儿童邻”者也，何救于败亡哉？

郭崇韬之伐蜀也，军无十日之粮，而所至如破竹，兵不血刃，下蜀之四十余州。岂诚以至仁伐至不仁哉？亦西蜀无人故耳。

郭崇韬之受祸也，固以诸宦者之故。然权重则衅生，疑丛则祸伏。当破蜀之后，蜀之贵臣、大将，争以宝货妓乐奉崇韬父子，而魏王所得匹马、束帛、唾壶、麈柄而已。而且功高自恃，致诸宦者谗忌日深而难已作矣。观魏王之初，未欲杀崇韬也，使无刘后手教及诸宦者迫逼之，则崇韬可以不杀。崇韬不杀则全师而东，即遇明宗之变，而西都留守张篯必不敢断渭桥以相距，则西都半壁固犹然唐家之天下也。顾乃自丧其左右手，而万里之长城已失，则渭南之冢子投缳，嗟夫！

杀郭崇韬者，李环也。而缢魏王者，亦即李环。岂天道以好还耶？何其不转环而祸机相循耶？

契丹德光北归，留萧翰守汴州。汉高祖起太原，翰欲北去，乃使人召唐明宗子许王从益，委以中国。从益与其母王淑妃逃于徽陵域中，以避使者，使者迫之以东，翰遂以从益权知南朝军国事。入谒太妃，太妃曰：“吾家子母孤弱，为翰所迫，此岂福耶？祸行至矣！”及汉高祖拥兵而南，从益与群臣谋闭城自守。妃曰：“吾家亡国之余，安敢与人争天下！”乃遣人上书迎汉高祖。高祖闻其尝召高行周而不至，乃遣人先入京师杀妃母子。妃临死呼曰:“吾母子何罪？何不留吾儿，使每岁寒食持一盂饭洒明宗坟丘耶！”从益死，年十七。闻者哀之，所云“我生不辰，逢此百罹”也。

外史氏曰：孰谓五代无完人哉？若明宗之子从璟则可谓完人矣。观其遇明宗之军变于魏也，从璟奉庄宗之命往而宣谕其父，彼亦知其父之反本出于不得已也，固亦冀其父之束身归罪，而待命于朝也。不幸而元行钦不亮其心，执之使不得通。既不得至魏，仍从而归报天子，此庄宗之所以愈怜爱之也。及庄宗势愈衰，或劝璟逃去，璟不从。庄宗闻明宗已渡黎阳，复欲遣从璟通问，元行钦以为不可，遂杀之。杀之者行钦，非庄宗也。欧阳氏于其死也，低徊唱叹，以为善处父子君臣之间。予亦以为从璟之人，完人也。欧公之文，至文也。盖从璟之所处，与李怀光之子李璀同，而大异于杨光远之子杨承勋矣。

秦王从容，为人轻脱而鹰视，喜儒学，为歌诗，故后生浮薄之徒，日进谄佞以骄其心，自将相大臣皆患之。明宗颇知其非，而不能裁制。明宗尝问曰："尔军政之余，习何事？"从荣诡对曰："有暇读书，与诸儒讲论经义尔。"明宗曰："经有君臣父子之道，然须硕儒端士，乃可亲之。吾见先帝好作歌诗，甚无谓也。汝将家子，文章非所素习，必不能工，传于人口，徒取笑也。吾老矣，于经义虽不能晓，然尚喜屡闻之，其余不足学也。"嗟乎！明宗之论至哉言乎？实其言可以守国，而秦王不能师之，故卒以反逆终也。析薪而不克负荷，奈之何哉。

太仆少卿何泽，上书明宗，请立从荣为太子。是时明宗已病，得泽书不悦，顾左右曰："群臣欲立太子，吾当养老于河东。"乃召大臣议立太子事，大臣皆莫敢可否。从荣入曰："臣闻奸人言，欲立臣为太子，臣不愿也。"明宗曰："此群臣之欲尔。"从荣出，见范延光、赵延寿，曰："诸公议欲立吾为太子，是欲夺吾兵柄，而幽之东宫耳。"延光等患之，乃加从荣天下兵马大元帅。夫明宗之意，与宋太宗"欲置我何地"之言，何千古一辙也。而秦王则非不欲为太子也，不欲释兵柄耳，卒之非真有反谋而以兵入宫，竟以兵构祸。及至，端门已闭，禁兵北来，犹然索铁厌心，而自调弓矢。若从荣者，真钝汉也，亦徒死而已矣。究至夫妻匿床下，乌能免乎。何前骄而后怯也？以视戾太子不侔矣。盖彼犹有所迫于江充，而此则自取尔。

兖王李从温，数历节镇。晋高祖时，以国舅复假节镇。从温为人贪鄙，作天子器服以自僭，宗族、宾客谏之，不听，其妻关氏大呼于牙门曰："从温欲反，而造天子服器。"从温乃大恐，悉毁之。若关氏者，大类于以兵谏者矣。

唐废帝从珂之子重美，幼而明敏。废帝如河阳，与石敬瑭相距，而重美守京师。京师震恐，居民皆出城，门者止之。重美曰："国家多难，不能与民为主，而欲禁其避祸，可乎？"因纵民出。及晋兵将至，刘皇后积薪于地，将焚宫室。重美曰："新天子至，必不露坐。但他日重劳民力，取怨身后耳！"后以为然。废帝自焚，后与重美俱从死。若重美者，可谓达兴亡之理者矣。

晋高祖皇后李氏，明宗女永宁公主也。为人强敏，高祖常严惮之。出帝既为杜重威所误，全军降契丹。德光遣张彦泽先犯京师，以书遗太后，且曰："吾有梳头妮子窃一药囊以奔于晋，今皆在否？吾战阳城时，亡奚车一乘，在否？"学士范质为帝草降表曰："孙男臣重贵言：顷者唐运告终，中原失驭，数穷否极，天缺地倾。先人有田一成，有众一旅，兵连祸结，力屈势孤。翁皇帝救患摧刚，兴利除害，躬擐甲胄，深入寇场。犯露蒙霜，度雁门之险；驰风击电，行中冀之诛。黄钺一麾，天下大定，势凌宇宙，义感神明。功成不居，遂兴晋祚，则翁皇帝有大造于石氏也。旋属天降鞠凶，先君即世，臣遵承遗旨，纂绍前基。谅暗之初，荒迷失次，凡有军国重事，皆委将相大臣。至于擅继宗祧，既非禀命。轻发文字，辄敢抗尊。自启衅端，果贻赫怒，祸至神惑，运尽天亡。十万师徒，望风束手；亿兆黎庶，延颈归心。臣负义包羞，贪生忍耻，自贻颠覆，上累祖宗，偷度朝昏，苟存视息。翁皇帝若惠顾畴昔，稍霁雷霆，未赐灵诛，不绝先祀，则百口荷更生之德，一门衔无报之恩，虽所愿焉，非敢望也。臣与太后及妻冯氏于郊野面缚俟罪。”又为太后表曰：“晋室皇太后新妇李氏妾言：张彦泽、傅住儿等至，伏蒙皇帝阿翁降书安抚者。妾伏念先皇帝顷在并、汾，适逢屯难，危同累卵，急若倒悬，智勇俱穷，朝夕不保。皇帝阿翁发自冀北，亲抵河东，跋履山川，逾越险阻。立平巨孽，遂定中原。救石氏之覆亡，立晋朝之社稷。不幸先皇厌代，嗣子承祧，不能继好息民，而反亏恩辜义。兵戈屡动，驷马难追，戚实自贻，咎将谁执！今穹旻震怒，中外携离，上将牵羊，六师解甲。妾举宗负衅，视景偷生，惶惑之中，抚问斯至，明宣恩旨，曲示含容，慰谕丁宁，神爽飞越。岂谓已垂之命，忽蒙更生之恩。省罪责躬，九死未报。今遣孙男延煦、延宝，奉表请罪，陈谢以闻。”德光报曰：“孙儿勿忧，管取一吃饭处。”德光至京师，封帝为“负义侯”，迁于黄龙府。德光使人谓太后曰：“吾闻重贵不听母教，以至此，可求自便，勿与俱迁。”太后答曰：“重贵此去，幸蒙大恩，全生保家。母不随子，欲何所归！”遂从帝而北，以宫女五十、宦者三十、东西班五十、医官一、控鹤官四、御厨七、茶酒司三、仪鸾司三、六军士二十人。后永康王兀欲迁之辽阳，又徙之建州。其明年，太后卒，帝与冯后皆不知所终。

外史氏曰：契丹因出帝表文有“负义包羞”之语，乃封为“负义侯”，可谓以其人之谢表还封其人之身矣。乃若其从迁之从官，则较之宋二帝之北徙，其行李亦壮矣。

石敬瑭于其诸幼子之死，皆加赠三公。夫公孤，人主之师保，安可以加于幼稚乎？徒知人主之子，当隆以极品，而不知师傅立名之意，非孩提所能任也。三代而下，人主不学无术，大率类此。

石氏之降契丹也，出帝命其子延煦赍玉玺、金印以归，契丹以为制作非工，与前史所传者异，命延煦还报求真玺。出帝以状答曰：“昔王从珂自焚于洛阳，玉玺不知所在，疑已焚之。先帝受命，命玉工制此玺，在位群臣皆知之。”乃已。余所见河北道臣张梦鲸所献《玉玺图》，其文亦云“受命于天，既寿永昌”，而篆文亦殊不古，且镌工亦不佳，盖野人得之漳河岸者，不知其为何代物也。

五代时，诸藩镇争为聚敛。赵在礼所积以巨万计，为诸镇之最。晋出帝利其赀，乃为其子延煦娶在礼女。在礼前后所献，不可胜纪，谓人曰:“吾此一婚，其费千万。”出帝遣宗正卿石光赞，以聘币一百五十床迎于其第，且赐予甚厚，君臣之间，穷极奢侈，人以为荣。而不知在礼乃反覆无赖贼也，辱斯礼矣。

汉高祖皇后李氏，晋阳人，其父本农家。高祖少为军卒，牧马晋阳，夜入其家劫取之。而生隐帝。高祖贵，立为后。隐帝时，不听太后言，以至于亡。然郭威相于太后之德威，至奉以终身。虽汉社已亡，而威事太后如母。太后于周显德元年乃崩于太平宫，时周太祖立已四年矣。此亦足觇太后之权略明智也。

冯道既识郭威之意不在湘阴，而终欲自取，乃迎赟之举则谓人曰：“吾平生不为谬语人，今谬语矣。”夫既察其伪，何以不辞行；既辨其情，何以复明蹈。乃湘阴亦谓道曰：“寡人此来，所恃者以公三十年旧相，是以不疑。”尔乃道则嘿然而已。嗟乎！三十年旧相，其贩国售君者屡矣，何足恃哉。赟于是乎不知人矣，宜其死也。

周世宗宣懿皇后符氏，祖存审，父彦卿，家世王侯。后自幼明果有大志。初适李崇训，守贞子也。守贞镇河中，挟异志。有术者善听人声以知贵贱，及闻后声，惊曰：“此天下之母也！”守贞益自负，曰：“吾妇且为天下母，吾取天下复何疑哉！”遂决计反。汉遣周太祖平河中。城破，崇训知不免，手自杀家人，后匿于帷幔，崇训求之不得，遂自杀。汉兵入其家，后俨然坐堂上，顾军士曰：“郭公与吾王父有旧，汝等无犯我！”军士不敢动。太祖闻之，谓以一女子能使军士无犯，奇之，以归彦卿。世宗性英特，闻后如此，益大奇之。及刘夫人卒，遂纳为继室。即位，立为后云。

梁之亡也，惟敬翔自经死，然君子不予之以节者，何哉？以朱温之篡唐，皆翔之谋居多，是翔乃唐之逆贼也。况迹其生平，无一善状乎！彼为梁之执政，而孜孜焉惟篡逆之谋是赞。从朱温用兵三十余年，尽心勤劳，昼夜不倦，自言唯马上得以休息，亦可云梁之功臣耳。当太祖破徐州时，得时溥宠姬刘氏，故尚让妻也，太祖爱幸之，复以妻翔。翔已贵，刘氏间侍太祖，出入卧内如平时，翔病之。刘氏诮翔曰:“尔谓我尝失身于贼乎？尚让，黄家宰相；时溥，国之忠臣。以卿门第，犹为辱焉，请从此诀矣！”翔以太祖故，谢而止之。刘氏别置典谒，交结藩镇，权贵往往附之，宠信言事，不下于翔。以此观之，则敬翔之为人可知矣。夫敬翔，朱家宰相也，而刘氏以为不及黄家宰相，则贼亦有流品矣。若翔者，死而赠为龟阴节度使可也。

朱温虽出盗贼，然用刑能断，此其所以善用众耳。方朱珍、李唐宾之不协也，温每和解之，冀得其两用耳。及珍之杀唐宾而非其罪也，温执珍而将戮之，诸将霍存等叩头以救，温大怒，以胡床掷之曰:“方珍杀唐宾时，独不救之耶！”

珍遂缢死。夫珍，梁之骁将也，而温曾不足惜，以为刑不至而人皆擅杀也。此尤异于晋文公之不戮魏犨矣。

梁名将张存敬，谯郡人。子仁颖、仁愿。仁愿有孝行，存敬卒，事其兄仁颖，出必告，入必面，如事父之礼。仁愿晓法令，事梁、唐、晋，常为大理卿。噫！如斯人者，其衰世之麟凤欤！

寇彦卿，朱温爱将也，赐以所乘爱马“一丈乌”。彦卿承温意旨，迫逼唐昭宗自长安迁都洛阳。昭宗顾瞻陵庙，彷徨不忍去，谓其左右为俚语云：“纥干山头冻死雀，何不飞去生处乐。”相与泣下沾襟。则当日迫挟之恶可想矣。

刘鄩，安丘人，初为青州王师范将。鄩素好兵书，有机略。时梁已悉有兖、郓，以葛从周为兖州节度使，从周偶将兵他往，鄩使人负油鬻城中，悉视城中虚实，得罗城下水窦可入，遂袭破之。及梁遣从周来攻鄩，鄩以板舆奉从周母城上，母呼从周曰：“刘将军待我甚厚，无异于汝也。汝可察之！”从周为之缓攻。鄩坚守以待。外援久之，人心颇离，副使王彦温逾城而奔，守陴者多逸。鄩乃遣人阳语彦温曰：“副使勿多以人出，非吾素遣者，勿以行。”又下令城中曰：“吾遣从副使者得出，否者皆族。”城中皆惑，奔者乃止。已而梁兵闻之，果疑彦温非实降，乃斩之城下，由是守者益坚。及师范降梁，鄩乃亦降。从周感其登堂拜母之谊，为之具装送归梁，鄩曰：“降将不诛，幸矣，敢乘马而衣裘乎！”乃素服乘驴以归梁。梁太祖饮一酒，辞以量小，太祖曰：“取兖州，量何大乎？”以为元从都押衙。时梁之四镇将吏皆功臣旧人，鄩以降将居其上，诸将见鄩，皆用军礼，鄩居之自如，太祖益奇之。即唐庄宗亦称其一步千计，然与庄宗战河北，每战多败，卒以无功。梁末帝时，罢归洛阳，鸩杀之。使当日鄩袭太原之计得遂，则朱李之成败未可知也。然而天不祐梁，则阴雨之阻，鄩且奈之何哉。

张归霸，清河人。与弟归厚、归弁，俱为梁将，屡立跳荡，功名出诸将右。归霸、归厚，皆官至节镇，然归霸女为末帝德妃，故归霸之子汉杰、归弁子汉融等赖女宠用事，遂与小人赵岩等相比，卒以亡梁，而张氏之族亦赤矣。

梁太祖与晋战河北，杨师厚常为招讨使，悉领梁劲兵。及太祖遇弑，友珪自立，师厚乘间杀魏牙将，逐节度使罗周翰，友珪因以师厚为天雄军节度使。师厚已得志，乃复置银枪效节军。及均王友贞将讨友珪，遣马慎交阴约结之，师厚乃遣其将王舜贤至洛阳，见袁象先计事，卒杀友珪。末帝即位，封师厚邺王，事无巨细，咸以咨之，然心益忌之。已而师厚以疡卒，末帝为之受贺于宫中。由是始分相、魏为两镇。魏军乱，以魏博降晋，梁失河北自此始。

王景仁，初名茂章。当梁太祖遣子友宁攻青州王师范，师范乞兵于杨行密，行密命景仁救之。景仁往破梁兵，杀友宁。太祖闻之，以兵二十万倍道而至，景仁闭垒示怯，伺梁兵怠，毁栅而出，驰驱疾战，战酣退坐，召诸将饮酒，已而复战。太祖登高望见之，得青州降人，问:“饮酒者为谁？”曰:“王茂章也。”太祖叹曰：“使吾得此人，天下不足平也！”梁兵又败。后杨行密卒，景仁不得志于嗣主杨渥，太祖使人招之，景仁遂归梁。夫太祖忘其杀子之仇，而爱其才；景仁亦不念杀人之子，而不畏死，此皆有足多者。乃其入梁之后，则战功大减于昔。柏乡之败，威名挫矣。其如廉颇之不得用赵人欤？抑所当者庄宗之勍敌，故志不得伸欤？

谢彦章，许州人。幼父事葛从周，从周授以兵法，以千钱置大盘，布为行阵偏伍之状，示以出入进退之节，彦章尽得之。是时，贺瓌善将步，彦章与孟审从、侯温裕皆善将骑，然彦章多而益办。末帝时，晋军取杨刘瓌为北面招讨使，彦章为排阵使，屯于行台。彦章为将，好礼儒士，或临敌御众，肃然有将帅之威，左右驰骤，疾若风雨。晋人望其行阵整齐，相谓曰：“谢彦章必在此也！”瓌心忌之。彦章与瓌行视郊外，瓌指一地，语彦章曰:“此地冈阜隆起，其中坦然，营栅之地也。”已而晋兵栅之，瓌疑彦章阴以告晋，益恶之。彦章故与都虞候朱珪有隙，珪乃诬彦章以将反。瓌旦享士，使珪伏甲杀之，审从、温裕皆见害。庄宗闻之曰：“将帅相图，梁亡无日矣。”夫贺瓌非段凝比也，其杀彦章非欲降晋也，徒以私憾耳。瓌虽有胡柳之功，不足赎此罪也。

郭崇韬之得计，在劝庄宗入汴以成发纵之功；而其失计，在媚庄宗以立后而遭反噬之毒，可以为人臣不正之戒。夫入汴捣虚，此康延孝之善策也，而非崇韬不能赞成之，至其功成之后，以佐命自居，事事切谏，而庄宗又非受谏之主，故凿枘不相入，而祸机由此伏也。至其疾恶宦官，本出忠直之性，观其告魏王之言曰：“王有破蜀功，师旋，必为太子，俟主上千秋后，宜尽去宦官，至于扇马，亦不可骑。”其言可谓陋，而其机亦可谓不密矣。杀身之祸，非其自取欤？当崇韬用事时，自宰相豆卢革、韦说等皆倾附之。崇韬父讳弘，革等即因他事，改弘文馆为崇文馆。以其姓郭，因以为子仪之后。崇韬之伐蜀也，过子仪墓下，下马号恸而去，闻者以为笑柄，有惭于狄武襄之不附梁公矣。

庄宗欲作清暑楼，宦官曰：“崇韬常为租庸惜财，陛下虽欲作之，其可得乎？”庄宗乃使人问之，曰：“昔吾与梁对垒于河上，虽祁寒盛暑，跨马被甲，不以为劳。今居深宫，荫广厦，不胜其热，何也？”崇韬对曰：“陛下昔以天下为心，今以一身为意，艰难逸豫，为虑不同，其势自然也。愿陛下无忘创业之艰，常如河上，可使繁暑坐变清凉。”庄宗嘿然。若崇韬之论，可云正而切矣。而宦官且谗之曰：“崇韬之第，无异皇居，安知陛下之热！”由是谗间愈深矣，而崇韬且欲借破蜀功以自结于主上，不知时速之戾耳。

安重诲一愚戆抗直之人耳。彼非无佐命功，而不学无术，所为多不慊人意，事事与人主争，而不顾其安，此其所以取祸也。而明宗杀之，亦非其罪不足以服其心，顾其设计以倾潞也，本欲以除国家之害，而乃挟宰相冯道、赵凤等以同倾之，此明宗之所不能平也。观明宗之言曰："吾为小校时，衣食不能自给，此儿为我担石灰、拾马粪，以相养活，今贵为天子，独不能庇之耶！使其杜门私第，亦何与公事！"重诲乃不复敢言，则当日震主之威亦其自取矣。然至重诲之濒死也，叹曰："我固当死，但恨不与国家除去潞王！"此其恨也。重诲盖逆知唐祚之必夺于从珂也，抑可哀已。

《十国世家序》云："自唐失其政，天下乘时，黥髡盗贩，衮冕峨巍。吴暨南唐，奸豪窃攘。蜀险而富，汉险而贫，贫能自强，富者先亡。闽陋荆蹙，楚开蛮服。剥剽弗堪，吴越其尤。牢牲视人，岭蜑遭刘。百年之间，并起争雄。山川亦绝，风气不通。语曰：清风兴，群阴伏；日月出，爝火息。故圣人作而天下同。"予最爱欧公此序，非有意学六朝，而亦不纯乎韵语，但觉别有风致。

吴王杨行密，字化源，合肥人。为人长大有力，手举百斤。少以为盗，见获，刺史郑棨奇其状貌，纵之。后应募为兵，戍朔方，既得代而军吏恶之，复使出戍。将行，过军吏舍，军吏阳为好言，问之曰："此行何所少？"行密奋然曰："惟少公头尔！"即斩之，因起兵为乱。

外史氏曰：此与陈胜、吴广等之杀尉以祭略同，而此更磊落。

行密将冯弘铎叛，袭宣州。弘铎为田頵所败，将遁于海。行密先使人招之曰："胜败，常事也，何苦自弃于海岛？吾府虽小，犹足容君。"弘铎感泣，行密从十余骑，驰入其军，以弘铎归，以为节度副使。其豁达类若此。

杨行密之擒高霸、走庐州、取宣州也，皆以其客袁袭为之谋；而其擒孙儒也，则以戴友规、刘威为之谋。夫孙儒之以五十万众渡江而攻行密也，其声势亦赫赫矣，而卒就擒，盖其锋下不可当而可以挫，其众不可敌而可以敝之。戴、刘二子之言若一辙也。观孙儒临刑，仰顾见威曰："闻公为此策以败我，使我有将如公者，其可败耶？"行密收儒余兵数千，以皂衣蒙甲，号"黑云都"，常以为亲军。

杨行密用人不疑，而不能无疑于田、安、朱三骁将。盖田頵之叛以有激而然，而安仁义继之，惟朱延寿最无罪，而行密诡以目疾，召而杀之，亦忍甚矣。

淮南军中推朱瑾善槊，米志诚善射，皆为第一。而安仁义尝以射自负，曰："志诚之弓十，不当瑾槊之一；瑾槊之十，不当仁义弓之一。"自诩如此，而卒以贾祸。

张颢非徐温敌也，事事不出严可求成算中，而卒受弑君之名以死，而徐温乃代享其成，则颢真钝夫耳。

王茂章偶以事过抚州，时抚州帅危全讽欲攻吴洪州，茂章谓之曰："闻公欲大举，愿见公兵，以知济否。"全讽阵兵，与茂章登城望之。茂章曰："我素事吴王，吴兵三等，如公此众，可当其下将尔，非益兵十万不可。"全讽后与吴将周本诚战于象牙潭，大败被执。故世以茂章为知兵。

杨隆演时，冬，濬杨林江水中出火，可以燃，真异事也。

朱瑾，匹夫之勇耳。其自兖州而逃奔淮南也，杨行密卵而翼之，非不屡有战功，然纵横反覆，始则附徐知训以敌杨隆演，而杀李球、马谦，旋又杀知训，欲立奇功，以为吴除患，而隆演畏之不敢承，瑾乃自刎以死。非匹夫之勇而何。

当徐氏父子之专政也，隆演幼懦不能自持，而徐知训尤凌侮之，殆不能堪。尝饮酒楼上，优人高贵卿侍酒，知训为参军，隆演鹑衣髽髻为苍鹘。知训使酒骂坐，语侵隆演，隆演愧耻涕泣，而知训愈辱之。吴人皆仄目不平。此知训之所以有死征也，而杨氏亦奄奄如泉下人矣，行密之武勇安在哉？

严可求真策士之雄哉！不惟善为徐氏谋也。当庄宗之灭梁，遣司农卿卢蘋使于唐，严可求密条数事，授之以行。蘋至洛阳，庄宗问之，蘋次第以对，皆如可求所授，何其智也。此与杨德祖为陈思王作答教正同。

庄宗尝遣谏议大夫薛昭文使福州，假道江西，吴将刘信时为征西大将军，出劳昭文。酒间，谓昭文曰："亚次闻有信否？"昭文曰："天子新有河南，未熟公名也。"信曰:"汉有韩信，吴有刘信，君还，其语亚次，当来较射淮上也。"乃酌大卮，望牙旗𨱎首百步，谓昭文曰:"一发而中，愿以此卮为寿，否则以自罚。"言讫而箭已穿矣。其精如此，然卒不免徐温见疑，夺其兵。

外史氏曰：当时十国之于天子，羁縻而已。夫天子无外而乃云"假道"，已自屈矣，何以服人。而武夫悍将，乃至呼天子为"亚次"，无礼甚矣。而昭文乃与之欢宴射饮，使乎，使乎！辱矣，辱矣！于信乎何诛焉！

杨溥既僭帝位，尊其父行密为武皇帝，兄渥景皇帝，隆演宣皇帝。当徐温之弑渥而立隆演也，政归徐氏，杨氏拥虚位而已。温日迫隆演以僭号，隆演不从。及建国称王，雅非演志，意常怏怏，酣饮不食，以至于卒。次当立濛，徐氏利在立幼，因立溥，而溥之即位，亦知诰之迫也，不旋踵而逊位于齐矣。

杨氏封东海为广德王，江渎为广源王，淮渎为长源王，马当为上水府宁江王，采石为中水府定江王，金山下水府镇江王。盖乱国之多制如此。

徐知诰既受禅，迁杨氏子孙于海陵，号永宁宫，严兵守之，绝不通人。久而男女自为匹偶，吴人多怜之。及周世宗征淮南，下诏抚安杨氏子孙，而李景闻之，乃遣人尽杀其族。周先锋刘重进得其玉砚、玛瑙碗、翡翠瓶以献。

外史氏曰：世有施德而贻祸者，如世宗之下诏抚安杨氏是也。当是时，世宗岂逆计李景之赤其族哉。然为杨氏之子孙者亦太无聊矣，固不如无生也。

徐温本海州人，少以贩盐为盗。隶行密麾下，行密所与起事如刘威、陶雅之徒，号三十六英雄，温独未尝有战功。及行密欲杀朱延寿，温用其客严可求谋，教行密阳为目疾，诳延寿来见，因杀之。及事成，温渐作入幕宾矣。

徐温喜为智诈以要吴人之心。初随行密破赵锽于宣州，诸将皆争取金帛，温独取余困，作粥以食饿者。

外史氏曰：萧何入秦府取图籍，所以操国本。徐温入宣州取余困，所以结人心。然一诚一诈，所就亦异焉。

杨行密自起兵入吴，及为李昇所篡，首尾四十七年，二世四主，及渥以下，所谓尸居余气也。徐温父子，区区诈力，然犹徘徊三主，不敢轻取之者，其亦行密之恩威有在人者欤？

《吴世家赞》称，行密不报蔡俦之发墓，是其厚也。又骂其将刘信，信忿奔孙儒，行密戒左右曰："勿追也。信舍我将安之？醉而去，醒必复来。"明日果来。行密起群盗而人乐为用，以此尔。

徐知诰本姓李氏，徐州人。世本微贱，及得政篡吴，复姓李氏，更名昪。昪，音便，日光貌，自以为唐宪子建王恪之四世孙，与史所称家世微贱不合，则其自附华胄以夸耀，臣民益可嗤矣。

徐温初以知诰为昇州刺史今金陵，而温自镇润州。昪有异政，温自往视之，见其府库充实，城壁修整，乃自徙治之，而迁昪润州刺史。昪初不欲往。既而徐知训为朱瑾所杀，温居金陵，远未及闻。昪居润州，近广陵，得先闻，即日以兵北渡江定乱，遂为得政之始。

李昪事温最孝，而温诸子颇不能容，知训尤甚。知训尝召昪饮酒，伏剑士欲害之，行酒吏刁彦能觉之，酒至昪，以手爪掐之，昪悟起走，乃免。后知训以剑授刁彦能，使追杀之，及于中途而还，绐以不及。昪后贵，以彦能为节度使。

外史氏曰：刁彦能非翳桑之饿人也，亦不忍知训之虐耳，而知诰之报德也，宜哉。

六朝五代之君，其受禅也，往往封前代之君以大国。而李昪之受吴禅也，独以册尊杨溥为高尚思玄弘古让皇帝，追尊其义父徐温为义祖忠武皇帝。奸雄之举事，出人意表如此。然而溥之见锢于丹阳宫也，所谓以虚名而受实祸者哉，尚不如二王三恪之为愈也。

李昪时，江州义门陈氏五世同居，家族七百余口，每食设广席，长幼以次而坐，乃共食。有畜犬百余，亦共一牢食，一犬不至，诸犬为之不食，亦异感也。然而霸朝稗政，何以有此？亦美俗善教之行于一家者耳。

吴越王钱元瓘时，国有大火，延烧宫室、府库、甲兵殆尽。南唐群臣请乘其弊攻之，可以得志。昪不许，遣使吊问，厚赒其乏。其先与钱氏素为敌国，昪见天下大乱，常厌用兵，及将篡国，先与钱氏约和，遂通好不绝。昪亦志在守吴地而已，无复经营大略，然吴人亦赖以休息矣。

外史氏曰：秦缪公不闭晋籴而反益以泛舟之役，史册嘉之。昪亦犹斯志也。

于十国之君，吾必以知诰为巨擘焉。

南唐冯延巳、冯延鲁、陈觉、魏岑、查文徽，时以为五鬼。宋哲宗时亦有五鬼，盖仿其品目也。

周世宗赐南唐主李璟书曰:“自有唐失御，天步方艰，六纪于兹，瓜分鼎峙。自为声教，各擅蒸黎，交结四夷，凭凌上国。华风不竞，否运所钟，凡百有心，孰不兴愤？朕擅一百州之富庶，握三十万之甲兵，农战交修，士卒乐用，苟不能恢复内地，申画边疆，便议班旋，真同戏剧。至于削去尊称，愿输臣节，孙权事魏，萧詧奉周，古也虽然，今则不取。但存帝号，何爽岁寒？傥坚事大之心，必不迫人于险。”

外史氏曰:世宗此书大有霸气，而其“农战交修”“士卒乐用”二语可以无愧。若夫但存事大之心，必不薄人于险，骎骎乎有王者之度矣。

周师之伐南唐也，步骑数万，水陆并进，军士作檀来之歌，声闻数十里。又造齐云船数百艘。夫齐云船者，楼船也，不过艨艟之类，言其高可齐云耳。而檀来之义不可晓矣。

按南唐三世三主，昪号烈祖，璟号元宗，及煜共僭立三十八年。煜于宋太祖时俘于京师，封“违命侯”。当曹武惠之初南征也，煜遣其臣徐铉朝京师。铉在江南以名臣自负，其来也，欲以口舌存其国。宋大臣亦先入请，言铉博学有应对材，宜有以待之。太祖笑曰：“是非尔所知也。”明日，铉朝于廷，仰而言曰：“李煜无罪，陛下师出无名。”太祖徐召之升，使毕其说。铉曰：“煜以小事大，如子事父，未有过失，奈何见伐？”其说累数百言。太祖曰：“尔谓父子为两家可乎？”铉无以对而退。

外史氏曰:大哉王言！何其简而尽也，较“卧榻之前，岂容他人酣睡”之言，更为得体。

王建字光图，许州人。少无赖，以屠牛、盗驴、贩盐为事，里人谓之“贼王八”。后以军卒，积功为都头。僖宗幸蜀，建为随驾五都之一，以属十军观军容使田令孜，令孜以建为养子，建谓令孜为十军阿父。僖宗还长安，建隶神策军宿卫。后僖宗复蒙尘于兴元，建随驾有功。后令孜为西川监军，西川节度使陈敬瑄，令孜同母弟也。建去官后纠集亡命，复为盗，攻劫州郡。令孜闻之曰：“王八吾儿也。”招之，建喜，率兵以往。敬瑄中悔，止之，建怒，与之相攻。东川顾彦朗助建，与敬瑄累战，建屡击败敬瑄。昭宗遣谏议大夫李珣为西川宣谕和协使，诏彦朗等罢兵。彦朗因求大臣镇蜀，兼为建求旌节。朝廷以韦昭度为西川节度使。分邛、蜀、黎、雅为永平军，拜建节度使。敬瑄不受昭度代，朝命昭度率建等讨之。久之，不克，建谓昭度曰:“公以数万之众，困两川之人，而师久无功，不如归相天子，以固根本，此蛮夷之地，不足以留公。”昭度未决，建遣军士擒昭度亲吏于军门，脔而食之。昭度乃大恐，即留符节与建而东归。建由是破成都，杀陈敬瑄，又杀田令孜，而建遂奄有西川矣。

王建既为西川节度使。时东川节度使顾彦朗已卒，其弟彦晖立。唐遣宦者宗道弼赐彦晖旌节。道弼为绵州刺史常厚所执，以攻梓州。建遣王宗涤讨厚，命涤曰："兵已破厚，彦晖必出犒师，即虏之，勿烦再举也。"及厚败走，还绵州，彦晖已得节，辞疾不出犒军。建后遣宗涤攻之，昭宗诏建罢兵，建收军而还。明年，又攻之，昭宗复遣官宣谕，建不奉诏，遂破梓州，彦晖自杀。

外史氏曰：建之始攻西川也，赖彦朗协力。既得西川也，赖彦朗请命。而彦朗尸肉未寒，建贪其土地，卒覆其家，真所谓以怨报德者矣。此即朱温掳兖、郓之故智也欤？

王建既并两川，唐封建为蜀王，未几，称帝，僭位。十二年，西蜀之地恃险而富。当唐之末，中原人士多依建以避乱。建虽起盗贼，而为人多智诈，善待士，故所用皆唐之名臣世族。如韦庄，乃见素之孙；张格，乃濬之子也。建每谓左右："朕为神策军将时，宿卫禁中，见天子夜召学士，出入无间，恩礼亲厚，俨如寮友，非宰相可比也。"故建待张格、王楷等恩礼尤异，其余宋玭等百余人，并见信用。亦可云偏安之盛节也。

王建养子王宗佶，以军功累官太师，后累求为大司马，欲得兵柄也，建怒，扑杀之。使其不杀，是又一徐知诰矣。然严可求为徐温谋杀徐知诰，而温不从，后知诰既得志，亦卒不背徐氏，凡徐氏子皆得封拜令终，然王宗佶或亦不必诛也。

蜀王建故太子元膺，为人猳喙龋齿，多材艺，能射钱中孔，尝自抱画毬掷于马上，驰而射之。恶枢密使唐袭，每欲杀之。袭，建之嬖臣也，本以舞僮见幸于建，累官至此。袭谮元膺于建曰："太子谋作乱。"建疑之，袭请召兵入卫。元膺闻之，以为将杀己也，亦召兵出，拒袭，元膺兵败，溃去，而袭亦中流矢，坠马死。元膺匿跃龙池槛中，明日，为卫士所杀。

外史氏曰：元膺之以子弄父兵，何其似戾园也，而唐袭者，其亦江充之流欤。

王建之世，起寿昌殿于龙兴宫，画建像于壁；又起扶天阁，画功臣像；又起文思殿，以清资五品正员购群书以实之。

外史氏曰：唐末绘事盛行，五代之时有《益州名画记》，多王建时人，绘事精绝。

王建之世，诸祥备至。若巨人见青城山，凤凰见万岁县，黄龙见嘉阳江。又有甘露、白鹿、白雀、龟龙之属，所在皆告。又驺虞见，嘉禾合穗。又有龙五十见洵阳水中，麟见璧州，麟见文州，麟见永泰，驺虞见璧山，白龙见邛州江，黄龙见大昌池，不可胜纪。

外史氏曰：此皆盛世不恒见之物，而蜀叠见焉，勿亦缘其所好，而投之者众欤？匆亦妖而非祥有不可解者欤？何衰世之多祥也？姑勿论其他，即龙五十见浔阳，观之夫龙之为物也，闪灼变幻，不可方物，而又在水中，即见其多，亦安从而定其为五十耶？抑有刘累扰龙之术，执而数之耶？其诬不待辨而明矣。宋真宗时，侈天书符瑞，而前后得芝草至三万余本，亦此类欤？

王衍本名宗衍，建之少子也，为人方颐大口，垂手过膝，顾目见耳，颇知学问，能为浮艳之词。太子元膺死，衍母徐妃专宠，建年老昏耄，妃与宦者唐文扆教相士言衍相最贵，又讽宰相张格赞成之，衍由是立为太子。及建卒，衍即位，尊母徐氏为太后，其妹为太妃。以教令卖官，自刺史以下，每一官缺，必数人并争，以入钱多者得之，又多方夺民利，以至于亡。

王衍作怡神亭，与诸狎客、妇人日夜酣饮其中。尝以九日宴宣华苑，嘉王宗寿以社稷为言，言发泣涕。诸狎客曰："嘉王酒悲尔！"噫！以此悲为酒悲，则可悲者不暇自悲矣。何衍之漫不知省耶？想怡神太过而神昏以致然耶？悲夫！

当王氏晚年，蜀俗竞为小帽，仅覆其顶，俯首即堕，谓之"危脑帽"。衍以为不祥，禁之。而衍好戴大帽，每微服出游民间，以大帽识之，因令民间皆着大帽。又好裹尖巾，其状如锥。此服妖也。

衍起上清宫，塑王子晋，尊以为圣祖至道玉宸皇帝，又塑建及己像，侍立于其左右；又于正殿塑玄元皇帝及唐诸帝，备法驾而朝之。此土木妖也。

衍以宦者王承休为天雄节度使。天雄，秦州也。承休妻严氏，有绝色，衍通之。每幸秦州，群臣切谏，衍不听。行至梓潼，大风发屋拔木，太史曰："此贪狼风也，当有败军杀将之应。"衍不省。行至绵谷，闻唐师已入境，而惧，乃还。至成都，百官及后宫迎谒于七里亭，衍杂宫人作回鹘队以入。明日，御文明殿，与群臣相对而泣。噫！晚矣。

蜀王衍既降，其君臣皆奉诏归洛阳。行至秦川驿，是时明宗反于魏州，人情惶惑。庄宗听伶人景进言，遣宦者向延嗣诛王衍。其诏书初谓"诛王衍一行"，而宦者张居翰私改为"诛王衍一家"，由是止诛王氏，而其从臣皆获全，皆居翰之力也。是时，翰林学士李昊亦免于难。

外史氏曰：假令当时居翰不改诏书，李昊亦见戮，则《孟蜀降表》又当用何人视草乎？而李氏之世业亦替矣。

庄宗既许王衍以不死，不旋踵而中道杀之。衍母临刑呼曰："吾儿以一国不战而降，反以为戮，信义俱失，吾知其祸不远矣！"未几而郭门高之难作。衍妾刘氏，鬓发如云，有绝色，行刑者将免之，刘氏曰："家国丧亡，义不受辱！"遂就死。若刘氏者，其在花蕊之右乎。

嘉王宗寿，建之养子。好学，工琴弈，为人恬退，好道家之术，事建为镇江节度使。衍既立，奉朝请，以炼丹养气自娱。衍为淫乱，独切谏之，后为武信节度使。唐师伐蜀，所在迎降，宗寿独不降。闻衍已衔璧，大恸，从衍东迁，至岐阳，赂守者，得见衍，衍泣下沾襟，曰："早从卿言，岂至今日！"宗寿于衍死后，闻庄宗崩，亡入熊耳山。明宗天成二年，出诣京师，上书求衍宗族葬之。明宗嘉其忠，以为保义行军司马，封衍顺正公，许以诸侯礼葬。宗寿得王氏十八丧，葬之长安南三赵村。

外史氏曰：烈哉！宗寿之为丈夫也。方其藏身于熊耳山也，能窜伏以待时，知明宗之于王衍无憾，而可以反庄宗之所为也。宗寿于是乎伸己之志，而鸣先君之冤。向之累累就戮者，今且以礼归窆矣。则王氏之赖有此子者，绝胜于太原之义儿军矣。

孟知祥，邢州人。叔父迁，当唐末，据邢、洺、磁三州，为晋所虏，后又降梁。父道，留事晋。及知祥壮，有才气，晋王李克用以其弟克让女妻之。庄宗以为中门使。后知祥荐郭崇韬代己任。及崇韬之受命伐蜀也，临行白庄宗："臣等平蜀后，陛下择帅以守西川，无如孟知祥。"已而破蜀，庄宗遂以知祥为成都尹，知祥闻命，自太原驰至京师受命，庄宗燕劳之。酒酣曰："继岌前日乳臭儿耳，乃能为吾平定两川，吾徒老矣，孺子可喜，然益令人悲尔！吾忆先帝弃世时，疆土侵削，仅保一隅，岂知今日奄有天下，九州四海，奇珍异产，充牣吾府！"因指以示知祥，曰："吾闻蜀土之富，无以异此，以卿亲贤，故以相付。"

外史氏曰：庄宗始终一货殖之见尔，得蜀而喜其富，不止不从救民起见，并非从拓土起见也，其得而旋失也，宜矣。

知祥既至蜀，而郭崇韬已死。魏王归东，康延孝反，知祥会任圜讨平之。已而庄宗崩，魏王死，明宗立。知祥乃阴有据蜀之志。时安重诲秉政，使李严监西川军，知祥怒杀李严。知祥又屡抗朝命，与东川节度董璋结婚，合从以拒诏旨。既而石敬瑭奉命征之，败绩而归。已而安重诲诛死，明宗厚抚知祥。知祥悔过，欲邀董璋同归命朝廷，璋不肯，遂与知祥相图。知祥攻杀璋父子，遂并有东川。然知祥卒亦不遣使谢唐，明宗仍屈意抚慰之。凡知祥所请无不曲从，后竟封知祥为蜀王。及明宗崩，次年，知祥乃僭称帝位，僭位仅半年而卒矣，哀哉。

孟昶既立，好打毬走马，又为方士房中之术，多采良家子以充后宫。枢密副使韩保贞切谏，昶大悟，即日出之，赐保贞金数斤。有上书言台省当择清流，昶叹曰："何不言择其人而任之？"左右请以其言诘上书者，昶曰："吾见唐太宗初即位，狱吏孙伏伽上书言事，皆见嘉纳，奈何劝我拒谏耶？"噫！昶若能实其言，岂止长有蜀耶。

孟昶时，将相大臣皆知祥故人，知祥素优纵之。及事昶，益骄蹇，多逾法度，夺人田宅，发人坟墓，李仁罕、张业尤甚。昶即位数月，执仁罕族之。是时，李肇自镇来朝，杖而入见，称疾不拜，及见仁罕死，遽释杖而拜。时，张业方掌禁兵，业，仁罕甥也。昶惧其反，乃用以为相，兼判度支，业务厚敛，蜀人大怨。昶与安思谦谋而杀之，由是故旧强臣略尽矣。昶能以威驭其下，较胜于王衍，衍立仅八年而亡，昶之僭位三十五年久，而后失之也。

宋太祖遣王全斌等分道伐蜀，诏八作司度右掖门南，临汴水豫为昶治第一区，凡五百余间，供帐什物皆具，以待昶。

外史氏曰：降王如是，是亦足矣。无怪乎刘鋹之愿持挺以为降王长也。

孟昶遣王昭远拒王师。初，昭远年十三，事东郭禅师智諲为童子。知祥见而异之，命侍书于昶，日见亲狎。昶立，以为卷帘使，遂用为枢密使。昶母李太后尝言昭远不可大用，昶不听。昭远好读兵书，以方略自许。兵始发，昶遣李昊等饯之，昭远手执铁如意，指挥军事，自比诸葛亮，酒酣，谓昊曰："是行也，何止克敌，当领此二三万雕面恶少儿，取中原如反掌尔！"全斌至三泉，遇昭远，击败之，后卒见擒。此又一带汁诸葛亮矣。

郭崇韬之平王衍也，自兴师，至破蜀，凡七十五日；王全斌之平孟昶也，亦首尾六十六日。何其捷也。剑门之险，无足恃矣。

王衍之败也，计无复之。孟昶之败也，问计于左右，一老将石頵曰："东兵远来，势不能久，宜聚坚壁，久以敝之。"昶叹曰："吾与先君以温衣美食养士四十年，一旦临敌，不能为吾东向放一箭，虽欲坚壁，谁与吾守者耶？"遂降。夫同一降也，较之王衍则已达矣，其张鲁之俦乎？至汴也七日而卒，犹未至如李重光之受牵机药也。太祖、太宗之待降王，于是乎有厚薄矣。

南汉王刘隐，其先上蔡人，后以商贾南海，遂家焉。父谦，为广州、封州刺史，谦卒，隐代为刺史。后为广州节度使，有功于岭南，遂有南海。隐好贤礼士。时天下大乱，中朝士人以岭南僻远，可以辟地，多游焉。唐世名臣谪死南方者往往有子孙，皆客岭表，如王定保、倪曙、刘濬、李衡、周杰、杨洞潜、赵光胤之徒，隐皆招礼之。唐封隐为南海王。

刘隐卒，弟龑立。龑，初名岩，谦庶子也。母段氏生岩于外舍，谦妻韦氏妒，闻之怒，拔剑而出，命持龑至，将杀之，及见而悸，剑辄堕地，良久曰："此非常儿也！"然卒杀段氏，养龑为己子。及长，善骑射，手垂过膝。继兄隐而王南海。梁贞明三年，龑即帝位，以李衡、赵光胤为相。衡，德裕之孙也。光胤自以唐之甲族，耻事伪国，常怏怏思归，龑乃习为光胤手书，遣人间道至洛阳，召其二子并家属皆至岭南，光胤惊喜，为尽心焉。

外史氏曰：刘龑用伪书而光胤为之乐用，夏竦习伪书而石介几为倾陷，正不正异耳。

刘龑性明悟而苛酷，为刀锯、支解之刑，每视杀人，不觉朵颐，垂涎呀呷，人以为真蛟蜃也。又好奢侈，悉聚南海珍宝，以为玉堂珠殿。夫好杀而虐用其财，身之不亡其国，抑已幸矣。

龑初欲僭号，惮王定保不从，遣之使荆南，及还，惧其非己，使倪曙劳之，告以建国。定保曰："建国当有制度，吾入南门，而清海军额犹在，四方其不取笑乎！"龑笑曰："吾备定保久矣，而不思此，宜其讥也。"后作南宫，定保作《南宫七奇赋》以美之。

外史氏曰：王定保先严惮而后谀佞，其畏老蛟之垂涎乎？

龑性喜夸大，凡岭北商贾至南海者多召之，使升宫殿，示以珠玉之富。自言家本咸秦，耻王蛮夷，呼唐天子为"洛州刺史"。时云南骠信郑旻遣使致朱鬃白马以求婚，龑许之。

龑初名岩，因白龙见南宫，故更名龚。有胡僧言："灭刘者龚也。"乃采《周易》"飞龙在天"之文制为"龑"字，音"俨"，以名焉。而不知至其孙刘鋹之时，以用宦者龚澄枢而亡国，其名卒验云。龚在位二十五年。

外史氏曰：亡秦者胡应在胡亥，则长城可以不筑；灭刘者龚应在宦官，则名字可以不改。

龚卒，子玢立。玢，原名洪度。龚之子共十九人，洪度、洪熙、洪昌以次居长。龚寝疾，召右仆射王翻曰："洪度、洪熙虽长，然皆不足任吾事，惟洪昌类我，吾欲立之。吾子孙不肖，后世如鼠入牛角，势当渐小尔！"因泣下。翻从其议。龚又以告崇文使萧益，益执法以争之曰："废长立少，祸自此始矣！"由是洪度卒得立，更名玢。玢立，果不能任事。日行淫乱，或衣墨缞，与娼女微行，出入民间，由是盗贼竞起。洪熙日益进声伎，诱玢为荒乱，阴遣勇士刘思潮等习为角抵以献玢。卒以弑玢而洪熙代立。

洪熙既弑兄玢而自立，更名晟。惧众不伏，乃益峻刑以立威。弟洪杲屡请讨贼，诛思潮等以止外议。晟大怒，夜召洪杲。杲知不免，沐浴诣佛前祝曰："洪杲误念，来生王宫，今见杀矣。后世当生民家，以免屠害。"因涕泣与家人诀，然后赴召，至则杀之。洪昌最贤，龚素所欲立者，晟尤忌之，使盗刺杀之。洪泽守邕州，有善政，晟怒，使人鸩杀之。而诸弟相次皆见杀，龚之诸子尽矣。以仆射王翻不主立己，亦杀之。

外史氏曰：帝乙欲立微子而黜纣，太史抱法以谏，而卒绝商祀，萧益之谏亦犹是尔也。

晟每遣巨舰指挥使暨彦赟以兵入海，掠商人金帛作离宫，故有大明、玉清、太微诸宫。性好杀戮，尝夜大醉，以爪置伶人尚玉楼项，拔剑斩之以试剑，因并斩其首。明日酒醒，复召玉楼侍饮，左右曰已杀，晟叹息而已。夫以如此淫虐之人在位十五年，年三十九以令终，吾欲为之赋《天问》。

晟卒，子鋹立。晟性刚忌，不任臣下，而独任其嬖倖宦官林延遇、宫婢卢琼仙等。至鋹尤愚蠢，谓群臣皆有家室，顾子孙，不能尽忠，惟宦亲近可任，遂委政于龚澄枢、陈延寿等，而日与宫婢波斯女等淫戏后宫，不复省事。延寿又引女巫樊胡子，冠远游冠，衣紫霞裾，坐宝帐中宣祸福，呼鋹为太子皇帝，国事皆决于胡子。胡子乃为鋹言："澄枢等皆上天使来辅太子皇帝，有罪不可问。"其后灾异叠见，芝菌生宫门，南海民妻生子，两首四臂，野兽触寝门，苑中羊吐珠，井旁石自立，行百余步而仆，胡子皆以为瑞，讽群臣入贺。鋹以宦者李托养女为贵妃，托拜内太师，居中专政。陈延寿谓鋹曰："先帝所以得传陛下者，由尽杀群弟也。"劝鋹稍诛诸王。鋹以为然，因杀其弟桂王璇兴。若鋹者，可云世济其恶矣，欲望延世，得乎？

鋹之大将邵廷琄言于鋹曰："汉乘唐乱，居此五十年，幸中国有故，干戈不及，而汉益骄于无事，今兵士不识旗鼓，而人主不知存亡。夫天下乱久矣，乱久而治，自然之势也。今闻真主已出，必将尽有海内，其势非一天下不能已。"劝鋹修兵为备，不然，悉珍宝奉中国，遣使以通好。鋹懵然莫以为虑，恶廷琄言直，深恨之。及王师南伐，鋹将暨彦赟等皆战死，鋹始思廷琄言，用以为将。廷琄训士卒，修战备，人倚以为良将。会有谮之者投无名书言廷琄反，鋹遣使赐廷琄死，而国事不可为矣。

后潘美兵临城下，鋹令其弟祥王保兴率文武诣军门降，美不纳。龚澄枢、李托等谋曰："北师之来，利吾国宝货尔，焚为空城，师不能驻，当自还也。"乃尽焚其府库、宫殿。鋹以海舶十余，悉载珍宝、嫔御，将入海，为宦官乐范窃其舟以逃。事急，鋹素衣白马以降。献俘京师，封恩赦侯。自刘隐至鋹灭国凡六十七年，自龚僭位五十五年，据岭南北四十七州，僭国之至盛者也。

楚王马殷，字霸图，鄢陵人。初为孙儒将，儒死，从湖南节度使刘建峰，建峰为军将陈赡所杀，军中推行军司马张佶为帅，佶将入府，乘马辄踶啮，伤佶髀。佶卧病，语诸将曰："吾非汝主也，马公英勇。"诸将乃迎殷于邵州而立之。唐拜殷潭州刺史，连败连、邵、郴、衡、道、永六州，又围桂管，虏刘士政，拜武安军节度使。梁太祖代唐，殷修朝贡，梁遂封为楚王。

杨行密袁州刺史吕师周勇健豪侠，颇通纬候、兵书，自言五世将家，惧不能免，常与酒徒聚饮，悲歌泣下。行密疑其有异志，使人察之，师周益惧，谓其将綦毋章曰："吾与楚人为敌境，吾常望其营上云气甚佳，未易败也。吾闻马公仁者，待士有礼，吾欲逃死于楚，可乎？"章曰："公自图之，章舌可断，语不泄也。"师周以兵猎境上，乃奔于楚，章纵其家属随之。殷得之大喜，曰："吾方南图岭表而得此人，何事不成。"遂使之南取岭南诸州，大有功。

殷既平朗、澧、辰、溆等州，为永顺军，表张佶为节度使，所以报德也。又请依唐太宗故事，开天册府，置官属。梁太祖拜殷天册上将军，殷以其弟賨为左相，廖光图等十八人为学士。殷自拟太宗，与梁之未有一贤者也。

荆南高季昌闻殷将高郁素教殷以计策，而殷以强，尝使谍者行间于殷，殷不听。及殷已昏耄，子希声用事，谍者语希声曰："季昌闻楚用高郁，大喜，以为亡马氏者必郁也。"希声素愚，以为然，遽夺郁兵职，郁怒曰："吾事君王久矣，急营西山，将老焉，犬子渐大，能咋人矣！"希声闻之，怒，矫殷令以杀郁。是日大雾四塞，殷怪之，语左右曰："吾尝从孙儒，儒每杀不辜，天必大雾，岂马步狱有冤死乎？"明日，吏以状白，殷拊膺大哭曰："吾荒耄如此，而杀吾勋旧！"顾左右曰："吾亦不久于世矣！"明年薨。

殷长子希振最贤，希声以母袁氏有宠而得立，希振弃官为道士。

外史氏曰：人之耄也丧其智焉。殷不及刘龚多矣。龚犹能识其子之贤愚，而殷不知也。乃若高郁者，其亦昧于保身之道矣。

希声闻梁太祖好食鸡，慕之，乃日食烹五十鸡。其葬殷上潢也，希声不入泣，顿食鸡肉数器而起。其礼部侍郎潘起讥之曰："昔阮籍居丧而食蒸豚，世岂乏贤耶？"希声卒，希范立。

马希范好文学，善诗，一时文士廖光图、徐仲雅、李皋封为天册上将，皆属无味。而又拟十八学士，更为嚼蜡矣，愚人方且自以为得计也。

唐既灭梁，殷遣其子希范修贡京师。庄宗问洞庭广狭，希范对曰："若车驾南巡，才堪饮马尔。"庄宗嘉之。庄宗平蜀，殷大惧，表求致仕，庄宗下玺书慰劳之。若殷者，可云小心恭顺矣。吾以为其识不及高季兴，季兴则知庄宗之无能为也。

殷初兵力尚寡弱，外与杨行密、成汭、刘龚为敌国，殷问策于其将高郁，郁曰："成汭地狭兵少，不足为患，而刘龚志在五管而已，杨行密，孙儒之仇，虽以万金交之，不能得其欢心。然尊王仗顺，霸者之业也，今宜内奉朝廷以求封爵而外夸邻敌，然后退修兵农，蓄力而有待尔。"于是始修贡京师，然所贡不过所产茶茗而已。乃自京师至唐、襄、郢、复等州置邸务以卖茶，其利十倍。又令民自造茶，以通商旅，而收其岁入万计。由是地大力完，雄于诸镇，数邀封爵。唐明宗封为楚国王，有司言无封国王礼仪，请如三公用竹册焉。殷卒时，年七十九，为王二十余年，谥武穆，子希声立。

外史氏曰：马殷与其诸子终未尝僭号，是其智也，岂真忠顺乎？然殷诸子亦[1]。

---

① "亦"后，疑有阙文。

拓跋常等十八人皆殷时学士。希范性奢侈，光图等皆博徒，饮博欢呼，独常沉厚长者，上书切谏，然希范不以为善也。

希范既稍建武功，南通桂林、象郡，立铜柱以表之，命李皋为铭。一时南宁酋长及昆明、牂牁等部皆来附于希范。希范志意广侈，遂作会春园、嘉宴堂，其费巨万，始加赋于国中，拓跋常切谏，不听。希范又作九龙殿，以八龙绕柱，自言身一龙也。

外史氏曰：闽王作九龙帐，此作九龙殿，何英雄所作略同耶。但不应贮归郎耳。

是时，契丹灭晋，中国大乱，希范牙将丁思觐谏希范曰："先王起卒伍，以攻战而得此州，倚朝廷以制邻敌，传国三世，有地数千里，养兵十万。今天子囚辱，中国无主，真霸者立功之时。王诚能悉国之兵出荆、襄以趋京师，倡大义于天下，此桓、文之功也。奈何耗国用而穷土木，为儿女子之乐乎？"希范谢之，思觐瞋目视希范曰："孺子终不可教也！"乃扼喉而死。

外史氏曰：思觐真烈士哉！有识有略，而不得志于庸夫以死。较南汉之邵廷琄，皆藩镇之人杰也。

希范卒，弟希广立。希范平时恶拓跋常好谏诤，乃谢绝之。及卧病，始思常之言，以为忠，召之托以母弟希广。常知希广无才，数劝希广以位让其兄希萼，希广不从。希萼自朗州来奔丧。张少敌、周廷诲曰："王能与之则已，不然宜早除之。"希广泣曰："吾兄也，焉忍杀之，分国而治可也。"乃以兵迎之于砆石，止之于碧湘宫，厚赂而遣之。希萼愤然而去，彼此治兵相攻。后希萼攻陷长沙，希广率妻子匿于慈堂，明日获之。希萼见之恻然曰："此钝夫也，岂能为恶？徒为左右惑之尔。"顾其下曰："吾欲活之，如何？"其下皆不对，遂缢杀之。希萼自立。时汉隐帝崩，中国大乱，希萼遂臣于李璟。希萼悉以军政任其弟希崇，希崇与楚旧将谋作乱，缚希萼，遣彭师暠囚希萼于衡山，师暠反奉希萼为衡山王，臣于李璟。希崇亦请命于璟，璟两存之。周世宗征淮，希崇率其兄弟十七人归于京师，世宗皆官之。

外史氏曰：马殷之诸子兄弟相图，而其余者尚显于周代，则一皆殷之余泽也。

吴越王钱镠，字具美，临安人。里中有大木，镠幼时与群儿戏木下，镠坐大石指挥群儿为队伍，号令颇有法，群儿皆惮之。及壮，无赖，不喜事生业，以贩盐为盗。县录事钟起有子数人，与镠饮博，钟起尝禁之诸子，皆窃从之游。豫章有术者，望牛斗间有王气，应在钱塘，因东游以占之。以相法隐市中，阴求其人。起与术者善，私谓起曰："占君县有贵人，君之相贵矣，然不足当之。"起乃悉召县中贤豪为会，阴令遍视之，皆不足当。术者偶过起家，镠适从外来，见起，反走，术者大惊曰："此真贵人也！"起笑曰："此吾旁舍钱生尔。"术者召镠至，熟视之，顾起曰:“君之贵者，因此人也。”乃慰镠曰:“子骨法非常，愿自爱。”因与起诀曰：“吾求其人非有所欲也，质吾术尔。”明日乃去。起始纵其子与镠游，时时贷其穷乏焉。

镠善射与槊，初从石鉴镇将董昌，讨叛将王郢有功。既而黄巢前锋至临安，镠曰：“今镇兵少而贼兵多，宜出奇以邀之。”乃与劲卒二十人伏山谷中，巢先锋渡险皆单骑，镠伏弩射杀其将，巢兵乱，镠引劲卒蹂之，斩首数百级。镠曰:“此可一用尔，若大众至，安可敌耶！”乃引兵趋八百里，八百里者，地名也，告道旁媪曰：“后有问者，告曰：‘临安兵屯八百里矣。’”巢众至，闻媪语，不知其地名，曰：“向十余卒不可敌，况八百里乎！”遂急引兵去。都统高骈闻巢兵不敢犯临安，壮之，召至广陵。久之，镠知骈无讨贼意，遂辞还，临安后破。刘汉宏讨平董昌，授镇海、镇东两镇节度使、太尉、中书令，赐铁券，恕九死。镠如越州受命，还治钱塘，号越州为“东府”。改镠乡里曰广义乡勋贵里，素所居营曰衣锦营，又曰衣锦城，石鉴山曰衣锦山，大官山曰功臣山。镠游衣锦城，宴故老，山林皆覆以锦，号其幼所戏大木曰“衣锦将军”。初封越王，又封吴王，梁太祖封之为吴越王。

客有劝镠宜拒梁命者，镠笑曰：“吾岂失为孙仲谋耶！”梁太祖常闻吴越进奏吏曰:“钱镠平生有好乎？”吏曰:“好玉带、名马。”太祖笑曰:“真英雄也。”乃以玉带一匣、打球御马十匹赐之。

外史氏曰：不谓午沟剧贼解作此韵事。

镠尝游衣锦军，作《还乡歌》曰：“三节还乡兮挂锦衣，父老远来相追随。牛斗无孛人无欺，吴越一王驷马归。”

外史氏曰：较《大风歌》气象便小小许。

梁末帝时，加镠天下兵马元帅，唐庄宗赐以玉册、金印。镠因起玉册、金券、诏书三楼于衣锦军。镠卒年八十一，谥武肃。

文穆王钱元瓘，初为质于田頵，頵屡欲杀之，赖頵母以免，归。及镠将薨，召诸将曰:“吾子皆愚懦，不足任大事，吾死，公等自择之。”诸将泣下，曰:“元瓘从王征伐最有功，诸子莫及，请立之。”镠乃出管钥数箧，召元瓘与之，曰：“诸将许尔矣。”元瓘好儒学，善为诗，使其国相沈崧置择能院，选吴中文士录用之。然性奢侈，好治宫室。天福六年，杭州大火，烧其宫室迨尽，元瓘避之，火辄随发，大惧，病狂。是年卒，子佐立，原名弘佐，后避宋讳去弘。

外史氏曰：镠不肯自立其子，而假其权于诸将，所云让之而弥固者也，可谓奸雄，与汉昭烈嗣子可辅则辅之，同一权术。

忠献王钱佐字祐立，立时年甫十三，诸将皆少佐，佐初优容之，诸将稍不法，佐乃黜其大将章德安、李文庆等于外州，杀内都监杜昭达、统军阚璠，国中皆震恐。王延义、延政兄弟相攻，卓俨明、朱文进、李仁达等自相篡杀，连兵不解者数年。仁达附于李景，已而又叛，景兵攻之，仁达求救于佐。佐召诸将计事，诸将皆不欲行，佐奋然曰:“吾为元帅，而不能举兵耶？诸将皆吾家素蓄养，独不肯以身先我乎？有异议者斩！”乃遣统军使张筠等率兵三万赴之。遣将誓军，号令齐整。筠等大败景兵，俘斩万计，获其将杨业等，遂取福州而还，由是诸将皆服。佐立七年卒，年仅二十，惜哉。

外史氏曰：佐虽未亲临行阵，然颇有孙伯符之风，钱氏可儿也。弟倧以英毅为军将所废，而俶立则奄奄无气矣。

钱氏兼有两浙几百年，其人比诸国号为怯弱，而俗喜淫侈，好工巧，自镠世常重敛其民以事奢僭，下至鸡鱼卵鷇，必家至而日取。每笞一人以责其负，则诸案吏各持簿列于庭；凡一簿所负，唱其多少，量为笞数，少者犹积数十，多者至笞百余，人不堪其苦。又多掠岭海商贾宝货以贡奉中国。及宋兴，荆、楚诸国相次归命，俶势益孤。太祖时，俶来朝京师，放归，益竭其珍玩以贡献。太祖曰:“此吾帑中物尔，何以献为！”太宗时，乃举族归于京师，以功名世其家。

广陵欧阳氏曰：五代十国，称帝改元者七。惟吴越钱氏、荆南高氏、楚马氏常行中国年号。然予闻于故老，吴越亦尝称帝改元，而求其事迹不可得，颇疑吴越后亦讳之。及旁采闽、楚、南汉诸国之书，与吴越往来者皆无称帝之事。独得其封落星石为宝石山制书，称宝正六年辛卯，则知其尝改元矣。辛卯为长兴三年，乃镠之末年也，然不见其终始，故不得而备列。云钱氏讫五代，尝外尊中国，岂其张轨之比乎。

王潮，光州固始人，闽王王审知之兄也。潮兄弟初随王绪为盗，后与诸将共囚杀王绪，诸将推潮为主。时泉州刺史为政贪暴，潮以兵攻克之，福建观察使陈岩表潮为泉州刺史。岩卒，其婿范晖自称留后，潮命审知攻破之，朝廷即命潮为观察使，潮以审知为副使。

外史氏曰:唐末群盗攻刺史，即命为刺史;杀观察，即命为观察，恩威替矣。而潮之于岩，亦负德殊甚，不及钱氏之起兵为正也。

审知为人状貌雄伟，隆准方口，常乘白马，军中号曰“白马三郎”。潮卒，审知代立。唐拜为节度使，镇福州。初封琅琊王，后封闽王。审知虽起盗贼，而为人俭约，好礼下士。又建学四门，以教闽士之秀者。招来海中蛮夷商贾。海上黄崎，波涛为阻，一夕风雨雷电震击，开以为港，闽人以为审知德政所致，号曰甘棠港。同光三年卒，年六十四，谥忠懿，子延翰立。

外史氏曰：闽王审知亦杰者也，诸子皆不才，互相杀戮，篡逆相寻，较于诸国不足指数。

延翰既立，时庄宗遇弑，中国大乱。延翰乃取《史记·闽越王无诸传》示其将吏曰："闽，自古王国也，吾今不王，何待之有？"于是建国称王，而犹禀唐正朔。延翰为人长大，美皙如玉，妻崔氏陋而淫，延翰不能制。审知丧未期，撤其几筵，多选良家子为妾。崔氏奇妒，良家子之美者，出之别室，系以大械，刻木为人手以击其颊，又以铁锥刺之，一岁中死者八十四人。崔氏后病，见以为祟而卒。审知养子建州刺史延禀，本姓周氏，与延翰不协。延翰立，以弟延钧为泉州刺史，延钧怒。二人因谋作乱。皆以兵入，执延翰杀之。而延钧立，更名鏻。

延钧既立，延禀将还建州，延钧饯之于郊，临诀，延禀曰："善继先志，勿烦老兄复来！"鏻衔之。后延禀率兵来击鏻，为鏻兵所败，见执鏻，诮之曰："予不能继先志，果烦老兄复来！"延廪不能对，遂杀之。

鏻好鬼神、道家之说，道士陈守元以左道见信，建宝皇宫以居之。守元曰："宝皇命王少避位，后当为六十年天子。"鏻欣然命其子继鹏权主军国事。既乃即帝位，以黄龙见真封宅，改元龙启，受册于宝皇，遣守元问宝皇："六十年后将安归？"守元传宝皇语曰："六十年后，当为大罗仙人。"鏻益信之。然闽地狭，国用不足，以中军使薛文杰为国计使。文杰多察民间阴事，致富人以罪，而没其赀，闽人皆怨。文杰又荐妖巫徐彦，使视鬼于宫中。文杰与内枢密使吴英有隙，与彦谋陷杀之。英素得军心，军士闻英冤死，皆怒。是岁，闽兵救建州，军士在道不肯进，曰："得文杰乃进。"鏻惜之，不遣，其子继鹏劝予之以纾难，乃以槛车送文杰军中。文杰善数术，自占云："过三日可无患。"送者闻，疾驰二日而至，军士踊跃，磔文杰于市，脔食之立尽。明日，鏻使者至，赦之，已无及矣。初，文杰为鏻造槛车，以谓古制疏阔，乃更其制，令上下通，中以铁芒内向，动辙触之，既成，首被其毒。

外史氏曰：文杰殆未读《商鞅传》耳，假令读之，必悚然于作法自弊之说，而槛车之制，不如仍旧贯之为愈也。

鏻妻早死，继室金氏贤而不见答。审知婢金凤，姓陈氏，鏻嬖之，遂立以为后。初，鏻有嬖吏归守明者，以色见幸，号归郎，鏻后得风疾，陈氏与归郎通。又有百工院使李可殷，因归郎以通陈氏。鏻命锦工作九龙帐，国人歌曰："谁谓九龙帐，惟贮一归郎！"鏻婢春燕有色，其子继鹏烝之，鏻已病，继鹏因陈氏以求春燕，鏻怏怏与之。其次子继韬谋杀继鹏，继鹏与皇城使李仿谋弑鏻于九龙帐，卫士刺之不殂，宫人不忍其苦，为绝之。继韬及陈后、李可殷、归郎皆为仿所杀。而继鹏立，更名昶。

外史氏曰：此等淫乱事不足纪，纪之以见王氏之将亡也，王氏世烝父婢，可云绍庭上下矣，安得不乱。

昶既立，亦好道，仍师陈守元，立父婢春燕为皇后。后昶为其叔延羲所杀。

延羲，审知少子也，既立，更名曦，暴虐无道，常为牛饮，群臣侍酒，醉而不胜，有诉及私弃酒者辄杀之。曦妻李氏悍而酗酒，贤妃尚氏有色而宠。李氏妒之，欲图曦而立其子亚澄。是时，诸将连重遇、鲁经弑昶，惧为国人所讨，与朱文进连姻以自固。曦心疑之，李氏使人谓重遇："上心不平于二公，奈何？"重遇等大恐。后曦出游，醉归，重遇遣壮士于马上拉杀之。

当延羲在位时，肆为淫虐。延政数贻书谏之。曦怒，兴兵攻延政，为延政所败。延政乃于建州建国，改元，称殷。后为李璟所破，迁于金陵，封鄱阳王。

南平王高季兴，字贻孙，陕州人。本名季昌，避唐李国昌讳，改季兴，为梁太祖养子朱友让之养子，故始亦冒姓朱。后为军将。梁太祖攻凤翔李茂贞不克，欲收兵还河中，季兴荐死士马景大破岐兵，季兴由是知名，累官颍州防御使，复姓高氏，后以为荆南节度使。

荆南故节度十州，当唐末，为诸道所侵，季兴始至，江陵一城而已，兵火之后，井邑萧条。季兴招辑抚绥，人士归之。季兴见梁太祖崩，梁事日衰，乃谋阻兵自固。末帝优容之，封渤海王。唐庄宗灭，梁下诏慰谕季兴，司空薰等皆劝入朝，梁震以为不可，曰："梁、唐世为仇敌，夹河血战垂二十年，今皇新灭梁，大王梁室故臣，握强兵，居重镇，以身入朝，行为虏耳。"季兴不听，留其二子，以骑士三百为卫，朝于洛阳。庄宗果欲留之，郭崇韬谏曰："唐新灭梁，方以大信示天下，今四方诸侯不过遣子弟将吏入贡，而季兴以身述职，为诸侯率，宜加恩礼，而反縻之，是示天下以不广也，且绝四方向往之意。"庄宗纳之，厚礼而遣归。庄宗后心悔之，密诏襄州刘训图之。季兴行至襄州，心动，夜斩关而出，已去，而诏书夜至。季兴归，谓梁震曰："不听子言，几不免虎口哉。"

庄宗尝问季兴曰："吾已灭梁，欲征吴、蜀，何者为先？"季兴曰："宜先蜀，臣请以本道兵先进。"庄宗大悦，以手拊其背，季兴因命工绣其手迹于衣，归以为荣。

季兴谓梁震曰："主上百战以取河南，对功臣夸手抄《春秋》；又云：'我于十指上得天下。'其自矜伐如此。而荒于游畋，政事多废，吾无忧矣。"同光三年，封为南平王。

魏王继岌已破蜀，得蜀金帛四十余万，自峡而下，而庄宗之难作。季兴闻之，乃悉邀留蜀物，而杀其使者韩珙等十余人。后又以与朝廷争夔、万等州抗朝命，遂臣于吴，吴人册为秦王。卒，年七十一，长子从诲立。

从诲以其父自绝于唐，恐其见讨，乃聘于楚，楚王马殷为之请命于唐，而从诲亦自奉表，进赎罪银三千两，明宗纳之，拜从诲节度使，封南平王。从诲为人明敏，多权诈。晋高祖命学士陶谷为从诲生辰国信使，从诲宴谷于望沙楼，大陈战舰于楼下，谓谷曰："吴、蜀不宾久矣，愿修武备，习水战，以待天子师期。"

谷还，具奏之，高祖大悦，复遣使赐以甲马百匹。

荆南地狭兵弱，介于吴、楚，为小国。自吴称帝，而南汉、闽、楚皆奉梁正朔，岁时贡奉，皆假道荆南。季兴、从诲常邀留其使者，掠取其财物，而诸道以书责诮，或发兵加讨，即复还之而无愧。其后南汉与闽、蜀皆称帝，从诲所向称臣，盖利其赐予耳。俚俗语谓“夺攘苟得无愧耻者为赖子”，犹言无赖也，故诸国皆目为“高赖子”。如斯人者，而梁震乃以为“嗣王之贤，老臣可以下报先王”。吾不知从诲之贤为何如也。从诲卒，谥文献，子保融立。

保融既嗣，封进南平王。周世宗征淮南，保融命将以兵会之，又遣客将刘扶奉笺南唐，劝其内附。及李景称臣于周，而世宗得其所奉笺，大悦，赐以绢百匹。保融性迂缓，无才能，而事无大小，皆委其弟保勖，而保勖亦称其任。后保融以疾卒，谥贞懿，传位保勖。

外史氏曰：保融之为人，亦马希广之俦耳，乃希广以无才而为希萼所杀，而保融以无才而能任其弟且并受其福焉，亦其遭遇有不同耳，岂高赖子之家教然乎哉？

保勖字省躬，从诲第十子也。在位三年，有疾，谓其将梁延嗣曰：“我疾不起，兄弟孰可付后事？”延嗣曰：“公独不念贞懿王乎？先王寝疾，舍其子而以军府付公，今先王子继冲长矣。”保勖曰：“子言是也。”即以继冲判内外兵马。保勖年三十九。

外史氏曰：保勖其宋穆公之流欤？亦衰世之贤者也，高氏无乱贼，宜哉。

高继冲当宋太祖时，太祖命慕容延钊等讨张文表，假道荆南，其臣李景威劝之严兵自备，而判官孙光宪劝之封府库以迎王师，继冲以为然。景威出而叹曰：“吾言不用，大事去矣，何用生为！”因扼吭而死。已而延钊师至，果入据其城，继冲不得已而降，后入朝，拜太武宁节度使，孙光宪拜黄州刺史。

外史氏曰：李景威其宫之奇乎？知虞之不腊而兵不再举者也。孙光宪固识时之后杰，然而不忠，所云“屋人之社稷而不顾”者也，一麾出守，其亦雄矣。

北汉主刘旻能纳郑珙之言以为自固之谋，而不能纳李骧之言以为救赟之策，则庸人之无以决计也。“世岂有雕青天子？”斯言可以愚之矣。郭雀儿真玩弄之于股掌之上也。

欧阳氏之于北汉也无贬辞。其自立也，则书“刘崇自立于太原”，夫十国之僭立皆不书于本纪，而崇独书者，与其宜不屈于周也。若旻之伐周也，书曰“汉人来讨”，讨者，加有罪之名，予汉以讨有罪也。又书云“攻自晋州”，见汉兵宜诛罪人于京师而先自晋州始也，至其事之成败又非所论矣。

刘旻北结契丹永康王兀欲。兀欲闻旻自立，颇幸中国多故，乃遣其贵臣述轧、高勋以所爱黄骝及九龙十二稻玉带报聘。迨后高平之败，旻独乘黄骝，自雕窠岭间道驰去，夜失道山谷间，得村民为向导，误趋平阳，得他道以归，而为黄骝治厩，饰以金银，食以三品料，号“自在将军”。旻自败于高平而又被围于太原，久之乃免，以忧得疾，明年卒，年六十，子承钧立。

外史氏曰：世宗之胜也，归而大阅军，实汰减冗卒，故自此伐南唐而所向有功。刘旻之败也，归而为黄骝治厩，此外不闻察士卒之夷伤、修军政之废坠也，其不延世也宜哉。

承钧自李筠败而失契丹之援，无复南侵之意。地狭产薄，以岁输契丹，故国用日削，乃拜五台山僧继颙为鸿胪卿。继颙，故燕王刘守光子也，守光之死，以孽子得不诛，削发居五台山，为人多智，善商财利，自旻世颇赖之。继颙能讲《法华经》，四方供施，多积蓄以佐国用。五台当契丹界上，继颙常得其马以献，号“添都马”，率数百匹。又于柏谷置银冶，募民凿山取矿，烹银以输，刘氏仰以足用，即其治建宝兴军。后累官至太师、中书令，以老病卒，追封定王。

外史氏曰：北汉之立国至仰给于一僧，则其贫弱可知，而继颙者，亦不闻其他过恶，殆犹胜于抱腹山人郭无为矣。

郭无为者，棣州人，方颡乌喙，好学多闻，善谈辩。常衣褐为道士，居武当山。周太祖讨李守贞于河中，无为诣军门上谒，及询以当世之务，太祖奇之。或告太祖曰：“公为汉大臣，握重兵居外，而延纵横之士，非虑患之道也。”太祖以是疏之。无为去，隐抱腹山。承钧内枢密使段常识之，荐其材，承钧以谏议大夫召之，遂以为相。然实无他长也。

旻微时，以女嫁军卒薛钊，生子继恩。太祖既有天下，钊虽除军籍而无他才能。旻女常居宫中，钊罕得见，心常怏怏，因醉拔佩刀刺其妻，伤而不死，钊即自裁。旻女改适何氏，又生子继元，而旻女及何氏夫皆死。旻以承钧无子，乃以二子命承钧养为己子，皆冒姓刘氏。承钧立十三年死，而继恩立。

初，承钧谓郭无为曰：“继恩纯孝，然非济世才，恐不能了我家事。”无为不答。继恩怨无为不助己，及即位，欲逐之而未果，已而难作，为供奉官侯霸荣率十余人挺刃入勤政阁，闭户而杀之。郭无为遣人以梯登屋入，杀霸荣及其党人。皆以谓弑逆者无为之本谋，而杀霸荣以灭口，且自托于讨贼也。乃迎继元而立之。

继元为人甚忍。旻诸子多为继元所杀。承钧妻郭氏，继元自幼母之。继元妻段氏，尝为郭氏诃责，既而以疾死，继元疑其杀之。及即位，遣嬖者范超执郭氏缢杀之。后宋师围并州，郭无为有异志，继光始缢杀之。初，太祖命引汾水浸其城，水自城门入，而有积草自城中飘出塞之，会暑雨，乃班师。继元决城下水注之台骀驿，水已落而城多圮。契丹使者韩知璠时在太原，叹曰：“王师知其一而不知其二，若知先浸而后涸，则并人无类矣！”太宗时，再围太原，继元乃降。北汉建国凡二十八年，较汉之父子四年，其延促殊矣。

五代史舫截二卷

周德威，字镇远，小字阳五，朔州马邑人。为人勇而多智，能望尘以知敌数。其状貌雄伟，笑不改容，人见之凛如也。事晋王李克用，初为铁林军使，当梁、晋之际，周阳五之勇闻天下。

梁军围晋太原，令军中曰："能生得周阳五者为刺史。"有骁将陈章者，号陈夜叉，常乘白马朱甲以自异，出入阵中，求周阳五，欲生致之。晋王戒德威曰："夜叉欲得汝以求刺史，宜善备之！"德威笑曰："章好大言耳，安知刺史非臣作耶？"因戒其部兵曰："见白马朱甲者，当佯走以避。"两军皆阵，德威微服杂卒伍中。陈章出挑战，兵始交，德威部下见白马朱甲者，因退走，章果奋稍急追之，德威伺章已过，挥铁铤击之，中章堕马，遂生擒之。德威虽为大将，而常身与士卒驰骋于矢石之间。当其战幽州也，刘守光骁将单廷珪望见德威于阵，曰:"此周阳五也！"乃挺枪驰骑追之。德威佯走，度廷珪垂及，侧身少却，廷珪马方驰，不可止，纵其少过，奋挝击之，廷珪坠马，遂见擒。二事正相类。

梁之围李嗣昭于潞州也，筑夹城以困之于内，而德威与梁兵相持于外逾年。嗣昭与德威素有隙。晋王病革，庄宗新立，其叔父克宁作乱，诛之，国中未定，而晋之重兵，悉在德威所，晋人皆恐。庄宗使人以难告，德威闻命，即日还军太原，留兵城外，徒步而入，伏梓宫前痛哭几绝，晋人乃安，从庄宗，遂破梁夹城，与嗣昭欢如初。

外史氏曰：当国家危疑之时，而举动坦直，使群疑冰释，非大学力人不能不止。不愧于大将之才也，庶几乎汾阳之德器矣。

梁王景仁与晋军相拒于柏乡。景仁所将神威、龙骧、拱宸等军，皆梁精兵，人马铠甲饰以组练金银，其光耀日，晋军望之色动。德威勉其众曰："此汴中佣贩儿，徒饰其外耳，其中不足惧也！其一甲之直数十千，得之适足为吾资，无徒望而爱之，当勉以往取也。"既而果大败梁军。

外史氏曰：此老将安其军心之言耳，岂梁军之果皆佣贩儿哉。然人心有欲则思奋，蔑敌则贾勇，非知兵者不能用此术也。

庄宗勇而好战，尤锐于见敌。而德威老将知兵，常务持重以挫敌人之锋，故其用兵，常伺敌之隙以取胜。柏乡之战，庄宗若非德威退军鄗邑之策，则柏乡之胜败未可知也。其后胡柳陂之役，庄宗不听其言，以致败衄，而德威父子战死，庄宗深悔之，后德威配享庄宗庙廷。

符存审，字德详，陈州宛丘人。少微贱，尝犯法当死，临刑，指其傍坏垣顾主者曰："愿就死于彼，冀得垣土覆尸。"主者哀而许之，为徙垣下。而主将方饮酒，顾其爱妓，思得善歌者佐酒，妓言："有符存尝为妾歌，甚善。"存盖其幼名也。主将即驰骑赦存审，而存审以徙垣下故，未加刑，因往就召，使歌而悦之，存审因得不死。

外史氏曰：韩信仰见滕公，子仪幸遭李白，皆得不死。侯王岂独见拯于人哉？天佑之矣。存审后来卒为名将，出入将相四十年，其视垣下一徙特转毂间耳，岂非命哉？

存审后归晋，晋王以为义儿军使，赐姓李，屡立战功。后从战胡柳坡，晋军晨败，亡周德威，存审与其子彦图力战，暮败梁军于土山，遂取德胜，筑河南北为两城，晋人谓之“夹寨”。

存审为将有智略，大小百余战，未尝败衄，与周德威齐名。德威死，晋之宿将惟存审在。契丹攻遮虏，乃以存审为卢龙节度使，时存审已病，辞不肯行，庄宗强遣之。庄宗灭梁入汴，存审自以身为大将，不得与破梁之功，怏怏，疾益甚，因请朝京师。时郭崇韬权位已重，然名素出存审下，不乐其来而加己上，因阻其事。存审章屡上，不许，伏枕叹曰:“老夫事二主四十年。今日天下一家，四夷远俗，至于亡国之将、射钩斩袪之人，皆得亲见天子，奉觞为寿，而独予弃死于此，岂非命哉？”崇韬度存审病已亟，乃请许其来朝。徙宣武节度，卒于幽州。临终，戒其子曰：“吾少提一剑去乡里，四十年取将相，然履锋冒刃，出死入生，得至此也。”因出其生平所中矢镞百余而示之，曰：“尔其勉哉！”存审子三人：彦超、彦饶、彦卿，皆有智略，至大官，能世其家。

史建瑭，雁门人。父敬思，为晋王李克用骁将。上源驿之难，独敬思与薛铁山、贺回鹘十余人侍。晋王醉，留宿梁驿，梁兵夜围而火攻之。敬思登驿楼，射杀梁兵十余人，会天大雨，晋王得与从者俱去，缒尉氏门以出。而敬思为梁追兵所得，见杀。建瑭既壮，常为晋先锋，数败梁兵，梁兵每相戒曰当避史先锋云。

庄宗攻燕，燕王刘守光乞师于梁，梁太祖自将击赵，围枣强、蓨县。时晋兵皆北攻燕，惟符存审与史建瑭以三千骑屯赵州。梁军已破枣强，存审扼下博桥。建瑭分其麾下五百人为五队：一之衡水，一之南宫，一之信都，一之阜城，而自将其一，约各取梁刍牧者十人会于下博。至暮，擒梁兵数十，皆杀之，各留其一人，纵使逸去，告之曰:“晋王军且大至。”明日，建瑭率百骑为梁旗帜，杂刍牧者，暮叩梁营，杀其守门卒，纵火大呼，斩击数十百人。而梁刍牧者所出，各遇晋兵，有所亡失，其纵而不杀者，归而皆言晋军且大至。梁太祖夜拔营去，蓨县人夜追击之，梁军弃辎重不可胜计。梁太祖方病，由是增剧。而晋军以故得并力以收燕者，二人之力也。后建瑭攻张文礼于镇州，中流矢，卒。

外史氏曰:建瑭只以五百人，步置如五花八门、九天九地，令人莫测其多少，莫量其奇正，真能以少为多、以虚为实者，而欧阳公此文亦尽其妙。

建瑭子匡翰，尚晋高祖女鲁国公主。匡翰为将，沉毅有谋，而接下以礼，与部曲语未尝不自名，历官义成节度使，所至兵民称慕之。史氏世为名将，而匡翰尤好读书，喜《春秋》三传，与学者讲论，终日不倦。义成军从事关彻性嗜酒，尝醉骂匡翰曰："近闻张彦泽脔张式，未见史匡翰斩关彻，天下谈者未有偶耳！"匡翰不怒，引满自罚而慰勉之，人服其量。若匡翰者，其羊陆之徒欤？

王建及，许州人也，为晋军将，将银枪效节军。从战胡柳陂，晋兵已败，与梁争土山，梁兵先至，登山而阵。庄宗至山下，望梁阵坚而整，呼其军曰："今日之战，得山者胜。"因驰骑犯之，建及以银枪军继进，梁兵下走，阵山西，晋兵遂得土山。诸将皆言："溃兵未集，且暮不可战。"阎宝曰："彼阵山上，吾在其下，尚能破之，况以高而击下，不可失也。"建及以为然，因白庄宗曰："请登高望臣破敌！"即呼其众曰："今日所失辎重，皆在山西，盍往取之！"即驰犯梁阵，梁兵大败。

王建及既败梁兵，晋遂军德胜，为南北城于河上。梁将贺瓌攻其南城，以竹笮维战舰于河，晋兵不得渡，南城危甚。庄宗积金帛于军门，募能破梁战舰者，至于吐火禁咒，莫不皆有。建及重铠执矟曰："梁、晋一水间耳，何必巧为！吾今破之矣。"即以大瓮积薪，自上流纵火焚梁战舰，建及以二舟载甲士随之，斧其竹笮，梁兵皆走，晋军乃得渡，救南城，瓌解围去。建及为将，好以家赀散士卒。庄宗后遣宦官韦令图监其军，令图言："建及得士心，惧有异志，不可令典银枪军。"乃以为代州刺史，怏怏而卒。

外史氏曰：军将以散财得士心，即罢其兵，然则必将易椎牛飨士者，为减削军需而后可乎？然观建及之失兵而怏怏以卒，则亦非烈士矣。

外史氏曰：欧阳公于合传诸臣，亦往往有不类者。如周德威、符存审、史建瑭、王建及、安金全，合传可也；若元行钦、西方邺，皆前后两截人，安可同传乎？若以其唐臣也而合传焉，亦未免于薰莸同器而牛骥同皂也，不几为史笔之累哉。

元行钦，幽州人也，初为刘守光裨将。明宗掠地山北，与行钦相拒，凡八战，明宗七射中行钦，行钦拔矢而战，亦射明宗中股。行钦屡败，乃降。明宗抚其背而饮以酒曰："壮士也！"因养以为子。庄宗已下魏博，益选骁将自卫，闻行钦勇，取之以为散员都部署，赐姓名李绍荣。庄宗好战而轻敌，与梁战潘张，军败，庄宗得三四骑驰去，梁兵数百追及，攒矟围之。行钦望其旗而识之，驰一骑，奋剑断其二矛，斩首一级，梁兵解去。庄宗还营，持行钦泣曰："富贵与尔共之！"由是宠冠诸将。一日宴群臣于内殿，酒酣乐作，道平生战阵事，以为笑乐，因左右顾曰："绍荣安在？"所司奏曰："奉敕宴使相，绍荣不得与也。"因罢会，不乐。明日即拜为使相。

当明宗入汴州，庄宗至万胜镇，不得进。与行钦登道旁冢，置酒，相顾泣下。有野人献雉，问其冢名，曰："愁台也。"庄宗益不乐。西至石桥，置酒野次，谓行钦曰:“卿等从我久,富贵急难无不同也。今兹危蹙,而默默无言,坐视成败。我至荥泽,欲单骑渡河,自求总管,卿等各陈利害。今日俾我至此,卿等何如?”行钦泣而谢曰:“臣本小人,蒙陛下抚养,位至将相。危难之时,不能报国,虽死,无以塞责。”因与诸将百余,皆解髻断发,置之于地,誓以死报,君臣相持痛哭。庄宗还洛阳,而郭门高发难,庄宗崩,行钦出奔。至平陆,为野人所执,送虢州,刺史石潭折其两足,送洛阳。明宗骂曰:“吾儿从璟何负于尔!”行钦瞋目直视,曰:“先皇帝何负于尔?”乃被杀于市。人皆为之流涕。

外史氏曰:行钦一斗将耳,尝佐刘守光攻其父仁恭,则又一无识之匹夫耳。其被庄宗宠顾,冠绝一时,然至愁台断发、泣下沾襟,一谋束手,抑何惫也。君亡国燔,而又出奔,非王思同比也。欧公讥其死虽不屈,而死非其志也,信哉。

安金全,代北人。为人骁果,工骑射,号能擒生踏伏。从庄宗战,数有功,以疾居太原。庄宗与梁拒河上,梁将王檀袭太原,太原无备,监军张承业大恐,而外攻甚急。金全强起,谓承业曰:“太原,晋之根本也。一旦不守,则大事去矣!老夫诚惫,尚能为公破贼。”承业喜,授以甲兵。金全召子弟及故将吏,得百余人,夜出北门,击檀于羊马城,檀军惊溃,而晋救亦稍至,围遂解。然庄宗以功不自己出,终其世不录其功。明宗即位,与金全有旧,乃使拜相。

晋军袭汴州,而王瓒开门以降;梁军袭太原,而金全扶病以战,虽曰天意,然而忌功非人君之度也,有以知亚次之不终矣。

西方邺为曹州刺史,以兵屯汴州。明宗自魏反,兵南渡河,而庄宗东幸汴州。汴州节度使孔循有异志,使北门迎明宗,西门迎庄宗,供帐委积如一,曰:“先至者入之。”邺因责循曰:“主上破梁,公蒙不杀之恩,奈何欲纳总管而负国恩?”循不答。邺度循不可争,而石敬瑭妻,明宗女也,时方在汴,邺欲杀之,以败其谋。循知之,取而藏于家,邺无如之何。而明宗已及汴,邺乃将麾下五百骑西迎庄宗于汜水,呜咽泣下,庄宗亦为之嘘唏,使以兵为先锋。庄宗不得入汴,还洛阳,遇弑。明宗入洛,邺请死于马前,明宗嘉叹久之。后以为夔州刺史,有功,拜节镇。

外史氏曰:邺之责孔循,欲杀明宗女,何其烈也;及拜明宗于马前,又何窘也。夫死则死耳,何以请为,是不欲死也,吾恐为孔循所笑。

乌震,信都人。从符习讨张文礼于赵。文礼执震之母妻以招震,震不顾。文礼乃皆断其手鼻,割而不诛,纵至震军中,军中皆不忍正视。震一恸而止,愤激自励,身先士卒,攻破镇州,以功拜刺史。

外史氏曰:欧公以为大不孝而亦无当于忠。予以为若震者,是又一赵苞也,曷不思徐元直之所为乎?且史称震少好学,通《左氏春秋》,喜作诗,善书,为刺史,以廉平称,然而为之母者,何不幸也。《左氏春秋》之义,又何当乎?

孔谦，魏州人，为庄宗度支使。谦为人勤敏，而倾巧善事人，庄宗悦之。自少工书算，知金谷聚敛之事。晋与梁相拒河上十余年间，大小百余战，谦调发供馈，未尝缺乏，然民亦不胜苦矣。庄宗即位后，谦百计求为租庸使，虽以郭崇韬阻之，而谦屡倾其任此官者，庄宗卒以谦为租庸使，赐号“丰财赡国功臣”。谦无他能，直以聚敛为事耳。故事：一切征纳，下诸观察使，使乃下诸州。谦直以租庸帖下诸州，不关观察，观察交章理之，诏从其请，而谦不奉诏。又请减百官俸钱，罢节度观察员数。以至鄣塞天下山谷径路，禁止行人，以收商旅征算。更制括田竿尺，尽率州使公廨钱。由是天下皆怨苦之。明宗立，下诏暴其罪，斩于洛阳市。遂罢租庸使额，分盐铁、度支、户部为三司。

外史氏曰：甚矣！言利之臣之多不得令终也。盖财者，生死之命、敛怨之府，刘忠州犹不得免，况其余乎。

明宗时，张延朗，汴州人也，拜三司使。按唐制：户部度支以本司郎中、侍郎判其事，而有盐铁转运使。其后用兵，以国计为重，遂以宰相领其职。乾符以后，天下丧乱，国用愈空，始置租庸使，用兵无常，随时调敛，兵罢则止。梁兴，遂置租庸使，庄宗因之。明宗入立，诛租庸使孔谦而废其职，以大臣一人判户部、度支、盐铁，号曰判三司。延朗因请置三司使，遂以命之，三司置使自此始。延朗号为有心计，而亦无所建明。明宗尝出游幸，召延朗共食，延朗不至，附使者报曰：“三司事忙，无暇。”闻者笑之。后为晋高祖所杀，而非其罪，盖财货在太原者，延朗悉调取之，欲以杜晋之反谋也。

李严，幽州人。庄宗时，以客省使奉使于蜀王衍。严音旨清亮，雄辨无伦，蜀人听之皆竦动。初，庄宗以名马付严入蜀，市奇珍以充后宫，而蜀法严禁以奇货出剑门，其非奇物而出者，名曰“入草物”，由是严一无所得而还，惟得金二百两、地衣、毛布之类。庄宗闻之，大怒曰：“物归中国，谓之‘入草物’，王衍岂能免为‘入草人’乎？”于是决意伐蜀。及魏王继岌伐蜀，先锋康延孝至汉州，王衍告曰：“得李严来即降。”议者以伐蜀之谋自严始，而衍怨严深，不宜往。严闻之喜，即驰入益州。衍见严，乃以妻母为托，即日以蜀降。其后孟知祥倔强于蜀，安重诲稍裁抑之，思有以制知祥者，严乃求为西川兵马都监。将行，其母曰：“前汝启破蜀之谋，今行，其以死报蜀人矣！”严恃与知祥有旧，不听母言，遂行。及至蜀，知祥虽与严有旧，而甚恶其来。蜀人闻其来，亦皆恶之。知祥为置酒，从容问严曰：“朝廷以公来耶？公自欲来耶？”严曰：“君命也。”知祥发怒曰：“天下藩镇皆无监军，安得尔独来此？此乃孺子荧惑朝廷尔！”即擒斩之，明宗不能诘也。

外史氏曰：严之死，不死于知祥，而死于王衍。何也？前之启入蜀之谋，而王衍召之，以母为托，由是严目中无蜀人矣，宜其死也。

明宗将祀天于南郊，东、西川宜进助礼钱五十万，使客省使李仁矩趣之。仁矩恃势骄恣，见藩镇不以礼。东川节度使董璋置酒召之，仁矩辞醉不往，而于传舍与娼妓饮。璋怒，率牙兵露刃之传舍，仁矩惶恐，不袜而靴，走庭中。璋责之曰："尔以西川能斩李严，我独不能斩尔耶？"顾左右牵出斩之。仁矩泣涕拜伏谢罪，乃止。鄙哉仁矩！真前倨而后恭矣。

唐废帝起于凤翔，与共事者五人：刘延朗、韩昭胤、李专美、宋审虔、房暠。而暠又进鬼神之说。有瞽者张濛，自言事太白山神，神，魏崔浩也，其言吉凶无不中，暠素信之。尝引濛见帝，闻帝语声，惊曰："此非人臣也！"暠使濛问于神，神传语曰："三珠并一珠，驴马没人驱。岁月甲庚午，中兴戊己土。"暠不晓其义，使问濛，濛曰："神言如此，我能传之，不能解也。"帝将反，又问濛，濛传神语曰："王当王天下，可无忧！"于是决反。愍帝遣王思同率诸镇兵围凤翔，废帝惧，又问神，神曰："王兵少，东兵来所以迎王也。"已而东兵果降于帝。帝入京师，即位之日，受册明宗柩前。册曰："维应顺元年，岁次甲午，四月庚午朔。"帝回顾暠曰："张濛神言，岂不验哉！"

外史氏曰：福兮祸所倚，祸兮福所伏，倚伏之理，如环无端，神能知废帝之得天下为福，而不知其失天下旋且有祸。严君平以卜训人，每教以子孝臣忠，有旨也夫。

废帝既立，延朗与暠并掌机密。延朗卖官鬻爵，人人皆怨。暠心患之，而不能争也。及废帝自焚，晋兵入朝，延朗以一骑走南山，过其家，指而叹曰："吾积钱三十万于此，不知何人取之？"遂为追兵所杀。晋帝闻暠不任事，竟无恙。

当潞王反于凤翔，王思同率诸镇兵讨之，兴元兵降于潞王，诸镇兵皆溃而东，大臣尽惶惧无策。亲军都指挥使康义诚曰："西师惊溃，主将怯耳。今京师兵尚多，臣尽将以西，扼关而守，招集亡散，以为后图。"愍帝以为然，幸左藏库，亲给将士人赐绢二十匹，钱五千，士负物扬言曰："到凤翔更请一分。"朱弘实见军士无斗志，而义诚尽将以西，疑其有二心，谓义诚曰："今西师小衄，而无一骑东者，人心可知。不如以见兵守京师以自固。"义诚曰："弘实反耶？"弘实曰："公谓谁欲反耶？"其声厉而闻。愍帝召两人讯之，争于帝前，帝不能决，遂斩弘实，以义诚为招讨使，悉将而西。义诚行至新安，降于从珂，愍帝奔卫川。义诚后为废帝斩于兴教门外。噫！弘实之冤可以慰矣。

外史氏曰：当夫外有门庭之寇，内兴讨罪之师，则似义诚之奏诏者为是，而弘实之阻师者为非，然前之察于军心，后之验其反迹，则两人之是非不待辨矣。

五代之际，亦可谓无人哉。唐庄宗初以豆卢革为相，以为唐衣冠之族也，而竟无学问，为尚书郎萧希甫所驳正，革患之，复引荐韦说为相，以其能知前朝故事也，而说亦复庸陋如革，徒以流品自高而已。郭崇韬虽尽忠于国，而亦无学术。其后革、说皆以罪废。庄宗又用卢程为相，亦以其唐时甲族也，而程之騃戆傲岸更复不堪。程假驴夫于其友，帖下兴唐府给之，兴唐少尹任圜诣程，争其不可。程戴华阳巾，衣鹤氅，据案决事，视圜骂曰："尔何虫豸，恃妇家力耶？宰相取给州县，何为不可？"圜不对而去，盖讥程为庄宗姊婿也。圜驰至博州见庄宗。庄宗大怒，谓郭崇韬曰："朕误相此痴物，敢辱予九卿！"趣令自尽，赖卢质力解之，乃免。后程于路坠马，中风卒。

外史氏曰：衣冠之族往往出痴物，正宜诘之曰："尔何虫豸？"勿得藉口曰"好驴马不入队行也""体中何如""上车不落"，正是隐囊纱帽间物耳。

任圜，三原人。为人明敏善辨，见者爱其容止，及闻其议论纵横，益皆竦动。为李嗣昭观察支使，嗣昭见围于潞州夹城。晋王薨，晋兵救潞者皆解去。嗣昭危甚，问圜去就，圜劝之坚守以待，不可有二心。既而庄宗攻破夹城，闻圜为嗣昭计，甚嘉之，由是益知名。其后嗣昭与庄宗有隙，圜往来奉使，辨释谗构。嗣昭卒免于祸，圜之力也。

外史氏曰：当任圜为安重诲诬杀也，赵凤曰"任圜天下义士"，此六字者，任圜定评也，吾无以易之。

圜于明宗初拜相，后豆卢革、韦说罢，安重诲、郑珏、孔循议当为相者，圜意属李琪，而珏与循不欲，谓重诲曰："李琪非无文艺，但不廉耳！宰相宜端方有器度，太常卿崔协可也。"他日，明宗问谁可相者，重诲以协对。圜前争曰："重诲为人所卖。天下皆知崔协不识文字而虚有仪表，号'没字碑'。臣以陛下误加采择，无功幸进，以臣一人取笑足矣，相位有几，岂容更益笑端？"后圜又谓重诲曰："李琪才艺，可兼时辈数人，而谗夫巧阻。若舍琪而相协，如弃苏合之丸而取蜣螂之转也！"既而卒相协。协在位数年，人多嗤其所为，然圜与重诲自此交恶矣。

圜尝与重诲争给券事于帝前，圜声色俱厉。明宗罢朝，后宫嫔御迎前问曰："与重诲论事者谁？"明宗曰："宰相也。"宫人奏曰："妾在长安，见宰相奏事，未尝如此，盖轻大家耳！"明宗由是不悦。重诲尝过圜，圜出歌妓侑酒，重诲欲之，圜不与，由是二人益相恶。圜虽致仕，退居磁州，而祸机已伏，终不免于重诲之构陷。后朱守殷反，重诲诬圜与守殷通谋，矫制赐圜死。圜受命怡然，聚族酣饮而死。明宗知而不问，为下诏，坐圜与守殷通书而言涉怨望，盖莫须有之事也。愍帝即位，雪之，赠太傅。

外史氏曰：明宗杀任圜最为无罪，其实安重诲杀之，而欧公书法曰"杀太子少保致仕任圜"，明乎帝知之而不问，而且下诏诬之，是帝杀之也。具官以杀，明其无罪也；不言诛而言杀，以相杀为文，明乎其不当杀也。

赵凤，幽州人，少以儒学知名，庄宗时为翰林学士。庄宗及刘皇后幸河南尹张全义第，酒酣，命皇后拜全义为父。明日，命学士作笺上全义，以父事之。凤上书，极言其不可。是时，皇后及群小用事，凤所言皆不见纳。

外史氏曰：学士视草以代王言，乃至作此等文章。以皇后至拜龟儿为父，岂足辱经纶乎？凤在职言职，以死争之可也。吾犹以其言为近于贤也，不然而何以竟嘿之以终也。

明宗武君，不通文字，四方章奏，尝使安重诲读之。重诲亦不尽通晓，多不称旨。孔循教重诲求儒者置之左右，于是置端明殿学士，以冯道、赵凤为之。凤好直言而性刚强，与任圜善。圜为重诲所害，虽明宗不能诘也，凤独号哭呼重诲曰："任圜天下义士，岂肯谋反！而公诬杀之，何以示天下？"重诲惭不能对。凤后罢相，为安国军节度使。在镇得俸禄，悉以分将校宾客。后病足，居于家，疾笃，自筮，投蓍而叹曰："吾家世无五十者，又皆穷贱，吾今寿过其数而富贵，复何求哉？"清泰二年，卒于家。

外史氏曰：凤之为人，性多抗直，非冯道可比。如碎佛牙以辨天子之惑，抑术士周玄豹以免群情之疑，皆卓卓可称；独其不能容一讦直之故人于峤，为少刻耳。夫峤虽诋訾凤，此直狂惑耳，非有罪国家也。凤何奏闻明宗而长流之乎？乃其与重诲不协，而重诲既得罪，凤独力为之地，此又人情之所难者，可谓知国体而有相度矣。

李袭吉，洛阳人。唐末举进士，后为李克用掌书记。袭吉博学，多知唐故事，迁节度副使。晋王与梁有隙，交兵累年，晋兵数困，欲与梁通和，使袭吉为书与梁，辞甚辨丽。梁太祖使人读之，至于"毒手尊拳，相交于暮夜；金戈铁马，蹂践于明时"，叹曰："李公僻处一隅，有士如此，使吾得之，傅虎以翼也！"顾其从事敬翔曰："善为我答之。"翔所答书不工，而袭吉书传于世。天祐三年卒。以卢汝弼代之，汝弼工书画，而文词不及袭吉。

外史氏曰：朱温猾贼亦知爱士，不知士安肯为所得？且彼亦安能得士也？彼所得者，不过敬翔一老无耻耳。

张宪，字允中，晋阳人。为人沉静寡欲，少好学，能鼓琴饮酒。庄宗时，累官租庸使、东都副留守，精于吏事，甚有能名。庄宗幸东都即邺都，定州王都来朝，庄宗命宪治鞠场，欲与都击鞠。初，庄宗建号东都，以鞠场为即位坛，于是宪言："即位坛，王者所以兴也。汉鄗南、魏繁阳，其坛至今皆在，不可毁。"乃别治宫西为鞠场。场未成，庄宗怒，命两虞候亟毁坛以为场。宪退而叹曰："此不祥之兆也！"

外史氏曰：《本纪》书曰"三年春正月庚子，如东京，毁即位坛为鞠场"，直书之而事已著。同光四年，帝遂失国，而又不良死，张言之叹其知之矣。

张宪为太原尹、北京留守。赵在礼作乱于魏，宪家在魏州，在礼善待其家，遣人以书招宪，宪斩其使，不发其书而上之，真烈士也。其后以奔沂州见杀。欧阳公以为此一奔也，虽死而不得其所，故不列之《死事传》，然其大节则无憾矣。《旧史》称其坐弃城而赐死，欧公亦未信之，故与徐州之巩廷美、杨温皆在传疑之列，而不敢以全节与之耳。

萧希甫为人褊躁，多矫激。少举进士，为袁象先巡官，时象先为青州节度使。希甫不乐，因弃母妻变姓名亡之镇州，为赵王镕参军，尤不乐，后为庄宗驾部郎中，尤怏怏。庄宗灭梁，遣希甫宣慰青齐，希甫始知其母已死，妻袁氏亦改嫁矣。时人引李陵书诮之曰："老母终堂，生妻去帷。"共传以为笑。

刘赞，魏州人也。父玭为县令，赞始就学，衣以青布衫襦，每食则玭自食肉，而别以蔬食食赞于床下，谓之曰："肉食，君之禄也，尔欲之，则勤学问以干禄，吾禄非尔之食也。"由是赞益力学，举进士。

外史氏曰：此可以教子弟之贤者，若其不肖则罔不对矣，然稍得此意，亦可以励其志、养其福也。

明宗时，刘赞为刑部侍郎。守官以法，权豪不可干以私。是时，秦王重荣握兵而骄，多过失，言事者请置师傅以辅导之。大臣不敢专，因请王自择，秦王即请赞，乃拜秘书监，为秦王傅。赞曰："祸行至矣！"秦王之官属多谄谀，独赞从容讽谏，率以正道。王尝令宾客作文于坐中，赞自以师傅，耻与群小比伍，虽操笔强作，有不悦之色。秦王恶之，后戒左右赞来不得通，赞亦不往，月一至府而已，退则杜门不交人事。已而秦王果以作乱死，大臣议属官当坐者，冯道以赞正直，为王所恶，力救之，遂得与王居敏得免罪，长流。初，赞闻王败，即白衣驾驴以俟，人有告赞曰："止夺官而已。"赞曰："岂有天子冢嗣见杀，而宾僚夺官者乎，不死幸矣！"已而果长流岚州。

外史氏曰：斯人不幸而事骄王，身坐放弃，然而大节固已矫矫矣，亦五代时人物也，惜不遇其主耳。

桑维翰，字国侨，河南人。为人丑怪，身短而面长，常临镜以自奇曰："七尺之躯，不如一尺之面。"慨然有志于公辅。初治举子业，主司恶其姓，"桑""丧"同音。人有劝其改业者，维翰作《日出扶桑赋》以见志，又铸铁砚以示人曰："砚敝则改。"卒以进士及第。

自契丹与晋盟，始成于桑维翰，而终败于景延广。维翰既罢相，为开封尹，而晋事益坏。契丹德光犯京师，遣张彦泽遗太后书，问维翰与延广在否，可使先来。出帝以维翰常议勿绝契丹盟而已违之也，不欲使之见德光，因讽彦泽图之，而彦泽亦利其赀产。维翰状貌既异，而素以威严自持，晋之老将大臣，见者无不屈服。彦泽既入京师，或劝维翰避之，维翰曰："吾为大臣，国家至此，安所逃死耶！"安坐府中不动。彦泽以兵入，问："维翰何在？"维翰厉声曰：

“吾，晋大臣，自当死国，安得无礼也！”彦泽股栗，不敢仰视，退而谓人曰:“吾不知桑维翰何如人，今日见之，犹使人恐惧如此，岂可再见之乎？”送侍卫司狱，使人缢杀之，以帛加颈，告德光曰:“自经也。”德光曰:“我本无心杀维翰，何必尔也。”

外史氏曰:彦泽之见维翰与侯景之见萧衍,虽云以威慑之,然而不堪再见矣,宜其死之速也。

景延广，字航川，陕州人。父建，善射，尝教延广曰:“射不入铁，不如不发。”由是延广以挽强称。延广尝为汴州军校，朱守殷反，延广后亦当坐，晋高祖惜其才，阴纵之使亡，后录以为将，累官都指挥使。高祖崩，出帝立，延广颇有拥立之功，以此自张大。晋大臣欲告哀契丹，奉表称臣，延广不肯，但致书称孙而已。契丹果怒，数以责晋，延广谓契丹使者乔莹曰："先帝北朝所立，今天子中国自册，可以为孙而不可为臣。晋有十万横磨大剑，要战则来，他日不胜孙子，取笑天下。”莹恐后日无以为信，请载于纸，以备遗忘。延广敕吏具书以授之，莹藏其书衣领中以归报，契丹大怒，由是南北用兵之衅作矣。

出帝尝幸景延广第，延广大有所献，帝亦大有所赐，君臣之间穷奢极欲，此如宋高宗幸张俊第其事相同。衰世之君臣，如燕雀之托于幕，而不知大火之将倾其巢也，可哀也已。

自延广与乔莹一言启兵端,而契丹与晋大小数十战,凡号令征伐,一出延广,晋大臣皆不得与。惟阳城之战,契丹败衄,他则晋皆累败。出帝亦悔,乃不用延广,以延广留守洛阳。延广郁郁不得志,见晋日弱削,必不能敌契丹,乃为长夜之饮,大治第宅,园置妓乐,惟意所为。及晋帅杜重威等不战降于契丹,德光遂犯京师,使人以兵入洛阳，锁景延广以见于封丘。德光责之曰:“使南北失欢，皆因尔也。十万横磨剑安在？”因以十事责之，每服一事，授以牙筹，授至八筹，延广以首伏地,不能仰视,遂叱而锁之。将致之北,及行至陈桥,夜静扼吭而死。甚矣！大言之人不止祸延其国，涂炭生民，而究以自戕其身也，何足惜哉！若延广者，又维翰之罪人也。

苏逢吉为人奸诈无行，喜杀戮。汉高祖尝以生日遣逢吉疏理狱囚以祈福，谓之“静狱”。逢吉入狱中,无轻重曲直,悉杀之,还报曰“狱静矣”。高祖即位，以为相，朝廷大事悉出逢吉，然素不学问，随事裁决，故汉世尤无法度，招权纳贿，人皆仄目。

按汉高祖即位，名为二年，其实一年耳。开国法令如此，固不待其子而知其不久而即失之也。

晋相李崧从契丹北赴镇州，汉高祖入镇州，以崧第赐逢吉，而崧别有田宅在西京者，逢吉遂皆取之。崧后自北还，因以宅券献逢吉，逢吉不悦，崧子弟数出怨言，逢吉乃诱人告崧与弟屿、嶬等因高祖山陵作乱。崧款自诬服，遂族崧家。后逢吉将死之先夜，宿金祥殿东阁，谓司天夏官正王处讷曰:“昨夕未瞑，已见李崧在侧，生人接死者，无吉事也。”周太祖兵入京师，官军败于刘子陂。逢吉与隐帝走赵村，逢吉自杀于民舍。周太祖定京师，枭其首，适当李崧被刑之所。

外史氏曰：逢吉虽枭首而免于生戮，究不足以偿李相之冤也。

史弘肇，荥泽人。为人蹻勇，走及奔马，以选为禁兵，累功官节度使。弘肇常言：“文人难耐，呼我为卒。”

弘肇为将，沉毅寡言，麾下每少忤意，立挝杀之，军中为之股立，以故高祖起义之初，所至秋毫无犯，两京帖然。然好行杀戮，军无大小皆死。市有醉者，忤一军卒，军卒诬其讹言，坐弃市。凡有抵罪者，吏以白弘肇，弘肇但以三指示之，吏即腰斩之以徇。又为断舌、决口、斫筋、折足之刑。李崧坐奴告变族诛，弘肇取其幼女以为婢。燕人何进福有玉枕，直十四万，遣僮卖之淮南以鬻茶。僮隐其钱，福进笞责之，僮乃诬告福进得赵延寿玉枕以遗吴人。弘肇捕福进，弃市，分取其妻子，而籍其财。后以恣横难制为隐帝所诛。

外史氏曰：吾观五代之民，真重足不保矣。前有张彦泽，后有史弘肇，皆以三指腰斩人，何其颐指之甚便也，此亦乾坤之一大劫矣，民何以堪？弘肇诛而灭族，人不以为冤。

汉隐帝喜听乐，赐教坊使等玉带、锦袍，因往谢弘肇，弘肇怒曰：“健儿为国征行者皆未有偏赐，尔曹何功，敢当此乎！”悉褫所赐还官。

外史氏曰：弘肇此事差强人意，若太后有故人子求补军职，弘肇辄斩之，则太横矣。

杨邠，冠氏人，出于小吏，不喜文士。及为相，虽长于吏事，而不知大体，以谓为国家者，帑廪实、甲兵完而已，礼乐文章皆虚器也。以故秉大政而务苛细，人情大扰。

邠尝与王章论事帝前，帝曰：“事行之后，勿使有言也！”邠遽曰：“陛下但禁声，有臣在。”闻者为之悚慄。由是与弘肇同日见杀。

邠为人颇俭静。居家谢绝宾客，晚节稍通缙绅，延客门下。知史传有用，乃课吏传写，未几而及于祸。予戏谓邠所云“朝闻道夕死可矣”者也。

王章，魏州南乐人。为三司使，虽供馈军旅未尝乏绝，而征利剥下，民不堪命。时民租一石输二升为“雀鼠耗”，章乃增至二斗。州县民诉田者，必全州县覆之，以括其隐田。天下重困。尤不喜文士，曰：“此辈与一把算子，不知颠倒，何益于国耶？”百官廪俸皆取供军之余不堪者，命有司高估其价，估定又增，谓之“抬估”。民有犯盐、矾、酒曲者，无多少皆抵死，后亦与杨邠同日诛。

史、杨、王与苏逢吉可云四凶，但逢吉漏网耳。

刘铢，陕州人。为人酷好杀戮，汉高祖特信用之，拜平章事，加侍中。用法深刻，民有过者，问其年几何，对曰若干，即随其数杖之，谓之“随年杖”；每杖一人，必两杖俱下，谓之“合欢杖”。铢尝切齿于史弘肇、杨邠等，已而邠等诛死，铢谓李业等曰：“诸君可谓偻儸儿矣。”

铢权知开封府，周太祖兵犯京师，铢奏隐帝，命悉诛太祖与王峻等家属。太祖入京师，铢妻裸露以席自蔽，与铢俱见执。铢谓其妻曰：“我则死矣，汝应与人为婢。”太祖使人责铢曰：“与公共事先帝，独无故人之情乎？吾家屠灭，虽有君命，加之酷毒，一何忍也。今公亦有妻子，独不念之乎？”铢曰：“为汉诛叛臣耳，岂知其他。”是时，太祖方欲收人心，乃止杀铢与李业等，而赦其妻子。太祖即位，仍赐陕州庄宅各一区。

外史氏曰：周太祖非以德报怨也，其言直而烈，故为所夺耳，要之太祖亦贤矣。

李业，汉高祖皇后弟也。隐帝即位，业益用事，无顾忌。时天下旱、蝗，黄河决溢，京师大风拔木，坏城门，宫中数见怪物投瓦石、撼门扉。隐帝召司天监赵延乂问禳除之法，对曰：“臣职天象，察其变动，以考顺逆吉凶而已，禳除之法，非臣所知也。然以臣所闻，此殆山魈也。”帝方与业及聂文进、后赞、郭允明等为廋语相诮戏，放纸鸢于宫中。太后数以灾异戒帝，帝不听。业后欲为宣徽使，而大臣杨邠、史弘肇等不可，业怨之，乃谋杀邠等。又遣人杀郭威于魏州，威遂反。及汉兵败于北郊，业怀其金宝以奔其兄保义节度使洪信，洪信拒而不纳。业走至绛州，为人所杀。

后赞，兖州瑕丘人。其母娼也。赞幼善歌，汉高祖爱之，以为牙将，拜飞龙使。隐帝尤爱幸之。杨邠等执政，赞久不迁，怨之，遂与太后弟李业等谋杀邠等。

郭允明，少为汉高祖厮养，爱之，以为翰林茶酒使。隐帝尤狎爱焉，允明益骄横。奉使荆南，车服导从如节度使，荆南高保融待之甚厚。允明阴使人步测其城池高下，若为攻取之计以动之，得厚赂而还。迁飞龙使。已而与李业等谋杀大臣王章等，是日无云而昏，雾雨如泣，允明手杀邠等诸子于朝堂西庑，王章婿张贻肃血流逆注。隐帝败于北郊，还至封丘门，不得入，走赵村，允明从后追弑之，乃自杀。

王朴，字文伯，东平人。少举进士，为校书郎，依后汉杨邠。朴见时势不佳，朝中将有大变，乃弃邠东归。后邠果见杀，三家之客多遇难，而朴独免。周世宗镇澶州，朴为掌书记。世宗即位，为比部郎中，献《平边策》，又奉诏与文学之士徐台符等二十人作《为君难为臣不易论》，皆在选中。而当时文士皆不欲上亟于用武，惟翰林学士陶谷、窦俨，御史中丞杨昭俭，与朴皆言用兵之策，朴谓江淮为可先取。世宗雅已知朴，及见其议论伟然，益以为奇，引与议天下事，无不合。凡再南征，留守京师。世宗虽外事征伐，而内修法度。朴为人明敏多材智，至于阴阳历数，莫不通焉，奉诏作《钦天历》。考正雅乐，人莫能加，而又广京城，通道路，京师之制，多所规为，其所作乐，至今用之不可变。其所陈兵略，至言诸国兴灭次第云："淮南可最先取，并州必死之寇，最后亡。"及宋兴，皆如朴言。显德六年三月，朴奉诏行视汴口，作斗门，还，过故相李谷第，疾作，仆于坐上，舁归而卒，年五十四。世宗临其丧，以玉钺叩地，大恸者数四。赠侍中。

外史氏曰：王文伯侍中，真可谓乱世之良才，而亦治世之能臣也。定礼作乐不愧通人，治历谈兵绰有余裕。三代而下，罕见此人。而且六年之中，日不暇给，在他人即经营数十年，恐未易几也。其与世宗真有云龙风虎之遇，虽正位枢府而未及拜相，然其委任则已专矣。文伯于显德六年三月薨，世宗于六月崩，君臣之不幸，天下之不幸也，玉钺之哀，已兆之矣。

欧阳氏《王朴传》论赞曰：呜呼！作器者，无良材而有良匠；治国者，无能臣而有能君。盖材待匠而成，臣待君而用。故曰：治国譬之于弈，知其用而置得其处者胜，不知其用而置非其处者败。胜者所用，败者之棋也；兴国所用，亡国之臣也。王朴之材，诚可谓能矣。不遇世宗，何所施哉？

郑仁诲，字日新，太原人。初事唐将陈绍先，绍先好使酒，尝因醉怒仁诲，拔剑欲杀之，左右皆走，仁诲植立不惧，绍光掷剑于地，抚仁诲曰："汝有器量，必富贵，非吾所及也。"仁诲后弃之而还乡里，事母以孝闻。周太祖为军将时，数过仁诲，与语甚欢。每事咨之，仁诲所言不阿，周太祖益奇之。太祖破李守贞于河中，军中机宜多仁诲参决。及入立，仁诲累官枢密使。太祖、世宗皆亲重之，仁诲亦谦谨好礼，不自矜伐，为士大夫所称。卒，赠中书令，谥忠正。

扈载，字仲熙，燕人。少好学，善属文，举进士，直史馆。其为文以辞多自喜。常次历代兴废治乱之迹为《运源赋》。又因游相国寺，见庭竹可爱，作《碧鲜赋》，题其壁，世宗遣小黄门就录之，览而称善，因拜知制诰。迁翰林学士，而载已病，不能朝谢。居百余日，乃力疾入直学士院。世宗怜之，赐告还第，遣医视疾。初，载以文名，王朴尤重其才，荐于宰相李谷，久而不用，朴以问谷曰："扈载不为舍人，何也？"谷曰："非不知其才，然载命薄，恐不能胜。"朴曰："公为宰相，以进贤为职，何言命耶？"已而召拜知制诰。为学士，岁中病卒，年三十六。议者谓谷能知人而朴能荐士。

周世宗时，天子英武，乐延天下奇才，而尤喜文士，扈载与张昭、窦俨、陶谷、徐台符等，俱被进用。谷居数人，文辞最劣，尤无行。昭、俨数与论议，其文灿然，而谷徒能先意所在，以进谀取合人主，事无大小，必称颂赞美，至于广京城，为木偶耕人、紫芝白兔之类，皆为颂以献，其词大抵类优俳。而载以不幸早卒，议论虽不及昭、俨，而不为谷之谀也。

外史氏曰：五代不出一篇《陶秀实小传》，盖谷入宋为宋人，故《五代史》不为立传，而禅诏出袖中之事，亦为当时所薄，故欧公于《扈载传》末带言之，以见其为人不过如此也。

王彦章，字子明，郓州寿昌人。少以军卒事梁太祖，累官澶州刺史。为人骁勇有力，能跣足履棘行百步。持一铁枪，骑而驰突，奋疾如飞，而他人莫能举也，军中号王铁枪。梁、晋争天下为勍敌，独彦章心常轻晋王，谓人曰："亚次斗鸡小儿耳，何足惧哉！"

外史氏曰：只此数语，已画出一王铁枪小像。

晋军攻破澶州，虏彦章妻子，送之太原，赐以第宅，供给优厚，间遣使者招彦章，彦章斩其使者以自绝。然晋人畏其在梁也，待其妻子愈有加。

当晋尽有河北，以铁锁断德胜口，筑河南、北为两城，号"夹寨"。而梁末帝昏乱，彦章虽为招讨，而谋不见用。赖敬翔以死谏，乃复召彦章为招讨使，以段凝为副。末帝问破贼之期，彦章对曰："三日。"左右皆失笑。彦章驰两日至滑州，置酒大会，阴具舟于杨村，命甲士六百人，人持巨斧，载冶者，具鞴炭，乘流而下。会饮，酒半，佯起更衣，引精兵数千，沿河以趋德胜。舟兵举锁烧断之，以巨斧斩浮桥，彦章急击南城，遂破之，盖三日矣。时庄宗在魏，以朱守殷守夹寨，闻彦章为招讨，惊曰："彦章骁勇，且利于速战，必急攻南城。"因驰骑救之，比至，则已破矣。庄宗与彦章俱浮于河，各行一岸，每舟筏相及辄战，一日数十接，既而彦章败于杨刘。

是时，段凝已有异志，与赵岩、张汉杰交通，彦章素刚，嫉岩等所为，尝谓人曰："俟吾破贼还，诛奸臣以谢天下。"岩等闻之惧，与凝协力倾之。其破南城也，彦章与凝各为捷书以闻，凝告岩等匿彦章奏而上己书，故末帝遣使劳凝而不及彦章，军士皆失色。及杨刘之败，凝乃上章言彦章使酒轻敌而至于败。乃罢彦章，而以凝为招讨使。彦章驰至京师入见，以笏画地，自陈胜败之迹，岩等讽有司劾彦章不恭，勒还第。

唐兵攻兖州，末帝复召彦章使守捉东路。是时，梁之胜兵皆属段凝，惟以新募保銮五百骑付彦章，而皆不可用，复以张汉杰监之。及败于中都，与其百余骑死战。唐将夏鲁奇素与彦章善，识其语音，曰："王铁枪也！"举稍刺之，彦章伤重，马踣，被擒。庄宗见之，曰："尔常以孺子待我，今日服乎？"又曰："尔善战者，何不守兖州而守中都？中都无壁垒，何以自固？"彦章曰："大事已去，非人力可为！"庄宗恻然，赐药以封其创。彦章武人不知书，常为俚语云："豹死留皮，人死留名。"其于忠义，盖天性也。中都，今汶上。

庄宗爱彦章骁勇，终欲保全之，使人慰谕多方，彦章谢曰："臣与陛下血战十余年，今兵败力穷，不死何待？且臣受梁恩，非死不能报，岂有朝事梁而暮事晋，何面目见天下之人乎？"庄宗又遣明宗往谕之，彦章病创，卧不能起，仰顾明宗，呼其小字曰："汝非邈佶烈乎？我岂苟活者？"遂见杀，年六十一。晋高祖追赠太师。

外史氏曰：若王铁枪者，百折不回，其可云从容就义矣。惟其不顾妻子、不顾一身，而决不为负恩苟活之人。为庄宗者，听其自尽以全其节可也，若周世宗之于刘仁赡。死而赠之亦可也，而忍于杀之，则其委曲谕之者，亦徒爱其骁勇而已，非敬其节烈也，亦浅之乎待彦章矣。

潞州牙将裴约守泽州。潞州帅李嗣昭卒，其子继韬以泽、潞畔降于梁，约召州人，泣而谓之曰："吾事故使二十余年，见其分财飨士，欲报梁仇，不幸早世。今郎君继韬，父丧未葬，违背君亲，吾能死于此，不能从以归梁也！"众皆感泣。梁遣董璋以兵围之，约与州人拒守，求救于庄宗。庄宗方与梁战河上，已建大号，闻继韬叛，有忧色，及闻约独不叛，喜曰："吾于继韬何薄？于约何厚？而约能分顺逆耶！"顾符存审曰："吾不惜泽州，一州易得，约难得也。尔为我取约来。"存审以五千骑驰至辽州，而梁兵已破泽州，约见杀。

外史氏曰：善乎，庄宗之言！曰："一州易得，约难得也。"可云真能爱士矣。若裴约者，即以连城易之，恐不能也，何则以五代之际上下五十余年，乃仅得若约者三人耳，岂不难哉。

刘仁赡字守惠，彭城人。仁赡为将，轻财重士，法令明肃，少通兵书，所至称治。当李景时，为清淮军节度使，守寿春。唐将刘彦贞败于正阳，世宗遂围寿州数重，以方舟载炮，自淝河中流击其城；又束巨竹数十万竿，上施板屋，号曰竹龙，载甲士以攻之。攻之百端，自正月至四月不能下，会大暑，雨弥旬，淮、淝暴涨，炮舟竹龙皆废，周兵多死，世宗颁师。明年，为显德四年，二月，复南征，景兵大败，诸州守臣或走或降，景亦奉表称臣，世宗不答。而仁赡独坚守危城，不可下。世宗使景所遣使者孙晟等至城下示之，仁赡子崇谏奉其父病，谋与诸将出降，仁赡立命斩之，监军周廷构哭于中门救之，不得，于是士卒皆感泣，愿以死守。三月，仁赡病甚，副使孙羽诈为仁赡书以降。世宗命舁仁赡至帐前，叹嗟久之，赐以玉带、御马，使入城养病，是日卒。制曰："刘仁赡尽忠所事，抗节无亏，前代名臣，几人可比！予之南伐，得尔为多。"追封彭城郡王，李景闻之，亦赠太师，世宗改其军为忠正军，曰："吾以旌仁赡也。"

外史氏曰：《世宗实录》载刘仁赡降书，殆即副使孙羽所为也，岂有杀其子以自明而乃垂死而改节者哉？欧公《本纪》只书"克寿州"而不言仁赡之死，盖仁赡实以病死，故不书死之，要其大节则彰彰矣。书"克"者，正以明其克之之难也。

张源德为梁守贝州。晋以兵五千攻源德，源德坚守，不可下，晋军堑而围之。已而梁将刘鄩大败于元城，南走黎阳，晋军攻破洺州，而卫州刺史来昭、邢州节度使阎宝皆以城降晋，磁州、相州、沧州刺史皆弃城走。当此时，晋已先下全燕，而镇、定皆附于晋，自河以北、山以东，四面千里，六镇数十州之地皆归晋，独贝一州，围之逾年不可下。源德守既坚，而贝人闻晋已尽有河北，城中食且尽，劝源德出降，源德不从，遂见杀。源德已死，贝人谋曰："吾穷而后降，惧皆不免。"乃告于晋曰："吾欲被甲执兵而降，得赦而后释之，如何？"晋人许之，贝人三千出降，已释甲，晋人围而尽杀之。

外史氏曰：甚哉，贝人之愚也！晋之戮降固为不仁，而贝人之戕其帅以求生，宜其及也。

夏鲁奇，字邦杰，青州人。初从周德威攻刘守光于幽州，燕将单廷珪、元行钦以骁勇自负，鲁奇每与之斗，辄不能解，两军皆释兵而观之。其后庄宗与刘鄩相拒于洹水，庄宗以百骑觇其军，遇鄩伏兵，围之数重，几不得脱，鲁奇力战，手杀百余人，身被二十余创，与庄宗决围而出。庄宗愈奇之。从战中都，擒王彦章，庄宗壮之，赐绢千匹，迁河阳节度使，有惠政。徙镇忠武，河阳之人遮留之不得出，父老诣京师乞留，明宗遣中使往谕之，鲁奇乃得行。后又徙镇遂州，东川董璋反，攻遂州，鲁奇闭城拒之旬月，救兵不至，城中食尽，鲁奇自刎死，年四十九。

外史氏曰：鲁奇固一时之骁将也！坐守空城，食尽自刎，不失烈士风矣。王彦章死于斯人之手，两无所愧。

姚洪本梁小校，尝事董璋，后事唐为指挥使。明宗时，遣洪将千人戍阆中。董璋反，遣人以书招洪，洪得璋书，辄投厕中。后璋攻破阆中，执洪，璋曰："汝为健儿，我遇尔厚，何得负我？"洪骂曰："老贼！汝昔为李七郎奴，汴州富人李让也。扫马粪，得一脔残炙，感恩不已。今天子用尔为节度使，何苦反耶？吾能为国家死，必不从人奴求生！"璋怒，燃镬于前，令壮士十人，刲其肉而食，洪至死大骂。明宗闻之泣下，录其二子，而厚恤其家。

外史氏曰：食此人之肉者，必非壮士，而闻之泣下者，乃真明主也。李七郎奴人且不食其肉矣。

王思同，刘仁恭之外孙也，事仁恭为银胡簶指挥使。仁恭为其子守光所囚，思同奔晋，以为飞胜指挥使。思同为人勇敢，善骑射，好学，颇喜为诗，轻财重义，多礼文士，累膺节镇。潞王从珂反，遣伶奴安十十以五弦谒思同，欲因其欢以通意。是时，诸镇皆怀向背，所得潞王书檄，虽以上闻，而不绝其使。思同时为西守留守，独执安十十及从珂所使推官郝诩等送于京师。愍帝嘉其忠，即以为行营都部署讨之。思同会诸镇兵，围凤翔城几破矣。从珂登城呼外兵而泣曰："吾从先帝二十年，大小数百战，甲不解体，金创满身，士卒固尝从我矣。先帝新弃天下，朝廷信用奸臣，离间骨肉，我何罪而见伐？"因恸哭。士卒皆悲怜之。兴元军指挥使杨思权呼曰："潞王，吾主也！"引军自西门入，降从珂。诸镇军皆解甲弃仗，声闻数里，皆入城降。思同挺身走，至长安，西京副留守刘遂雍闭门不纳遂雍，刘鄩子，思同乃走潼关。潞王引兵而东，前锋执思同。从珂责之曰："罪可逃乎？"思同曰："非不知从王而得生，恐终死不能见先帝于地下。"从珂愧其言，乃杀之。

史赞曰：思同东走，将自归于天子，与元行钦异，故予其死。

张敬达，字志通，代州人，小字生铁。少以骑射事庄宗，累官节镇。石敬瑭反，以敬达为太原四面招讨使。契丹救敬瑭，先以骡骑三千，革鞭木镫，人马皆不甲胄以趋之，唐军争驰之，伏发，遂大败唐军。围敬达于晋安寨，长百余里，阔五十里，敬达军中但见穹庐连属如冈阜，内外水泄不通。废帝遣赵延寿、范延光率兵救之，皆有二心，不前，但屯兵围柏谷。敬达虽有兵五万，久之食尽，削木筛粪以饲马，马死者食之。副招讨杨光远劝敬达降，敬达不从，光远促之不已，敬达曰："诸公何相迫耶！何不杀我而降？"光远即斩敬达降。契丹德光闻敬达死，哀其忠，收葬之。

外史氏曰：欧公责其不诛光远而讽其杀已降贼，故《本纪》书曰"杨光远杀张敬达，以其军降于契丹"，而不书"敬达死之"，不知敬达非讽之令降也。以为敬达之志决不可移，庶几光远诸人怜己之志而不忍杀己，或相劝而坚守耳，而光远之背逆而不顾也，是则敬达之无如何者也。故录之《死事传》者，终与其不降也。夫己则死而顾劝人以降，又何利哉？此固愚者之所不为也。

晋时，翟进宗为淄州刺史，张万迪为登州刺史。青州节度使杨光远反，以兵胁取二刺史至青州，万迪受命，而进宗独不屈，遂杀进宗。出帝赠进宗武卫上将军。及光远平，曲赦青州，虽光远子孙皆见原，而独不赦万迪，暴其罪而斩之。诏求进宗尸，而加礼葬之，以其子仁钦为东头供奉官。

孙晟，初名凤，又名忌，密州人也。好学，有文词，尤长于诗。少为道士，居庐山简寂宫，常画诗人贾岛像于屋壁，晨夕事之。道士恶晟，以为妖，以杖驱出之。乃儒服，北之魏州见唐庄宗，以为著作郎。后从朱守殷于汴，守殷反，晟亡入吴。李昪说之，由是知名。晟为人口吃，遇人不能道寒暄，已而坐定，谈辨风生，听者忘倦。昪引与计议，多合意，与冯延巳并为昪相。晟轻延巳，常曰："金碗玉杯，以盛狗屎，可乎？"晟官至司空，家富，益骄奢，每食不设几案，使众妓各持一器，环立而侍，号"肉台盘"，时人多效之。周世宗征淮，李景遣晟等奉使献寿、濠、泗、楚、光、海六州地，请罢兵，岁贡百万以佐军。世宗必欲尽取淮南地乃止，因留使者不遣。世宗待之甚厚，已而周兵数败，世宗忧之，召晟问江南事，晟不对，世宗怒，命韩通收晟下狱，并其从者二百余人皆杀之。初，晟之奉使也，谓其副使礼部尚书王崇质曰："吾行必不免，然吾终不负永陵一抔土也。"永陵者，昇陵也。临死，世宗犹遣近臣问之，晟终不对，神色怡然，正衣冠南望而拜曰："臣惟一死报国尔！"乃就刑。其后，世宗怒解，怜晟之忠，悔杀之，景赠晟鲁国公。

外史氏曰：晟初亦一不羁之人耳，乃能死义如此。周世宗生平无大失德，惟此事耳。夫晟为使臣，问以江南事，其不对宜也，杀之何名？将欲使之献平南策耶？伐国不问仁人，而况其臣子乎？世宗于是乎淫刑矣。

郑遨，字云叟，滑州白马人。遨敏于文词。昭宗时，见天下乱，欲携其妻子与俱隐，其妻不从，遨乃入少室山为道士。其妻数以书劝之还家，辄投之于火，后闻其妻子卒，一恸而止。遨与李振善，振事梁既显，欲禄遨，遨不顾，振得罪南窜，遨徒步千里往视之，由是人高其行。后遨闻华山有五粒松，脂沦入地，千岁化为药，能去三尸，因徙居华阴，欲求之。与道士李道殷、罗隐之友善，世目为三高士。遨种田，隐之卖药，道殷有钓鱼术，钓而不饵，能化石为金，遨尝验其信然，而不之求也。节度使刘遂凝数以宝货贻之，遨一不受。唐、晋间两以拾遗、谏议召，皆不起。晋高祖赐号"逍遥先生"。天福四年卒，年七十四。遨好饮酒弈棋，时时为诗章落人间，人间多写以绢素，相遗赠以为宝，至或图写其形貌于屋壁。

外史氏曰：逍遥先生，其司空表圣、司马承祯之徒与？亦几几乎华阳真隐矣。吾何足以知之。

同时有张荐明，燕人也。少业儒学，后去为道士，通老庄。晋高祖召见，问："道家可以治国乎？"对曰："道也者，妙万物而为言，得其极者，尸居衽席之间可以治天地也。"高祖大其言，延入内殿讲《道德经》，拜以为师。荐明闻宫中奏时鼓，曰："陛下闻鼓乎？其声一而已。五音十二律，鼓无一焉，然和之者鼓也。夫一，万事之本也，能守一者可以治天下。"高祖善之，赐号"通玄先生"，后不知所终。

石昂，青州人。家有书数千卷，喜延四方之士，士无远近，多就昂学问，食其门下者或累岁，昂无怠色。性不乐仕进。节度使符习召为临淄令。习入朝京师，监军宦者杨彦朗知留后，昂以公事至府上谒，赞者以彦朗父讳"石"，更其姓曰"右"。昂趋于庭，仰责彦朗曰："内侍奈何以私害公？昂姓'石'，非'右'也。"彦朗大怒，拂衣起，昂即趋出。解官还家，语其子曰："吾本不欲仕乱世，果为刑人所辱，子孙其以我为戒！"昂父平生不喜佛，父卒，昂于柩前诵《尚书》，曰："此吾先人所欲闻也。"晋高祖时，诏求孝弟之士，廷臣上昂行义，召昂至京师，入见，以为宗正丞，迁少卿。出帝时，晋政日乱，昂上疏极谏，不听，乃称疾归。归而晋室大乱，人服其见几而作云。

程福赟为人沉静寡言。少以军卒积战功至奉国右厢都指挥使。开运中，出帝北征契丹，奉国军士乘间夜纵火焚营，欲为乱，福赟身自救火被伤，火灭而乱者不得发。福赟以为契丹且至，京师虚空，不宜以小故动摇人听，因匿其事不以闻。军将李殷位次福赟下，利其去而代之，因诬福赟与乱者同谋，不然何以不奏。出帝下之狱，人皆冤之，福赟终不自辨，以见杀。

李自伦，深州人。天福四年，尚书户部奏："深州司功参军李自伦六世同居，奉敕准格。旌表伦高祖训、曾祖粲、祖则、父忠，暨自伦与子光厚，是为六世。"敕以所居飞凫乡为孝义乡，匡圣里为仁和里，准式旌表。户部复奏："前登州义门王仲昭六世同居，其旌表有听事、步栏，前列屏，树乌头正门，阀阅一丈二尺，乌头二柱端冒以瓦桶，筑双阙一丈，在乌头之南三丈七尺，夹树槐柳，十有五步，请如之。"敕曰："此故事也，今式无之。其量地之宜，高其外门，门安绰楔，左右建台，高一丈二尺，广狭方正称焉，圬以白而赤其四角，使不孝不弟者见之，可以悛心而易行焉。"

外史氏曰：后制不如前制。

《唐六臣传序》云：天祐三年，梁王欲以嬖吏张廷范为太常卿，宰相裴枢谓太常唐常以清流为之，廷范乃梁客将，不可。梁王大怒，曰："吾尝谓裴枢纯厚，不陷浮薄，今亦为此耶！"是年四月，彗星扫文昌、天市，宰相柳璨希梁王旨，归其谴于唐大臣，于是裴枢、独孤损、赵崇、王赞、王溥、陆扆等皆以无罪同日赐死于白马驿。凡缙绅之士与唐而不与梁者，皆诬以朋党，坐贬死者数百人，朝堂为之一空。明年三月，哀帝逊位于梁，遣宰相张文蔚为册礼使，礼部尚书苏循为副；宰相杨涉为押传国宝使，中书舍人张策为副；御史大夫薛贻矩为押金宝使，尚书左丞赵光逢为副。文蔚等自上源驿奉册宝等，导以金吾卫仗、太常卤簿，朝梁于金祥殿。梁王衮冕南面，文蔚等进读册已，降，率文武北面舞蹈。夫一太常卿与社稷孰为重？使枢等不死，尚惜一卿，其肯以国与人乎？嗟乎，如此六臣者，尚靦然蒙耻忍辱于梁庭如此哉！作《唐六臣传》。

外史氏曰：唐六臣者大本已亏，皆无足称也。若其细行小善，如张文蔚之保全善类，杨涉之世守礼法，张策之奉亲避乱，赵光逢之文行知名，尚足表表一时。若薛贻矩、苏循则皆谄谀小人，无一善可录矣。

杨涉，唐名家子。祖收，为宰相；父严，兵部侍郎。涉不幸遭唐乱，哀帝时拜相，与家人相对泣下，顾其子凝式曰："吾不能脱此网罗，祸将至矣，必累尔等。"子凝式，有文词，善笔札，历事五代，常以心疾致仕，居洛阳。

赵光逢以文行知名，时人称其方直温润，谓之"玉界尺"。

苏循为人巧佞，阿谀无廉耻，惟利是趋。唐末为礼部尚书。梁之受禅，首发于循。子楷，乾宁中举进士及第，昭宗遣学士陆扆覆落之，楷常惭恨。及昭宗遇弑，唐政出于梁，楷为起居郎，遂以前憾与张廷范议驳昭宗谥，人心为之不平。梁太祖已即位，置酒玄德殿，顾群臣，自陈德薄不足以当天命，皆诸公推戴之力。唐之旧臣杨涉、张文蔚等皆惭惧俯伏不能对，独循与张祎、薛贻矩盛称梁王功德。循父子自以附会新朝，旦夕引首，希见进用，敬翔深恶之，谓梁王曰："梁室新造，宜得端士以厚风俗，循父子皆无行，不可用。"于是父子皆勒归田里。

外史氏曰：敬翔此言不独可以砭佞。

晋王存勖将即位，求唐故臣在者，以备百官之缺，河中朱友谦遣循至魏州劝进。时梁未灭，晋之将相多不欲晋王即帝位，未有赞成其议者。循始至魏州，望州廨厅事即拜，谓之"拜殿"。及入谒，舞蹈呼万岁而称臣，晋王大悦。明日又献"画日笔"三十管，晋王益喜，因以为节度副使，已而病卒。子楷，同光中为尚书郎。明宗即位，群臣欲理其驳谥之罪，楷以忧死。

外史氏曰：苏循入晋若非速死，更当作何丑状矣。

杜晓，字明远。祖审权，父让能，皆为唐宰相。昭宗时，让能以无罪见杀，纾三镇之祸也。晓痛父非命，服除，布衣幅巾，自废十余年，不仕。崔胤辟之起，不应。崔远判户部，又起为巡官，或谓晓曰："嵇康死，子绍自废，山涛以物理责之，乃仕。子忍令杜氏岁时铺席祭其先人同匹庶乎？"晓乃起。累官翰林学士，为梁宰相，又仕友珪朝。袁象先讨贼，晓死于乱兵。

外史氏曰：晓之仕，君子无责也。仕于梁则不可，况友珪乎。死于乱兵也宜哉，有愧让能矣！然附见《苏循传》，非也。

李嗣昭本姓韩氏，汾州太谷县民家子。太祖出猎，见林中郁郁有气，遂异之，召其父问焉。父言家适生儿，太祖因遗以金帛取之，命其弟克柔养以为子。嗣昭为人短小，而胆勇过人。初喜嗜酒，太祖尝微戒之，遂终身不饮。累立战功，守上党尤有力。尝从庄宗击契丹于望都，庄宗为契丹围之数十里，嗣昭以三百骑决围，取庄宗以出。后晋遣阎宝攻张文礼于镇州，宝为镇人所败，以嗣昭代之。镇兵出掠九门，嗣昭以骑兵击之，镇军且尽，余三人匿破垣中，嗣昭驰马射之，反为贼射中脑，嗣昭顾箙中矢尽，拔矢于脑，射杀一人，还营而卒。

外史氏曰：与孙策为许贡客三人所射正同。然彼乃有意伺之，此乃狭路相逢耳，惜不如拔矢啖睛者之犹可以不死也。盖嗣昭在义儿军中应为第一，其死也不尽其才，而又生獍枭以覆其宗，哀哉！

嗣昭之子继韬据泽、潞以叛，附于梁，已而庄宗灭梁，继韬将走契丹，会赦至，乃不果，因随其母朝京师。继韬母杨氏善蓄财，平日居积行贩，至赀百万。当夹城被围，时历一年，军用乏绝，杨氏之积，盖有助焉。至是，赍银数十万至京，厚赂诸伶人及刘皇后，皆言继韬初无反意，而嗣昭功臣，宜恩贷。由是庄宗释继韬，数召之与游猎，宠幸无间。李存渥数面诋继韬为反虏，继韬不自安，阴使告其弟继远，令起变于军中，冀天子使己往安缉之，事泄，斩于天津桥，并遣人斩继远。嗣昭子继俦、继达、继能、继袭俱先后别以罪诛死，惟一子继忠仅免。杨氏所积余财犹巨万，后家于晋阳。晋高祖起兵，召契丹，高祖贷于继忠以赂契丹，甚德之，以为刺史。

外史氏曰：杨氏生平赀产，父子三人皆赖之，盖巴寡妇清之流也欤？

又曰：当继韬之叛附于梁也，固由小人魏琢、申蒙等教之，亦由庄宗之召监军张维翰及节度判官任圜有以致其疑也。夫任圜能劝其父嗣昭坚守以待救，岂不能制其子尽节以事君？且继韬先有囚兄自立之罪，常惧见讨，而又召其监军与判官，乌得不速之以叛乎？

李存孝，代州飞狐人，本名安敬思。太祖养以为子，常从为骑将，数有功。存孝为人猿臂善射，身被重铠，櫜弓坐稍，手舞铁挝，出入阵中，以两骑自从，战酣易骑，上下如飞。初，存孝取潞州功最多，而太祖别以大将康君立为留后，存孝为汾州刺史，负其功，不食者数日。及破走张濬，迁邠州刺史，后徙邢州留后。是时，晋连岁攻赵常山，存孝常为先锋，及李匡威救赵，晋军辄引去。存孝素与存信有隙，存信因谮之曰："存孝有二心，常避赵不击。"存孝不自安，乃叛，附梁通赵，以归于唐，因请会兵伐晋。唐命赵王王镕援之。明年，赵与幽州有隙，惧而与晋和，反助晋击存孝于邢州。太祖自将兵围其城，城中食尽，存孝登城呼曰："儿蒙王恩，位至将相，岂欲舍父子而附仇雠，乃存信构陷之耳。愿见王一言而死。"太祖哀之，遣刘夫人入城慰谕之。夫人引与俱来，存孝泥首请罪，终以存信谗口为言，太祖叱之曰："尔为书檄，罪我百端，亦存信为之耶？"缚载后车，至太原，裂之以徇。然太祖惜其才，怅然恨诸将之不能容也，为之不视事者累日。后太祖与诸将博，语及存孝，流涕不已，康君立不以为然，太祖怒，鸩杀之，以君立尝与存信谮之也。

外史氏曰：存孝勇而不忠。观其不得潞州留后即怏怏不食，则知其必不能善居功也。既以畏谗而谋叛，而又以檄讨君亲，则万无活理矣，然车裂亦不无太过。

李存贤，本姓王，陈州人。初为义儿军使，累有功。为人善角抵，庄宗亦喜角抵，尝与王都较而屡胜，颇以自矜，因顾存贤曰："尔能胜我，与尔一镇。"存贤博而胜之。同光二年，幽州符存审病甚，庄宗偶置酒宫中，叹曰："吾创业故人，零落殆尽，其所存者惟存审耳。今又病笃，北方之事，谁可代之？"因顾存贤曰："无以易卿。角抵之胜，吾不食言。"即以为卢龙节度使。是岁，卒于幽州，年六十五。

外史氏曰：以天子而好与人手搏，姑无论胜负也，其亵已甚矣。

庄宗既好优俳，又知音，能度曲，至今汾、晋之俗，往往能歌其声，谓之御制曲。又别为优名以自目，曰李天下，尝身与优俳杂戏于庭。

皇后刘氏素微贱，其父刘叟，卖药善卜，号刘山人。刘氏性悍，方与诸姬争宠，常自耻其家世，而特讳其事。庄宗乃为刘叟衣冠，自负蓍囊，使其子继岌提破帽而随之，造其卧内，曰："刘山人来省女。"刘氏大怒，笞继岌而逐之。宫中以为笑乐。

庄宗战于胡柳陂，失其嬖伶周匝。及灭梁，周匝来谒，庄宗喜甚，赐以金帛，匝曰："臣得不死者，教坊使陈俊、内园栽接使储德源力也。乞二州以报此两人。"帝许以为刺史。郭崇韬力争，乃寝其命。其后伶人屡以为言，庄宗谓崇韬曰："吾已许周匝矣，使吾惭见此二人。公言虽正，为我屈意行之。"卒以为刺史。

外史氏曰：庄宗好伶人，而敬新磨最诙谐、善戏谑，玩天子于股掌。然其执中牟县令，以为纵民稼穑妨天子游猎，则讽谏之遗也，有方朔、优旃遗风。若其批天子颊，而以为李天下无二人，又讥庄宗为纵儿女啮人，而以同无光自解，皆操纵自己、胸有成竹矣，而亦未闻其有他过恶。

伶人之败政乱国者，景进、史彦琼、郭门高。若辈出入宫掖，侮弄搢绅，群臣反争相附托，以希恩倖，而景进尤居中用事。庄宗每遣之采访外事，无大小皆以闻；其入奏事也，左右皆屏退，军机国政皆与参决，三司使孔谦兄事之，呼为"八哥"。庄宗初入洛，居唐故宫室，嫔御未备。阉宦希旨，多言宫中夜见鬼物，相惊恐，当实以人乃息，因遣进等采邺女千人，进因缘为奸利。又谋遣宦者杀郭崇韬及皇弟存乂，存乂，崇韬婿也。又杀朱友谦，皆景进为之也。进官至银青光禄大夫、上柱国。

史彦琼，为武德使，居邺都，而魏博六州之政皆决焉，自留守王正言而下，皆俯首事之。是时，郭崇韬无罪见杀于蜀，天下未知其死也，第见京师杀其诸子，因相传曰："崇韬杀魏王而自王于蜀，以故族其家。"已而又杀朱友谦。友谦子建徽为澶州刺史，有诏使彦琼杀之，彦琼秘其事，夜半驰出城。邺人因惊传曰："皇后怒崇韬之杀继岌也，已弑帝而自立，故急召彦琼计事。"贝州人有来邺者，传此语以归，故戍卒皇甫晖因之以作乱，遂劫赵在礼，反于贝州，尚未至邺都，邺都巡检使孙铎，见彦琼求兵御贼，彦琼不肯与，曰："贼至而给兵岂晚耶？"已而贼至，彦琼登北门，闻贼呼声，大恐，弃其兵而单骑归于京师，在礼由是得入于邺，以成其叛乱者，由彦琼启而纵之也。

郭门高名从谦，门高其优名也。而尝有军功，故为从马直指挥使。从马直，亲军也。以同姓拜崇韬为叔父，而崇韬婿皇弟存乂又以从谦为养子。崇韬死，存乂见囚，从谦置酒军中，愤然流涕，称此二人之冤。是时，从马直军士王温宿卫禁中，谋作乱，伏诛。庄宗戏谓从谦曰："汝党崇韬、存乂，又教王温反。复欲何为？"从谦大恐，退而激其军曰："罄尔之赀，食肉而饮酒，无为后日计也。"军士问其故，从谦曰："上以王温故，俟破邺，尽坑尔曹矣。"军士信之，皆欲为乱。李嗣源兵反，向京师，上将再幸汜水，谋扼关以为拒。四月朔，宰相对三刻罢，从驾黄甲马军阵于宣仁门、步军阵于五凤门以俟。庄宗入食内殿，从谦自营中露刃注矢，驰攻兴教门，与黄甲军相对射。庄宗闻乱，率诸王卫士击乱军出门。乱兵纵火焚门，缘城而入，庄宗击杀数十百人。乱兵从楼上射帝，帝伤重，踣于绛霄殿廊下，自皇后、诸王左右皆奔走。至午时，帝崩，五坊人善友聚乐器而焚之。嗣源入洛，以从谦为景州刺史，已而杀之。《传》曰："君以此始，亦以此终。"庄宗好伶，而弑于门高，焚以乐器。可不信哉！可不戒哉！

外史氏曰：从谦既惧，而庄宗又以言恫喝之，宜其反也。

张承业，字继元，唐僖宗时宦者也。本姓康，幼阉，为内常侍张太养子。昭宗以承业为河东监军。其后崔胤诛宦官，宦官在外者，诏所在皆诛之。晋王怜承业，不忍杀，匿之斛律寺。昭宗崩，乃出承业，复为监军。晋王病且革，以庄宗属承业曰："以亚子累公。"庄宗常兄事承业，岁时升堂拜母，甚亲重之。庄宗在魏，与梁战河上十余年，军国之事，皆委承业，承业亦尽心不懈。后以谏庄宗即位，不听，发愤不食卒，年七十七，谥正宪。

外史氏曰：晋王李克用亦可谓能知人矣。观其识张承业于宦寺而喜其为人，此其识不凡，故两世卒赖其力，供馈不缺如萧何，强项直言如周昌。而晋所以能抗梁者，承业之功居多。吾独怪夫庄宗之待承业者不及先王也，以蒲博之故向承业求钱不得而辄欲杀之，向非曹夫人之力，吾知承业之死不在魏州称帝之时矣。曹夫人亦贤矣哉，而庄宗之能惮其母，亦一节之可取也。

张居翰，昭宗时宦官，为范阳监军。崔胤诛宦官，刘仁恭匿之于大安山之北溪以免。其后，梁攻仁恭，仁恭遣居翰从晋王攻梁潞州，晋取潞州，遂以居翰为昭义监军，后为晋枢密使。庄宗之东征明宗也，虑蜀王衍有变，遣人持诏杀之于路。诏书已印画，而居翰发视之，云"诛王衍一行"，居翰谓杀降不祥，乃揩去"行"字，改为"家"字。时蜀降人与衍俱东者千余人，皆得不死。庄宗遇弑，居翰见明宗于至德宫，求归田里。天成三年，卒于长安，年七十一。

外史氏曰：一字之更而活千人，居翰亦岂料庄宗之遇祸而已得免私改诏书之罪哉？其得全者天也，天佑善人，岂不信夫。

宦者马绍宏尝赐姓李，颇见信用于庄宗。是时，李嗣源自镇州入觐，奉朝请于京师。庄宗疑其有异志，阴遣绍宏伺其动静，绍宏反以情告嗣源。嗣源自魏而反，天下皆知祸起于赵在礼，孰知其启嗣源之二心者，自绍宏始也！

明宗晚年多病，王淑妃专政，宦者孟汉琼用事。秦王入视明宗疾，疾已革，既出而闻哭声，以为帝已崩矣，乃谋以兵入宫者，惧不得立也。大臣朱弘昭等方图之，议未决，汉琼遽入见明宗，言秦王反，即以兵诛之，陷秦王大恶，而明宗以此饮恨而崩。后愍帝奔于卫州，汉琼西迎废帝于路，废帝恶其为人，诛之。按《秦王从荣传》云：帝幸士和亭，得伤寒疾。明日，从荣与朱弘昭等入问起居于广寿殿，帝不能知人。王淑妃告曰:“从荣在此。”又曰:“弘昭等在此。”皆不应。从荣等出，乃迁于雍和殿，宫中皆恸哭。至夜半后，帝蹶然自兴于榻，而侍疾者皆去，顾殿上守漏宫女曰："夜漏几何？”对曰："四更矣！”帝即吐如肺者数片，溺涎液斗余。守漏者曰:“大家省事乎？”曰:“吾不知也。”有顷，六宫皆至，曰:“大家还魂矣！”因进粥一器。至旦，疾少愈，而从荣称疾不朝，因谋以兵入宫。至明日乃以兵入，而端门已闭，与朱弘实战，不胜，走归河南府，为安从益所杀。又六日而帝乃崩。夫当明宗疾愈，从荣宁有不知，稍有人心，固宜惊喜入内，亦安有意外之防哉。其称疾不朝，意疑疾愈之不真，恐人之绐己而入也，盖念念防宋王从厚之与之争立，故欲以兵自卫也，岂真欲戕其垂亡之君父哉？若从荣者，以为愚悖则有之矣，以为逆乱则不足以诛其心也。然而明宗疾已愈矣，使无从荣之乱，则明宗犹可以不死也。

赵王王镕，其先回鹘阿布思之遗种，曰没诺干，为镇州王武俊骑将，武俊养以为子，遂冒姓王氏。三传至王廷凑，杀其节度使田弘正而代其位，传子元逵，元逵子绍鼎、绍懿，绍鼎子景崇，世为成德节度使，景崇封常山郡王，卒，子镕立，年甫十岁。是时，晋有太原，李可举之子李匡威据幽州，王处存据中山即定州，赫连铎据大同，孟方立据邢台，四面豪杰并起。镕介于其间，而承祖父百年之业，士马强而蓄积富，为唐累世藩臣。故镕虽年少，借世家以取重，四方诸镇废立有请于唐者，率多因镕以闻。

外史氏曰：镕凡于诸镇交兵，未尝亲履行阵，率倚李匡威以为唇齿，朝梁暮晋，非好为反覆，其势然耳。

李匡威无行于其弟妇，及匡威出兵拒晋救赵，其弟匡俦诱其军而自立。匡威内惭不敢还，乃以符印归其弟，而将奔于京师。行至深州，镕德匡威每救己，使人邀之，馆于梅子园，以父事之。匡威与客李正抱皆失国无聊，顾览山川，泫然而泣，乃相与谋劫镕而代之。因诈为忌日，镕果诣馆慰之，遂劫镕。镕叩头以位与匡威，匡威谓镕无能为也，与之方辔诣府，将代其位。行过亲事营，军士闭门大噪，天大雷电，大风拔木，屋瓦皆飞。屠者墨君和望见镕，识之，从缺垣中跃出，携镕于马，负之而走，乱军击杀匡威、正抱，燕人皆死。夫匡威之不度势、不量力，其自取宜也，而镕亦险矣哉。

王镕既失燕援而晋急攻之，乃与晋人盟。后梁太祖来讨，傅其城下，镕大惧，顾其属曰："事急矣！可奈何？"判官周式，辨士也，对曰："此难以力争，而可以理夺。"式与太祖有旧，因请入梁军。太祖望见式，大骂曰："吾尝以书召镕，镕不来，今吾至此，而尔为说客，晚矣！且晋，吾仇也，而镕附之，吾知李嗣昭在城中，可使先出。"乃以所得镕与嗣昭书示之。式曰："梁欲取一镇州而止乎？抑欲成霸业于天下也？且霸者责人以义，今天子在上，诸侯守封，所以息争休民也。昔曹公破袁绍，得魏将吏与绍书，悉焚之，此英雄之事也！今梁知兵举无名，而假嗣昭以为词。且王氏五世六公，抚有此土，岂无死士，而必待嗣昭乎？"梁太祖大喜，起牵式衣而抚之曰："吾言戏耳。"延之上座，遂与镕和。镕以子昭祚为质，梁太祖以女妻之。后梁复袭其深、冀二州，赵复求救于晋，梁遂失镇、定，而晋益强，遂尽有河北，卒以灭梁。

外史氏曰：镕之少也能自立，及其老也惑于奸道，卒为其将张文礼所弑。吾以为此王廷凑弑田弘正之报也，所谓报迟而祸大者也。文礼反覆小人，庄宗始则立为留后，终迫大义而讨以诛之，然无救于王镕之族灭也，悲夫！

罗弘信，少为魏州牧马卒。牙军乱，杀其帅乐彦祯，立其将赵文建，已又杀之。牙将未知所立，乃聚呼曰："孰能为我帅者？"弘信从众中出，应曰："我可为君等帅也。"弘信状貌奇怪，而色青黑，军中异之，因共立为留后，时僖宗文德元年也。昭宗时，拜为节度使。后与梁太祖相攻，魏五战五败，弘信惧，请盟，乃止。弘信及梁将葛从周与晋战，擒晋王子落落，杀之，乃与晋绝。梁太祖犹疑弘信有贰心，乃以兄事弘信，常卑词厚币以聘魏。魏使者至梁，梁太祖北面拜而受币，曰："六兄于我有倍年之长，吾何敢慢之。"弘信大喜，以为厚己。以故太祖往来燕、赵间，卒有河北者，魏不为之患也。

外史氏曰：弘信奇人，以牧马卒而居然愿为节度使而竟安然得之，无赖极矣。而又生宁馨儿如罗绍威者以继之，其父纯乎武健，其子居然文雅，抑又奇矣。不然，梁太祖非乐下人者，而一则心折于其父而不惜身为之屈，一则倾心于其子而不忍或加以兵，则弘信父子，亦一时之杰也。

罗绍威，字端己，弘信之子。弘信在唐，以其先长沙人，故封长沙郡王。绍威袭父爵长沙。绍威好学工书，颇知属文，聚书数万卷，开馆以延四方之士。绍威新立，刘仁恭以兵六十万攻之，绍威求救于梁，大败燕军于内黄。明年，又会梁兵，大败燕军于老鸦堤，遂重德梁。魏博自田承嗣以来始有牙兵，而岁久益骄，废立由己。绍威为人精悍明敏，为政有威严，然家世为牙将所立，每有惧心，已而牙校李公佺作乱，绍威诛之，乃与梁谋欲诛牙兵，梁亦利其诛牙兵而魏可弱也。时，绍威子廷规娶梁女而死，梁因其葬也，假为送葬，以舆载兵器，以长直军千人载而往，与魏共诛牙兵且尽，而魏兵之在外者闻之皆叛，于是魏遂以弱，绍威势益孤，太祖因欲取其地，绍威始大悔，然善于奉事梁，卒以免伐。

外史氏曰：甚矣，牙兵之为害也！纵之则废立在其掌握，诛之则大势因而削弱，不惟绍威为然也。梁之分相魏为二镇，而魏博遂叛，入于晋，亦由是耳。

当昭宗迁都洛阳，诏诸镇缮理京师，绍威营太庙成，加侍中，封邺王。梁太祖以伐燕不胜过魏，疾作，卧府中，绍威恐其袭己，乃乘间入见曰："今四方称兵，为梁患者，以唐在故也。天命已去，不如早自取之。"太祖悦，乃急归。太祖即位，将都洛阳，绍威取魏良材为五凤楼、朝元殿，浮河而上，立之京师。太祖叹曰："吾闻萧何为汉起未央宫，岂若绍威越千里而为此，功过萧何远矣！"赐宝带名马。太祖每有大事，多遣使者问之，绍威时亦驰简入白，使者相遇道中，其事往往相合。绍威自以岁久不用兵，愿伐木安阳淇门为船，自河入洛，岁漕谷百万石，以供京师。太祖益以绍威为忠，乃遣将督其役。舟未成而绍威病，乃表言："魏故大镇，愿得梁一有功重臣临之，请以骸骨就第。"太祖亟命其子周翰监府事，语使者曰："亟行，语尔主，为我强饭，脱有不讳，当世世贵尔子孙。今使周翰监府事，尚冀卿复愈耳。"卒，年仅三十四，赠尚书令，谥贞壮。子三人，廷规，司农卿，早卒。周翰袭父位，旋为杨师厚所逐，徙镇宣义，卒，年十四。弟周敬代之，年十岁，徙镇忠武，至晋天福中乃卒。廷规娶太祖二女，周翰、周敬俱娶末帝女。

外史氏曰：罗绍威之于梁太祖也，可谓大谄似忠矣。使绍威而永年为梁之翰蔽，则魏博未易为晋有也。

王处存之父王宗，唐末人，善殖货财，富拟王侯，官至金吾大将军，领兴元节度使。子处存以父任子，累官义武军节度使，镇中山。黄巢之乱，倡议勤王，功为第一。乾宁二年卒，子郜为留后，为军中所逐，立处存之弟处直。

王处直初从梁，后从晋，破梁军于柏乡。其时晋北破燕，南取魏博，与梁战河上十余年，处直未尝不以兵从。处直好巫，客有李应之者，妖妄人也。尝为处直以左道治病有效，惊以为神，使衣道士服，以为行军司马，军事咸取决焉。初，应之于陉邑阛得小儿刘云郎，养以为子，知处直未有子，乃以云郎与处直，而绐曰："此子生而有异。"处直养以为子，更名曰王都。应之由此益横，别立新军，籍丁壮，治第博陵坊，四面开门，皆用左道，军中皆知其将为乱而莫能谏也。后军变，杀应之，而处直后为都所囚而代其位，后终弑处直。

王都既杀其父处直，而代为节度使。庄宗既败契丹于沙河，追奔过定州，与都相得甚欢，庄宗为其子继岌娶都女。庄宗幸邺都，王都来朝，赐予巨万，以继岌故，待之甚厚，所请无不从。明宗立，恶其为人，而安重诲又以法绳之，都遂反，招契丹以自救。明宗遣王晏球败之，大破契丹兵，都困定州城中，惟契丹兵二千人守城，都呼契丹将秃馁为馁王，坚守经年，为晏球所破，都举家焚死，秃馁见擒。

刘仁恭，深州乐寿人，事幽州李可举，能穴地道以攻城，军中号刘窟头，以功迁军校。为人有勇，好大言。可举死，子匡威恶之，出为景城令，后以功复为将，使戍蔚州。匡威为弟匡俦所逐，仁恭闻乱，拥戍兵攻幽州，至居庸关，战败，奔晋。仁恭多智诈，善事人，事晋王爱将盖寓尤谨，泣涕自言："居燕无罪，以谗见逐。"因道燕虚实及可取之状，晋王亦信而爱之。后晋击破匡俦，乃以仁恭为幽州留后，晋王留其亲信燕留得等十余人监其军，表为真节度使。其后晋攻罗弘信，求兵于仁恭，仁恭不予，晋王以书责诮之，仁恭怒，杀燕留得等以叛。晋王讨之，晋兵大败。后仁恭遣其子守文袭沧州，逐节度使卢彦威。仁恭为其子请命于唐，昭宗迟之，仁恭怒，曰："为我语天子，旌节吾自有之，但要长安本色耳！"昭宗乃以守文为横海节度使。仁恭父子帅两镇兵十万，号六十万，以击魏。罗绍威求救于梁，梁击败燕军于内黄。仁恭惧，复附晋。后梁复攻燕沧州，仁恭调其境内年十五以上、七十以下，皆黥其面，文曰"定霸都"，得二十万人，屯于瓦桥。梁军长芦，仁恭不能近。沧州被围百余日，人相食，或丸墐土而食之。仁恭求救于晋，晋为之攻潞州以牵梁，及晋攻破潞州，梁兵乃解围去。

外史氏曰：仁恭之负晋也甚矣！方其得罪于燕也，本无德于晋，而晋卵翼之，为之求旌节于天子，而裨以千里。之燕求其助，一兵而不可得，而反戕其所置监军，则仁恭不义甚矣。他日剖心雁门，非不幸也。

刘仁恭幸世多故，而骄于富贵，筑宫大安山，穷极奢侈，选燕美女充其中。又与道士炼丹，冀得不死。令燕人墐土为钱，悉敛铜钱，凿山而藏之，杀其工以灭口，后人莫知其处。仁恭爱妾罗氏，其子守光烝之，仁恭怒，笞守光，逐之。后梁使李思安攻仁恭，守光自外将兵击走思安，自称节度使，遣李小喜、元行钦以兵攻大安山，执仁恭而幽之。其兄守文闻之，率兵讨守光，为守光败于玉田。守文乞兵于契丹，吐浑与守光战于鸡苏，守光已败，守文阳为不忍，出于阵而呼其众曰："勿杀吾弟！"守光将元行钦跃马而擒之，守光卒杀守文，又攻杀守文子延祚于沧州。

外史氏曰：即此事观之，而守光之罪案定矣。

守光既囚弑其父兄，乃益骄，为铁笼、铁刷之刑，燕人多避祸于他境。守光闻晋人深入梁境，乃治兵戒严，将乘虚袭晋，晋人患之，为之班师。守光益以诸镇为畏己，乃讽诸镇共推尊己，于是晋与镇、定、振武、昭义共以墨制尊守光为尚书令、尚父。有司白守光，尚父受册用唐册太尉礼仪，守光曰："此仪注何不郊天改元？"有司曰："此天子之礼也。"守光怒曰："我为尚父，谁为帝者乎？今天下四分五裂，我以二千里之燕，独不能为帝一方乎？"乃械梁、晋使者下狱，廷置斧锧，曰："敢谏者死！"孙鹤进言极谏，命窒其口而醢之。遂改元应天，自号大燕皇帝，时梁乾化元年八月也。

外史氏曰：守光狂悖不足责，吾独怪孙鹤之死非其所也，鹤不死于沧州之难，其欲为王珪、魏徵耶？而乃感守光不杀之恩，而欲以极谏匡其恶，亦不知人之甚者矣。

守光僭号之明年，晋遣周德威将三万人，会镇、定兵讨之，屡败燕兵。守光被围经年，遣王遵化致书德威曰："予得罪于晋，迷而不复，今其病矣。"德威戏谓之曰："大燕皇帝尚未郊天，何至此耶？予受命讨僭，不知其他。"守光窘，又谓德威曰："守光去岁妄自尊崇，本不能为朱温下，岂意大国暴师经年，幸少宽之。"德威不许。守光曰："俟晋王至则降。"晋王自监军，守光登城见晋王，晋王问守光将如何？守光曰："今日几上肉耳，惟王所为！"李小喜劝其勿降，守光因请俟他日。是夕，小喜先窃降，明日，晋军破其城，执仁恭及其家族三百口。守光与其妻李氏、祝氏，子三人南走沧州，迷失道，数日不得食，遣祝氏乞食田家，怪而诘之，祝氏以实告，乃被擒送幽州。晋王戏之曰："主人何避客之深耶？"守光叩头请死，并械其父以从军。军过赵，赵王王镕为晋王置酒，酒酣，镕请见仁恭父子，晋王命破械出之，引置下座，饮食自如，皆无惭色。晋王至太原，曳其父子以组练，献于太庙。守光将死，泣曰："臣死无憾，然教臣不降者，李小喜也，罪人不死，臣将诉于地下。"晋王使召小喜，小喜瞋曰："囚父弑兄，蒸其骨肉，亦小喜教尔耶？"晋王命先斩小喜。守光自不免，呼曰："王将复唐室以成霸业，何不赦臣使自效？"其二妇从旁骂曰："事已至此，生复何为？愿先死！"乃俱死。晋王命其弟李存霸执仁恭至雁门，刺其心以祭先王墓，乃斩之。

外史氏曰：仁恭父子之于晋国为背德，然亦不至于有剖心之怨也。告庙献俘以还矢于先王可耳，剖心之祭，恐先王未必享也。且刘窟头之心血有何佳处。若守光者，还当以铁笼、铁刷加之，始无衅耳。

岐王李茂贞，深州博野人。起军卒，击黄巢有功，为将军。后以扈跸僖宗于兴元，败反贼朱玫，赐节钺。后奉命击杀凤翔节度使李昌符，遂命节度凤翔，封陇西郡王。后茂贞擅发兵攻杨复恭、杨守亮于兴元，复恭、守亮皆见杀，茂贞表其子继密权知兴元，昭宗乃徙茂贞移镇山南西道。茂贞不奉诏，上表论不逊，有云："但虑军情忽变，戎马难羁。徒令甸服生灵，因兹受弊；未审乘舆播迁，自此何之？"昭宗不能堪，以问宰相杜让能。让能以为茂贞地大兵强，而唐力未能致讨；凤翔又近京师，易以自危而难于后悔，他日虽欲诛晁错以谢诸侯，恐不能也。昭宗怒曰："吾不能坐受凌弱！"乃责让能治兵，而以覃王嗣周为京西招讨使。令下，人情大惧，相与聚承天门，遮诉宰相，请无举兵，宰相下舆而走，亡其堂印，昭宗意益坚。覃王率五十四都兵战于盩厔，王师败绩，茂贞遂犯京师，陈兵临皋驿，胁昭宗杀让能，而后罢兵。

外史氏曰：李茂贞凡三犯京师，两杀宰相，怙恶极矣。此其初犯京师，以天子之征之也；其再犯京师也，以与晋王争河中王珂、王珙嗣立事，怒天子之右晋王也；其三犯京师也，以天子还自石门，募安圣、捧宸等军，以为天子之将讨己，故治下先犯之也。初犯京师杀杜让能，再犯京师又杀宰相韦昭度、李溪，此晋王所谓“不诛茂贞难未已”也。

茂贞三犯京师，昭宗出居于华州，遣宰相孙偓讨之，韩建为请，乃已。久之，又封岐王。及崔胤召梁兵诛宦官，宦官韩全诲等挟天子奔凤翔。梁军围凤翔逾年，茂贞闭城不敢出。城中薪食俱尽，自冬涉春，雨雪不止，军民冻饿死者日以千数。米斗钱七千，至烧人煮尸而食。父自食其子，曰：“此吾子也，汝安得食之！”人肉值钱百，狗肉直钱五百。天子于宫中置小磨，遣宫人自屑豆麦以供御，自后宫、诸王十六宅，冻馁而死者日三四。城中人日邀遮茂贞，以求生路。昭宗谓茂贞曰：“朕与六宫皆一日食粥，一日食不饦，安能不与梁和乎？”茂贞乃斩韩全诲二十余人，传首梁军，围乃解。天子虽得出，然遂劫之东迁，而唐亡矣。

外史氏曰：凤翔之围，父自食其子，而人肉贱于狗，天子自食不饦，困斯极矣。然吾以为犹胜于椒兰殿之避剑远柱时也，悲夫！

梁太祖即位，诸侯之强者多称帝，独茂贞不能，但称岐王，开府置官属，以妻为王后，鸣稍羽扇视朝，出入拟天子而已。

茂贞居岐，宽仁爱物，民颇安之，尝以地狭赋薄，下令榷油，因禁城门无纳松薪，以其可为炬也，有优人诮之曰：“臣请并禁月明。”茂贞笑而不怒。

初，茂贞破杨守亮，兼有兴元，而邠、宁、鄜、坊皆附之，有地二十州，故最为跋扈。其被梁围逾年，兴元入于蜀。梁开平以后，邠、宁、鄜、坊入于梁，秦、凤、阶、成又入于蜀。当梁末年，茂贞所有七州而已。庄宗已破梁，茂贞称岐王，上笺以季父行自处。及闻入洛，乃上表称臣，遣其子从曮来朝。庄宗以其耆老，尊礼之，改封秦王，诏书不名。同光二年，以疾卒，年六十九，谥忠敬。

从曮为人柔而善书画，茂贞卒，代镇凤翔。魏王征蜀，为供军转运应接使。明宗立，徙镇宣武、天平。从曮有田千顷、竹千亩在凤翔，惧侵民利，未尝省理，凤翔人爱之。废帝起凤翔，将行，凤翔人叩马乞从曮来镇。废帝入立，复以为凤翔节度使，从民望也。卒，年四十九。

外史氏曰：从曮何人，乃能致借寇之恩耶？茂贞不宜有此子。

韩建，许州长社人。少为军校，预破黄巢。巢破，建等无所属，乃西迎僖宗于蜀，拜金吾将军。僖宗还长安，以建为华州刺史，防御潼关。华州数经大兵，户口流散，建少习农事，乃披荆棘，督民耕植，出入闾里，问其疾苦。建初不知书，乃使人题其所服器皿床榻，为其名目以视之，久乃渐通文字。见《玉篇》，喜曰："吾以类求之，何所不得也。"因以通音韵声偶，暇则课学书史。是时，天下已乱，诸镇皆武夫，独建抚辑兵民，又好学。荆南成汭时冒姓郭，亦善辑荆楚。当时号为北韩南郭。

外史氏曰：成汭不知兵，时杨行密攻杜洪于鄂州，成汭出兵救洪，汭舟大而所载重，不利于战，战败，汭溺水死，荆南遂为雷满所夺。

河中王重盈卒，诸子珂、珙争立，晋人请立珂，建与李茂贞、王行瑜请立珙。昭宗许太原，建等大怒，以三镇兵犯京师，杀宰相韦昭度、李溪，请废昭宗。会晋举兵且至，建等惧，乃还。晋兵问罪三镇，兵傅华州，建登城呼曰："敝邑未尝失礼于大国，何为见攻？"晋人曰："君以兵犯天子，是以讨也。"已而与晋平。后李茂贞更犯京师，昭宗将奔太原，又欲如鄜州，建追及昭宗于富平，泣曰："藩臣倔强，非止茂贞，若舍近畿而巡绝塞，乘舆渡河，不可复矣！"昭宗亦泣，遂幸华州。是时，天子惟有殿后军及定州三都将李筠等兵千余人，以诸王将之。建已得昭宗幸其镇，遂欲制之，因请罢诸王将兵，散去殿后诸军，帝不报。

昭宗在华州，尝登齐云楼，西北顾望京师，作《菩萨蛮》词三章以思归，其卒章曰："野烟生碧树，陌上行人去。安得有英雄，迎归大内中？"酒酣，与从臣悲歌泣下，建与诸王皆属和之。建心尤不说，因遣人告诸王谋杀建、劫天子幸他镇。昭宗诏建，将辨之，建称疾不出，遣诸王自诣建辨之，建不见。建请送诸王十六宅，昭宗难之。建乃率兵数千围行宫，请诛李筠。天子大惧，诏斩筠，悉散殿后诸军，幽诸王于十六宅。昭宗益悔幸华州，遣延王戒丕使晋，以谋兴复。戒丕还，建与中尉刘季述诬诸王谋反，以兵围十六宅，诸王登屋叫呼曰："大家救儿！"遂皆见杀。昭宗无如之何，为建建立德政碑以安慰之。

外史氏曰：德政碑中何所言，想首述诛十六宅耶？此碑与昭宗为朱温所立纪功碑，可以并有千古。

韩建既杀诸王，乃营南庄，起楼阁，欲要昭宗临幸，因以废之，而立德王裕。其父叔丰谓建曰："汝陈、许间一田夫耳，遭时之乱，蒙天子厚恩至此，欲以两州百里之地行大事，覆族之祸，吾不忍见，不如先死！"因唏嘘泣下。时李茂贞、梁太祖皆欲发兵迎天子，建稍惧，乃止。昭宗还长安，自为建画像，封为颍川郡王，赐铁券。建辞王爵，封许国公。

外史氏曰：昭宗畏而封之可也，而亲为之画像，毋乃太不情乎？若不杀诸王，更当何以报之耶？

梁太祖以兵向长安，遣张存敬攻同州，建判官司马邺以城降，太祖使邺召建，建乃出降。太祖责建背己，建曰："判官李巨川之谋也。"太祖怒，即杀巨川，以建从行。昭宗东迁，建亦从至洛阳，昭宗举酒属太祖与建曰:“迁都之后，国步小康，社稷安危，系卿两人。”次何皇后举觞，建蹑太祖足，太祖乃阳醉去。建出，谓太祖曰：“天子与宫人眼语，幕下有兵仗声，恐公不免也。”太祖以故尤德之。太祖即位，乃拜为相。后出镇许州，为乱军所杀，年五十八。

外史氏曰:蹑足之谋，此建故假设以欺朱温而市德耳，昭宗是时孱弱之甚，安敢为此险计乎？吾独怪韩建老匹夫，舍累叶唐天子不事，而独媚此凶贼，赖有许州乱军为十六宅报仇耳。

温韬，京兆华原人。少为盗，后事李茂贞，为华原镇将，冒姓李，名彦韬。梁太祖围凤翔，韬以耀州来降，已复叛归茂贞。末帝时，韬复叛归梁，梁以为节度使，复其姓，曰温昭图。韬在镇七年，唐诸陵在其境内者，悉发掘之，取其所藏金宝，而昭陵最固，韬从埏道下，见宫室制度闳丽，不异人间，中为正寝，东西廊列石床，床上石函中为铁匣，悉藏前世图书，钟、王笔迹，纸墨如新，韬悉取之，遂传人间，惟乾陵风雨不可发。

庄宗既灭梁，韬自许州来朝，因伶人景进纳赂刘皇后，皇后为言之，庄宗待之甚厚，赐姓名李绍冲。郭崇韬谏曰：“此劫陵贼耳，罪不可赦！”庄宗曰：“已宥之矣，不可失信。”遣还镇。明宗入洛，与段凝俱收下狱，已而赦之，勒归田里。明年，流于德州，赐死。

外史氏曰：晋自晋王立义儿军，皆赐国姓，而庄宗之赐人姓名者，遂不可胜数。顾于马绍宏刀锯之余、温昭图劫陵之贼，而皆赐国姓，则赐姓于是乎不足贵矣。

周太祖之将终也，为书以遗世宗，使以瓦棺、纸衣而敛。将葬，开棺示人；既葬，刻石以诏后世，毋作下宫，毋置守陵妾。其意丁宁切至，然实录不载。又使葬其生平所服衮冕、通天冠、绛纱袍各二，其一于京师，其一于澶州。又葬其剑、甲各二，其一于河中，其一于大名，莫能原其旨也。

卢光稠、谭全播，皆南康人。光稠状貌雄伟，无他才能，而全播勇敢有识略，然全播常奇光稠为人。唐末，群盗起南方，全播谓光稠曰：“天下汹汹，此真吾等之时耳，勿徒守贫贱为也！”乃相与聚兵为盗。众欲推全播为主，全播曰:“诸君徒为贼乎？抑欲成功乎？卢公堂堂，真吾等主也。”众阳诺之，全播怒，拔剑击三木，斩之，曰：“不从吾令者如此木！”众惧，乃立光稠为主。

外史氏曰:全播真英雄也，此即陈婴母不欲婴为王之意。盖事成众享其功，事不成独撄其祸，此为贼首之所以难也。观其后一切施为，俱出全播，而光稠一无所能，益可见矣。奸雄之能欺人如此。

时王潮攻陷岭南，播攻潮，取虔、韶二州，又遣光稠弟光睦攻潮州。光睦好勇轻进，全播戒以持重，不听，度必败，乃为奇兵伏其归路。光睦果败走，潮人追之，遇伏而败，遂取潮州。时刘岩起南海，击走光睦，以兵数万攻虔州。光稠大惧，谓全播曰："虔、潮皆公取之，非公不能守也。"全播曰："刘岩易与耳！"选精兵五万，伏山谷，阳治战地于城南，告岩师期。以老弱五千出战，战酣，伪北，岩急追之，伏发，岩大败。光稠第战功，全播悉推诸将，光稠益贤之。

梁初，江南、岭表悉为吴与南汉分据，而光稠独以虔、韶二州请命于京师，愿通道路，输贡赋。太祖为置百战军，以光稠为防御使，又建镇南军，以为留后。光稠病，以符印属全播，全播不受，立光稠子延昌而事之，延昌为其将黎求所杀，又谋杀全播，全播称疾不出。求乃自立，已而求暴病卒，其将李彦图自立，全播益惧，杜门自绝。彦图死，虔人相率诣全播请之，全播乃起，请命于梁，而治州事七年，有善政，杨隆演将刘信攻破虔州，以全播归广陵，卒，年八十五。

外史氏曰：全播终始一智人也，举必远祸而动不矜功，其是之谓乎？

雷满，武陵人。为人凶悍骁勇，文身断发，起于群盗。杀刺史崔翥，据朗州，请命于唐，昭宗以为澧朗节度使，仍以轻舟上下荆江，劫掠州县。常凿深池于府中，召过客燕池上，指其水曰："蛟龙水怪皆窟于此，盖水府也。"酒酣，取座上器掷池中，因裸而入，取其器嬉水上，久之乃出，治衣复坐，意气自如，亦奇人也。满居朗州，引沅水堑其城，上为长桥，为不可攻之计。后满卒，子彦恭自立，亦常攻劫，为湖、湘患。楚王马殷遣兵攻之，彦恭恃堑为阻，逾年不能破。后彦恭奔杨行密，澧、朗遂入于楚。

钟传起于群盗。唐以洪州为镇南军，拜为节度使。时江夏伶人杜洪亦据鄂州，杨行密亟攻之，洪倚传为首尾。久之，洪败死。传又以兵攻服危全讽等，全讽以女妻传子匡时。传居江西三十余年，封南平王。天祐初卒，子匡时为杨渥兵所执，全讽亦为杨隆演所败。

赵德諲初以山南东道七州降梁，助梁平蔡有功。德諲卒，梁表其子匡凝为荆襄节度使，匡明为荆南留后。唐衰，藩镇不复奉朝廷，独匡凝兄弟贡赋不绝。匡凝为人气貌雄伟，性方严，喜自修饰，好学问，聚书数千卷，为政颇有威惠。梁太祖已弑昭宗，将谋禅代，畏匡凝兄弟不从，遣使告之，匡凝对使者流涕曰："受唐恩深，不敢妄有他志。"太祖命将攻之，匡凝战败，奔于吴，匡明奔于蜀。匡凝行至广陵，杨行密戏之曰："君在镇城，轻车重马，岁输于梁，今败，乃归我乎？"匡凝曰："仆世为唐臣，岁时职贡，非输贼也。今以不从贼之故，力屈归公，惟公生死之耳！"行密厚遇之。后杨渥稍不礼之。渥方宴，食青梅，匡凝顾渥曰："勿多食，发小儿热。"诸将以为慢，渥迁之海陵，后为徐温所杀。匡明卒于蜀。

外史氏曰：匡凝对使者一言，虽丧家亡国，而终身不为叛臣；若乃青梅一言，遂以杀身，则言之不可不慎也。

朱宣初事青州王敬武为军校，后随敬武将曹全晸袭取郓州，全晸遂据郓。全晸死，军中推宣为留后，唐僖宗即拜宣为天平节度使。梁太祖镇宣武，以兄事宣。太祖为蔡州秦宗权所困，乞兵于宣。宣与其弟瑾以兖、郓之兵救汴，大破蔡兵。已而太祖诬之以挟汴之亡卒而归，遂与之相攻，苦战曹、濮间。是时，梁又东攻徐州，西有蔡贼，北敌强晋，宣、瑾兄弟自相首尾，然终为梁所灭。宣后败，走中都，为葛从周所执，斩于汴桥下。

朱瑾，宣之从父弟也，初从宣居郓州，少倜傥。兖州节度使齐克让爱其为人，许以女妻之。瑾行亲迎，乃选壮士为舆夫，伏兵器舆中。夜至兖州，兵发，遂虏克让，自称留后。僖宗即拜瑾泰宁节度使。

外史氏曰：如此妙人，令天下相攸者不敢正视贵客矣，而唐之授节，是又助夿之敬也。

朱瑾兄弟与梁战十数年，大小数十战，互相胜负。后宣被执，瑾败，奔淮南。杨行密闻瑾来，大喜，解其玉带赠之，表瑾领武宁军节度使，后用淮南军大破梁军于清口，斩其将庞师古。后与徐氏不协，屡劝隆演诛徐氏，隆演无能为。后知训出瑾为泗州节度使。将行，知训过瑾，瑾延之升堂，出其妻陶氏，知训方拜，瑾以笏击踣之，伏兵自户突出，杀之。初，瑾以二恶马系庭中，知训入而释马，使相踶鸣，故外人莫闻其变。瑾携其首驰示隆演曰："今日为吴除患矣！"隆演曰："此事非吾敢知！"遽起入内。瑾忿然以首击柱，提剑而出，府门已阖，因逾垣，折其足。瑾顾路穷，大呼曰："吾为万人除害，而以一身死之！"遂刎颈而死。

外史氏曰：瑾之杀知训，自以为有功于杨氏，而不知其益之祸也，知训势不足以害矣，害吴者知诰耳。知训死，知诰入矣。故杀知训者是害杨氏之渐也，非除其害者也。瑾亦徒死而已矣。

瑾既死，徐知诰在润州闻乱，以兵趋广陵，族瑾家。瑾妻陶氏临刑而泣，其妾曰："何为泣乎？今行见公矣！"陶氏收泪，欣然就戮，闻者哀之。瑾名重江淮，人畏之。其死也，尸之广陵北门，路人共私瘗之。是时，民多病疟，皆取其墓上土，以水服之立愈，更益新土，渐成高坟。徐温恶之，发其尸，投于雷公塘。后温病，梦瑾挽弓射之。温惧，网其骨，葬塘侧，立祠其上。初，瑾尝病疽，医者视之，色惧，瑾曰："但理之，吾非以病死者。"于是果然。卒年五十二。噫！瑾有此妻妾，则齐氏女诚不足取也。

平卢节度使王敬武卒，其子师范立，尚幼，朝廷别除节帅崔安潜，师范与其将刘鄩等谋逐安潜，安潜归京师。天子不得已，乃拜师范为节度使。梁太祖围天子于凤翔，师范遣刘鄩攻破梁之兖州，太祖东还，遣朱友宁攻青州，友宁战死。梁又遣杨师厚攻之，师范败，乃降，素服乘驴请罪，太祖待以客礼。久之，以为金吾将军，居洛阳。太祖宴诸王于宫中，友宁妻泣曰:“陛下化家为国，诸子人皆得封，妾夫独以战死，奈何仇人尚在朝廷！”太祖奋然戟手曰：“吾几忘此贼！”乃遣人就洛阳族杀之。使者至，先掘坑于外，乃入告之。师范设席为具，召宗族饮酒，谓使者曰:“死，人之所不免，况有罪乎？然惧少长失序，下愧先人。”酒半，命少长以次起，就戮于坑，闻者哀之。同光中，赠太尉。

外史氏曰：南宋亡时，有进士尹某命其子行冠礼，闻者迂之。尹曰：“吾欲此曹冠带见先人于地下耳。”其即师范之志也夫！

李罕之，陈州项城人。为人骁勇，力兼数人。少读书不成，去为僧，以其无赖，所往皆不容。乃行，乞食酸枣市中，市人皆不与，罕之掷器于地，裂其衣，又去为盗。依黄巢，后降唐，又与张全义袭取河阳及河南，罕之居河阳，全义居河南，二人本诸葛爽叛将，相与交臂为盟，誓同休戚。罕之御众无法，颇失士心。全义善治军旅，务为积聚。罕之用兵，全义常供给之，后不胜其求索。罕之召全义军吏笞责之，二人遂交相恶。全义引兵袭之，罕之奔晋，召晋兵攻围全义。全义求救于梁，梁遣丁会、牛存节救之。晋军引去，罕之以兵居泽州，日以兵抄掠怀、孟间，啖人为食，立寨摩云山，当时号李摩云。晋王破王行瑜，罕之之力为多，然晋王不之用也，罕之遂叛，去归梁，子颀后归，善终。

外史氏曰：若罕之与全义之交，其即张耳、陈馀之交乎？张、陈初相与为刎颈交，后交恶，张耳卒斩陈馀于泜水之上。此亦所云刎颈之交也。

河中节度使王重荣无子，以兄重简子珂为后。重荣卒，弟重盈立，重盈卒，军中以珂重荣子，立之。重盈子珙、瑶，与珂争立，珙、瑶以书与梁太祖，言珂故王氏苍头，小字忠儿，不应得立。珂亦求援于晋，晋人言之朝，昭宗以晋故，许之。而珙、瑶亦西结王行瑜、韩建、李茂贞，交章论列，昭宗不许。行瑜等怒，以兵犯京师，杀宰相而去。珙时为陕州刺史，瑶绛州刺史，连兵攻珂，珂求救于晋，晋兵西讨三镇，行下绛州，斩瑶而过，击破王行瑜。唐卒以珂为河中节度使。晋亦以女妻之，遣李嗣昭攻珙。珙为人惨刻，好杀人，至是为其下所杀。后梁太祖遣将围河中，珂降于梁。梁以其晋婿也，卒杀之。重盈子瓒为梁臣，后庄宗攻汴，瓒开封丘门降。后见梁降臣多诛死，以忧卒。

外史氏曰:王氏兄弟三人争立，而卒之皆就夷灭，盖争之为道，不祥之兆也，奚其吉？

赵犨世为陈州牙将。幼与群儿戏，部分行伍，指顾如将帅，其父叔文见之，曰:“大吾家者，此儿也！”及壮，善用弓剑，勇果重义气。黄巢起，往往陷州县。陈州豪杰相与诣忠武军，求得犨为刺史，大帅如其请。已而巢陷长安，犨语人曰:“巢若不为长安市人所诛，必驱其众东走，吾州正当其冲也！”乃治城守，迁民六十里以内者入城，选子弟以配甲兵，以其弟昶、珝为将。巢败，东走，悉众围陈州，置舂磨寨，糜人肉以为食。陈人大恐，犨曰："吾家三世陈将，必能保此城。尔曹男子，当于死中求生，建功立业，未必不在此时。"众皆踊跃。巢兵去城三里为八仙营，聚粮饷，欲以久弊之，其兵号二十万。陈州数有巨弩数百，皆废坏，弩工皆不识其器。珝创意理之，弩矢击五百步，人马皆洞，以故巢不敢近。围凡三百日，陈州食尽，乞兵于梁。梁与晋王皆自将会陈，败巢将黄邺于西华。西华，巢聚饷处也，巢乃解围去。犨由是归心于梁，为自托之计，以其子岩娶太祖女。唐以犨为节度使，后病卒，弟昶立。昶卒，弟珝立，至后唐时乃卒。犨子岩，梁末帝时与张汉杰同用事，竟覆其家。

赵岩为末帝谋诛友珪，颇有功，又以尚主，益自侈。素闻唐驸马杜悰位至将相，自奉甚丰，耻其不及。乃占天下良田大宅，裒刻商旅，其门如市，租庸之物，半入其私，一饮食必费万钱。其建议分相、魏为两军，尤为失计，及黜王彦章、用段凝，皆岩力也。

当岩用事时，许州温韬尤曲事岩，岩因顾其左右曰："吾待韬厚，今以急投之，必不幸吾以为利。"乃走许州，韬斩其首以献。庄宗已灭梁，岩素所善段凝奏请岩家属，乃族灭之。

外史氏曰：韬、凝反覆小人，何足道，独惜夫赵犨之有功于陈州如彼，而妄附于梁以自取灭族也，哀哉！

李彦威，寿州人。少事梁太祖，为人善揣人意，太祖怜之，养以为子，赐名朱友恭。太祖既迁昭宗于洛，蜀王建传檄天下讨梁。梁太祖大恐，恐昭宗奔他镇，乃以兵七万如河中，阴遣敬翔至洛，告友恭与氏叔琮使行弑逆。八月壬辰，彦威、叔琮以龙武兵宿禁中，夜二鼓，以兵百人叩宫门奏事，夫人裴正一开门问曰："奏事安得以兵入？"龙武牙官史太杀之，趋椒兰殿，问昭宗所在，昭宗方醉，起走，太持剑逐之，昭宗单衣旋柱而走，太剑及之，昭宗崩。讣至河中，太祖佯为惊骇，投地号哭，骂曰："奴辈负我，俾我被恶名于天下后世耶？"至洛，使张廷范杀之。彦威临刑大呼曰："卖我以灭口，其如神理何？"顾廷范曰："勉之，公行自及矣。"遂与叔琮皆见杀。

外史氏曰：彦威何必不平，冯廷谔已磨砺以须矣。阅昭宗见弑事，令人掩卷不欲观，然不观朱温之恶至于此极，不觉友珪弑之之为快也。

李振乃唐潞州节度使李抱真之孙，梁太祖时最用事。及宦官刘季述幽昭宗，太祖犹豫，未知所为，振曰："夫竖刁、伊戾之乱，所以为霸者资也。今奄宦作乱，天子危辱，正仗义立功之时。"太祖大悟，乃遣振诣京师与崔胤谋出昭宗。昭宗反正，太祖曰："卿谋得之矣！"

昭宗迁洛，振往来京师，朝臣皆侧目，振视之若无人。有小怒，必加谴责，时人目为鸱枭。入晋，伏诛。

梁太祖时用事，韦震官至节度副使。为人强敏，有口辨，敢大言。尝为太祖朝昭宗，论列事机，语数不逊，然其后也病喑，不能言，得非其报欤？

孔循为梁太祖鹰犬。初与蒋玄晖、张廷范共预弑庄宗。及其既也，与玄晖有隙。哀帝即位，将郊天，循因谗于太祖曰："玄晖私侍太后，与廷范等奉天子郊天，冀延唐祚。"太祖大怒。哀帝不敢郊天。太祖遣循及蒋殷弑太后于积善宫，因斩柳粲及玄晖、廷范等。

外史氏曰：其先梁之将弑昭宗也，何太后尝涕泣叩头，为玄晖等言："梁王禅位后顾全唐家母子。"故孔循即造为私侍太后之说。夫以与玄晖有怨，而遂诬及母后，臣子之罪，其容诛乎？总之此等逆臣，非自相谗构以抵于罪不止也。

梁亡，循又事唐。及明宗反，循知汴州，持两端，迎明宗入汴，故明宗即位，循得保禄位，安重诲尤亲信之，所言无不听。明宗欲以皇子娶重诲女，重诲以问循，循曰："公为机密之臣，不宜与皇子婚。"重诲乃止。而循阴使人白明宗，求以女妻皇子，明宗即以宋王从厚娶循女，重诲始知其卖己而恶之，出为节镇而卒，赠太尉。

外史氏曰：此等贼臣巧宦而受福令终天，非有遗刑欤？

王敬荛，颍州人，为牙将。状貌魁杰，而沉勇有力，善用铁枪，重三十斤。时秦宗权悉陷河南诸州，独敬荛不可下，由是颍旁诸州民，皆附之以避乱。是时，所在残破，独颍州之民户二万。敬荛官至节钺，入梁为左卫上将军。以疾致仕。

外史氏曰：此亦一王铁枪也，第不知较王子明轻重何如耳。

刘知俊，字希贤，徐州沛人。为人最勇。少事时溥，后降梁，梁以为左开道指挥使。知俊姿貌雄杰，能被甲上马，轮剑入敌，勇出诸将。当是时，刘开道名重军中。屡立战功，官至侍中，封大彭郡王。知俊功益高，见太祖性多猜忌，屡杀诸将，遂叛，附李茂贞，亦立奇功，茂贞左右多谮之。知俊奔于蜀，反攻茂贞，为王建取秦、凤、阶、成四州。建虽待之甚厚，然亦阴忌其才，谓左右曰："吾老矣，吾且死，知俊非尔辈所能制也，不如早图之！"蜀人亦共疾之。知俊为人色黑，而生年在丑。建之诸子，皆以"宗""承"为名，乃于里巷为谣言曰："黑牛出圈棕绳断。"建益恶之，知俊遂见杀。

外史氏曰：木必腐而后虫蛀之，臣必贰而后主疑之。知俊叛时溥，又叛梁，又叛岐，为之三者，不亦难乎，宜其及也。

附　录

张笃庆诗文补遗

寄韩蓼怀表兄为蒲圻令[1]

陶令从来性爱闲，莫因五斗滞人间。买山未有如今贱，只为无人肯买山。

阅《世说新语》漫题杂诗

绿云委地玉为肤，我见犹怜况老奴。解事南康真善妒，怜才一念古来无。

寄孙子敬内弟

深柳堂前雨气昏，别来十载惨离魂。如何屡渡般溪水，不肯遥来问鹿门。

忆钱塘吴宝崖

延陵客子雅能文，且向湖头卧白云。十里松风千尺水，飞来峰下不逢君。

为毕剑津题断香园 剑津两孺人葬此园中

蘼芜香路隔幽林，怜尔当时孤鹤吟。花落花开春不管，墓门松柏昼阴阴。
花外鸣琴落日昏，年来芳草怨王孙。此间亦是天台路，翻恐刘郎欲断魂。
人间无复返魂香，寂寂寒郊下夕阳。千树桃花一杯酒，真疑人在赤城梁。
望断蘅芜李少君，三山缥缈六铢裙。他时烟月梨花梦，与尔同来对晓云。

怀赵丰原宣四兄弟

红衣落尽百花洲，只是难忘赵倚楼。惆怅明湖湖上路，一声长笛海天秋。

① 以下至《步仲治来韵》辑自《般阳诗钞》。

《梅岩独坐图》为安丘卯君弟题

天如秋水月如钩，箕踞科头第一流。开尽梅花三万树，无人知是小罗浮。
家在云门东复东，万山深处碧天空。梅花一梦三千劫，此子端宜丘壑中。
鹤氅神仙白练裙，空林抱膝对香云。荒山月落无人处，只见梅花不见君。
寒香何在在寒山，翠羽啁啾高树间。十里梅花一声笛，生来人比野云闲。
人间浪说淡如菊，说到梅花淡欲无。道是孤山更何似，个中惟有老林逋。
十载离群到帝都，彭城风雨隔江湖。东坡每谓子由为卯君。豪情真比梅花淡，羡尔寒山独坐图。

长安绝句 丁卯朝考时作，百首钞十

毡帐明驼载后车，鸾旂遥指医无闾。幸围自寓防边计，何用相如谏猎书。
别馆新开近玉墀，南书房亦凤凰池。布衣待诏承恩泽，退食传来御制诗。
十年习战为昆明，已靖烽烟乐太平。诏赐大酺南海子，新妆炫服满神京。
东指榆关海水寒，西来山色抱桑干。毗卢阁上凭高处，万户千门掌上看。
石经山下月如轮，裂帛湖中水似银。共说上林无厉禁，畅春园里见游人。
剩传羽猎向岐阳，石鼓遗文越汉唐。旧迹千秋惟汝在，不随风雨没陈仓。
卖赋长廊尽子虚，硬黄笔法竟何如。正阳门外关侯庙，拓坏云间董尚书。
日日风霾要路津，牛溲马涬入车茵。青帘不揭冲人过，恐惹元规陌上尘。
南苑高台供掠鹰，五坊剑客气飞腾。拔河已过凌床戏，又听横街唤卖冰。“凌床”谓以床拖于冰上也。
呵殿遥传老大臣，藤梢赤棒塞通津。行人掉臂摩肩过，不管当头宰相嗔。

汉宫词 历代宫词三百余首

赤雁祥麟入紫庭，射蛟江水水冥冥。不烦瀛海求仙去，自是金门有岁星。
柏梁台上昼焚香，宫女行行入未央。纵使千金能买赋，銮舆闻已幸昭阳。
桐龙桂楫自徘徊，燕燕轻飞贴水来。太液池边留不住，君王欲筑避风台。

唐宫词

尽日昭阳锁绿苔，雕窗玉户在瑶台。君王一曲春光好，未到花时已尽开。
千叶莲花露气微，宫中折去斗芳菲。何来阿荦旋风舞，不拜君王拜玉妃。

阿荦，安禄山乳名也。

江妃已殁念奴终，南内无人玉殿空。莫唱当年太平曲，上皇昨日始还宫。

芙蓉苑里入清秋，无复当时翠辇游。天宝年中歌舞散，萧条独上望京楼。

元宫词

昨传平壤贡名姝，斗巧宫中日日输。却羡政和称画史，何人为进比干图。

留仙希梅同游历下回

千年华岳一峰青，有客同寻湖上亭。白雪楼中春寂寂，知君何处吊沧溟。

挽益都太学孙公

昨来尊酒对黄花，今日沧桑感岁华。黄口孤儿多少恨，十年摩诘已无家。

药裹相看又一时，遗书零乱使人悲。门前种柳今如此，泪下金城知为谁。

前岁公于门前插柳数株，今将展荫矣。物在人亡，曷其有极。

春日访约庵于百四斋

茅舍隐隐锁碧苔，林亭却寄古城隈。门临十亩方调鹤，人到孤山为看梅。扫径每缘佳客至，问津常逐落花来。君家琪树知多少，移向昆仑顶上栽。

甲戌秋日外父高司寇赐饮于四勉堂

曲池往往似平泉，叠石为山古屋偏。疏傅黄金浑欲尽，几回犹问杖头钱。

年来高卧寄烟霞，履道坊前第一家。潇洒香山居士在，白头闲看洛阳花。

绛雪金沙下沃洲，人间亦自有丹丘。五官八十犹强健，翻怪通明不下楼。

济南闻仲愚讣音

湖上云昏昼窈冥，惊闻已陨少微星。可怜旧日同游地，今日伤心历下亭。

大陆今年初入洛，遄归方自峼湖东。那知此日千秋恨，欲向云间哭士龙。

大陆谓孝堪，自都谒选归，而仲愚已将易箦矣。

黉山道中

人来怀古郑公乡，书带青青碧草长。通德门前何处是，寒鸦飞尽正斜阳。

论诗绝句 百首钞三十四

三百由来少楚风，谁知屈宋出湘东。九歌九辨骚人怨，大雅千秋指顾中。
长信宫中秋复春，楚歌楚舞荐明禋。班姬团扇唐山乐，风雅原来属妇人。
钜丽庐江焦仲卿，蔡姬悲愤浩纵横。千秋绝响真同调，不数南山与北征。
父子登坛数建安，幽燕老将是阿瞒。西园公子风流甚，不道陈思胜五官。
弹琴中散望飞鸿，痛饮黄垆埋照同。放达阮公沉醉后，咏怀雅有古人风。
两晋由来少正声，淫哇聒聒亦争鸣。司空博物真多事，陆海潘江浪得名。
元晏先生序已终，洛阳纸价顿隆隆。十年力竭三都赋，咏史尤传左太冲。
错采镂金亦已妍，芙蓉初日让临川。千秋异口推陶谢，谁识征君任自然。
江左轻华奈若何，纷纷余子荡流波。二张三谢空文藻，未及参军古调多。
中原才尽北朝时，片石寒山未足奇。常笑魏收惊蛱蝶，更无一字入风诗。
天子风流大业年，雄才奕奕照江天。请看饮马长城窟，差胜陈家璧月篇。
六朝金粉沐余风，沈宋相沿绮丽同。燕许漫称大手笔，高吟犹愧曲江公。
兰亭一序胜于诗，摩诘诗中画亦奇。千古才人兼艺少，永兴五绝擅当时。
伯玉苍凉感遇诗，少陵浑脱复浏漓。有唐三百年人物，不愧元音两拾遗。
太白神仙长吉鬼，陇西家世尽奇才。玉楼作记乘龙去，采石骑鲸捉月来。
轻薄为文渐入魔，神龙以下号中和。储王妙解田家乐，终是柴桑气味多。
诗格羞看獭祭鱼，龙门老干自扶疏。云中鸡犬陶贞白，天半蛾眉刘昚虚。
贞元以后数钱刘，小觉文房居上头。俊逸无惭鲍明远，随州端可继嘉州。
嗷嗷鬼母哭秋旻，石破天惊若有神。当日高轩相过处，昌黎昌谷两奇人。
韦柳当年绝妙辞，苏州雅淡柳州奇。东坡海外长吟处，心折愚溪数卷诗。
乐天长句每重陈，洛下篇章日已新。传世尚余新乐府，采风端不愧诗人。
宫体江东盛建康，庾徐父子亦堂堂。玉溪一创西崑调，又启香奁韩侍郎。
摩诃池上孟家姬，玉质亭亭一卷诗。五季才人湮没尽，惟余花蕊擅宫词。
诗思缠绵入茧蚕，笔峰变幻似峰岚。柳家新样元和脚，却似风流陆剑南。
苏黄不作开元体，摆落凡尘即大家。俎豆少陵祧北宋，向来持论失轻华。
便同卢骆未堪夸，胜国高杨首四家。老笔自应推海叟，非缘白燕梦梨花。
西涯乐府冠当时，颇似香山讽谕诗。晚岁凤洲初定论，长沙一派得同垂。
北地雄篇迥绝伦，由来豪气本西秦。纵饶惯袭襄阳句，终是风骚一辈人。

雄才雕琢气沉酣，边李流风出济南。不是正音当厄运，如何异论有钟谭。
启祯末造亦嘈嘈，白雪遗音久未操。辛苦云间陈给事，独将赤手障狂涛。
历下寻仇肆诋诃，虞山宗伯欲如何。列朝诗选繁芜甚，似比昭明谬误多。
太仓祭酒玉琳琅，法曲仙音亦老苍。长恨琵琶遗响后，歌行万字擅当场。
北宋南施大将旗，愚山夫子本吾师。莱阳物化宣城殁，海内风流属阿谁。
博大真人绝代姿，琅邪神韵见雄辞。西樵冷落东亭逝，惟见渔洋万卷诗。

哭三弟履庆

登君床上泪纵横，子敬沦亡倍怆情。愁绝人琴俱断绝，潇湘雁落第三声。

挽孙黄门故姬顾青霞

燕子楼中燕尽飞，惟余一燕守空帏。如今同化辽阳鹤，十里青霞葬翠微。

离鸾曲 为某居士题

谁识高唐泣晚风，多情已逐晓云空。伤心最是金山路，不及当年十二峰。
那堪回首七香车，屈指东风日已斜。最惜章台台畔柳，春来飞絮入谁家。
苦心莲子剩空房，一曲休歌团扇郎。安得身如双燕子，衔泥重上郁金堂。

春日道中

行尽青溪过画桥，绿芜烟暖路迢迢。春风先到垂杨树，吹遍长条共短条。

题陈其年太史诗余后

肠断徐郎暗寄愁，流苏虚映□箜篌。至今湖海余豪气，谁上陈登百尺楼。

和陈眉公题画梅

天然潇洒野人家，客到冲寒漫煮茶。犹有重阳旧醅在，菊花开后待梅花。

和渔洋先生青溪张丽华小祠 丙戌

凄凉三阁凤台空，谁向长城问旧公。千古青溪溪上月，人间无复景阳钟。
不及夷光泛五湖，千寻月殿已模糊。惟余无恙秦淮水，犹照临春玉树枯。

和渔洋先生剑州西郭邓艾庙

奇兵未厄一丸泥，绵竹悬军万仞梯。奄忽当涂传典午，翻嫌多事邓征西。
自古奇功未可居，螳螂蝉雀定何如。纵然制胜阴平道，卫瓘谁知拥槛车。

王肩望茧室

何年茧室掩重关，处士名高齐鲁间。赘世祠中经岁老，招魂海上几时还。
渡河梦断梓橦里，入塞人归华表山。惆怅安边空有策，惟余击剑泪潸潸。

望齐烈士王蠋墓

烈士从来岂浪传，帝秦不肯讵降燕。谁知蹈海何曾死，犹笑当年鲁仲连。
先生气慑望诸君，昼邑清风振古闻。一死应存齐社稷，谁云端赖火牛军。

艺园感旧 是园为伯祖孝廉公手辟

草色侵阶竹户扃，石衣满地藓痕青。空余十里春山色，犹照凄凉水上亭。
当年曾此辟芳塘，十里红蕖隔岸香。今日华池池上月，更无人影照回廊。
东风花外此经过，高下空陂长绿莎。芳径无人自来去，寒烟依旧满藤萝。

步仲治来韵

十亩山田五亩桑，石楼斜日照茅堂。武陵只在人间世，拟种桃花更几行。

锦秋湖竹枝词 ①

新张芦席作船篷，镜里朱颜映水红。湖上渔家三妇艳，藕花衫子藕花中。
百里明霞映水天，蘸波荷叶自田田。人来半醉行归晚，红藕青菱载一船。
鹈胡飞尽鹭鸶飞，近水人家罢钓归。湖上雨来知不远，蒙头荷叶薜萝衣。
蔚蓝天色照波青，舟入凉云更杳冥。七尺芦花三尺水，鸡鹊一一立寒汀。

阅《世说新语》漫题杂诗

体中不恶时谈易，家有名流浑未知。盘马蚁封真怪绝，谁云臣叔定应痴。
交南太守亦雄姿，林邑专征胜贰师。玉镜台前相顾笑，老奴固自有佳儿。
温太真子放之，征林邑，立奇功。

清明游乐词

孝河东畔渺烟波，社鼓逢逢听艳歌。花发堤前人映水，不知春思落谁多。
一曲神弦日暮时，青溪朱凤有新词。社南社北知何处，杨柳桥头仞酒旗。

得蒋大鸿自宣城见寄书

远道三年别，缄书数往还。此时沧海月，应照敬亭山。

三洲歌

望望三洲路，云山知几层。张帆婀娜起，明日到巴陵。
大艑估客豪，是向扬州否。来朝看风色，却枉三江口。

山中晓行

溪流欲绝处，宛转见山村。曲涧初通径，寒塘尽闭门。

① 以下至《至德内教场歌》辑自《般阳诗萃》。

汉宫词

一一周庐列未央，甘泉卫尉护中黄。羽林自养孤儿队，别敕期门属尚方。

郎官献赋在前头，织室何来玉辇游。仆射几人司永巷，近来新隶大长秋。汉制：仆射，无常员，如永巷则有永巷仆射。

渔洋曰：新丽。

渥洼闻说得龙媒，苜蓿青青万里来。内府久无钩盾令，佽飞骑马到昆台。

天子亲祠泰乙坛，旌旗遥指五云端。水衡都尉新承诏，御苑南头问橘官。

制得淋池一曲长，芰荷为袖菊为裳。木兰舟上香风起，黄鹄高飞下建章。

渔洋曰：气体高妙。

云幕阴阴晓露清，春深上苑已闻莺。婕妤日日西宫怨，愁听昭阳笑语声。

谁能识者张公子，日日金鞍一出游。偶过新丰酤酒市，逢人便说富平侯。成帝好微行，每自称张公子，盖指富平侯张放也。

魏宫词

芙蓉池上听新声，元武陂前绿水明。多少词人齐献赋，君王自制艳歌行。

香车络绎帝城归，龙凤金衔去若飞。夹道青槐行不尽，一时春雨湿罗衣。

陈宫词

啰唝楼前白鹭飞，江边龙舸采莲归。谁能一唱临春乐，赐与吴绫作舞衣。

隋宫词

御道青青万柳斜，芳湖春日漾晴沙。龙鳞宛转长渠水，宫女临流扫落花。

佩环缥缈夜云轻，楼观粼粼照眼明。别院烧灯如白日，君王玉辇月中行。

渔洋曰：可追弘正四杰。

唐宫词

长秋监里奉宸居，五色龙文下玉除。天子今来颁内职，宫中新置六尚书。《唐书》：内侍省有六尚书，如尚宫、尚仪、尚服、尚食、尚寝、尚功之类。

兴庆池头挞鸭儿，高头子弟唱新词。天颜一笑缘何事，乐府亲翻入破时。

宫女争歌御制词，宸游日日在龙池。殿门一骑星飞下，知是川南进荔支。
戚里年年竞艳声，杨家女弟解银筝。传闻诏幸华清苑，五色花骢队队行。
娇歌艳舞掌中翻，照夜珠光映殿门。内府黄金三百万，阿姨亲赐与梨园。
解语名花对晚风，沉沉残梦海棠红。君王夜入清虚府，传得霓裳教后宫。
鸡皮鹤发已飘零，洒泪空传罗袜铭。一自锦江回辇后，至今犹唱雨淋铃。
吹残觱栗野风秋，旧事难忘端正楼。昔日梨园今已尽，红桃犹解奏梁州。

明正德宫词

北阙封章积玉床，期门擐甲待君王。金珰且莫传清跸，坐看调鹰向豹房。
石经山寺接云衢，辇道经行入画图。遥向玉泉亭下望，御颜偏属执金吾。
珠幢翠盖发神京，诏向乌斯问化城。内府黄金三十万，一时宣赐与西征。
醽醁鹅鸽一色新，曼胡为奉属车尘。明朝羽猎排天杖，侍女遥传赐近臣。
千寻帐殿晓云浮，斜傍金河枕碧流。辇下健儿行蹴鞠，圣人亲挞背中毬。

正德内教场歌

宫中组练耀龙纹，别部腾骧殿外分。十万健儿珠络马，来朝尽隶羽林军。
诏发关西豹旅兵，上林苑里引霓旌。一时六郡良家子，争唱榆关塞上行。
四镇将军本护羌，近来钦赐作天潢。惯乘赭白无人见，别置东头御马房。
紫禁新传六部讴，鱼龙角抵火城浮。云开雉尾千官散，天子戎装下凤楼。
钲锌逐队下璚宫，翠羽鸾旗拂碧空。镇国府前千骑出，朝来闻欲猎回中。
玉铃翠盖映珠幡，火炮遥闻禁内喧。一样柘黄新罩甲，鸣鞭直入大明门。
浴铁文缯照苑墙，楼前过锦属龙骧。夜来报到开宫市，敕旨新移玉蕊坊。
白挞叩阆向内园，鹊弓翟尾最承恩。传声催唤江平卤，联骑同过御苑门。

汇清园感旧①

年年旧游迹，此路更相寻。胜地复何在，荒台独至今。庭柯黄叶下，涧水碧苔深。往事劳回首，依依感寸心。

① 辑自乾隆《淄川县志·艺文志》（清刻本）。

放生矶[①]

八功德水寄波臣，净土莲花界里人。道是胜因何处是，一湾绿玉净无尘。

和渔洋先生《题历友新诗卷后》[②]

拂翔白纻舞杯槃，未称仙人带笑看。为向钧天听大乐，步虚偷得玉笙寒。

余青园记[③]

古之称名园者，必曰洛阳，盖其在伊阙轘辕之侧，瀍涧谷洛之旁。名山大川，钟秀呈异，为都人士之轩裳车盖，绎络燕游。非若一岩一壑，僻处山椒，人迹所不至，品藻所不及也。然则园林之近于城市者，其得名也固宜。章邑之北，循铁墓峰而西去城二三里，为焦氏世圃，盖创于中丞公，拓于赠太仆公，而少司徒传其旧，今候补太常君则能守其业者也。园名“余青”，故尚书沧州戴道默先生所题额。当中丞公自灵武解节钺归田，值明季抢攘之会，而乃东山高卧，弭节丘园，清风余泽，流及奕世。今园之中央有梁邹张华东都宪所书“双芝亭”，盖中丞公遗制也。赠太仆公以王谢门庭，风流绝代，南皮芳宴，珠履盈阶，文酒声诗，花晨月夕，高轩画阁，照耀华池。昔时盛事，邑人士至今犹有余羡。洎司徒公立朝日多，里居日少，其于亭阁无所增设，亦其天性恬淡，无声色之好故耳。今太常君耽怀风雅，怡情林泉，且大惧堂构之或陨，而日以绸缪涂塈为务。

余游处于是久矣，尝试悉探其胜。盖园之中方亩者百，老树千章，幽篁万挺，兰亭、渭川不是过也。其间池亭参错，台榭连延，而且怪石骈罗，熊蹲虎伏，有盈丈者，有数仞者，而古藤合包，蚴蟉纷纠，相映于长松幽径间，飒飒然清人心目。自双芝亭之东偏，为寒碧轩，弘敞伟岸，廓大雄高，华池当其前，回廊通其右，而丛竹掩映，芙渠潋滟，有邢太仆子愿先生题云：“文犀冠冠穿林笋，翠玉田田出水荷。”殆得其真矣。其迤北为临皋阁，俯瞰东皋，岚翠万状，长白诸峰，皆隐隐如螺髻拱揖足下，阴晴百变，咸供幽赏。虽下临长衢，而轮蹄软红不入珠帘画槛中也。双芝亭之西，循松径逶迤而北为方亭，临沼而立，

---

① 辑自乾隆《淄川县志·艺文志》(清刻本)。

② 辑自清康熙四十六年林佶写刻本《古夫于亭稿》。

③ 辑自康熙《章丘县志》卷九。

矗矗于桐阴高柳间。又稍西，为井亭，覆以茅，甃以石，而置水车于井干之上，盖仿西洋法汲深以资灌溉者也。飞轮激水，如环无端，以蹇卫曳之，仿佛如怒龙喷沫，溅玉鸣金。水徐徐入地，转漾而上，作趵突形，乃折入鳞渠，而兰圃蕙亩，咸沾余润，园丁偃仰，不事桔槔。时而引入清池，复淙淙有声，朱鱼唼喢，碧藻潆洄，不减濠上乐也。其北为斐堂，堂之前跨池而梁焉，有坊曰“松涛漱玉”，其阴曰“竹坞屯云”。其东为读书精舍数区，邃室幽窗，绳床棐几，又别一天地矣。

盖是园既历数传，而乔木参天，芳林蔽日，最宜却暑。每当春夏之交，蕉林展绿，奇卉争妍，枝头百舌，新篁悦耳，林下清风，舒徐潢漾，不知人世之有尘襟也。盖太常君赋性幽奇，凡所措置出人意表，每于园中径之直者，引之使曲；境之显者，障之使幽；势之坦者，缭之使纡；宜门门焉，宜垣垣焉。以故回廊小榭，云宿檐端，静室短篱，风生杖底，信可乐也。犹将布山水之经纶，展胸中之丘壑，为山于桐林之南。吾见悬圃飞来，行且引觞，而落其成云。

弭征君小传[①]

弭光崇，字华先。少为诸生，然帖括业雅非所好。好古文辞，为诗萧然简远。怡情物外，慕陶靖节、孟襄阳之为人，辟园于绣江之滨，临溪种竹，十亩清阴，陶然自乐。性又好客，植菊遍三径，菊开时辄治具招客，客常满座上，竟日浃旬，浮白酣饮，耗其财弗顾，以故晚年益贫。顾落落然，殊自得也。足迹不入城市，葛巾鹤发，望之者疑为神仙中人。临终辞世诗有云：“何须药饵求医治，屈指交游尽土丘。”将属纩，命其子曰：“勿置吾正寝。吾生平志在竹园，当首丘此中。吾魂魄犹应与此君相酬对也。”遂力疾赴竹园，长笑而逝。盖生平好洁，有元章之癖，故弥留之际，其清旷如此。

《强恕堂诗集》序[②]

世称昌黎之序东野、欧阳之序宛陵，率谓诗之为道“穷而后工”，此矫枉之谈耳。夫徐庾父子并践清华，而宫体之传脍炙百代，彼亦何尝穷也。世固有里巷冬烘、稿项黄馘、咽糠悬鹑、数茎撚断，而曾不得单辞片语、齿冷艺林，则彼之为穷亦徒尔矣。故余谓有孟郊、圣俞之才之学，虽不穷亦工；若无子山、孝穆之才之学，则亦膏粱纨袴已耳，乌能继徐卫率、庾肩吾之家声哉！

---

① 辑自康熙《章丘县志》卷九。

② 辑自高之騱《强恕堂诗集》(清乾隆三年刻本)。

吾乡之以诗学世其业者，共推余外家渤海为祭酒。其自中丞公以来，当隆万之际，首辟榛芜，力崇雅道。今所传《埙篪编》，略觇风概，真大雅遗音也。迨吾外舅司寇公起家金门，大振玉台遗响，与其难兄节推公，并以耆英夙望为海内雅宗。节推公未跻耄期，有遗集藏于家。而司寇公早登九列，迹拟香山，然志存高尚，土苴轩冕，虽屡为朝命所敦迫，而浩然归老，高卧云林。其生平著述屡致等身，而恒敝帚弃之，不屑屑一付梨枣，盖由其薄视簪组，名心都尽，即诗文一通，亦不乐与才士竞长。然天资雄逸，餍饫百氏，每伸纸和墨，万言立就，令人气飞神涌，而自视则泊如也。余忝在子婿之列，每侍公学诗，而公亦往往乐与之谈说百家上下千载，亦间以为孺子可教也。

余内弟仲治，日于过庭之顷，旁肆骚雅，所饱闻于庭训者，匪伊昕夕。以故仲治之为诗也，本星宿之学，渊源有自；而又加以英才韶令，文采葩流，其视庾信、徐陵之能世其家，殆非偶然者。且以彼性之所近，故其发为声者，芳姿艳质，态可倾城，错彩镂金，光能夺目，以较夫庾、徐之宫体，亦大可举似。顾余有规焉，夫宫体之流也，降而为玉溪子之西崑；西崑之弊也，又降而为韩致尧之香奁，此不可不慎也。诗无雄分，便伤婉弱；诗无英分，便堕庸肤，此吾党所宜共勉耳。

仲治一日出其《强恕堂诗集》，令余为之删定，余故因而推论之，并述其家世，以见其学诗之易如此，则由是而深之。诗无定法，与年俱进，仲治将又有老健于是集者，与海内言诗家共乐之，而岂沾沾于是集而已哉。请即以恭质之司寇公，或不以鄙说为大谬也。

时康熙乙亥季夏同学弟张笃庆百拜题。

读《息轩诗》小言①

银台王先生既没，其遗集刻于燕邸者仅十之二三，其他散帙逸编，尚藏废簏。今者先生之兄雪因先生将谋悉付剞劂，豹岩太史既已论定，复携以示余，而命以铅椠。嗟乎！余何敢评先生诗哉！独计予于先生有谢羊之谊，西州长痛，马策兴悲，校雠之责，焉容重谢，于是受而卒业，稍正鱼鲁，间亦附以微言，用志景行，匪敢妄为丹黄也。

犹忆先生返里时，晨夕过从，击钵征诗，余侍家大人觞先生于中堂论文，丙夜往覆樽前。时而载酒翠濑之亭，薄游寓公之圃，西园良宴，宛在般湄；练裙遗踪，仿佛如昨。今读先生诗，觉玉麈余音，若闻齿颊，而拱木之侧丛宿莽焉，

① 辑自王樛《息轩草二集》（清康熙十年淄川王氏家刊本）。

其能已于悼叹耶！

大约先生之持论，以自然为宗，以养性为本，不事钩棘之习，不袭牙后之慧，匠心独造，包摄众有，不似他家止以天宝作鸿沟也。兹集中燕市之作其音思以远，西征之作其体雄以丽，家山之作其情闲以适，赠答之作其意婉而挚，而诸体中尤擅长者为五言近体、为七言绝句，虽不斤斤于规摹古人而神法俱备，顿挫独出，出入诸家，各据其胜。呜乎，此足以传矣！

邑人后学张笃庆拜识。

《偶然草》序①

余家自先相国少保公以来，世与梓橦王家为婚姻。王氏自宁波太守以后，代有文人文章，阀阅蝉联不绝，而以诗学鸣世者尤多。上而方田太守、小田廷尉两公，以及亦山文学、子下银台两先生，皆卓然自成一家，为东海坛坫，主牛耳。余与淑子王公，盖异姓昆弟也。长余七岁，余自少以兄事之。君承累世家学源流，又天才神颖，过绝于人，无书不读，雒诵者等身，故弱冠知名，以顺治庚子掇贤书，与余间一握手，意相乐也。然以风尘未偶，不得时时把臂入林，作平原河溯之欢。君既屡上春官不第，意倦于游，因为禄养计，乞寒毡于胶水，与海上士大夫倡为古文辞，得诗日富。既而徙铎成山，穷海寥落，无可与语。又不屑于戍弁为伍，郁郁不得志，常思解组归田。是时君与余以莫逆交，结子女好。君以甲戌计偕之役，便道归里，为其仲子譔完婚礼。譔，予婿也。及余送君还成山，君辄喟然曰："予弃苜蓿盘如芥舟耳。郑虔岂久恋冷官者，行归与知己逍遥闾左，结山川缘、续尘外契。所谓'他年成二老，来往亦风流'，吾志决矣。"无何，君果拂袖西归。余方谓于君诗文琴酒之会，可以纵意作达，徜徉有日矣。不意余自丙子以迄戊寅两罹大故，读礼六年，憔悴忧伤，谋生不暇，纵肺腑如君，礼绝燕会，稍一聚首，亦愁杯相对，惨然不殊，觉园池花鸟之乐，姑以待之异时。不图君已病矣。君病时，余往过相慰劳，别去无几，君竟以己卯仲夏厌世。悲夫！余不获与君商订千古，尽平生期待，此大恨事。忆为君赋《秦松歌》，君读之慷慨历落，称善久之，谓："昆仑真知我者。"乃未几而秦松竟萎，君亦峨峨如千丈松崩矣。岂非庾元亮之夙谶乎！君每欲以诗面付相订，辄不果。今距君之殁甫三载，君之二子联翩黉序读父书，未可量也。兹汇裒君之遗诗，请为勘校鲁鱼，余遂不辞而校雠焉，以下报知己。

君之诗长于山林景物之作，有柴桑篱下风味，殆天性然耳。此亦如郦注《水

① 辑自《王氏一家言》卷二十四(民国七年顺和堂石印局翻印本)。

经》，能写山水变态，而其意兴一往，萧然简远，离去尘垢五浊，不知隔几万由旬也。钟竟陵诗云：“陶公坐高秋，俗士不敢入。不受人去取，孤意自先立。”庶几近之。

时康熙甲申如月张笃庆题于昆仑山房。

《历日文》跋①

《历日文》，三千年事顷见，是作文一奇观也。其间音注甚妙，经史杂现。令友人孙君树百校订，不独千古矣。郑夹漈《姓名录》引分流三十六派，极奇者三字姓如“侯莫陈”，四字如“自无独膊”；又如罗泌《路史》，国名“发挥”“因之”，为历不经见者；又杨升庵《稀历录》，俱奇奇怪怪。乃知耳目之前不可测度，如《万通谱》。融成文章，彰著典窍，未有若兹编之正而雅、详而明也。以教文学，实有赖焉。识者其芸珍之。

同学弟孝水山人张笃庆跋。

---

① 辑自马振芳辑校《聊斋遗文七种》。

传记材料

当是时，山左诗人王氏兄弟外，有田雯、颜光敏、曹贞吉、王苹、张笃庆、徐夜皆知名。……笃庆，字历久，淄川人。拔贡生。早受知施闰章。会征鸿博，有欲荐之者，辞不应。诗以盛唐为宗，有《昆仑山房集》。①

张笃庆，字历友，绂子，丙寅贡元。博极群书，年十四作《梦游西湖赋》。十七与同邑诸公结郢中诗社，弱冠已有古乐府二百首。著作等身，浩如烟海，莫可涯涘。晚年退居昆仑山下，闭门却扫，啸歌自适。新城王渔洋先生尝称其诗，谓"史汉澜翻笔底，真冠古之才"云。所著有《班范肪截》《五代史肪截》《少保公年谱》《自著厚斋年谱》《昆仑山房诗古文集》，俱藏于家。②

张笃庆，字历友，号厚斋，绂子。才高学富。年十四作《梦游西湖赋》，十七与同邑诸公结郢中诗社，弱冠已有乐府二百首。早受知施督学闰章。康熙己未，征博学鸿词，邑人争为推毂，业有成议，笃庆著说力辞。丙寅，选拔为山左第一人，就京兆试，不利。归而退居昆仑山下，益发愤著书，因自号昆仑山人。与唐太史梦赉、孙给谏蕙、赵征君金人暨二弟酬唱为乐。丙戌，客新城，与王尚书士正相唱和。其诗尚书手为评定，称其"史汉澜翻笔底，真冠古之才"。又云："七言歌行尤为擅场，不失崆峒、大复家法。"《张丽华祠》《邓艾庙》诸诗，皆采入《渔洋诗话》中，复赠一绝句云："时势新妆舞七盘，菱歌一曲万人看。谁知昭代婵娟子，翠袖牵萝倚暮寒。"诗见《古夫于亭稿》，其为所推许如此。生平撰述等身，浩如烟海，不可涯涘。所著有《八代诗选》《班汉肪截》《五代史肪截》《两汉高士赞》《昆仑山房诗古文集》。孙臣羲，字宗伏，邑廪生。诚笃朴讷，博学能文，尤熟于《五经义疏》及《左》《国》《公》《穀》，笃书皆能兼综条贯，非记诵者所能及。③

张笃庆，字历友，山东淄川人。拔贡生。著有昆仑山房集。历友学殖淹博，挥洒千言，同时诸前辈称为冠世之才，不虚也。试辄冠曹，时宫定山中丞为学使，以明经荐山左第一人，就京兆试不遇，归而处昆仑山，不复出矣。杜门著书，有《八代诗选》《班范肪截》《五代史肪截》《两汉高士赞》等书，卓然可传，岂以名位

① 辑自赵尔巽等《清史稿·文苑传》。

② 辑自乾隆《淄川县志》卷五。

③ 辑自乾隆《淄川县志》卷六。

之有无为轻重耶？诗古今体兼善，宋、元习气不能染其笔端。①

张昆仑先生笃庆，明大学士讳至发曾孙。襁褓为相国钟爱，稍长，聪明绝人。作文洒洒千言，一挥而就。施愚山学使奇赏之，称为“舌光如电”。后入太学，屡试不售，乃弃帖括，博究史传。遨游江淮名胜之区，所至无不倒屣投辖。所为诗，磊落雄奇，千人皆废。渔洋林下索居，招游园亭，日相唱和，恨相见晚，以为当与田山姜、颜修来诸公并驱。著有《昆仑山房诗集》。其《百一诗》，专咏明事，断自神宗，澜翻史籍，纵横排奡，渔洋称为冠古之才。周林汲太史为之注，极详博。《四库全书总目》评云：“笃庆才藻富有，洋洋洒洒，动辄千言，风发泉涌，不可节制。”又有《班范肪截》《五代史肪截》，割取精华，以便披览。家贫，终未付雕。余里居时，张还浦如珠授《百一诗》，委予校正，欲刻板行世。今亦未知果否。然钞本已不径而走海内。彼好灾梨枣徒供覆瓿，不刻何害？独惜其全集不彰耳。

昆仑山人张历友先生《百一诗》，渔洋评阅，蒋大鸿实为点勘。间有商榷，集中载其来书，即以当叙。大鸿，名平阶，精青鸟之术，居吾淄，与唐太史梦赉及张山人友善。山人得大鸿自宣城见寄书云：“远道三年别，缄书数往还。此时沧海月，应照敬亭山。”大鸿诗力还正始，《饮吼山陶氏园》云：“川原于越地，风物永和时。花坞陶公筑，兰舟范叔移。百年新结构，一代旧招提。峻阁凭云迥，雕栏倚石危。尊罍倾北海，词赋溢南皮。万壑当窗见，千岩向晚披。拂云歌去缓，坐月酒行迟。支遁情深切，刘伶死不辞。人从花底散，路入梦中疑。何日沧州兴，重来倒接䍦。”②

① 辑自沈德潜《清诗别裁集》卷十四。

② 辑自王培荀《乡园忆旧录》卷一（清道光二十五年刻本）。

往来唱和、评论之作

答历友①

蒲松龄

两鬓萧疏太可怜，等闲林壑傲高眠。功名已分抛书卷，生计依然仗砚田。偶录幽奇伸短纸，强拈险韵读长篇。青山此地连齐鲁，胜似昆仑石一拳。自号昆仑山人。

杖头钱同历友作

蒲松龄

富莫富于杖头钱，乐莫乐于小游仙。杖头百钱取不竭，游水游山都称便。水行沽美酒，乘风放轻船。山行沽美酒，独酌古松边。今日百钱醉，明日百钱醉，徜徉尽日总酣然。一食万钱不足道，膏粱之子饫华筵。食前方丈恣豪纵，熊掌驼峰骇蝉联。一朝坠落泣路隅，残羹冷炙谁其怜。杖头百钱富莫富，仙乎仙乎取不竭，方之骑鹤扬州十万之腰缠。

赠历友

蒲松龄

选政亲操日杜门，穷搜八代溯渊源。一编肪截传名著，高士同教两汉尊。

山左推君第一人，蒲轮空谷贱红尘。相嬉猿鹤轻轩冕，花落山房春复春。

历友学植淹博，挥洒千言，同时诸前辈称为冠世之才，不虚也。试辄冠曹。时宫定山中丞为学使，以明经荐山左第一人，就京兆试不遇，归而处昆仑山，不复出。杜门著书，有《八代诗选》《班范肪截》《五代史肪截》《两汉高士赞》《昆仑山房集》等书，卓然可传，岂以名位之有无为轻重耶？

怀历友

蒲松龄

考槃声响应岩阿，相望清徽竟若何。如此才人天下少，由来名士济南多。著书直并昆仑寿，观礼时从阙里过。杖履翛然无物我，春风还比昔年和。

① 以下至《寄怀历张友》，辑自蒲松龄《聊斋全集》（民国十五年上海世界书局排印本）。

寄怀张历友

蒲松龄

杨花风起愁奈何，何日高轩更一过。憎命文章真是孽，耽情诗赋亦成魔。可怜河北莺声老，且喜淮南桂树多。但得如君应避世，谁能复受吏人诃。

辛巳冬，闻历友自湖北归，怀以二律①

蒲松龄

风雨怀人晚尤剧，可堪长在别离中。十年老友晨星散，百岁韶华逆旅同。历尽艰难消壮节，凋残鬓发感秋蓬。何时一话南游快，共放寒灯彻夜红。

几载长离短发苍，怀人犹忆旧时狂。年销驴背红尘里，醉卧垆头少妇旁。世上独醒惟二老，市中歌泣欲相将。迩来衰惫惭君甚，游兴萧条久已忘。

张历友、李希梅为乡饮宾介，仆以老生忝与末座，归作口号

蒲松龄

忆昔狂歌共夕晨，相期矫首跃龙津。谁知一事无成就，共作白头会上人。

和张历友锦秋湖二绝句②

王士禛

稻未分秧芦叶齐，官塘夹岸绿芜低。渔家竞下千丝网，谢豹虾时谢豹啼。

红蓼花时紫蟹肥，白蘋香处绿鱼飞。鱼龙湾上荷蓑去，鹅鸭城边又系归。“绿鱼群飞水面”语见《隋书。》

题历友新诗卷后

王士禛

时世新妆舞七盘，菱歌一曲万人看。谁知绝代婵娟子，翠袖牵萝倚暮寒。

---

① 以下两首辑自路大荒整理《蒲松龄集·聊斋诗集》（中华书局上海编辑所1962年版）。

② 王士禛三首和诗均辑自《古夫于亭稿》（清康熙四十六年林佶写刻本）。

张历友见贻将入白岳之作奉答[①]

唐梦赉

学道不及时，揽镜青发白。浩荡乾坤中，驻颜无良策。毕竟五岳云，不改千年碧。人生即尚平，能着几两屐。吾家长白山，横亘烟鬟隔。不见范秀才，盐粥常托迹。剥啄镇相关，幼安应割席。高卧亦良佳，宁必注仙籍。芳草萋幽塘，聊可永朝夕。白社忆远公，宗雷风云寂。何妨礼瞿昙，钟余惟面壁。一日此趺跏，三生涤尘积。昆仑有山人，咄嗟赋行役。如鹤唳九皋，俗累乃冰释。于世非羊求，虞夏吾安适。梵呗与书声，何期对嘉客。流水咽危崖，蔓萝施嵌石。单椒望锦秋，漫漫云梦泽。跬步而失之，此生一可惜。鱼游与渊谋，鸟栖与木择。安事五侯鲭，已收十斛麦。坐啸亦行歌，披襟复脱帻。有时偃北窗，凉飔何槭槭。有时拂丹崖，吐句鸣泉泄。服食劚黄精，辟谷啖紫柏。金珀及朱苓，千岁结松魄。九还就铅炉，三车引鹿脊。相对坐吹笙，霞举一何易。西州问北邙，临风徒恻恻。贫子而衣珠，匹夫而怀璧。嗟哉进贤冠，呵殿手可炙。南亩箬笠寒，东市朝衣逼。太息念少年，双轮一何迫。张子千里驹，闭户探史册。锦帆破长风，大业良难测。余病已倦游，驾言依古德。便当问招提，三径为子辟。

题历友伯父昆仑山房[②]

张　元

小结横山麓，清知处士家。秋风三径竹，春雨一庭花。跌宕新诗句，萧闲老岁华。苍茫时极目，岸帻数啼雅。

偶然抛短杖，坦步出柴关。细草连孤岸，晴云带远山。行怜春水静，坐爱野鸥闲。盘礴忘归路，长吟蹋月还。

仪部文章在，风规逼汉秦。古音追正始，大雅准先民。奕叶流光远，名山继迹新。遥怜贮书处，烟雨护嶙峋。案仪部公讳敬，字尔和，号松石，万历丁丑进士，官仪制司主事。以子少保公文渊阁大学士至发贵，赠如其官。湛深经术，儒林推重。古文渊博古奥，自成一家；诗亦超诣绝俗，有《张仪部集》行世。同邑受业生王考功教为时名臣；毕文学木则大司农自严之父，司农，世所称白阳先生者也。

近识渔洋老，新诗许独传。菱歌冯世俗，翠袖自婵娟。三昧应同赏，七盘殊可怜。无端风雨夜，泪尽伯牙弦。王渔洋先生题昆仑伯诗卷后绝句云："时

---

① 辑自唐梦赉《志壑堂诗集》(清康熙刻本)。

② 辑自《般阳诗萃》卷十二。

世新妆舞七盘，菱歌一曲万人看。谁知绝代婵娟子，翠袖牵萝倚暮寒。”

校《昆仑山人诗集》有感[①]

王培荀

最是渔洋赏鉴真，纷纶万卷笔通神。崑山自负连城价，翠袖空为绝代人。渔洋以“绝代婵娟”品目。常向郢中歌绝调，终怜海右老遗民。康熙十子堪方驾，屈指骚坛少隐沦。十子皆仕宦，先生未通籍，不得与。

咏史争传百一诗，皆咏明事。兴亡历历不胜悲。如倾万斛伤心泪，写出千秋绝妙辞。白发宫人谈旧事，烂柯仙客覆残棋。后庭歌罢前朝曲，冠古才名海内知。

零落残编未易寻，唐豹岩序中诗目多不全。先生著作本如林。三峰华岳盘云峻，九曲河流到海深。灭没难求元晏序，渔洋先生曾为作序，集中不载。悲歌谁识少陵心。衰年自恨花生眼，半夜挑灯仔细吟。

每怪书佣笔墨荒，别风淮雨费参详。休从粉黛论西子，净剔泥沙得夜光。得句神来囊剩锦，成仙蠹后字余香。幸邻名士资商榷，从此鸿篇赖表扬。时与刘乐山相为校勘。

① 辑自方作霖等《三续淄川县志》卷十（民国九年石印本）。

序跋及书目题跋

《昆仑山房诗集》序[1]

淄川城东六里，有冈曰昆仑，前明相国张讳至发公第在焉。相国子笃庆，字历友，博学工诗文，名所居书斋曰“昆仑山房”，所作诗文若干卷，皆以《昆仑山房集》名之。余获交历友在丙寅、丁卯之交，同贡入太学，历友年已五十，余年甫三十耳。历友顾谬独知爱于予，且以同籍故讲兄弟之好，予遂兄事历友。所与同选贡偕来者，章丘焦介眉，为兄受业高弟，与予齿相若，志气相得者也。兄故游新城王渔洋先生之门，诗卷皆渔洋手订，丹黄宛然。时新城方为诗坛宗主，海内称诗者，必署其卷曰“渔洋先生评点”。历友诗之评点，其为真本兰亭无疑矣。兄既谬爱予诗，亦为予推敲删定，凡所合意，以小印印其上。予曰“予有事灾木，亦当曰‘历友先生评点矣’”，历友谢不敏。然今所存鄙制《眉黄集》一卷，实出兄论定也。原缺二十字。大声疾呼于祖唐宗宋、出彼入此之是非。后学操觚，犹未能尽涤前后七子之余派。自鸿词科中一二杰特负奇之士，抑塞官途，益沿其说，奋起以为后学倡。当夫浮沉侍从，亦未骤厉牙角。历友暨诸公名相若而齿乃先之。迄今风气大变，二三十年来，家江西而户中州，昌黎、眉山犹以为数见不鲜。其时新城诗集初刻，拟议变化之说为嫌。历友之为诗于是时已有次和欧苏之题，于繁会中聆幽渺之奏，而安恬和易，是其本色。盖以根柢经传，搜罗子集，不专一家，要于明理达意，一抒其所自得，此《昆仑集》诗文之大凡也。

予别兄去十四五年，始获从渔洋先生于京邸，朝夕论诗，语兄之行藏，桑榆晚暮，息陬无意于时。又十五六年，兄之受业高弟青城韩抑园作令临贺，与之相遇西粤，握手论诗，问讯交游知旧，兄则已于丙申即世矣。先是屡谋刻其集，卷帙繁夥，弗克就。子本厚藏弆仅得无散轶，而焦君亦小就为奉天录掾，暨韩君南北孤宦，云亭遗草待侯芭以传，未能取必。昔人同游太学，每相游扬声誉，至于契阔患难，往往相依追。惟吾两人之邻舍相得，论文共砚，丹黄在箧，而其人不可复见，则亦惟是斯文之不朽，为后死者所不容谢。而时厄道阻，与焦、韩两君适同。序数言以志畴昔，剞劂之事，异日当有待图之，以与两君子相助于勿忘也。

吴江弟尚瑗书于平乐郡斋之南楼。

[1] 辑自《昆仑山房诗集》（清刻本及民国本）。

唐豹岩序[①]

山人为施愚山所首拔士，顾举孝廉不就。宫定山来视学，以明经荐山左第一人。往就京兆试，长安贵人争欲致之出其门下，山人复不往会。既试不利，乃杜户卧昆仑山下，益发愤著书。今其集俱在。所谓《班范肪截》者，一时之刘向、应劭，固未有也。其《长安百咏》《广帝京》诸篇，盖研京炼都之选矣。至其汉魏以下逮元明，宫辞三百余、乐府四百余，恐庾肩吾、王仲初诸人，尚望而却步也。其《述祖德》百首，视之谢康乐何如耶？《岁暮怀人》六十咏，视之《八哀》何如耶？其次《古诗十九首》者;再其《拟陶》《和王右丞》,及《两汉高士赞》《龙亭侯传》，与《论诗百绝》，拟之作者，谁与为匹。桓谭所说“扬云世必有知之者”。其感时赋物、吊古题跋、黼黻皇猷之章,不胜述也。余得其集，把玩不能释者经岁时；而又无力与为魏无知、杨得意也，爰为题数行归之。

《昆仑山房集》未定稿十二册[②]

笃庆，字历友，号厚斋，别号昆仑山人，明大学士至发曾孙，谱从子。康熙丙寅拔贡生。有《昆仑山房集》。

《唐豹岩序》：山人为施愚山所首拔士。国家下鸿博之征，一时山泽之学烝烝辞以罢。无何，宫定山中丞来视学，以明经荐山左第一人。就京兆试，长安名卿耳山人名既久，问字倡酬者屦错于户。或欲致之，令出其门下，山人谢之。会有新令，或劝山人投牒，中翰可以坐致，山人复不应。京兆既试不利，归而杜户，卧昆仑山下，益发愤著书，自称昆仑山人云。

《渔洋诗话》：历友淹博华赡，千言可立就。诗尤以歌行擅场，如《邢太保赐剑行》《赵千里海天落照图歌》等篇,不失空同、大复家法。郢中诸律诗,正德、嘉靖宫词，率多杰作。丙戌，客新城，与余倡和不下数十首，如《青溪张丽华小祠》云云、《剑州邓艾庙》云云。一滴水可知大海味也。

案：昆仑先生才高学富，挥洒万言，早受知于施愚山督学，渔洋称为冠古之才。使其早登科第，或降心以就鸿博之试，得与渔洋、愚山诸公后先周旋，以争坛坫于康熙十子之间，当与山姜齐驱，余子退舍。惜乎数奇运蹇，仅以选拔终其身。刚正之气节、深醇之经济，一无所表见于时，宜乎唐豹岩叙其诗以不得如杨得意之荐司马相如，为可恨也。所著有《八代诗选》《班范肪截》《五

① 辑自《般阳诗钞》。

② 无名氏作，辑自《昆仑山房集》（省图本）卷后。

代史肪截》《两汉高士赞》等书，藏于家。诗集浩瀚，均无力授梓。兹集所录已不为少，然仅存什一于千百。正如渔洋所谓“滴水可以见海”。愿与世之能知味者一共咀嚼耳。

刊《明季百一诗》跋①

曩予读《山左诗钞》，至张历友先生作，辄叹苍茫沉郁，逼真唐音，惜未及全集而卒业。道光丙申，来令般阳，得交张还浦参军，询知先生著作等身，所称《昆仑山房诗文集》《班范肪截》《五代史肪截》《两汉高士赞》《明季百一诗》均未梓行，稿藏后裔，不肯轻出。还浦为先生从曾侄孙，辗转借抄。先以《明季百一诗》见示，沉博绝丽，字字惊人，亟付梓传世。后数月又抄得《班范肪截》四卷，论史贯串，笔底翻澜，洵为奇才。因卷数未全，字错较多，尚待雠较。噫！张氏家固贫，先生去今几百年，子孙藏其遗稿以待，已属难事，而还浦不吝借抄数种以传世，此更难事也。于其梓成，缀语于后。

时道光十八年岁次戊戌正月谷旦华亭龚廷煌跋。

《百一诗》跋②

蒋静山跋云：《百一诗》掌故纷纭，史乘澜翻，小生陋儒，见而咋指，必传之作也。尤奇者，驰骋声律，寓不尽之意于言外，作诗者其有忧患乎？已经渔洋夫子点次，不敢妄著。丹铅内有数字，是记室录副之伪，略为举正。幸速为版行，使仁锡得挂名校雠之末，所切望耳。

屠维赤奋若五月快雨初晴乘凉谨识。

---

① 辑自道光本。

② 辑自民国本，题目为整理者所加。

书目提要

《昆仑山房集》三卷 山东巡抚采进本[1]

国朝张笃庆撰。笃庆有《班范肪截》，已著录。其诗古文颇知名于时。此集乃有文而无诗，疑编次未竟之本也。笃庆才藻富有，洋洋洒洒，动辄千言，风发泉涌，不可节制。如集中所载，代王士禛作《候补中书吴灿墓志铭》，今录入《蚕尾续集》者，已删削十之三四，则亦颇病其冗漫矣。其曰“昆仑山房”者，以所居室旁有小山号“昆仑”，因以名集云。

《班范肪截》四卷 编修励守谦家藏本

国朝张笃庆撰。笃庆字历友，号厚斋，又号昆仑外史，淄川人。康熙丙寅拔贡。王士禛《渔洋诗话》称其“淹博华赡，千言可以立就”。是书即两汉史事稍加论断，大抵皆属常谈。亦有仅节录数语，不置一词者。其中旁掇《风俗通》《独断》《东观汉记》之类，则颜师古、李贤、刘昭注中所引也。似史评而非史评，似说部而非说部。殆随笔偶记之书，故漫无体例欤？

《五代史肪截》四卷 编修励守谦家藏本

国朝张笃庆撰。是书摘取欧史之文，间附己意为论断。与《班范肪截》体例略同，而持论尤多无谓。如论朱全忠、张全义赐名事，则曰“可谓忠不忠而义不义矣”，此亦何须复道。又论昭宗椒兰殿、何后积善宫事，曰“椒兰不以延嗣，积善不以流庆”，置其本事而旁论宫殿之名，不几时文之掉弄笔墨乎？至论冯道《兔园册》事，曰“此册流传至今遂广，不特翰苑诸公奉为秘书，而帖括家亦以为金科玉律矣”，更太伤轻薄也。

---

① 以下辑自《四库全书总目提要》。

厚斋自著年谱

笃庆自序曰：按吾家自冀州之枣强县，永乐间徙于淄川。传世十二，历年三百有余，以及于笃庆。而溯厥初迁，实维始祖讳子中，字失传，始来占籍西关，今负郭之西北高原，余家祖茔在焉。累世大抵皆隐于农。传六世，至诰赠光禄大夫、太子太保、礼部尚书兼文渊阁大学士讳全。迨七世，为敕封承德郎、礼部仪制司主事，后诰赠光禄大夫、太子太保、礼部尚书兼文渊阁大学士讳暴，字临黉。洎八世，为余高祖仪部公讳敬，字尔和，号松石。嘉靖戊午举人，万历丁丑进士。初授中书舍人，升礼部仪制司主事，以文行兼优教习附马。丁外艰归，卒于家。后以子贵，诰赠光禄大夫、太子太保、礼部尚书兼文渊阁大学士，有文集行世。九世为余曾祖相国少保公讳至发，字圣鹄，号宪松，仪部公季子也。万历丁酉举于乡，辛丑成进士。两为县令，擢御史，巡按河南，治绩为台臣第一。荐历卿寺，以少司寇特简入阁典机务，晋阶光禄大夫，累官太子太保、礼部尚书兼文渊阁大学士。予告，驰驿回籍。钦召四次，以疾固辞。卒赠少保，赐祭葬。荫一子中书舍人。详见笃庆所编《相国年谱》中。余王父恩选明经公，少保公仲子也，讳泰象，字仲开。为诸生有声，年三十，于泰昌元年庚申十月，恩选贡元。此后以疾废业，以明经终。余老父明经公讳绂，字孔绣，号似圣。相国之长孙，明经公之冢子也。自少逮事相国，习于家训，读书行文，驰声艺苑。弱冠膺选拔，弃美职不就，俯首事举子业，终困场屋，而诗歌古文词传于世。我母韩氏，敕封文林郎、松江府推官讳茂宗韩公长女。

崇祯十五年壬午春正月二十日巳时，笃庆生。

是时，先相国里居，以左髀抱疴，艰于动履，年已古稀，日夜冀得曾孙以娱暮景。已而闻吾父诞育不肖，輾然慰悦，病体为之少减。赐予乳名曰重庆，谓家瑞稠叠也。弥月后，每呼乳母不时抱持至榻前，抚摩含饴，以为笑乐。锦袭绣裾，殆朝夕无间矣。余兄弟唯余齿最长，得承相国颜色者累月，实生平大幸也。是年秋七月念六日，相国乘箕尾。时吾父年二十三岁，吾母年十八岁。

崇祯十六年癸未，余年二岁。春三月三日，两妹生。二十八日，曾王父相国大葬礼成。

时海内将乱。去岁，相国讣闻已朝，恤典已下所司，遣官赐谕祭谕葬，特赠少保，给茔田八百亩。三月念八日，礼葬于城北贾村之赐阡。笃[①]庆虽未与成人，然得附孙曾之列。亦幸矣。

皇清顺治元年甲申，余年三岁。春三月，鼎湖变作，海邦土寇蜂起，余全

---

① “阡”“笃”，原漫漶不清，此据民国抄本。

家避乱入东山。已而齐鲁稍定，余家返舍。冬十月，老父考选拔贡，出督学房公之骐之门。

顺治二年乙酉，余年四岁。春三月，老父赴都入监，遂留秋试。八月，旋里。

顺治三年丙戌，余年五岁，出就外傅。

顺治四年丁亥，余年六岁，从玉溪谭先生学。夏六月十四日，淄城为高苑贼谢千所陷。已而大军围贼城中，七月十一日克城，贼悉平。十六日，余二弟锡庆生。

先是城中有诸无赖贵游子弟，及数十恶少年，行不轨，导贼夜入城，城遂溃。谢贼盘据城池，为抢掳计，欲饱而飏耳。不意青、济二郡大兵，陆续围城。既而都统率满兵、守台监军皆至，贼如游釜中，不得出。然淄城创修未久，坚完高峻，城中粟米、守御之具毕备，贼遂胁居民守城，图存苟活。且以连旬积雨，贼屡欲遁，不能脱。官军时以大炮击城中，雷轰电掣，炮石纵横，城中莫敢仰视。吾家七叔祖，与贼党丁可泽有夙怨。丁入城，叔祖被执，骂贼不屈死。吾家余皆闭门静守，无见害者。及官军用火破城平贼，吾家以不从贼，为监军道张公尚察明，曲赐矜宥。当此火炎昆岗，城中居人玉石莫辨，骈首罹灾者，如戮鸡狗[①]。而吾家老稚幸获生全，固属天佑，而亦相国之隐德荫庇后人也。当[②]是时，余虽童騃，往往从戟林剑树中，见死人枕藉，血流满庭，彼时未[③]知惧也。至今回思，尚觉魂惊骨竦。忆其间，或偶得一瓢米浆，老幼争饮之立尽，如啖甘蔗。时流血入井，欲汲复无绠，僮仆辈渴极，有掬马溺而饮者，不堪为承平人道也。大军将衅甲，吾家老幼，咸集于伯祖孝廉公之西阁，不啻百余人。其前庭，则监军道张公，旧与吾家通谱，故时来周恤顾视。余家之赖以保全，皆此公镇抚力也。及七月望日，大军封刃上城，人民按堵。十六夜，余二弟锡庆生于西阁。八月，余从乳母谭氏，出居伊家西关两阅月。是岁十一月，伯祖孝廉公以痰疾暴卒，吾家门祚衰凉，日就陵替。

顺治五年戊子，余年七岁，复从谭先生学。冬十一月四日，三弟履庆生。十二月，吾父有鹿角山被诬之祸。

先是有益都山砦，曰鹿角山，明季，伯祖奉上命创修以避乱者。至是为土寇占据，遂有势宦垂涎吾家，欲借端下石，以窝隐剧贼诬陷吾家，彼则居间吞噬，居援手功。十二月，先拘世父绵，系请室。既而并逮两叔祖及老父与诸叔，盖绝流计也。两叔祖已入京，干要津为消释地。老父与两叔，皆系送省城狱。是时，

---

① “狗”，原漫漶不清，此据民国抄本。

② “当”，原漫漶不清，此据民国抄本。

③ “未”，原漫漶不清，此据民国抄本。

余虽幼蠢，无缇萦智虑，然见老父遭难，亦稍解其故，戚戚然不自得。

顺治六年己丑，余年八岁。二月二日，老父释于狱还家，祖母见之大痛。

时吾家尽力营救，各罄所有，赂当事，冤始得解；下石者，亦阴遂其所欲[①]，果腹乃已。而吾家美产冰消，旧业瓦解矣。

顺治七年庚寅，余年九岁。

顺治八年辛卯，余年十岁，从克峻郑先生初学文。是年秋，余送舅氏韩长公先生赴松江司李任。

郑先生，吾祖母之姊子也，端方凝重，训诲不倦。余执经五年，盖深得力焉。余舅氏以丁亥进士，选云间节推，余随老母往送之城北。舅氏课余以童子文，称异之。

顺治九年壬辰，余年十一岁。春三月，我父为吴越之游。夏秋间，王母病几危，我父十月反里门。

时同邑静澜沈先生，为浙东监司，入觐回任，招吾父南游，因同至四明。而山阴、会稽间，亦多游迹。唐豫公先生，相国丁丑所得士也，为吾父序所为南游小咏，刻之于师子林。已而道过松江，晤余舅氏于署中，信宿月余。忽闻王母病，乃急归，十月旋里，王母病小愈。是时也，吾舅不鄙其童子，寄余银墨池一座，银图书一纽，苏长公墨妙一部。吾舅自写墨竹绫一幅，盖践其临别之言也。呜呼！孰知未及二载，舅氏竟殁于虎丘，华亭鹤唳，无复来音矣，悲夫！

顺治十年癸巳，余年十二岁。春三月六日，祖母王太君病剧，观见红莲，含笑而逝，年六十二岁。

祖母惟育吾父一人及诸姑，其余诸叔皆庶出也。祖母素有樛木懿[②]德，中年以往，长斋绣佛，持戒精虔，存心仁厚。既丧乱后，愈从俭勤，尝[③]持一铜髻簪示人曰:“此物已五年余矣。”其省约皆此类。笃庆自八[④]岁以还，晨昏日侍，吾祖母诏余寝食。祖母没后，茕茕无依，哀号不能[⑤]一息忘，至今时时忆音容也。

顺治十一年甲午，余年十三岁。春三月，吾父为祖母营墓于西郊。九月八日，五弟增庆生。举祖母大襄礼。

顺治十二年乙未，余年十四岁，始学为诗。

余自幼好诵唐人诗，私心窃愿学，然不敢以请益于人。间取所云《对汇全

① “所欲”，原漫漶不清，此据民国抄本。

② “懿”，原漫漶不清，此据民国抄本。

③ “俭勤”“尝”，原漫漶不清，此据民国抄本。

④ “八”，原漫漶不清，此据民国抄本。

⑤ “不能”，原漫漶不清，此据民国抄本。

编》者臆度之，辄略晓平仄之故。其后吾父闻此于诸叔，乃正训小子曰："尔欲学诗，吾不汝禁也。"乃授以《诗法指南》。至是，乃公然学诗矣。然不过风云花鸟，适意止耳，无甚深味也。又尝作《梦游西湖赋》，年相若诸叔极赞之，其后亦不忆其作何语。但予一生与西湖无缘，终未得一游，未必非此一梦兆之耳。父之舅氏王虞服先生者，夙推大方家。一日至吾家，偶索予课业，其中有郑师所改削，虞服先生戏曰："此千里才，改者乃不逮所削。"已而恐郑师惭，乃颓然笑曰："吾妄矣！吾妄矣！"

顺治十三年丙申，余年十五岁，从吾父读书于舅氏家之抚松斋。夏六月六日，吾父为笃庆授室，娶少宰念东高公季女。

是年冬，应县中童子试，邑侯李公仲璧奇其文。我王父亦亟赏之。岁杪，应郡试，列前茅。

顺治十四年丁酉，余年十六岁。春正月，道试，笃庆受知于施愚山先生，以一诗获入泮。是年夏，读书于叔祖城北之别墅，即少保公之所辟环青[①]园也。

学宪施愚山先生，以振起文教为己任，出示士子，能作诗赋者许各展所长。余不自揣，于交卷后，请题赋诗。公命题"画牛"，余信笔塞责而已。顾先生以予幼童，欲加奖藉，面许采芹。此正所云"一日遇知己，终身念旧恩"也。后予老而无成，乃深愧此一番知遇。独是古文词一道，庶几粗有所窥，又不得就先生而正焉，是为憾耳。是秋，叔祖与吾父入北闱，余未得录遗，因与仪先叔于八月九日作七艺，曰"肄战"也。是年冬，大妹适赵太学晋玺，侍御受介弟也。

顺治十五年戊戌，余年十七岁。夏四月，二妹适益都翟孟椒。

顺治十六年己亥，余年十八岁，从四明沈积公先生受业。王鹿詹表兄是年[②]下榻余家，两弟从传经。

先是愚山先生系科试接任，故丁酉大比后，复于今春行岁试于阳丘。予以东亭姑丈之故，得纳交于阮亭先生。先生须次节推，薄游柏陵，载酒旗亭，风尘游戏，绮裘珠履，锦带翩翩，灵和殿中，甫弱冠之年耳。余虽不敢抗节称诗，然携所业以请益，亦数见欣赏。是年，吾父有晋中之游，道过阳丘，予亦试毕而归。晋中沁水令丘荆石先生、临晋令孙柳下先生、稷山令毕载绩先生，皆同邑亲串，故老父薄游至八月乃反里。予与仪先叔同从沈先生为文，亦颇晨夕无间，文气渐就清丽一途。暇日与鹿詹、留仙、希梅赋诗，结"郢中社"，标壮采、抽藻思矣。

---

① "环青"，原漫漶不清，此据民国抄本。

② "是年"，本作"下年"，据民国抄本改。

顺治十七年庚子，余年十九岁。春，王父病嗽，三月十六日卒。九月十六日，王父大襄。

先是王父与吾父析爨以来，东西异院而居。笃庆亦不获常奉吾祖杖履音旨。间一侍侧，未尝不屡拈家训，教导书法。其又暇，每欲教小子以琴操。然不肖性最狞愚，不惟书法不能窥其万一，既桐琴三弄，亦布指无从。迄今思之，未尝不悔其少时之顽劣也。是年，笃庆观场东闱，苟且毕役。叔祖孝义公，则于顺天中式。

顺治十八年辛丑，余年二十岁。吾父授经于笼水表弟赵斋如家，余侍侧肄业。是年夏，避暑于颜神[①]**城西之方楼，游柿岩。冬十月，八弟余庆生。**

父执孙禹年先生，招余父子游柿岩，余赋诗十六首纪其盛。是役也，既逢胜地，又值良辰，初至之夕，月照空山，竹树交荫，泉声入耳，丝竹让清，肃人心魂，碧天如水。次日，小雨终日，烟飞云驰，水落澄潭，露倾荷盖。主既乐于留宾，客亦冒雨难返，于是登高阁、袭麈谈，雨色山光，斗青送白，倾壶畅饮，少长尽欢。赋诗弹棋，淋漓取适，信清游之盛事，雅人之逸致也。至第三日，云开雨霁，日出禽鸣，宿酒初醒，往路未远，虽主人尚有余情，而客子则仙仙乎归矣。

康熙元年壬寅，余年二十一岁。春正月，应试阳丘，假馆于斋如阳丘城南之水村。时与鹿詹同寓，余两弟皆应童子试。

连年留意诗道，专致力于声光格调，颇能作壮语。盖亦雅慕王李而未持其平。且以鹿詹相与晨夕，故风雅道合，互相砥砺，吟咏益多，帖括为之旷废，亦一病也。春初，候试阳丘水村。此地大有江南风景，蒲藻交映，芙蕖醮波，水碧沙明，渔梁迢递，凫没浦溆，雁叫汀洲，而且白酒黄鸡，水泉潇照，清池印月，微波漾珠，香稻菱花，红莲雪藕。又有贤主人朝夕供清樽不缺，宜乎宾至如归也。余与鹿詹流连佳晨，遨游古刹；与其地二三老友，如术石发、弭华仙、刘菊潭辈，优游渔钓，豪吟痛饮。两月有余，诗积盈寸，自惟清福难消，宜乎吾与鹿詹试事之，皆堕苦海中也。虽然，吾宁乐此，正不必早登彼岸矣。

康熙二年癸卯，余年二十二岁。春二月，弟锡庆游泮。夏四月八日，余长女生。八月入闱，以病仅终场而归。是科，从叔缥中式第六名。

康熙三年甲辰，余年二十三岁。春二月，余病牙痛几殆，五阅月始愈。四月，陨霜杀麦无余。八月，老父薄游江南。九月重阳，赵月麓前辈邀余游青云寺、滴水泉、三台山，流连数日而归。十月二日，妻高氏产一男，病甚，至初八日遂卒。十二月，葬于西郊。岁暮，所生男痘殇。

---

① “神”，原脱，据民国抄本补。

春间，予患牙痈危甚，参戎岳玉野为调治，五阅月乃平复。病既除，不耐岑寂，枕上作乐府数百首。是岁，云间蒋大鸿、左箴父子及梁溪顾当如来游于淄，与余剧谈风雅，共订千秋，酬唱遂多，游宴相续。而吾邑高少宰、王银台两公，又为之狎主齐盟，于是坛坫声华，一时大振。而余宿疾甫平，亦附邾滕之列。初冬，罹潘岳之戚，悼亡莫慰，诞石麟而复殒，扣瓦缶以兴悲。而蒋、顾诸君子，亦从此南北云飞，宾朋寥落矣。是年，有《乐府杂诗》，有《与蒋、顾倡和集》，有《天雨霜》《忧旱吟》二篇，《悼亡孤鹤吟》四十首。

康熙四年乙巳，余年二十四岁。是年春，余寄迹笼水赵申介斋中。春夏山东大旱，周中丞有德题请捐免本年田租，至秋竟有年。八月，老父归自淮阴。十一月，余续娶益都官生孙公冰臣女，文定公侄女也。

是岁，余鳏居，吊影自怜。妹丈申介，招余往其斋中。又重念老父南游，久疏定省，鱼雁渺然，人情叵测，行路实难，千里风波，反覆莫定。盼至仲秋，老父始归，垂橐萧条，穷悴殆甚，所如不合，未足救饥，遇人不淑，行李维艰，往返淮阴，寄食可叹。幸余在家，虽遇鼓盆，而速营葬事，不致以儿女之戚，贻老父忧也。是年，余有《捐田租》古风一篇。

康熙五年丙午，余年二十五岁。秋八月，至历下，以病甚不能入闱，扶病而归。幸而闺门静好，差堪慰藉也。

时新更制科，用策论取士。而余不得与，岂非命乎！然未战而北，憔悴繁忧，幸而琴瑟静好，差堪慰藉，竟忘其不遇也。

康熙六年丁未，余年二十六岁。夏闰四月，老父同王虞服先生之湖南长沙之益阳。夏五月望日，第三女生。是秋，蝗灾为厉，作《捕蝗谣》。

虞服先生，老父之舅氏也。余送老父至笼水，有《瓮口道》及《青石关》诸诗。虞服先生至益阳，多病。老父冬月辞归，至金乡已岁除，未抵里。

康熙七年戊申，余年二十七岁。春正月，老父始还家，手授《楚游纪略》。夏四月，老父入都门。六月十七日戌时，山东地震如雷，两月屡震，灾异非常。十月，老父乃反里。

时六月既望后一日，余在长山，读书李侗庵家。是夜，相聚饮酒，忽遇地震之变，初如地坼天崩，雷车砰炮，一切楼房倾圮，墙壁颓压，平地迸裂，泉水喷涌。后闻郯城、莒州一带尤甚，压死人民无算。且此后浃旬数震，人皆露宿，不敢居室中。予有《地震纪异诗》十二首。及老父反里，乃言京师大雨连旬，闾巷几成江湖。房舍多倾压，皆异灾也。是年，以地震赦田租十分之三。

康熙八年己酉，余年二十八岁。春正月，外父少宰高公奉命祭告还朝，余送至济南。夏四月，科试，余列一等，弟履庆取童子第一名。秋闱皆不售，作《述祖德诗》。

是年，余详稽家乘，考之过庭，作五言《述祖德诗》上下二卷。高少宰公及邑侯汪健川先生为之序。

康熙九年庚戌，余年二十九岁。

是年春，琴川归孝仪先生以公车下第，来山左，下榻于余叔仪先孝廉公斋中。先生与予投分最深，交契最[①]洽，送难析疑，昕夕无间，倡予和汝，风雨不辍，且与予生同年、道同术，未尝不相视莫逆也。

康熙十年辛亥，余年三十岁。春正月，阳丘焦侍御延予与其仲子上善同砚席。冬月，老父南游宝应、瓜洲。

初春，余将赴阳丘，孝仪亦将反虞山，有《留别孝仪》诗及《出门示诸弟》诗。焦侍御者，余累世年家长者。上善又佳公子也，相交以道义，相爱如弟昆，以故二十年胶漆之谊，不啻雷陈也，亦可云耐久朋矣。是岁，余内人已久病，诸药不效，此则余内顾忧也。然奋志苦读，不遑反顾。是年三月，外父孙公病故，外母久已先逝，内人益茕茕无依，病愈深矣。

康熙十一年壬子，余年三十一岁。春三月，提学杨东始先生毓兰科岁一试，余幸冠军，遂食饩。四月，仪先叔卒。秋试，复瓠落。九月十日，内人病中尚生一女，名盈，以其女之多而无男也。

康熙十二年癸丑，余年三十二岁，仍在阳丘。夏六月十二日，妻孙氏卒。七月二十九日，葬于西郊。

是岁清明以后，内人病益深，殆将不起，遂与之同赴颜神[②]，就医其母家，药亦如石投水。端阳后反里，至六月中遂长逝。余命中夙孽，际此惨伤，上累老母，代抚孤稚。余于是速图营葬。乃吾父闻此，亦自八宝千里遄归，以来会葬，盖悼吾妻之贤而夭也。既葬，余乃赴阳丘斋中，盖已牵萦家中几半载矣。有《伤逝十九首》及《亡妻孙氏行状》，存笥中。

康熙十三年甲寅，余年三十三岁。春正月，闻去年冬滇中吴逆告变。三月二十一日，娶益都赵氏，廪生青丘赵公女也[③]。夏月，有《读书焦太仆余青园》诗四章。

康熙十四年乙卯，余年三十四岁。春正月，双生二子，不育。夏五月，学宪钱珥信先生江录科，余辱登首卷。八月，闱中被放。

时翁宝林大司寇尚困公车，在钱文宗幕中阅卷，深赏余文，故首拔之。后每为毕公权述其故。

---

① “最”，民国抄本作“至”。

② “神”，本作“镇”，据民国抄本改。

③ “也”，原脱，据民国抄本补。

康熙十五年丙辰，余年三十五岁。夏四月二十二日生男，曰讨，名本懿。六月初三日，曾王母诰封一品夫人吕太君卒，年八十二岁。

康熙十六年丁巳，余年三十六岁。春正月，为曾王母营葬，启曾王父相国之茔，凡在孙曾皆守墓，二月七日克襄大礼。夏五月，岁试，文宗劳书升先生之辨拔置第一，以为"湛深经术似子固，通达国体似子瞻"。

书升夫子之祖，登莱中丞永嘉，前辛丑进士，与曾王父相君盖同年友也。

康熙十七年戊午，余年三十七岁。是年夏，科试二名，秋闱罢归。

是科，劳书升夫子决其必中，已而仍报罢，命实为之，夫复何尤。是岁大无年，粮税积逋未纳。我父母无聊，因令儿辈析爨[①]，余痛哭久之，不得已遵命。计现存薄田仅二百亩，余兄弟五人，人四十亩。岁奉粮若干石，以供两大人日用，其新旧逋粮，亦均分之，各竭力输将。吾父悦曰："如此，吾无事矣，真可以逍遥五岳间也。"是年奉诏，令内外各官荐举博学弘词，以备顾问，纂修《明史》。时当事者欲举余应诏，余力辞，作《守贞辩》以见志。

康熙十八年己未，余年三十八岁。是春饥荒异常[②]，谷米鼎贵，老幼皆啮糠核。四月，讨儿痘殇。秋，余督种麦于村居，病归城中少愈，室人病几危，月余乃有瘳。冬杪，长女嫁于孙氏。

讨儿聪慧殊常，周岁后，余口授五言诗，即成诵，而竟不育，余肠寸裂矣。既值凶歉，又营医药，复治婚嫁，弊累极矣。

康熙十九年庚申，余年三十九岁。春正月念二日，第七女生。是岁，二麦有成。夏五月岁试，学宪玉田桑雨岚先生开运赏其文，用弁一邑。

余之育此女也，吾父名之曰绳，取子孙绳绳意也。余以前艰于子息，此后果符其谶矣。按先曾王父，昔作令玉田，至今有遗爱。而余得受知于玉田桑公，亦奇遇也。公评余文有"舌光如电"之目云。

康熙二十年辛酉，余年四十岁。夏五月，科试，余获录二名。秋试闱牍，似觉满志，而又遭摈落。

其后遍觅遗卷不得，闻誊录所有焚毁硃卷者，是亦命也，奈之何哉！是岁，黔、滇荡平，金瓯如故。余有《平滇行》一百韵，以歌咏太平，其后颇见赏于大司成曹颂嘉先生。连岁余在阳丘，焦上善二子绾祚、绥祚从余游，二子皆异才。庚申岁试，绾祚冠阳丘童子；辛酉科试，绥祚亦如其兄。余顾而乐之，可以报焦司马公年来相待之雅矣。然吾意二子之才锋正砺，其所就正不止此。

康熙二十一年壬戌，余年四十一岁。春二月，薄游都门，值焦讱庵公车报罢，

---

① 此节上有眉批：大无年与析爨皆己未年事，当移置之。

② "饥荒异常"，民国抄本作"以前岁饥荒"。

遂同车反里。值余第三女病殇，至家次日而葬。冬十二月二十四日，长子本惇生。

是年，大憝初平，升平嘉宴，遣官四出，祭告山海帝王陵寝，焦司马奉命祭中州陵寝。焦上善与予赴京，意欲附行，一览胜概。既而钦限严迫，不能及也，予遂与焦讱庵东归，盖在都门仅盘桓五日。余因戏曰："此亦可云五日京兆矣。"是役有《燕游草》一编。夏月在家，与诸弟游兔峪山村，作《云高洞游草》。秋九月，与阳丘同人游长白西麓，作《长白游草》。冬十二月，余长子以斗日生，我父名之曰斗。余自幼为星士所算，必四十后乃能立子，今果符其说。吾父母得此嫡孙，欣悦倍至，余亦自兹有生色矣。焦讱庵戏谓余曰："使非不佞与君携手反里，顾安得此天上石麒麟乎！"余为之辴然一笑。是年春旱无麦，夏有水灾、冰雹及虫灾，盖亦俭岁也。

康熙二十二年癸亥，余年四十二岁。正月元旦有雪，占主年丰。春月，应试济南，多雨少晴，二麦有秋。

康熙二十三年甲子，余年四十三岁。是年雨旸式协，年谷亦丰，虽三秋霖雨，而亦无大害，齐鲁可云乐郊矣。八月，余闱牍亦散佚，觅不见，不测其由。冬十月，以上元甲子，大驾东巡，登岱，祀阙里，预赦山左明年大粮。草野小臣作《东巡诗》十六章。

是岁，弟余庆尽售其石谷村世业，欲别作良图。余竭力留其楼房，将定居于此矣。

康熙二十四年乙丑，余年四十四岁。春二月，乡居，葺治"醉月楼"，将携家移居，以便田事。岁时令节，亦迎两大人逍遥田间，以遂颐养。十一月岁试，学宪宫定山夫子梦仁复拔冠一军。

是年奉旨，各直省于岁试后，再行选拔，贡入成均。余既蒙岁试首录，老父盖日夜望之矣。门人焦绥祚亦取章丘第一。

康熙二十五年丙寅，余年四十五岁。正月元旦，五弟增庆报岁入童子第五名。二月十三日，余考贡，二十四日榜发，余幸列济南府选拔第一名。三月初一日，次子本勰生。七月，大妹卒。

考贡后，余在阳丘闻报，门人焦绥祚亦取拔贡第三名，即同赴省，誊贡卷。及谒诸上台，参谢宫老夫子。得家报又生次子，可谓一帆风利矣。本勰未生前一日，家大人梦庭砌生竹笋，甚茂，高二尺许，因呼乳名为竹。三月十二日，余与同贡兄弟，醵资公宴，乃竹儿十二日也，因戏谓魏孝序曰："予将借此燕作汤饼会也。"因相与大笑。三月十六日，余自省中回家。后又于四月中自阳丘归，过浮山桥，马惊而逸，余堕马，伤右臂及右髀，筋骨皆受伤，卧床者累月，尚未复故。日以乘骑为苦，右臂不能仰也，每自戏曰："羊叔子折臂，恐无此福。"半年余稍能涉笔，亦良苦矣。竹儿亦病痢，五阅月乃愈。此数月中，予与竹儿盖呻吟痛楚相接也。

康熙二十六年丁卯，余年四十六岁。正月元旦，报弟余庆入学。二月下旬，余同焦门人赴都入监，遂留应顺天秋试。

连年来两弟入泮，皆以元旦获此吉祥善事，盖家门有幸也。先是司马焦石虹公，念予壮年不售，或者不利于东闱，竟欲捐赀为予纳监，以便应试北场。予辞不应，盖恐入监不中，则不如静候挨贡，犹不失正途也。及兹选拔，幸获首列，而石虹公已乘箕化去矣。言念知我之情，不胜今昔之感，故上善坚请余率其二子赴试北闱，以终其先公之志。既入北雍，余蒙大司成曹峨眉先生知遇，手其诗篇，逢人说项，海内知名之士，往往先期结纳，与余订交。余性疏懒，尤甚于嵇叔夜，不好持刺谒贵游，其有欲邀余报谒者，余亦以善病，不能扫门，若魑魅不以御李为荣施，故高眠萧寺之日多，而登筵趋走之日少。间有以诗筒尺素相往来者，亦寥寥不过数人而已。时最相契昵者：吴江张弘蘧、青浦王令贻、华亭周冰持、汲郡王聚五、武林唐占聚，称素心交。名章大刻，络绎而来，无日或间。而冰持、聚占与余同寓梵刹，暮鼓晨钟，尤为投分，所窥著述，于是为多。是岁，余同贡山左六郡兄弟，多候试辇下者，亦时时来华严寺寓中，相与畅谈，知余不良于报谢，不以相责也。独是在京师，闻吾乡赵月麓先生及毕公权表弟讣音，为之悒郁者累日。余此来京师，有《知北游草》百余首，周冰持、张弘蘧为之评骘，冰持又加序焉。冰持为釜山先生文孙，鹰垂先生令子，其著述，予昔年在豹岩太史处恒见之。今得握手半载，昕夕谈心，冰持不惜其瑶编宝册，悉以投赠。而余之蛩吟秋籁，冰持又悉为论定，可云相得无间矣。既而秋试毕，各分手云散。又二年，乃闻冰持已作古人，伤哉！是时日下前辈，最称好我者，则有归惺崖少詹、孙子未太史、赵伸符宫赞，不时谈宴，慰此招提倦客。而武定文襄公，时为冢宰，亦屡赐饮食教诲，且以珍管名墨，颁及后学。而同邑王乃服表叔、内兄孙孝园光禄、内翰王鲁斋先生，亦每每见招，用破岑寂。且余从叔宁远公，亦数数相过问慰。而豹岩先生亦遥驻天宁寺，不时相闻。凡此皆长安交游之大略也。八月下浣起行，九月初方抵家，而都门半载，旅人依然被放矣。后见余废卷，则誊录潦草，遗落差讹满纸，宜见摈弃也。

康熙二十七年戊辰，余年四十七岁。斋居阳丘。秋月，第四女出阁。

自丁卯失意后，感愤无聊，往往发为诗。焦简庵出其家藏法书名画，中多珍品，倩余题跋鉴赏，因为作长歌数十篇，如贯休《西域罗汉图》，苏、黄等真迹行草，赵千里《海天落照图》、马远《老子骑牛图》、赵子昂《天闲百骏图》、张择端《清明上河图》，其类甚多。名墨在前，兴会甚适，挥洒尽致，歌啸淋漓，亦生平一快矣。是年冬，晤阮亭先生于阳丘，谈宴浃日夜，亦可云良宴会也。

康熙二十八年己巳，余年四十八岁。夏四月望日，家大人诞辰，年七秩，

诸叔父及亲宾咸集，吾父乐饮尽欢。

吾家自上世高曾以来，罕跻上寿，多者不过七旬。诸叔劝吾父善加调摄，务期过历。吾父谓世父绵曰："明岁吾弟七十，将继此作华筵，行祝及汝矣。"世父急逊谢曰："恐无此福。"已而是年果卒，岂非天露其谶乎！是年夏，任文宗录科，予亦与焉。钱抚台珏、卫藩台既齐，皆采望欲下交。余不得已谒焉，皆招饮尽礼。方伯欲留予白雪书院，辞之。晤别驾周燕客在都，觇余《栎园先生文集》，如获百朋，诗以谢之。是时，与何鲁田订交于钱中丞座上，既而以诗歌相往复，意甚适。十二月，庶曾祖母王氏卒，年八十二岁。一切丧葬礼，皆吾父为经理，其居与予家为近，故丧之独戚云。

康熙二十九年庚午，余年四十九岁。是时定居于乡，延蒙师刘在田训本惇。夏六月，两儿生痘，皆勿药而愈。八月入闱，罢归。仲冬念九日，大雪三日，隆[①]寒裂肤。

康熙三十年辛未，余年五十岁。是岁雨旸不协，旱溢为患，凶岁也。

余设绛阳丘共二十年。前十年，与焦简庵共笔砚，为素心之交；后十年，其二子从余游，大有冰寒于水之意。然余数奇不偶，屡踬场屋，年渐衰暮，进取志隳。岁暮，遂辞简庵而归，将为杜门课子计。

康熙三十一年壬申，余年五十一岁。春正月，诞一子不育。是岁村居，作田家杂兴诗甚多，亦颇萧然自得。

康熙三十二年癸酉，余年五十二岁。夏秋间，大人同嗣宗叔修宗谱告成。余小子感而作颂，附刻宗谱后。

是岁，意兴疏懒，弃去帖括业，专理诗古文。居尝叹旧怀贤，作《八哀诗》，又作《长安绝句》百首及《论诗绝句》百首。

康熙三十三年甲戌，余年五十三岁。春二月，第七女于归王氏。

是岁新例，明经许考选中翰。客有劝余应诏者，余不乐就，作《解嘲》十五首。既而此例不果行。五月，焦简庵病故，余病不能往哭，吊之以诗。是年家居，诗篇颇富，有《咏史》一百首、《广帝京篇》四十首、《怀人诗》五十首、《忆历下旧游》十五首、《和李崆峒五十三岁诗》二首。

康熙三十四年乙亥，余年五十四岁。春正月，授经韩樾依刺史家，教其诸子，余又复习制义。秋八月，送门人应试省中。十月反里。

余六年不到历下，时古历亭新修复，余因与历下肖岩弟、邢陶山共游，一寓目焉。在历下共得诗数十首，命曰《长啸集》。

康熙三十五年丙子，余年五十五岁。五月七日，吾母患心痛暴卒，年七十二岁。

① "隆"，民国抄本作"严"。

七月，二妹卒。

是年，樾依以余将应举，更延一蒙师督其诸子，而余总其成，诚古人高谊。而余忽有大故矣。先慈素患心痛，然时犯时愈，不意端阳后食新麦中病，初六日余入城，尚未觉，及晚余出城，吾母入夜暴痛彻夜。平明，不肖闻信，狼狈入城，吾母已气息渐微，呼之尚应，至晚遂瞑。痛哉！二妹已抱病累年，不能归宁，闻母信，病愈增，两月遂卒。后吾母既小祥，不肖乃作《衔恤诗》二十首，以志痛写哀云。

康熙三十六年丁丑，余年五十六岁，设帐金岭镇毕剑津家。春月，为先慈营墓。秋七月十六日，老父为本惇主婚，娶妇孙氏。冬[①]十月初八日，举先慈葬礼。

毕剑津，余素交也，延余课其一弟二子[②]。其家富于法书名画，皆唐宋以来珍赏，每更番陈设，索予题跋，既题则又更之，循环如翻水，令予应接不暇，然亦乐此不疲也。终岁之间，所作长歌短咏及论赞跋语杂文，几于盈寸。而剑津之书画、金题玉躞犹未竟琅函之十一也。又剑津家多藏书，缥缃充栋，盖承铁岚少参之后，书敌秘府。恨余钝质下劣，不能少窥其藏，故鼷鼠饮河，不过满腹耳。秋七月，余读《礼》不敢与吉礼。吾父为长孙完婚，以终我母之志。所娶妇，则孝廉孙祓予先生孙女也。十月，葬吾母于贾村祖茔赐阡之侧，本惇妇亦与执绋焉。是年十一月，余外父高司寇公卒，余哭之以《西州吟》二十首。

康熙三十七年戊寅，余年五十七岁。春正月，我父得痰疾，二月渐有瘳，八月增剧，九月初四日丑时卒。

吾父素秉康健，是年七十九岁，犹矍铄无衰意。正月上元，南游于笼水赵斋如家，余亟遣人往迓，十九日回余村中，至二十九日，晨起盥洗，忽如风眩倒地，扶寝床上，迷不能醒。急呼诸弟来乡间，共扶掖舆中入城。用药渐有瘳，然自是不能起居如常矣，虽饮食言语如故，而行立甚艰。至四月寿辰，呼人扶起，着衣冠，欲拜天地，然实不能。见不肖辈代行礼，视之泪下，相向惨恻无言。病中闻王乃服表叔及豹岩唐太史之丧，便数欲往吊，不自意其艰于行也。至八月病渐增，九月初遂弃儿辈。呜呼！三年之中，两罹大故，人生至此，痛斯极矣。我父遗命不用释道，及亡后送浆水俗礼，真可为百世法也。凡我子孙，其遵行之。父殁后，与诸弟议速营葬事，期于来春。是年秋，余有《哭唐豹岩先生》诗三十首，曰《楚些吟》。

康熙三十八年己卯，余年五十八岁。春二月二十七日，奉吾父灵柩，兼启嫡母韩氏攒宫，合葬于吾母之墓。

---

① “冬”，原漫漶不清，此据民国抄本。

② “一弟二子”，民国抄本作“第二子”。

是时虽凶荒杀礼，事事草略，然有无称家。大事已毕，如释重负，不孝以迟暮之年，可无他虑矣。自营葬以后，余绝迹不入城市，惟以务农、课子为事而已。

康熙三十九年庚辰，余年五十九岁。春三月，弟履庆暴疾卒。夏五月，焦讱庵先生自郢中以书来聘。六月初四日，本惇生长孙臣羲。八月中秋后二日，余遂发里门，由章丘纡道过谒阙里，遂赴郢中，九月十九日至承天。

去岁汲汲于葬吾父，盖恐吾年迟暮，或致大事淹滞无期，不虞甫及一岁，竟有雁行中断之忧。三弟暴卒，诚出意外。是年夏，焦讱庵先生再以书来相邀，乞践昔年之约。予以两大人终身事毕，尚欲趁此未衰，豪游江湖，以遂平生志愿，故慨然应之，期以过夏远行。迨六月初，得长孙，以其辰年生，故乳名曰龙。余以年近六旬，甫得长孙，意悦甚。八月十七日赴章丘，与立庵考功先生及焦氏诸君，与予门人辈，绸缪两三日。由济南过泰山，作《望岳》诗四章。因谋于焦慎思，纡道过阙里，谒圣林圣庙，刻有《阙里觐圣诗》一卷。由是涉汶泗，绝会通，渡黄河，并汴淯，溯汝颍，跨襄汉，以至郢门。沿路多帝王故里，贤哲遗迹。为途二千余里，计日近三十程。忆在道中，忽思昔年余在焦上善座中，有一瞽目山人曰平汉卿者，善为人卜终身休咎。用人生身之日与时，不事刻划，冲口而出，人各数十句，似诗非诗，似谣非谣，彼时不能解也，其后则多验。其赠予之句，已有验过者，独向后一句云“五九身临楚江远”，邈不知其何说，今日之来，岂非楚江远乎？今岁余年正五十九岁，岂非“五九身临楚江远”乎？噫！以三十年前之语，而谶符于今日，可谓神验矣。因与慎思相对称奇久之。慎思者，讱庵先生之长君也。及到郢署中，与人言此事，亦无不嗟异者。余途中有《适郢日记》一卷，《适郢集》二卷。是秋及冬，又有《郢门初集》一卷。大抵郢中为风骚所自出，幽人畸士之所徘徊，《白雪》《阳春》之所嗣响，尤易于发人逸兴，引为胜情[①]，无怪乎蹇拙诗魔，蛩吟莫遏也。

康熙四十年辛巳，余年六十岁。余寄迹郢门，春日遍游胜地，谒显陵，望松林山。夏秋间多病，九月十二日北还。十月初九日抵里门。十一月初十日为儿本勰授室。

是年，予在郢中度岁。岁前后大雪，故乡渺渺，鱼雁久疏，客中不无怅怅。又以讱庵先生多病，余以数千里外憔悴依人，不无繁虑。徒以焦氏兄弟，视余不啻骨肉，情文兼优，此差堪慰耳。余以羁旅怀乡，惟以诗酒自遣。独居则手不停挥；佳节则笔无滞响。绮思韵语，聊供持螯；啸傲长歌，只堪独赏。每当日晏，高张绮筵，六博弹棋，开怀放饮，几不知身之在旅中也。二月中游纯德山，拜显陵，有记一篇、诗十六首。至其他游览篇章，俱载《郢门二集》中。盖郢

① “胜情”，原漫漶不清，此据民国抄本。

中为屈、宋故趾，幽兰香草，动触骚人；清概雄风，莫非逸致，故诗卷日以多，吟咏日以畅。惟是卑湿之地，久而伤脾，饮食非宜，动而症结，渐致一病两月余。及慎思既先予返里，而余益病矣。八月秋爽，余渐愈。及中秋后，决计北归，得绣园劝驾之力，已定于九月初二日起行。忽于初一日，汉江狂涨，泛溢滔天，水陆俱阻，为数十年未有之灾。登城一望，白浪浸天，归计阻矣。迟至重阳后，汉水方落，就于故渠，乃于十二日起行。感讱庵父子叔侄殷勤雅爱[①]，依依不忍别。然且出石城门渡汉江，又不啻归鸟之娇其翼也。焦矩斋为讱庵先生少子，与予交尤善，时方在病中。余自别来，盖惓惓不忍忘也。既登长途，即鞍马劳勚，而遥指家乡日以益近，颇用[②]慰藉，亦不废我啸歌。二千里未始遇雨，行近济南，乃尔大雪，时十月五日也。过济上，至章丘，一晤慎思。越初九日乃抵家。离家一年有余，家中人亦不意予之忽至也，快可知矣。连年往返，两渡黄河，屡济大江，皆安坐中流如履平陆。独归时北渡襄江，正值风急舟小，人马共载一船中，中流风猛，同舟之人甚恐，予不敢俯视足下，唯遥望他舟，俱无恙，一瞬息间，已安流抵岸矣，此生平履险之一小劫也。余南行时，长孙龙未及三月，今则已能言矣。人生岁月，何其速耶！然当其屈指归期，又不胜其度日如年也。返而次其归途之诗，为《郢归集》。仲冬为本緦娶朱公天如女，明宣府中丞朱忠庄公之曾孙女也。

康熙四十一年壬午，余年六十一岁。秋闱，余文已入彀中，以三场硃卷为场中誊录人誊坏，故抑置副车。九月初六日，本惇生次孙，名臣炎。

余家居教二子，原无意进取。春间送本惇应童子试，亦就便游戏录科，竟为学宪徐章仲先生所奖赏，拔置济属贡监第一，檄取肄业白雪书院。秋试卷在本邑邑侯赵公房中，乃遇而不遇，岂非命乎。

康熙四十二年癸未，余年六十二岁，於陵李侗庵延予授经其子。侗庵为予昔年同学，义不容辞也，挟书以往。是岁秋旱，早禾薄收，豆苗大熟。冬无雪，赦明年十分税粮。

康熙四十三年甲申，余年六十三岁，仍在於陵。是岁春夏大旱，麦苗尽枯，春苗皆死。大饥馑，人相食，斗粟千余钱，流离载道，饿莩满野。六月九日乃大雨，晚禾已起，而飞蝗蚜蚄遍野，啮苗至土，颗粒无获。秋，地屡震。十月，再赦山东乙酉钱粮。冬邸有《上渔洋先生书》。

是岁凶荒异常，实有生以来所未见，而且瘟疫盛行，家家不免。长男本惇入省赴试，将入场之际，忽中风痰跌倒，带病回家，昏迷失常，医药不痊。后为之用丸药，渐渐清理痰热，两月余乃愈。予一家老幼大小，皆不免于病。是时，

① “爱”，民国抄本作“意”。

② “颇用”，原漫漶不清，此据民国抄本。

真不啻游于百沸之鼎上矣。侗庵家亦病者相属，彼此虽交相违，而亦交相慰也。八月，余始入斋。吾山左幸蒙朝廷轸念，连赦二年全税，休养之恩，真同覆载矣。余赋《捐租行》以志庆。

康熙四十四年乙酉，余年六十四岁，仍在於陵。是岁三春多雨，二麦大熟，秋成亦丰。余秋试罢归。八月二十一日，本惇生第三孙，名曰臣辕。

是科予亦无意闱事，因送门人李子入棘，复见猎椓杙，出场后，谭君无竞，余石交也，亟赏余文。予曰："仆，薄福人也。心知不遇久矣。虽五杂组如锦绣，是亦俭年之珠玉也，如掩卷不观何！"已而果然。幸而壬午、乙酉两次落第之后，天即两次皆赐以孙，以此较彼，孰得孰失，乐可知也。况今秋年谷顺成，有捐租之欢，而无追呼之苦，真可以果连年之饿腹矣。

康熙四十五年丙戌，余年六十五岁。是年，应新城郎梅溪大令聘，为其诸子授经。上元前入斋。二十日，余初度，渔洋先生见招雅集。是年冬，渔洋先生为先君立传。

自乙酉后，绝意进取，弃去帖括业，唯游心诗文歌辞。自渔洋先生甲申归田后，余尚未得趋晤，兹岁之行，大抵意在琅邪故也。自后，岁时佳节，每见招宴游，游必有诗，倍极倡酬赠答之乐，故是岁诗文数倍于往年，以其际遇佳、人地胜也。渔洋先生与清远兄弟，既屡征雅集，曲燕石帆亭上，高吟华子冈头。一时尊宿良朋，兰亭群从，如萧亭、珂来、幔亭、司允及玉斧、石、丈诸君，莫不人擅雕龙，才凌绣虎，以故七夕庆针楼之会，重九歌采菊之章。池边载酒霜枫，冬杪频看松雪，诚所云四美具、二难并者也。且渔洋先生凡诸大刻新编，莫不倾箧倒笥，累累见颁。清远亦不惜奇书，饱我囊橐，可谓窥琅嬛之秘笈，发二酉之鸿编矣。又间出法书名画，命以题跋，故余赠清远诗有云："十旬休暇犹嫌远，浃日来看书画船。"渔洋先生最赏此二句，盖实录也。是年秋，有《上渔洋先生求为先君立传书》。至冬杪，为姑丈东亭先生送葬，渔洋先生面赐所作先君传，余拜泣受赐，不啻锡过百朋、荣逾九鼎矣。因念先君与先生素列交游之末，而身后定论，得此名章，何贶如之。此又鄙人今岁北来第一惬心事也。及将南旋，又蒙祖道张筵，流连永夜，录别之作，雅意绸缪。先生父子间其倾倒于鄙人者可云至矣。愚亦多留别诸诗，具在《丙戌集》中。

康熙四十六年丁亥，余年六十六岁。

年来以多病残躯，往往扶衰出门，仆仆为人作马牛，殆非得已。自此以后，筋力愈觉衰微，决意山居避世，不复作乞食想。以故林卧无事，每多野兴、闲适之篇，间亦多与渔洋先生及清远赫蹄往来，不乏酬答之作。

康熙四十七年戊子，余年六十七岁。春三月，儿本惇入泮。

余年六旬有余，将近古稀，每恐五世书香，自此难继，端居萦念，忽忽忘食。且忆余昔以垂髫游泮，而两儿已俱弱冠有余，一芹未采。今岁幸遇翰苑名臣，如督学武进赵大史，一清如水，苦志作人，奖拔寒畯，疏通幽隐，一凡蓬茅下士，得以吐气伸眉。儿本惇乃得以遨荣采藻，为之加额，快琴书之大有托也。是岁有《田园杂兴》二十首，及《和高季迪先生郊墅杂诗》十六首，并《吊古》《怀人》诸篇。而《咏古新乐府》一编，尤为同人所赏，北平蒋静山先生为之校正评骘。惜尚未能授梓，以就正有道耳。

康熙四十八年己丑，余年六十八岁，老妻得疾。

是岁春二月十二日，老妻忽染风痹之疾，左手足不利，艰于起行，调治不能全愈。余亦中怀郁结，无以自遣。偶得前《丁丑会试录》一册，念是科先相国为会试主司，得人最盛，因作《丁丑纪盛诗》一卷，共五古三十八篇，又杂著七言歌行二十余篇。

康熙四十九年庚寅，余年六十九岁。老妻卧疾如故。八月，本勰生子臣顼。

去年，儿惇砚耕于外。是岁，以其母疾，遂授徒家中。是夏，黄学台崑圃先生岁试历下，惇儿亦与优录。余以山荆抱恙，不能躬理家政，虽心景倥偬，内顾亦多缺略，而强为拨闷，以度余年。每藉吟事，用豁烦虑，少破牢愁，故诗篇为之日积，有《阅绥寇纪略杂诗》七言律一百五十五首，又《山居杂诗》二百首。先是本勰止育两孙女，至是八月十二日生一子，余名曰臣顼。余于晚景得孙，已为慰悦，而又为儿勰长子，尤惬余老怀也。

康熙五十年辛卯，余年七十岁。春正月十七日，为先君立碑及石供桌。

先君葬后已十余年，余与诸弟日谋经营此事，急不能就。幸于去冬经始，今春告成，先人之葬事有终矣。自年前即闻渔洋先生蒙恩特诏赐环，此非常异数，本朝第一旷典也。先生半世功名，一生臣节，其邀此恩荣，不惟可励臣忠，而亦允协清议。余因构一长篇驰贺，渔洋先生见答手札有云“长歌纪事，足传不朽”之语。正月二十日为余诞辰，回忆先人高祖仪部公，仅得寿五十九；曾祖相国公寿七十；祖父明经公亦寿七十；我父寿七十九，去八旬仅间三月耳。余小子以薄德弱植，身历多艰[1]，何幸已跻古稀，故于初度日作古诗一篇，律体八章，一以志感，一以志幸。是年春月，阅《三辅黄图》，因作《述古律诗》一百七十余首。

---

① “身历多艰”，本作“多艰身历”，据民国抄本乙正。